Lexikon der Informatik

T0076390

Peter Fischer · Peter Hofer

Lexikon
der Informatik

15. überarbeitete Auflage

 Springer

Prof. Peter Fischer,
dipl. Inf.-Ing. HTL
Hochschule Luzern
Institut für Wirtschaftsinformatik
Zentralstrasse 9
6002 Luzern
Schweiz
peter.fischer@hslu.ch

Peter Hofer,
dipl. Inf.-Ing. HTL
Hochschule Luzern
Fachstelle Neue Lernmedien
Frankenstrasse 7
6003 Luzern
Schweiz
peter.hofer@hslu.ch

ISBN 978-3-642-15125-5   e-ISBN 978-3-642-15126-2
DOI 10.1007/978-3-642-15126-2
Springer Heidelberg Dordrecht London New York

Die Deutsche Nationalbibliothek verzeichnet diese Publikation in der Deutschen National-
bibliografie; detaillierte bibliografische Daten sind im Internet über http://dnb.d-nb.de abrufbar.

1. bis 7. Auflage erschienen im Mikro- & Kleincomputer Verlag,
8. bis 13. Auflage bei SmartBooks Publishing
© Springer-Verlag Berlin Heidelberg 2008, 2011

Einbandgestaltung: KünkelLopka GmbH, Heidelberg

Gedruckt auf säurefreiem Papier

Springer ist Teil der Fachverlagsgruppe Springer Science+Business Media
(www.springer.de)

Vorwort zur 15. Auflage

Mit dieser Auflage kann das „Lexikon der Informatik" gleich ein Doppeljubiläum feiern: 25 Jahre Lexikon und 15 Auflagen. Vor 25 Jahren erhielt ich von einer jungen schweizerischen Fachzeitschrift den Auftrag, ein kleines Glossar mit Fachbegriffen der noch jungen PC-Welt zu verfassen – Zielpublikum war eine Leserschaft mit keinen oder geringen Grundkenntnissen in dieser neuen Welt. Gerade einmal 300 Stichworte umfasste das Büchlein. Enorm vieles hat sich in der Zwischenzeit im Lexikon geändert: Die abgedeckten Gebiete der Informatik wurden stark erweitert, die Definitionen theoretisch und technisch vertieft. Unter der Leserschaft finden sich neben Studierenden mittlerweile ebenso viele Anwender, Praktiker und Lehrpersonen. Doch eines ist geblieben, das Konzept: Das Lexikon will die Leserinnen und Leser mit gewollt kurzen Definitionen in der begrifflichen Vernetzung unterstützen. Es verfolgt damit also seit 25 Jahren beharrlich eine didaktische Absicht. Und diese ist meiner Ansicht nach nötiger denn je: Mit dem ungebrochenen Zuwachs an Teil- und Anwendungsgebieten der Informatik wächst der Überblick nicht zwingend auch mit. Und mit dem so genannt modernen Unterricht, der sich darauf konzentriert, zu Satzfragmenten verstümmelte Fakten an eine Leinwand zu „beamen", wird Zusammenhangwissen auch nicht eben unterstützt.

Es mischen sich allerdings auch kleine Wermutstropfen ins Doppeljubiläum. Das Medium Buch wird beharrlich totgesagt ... und seine Popularität ist wohl tatsächlich am Schwinden. Natürlich schmerzt dies einen Autor, der mit Büchern aufgewachsen ist und sich mit ihnen gerne umgibt. Es gilt jedoch, den Lauf der Dinge zu akzeptieren ... und sich offensiv mit ihnen auseinanderzusetzen!

Wir Autoren des Lexikons halten denn auch nichts vom Jammern und nehmen die Herausforderung an. Erwarten Sie deshalb, geschätzte Leserin und geschätzter Leser, vom Lexikon der Informatik noch einige Überraschungen ... und hoffentlich weitere Auflagen in Buchform!

Luzern, im August 2010
Prof. Peter Fischer, CISSP
peter.fischer@hslu.ch

Lexikalisches und linguistisches Konzept

1. Einleitung

Je umfangreicher, je „älter" unser Lexikon wird, desto intensiver wird zwangsläufig die Auseinandersetzung mit sprachlichen Gegebenheiten. Auch die Arbeiten zur vorliegenden, mittlerweile 15. Auflage seit 1985 wurden von entsprechenden Gedanken laufend begleitet. Bevor nun aber die Leserin oder der Leser das Gefühl der sprachlichen Bevormundung bekommt, wollen wir unsere Überlegungen aufzeigen.

Der Duden tut sich verständlicherweise schwer mit Entscheidungen rund um die Schreibweise von Fremd- und Fachwörtern. Das ist noch lange kein Freipass für Wildwuchs – und der wuchert in der Informatik zurzeit ungehemmt! In diesem Zusammenhang sind wir der Ansicht, dass die deutsche Sprache keine Legitimation zur Umdefinierung der Schreibung englischer Wörter hat, ebenso wenig wie es dem Englischen zusteht, das Deutsche zu verdrängen.

Die Befolgung dieser Maximen veranlasste uns zu einigen schwierigen, vielleicht mutigen und unerwarteten Entscheidungen. Jedes Sachbuch und jedes Fachlexikon lebt mit sprachlichen Widersprüchen. Dies gilt namentlich für ein Lexikon, dessen Begriffswelt derart stark vom Englischen durchdrungen ist. Wir haben mit den konzeptionellen Gedanken bloss versucht, die Widersprüche zu minimieren – und dabei möglicherweise neue geschaffen …

Und dann noch dies: Wer die Informatik als ganz und gar „ent-humorisierte Zone" betrachtet (immerhin: eine entmilitarisierte gibt es schon, siehe Stichwort „DMZ"), könnte sich in unserem Buch gelegentlich ärgern.

2. Linguistisches

2.1 Wortwahl

– Haben das Deutsche und das Englische je einen Ausdruck mit gleicher Aussagekraft, verwenden wir in den Definitionen meist den deutschen: *Festplatte* statt *Harddisk.*
– Als Stichwort sind (meist) beide Varianten zu finden, eine ent-hält dann meist bloss den Querverweis auf die andere.
– Wir erlauben uns aber auch Durchmischungen: *Klient* neben *Client.*
– Andere Male weichen wir ganz auf das Englische aus, und zwar dann, wenn gleichwertige deutsche Ausdrücke fehlen oder krampfhaft wirken: *Firewall.*

Die grosse Fülle von Akronymen und Abkürzungen hat uns zu fol-genden Entscheidungen veranlasst:

– Oft sind sowohl das Akronym wie auch der ausgeführte Begriff als Stichwort zu finden: *TDM* und *Time Division Multiplexing,* wobei das eine auf das andere verweist.
– Die Definition ist in diesem Fall dort geschrieben, wo eine Form aussagekräftiger oder gebräuchlicher ist, hier also bei *Time Division Multiplexing.*
– Ist eine Form deutlich gebräuchlicher als die andere, wird aus-schliesslich jene aufgeführt: Alles zur *Hypertext Markup Language* findet sich unter *HTML,* alles zur *PKI* ausschliesslich unter *Public-Key-Infrastruktur.*

2.2   Wortherkunft

Die Herkunft und ursprüngliche Bedeutung von Fremdwörtern ist meistens ganz kurz vermerkt, ausser bei englischstämmigen Wörtern. Der Herkunftshinweis ist gelegentlich in den Lauftext der Definition eingebettet.

2.3   Gender und Geschlecht

– „Leserinnen", „Kunden", „Studierende", „Administratorinnen" und „Programmierer" kommen bewusst völlig frei durchmischt zur Anwendung. Auf den Lesefluss wurde dabei geachtet.
– Massgebend für das Geschlecht ist (in aller Regel) der Duden: *das File, das Semaphor, das Terminal.*
– Für englische, dem Duden unbekannte Wörter, welche eine völlig eindeutige Übersetzung kennen, verwenden wir das Geschlecht, welches das deutsche Wort hätte: *das Member, die Garbage Collection.*

2.4   Gross- und Kleinschreibung

– Der Anfang der Definition ist immer gross geschrieben. Steht an erster Stelle eine Zahl, hält sich die Schreibung an die üblichen Regeln: *1. und allgemein: …*
– Methoden- und Funktionsnamen von z.B. Programmiersprachen schreiben wir immer gross: *ABS().*
– Der Duden kennt den *Server*, nicht aber die *Bridge* (ausser als Kartenspiel). Konsequenterweise haben wir uns dazu durchgerungen, englische Nomen gross zu schreiben, also der deutschen Sprache anzupassen: *… im Kopf einer Assembly eingelagert …* oder *… in Storage-Konzepten …* Diese selbstauferlegte Regelung ist nicht immer problemlos zu handhaben.

- Ausführungen von Akronymen sind fallweise ganz (*SAN: Storage Area Network*) oder teilweise gross (*SOI: Silicon on Insulator*) geschrieben.
- Kombinierte Adjektive werden der deutschen Sprache angeglichen: *softwaremässig* wie z.B. sonnenklar.
- Eigennamen, Standards, Normen und Produkte usw. sind immer gross bzw. entsprechend der „offiziellen" Bezeichnung geschrieben: *IBM Token-Ring* (hier z.B. ohne Bindestrich nach IBM, gemäss Usanz der Firma).

2.5   Mehrere Schreibweisen, Getrenntschreibung

Sind mehrere Schreibweisen möglich, schreiben wir:

1. nach Herkunftssprache: *Controller* statt Kontroller
2. nach schweizerischer Usanz: *Code* statt Kode (… und deshalb auch nicht *Usance*)

Zu den Helvetismen – siehe weiter unten.
Das Englische ist sparsamer mit der Zusammenfügung von Worten als das Deutsche. Bindestriche sind ebenfalls seltener. Wir haben deshalb englische Wörter

- oft getrennt belassen (*Dead Lock*) oder
- zusammengeschrieben (*Homepage*) oder
- fallweise beide Formen gelten lassen bzw. aufgenommen.
- Wenn mehrere Formen als (gemeinsames) Stichwort figurieren, dann steht die sinnvollere oder üblichere oder alphabetisch kleinere Schreibweise vorn.

Massgebend waren primär die Sinngebung und sekundär die Usanzen: *inline* (Sinn: eingearbeitet) *in-line* (Sinn: in einer Reihe angeordnet), *Real Time* und *Realtime* (beides gebräuchlich).
Bindestriche zwischen deutschen und englischen Wörtern haben wir möglichst vermieden.

2.6   Deklination

- In den Fliesstext der Definition eingearbeitete und im Deutschen oft verwendete Fachwörter werden nach unseren Sprachregeln dekliniert: *eines Computers, bei den Surfern, des Schedulers, des Panels;* wo sich ein Fachwort nicht im gängigen Deutsch findet, deklinieren wir original: *mit mehreren Clock Cycles.*
- Der Nominativ im Plural hat im Englischen keinen Apostroph: *die Bookmarks, die PCs.*
- Akronyme von englischen Fachbegriffen werden im Genitiv neu ohne Apostroph gesetzt: *des VANs, des PCs.*

2.7   Abkürzungen, Akronyme

- Akronyme schreiben wir meistens gross: *PCB* für *Printed Circuit Board.* Dies tun wir also auch dann, wenn die ausgeschriebene Form gemäss unseren Konventionen (evtl. zum Teil) klein geschrieben ist. Ausnahmen sind quasi-standardisierte Akronyme wie *DoD, DDoS, VoIP.*
- *Dfü* steht für ein ganzes Wort, *Datenfernübertragung,* ist so gesehen kein Akronym und wird deshalb wie dargestellt geschrieben.
- Abkürzungen für Masse sind in der Regel klein: *kbps* aber *Mbps* (wegen des Masseinheitensystems). Hier haben wir mittlerweile gefestigte Usanzen übernommen.
- Taucht das zu definierende Stichwort im Text der Definition selbst auf, wird es auf meistens einen Buchstaben abgekürzt.

2.8   Helvetismen

Der Autor und Koautor sind waschechte Schweizer: Grüezi! Es gibt einige Differenzen in der deutschen und schweizerischen Schriftsprache – nicht nur klanglich! So parkieren die Schweizer dort, wo

Deutsche parken (*parkieren* kommt im Lexikon vor). Die *Strg*-Taste ist in der Schweiz die *Ctrl*-Taste. Offenbar hat die Völkerverständigung noch nie unter solchen kleinen Differenzen gelitten – und wir Autoren hoffen, das werde weiter so bleiben. In Absprache mit dem Verlag wird ferner auf das Scharf-S verzichtet.

2.9   Satzzeichen

– In der Definition gibt es nie einen Punkt, auch an ihrem Ende nicht. Deshalb finden sich im Innern auch keine gross geschriebenen Satzanfänge.
– Wichtige Teile oder gar Teildefinitionen sind durch Strichpunkt separiert.

2.10   Masseinheiten und -zahlen

– Zahlen haben als Dezimalzeichen einen Punkt.
– Tausender grosser Zahlen werden (ausser in Jahrzahlen) mit einem Hochkomma optisch getrennt.
– Vorsätze wie „kilo-" werden wie folgt geschrieben:
  • bei physikalischen Grössen gemäss dem „Système International d'Unités": *kbps* (10^3 bps = 1'000 Bits/s) und *MHz* (10^6 Hz = 1'000'000 Hertz)
  • bei Massen, welche sich nach Zweierpotenzen richten und meist Speicherkapazitäten ausdrücken, mit Grossbuchstaben: *KBytes* (2^{10} Bytes = 1'024 Bytes) und *MBytes* (2^{20} Bytes = 1'048'576 Bytes).
– Die Entscheidung Singular/Plural erfolgt nach Duden (*acht Bits*) oder gemäss unseren genannten Überlegungen zu den Substantiven.

2.11   Auslassungen

Auslassungen beim Stichwort tragen einen Auslassungsstrich. Dieser ist – abhängig von der Schreibweise der ausgeführten Form – mit dem Wort direkt verbunden (*Schlüssel, Identifikations-* steht für *Identifikationsschlüssel* oder ggf. *Identifikations-Schlüssel*) bzw. von ihm getrennt (*Schlüssel, öffentlicher* – steht für *öffentlicher Schlüssel*). Weitere Beispiele:

- *Programmzähler, -zeiger* meint: *Programmzähler, Programmzeiger*
- *Prozessor, Bit- und Wort-* meint: *Bitprozessor, Wortprozessor*
- *Integrität, referenzielle* – meint *referenzielle Integrität*
- *Boot Loader, -Manager* meint: *Boot Loader, Boot Manager*.

3.   Lexikalische Zerlegung, Einordnung der Stichworte

3.1   Sortierung

- Die Sortierung erfolgt in aller Regel rein lexikalisch nach Unicode mit folgender Ausnahme: Die Tilde „~" wurde nach vorne „geholt".
- Dies ergibt folgende Beispiel-Sortierung: #a < (kleiner als, vor) .a < 9a < a a < a-a < a.a < a/a < a5 < AA < Aa < aA < aa.
- In wenigen Fällen wurde diese Sortierung durchbrochen. Man suche also immer auch etwas im Sortierumfeld eines scheinbar nicht gefundenen Begriffs.
- Weitgehend ähnliche Wörter sind zu einem Begriff zusammengezogen und dort lexikalisch sortiert: *Parität, Parity*. Das alphabetisch kleinere Wort steht meist zuerst: *Authentication, Authentisierung*.

3.2   Wortstämme, Teilbegriffe

– Gibt es ein Objekt in mehreren Arten, Typen, Stufen, Normen, Varianten und dergleichen, dann sind diese unter dem gemeinsamen Stamm zu finden: *Rechner, Analog-* und *Rechner, Matrix-* und *Rechner, Skalar-* , oder: *Puffer, Akkumulations-* und *Puffer, Datenbank-* und *Puffer, Stencil-* . So sind z.B. sehr viele Angriffe auf die Datensicherheit unter dem Stichwort *Attacke* zu finden.

– Hat ein zusammengesetzter Begriff aber trotz eines solchen Stammes für sich gesehen eine klare Bedeutung, dann ordnen wir ihn ungespalten ein: *Knotenrechner* und *Prozessrechner,* oder: *Ringpuffer,* auch: *Hot Spot.* Querverweise zum begrifflichen Aggregat *Rechner* sind in solchen Fällen möglich.

– Bei zusammengesetzten Begriffen haben wir uns überlegt, welcher der Teilbegriffe der aussagekräftigere, wichtigere sei und entsprechend eingeordnet: *hidden Line* (nicht: *Line, hidden-*) und *Line Switching.*

Wir haben somit versucht, die Logik der Zusammensetzung und die Intuition der Begriffsuche auf einen Nenner zu bringen. Trotzdem: Wir empfehlen den Lesenden, bei zusammengesetzten Stichwörtern alle Wortteile als Suchbegriffe zu Rate zu ziehen.

4.   Querverweise

4.1   Position

Im Gegensatz zu früheren Auflagen wurde die Anzahl der Querverweise reduziert. Eine zu grosse Fülle könnte den Lesefluss stören. Doch – ebenso, wie ein Zuviel an Querverweisen bemängelt wurde, äusserten sich viele Befragte für deren Beibehaltung. Wir haben versucht, uns an folgende Maximen zu halten – die Schwierigkeiten tauchten erst bei der Realisierung auf … :

- Querverweise auf mittlerweile bekannte Begriffe wurden (meist) weggelassen: *Computer, Datei, Betriebssystem* – obwohl alle diese Begriffe enthalten und definiert sind.
- In reichlich aufwändiger Abwägung haben wir in jeder Definition individuell entschieden, welche Begriffe hier für eine weitere Begriffsvernetzung wichtig sein könnten – und diese querverwiesen.
- Somit kann durchaus in einer Definition der *Router* querverwiesen sein, in der anderen nicht.
- Nicht so breit bekannte Begriffe wie z.B. *Hash* sind immer querverwiesen.
- Querverweise als erstes Zeichen der Definition wurden nach Möglichkeit vermieden.
- Zur Einbringung von Querverweisen mussten Wörter gelegentlich aufgebrochen werden: *Such-* ▷*Algorithmus* und *Daten-* ▷*Granularität*.
- Querverweise sind nicht zwingend beim ersten Auftauchen eines Wort(teil)s innerhalb der Definition angebracht: Der Verweis auf *Daten* erfolgt also nicht beim Wort *Stammdaten* durch Getrenntschreibung als *Stamm-* ▷*Daten*, sondern beim erstmaligen Auftauchen als Einzelwort (sofern vorhanden) der ▷*Daten*.
- In den Definitionen zu einem abgeleiteten Schlagwort wird nicht auf das Stammwort verwiesen: die Definition von *Passwort, starkes* – trägt keinen Querverweis auf *Passwort*.

4.2 Konjugation, Deklination, Wortarten, Wortteile

Quelle und Ziel von Querverweisen müssen sprachlich nicht in der gleichen Form auftauchen! Eine gegenseitige Anpassung hätte die Lesbarkeit der Texte erheblich gestört. Ein Mitdenken der Leserschaft wird vorausgesetzt. Beispiele:

- ▷*interaktiv* verweist auf Interaktion
- ▷*benachrichtigen* verweist auf Nachricht
- ▷*unstrukturiert* verweist auf Struktur

- ▷*gekapselt* verweist auf Kapselung
- ▷*Attributswert* verweist unter Umständen nur auf Attribut (der Leser wird ohnehin dort nachschlagen).
- Das Wort und der Querverweis ▷*Computergrafik* passen unter Umständen besser in den Lauftext als *grafische* ▷*Datenverarbeitung*; die Leserin wird sowohl *Computer* finden, als auch *Computergrafik* und dann dort auf *grafische* ▷*Datenverarbeitung* weiter verwiesen.
- Gelegentlich trennen wir, wie erwähnt, Wörter künstlich: *Block-*▷*Kryptografierung*, hier: um den Querverweis auf Kryptografierung nicht zu verschenken.

August 2010
Prof. Peter Fischer
peter.fischer@hslu.ch
http://www.fischerpeter.info

!

Ausrufezeichen; math. Fakultät; hat in vielen Programmiersprachen (vor allem des C-Stammes) die Bedeutung „NOT"; ist zusammen mit „=" in vielen Sprachen (vor allem des C-Stammes) der Operator „ungleich": if (a != b) heisst „wenn a ungleich b"

#

Siehe unter ▷Raute

$

Dollarzeichen; häufige Verwendung als ▷Sigil; 1. Signal für ▷Platzhalter in ▷PHP, ▷PERL, ▷Shellskripten, ▷Make, ▷Java u. a., bei Make mit runden Klammern: $(Variable), bei Shell mit geschweiften: ${Variable}; 2. Signal einer Zahl im ▷Hexadezimalsystem: $E3BA; 3. Signal eines bestimmten Kontextes: ▷Skalar in PERL, ▷String in ▷BASIC; 4. Symbol zur ▷(De-)Referenzierung von Variablen in PERL, PHP; 5. Signal zur sofortigen Auswertung von Ausdrücken innerhalb später oder gar nicht auszuwertenden Texten, dann stets in Kombination mit einer geschweiften Klammer: <c:if test="${a==3}">…</c:if> in ▷EL, print "Wert ist: {$Objekt->Member[3]->Name};" in PHP, $[343*22] in Shellskripten; 5. in Regulären ▷Ausdrücken das Signal für das Zeilenende

%

Prozentzeichen; häufige Verwendung als ▷Sigil; 1. in den Programmiersprachen des ▷C-Stammes das Symbol für die ▷Modulus-Division; 2. in den meisten ▷SQL-Dialekten die ▷Wildcard, welche für 0 oder beliebig viele Zeichen steht; 3. in ▷PERL ein wirksames ▷Präfix, das die ▷Datenstruktur ▷Hash Tabelle erzwingt; 4. in ▷BASIC-Sprachen: wirksames ▷Postfix zur unbedingten ▷Konversion nach ▷Integer

&

Sonderzeichen „&"; angeblich aus dem Englischen „and per se-and"; bei deutschen Schriftsetzern und Typografen auch „Et-Zeichen" genannt, was zu Verwechslungen mit dem ▷Klammeraffen („ät" gesprochen) führt; in einigen ▷Programmier- und ▷Skriptsprachen (▷VBA) der ▷Operator, der ▷Zeichenketten zusammenfügt (▷Konkatenation); in einigen Sprachen des ▷C-Stammes die ▷Referenzierung; siehe auch ▷Sigil

*

Asterisk; 1. ▷Operator für die Multiplikation; 2. in ▷Programmier- und ▷Datenbanksprachen ein Operator mit unterschiedlicher Bedeutung, so z. B. in ▷C-ähnlichen Sprachen zur Zeigerdefinition sowie ▷Dereferenzierung; 3. Platzhalter (▷Joker oder ▷Wildcard) für mehrere nicht bekannte Zeichen in Such-Strings; 4. Quantoren bei regulären ▷Ausdrücken: die dem Stern vorangehende Zeichendefinition passt null oder n Mal

@

Siehe unter ▷Klammeraffe

.ASF

Advanced Streaming Format; Dateinamenserweiterung für Video-▷Ströme, welche schon beim Herunterladen betrachtet werden können; siehe unter ▷ASF, ▷Streaming

.com
Commercial; ▷TLD für kommerzielle Anbieter im ▷WWW

@

.DRV
Dateinamenserweiterung in ▷MS-DOS und ▷Windows für Geräte-▷Treiber (von: Driver)

.edu
Education; ▷TLD für (zumeist US-)Bildungsinstitute im ▷WWW

.gov
Government; ▷TLD für (zumeist US-)Regierungsstellen im ▷WWW

.info
Seit 2001 verfügbare, nicht kommerzialisierte ▷TLD für Informationsanbieter (wer ist dies nicht?), dies sind mittlerweile auch viele Interessengruppen, so genannte Communities

.mil
Military; ▷TLD für US-militärische Stellen im ▷WWW

.net
Network; ▷TLD für Netzwerk- (Dienstleistungs-)Anbieter im ▷WWW; oft verwendet für das Internet als Geschäftsfeld, siehe auch ▷.NET-Plattform

.NET (Platform)
Gesprochen als „dotnet"; Schutzmarke von ▷Microsoft rund um die Entwicklung lokaler und verteilter Anwendungen: das breite Angebot umfasst Technologien (▷Objektorientierung, ▷Komponententechnologie, ▷XML, ▷Webdienste, Sicherheitsdienste), kommerzielle Produkte (▷IDE Visual Studio, Server), eine frei verfügbare Laufzeitumgebung ▷CLR und ein ebenfalls frei herunterladbares ▷SDK mit ▷Compilern, ▷Debuggern sowie vielen Zusatzwerkzeugen; zu .NET gehören ferner Entwicklergemeinschaften wie das

▷MSDN und die Codezone; angekündigt im Sommer 2000; .NET ist für Microsoft strategisch, die einst versuchte Bestückung aller Produktnamen mit dem Begriffssuffix .NET wurde inzwischen wegen Verwirrungen und Erklärungsnotständen wieder abgeschwächt

.org
Organisation; Organization; ▷TLD für nicht profitorientierte Organisationen im ▷WWW; leider wird die Grenze nicht mehr so scharf gezogen und es ist relativ einfach, eine .org TLD zu erhalten

.tv
▷TLD für den seit 1978 unabhängigen, polynesischen Archipelstaat Tuvalu; um die Steuerbelastung der 12'000 Einwohnerinnen und Einwohner etwas zu mildern, hat die Regierung die TLD höchst erfolgreich vermarktet, so z. B. an das Schweizer Fernsehen: www.sf.tv

~
Siehe unter ▷Tilde

0xn...
Ein ▷Präfix in vielen ▷Datenbank- und ▷Programmiersprachen (▷C-Stamm) für eine ▷hexadezimale Zahl; n steht für eine oder mehrere Hex-Ziffern, also je 0 bis 9 oder A bis F, die in der Regel paarweise auftreten; 0xC4 bedeutet z. B. ▷binär 11000100 oder dezimal 196, vergleiche ▷„$"

10Base-2
Überholte, ▷basisbandige ▷LAN-Technologie, die als Transportmedium dünne (typischerweise schwarze) ▷Koaxialkabel benutzte; ▷Ethernet mit busförmiger Topologie, ▷IEEE-802.3 ▷Protokoll und einer Übertragungsfrequenz von 10 MHz; Steckverbindung: ▷BNC; maximal vorgesehene Länge: 200 m; 30 Knoten pro ▷Segment

10Base-5

Überholte, ▷basisbandige ▷LAN-Technologie, die als Transportmedium dicke, meist gelbe ▷Koaxialkabel benutzte; ▷Ethernet mit
busförmiger Topologie, ▷IEEE-802.3 ▷Protokoll und einer Übertragungsfrequenz von 10 MHz; Steckverbindung: AUI; maximal
vorgesehene Länge: 500 m; 100 Knoten pro ▷Segment

10Base-T

▷Basisbandige ▷LAN-Technologie, die als Transportmedium
▷verdrillte Kupferleitungen benutzt, unter ▷IEEE-802.3 normiert;
gewissermassen ein Kleinst- ▷Ethernet mit fast immer sternförmi-
ger, physikalischer Topologie und einer Übertragungsfrequenz von
10 MHz; Steckverbindung: ▷RJ-45; maximal vorgesehene Länge:
100 m; 1'024 Knoten pro ▷Segment

100Base-F, 10Base-F

▷LAN-Technologie, auch Fast ▷Ethernet genannt, die als Transportmedium ▷Lichtwellenleiter benutzt; Übertragungsfrequenz
von 10 bzw. 100 MHz

100Base-TX, VG

Transmit bzw. ▷Voice Grade; ▷LAN-Technologie, auch Fast
▷Ethernet genannt, die als Transportmedium zwei Paare ▷unab-
geschirmter, ▷verdrillter Kupferleitungen benutzt und mit dem
▷CSMA/CD- ▷Zugriffsprotokoll arbeitet; Übertragungsfrequenz
von 100 MHz; Steckverbindungen: ▷RJ-45; maximal vorgesehene
Länge: 100 m

1000Base-CX

▷LAN-Technologie, auch Gigabit- ▷Ethernet genannt, die als
Transportmedium ▷Koaxial-, ▷Twinax- oder zweipaariges ▷STP
▷Kabel benutzt; Übertragungsfrequenz je von 1'000 MHz

1000Base-LX, -SX
▷LAN-Technologie, auch Gigabit- ▷Ethernet genannt, die als Transportmedium bei LX (Long Wavelength) Single Mode Glasfaser ▷Kabel und Licht mit grosser Wellenlänge bzw. bei SX (Short) Multi Mode mit kleinerer Wellenlänge benutzt; Übertragungsfrequenz je von 1'000 MHz

1000Base-T
▷LAN-Technologie, auch Gigabit- ▷Ethernet genannt, die als Transportmedium vier Paare unabgeschirmter, verdrillter Kupfer ▷Kabel benutzt; Übertragungsfrequenz von 1'000 MHz

10GBase-xy
Junge Familie von ▷LAN- / ▷MAN-Verkabelungen mit 10 GHz Übertragungsfrequenz unter ▷IEEE 802.3ae

14" / 8" / 5.25" / 3.5" / 2.5" bzw. Zoll
Masse für De-facto ▷Standard-Durchmesser bei Platten-Datenträgern; das ursprüngliche Format bei Festplatten war 14", bei Disketten betrug es 8"; heute noch im Gebrauch ist die 3,5"- ▷Diskette; es gibt seit langem auch Festplatten mit äusserst geringerem Durchmesser, z. B. für ▷Notebooks mit heute meist 2.5", jedoch hat sich hier kein Standard etabliert; siehe auch ▷Zoll mit geschichtlichen Hinweisen

1904-Datumssystem
Der Beginn der Zeitrechnung ist ... in ▷Windows: 1. Januar 1900 und im ▷Mac OS: 2. Januar 1904; die Anwenderin, die Daten von MS-Excel in MS-Excel ▷importiert, fragt sich nicht, weshalb dies so ist, sondern, was das soll!

19", 19 Zoll
Weltweit akzeptierter Standard für die Systembreite industrieller, elektronischer Einbaukomponenten; siehe auch ▷Zoll mit geschichtlichen Hinweisen

3-State

Dreiwertig; Baustein der ▷Digitaltechnik mit drei Ausgangszuständen hoch, tief, hochohmig (= offen, elektronisch gar nicht in Kontakt)

@

3A

Siehe unter ▷AAA

3Com Corporation

Gegründet 1979 durch Bob ▷Metcalfe; Hauptsitz in (The Campus of) Marlborough (MA); 3Com zählt zu den Pionieren im Netzwerkbereich und ist heute eine der führenden Anbieterinnen von Komponenten für lokale Netzwerke (▷LAN) sowie Weitverkehrsnetze (▷WAN); das Sortiment umfasst ▷Netzwerkadapter, ▷Modems und grössere Aktiv-Komponenten (▷Repeater, ▷Switches, ▷Routers etc.), ▷Wireless-Komponenten, ▷IP-Telefonie sowie Kleinstrechner; www.3com.com

3D-Beschleuniger

Grafikkarten bzw. Hardware-Zusätze zu diesen, welche vorwiegend bei Spielprogrammen und in der ▷Animation helfen, den Bildaufbau zu beschleunigen, indem sie dem ▷Mikroprozessor und dem arithmetischen ▷Coprozessor die rechenintensiven Operationen abnehmen: ▷Tesselation, ▷Rendering, Sichtbarkeitsentscheidung resp. ▷Back Face Culling

3D-Desktop

▷Desktop für die ganz Verspielten unter den Seinen: der Desktop ist nicht mehr eine Fläche, sondern ein 3D-Raum: enorme Auflösung, Schatten- und Glanzeffekte, optische Transparenz, räumliche ▷Animationen beim Zoomen, 3D-Aussehen sowie eine fliessende Beweglichkeit aller Elemente; nicht unerwähnt bleiben darf der enorme Leistungsverzehr (Stromverbrauch bei Laptops); 3D. in ▷Windows Vista heisst ▷Aero; für ▷Linux gibt es XGL und Beryl; 3D. im ▷Mac OS X heisst Aqua; Aqua für Windows heisst Flyakite;

@

neue Massstäbe echter Raumdarstellung bei 3D. setzte BumpTop
(2010 von Google übernommen)

3DES
Siehe unter ▷Triple-DES

3W
Siehe unter ▷World Wide Web

4004
Typennummer von ▷Intels erstem ▷Mikroprozessor aus dem Jahr
1971: der 4-Bit-Baustein ist aus heutiger Sicht ein ▷CISC-Prozessor
mit immerhin schon 2'300 ▷Transistoren – in heutigen Prozessoren sind davon mehrere hundert Millionen; Designer war Federico
Faggin, der 1974 die Firma Zilog gründete; der ▷Chip 4004 ist deshalb mit FF signiert

4711
(In der deutschsprachigen Literatur ein) Prototyp und Erklärungs-
beispiel für eine ▷Ganzzahl in der ▷Programmierung oder ▷At-
tribuierung; der Didaktiker, der mit dieser Zahl früher noch ein
Schmunzeln bewirken konnte, möge bedenken, dass 1. die junge
Generation das altjüngferliche Kölnisch Wasser 4711 nicht mehr
kennt und 2. lockeres Schmunzeln bei vielen Informatikern nicht
cool ist; siehe auch ▷foo; www.4711.com

5-Punkte-Programm
Checkliste für Privatpersonen und Kleinstunternehmen, deren
Einhaltung eine grundlegende ▷Informationssicherheit gewährleistet; Hauptpunkte sind: Datensicherung, Virenschutz, Firewall, Soft-
ware-Update, persönliches Verhalten; in dieser Form propagiert
von ▷InfoSurance unter www.infosurance.ch; Näheres unter genannten Stichworten sowie unter ▷Hygiene

6800

Bezeichnung des ersten ▷Mikroprozessors von ▷Motorola, eines
8-Bit-Bausteins mit etwas ausgefeilterer Funktionalität als ▷Intels
▷8080 ... aber auch mit etwas Verspätung gegenüber diesem

8008

Der Nachfolger von ▷4004 und ▷Intels erster 8-Bit- ▷Mikropro-
zessor aus dem Jahre 1972

8080

Eine erweiterte Version von ▷Intels 8-Bit- ▷Mikroprozessor 8008,
der mit seinen ausgebauten Funktionalitäten rückblickend die bei-
spiellose Erfolgsgeschichte der Mikroprozessortechnik einläutete

8086

Eine erweiterte Version (1978) von ▷Intels 8-Bit- ▷Mikroprozessor
8080 mit konsequenter 16-Bit-Architektur; mit dem 8086 beschritt
Intel den Weg dedizierter statt Mehrzweck- ▷Register, was aus
heutiger Sicht evtl. als Altlast bezeichnet werden muss

8087

▷Intels erste ▷FPU aus dem Jahre 1980 mit rund 60 Fliesskomma-
Operationen

A

a/d-Wandler
Analog/digital-Wandler; streng genommen ein ▷Konverter; das Eingangssignal ist ▷stetig, das Ausgangssignal ist ▷diskret; je mehr Stufen das Ausgangssignal hat und je höher die Wandlungsgeschwindigkeit desto höher ist die Qualität des A.

A2DP
Advanced Audio Distribution Profile; Technologie zum Übertragen von Stereo-Audiosignalen via ▷BlueTooth

AAA
1. ▷Authentication – ▷Authorization – ▷Accounting (auch: ▷Auditing); Mechanismus des ▷Zugangs bzw. ▷Zugriffs zu gesicherten Ressourcen: Beglaubigung der Urheberschaft, Bewilligung, Buchführung und Verantwortung (Überwachung); 2. ▷Administration – ▷Authentisierung – ▷Autorisierung, die drei wichtigsten Verwaltungsaufgaben in gesicherten, vernetzten Umgebungen; was jeweils gemeint ist, muss dem Zusammenhang entnommen werden

AAN
All Area Network; ein ▷Netzwerk, dessen physikalische Grösse und/oder Wachstumspotenzial nicht durch Bezeichnungen wie ▷LAN, ▷MAN oder ▷GAN eingeschränkt ist; also: ein Netzwerk unbestimmter Grösse und deshalb eher funktional betrachtet

A

Abacus, Abakus
1. Sammelbegriff für zählrahmenförmige Rechenhilfen der Antike bis in die Gegenwart; 2. Abacus Research AG; gegründet 1985; Schweizer Hersteller von betriebswirtschaftlicher Standardsoftware resp. finanziellen Gesamtlösungen; bezüglich „Research" ein bekannter Spin Off der Universität St. Gallen; www.abacus.ch

ABAP
Früher: Allgemeiner Berichtsaufbereitungs-Prozessor (!); heute: Advanced Business Application Programming; ehemals ▷prozedurale und seit 1999 ▷objektorientiert erweiterte Programmiersprache in ▷SAP R/3

Abbruch
1. Möglichkeit zum Stoppen einer Aktivität durch Drücken einer speziellen Taste (▷ESC) bzw. in ▷Dialogboxen; dort oft auch: „Zurück", „Beenden", ▷„Cancel", ▷„Abort", …; 2. ▷Terminierung einer ▷Schleife; manchmal wird nur das vorzeitige Terminieren so genannt; vergleiche weiterführend auch ▷Abend, ▷Abort, ▷Terminierung, ▷Absturz, ▷Escape

Abend
1. die ruhigste Zeit zum Programmieren oder ▷Surfen … ; 2. kleingeschrieben ein ▷Kommando, Knopf oder eine ▷Schaltfläche für den ▷Abbruch; 3. Meldung „abnormal end", also Abbruch oder ▷Absturz

Abfrage, -sprache
1. grundlegende Aktivität beim Bearbeiten einer ▷Datenbank: ▷Selektion von ▷Datensätzen und ▷Projektion auf deren ▷Attribute mit Hilfe entsprechender, mittels einer Maske oder syntaktisch formulierter Kriterien; 2. ▷deklarative ▷Sprache, mit deren Hilfe sich ▷Datenbanken oder ▷Dokumentstrukturen (bspw. ▷XPath, XQuery) abfragen lassen; im Kontext der Datenbanken der Klasse ▷DML, oft auch ▷DQL, zugeordnet; solche A. enthalten

darüber hinaus oft Anweisungen zur Datendefinition (▷DDL) und
-manipulation; siehe auch: ▷Query by Example, ▷SQL, ▷SELECT
und ▷Unterabfrage

A

Abfrage, Auswahl- und Aktions-
Eine Auswahlabfrage greift nur lesend auf Datenbestände zu; eine
Aktionsabfrage selektiert Daten, um diese Selektion danach zu mu-
tieren: löschen, ändern, anfügen oder als Selektion persistieren

Abgleich
Wegen des mobilen Computings immer wichtiger werdende Tätigkeit des aufeinander Abstimmens von Datenbeständen, die auf
unterschiedlichen Arbeitsstationen bearbeitet werden und miteinander in Einklang gebracht werden müssen; manchmal auch ▷Syn-
chronisation genannt, wobei dieses Wort den Schwerpunkt eher
auf zeitliche Bearbeitungsdifferenzen legt; im grossen Stile bei Datenbanken als ▷Replikation bekannt

Abhängigkeit, funktionale -
Ein Merkmal B ist dann funktional von einem Merkmal A abhän-
gig, wenn jeder Wert in A genau einen Wert in B bestimmt; A ist
somit ▷Determinante von B; Beispiele: ISBN bestimmt Buchtitel,
Person bestimmt Wohnort; beachte als konkrete Anwendung die
▷Normalisierung

Abhängigkeit, transitive -
Ein Merkmal C ist dann transitiv von einem Merkmal (oder einer
Merkmalskombination) A abhängig, wenn C voll funktional von
B und B voll funktional von A abhängig ist; Mitarbeiterinnennum-
mer bestimmt Abteilungsnummer, Abteilungsnummer bestimmt
Abteilungsnamen; beachte als konkrete Anwendung die ▷Nor-
malisierung

A

Abhängigkeit, voll funktionale -

Ein Merkmal C ist dann voll funktional von einer Merkmalskombination (A, B) abhängig, wenn jede geordnete Wertkombination (A, B) genau einen Wert in C bestimmt und dies nicht schon ein Wert A oder B allein tut; (A, B) ist dann ▷Determinante von C; (Rüstscheinnummer, Position) bestimmt Menge; beachte als konkrete Anwendung die ▷Normalisierung

Ablaufplan

Grafische Darstellung eines ▷Algorithmus, z. B. als ▷Programmablaufplan oder ▷Struktogramm; die Ablauftabelle ist ein A. in Tabellenform; sie zeigt auf, bei welchem Programmschritt welche Variable welchen Zustand hat

ableiten, Ableitung

Beerben, erben, Erbschaft machen; siehe ▷Vererbung

ABNF

Augmented ▷BNF; hauptsächlich durch Internet-Technologien motivierte Weiterentwicklung von ▷BNF; ein Unterschied zur ▷EBNF ist die inkrementelle Alternative; A. ist definiert in ▷RFC 4234

Abort

▷Abbruch eines Programms, einer ▷Transaktion, eines ▷Kommandos usw.

ABP

Adressbus-Puffer; ▷Puffer zwischen dem ▷Adressbus und dem ▷Steuerwerk

ABS()

In der Tabellenkalkulation und ▷Programmierung verbreitete ▷Funktion zur Ermittlung des Betrags einer Zahl; ABS(–3.5) = ABS(3.5) = 3.5

Absatz
Textpartie zwischen zwei Zeilenschaltungen/Absatzmarken; oft als Paragraph bezeichnet

Abschirmung
1. aus leitendem Material bestehende, also in der Regel metallene Ummantelung von kupfernen ▷Signalkabeln zwecks Fernhaltung störender Felder gemäss dem Effekt des Faradayschen Käfigs; es gibt Spiralschirmung, Geflechtschirmung, Folienschirme (mit Aluminium bedampfte Mylarfolie) oder Kombinationen davon; 2. baulicher, organisatorischer oder technischer Schutz von Datenbeständen

Abschnitt
Teil eines ▷Dokuments in der ▷Textverarbeitung oder im ▷Desktop-Publishing, welcher mit einheitlichen Seitenparametern, Kopf- und Fusszeilen usw. versehen ist; einzelne ▷Landscape-Seiten in einem ▷Portrait-Dokument sind ein Beispiel für solche A.; in aller Regel bestehen Textdokumente aus einem einzigen A.

absent
Abwesend (lat.); Gegenteil von ▷„present", siehe dort für mehr Informationen; als ▷Bit hat a. meist den logischen Zustand 0

absorbieren, Absorption
Aufsaugen (lat.); in der Kommunikationstechnik: Energieverlust durch ungewollte Energiewandlung, z. B. entlang eines Kabels; die A. ist eine der Ursachen für die ▷Dämpfung

Abstract Windowing Toolkit
Siehe unter dem geläufigeren ▷AWT

Abstract, abstract
Wegnahme, Wegzug (lat.); als Nomen: Kurzfassung, Zusammenfassung, z. B. von Büchern, Arbeiten, Artikeln und natürlich von

▷WWW-Präsentationen; ein gutes A. enthält sich jeglicher Wertung und gibt genau die Resultate und Meinungen der Arbeit mit einem Minimum an Worten wieder, evtl. gefolgt von Handlungsbedarf oder Ausblick; andere Namen: Management Summary, Working Summary, Zusammenfassung; als Adjektiv: ▷abstrakt

abstrahieren, Abstrahierung, Abstraktion
Wegziehen (lat.); sich vom Konkreten wegbewegen, verallgemeinern; Vorgang des Abbildens von ▷Objekten der realen Welt in solche einer ▷Modellwelt, indem wir uns interessierende, gemeinsame Eigenschaften erkennen, sie extrahieren und verallgemeinern sowie die anderen Eigenschaften ignorieren; die A. ist eine wesentliche Komponente der Modellbildung und damit der ▷Analyse

Absturz
1. durch Störungen in der Energieversorgung, ▷Fehler in der ▷Hardware oder ▷Software bedingte Blockierung des Rechners; siehe dazu ▷trusted Recovery; 2. verbreitete emotionale Reaktion des Homo sapiens beim Arbeiten am vermeintlich perfekten ▷Computer

AC
Alternating Current; Wechselspannung und -strom

Accelerator
Beschleuniger (lat.); ▷Hardware- oder ▷Software-Lösung zur Geschwindigkeitssteigerung, heute am meisten bekannt durch Hardware-Erweiterungen von ▷Grafikkarten; das Prinzip ist stets, dass Rechenaufwand an zusätzliche, spezialisierte Komponenten ausgelagert wird

Access
1. ▷Zugang; 2. ▷Zugriff (siehe je dort); 3. Produktname für das relationale Desktop-Datenbanksystem für Windows von ▷Microsoft;

die erste Version von A. wurde im November 1992 angekündigt;
A. integriert seit Bestehen die Datenbank- ▷Maschine und die
▷Benutzungsoberfläche sauber getrennt und schnell kombinierbar;
der ▷SQL-Dialekt in A. heisst „Jet SQL"; A. löste allmählich den
bisherigen Marktführer dBase III ab (dBase IV war nie erfolgreich)
und wurde nie für das ▷Mac OS portiert, da dessen Anwender
▷FileMaker verfallen sind; wäre Letzteres früher ▷relational geworden, könnte die Welt der PC-Datenbanken durchaus anders
aussehen, war es doch eine der ersten echt plattformunabhängigen
Anwendungen

A

Access Control
Zugriffssteuerung; systemische Behandlung der Frage „Wer darf
wann und wo was tun?"; einige interessante Stichworte in diesem
Zusammenhang sind: ▷AAA, ▷ACL, ▷Bell-LaPadula, ▷Biba, ▷DAC,
▷GRANT, ▷MAC, ▷RBAC, ▷REVOKE, ▷Zugriffsrecht

Access Control List
Meist an die ▷Datei gebundene Liste mit auf ein ▷Subjekt oder eine Gruppe von Subjekten bezogenen ▷Zugriffsrechten; ACLs sind
vor allem im ▷DAC-Modell im Gebrauch

Access Control Matrix
Systemweit gültige Tabelle, die ▷Subjekte mit ▷Objekten verknüpft
und in den Schnittpunkten die entsprechenden ▷Zugriffsrechte
festhält; die ACM fasst alle ▷ACLs zusammen und ist somit an das
▷DAC-Modell gebunden; bei zentraler Administration der A. entfernen wir uns vom DAC-Modell in Richtung eines ▷MAC

Access Control, Content dependent -
Kontextbezogene ▷Zugriffssteuerung, das heisst z. B. restriktivere
Zugriffsgewährung, wenn die Gefahr der ▷Aggregation oder ▷Infe-
renz besteht

Access Point
1. und allgemein: Einwählpunkt, Zugangsknoten und dergleichen, Einstiegsstelle in ein geschlossenes ▷System; 2. zentrale Station im ▷WLAN nach ▷IEEE 802.11 und damit auch ▷Brücke zwischen dem drahtlosen und dem verdrahteten Wirkbereich der ▷Signalleitung; dann wireless A.P.

Accessability
Zugänglichkeit – und damit die Waagschale, die sich mit ▷Informationssicherheit aufwiegt; das eine schränkt das andere ein

Account
Siehe unter ▷Konto

Accountability
Rechenschaft, Verantwortlichkeit und Verantwortung oder gar Haftung – und damit ein vor allem in der Sicherheitstechnik verwendeter Begriff mit rechtlicher Relevanz

Accounting
Buch-, Rechnungsführung; in der Informatik 1. die Aufzeichnung der Parameter, welche die mengen- und/oder zeitabhängige Verrechnung des Gebrauchs von Ressourcen ermöglichen: ▷Prozesszeit, ▷Zugriffe und Zugriffsversuche, Zeit einer ▷Dateibenutzung, ▷Netzwerkbelastung, Transportmenge usw.; das A. ist somit die Vorstufe eines ▷Auditing und rutscht damit in die Nähe der 2. Verantwortlichkeit, Haftbarmachung usw. im Fehlerfall

achromatisch
Ohne Farbinformation, also eigentlich schwarz-weiss resp. in Graustufen; ist so eher in der Optik von Bedeutung, meint in der Informatik ▷monochrom, siehe dort

ACID

Anforderungsprofil an eine ▷Transaktion T, damit diese ein System von einem ▷konsistenten Zustand in einen anderen, ebenfalls konsistenten Zustand überführt; ACID bedeutet 1. Atomicity: T wird **A** unteilbar ganz oder gar nicht ausgeführt; 2. Consistency: die Konsistenzregeln (z. B. Summe von Soll = Summe von Haben) müssen vor und nach T eingehalten sein; 3. Isolation: im Mehrprozess- und/oder Mehrbenutzerbetrieb müssen während T andere Zugriffe ▷gesperrt sein, resp. jeder einzelne von mehreren parallel Durchführenden einer Transaktionen hat den Eindruck, er sei der einzige; 4. Durability: T hinterlässt dauerhafte und konsistente Daten

ACK, Acknowledge

1. ▷ASCII-Zeichen 06(H) (6); 2. Acknowledge (Bestätigung); bestätigendes ▷Signal eines Kommunikationsteilnehmers, dass Daten oder Kommandos empfangen wurden oder dass eine Anfrage angenommen wird/wurde; 3. als ▷Interrupt A. die Bestätigung des ▷Mikroprozessors für den Empfang einer Interrupt-Anfrage

ACL

Siehe unter ▷Access Control List

ACM

Association for Computing Machinery; 1947 gegründet; Hauptsitz (momentan) in New York City; das weltweit älteste und grösste computerwissenschaftliche Interessezentrum, welches für Innovation und Technologie steht und auch Ausbildungsgänge anbietet; die ACM wird zumeist ehrenamtlich geführt; 34 Special Interest Groups innerhalb der ACM bearbeiten unterschiedliche, aktuell-technologische und gesellschaftliche Themen; die ACM gibt vielfältige Literatur heraus und fördert Partnerschaften zwischen Studierenden und Profis; sie ist heute in über hundert Ländern vertreten, hat mehr als 75'000 Mitglieder und kooperiert mit der Industrie, dem Bildungswesen sowie Regierungen; die ACM verleiht daneben den ▷Turing Award, gewissermassen den ▷Nobelpreis der Informatik; www.acm.org

ACP
Activity – Channel – Pool; grafische Methode zum Entwurf von Prozessen und ihren ▷Betriebsmitteln in ▷MASCOT; siehe ▷Channel und ▷Pool

ACPI
Advanced Configuration and Power Interface; Spezifikation diverser Hersteller für ▷hardware- und ▷softwaremässig unterstützte Installations- und Energiesparfunktionen

ACR
Attenuation to Crosstalk Ratio; für ▷Kabel als Qualitätsmerkmal wichtiges Verhältnis von ▷Dämpfung und ▷NEXT (Nahübersprechdämpfung)

Acrobat
1. Produkt der Firma ▷Adobe, mit dessen Hilfe ▷Dokumente diverser Erzeuger in das Dateiformat ▷PDF konvertiert und beliebig kombiniert werden können; PDF-Dokumente erschliessen sich dann mittels der ▷Freeware A. Reader auf allen gängigen Plattformen und lassen sich ▷WYSIWYG betrachten und drucken; A. ermöglicht mittels PDF auch ▷Kollaboration; 2. in weiterem Sinne aber eine ganze Produktefamilie von Adobe

Active Desktop
Der A. nähert die Windows ▷Benutzungsoberfläche durch verschiedene Elemente einem ▷Webinterface an: Webinhalte können permanent und als fester Bestandteil der Benutzungsoberfläche sichtbar gemacht werden, ▷Ikonen (Icons) verhalten sich wie ▷Links usw.

Active Directory

Auf ▷X.500 basierender ▷Verzeichnisdienst von ▷Microsoft für ▷Windows Server; A.D. gilt als komplex aber auch leistungsfähig, sicher und skalierbar; es erfasst alle vernetzten Ressourcen einer Unternehmung und teilt diese in geschlossene ▷Domänen ein, die spezifischen Sicherheitsrichtlinien unterliegen; A.D. schliesst auch ▷DNS mit ein; wenn X.500 die Datenbasis ist, dann ist A.D. quasi das DBMS; siehe auch ▷LDAP

Active Server Pages

Konzept für dynamische Webseiten von ▷Microsoft in deren „Internet Information Server" (▷IIS); die Inhalte werden serverseitig via ▷ODBC-Anfragen an das ▷DBMS bearbeitet und dazu vom Client mit in ▷HTML eingebauten ▷Skripten angestossen; damit realisiert der Server z. B. Datenbankausgaben oder die Überspielung von Multimedia-Dateien; allgemein: ▷Server Pages; in ▷.NET durch ASP.NET abgelöst

ActiveX

Technologie von ▷Microsoft für die Programmierung, Bearbeitung und Anwendung interaktiver, multimedialer Elemente im ▷Web oder ▷Intranet; die Objekte, so genannte A. Controls, lassen sich in vielen Umgebungen entwickeln und in fertige Applikationen einpflanzen, z. B. im ▷Browser; die Controls werden in letzterem Fall vom Server auf den Browser übertragen und dort ausgeführt; Zweck: Interaktion, Animation usw. aber auch Systemzugriffe; im ▷Gegensatz zu den ▷Java ▷Applets werden die A. Controls auf die lokale Festplatte übertragen und der Browser ist mithin keine ▷Sand Box; A. Controls lassen sich ▷authentisieren und digital ▷signieren

Ada

1. Höhere ▷Programmiersprache aus dem Jahre 1979; ▷deskriptiv, ▷strukturiert, ▷modular, stark ▷typisiert; Syntax ähnlich zu ▷PASCAL; der Standard Ada 95 ist ▷objektorientiert; der Sprach-

A

kern beinhaltet u. a. reservierte ▷Wörter für verteilte ▷parallele Prozesse (Zweck: verteilte Echtzeit-Anwendungen) und ▷Ausnahmeverarbeitung; A. ist offizielle Programmiersprache im US-Verteidigungsbereich; einer der Mitentwickler von A. war Grady ▷Booch unter der Leitung von Jean Ichbiah; A. ist benannt nach 2. Augusta Ada King, 1815–1852, Countess of Lovelace, Tochter des Dichters Lord Byron; Charles ▷Babbage war ihr bester Freund und Vertrauter, jedoch schlug er eine fachliche Zusammenarbeit aus, somit war Ada nie offizielle Assistentin von Babbage; Frau King gilt als „Mutter" der Programmierung, weil sie als Erste das Prinzip der ▷Subroutinen, ▷Schleifen und bedingten ▷Sprünge beschrieb (an einem Beispiel mit ▷Lochkarten) und weil sie das erste vollständige Programm entwickelte (Berechnung der Bernoulli-Zahlen für die „Analytical Engine" von Babbage); A.s Biografie weist einige harte Brüche auf

ADABAS
Möglicherweise „Allgemeines Datenbanksystem", später natürlich englisch „Adaptable Database System"; ▷relationales ▷DBMS für sehr viele Plattformen aus dem deutschen Haus Software AG; spielte in der Liga der schnellsten ▷SQL-Server; seit 2000 Teil von ▷SAP R/3; www.softwareag.com

Adapter
Anpasser (lat.); 1. und allgemein: ▷Hardware-, seltener ▷Software-Komponente zur Anpassung eines Computersystems an spezielle (physikalische, mechanische …) Bedürfnisse, z. B. Mess-A.; 2. Zwischenstecker zur ▷Signal- oder Verdrahtungsanpassung, z. B. ▷Gender Changer; 3. bei Kleincomputern mit ▷Bus-Architektur sind mit A. die Erweiterungskarten gemeint, z. B. ist eine „Ethernet-Karte" in manchen Versandkatalogen ein Ethernet-A.

ADB
Siehe unter ▷Apple Desktop Bus

ADC
▷Analog / ▷digital Converter, siehe unter ▷a/d-Wandler

Add In, Add On
Optional zuladbarer Teil einer Applikation mit einer in sich geschlossenen Aufgabe; z. B. der „Solver" in Excel; nicht gleich bedeutend mit ▷Plug In, Erklärung siehe dort; A.I. und A.O. bezeichnen
dasselbe, der Gebrauch in der Literatur ist willkürlich und nicht
systematisch unterscheidbar, meist heisst es „Mozilla Add On",
„Word/Excel Add In", „World of Warcraft Add On"

ADD()
Reale oder ▷pseudosyntaktische ▷Funktion des ▷Schedulers zur
Einreihung eines soeben erzeugten Prozesses (▷FORK()) in die
Schlange der rechenbereiten Prozesse; siehe auch: ▷Prozesszustand,
▷ASSIGN(), ▷BLOCK(), ▷RESIGN(), ▷RETIRE(), ▷READY()

Addierer, Addierwerk
Teil des ▷Mikroprozessors (▷ALU), welcher ▷binäre Muster ▷dual
addiert und damit indirekt auch weitere Rechenoperationen vollzieht, sofern man ihn dazu programmiert

Addierer, Halb- bzw. Voll-
Bauteil der ▷Digitaltechnik, welches zwei einstellige ▷binäre Ein-
gangswerte ▷dual zu einem Ausgangswert addiert und dabei keinen
Eingangs- ▷Carry (aus einer vorherigen Addition) mitnimmt (H.)
bzw. dies tut (V.); für den H. wird ein ▷XOR- sowie ein ▷AND-
▷Gatter benötigt, für den V. zwei solche Paare und ein ▷OR

Address Resolution
Siehe unter ▷Adressauflösung

ADMD
Administration Management Domain; öffentlicher ▷X.400-Anbie-
ter mit Knotenfunktion, Dienstleister für verschiedene ▷PRMDs

und Länder; die Fernmeldeorganisationen sowie grosse Hersteller treten als A. auf

A Administration, Administrator

Verwaltung, Regelung (lat.) bzw. Person mit dieser Funktion; 1. in der Systemumgebung verwalterisch höchstrangige oder meist privilegierte Person; 2. oft auch verwendet für den privilegiertesten Betriebsmodus einer Hard- oder Software-Komponente; im Kontext ▷Unix / ▷Linux (und selten bei ▷Datenbanken) besser als ▷Root bekannt

ADO

▷ActiveX Data Objects; ▷objektorientierte ▷Komponenten ▷Middleware zwischen der Anwendung „oben" und der ▷Microsoft Datenbankmaschine bzw. der Datenbasis „unten"; die ab dem Jahr 1999 das frühere Data Access Objects (DAO) ablösende ADO-Schnittstelle soll von „oben" her einen flexibleren Zugang auf Datenbanken eröffnen, im Mittelpunkt stehen natürlich Microsoft-Technologien und -Produkte (SQL-Server, IIS, ASP usw.); anlässlich ▷.NET durch ADO.NET abgelöst

ADO.NET

Jener Teil der ▷.NET- ▷Klassenbibliothek, welcher für die Programmierung von ▷Datenbank-Anbindungen und -Manipulationen vorgesehen ist; siehe auch ▷ASP.NET

Adobe Systems Inc

Gegründet 1982 durch Chuck Geschke und John Warnock; Hauptsitz in San José (CA); A. war hauptsächliche Initiatorin der ▷Desktop-Publishing Revolution; Herstellerin von Plattformen und Technologien für die digitale Bearbeitung von Foto und Video, für Design und Publishing; die „Klassiker" in diesem Bereich sind der berühmte PDF Reader, Photoshop, Framemaker, Illustrator und Acrobat; im 2005 Übernahme der Firma Macromedia; heute auch

Anbieter von Plattformen für Kollaboration mit digitalen Medien, z. B. Online-Sitzungszimmer; www.adobe.com

ADPCM
Adaptive ▷Pulse Code(d) Modulation

A

Adressauflösung
Umformung der logischen Adressen von Geräten in einem Netzwerk in ihre physischen oder Hardware-Adressen; möglich sind: Nachschlagen in einer Tabelle, direkte Berechnung oder Nachrichtenaustausch; siehe dazu ▷ARP

Adressbefehl oder Adressmaschine, Ein-, Zwei-, Drei-
Rechenbefehl für die ▷ALU bzw. diese selbst; der Unterschied Ein-, Zwei-, Drei- bezieht sich auf die Anzahl ▷RAM- oder ▷Registeradressen, die die ALU beim Rechnen adressieren kann; die Ein-Adressm. bezieht die Operanden aus dem ▷Akkumulator und einem ▷Puffer und schreibt das Resultat in den Akkumulator zurück; die Zwei-A. schreibt das Resultat an eine RAM- oder Registeradresse (▷Intel); die Drei-A. ist die flexibelste und aufwändigste Architektur: nur Registeradressen beim Rechnen; damit arbeite(te)n ▷RISC-Prozessoren

Adressbus
Leitungsbündel, ▷Bus, auf welchem die Adressen für den Zugriff auf Speicherorte codiert sind; die Breite des A. wird in n Bits angegeben und gibt darüber Auskunft, wie gross der ▷Adressenraum S für Daten in Bytes ist: $S = 2^n$

Adresse
Anschrift (lat. dann frz.); eindeutige Identifikation einer Ressource, z. B. einer ▷Speicherzelle, in einem ▷Adressenraum für den gezielten ▷Zugriff

Adresse, Broadcast-

Standardisiertes ▷IP-Adressenformat, welches sämtliche Clients in einem Teilnetz adressiert; es sind alle Bits auf 1, deren Pendant in der ▷Netzmaske auf 0 ist

A

Adresse, virtuelle -

Adresse, welche ▷logisch und allgemein gültig ist und bei ihrem Gebrauch vorerst in eine reale, ▷physische umgerechnet werden muss

Adressenraum, Adressraum

1. Gesamtheit der durch binäre Muster bzw. durch die Belegung des ▷Adressbusses identifizierbaren Ressourcen, meist Speicherzellen; der A. kann sich auf den ▷physischen oder auf den ▷virtuellen Speicher beziehen; und damit auch: 2. Menge aller Werte, welche ein binäres ▷Wort annehmen kann, insofern diese Werte dann eine Ressource identifizieren

Adressenraum, flacher -

Pauschale Bezeichnung für einen Adressenraum, der sich linear, ungebrochen, durchgehend und direkt verwenden lässt; Gegenteil ist die segmentierte Adressierung; Segmente sind in sich zwar auch flach, werden aber extra adressiert

Adressenraum, gemeinsamer -

Adressenraum, der gleichzeitig von mehreren Prozessen oder ▷Threads bearbeitet wird; „shared"

Adressenraum, physischer -, virtueller -

Im Modell der virtuellen ▷Speicherverwaltung der Anwendung durch das Betriebssystem „vorgegaukelter" Adressenraum, welcher sich auf die Breite des ▷Adressbusses und nicht auf den physikalisch installierten Primärspeicher bezieht; jede virtuelle Adresse muss durch die ▷MMU zuerst in eine ▷physische transformiert werden, welche dann auf das tatsächlich vorhandene ▷Datum zeigt

Adressierung, direkte -

Bei vielen ▷Mikroprozessoren eine ▷Adressierungsart, in der die Operanden in Speicherzellen zu finden sind: MOV AX, 0E801H heisst, schiebe den Inhalt von Adresse 0E801H ins Register AX

A

Adressierung, implizite -

Bei vielen ▷Prozessoren eine ▷Adressierungsart; die Instruktion bezieht den ▷Operanden aus dem ▷Akkumulator und legt das Resultat evtl. dorthin zurück, weshalb keine explizite Adressangabe nötig ist; vgl. ▷AGU

Adressierung, indirekte -

Bei vielen ▷Mikroprozessoren eine ▷Adressierungsart, in welcher die Operanden einer Instruktion nur ▷Zeiger sind; erst nach dem ▷Dereferenzieren stehen die eigentlichen Operanden zur Verfügung; ohne i. A. wäre das Adressieren grosser Speicherbereiche in einer Schlaufe undenkbar; siehe weiter speicherindirekte und registerindirekte ▷Adressierung

Adressierung, isolierte -

Adressierungssystem, in welchem ▷Speicher und ▷I/O-Bereich den gleichen ▷Adressenraum benutzen, so dass die gleiche ▷Adresse mehrere Bedeutungen haben kann; ein Signal zusätzlich zur einer Adresse gibt an, ob Speicher oder I/O gemeint ist, Speicher und I/O sind also separierte Systeme; auch bekannt als getrennte Adressierung oder port mapped addressing; Gegenteil: ▷speicherbezogene A.; vergleiche auch ▷AGU

Adressierung, registerindirekte -

Bei vielen ▷Prozessoren eine ▷Adressierungsart, in welcher ein Operand wie folgt lokalisiert wird: im in der Instruktion angegebenen ▷Register steht die Adresse einer Speicherzelle, und erst in dieser steht dann der ▷Operand

A

Adressierung, speicherbezogene -
Adressierungssystem, in welchem der gesamte ▷Adressenraum auf Speicheradressen und ▷I/O-Adressen – also Hardware-Register – aufgeteilt wird: z. B. Adresse 0x8809 ist RAM, Adresse 0x0982 ist ein USB Ausgang, Speicher und I/O erscheinen also wie ein gemeinsames System; auch als gemeinsame Adressierung oder memory mapped adressing bekannt; Gegenteil: ▷isolierte A.

Adressierung, speicherindirekte -
Bei vielen ▷Mikroprozessoren eine ▷Adressierungsart, in welcher ein Operand wie folgt lokalisiert wird: in der Instruktion ist die Adresse einer Speicherzelle angegeben, und in dieser steht eine weitere Adresse, und erst in der Zelle zu dieser Adresse steht dann der ▷Operand

Adressierung, unmittelbare -
Bei vielen ▷Mikroprozessoren eine ▷Adressierungsart, bei der die Instruktion Konstanten als Operanden enthält; auch immediate genannt

Adressierungsart
Die Art, wie für eine Operation eines ▷Mikroprozessors die Operanden und das Resultat lokalisiert werden: Operanden sind ▷Konstanten, stehen in ▷Speicherzellen oder in ▷Registern; es gibt für die Unterarten keine einheitlichen Namenskonventionen; siehe weiterführend: unmittelbare, direkte, registerindirekte, speicherindirekte, implizite ▷Adressierung und ▷Adressbefehl; der Instruktionssatz und die A. ergeben bei heutigen Prozessoren weit über 1'000 syntaktische Befehlsmöglichkeiten

ADSL lite
Kompaktangebot für ▷ADSL gemäss dem ▷ITU-Standard G.Lite: der ▷Splitter wird bereits in den ADSL-Modem eingebaut; der Datendurchsatz ist mit 1.5 Mbps ▷Downstream und 384 kbps ▷Upstream etwas geringer als in der A.-Vollversion; A.l. erleichert die

Installation auf Seiten der Datenendeinrichtung (▷DTE), braucht andererseits auch angepasste Telefonapparate

ADSL, ADSL 2/2+

A

Asymmetric DSL; ▷DSL-Dienst mit 1.5 bis 9 Mbps ▷Downstream und 1 Mbps ▷Upstream bei einer Bandbreite von 1 MHz durch eine bis 5'500 m lange Kupfer-Doppelader; als ▷ITU-T Norm G.992.1 kam ab 2005 ADSL 2+: bessere Fehlerkorrektur, weniger Energiebedarf, Downstream bis 24 Mbps (bis 1.5 km), Upstream bis 3.5 Mbps

Adventure

Abenteuer; besonders beliebte Kategorie von Spielprogrammen mit Interaktion; in Text-A. findet der Dialog rein textlich statt (Beschreibungen von Orten und Gegenständen, Fragen, Kommandos und Antworten); grafische A. arbeiten mit Bildern und Texten; der Spieler manövriert sich oft durch geheimnisvolle Welten und beeinflusst mit eigenen Entscheidungen den Spielverlauf; siehe auch ▷Jump and Run und ▷Egoshooter

Advertising

Werbung; in einem ▷Router das periodische Senden von aktualisierten Service- und Routing-Informationen zu anderen Routern im Netz

Adware

1. unverlangte, versteckte Werbung in Programmen, z. B. als plötzlich auftauchende Banner; aber auch 2. Programme, die die Kaufaktivitäten der Anwendenden mitverfolgen und Anbietern melden

Aero

Eigentlich Aero glass: authentic – energetic – reflective – open and accessible: zum Akronym aggregierte Attribute für das visuelle Erscheinungsbild von ▷Windows Vista/7; siehe unter ▷3D-Desktop

AES

Advanced Encryption Standard; im Jahre 1997 durch das ▷NIST als
Nachfolge für ▷DES initiierter und 2001 dann erlassener, symmet-
A rischer Block- ▷Kryptografiestandard mit Schlüsseln bis 256 Bits
Länge; A. ist kein Algorithmus sondern ein Standard; NIST hat den
Rijndael-Algorithmus als dem Standard am besten entsprechend
gewählt, dieser vollzieht je nach Schlüssellänge zwischen 10 und 14
Verschlüsselungsläufe; A. ist gemäss NIST zur Verschlüsselung von
„sensitiven aber nicht klassierten" Nachrichten vorgesehen und
sehr robust

Affengriff

Die oft aus einer elektronisch-emotional verkrampften Arbeitssi-
tuation erlösende, hingegen die Finger verkrampfende Betätigung
der Tasten Alt-Ctrl-Delete zum ▷Warmstart …; Anwender des
▷Macintosh assoziieren den Begriff ausschliesslich zoologisch

Affenschwanz

Siehe unter ▷Klammeraffe

affin, Affinität

Verwandt(-schaft, lat.); in der Informatik meist im Sinne der Zu-
neigung gewisser ▷Prozessoren zu gewissen ▷Instruktionen und
dann wirksam in ▷Mehrprozessor-Systemen

Agent

Vermittler, Vertreter, Spion (lat.); 1. Programm, welches das Web
selbstständig nach gewünschten bzw. aktualisierten Informationen
durchsucht, dann eher Roboter mit oft negativer Konnotation, vergleiche ▷Bot, ▷Robot; 2. Bezeichnung für den Server in der Umgebung von ▷SNMP; 3. in der Softwarearchitektur eine Komponente,
die selbstständig grosse Teilprobleme löst; solche A. können mobil
sein, das heisst den Ort wechseln, an dem sie laufen

Aggregation

Auch: Komposition; 1. Zusammenfassung (lat.), Gruppierung aufgrund gemeinsamer Kritierien; 2. Zusammenfassung attributiv unterschiedlicher ▷Entitätstypen zu einem inhaltlichen Obertyp; das
Gegenteil könnte heissen: ▷Dekomposition oder Detaillierung,
wird aber selten so benannt; 3. entsprechender Zusammenzug mehrerer ▷Klassen zu einer komplexeren Klassenstruktur in der objektorientierten ▷Programmierung; schwache „has-a" Beziehung:
ein Schiff hat Passagiere, kann aber durchaus auch ohne diese fahren; Beziehung ist nicht existenziell im Gegensatz zu ▷Kompo-
sition; 4. Gewinnung von sensiviten Informationen aus Daten, die
einzeln gesehen nicht sensitiv sind (Beispiel: einzelnes Fertigungs-
detail), wohl aber im Kollektiv (Beispiel: ganzes Fertigungsverfah-
ren); siehe auch ▷Inferenz und ▷Mashup; 5. Verdichtung zu einer
einzigen Kennzahl, siehe unter ▷Funktion, Aggregats-

AGU

Address Generation Unit; Baueinheit im ▷Mikroprozessor, welche
die defintiven Speicheradressen berechnet, die für eine Operation
nötig sind; vergleiche indirekte und registerindirekte ▷Adressie-
rung, aber auch isolierte Adressierung; A. arbeiten in aller Regel
parallel zu anderen Baueinheiten

AIC Triad

Siehe unter ▷CIA Triad

AICC

Aviation Industry CBT Committee; der Begriff meint a) das Gremium der amerikanischen Luftfahrt, das Richtlinien für die Entwicklung, Verbreitung und Evaluation von e-Learning-Angeboten
erstellt, b) Online Kurse (Content Packages), die gemäss diesem
Format entwickelt wurden, sowie den Zugriff darauf; vergleiche
▷SCORM, ▷IMS; www.aicc.org

Aiken, Howard

1900-1973; Abschlüsse in Elektrotechnik (Starkstromtechnik), Mathematik und Physik (Ph.D.); Professor für Angewandte Mathematik in Cambridge (Massachusetts) und Computerwissenschaften in Miami (Florida), dort Inhaber des ersten entsprechenden Lehrstuhls; A. hatte die Idee einer schnell rechnenden, elektromechanischen Maschine, die ein System von Differentialgleichungen numerisch lösen helfen könnte; nach intensiver Bemühung konnte er 1939 ▷IBM für sein Projekt gewinnen; 1943 war ASCC vollendet (Automatic Sequence Controlled Calculator), dann Umzug des ASCC von IBM nach Harward, umbenannt nach Mark I, offizielle Vorstellung Mark I am 7. August 1944; es folgten drei weitere Rechnergenerationen bis Mark IV; Mark III/IV verwendeten ein Konzept, welches heute Harvard- ▷Architektur (siehe dort) genannt wird; A. ist Inhaber mehrerer Auszeichnungen; „hätte ▷Babbage 75 Jahre später gelebt, wäre ich arbeitslos geworden"; vergleiche auch ▷Zuse

AirPort

Funknetzwerk-Lösung auf der Basis von ▷IEEE 802.11b, eingeführt von ▷Apple Computer im Jahre 1999 – und damit (einmal mehr) lange vor der ▷WLAN-Euphorie beim Rest der Welt

Airtime

In der Mobiltelefonie: vom Anbieter bezogene und von ihm deshalb auch verrechnete Dienstzeit

AIT-x

Advanced Intelligent Tape, Version x; von Sony entwickelte, von ▷HP und ▷Compaq mitgetragene Spezifikation für Sicherungsbänder mit 8 mm breiten Bändern, einer Kapazität von 100 GBytes (unkomprimiert) und einer Transferrate von 11 MBytes/s; entwickelt bis 2005/6, dann abgelöst durch ▷SAIT

AIX
▷Unix-Derivat von ▷IBM für kleinere und mittlere Systeme

AJAX
Asynchronous JavaScript And XML, ausgesprochen „ei'tscheks";
Technologie zur Aktualisierung von ▷Webseiten in Teilbereichen
durch ständige Interaktion zwischen einer A.-Engine des ▷Brow-
sers und einem Feeder des Webservers; im Kern der A.-Engine
steht ein HTTPRequest-Objekt; der Browser stösst die genannte
Engine durch ▷JavaScripts an, und die Antwort des Servers ist
(meist) XML; www.openajax.org

A

Akku, Akkumulator
Sammler (lat.); 1. als Abkürzung ist meist die wiederaufladbare
„Batterie" gemeint; 2. ▷Register im ▷Rechenwerk mit zuerst einem ▷Operanden und dann dem Ergebnis; vergleiche ▷Adress-
maschine

Akkumulatormaschine
Mikroprozessor, dessen ▷ALU ein Resultat immer zuerst in den
▷Akkumulator schreibt; A. haben für Operationen Ein- ▷Adress-
befehle, sind demnach Ein-Adressmaschinen

Akronym
Abkürzung (griech.), die sich aus den Anfangsbuchstaben der weg-
gelassenen Wörter ergibt, Beispiel: ▷bps; in der ▷Informatik werden weggelassene Wörter oft so kombiniert, dass das A. selbst eine
▷semantische Bedeutung erhält, Beispiel: ▷BASIC; andererseits
investieren Informatiker oft besonders viel Energie in die Erzeugung neuer A., was nicht zwangsläufig zu einer Bereicherung der
Sprache führt, Beispiel ▷BLOB oder ▷CODASYL

Aktivmatrix
In der Technik von ▷Flüssigkristallanzeigen: der Bildaufbau wird
direkt hinter den Kristallen berechnet und steht diesen deshalb

wesentlich beschleunigt zur Verfügung; aktiv weist darauf hin,
dass auch der Abbau der Bildinformation nicht passiv geschieht,
indem sich die Kristalle in ihre Ruhelage begeben, sondern dass

A diese aktiv zurückgedreht werden; siehe auch ▷Passivmatrix, ▷TN
und ▷TFT

Aktor, Akteur
Macher (lat.); 1. Person oder technische Einheit, die eine Tätigkeit
auslöst; 2. Stellglied; 3. Handlungsträger in der ▷Use Case Methode

Aktuator
Hinsteller, Positionierer (lat.); Mechanismus zur Positionierung
der Schreib-/Leseköpfe mittels ▷Schrittmotor oder Linearmotor

Algebra, Boole'sche -
Kleinstmöglicher mathematischer Körper, bestehend aus zwei
Elementen sowie zwei Verknüpfungen; in der Praxis dann die Leh-
re der Verknüpfung zweiwertiger, logischer Aussagen als unmittel-
bare Grundlage der gesamten ▷Digitaltechnik; begründet durch
George Boole (1815–1864)

Algebra, relationale -, Relationen-
Siehe unter Relationen- ▷Kalkül

Algebra, Schalt-
Von C. E. ▷Shannon begründete, in der ▷Mikroelektronik kon-
kretisierte Form und Anwendung der ▷Boole'schen Algebra:
Kombination und Verknüpfung verschiedener ▷logischer, ▷bi-
närer Eingangszustände zu resultierenden, binären Ausgangszuständen

ALGOL
Algorithmic Language; höhere Programmiersprache aus dem Jahre 1960 mit technisch-wissenschaftlichem Schwerpunkt; A. gilt als
die erste ▷strukturierte, ▷prozedurale Sprache, sie wurde in den

Jahren 1957 bis 1960 durch eine internationale Arbeitsgruppe von
Informatikern, darunter viele Deutsche (Friedrich L. Bauer) und
Schweizer (Ernst Rutishauser, Niklaus ▷Wirth), entwickelt; die
Entwicklung wurde aber durch ▷IBM stark behindert, weil diese **A**
▷FORTRAN favorisierte; siehe auch Notiz unter ▷Backus-Naur-
Form

Algorithmus
Problemlösungsverfahren mittels einer endlichen Folge von eindeutig bestimmten und tatsächlich durchführbaren Teilhandlun-
gen; wird ein A. in eine für Maschinen verständliche Folge von Anweisungen codiert, dann liegt ein ▷Programm vor; A. lassen sich
eindeutig ▷Komplexitätsklassen zuteilen und haben Eigenschaften
wie u. a. ▷Determiniertheit oder ▷Finitheit; der Name soll auf das
lateinische Pseudonym eines arabischen Mathematikers zurückge-
hen; auch gebildete Leute sprechen fälschlicherweise immer wieder von Algorüthmen …

Alias, Aliasname
Sonst (lat.); allgemein: Ersatz-, Stellvertretername; z. B. Möglichkeit von Betriebssystemen oder Applikationen, diverse, inhaltlich zusammengehörige Objekte oder Aktivitäten unter einem
▷mnemotechnisch sinnvollen Ersatznamen zusammenzufassen;
das Aktivieren des A. wird sämtliche damit verbundenen Objekte
aktivieren

Aliasing
1. in der Signalverarbeitung allgemein: unscharfes Spektrum aufgrund mangelhafter Daten; 2. optischer „Treppcheneffekt", welcher dann entsteht, wenn eine schräge Linie auf einem ▷geras-
terten Ausgabemedium reproduziert wird; eine Milderung dieses
Effektes (▷Anti Aliasing) basiert auf der Berechnung von Feinab-
stufungen zwischen den „Treppenstufen" seitens des Computers
und seiner Software (z. B. ▷DTP-Systeme), häufiger aber in der
▷Firmware des Ausgabegeräts und ist streng genommen rein spe-

kulativ; 3. Zugriff auf eine Variable mittels ihrer ▷Adresse, also eines ▷Zeigers auf sie; ▷Dereferenzierung

A Alice und Bob
Zwei, die sich sehr viel und sehr Vertrauliches zu sagen haben, weshalb sie in nahezu jeder Literatur zum Thema Datensicherheit als metasyntaktische und gender-korrekte Platzhalter für Senderin und Empfänger herhalten (müssen); Stefan und Edith?

Alignment, hard - und soft -
Auch: ▷Data Alignment/Misalignment

alles oder nichts
Wichtige interne Regel bei der Abwicklung einer ▷Transaktion: diese muss vollständig abgeschlossen sein oder dann storniert werden; siehe ▷ACID

Allocation, allocate, Allokation, allozieren
Anordnung, Zuweisung (lat.); 1. Platzierung eines Programms im Arbeitsspeicher; 2. Zuweisung von Adressenraum auf einem Datenträger; 3. Reservierung von Adressenraum für dynamische ▷Variablen im Arbeitsspeicher; 4. pysikalische, dezentrale Unterbringung der ▷Fragmente einer verteilten ▷Datenbank

Alpha AXP
Name des 1992 angekündigten, bahnbrechenden 64 Bits breiten (siehe ▷Wort) Mikroprozessors von Digital Equipment Corporation, ▷DEC

Alpha Planes
Transparente Grafikspeicher-Ebenen (Bit Planes): diese werden gebraucht, falls von einem Grafikobjekt die Annahme oder Gewissheit besteht, dass es bald wieder zur Anzeige gelangt und dann nur noch sichtbar gemacht werden muss

Alphabet
1. und allgemein: Auflistung der kleinsten, bedeutungsunterschei-
denden Elemente einer natürlichen oder technischen Sprache;
2. endlicher und ▷ordinaler ▷Zeichensatz

A

alphabetisch
Bei Daten: ausschliesslich aus Zeichen des Buchstabenalphabets
bestehend und mit rein textlichem Charakter; gewisse Programmiersprachen oder Datenbanksysteme kennen den a. ▷Datentyp
als Teilmenge des ▷alphanumerischen Datentyps

Alphakanal
Bei Bildern nebst der Farbinformation (▷Farbmodell) eine weitere
Information pro ▷Pixel, nämlich wie ▷transparent das Pixel gegenüber unteren Ebenen ist; der A. kann als Bild in Graustufen vi-
sualisiert werden: Schwarz ist voll durchsichtig, Weiss ist voll opak;
als solches Bild kann der A. in Bildbearbeitungsprogrammen bearbeitet werden und heisst dann „Maske"

alphanumerisch
Bei Daten: aus Buchstaben und/oder Ziffern bestehend und mit
rein textlichem Charakter; auch wenn in a. Daten Ziffern vorkommen, kann der Computer damit nicht rechnen, weil jede einzelne
Ziffer als Zeichen (▷ASCII, ▷EBCDIC oder ▷UTF) und nicht die
ganze Zifferngruppe als mathematischer Wert ▷dual vorliegt

Alt
Alternate; ▷Kombinationstaste auf der Macintosh- und PC-Tastatur zum „Auswechseln" (lat.) der Tastenbelegung; vergleiche ▷Ctrl

Altlast
Siehe unter ▷Erblast

ALU
Arithmetic Logic Unit; ▷Rechenwerk, dort ausführlich erklärt

A

ALx
▷Availability Level (siehe dort); x steht für 1 bis 4

AMD
Advanded Micro Devices; gegründet 1969; Hauptsitz in Sunnyvale, Kalifornien; weltweiter Hersteller von mikroelektronischen
Halbleiterbausteinen wie u. a. ▷Flash-Speichern, Bausteinen zur
Netzwerkkommunikation und von ▷Intel-Klonen, die sich vor
allem bei jugendlichen Anwendern grosser Beliebtheit erfreuen
(zu diesem Nachsatz wurde der Autor durch seine Studenten veranlasst oder fast genötigt ...); Prozessor-Linien sind Athlon,
Sempron, Opteron, Turion; durchmischt decken diese Linien Server, Desktop und Mobile ab; unter Radeon werden Grafikkarten
und -prozessoren vermarktet; A. entwickelt und produziert weltweit in Europa (neue deutsche Bundesländer), USA, Japan und
Asien; www.amd.de

Amdahl Corp.
1970 durch Gene Amdahl gegründet; vergleiche ▷Amdahl Gesetz;
Amdahl war in den 1960er Jahren Direktor in ▷IBM's Advanced
Computing Systems Laboratory; seine Firma war während fast drei
Jahrzehnten Nummer zwei auf dem ▷Mainframe-Markt und zwar
als erfolgreiche Klonerin von IBM Grossrechnern oder Komponenten; seit 2002 als „Fujitsu Technology Solutions Inc." Tochter von
Fujitsu und weiterhin Herstellerin von Hardware (Konzentration
auf ▷Unix Server und ▷Storage) sowie Anbieterin von IT-Dienst-
leistungen; Sitz in Sunnyvale (CA); www.amdahl.com

Amdahl-Gesetz
Gesetz, welches den Zeitgewinn durch das ▷Multiprocessoring in
▷MIMD-Maschinen dem Zeitverlust durch den Koordinationsauf-
wand gegenüberstellt: $P = \dfrac{1}{F + \dfrac{1-F}{N}}$, wobei F: ▷sequenzieller An-

teil des Programmcodes; N: Anzahl ▷Prozessoren; P: Leistungsge-
winn; siehe auch ▷Brooks, ▷Gilder, ▷Metcalfe, ▷Moore

AMI
1. Hersteller American Megatrend Industries; 2. Alternate Mark Inversion bzw. bipolar AMI: digitale Signalform mit 0V für logisch 0
und alternierend +5V/–5V für logisch 1

Ampersand
Siehe unter ▷&

Amplitude
Grösse, Weite (lat.); maximaler Ausschlag einer oszillierenden
Wechselgrösse; der Effektivwert wird auf technischen Datenblät-
tern auch oft als Root Mean Square (RMS) bezeichnet: $U_{\text{eff}} = \dfrac{U_{\text{max}}}{\sqrt{2}}$

AMPS
Advanced Mobile Phone System; in den USA und 90 weiteren Ländern benutzter Mobiltelefoniestandard im 850 MHz-Band

analog
Gleichsinnig, angeglichen (griech.); dem Messwert einer ▷kontinu-
ierlich erfassten Grösse proportional abgebildetes, ▷stetiges ▷Sig-
nal zwecks Visualisierung oder Verarbeitung; der Begriff schaut in
der Regel also auf die ▷Amplitudenachse; Beispiel: die Höhe der
Quecksilbersäule ist a., nämlich „proportional" zur Höhe des Luft-
drucks; Gegenteil: ▷diskret und in der Informationscodierung:
▷digital

Analyse
1. Zerlegen (griech., lat.) eines System-Ganzen in seine Teile;
2. Sammelbegriff für alle Tätigkeiten in der Umsetzung einer Auf-
gabenstellung und ihres Anforderungsprofils in ▷Objekte, ▷Al-

gorithmen und ▷Datenstrukturen unter Berücksichtigung von Gesetzmässigkeiten, ▷Standards, ▷Normen sowie der Benutzerwünsche; 3. Analyzer sind signalzerlegende Geräte; siehe auch ▷Synthese

Anchor
Siehe unter ▷Anker

AND
▷Logische Verknüpfung; ▷Konjunktion

Änderungsdaten
Temporäre Datenbestände, die ▷Stammdaten mutieren; siehe auch ▷Bewegungsdaten

Andreessen, Marc L.
Geboren 1971; Abschluss in ▷Computerwissenschaft 1993 an der Universität von Illinois; dann Mitarbeiter des ▷NCSA und ebenfalls im Jahre 1993 Autor des ersten Webbrowsers für Mikrocomputer (siehe ▷Mosaic), 1994 Mitgründer der Firma ▷Netscape, Business Tech Manager bei ▷Hewlett-Packard, heute Co-Founder und Chairman Ning Inc.; Blog unter blog.pmarca.com

Android
▷Betriebssystem mit vollständiger Entwicklungsumgebung für Mobilgeräte basierend auf eine ▷Linux Kernel; hinter dem zwar quelloffenen A. steckt aber der Informationsgigant ▷Google

Anfrage, -sprache
Siehe unter ▷Abfrage

Angriff
Siehe unter ▷Attacke mit sehr vielen A.-Mustern

Animation
Beseelung (lat.); Präsentation, Projektion oder – eingeschränkt – Druck von mit Computer-Unterstützung entstandenen Grafiken, Diagrammen, Zeichnungen, Reproduktionen, Trickfilmen, Bewegungsabläufen usw.; die lateinische Herkunft des Wortes weist auf eine beabsichtigte emotionale Wirkung hin; meist einfach die Bezeichnung für fliessende Bewegung durch sich schnell ändernde Bildfolgen, z. B. ein Film

A

Anker
1. und allgemein: Verankerungspunkt, Fixpunkt; 2. Anfangsmarke beim Abstecken von ein- oder zweidimensionalen Datenfeldern in der ▷Tabellenkalkulation; 3. in ▷HTML: Bereich im Dokument oder Seite im ▷WWW, die der Browser beim Klick aktivieren und anzeigen soll; also das Sprungziel eines ▷Links; die entsprechenden ▷Tags sind: <A> und </A>

anklopfen
Auch: Call Waiting; Ankündigung eines neu eingehenden Anrufs während des Führens eines andern in der digitalen oder Mobiltelefonie

anmelden
1. und allgemein: Bitte eines ▷Subjekts um die Aufmerksamkeit eines ▷Objektes; 2. ▷Zutritt oder ▷Zugriff zu einem System verlangen; a. beinhaltet in den meisten Fällen implizit eine erfolgreiche ▷Authentisierung; 3. dem Betriebssystem oder einer Applikation mitteilen, in welchem Laufwerk oder Verzeichnis die Daten zu laden und/oder zu sichern sind (zu DOS-Zeiten)

Annotation
Anmerkung, Begleitinformation, also ein ▷Metadatum; bedeutsame sprachliche Erweiterung in Java-Programmen; A. setzen Signale, die von Hilfsprogrammen und dem Compiler gelesen werden, welche den ▷Quellcode verwenden; Beispiele: mit „@Test public

A

static void m1()..." wird für das Unit Test Tool eine automatisch zu startende Testfunktion markiert; mit „@stateless public class MeinBean implements ..." weiss der ▷EJB Application Server um eine stateless ▷Bean und ergänzt automatisch um richtige Import-Befehle; eigene A. können mittels „@interface" erzeugt werden; A. sind verwandt mit ▷Attributen bei C#

Anomalie
Abweichung (griech.); Klasse von Abweichungen von der Realität oder gar von der ▷Konsistenz in Datenbeständen, entstehend a) durch irgendwelche Manipulation an einer Teilmenge dieser Bestände wie Löschen, Ändern und Einfügen (siehe folgende Stichworte) oder b) durch gleichzeitigen Zugriff mehrerer ▷Subjekte (Mehrbenutzer-A.)

Anomalie, Einfüge-, Lösch-, Mutations-
Mögliche, negative, die ▷Integrität oder ▷Konsistenz gefährdende Begleitumstände der korrekten Bearbeitung von Daten in schlecht modellierten Datenstrukturen, z. B. flachen ▷Tabellen; diese A. werden durch ▷relationale ▷Modellierung behoben

ANSI
1. American National Standards Institute; 1918 gegründeter, privater, US-nationaler Normenausschuss und Vertreter der USA in der ▷ISO; viele Programmier- und Datenbanksprachen werden vom A. standardisiert; man beachte die Unterschiede zwischen ▷Norm und ▷Standard; www.ansi.org; 2. durch ▷Windows-Applikationen (Versionen 3.x, 95f) meist verwendeter, erweiterter ▷Zeichensatz, der ▷ASCII auf einen 8-Bit-Zeichenvorrat ergänzt(e); eigentlich ▷ISO/IEC 8859-1 mit druckbaren Zeichen in den Zeilen 08 und 09; 3. diese Erweiterung realisierender ▷Treiber ANSI.SYS

Answer
Betriebsstatus bei ▷Modems: abheben und beantworten

Anti Aliasing
Erklärt unter ▷Aliasing

Anti Glare
Blendfrei: Reflexionsarmut von Bildschirmen

A

Antiqua-Schrift
In der Typografie: Schrift mit ▷Serifen; siehe auch ▷Grotesk

Antivalenz
Gegenwertigkeit (lat.); siehe ▷XOR

Antwort, Aw
Option in E-Mail-Systemen, empfangene Post zu beantworten, wobei dann die Adresse des damaligen Absenders gleich als neue Zieladresse eingesetzt wird; Aw ist die Abkürzung, mit welcher der eingegangene Betreff in der A. gekennzeichnet ist; auch Reply, Re; Re ist insofern falsch, als es ursprünglich von lat. „res", „die Sache" stammt

Antwortzeit
Bei vernetzten Systemen die Zeit zwischen dem Absetzen einer Anfrage bzw. eines Auftrags und dem Eintreffen der Antwort bzw. der Bestätigung

Anweisung
1. einzelne, in einer Programmiersprache befohlene und den Zustand von Daten oder Parametern verändernde Aktivität, z. B.: print(), open(), a++, meinObjekt.starteAblauf(); 2. in der ▷Assemblerprogrammierung eine Festlegung, welche sich an den Assembler selbst richtet und keinen Befehlscode, allenfalls eine ▷Konstante, erzeugt; 3. mal synonym für ▷Kommando, mal als Sammelbegriff für Kommandos, ▷Funktionen und andere interaktive Elemente der ▷Mensch-Maschine-Schnittstelle verwendet; zur empfohlenen Wortwahl: siehe ▷Befehl

Anwendung, Anwendungsprogramm
Zunehmend durch ▷„Applikation" verdrängter Begriff

A Anycast
In der Daten- und Telekommunikation: Nachrichtenversand von einer Senderin an den am besten Erreichbaren aus einer definierten Gruppe von Empfängern; das stark mit ▷IPv6 assoziierte Verfahren wird vor allem für die Auffrischung von ▷Routing-Tabellen verwendet: die Auffrischung wird von einem Punkt aus angestossen und breitet sich schneeballartig aus; siehe auch ▷Broadcast, ▷Multicast, ▷Narrowcast, ▷Pointcast, ▷Unicast

AOL
America Online Inc.; Internet-Provider und Online-Dienst, einer der grössten weltweit; wechselvolle Vergangenheit als Mutter- und Tochtergesellschaft diverser Firmen, Verlage usw. sowie mit öffnenden und schliessenden nationalen Filialen; durch Bertelsmann mit grossem Erfolg nach Deutschland und später nach ganz Europa gebracht; übernahm 1997 ▷CompuServe; bis 10.9.2009 in den Händen des Medienkonzerns Time Warner, heute unabhängig

APA
All Points Adressable; Hinweis auf die punktorientierte Grafikfähigkeit bestimmter Hardware- oder Softwarekomponenten

Apache
Der ▷GPL unterliegender, äusserst populärer ▷Webserver für diverse Plattformen und eines der verbreitetsten ▷GPL-Erzeugnisse überhaupt; das Produkt hiess ursprünglich „A patchy server" und war damals, 1995, eine Verbesserung des HTTPd 1.3 von ▷NCSA; vergleiche ▷Tomcat

Apfel, Apfelmenü
Durch einen A. symbolisiertes und jederzeit verfügbares Menü in der Benutzungsoberfläche des ▷Macintosh mit ▷Schreibtischzu-

behör bzw. ab ▷System 7 des ▷Mac OS mit beliebigen Objekten, die sich unabhängig von der derzeitigen Aktivität laden lassen

API

A

Application Programming Interface; Anwendungsprogrammier-▷Schnittstelle, welche die Menge aller zulässigen Systemaufrufe der „anprogrammierten" Instanz (▷Protokollschicht, ▷Gerät, ▷Controller, ▷Webservice usw.) beschreibt; die API gibt detailliert an, wie ein ▷Dienstaufruf an diese Instanz zu programmieren und zu verwenden ist

APIC

Advanced Programmable Interrupt Controller; jüngerer ▷Interrupt Controller von ▷Intel für mehr Unterbrechungsleitungen und damit mehr mögliche ▷IRQ-Nummern; teilweise im ▷Mikroprozessor, teilweise im ▷Chipsatz eingebaut

APIPA

Automatic Private IP Addressing; ▷Dienst unter ▷Windows zum Bezug einer privaten ▷IP-Adresse (169.254.x.y) beim Ausfall eines ▷DHCP Servers; damit ist eine ▷TCP/IP-Kommunikation im gleichen ▷Subnetz und mit anderen Inhabern desselben Adressbereichs möglich

APM

Advanced Power Management; Hardware- und Software-Gesamtlösung zur Reduktion des Energiekonsums; bei ▷Notebook-Computern geht es um die Schonung des ▷Akkus bei Nichtgebrauch des Systems

APN

Access Point Name; Zugangsname für Telekommunikationsdienste, z. B. im ▷GPRS-Netz

App

Dateinamenserweiterung für ausführbare Programme unter ▷Mac
OS (X) und somit auf ▷Apple Geräten wie ▷iPhone, ▷iPad, Mac-
 Book usw.; Wortherkunft von ▷Applikation; wegen der grossen
Popularität hauptsächlich des iPhones und des Apple Stores wurde
der Begriff „App" in der breiten Bevölkerung bekannt und von
Herstellern verschiedener anderer Mobilgeräte aus Marketinggrün-
den adaptiert; vergleiche ▷Exe

APPC

Advanced Program-to-Program Communications; Sammlung von
Spezifikationen und ▷Schnittstellen zur Anbindung von PCs und
deren Programmen an Grosssysteme der ▷IBM ▷SNA-Welt

append, APPEND()

Anhängen; 1. hinten Anfügen eines Objekts an eine lineare Struktur (▷Liste, ▷Array, ▷Datei, ▷Tabelle …), in ▷SQL durch
▷INSERT; 2. Koppeln von ▷Dateien auf einem Datenträger oder in
der Datenkommunikation

Apple Computer Inc.

Am 1. April 1976 gegründeter Hersteller des Apple I (1976), Apple
II (1977), der ▷LISA (1983) und des ▷Macintosh (ab 1984), welcher
überaus erfolgreich wichtige (zum Teil nicht von A. erfundene)
Neuerungen in der Bedienung eines Personal Computers implementierte und vermarktete; eine weitere Pioniertat folgte 1993 mit
der Lancierung ▷RISC-basierender Macintosh Systeme; 1995/96
grosse Finanzkrise; Ende 1996 Übernahme von ▷NeXT samt dessen
Gründer Steven ▷Jobs, welcher auch einer der beiden Gründer von
A. war; mit Jobs um die und nach der Jahrtausendwende dank Produkten wie ▷iMac, iBook, ▷iPod, ▷iPad und iTunes wieder sehr
erfolgreich und deshalb auch von der Software-Industrie wieder
mehr zur Kenntnis genommen; Namensgebung A. inspiriert durch
▷Jobs Zeit als Frutarier und die Kommune „Apple Orchard";
Hauptsitz Cupertino, Kalifornien; www.apple.com

Apple Desktop Bus

Historische, ▷serielle, langsame Schnittstelle für Maus, Tastatur und andere Eingabegeräte wie Grafiktabletts usw. beim ▷Macintosh; die Eingabegeräte liessen sich verkettet anschliessen, der ADB wurde nach dem Macintosh Plus zum Standard; ab ▷iMac und PowerMac G3/G4 dann abgelöst durch ▷USB; als einer seiner Vorgänger wird der ADB denn auch bezeichnet

Apple Events

Technologie, welche es den Applikationen im ▷Mac OS ab ▷System 7 erlaubt, direkt in andere Applikationen einzugreifen und deren Verhalten zu beeinflussen

AppleLink

Ehemals weltweiter, geschlossener und beitragspflichtiger Online-Dienst von ▷Apple für Distributorinnen, Wiederverkäufer, Entwicklerinnen, Publizisten usw.; sollte 1995 zugunsten der viel offeneren ▷EWorld abgelöst werden, welche ihrerseits aber 1996 als Flop stillgelegt wurde

AppleScript

Effiziente ▷Makrosprache von ▷Apple ab ▷Mac OS 7.5, welche eine frühere, wesentlich aufwändigere Sprache ablöste

AppleShare

Historisches Server- bzw. Netzwerk- ▷Betriebssystem von ▷Apple: sehr einfach zu konfigurieren und langsam; abgelöst durch ▷Mac OS X Server

Applet

1. und allgemein: Kleinapplikation, die in einer Wirtsumgebung läuft; 2. in eine Web-Präsentation bzw. deren ▷HTML Code eingebundenes, vorcompiliertes ▷Java-Modul, welches übers Netzwerk heruntergeladen und im Browser interpretierend ausgeführt wird; dieser ruft dazu die ▷Java Virtual Machine auf; A. werden vor

A

allem bei multimedialen Webauftritten verwendet; A. sind etwas in
Verruf geraten, weil sie ungefragt daherkommen und ebenso ungefragt ihre Aktivität im Computer entfalten; sie haben jedoch von
der Idee her keinen Zugriff auf die Hardware; die Anwender tun
gut daran, A. zu überwachen oder zu deaktivieren, da es auch bösartige gibt, welche die Hardware ansprechen; A. lassen sich aus
Sicherheitsgründen ▷signieren; siehe auch ▷Appletviewer

AppleTalk
Historisches ▷LAN-Konzept von ▷Apple sowie Netzwerkprotokoll
für den ▷Macintosh – und dies bereits ab 1984 (!) standardmässig:
die Netzwerksoftware hiess AppleShare und das Kabelsystem
▷LocalTalk; das ▷OSI-konforme A. war Bestandteil jedes Macin-
tosh-Computers; die Adressierung von Netzwerkteilnehmern oder
Peripherie (Drucker) erfolgt über anwenderdefinierte ▷logische
Namen; nicht weiter entwickelt und abgelöst durch ▷TCP/IP

Appletviewer
Von ▷Sun Microsystems zusammen mit dem ▷JDK ausgelieferte
Kleinanwendung zum Abspielen von ▷Java ▷Applets; damit erüb-
rigt sich ein ▷HTML Browser

Application Domain, AppDomain
Abstraktion eines vollständig autonomen ▷Prozesses innerhalb
eines Betriebssystem-Prozesses; A.D. bilden so eine Zwischenlösung zwischen dem Prozess selbst und den ▷Threads, denn sie haben nicht nur ihren eigenen ▷Kontext, sondern auch ihre eigenen
Datenstrukturen und ▷Metadaten

Application Server, Applikationsserver
In einer Multi ▷Tier, also einer mehrlagigen ▷Client/Server-Um-
gebung laufende Komponente mit der ganzen Geschäftslogik; der
A.S. ist Bestandteil des ▷Back End, er vollzieht Berechnungen zwi-
schen dem präsentierenden Client und dem Datenbankserver; ein
A. meldet dem bestellenden Kunden also z. B. was andere Kunden

im Bestell-Kontext auch noch bestellt haben, oder er löst seinerseits Bestellungen beim Lieferanten aus, wenn die Lagerbestände sich leeren; der A. ist also ▷Middleware

A

Applikation
Direkt lauffähiges, käufliches oder selbst geschriebenes Programm zur Bearbeitung eines speziellen Anliegens, z. B. für die ▷Textverarbeitung, für das kaufmännische Kalkulieren, die Lohnbuchhaltung; integrierte A. sind multifunktionale A.

APPN
Advanced Peer-to-Peer Networking; 1986 von ▷IBM angekündigte Netzwerkarchitektur, welche im Zeichen der Dezentralisierung in kleineren Einheiten arbeitet (Abteilungsrechner) und diese sowie die verschiedensten Kopfstationen (PCs, workstations usw.) besser einbindet als das „alte", auf ▷Mainframes ausgerichtete ▷SNA

Approximation
Annäherung (lat.); in der grafischen Datenverarbeitung: Ermitteln einer Kurve, welche Stützpunkte nähernd streift, ohne diese zu schneiden; Gegenteil: ▷Interpolation

APU
Arithmetic Processing Unit; eher: ▷ALU

Äquivalenz
Gleichwertigkeit (lat.); ▷logische Verknüpfung X-NOR; C ist dann wahr, wenn A und B gleich sind; gehört nicht zu den logischen Grundfunktionen, wird in diversen Bausteinen aber angeboten

AR
Adressen-Register im ▷Mikroprozessor; ▷Register zwischen dem Datenbus (!) und dem Adressbus: der Datenbus holt eine Adresse

aus dem Arbeitsspeicher und legt sie ins AR (bzw. umgekehrt); auf
den Adressbus gelegt dient diese Adresse dem Ansprechen einer
Speicherzelle; der Zugriff auf einen Operanden im Arbeitsspeicher
wird immer vom AR vermittelt, nicht vom ▷IP

ARB
Architecture Review Board; Firmenkonsortium für die Weiterentwicklung und Dokumentation von ▷OpenGL

Arbeitsmappe
Möglichkeit in aufwändigeren Versionen von ▷Tabellenkalkula-
tionen, unter einem ▷Dateinamen nicht mehr nur ein Kalkulationsblatt, sondern eine ganze Menge solcher abzulegen

Arbeitsplatz
Im englischen Original von ▷Windows 95 „My Computer": PC-
Ikone mit dem ▷Wurzelverzeichnis aller Datenträger und system-
weiten Ordner, welche auf der Arbeitsstation zur Verfügung stehen; nicht zu verwechseln mit dem ▷Desktop

Arbeitsspeicher
Elektronischer Speicher im Computer mit lesender und schrei-
bender Zugriffsmöglichkeit, also ▷RAM; auch Hauptspeicher oder
Primärspeicher; zu vermeiden ist der Begriff ▷„Kernspeicher", weil
es sich bei diesem um einen elektromagnetischen Speicher aus den
1950er Jahren handelt

Arbeitsstation
1. generell: Datenverarbeitungs-Endgerät, z. B. PC oder Mac; 2. oft
speziell und einschränkend für intelligentes, hoch leistungsfähiges
Einplatzsystem und meist im Zusammenhang mit grafischer Datenverarbeitung (▷CAD, ▷Animation usw.); die Trennschärfe des
Begriffs hat abgenommen, er mutiert zu einer Bezeichnung für
normale Arbeitsgeräte

Arbiter, Arbitration, Arbitrierung

Schiedsrichter, Schiedsgericht (lat.); 1. und allgemein: Weitergabe der Kontrolle über eine Systemeinheit von einer Kontrollinstanz an die andere; 2. und speziell: Übergabe der Kontrolle über den ▷System-, insbesondere aber über den ▷Adressbus, an einen ▷Slave; 3. Vergabe von Prioritäten zur Benutzung von Buszeit im ▷Mikrokanal; Teil der Benutzerkonfiguration

ARC

Von ▷Archive; Dateinamenserweiterung für ▷Binärdateien, welche mit dem Programm PKXarc komprimiert wurden; Autorin ist die Firma System Enhancement Associates; oft wird ihr Kompressionsprogramm auch einfach ARC genannt

Archie

Programm, welches periodisch alle ▷FTP Server im Internet absucht und die Ergebnisse – oft allerdings nur wenig aussagende Dateinamen – in so genannten A.-Servern ablegt; diese Server konnten dann per ▷Telnet angefragt und mit einem Suchauftrag versehen werden; der einzige Archie-Server in Deutschland befand sich an der Technischen Universität Darmstadt und wurde 1999 aufgrund juristischer Probleme geschlossen, ebenso die anderen Server weltweit

Architektur

Baukunst (griech., lat.); 1. Erscheinungsbild eines entworfenen Systems, wie es sich von aussen präsentiert; Beschreibung der ▷Komponenten und deren ▷Schnittstellen, also Komponentenmodell und Informationsmodell; daran geknüpft sind verschiedene ▷statische und ▷dynamische Sichten; A. kann eine Applikation beschreiben, aber auch eine verteilte Applikationslandschaft; wichtige Paradigmen sind: ▷MVC, ▷IOC, ▷COC, ▷Schichten- resp. Matrixarchitektur; im engeren Sinn 2. durch technologische Merkmale gekennzeichnete Organisation der Hardware, Software oder deren Komponenten in einem Computer, Netzwerk, einer Entwicklungs-

umgebung usw.; wir sprechen z. B. von der ▷Java-Architektur,
▷SNA-Architektur; siehe auch ▷Implementation

A   Architektur, Harvard -
Systemarchitektur im Prozessor und/oder Rechner mit getrenntem
Daten- und Programmspeicher; der Name geht zurück auf Howard
▷Aikens Mark III Rechner an der Harvard University; Gegenteil:
von ▷Neumann-Architektur

Architektur, von Neumann -
Systemarchitektur im Prozessor und/oder Rechner nach einem
Entwurf John von ▷Neumanns, 1946: a) Steuer-, Rechen-, Ein-
gabe-, Ausgabewerk und Speicher; b) universelle Verwendbarkeit
durch Programmierung von aussen; c) gemeinsamer Speicher für
Programme und Daten; d) fortlaufende Nummerierung und Adressierung des Speichers; e) inkrementelles Anordnen von Be-
fehlen im Speicher; f) Sprünge als Abweichung von der sequenziellen Arbeitsweise; g) Befehle für Arithmetik, Logik und
Flusskontrolle; h) binäre Codierung für allen Speicherinhalt; ausser dem Verweis auf den Urheber wird hier auf Querverweise verzichtet

Archiv, Archive
Amtsgebäude (griech., lat.); 1. Langzeit- ▷Backup; 2. Paket kom-
primierter ▷Dateien; 3. ▷Attribut für Dateien, welche seit der letzten Datenarchivierung neu angelegt oder geändert wurden

Arcnet
Attached Resource Computer Network; historisches, kommerziel-
les Netzwerk mit einer Übertragungsrate von 2.5 Mbps; A. ist seit
1992 durch ▷ANSI normiert; als ▷Topologien kommen Verbünde
von ▷Sternen und der ▷Bus in Frage, als Verkabelung ▷Koax, verdrillte Leitungen und Glasfaserkabel; wie ▷Token-Ring in die Be-
deutungslosigkeit abgesunken

Area Sampling, weighted -, unweighted -

▷Anti Aliasing bei schiefen Linien durch die Einrechnung der Umgebung und das nachfolgende Einstreuen von ▷Graustufen (resp. Zwischenfarbtönen)

A

Argument

Beweismittel (lat.); Eingabewert in einer ▷Funktion; Mitgabewert bei deren Aufruf; oft, wenn auch weniger treffend: ▷Parameter (siehe dort für weitere Darlegungen)

ARM

Ein System on a Chip (▷SoC); Mikro- ▷Controller-Konzept mit 32 Bit ▷RISC Architektur; die gleichnamige Herstellerfirma stellt davon die CPUs her, weitere Firmen ergänzen um integrierte Arbeitsspeicher u. a.; der fertige Chip enthält schliesslich viele Komponenten eines funktionsfähigen Rechners, so dass A. in allerlei ▷mobilen Geräten eingesetzt wird; www.arm.com

ARP

Address Resolution Protocol, RFC 826; ▷Protokoll, Mechanismus und Standardprogramm in ▷Unix bzw. im ▷TCP/IP Protokollstapel zur Umsetzung von ▷IP-Adressen (▷OSI-Schicht 3) in Hardware- (▷MAC-)Adressen (Schicht 2) in der folgenden Art: der Sender veranlasst einen ▷Broadcast mit der Ziel-IP-Adresse ins ▷LAN, der Empfänger wird antworten und sich mit seiner MAC-Adresse identifizieren; danach stellt die IP-Software einen ▷Ethernet-Rahmen zusammen und gibt ihn an die Sicherungs- ▷Schicht weiter; zur Leistungssteigerung im LAN sind Adress-Caching oder Anmeldebroadcasts möglich; siehe auch ▷RARP

ARPAnet

Advanced Research Project Agency Network; ältestes ▷paketvermitteltes ▷TCP/IP Netzwerk; 1969 vier US-Universitäten verbindend und damit Vorläufer des Internets, ursprünglich ein Projekt des US-Verteidigungsministeriums (DoD) aus dem Jahre 1969; mit

A. und dem ▷Protokollstapel TCP/IP (deshalb auch DoD-Proto-
kollfamilie genannt) wollte das Ministerium der Verletzlichkeit
zentral unterhaltener Netze durch Nuklearbomben mittels Dezentralisierung ausweichen; das A. wurde 1990 stillgelegt

Array
Aufgebot, Schlachtordnung; 1. und allgemein: Bereich von Daten
(Software) oder Bauteilen (Hardware) mit vergleichbaren Eigen-
schaften; 2. in Programmiersprachen eine ▷Struktur zur Ablage
mehrerer Werte des gleichen Datentyps; andere Bezeichnungen, je
nach Kontext: ▷Feld, ▷Liste, list, Menge, set, ▷Kollektion; einzelne
Werte sind dann über den Namen des A. zusammen mit einem
▷Index greifbar, Beispiel eindimensionales A.: messung[7] := 12.5,
Beispiel zweidimensionales A.: if (lager[2,9] <= 10) oder if (lager
[2][9] <= 10), je nach Sprache

Array, jagged -
Gezackt, schartig; Array aus Arrays; die Komponenten der ersten Dimension sind selbst Arrays, evtl. sogar mit unterschiedlicher Länge; eine mögliche Indizierung könnte also sein: schar-
te[x][y]:= …

Artificial Intelligence, AI
▷Künstliche Intelligenz, KI

AS/400
In den 1990er Jahren die umfangreiche Familie von Computersystemen der mittleren Datentechnik, so genannte ▷Minicomputer,
von ▷IBM mit dem legendär stabilen Betriebssystem OS/400; später dann iSeries genannt

ASA
American Standards Association, US-amerikanischer Normengeber; man beachte die Unterschiede zwischen ▷Norm und ▷Standard

ASAP

1. as soon as possible: die beliebteste Notiz des Chefs an seine Mitarbeitenden, damit das von diesen dann eilig Erledigte auf seinem eigenen Pult länger liegen bleiben kann; vergleiche ▷Slang; **A**
2. Acceleratet SAP: Prozess zur effizienten Einführung von ▷SAP in Unternehmungen

ASC

1. Dateinamenserweiterung für ▷ASCII-Dateien in ▷MS-DOS;
2. Schlüsselwort für aufsteigende ▷Sortierung: ascending

Asci, -White, -Purple

Advanced Simulation and Computing Initiative; Gemeinschaftsprojekt des Lawrence Livermore National Laboratory im ▷DoD und von ▷IBM; die Supercomputer des Projekts sind nach Farben benannt: der A.-White erklomm im November 2001 Rang 1 der ▷Top500 und ist ein massiv- ▷paralleler Verbund von 152 Prozessoren der Reihe RS/6000 von IBM; die Rechenleistung betrug 12.3 Tera ▷Flops; im Jahre 2004 folgt A.-Purple; die Anlagen dienen ausschliesslich militärischen Zwecken

ASCII

American Standard Code for Information Interchange; weltweit akzeptierte 7-Bit-Norm zur Repräsentation von total 128 ▷Zeichen, Sonderzeichen und ▷Kommandos zwecks Speicherung im Arbeitsspeicher oder auf Datenträgern bzw. zur Übermittlung; erfunden von Bob ▷Bemer; eigentlich ISO-646; da der gängige Computer eine 8-Bit-Maschine ist, werden die A.-Zeichen an vorderster Stelle mit einer führenden 0 (Null) aufgefüllt; Standard-A. benutzt im Byte also die sieben niederwertigen Bits; es gibt (leider) verschiedene Vorschläge zur Ergänzung von ASCII auf 8 Bits; vergleiche ▷ANSI, und ▷UTF-n

A

ASF
Advanced Streaming Format; ein von ▷Microsoft entwickeltes, proprietäres ▷Containerformat für digitales ▷Audio und ▷Video, welches speziell auf ▷Streaming ausgelegt ist

Asgard
▷Beowulf-Projekt der ETH Zürich mit 251 ▷Intel Dual-Prozessor-Maschinen; www.asgard.ethz.ch

ASIC
Application Specific Integrated Circuit; ▷IC, welcher vom Hersteller speziell für eine Anwendung oder für einen Kunden entworfen und hergestellt wurde; meist reine Gatterlogik, ein ▷Schaltwerk oder ▷Schaltnetz

ASK
Amplitude Shift Keying; ▷Amplitudenmodulation

ASM
1. von assembler; Dateinamenserweiterung für ▷Assembler-Dateien; 2. Asymmetric ▷Multi Processoring

ASN.1
Abstract Syntax Notation.1 (gesprochen „dot one"); plattformübergreifende ▷Syntax für Anweisungen und Meldungen im ▷SNMP

ASP
1. ▷Active Server Pages; 2. Application Service Providing/Provider: Anbieten/r von Applikationen oder applikatorischen Prozessleistungen im Internet; vergleiche ▷AIP und ▷SaaS und ▷Cloud

ASP.NET
Jener Teil der ▷.NET ▷Klassenbibliothek, welcher für die Programmierung von Websites und ▷Webdiensten vorgesehen ist; zum An-

gebot gehören auch diverse Werkzeuge, z. B. für die Herstellung von ▷WSDL-Signaturen; siehe auch ▷ADO.NET

Aspect Oriented Programming

Ein Programmier- ▷Paradigma, in dem zwischen den Kernfunktionen eines Programmes und so genannten Cross-Cutting Concerns unterschieden wird und in dem die Cross-Cutting Concerns auf möglichst einfache, implizite Weise implementiert werden; Cross-Cutting Concerns sind wichtige Programmanforderungen, die nicht Kernfunktion sind und die sich quer durch alle Bereiche der Kernfunktionen ziehen, z. B. Security, Logging, Transaktionsverwaltung

A

ASPI, -Manager

Advanced SCSI Programming Interface; mit einer ▷API vergleichbare Software-Schnittstelle von Adaptec zwischen dem ▷SCSI Controller und den ▷Treibern der SCSI-Einheiten; der A. Manager ist der Treiber zum Betriebssystem

ASR

Automated Speech Recognition; ▷Spracherkennung

Assembler

Monteur (frz., dann engl.); Programm zur Übersetzung von der ▷Assemblersprache in die ▷Maschinensprache

Assemblersprache

„Niedere", also maschinennahe Programmiersprache, bei welcher die Instruktionen durch symbolhafte, ▷mnemonische Abkürzungen repräsentiert werden; die A. steht zwischen der ▷Maschinensprache und den höheren ▷Programmiersprachen und ist prozessorspezifisch; sie ist die unterste Stufe, welche noch logische Adressen und Werte zulässt

Assembly

Logisches Paket aus einer oder mehreren Dateien mit ▷Manifest, ▷Metadaten, compiliertem Programmcode (▷CIL, ▷MSIL) sowie u. U. weiteren digitalen Ressourcen wie z. B. Ikonen oder Tondateien mit gemeinsamen Versionsnummern und Sicherheitsattributen im ▷.NET Framework von ▷Microsoft; die A. erscheint als ausführbare ▷EXE- oder als ▷DLL-Datei; da der Programmcode in der CIL Zwischensprache vorliegt, muss er zur Laufzeit noch mittels eines ▷JIT-Compilers in die eigentliche Maschinensprache übersetzt werden; eine A. ist folglich nur bei Anwesenheit der virtuellen Maschine ▷CLR lauffähig; ähnlich einem ▷JAR in ▷Java

Assertion

Zusicherung, Gewährleistung (lat.) und mit dieser Übersetzung ohne spezifische Bedeutung; Erklärungen siehe unter ▷Zusicherung

assign, ASSIGN(), Assignment

1. und allgemein: zuweisen (lat.), ▷Zuweisung; 2. reale oder ▷pseudosyntaktische Funktion des ▷Schedulers für die Zulassung eines rechenbereiten Prozesses zum Prozessor; siehe auch: ▷Präemption, ▷Prozesszustand, ▷ADD(), ▷BLOCK(), ▷RESIGN(), ▷RETIRE(), ▷READY()

Assistent

Helfer (lat.); Bezeichnung von ▷Microsoft für interaktive Hilfsprogramme, welche häufig wiederkehrende Aktivitäten des Anwenders unterstützen oder „vorausahnen" und ihm abnehmen wollen

Assoziation

Zuordnung (lat.); Beziehung zweier ▷Entitätsmengen oder Objekte in eine Richtung betrachtet; jedes Element der Entitätsmenge „Kinder der Schulklasse" assoziiert mit der Menge der „Mütter"

assoziativ

Identifikation eines Objekts durch eine aus diesem Objekt selbst errechnete Teilinformation; Beispiel: Zuweisung der Sitzplätze 1 bis 31 an die Studentinnen einer Gruppe unter Verwendung der Tageszahl ihres Geburtsdatums; a. Identifikation führt zu ▷Kollisionen (spätestens ab 32 Studentinnen), ist aber sehr schnell und wird z. B. im ▷Caching verwendet oder bei der Speicherung von Objektreferenzen; für die Berechnung a. Merkmale wird meist ▷Hashing verwendet

Assoziativität

Art und Weise, wie Operatoren ihre Operanden verarbeiten, wenn explizit priorisierende Angaben wie Klammern fehlen; Operator o ist linksassoziativ, wenn $a \circ b \circ c = (a \circ b) \circ c$, rechtsassoziativ, wenn $a \circ b \circ c = a \circ (b \circ c)$

Asterisk

Siehe unter ▷*

asynchron

Modus der Datenkommunikation: Sender und Empfängerin sind auf die Datenübertragung nicht durch „Gleichtakt" vorbereitet; der Sender initialisiert die Übertragung mit einem ▷Startbit und schliesst mit einem ▷Stopbit; in höherer Software dann: der Sender startet eine Anfrage und wartet nicht auf die Ankunft der Antwort des Empfängers, sondern diese ist für den Sender ein ▷Ereignis; oft auch für: unregelmässig, unangemeldet; siehe ferner: ▷synchron, ▷isochron, ▷mesochron, ▷plesiochron

AT

1. Advanced Technology; an sich unverbindlicher Name, der zum Begriff für ▷IBM kompatible PCs mit dem Prozessor 80286 (80386) und dem ▷ISA-Bus wurde; AT- ▷Mutterplatinen hatten eine Grösse von 305 × 350 mm; 2. sprachliche Form des ▷Klammeraffen (@) in E-Mail Adressen: dort bedeutet „at" deutsch „bei"

AT-Kommando

Vorspann eines klartextlichen Kommandos von der ▷DTE an
einen Hayes-kompatiblen ▷Modem; AT steht für „Attention" und
veranlasst den Modem, auf das nachfolgende Kommando durch
die Kommunikationssoftware zu warten

A

AT/IDE, AT-IDE

Synonym für ▷IDE, siehe auch ▷ATA (mehrere Stichworte) und
▷SATA

ATA n, ATAPI, ultra ATA

AT-Attachment; ▷ANSI-normierte Spezifikation für ein Befehls-
protokoll auf ▷IDE-Festplatten-Controllern; als ATAPI (Packet
Interface) dann so erweitert, dass an deren Schnittstellen auch
Laufwerke für optische Datenträger und Bänder angeschlossen
werden konnten; diverse, sich vorwiegend in der Transferrate sowie in der Fehlerkontrolle und -korrektur beim Zugriff bzw.
Transfer unterscheidende Normen; fast ATA steht für ▷EIDE;
ATA-2 und Ultra ATA stehen für Laufwerke mit direktem Speicherzugriff und höherer Transferrate; nach 2000 durch Serial
▷ATA abgelöst; für vollständige Information siehe Querverweise
und ▷PIO

ATA, Serial -

Auch: SATA; auf serieller Datenübertragung (6 bis 8 ▷Pins) basierende Schnittstelle für periphere Massenspeicher, meist also Plattenlaufwerke; die Technologie startete Ende 2002 mit 150 MBytes/s
und damit gleich mit Faktor 1.5 zu den bisherigen Transferraten;
600 MBytes/s werden angestrebt; im Vergleich zur parallelen Technologie, welche die 1990er Jahre dominierte, beseitigt S.A. vier
Problembereiche: begrenzte Transferrate, begrenzte Kabellänge in
der Zentraleinheit, zu „breite" Kabel (mit Behinderung der Luft-
strömung im Gehäuse), zu hohe Spannungspegel (bei S. ATA liegt
dieser gerade einmal bei +/– 250 mV)

ATA/ATAP-6
Spezifikation von Maxtor und ▷ANSI für 48-Bit-Adressen für
Sektoren als Ablösung von ▷LBA; damit sind bis 144 PetaBytes
▷Adressenraum möglich – genug, zunächst

A

ATC
Siehe bei Advanced Transfer ▷Cache

Atkinson, Bill
Geboren 1951; wegbereitender Programmierer in der ▷Macintosh-
Welt: Autor von MacPaint, ▷HyperCard, ▷QuickDraw, Mitautor
von ▷Finder; „Apple Fellow"; begnadeter Fotograf, der sich seit
mehr als dreissig Jahren auf Landschaft und Natur spezialisiert hat,
heute vollzeitlich als Fotograf tätig, gelegentliche Programmierung,
z. B. für das ▷iPhone

ATM
1. Asynchronous Transfer Mode: herstellerunabhängige, oft als
▷Backbone verwendete und sehr schnelle Vermittlungstechnik für
den Transport von Daten aller Art durch ein ▷WAN oder ▷LAN;
Grundlage für Breitbanddienste wie B- ▷ISDN; A. integriert alle
gängigen Netzwerk- und Telekommunikations- ▷Protokolle; die
Daten werden in Zellen zu 53 Bytes transportiert, wovon 48 Bytes
Information sind; ATM schaffte den Durchbruch im Backbone
Umfeld nie ganz und wird an Bedeutung zugunsten schneller
▷Ethernet Varianten weiter abnehmen; 2. Adobe Type Manager;
Treiber, der für die Wiedergabe von Schriften am Bildschirm die
zugehörigen Druckerdateien benutzt und damit höher auflösende
▷Bitmap-Muster ausgibt

Atom und atomar, ATOM
Das Unteilbare (griech.); 1. und allgemein: etwas Unteilbares,
ununterbrechbar Ganzes, z. B. eine ▷Befehlssequenz in einer
▷Transaktion; unteilbar ist eine solche Befehlsfolge nicht in dem
Sinne, dass ihre Bearbeitung nicht unterbrochen werden kann

(▷Prozesswechsel, Fehler), sondern in dem Sinne, dass kein anderer Prozess in ihre Wertedynamik eingreifen kann; vergleiche ▷ACID; 2. der einzelne, einer Verarbeitungseinheit zugeführte Teilbefehl eines ▷VLIW; 3. Bedeutung des Begriffs/Akronyms hierzu unbekannt: Internetstandard auf der Basis von ▷RFC 4287 für eine auf ▷XML basierende Formatierung von ▷Metadaten zur Nachrichten- ▷Syndikation nach dem ▷Push-Prinzip im ▷Web; das Format wurde vor allem von ▷Bloggern forciert und soll einmal ▷RSS ablösen; technologisch ist ATOM eine ▷XML-Anwendung

Atomisierung
Feingliedrige Zerlegung von Objekten irgendwelcher Art bis zu einem Unteilbaren: ▷Daten, ▷Funktionen, ▷Operationen usw.; siehe auch ▷Granularität

ATP
Adaptive Tolerant Protocol; Technologie vieler ▷Modemhersteller zur Integration aller bestehenden ▷Standards

attach, Attachment
Ankoppeln, anhängen, Anhängsel; meist gebraucht im Zusammenhang mit dem Anhängen von Binärdateien an eine elektronische Mitteilung (▷E-Mail): man kann damit Besprechungsprotokolle anhängen, die niemanden interessieren, zur Stellungname gebeten werden, wo der Absender früher selbst die Verantwortung tragen musste, Bilder versenden, die man nie missen würde, und Witze, die nicht witzig sind; siehe auch ▷MIME und ▷S/MIME

Attack, Attacke
Illegitimer oder illegaler Angriff auf die ▷Verfügbarkeit des Systems, die ▷Integrität seiner Komponenten (z. B. der ▷Daten) oder die ▷Vertraulichkeit der Daten; Phasen einer Attacke sind: 1. Informationsgewinnung, 2. Schwachstellen ausbeuten (exploit), 3. Zugriff gewinnen, 4. Zugriff erweitern, 5. Kontrolle übernehmen und

Aktionen durchführen, 6. Spuren beseitigen; siehe die nachfolgenden Attackenmuster, ferner ▷CIA, ▷Privacy

Attack, Massive -   **A**
Möglicherweise haben Sie sich im Lexikon geirrt: Massive Attack ist eine 1987 gegründete, britische Trip Hop-Band …

Attacke, Aggregations-
Versuch der illegitimen Informationsgewinnung durch ▷Aggregation; Gegenmittel: Schutz auch scheinbar marginaler und insensitiver Daten

Attacke, aktive -, passive -
Illegitimer oder illegaler Zugriff auf Daten in nicht eindringender, nur lesender Weise (p.) bzw. lesend und eindringend, schreibend (a.)

Attacke, Backdoor -
Hintertüre; ▷Dienst, der „von innen" auf gewisse – u. U. selten verwendete – ▷Ports horcht und einer Anmeldung an diesem Port den ▷Zugriff gewährt; durch Installation eines B's (mittels ▷Virus oder ▷Trojanischem Pferd) kann sich ein ▷Hacker oder ▷Knacker unter Umgehung der normalen ▷Authentisierungsmechanismen Zugriff verschaffen; siehe auch ▷Maintenance Hook; Gegenmassnahme: Host based ▷Intrusion Detection System

Attacke, Banner Grabbing -
Art des ▷Footprinting, welche Antworten auf ▷HTTP-Anfragen analysiert; anhand der ▷Metadaten in den Antworten können Rückschlüsse auf das anzugreifende System gezogen werden; Gegenmittel: Fälschen der Absender-Metadaten, um Angreifer zu verwirren, oder Ausschalten der Metadaten

Attacke, Birthday -
Attacke auf ▷Message Digests; mit roher Gewalt (▷Brute Force) wird versucht, eine falsche Nachricht so zu erzeugen, dass sie den

gleichen ▷Message Digest ergibt wie das Original, um diese Nachricht dann als Original auszugeben; das könnte so verstanden werden, dass ich einen bösen Buben B suche und ihn anstelle der geladenen Person G mit gleichem Geburtsdatum zur Geburtstagsparty
schicke; schon unter 23 zufällig versammelten Personen finde ich
mit über 50 % Wahrscheinlichkeit einen B, unter 100 Personen
schon mit über 99 %; Gegenmittel: grosse ▷Hash Werte

Attacke, Bluejacking -
Aktive oder passive ▷Attacke (Daten versenden oder herunterladen, Kontaktadresse deponieren usw.) auf ein ▷Bluetooth-Gerät;
diese sind oft recht ungeschützt; B. ist ein Kunstwort aus Bluetooth
und to hijack (entführen); Gegenmittel: Bluetooth nur bei Bedarf
aktivieren, zwingende ▷Authentisierung an Bluetooth-Geräten;
▷Kryptografierung des Funkverkehrs oder Transfer kryptografier-
ter Daten

Attacke, Bot-Netz -
Siehe unter dem geläufigeren ▷Bot-Netz

Attacke, Browsing -
Grundlegendes, noch unsystematisches Auskundschaften von ▷Do-
kumenten und ihrer Ablagestruktur in (Noch-)Unkenntnis ihrer
Strukturen; dieser Angriff erfolgt oft von innen, entweder durch Personen im Innern der Unternehmung oder durch ▷Hacker/▷Knacker
nach erfolgreichem Eindringen; Gegenmittel: guter Zugriffsschutz
der Dokumente in der zentralen Ablage, ▷Kryptografierung von
sensitiven Dokumenten; Schulungen und Verhaltenskodizes

Attacke, Brute Force -
Attackenmuster der rohen Gewalt: kombinatorisches Durchprobie-
ren auf der Suche nach Passwörtern oder Schlüsseln; Gegenmittel:
▷Clipping Level und/oder ▷Timeout, Wartezyklen nach Fehlver-
such, Passwort-Richtlinien, breite Schlüssel; beachte die diversen
Bedeutungen von ▷Brute Force

Attacke, Buffer Overflow -

Fluten von Puffern in böswilliger Absicht; ein Muster kann darin
bestehen, dass eine Eingabevariable bewusst überbestückt wird,
damit dann ein Teil ihres Inhalts in eine benachbarte Speicherzelle
überläuft, diese kann eine (Rück-) ▷Sprungadresse enthalten, welche danach also zu einem falschen Einsprungpunkt verweist; ein
bekanntes Beispiel ist ▷Ping of Death; Gegenmittel: stringente
▷Typenprüfung oder Verwendung ▷typsicherer Programmiersprachen

A

Attacke, Clickjacking -

Angriffsmuster, das darin besteht, Seitenaufrufe beim Surfen auf
illegitime Seiten umzuleiten, die danach die Aktivitäten und Eingaben der Benutzenden aufzeichnen; Gegenmassnahme nur in Form
bewussten Surfens und Vermeidens unbekannter bzw. nicht ver-
trauenswürdiger Links möglich

Attacke, CMOS -

Die obligatorische ▷Authentisierung in modernen Betriebssystemen (siehe unter ▷C2 Level Security) setzt nach dem Laden
des Betriebssystems ein und schützt dessen ▷Ressourcen; ungeschützt und offen für aktive ▷Attacken bleiben die im ▷CMOS
RAM gespeicherten ▷BIOS Setup Parameter; Gegenmittel: Schutz
des Rechners mit einem (leider nicht sehr sicheren) Setup Passwort

Attacke, Cramming -

Zustopfen; 1. Einschleusen zusätzlicher zahlungspflichtiger Dienste ohne (oder mit gestalterisch versteckter) Rückfrage beim Konsumenten; besonders arrogant sind in dieser Hinsicht viele Dienste, die einem Handy-Abonnement untergejubelt werden, z. B. nach
dem Herunterladen von Klingeltönen; beliebt bei Abzockern; solchen Angriffen fallen dann vor allem Jugendliche zum Opfer;
Gegenmittel: sorgfältige Kontrolle der Abrechnungen, bei unwill-
kommenen Diensten STOP ALL an die Zielnummer, nichts bezah-

len oder Anzeige beim Telefonie-Dienstleister erstatten; 2. Cache Cramming ist das Einschleusen von Software über den Disk ▷Cache, die bspw. beim nächsten Browserstart mitaktiviert wird und die eine Verbindung zum ▷Hacker öffnet

A

Attacke, Cross Site Scripting -
XSS; Versuch der unfreundlichen Übernahme von ▷Kennungen wie Login-Name und Passwort; im Gegensatz zur Phishing-Attacke wird bei XSS nicht eine getürkte Seite präsentiert, sondern es wird versucht, die eingegebenen Kennungen auf einer legitimen Seite abzuhorchen und sie illegitim zum Angreifer umzuleiten; Gegenmittel: Login-Kennungen nur auf ▷SSL geschützten Seiten eingeben, keine Kennungen in ▷Klartext übertragen

Attacke, Data Diddling -
Schwindeln; Veränderung der ▷Daten kurz vor der Eingabe bzw. der ▷Informationen kurz nach der Ausgabe; eine aktive Attacke; Gegenmittel: ▷Plausibilitätsprüfungen vor Eingabe; auf der Ausgabeseite sind administrative Massnahmen (z. B. Arbeitsteilung) nötig

Attacke, Dictionary -
Siehe unter lexikalische Attacke

Attacke, DNS DoS -
Einstreuen von falschen ▷IP-Adressen in einen ▷DNS-Server und/oder dessen ▷Cache; der Angriff erfolgt von innen oder an der Zwischenstation einer weitergeleiteten DNS-Anfrage; damit ist der gewünschte ▷Dienst nicht zugänglich; Gegenmittel: öffentlicher und privater DNS, Redundanz, Überwachung

Attacke, DNS-Poisoning -
Siehe unter DNS-Propagations-Attacke

Attacke, DNS-Propagations-

Einstreuen falscher Eintragungen in die Kommunikation zwischen ▷DNS-Servern; damit werden Anfragen nicht beantwortet oder gar an unerwünschte Ziele umgeleitet; Gegenmittel: ▷DNSSEC

A

Attacke, DoS -, DDoS - und DRDoS -

▷Denial of Service (siehe dort, weil gängiger), Distributed Denial of Service (siehe unter ▷DDoS, dito), Distributed reflective Denial of Service (siehe unter ▷DRDoS, dito)

Attacke, Drive-by Pharming -

Steigerung des ▷Attackenmusters Pharming; 1. gelegentlich gedeutet als Manipulation nicht sauber geschützter Heim- ▷Router; 2. auch erklärt als verstecktes Ph., also z. B. als ▷DNS- ▷Spoofing ohne explizite Abrufaktivität durch den Anwender wie etwa beim blossen Bewegen der Maus über eine kritische Stelle der Webseite; Gegenmittel: seitens Endanwender absichern der heimischen Infrastruktur und ▷Security Awareness

Attacke, Drive-by-Download -

Nicht bewusst durch den Anwender, sondern z. B. bereits durch den Besuch einer Website ausgelöstes ▷Herunterladen von (dann meist schädlicher) Software; Gegenmittel: Zurückhaltung beim Besuchen unbekannter Websites

Attacke, Dumpster Diving -

Wühlen im Kehrichtbehälter; nicht zwingend illegale Attacke auf die Vertraulichkeit; mit „Kehricht" kann solcher im herkömmlichen Sinn gemeint sein, aber auch „gelöschte" (tatsächlich aber noch im Speicher befindliche) Daten; Gegenmittel: ▷wipen, sichere Abfallentsorgung bzw. Löschung

Attacke, Eavesdropping -

Lauschangriff, ein Angriff auf die ▷Vertraulichkeit; Gegenmassnahmen sind physikalisch (z. B. Abschirmung, Zaun), technisch

(z. B. Zugriffssteuerung) oder administrativ (z. B. Klassierung von Informationen)

A   Attacke, ETAONRISH -
Frequenzanalyse-Attacke auf verschlüsselte englische Texte; die Buchstabenreihenfolge des „Akronyms" dokumentiert die relative Häufigkeit der Buchstaben in der englischen Schriftsprache; Gegenmittel: Schwizertüütsch verwenden

Attacke, FAT-Datei-
Beim Verschieben/Kopieren von Dateien innerhalb eines zugriffsgeschützten Dateisystems (wie u. a. ▷NTFS) werden die bisher geltenden ▷Zugriffsrechte der Datei (gemäss ▷DAC-Modell) übernommen oder diejenigen des Ziel- ▷Verzeichnisses geerbt; nicht so beim Verschieben/Kopieren der Datei in ein ungesichertes Dateisystem wie ▷FAT oder ▷FAT32: damit geben wir jeden Zugriffsschutz auf; so also namentlich beim Verschieben/Kopieren von Dateien auf ▷Memory Sticks, die meist mit FAT32 formatiert sind; die aktive oder passive Attacke besteht darin, vertrauliche Datein auf irgendeinem Weg auf einen Memory Stick zu bringen, z. B. durch ▷Social Engineering; Gegenmittel: Sensibilisierung und Aufklärung, Verwendung zugriffsgeschützter Memory Sticks und/oder Datei- ▷Verschlüsselung

Attacke, Fraggle -
Keine Übersetzung gefunden; übers Netzwerk multipliziertes Aussenden von ▷UDP ▷Datengrammen mit maskierter Absenderadresse; die eintreffenden Antworten ▷fluten das Opfersystem; Gegenmittel: ▷Broadcasting einschränken; UDP einschränken; ▷IDS; vergleichbar der Smurf Attacke

Attacke, Frequenzanalyse- oder Häufigkeitsanalyse-
Angriff auf ▷Chiffrate, die durch substituierende, monoalphabetische Strom- ▷Kryptografierung erzeugt wurden: Bestimmung der absoluten Häufigkeiten der vorkommenden Zeichen und Vergleich

mit den relativen Häufigkeiten der Buchstaben in einer bestimmten
Schriftsprache; Gegenmittel: polyalphabetische Kryptografierung

Attacke, Hoax -

A

Ein ▷Hoax, der seine lawinenartige Verbreitung durch Heraufbe-
schwören immenser Gefahren oder mittels massiver Bedrohungen
(„… sonst wird eine ihnen lieb gewordene Person sterben") sucht;
Gegenmittel: keine Warnungen weiterleiten, auch wenn sie von „Microsoft" oder „Swisscom" kommen sollen; keine Briefe weiterleiten,
auch wenn Ihnen gedroht wird, dass Sie deswegen heute am Cheese-
burger ersticken könnten (essen Sie stattdessen einen Fischburger)

Attacke, ICMP Storm -

Synonym zur Smurf-Attacke, siehe dort

Attacke, Inferenz-

Versuch der illegitimen Informationsgewinnung durch ▷Inferenz;
Gegenmittel: Schutz auch scheinbar marginaler und insensitiver
Daten

Attacke, Klartext-

Angriff auf eine verschlüsselte Kommunikation, bei der sowohl der
verschlüsselte Text als auch Teile des ▷Klartextes zur Verfügung
stehen; der Klartext erlaubt Spekulationen über den Schlüssel, was
die Menge möglicher Schlüssel entscheidend reduziert; Beispiel: im
Zweiten Weltkrieg konnten die Alliierten davon ausgehen, dass in
deutscher Kommunikation an bestimmten Stellen das Wort „Ober-
kommando" vorkam; Gegenmittel: sorgfältige Verwahrung oder
Vernichtung des Klartextes

Attacke, Land -

Zustellen vieler ▷TCP- ▷SYN-Anfragen auf ein Opfersystem mit
der eigenen Adresse als Absender; das System generiert viele Feh-
lerzustände und erlahmt dabei; eine Form der ▷Denial of Service-
Attacken; Gegenmittel: ▷Patching, ▷IDS, dynamisches Blocken

Attacke, lexikalische -

Versuch, ein Passwort mittels Einspeisung aller Schlagworte aus Lexika und eigens erstellten Wörterbüchern zu knacken; eine ▷Brute Force Attacke aus der Erkenntnis heraus, dass als Passwörter vielfach real vorkommende Begriffe und Namen gewählt werden; wenn in einem Betrieb mit 1'000 Mitarbeitenden auch nur 10% ein „typisches" Passwort wählten, das mittels einer l.A. geknackt werden kann, öffnet dies einem Angreifer bereits 100 Türen; gute Angreifer-Programme spielen auch Varianten der Wörterbuchattacke durch: bello, bello1, be11o, bEllo, bello!, ...; Gegenmittel: strikte Passwort-Richtlinien und ein betriebliches Passwort-Management

Attacke, LOKI -

Client/Server „Lösung", die als Hintertüre in Systeme hinein benutzt werden kann: Angreifer packen Befehle in ein – eigentlich nicht mit Nutzdaten befrachtetes – ▷ICMP Paket (z. B. ▷ping) und bringen dies so auf den Zielrechner; dieser kann damit veranlasst werden, eine Hintertüre mit Administratorrechten zu öffnen; Gegenmittel: Paketanalyse, restriktive ▷Port-Zugänglichkeit

Attacke, Lunchtime -

Benutzen eines Computers, an dem sich der Anwender bei Abwesenheit nicht abgemeldet (▷log off) hat; dieses Nicht-Abmelden ist eines der verbreitetsten Sicherheitsprobleme und vor allem ein Ausdruck mangelnden Bewusstseins; Gegenmittel: konsequente, ausnahmslose Abmeldung am System bei jeder Abwesenheit; in sicherheitskritischen Bereichen (Spitäler, Einwohnermeldeämter, Gerichte usw.) sind Repressionen nicht auszuschliessen

Attacke, Man-in-the-Middle -

Abhörattacke auf ▷Pakete, welche einen Knotenrechner, z. B. einen ▷Router, durchfliessen; die Ziele sind dabei a) Analyse und Verwendung der durchfliessenden Daten und b) für jede Seite einen Gesprächspartner zu simulieren und dem anderen Partner das Ge-

fühl zu geben, er rede mit seinem Wunsch-Gegenüber; solange die
Attacke passiv ist, wird sie oft nicht entdeckt bzw. sind Gegenmassnahmen oft nicht möglich (da Transportinfrastruktur in frem-
dem Eigentum); gegen aktive Attacken helfen nur ▷Authentisie-
rung und völliger ▷Integritätsschutz

A

Attacke, Passwort-

Passwörter dienen der ▷Authentisierung und der Zugriffssteuerung (▷Access Control); die erfolgreichsten Attacken auf Passwörter finden am Arbeitsplatzcomputer selbst statt: haben Sie,
liebe Leserin und Leser, als sträflichste aller Nachlässigkeiten „Au-
tovervollständigen" im Internet ▷Explorer aktiviert und geben
mir eine Minute Zeit, dann lese ich genüsslich Ihre Webmails,
versende auf Ihre Kosten SMS, öffne Ihren ▷Access Point für den
Nachbarn und ändere Ihr Konto beim ▷ADSL-Provider … dies
alles ohne Lötkolben oder spezielle Informatikkenntnisse; als
Zweites schaue ich mal unter Ihre Tastatur …; heute kommt niemand mehr um eine gute Passwortverwaltung herum: sie beginnt
beim Deaktivieren der unverantwortlichen Automatismen der
Softwarehersteller

Attacke, Pharming -

Steigerung von ▷Phishing; die Eindringlinge sind bereits daran,
den Computer zu manipulieren oder stehen unmittelbar davor:
eine durch ein ▷Trojanisches Pferd eingenistete ▷Malware leitet
auch korrekte URLs auf gefälschte Websites um, die in grossen
Mengen auf Serverfarmen abgelegt sind; Ph. ist somit eine DNS-
▷Attacke; Ph. bei ▷Voice over IP besteht im Umleiten von Gesprä-
chen über fremde Server in der Absicht, vertrauliche Informationen zu gewinnen

Attacke, Phishing -

Password Fishing; Versuch, mittels einer hoch professionell imi-
tierten Webseite und einer vermeintlich hoch offiziellen Anfrage
– „wir haben leider eine Panne" – an ein Passwort zu gelangen;

Ph. Attacken sind also aktiv und passiv, sie waren in den ersten Jahren des neuen Jahrtausends sehr verbreitet, haben dann etwas abgenommen und nehmen derzeit wieder stark zu; Opfer sind meist Kunden und Kundinnen von Banken und Finanzinstituten; siehe auch ▷Pharming- und ▷Cross Site Scripting Attacken; Gegenmittel: ausnahmslos nie jemandem die persönlichen Kennungen per E-Mail mitteilen, ▷Kennungen nur dann eingeben, wenn Sie eine Aktivität selbst initiiert haben, z. B. im E-Banking

Attacke, Ping Flooding -
Synonym zur Smurf Attacke, siehe dort

Attacke, Ping of Death -
Art einer ▷Denial of Service Attacke, die darin besteht, zu lange ▷IP Pakete (mehr als 65'536 Bytes), loszusenden, die dann zerlegt versendet und am Empfangsort wieder zusammengefügt werden (sollten); der Empfänger kann nun aber mit der unerlaubten Länge u. U. nichts anfangen und puffert die Fragmente; dies führt zu den befürchteten ▷Buffer Overflows und/oder zum Absturz des Empfängersystems

Attacke, Purchase Key -
Angriff auf einen Geheimnisträger mit „weichen" Methoden: Bestechung, ▷Social Engineering usw.; Gegenmittel: Schulung, Sensibilisierung und persönliche Ethik; vergleiche mit der Rubber Hose Attacke

Attacke, Race Condition -
Im ▷Multi Processing wechseln sich rechnende ▷Prozesse am ▷Prozessor laufend ab; die R.C.A. besteht darin, in diese Prozessverzahnung einzuwirken, z. B. im Moment des Prozess- und ▷Kontextwechsels, oder in den Inhalt des ▷Stacks; Gegenmittel: Errichten von ▷Sperren und der Befehls- ▷Atomarität

Attacke, Replay -

Wiederholtes Einspeisen nicht oder nur leicht veränderter (vorher abgehörter) Daten, z. B. von ▷Kennungen, in ein Opfersystem, um sich dort Zugriff zu verschaffen oder dessen Reaktionen zu analysieren; Gegenmittel: so genannte Session Tokens wie Zeitstempel, ▷Paket-Laufnummer und Anderes

A

Attacke, Rubber Hose -

Gummischlauch; Angriff auf einen Geheimnisträger mit gewalttätigen Methoden; Gegenmittel: Karatekurs; vergleiche mit der Purchase Key Attacke

Attacke, Salami-

Ständiges „Schnippeln" an einer Anlage, so dass die einzelne Veränderung kaum oder nicht bemerkt wird; häufiges Angriffsmuster von innen und durch autorisierte Personen; Gegenmittel: Vier-Augen-Prinzip, Jobrotation, Validierung von Code usw.

Attacke, Session Hijacking -

Übernahme einer etablierten ▷Sitzung durch Diebstahl von eindeutigen Sitzungs-Kennungen (Session IDs), z. B. Diebstahl eines Cookies; Ziel ist es, durch die gestohlene Session ID dieselben Rechte zu erlangen wie der Kommunikationspartner, der zuvor authentisierte; Gegenmassnahmen: strenge ▷Authentisierung, ▷Verschlüsselung, ▷Zugriffssteuerung, ▷Challenges

Attacke, Shoulder Surfing -

Etwa: Schultergucken; Ausspionieren vertraulicher Daten durch direkte, aber möglichst unbemerkte Einsicht; eine passive A. auf die Vertraulichkeit; Gegenmittel: Bearbeiten vertraulicher Daten zur richtigen Zeit am richtigen Ort; Beobachtung von auffälligem Verhalten

A

Attacke, Side Channel -

Seiteneffekt; Beobachten und Analysieren der Begleiteffekte eines Prozesses (Stromverbrauch, Zeit, Zyklen, Speicherbereiche …) zum Knacken eines ▷Kryptografieverfahrens; die passive Attacke beobachtet den Ressourcenverbrauch und zieht Rückschlüsse auf die Arbeit des kryptografierenden Gerätes, die aktive A. stört dessen Arbeit durch die S.C.s

Attacke, Slamming -

Zuschlagen; unfreundlicher oder bösartiger Vollzug eines Wechsels bei Anbietern zahlungspflichtiger Dienste ohne Rückfrage beim Konsumenten und mit dem Ziel, an höhere Abonnementbeiträge zu kommen; Gegenmittel: sorgfältige Kontrolle der Rechnungen; siehe auch Cramming Attacke

Attacke, Sluring -

Service Luring, Dienst-Köderung; als Weiterentwicklung der Phishing-Attacken (siehe dort) werden Anwender auf eine Webseite gelockt, wo ihnen ein nützlicher Dienst vorgesülzt wird; dieser lasse sich dann über die Angabe von persönlichen Angaben aktivieren; Gegenmittel: gesundes Misstrauen und mal mit dem zufrieden sein, was man hat und ist …

Attacke, Smurf -

Angriff der Schlümpfe … ; über einen ▷Broadcast-Mittler multipliziertes Aussenden von ▷ICMP Echo Requests mit maskierter Absenderadresse; die gebündelt eintreffenden Echo Requests ▷fluten das Opfersystem; damit eine Form von Denial of Service-Attacken; Gegenmittel: Broadcasting (von ICMP-Paketen oder generell) einschränken; ICMP sperren; ▷IDS; synonym: Ping Flooding und ICMP Storm; vergleichbar: Fraggle Attacke

Attacke, Social Engineering -

Sozialentwicklung (leisten); zynische Bezeichnung für das Auskundschaften des sozialen Umfeldes, der Arbeitsweise oder der

Freizeitgewohnheiten von Anwendern, um diesen danach auf dem Datenweg Schaden zuzufügen; der Angreifer gibt sich als Autoritätsperson aus oder er schüchtert mit Fachbegriffen ein; Gegenmittel: bei Fachbegriffen sofort zum Lexikon greifen ..., keine vertraulichen Informationen an nicht ausgewiesene Personen geben

A

Attacke, Stream -
Zustellen vieler ▷Pakete auf ein Opfersystem mit zufälliger Sequenz- und Absendernummer; das System versucht Ordnung in die Sequenz zu bringen und erlahmt dabei; eine Form der Denial of Service Attacken; Gegenmittel: ▷Patching, ▷IDS, dynamisches Blocken

Attacke, SYN Flood - / Flut -
Massenweises Versenden von ▷SYN Verbindungsanfragen an den ▷TCP Stapel; dieser antwortet, stellt Ressourcen bereit, bekommt aber kein bestätigendes ACK; es entsteht eine „halboffene Verbindung"; die Sintfluten von SYN legen das Opfer schliesslich lahm; Gegenmittel: Verkürzung der ▷Timeouts, Filterung und Beschränkung der Verbindungsanfragen, Erhöhung der Ressourcen, ▷Patching und ▷IDS

Attacke, Teardrop -
Tränen; vergleichbar der Stream Attacke, siehe dort; es besteht kein Zusammenhang zu den Tränen der kleinen Schwester, die mitunter auch ein bestimmtes Ziel verfolgen ...

Attacke, Timing -
Angriff unter Ausnutzung des deterministischen Zeitverhaltens von Prozessen im System: Einbrechen in Wartezustände oder Antwortzeiten, Übernahme einer Leitung nach erfolgtem – scheinbarem – Abbruch durch den Initiator einer Kommunikation usw.; Gegenmittel schwierig, das Eindringen muss auf nicht zeitgebundenen Mechanismen beruhen

A

Attacke, TOCTTOU -
Time of Check to Time of Use; zwischen dem Abprüfen der Verfügbarkeit einer Ressource und dem ▷Zugriff auf sie verstreicht
eine Zeitspanne, die von Angreifern benutzt werden kann; Gegenmittel schwierig, da Zeitverhalten oft systemimmanent

Attacke, Tunneling -
Angriff durch tiefschichtiges (▷OSI) Unterlaufen von Sicherheits-
vorkehrungen; Gegenmittel: umfassende, alle Stufen berücksichti-
gende Sicherheitsrichtlinien und -massnahmen, vielschichtige Er-
kennungssysteme

Attacke, War Dialing -, Wardialing -
Automatisiertes Ausprobieren einer grossen Anzahl von Einwählnummern, z. B. in der ▷Dfü, mit der Absicht des illegitimen
Eindringens; so gesehen eine Brute Force Attacke; Gegenmittel
nur schwach möglich: a) Einwählnummern nicht publizieren,
b) ▷call back

Attacke, War Driving -, Wardriving -
Im Auto sitzen, in der Gegend umherfahren, ▷WLAN-Zugänge su-
chen, darüber surfen: Piratenluft schnuppern hat heute mithin den
Beigeschmack von Benzin; Gegenmittel: ▷Wireless Access Points
härten für den Schutz der Ressourcen, ID Broadcast ausschalten,
Funkverkehr verschlüsseln für den Schutz der Vertraulichkeit

Attacke, Webbeacon -
Leuchtfeuer im Web; Technik, um bei Nachladen von Bildern in
▷HTML-formatierten E-Mails die Mailadresse zu eruieren; dieser
Technik bedienen sich vor allem ▷Spammer; Gegenmittel: automa-
tisches Herunterladen von Bildern in E-Mails verhindern

Attacke, Wiretapping -
Möglicherweise, aber nicht zwingend ein Angriffsmuster; deshalb
siehe unter ▷Wiretapping

Attacke, Wormhole -
Übernahme von Nachrichten und illegitime Umleitung auf einen anderen Weg zum Ziel mit der Absicht, unterwegs Nutzen zu ziehen; Gegenmittel bestehen in so genannten Leinen, das sind Informationen, die den Nachrichten mitgegeben werden und die Distanzen oder Knoten beschränken

A

Attacke, zero Knowledge -
Angriff ohne irgendwelches Vorwissen übers Opfersystem und damit oft der Ausgangspunkt eines illegitimen Angriffs bzw. aber auch eines legitimen Sicherheitstests, dann oft ▷Penetrationstest genannt

Attenuation
▷Dämpfung

Attribut
Allgemein: Eigenschaft, Merkmal (lat.); 1. singuläre Eigenschaft einer ▷Entitätsmenge; 2. deutscher Begriff für ▷Member, ein Datenelement einer ▷Klasse; 3. vom Dateisystem vergebene Dateispezifikation; ▷FAT ▷Dateisysteme haben z. B. die A.: geändert am, Grösse, r (read only), h (▷hidden), s (▷system), a (▷archive), v (▷volume), d (▷directory); in anderen Dateisystemen kommen A. für den Schutz, die Zugriffsmethode, die Eigentumsrechte usw. hinzu; vergleiche ▷Zugriffsrecht; 4. verfeinernd spezifizierende Information in einem ▷XML - ▷Element; 5. in C# eine Art ▷Annotation, Prinzip siehe dort

ATX
Möglicherweise AT extended; im Jahre 1995 von ▷Intel publizierte und später etwas erweiterte Spezifikation für das Layout der Mutterplatine, welches sich bisher immer an der ▷AT- und Baby-AT-Platine orientierte; die Spezifikation brachte eine optimierte Entlüftung (im ATX-Original eigentlich Belüftung) des PCs und eine zugänglichere Unterbringung der grossen Komponenten

A

Audio-, audio-
Das Hören betreffend (lat.); Hardware, Software, Datentyp, Objekt oder Bauteil rund um das Hören

Auditing, Audit Trail
Buchprüfung, Prüfspur; im Relevanzbereich der Sicherheitstechnik die (auf das ▷Accounting folgende) Auswertung aller bezüglich ▷Identifikation, ▷Authentisierung, ▷Autorisierung und ▷Zugriff relevanten, legitimen und illegitimen Aktivitäten; der A.T. ist die für eine entsprechende Sichtung vorbereitete Protokolldatei

Aufdatierung
Verbesserung von Produkten (Hardware wie Software) bzw. Nachtragung oder Aktualisierung eines Datenbestandes auf den jüngsten Stand

Auflösung
1. und allgemein: Deutlichkeit, (Trenn-)Schärfe; 2. ... z. B. einer ▷Codierung bzw. der Wiedergabe von Daten auf Ein- und Ausgabegeräten wie Grafiktablett, Maus, Monitor, Drucker usw.; die Forderung nach besserer A. ist u. a. ein Postulat der ▷Ergonomie

Aufruf
Vorgang des Startens einer Sub- ▷Routine, Funktion (▷Funktionsaufruf) oder einer Systemroutine (▷Systemaufruf) bzw. Start eines ▷Prozesses von einem anderen Prozess aus

Auftrag
Zweiweg- ▷Nachricht: von einer Senderin an einen Empfänger und retour; dazwischen liegt die empfängerseitige Bearbeitung; siehe auch ▷Meldung

Ausbeute
Qualitätsmass für Suchsysteme als Quotient aus der Anzahl erhaltener, relevanter Dokumente und der Anzahl total vorhandener, relevanter Dokumente; siehe auch ▷Präzision

A

Ausdruck
In einer Programmiersprache formulierte Verknüpfung von ▷Operanden und ▷Operatoren, welche nach ihrer Verarbeitung einen Rückgabewert mit einem bestimmten ▷Datentypen, ein Resultat, liefert

Ausdruck, Regulärer -
Formale ▷Sprache zur Beschreibung von ▷Zeichenketten; in ▷Programmiersprachen können Zeichenketten mittels r. A. gefiltert, beschnitten, durchsucht und verändert werden; als Formel bzw. Suchmuster sind r. A. meist recht kryptisch zu lesen; r. A. haben die Mächtigkeit eines endlichen Automaten und sind eine der zentralen Ursachen für die weitreichenden Textverarbeitungsmöglichkeiten unter ▷Unix; siehe ▷grep, ▷awk; Quantoren: „+": 1 Mal oder beliebig oft, „*": 0 Mal oder beliebig oft, „?": 0 oder 1 Mal, {n,m}: n bis m Mal usw.; Zeichenklassen: „.": beliebiges Zeichen, „^": Zeilenanfang, „$": Zeilenende, [a-z]: Zeichenklasse, [^a-z]: unerlaubte Zeichenklasse; Gruppierung: (...), \n oder $n: n. gefundene Gruppe usw.

Aushungerung
Gravierende Verletzung der ▷Fairness, indem ein ▷Prozess/ ▷Thread nie „zum Zug" kommt; eine A. ist möglich in Prozess- oder ▷Transaktions-Warteschlangen, deren ▷Scheduler die bereiten Prozesse rein prioritätenbasiert einreiht (man stelle sich einen Personenaufzug vor, der immer die nächstliegenden Stockwerke bedient – und unten im Fahrradkeller wartet jemand) oder beim Lösen von ▷Verklemmungen, indem dabei immer die gleichen Transaktionen zur Rücknahme (▷Rollback) gezwungen werden

A

Auslagerung, Auslagerungsdatei

Bei ▷Prozessen oder ▷Daten: temporäre Verdrängung von Datensegmenten auf den ▷Sekundärspeicher in der virtuellen ▷Speicherverwaltung; dann oft eine verborgene (▷hidden) Datei oder eine extra Partition (Swap) auf der Festplatte oder einem Netzwerk-Laufwerk, wohin das Betriebssystem solche Objekte auslagert (▷Swapping)

Auslastungsfaktor

Verhältnis von ▷Objekten und ▷Körben bei der Speicherung mittels ▷Hash Adressierung; bei wenigen Objekten 1 : 1; bei vielen Objekten n : 1, wonach zusätzliche Ablage- und Suchmechanismen ablaufen müssen, die sich dann aber negativ auf die Performanz auswirken; siehe auch ▷Kollision

Ausnahme, Ausnahmeverarbeitung

Situation, in welcher der ▷Prozess oder ▷Prozessor in Abweichung seiner „normalen", ▷sequenziellen Befehlsverarbeitung eine Sonderroutine einschiebt; diese kann z. B. darin bestehen, die Anfrage einer Kommunikationseinheit zu berücksichtigen oder einen eingetretenen ▷Fehler zu behandeln; die A.-situation wird durch eine ▷Unterbrechung ausgelöst, besteht einleitend darin, einen ▷Unterbrechungsvektor zu laden und hauptsächlich dann eine zugehörige ▷Serviceroutine zu starten; Serviceroutinen laufen in aller Regel im Supervisor- ▷Modus

Aussensteg

In der Typografie: Seitenrand links und rechts auf der Doppelseite, gemessen vom ▷Satzspiegel bis zum Papierrand

Austastlücke

Zeit zwischen dem Aufbau zweier Fernsehbilder, wenn der Elektronenstrahl an seine Anfangsposition zurückkehrt; in dieser Zeit ist das Bild zwar ausgeblendet, jedoch können währenddessen Daten

übertragen und vorbereitend in den Bildaufbau gefügt werden; z. B.
▷Teletext oder ▷Intercast

Auswahl

1. Basis-Strukturelement des strukturierten ▷Programmierens im
Sinne der Prüfung eines Sachverhaltes auf „wahr" oder „falsch";
2. siehe ▷Auszeichnung

Auswertung, bedingte -, Kurzschluss-

Besondere Formen der Prüfungen a AND b (▷Konjunktion)
bzw. c OR d (▷Disjunktion), welche auf die Überprüfung des zweiten ▷Operanden verzichtet, wenn schon der erste das Resultat
▷determiniert; die b.A. spart so Zeit beim Auswerten von ▷lo-
gischen Ausdrücken; dies birgt die Gefahr, dass ▷Anweisungen
überlesen werden, wenn sie Bestandteil des überlesenen Operanden sind, und hat den Vorteil, dass ubiquitäre Checks auf NULL
(oder ähnliche) einfacher geschrieben werden können; in ▷C-ver-
wandten Programmiersprachen bewirken die Operanden && und
|| eine b.A.

Auszeichnung

Hervorhebung, Betonung eines Textes durch Änderungen im Erscheinungsbild, z. B. fett, kursiv usw.

Auszeichnungssprache

Zumeist ▷deskriptive, eigene Klasse von (▷Programmier-) ▷Spra-
chen; ihre ▷Syntax beschreibt entweder (halb-)strukturierte Daten
(u. U. mit gegenseitigen Beziehungen) resp. Inhalte und/oder Anweisungen, wie diese Daten darzustellen sind; Beispiel für ersteres
ist ▷XML, Beispiel für zweites ist ▷HTML; mitunter entstehen
gemischte Dokumente mit Inhalt und Darstellung; anweisende
oder ▷parametrisierende ▷Schlüsselwörter sind typischerweise mit
▷Sonderzeichen geklammert; vergleiche ▷Seitenbeschreibungs-
sprache

Authentication, Authentisierung

A Beglaubigung; Authentizität ist die Glaubwürdigkeit, Rechtsgültigkeit (griech., lat.); 1. Erbringung eines Beweises und anschliessende Überprüfung einer angegebenen ▷Identifikation (beide Aktivitäten gehören zur A.); die A. erfolgt durch etwas, das ein ▷Subjekt weiss (Name der Hauskatze), hat (Badge) oder ist (▷Biometrie); man unterscheidet a) A.-Mechanismen, Protokolle: Shared Secret, ▷OTP, ▷SSL, ▷Radius, ▷EAP, b) A.- ▷APIs: ▷GSSAPI, c) A.-Implementierungen: ▷Kerberos, ▷SESAME, S/Key, SecurID, d) vereinheitlichende A.- ▷Rahmenwerke, A.- ▷Middleware: ▷SASL, ▷PAM; alle Aufzählungen unvollständig; 2. oft – jedoch leider falsch – verwendet in der Bedeutung von ▷Autorisierung; zur Aktivitätsabfolge beachte man die Querverweise; Wörter von der Form „Authentifi…" sind sprachlich nicht empfehlenswert

Authenticode

Spezifikation von ▷Microsoft zur digitalen ▷Signierung von Software

Authentisierung, strenge - oder Zweifaktor-

Authentisierung mittels zweier Kennungen, die aus unterschiedlichen Attributsfeldern „wissen", „haben" oder „sein" stammen müssen; z. B. Karte vorweisen UND Unterschrift oder Karte vorweisen UND PIN oder PIN UND Irismuster

Authentisierung, Zweiweg-

Authentisierung, bei der sich das ▷Subjekt und das ▷Objekt gegenseitig beglaubigen; englisch: mutual authentication

Author, Authoring

Autor, Urheber (lat.); 1. und allgemein: Urheber(schaft) eines Erzeugnisses fast beliebiger Art – so auch in der Informatik: Konzept, Entwurf, Programm, Norm usw.; 2. die noch oft gebräuchliche Einschränkung auf ▷multimediale Erzeugnisse (▷Authorware) ist nicht (mehr) zeitgemäss und nicht zu begründen

Authorization, Autorisierung
Berechtigung, Ermächtigung (lat.); Gewährleistung des ▷Zugangs oder ▷Zugriffs eines (evtl. ▷authentisierten) ▷Subjekts zum ▷Objekt; A. regelt, was das Subjekt im konkreten Fall darf und was nicht; zur Aktivitätsabfolge siehe auch ▷Identifikation und ▷Authentisierung

Authorware
Software-Werkzeuge für die Entwickler von ▷Multimedia-Anwendungen

auto answer(ing)
Fähigkeit eines ▷Modems und der Kommunikations-Software, einen ▷Telefonanruf selbstständig annehmen zu können

auto dial(ing)
Selbstwahl-Funktion bei ▷Modems (▷Ton oder ▷Puls)

auto sense (Sensing)
Automatische Einstellung auf Eingangsparameter, z. B. auf die Eingangsspannung

auto trace (Tracing)
Umwandlung eines ▷Rasterbildes in ein ▷Vektorbild

AutoIt
▷Skriptsprache, mit welcher man ▷GUI-Interaktionen programmieren kann; die Befehlsfolge MouseMove(1000, 1000, 10), MouseClick("left") bewegt den Mauszeiger vor den Augen der verblüfften Zuschauerin mit der Geschwindigkeit 10 zur Koordinate 1'000/1'000 und setzt dort ein ▷Klick- ▷Event ab; A. war ursprünglich zur automatisierten Konfiguration von sehr vielen PCs gedacht, ist jedoch auch für andere Bereiche wertvoll, z. B. automatisiertes ▷Testen; ernsthafte Alternative für kommerzielle Testcenter; www.autoitscript.com

Automat, Automatik

Selbstbewegung (griech.); 1. technische Definition: Anlage, Gerätschaft, welche ohne ständiges Einwirken des Menschen selbsttätig arbeiten kann; 2. ▷kybernetische Definition: dynamisches System, das ▷Informationen aus der Umwelt aufnimmt, sie speichert, verarbeitet und wieder Informationen an die Umwelt abgibt, also ein ▷System von ▷Zuständen, auf die Eingaben so einwirken, dass sie in einen anderen Zustand übergehen sowie u. U. zu Ausgaben führen; 3. theoretische Definition: ein Gebilde, welches durch einen Lesekopf Zeichen einlesen und verarbeiten kann, wobei sich innere Zustände verändern; optional hat das Gebilde auch einen Schreibkopf oder mehrere Lese- und Schreibköpfe; weitere Bestandteile sind mindestens: ein Alphabet, eine Menge möglicher Zustände, eine Zustands-Übergangsmenge, ein Startzustand und eine Menge von Endzuständen; aus der Untersuchung, welche Typen von Eingaben unter welchen Umständen verarbeitet werden können, entstehen Mächtigkeitsstufen, denen A. zugeordnet werden; aus der Untersuchung, wie viel Zeit für die Verarbeitung nötig ist, entstehen Komplexitätsstufen; vergleiche ▷Mächtigkeit, ▷formale Sprache, Moore- und Mealy- ▷Automat, ▷Turing Test, ▷Problemklasse; nur lesende A. sind Akzeptoren, andere sind Transduktoren

Automat, finiter -

Automat mit einer endlichen Anzahl ▷Zustände

Automat, Moore-, Mealy-

In der ▷Digitaltechnik spielen endliche A. eine Rolle, dies sind spezielle ▷Schaltwerke mit einem Eingang, einer kombinatorischen ▷Logik mit Speicher (▷Flipflops) und einem Ausgang: der Ausgang, die Ausgabe des Moore-A., ist nur eine Funktion des gegenwärtigen Zustands, während der Ausgang des Mealy-A. vom gegenwärtigen Zustand sowie vom Eingang abhängt

Autorensprache, -system
Applikationsgenerator auf der Ebene der vierten ▷Generation; das Programmieren wird von systemnahen bzw. häufigen und deshalb schon vorgefertigten Routinen entlastet und orientiert sich stark an der Benutzerschnittstelle; A. werden dort eingesetzt, wo eine effiziente Programmierung verlangt ist und die resultierenden Applikationen sich durch einheitliche ▷Benutzungsoberflächen auszeichnen sollen

AutoSync
Schutzmarke von ▷Hayes für ein ▷Protokoll, welches die Möglichkeit für eine ▷synchrone Datenübertragung erkennt und dazu übergeht

AUX
Auxiliary; 1. erste serielle Schnittstelle, identisch mit ▷COM1; 2. Dateinamenserweiterung für die ▷Audio-Funktionen unterstützenden Dateien unter ▷Windows; 3. ▷Unix-Derivat von ▷Apple; 1997, nach Version 4.1.5 eingestellt

AV
1. und allgemein für ▷audio- ▷video, audiovisuell, audio visual; 2. als „AV" durch ▷Apple im Jahre 1993 eingeführte Multimedia-Standards und Zusätze in ihrer Hardware und im Betriebssystem: Telekommunikation (z. B. Bearbeitung von Telefonanrufen), Video-Verarbeitung, Sprachverarbeitung

Availability; Availability Level x
▷Verfügbarkeit; die Levels beschreiben eine solche im Sinne von folgenden möglichen Einschränkungen im Problemfall: Stopp der Aktivitäten bei Noch-Gewährleistung der Daten- ▷Integrität (AL1); Abbruch, Neuanmeldung nötig (AL2); Unterbrechung einzelner ▷Transaktionen, Anwender bleibt online (AL3); keine für die Anwenderinnen spürbare Einschränkungen (AL4); siehe auch ▷Downtime, Verfügbarkeit und ▷Hochverfügbarkeit

Avalanche Effect

Lawineneffekt; in der ▷Kryptografierung oder im ▷Hashing der angestrebte Effekt, dass eine kleine Änderung beim ▷Algorithmus und/oder beim ▷Schlüssel eine grosse Änderung beim ▷Chiffrat oder im Hash-Wert bewirkt; siehe dazu auch ▷Diffusion und ▷Konfusion

Avatara, Avatare

In eine ▷virtuelle Gestalt geschlüpfter Mensch in gewissen Spiel- oder Plauderbereichen des Internets (Singular und Plural)

AVG()

Average; ▷Aggregatsfunktion in vielen Programmier- und Datenbanksprachen zur Ermittlung des arithmetischen Mittels

AVI

1. Audio Video Interleaved; softwarebasierende Technologie von ▷Microsoft für die verzahnte Speicherung von Bild und Ton in vertonten ▷Movies, Filmsequenzen; 2. Format für entsprechende Movie-Dateien unter ▷Windows

awk

In ▷Unix / ▷Linux (dort: gawk) typisches Programm zur Bearbeitung strukturierter Texte, Listen usw., von den Autoren Aho, Weinberger, Kernighan; das Werkzeug analysiert Texte und kann je nach Inhaltsmuster unterschiedliche Aktionen ansetzen; dazu kennt awk eine eigene ▷skriptähnliche Programmiersprache; vergleiche ▷grep, Reguläre ▷Ausdrücke

AWT

▷Abstract Windowing Toolkit; ▷Klassenbibliothek in ▷Java zur ▷GUI-Programmierung; der AWT war früher die einzige Klassensammlung und besteht aus einfachen, farblich gestalt- und beschriftbaren grafischen Elementen; seit ▷JDK 1.2 Teil der ▷JFC; zugunsten von ▷Swing in den Hintergrund geraten

B

B + Baum
Siehe ▷Baum mit diversen Einträgen

B-Kanal
Nutzkanal unter ▷ISDN; siehe auch: ▷Basisanschluss, ▷Primäranschluss

B2B
Business to Business; in der Informatik gemeint als Beziehung unter Geschäftspartnern mittels Infrastruktur der modernen Tele- und Datenkommunikation und dann im Kontrast zu Business to Consumer; im Speziellen ▷E-Business

Babbage, Charles
1792–1871; Mathematiker in Cambridge; einer der Väter des Computers, baute 1822 das Versuchsmodell der „Difference Engine", welche mit Eingabeteil, Rechenwerk und Ausgabeteil die Grundoperationen kannte; die Britische Regierung förderte ab 1823 den Bau einer grossen, zweiten „Difference Engine"; diese Maschine wurde nicht fertiggebaut, weil der Chefingenieur B. verliess; 1834 präsentieren die Gebrüder Scheutz den Nachbau der (kleinen) „Difference Engine" vor der Königlichen Wissenschaftsakademie in Stockholm, die grosse wurde 1852 ebenfalls von den Gebrüdern Scheutz fertiggebaut; B. entwarf zudem 1833 die „Analytical Engine" mit Speicher, Eingabe von Programmen via Lochkarte und sequenziellem Steuerwerk; B.s geistige Beiträge für die Gesellschaft

waren sehr vielfältiger Natur; er wurde inhaltlich und moralisch unterstützt von ▷Ada King

Back Channel
Rücksendekanal in einer Internet-Verbindung, über den, oft ohne Kenntnis des Anwenders, Daten nach aussen gesendet werden; ein Sicherheitsproblem

Back Face Culling
Teilprozess in der Sichtbarkeitsentscheidung; Entfernung von Rückseiten in der Darstellung dreidimensionaler Objekte: eine Fläche (ein Polygon) zeigt vom Zuschauer weg, ist ihm also nicht sichtbar und muss nicht gerendert werden; das Resultat von B.F.C. ist eine Hidden Surface (siehe Hidden ▷Line); die Erkennung solcher Flächen findet z.B. mittels des Normalenvektors der Fläche statt; B.F.C. bringt grossen Performanzgewinn; vergleiche z- ▷Puffer

Back Plane
Rückwand; 1. kleine Mutterplatine, die gewisse, normalerweise auf ihr integrierte Komponenten aus Platzgründen als Steckkarte enthält; 2. Platine mit den Steckverbindungen in einem Netzwerkknoten

Back Side Bus
Der direkten Verbindung zwischen ▷CPU und ▷Cache dienendes Bussystem; auf diesem Bus finden die meisten Zugriffe der CPU statt

Back Tracking, Backtracking
Auf Versuch und Irrtum basierender ▷Algorithmus, dessen wesentliche Eigenschaft darin besteht, versuchsweise eine von mehreren Alternativen zu wählen; Rückschritt bei Fehlschlag und Wahl anderer Alternative nach einer gewissen Systematik; zusätzlicher

Rückschritt, wenn keine Alternativen mehr da sind; B. ist z. B. in
der Lage, einen Weg durch ein Labyrinth zu finden

Backbone
Kabel-Hauptstrang als Rückgrat verteilter oder lokaler Netzwerke
($\triangleright$LANs), meist mit Hochleistungsleitern verlegt; Haupt- und Ver-
bindungsnetz in einem Netzwerkverbund beliebiger Grösse

B

Backdoor
(Meist) ein $\triangleright$Attackenmuster, siehe dort

Backend, Back End
System, welches das Netzwerk im Hintergrund mit einer $\triangleright$Dienst-
leistung versorgt, also meist ein $\triangleright$Server im weiteren Sinn des Begriffs; es besteht kein Zusammenhang mit der Zubereitung von
Hefespeisen …

Background
Siehe unter $\triangleright$Hintergrund

Backslash
Rückwärts-Schrägstrich „\" ($\triangleright$ASCII 92); 1. eine mögliche Notation
zur Separation der Ebenen eines $\triangleright$Baums in der Tupelnotation;
2. in $\triangleright$MS-DOS und $\triangleright$Windows trennt der B. in einer $\triangleright$Pfadangabe
die Namen der Verzeichnisebenen des hierarchischen Dateisys-
tems; 3. das schätzungsweise am meisten verwendete $\triangleright$Escape-
zeichen; 4. das schätzungsweise am meisten belächelte Zeichen für
Wesen ausserhalb der Windows-Welt

Backticks
Accents graves; rückwärts gerichtete Akzentzeichen, wie ‚hier'; Be-
deutung ist meist die Ausführung eines als $\triangleright$Literal oder $\triangleright$String-
$\triangleright$Variable vorliegenden $\triangleright$Shell-Kommandos aus Programmen
oder Skripten heraus; B.s haben vor allem in $\triangleright$Unix, $\triangleright$PHP und

▷PERL Bedeutung und können dort gut und gerne für Adrenalin-
sekretionen sorgen

Backup

B Laut Duden: der; 1. Langzeit- oder Archivspeicherung von Daten
und Programmen; für die Rückspielung wird die Vollkopie und allenfalls die dazugehörige differenzielle Kopie benötigt (siehe folgende Stichworte); 2. Bezeichnung für eine zweite, der Ausfallsicherheit dienende und somit parallel oder ▷redundant mitlaufende
Einheit in einem System

Backup to Disk

Durch den Preisverfall und die Kapazitätssteigerung bei ▷Fest-
platten ermöglichte Langzeitarchivierung grosser Datenmengen
auf Festplatten (statt wie bisher auf ▷Bändern); dieser Paradigmenwechsel wird unterstützt durch Fortschritte in allen Bereichen
von ▷Storage – siehe dort

Backup, differential - bzw. differenzieller -

Archivierung der seit dem letzten vollen Archivierungsvorgang geänderten Daten, also des Deltas; das Archiv- ▷Attribut wird nicht
geändert; für die Rückspielung (▷Restore) werden die Vollkopie
und die jüngste differenzielle Kopie benötigt; siehe auch: inkre-
menteller B.

Backup, File-by-File -

Datenarchivierung nach dem Muster Datei für Datei; langsamer als
full Image Backup, aber geeignet für den Transfer von Arbeitsdaten
auf anders strukturierte Medien, weil die Aufzeichnung nach logischen Gesichtspunkten erfolgt und von physikalischen und physischen Besonderheiten des Datenträgers absieht

Backup, full Image -

Vollbild; Datenarchivierung als physisches Abbild der Festplatte,
schnell, aber wegen der mitkopierten fehlerhaften Bereiche nicht

zur Übertragung auf andere Datenträger geeignet; im Gegensatz zu
File-by-File Backup können keine einzelnen Dateien gesichert werden; auch „Ghost" oder „Klon"

Backup, incremental - bzw. inkrementeller -

Nicht ganz zutreffende Bezeichnung für die Archivierung der seit
dem letzten vollen oder inkrementellen Archivierungsvorgang geänderten und/oder neu hinzugekommenen Daten, quasi das Delta
zum Delta; das Archiv- ▷Attribut wird gelöscht; für die Rückspielung (▷Restore) werden die Vollkopie und alle inkrementellen Kopien benötigt; siehe auch: differenzieller B.

B

Backup, Snapshot -

Datenarchivierung, bei welcher zuerst einmal ein Full Image Backup erstellt wird sowie anschliessend sämtliche Änderungen an den
Dateien auf ▷physischer ▷Blockebene mitgeschnitten werden, vergleichbar einem Logbuch; ein ▷Restore hat ausgehend vom vollen
Abbild diese Änderungen nachzuvollziehen, also gewissermassen
ein Roll Forward zu absolvieren; S.-B. ist technisch wesentlich
komplexer als die anderen Methoden, dafür aber auch schneller
und speicherschonender; das volle Abbild kann schrittweise auf ein
Band kopiert werden, für das Live-Mitschneiden benötigt man aber
Plattenmedien

Backus-Naur-Form

Eine von John W. Backus 1960 im Zusammenhang mit ▷ALGOL
vorgeschlagene Metasprache zur Definition der ▷Syntax von Programmiersprachen; später von Peter Naur und Niklaus ▷Wirth
ausgebaut (ALGOL W); B. war Hauptentwickler von FORTRAN;
vergleiche ▷EBNF, ▷ABNF

Bad Sector Mapping

Verzeichnis physikalisch defekter Bereiche auf Datenträgern bzw.
der ihnen zugeordneten Ersatzbereiche; Verwaltung durch den
▷Controller

Badge
Abzeichen, Kennzeichen; Personen-Erkennungsmarke in physikalischer und/oder digitaler Form; die klassischen B.s sind die Na-
mensschilder fürs Personal, Kongressteilnehmer usw.; mit bewun-
dernswerter Konsequenz als „Batch" falsch geschrieben

B

Badware
Sammelbegriff für alle Programme, Registrierungen usw., welche
Hersteller in Begleitung zu gewollt installierten Programmen
ungewollt mit installieren; allerdings ist es nicht der Marktleader,
der zu kritisieren ist, denn dieser wurde bezüglich B. längst von
▷Apple, ▷Sun, ▷Adobe, ▷Logitech, Real und anderen rechts überholt; www.stopbadware.org

BAK
Von vielen Applikationen angelegte Dateinamenserweiterung für
Archivdateien (▷Backups)

BAKOM
Bundesamt für Kommunikation; dem Bundes-Innenministerium in
der Schweiz angeschlossene Amtsstelle, welche als Konzessions-
und Prüfbehörde in der ▷Telekommunikation fungiert

Balance
Gleichgewicht (lat., frz.); 1. angesichts der Qualität heutiger Soft-
ware-Produkte nicht immer gewährleisteter Momentanzustand der
Psychohygiene; 2. Tugend bei ▷Baumstrukturen: der ausbalancier-
te Baum ist aus Gründen der Zugriffsgeschwindigkeit von jedem
Knoten aus bezüglich seiner Verzweigung symmetrisch; 3. andere
Definitionen lassen einen Ebenenunterschied über den ganzen
Baum gesehen zu

Balun
Balanced – unbalanced; klanglich könnte es sich dabei um eine
Spezialität der rätoromanischen Küche handeln; in der Netzwerk-

technik bezeichnet der Begriff ein Kopplungsstück zwischen verschiedenen Verkabelungssystemen, z. B. zur ▷Impedanzanpassung

ban, Banning
Verbannen; einer unliebsamen Person den Zugang zu gewissen Internet-Diensten (▷IRC, ▷Chat, Diskussionslisten, ▷News) sperren oder sie zumindest ächten

B

Band
1. ▷Frequenzspektrum, siehe folgende Stichworte; 2. ▷Magnetband, Tertiärspeicher

Band, Basis-
Alternative, oft eher produktgebundene Bezeichnung für ein Schmalband

Band, Breit-
Kommunikationssystem mit weitem ▷Frequenzspektrum und demzufolge hoher Leistungsfähigkeit; die grosse Bandbreite lässt sich aber auch dahingehend nutzen, das Band mittels Frequenz-▷Multiplex in mehrere logische Schmalbänder zu zerlegen

Band, Schmal-
1. Kommunikationssystem mit engem ▷Frequenzspektrum und demzufolge limitierter Leistungsfähigkeit; ein Schmalband ist in der Regel die direkt zu den terminalen Kommunikationspartnern durchverbundene Leitungskapazität, auf welche die zu übertragenden Signale aufmoduliert werden; 2. also meist: physikalisches Kommunikationssystem, dessen Kapazität für genau eine logische Kommunikation reicht

Bandbreite
Bereich, Differenz zwischen maximaler und minimaler ▷Frequenz eines Kommunikationskanals; in der Literatur gelegentlich, jedoch nicht ganz korrekt, synonym für die maximale Frequenz

Bank
Verbund physikalischer Speicherbausteine; meist gebraucht im Zu-
sammenhang mit den Stecksockeln für Speichermodule (▷SIMM,
▷DIMM usw.)

B

Banner
1. (Werbe-)Bande; Werbelogo auf Webseiten; 2. informative Signatur in der Antwort von ▷Webservern oder allgemein ▷Webser-
vices, wird mitunter für die Banner Grabbing ▷Attacke ausgenutzt

Banner Grabbing
Ein ▷Attackenmuster, siehe dort

Bar
Balken, Leiste; 1. Sammelbegriff für mit der Maus zu bedienende
Werkzeugleisten, Menübalken; bei ▷Windows ist z. B. die „Task-
bar" ein Menü, über welches geladene und in den ▷Hintergrund
gestellte Programme aktiviert werden; 2. auditiv berieselter und mit
allerlei Flüssigkeiten bereicherter, nächtlicher Aufenthaltsort vieler
Programmiererinnen und Programmierer als Alternative zu ▷Face-
book; auch übermüdete Lexikonautoren und -koautoren wurden
dort schon gesichtet

Bar Code
Wörtlich: Balkencode; siehe unter ▷Strichcode

Barebone
Bloss bis auf die Knochen; in unserem Zusammenhang die Grund-
ausrüstung zum PC-Selbstbau: Gehäuse (in der Regel in nicht normierter Bauweise), Netzteil mit Lüfter, ▷Mutterplatine mit ▷Chip-
sätzen und allen Peripherieschnittstellen; meist vorhanden sind
ferner die optischen ▷Laufwerke; meist optional sind dagegen:
▷Mikroprozessor, ▷RAM, magnetische Laufwerke

Base

1. Basis; 2. Auflösungsmodus für ▷Photo-CD: Base/16 (▷Thumb-nail, 128 × 192 ▷Pixel); Base/4 (▷Preview, 256 × 384); Base (Wort ohne Zusatz)(▷VGA, 512 × 768); 4 Base (▷HDTV, 1'024 × 1'536), 16 Base (2'048 × 3'072 und 4'096 × 6'144); letztere beide mit Kompression

B

Base: nnBase-k

Kennzeichnung normierter Übertragungsmedien (▷koaxiale und ▷verdrillte Kupferkabel sowie ▷Lichtwellenleiter) in folgenden Punkten: nn uneinheitlich für entweder Übertragungsfrequenz in MHz oder Datendurchsatz in Mbps (wobei jene immer grösser ist als dieser); k uneinheitlich für ▷Segmentlänge in 100 m oder ▷Kabelart (T für ▷Twisted Pair; F für Fibre = ▷Glasfaser) oder für die ▷Signalart; einheitlich ist also eigentlich gar nichts …

bash

▷GNU ▷Bourne again shell; meist klein geschrieben

BASIC

Beginner's All-purpose Symbolic Instruction Code; höhere Programmiersprache aus dem Jahre 1963, entwickelt durch Thomas E. Kurtz und John Kemeny am Dartmouth College (Dartmouth-Basic); ehemals meistverwendete Programmiersprache auf Heimcomputern und Personal Computern und auch in der mittleren Datentechnik sehr verbreitet; in den 1990er Jahren kamen Dialekte auf, welche sich an das Prinzip der strukturierten ▷Programmierung lehnten bzw. mit ▷CASE ähnlichen Hilfsmitteln versehen waren; die heute sehr verbreitete Sprache Visual Basic (z. B. VB.NET) hat mit B. nur noch wenig zu tun

Basisanschluss

Normalanschluss von ▷ISDN: eine Leitung mit acht adressierbaren Endgeräten und zwei gleichzeitig offenen Nutzkanälen (▷B-Kanä-

len) zu 64 kbps sowie einem Signalisationskanal zu 16 kbps; Heim-
anschluss mit Zuleitung aus Kupfer möglich

Basisklasse

Eine ▷Klasse, die ▷vererbt wird; die Erben übernehmen die
▷Methoden und ▷Attribute der B., soweit sie ▷public oder ▷pro-
tected ist, und ergänzen um eigene; dieser Vorgang wird ▷Spezia-
lisierung genannt; man verfolge die Querverweise

Basisklasse, zerbrechliche -

Wird eine ▷vererbte Basisklasse umgeschrieben, so dass ▷Metho-
den hinzukommen, die es bei erbenden Klassen schon gibt, überschreiben die Methoden der erbenden die neuen Methoden der Basisklasse; dann kann oft nicht mehr klar entschieden werden,
welche zur Laufzeit ausgeführt wird, die Basisklasse ist zerbrochen;
dieses Phänomen existiert z. B. in ▷Java (empfohlene Massnahme:
Annotation „@override"), nicht aber in ▷C# (braucht ▷Modifika-
tor „virtual"); siehe auch dynamische ▷Bindung

Bastion (Host)

Festungswall, Bollwerk (lat., dann frz.); extrem auf die Kernfunk-
tionalität verschlanktes, laufend überprüftes und aktualisiertes
(Teil-)System oder Rechner, auf welchem (meist nur) ein Sicher-
heitsdienst (z. B. ▷Firewall oder ▷Proxy) bzw. ein sensitiver Dienst
(z. B. in der ▷DMZ) läuft; solche Systeme werden oft als „gehärtet"
bezeichnet

BAT

1. Dateinamenserweiterung für ▷Batch-Dateien in ▷MS-DOS und
▷Windows; 2. Baby ▷AT

Batch, -Betrieb, -Programm

Stapel; 1. Modus, in welchem der Computer vorgegebene Routinen
meist selbstständig und ohne Dialog abwickelt; 2. Programm, das
aus einer Sequenz von Betriebssystem-Anweisungen besteht, die

beim Aufrufen des Programms schrittweise abgearbeitet werden; die deutsche Bezeichnung ist seltener, verdeutlicht aber die Funktionsweise: Stapel

Baud, Baud-Rate

So genannte Schrittgeschwindigkeit in Anzahl ▷Signalwechseln pro Sekunde; Masseinheit Bd; betrachten wir die Signalwechsel als Pegelwechsel, so wird die B.-Rate das massgebliche Argument zur Berechnung der Datenübertragungsrate in der ▷digitalen Datenübermittlung; erst eine zusätzliche ▷Modulation dieser Signaländerungen lässt dann eine Aussage über deren Grösse in bps zu; in der ▷analogen Telefonleitung sind 2'400 Bd das Maximum: durch Modulation, Kompression und Eliminierung von ▷Redundanz sind jedoch weit höhere bps-Raten möglich; benannt nach dem französischen Ingenieur Emile Baudot (1845–1903); siehe auch: Abtast-▷Theorem

Baudot-Code

Code zu zwei mal fünf Bits, wie er in der Telegrafie verwendet wurde; abgebildet werden alle Grossbuchstaben ohne Umlaute, Ziffern und ein paar Steuerzeichen; zwischen Ziffern und Buchstaben muss mittels je eines Bitmusters umgeschaltet werden

Baum

1. grafische Darstellung eines streng ▷hierarchischen Prinzips mit folgendem Aufbau: es gibt Orte (Knoten) und Verbindungen dazwischen (Kanten); eine Kante verbindet genau zwei Knoten; jeder Knoten hat genau einen Vorgänger- (Eltern-)knoten; jeder Knoten hat beliebig viele Kindknoten; nur der Wurzelknoten hat keinen Vorgänger; die Endknoten heissen oft Blätter oder Blattknoten; 2. entsprechende ▷abstrakte und ▷dynamische ▷Datenstruktur mit den ▷Primitiva EINFÜGEN() und LÖSCHEN(); 3. Netzwerk-▷Topologie

Baum, Abfrage-, Anfrage-
Grafische Darstellung der ▷Syntax und ▷Semantik einer ▷Abfrage, meist „gefüllt" mit Operatoren und Operanden der relationalen ▷Algebra

Baum, B-
Im Grunde genommen ein binärer Baum, in welchem Kindknoten über 2 bis a (wenige) Ebenen zu einer verketteten ▷Datenstruktur als neuer Knoten zusammengefasst wurden; ein solcher neuer Knoten hat b Einträge, meist Werte eines Suchschlüssels, und bildet so im Arbeitsspeicher eine ▷Seite oder im Sekundärspeicher einen ▷Block; jeder Knoten hat 0 bis b+1 Kindknoten; die Tiefe c des neuen Gesamtbaums bestimmt die Anzahl Blockzugriffe eines Suchvorgangs: wird der Schlüssel von z.B. einer Million Einträgen gesucht, dann erfolgen höchstens

$$\lfloor \log_c 1'000'000 \rfloor + 1 = \left\lfloor \frac{\ln 1'000'000}{\ln c} \right\rfloor + 1 \ \text{Zugriffe}$$

Baum, binärer -
Baumstruktur mit je höchstens zwei Kindknoten

BBS
1. Bulletin Board System; 2. Block (startet) By Symbol; in einer ▷Unix-Datei die Startadresse für das Segment, welches die ▷deklarierten, aber noch nicht ▷initialisierten Variablen enthalten wird; der ▷Compiler hat den Segment-Raum nicht reserviert, sondern sich lediglich eine Grössenangabe gemerkt; erst beim Laden wird das entsprechende Segment tatsächlich angelegt und mit 0 initialisiert

BCC
Blind Carbon Copy; für den Hauptadressaten nicht erkennbarer Empfänger der Kopie einer Mitteilung, z.B. ▷E-Mail

BCD, 8-4-2-1-BCD
Binary Coded Decimal, die; Oberbegriff für Codes zur Repräsentation einzelner dezimaler Ziffern in Form eines mehrstelligen ▷binären Äquivalents; der meistverwendete BCD ist der 8-4-2-1-BCD: binär 0001 für dezimal 1, 0101 für 5, also gewichtet und ziffernweise berechenbar; n Dezimalziffern brauchen in dieser gepackten ▷BCD demnach n*4 Bits bzw. n ▷Tetraden; sechs Tetradenmuster sind ungenutzt und heissen Pseudotetraden; ist ohne Präzisierung von BCD die Rede, dann ist in der Regel diese 8-4-2-1-BCD gemeint

B

BCD, gepackte -, ungepackte -
Meist im Zusammenhang mit der 8-4-2-1-BCD: jede Dezimalziffer braucht genau 4 Bits (gepackt) bzw. ein Byte (ungepackt)

BCL
Base Class Library; Grundsammlung an ▷Klassen, die allen Programmiersprachen der ▷.NET-Welt zur Verfügung stehen (müssen); auch Foundation Library genannt

BCM/BCP
Siehe unter ▷Business Continuity Management/Planning

Bd
Siehe unter ▷Baud

BDSG
Bundesdatenschutzgesetz in Deutschland

Beam, beam, beamen
Strahl, ausstrahlen; 1. Versand oder Wiedergabe von Informationen auf dem Lichtweg: Infrarot-Kommunikation, Bildschirmprojektion für Grossräume mit speziellen ▷RGB-Projektoren usw.; „Beamer" ist allerdings ein Scheinanglizismus, korrekt Englisch heisst es „projector"; 2. neudeutsch auch einfach für Schicken, Senden, Reichen, …; 3. ▷Downlink vom Satelliten

Beat
Schlag; Zeiteinheit der ▷Internet Zeit, ein Tausendstel Tag

Bedingung
In der Regel zweiwertiger, ▷Boole'scher Ausdruck, der den weiteren Verlauf des ▷Kontrollflusses bestimmt; einer B. folgt eine ▷Entscheidung; siehe auch: ▷Selektion resp. ▷Auswahl, ▷IF und ▷Schleife

BEDO
Zweite Generation von EDO- ▷RAM-Bausteinen; siehe dort

Befehl
Aufforderung, etwas zu unternehmen: Zwischen ▷Kommando (tendenziell Ebene Betriebssystem, Applikation), ▷Anweisung (tendenziell Ebene Programmierung) und ▷Instruktion (tendenziell Ebene Mikroprozessor) konnte sich noch kein einheitlicher Sprachgebrauch einbürgern; für Feinheiten siehe Querverweise

Befehl, Makro- und Mikro-
Maschinen-Befehl in seiner binär codierten Repräsentation (dann: Makro, eine Stufe „unter" der ▷Assembler-Anweisung bzw. deren binäres Äquivalent) oder als Menge der daraus durch das ▷Mikroprogramm erzeugten ▷Signale (dann: Mikro, zweite Stufe „unter" Assembler und direkt der Hardware aufliegend)

Befehlssatz
1. Die Menge der ▷Befehle, die eine ▷Maschine interpretieren und ausführen kann; i.d.R. für Hardware Komponenten gebraucht: B. des ▷Mikroprozessors, B. des ▷Modems; 2. gelegentlich auch für Programme mit einer ▷CLI verwendet, z. B. B. des ▷FTP Shell Clients; 3. ▷Forth und Verwandte haben wegen der Kerneigenschaft, neue Befehle zu definieren, einen erweiterbaren B.; siehe auch reserviertes ▷Wort, Schlüssel- ▷Wort, ▷Protokoll

BEL
▷ASCII-Zeichen 07(H) (7): Bell, Glocke, Signalton

Bell
In Erinnerung an Graham Bell, den Erfinder des ▷Telefons, benannte Normensammlung von AT&T für ▷Modems

B

Bell Labs, - Laboratories
Gegründet 1925; riesiges Forschungszentrum der Telekommunikationsfirma AT&T mit sechs wissenschaftlichen Abteilungen; bis 1984 „Bell System Laboratories"; danach „AT&T Bell Laboratories"; nach der Loslösung von NCR und Lucent Technologies 1995 Aufteilung in die „T&T Laboratories" und die „Lucent Technologies Bell Laboratories", heute wieder als Alcatel-Lucent Bell Labs geführt; produktive Geburtsstätte vieler fundamentaler Erfindungen: ▷Transistor 1947, ▷Laser 1958, Beiträge zu ▷Lichtwellenleiter, 1945 erste ▷Remote-Steuerung, 1962 erster digitaler ▷Multiplexer für ▷Analog-Signale, 1962 erster Telekommunikations-Satellit Telstar I, 1979 erster Single-Chip ▷DSP, ▷DTMF, ▷UNIX, ▷C usw.; Schlüssel für dieses Phänomen dürften die Top-Wissenschaftler sein, darunter elf Nobelpreisträger und Träger des ACM ▷Turing Awards; www.bell-labs.com

Bell nnn
US-Normen für die Datenkommunikation über ▷Wählleitungen und ▷Modems; geregelt sind in den verschiedenen Normen die ▷Baudrate, der ▷Duplex-Betrieb, die Leitungsart und anderes

Bell-LaPadula
Aus den 1970er Jahren stammendes und nach seinen Autoren benanntes, sehr streng formalisiertes Sicherheitsmodell für den ▷Zugriff von ▷Subjekten auf ▷Objekte; das Modell fokussiert vor allem die ▷Vertraulichkeit (Confidentiality) von Objekten, wofür seine beiden Hauptregeln „no read up" und „no write down" die

Verantwortung tragen; also: kein „Verrat" nach unten; siehe auch
▷Biba

Bemer, Robert William
1920–2004; Träger des 2003 ▷IEEE Computer Pioneer Award; In-
genieursabschluss in „Aeornautics Engineering"; arbeitete bei den
Flugzeugherstellern Douglas und Lockheed, und bei ▷IBM war er
für die Entwicklung von Programmierstandards zuständig; Erfinder der ▷Textverarbeitung (1959); „Father of ▷ASCII"; Erfinder
der ▷Escape-Sequenz und des ▷Backslash; B. prägte die Begriffe
▷COBOL und ▷CODASYL und entwickelte COBOL mit; B. war ferner massgeblich an der Definition des ▷Bytes als ein Wort mit acht
▷Bits beteiligt

Benchmark, Benchmarking
Kerbe auf der Bank; (zum Teil normierte) Mess-, Test- und Ver-
gleichsverfahren bzw. deren Ergebnisse

Benutzungsoberfläche
Software-Schicht über dem Funktionskern eines Betriebssystems
oder einer Anwendung; die u. U. mehrschichtige Schale bildet die
Interaktions-Schnittstelle zwischen der Benutzerin und dem Kern
des entsprechenden Programms; Anwendungsbeispiele für Komponenten der B. bei Betriebssystemen sind: ▷Desktop mit seinen
metaphorischen Bestandteilen, ▷Dialogschnittstellen für die Dateiverwaltung, fürs Laden und Bedienen von Applikationen bzw. Dokumenten aller Art, für die Systemkonfiguration, Benutzerverwaltung, ...

Benutzungsoberfläche, grafische -, halbgrafische -
Mit einer Maus steuerbare und auf ▷rastergrafischen Symbolen
(▷Ikonen, Icons) sowie Fenstern als virtuelle Terminals beruhende
Benutzungsoberfläche; Beispiele sind ▷Windows, ▷Finder beim
▷Macintosh, ▷X Window System bei ▷Unix / ▷Linux; in der Ge-
schichte von MS-DOS gab es ab Version 4.0 die Episode der

„DOSSHELL", einer halbgrafischen B., in welcher die mit der Maus bedienbaren Interaktionselemente aus den 25 × 80 Zeichen des Standard-Bildschirms aufgebaut waren; vergleiche ▷COW

Benutzungsoberfläche, zeichenorientierte -

Benutzungsoberfläche mit rein textlicher Interaktion zwischen Mensch und Programm wie z. B. in der ▷Burne again shell oder in ▷MS-DOS bis Version 3.3; auch ▷Kommandozeile genannt

Beobachter

▷Subjekt, welches den Zustand eines ▷Objekts nur erfragt, daraus evtl. einen Parameter generiert, das Objekt aber nicht verändert; alle ▷Ereignisbehandler sind B.; auch ▷Listener

Beowulf

1. zentrale Heldenfigur altenglischer Sagen; 2. ▷Supercomputing-Konzept zweier NASA-Wissenschaftler (Thomas Sterling, Donald Becker) mit ▷Clustern aus Hunderten bis Tausenden „normaler" Arbeitsstationen unter ▷Linux oder ▷Open-BSD; 1995 der US-Raumfahrt entwachsen und heute an vielen Universitäten als „Supercomputer für arme Leute" weiter erforscht und entwickelt; die ETH Zürich nahm anno 2000 den schnellsten B. Cluster Europas mit 502 ▷Pentium-Prozessoren in Betrieb; www.beowulf.org

BER

1. Bit Error Rate; statistisches Mass für die Fehlinterpretation von empfangenen Bits im Verhältnis zu den gesendeten; gemäss Literarurangaben haben ▷analoge Datenleitungen eine B. von 1:10'000, ▷LAN- und ▷WAN-Verbindungen eine solche von $1:10^9$; 2. Block Error Rate; Auftreten eines unkorrigierten ▷Fehlers beim Lesen/Schreiben von Datenblöcken der Platte im Verhältnis zu den korrekt übertragenen ▷Blöcken; bei Serial ▷ATA-Platten wird sie mit $1:10^{12}$ angegeben

Berechenbarkeit

In den dreissiger Jahren (vor allem durch Church, Gödel, ▷Turing)
des letzten Jahrhunderts tauchten erstmals Beweise auf, dass nicht
alle Probleme der Menschheit mathematisch lösbar sind (denken
Sie nur an die Erziehung Ihrer Kinder …); noch weniger konkrete
Probleme sind auf einem „Rechner" ▷algorithmisch lösbar, also
berechenbar

B

Bereichsoperator

1. Ein ▷Operator, der einen ▷Bezeichner eindeutig einem
▷Namensraum zuordnet; Namensräume können ▷Klassen, Na-
mensraum- ▷Pakete oder ▷struct sein, aber keine ▷Objekte; z. B.
„EinzigesTerminal::schreibe()" mit schreibe() als ▷statischer Methode und „::" als B.; C++ kennt darüber hinaus den globalen B.,
der den globalen Namensraum meint: „::machwas()"; vergleiche
Klassen- ▷Variable, Klassen- ▷Methode; 2. in ▷PERL ein Operator, der einen Bereich definiert, welcher implizit als solcher behandelt wird; z. B. „print (10 .. 21)" mit „.." als B. schreibt die Zahlen
von 10 bis 21; der B. hat hier die gleiche Syntax wie der ▷Flipflop
Operator

Bericht

Strukturierte, manchmal papiergebundene Ausgabe von ▷Infor-
mationen aus einer ▷Datenbank; Informationen sind meist gruppiert, sortiert und gefiltert, und B. beinhalten meist auch Diagram-
me; es gibt umfangreiche Software zum Generieren von Berichten
in verschiedensten Technologien

Berkeley

Vorort von San Francisco in deren Meeresbucht; Universität des
Staates Kalifornien (UCB), die unter zahllosen anderen Innovationen als Quelle eines Standard- ▷Unix bekannt wurde, welches unter dem Namen ▷BSD auf dem Markt ist

Berkeley-r-Utilities

Sammlung von Kommandos wie ▷rlogin, rsh (shell), rcp (copy), welche ▷trusted Users/Hosts, im Gegensatz zu ▷Telnet, funktional eingeschränktes Arbeiten auf entfernten Systemen ermöglicht; aus Sicherheitsgründen heute nicht mehr zu empfehlen, statt dessen besser ▷ssh, secure copy, secure ftp u. a. verwenden

B

Berners-Lee, Timothy, Sir

Geboren 1955, genannt Tim; Dissertation in Informatik 1976 an der Oxford University in England; 1984 Wechsel ans ▷CERN, dem Europäischen Labor für Teilchenphysik in Genf; aus der Erkenntnis heraus, dass das Internet zwar eine schöne Sache, die Informationsbeschaffung dort aber ebenso mühsam ist, schlug er 1989 einen Bereich vor, in welchem Informationen per ▷Hypertext verknüpfbar sind; schrieb die erste Server- und Client-Version einer entsprechenden Software und machte sie 1990 im CERN und 1991 öffentlich als World Wide Web verfügbar; entwarf Spezifikationen für ▷URL, ▷HTTP und ▷HTML (zusammen mit Robert Cailliau); seit 1994 Mitarbeiter am Labor für Computerwissenschaft des ▷MIT sowie in diversen Gremien rund ums ▷WWW (Präsident des ▷W3C); Träger vieler Preise und Ehrungen; viele weitere Initiativen rund um ▷XML und das ▷Semantic Web

Bernoulli

1. Schweizer Gelehrtenfamilie im 17./18. Jh, die innerhalb drei Generationen acht bedeutende Mathematiker hervorbrachte; die drei prägendsten sind Jakob, dessen Bruder Johann, dessen Sohn Daniel; 2. historische Wechselplatten-Technologie der US-Firma Iomega: auf der Oberfläche der schnell rotierenden Scheiben bildet sich ein dünner Unterdruck-Film (fluidmechanische Gleichung von Daniel Bernoulli, 1700-1782), welche den Schreib-/Lesekopf an die Scheibe zieht; B.-Platten waren flexibel wie Disketten, beschleunigten deshalb schneller als metallene Wechselplatten und der ▷Head Crash konnte kaum auftreten

Bestandsdaten

Abwicklungsorientierte Datenbestände, welche über längere Zeit unverändert bleiben können; sie werden durch ▷Bewegungsdaten mutiert; populär und vereinfachend ausgedrückt: im betrieblichen Alltag hoffen wir, dass diese Daten sich häufig ändern, weil laufend Bestellungen kommen und Lieferungen weggehen; siehe auch ▷Stammdaten; die Unterscheidung in Stamm-/Änderungsdaten sowie Bestands- und Bewegungsdaten rührt von der ▷Stapelverarbeitung her: oft werden Mutationen tagsüber erfasst und nachts in die längerfristig gültigen Bestände eingespeist; in der Dialogverarbeitung werden Mutationen in der Regel sofort wirksam

Beta, Beta Release, Betaversion

Noch nicht kommerzielle, aber zu Test- und Feedback-Zwecken schon meist publizierte Version eines Programms

Beta, perpetual -

Ewiger ▷Beta-Zustand; 1. Qualitätsdiagnose für kommerzielle Software durch die unter ▷Betatest erwähnten bösen Zungen; 2. Zustand der ständigen Weiterentwicklung der Plattformen von ▷Social Software im ▷Web 2.0

Betatest

Freigabe einer neuen Anwendung bzw. Version für ein breites Test-Publikum als letzte Teststufe; böse – wirklich nur böse – Zungen behaupten, die heutigen Produkte würden immer mehr auf B.-Stufe auf den Markt gebracht

Betriebsart

Arbeitsmodus eines grossen ▷Betriebssystems (in diesem Umfeld wird der Begriff meist gebraucht) und seiner ▷Anwendungen; ▷Stapelverarbeitung, ▷Dialogbetrieb, Einprogrammbetrieb usw.

Betriebsmittel

Rohstoff, Nutz-, Hilfs- oder Verbrauchsmittel zum Betrieb des Datenverarbeitungssystems, also 1. alle binär verwalteten Objekte wie z. B. Dateien, Daten, Betriebssystemkommandos, Threads, Warteschlangen usw.; 2. Hardwarekomponenten aller Art; 3. Mensch als Teil des Systems; 4. B. in der Theorie: Ressource, die zu jedem Zeitpunkt nur von einem Prozess benutzt werden kann; unterbrechbare B. sind solche, die ohne Schaden „weggenommen" werden können (Platte im Leerlauf); ununterbrechbare B. würden dabei Störungen oder Schaden erleiden (Drucker beim Ausdruck eines Dokuments)

B

Betriebssoftware

Sammelbegriff für die maschinennahen Programme: ▷Betriebssystem und ▷Dienstprogramme; oft auch ▷Systemsoftware (dort mehr Details)

Betriebssystem

Für den Betrieb eines komplexen Rechners notwendiges ▷Programm zur Verwaltung seiner ▷Betriebsmittel, zur Datenkommunikation mit der Peripherie, als Verbindungsglied zwischen Anwender und Applikation; das B. läuft im privilegierten ▷Modus und hat so als einziger ▷Prozess Zugriff auf die Hardware; kommerziell gesehen ist ein B. eine Sammlung systemnaher Programme, die unter einem Produktnamen angeboten wird; beim ▷PC sind dies – neben anderen – ▷Windows oder die ▷Linux- ▷Distributionen, beim ▷Macintosh das ▷Mac OS; mittlere Systeme verwenden häufig ▷Unix oder dann, wie die ▷Mainframes, proprietäre B.

Betriebssystem, Client/Server -

Betriebssystem mit einem minimalen ▷Kern und intensiver Kommunikation von dienstbeanspruchenden Klienten- sowie dienstleistenden Server- ▷Prozessen

Betriebssystem, monolithisches -

Betriebssystem eher herkömmlicher Art mit einem umfassenden ▷Kern, welcher sich „über den Prozessor legt" und dessen Funktionalität anspricht; der Kern nimmt auch noch viele andere Aufgaben wahr, die als separate Prozesse ausgelagert werden könnten

Betriebssystem, Netzwerk-

Betriebssystem des Netzwerk- (und meist: Datei-) ▷Servers; zu den allgemeinen Aufgaben eines Betriebssystems gesellen sich hier noch Funktionalitäten für die Verwaltung der Benutzenden und der angeschlossenen Peripherie wie z. B. Drucker, für die ▷Zugriffssicherheit, fürs ▷Logging, für die ▷Archivierung der Daten und vieles mehr

Betriebssystem, verteiltes -

1. und von der Idee her: Betriebssystem, dessen arbeitsfähige Komponenten übers ganze Netzwerk verteilt liegen und zum Einsatz kommen; 2. heute indessen (meist) verwendet für Netzwerk-Betriebssysteme

Bewegungsdaten

Temporäre Datenbestände, welche schliesslich ▷Bestandsdaten mutieren; siehe auch ▷Stammdaten

Bezeichner

1. und allgemein Bezeichner: in einem Programmiersystem frei gewähltes Wort oder Zeichenfolge zur eindeutigen Identifikation eines ▷Objektes oder einer ▷Operation; 2. Standard-B. sind solche mit vorgegebener, aber oft änderbarer Bedeutung; siehe auch reserviertes ▷Wort

Beziehung

Wechselseitige ▷Assoziation zwischen ▷Entitäten; auch: ▷Relationship (dort mehr Details); weniger geeignet: ▷Relation

Beziehung, (nicht) identifizierende -

Eine ▷relationale B. ist dann i., wenn der Primär- ▷Schlüssel der Elterntabelle auch im Primärschlüssel der Kindtabelle enthalten ist; nicht i., wenn er in der Kindtabelle als „normaler" Fremd-▷Schlüssel auftaucht

Bézier-Kurve, -Fläche

B

Polynom-Linie, die einen Ausgangspunkt und einen Endpunkt als „Stützpunkte" ▷interpoliert, dabei n dazwischen liegende Stützpunkte (auch Kontrollpunkte genannt) geglättet ▷approximiert und die ▷stetig ist; jeder Stützpunkt bestimmt die Form der ganzen Kurve mit (globaler Support genannt); wegen ihrer weichen Form legt die Bildbearbeitung entlang von B.-Kurven gerne grafische Elemente, so z. B. Schriftzüge, die aus ▷vektorisierten Zeichen bestehen; B.-Flächen sind gekrümmte Ebenen mit entsprechenden Eigenschaften; siehe auch ▷Splines

Bezug, absoluter -, relativer -

Formulierung einer Verknüpfung in der ▷Tabellenkalkulation, bei welcher eine Zelle bei der Berechnung ihres Inhalts Werte aus einer anderen Zelle bezieht; ein r. B. passt sich bei wechselnden Koordinaten automatisch an, ein a. B. ist fest verankert

BGP

Border Gateway Protocol; ▷Protokoll auf der Anwendungsschicht von ▷TCP/IP, das Perimeter ▷Routers ermöglicht, ihre Routing Informationen untereinander auszutauschen und so Routing Kreisschlüsse zu vermeiden; vergleiche ▷Spanning Tree Protocol sowie ▷BPDU

Bias

Systematische Abweichung; im Amerikanischen auch: Vorurteil; für die Informatik siehe unter ▷Offset

Biba

Aus den 1970er Jahren stammendes und nach seinem Autor benanntes, sehr streng formalisiertes Sicherheitsmodell für den
▷Zugriff von ▷Subjekten auf ▷Objekte; das Modell fokussiert
vor allem die ▷Integrität von Objekten, wofür seine beiden Hauptregeln „no read down" und „no write up" die Verantwortung
tragen; also: keine „Verschmutzung" nach oben; siehe auch ▷Bell-
LaPadula

Bibliothek, dynamische -, statische -

Bücherei (griech.); 1. und allgemein: Sammlung häufig benutzter
Systemroutinen zur Anbindung an compilierte Programme sowie
zu deren Vervollständigung als lauffähige Applikationen; dynamische B. werden zur ▷Laufzeit eingebunden (siehe z. B. ▷DLL), statische beim – bzw. präziser kurz nach dem – ▷Übersetzen

bidirektional

In zwei Richtungen weisend (lat.); gebraucht für die Fähigkeit
1. eines Kommunikationssystems, Daten gleichzeitig in beide Richtungen fliessen zu lassen (▷SCSI, ▷IEEE 1284, ▷TCP); 2. eines Zei-
lendruckers, zwecks Steigerung der Druckgeschwindigkeit in beide
Bewegungsrichtungen des Schreibkopfes zu drucken

Big Blue

Übername für ▷IBM

bigint

(▷Deklaration für) ▷Ganzzahl- ▷Datentyp in Datenbank- und
Programmiersprachen: eine 64- oder 128-Bit-Ganzzahl je nach
Umgebung; siehe auch ▷tinyint, ▷smallint, ▷int und ▷longint

Bildschirm

Datensichtgerät in Form einer Kathodenstrahlröhre (▷CRT) oder
eines Flachbildschirms wie z. B. ▷LCD, ▷TFT oder Gas- ▷Plasma;
der B. gilt als Standard-Ausgabegerät, wird in der Literatur aber

auch als Eingabegerät bezeichnet und ist in jedem Fall heute das bestimmende Dialoggerät

Bildschirmschoner
Programm zur Entlastung des ▷Kathodenstrahlröhren-Bildschirms vor elektronischem Dauerbeschuss bei Nichtgebrauch; B. sollten den Bildschirm möglichst eindunkeln und eine bewegte Animation zeigen, damit der Computer nicht versehentlich abgeschaltet wird; auch ▷Vertraulichkeit kann eine Rolle spielen; bei Flachbildschirmen ist ein B. rein technisch nicht nötig

B

Bildverstehen
Eine Leistung künstlicher Intelligenz: kognitives Aufnehmen und Verarbeiten visueller Informationen

Bildwiederholfrequenz
Mass für die Anzahl der auf dem Bildschirm in jeder Sekunde vollständig neu aufgebauten und angezeigten Bilder; eine B. von 70 ▷Hz gilt heute als ▷ergonomische Forderung für „flimmerfreie" Wiedergabe; oft werden gar 90 Hz gefordert

Bildwiederholspeicher
Spezieller Bereich des ▷Arbeitsspeichers bzw. meist separater Hochgeschwindigkeits-Speicher, welcher die auf dem Bildschirm wiederzugebende Information ständig aktualisiert und an die Video- ▷Schnittstelle übermittelt; der Speicher hat drei Dimensionen: die x-y-Ebene spiegelt die Bildschirmkoordinaten wider und in der Tiefenrichtung liegen die ▷Bit Planes; oft als „volatile" bezeichnet: man kann sehr schnell schreiben, darf aber keine Persistenz bis zum nächsten Zugriff erwarten

binär, Binärwert, Binärzahl
Zweiwertig (lat.); 1. Zustand in einem zweistufig ▷diskreten Wertesystem; 1. in der Elektronik und Informatik bedienen wir uns der b. Wertigkeiten 0 und 1 und sprechen von einem ▷Bit; die Permu-

tationen aller 0/1-Wertigkeiten bei mehreren Bits geben b. Muster
oder Worte oder Binärzahlen; ein Wort zu acht Binärstellen ist ein
▷Byte; da der Computer zur Speicherung von Zahlen, Zeichen und
Kommandos lediglich über eine Fülle von Ein/Aus-„Schaltern" verfügt, wird alles intern in Bit und Bytes verschlüsselt, so „behalten",
verarbeitet und übertragen; wird mit Binärzahlen gerechnet, dann
gesellt sich zur Ziffer-Wertigkeit die Positions-Wertigkeit (Stellenwert) und wir sprechen dann besser von ▷Dualzahlen; 2. siehe unter ▷dyadisch bzw. auch ▷Operator

Binärdatei
Sammelbegriff für alle Dateien, welche nicht ▷ASCII oder ▷UTF-
Klartext darstellen, sondern das Ergebnis einer ▷Compilierung
bzw. ▷Formatierung usw. sind: Programme, Treiber, Bilder, Kalku-
lationsblätter, Movies (siehe auch unter diesen Begriffen); B. mit
Programmcode sind in klassischen Verzeichnisstrukturen deshalb
oft in einem Verzeichnis „bin" untergebracht

Binärkompatibilität
1. Kompatibilität auf der Ebene lauffähiger Programme oder for-
matierter bzw. strukturierter Dokumente zwecks Austauschbarkeit
ohne geringste Notwendigkeit zu Anpassungen; also 2. Kompatibilität auf ▷Bit-Ebene

BIND
Berkeley Internet Name Domain; eine freie Referenzimplementierung der ▷DNS- ▷Protokolle; beinhaltet DNS-Server, DNS ▷Name
Resolution und Tools zur Prüfung von DNS-Servern; B. ist der am
meisten im ▷Internet verbreitete DNS-Server

Binder
Siehe beim gebräuchlicheren ▷Linker

Bindung, externe -, interne -

Festlegung des ▷Geltungsbereichs eines ▷Bezeichners in einem Projekt: im ersten Fall wird ein Name so gebunden, dass er im ganzen Projekt dasselbe Daten-Objekt meint, im zweiten Fall können mehrere, völlig unterschiedliche Objekte denselben Namen tragen

B

Bindung, frühe -, späte -

Beim ▷Überladen bzw. ▷Überschreiben von ▷Funktionen: Auswahl der zutreffenden Zielfunktion schon beim ▷Compilieren (früh) bzw. erst zur ▷Laufzeit (spät)

Bindung, statische -, dynamische -

Koppelung von Kommunikationspartnern, Beispiel 1: in ▷RPC, durch fixe Angabe der Zieladresse (statisch) bzw. durch Suchen des/eines richtigen aktuellen Partners (dynamisch); Beispiel 2: in einer Datenbank „db_personal" werden die Löhne für Personen mit Monatslohn und solche mit Stundenlohn unterschiedlich berechnet; wird nun aus der ▷Extension „alle_angestellten" die Lohnsumme des ganzen Personals berechnet, müssen für alle Objekte die jeweils zutreffenden Formeln dynamisch beigezogen werden; Beispiel 3: in der objektorientierten Programmierung: Wahl einer fixen ▷Methode (st.) oder – bei ▷überschriebenen Methoden – der Methode des Objektes, welches gerade referenziert wird (d.)

Binnenraum

In der Typografie: Raum zwischen ▷Zeichen

Bioinformatik

1. Forschung und Entwicklung in der Biologie mit starker bis unverzichtbarer Unterstützung durch Datentechnologie: Berechnungen, ▷Simulationen, Visualisierungen usw.; das Human Genome Project zur Entschlüsselung der Gensubstanz des Menschen ist die wohl eindrücklichste Anwendung der B.; 2. und genau umgekehrt:

Einzug biologischer Strukturen in die ▷Mikroelektronik; siehe dazu ▷Wetware

Biometrie, -metrik, -sensorik
Wissenschaft und Technologie rund um die Erfassung, Speicherung und Auswertung ▷authentisierender, menschlicher Merkmale wie: Fingerabdruck, Handflächengeometrie, Netzhaut- oder Iris-Muster, Hautchemie, Stimme, Gesichtsgeometrie, Form der Ohrläppchen, Handschriftmuster, Tastendruck-Dynamik, DNA

Biometrie-Fehler, Typ I und II
Wenn ein Biometriesystem wegen geringer Sensitivität viele ▷Subjekte irrtümlich akzeptiert, dann hat es eine hohe „False Acceptance Rate (FAR)" oder viele Fehler Typ II; hohe Sensitivität führt zu vielen irrtümlichen Rückweisungen, einer hohen „False Rejection Rate (FRR)" oder vielen Fehlern Typ I; I ist sicherheitstechnisch harmloser als II; siehe auch ▷CER

BIOS
Basic Input Output System, Bestandteil des ▷Festwertspeichers im PC, welcher den Datenverkehr der ▷Systemsoftware mit der ▷Hardware koordiniert; das B. ist somit innerster Kern der Systemsoftware und eigentlich schon in der Hardware beheimatet; moderne B.-Bausteine haben noch zusätzliche Funktionen: ▷POST zur Diagnose, Programm zur Konfiguration der Hardware (▷Setup); gelegentlich sind B.-Bestandteile in speziellen Harddisk-Partitionen untergebracht

bipolar
Zweipolig (lat.); relativ alte Technologie in der Herstellung integrierter Schaltungen (▷IC) mit der Eigenschaft schneller Zugriffe, aber hohen Energieverbrauchs

BIST
Built-in Self Test; Selbstdiagnose eines ▷Chips

Bit

Binary Digit; ▷binärer Schaltzustand 0 oder 1 (aus oder ein, tief oder hoch) in einem ▷digitalen System; kleinste speicherbare Einheit im Computer; acht Bits bilden ein ▷Byte und repräsentieren als solches in den meisten Computern ein ▷Zeichen; das Bit liegt „unterhalb" der Mutations- und Speicher- ▷Granularität eines PCs (dieser ist eine ▷Bytemaschine, Bitmanipulation geschehen mittels Masken und logischen Operationen), hingegen können ▷Prozessrechner einzelne Bits adressieren und verarbeiten; Schreibweise gemäss Informatik-Duden

B

bit

Basic indissoluble Information Unit; Einheit für den kleinsten ▷Informationsgehalt einer ▷Nachricht in der Informationstheorie; Schreibweise gemäss Informatik-Duden

Bit Plane

Bitmuster-Ebene; wenn z. B. die Graustufen-Information für einen Bildschirm in vier Bits codiert ist, kann man sich vier aufeinander liegende Bitmuster-Ebenen mit x mal y Punkten vorstellen, wobei sich dann in die Tiefe gesehen für jeden Punkt der x-y-Ebene die 4-Bit-Information ergibt

Bit, Guard-, Round-, Sticky

Operationen in ▷FPUs nach ▷IEEE 754 liefern fast nie einen ▷binären Repräsentanten; die FPU muss Rundungsentscheidungen treffen, welche in diesen Bits dokumentiert werden: das G. begrenzt Rundungsfehler, das R. sucht das nächst gelegene, darstellbare Bitmuster und das S. überwacht den Bitverlust beim Rechtschieben

Bit, Sticky -

Klebriges Bit; 1. erweitertes Zugriffsrecht auf Dateien und Verzeichnisse ▷Unix / ▷Linux, Symbol „t": also „drwxrw-rw-t"; bedeutet a) bei Dateien, dass die Anwendung auch nach Beendigung im Speicher verbleibt, resp. die Strukturen des ▷Prozesses verbleiben dort, damit sie für nochmalige Benutzung schneller zur Verfügung stehen; b) bei Verzeichnissen, dass die Dateien darin nur durch deren Eigentümer löschbar sind; vergleiche ▷suid; 2. siehe ▷Bit, Guard -

B Bitmap

Bit-Karte; 1. als Bit-Vektor oder -Matrix gespeicherter Sachverhalt wie z. B. die Bitmap über „Bad Sectors" eines Plattenspeichers; 2. punktweise gerasterte Darstellung von Zeichen und Bildelementen auf dem Bildschirm, Drucker oder Plotter; 3. Zeichensatz, welcher die Schriftzeichen als Punktraster darstellt und deshalb beim Vergrössern das störende ▷Aliasing aufweist; 4. oft als „XYPaint" oder „PaintXY" benannte Zeichenprogramme, die alle Objekte in einen Punktraster verwandeln und deshalb fürs Freihandzeichnen gut, für geometrische Elemente aber weniger geeignet sind; siehe im Gegensatz dazu ▷Vektor

Bitmap(ped) Datei, - File

Datendatei aus dem Sekundärspeicher, welche zwecks schnellerer Zugriffe ▷blockweise in den Arbeitsspeicher gelesen wird; jede Schreiboperation darin erzeugt ▷dirty Daten, sprich: ▷Inkonsistenz zwischen der Plattendatei und dem daraus extrahierten Block

Bitmap, Wireless -

Bildformat für ▷WAP und gleichnamige Dateiendung WBMP; vorgesehen war die Unterscheidung mehrerer Typen, aber es ist bis heute nur Level 0 spezifiziert; dieser hat ein ▷Bit Farbauflösung (schwarz-weiss) und ist nicht komprimiert zugunsten wenig performanter ▷Prozessoren; zur Konvertierung farbiger Bilder nach W.B. werden diese zuerst in ▷Graustufen dargestellt und dann mittels ▷Dithering gepixelt

BizTalk

Auf ▷XML basierende Spezifikation von ▷Microsoft für den Austausch von standardisierten Geschäftsdaten über das Netzwerk

und/oder Internet mit mittlerweile vollständiger Server-Infrastruktur

Black Box, Blackbox
Schwarze Büchse; Betrachtung eines ▷Systems von ausserhalb der
Systemgrenze; Beispiel: die B.-Betrachtung eines Programmsystems
beurteilt dieses lediglich von aussen, von den Ein- und Ausgaben
her; entsprechende B.-Tests überprüfen ein Produkt also rein wir-
kungsorientiert; Letzteres ist deshalb auch eine Alternativbezeichnung; Gegenteil: ▷White Box

Black Hole
Schwarzes Loch; ▷Prozess, in welchen Daten nur einfliessen;
nicht gerade ein Ziel der gepflegten ▷Programmierung; Gegenteil:
▷Super Nova

Blade
Eigentlich: Klinge; siehe unter ▷Serverblade

Blank
Leerschlag(Taste); ▷ASCII-Zeichen 20(H) (32)

Blatt
1. verwendet meist im Sinn eines ▷Dokuments der ▷Tabellen-
kalkulation; 2. End- ▷Knoten in einem ▷Baum

BLER
Block Error Rate: Quotient aus der Anzahl empfangener, fehlerhafter ▷Blöcke und der Anzahl gesandter Blöcke

Blitter
Schnelles Verschieben von gespeicherten Daten in der Grafikkarte
unter Umgehung des Prozessors

BLOB

Binary Large Object; 1. Sammelbegriff für nicht ▷strukturierte ▷binäre Objekte wie eine Ton- oder Bilddatei, welche naturgemäss ziemlich gross sind; 2. ▷Datentyp, den ein Datenbanksystem zwar verwalten, aber nicht interpretieren kann, weil die zugehörigen Objekte u. U. aus einer anderen Anwendung ▷importiert sind; siehe auch ▷CLOB

B

Block

1. in der Textverarbeitung: Textpartie beliebiger Länge, auf welche eine Operation angewendet werden soll; 2. in der Datentechnik: in sich geschlossenes, (meist) mit Kontroll-Informationen versehenes Datenpaket bei der Ein- oder Ausgabe oder bei der Datenkommunikation; 3. ebensolches Datenpaket auf dem ▷Sekundärspeicher; ein B. wird in aller Regel mehrere logische ▷Datensätze umfassen; 4. in der ▷Programmierung: durch spezielle Rahmensymbole (Wörter wie BEGIN .. END oder Klammern wie {..}) gebündeltes Paket von Anweisungen; solche B. haben genau einen Eingang und mindestens einen Ausgang, dies schafft die Ordnung, die ▷GOTO nicht verlangt

BLOCK()

Reale oder ▷pseudosyntaktische Funktion des ▷Schedulers zur Blockierung eines rechnenden Prozesses, also zur Versetzung in den Schlafzustand; siehe auch: ▷Prozesszustand, ▷ADD(), ▷ASSIGN(), ▷RESIGN(), ▷RETIRE(), ▷READY()

Blockartefakt(e)

auch ▷JPG-Artefakt(e); das störende „Geschmier" in Bildern mit hoher ▷Kompression; bei sehr hoher Kompression bildet das Geschmier dann quadratische Flächen (Blöcke), auch werden Blöcke von konstanter Farbinformation sichtbar; bei Anonymisierungen von Bildern werden auch Farbquadrate erzeugt, jedoch eher mit dem Mosaikeffekt

Blocksatz
In der ▷Textverarbeitung: links und rechts bündig gedruckte Text-spalte

Blog, Blogger
Eigentlich Web Log; von einer Person oder Organisation geführtes und oft themenzentriertes Tagebuch auf dem ▷Web; B.s bilden eine Alternative zu Massenmedien oder sonstwie „offiziellen" Publikationen bzw. eine Gegeninformation zu betrieblichen oder behördlichen Propagandaapparaten; Blogger sehen sich deshalb gerne auch als Informations-„Blocker"; B.s sind gelegentlich illustriert, meist reichlich verlinkt und zu den meisten B.s kann die Leserschaft Kommentare beisteuern; in einem B. läuft die Information entlang einer Zeitachse; siehe auch ▷Wiki, ▷Social Software und ▷Web 2.0

Blogosphäre, Blogosphere
Der Mikrokosmos der ▷Blogs, der Blogger und ihrer Rezipienten

Blogroll
Linkliste in einem Blog und für Blogs, die ein Blogger selbst oft konsultiert oder zur Lektüre empfiehlt

Blowfish
Symmetrischer Block- ▷Kryptografie- ▷Algorithmus von Bruce Schneier mit 64-Bit Blöcken und einer Schlüssellänge von 448 Bits (!); B. schickt die Nachricht durch 16 Verschlüsselungsläufe; Nachfolger: ▷Twofish

Blu-ray
Blauer Strahl; 2006 marktreif gewordene Technologie aus dem Hause Philips für optische Platten, mit welcher die ▷DVD abgelöst werden soll; die Kenndaten bei Markteinführung sind: kürzere Wellenlänge (405 nm) mit folglich mehr Energie; bis 10'000 U/min Rotationsgeschwindigkeit; deutlich kleinere Schichtdicke, nämlich

0.1 mm pro Lage, Kapazität von 50 ▷Gbytes pro Lage, ausbaubar
bis 200 Gbytes; mechanisch empfindlich; siehe auch Konkurrenztechnologie ▷HD-DVD; im Jahr 2010 ist namentlich in der Unterhaltungsindustrie B. weitaus stärker vertreten als HD-DVD

Blue Book
Katalog für die Sicherheits- ▷Zertifizierung von Subsystemen eines
(Netzwerk-)Betriebssystems

Blue Screen
Blauer, vollflächiger Bildschirm im Textmodus nach einem ▷Ab-
sturz, meist mit wenig hilfreicher Fehlermeldung, dafür ▷Dump-
meldungen

Bluejacking
Ein ▷Attackenmuster; siehe dort

BlueTooth
Blauzahn war Übername des Dänenkönigs Harald I. (910–985); der
trinkfreudige und ewig zahnleidende B. vereinte sein Land, konver-
tierte die Dänen zum Christentum und eroberte Norwegen; benannt nach ihm ist ein ursprünglich aus Skandinavien stammendes
(und dieses vereinendes?) Projekt (heute: Toshiba, ▷Intel, ▷IBM,
▷Nokia und Ericsson, vereint in einer B. Special Interest Group,
SIG) für die drahtlose Datenkommunikation zwischen Computern,
Peripheriegeräten sowie Geräten der Mobilkommunikation, Un-
terhaltungs- und Gebrauchselektronik mit einer Reichweite von ca.
10 m: voll ▷duplex, ▷asynchron, bis zu 8 Geräte pro Kanal, ▷Mo-
dulation ▷FHSS, Übertragungsrate 1–3 Mbps im 2.45 GHz-Band, in
Version 2.0 ab 2003: 12 mbps; www.bluetooth.com

Blumenkohl
Die ▷Macintosh-exklusive Taste mit dem vierblättrigen Kleeblatt;
auch Befehlstaste, ▷Apfel-Taste genannt

BMP
1. Dateiformat und Dateinamenserweiterung für ▷Bitmap Grafiken von ▷Windows Paintbrush; 16 Mio. Farben pro ▷Pixel und sehr speicherintensiv; 2. Basic Multilingual Plane; siehe dazu ▷UTF-16 und ▷Unicode

B

BMS
Business Management System/Software; oft synonym für ▷ERP, oft aber auch für eine Untermenge von ERP verwendet: (Software für die) Verwaltung von betrieblichen Abläufen und Ressourcen

BNC
Bayonet Nut Coupling; auch: Bayonet Neill Concelmann; auch: British Navy Connector; auch: Baby-N-Connector; runde Steckverbindung mit Bajonettverschluss zur Koppelung von hochfrequenten ▷Koaxialkabeln, präziser: den dünnen, schwarzen Kabeln von ▷10Base-2

BNF
Backus-Normal-Form; oder ▷Backus-Naur-Form; dort definiert

Board
Brett; 1. gedruckte Schaltplatine, ▷Platine, ▷Karte; 2. Anschlagbrett (Bulletin Board)

Bodenstrich
▷Underline

Body
Körper, Rumpf; zentraler Bestandteil einer Ganzheit; 1. Beispiele dazu: ▷Schleifenkörper in der Programmierung; den Fensterinhalt bestimmender Codeteil in ▷HTML; in einem elektronischen Brief, E-Mail, der benachrichtigende Inhalt ohne die vielen Leit- und Protokoll-Informationen; 2. Bezeichnung in ▷JSP für einen entwurfs-

mässig nicht näher zu bezeichnenden, aber ▷hierarchisch übergeordneten und später dann zu detaillierenden Strukturblock

BOF
Beginning Of File; ▷Dateianfang; Gegenteil: ▷EOF

B

BOINC
Berkeley Open Infrastructure for Network Computing; zentrales
Verzeichnis aller ▷Grid Projekte von globaler Dimension: Klima-
simulationen, ▷SETI@home, Malariabekämpfung, Pulsarensuche,
Berechnungen am Large Hadron Collider des ▷CERN usw.; bei der
folgenden Adresse kann man sich einschreiben und die Hilfsprogramme beziehen: boinc.berkeley.edu

bold, boldface
In der ▷Textverarbeitung: fett

Bombe, Bombardierung
1. wie im wirklichen Leben eine unsympathische Art, jemandem
etwas mitzuteilen: visuelle Metapher beim ▷Absturz im ▷Mac OS;
2. Versand riesiger Mengen von ▷E-Mails an einen einzigen Empfänger in der Absicht, dessen Ressourcen zu belasten oder zu über-
lasten; so gesehen eine DOS oder DDOS ▷Attacke

Bombe, logische -
Ereignisgesteuerte ▷Malware, die z. B. einen Angreifer nach einem
▷Log in des Opfers oder bei dessen Besuch einer bestimmten
▷Website informiert

Booch Methode, Booch Lite
Grady ▷Booch gilt als der Vorreiter der ▷objektorientierten ▷Ana-
lyse und des objektorientierten ▷Entwurfs mit einer von ihm vor-
geschlagenen Methode (Booch-Wölklein für ▷Klassen); da diese
doch reichlich komplex geraten ist, schob er eine „Light"-Version

nach, mit der praktisch fast ausschliesslich gearbeitet wird/wurde; siehe auch ▷UML

Booch, Grady

Geboren am 27.2.1955; Absolvent der United States Air Force Academy, die er 1977 mit dem Bachelor of Science in Computerwissenschaften abschloss; 1979 Master bei der University of California; entwickelte die nach ihm benannte Entwurfsmethode, welche entscheidend zur Verbesserung der Effektivität bei der ▷objektorientierten Software-Entwicklung beigetragen hat; B. war mehrfacher Mentor bei höchst komplexen Softwareprojekten (Flughafenverwaltung etc); B. entwickelte zusammen mit Ivar Jacobson und Jim Rumbaugh die Unified Modeling Language ▷UML; Autor mehrerer Bücher und Hunderter Artikel über objektorientierte Software-Entwicklung; Ehrenmitglied in vielen wissenschaftlichen Instituten

Booklet

1. in den Deckel der Verpackung einer ▷CompactDisc oder ▷CD-ROM eingelegtes Büchlein; diese sind heute immer beliebter als „Benutzerhandbücher" der Hersteller …; 2. gedrucktes oder elektronisches Buch in Kleinstform

Bookmark

Lesezeichen; Liste mit interessanten Seiten im ▷WWW; siehe ▷Hot List und ▷Folksonomy

bool, boolean

Ein ▷wahrheitswertiger ▷Datentyp mit der ▷Domäne: true und false, oft ▷binär 1 und 0 bzw. <>0 und 0 wie in ▷C-Sprachen (C selbst kennt den b. Datentypen nicht); der Datentyp bräuchte zur rechnerinternen Repräsentation folglich ein ▷Bit; in der Realität wird dazu jedoch häufig ein ▷Byte reserviert; siehe auch Boole'sche ▷Algebra und ▷Exit Code; Hinweis für C/C++: robuste Definitionen sind #define true (0 == 0) und #define false (0 != 0)

Boot Bereich

Allgemeine Bezeichnung für einen zum ▷Booting relevanten Bezirk auf einer Platte; gemeint ist je nach Zusammenhang entweder der (pro Festplatte einmalige) Master Boot Record, MBR, oder allenfalls der (pro ▷Partition einmalige) Boot Block bzw. Boot Sektor; siehe dazu die weiteren Stichworte mit ▷Boot

B

Boot Block

Erster Block einer jeden ▷Partition auf einer Platte – unabhängig davon, ob die Partition ein Betriebssystem enthält oder nicht; beim Booting wird zuerst der Master ▷Boot Record gelesen und anschliessend der B.B. der aktiven Partition geladen

Boot Disk, Boot Diskette

Systemdisk(ette), welche ein (Rumpf-) ▷Betriebssystem starten kann

Boot Loader, - Manager

Programm, das auf Anwenderwunsch eines von mehreren ▷Betriebssystemen zum ▷Booting zulässt; der B.L. wird aus dem Boot Bereich, meist dem Master ▷Boot Record (MBR), aufgerufen, befindet sich selbst aber nicht dort; Beispiele: ▷lilo, grub

Boot Prozess

Das ▷Booting verläuft in den ▷IBM kompatiblen PCs im Anschluss an den ▷POST-Prozess wie folgt: 1. ▷Urlader im ▷BIOS-ROM überprüft das Vorhandensein einer Systemdisk mit den Dateien IO.SYS (IBMBIO.COM in PC-DOS) und MSDOS.SYS (IBM.DOS) im ▷Diskettenlaufwerk A: oder alternativ im ▷Festplatten-Laufwerk C:, 2. Urlader liest den Boot Record, damit übernimmt die ▷Software das Kommando und liest IO.SYS sowie das Ladeprogramm ▷SYSINIT, 3. Boot Record wird nicht mehr benötigt, SYSINIT liest MSDOS.SYS und CONFIG.SYS, 4. MSDOS.SYS liest auf Befehl von SYSINIT den Kommandointerpreter COMMAND.COM, 5. COMMAND.COM liest AUTOEXEC.BAT

und führt ihn aus; in Windows werden als Punkt 3 die ▷Registry
aktiviert und (mindestens) der Explorer geladen

Boot Record, Master -
Winziges Stück ▷Code von 512 Bytes, das sich betriebssystemun-
abhängig in einer PC-Festplatte auf Oberfläche 0, in ▷Sektor 1, bei
▷Kopf 0 auf ▷Zylinder 0, dem äussersten Zylinder, befindet; die
Bestandteile sind: 446 Bytes Startprogramm (siehe unten), 64 Bytes
▷Partitionstabelle mit Vermerk der aktiven Partition und 2 Bytes
▷Magic Number; das Startprogramm wird durch den ▷Urlader
vorübergehend in den Arbeitsspeicher an die Adresse 7C00(H)
geladen; dieses Laden ist der Moment des Übergangs der Kontrol-
le von der ▷Hardware an die ▷Software; nun wird je nach akti-
ver Partition entschieden, welches Betriebssystem (z. B. die Datei
IO.SYS für ▷DOS/ ▷Windows) oder ob ein komplexerer ▷Boot
Manager geladen wird; siehe auch ▷Boot-Prozess mit den dortigen
Querverweisen

Boot, dual -
Fähigkeit eines Betriebssystems, z. B. Windows Vista, einem anderen Betriebssystem, z. B. Windows 2000, das ▷Booting zu erlauben; heute wird eher von ▷Boot Managern gesprochen, die
theoretisch auch mehr als zwei Betriebssystemen das Booting
zulassen

Boot, Fail safe -
Systemstart im minimalen Funktionsmodus, ohne überflüssige
▷Treiber; eine Art ▷nativer Systemstart für Diagnosezwecke; auch
etwa als abgesicherter Modus bezeichnet

Booting
Laden des Betriebssystemes ab Massenspeicher durch den ▷ROM
residenten ▷Urlader; siehe auch ▷Boot Prozess

BOOTP

▷Protokoll in ▷TCP/IP-Netzwerken zum gebündelten Besorgen mehrerer dynamischer Parameter des TCP/IP-Stapels über das Netzwerk, z. B. die eigene ▷IP-Adresse, ▷DNS-Server, Vorgaberouter usw.; B. spielt eine grosse Rolle beim entfernten ▷Booting von Rechnern; siehe auch ▷RARP, ▷ICMP, ▷DHCP

B

Bootstrap

Boot Falle; Kleinstroutine, welche den zugehörigen Rest des Programms von peripheren Einheiten bzw. durch Austausch von ▷IP-Nummern von einem Boot Host holt (Bootstrap Protocol, ▷BOOTP)

BOT, Bot

1. Begin(ning) Of Transaction; Ort oder Zeitpunkt des Einsetzens einer ▷Transaktion bzw. entsprechendes, implizites oder explizites Kommando in einer ▷DML zur Veranlassung der zugehörigen ▷Sperren; 2. Kurzform von ▷Robot; heute spricht man oft von Web Bot, Chat Bot und anderen „Boten" … oder von Spiders; 3. Beginning Of Tape; physikalische Markierung der beschreibbaren Fläche auf Datenbändern

Bot-Netz

Verbund von illegitimen, weil ohne Wissen des Anwenders, übers Internet ferngesteuerten und eine schädliche Aufgabe wahrnehmenden Computern; dazu muss zuvor ein ▷Robot eingeschleust werden; B.-N. vollziehen z. B. ▷DDoS-Attacken oder streuen ▷Spam; rechtlich brisant ist die Tatsache, dass ein B.-N. Teilnehmer ohne sein Wissen auch Täter ist; gefährliche aktuelle B.-N. sind Zeus (Millionen teilnehmender PCs, Millionen versendeter Phishing-Mails, Diebstahl von Bankdaten) und KOOBFACE (kommt als Adobe Flash Download Fake auf den Rechner, analysiert und missbraucht die verwendeten ▷Social Software Webseiten, lädt beliebige ▷Malware nach, ist in stetigem Kontakt mit dem KOOBFACE Command & Control Center und wird von diesem gesteuert)

botnet
Siehe unter ▷Bot-Netz

Bottom up
Im Systementwurf: ▷Design von der niedrigsten zur höchsten Abstraktionsebene; in der Systementwicklung: Entwicklung von den Details zu den Haupt- ▷Modulen, ▷Synthese; vergleiche ▷top down

B

Bourne again shell
▷Zeichenorientierte Standard Shell in ▷Linux; die ▷GNU „bash" ist - wortspielerisch gelungen - nach der klassischen Bourne shell (auch AT&T Shell, sh) und diese wiederum nach ihrem Entwickler Steve Bourne benannt; die bash umfasst Elemente anderer, leistungsfähiger ▷Unix shells (C-Shell und Korn Shell), ist konform zur „▷IEEE ▷POSIX Shell and Tool Specification 1003.2" und eine Entwicklung der ▷Free Software Foundation bzw. hauptsächlich von Brian Fox

Boxing
Aus einem ▷Werttypen einen ▷Referenztypen erzeugen; Gegenteil: ▷Unboxing

BPDU
Bridge Protocol Data Unit; Format von Daten- ▷Paketen auf ▷OSI-Schicht 2; B.-Datenpakete ermöglichen die Umsetzung des ▷Spanning Tree Protocols; ▷Switches (resp. Schicht-2-Geräte) informieren sich durch B. gegenseitig über ihre Präsenz und Eigenschaften

BPEL
Business Process Execution Language for Web Services; gesprochen „Beppel"; auf ▷XML, ▷XPath und ▷WSDL basierende Sprache zur Verbindung und Orchestrierung von ▷Webdiensten zu einem geschlossenen Geschäftsprozess; ein BPEL-Dokument kann selbst als Webdienst fungieren und so die Abläufe koordinieren; siehe auch ▷BPML

bpi
Bits per Inch; Mass für die Datendichte auf ▷Datenträgern in ▷Bits pro ▷Zoll; vergleiche ▷dpi, ▷cpi

BPML
Business Process Modeling Language; Metasprache zur Modellierung von Geschäftsprozessen auf der Basis von ▷XML; siehe auch ▷BPEL

bpp
Bits per Pixel; Masseinheit für die ▷Farbtiefe

bps
Bits per Second; Mass für die Übertragungsrate von Daten in einem Datenkanal in ▷Bits pro Sekunde; gemessen werden hier jeweils ▷Nutz- und ▷Redundanzdaten, wie sie vor einer eventuellen Kompression anfallen; die bps und die ▷Signalrate können sich folglich unterscheiden

Branch
Ast, Zweig; Verzweigung, ▷Sprung

Branch Prediction
Spekulativer Mechanismus in sehr leistungsfähigen ▷Mikroprozessoren, welcher nach gewissen Wahrscheinlichkeits- ▷Algorithmen das Eintreffen einer Verzweigung im ▷Assemblerprogramm voraussagt und geeignete Massnahmen trifft; die Absicht besteht darin, die Instruktions- ▷Pipeline möglichst gefüllt (auch: warm) und damit das ▷parallele Arbeiten gewährleistet zu haben

BranchCache
Schutzmarke und Technologie von ▷Microsoft zur dezentral gespiegelten Datenhaltung; die Daten können so auch von Geräten mit schlechter Internetanbindung verwendet werden

Break

Pause, Abbruch, Unterbruch; meist gemeint als temporärer Unterbruch resp. vorzeitiger Abbruch eines ▷Programms, eines ▷Kom-
mandos, einer ▷Schleife usw.

Break Point

Unterbrechungspunkt; Stelle im ▷Quellcode eines Programms, an
welcher die Ausführung (z. B. durch den ▷Debugger) zwecks Untersuchung des Zustands der Variablen unterbrochen werden kann

B

Brenner

1. ▷CD-Brenner; 2. Alpenpass in Österreich und damit Gegenstand
anderer Lexika …

Bridge

Siehe unter ▷Brücke

Bridge, North - und South -

Bindeglied zwischen dem ▷PCI- ▷Bussystem und dem Komplex
▷Prozessor, ▷Cache, ▷RAM, Grafik (dann: North, auch System
Controller) bzw. zwischen PCI und den „langsamen" Bussystemen
▷SCSI, ▷(E)IDE, ▷USB, ▷IEEE 1394, ▷(E)ISA (dann: South, auch
Bus Controller)

Broadcast

Rundspruch; 1. und allgemein: Rundfunk für Radio und Fernsehen;
2. in der Daten- und Telekommunikation: Nachrichtenversand als
Punkt-zu-alle-Verbindung; siehe auch ▷Anycast, ▷Multicast,
▷Narrowcast, ▷Pointcast, ▷Unicast

Broadcastdomäne

Durch den ▷Router begrenzte Reichweite der Ausbreitung eines
Broadcastings; im Gegensatz zur ▷Kollisionsdomäne, die durch
den ▷Switch begrenzt ist

Brooks' Gesetz

„Adding manpower to a late software project makes it later" (Fred Brooks: The Mythical Man-Month, 1975); verantwortlich dafür ist vor allem der Aufwandüberhang in der Kommunikation der Projektteilnehmer; siehe auch ▷Amdahl, ▷Gilder, ▷Metcalfe, ▷Moore

B

Brouter

Kombination von ▷Bridge und ▷Router; Gerät zur Verbindung heterogener ▷LANs, welches die Umsetzung der Zugriffs- und Transport- ▷Protokolle besorgt

Brownout

Länger dauerndes Tief in der Netzstromversorgung; siehe auch ▷Sag, ▷Spike und ▷Surge

Browser, browse, browsen, Browsing

1. grasen, schmökern; neudeutscher Überbegriff für alle Tätigkeiten des Suchens, Sichtens und Auswertens inhaltlich zusammengehöriger ▷Informationen in einem Datensystem oder Netzwerk; 2. im Internet meint B. eine die ▷HTML ▷interpretierende ▷Client-Applikation zum Durchsuchen und Präsentieren ausgewählter Bereiche wie ▷FTP, ▷Usenet, vor allem aber des ▷World Wide Webs; der erste B. entstand am ▷CERN als Kommandozeilen-B.

Brücke

Auch Bridge; 1. Gerätekomponente mit meist geringer physikalischer Grösse und technischer Komplexität zwischen zwei Netzwerksegmenten mit gleichem ▷Protokoll, aber evtl. unterschiedlichen Medien (local B.) oder zwischen zwei Netzwerken mit unterschiedlichen Protokollen und evtl. auch Medien (translation B.); die B. prüft die ▷Rahmen und leitet sie weiter oder verwirft sie, sie hat vom Inhalt keine Kenntnis; eine B. begrenzt die ▷Kollisionsdomäne, nicht aber die ▷Broadcastdomäne und arbeitet auf der Sicherungsschicht des ▷OSI Modells, sie segmentiert ein

▷LAN; werden LANs über Telekommunikation gekoppelt, haben wir es mit einer remote B. zu tun; 2. eine Komponente der VMware Workstation, die die virtuelle Maschine an das ▷LAN des ▷Host Computers anschliesst

Brute Force

Sie befinden sich wahrscheinlich schon im richtigen Nachschlagewerk: rohe Gewalt; Ansatz der kombinatorisch-systematischen und nicht optimierten Lösungssuche nach dem Muster „Versuch und Irrtum" in Unkenntnis der direkten Lösung; Beispiel a) simples ▷sequenzielles ▷Durchsuchen von Datenbeständen im Hinblick auf das Erfüllen einer Bedingung (Probleme: Zeit, Kosten); Beispiel b) einfache Umsetzung der Geradengleichung beim Zeichnen einer schiefen Strecke (Problem: ▷Aliasing); Beispiel c) gewaltsames Auflösen einer ▷Sperre durch den Datenbank- ▷Scheduler nach einem ▷Timeout (oft die einzige Lösung); Beispiel d) Durchspielen aller möglichen Zeichenpermutationen beim ▷Attackieren (siehe dort) eines Passwortes oder ▷Schlüssels (Probleme: Rauswurf, Zeit, Kosten)

BS

1. ▷ASCII-Zeichen 08(H) (8): Back Step, Back Space, Rückwärtsbewegung mit dem Cursor, oft verbunden mit rückwärts schreitendem Löschen; 2. ▷Betriebssystem

BSA

Business Software Alliance; weltweiter Verband von Softwarehäusern zwecks Verhinderung und Verfolgung der Software-Piraterie

BSD

1. Berkeley Software Design: Software-Hersteller im Unix-Umfeld; 2. Berkeley System Distribution, siehe ▷Unix und ▷Berkeley; B. hat drei freie Implementierungen: ▷OpenBSD (www.openbsd.org), FreeBSD (www.openbsd.org) und NetBSD (www.netbsd.org)

BSI
Bundesamt für Sicherheit in der Informationstechnik; dem Deutschen Bundesministerium des Innern angeschlossenes Bundesamt
als „zentraler IT-Sicherheitsdienstleister des Bundes" und damit
auch als nationale Sicherheitsbehörde für Belange der digitalen In-
formationsvermittlung; man beachte die vielen Hilfestellungen und
Publikationen unter www.bsi.de sowie die informative Website
„BSI für Bürger" bei www.bsi-fuer-buerger.de

BSS
Basic Service Set; Gesamtheit aller Geräte in einem drahtlosen
Netzwerk nach ▷IEEE 802.11, die mit derselben ▷SSID über einen
Wireless ▷Access Point miteinander kommunizieren; siehe auch
▷EBSS und ▷IBSS

BTU
British thermal Unit; 1 kWh Energie(verbrauch), also ca. 1.06 Kilo-
joules; taucht oft in technischen Spezifikationen und dort im Zusammenhang mit der Wärmeabgabe (BTU/h) auf; das Mass ist
wichtig für die Berechung des Klimatisierungsbedarfs

Bubble Jet
▷Tintenstrahl; ▷Druckertechnologie

Bucket
Kübel, Eimer, Korb; Ablageort für ein ▷Datum bzw. präziser dessen Adresse, wie sie sich z. B. aus dem ▷Hash Wert ergibt

Buddy
Kumpel; Gesprächspartner beim ▷Chatting oder ▷Instant Messaging

Buffer
Siehe unter ▷Puffer

Buffer Overflow
Meist im Zusammenhang mit einer ▷Attacke, siehe dort

Buffer Underrun (Protection)
Puffer Unterlauf; unerwünschter Effekt beim ▷Brennen von optischen Datenträgern, der darin besteht, dass die Daten nicht schnell
genug angeliefert werden, der Brennvorgang abbricht und einen
defekten ▷Rohling hinterlässt; Vorbeugung durch die Technik der
B.U. Protection

Buffer, Double -
Auch: Page Flipping; doppelte Menge an Grafikspeicher, damit ein
Bild angezeigt und gleichzeitig das Folgebild im Hintergrund auf-
gebaut werden kann

Buffer, Frame -
Bildschirmspeicher; ▷Bildwiederholspeicher

Buffer, Translation Lookaside -
Kleiner Speicherbereich im ▷Prozessor, in welchem ▷Seitenum-
rechnungs- ▷Vektoren für die Umsetzung von ▷virtuellen in
▷physische ▷Adressen zwischengespeichert sind, damit diese Vektoren nicht jedes Mal in Tabellen im Arbeitsspeicher nachgeschlagen werden müssen; also eine Art ▷Cache für ▷Seiten- ▷De-
skriptoren in Form eines assoziativen Speichers; typischerweise
zwischen 32 und 128 Einträge

Bug
Käfer, Wanze; Fehler in ▷Hardware oder ▷Software; der Begriff
stammt aus der Zeit der Relais-Rechner; in Relais (das sind elektromechanische Schalter) verirrte Fliegen und Käfer blockierten
Kontakte und störten so die Rechenprozesse

Bug Fix
1. und allgemein: Flicken irgendwelcher Art; 2. im engeren Sinn: Hilfsprogramm oder ▷Treiber, die bekannte Mängel in programmierbaren ▷ROMs, ▷Flashes oder ▷Programmen beheben – und dabei wieder neue bringen …

B

Bug Parade
Von ▷Sun Microsystems geführte Liste der Fehler im ▷JDK

Build
Aufbau, erbauen; in der ▷Systementwicklung der Arbeitsschritt zwischen ▷Codierung und ▷Deployment; umfasst üblicherweise ▷kompilieren, ▷linken, ▷testen, ▷paketieren; mitunter können auch automatische Dokumentationen gleich erstellt werden; b.-Tools sind z. B. ANT, Maven oder im ▷Visual Studio eingebaute Werkzeuge

built in, built-in
Eingebaut, intern und damit ohne Einbinden zusätzlicher ▷Plug Ins vorhanden; z. B. die ▷Kommandos aus der ▷Shell eines ▷Betriebssystems

bulk, - erase, - insert
In grossen Mengen, massenweise, unkonfektioniert; 1. bei Datenträgern, namentlich Disketten: nicht konfektionierte Ware, also ohne Etiketten oder Vorformatierung; 2. b. e. bedeutet das vollständige und nicht rückgängig zu machende Löschen eines Datenträgers; dann: ▷Wiping; 3. massenweises Einfügen von ▷Tupeln in eine ▷Datenbank durch Spezialanweisungen; bei b.i. wird oft nicht ▷geloggt und/oder mit ▷Triggern auf ▷Integrität geprüft

Bündel
1. immer beliebter werdendes Marketinginstrument, bei welchem verschiedene Produkte (z. B. PC mit Drucker) zu einem Gesamtangebot geschnürt werden; irgendwann wird dieses „Bundling" dann auch unsinnig und tritt ökologische Gesichtspunkte mit Füssen:

so bündeln Schweizer ▷Mobiltelefonie-Anbieter Handys mit Alu-Treträdern oder so genannten Ghettoblasters …; 2. Paket aus einer bestimmten Anzahl von ▷Signalleitern; vergleiche hierzu ▷Bus

Bundle, Bundling
▷Bündel; Bündelung

B

Bundsteg, Bund
In der Typografie: Rand im Innenbereich der Doppelseite; der B. ist für das Binden des ▷Dokuments reserviert

Burner
▷CD- oder ▷DVD-Brenner

Burst
Explodieren, platzen; 1. und allgemein: Modus eines besonders schnellen Datentransfers zwischen einzelnen Geräteeinheiten; 2. und speziell bei Zugriffen auf den Arbeitsspeicher oder ▷Cache: Zugriffsmodus, der sich dadurch auszeichnet, dass mit einer ▷Adresse gleich ganze, zusammenhängende Bereiche gelesen oder beschrieben werden; die entsprechenden Adressbündel generiert der Baustein selbst

Burst Error
Fehler durch ▷Invertierung einer kleinen ▷Bitmenge in einem begrenzten ▷Wortbereich; B.E.s deuten auf eine ganz grobe ▷Interferenz hin

Burst, x-y-y-
Burst-Zugriff, dessen volle ▷Zykluslänge sich für vier Daten (▷Byte, ▷Wort oder ▷Langwort) wie folgt zusammensetzt: x Takte für die Initialisierung (▷Adressbereitstellung, Anfrage nach einem Burst Transfer, Abwarten der Quittung) und das Transferieren des ersten Datums, dreimal y Takte für die drei folgenden Daten; meist gilt: x > y

Burstiness
Merkmal von Datenströmen mit massvoll veränderlicher ▷Bitrate

Bursting
Beim ▷Hosting oder ▷Housing: (temporäre) Verfügbarkeit einer grösseren ▷Bandbreite als vertraglich vereinbart

B

Bus
1. physikalische ▷Netzwerk- ▷Topologie; 2. physikalisch: Verbund bestimmter Leiterbahnen mit aufliegenden Geräteeinheiten oder Verbund aller kommunikativ bedeutsamen Leiterbahnen mit oft nach aussen geführter Schnittstelle, z. B. ▷VME-Bus; 3. vereinfachend logisch gemeint: Sammelbegriff für die Gesamtheit aller ▷Adress-, ▷Daten- und Steuerkanäle in einem Computersystem; 4. oft Sammelbegriff für eine Kommunikationsarchitektur (siehe dazu u. a. ▷Systembus oder ▷Local Bus) bzw. eine Systembus-Norm (z. B. ▷ISA, ▷PCI, PCI Express, ▷USB)

Bus Controller, I/O -
▷Controller, welcher die Datenströme zwischen dem ▷Systembus und einem dedizierten ▷E/A-Bus vermittelt

Bus Master
Adapter, welcher dem ▷Prozessor die Bus-Hoheit abnehmen und befristet ▷Adressen vergeben kann; dies befähigt den ▷Adapter zum Datentransfer am Prozessor vorbei; ▷SCSI-Adapter sind z. B. B.-M.-fähig

Bus, Back Side -
Vom „normalen" Busverkehr abgeschottetes und durch die ▷CPU völlig autonom gesteuertes Bussystem zwischen ihr und dem ▷Cache

Bus, E/A -, Bus, I/O -
Autonomes Bussystem zur Ansteuerung der Ein-/Ausgabe-Einheiten

Bus, Front Side -
Dediziertes ▷Bussystem zwischen dem ▷Mikroprozessor, dem Systemspeicher und dem ▷Chipsatz; oft mit mehrfacher ▷Datenbusbreite; etwas verwirrend auch ▷Systembus genannt; treffender: Speicherbus

Bus, Star Shaped -
Physikalische Bus-Verkabelung, welche durch das Einschalten von ▷Hubs ▷topologisch wie ein ▷Stern „aussieht"

Bushierarchie
Die Komplexität heutiger Computersysteme ist nur mit einer Aufteilung der Signalflüsse auf verschiedene Teilbusse zu gewährleisten: man spricht vom: 1. Prozessorbus: im Innern des ▷Prozessors sowie heute meist zum ▷Cache führend; 2. Speicherbus: vom Prozessor zum ▷Arbeitsspeicher; 3. ▷Systembus; 4. Gerätebus: z. B. zur Verbindung der ▷Massenspeicher und 5. Ein-/Ausgabebus; siehe ferner 6. ▷Peripheriebus; die Interkonnektion zwischen den genannten Hierarchiestufen vermitteln ▷Controller, hier ▷Bridges genannt; in der genannten Reihenfolge nehmen die Transferraten und Kosten ab, die Flexibilität und ▷Installationsbasis zu; die Implementierung und Benennung ist uneinheitlich

Business Continuity Management/Planning
Sammelbegriff für alle Massnahmen rund um die Datensicherheit: Bedrohungen, Risiken, Prävention, Organisation inklusive Personelles, Wiederanlauf, Katastrophenbewältigung usw.; das Rahmenwerk dazu liefert ISO/IEC 25999

Business Intelligence, BI
Sammelbegriff für alle Systeme und Anwendungen zur Gewinnung von analytischen, führungs- und entscheidungsrelevanten Daten wie ▷Data Warehousing, ▷Data Marts, ▷Data Mining usw.; der Begriff ist wenig trennscharf

B

Bustakt
Meist unter derjenigen des ▷Prozessors liegende oder höchstens diesen egalisierende ▷Taktfrequenz des ▷Systembusses; siehe ferner ▷Bushierarchie

busy
Status von Systemkomponenten wie z. B. ▷Peripheriegeräten: beschäftigt; Gegenteil: ▷idle

busy wait(ing)
Siehe beim aktiven oder perversen ▷Warten

Buszyklus
Zeitliche Einheit, in welcher ein ▷Mikroprozessor-Befehl(steil) geholt (▷fetch) oder verarbeitet (▷execute) wird; ein ▷Befehl bestand bei früheren Prozessoren folglich in aller Regel aus mehreren B., ein B. seinerseits aus mehreren Taktzyklen; heutige Prozessoren bearbeiten in einem Taktzyklus mehrere Befehle: durch massive Parallelschaltung (▷Pipeline, ▷Speed Up), ▷Prefetching, durch interne Frequenzvervielfachung und weiteren Techniken

Button
Siehe unter ▷Knopf

bye
Ciao; Kommando zum Verlassen einer Umgebung, namentlich ▷FTP; siehe ▷exit und ▷quit

Byte
Reines Kunstwort; 1. eine aus acht ▷Bits bestehende Grundeinheit zur Darstellung eines einzelnen ▷Zeichens im Computer; Beispiel: 01110100(2) entspricht dem Buchstaben „t" (▷ASCII, ▷Unicode); da pro Zeichen ein B. reserviert wird, dient dieses auch als Mass für die Kapazität des ▷Arbeits- oder ▷Massenspeichers; 2. (▷Deklaration für) einen ▷Ganzzahl-Datentyp in Programmier- und Datenbanksprachen: Ganzzahl (▷Integer) von 0 bis 255, seltener von –128 bis +127 als dezimales Äquivalent des dargestellten und ▷dual interpretierten 8-Bit-Musters

B

Byte Lock
Stau auf der Datenautobahn bis zum Fast-Stillstand

Bytecode
Plattformunabhängiger ▷Zwischencode nach der ▷Compilierung von ▷Java ▷Quellentext; Rohstoff für die virtuelle Java-Maschine, ▷JVM

BZS
Binary Zero Suppression: ▷Kompression(sverfahren) durch Unterdrückung einer Sequenz von Nullen

BZT
Zulassungszeichen für Geräte der ▷Telekommunikation in Deutschland; entspricht in der Schweiz dem ▷BAKOM

C

C

▷Strukturierte, ▷prozedurale und äusserst schnelle höhere ▷Programmiersprache mit starker Verbreitung auf unterschiedlichsten ▷Plattformen; 1972 in den ▷Bell Laboratorien von Brian W. Kernighan und Dennis M. ▷Ritchie entwickelt; 1978 erst erschien ihr erstes Buch, 1987 wurde C erstmals durch ▷ANSI normiert; ursprünglich eng mit der ▷Unix-Umgebung verbunden; C haftet etwas der Ruf der nicht einfachen Erlernbarkeit sowie der Toleranz für chaotische ▷Codierung an; C ist ferner sehr maschinennah und verlangt deshalb eine rigide Disziplin vom Programmierer

C#

Gesprochen als „C sharp"; eigentlich müsste es deutsch „cis" heissen, denn die Notation lehnt an die Musik an; im Sommer 2000 von ▷Microsoft vorgestellte, rein ▷objektorientierte ▷Programmiersprache, welche Elemente von ▷C, ▷C++ und ▷Java verschmilzt und in allen Bereichen der Applikationsentwicklung zum Einsatz kommt; entwickelt von Anders ▷Hejlsberg; C# ist die vom Hersteller favorisierte Sprache der ▷.NET-Architektur; C# produziert die ▷CIL als ▷Zwischencode und kennt keine ▷Applets; es ist ferner klar, dass C# als Konkurrenz zu ▷Java gemeint ist, welches von Microsoft nie so recht geliebt wurde; im Gegensatz zur Konkurrenz ist C# öffentlich normiert: ▷ECMA-334

C++

Folgeversion, echte Obermenge der ▷Programmiersprache ▷C aus dem Jahre 1982 für das ▷objektorientierte Programmieren; C++

wird ▷kompiliert, ist ein ▷Hybrid, kann ▷Templates verarbeiten und ▷Operatoren überlagern; Mehrfach- ▷Vererbung ist möglich; C++ wurde in den AT&T ▷Bell Laboratorien von Bjarne ▷Stroustrup entwickelt und von ihm ursprünglich als „C mit ▷Klassen" bezeichnet

C, Objective -

Die hauptsächliche ▷Programmiersprache für Entwicklungen auf ▷Mac OS X, entwickelt von Brad Cox und Tom Love in den 1980er Jahren; ▷objektorientiert, eine echte Obermenge von ▷C und mit ▷Smalltalk verwandt; dynamisch, streng ▷typisiert; O. C ist prädestiniert für den Einsatz von ▷Delegates und unterscheidet zwischen Nachricht und Methode: [screen lösche]; ist die Nachricht „lösche" an das Objekt „screen" mit später ▷Bindung, während der Methodenaufruf mit Punkt frühe Bindung wäre; aktuell ist O. C Version 2.0 seit 2007, die u. a. um eine moderne ▷Garbage Collection und um ▷Properties (komfortable ▷Getter, ▷Setter) erweitert wurde

C-Stamm

Zusammenfassende Bezeichnung für alle ▷Programmiersprachen, die in ▷C ihren Ursprung haben: ▷C++, ▷Java, ▷C#, ▷D und andere; weniger deutlich dazu gehören auch viele ▷Skript-Sprachen in der ▷Unix- und ▷Linux-Welt

C2, C2 Level Security

Eine der Zertifizierungsstufen des ▷Orange Book, die deshalb von besonderem Interesse ist bzw. war, weil auf dieser Stufe das Zugriffswesen durch ▷Authentisierung geregelt wird; ▷Windows kennt diese erzwungene Authentisierung erst ab NT; ferner sind auf dieser Stufe von Interesse: ▷Speicherschutz, Eingriffsmöglichkeiten des ▷Administrators in Sicherheitsfragen, Sicherheit bei äusseren Einflüssen (Energieversorgung usw.)

CA

Certificate Authority, ▷Zertifizierungsstelle

CAC
Computer aided/assisted Crime; Verbrechensplanung und -durchführung mit Hilfe von Computern oder datenbezogene Delinquenz

Cache
Franz.: cacher = verstecken; engl.: cache = geheimes Lager und ausgesprochen wie „cash" (Bargeld); „der" C. weil Bezug auf ▷Speicher; von der Theorie her: Speicher zwischen den klassischen Ebenen der ▷Speicherhierarchie zur „Aufweichung" deren klarer Grenzen: ▷puffernder Speicher mit sehr schnellen RAM-Bausteinen zwischen ▷Massenspeichern („unten") und ▷RAM („oben") bzw. zwischen RAM („unten") und ▷CPU- ▷Registern („oben"); der letztgenannte C. reduziert die prozessorseitigen Zugriffe und Kosten, weil sich die C.-Software mit diversen ▷algorithmischen Mechanismen die jüngst (siehe: ▷Referenzlokalität) oder häufigst geladenen Codeteile merkt; der Festplatten-C. wiederum reduziert die Plattenzugriffe und schont damit u. a. die Mechanik

Cache Kohärenz
Zusammenhang (lat.); gleicher Inhalt aller Caches bei mehreren solchen, z. B. in ▷Mehrprozessor-Systemen

Cache, advanced transfer -
Technologie von ▷Intel für Level 2 C. mit gleicher Taktung wie im Prozessorkern sowie Eingangs-/Ausgangsströmen bei jedem ▷Takt; dies und die speziell breiten ▷Busse zum C. bringen Transferraten in mehreren Dutzend GBytes/s

Cache, Ansätze beim Schreiben
Ansatz 1: Datum gleichzeitig in C. und RAM (oder Festplatte beim Plattenc.) schreiben (write through, Inhalte konsistent, Zeitgewinn gering); Ansatz 2: Datum vorerst in C. schreiben und erst bei dessen Leerung ins RAM (write back/behind, Inhalte zeitweise inkonsistent, Zeitgewinn grösser); Ansatz 3: Datum an C. vorbei ins RAM schreiben (write no-allocate, kein Zeitgewinn)

Cache, Befehls- und Daten-

Getrennter Cache für ▷Maschinenbefehle oder ▷Datenworte; die Trennung der beiden Wortarten macht die Implementierung technisch und kostenmässig sehr aufwändig und bedingt eine prozessorinterne Harvard- ▷Architektur, sie ist jedoch äusserst wirksam

Cache, diskreter -

Zwar im Prozessorgehäuse, dort aber auf einem eigenen ▷Chip untergebrachter C.

Cache, Execution Trace -

Technologie von ▷Intel im ▷Pentium 4 zur ▷Pufferung von bereits decodierten Instruktionen; entlastet also das Befehls- ▷Register

Cache, Level 1 -, first Level -

RAM-Cache im Innern des ▷Mikroprozessors; der L. 1 C. puffert zwischen ▷RAM und ▷Registern

Cache, Level 2 -, second Level -

Ausserhalb des Prozessors angesiedelter und dessen Arbeit nochmals beschleunigender ▷RAM Cache; die Architektur des ▷Systembusses oder der ▷Local Bus muss einen Level 2 C. unterstützen

Cache, Level 3 -, third Level -

Nun ja: wo der externe C. bisher Level 2 war und nun auch schon in die ▷Platinen oder gar ▷Chips eingebaut wird, muss der jetzt externe C. schon oft Level 3 heissen, usw.; wir werden Sie informieren, wenn Level 4 fällig ist …

Cache, logischer -, physischer -

Cache, welcher die ▷logischen ▷Adressen vom Programm oder andernfalls die ▷physischen Adressen des Arbeitsspeichers mit sich führt, also der ▷MMU vor- bzw. nachgeschaltet ist; im letzteren Fall ist es einfacher, die C. Kohärenz zu überwachen, zudem ist die

MMU heute fester Bestandteil von Prozessoren, weshalb ph. C. üblicher sind

Cache, Platten-
Im ▷RAM gepufferte Menge der jüngst und/oder häufigst gebrauchten Platten- ▷Cluster bzw. deren Inhalte; siehe auch ▷Referenzlokalität

Cache: Ansätze beim Lesen
Ansatz 1, Datum liegt im C. vor (C. Hit): ▷Datum an ▷Register weitergeben (forward); Ansatz 2, Datum liegt nicht vor (C. Miss): Datum vom ▷RAM an Register und paralleles oder verzögertes Befüllen des C. (load through) oder: Befüllen des C. mit anschliessender Weitergabe an Register (load deferred); Ansatz 3, Datum kann im C. vorliegen: spekulatives Vorausladen benachbarter Daten in den C. (load ahead mit hohem Zeitgewinn)

cacheable Area
Adressenraum des ▷Primärspeichers, welcher durch den Level 2 Cache optimiert bewirtschaftet werden kann; ist dieses Optimum erreicht, führen mehr Caches und/oder mehr RAM zu Leistungsverlust

CAD
Computer aided/assisted Design; computerunterstütztes technisches Zeichnen; ▷Vektorgrafik- und Bildverarbeitung benötigen eine hohe Prozessor- bzw. Rechenleistung, diese wird mit heutigen Systemen erbracht, weshalb der Computer zum Entwerfen, Planen, Konstruieren und ▷Animieren herangezogen wird

CADD
Computer aided/assisted Design and Drafting; computerunterstütztes Zeichnen und Entwerfen

CAE
1. Computer aided/assisted Engineering; computerunterstütztes Entwickeln; der Computer hilft beim Entwickeln neuer Produkte und behält dabei die Übersicht über vorgefertigte Teile, Vorlagen, Materialkonstanten, Vorschriften, ▷Normen, Konstruktionstechniken usw.; 2. Common Application Environment, siehe unter ▷X/Open

C CAEE
Computer aided/assisted electronic Engineering; computerunterstütztes Entwickeln ▷elektronischer Komponenten und Bauteile

Caesar
1. Imperator Maximus Romae; 2. Methode für die simple, monoalphabetisch-substituierende ▷Kryptografierung von Texten, wie sie schon zu Zeiten der Römer angewendet worden sein soll

CAGD
Computer aided/assisted Geometric Design; computerunterstütztes Zeichnen planimetrischer oder stereometrischer Figuren

CAI
Computer aided/assisted Instruction; computerunterstütztes Lehren und Unterrichten (auch: CUU)

CAL
1. Computer aided/assisted Learning; computerunterstütztes Lernen (CUL); 2. Computer aided/assisted Layout; computerunterstütztes Gestalten von ▷Dokumenten

call back
Rückrufen; Möglichkeit der ▷Kommunikations- ▷Software, einen Anrufer zurückzurufen; damit kann a) ▷Telearbeit geleistet werden, ohne Verbindungskosten bezahlen zu müssen und b) der Anrufer ▷authentisiert werden

call by Reference, - by Value, - by Content

Aufruf einer ▷Funktion oder ▷Prozedur mit Übergabe der ▷Adresse (also ▷Referenz) einer ▷Variablen: die Funktion/Prozedur manipuliert die Variable an ihrem Speicherort; Aufruf mit dem Wert der Variablen: die Funktion/Prozedur nimmt eine Kopie des Wertes (Value, Content) in Empfang und manipuliert sie lokal; welche Art verwendet wird, ist sprachspezifisch und/oder wird mit der ▷Syntax der Formal- ▷Parameter zum Ausdruck gebracht

C

call by Reference, - by Value, - by Content

Aufruf einer ▷Funktion oder ▷Prozedur mit Übergabe der ▷Adresse (also ▷Referenz) einer ▷Variablen: die Funktion/Prozedur manipuliert die Variable an ihrem Speicherort; Aufruf mit dem Wert der Variablen: die Funktion/Prozedur nimmt eine Kopie des Wertes (Value, Content) in Empfang und manipuliert sie lokal; welche Art verwendet wird, ist sprachspezifisch und/oder wird mit der ▷Syntax der Formal- ▷Parameter zum Ausdruck gebracht

Call Center

Wenn Sie, liebe Leserin und lieber Leser, am Telefon mit einem Menschen sprechen möchten und stattdessen endlos Vivaldi oder Panflöte hören, dann sind sie mit einem C.C. verbunden; sie sollten dann – tolerant und immer offen für Neues – zur Kenntnis nehmen, dass diese Art der „Kundenbetreuung" als modernes Geschäftsmodell gelehrt wird; siehe auch ▷Help Desk

call, CALL()

1. Anruf; 2. Sprung in ein ▷Unterprogramm; 3. ▷Systemaufruf; 4. Aufruf einer speziellen Routine durch ein Programm oder ab Konsole, also ein ▷Prozeduraufruf mit Aktual- ▷Parametern

Caller beware, - confuse, - inform

Vorgehen beim Abfangen sowie bei der Behandlung bzw. ▷Propagation von ▷Ausnahmen: nicht abfangen, damit sie zum Aufrufer weitergeleitet wird (beware); behandeln und identisch nochmals auslösen (confuse mit anschliessendem beware); behandeln und eine andere auslösen und weitergeben (inform)

CAM
1. Computer aided/assisted Manufacturing; computerunterstütztes Fertigen und Herstellen; CAM ist das Bindeglied zwischen der Verwendung von Datentechnik in der Konstruktion (▷CAD) und der numerisch gesteuerten maschinellen Fertigung (▷NC, ▷CNC, ▷Robotik); 2. Content Adressable Memory: Speicherbaustein bzw. -inhalt, bei dem über das ▷binäre Muster des Inhalts der Speicherungsort, also die Adresse gefunden wird, so genannter assoziativer ▷Speicher; siehe dort

CAN
▷ASCII-Zeichen 18(H) (24): ▷Cancel, Annullierung einer Eingabe

Cancel
▷Abbruch, Annullierung

candela, cd
Basiseinheit des ▷SI; gibt die Lichtstärke eines selbstleuchtenden Körpers an und spielt in unserem Kontext vor allem als Qualitätskriterium für Flachbildschirme eine Rolle, wird dort dann als $\frac{cd}{m^2}$ angegeben

CAO
Computer aided/assisted Operating; computerunterstützte Führung von industriellen Prozessen

CAP
1. Computer aided/assisted Publishing; computerunterstütztes Erstellen von Schrift- ▷Dokumenten (electronic Publishing oder

▷Desktop-Publishing); 2. Computer aided/assisted Planning; computerunterstütztes Planen

Capability Maturity Model

Reifegradmodell; 1986 vom US-Verteidigungsministerium initiiertes Modell zur Beurteilung des Reifegrades von Software-Entwicklungsprozessen (nicht: -Produkten); wegen reichlichen Wildwuchses anno 2002 in „CMM Integration" überführt, als „CMM" 2003 stillgelegt; CMMI beurteilt u. a. ▷Projektführung, ▷Implementierung, ▷Dokumentation, ▷Konfiguration, ▷Wartung, ▷Test und vergibt – je nach Gesamtqualität – einen von fünf Reifegraden: initial, managed, defined, quantitatively managed, optimizing

CAPI

Communication/Common Application Programming Interface; von einer deutschen Vereinigung entwickelte, geförderte und mittlerweile durch die ▷ITU als T.200 normierte ▷API des Treibers einer ▷ISDN-Karte für deren Nutzung durch die Kommunikationsprogramme

Caps Lock

Capitals Lock; Fixierung des Grossschreibe-Modus in der Daten- oder Texteingabe bzw. entsprechende Taste auf der ▷Tastatur

CAPTCHA

Completely Automated Public ▷Turing test to tell Computers and Humans Apart, das ▷Akronym liegt phonetisch wohl absichtlich nahe bei ▷„capture"; kleiner ▷Turing Test, dessen Bestehen menschliche Intelligenz voraussetzt und der somit die ▷Spambots abwehrt; eine ▷„Challenge - Response" ▷Authentisierung, heute in fast allen öffentlichen Angeboten des ▷WWW eingesetzt; meist soll eine grafisch verzerrte oder animierte Zeichenfolge gelesen und eingetippt werden, die zeichenlesende Automaten kaum mehr interpretieren können; oft sind Aufgaben wie „2 + 2 = ?" gestellt; siehe weiter unter ▷Spambot; www.captcha.net

capture
1. und allgemein: textlich „aufzeichnen", im Arbeitsspeicher oder auf einem Datenträger protokollierendes Mitschneiden von Datenverkehr; 2. Aufzeichnen von Audio- und Video; 3. Erstellen eines Screen Shots

CAQ
Computer aided/assisted Quality (Assurance oder Management); computerunterstützte Qualitätssicherung

Carbon Copy
Kohlepapier-Durchschlag; in der elektronischen Meldungsvermittlung übliche Bezeichnung für die Empfängerin einer Mitteilungskopie

Card
Eigentlich Cardinality, ▷Kardinalität; ganzzahliges Mass für die vertikale Ausdehnung einer ▷Relation (▷Tabelle); also Anzahl unterschiedlicher ▷Tupel; dann auch „Höhe"; siehe im Gegensatz dazu: ▷Degree

Caret
Diakritisches ▷Zeichen „^", oft auch „Dächlein" genannt

Carriage Return, CR
Wagenrücklauf; von der Schreibmaschine stammender Begriff, der sich heute auf die Positionierung des Druckkopfs oder des Bildschirm Cursors am Anfang der Textzeile bezieht; ferner: Taste zur Dateneingabe im Computer, die aber eigentlich CR mit ▷LF (Line Feed) also eine Zeilenschaltung in Form von zwei ▷Steuerzeichen auslöst

Carrier
1. (Fast) sinusförmiges ▷Trägersignal zur Kommunikation zwischen ▷Modems in der ▷Dfü; die Daten werden dem Trägersignal

auf- ▷moduliert; die angenäherte Sinusform basiert auf der Erkenntnis, dass sich oszillierende Signale in Leitern besser, also mit geringerer ▷Dämpfung, fortpflanzen als unregelmässige; 2. Anbieter eines ▷Netzes (▷Signaltransporter) und/oder ▷VANs in der ▷Telekommunikation

Carry
Übertrag in der ▷binären Addition („behalte") oder Subtraktion („borge") bzw. entsprechendes ▷Signal oder ▷Flag Bit

Cartridge
Patrone, Kartusche; 1. transportables Speichermodul; 2. Kassette mit einem ▷Datenträger wie ▷Wechselplatte oder Band; 3. Tonerkartusche und andere Einschub-Bauteile

CAS
Communicating Applications Specification; Norm von ▷Intel und DCA für Treiber von ▷Fax- ▷Modems; diese Norm entlastet die Fax-Software von den Millionen zum grossen Teil unnötigen Spezialitäten der verschiedenen Modems

Cascading Style Sheets
Spezifikationen des ▷World Wide Web Consortiums für Formatierungs- ▷Tags in ▷HTML sowie für ▷Dokument- und ▷Formatvorlagen zur Webseitengestaltung; CSS dienen der Trennung von Inhalt und Präsentation; siehe ▷Style Sheet allgemein

CASE
Computer aided/assisted Software Engineering; computerunterstütztes Entwickeln von (Programm-)Software

CASE konstante OF ...
In vielen Sprachen der strukturierten ▷Programmierung realisierte ▷Syntax für die ▷Fallunterscheidung (dort mehr Details), auch Mehrfachauswahl

Case sensitive
Die Gross-/Kleinschreibung unterscheidend

Casing, Camel -, Pascal -, lower -, upper -
Allgemein Gross-/Kleinschreibung, siehe auch ▷Case Sensitive; beim ▷Codieren gilt: im Pascal C. werden zusammengesetzte Wörter ohne Leerzeichen bzw. ▷Underline und mit jedem Teilwort gross beginnend geschrieben: SetValue; im Camel C. sind das erste Teilwort klein und die folgenden gross: hiddenNumber (Kamele haben Höcker …); lower und upper C. bezieht sich meistens auf nicht zusammengesetzte Wörter: lower (durchweg klein): counter, select; upper (durchweg gross): PI, SELECT

cast, Casting
1. von Wurf: Bestellen von Wurfsendungen auf dem Information Highway: indem man sich auf gewisse ▷Web-Adressen abonniert oder sich in ▷Maillists eintragen lässt, kann man sich Informationen im ▷Push Prinzip bringen lassen, anstatt sie zu holen (pull); 2. von Guss, Gussform: Anpassung von ▷Datentypen (Type Casting, siehe ▷Typkonversion), ▷Protokollen usw. für den Gebrauch, also ohne den Herkunftstypen zu verändern; siehe im Gegensatz dazu ▷Coercion

CAT
1. Kurzform für die Anweisung ▷concatenate; 2. Computer aided/ assisted Testing; computerunterstütztes Testen von Software oder Hardware; 3. Computer aided/assisted Teamwork: Versuch, das ▷Workgroup Computing und die entsprechenden Applikationen zu vereinheitlichen

Catalog
1. allgemeine Erklärung unter ▷Katalog; 2. in Standard SQL die Gemeinsamkeit aller ▷Schemata; ein C. ist das, was mit CREATE DATABASE erzeugt wird

catch, Catching
Abfangen, fangen; Pauschalbegriff oder Schlüsselwort in Programmiersprachen zum Abfangen von ▷Fehlern oder ▷Ausnahmen sowie zur Kennzeichnung von Fehlerbehandlungsroutinen; siehe
auch ▷finally, ▷Error Trapping; auf Betriebssystemebene wäre dies
die ▷ISR zur Ausnahmeverarbeitung; Catching meint dann das Behandeln der Ausnahmesituation

CATV
Coaxial Community Antenna Television; 1. ursprünglich in den
USA in den 1950er Jahren gefördertes Programm zur Versorgung
entlegener Gebiete mit Fernsehprogrammen durch Verbünde
starker Antennen und Signalkabel; 2. und heute allgemein: Ge-
meinschaftsantennenanlagen für TV oder Signaldistribution für TV
und Daten über Koaxialkabel, dann oft einfach: Cable

CAV
Constant angular Velocity; siehe unter ▷Rotation

CAx
Überbegriff für ▷CAD, ▷CAE, ▷CAM

CBC-MAC
Cipher-Block-Chaining ▷MAC; ▷Message Digest ▷Authentisierung
durch folgendes Vorgehen: symmetrische ▷Kryptografierung der
Nachricht an der Quelle; Versand der Nachricht und des letzten
Blocks des ▷Chiffrats; symmetrische Kryptografierung der empfangenen Nachricht am Ziel; Vergleich des letzten Blocks des Chiffrats;
bei Gleichheit der Blöcke ist die Nachricht (wahrscheinlich) ▷inte-
ger und authentisch, nicht aber vertraulich, da selbst Klartext; siehe
auch ▷HMAC

CBT
1. Computer Based Training; computerunterstütztes Lehren und Unterrichten (CUU) und computerunterstütztes Lernen (CUL); 2. Dateinamenserweiterung für Dateien in Lernprogrammen

CC
Siehe unter ▷Carbon Copy

CCC
Chaos Computer Club; wohl bekanntester und durchaus geachteter ▷Hacker-Club, der mit seinen Aktivitäten schon in recht heikle Datenbestände vorgedrungen ist, z. B. in das vertrauliche Zahlenmeer der Hamburger Sparkasse oder in die Notbettenbelegung schweizerischer Zivilschutzorganisationen …

CCD
Charged Coupled Device; spezielle ▷Speichertechnologie, die vor allem für die Umsetzung von optischen in elektronische Signale eingesetzt wird

CCITT
1956 in Genf gegründetes und dort als Unterorganisation der ▷ITU domiziliertes Comité Consultatif International Télégraphique et Téléphonique; internationales Konsultativgremium zur Normengebung in der ▷Telekommunikation von Sprachen und Daten; die Normen wurden in einem „Blaubuch" publiziert; die Ablöseorganisation heisst seit 1993 ▷ITU-T (Telecommunications Standardization Sector); man beachte die Unterschiede zwischen ▷Norm und ▷Standard

CCK
Complemetary Code Keying; ▷IEEE 802.11 konformes ▷Modulationsverfahren für Datenraten bis 11 Mbps

CCL
Common Communications Language; einheitliche Richtlinien und
▷Protokolle zur Datenkommunikation in der ▷IBM Welt

CCR
Condition Code Register; Steuer- ▷Register, mit dessen Belegung
bestimmte Aktivitäten bedingt gekoppelt sind; z. B. ▷Sprung, wenn
ein bestimmtes ▷Bit des CCR gesetzt oder nicht gesetzt ist

C

CCS
1. Common Communications Support; einheitliche Kommunikati-
ons-Schnittstellen zwischen Hardware und Software im ▷SAA-
Konzept von ▷IBM; 2. Common Command Set; De-facto- ▷Stan-
dard für einen ▷Befehlssatz für Festplatten-Laufwerke

CCTLD
Country Code Top Level ▷Domain, siehe dort

CCTV
Closed-Circuit Television; Kamera- bzw. Fernsehüberwachung

CD
1. ▷CompactDisc; 2. ▷candela, dann klein geschrieben als cd

CD Plus
Eigentlich: CD Plus (Blue Book): Spezifikation von Sony und Philips zur Integration von Computerdaten und Audiosignalen auf
einer ▷CompactDisc, die dann vom Computer, aber auch vom
Audio-Spieler gelesen werden kann

CD Writer
Siehe unter ▷CD-Brenner

CD+G, CD-G
Gerät, welches in der Lage ist, ▷CompactDiscs mit Ton und Grafikdaten auf der Stereoanlage und dem Heimfernseher zu spielen

CD, Photo-
1. Technologie von Kodak zur ▷Komprimierung, Speicherung und zum Transport von privaten Fotos (Kleinbildformat, medizinische Formate) auf ▷CD-ROM; indirekt als Konkurrenz zu ▷JPEG zu betrachten; 2. CD-ROM mit bis zu 100 Fotos und/oder Ton; die Bilder liegen in fünf Auflösungen (▷Bases) vor, von 192 × 128 bis 6'144 × 4'096 ▷Punkten; siehe auch ▷Multi Session

CD-Brenner
Peripheriegerät, das speziell beschichtete optische Platten im ▷CompactDisc-Format (Daten-CD oder Video CD, also so genannte CD-R) mit Daten beschreibt; die ▷Rohlinge sind einmal (dann ▷WORMs, ▷CD-R) oder mehrmals (▷CD-RW) beschreibbar, je nach Bau des Rohling und nach Abschluss der Brennsession; der Markt bietet reine Brenner an sowie kombinierte Geräte, welche auch als CD-Spieler dienen; typische C. in PCs können heute immer auch ▷DVDs brennen

CD-DA
CompactDisc Digital Audio; Datenformat auf ▷CompactDiscs für digitale ▷Audiodaten

CD-E
CompactDisc Erasable; löschbare ▷CompactDisc

CD-Extra
▷CompactDisc mit Audio- und Computerdaten; letztere bleiben dem Audio-Spieler verborgen, sie befinden sich in einer „extra" ▷Session

CD-I
▷CompactDisc-Interactive; ▷Multimedia-Norm von Philips, Sony und Matsushita: CD-ROM-Laufwerk, Fernseher (768 × 560 Punkte, ▷PAL) und proprietäres Betriebssystem ▷CD-RTOS zur interaktiven Wiedergabe von Bild und Ton am Heimfernseher; keine Verarbeitungsmöglichkeit für die CD-Daten; kompatibel zur ▷Photo-CD; dank ▷Komprimierung mit ▷MPEG sind 72 min Spielzeit auf Vollbild möglich

CD-MO
▷Magneto-optische ▷CompactDisc

CD-MRW
Optimierte Schreibtechnik für ▷CD-RW mit Hintergrund-Formatierung sowie verbesserter Defektbehandlung

CD-R
CompactDisc recordable; einmal beschreibbare ▷CompactDisc; streng genommen also eine ▷WORM im CD-Format

CD-ROM, CD-ROM XA
▷CompactDisc als optisches Speichermedium (ca. 800 MBytes unformatierte und 640 MBytes ▷formatierte Daten pro CD im normalen Format, dies ist „Mode 1"); als XA-Variante (extended Architecture) mit neuer Technologie zur Daten(de)komprimierung (siehe ▷Kompression), für die Vermischung von ▷Audio und Daten sowie für einen besseren Datenfluss; in diesem „Mode 2" aber Verzicht auf gewisse Fehlerkorrekturen und deshalb leicht fehleranfälliger

CD-RTOS
▷CompactDisk Real Time Operating System; proprietäres Betriebssystem von Philips für ▷Multimedia

CD-RW
CompactDisc Rewritable; mehrmals – um die 1'000 mal – beschreibbare ▷CompactDisc

CD-TV
Commodore Dynamic Total Vision; ▷CD-ROM-Laufwerk, Fernseher, proprietäres Betriebssystem Amiga-DOS: Wiedergabe von Bild und Ton am Heimfernseher; keine Verarbeitungsmöglichkeit für die CD-Daten

CD-WO, CD-WORM
Ein ▷WORM im physikalischen ▷CompactDisc-Format

CDDI
Copper Data Distribution Interface; auf Kupferleitungen als ▷Signalleiter basierendes Netzwerk mit Doppelring; so genanntes ▷Backbone Netz mit hohem Datentransfer (mehr als 100 Mbps); als Zugriffsverfahren wird ▷Token Passing verwendet

CDFS
CompactDisc File System; Dateisystem auf ▷CompactDiscs gemäss ▷ISO 9660 und gleichnamiger Treiber in ▷Windows

CDMA
Code Division Multiple Access; drahtlose Übertragungstechnik in Anwendungsgebieten der ▷Mobiltelefonie, ▷UMTS und Wireless ▷Local Loop; gleichzeitig eine der drei Mobiltelefonie-Techniken in den USA; siehe auch ▷TDMA und ▷GSM

CDPD
Cellular Digital Packet Data; Datentransfer in der ▷digitalen ▷Zellular-Telefonie, ▷Mobiltelefonie

CE
Communauté Européenne; Marke, welche seit 1.1.1996 alle europäischen Erzeugnisse kennzeichnet

CeBIT
Centrum für Büro- und Informationstechnik; jedes Frühjahr in
Hannover stattfindende und mittlerweile grösste jährliche Compu-
termesse der Welt

CEC
Central Electronic Complex; Gesamtheit der ▷Hardware in einem
Computer mit Ausnahme der ▷I/O-Komponenten

CEG
Continuous Edge Graphics; Technologie zur Vermeidung des
▷Aliasing auf dem Bildschirm

CEIL(n), CEILING(n)
Aufrunden; ▷Funktion in vielen Programmier- und Datenbanksprachen zur Ermittlung der kleinsten ▷Ganzzahl i aus einer
▷Fliesskommazahl n, wobei gilt: i >= n; (für gebrochene Zahlen)
gleichwertig mit $i = \text{TRUNC}(n) + 1 = \lceil n \rceil$ (siehe unter ▷TRUNC())

CEN
Comité Européen de Normalisation; ▷Normengremium der EU für
technische, nicht-elektrische oder elektronische Komponenten und
Abläufe; international der ▷ISO angehörend

CENELEC
Comité Européen de Normalisation Electrotechnique; europäisches
▷Normengremium für Erlasse im Bereich elektrotechnischer Kom-
ponenten; international der ▷IEC angehörend

Centrex
Central Office Exchange Service; Dienstleistung eines Fernmelde-unternehmens als Firmen-Telefonzentrale, also eine ausgelagerte ▷PBX

Centronics
Eigentlich ein Herstellername (1971–1988) im ▷Drucker-Bereich; heute eingebürgerte Bezeichnung für eine ▷normierte ▷Parallel-Schnittstelle für Drucker in der ▷Wintel-Welt; siehe auch ▷IEEE 1284

CEPT
Conférence Européenne des administrations des Postes et des Télé-communications; heute: European Conference of Postal and Tele-communications Administrations; Europäische Konferenz der Post- und ▷Telekommunikations-Verwaltungen zur Normengebung, international der ▷ITU angehörend; siehe auch ▷ETSI; man beachte die Unterschiede zwischen ▷Norm und ▷Standard; www.cept.org

CER
1. Cell Error Rate; statistisches Mass für die Fehlinterpretation von empfangenen ▷Zellen im Verhältnis zu den gesendeten; 2. Cross-over Error Rate: Schnittpunkt, also zahlenmässige Gleichheit der beiden Fehlerraten in der ▷Biometrie; siehe dort

Cerf, Vinton Gray
Geboren 1943; „Vater des ▷Internets", gemeinsam mit Robert Kahn; zu einem solchen Ehrentitel kommt jemand, der als dama-liger Professor an der Stanfort University massgeblich die ▷Pro-tokolle ▷TCP und ▷IP entwickelte und dazu schon 1974 Spe-zifikationen veröffentlichte; zuvor war C. an der Entwicklung des ▷Arpanets beteiligt; 1998 Ehrendoktor der ETH Zürich; ab 2000 (nicht ganz unumstrittener) Präsident der ▷ICANN; seit der Jahr-tausendwende befasst sich C. mit der Einbindung der rund 100 im All befindlichen Forschungssatelliten ins Internet (Interplantari-

sches Web) und mit der Vision des semantischen Web; 2004 Turing
Award für C. und Robert Kahn; 2005 Wechsel zu Google

CERN

Centre Européen des Recherches Nucléaires; Europäisches Kern-
forschungszentrum (heute: European Laboratory for Particle Phy-
sics, Europäisches Labor für Teilchenphysik, mit bleibendem
Akronym CERN) bei Genf mit den weltgrössten Teilchenbeschleu-
nigern, welche unter schweizerischem und französischem Hoheits-
gebiet liegen; in den frühen 1980er Jahren die Brücke für das Internet nach Europa und in die Schweiz; die Wiege vieler Internet-
Spezifikationen wie ▷HTTP und ▷HTML und damit eigentliche
Geburtsstätte des ▷WWW; siehe auch ▷Berners-Lee; www.cern.ch

CERT

Computer Eemergency Response Team; staatliches oder staatlich
gefördertes Computer-Notfall-Team bzw. ein solches in einer Unternehmung oder Organisation; oft betreiben Universitäten ein
C. und werden dabei öffentlich subventioniert; in Deutschland:
▷DFN, in der Schweiz: ▷SWITCH; C.s kommunizieren ihre Erkenntnisse und Warnungen durch Publikationen und Mailing-
listen

Certificate Authority

Siehe unter ▷Zertifizierungsstelle

CGI

Common Gateway Interface; verbreitete Programmierschnittstelle für das Entwickeln von ▷dynamischen und ▷interaktiven
▷Web-Präsentationen (siehe dort für eine Typisierung); mittels
CGI- ▷Skripts können ▷HTML-Dokumente serverseitig Applikationen aufrufen und/oder Datenbankabfragen generieren sowie
die Antworten selbstständig als HTML codieren und wieder zu-
rücksenden

Chaining
Verkettung von einzelnen ▷Programm(modul)en, ▷Prozessen, ▷Threads oder ▷Hardware-Teilen wie z. B. ▷SCSI-Geräten

Challenge - Response
Methode zur Generierung von Einmal-Passwörtern: mittels eines einmaligen Eingabeparameters wird ein (einmaliges und oft nur sehr kurze Zeit gültiges) ▷Passwort erzeugt; verbreitet im ▷Tele-banking und anderen sensitiven ▷Zutritts- oder ▷Zugriffsberei-chen; vergleiche ▷Token, ▷One-Time Password

Change Management
Verwaltung des Wechsels/Wandels; in unserem Zusammenhang: Verwaltung und Planung von grossen Veränderungen auf dem Gebiet der Software: ▷Migrationen, ▷Reorganisationen, ▷Recrea-tions, ▷Reengineerings, ▷Redesigns und dergleichen

Channel
Kanal; 1. thematisch eingegrenzter Schwatzraum im ▷IRC und ▷Chat; 2. ▷Informationsangebot im ▷WWW nach dem ▷Push Verfahren; 3. durch mehrere Prozesse befüllter ▷FIFO- ▷Puffer mit genau einmaliger Bearbeitung jedes Eintrags, z. B. ein Drucker ▷Spooler; nach der Bearbeitung werden die Einträge dem Ch. ent-nommen; 4. im Neudeutschen des Marketings: Distributions- also Grosshandelskanal

Channel Bundling
Kanalbündelung, wie man sie z. B. unter ▷ISDN als Koppelung zweier oder mehrerer ▷B-Kanäle kennt

Channel, Active -
Erweiterung von ▷Microsoft in deren Internet ▷Explorer mit dem Zweck, vom Anwender eine direkte Verbindung zu mehreren An-bietern herzustellen und deren Informationen nach dem ▷Push Prinzip herunterzuladen

CHAP
Challenge Handshake Authentication Protocol; ▷Protokoll zur ▷Authentisierung in einer ▷PPP-Verbindung; im Gegensatz zu ▷PAP wird eine regelmässige Authentisierung vorgenommen

char, Character, chr
1. in vielen Programmier- und Datenbanksprachen ein Standard-Datentyp für einzelne, ▷alphabetische ▷Zeichen; 2. das Zeichen selbst, im unter 1. genannten Kontext; die Aussprache von „char" spaltet die Entwicklergemeinde: ist es „tschar" oder „chär" oder „char" oder „kär"?; das Lexikon der Informatik schliesst sich der Gemeinde rund um „char" an – also einer von vier falschen Varianten …

Chat
Konversation, Plauderei; ▷online Tastatur-Gespräch von Anwender zu Anwenderin in einer entsprechenden ▷Applikation oder in einer ▷Mailbox; siehe auch ▷IRC und ▷Instant Messaging

Cheapernet
Preisgünstige Version von ▷Ethernet auf der Basis von ▷10Base-2

Checkbox
▷Kontrollfeld

Checkerboarding
Externe ▷Fragmentierung

Checkpoint
Siehe unter ▷Sicherungspunkt

Checksum
Siehe unter ▷Prüfsumme

Chicago
1. Standard ▷Bitmap ▷Schriftfamilie im Betriebssystem des ▷Macintosh; 2. Codename von ▷Windows 95 während dessen Entwicklung

Chiffre
Zahl, Ziffer (frz.); gelegentliche Kurzbezeichnung für das Chiffrat (▷Chiffrierung)

Chiffrierung, Chiffrat
Umwandlung von ▷Klartext in unleserlichen Text durch Verschlüsselung, der unleserliche Text heisst Chiffrat; besser: Kryptografierung (diverse Stichworte deshalb unter ▷Krypto…)

CHILL
Kühle, Kälte; Programmiersprache, welche sich besonders für die Programmierung ▷paralleler oder ▷nebenläufiger Prozesse eignet

Chinch, Cynch
… und andere falsche Schreibweisen für ▷Cinch

Chip
▷Halbleiterplättchen mit ▷mikroelektronisch aufgetragenen Schaltungselementen

Chip Set, Chipsatz
Satz, Sammlung von ▷Chips (treffender: ▷ICs) mit spezifischen Aufgaben wie z. B. die ▷MPEG-(De-) ▷Komprimierung in ▷Multimedia oder die Steuerung der ▷Kommunikation in einem ▷Modem oder als Brücke zwischen dem ▷Systembus und dem ▷Speicherbus (North ▷Bridge) bzw. zwischen dem Systembus und dem ▷Peripheriebus (South ▷Bridge); die Logik dieser Chipsätze ist sehr eng gekoppelt mit der Architektur im Zielgerät, deshalb werden sie vom Gerätehersteller meist direkt eingebaut

Chipkarte
„Kreditkarte" mit eingegossener, ▷intelligenter ▷Mikroelektronik; C. sind einsetzbar als ▷Datenträger, zur Personen- ▷Identifikation oder ▷Authentisierung, als Zahlungsmittel usw.

Chunk
Klumpen, Klotz; die etwas familiäre Bezeichnung für einen Daten- ▷Rahmen aus ▷OSI-Schicht 2

C

CI
Coded Information; ein Begriff aus dem ▷Informations- und ▷Dokumentenmanagement: Information in einer für das Computersystem verarbeitbaren Form, also z. B. ▷Text nach einer ▷OCR-Erfassung; siehe auch ▷NCI

CIA Triad(e)
Confidentiality – Integrity – Availability: die drei (oft primär genannten) Schutzziele von ▷Informationssicherheit: Vertraulichkeit – Integrität – Verfügbarkeit; für Näheres siehe je bei den englischen und/oder deutschen Schlagworten; das Akronym dient einerseits gut als Eselsbrücke, bringt in dieser Reihenfolge aber auch eine Kausalitätskette zum Ausdruck: Verletzung der Verfügbarkeit setzt eine schon erfolgte Verletzung von Integrität voraus, diese wiederum eine Verletzung der Vertraulichkeit; als sekundäre Schutzziele werden (nicht einheitlich) oft genannt: ▷Authentication, ▷Authorization und ▷Nonrepudiation; siehe je dort

Cicero
Längenmass in der Typografie: 12 ▷Punkt = 1 C. entsprechend 0.376 mm; gesprochen „kikero"

CIE-Farbmodell, -Kegel
Von der Commission de l'éclairage 1931 entworfenes, absolutes Farbsystem als normierte, räumliche Darstellung des sichtbaren Lichts; das Modell arbeitet mit drei hypothetischen Grundfarben,

welche in ihrer Intensität nur positive Werte haben – im Gegensatz
zu den physiologischen Grundfarben, die auch mit negativen Intensitäten wahrgenommen werden können; das System hat nach
wie vor seine Gültigkeit und dient als Basis vieler technischer
▷Farbmodelle; vergleiche ▷RGB und ▷CMY

CIL
Common Intermediate Language; ▷Zwischencode in allen Programmiersprachen des ▷.NET Frameworks von ▷Microsoft, deshalb oft auch ▷MSIL (siehe dort für weitere Bemerkungen)

CIM
1. Computer Integrated Manufacturing; computerintegriertes
Fertigen; mittels Datentechnik voll durchrationalisiertes Entwi-
ckeln, Konstruieren, Fertigen und Kalkulieren; vor Jahren das
Gespenst der „menschenleeren Fabrik" (siehe auch: ▷CAE, ▷CAD,
▷NC / ▷CNC, ▷PPS); 2. Computer Input on Microfilm: Verfahren
zum Einlesen und anschliessenden Verarbeiten von Daten ab
Mikrofilm

Cinch
Steckverbindung aus der Unterhaltungselektronik: ▷abgeschirmt,
zweipolig; die Steckverbindung ist eine reine Pressverbindung und
„sieht koaxial aus"; die Buchse findet sich meist geräteseitig; in der
Informatik in hoch entwickelten ▷Grafikkarten oder ▷Soundkar-
ten bzw. ▷CD-ROM-Karten für Signale vom und zum Endverstärker (Line In/Out) eingebaut

Cipher
1. ▷Chiffre; 2. oft der Name einer ▷Klasse in der ▷OOP zur Chiffrierung

Circuit Switching
▷Leitungsvermittlung; gesprochen: „sörkit"

CISC

Complex Instruction Set Computer; ▷Architektur der „klassischen" Mikroprozessoren (▷Intel ▷80 × 86, ▷Pentium, ▷Motorola ▷680 × 0 u. a.) mit einem umfassenden Satz von ▷Instruktionen im ▷Mikrocode; typisch für die C.-Architektur ist neben vielem anderem, dass die Anzahl notwendiger Prozessorzyklen sich von Instruktion zu Instruktion unterscheidet; wegen immer schnellerer RAM-Zugriffe und mehr Flexibilität in der Software werden zunehmend Instruktionen in die Software „hinaus" verlagert, der Instruktionssatz also reduziert und die Anzahl der Zyklen vereinheitlicht; dies führt(e) zur ▷RISC-Architektur

Cisco Systems

Gegründet 1984 in San José (CA); C. hat seinen Ursprung im Wohnzimmer des an der Stanford University tätigen Wissenschaftler-Ehepaars Leonard Bosack und Sandy Lerner; ihr Ziel war es, die Vernetzung von Computern zu vereinfachen und effektiver zu nutzen; C. schaffte den Durchbruch mit einem ▷Router, der mit allgemein akzeptierten, offenen Kommunikations-Protokollen arbeitete; dank des Internet-Booms hat sich C. zum Weltmarktführer für ▷Networking Lösungen entwickelt: 50–80% der in ▷Internets eingesetzten Komponenten stammen von C.; die Firma beschäftigt heute rund 47'000 Mitarbeitende in über 163 Ländern; sie hat sich mehrfach auch als fortschrittliche Arbeitgeberin profiliert; 2009 Joint Venture mit ▷EMC; seit 2009 bietet C. auch Blade Server an; www.cisco.com

Citizendium

Im Januar 2007 von Larry Sanger gestartetes Projekt für eine Universal-Enzyklopädie auf der Basis eines ▷Wikis und als Alternative bzw. Nachfolge von ▷Wikipedia; im Gegensatz zu Wikipedia werden die Artikel einer sanften Redaktion (Zitat: „gentle expert oversight") unterworfen, um damit die negativen Aspekte von Wikipedia, nämlich Inhaltsvandalismus und Inkompetenz, zu umgehen; www.citizendium.org

Clamping
Klammerung, Begrenzung; Beschränkung von ▷Parametern auf
bestimmte Werte in einem engen Bereich z. B. in einer ▷Domäne,
siehe auch ▷Constraint

Claris
Ehemals bekanntester Hersteller von Applikationen für den ▷Mac-
intosh; Anfang der 1990er Jahre von ▷Apple übernommen und
verantwortlich auch für die ▷Systemsoftware des Mac; grosser Erfolg aber auch mit Produkten für ▷Windows, namentlich dem
plattformunabhängigen Datenbanksystem ▷FileMaker und dem
▷Web-Editor Home Page; 1998 in FileMaker Inc. umbenannt

Class
1. Einteilung durch ▷EIA von ▷Telefax- ▷Modems, welche bezüglich ▷Kommandosatz, ▷Modulation usw. einer bestimmten
▷Normierung entsprechen; aktuell im ▷analogen ▷Telefonnetz ist
C. 2 (nicht zu verwechseln mit den Telefax-Gruppen); siehe auch
unter ▷Telefax; 2. ▷Klassen- ▷Deklaration in der objektorientierten ▷Programmierung

CLDC
Connected Limited Device Configuration; grundlegender Bestandteil der ▷J2ME; definiert minimale Basisfunktionalität im Zusammenhang mit ▷PDAs und liefert dazu die ▷APIs sowie die Plattform (▷KVM); API-Beispiele: Wireless Massaging API (WMA),
Mobile Media API (MMA); ergänzend zu ▷MIDP

CLI
1. Command Line Interface oder Interpreter; ▷Kommandozeilen-
Interpreter; auf die Verarbeitung einer einzigen Befehlszeile (ab
Tastatur oder ▷Stapeldatei) beschränkter ▷Interpreter; 2. Call Le-
vel Interface; ▷Schnittstelle zwischen ▷SQL und ▷prozeduralen
Programmiersprachen; 3. Common Language Infrastructure (▷ISO/
IEC 23271, ▷ECMA-335), die Spezifikation der ▷Zwischencode-

Ebene in ▷.NET, also der ▷CLR und von Teilen der ▷BCL; siehe auch ▷CIL

Client
Höriger, Kunde (lat.); 1. Arbeitsstation, Kopfstation in einem vernetzten System, eigentliche Schnittstelle zwischen Mensch und vernetztem System zur produktiven Datenbearbeitung; 2. Netzwerkknoten, der eine Aufgabe an einen anderen Knoten übermittelt; 3. in der ▷Client/Server-Technologie der ▷Prozess, der eine Anfrage (Request) an den ▷Serverprozess richtet und von diesem eine Antwort (Response) erhält und dabei oft für die Datenpräsentation zuständig ist; Beispiel: der ▷Web-Browser als C. kommuniziert mit einem Web-Server-Prozess irgendwo im ▷Internet; 4. ▷Objekt, das durch ▷Methodenaufruf die ▷Dienste eines anderen Objekts in Anspruch nimmt; 5. in ▷Windows auch eine Anwendung, die Objekte von einer anderen Anwendung einbetten kann; siehe dazu ▷OLE

Client, Fat -
1. klassischer Tischrechner mit der ganzen Infrastruktur an ▷Hardware und ▷Software; 2. lokal installiertes, serverspezifisches Programm in einer ▷Client/Server-Umgebung; man beachte die anderen Clients

Client, Smart -
Rechner in meist mobiler Grösse mit ▷ROM-basiertem Betriebssystem und in der Regel ohne Festplatten, jedoch mit guter Netzwerkfähigeit; der S.C. „fährt" schlanke Anwendungen und diese meist für einfache Ein-/Ausgaben sowie für die Präsentation; Software-Installationen und -Unterhalt erübrigen sich weitestgehend; siehe die anderen Clients

Client, Thin -
1. Arbeitsplatzrechner, der über ein abgespecktes, ▷ROM-basiertes Betriebssystem verfügt, sich jedoch übers Netzwerk an einen

▷Server anbindet und diesem u. U. auch die Rechenarbeit überlässt; siehe dazu auch ▷NC, ▷Terminal; 2. multifunktionales, also
nicht serverspezifisches Clientprogramm (z. B. der ▷Browser) in
einer ▷Client/Server- (und im Falle des Browsers dann als „webba-
siert" bezeichneten) Umgebung; Th.C.s beschränken sich in ihren
Aufgaben in der Regel auf Ein- und Ausgaben sowie auf die Präsentation, der Schwerpunkt der Verarbeitung liegt beim Server; siehe
dazu die anderen Clients

C

Client/Server
Konzept der arbeitsteiligen, oft dezentralen, verteilten Datenverarbeitung nach dem ▷Dienstparadigma: „es werden mindestens zwei
Prozesse benötigt, damit etwas Brauchbares zustande kommt";
Kommunikation von dienstnachfragenden Prozessen (▷Request),
den Clients, mit diensterbringenden Prozessen (Response), den
Servers oder Servern; diese sind in der Regel zentralisiert, auf besonders sicheren und leistungsfähigen Systemen installiert und mit
mehreren bis Tausenden von Clients verbunden; die Verarbeitung
geschieht zum kleineren Teil beim Client und besteht oft in der
Präsentation, zum grösseren Teil beim Server; eine C/S-Kommuni-
kation kann rein lokal sein, sie findet in der Regel aber über ▷LAN
oder ▷WAN statt

Clip Art (Library)
Digitale (meist ▷Raster-)Grafik von oft bescheidener gestalteri-
scher Qualität und geringer Grösse bzw. Pinakothek mit solchen
Bildern zur Übernahme in eine grafische oder textverarbeitende
Applikation

Clipboard
▷Zwischenablage

Clipper
Ursprünglich eine Programmiersprache für ▷xBASE-Datenbanken;
später dann ein eigenständiges Produkt

Clipping

Kappung; ▷algorithmisches Beschneiden von Objekten in der grafischen Datenverarbeitung, wenn diese im zur Verfügung stehenden Anzeigebereich nicht vollständig Platz haben; es gibt die Möglichkeiten des Abschneidens, Versteckens oder Berechnens; siehe auch ▷Scissoring

Clipping Level

Anzahl der zulässigen Fehlmanipulationen, z. B. Fehlversuche in der ▷Authentisierung, bevor alarmierende Massnahmen eingeleitet werden; C.L. basieren auf statistisch ermittelten Werten „normalen" Fehlverhaltens von ▷Subjekten oder ▷Objekten

CLOB

Character Large Object; 1. Sammelbegriff für grosse, nicht ▷strukturierte ▷Textdateien, z. B. umfangreiche ▷XML-Dokumente; 2. entsprechender ▷Datentyp, welchen ein Datenbanksystem u. U. zwar verwalten, aber nicht interpretieren kann; siehe auch ▷BLOB

Clock

Uhr; ▷Takt oder Taktgeber-Baustein; seltener für die ▷Echtzeit-Uhr in einem System; unterscheide: ▷Timer

CLOSE()

Schliessen; Freigabe eines mit ▷OPEN() beanspruchten ▷Betriebsmittels (Datei, Gerät, Anbindung, …)

Closed Circuit

Geschlossener Kreis(lauf); in sich geschlossenes und von/nach aussen nicht zugängliches Datennetz

Closed Loop

Geschlossene Schleife; Betriebsart bei rückgekoppelten ▷Systemen, z. B. ▷Prozessrechnern: die ▷Aktoren werden alle automatisch ge-

steuert; die menschliche Einwirkung ist sporadisch, ▷asynchron
und ▷off line; ▷Abstürze im Rechner legen zwangsläufig die ganze
Anlage still; Gegenteil: ▷Open Loop

Closed Shop
Geschlossener Laden; 1. aus Sicherheitsgründen nur für ▷autori-
siertes Personal zugängliche Räume der produktiven ▷IT; 2. ▷Be-
triebsart ohne Eingriffsmöglichkeit durch das ▷Operating

Cloud Computing
Die etwas medienwirksamere Bezeichnung für Software as a Service
(▷SaaS)

CLP
Dateinamenserweiterung in ▷DOS und ▷Windows für als Datei ge-
speicherte Inhalte der ▷Zwischenablage; die Abkürzung rührt von
▷Clipboard her

CLR
Common Language Runtime; virtueller ▷Rechner mit ▷Daten-
typen, einem ▷Zustand und einem Verhalten, wie er in der ▷.NET-
Umgebung vom ▷Zwischencode aus Herkunftssprachen wie z. B.
▷C#, ▷VB.NET oder „Managed ▷C++" anprogrammiert wird; der
Zwischencode der CLR muss zur Laufzeit für die Zielmaschine
▷compiliert werden

Cluster, Capability - bzw. Throughput -
Verarbeitungsverbund; Rechnerverbund mit dem Ziel, möglichst
viel Verarbeitungskapazität anzubieten bzw. möglichst viel Netz-
werkdurchsatz zu bewirken

Cluster, failover -
Bündel, Büschel, Verbund, auch: Ballung; 1. in sich geschlossene
und verwaltete Gruppe von ▷Terminals; 2. gemeinsam verwaltete
Gruppe von zwei oder mehreren ▷Servern, welche mit dem Zweck

der Lastverteilung, Leistungssteigerung und ▷Datensicherheit gewisse Aufgaben verteilt bzw. evtl. ▷redundant wahrnehmen, dann failover cluster genannt; 3. Datenblock auf dem ▷Sekundärspeicher als minimale durch das Betriebssystem verwalt- und adressierbare Einheit: „Zuordnungseinheit"; 4. ▷Rechnerverbund (dort diverse Details); 5. Zusammenzug „verwandter" Datensätze zum schnelleren Finden; 6. Menge aller Dateien, welche für einen ▷instanzierten ▷Server erreichbar sind; also z. B. Menge aller Datenbank-Dateien in einem konkreten ▷Verzeichnis

clustern, Clustering
1. zu ▷Clustern bündeln; 2. eine Marketing-Aktivität, welche darin besteht, ▷Daten aus früheren Anfragen, Bestellungen, Aufträgen usw. zu bündeln und im Hinblick auf künftiges Kundenverhalten auszuwerten; „harmlose" Form des ▷Data Mining; 3. Erzeugen zweier identischer ▷Chiffrate aus einem ▷Klartext bei Verwendung identischer Verschlüsselungsalgorithmen mit unterschiedlichen Schlüsseln; somit ist das C. dann eine ▷Kollision und ein Qualifikationskriterium für Verschlüsselungsverfahren

CLUT
Color Look Up Table; ▷ROM mit den Farbinformationen auf dem ▷Grafik-Adapter

CLV
Constant linear Velocity; oft auch Constant Tracking Velocity; siehe unter ▷Rotation

CMOS
Complementary Metal-Oxyde Semiconductor; Technologie in der Herstellung von ▷Chips, Merkmale: geringe Leistungsaufnahme, Empfindlichkeit für statische Entladungen, etwas langsamere Arbeitsgeschwindigkeit, früher mit verbreiteter Verwendung als Arbeitsspeicher in tragbaren ▷Geräten

CMS
Content Management System; siehe ▷Content

CMY, CMYB, CMYK
Cyan-Magenta-Yellow (-Black); subtraktives ▷Farbmodell aus den Komplementärfarben von ▷RGB für die Druckerbranche; das Hinzunehmen von Schwarz (B/K steht für Black, je nach Quelle auch für Key) bringt einerseits gesättigtere Dunkeltöne bzw. reduziert die Farbstoffe und damit die Kosten bei der Darstellung von Schwarz; formelmässig umrechenbar in ▷RGB; vergleiche auch ▷ICC

CNC
Computerized Numerical Control; computerüberwachte ▷numerische Steuerung, Erweiterung des ▷NC (Numerical Control)

Coax
Siehe unter ▷Koax

COBOL
Common Business Oriented Language; höhere Programmiersprache aus dem Jahre 1960 mit kaufmännischem Schwerpunkt; C. zeichnet sich durch einen riesigen Wortschatz aus und durch die Nähe zur englischsprachigen Klartext-Formulierung von ▷Anweisungen; Programmaufbau in vier Teilen, Divisions; als ▷Spaghetti-Sprache verrufen, obwohl in der ▷Norm 85 vollständig strukturiertes ▷Programmieren möglich ist; C. erlebte gegen Ende des vergangenen Jahrhunderts eine ungeahnte Blüte, was vor allem durch die vielen schlummernden ▷Millennium-Probleme in alten Applikationen zu erklären war

COC
Siehe unter ▷Convention over Control

Cocoa

Die wichtigste ▷API unter ▷Mac OS X; besteht a) aus dem Foundation Kit: grundlegende Datenstrukturen, b) dem Application Kit:
Klassen für die ▷GUI Entwicklung und c) den Core Data: ▷Rah-
menwerke für spezielle Aufgaben; C. stammt ursprünglich von der
Firma NeXT und vom Betriebssystem NeXTStep, daher beginnen
viele Klassen mit dem Präfix „NS"; C. ist zusammen mit ▷Xcode
und dem ▷Interface Builder die zentrale Entwicklungsumgebung
für Mac OS X

CODASYL

Conference On Data Systems Language; Konferenz aus Einzelper-
sonen und Firmen bzw. darin erlassene ▷Normen für Programmiersprachen (z. B. ▷COBOL), ▷DDL und ▷DML sowie grafische
▷Grammatiken

Codd, Edgar Frank

1923–2003; „Vater" des ▷Relationenmodells und somit der relationalen ▷Datenbanken; den Grundstein zur entsprechenden Entwicklung legte er 1970 mit seinem Aufsatz „A Relational Model of
Data for Large Shared Data Banks" und war auch danach stark am
Ausbau der zugehörigen Theorien und Modelle beteiligt; Inhaber
des Turing Awards 1981

Code Signing

Siehe unter ▷Signatur

Code, dichter -

Code, welcher seine Zeichendomäne auf ein ▷binäres ▷Wort mit
minimaler Breite abbildet

Code, fehlererkennender - , fehlerkorrigierender -

In der ▷Digitaltechnik: ▷binäre Codes, die dank eingebauter
▷Redundanzen auftretende ▷Bit- ▷Fehler erkennen oder bei noch
grösserer Redundanz sogar selbsttätig berichtigen können; ist der

▷Hamming-Abstand eines Codes a, dann sind maximal (a-1)-Bit-Fehler erkennbar und maximal (int(a-1)/2)-Bit-Fehler korrigierbar

Code, Gray-
Dichter 4-Bit-Code mit einem Hamming-Abstand von genau 1 zwischen Vorgänger- und Nachfolgerwert; 0 ist 0000 und 15 ist 1000

Code, Kode
Gesetzbuch (lat.); 1. Programm in seiner entwicklungsspezifisch ▷interpretierbaren Ausprägung, also a) der ▷Quellcode einer höheren ▷Programmiersprache als für Menschen lesbarer Text; b) ▷Assemblercode: ▷mnemonischer Text; c) ▷Maschinencode: ▷binärer oder ▷hexadezimaler Text; 2. Vorschrift für die eindeutige Zuordnung der ▷Zeichen eines Zeichenvorrats zu denjenigen eines anderen Zeichenvorrats; 3. verschlüsselte ▷Information, ▷Chiffrat; 4. „genetische" Identifikation eines Computer- ▷Virus; dann auch ▷Signatur

Code, managed -, verwalteter -
1. und allgemein: auf eine Ziel- ▷Plattform hin ausgerichteter Code, wo weitere Anpassungen oder Überprüfungen usw. stattfinden; 2. ▷Zwischencode nach der ▷Compilierung von ▷Quellcode in Programmiersprachen der ▷.NET-Umgebung; der v.C. besteht aus dem Anweisungsteil (▷CIL) sowie den ▷Metadaten, womit sich die ▷Klassen nach aussen manifestieren

Code, mobiler -
▷Quellcode oder ▷Zwischencode, der über das Netzwerk „daherkommt" und deshalb gewisse Gefahren in sich birgt; ▷JavaScript, ▷Java ▷Applets, ▷ActiveX Controls, ▷VBScripts

Codec
Coder – Decoder; 1. leistungsfähige Koppelgeräte am Ende von Netzwerkleitungen zur schnellen Übertragung ▷analoger, bewegter oder unbewegter Bilder; 2. Programme, die digitale Signale oder

Dateien codieren und decodieren, oft entsprechend der Aufgabe Videocodecs, Audiocodecs oder Sprachcodecs genannt; das ▷Betriebssystem braucht meinst zugeladene C., um gewisse Video- oder Audioformate abspielen zu können

CodeDOM
Code Document Object Model; Spezifikation in ▷.NET zur dynamischen Einbindung von Code, also von Programmcode zur ▷Laufzeit

C

Coder
Menschengattung, deren Freizeitbeschäftigung darin besteht, den Code fremder Programme zu knacken, daraus Schutzklauseln zu entfernen oder eigene ▷Signaturen einzustreuen; die Szene legt Wert auf die Unterscheidung der Rassen: Personen, die unerlaubte Zonen betreten (▷Hacker, ▷Phreaks), und Personen, die die dortigen Daten verändern (▷Knacker)

Codeseite, Code Page
Elektronische Tabelle zur Anpassung von Bildschirm, Tastatur und Drucker an landessprachliche Gegebenheiten bzw. spezielle Verwendungszwecke

Codieren, Codierung
Zu jeder Tages- und Nachtzeit mögliche Aktivität des Umsetzens von ▷Algorithmen und ▷Datenstrukturen in die ▷Syntax einer Programmiersprache, i.d.R. fundierend auf verschiedenen Sorten Kaffee, dem Grundnahrungsmittel vieler Informatiker; Resultat ist der ▷Quellcode; siehe ferner: ▷Code; die erfolgreiche C. grosser, wartbarer, komplexer Programme (▷Maintainability) verlangt sehr gute Methodik: sorgfältige Terminologie, Klärung des ▷Kontextes, klare Gliederung und modellhafte Planung aller Aspekte des Codes, so dass Klarheit und Übersicht stets erhalten bleiben oder schnell wieder gefunden werden können; im Optimalfall gehört das parallele (oder vorgängige) Erstellen von Testroutinen dazu

Coercion

Nötigung, Zwang (zu einem unveränderbaren Zustand; neu-lat.,
dann engl.); dauerhafte Umwandlung von ▷Datentypen, ▷Proto-
kollen usw., also mit Veränderung des Herkunftswertes; siehe im
Gegensatz dazu ▷Casting

COLA

Wunderschönes ▷Akronym für die ▷Newsgroup comp.os.linux.
announce; noch prickelnder als das gleichnamige Getränk

Collaboration, collaborative Computing

Rechnergestützte und meist ▷webbasierte Teamarbeit, gelegentlich
im ▷Client/Server-Prinzip (▷Lotus Notes/Domino), zunehmend
aber als ▷Peer-to-Peer; als hipper Nachfolger von ▷Groupware gehandelt; auch E-Collaboration oder Web-Collaboration

Collating Sequence, Collation

Zusammenstellung (lat.), Definition eines oder mehrerer ▷Zei-
chensätze im Hinblick auf die ▷lexikalische Sortierung von Zeichenketten aus ihren ▷Domänen

Collection

Siehe unter ▷Kollektion

Column

Kolonne, Spalte, im Medienwesen auch: Kolumne; in einer 2D-
Matrix-Struktur; in Tabellen oft synonym für ▷Attribut; siehe auch
▷Projektion

COM

1. Communication Port: Bezeichnung für die ▷serielle ▷Schnitt-
stelle in ▷MS-DOS und ▷Windows; 2. Dateinamenserweiterung für
ausführbare Programme in MS-DOS; COM-Programme waren
klein, höchstens 64 KBytes, und beanspruchten ein zusammenhän-
gendes, aber frei verschiebbares ▷Segment im Arbeitsspeicher;

3. Computer on Microfilm: direkte Ausgabe von Dateien auf Mikrofilm; 4. Component Object Model: Entwicklerstandard von ▷Microsoft zum Zusammenfügen von Programm- ▷Komponenten, ▷Modulen auf einem Rechner; siehe dazu auch ▷DCOM

Combo Box
Siehe unter ▷Kombinationsfeld

Comment
Siehe unter ▷Kommentar

C

commit, Commitment; COMMIT
Anvertrauen, Verpflichtung; Sammelbegriff bzw. Anweisung in einer ▷DML zur Signalisierung des Abschlusses einer ▷Transaktion; ein C. löst aus: ▷Integritätsprüfungen, Vollzug von ▷Log-Einträgen zur Wiederherstellung, Aufhebung der ▷Sperren, Sichtbarmachung und ▷persistente Festschreibung der Daten, oder – im Fehlerfall – Rekonstruktionsmassnahmen; die Anweisung kann nach einer atomaren Mutation implizit bzw. nach mehreren Anweisungen explizit durch den Programmierer gegeben werden; ein C. kann (muss nicht) erfolgreich abgeschlossen werden; siehe auch ▷Rollback

Commit, two-Phase -
Siehe unter Zweiphasen- ▷Freigabeprotokoll

Common Criteria
Durch die ▷ISO (ISO/IEC 15408:2005, Version 3.1 im September 2006) ab 1993 entwickelte Spezifikation zur sicherheitstechnischen Prüfung, Bewertung und Zertifizierung von Systemen und Systemkomponenten; deckt im Gegensatz zum ▷Orange Book (TCSEC) und ▷Red Book die ganze ▷CIA-Triade ab sowie auch vernetzte Systeme; das System ist flexibler für Neuerungen als ▷ITSEC und spezifische Szenarien und zertifiziert in 7 Evaluation Assurance Levels (EAL, 1 functionally tested bis 7 formally verified design and

tested); eine EAL gilt nur für die unterbreitete Konfiguration; www.commoncriteriaportal.org

Community

Gemeinde, Gemeinschaft von Teilnehmerinnen und Teilnehmern eines bestimmten sozialen oder ökonomischen Bereichs, dann wohl vielfach eine Szene; in unserem engeren Sinn: über digitale ▷Kommunikation zusammengebundene oder zusammenarbeitende, mitunter themenorientierte Gemeinschaft wie z. B. die ▷Chat-Szene oder aktive ▷Foren-Teilnehmer, aber auch die Szenen der ▷Social Software sowie die Szene der ▷PHP-Programmierer

CompactDisc

Von Sony und Philips im Jahr 1982 marktreif entwickelter Datenträger auf optischer Basis mit ▷Laser-Abtastung, vorerst im ▷Audio-Bereich, später als so genannte ▷CD-ROM mit 650 MBytes in der Datenverarbeitung verwendet; einige Kennwerte: Scheibendurchmesser: 120 mm; Loch: 15 mm; Dicke: 1.2 mm; Datenbereich: 50 bis 116 mm; Spur: durchgehende Spirale mit 25'000 Windungen (25 km Länge); Spurabstand: 1.6 ▷Mikron; konstante Spurgeschwindigkeit (constant tracking bzw. linear Velocity, ▷CLV): 1.2 m/s (einfach); Winkelgeschwindigkeit: zwischen 200 und 500 U/min (einfach); Pits (Löcher) zu 0.3 und 3.3 mm; mechanische Pressung; Lesen von innen nach aussen

CompactDisc-Interactive

Siehe unter ▷CD-I

Compaq Computer Corporation

Ursprünglich: Compatible Quality; gegründet 1982 durch Rod Canion, Jim Harris und Bill Murto, drei Manager, die Texas Instruments verliessen, um mit $ 1'000 pro Person ihre eigene Firma aufzubauen; ihr erstes Produkt war ein portabler ▷IBM ▷„Kompatibler"; in den 1980er/1990er Jahren zu einem der ganz grossen ▷„Kloner" des IBM ▷PC geworden; der Erfolg liess die Firma dann

Kompatibilität etwas eigenwillig, nämlich bisweilen recht ▷proprie-
tär, auslegen; 1992 starke Verluste aufgrund der grossen Konkurrenz; der Gründer Canion musste das Unternehmen verlassen, und
es wurde stark umstrukturiert; nach der Mega-Firmenübernahme
von Digital (ehemals ▷DEC) 1998 lange Zeit der grösste Hersteller
von PCs, ▷Servern usw.; im Jahre 2001 wurde die Fusion mit ▷HP
beschlossen, 2002 Auftritt offiziell als eine Firma; www.compaq.com

Compiler
Sammler (lat.); Sprachübersetzer; übersetzt den ganzen ▷Quellode
des Programms oder eines Moduls (▷Klasse, ▷Unit) auf einmal,
das Programm liegt danach als so genanntes ▷Objektprogramm
oder als ▷Zwischencode vor und muss für seine Lauffähigkeit in
der ▷Maschinensprache noch mit ▷Bibliotheksroutinen gebunden
(▷linken) oder vom Zwischencode in die Maschinensprache übersetzt werden; Programmiersprachen, welche mit einem C. über-
etzen, liefern (meist) schnellere Programme als ▷interpretierte; der
C. vollzieht die Phylogenese der ▷Programmiersprachen (siehe
deren Generationen) rückwärts, weshalb ▷Tanenbaum sagt: „On-
togenese wiederholt Phylogenese"; die klassischen Phasen sind in
diesem Sinne: lexikalische Analyse, Syntaxanalyse, semantische
Anayse, Zwischencode-Erzeugung, Code-Optimierung und Code-
Erzeugung

Compiler-Compiler
Programm, welches die ▷Meta-Formulierung einer Sprache überprüft und daraus den ▷Quellcode für einen Compiler generiert

Compilierung, bedingte -
Im ▷Quellcode markierter Bereich, der bedingt von der Compilie-
rung ausgeschlossen, also schlicht nicht „gesehen" wird; z. B. in
▷C / ▷C++ wird die Entscheidung mittels #ifdef ... #else ... #endif
getroffen

Completion

Vervollständigung (lat.) von nur teilweise eingegebenen ▷Bezeichnern oder Begriffen durch alle Bezeichner oder Begriffe, welche mit dem Eingabemuster übereinstimmen; je mehr Zeichen eingetippt sind, desto geringer ist die komplettierte Auswahl; so kann z. B. die ▷bash eine begonnene (Kommando-)Eingabe (▷spekulativ) vervollständigen oder in ▷IDEs werden Anweisungen vervollständigt und ▷syntaktische Hinweise dazu eingeblendet; dann oft als Code C. bezeichnet; im Internet findet man zunehmend Eingabefelder mit C.; ▷Browser offerieren C. in der Bedienung, siehe hierzu ▷Passwortattacke

Compliance

Erfüllung (frz.); Summe aller privaten und öffentlichen Regulative rund um ein wirtschaftliches, politisches, soziales, kulturelles oder technisches ▷System; der Begriff meint in der Regel eher den C.-Erfüllungsgrad bzw. die Aufwände zur Erfüllung dieser Regulative; Informatik gerät einerseits immer mehr in ein C.-Korsett (Beweispflichten, Aufbewahrungspflichten, Sicherungs- und Sorgfaltspflichten, ▷Lizenzierungen, ▷Datenschutz usw.) und liefert andererseis auch Hilfsmittel zu dessen Bewältigung als so genannte C. Management Systeme

Composite Video

Monitor-Ausgang bei ▷Kleincomputern, in welchem die drei Farbsignale zu einem einzigen Signal zusammengemischt werden; liefert ein besseres Bild als ein früher oft auch gebrauchter TV-Ausgang, wegen dessen zweimaliger ▷Modulation zwischen Computer und TV, aber ein schlechteres als der ▷RGB-Ausgang

CompuServe

Privater und kommerzieller ▷Online-Dienst und ▷Internet-Provider für eine internationale Kundschaft; pionierhafte Dienstleistungen in den 1980er und 1990er Jahren des letzten Jahrhunderts; C. bot als ehemals weltgrösster Dienstleister zu kostengünstigen

Tarifen und mit einer grafischen Benutzungsoberfläche E-Mail, die Teilnahme an ▷Foren, ▷Downloading, einen ▷Web-Zugang und vieles andere mehr; 1997 von ▷AOL übernommen, aber weiterhin unter eigenem Namen auf dem Markt tätig

Computer
Computator (lat.): Rechner; universeller Datenverarbeitungs-▷Automat in nicht festgelegter Grösse und mit nicht näher bezeichneten Eigenschaften bzw. Aufgaben; die Begriffsverwendung ist uneinheitlich: vom Ursprung her oft synonym zu ▷Rechner (und dort deshalb präziser definiert); andererseits aber oft für ein ganzes Datenverarbeitungs-System als bauliche oder räumliche Einheit, also Rechner plus Massenspeicher plus Energieversorgung plus Standard-Ein-/Ausgabegeräte

Computergrafik
Siehe unter grafische ▷Datenverarbeitung

Computerlinguistik
Wissenschaftliche Disziplin mit dem Ziel, linguistische Theorien mit ▷digitaler ▷Intelligenz zu verschmelzen; in der angewandten C. erhalten Computer sprachliche Kompetenz (maschinelle Übersetzung, automatische Verschlagwortung, Dialogsysteme usw.); die theoretische C. verbessert oder kreiert linguistische Modelle, Theorien usw. mit Hilfe des Computers (z. B. automatisierte Überprüfung einer Theorie gegen ein Lexikon)

CON
Konsole; logische Adresse der Bedienungseinheit mit ▷Bildschirm und ▷Tastatur, die von ▷MS-DOS als ▷Datei behandelt werden kann (COPY CON: …) und von den meisten Betriebssystemen als Standard Ein- und Ausgabegerät adressiert wird

Concatenation
Siehe unter ▷Konkatenation

conceal, Concealment

Verschleiern, verheimlichen; Mechanismen des Verheimlichens von ▷Defekten: z. B. in der Sprachübertragung via ▷VoIP wird das Nicht-Ankommen einzelner ▷Pakete dadurch verschleiert, dass das vorherige Paket nochmals abgespielt wird; dies wird üblicherweise nicht wahrgenommen

Concurrency, concurrent

Siehe unter ▷Konkurrenz für die recht präzise, enge Semantik des Begriffs

Confidentiality

Siehe unter ▷Vertraulichkeit und ▷CIA

Confuscator

Verwirrer; Firefox- (siehe unter ▷Mozilla) ▷Plugin, das Text einer ▷Webseite durcheinander bringt, und zwar werden pro Wort der Anfangs- und Endbuchstabe belassen und die Reihenfolge der Buchstaben dazwischen zufällig geändert; Stiedun zeegin, dsas man enein slhocen Txet tetdzrom ncoh leesn knan; abgesehen davon hat C. keine Bedeutung und ziert die „ultimate useless"-Listen …; nicht zu verwechseln mit ▷Obfuscator

Congestion, - Collapse

Verstopfung; 1. als gestörte Peristaltik in geeigneteren Lexika beschrieben … ; 2. Überlastung von Kommunikationsleitungen, Warteschlangen usw. mit u. U. der Folge von zu vielen ▷Kollisionen, zu vielen wartenden Daten und sich verlangsamender Verarbeitungsgeschwindigkeit; 3. Verkehrszusammenbruch durch Überlastung; als Beispiel diene der jährliche Verkehrsinfarkt am Gotthardpass zur Osterzeit; nur haben Daten-Pakete keine Ausweichmöglichkeit für entspanntes Bahnreisen oder antizyklisches Verhalten

connect
Eine ▷physikalische oder ▷logische Verbindung zwecks Datenkommunikation herstellen

Connectivity
Siehe unter ▷Konnektivität

Constraint
Einengung (lat.); Zwang, Einschränkung; einschränkende, z. B.
▷Plausibilitäten oder ▷Integritäten überprüfende Regel; in ▷SQL
bildet z. B. die ▷Deklaration PRIMARY KEY eine Einengung; der
SQL Standard beschreibt eine klare Menge von C.s

Container
Behälter; 1. ▷Klasse, die ▷Objekte mit unterschiedlicher Struktur
aufnehmen und verwalten (einreihen, sortieren usw.) kann; auch:
▷Kollektion; 2. in ▷Windows Forms ein Objekt, das Steuerelemente (Controls) enthält; 3. in Deutschland übliche Bezeichnung für
geschlossene Benutzergruppen im Datex-J und Btx

Content Model
Inhaltsmodell; im ▷XML System der Sammelbegriff für die Struk-
turschemata ▷DTD und ▷XML Schema

Content, Content Management
Inhalt und Inhaltsverwaltung; gemeint sind die Konzepte und
Hilfsmittel zur automatisierten Verwaltung und Präsentation von
▷Dokumenten sowie anderen Inhalten im ▷Internet und ▷Intra-
net; angestrebt wird vor allem eine Kontrolle der Aktualität; Inhalt
ist nicht zu verwechseln mit Gehalt …

Contention, Non Contention
Wettstreit (lat.); 1. Wettstreit mehrerer Teilnehmer an einer geteil-
ten Ressource, z. B. einem Netzwerk; 2. ▷Multiplexieren bzw.
▷Bandbreitenerweiterung durch Zuteilung der vollen Bandbreite

für eine beschränkte Zeit bzw. durch Zuteilung einer Teilbandbreite für die ganze Zeit

Control
1. Steuerung (siehe dazu die Bemerkung unter ▷Kontrolle); 2. interaktives Steuerelement eines Fensters, also eine ▷Schaltfläche, ein ▷Kombinationsfeld (zur Auswahl eines Wertes), ein Schieberegler für die Lautstärkeregelung usw.; 3. ein in ▷ActiveX programmiertes Element

Control Zone
Abgeschirmte Zone; Gebäudebereich mit metallischer Abschirmung gegen den Aus- und Eintritt von elektromagnetischen Flüssen; siehe auch ▷Tempest und ▷White Noise

Controller
Steuerungseinheit; 1. für eine bestimmte Aufgabe dedizierter, oft sehr komplexer und programmierbarer Prozessor, gelegentlich als Sonderversion eines universellen Mikroprozessors; ein C. erhält keine Befehle aus dem Arbeitsspeicher, sondern vom Hauptprozessor, er kann kurzfristig den ▷Systembus übernehmen und ist dann in der Lage, ▷Adressen und Steuersignale zu generieren (▷Arbitration), ▷Register anzusteuern und Datenflüsse zu koordinieren; 2. Sammelbegriff für Hardwareeinheiten, die spezielle Teile des Computers steuern: ▷Videoc., ▷Diskettenc., ▷Cachec. usw. und dazu oft mit einem eigenen Prozessor versehen sind

Controller, I/O -
Spezieller C. zwischen einer Eingabe-/Ausgabe-Einheit und dem ▷Systembus

Convention over Control
Architekturparadigma; auch etwa Coding by Convention oder Metaprogrammierung; es besagt, dass die Vereinbarungen beim ▷Programmieren im Zentrum stehen und aktive Wirkungen haben

(„Magie"); einfaches Beispiel I: alle ▷Funktionen namens „xx_
TEST()" werden ohne weiteres Zutun im ▷Unit Test getestet; einfaches Beispiel II: das ▷Objekt „meinObjekt" in meinObjekt.xx()
wurde von der Programmiererin nie explizit ▷definiert und
▷initialisiert, es existiert nur, weil es in der richtigen Konfigurationsdatei am richtigen Ort steht; CoC ist sehr mächtig, aber für
Einsteiger insbsondere ohne Dokumentation brutal, weil sich die
Zusammenhänge nicht von selbst erschliessen

C

Converter
Siehe unter ▷Konverter

Cookie, Cooky
Keks, Biscuit; 1. solche Naschware steht im ▷Cyberspace für eine der
vielen virtuellen Währungen; 2. kleine Textdateien, wie sie durch
gewisse ▷Webserver generiert und auf dem Rechner des sie besu-
chenden ▷Browsers installiert werden, um Verbindungsinformati-
onen zu speichern und/oder die Interaktion beim Wiederbesuch
zu beschleunigen; da C.s nicht nur Informationen über besuchte
Websites speichern, sondern u. U. auch Passwörter, können sie ein
Vertraulichkeitsproblem darstellen und sollten deshalb periodisch
gelöscht werden; ganz sichere Umgebungen versenden die C.s verschlüsselt und „seriöse" Server legen die C.s „nur" im Arbeitsspeicher des Klienten ab; C.s enthalten keinen ausführbaren Code

Coprozessor
Dem ▷Mikroprozessor als entlastende Einheit zur Seite gestellter
Baustein für das Rechnen (arithmetischer C.), für den Aufbau von
Grafiken (grafischer C.) und anderes; ein C. erweitert den Befehls-
satz seines Hauptprozessors

copy-on-write
Mechanismus, der darin besteht, von einem schreibgeschützten
Objekt dann – automatisch oder bestätigt – eine Kopie zu fertigen,
wenn darauf ein Schreibzugriff ausgelöst wird

CORBA
Common Object Request Broker Architecture; durch die ▷OMG
entwickelte, nicht als ▷Norm anerkannte, von der Industrie aber
breit angewendete Spezifikation einer ▷Middleware zur Verteilung
und Orchestrierung applikatorischer Ressourcen (▷Komponenten)
unterschiedlicher Herkunft über das ganze ▷Netzwerk oder
▷Internet

C

Core
Kern, Mark; viele Bedeutungen; in jüngerer Zeit jedoch meist für
den Kern eines ▷Mikroprozessors verwendet; siehe dazu die nachfolgenden Begriffe

Core 2 Duo, Dual Core, Quad Core, Multi Core
Zwei- oder Mehrkernigkeit; Bestückung eines ▷Mikroprozessors
mit mehreren vollständigen Rechen- und Steuerkernen (bei gelegentlich nur einfachem ▷Cache), also eigentlich mehrere Prozessoren in einem; 2007 sind schon mehr als 50% aller Mikroprozessoren mehrkernig; die Auslastung erfolgt durch symmetrische oder
asymmetrische ▷Multi Processoring; Core 2 XYZ ist eine Schutzmarke von ▷Intel für solche Prozessoren (nicht nur doppelkernige)

Core Clock, - Takt
Interne Taktfrequenz des Prozessors, optimal als ganzzahliges Vielfaches des Taktes im Front Side ▷Bus (auch: Speicherbus)

Core Image
Abbild des Speicherinhalts eines ▷Prozesses, seines ▷Adressen-
raums, wenn dieser ▷ausgelagert werden muss

Correctness
Richtigkeit (lat.), Korrektheit; in der Systementwicklung z. B. als
Deckungsgrad zwischen Funktionalität eines Systems und dessen
Spezifikation

COS
Card Operating System; ▷eingebettetes, ▷ROM-basiertes Betriebssystem der ▷Smartcards

COSE
Common Open Software Environment; Sammlung von ▷Normen zur Zusammenführung aller ▷Unix- ▷Derivate durch ein Firmenkonsortium

C

COUNT(), counter
Zähle; ▷Aggregatsfunktion in vielen Programmier- und Datenbanksprachen zur Ermittlung der Anzahl vorkommender Einträge des betreffenden ▷Objekt- ▷Attributs; Zähler

Courseware
Geniale Wortschöpfung der Industrie, welcher die Bezeichnungen Kursunterlagen, Lehrmittel usw. nicht präzise genug sind

Covert Channel
Verdeckter (Informations-)Kanal: in der Sicherheitstechnik ein Zustand oder eine Aktion, die eine illegitime Nebeninformation liefert; Beispiele: 1. wenn in einer ▷Datenbanktabelle ein Fremd- ▷Schlüsselwert akzeptiert wird, aber auf die zugehörige, elternseitige Tabelle „kein Zugriffsrecht" gemeldet wird, dann heisst dies grundsätzlich, dass es dort diesen Primär- ▷Schlüsselwert gibt; vergleiche Multilevel- ▷Datenbank; 2. eine Festplattenaktivität nach einer Eingabe kann ein Hinweis darauf sein, dass die Eingabe einen Datenbank- ▷Zugriff auslöst

COW
1. ▷Cluster of ▷Workstations; 2. Character Oriented Window; veraltete Fenstertechnik mit rein textbasierten ▷Pull Down-Menüs (Beispiele Word 5.5 oder Works für ▷MS-DOS); vergleiche halbgrafische ▷Benutzungsoberfläche

CP/M
Control Program for Microcomputers; pionierhaftes Betriebssystem als Quasi- ▷Standard für Kleincomputer mit dem Prozessor der Familie Z80 (frühe 1980er Jahre); Vorläufer und in einigen Teilen auch Vorlage von PC-DOS, ▷MS-DOS

CPGA
Siehe unter Ceramic ▷PGA

cpi
1. Characters per ▷Inch; Zeichendichte in ▷Zeichen pro ▷Zoll; vergleiche ▷bpi, ▷dpi, ▷tpi; 2. Common Programming Interface; einheitliche Programmier-Richtlinien im ▷SAA-Konzept von ▷IBM; 3. (Clock) Cycles per Instruction: Anzahl notwendiger ▷Takte, um einen ▷Maschinenbefehl abzuwickeln

CPM
Critical Path Method; auf ▷PERT aufbauende Planungsmethode, deren Eigenart darin besteht, dass sie als kritischen Pfad jene Sequenz von ▷Kanten bezeichnet, welche die Vorgangsdauer (minimal) bestimmen, weil die Ereignisse voneinander abhängen

cps
Characters per Second; Durchsatzrate in ▷Zeichen pro Sekunde

CPU
Central Processing Unit; 1. ▷Steuerwerk (Leitwerk) und (▷Ganzzahl-) ▷Rechenwerk eines ▷Prozessors; ist beides in einem Baustein integriert, sprechen wir vom ▷Mikroprozessor; 2. gelegentlich ist mit CPU auch nur das Steuerwerk gemeint

CR
▷ASCII-Zeichen 0D(H) (13): ▷Carriage Return, Wagenrücklauf an Zeilenanfang (aber ohne Zeilenvorschub ▷LF); in ▷Windows wird für eine Zeilenschaltung mit dem Zeichenpaar CR&LF gearbeitet

Cracker, Cracking

1. Menschengattung ▷Knacker; Knacken von ▷Passwörtern, Kopierschutz usw.; 2. unbefugtes Eindringen in fremde ▷Rechnersysteme und ▷Netzwerke; geschieht grundsätzlich nach folgendem Schema: 1. ▷Footprinting, Scanning, Enumeration (Informationsbeschaffung), 2. Gaining Access (Zutritt verschaffen), 3. Escalation (Zugriffsrechte auf Maschine erweitern), 4. Getting Interactive (mit dem Zielrechner erweitert interagieren), 5. Expanding Influence (schaden, Passwörter stehlen, manipulieren ...) und 6. Clean up (Spuren beseitigen)

Crasher

Menschengattung, deren Freizeitbeschäftigung darin besteht, die Rechner-Systeme von Mitmenschen zum Absturz zu bringen

Crawler

Kriecher, Krabbler; in unserem Kontext eine ▷Suchmaschine

Cray, Seymour

1925-1996; „Vater" der Höchstleistungsrechner, der ▷Supercomputer, und bis zu seinem Tod besessen, ja sich fast berufen fühlend, den schnellsten Computer der Welt zu bauen, was ihm auch mehrfach und lange Zeit unangefochten gelang; C. legte die theoretischen Fundamente mehrerer moderner Rechnerkonzepte: eigenständiger E/A-Prozessor, Registerorientierung und Befehlsreduktion (später ▷RISC), ▷Pipelining (Fliessbandverarbeitung); Cray-1 wurde 1967 in Los Alamos für 8.8 Mio. USD installiert, 160 Mega-▷flops; ▷Apple kaufte einen der ersten Cray-3 für die Produktion ihrer Rechner; Cray: „Komisch, ich brauche einen Apple, um die Cray-3 zu entwerfen"; Cray gründete die gleichnamige Firma, die heute noch Supercomputer herstellt, siehe www.cray.com

CRC

1. Cyclic Redundancy Check (Character); Sammelbegriff für Verfahren zur ▷Fehlererkennung; C. kommt dort zum Einsatz, wo

ganze Datenblöcke (z. B. ▷Pakete, ▷Rahmen) übertragen werden;
für die Mechanismen wird optimal reine Hardware beigezogen: der
Block fliesst durch eine Kaskade digitaltechnischer ▷XOR- ▷Gatter
und wird dort zyklisch mit seinen eigenen Resultaten (XOR-Rest)
verrechnet; ist der Datenstrom abgeschlossen, resultiert ein 16-
oder 32-Bit-Wort, das als Prüfsumme mit versendet wird; 2. Class
Responsability Communication; Methode, um in der ▷objektori-
entierten Analyse den Zustand und das Verhalten von Kandidaten
für eine ▷Klasse im Rahmen einer Brainstorming Sitzung zu ermitteln; Mittel der Methode sind Kärtchen für jeden Kandidaten, welche mit Notizen versehen werden, die ihrerseits ▷Nachrichten der
Klasse darstellen

Creator
Schöpfer (lat.); 1. im ▷Mac OS als ▷Metadaten zu einem ▷Doku-
ment gespeicherter Parameter als Hinweis auf die das Dokument
erzeugende Applikation; dank dem C. lässt sich eine Applikation direkt über ihr Dokument laden; 2. in ▷MS-DOS und ▷Windows dient
die Dateinamenserweiterung eingeschränkt als C. – und selbst dies
dauerte eine Weile; nicht zu verwechseln mit ▷Owner, ▷Eigentümer

Credential(s)
Glaubwürdigkeit (lat.); Kennung, Identitätsnachweis eines ▷Sub-
jekts, im engeren Sinne eines Menschen, beim Zugriffsversuch auf
eine Systemkomponente; die C. dienen dem System zur ▷Authen-
tisierung und anschliessenden ▷Autorisierung; der engl. Begriff
wird meist im Plural verwendet

Crimeware
Sammelbegriff für Programme, die kriminelle Zwecke verfolgen
oder kriminelle Handlungen vorbereiten

CRIMM
Continuity RIMM; bei der Bestückung des ▷Arbeitsspeichers mit
▷RIMM müssen alle Steckplätze belegt werden, C. sind ▷termi-

nierende Module für die nicht mit Speicherriegeln belegten Steckplätze

crimp
Fälteln, kräuseln; rein mechanisch – also nicht gelötet – her-
gestellte Verbindung von Kabel und Stecker/Buchse; siehe auch
▷spleissen

CRISP
1. ein hybrides Garverfahren in der Mikrowelle: Mikrowelle zur
Garung, Infrarotwelle für die Kruste; vielleicht war dies nicht gemeint ...; 2. man unterschätze nicht die Kreativität der Informatik:
auch sie hat Möglichkeiten gefunden, dieses ▷Akronym zu verwenden: Complex Reduced Instruction Set Processor: hybrider
Prozessor mit Anteilen an ▷RISC- und ▷CISC-Technologie ...

Critical Section
Siehe unter ▷kritischer Abschnitt

CRM
Customer Relationship Management; Konzepte und (digital-)tech-
nische Hilfsmittel zur Verwaltung der Kundenbeziehungen und
-daten; damit eigentlich ein neudeutscher Begriff aus der Betriebswirtschaft, welche bezüglich ▷Akronymen und Wortschöpfungen
die Informatik mittlerweile rechts überholt ...

Croft, Lara
Weibliche Kultfigur in der Szene der Computerspiele (konkret:
Tomb Raider, L.C. ist gespielt von Angelina Jolie); kampf- und ak-
robatikfreudige Frau, welche als eine ihrer Waffen eine Figur mit
beeindruckenden Massen einsetzt; Lara wurde auf drängendes Raten meiner Studenten (männlich) ins Lexikon aufgenommen, andernfalls sie dessen Relevanz und Aktualität in Frage stellen müssten ...; neuste Version Tomb Raider zum Redaktionsschluss ist
Tomb Raider Underworld

cron
Einer der bekanntesten ▷Dämonen in ▷Unix: erwacht minütlich
und erkundigt sich nach periodisch anstehenden Aufgaben

Cross Compiler
▷Compiler, der ▷Quellprogramme für mehrere, technologisch
ganz unterschiedliche oder sogar noch in Entwicklung befindliche
▷Plattformen übersetzt

Cross Grading
Marketinginstrument im Bereich der ▷Updates: Offerte zum Ersatz
einer monofunktionalen Anwendung durch eine ▷Suite vom gleichen Hersteller: aus „Word" mach „Office"

Cross Linking
Kreuzweise Verbindung; unkorrekte Verknüpfung einzelner
▷Cluster auf dem Datenträger; führte im Diagnose-Programm
CHKDSK (später SCANDISK) unter ▷MS-DOS und ▷Windows zu
den „lost clusters"

Cross Platform
Neuerer Begriff für systemübergreifende ▷Architekturen, Anwendungen usw.; als pionierhaftes Beispiel sei FileMaker von ▷File-
Maker Inc. genannt, mit welchem schon in den frühen 1990er Jahren von ▷Windows sowie von ▷Macintosh aus dieselbe Datenbank
bearbeitet werden konnte und kann

Cross Posting
Quer durch diverse ▷Newsgroups platzierte Nachricht mit gleichem Inhalt; wird die gleiche Frage quer durch diverse ▷Foren
platziert, in der Hoffnung auf schnellere oder bessere Antwort, ist
dies meist sehr unbeliebt

Cross Reference Table
Tabelle aller beim Programmieren verwendeten ▷Bezeichner, welche vom ▷Compiler oder ▷Assembler hergestellt wird

Cross Site Scripting
Ein ▷Attackenmuster, siehe dort

Crossover
Siehe unter ▷Kreuzung

Crosstalk
Siehe unter ▷Übersprechen

CRT
1. Dateinamenendung für ein ▷X.509-▷Zertifikat, das als Datei im ▷PEM-Format vorliegt; konvertierbar nach ▷PKCS12, ▷DER und anderen; 2. Cathode Ray Tube, ▷Kathodenstrahlröhre

CSCW
Computer Supported Cooperative Work; Sammelbegriff für alle Programmlösungen für die Teamarbeit wie insbesondere ▷Groupware fürs ▷Workgroup Computing oder die ▷Social Software

CSMA/CA
Carrier Sense With Multiple Access/Collision Avoidance; Zugriffsverfahren, ähnlich ▷CSMA/CD aber im ▷WLAN; nach dem Prinzip „Vorbeugen ist besser als Heilen" sprechen sich die Partner (durch einen ▷Broadcast) zunächst zwecks Belegung des Mediums ab: „Darf ich schnell?"

CSMA/CD
Carrier Sense With Multiple Access/Collision Detection; ▷Protokoll zur Überprüfung der Belegung von ▷Netzwerkleitungen: ein sendewilliger Teilnehmer überpüft das Vorhandensein eines ▷Trägers auf der Leitung (▷Carrier Sensing); wenn dies so ist (Leitung

belegt), zieht er sich zurück und meldet sich nach einer (kurzen) Zufallszeit wieder; bei nicht vorhandenem Träger wird gesendet; sollten zwei Teilnehmer gleichzeitig zu senden beginnen, entsteht eine Kollision: diese muss mit speziellen Mechanismen aufgespürt werden, wonach sich alle Beteiligten zurückziehen und nach einer Zufallszeit wieder aktiv werden

CSS
1. ▷Cascading Style Sheet; 2. Content Scrambling System; ▷Spezifikation zur ▷Chiffrierung von ▷DVD-Daten und damit zu deren Kopierschutz; siehe auch ▷DeCSS

CSV
Character Separated Values oder Comma Separated Values; vorwiegend dem Datenaustausch dienendes Dateiformat für strukturierte ▷alphanumerische oder ▷alphabetische Daten; aus der Nähe besehen sind CSV-Dateien einfache ▷Text-Dateien, die eine ▷Tabelle beinhalten, in welcher die ▷Datensätze als Zeilen mit Zeilenumbruch am Ende erscheinen, und die Feldeinträge werden durch ein vereinbartes Zeichen – oft Komma, Semikolon, Hochkomma oder Anführungszeichen – getrennt

CTCP
Client To Client Protocol; ▷Protokoll, mittels welchem via ▷IRC gewisse technische Daten von einem Gesprächspartner (bzw. natürlich seinem Computer) erfragt werden können

CTI
Computer – Telefon Integration; Verschmelzung von computer- und telefonbasierten ▷Diensten in der geschäftlichen Anwendung: ▷SMS- oder Gesprächsverwaltung, Anruferkennung, Planung von Anrufterminen, -nummern, Behandlung von Anrufen und deren Ergebnissen usw.

Ctrl
Control; ▷Kombinationstaste auf der ▷Macintosh- und PC-Tastatur, erhöht die Zahl der mit den ▷numerischen, ▷alphanumerischen oder ▷Funktionstasten möglichen Kommandos; in Deutschland: ▷Strg; vergleiche ▷Alt

CTS
1. Clear To Send; Bereitschaftsmeldung der ▷DCE (▷Modem) an die ▷DTE (Computer) in der seriellen Schnittstelle ▷V.24 (▷RS-232C/D) Daten zu senden; 2. Common Type System: ▷Datentyp-System des ▷.NET Frameworks von ▷Microsoft und damit gemeinsames und verbindiches Typsystem aller Programmiersprachen dieser Plattform

CU
Im Chat- und Mail- ▷Slang; phonetisch: see you – bis bald

CUA
Common User Access; einheitliche ▷Benutzungsoberfläche im ▷SAA-Konzept von ▷IBM

Cube
Siehe unter ▷Würfel

CUL
Computerunterstütztes Lernen, ▷CAL, ▷CBT

Culling
Ausmerzen, auslesen; vielerlei Bedeutungen; z. B. in der grafischen Datenverarbeitung: Ermitteln nicht sichtbarer Linien (▷hidden Line, Surface)

CUPS
Common Unit Printing System; Standard-Druckerkomponente unter Unix/Linux, beinhaltet u. a. einen ▷Spooler für Druckjobs; verwendet ▷IPP, kann ▷PPD verarbeiten; www.cups.org

Current Loop
Serielle ▷Schnittstellen-Norm; Bit-Zustände entsprechen Spannungspegeln; eine Senderin an einen Empfänger, bis 20 Mbps ▷synchron und 1'000 m Kabellänge

Cursor
Renner (lat.); 1. meist blinkende Eingabemarke auf dem Bildschirm; 2. Bezeichnung für die mausartigen Eingabegeräte auf ▷Grafiktabletts; 3. logischer Zeiger, der in typisch mengenorientierten ▷Datenstrukturen, z. B. ▷Relationen, die typisch satzorientierten Teilstrukturen, z. B. ▷Tupel, diskret zugänglich macht; solche C. werden z. B. benötigt, um einer ▷prozeduralen Wirtssprache die Ergebnisse einer ▷SQL Anfrage zu erschliessen; in jüngeren SQL-Standards ist das C.-Konzept eingearbeitet

Customizing
Anpassung von Hardware/Software an die Bedürfnisse von Kunden bzw. Benutzerinnen

cut/copy and paste
Ausdruck beim Editieren von Bildern und/oder Texten: Herausschneiden/Kopieren und andernorts Einlegen von Teilen eines ▷Dokuments

CUU
Computerunterstütztes Unterrichten, ▷CAI

CVS
1. Computer Vision Syndrome; Krankheitsbild im Bereich des Sehens und des Wohlbefindens im Kopf durch intensive Bild-

schirmarbeit; siehe auch ▷RSI; 2. Concurrent Versions System; ein
Werkzeug zur ▷Versionsverwaltung, siehe dort; Nachfolger ist
▷Subversion

Cyber -
Steuerung (griech.); die globale Netzwerk-Welt betreffend, manchmal auch in dieser stattfindend oder durch diese existierend

Cyber Cash
1. Sammelbegriff für das nur langsam vorankommende virtuelle
Geld, auch Micro Payment; 2. Produktebezeichnung in diesem Bereich

Cyber Cop
1. Hauptfigur in einer Filmserie: Wesen, halb Mensch, halb Roboter, machohaft und mit unvorstellbar zerstörerischem Potenzial;
2. neudeutsch für Ermittlungsexperten im Bereich der Computer-
und Web-Kriminalistik; führend auf diesem Gebiet in der Schweiz
ist die Hochschule Luzern, Departement Wirtschaft

Cyber Sex
Flirten übers Netz mit realen oder virtuellen Gestalten: die Infek-
tionsgefahren sind dabei eher psychischer denn physischer Natur

Cyber Space
Wortschöpfung aus dem im Jahr 1984 (!!!) publizierten Roman
„Neuromancer" von William Gibson, in welchem sich Gehirne di-
rekt an ein Computer-Netzwerk anschliessen lassen; 1. Sammelbe-
griff für die räumliche virtuelle Realität; 2. der unerschöpfliche
▷Informationsraum internationaler Datennetze wie das Internet

Cyber Squatter
„Hausbesetzer" im Cyber Space; 1. Besetzer von ▷Domänennamen,
welche nahe bei oft angerufenen Namen liegen; z. B.: altravista.com
(statt altavista.com), whitehouse.com (statt whitehouse.org); so ge-

fundene Seiten haben dann oft zweideutige (bzw. genau genommen: eindeutige) Inhalte; auch: Typosquatter oder URL Hijacker; 2. Besetzer von Domänennamen zwecks (erpresserischem) Weiterverkauf; siehe ▷Domain Name Grabbing

Cybernaut
Ein sich im Cyber Space bewegender, auf Datenpirsch befindlicher Mensch

C

CyberPatrol
1996 durch ▷CompuServe entwickeltes Programm für einen inhaltlich und zeitlich beschränkten Zugang in das ▷Web, vor allem also zum Kinderschutz; der Schutz basiert auf einer schwarzen Liste von Websites; heute ein Produkt der Firma SurfControl; www.cyberpatrol.com

Cycle
Siehe unter ▷Zyklus

D

D

Im Jahre 2007 freigegebene Programmiersprache; entwickelt von
Walter Bright; die 3-GL-Sprache (siehe unter ▷Programmiersprachen) ist voll objektorientiert, typisiert und syntaktisch sehr stark
an die Sprachen des ▷C-Stammes angelehnt; der Code kann u. a.
▷Assemblerroutinen direkt einbauen; vom Programmieransatz her
ist die Sprache nahe bei ▷Java und ▷C#, technisch ist sie zu C offener; Teile sind ▷quelloffen; D gilt als ernsthafte Alternative zu Java,
C++ und C#

D-Kanal

Steuerkanal in ▷ISDN mit in der Regel kleinerer ▷Bandbreite
(16 kbps) als der ▷B-Kanal; sind wenig Steuersignale zu übertragen, kann der D. u. U. softwaremässig dem Nutzkanal zugeordnet
werden

D-sub nn

▷Abgeschirmte Steckverbindung mit nn Stiften in zwei oder drei
Reihen, oft auch ▷DB nn genannt; Details siehe dort

DAC

1. ▷Digital to ▷Analog ▷Converter; 2. Discretionary Access Control; ▷Autorisierung und ▷Zugriffssteuerung auf der Basis der Zuordnung von Rechten an ▷Subjekte durch den ▷Eigentümer von
▷Objekten; siehe z. B. ▷GRANT; flexibel aber wenig sicher; Alternativen: ▷MAC und ▷RBAC

Daemon, Demon, Dämon
Disk And Execution Monitor; heute meist Demon; im ▷Hintergrund, also nicht mit einer ▷Sitzung verbunden laufender und/oder regelmässig erwachender ▷Prozess mit oft speziellen, systemnahen Aufgaben (▷Seitenumlagerung, Suche nach anliegenden Druckaufträgen, Annahme von Post, ▷Defragmentierung, ▷Garbage Collection usw.) oder mit zeitlich unbefristeter, dem Anwender nicht zwingend zugänglicher Laufzeit (Datenbank-Server); ▷Unix unterscheidet zwischen intervallgesteuerten und signalgesteuerten D.; gelungen ist die Anlehnung an die Wortbedeutung: Gottheit, Geist (griech.)

D

Daisy Chaining
Verkettung von Peripheriegeräten; Daisy ist das Gänseblümchen, mit welchem sich Kinder Kopfkränzchen binden

DAL
Data Access Language; ein Zusatz zu ▷SQL von ▷Apple, mit dem Anwender des ▷Macintosh auf Grossrechner-Daten zugreifen können, ohne auf die Vorteile des ▷Finders verzichten zu müssen

DAMP
Erklärt unter ▷LAMP

Dämpfung
Durch ▷physikalische Phänomene bewirkte Abschwächung der Leistung (P) oder Spannung (U) in einem Kommunikationskanal: $a = 10*LOG(Pi / Po) = 20*LOG(Ui / Uo)$; i für Input, o für Output; kleiner ist besser

dangle, dangling -
Schlenkern; schlenkernd; bei einer ▷Referenz z. B. auf ein ▷Objekt verweisend, das gar nicht (mehr) existiert; ▷Integritätsverletzung

dangling else
Bei ineinander geschachtelten ▷Selektionen fehlendes ELSE mit in
der Folge möglichem falschem oder doch unerwartetem Verhalten;
die Lösung besteht darin, jedem IF ein ELSE mitzugeben oder die
Teilselektionen sauber zu klammern; streng genommen ist kein
ELSE d., weil sein Verhalten sprachspezifisch exakt an ein IF gebunden wird; bei auftretendem Fehler war vielleicht eher die ▷Pro-
grammierung resp. die optische Codegestaltung etwas dangling

DAO
Data Access Objects; Daten-Zugriffsobjekte; ▷Objekte, welche die
▷Datenbasis ▷kapseln und deren ▷Methoden mit der ▷Daten-
bankmaschine kooperieren; Zweck: Darstellung und Manipulation
von Daten; auf diese Objekte kann dann (speziell in der Daten-
bank-Programmierung von Access bzw. ▷SQL-Server, z. B. mit
▷VB / ▷VBA) zugegriffen werden; die DAO präsentiert sich dem
Programmierer als hierarchische ▷Bibliothek mit allen Objekten
des Datenzugriffs; abgelöst durch ▷ADO, später ▷ADO.NET

DAP
Directory Access Protocol; Abfrage- und Zugriffs- ▷Protokoll für
auf ▷X.500 basierende ▷Verzeichnisdienste im ▷TCP-IP-Netz-
werk; siehe auch ▷LDAP

Dark Fibre
Durchverbundene, betriebsfertige aber (noch) ungenutzte Datenleitung, meist in Form von ▷Lichtwellenleitern: D.F. sind oft Teil
sicherheitsredundanter Installationen

DAS
Direct Attached ▷Storage; Speicher-Medium mit Direktanschluss;
gemeint ist die traditionelle Technologie, wie ▷Sekundärspeicher
an Rechner gekoppelt werden, nämlich durch einen ▷Controller
wie ▷IDE und ▷EIDE oder durch einen ▷Peripheriebus wie ▷SCSI,

▷Firewire oder ▷USB; das Akronym wurde erst aktuell, als alternative Konzepte ins Gespräch kamen wie ▷NAS und ▷SAN

DASD
1. Direct Access Storage Device; Direktzugriffs-Speicher, ▷Plattenspeicher; historisches Akronym aus der grossen Datentechnik; 2. in jüngerer Zeit synonym zu ▷DAS Device

Dashboard
Armaturenbrett, Übersichtsanzeige; in unserem Kontext vor allem gebraucht im Umfeld von ▷Business Intelligence: die entscheidungsrelevantesten Kennzahlen und Kennkurven visuell aufbereitet auf einem Übersichtsbildschirm

DAT
Digital Audio Tape; „Tonband" mit sehr dichter, digitaler Aufzeichnung; in der Informatik als eine der Bandtechnologien zur ▷Datensicherung im Gebrauch

Data Alignment, - Misalignment
Ausrichtung der Daten im Arbeitsspeicher; der durchmischte Gebrauch von ▷Bytes, ▷Worten und ▷Langworten macht diese Ausrichtung zum Problem; beim D.A. (z. B. ▷SPARC) müssen ▷Datenypen mit ▷Wortbreite d immer an einer ▷Adresse a ausgerichtet werden, für die gilt: a MOD (d/8) = 0 (siehe ▷MOD); beim D.M. (z. B. Intel) kann jeder Datentyp an jeder Adresse eingelagert werden; Vor- und Nachteile bezüglich Adressierungsaufwand und Speicherplatzverschwendung

Data Dictionary
1. oft synonym zum (System-) ▷Katalog; 2. ▷Metadatenbank über mehrere Anwendungssysteme, dann auch ▷Repository

Data Diddling
Ein aktives ▷Attackenmuster, siehe dort

Data Latches

Schnappschloss; eine Art zustandsgesteuerter ▷Pufferspeicher zwischen ▷RAM und ▷Prozessor; ist transparent oder sperrt; die D.L.s geben den Prozessor beim Laden oder Sichern von Daten für andere Arbeiten frei und vermeiden ▷Kollisionen auf dem ▷Bus

Data Mart

Themenspezifisches, kurzfristiges und deshalb eingegrenztes ▷Data Warehouse für einzelne Geschäftsbereiche; D.M. sind grobkörniger als Data Warehouses und ihre Datenmodelle ▷denormalisiert, die Datenbestände deshalb teilweise ▷redundant; D.M. werden mit ▷OLAP-Werkzeugen analysiert und sind zugriffsoptimiert

Data Mining

Gewinnung, Extraktion von neuem Wissen aus grossen Datenmengen, z. B. von Daten aus einem ▷Data Warehouse für Führungsentscheide; charakteristisch für das D.M. (im Gegensatz zu operativen Datenbanken und zum ▷OLTP) ist, dass die gewonnenen Daten so nie gespeichert wurden, sondern sich durch die Neukombination von bestehenden Daten ergeben; Beispiele: D.M. findet eine Gruppe potenzieller Kunden, die gerade deshalb gute Kreditrisiken darstellen, weil sie bei Kreditanträgen üblicherweise zurückgewiesen werden; Untersuchungen von Kreditkartendaten durch das FBI nach 9/11 mit D.M. förderte interessante Muster für die Fahndung zutage; ein ▷Telco beschenkte seine Mobilkunden mit einem Akku, um die Gesprächsdauer zu verlängern statt neue Kundinnen zu akquirieren: D.M. hatte herausgefunden, welches Segment gerne lang telefoniert; der Terminus D.M. ist missverständlich: es wird nicht nach Daten „gebuddelt", sondern nach neuem Wissen in Daten

Data Set

Menge von ▷Datensätzen, ▷Tupeln, wie ihn eine ▷Abfrage ausgibt; treffender: ▷Record Set

Data Warehouse

Datenwarenhaus; oft modische und deshalb nicht klar umrissene
Bezeichnung für sehr grosse analytische ▷Datenbanken mit aus
unterschiedlichen Quellen zusammengezogenen Geschäftsdaten;
diese Datenbestände sind statisch und von hohem Langzeitwert, sie
dienen nicht der Abwicklung von Geschäftsfällen, sondern der
Auswertung mittels spezieller Analysewerkzeuge (▷OLAP), sie
werden deshalb nur periodisch nachgeführt; D.W. zwingen die in
einem Betrieb verteilten, führungsrelevanten Daten in ein Meta-
modell und homogenisieren sie zum Zweck der Sichtung, Bearbeitung und Entscheidungsfindung; ihre Datenmodelle sind weitgehend ▷normalisiert; D.W. sind Grundlage und Umschlagplatz für
▷Data Marts und ▷MIS

Date

Siehe unter Kalender- ▷Datum

Datei

▷Abstraktion für ein in sich geschlossenes, mit einem Namen als
Identifikation versehenes und in eine Ablagestruktur eingelegtes
Datenpaket auf einem ▷Datenträger: ein Programm, ein Text, eine
Bildschirm-Grafik, eine Datenbank und vieles andere mehr; ver-
waltet werden D. durch das ▷D.-System

Datei, Spezial-

Gerät, wie Drucker, Terminal oder Platte, welches dem System unter einem gewöhnlichen Dateinamen angemeldet und von ihm
auch wie eine Datei verwaltet wird; blockorientierte S.-D. transferieren oder erhalten geschlossene Daten- ▷Blöcke, zeichenorientierte hingegen Daten- ▷Ströme

Dateinamen, lange -, absolute -, relative -

Vom Anwender vergebene und durch das ▷Dateisystem verwaltete
Benennung der Dateien auf einem Datenträger; zu einem D. gehört
streng genommen auch die ganze ▷Pfadangabe (dann: absolut); ist

nur ein Teil des Pfads angegeben, nennen wir den D. relativ; unter ▷MS-DOS galt das so genannte 8.3-Schema: 8 Zeichen für den Namen, 3 Zeichen für die ▷Erweiterung; ein langer D. bedeutet die Möglichkeit zur einfachen memorierbaren Benennung der Dateien unter Verwendung von 32 (▷Mac OS) bis 256 Zeichen; diese Möglichkeit bieten neben allen ▷Unix-Dateisystemen das neue Mac OS, ▷HPFS, ▷NTFS und die durch ▷Windows 95/98 erweiterte ▷FAT, das IFS; siehe auch unter ▷Erweiterung

Dateiserver
Nicht synonym zu, aber erklärt bei: ▷Server

Dateisystem
File System; in einem Betriebssystems zur Anwendung kommendes Modell zur Verwaltung und Ablage von ▷Dateien auf dem ▷Sekundärspeicher sowie entsprechende systemnahe Prozesse: innere ▷Strukturierung der Dateien, äussere Ablagestruktur (meist ▷hierarchisch), Zugriffssteuerung (meist ▷DAC), Benennung, ▷Metadaten, Koppelung mit ▷Applikationen, Mehrbenutzerverhalten; das D. ist demnach Mittler zwischen der Speicherungs-Hardware (▷Zylinder, ▷Sektoren, ▷Cluster) und dem Betriebssystem; siehe ▷ReiserFS, ▷NTFS, ▷FATnn, ▷HPFS, ▷EXT3, ▷EXT2

Dateisystem: Journaling -
Dateisystem, das über jede Mutation in den Dateibeständen Buch führt und so den Wiederanlauf (mindestens im Sinne eines ▷undo) nach einem Absturz veranlassen könnte

Daten
Deutscher Plural von ▷Datum; alles, was sich in einer für die Datenverarbeitungsanlage, den Computer, erkennbaren Weise ▷codieren, ▷speichern, verarbeiten und transportieren lässt, also ▷abstrahierte und „computergerecht" aufbereitete ▷Informationen; siehe auch dort

D

Daten, personenbeziehbare -
Daten, die durch die kombinatorischen Fähigkeiten und Geschwindigkeit der Datentechnik mit Personen oder Personengruppen in Bezug gebracht werden können und damit eine rechtliche Dimension erhalten: ▷Datenschutz, Privatsphäre

Daten, personenbezogene -
Gesamtheit der über natürliche Personen gespeicherten Daten; man unterscheidet im Hinblick auf den ▷Datenschutz mit vielen Abstufungen zwischen mehr und weniger schützenswerten Daten

D

Datenbank
(Thematisch) geschlossene, auf Dauer und für Mehrbenutzer-▷Zugriff angelegte ▷Datenorganisation; eine D. besteht aus den a) ▷Metadaten, das ist die gespeicherte D.-Definition, also ihre Organisations- und Zugriffsstruktur, und b) der ▷Datenbasis, dem eigentlichen ▷Nutzdaten-Bestand; die Aufgaben der direkten Datenverwaltung, der ▷Integritäts- und ▷Konsistenzwahrung, übernimmt die ▷Datenbankmaschine und die der Benutzerverwaltung, der Befehlsinterpretation sowie allenfalls der Datenbereitstellung das ▷DBMS

Datenbank, analytische -
Datenbank mit nur periodisch erneuerten, also statischen und selten modifizierten Datenbeständen, welche gezielt, punktuell und der analytischen Auswertung dienend Einblick in ein System ermöglichen; ihre Bearbeitung wird als ▷OLAP bezeichnet; Beispiel: die geologische D. eines petrochemischen Unternehmens

Datenbank, hierarchische -
Datenbankmodell, in welchem der Zugriff zu einem bestimmten ▷Datensatz entlang hierarchisch gegliederter Knoten von „oben nach unten" erfolgt, ältestes Datenbankmodell mit viel ▷Redundanz

Datenbank, Multilevel -
Datenbank mit aus Sicherheitsgründen poly- ▷instanzierten
▷Tupeln; damit wird z. B. verhindert, dass ein Anwender ohne
▷Zugriffsrecht zu streng geheimen Dokumenten überhaupt von
der Existenz eines solchen Dokuments erfährt, indem er einfach
mit dessen bestehender ▷ID ein neues Dokument einzufügen versucht; siehe dazu ▷Covert Channel

Datenbank, Netzwerk-
Datenbankmodell, in dem die Daten m:m-verknüpft sein können
und der Zugriff zu einem ▷Datensatz nur dann direkt erfolgt, wenn
der ▷Pfad bekannt ist; zweitälteste Generation von Datenbankmo-
dellen; wenig oder keine ▷Redundanz und in grossen Datenbank-
umgebungen noch in Anwendung; Hang zur Unübersichtlichkeit
und schlechten Verwaltbarkeit

D

Datenbank, objektorientierte -
Datenbankmodell, in dem die ▷Datensätze als ▷gekapselte und
medienunabhängig zu speichernde ▷Objekte mit einer Struktur und
einem Verhalten modelliert und implementiert werden; dieses
Modell eignet sich vor allem für umfangreiche Datenbanken in
▷Client/Server-Umgebungen, es setzt sich aber nur zäh durch

Datenbank, objektrelationale -
Datenbankmodell, welches das ▷relationale Modell evolutionär um
▷objektorientierte Techniken erweitert: Aufgabe der flachen ▷Tu-
pel zugunsten von ▷Objekten, mehr ▷Datentypen, ▷Referenzen
zwischen Objekten, ▷Vererbung und ▷Methoden; ▷SQL, das solche Konstrukte unterstützt, heisst ▷OQL, siehe dort; vergleiche
▷ODL, ▷OML

Datenbank, operationale -, operative -
Datenbank mit sehr ▷dynamischen Datenbeständen, welche als
Zeitfunktion den Zustand der Organisation oder Unternehmung

widerspiegeln; ihre Bearbeitung wird als ▷OLTP bezeichnet; Beispiel: die dispositive D. eines Logistik-Unternehmens

Datenbank, postrelationale -
Sehr pauschale – aber ordentlich gebildet sich anhörende – Bezeichnung für alle Weiterentwicklungen des ▷relationalen Daten-
bankkonzepts bzw. aller nach-relationalen Konzepte: ▷objektrela-
tionale, ▷objektorientierte, deduktive, wissensbasierte Systeme usw.

Datenbank, relationale -
Modell einer Datenbank, in welcher die Daten als ▷Datensätze
(▷Tupel) in zweidimensionalen ▷Tabellen organisiert und durch
so genannte Primär- ▷Schlüssel identifiziert sind; die Zugriffe
erfolgen durch das Formulieren relationaler, die ▷Beziehung
zwischen mehreren Tabellen und ihren Attributen herstellenden
Operatoren und liefern immer Tupelmengen; real mehrfach vorkommende Informationen werden als Einträge nur einmal vorgenommen: ▷Redundanzfreiheit durch ▷Normalisierung, die D. wird
dadurch weniger umfangreich und konsistenter

Datenbank, SQL-
Materialisierung der Theorie der relationalen Datenbanken in analytische oder operative Datenbanken, welche mittels ▷SQL definiert, manipuliert und abgefragt werden können; es gibt keine
zwingende Koppelung von relationalen Datenbanken und SQL;
SQL-D. weichen in einigen Punkten von der Theorie ab, so ist es
z. B. in einer SQL-D. nicht zwingend, dass eine ▷Tabelle (auch:
▷Relation) einen ▷Schlüsselkandidaten oder gar Primär- ▷Schlüs-
sel haben muss

Datenbank, verteilte -
Datenbank mit physikalisch verteilten und durch ein Kommunikationsnetz verbundenen Datenressourcen (▷Fragmente), welche
gemäss einem zentralen, logischen Modell entworfen sind und

oft – aber nicht zwingend – auch durch ein zentrales ▷DBMS bearbeitet werden

Datenbank, XML -
Nicht trennscharfer Begriff für zwei D.-Modelle: ▷DBMS, das 1. ▷XML-Datenströme interpretieren und in eine ▷relationale Struktur ablegen kann (genannt datenorientiert; das Zerlegen heisst „Shredding") oder 2. die Daten generisch in XML ablegt und verwaltet (dokumentenorientiert)

Datenbanksystem, Datenbankverwaltungssystem
Programmsystem (auch: ▷DBMS) zur Verwaltung einer ▷Datenbank (auch: DB); in einem Vier-Schichten-Modell „Anwendung – DBMS – Datenbankmaschine – Metadaten und Datenbasis" (Querverweise weggelassen) ist das DBMS verantwortlich für die Verwaltung der zugreifenden ▷Subjekte, für deren ▷Zugriffsrechte, für die Interpretation von deren Anweisungen und die Bereitstellung der Daten; die Ablage der Datenbankdefinition als ▷Metadaten, die Wahrung der ▷Integrität und ▷Konsistenz der DB sowie die Abwicklung von ▷Transaktionen besorgt die Datenbankmaschine, die der Kernteil des DBMS ist

Datenbasis
Substanz einer ▷Datenbank, die Nutzdaten-Bestände, auf welche Prozesse und Menschen operativ einwirken: erfassen, ändern, löschen, abfragen

Datenbus
Leitungsbündel, ▷Bus, auf dem die Daten von einer Einheit zur anderen „fliessen"; die ▷Wortbreite des D. wird in ▷Bits gemessen und gibt darüber Auskunft, wie viele Bits oder ▷Bytes in einem Transport- ▷Zyklus zwischen zwei Einheiten fliessen können

Datenbus, externer - und interner -

Differenzierung der ▷Datenbusbreite bei ▷Mikroprozessoren, welche im Innern des Bausteins (i.) mit einem anderen, meist breiteren D. arbeiten als Datenleitungen in der Aussenwelt des Mikroprozessors (e.) bestehen; solche Bausteine wurden aus ökonomischen Gründen gebaut: es wird damit möglich, auf Tempo optimierte Mikroprozessoren zu bauen und gleichzeitig mit einer herkömmlichen, „schmaleren" ▷Architektur im Rechner zu arbeiten

Datendurchsatz

D Mass für den quantitativ ermittelten Datentransfer auf ▷Bussen, in ▷Kanälen oder in der ▷Dfü, meist in ▷Bits/s (bps) bzw. Zehnerpotenzen (als physikalische Grösse) davon; vergleiche ▷bps, ▷Baud

Datenfeld

Einzelne Eintragung im ▷Datensatz einer ▷Datenbank, z. B. Name oder Zivilstand; alle D. zusammen bilden den Datensatz, das ▷Tupel, alle Sätze zusammen die ▷Tabelle, die ▷Relation, alle Tabellen die Datenbank, alle weiteren der Bewirtschaftung dienenden ▷Objekte das ▷Schema

Datenfernübertragung, Dfü

Weiterleitung von Daten via Telefon- oder andere Datenleitungen über die Grundstücksgrenzen hinaus; den die Grundstücksgrenzen verlassenden Transport der Daten übernahm oder lizenzierte vor der Deregulierungswelle in den späten 1990er Jahren des letzten Jahrhunderts ein staatlicher PTT-Monopolbetrieb

Datenflussanalyse

Fähigkeit hoch entwickelter ▷Compiler, die ▷Dynamik des Inhalts von ▷Variablen zu verfolgen und Kardinalfehler in Codestellen zu finden, die weit abseits der zentralen Aufgabe (und somit abseits der Aufmerksamkeit des Programmierers) liegen; siehe auch ▷Profiler; so verfolgt die D. von ▷Java z. B. das Leben einer jeden Variablen entlang aller Verzweigungen, um zu untersuchen, ob sie jemals ohne vorherige ▷Initialisierung verwendet wird; dieses wird vom Compiler nicht akzeptiert

Datenflusskontrolle
Siehe unter ▷Flusskontrolle

Datenflussplan
Partner des ▷Ablaufplans in komplexen Programmen, gibt Auskunft über den qualitativen, nicht den quantitativen Fluss der Daten; ▷DIN 66001; die Prozess- und Ablauf-Logik kommt nicht oder nur ansatzweise zum Ausdruck

D

Datengramm, Datagram
1. oft synonym für Datenpaket; 2. in einem nicht bestätigten, ▷verbindungslosen ▷Dienst der Datenübertragung, z. B. ▷UDP, transportiertes „Paket", Daten-Telegramm; 3. korrekte Bezeichnung für das ▷IP-Paket auf der Netzwerkschicht

Datenmodell, Typen von -
Abbildung der ▷Informationen eines Systems in eine Struktur von Daten und Beziehungen zwischen diesen; ein konzeptionelles oder konzeptuales D. widerspiegelt die Sicht der Benutzenden auf das (ganze) System, ohne Details (wie z. B. ▷Attribute) vorzugeben; ein logisches D. ist detaillierter, aber noch lösungsneutral (präziser: ▷implementationsneutral); das physische D. spiegelt bereits die Umformung für eine spezifische (▷Datenbank-)Plattform wider, benennt also z. B. Attribute und ihre ▷Datentypen; die Trennung zwischen dem konzeptionellen und logischen wird unterschiedlich gehandhabt

Datensatz
In sich geschlossene Informationseinheit zu einem realen Objekt in einer ▷Datenbank; Beispiel: alle gespeicherten Details (▷Attribute) zu einem bestimmten Konsumartikel bilden einen D., die Daten des nächsten Artikels den folgenden D. usw.

Datenschutz

Mittlerweile emotional beladener Begriff, der eigentlich den Schutz
der natürlichen oder juristischen Person vor missbräuchlicher
Verwendung ihrer personengebundenen Daten (▷Privacy) bedeutet und alle Massnahmen einschliesst, die solches verhindern sollen; die Ebenen sind: legislative, dann organisatorische Massnahmen, ▷Autorisierung und ▷Authentisierung, ▷Zugriffskontrolle,
▷Kryptografie, ▷Kapselung der ▷Datenbasis; öffentlich-rechtliche
und privatrechtliche Organisationen haben heute fast durchweg
Gesetze, Verordnungen und dergleichen zum D. erlassen; siehe
auch ▷Compliance

Datensicherheit, Datensicherung

Gesamtheit der organisatorischen, baulichen und/oder technischen
Massnahmen zum Schutz gespeicherter oder übermittelter ▷Daten
vor unerwünschten menschlichen, natürlichen oder technischen
Einwirkungen sowie für deren ▷Verfügbarkeit; oft wird einer der
beiden Begriffe als Oberbegriff verwendet, der Unterbegriff hat
dann als Partner noch die Daten- ▷Integrität; der Begriff wird zusehends abgelöst durch ▷Informationssicherheit, was ihn mehr auf
die Anwendungsebene verlegt

Datenstruktur

1. und allgemein: in sich stimmiges Gefüge von Daten mit einem
oder mehreren der folgenden Zwecke: schneller ▷Zugriff, optimale
Verarbeitung durch das ▷Programm, Domänenbeschränkung, Widerspruchsfreiheit, Eindeutigkeit, ▷Redundanzfreiheit, transparente (Selbst-)Dokumentierung usw.; 2. in der Programmierung: ▷Da-
tentyp mit der Gesamtheit der auf ihn anwendbaren ▷Operationen

Datenstruktur, abstrakte -

▷Objekt, welches aus mehreren elementaren oder komplexen
▷Datentypen mit ihren ▷Operationen besteht und an welchem die
Funktionalität, nicht aber der innere Aufbau interessiert; Beispiele:
ein ▷Stack stellt die Funktionalitäten ▷POP() und ▷PUSH() zur

Verfügung, eine ▷Warteschlange liefert die Funktionalitäten Anfügen() und Entfernen(); weitere Beispiele sind: ▷Baum, ▷Keller, ▷Liste, ▷Monitor, ▷Semaphor und viele andere

Datenstruktur, dynamische - und statische -
Datenstruktur, deren Komponenten in Anzahl und Referenzierung schon zur Ladezeit bekannt sind (statisch wie z. B. ein ▷Stack) bzw. erst zur Laufzeit entstehen (dynamisch wie z. B. ein ▷Baum)

Datenträger
Gesamtheit aller nicht ▷flüchtigen, ▷physikalischen Medien zur dauerhaften und nicht auf ständige Energiezufuhr angewiesenen ▷Speicherung von Daten

D

Datenträger, Haltbarkeit bei -
Hierzu gibt es von der Industrie nur vage Angaben; Zeitungspapier: 20 Jahre, säurefreies Papier: bis 500 Jahre, magnetische Medien: 20 bis 30 Jahre, optische Medien: bis 200 Jahre (Angabe von Kodak); Mikrofilm: 500 bis 5000 Jahre (Diskussionspunkte sind hier der natürliche Zerfall des Polyesters sowie die Behandlung der Filme); hierbei ist der Generationenwechsel der Schreib-/Lese-Geräte nie berücksichtigt

Datentyp
Eine Vorlage, nach der ▷Variabeln und allgemein ▷Objekte erstellt werden; der D. legt u. a. fest, welche Werte für die ▷Objekte zulässig oder möglich sind, er definiert also den ▷Wertebereich oder die ▷Domäne; D. werden unterschieden a) nach systeminterner Abbildung, z. B. dass ▷Long 8 Bytes benötigt, ▷Integer aber nur 4, und b) nach Abstraktionsgrad resp. nach der Art, wie die Domäne syntaktisch eingeschränkt ist; logisch will ein D. oft unendlich viele Werte abbilden, real ist er immer endlich; Beispiele: Integer (▷Ganzzahl, logisch: endlich, real: endlich), ▷Float oder ▷Real (▷Fliesskommazahl, logisch: unendlich, real: endlich); zur weiteren Unterscheidung siehe die nachfolgenden Definitionen

Datentyp, abstrakter -
Datentyp mit einer komplexen (programmier-)logischen und/oder
(prozessor-)physischen Struktur; abstrakt macht ihn die Tatsache,
dass seine reine Funktionalität interessiert und die innere Organisation unerheblich ist bzw. maskiert wird; der Übergang zu
▷Datenstrukturen ist hier fliessend

Datentyp, Aufzählungs-
Eine ▷Domäne mit einer meist kleinen und explizit beschriebenen
Wertemenge; Beispiel in ▷Pascal: TYPE Ampelfarben = (rot, gelb,
gruen);; Beispiel in ▷C: enum Ampelfarben {rot=1, gelb, gruen};;
hinter rot, gelb und gruen sind in jedem Fall ▷Ganzzahlen hinter-
legt; A.D. tragen sehr zur Lesbarkeit von Programmen bei

Datentyp, einfacher -, primitiver -
Grundlegender Datentyp einer Programmier- oder Datenbanksprache, welcher nicht weiter zerlegbar ist, auf dem alle ▷komp-
lexen Datentypen aufbauen und auf den letztlich alle ▷Operationen
zurückgeführt werden; p.D. haben oft einen direkten Zusammenhang mit dem realen oder virtuellen ▷Prozessor; Beispiele sind:
▷Integers (Ganzzahlen), ▷Booleans (Wahrheitswerte) usw.

Datentyp, komplexer -, strukturierter -
Datentyp, der sich nach Gesetzmässigkeiten der entsprechenden
Programmier- oder Datenbanksprache aus ▷primitiven Datentypen zusammensetzt und ▷syntaktisch oft wie ein solcher verwendbar ist; Beispiele sind: ▷Records (Datensätze), ▷Arrays (Felder)
usw.; mitunter bietet eine Programmiersprache für k.D. vorbereitete ▷Operatoren; Komfort im Umgang mit k.D. bringt oft Zeitgewinn und ist einer von vielen Faktoren für die Wahl einer Programmiersprache

Datentyp, Referenz-
Datentyp, der immer über seine ▷Adresse bearbeitet wird, in ▷Java
z. B. ▷Objekte, ▷Strings und ▷Arrays; ▷Zuweisungen resultieren

also in einem Verweis auf das gleiche Objekt, Vergleiche prüfen auf Gleichheit/Ungleichheit der Adresse, Gegenteil: Wert-Datentyp; siehe ferner ▷Referenz

Datentyp, Wert-
Datentyp, der bei einer ▷Zuweisung die Kopie seines Inhaltes übergibt; Vergleiche prüfen auf Gleichheit/Ungleichheit von Werten, Gegenteil: Referenz-Datentyp

Datenverarbeitung
1. Meist im kaufmännischen Bereich oder im betrieblichen Umfeld verwendeter Sammelbegriff für alle Vorgänge, Abläufe und Maschinen der ▷Informatik; 2. allgemein: Bearbeitung von Daten durch Maschinen

Datenverarbeitung, grafische -
Form der – vor allem auf der Ausgabeseite – visuell wirksamen Verarbeitung von Daten; Anwendungsgebiete: Interaktion auf ▷Benutzungsoberflächen, visuell überwachtes ▷Monitoring, ferner ▷Animation und/oder ▷Simulation der realen, dreidimensionalen Welt

Datex
Data Exchange, Datenaustausch; in Deutschland verwendete Bezeichnung für diverse Leitungs- und elektronische ▷Dienste in der ▷Dfü; der Betrieb ist noch gewährleistet, die diversen Produkte werden jedoch nicht weiter entwickelt

Datum, Data
1. lateinischer Singular für „etwas (in unserem Zusammenhang als ▷digitalisierte ▷Information) Gegebenes", also für die ▷„Daten", vergleiche dort; kleinstes und unteilbares Element eines Wertebereichs; Plural: data oder deutsch: Daten; 2. Kalenderangabe, wie Freitag, der 13., und zugehöriger elementarer ▷Datentyp in ▷Datenbanksystemen; die Singular- und Pluralformen verwirren oft

DAU

Dümmster anzunehmender ▷User: gängige Attribuierung von Anwendenden durch ▷Supporter, der Supporter-GAU; die Ursache des verzweifelten Ausrufs liegt erfahrungsgemäss jedoch nicht immer auf der Seite des Anwenders, sondern auch in mangelhaften Produkten, Beschreibungen und Hilfestellungen

Daylight Saving

Sommerzeit; automatische Umschaltung auf Sommerzeit in ▷Betriebssystemen nach in der Regel amerikanischem Kalender und in diesem Fall für die europäische Anwendung u. U. fehlerhaft

D

dB

Dezibel; logarithmisch ausgedrücktes Verhältnis zweier Grössen, dient als Masszahl für diverse technische Messgrössen mit potenziellem oder exponentiellem Verlauf

DB

▷Datenbank, Data Base; oft, aber weniger geeignet für: ▷Datenbasis

DB nn

▷Abgeschirmte Steckverbindung mit nn Stiften in m Reihen (Angabe im Folgenden: nn/m), oft auch D-Sub nn oder Sub-D nn genannt; DB 9: 9/2 für ▷serielle Anschlüsse und Bildschirme bis EGA-Norm (veraltet); DB 15HD: 15/3 für ▷VGA-Bildschirme; DB 15: 15/2 für Spiele und ▷MIDI; DB 25: 25/2 für serielle und ▷parallele Standard-Anschlüsse; DB 68: 68/2 für ▷SCSI

dB(A)

Logarithmisches Mass zur Angabe des Geräuschpegels; in der Informatik verwendet zur Angabe von Betriebsgeräuschen bei Computern, Servern, Druckern usw.

DB/DC
Data Base/Data Communication; in der Gross- ▷IT gebräuchliche
Bezeichnung für den ▷Mehrplatz-Zugriff auf ▷Datenbanken

DBA
Datenbank-Administrator; ▷Rolle mit den höchsten Privilegien auf
bzw. Verantwortlichkeiten für eine ▷Datenbank: Verwaltung, Optimierung, ▷Reorganisationen, ▷Zugriffswesen usw.; in einer (auch
schon aus sicherheitstechnischen Gründen) arbeitsteiligen Welt ist
der DBA nicht identisch mit dem (Betriebs-)System-Administrator

D

dBASE
Das in den späten 1980er Jahren von Ashton-Tate entwickelte quasi-
standardisierte ▷Datenbanksystem unter ▷MS-DOS, welches von
der neuen Besitzerin Borland weiterentwickelt und (nach mehrmaligen Verzögerungen) auch für die ▷Windows-Plattform umgear-
beitet wurde; in den späten 1990er Jahren durch Access für Windows
von ▷Microsoft verdrängt und in der Folge dann aufgegeben

DBCS
Double Byte Character Set; 16-Bit-Zeichensatz von ▷Microsoft für
den asiatischen Raum und nicht identisch mit ▷Unicode

DBF
Dateiformat für ▷xBASE-kompatible Datenbank-Dateien

DBMS
Data Base Management System; siehe unter ▷Datenbanksystem

DBO
Database Owner; ▷Eigentümer einer ▷Datenbank; in diese ▷Rolle
gelangt man, indem man die betreffende Datenbank erzeugte oder
die Eigentumsrechte erhielt; sie gibt unbeschränkte ▷Zugriffsrech-
te; eine DBO ist implizit auch ▷DBA oder sie kann weitere Personen zu DBA „befördern"

DBP
Datenbus-Puffer; ▷Puffer zwischen dem ▷Datenbus und dem ▷Arbeitsspeicher

DBPSK
Differential Binary Phase Shift Keying; ▷IEEE 802.11 konformes ▷Modulationsverfahren für Datenraten bis 1 Mbps

DC
1. Direct Current; Gleichspannung und -strom; 2. Data Cartridge; magnetisches Datenband, ▷Streamer Band

DC1 bis DC4
▷ASCII-Zeichen 11(H) bis 14(H) (17 bis 20): Device Control; gerätespezifische Steuerzeichen, z. B. ▷DC1 für ▷XON und DC3 für XOFF in der ▷seriellen, ▷asynchronen Datenübertragung mit ▷RS-232C/D

DCB
Device Control Block; ▷Gerätekontrollblock

DCD
Data Carrier Detected; Signalleitung in der ▷seriellen Schnittstelle, mit welcher der ▷Modem der ▷DTE (z. B. PC) meldet, dass er ein ▷Trägersignal entdeckt, also Verbindung mit einem anderen Modem aufgenommen hat

DCE
1. Data Communication Equipment, Datenübertragungseinrichtung (deshalb auch: DÜE); in der Datenübermittlung als Signalvermittler wirkende Geräteeinheit (z. B. ▷Modem, ▷Telefonapparat); 2. Distributed Computing Environment; durch die ▷Open Software Foundation erlassene ▷Middleware Spezifikation mit Sicherheitsdiensten, ▷Verzeichnisdiensten usw. für verteilte Anwendungen; entspricht dem proprietären ▷DCOM

DCI
1. Display Control Interface; Spezifikation von ▷Microsoft und ▷Intel für einen schnellen Zugriff von Anwendungen bzw. Treibern auf den Speicher von ▷Grafikkarten; 2. siehe unter ▷Dublin Core Metadata Initiative

DCL
Data Control Language; Sprache mit ▷syntaktischen Regeln zur Steuerung der Berechtigungen für Datenbankobjekte; in ▷SQL sind dies im Wesentlichen: ▷GRANT, ▷REVOKE, ▷LOCK usw.; siehe auch ▷DDL, ▷DML, ▷DQL und ▷DSDL

D

DCOM
Distributed Component Object Model; Spezifikation, zugehörige ▷Klassensammlung und ▷Dienste – also ▷Middleware – von ▷Microsoft zum Zusammenfügen von im Netzwerk verteilten Programm- ▷Komponenten, ▷Modulen; Weiterentwicklung von ▷COM und mittlerweile abgelöst durch ▷.NET ▷Webdienste

DDBMS
Distributed ▷DBMS; verteiltes ▷Datenbanksystem; Programmsystem rund um die Verwaltung einer verteilten ▷Datenbank

DDE
Dynamic Data Exchange; dynamischer Datenaustausch zwischen verschiedenen Standard- ▷Applikationen; dynamisch bedeutet hier, dass Änderungen von Daten in der Sender-Applikation (in ▷Windows ▷Server genannt) automatisch an die Empfänger-Applikation (▷Client) weitergereicht und von letzterer eingebettet werden

DDL
1. Data Definition Language: Sammelbegriff für Sprachen zur Definition der Struktur einer ▷Datenbank; die Quasi-Standard-D. für die Erstellung von relationalen Datenbanken ist ▷SQL; siehe auch

▷DCL, ▷DML, ▷DQL und ▷DSDL; klassische D.-Anweisungen sind CREATE, DELETE, MODIFY, DROP; 2. Document Definition Language: Sammelbegriff für Sprachen zur Definition der Struktur eines ▷Dokuments, meist für den Dokumentenaustausch

DDoS
Distributed ▷Denial of Service; ▷dienstbeeinträchtigende Attacke a) von vielen, dezentralen, als ▷Zombies missbrauchten Rechnern auf ein Opfersystem oder b) zentral auf mehrere bis Tausende von Opfern

D

DDP
Distributed Data Processing; Konzept einer dezentralen Datenverarbeitung, der verteilten Intelligenz; DDP dient der Datensicherheit, der Leistungsfähigkeit und der ▷Verfügbarkeit in der Informatik

DDR
Double Data Rate; bei der aufsteigenden und absteigenden ▷Flanke eines Taktes einen Schaltvorgang auslösend und deshalb doppelt so schnell wie herkömmliche ▷digitale Bausteine; siehe DDR- ▷RAM

DDS
1. asymmetrisches ▷Kryptografie-Verfahren; 2. Digital Data Storage; Standard von ▷Hewlett-Packard und Sony für die ▷Datensicherung auf ▷DAT Bänder; Kapazität ursprünglich 1.3 GBytes, später 40 GBytes ▷komprimiert

Dead Line
Endgültige Frist, (hier) bis zu welcher eine ▷Echtzeit-Aktivität abgeschlossen sein muss oder mit der Buchautoren gepeinigt werden ...

Deadlock, Dead Lock
Siehe unter ▷Lock

Debugger

Werkzeug zum schrittweisen Ausführen und Beobachten eines Programms und dessen Daten im ▷Quellcode; der kleinste untersuchbare Schritt ist eine ▷Anweisung (typischerweise eine Zeile) oder ein ▷Schlüsselwort; mehrere D.-Schritte pro Zeile sind durchaus möglich; nebst ▷Kontrollfluss können ▷Variabeln, ▷Objekte usw. beobachtet und Haltepunkte gesetzt werden; D. sind meist Bestandteil der ▷IDE; technisch ist der D. das Hauptprogramm und das zu debuggende Programm eine ▷Interrupt-Routine, Haltepunkte sind daher „return from Interrupt"-Befehle; der ▷Compiler muss für den D. eine extra Symboltabelle generieren; debuggen ist nicht immer möglich (▷Echtzeitsysteme, ▷parallele Prozesse), es ist oft sogar effizienter, statt dessen den Programmfluss zu ▷loggen (hier „tracen" genannt) und nachträglich zu analysieren

D

Debugger, grafischer -

Debugger mit einer grafischen ▷Benutzungsoberfläche, meist Bestandteil einer ▷IDE; in dieser lässt sich der Programmverlauf im ▷Quellcode beobachten und beeinflussen (farbiger Balken über den Zeilen, Haltepunkte, Lesezeichen usw.); weitere Fenster zeigen ▷Variablen sowie ▷Prozessor- und ▷Betriebssystemzustände usw.

Debugger, Zeilenkommando-

Debugger ohne grafische ▷Benutzungsoberfläche; ist wie eine ▷Shell per ▷Prompt, ▷Befehlseingabe und ▷Echo zu bedienen

Debugging

Entwanzung; Suche und Beseitigung von ▷Fehlern in Programmen oder in der Hardware; mehr Details zum Programm-D. unter ▷Debugger, mehr zur Geschichte unter ▷Bug

DEC

Digital Equipment Corporation; 1957 von Kenneth (Ken) H. ▷Olsen gegründet; als erste Produktionsstätte diente eine umgebaute Wollspinnerei in Maynard (Massachusetts); schon 1960 kam mit ▷PDP-1 das Pioniersystem einer äusserst erfolgreichen Computerserie auf den Markt; der PDP-Familie folgte 1977 die VAX-Serie, welche DEC zum weltgrössten Hersteller von ▷Minicomputern werden liess; mit der Entwicklung und Fertigung von Hardware-Komponenten (Mikroprozessoren, Terminals) sowie von Software (Betriebssysteme und Anwendungen) wurde DEC zum Anbieter von Gesamtlösungen; in den frühen 1990er Jahren in Digital umbenannt, Verlagerung des Schwerpunkts auf PCs und Server; 1998 für 8.6 Milliarden US-Dollar von ▷Compaq übernommen und damit seit 2001 ▷HP zugehörig; www.digital.com (es erscheint eine Seite von HP)

D

decimal(p[,s])
Exakter ▷numerischer (siehe dort) ▷Datentyp für ▷Fliesskommazahlen nach ▷ANSI; p(recision): gesamte Stellengenauigkeit inklusive Vorzeichen; s(cale): Anzahl Kommastellen; der Speicherkonsum richtet sich nach der Grösse von p und s; auch: numeric(p[,s])

Decoder, decodieren
1. und allgemein: Entschlüssler, auf ▷Sprachregeln basierend entschlüsseln; 2. in einem bestimmten Format vorliegende Audio- oder Videodaten umwandeln, so dass sie durch Geräte wiedergegeben werden können

Decrement, Post- und Pre-
▷Dekrementierung eines ▷ordinalen ▷Datentyps nach/vor Erledigung seiner funktionalen Aufgabe; Beispiel: die Anweisung PRINT(k--) ist ein Post-D., es druckt die Variable k und dekrementiert sie erst anschliessend; PRINT(--k) dekrementiert zuerst und druckt dann, ist also ein Pre-D.; siehe auch ▷Increment und ▷Seiteneffekt

DeCSS
De- ▷CSS; De-Contents Scrambling System; Programm zum Knacken des Kopierschutzes bei ▷DVDs; im Herbst 2001 wurde die Publikation des entsprechenden Codes durch ein kalifornisches

Gericht als „freie Meinungsäusserung" frei gegeben; damit ist das
Kopieren selbst indessen noch nicht gestattet …

DECT
Digital Enhanced Cordless Technology; ursprünglich europäische
Norm für drahtlose Festnetz-Telefonie im Bereich eines Privat-
haushalts oder einer Firmen- bzw. Ortszentrale; die Kommunikation zwischen der Basistation und den Handapparaten ist ▷digital;
die Technologie ist sehr verbreitet und ebenso stark im Gespräch
wegen ihrer intensiven, elektromagnetischen Felder

D

dediziert
Gewidmet (lat.); 1. eine feste Aufgabe wahrnehmend und keine
andere wahrnehmen könnend; 2. bei Servern: in Netzwerken ist
z. B. ein Dateiserver dann d., wenn er nicht gleichzeitig auch als Arbeitsstation nutzbar ist, weil er ausschliesslich Netzwerk- ▷Dienste
bereitstellt

Deduktionssystem
Ableitung (lat.); eine Leistung ▷künstlicher Intelligenz; System zur
Beweisführung in der Wissenschaft

DEE
Data End Equipment oder Datenendeinrichtung; unübliche Bezeichnung für ▷DTE

Default Gateway, Standard Gateway
Ein ▷Router, der vorgabemässig dann angesprochen wird, wenn
ein Paket nicht direkt im (Sub-)Netz abgeliefert werden kann; jeder
sendende Teilnehmer muss also eine D.G.-Adresse kennen

Default, default
1. und allgemein: Ersatz-, Vorgabe- oder Einstellungswert; Wert,
den ein Objekt haben soll, wenn niemand es explizit ▷initialisiert;
oft, nicht sehr treffend, als Standardwert bezeichnet; in diesem Sin-

ne in der ▷SQL Norm eine ▷Constraint: name VARCHAR(50)
DEFAULT ""; 2. in ▷Java der ▷Modifikator, der den ▷Geltungs-
bereich einer Definition auf das enthaltende ▷Package einschränkt;
wird signalisiert durch die Angabe gar keines ▷Modifikators; vergleichbar mit ▷internal in C#; wertvolle Voraussetzung u. a. für
▷Unit Tests; vergleiche ▷public, ▷protected, ▷internal, ▷private

Defekt
Mangel (lat.); begrenzte Beeinträchtigung der Funktionalität; siehe
auch: ▷Fehler

D

definieren, Definition
Abgrenzen (lat.); Festlegen eines eigenen ▷Bezeichners wie einer
▷Variablen, ▷Konstanten, einer ▷Funktion, ▷Prozedur, eines
▷Datentyps oder einer ▷Datenstruktur; entsprechende Möglich-
keiten bieten Programmiersprachen und ▷DML; bei der D. wird
Speicherplatz reserviert, darin aber noch kein Wert abgelegt; siehe
in Abgrenzung dazu auch: ▷Deklaration und ▷Initialisierung

Definitionsbereich
1. die Menge an Werten, für welche eine mathematische ▷Opera-
tion erklärt ist, resp. gültige Resultate liefert; diese wiederum sind
dann ein ▷Wertebereich; 2. selten die Bezeichnung für den Wertebereich von ▷Datentypen

Defragmentierung
Aufhebung der ▷Fragmentierung (ausführliche Erklärung und Typen siehe dort und ff.); 1. die D. von ▷Datenträgern mit einem
▷Dienstprogramm oder ▷Dämonen behebt die externe Fragmentierung; 2. die D. des Arbeitsspeichers heisst ▷Garbage Collection
und behebt die interne Fragmentierung

Degauss, Degaussing
Entmagnetisierung; 1. Taste an Röhrenbildschirmen zur Auslösung
einer Entmagnetisierung der fluoreszierenden Innenschicht der

▷Kathodenstrahlröhre (CRT); 2. vollständiges und damit sicherheitsrelevantes Löschen von magnetischen Datenträgern; sicherste Methode abgesehen von der physikalischen Vernichtung; Weiteres siehe unter ▷sanitize

Degree
Grad; 1. ganzzahliges Mass für die horizontale Ausdehnung einer ▷Relation (▷Tabelle); also Anzahl unterschiedlicher ▷Attribute; dann auch „Breite"; siehe im Gegensatz dazu: ▷Card(inality); 2. in der Graphentheorie das Mass, wie viele ▷Kanten von einem ▷Knoten ausgehen oder hinführen

D

Deklaration, deklarieren
Kundgebung (lat.), Vereinbarung, Erklärung (mit je zugehörigen Verben); mit der D. in der ▷Programmierung werden ▷Datenstrukturen und zugehörige ▷Bezeichner vereinbart bzw. dem System erst einmal angemeldet/geschaffen/aktiviert (je nach Programmiersprache); es wird also vereinbart, wie ▷Konstanten und ▷Variablen heissen werden und von welchem ▷Datentyp sie sind, welche ▷Prozeduren bzw. ▷Funktionen mit welchen Formal- ▷Parametern und Rückgabewerten vorkommen werden; die D. hat noch nicht zwingend eine Reservierung von Speicherplatz zur Folge; siehe in Abgrenzung dazu auch: ▷Definition und ▷Initialisierung

Deklarationsbereich
Bereich des ▷Quellcodes, in dem die benötigten Variablen ▷deklariert oder ▷definiert werden müssen, oder in dem ▷Verweise auf ▷Libraries möglich sind; z. B. in ▷ADA ist der D. zwischen „declare" und „begin", in ▷C/C++ sind Definitionen und Deklarationen überall möglich, meist sind aber Deklarationen in Headerdateien (*.h) ausgelagert, in ▷Pascal findet die Deklaration zwischen „PROCEDURE" und „BEGIN", „FUNCTION" und „BEGIN" oder „PROGRAM" und „BEGIN"/„PROCEDURE"/ „FUNCTION" statt; beachte: die Parameterliste einer ▷Signatur ist auch ein D.

deklarativ

Erklärend, verkündend; ▷Programmiersprachen der 4. ▷Generation; in einer d. Programmiersprache erklärt der Progammierer, was er erhalten oder erreichen möchte, aber die Einzelschritte zum Ziel entscheidet der ▷Compiler oder ▷Interpreter; man erklärt das „Was", nicht aber das „Wie"; Abfragesprachen sind im Allgemeinen d., weil wir nur eine Datenmenge beschreiben: im Beispiel SELECT name FROM mitglieder übernimmt das System die Öffnung der Datei und/oder die Steuerung des ▷Cursors durch alle ▷Datensätze hindurch sowie Optimierungen u. a.; funktionale Programmiersprachen sind d., weil es in ihnen keine Anweisungen, sondern nur Funktionen gibt, vergleiche Lambda- ▷Kalkül; siehe als Gegensatz: ▷deskriptiv

D

Dekomposition

Zerlegung (lat.) irgendeines Objektes, z. B. eines Gebrauchsgegenstandes, ▷Schlüssels oder einer ▷Relation (im Rahmen des ▷Normalisierungsprozesses) in seine einzelnen Komponenten; „has a" (hat ein)-Beziehung: fahrzeug has a motor und chassis; Gegenteil: ▷Komposition oder ▷Aggregation

Dekrement

Abnahme (lat.); Wert, um welchen eine ▷Variable, der Zähler, in einer Zähl- ▷Schleife schrittweise verkleinert wird; Details unter ▷Decrement; Gegenteil: ▷Inkrement

Del, DEL

Delete; 1. Löschtaste auf der Tastatur; 2. internes ▷Kommando unter ▷MS-DOS; 3. ▷ASCII-Zeichen 7F(H) (127): delete; Löschen oder Überschreiben von ▷Zeichen

DELAY; Delay, Typen des -

Verzögerung; 1. Kommando in einigen Programmiersprachen zum ▷Warten während einer gewissen Zeit; 2. verzögerte Signalweitergabe in Schaltungen; die Gründe dafür liegen in der Propagation

D., wegen der Signalwanderung; 3. Typen: Switching D. wegen der Schaltvorgänge in Geräten (z. B. ▷Brücken); Access D. wegen des Abwartens einer Zugriffsmöglichkeit (z. B. bis ▷Träger vorhanden in ▷CSMA/CD); Queuing D. wegen der Einreihung in eine ▷Warteschlange

Delegat, Delegation
Bevollmächtigung (lat.); Weiterleitung eines ▷Methodenaufrufs; siehe ▷Delegate

Delegate, delegate
Abordnung, Befugnis, Übertragung (mit je zugehörigen Verben, lat.); 1. ein ▷Design Pattern; 2. ein spezieller Typ einer ▷Methode in ▷C#, die als Variable definiert werden kann und ihrerseits wiederum Methoden aufnimmt; das Aufrufen der Variablen aktiviert die darin gespeicherte(n) Methode(n); dies bringt ein D. in die Nähe von ▷Funktionsreferenzen; D.s sind Konstrukte auf der gleichen Ebene wie z. B. ▷Klassen, ▷Strukturen oder ▷Enumerationen; in deutschen Übersetzungen: ▷Delegat

Delimiter
Begrenzer (lat.); 1. Schluss- oder Trennungsmarke zwischen den ▷Feldern der ▷Datensätze in einer Datenbank; 2. Zeichen – meist Strichpunkt, Komma oder Leerschlag – zur links- und rechtsseitigen Begrenzung von ▷Schlüsselwörtern und ▷Bezeichnern; dann wäre ▷Separator die präzisere Bezeichnung

Dell Computer Corporation
1984 von Michael Dell gegründet; bereits 1985 wurde ein erstes eigenes Computersystem vorgestellt: der „Turbo", ausgestattet mit einem ▷Intel 8088 mit 8 MHz; durch innovative Ideen, wie Verkauf ohne Zwischenhandel oder die „Sofort-Produkte-Hilfe" und eine kluge Expansionsstrategie im Ausland, festigte D. seine Position im Markt; 1991 wurde das erste von D. produzierte Notebook vorgestellt; zudem konnten von 1997 bis 2000 die Verkäufe übers Inter-

net um das 50fache gesteigert werden, sodass D. ab 2000 Marktleader im globalen Markt für portable und Desktop PCs sowie mittlerweile auch für ▷Server, Server und Zubehöre ist; 2006 bis 2008
Versuche, vermehrt über Geschäftsläden zu vertreiben; vorüberge-
hende Finanzturbulenzen im Jahre 2007; 2009 Einführung der ersten integrierten ▷Open Source Hosting Appliance: ▷Server plus
▷Linux plus ▷Java ▷Application Server plus ▷Datenbanken; um-
weltbewusst geführte Unternehmung; Hauptsitz in Round Rock,
Texas; www.dell.com

D Delphi
Nach dem Orakel aus der griechischen Mythologie benannte Programmiersprache und Entwicklungsumgebung von Borland (vormals Inprise, vormals Borland), die voll ▷objektorientiert ist und
syntaktisch auf ▷Pascal basiert

Delta
1. vierter Buchstabe im griechischen Alphabet; 2. weitreichende Bezeichnung für einen Unterschied numerischen, spür- oder messba-
ren Charakters; 3. Hilfsdatei, welche den Unterschied zweier ähnlicher Dateien verwaltet, z. B. in der Versionierung von Dateien

Demon
Siehe unter ▷Daemon

Denglish
Siehe unter dem hart konkurrierenden ▷Swenglish

Denial of Service
Verweigerung der ▷Diensterbringung oder ▷Verfügbarkeit; Sammelbegriff für alle aktiven ▷Cracker- ▷Attacken auf die Dienst-
erbringung von Netzwerken oder zentralen ▷Systemen: Lahmle-
gen, ▷Fluten, ▷Virenverseuchung usw.; Gegenmittel: Ausschalten
nicht benötigter Dienste, Dichtmachen von ▷Ports, ▷Intrusion
Prevention/Detection durch Statistik und Mustererkennung

Denormalisierung

Eliminieren von ▷Joins in relationalen ▷Datenbanken, meist zwecks Beschleunigung von Abfragen; dieser Performanzgewinn kann sehr wirksam sein, da mit Joins immer mehrere Tabellen befragt und dabei in der Regel auch mehrere ▷Indizes beansprucht werden; mit der D. wächst indessen der Speicherbedarf, und die ▷Integritätswahrung wird in die Verantwortung der Anwendung verlagert; D. kommt z. B. im ▷Data Warehousing zum Zuge

Density

Dichte (lat.); siehe unter ▷Dichte mit diversen Bedeutungen

D

deploy, Deployment

Aufstellen, Einsatz; in der ▷Systementwicklung: Verteilung des Produkts (meist mehrere Dateien) an den Kunden und Installation auf dessen Systeme; Arbeitsschritt nach dem ▷build; D. umfasst den Transport der ▷Pakete auf den Zielrechner und dort optional deren (automatische) Installation

deprecate, deprecated

Missbilligen, missbilligt; Hinweis auf einen Löschkandidaten; konkret ein bloss warnender Hinweis eines ▷Compilers, dass ein ▷Bezeichner nicht mehr verwendet werden sollte, weil er veraltet ist und nicht länger unterstützt wird; die ▷Warnung sollte insofern ernst genommen werden, als der gleiche ▷Quellcode künftig nicht mehr ▷übersetzbar sein könnte, auch wenn dies im Moment noch der Fall ist

Depth Cueing

Einrichtung der Tiefe; Tiefendarstellung bei Drahtgittermodellen: die Kanten „hinten" liegender Flächen werden dünner ausgezogen

DER

Dateinamenendung für ein ▷X.509-▷Zertifikat, das im Gegensatz zum ▷PEM im ▷Binärformat vorliegt; auch mit der Dateinamenerweiterung CER zu finden; konvertierbar nach ▷PKCS12 und anderen

Dereferenzierung
Bezugsauflösung (lat.); Zugriff auf ein ▷Datum mittels seiner ▷Adresse; bekannt z. B. unter ▷C / ▷C++ mit der Klausel *zeiger, in ▷PERL mittels $$referenz oder ${$referenz}

Derivat
D Abstammendes, abgeleitetes (lat.) Produkt; 1. in die komplizierte rechtliche ▷Lizenzstruktur passende Bezeichnung für Varianten eines urheberrechtlich geschützten Produkts wie es z. B. in ▷Unix gebräuchlich ist; 2. abgeleitete ▷Klasse

DES
Langjähriger, symmetrischer Block- ▷Kryptografie-Standard des ▷NIST und der ▷NSA aus dem Jahre 1977 mit dem ▷Algorithmus Data Encryption Algorithm (DEA); 56 Bits langer Schlüssel und deshalb in seiner Urform heutigen Ansprüchen nicht mehr genügend; als US-Regierungsstandard zur Verschlüsselung „sensitiver, aber nicht klassierter Nachrichten" 2002 abgelöst; die Nachfolgespezifikation trägt den Namen ▷Triple-DES oder 3DES und ist eigentlich eine Übergangslösung zum ▷AES

DESC
Schlüsselwort für absteigende ▷Sortierung: descending

Design
Siehe unter ▷Entwurf

Design Pattern
Abstrakte Vorlage, die bestimmte Designprobleme erwiesenermassen gut und mit wohl definierten Eigenschaften löst, vorwiegend in der ▷objektorientierten Programmierung verwendet; allgemein gibt es Erzeugungsmuster (flexibles Erzeugen von ▷Objekten),

Strukturmuster (sinnvolle Anordnung von ▷Klassen mit bestimmten Rollen) und Verhaltensmuster (Verhalten eines Klassenverbun-
des mit bestimmten Eigenschaften); bekannt ist das Standardwerk
„Design Patterns" von Erich Gamma et al., 1995 – für viele im Ran-
ge einer Bibel; in der ▷Enterprise Architektur haben sich auch D.P.
zwischen Business Logik, Front End Controller, Datenbank usw.
eingebürgert; Beispiele und Muster, wie man es nicht machen sollte, heissen Antipatterns

deskriptiv
Beschreibend (lat.); ▷Programmiersprachen der 3. ▷Generation; in
einer d. Programmiersprache beschreibt der Programmierer die exakten Einzelschritte, die zum Erreichen eines Ziels nötig sind; dazu
muss er die ▷Struktur der ▷Daten im Detail kennen; die ▷Syntax
gibt das „Wie" an, das „Was" entsteht als Resultat; ▷prozedurale
Sprachen sind im Allgemeinen d., können jedoch auch ohne innere
Zustände auskommen; siehe als Gegensatz: ▷deklarativ

Deskriptor, Deskriptorregister
Beschreiber (lat.); 1. und allgemein: eine Datenstruktur, welche eine
Systemressource beschreibt (Name, Typ, Status usw.); 2. in Datenbanken das Stich- oder Schlagwort zu Sachthemen; 3. in einer Tabelle
zusammengefasste und mehrere Bytes umfassende Datenstruktur,
mittels welcher die ▷MMU ▷virtuelle ▷Seiten- oder ▷Segment-
Adressen in physische umrechnet; der D. enthält ferner Statusinformationen für den Speicherschutz; das D.-Register im Prozessor oder
in der MMU enthält die Basisadresse der genannten D.-Tabelle

Desktop
1. Pultfläche, das Pult als Arbeitsfläche benutzend, am Bürotisch
entstehend; 2. Metapher für die Arbeitsumgebung in einer grafischen ▷Benutzungsoberfläche; in ▷Windows sind dies der ▷Ar-
beitsplatz, der ▷Papierkorb und alle ▷Dateien / ▷Verknüpfungen
auf der Startoberfläche; mehr Details unter ▷Schreibtisch; vergleiche ferner ▷3D-Desktop

Desktop Environment
Im ▷X-Umfeld gängige Bezeichnung für einen vollgrafischen Arbeitsplatz, wie ihn z. B. ▷KDE bietet, vergleichbar mit der Oberfläche von ▷Windows

Desktop-Publishing
DTP; Erstellung druckfertiger ▷Dokumente am Arbeitsplatz mittels spezieller Hardware und Software: Satz, Umbruch, Layout, Belichtung; das DTP nahm 1985 seinen Anfang mit der fast zeitgleichen Ankündigung des LaserWriters von ▷Apple und PageMakers von Aldus

D

Destruktor
Zerstörer (lat.); ▷Methode einer ▷Klasse, welche festlegt, wie ein ▷Objekt zu zerstören und damit die von ihm beanspruchten Ressourcen freizugeben sind; siehe auch: ▷Konstruktor

Determinante
Bestimmende (lat.); in der ▷Relationentheorie: ▷Attribut oder Attributskombination, von welchem irgendein anderes Attribut derselben ▷Relation voll ▷funktional abhängig ist

Determiniertheit
Bestimmung (lat.); Forderung an ▷Algorithmen und ▷Prozesse aller Art, wonach bei mehreren Wiederholungen mit gleichen Eingangswerten gleiche Ausgangswerte erzeugt werden müssen; nicht determinierte Algorithmen und Prozesse berücksichtigen zur Berechnung des Ausgangswertes nebst den Eingabewerten auch den aktuellen Zustand

Determinismus
Lehre von Ursache und Wirkung (lat.); Forderung an ▷Algorithmen und ▷Prozesse aller Art, wonach jeder Zustand nur eine Möglichkeit der Fortsetzung zulässt

Device
1. ▷Gerät, siehe dort; ▷Peripheriegerät; 2. ▷Kommando in ▷MS-DOS, welches einen Treiber installiert; 3. /dev: Verzeichnis in ▷Unix/ ▷Linux mit den ▷virtuellen Geräten

Device Context
Geräte- ▷Kontext; Gesamtheit aller Parameter und Status zu einem physikalischen ▷Gerät; dank des DCs lassen sich Interaktionen auf ein allgemeines, ▷virtuelles Gerät abstrahieren

Device Number, major - und minor -
Gerätenummer; unter ▷Unix/ ▷Linux sind ▷Geräte als ▷Dateien eingetragen, jeder Gerätetyp (z. B. Soundkarte, SCSI-Festplatte usw.) hat eine eigene „major" (primäre) Nummer; mehrere Geräte des gleichen Typs erhalten eine „minor" (sekundäre) Nummer

D

Dezimaltabulierung
In der ▷Textverarbeitung: Positionierung von Zahlenkolonnen; jede Zahl wird so ausgerichtet, dass ihr Dezimalkomma (oder -punkt) auf eine vorgegebene vertikale Position zu liegen kommt

Dezimalzahl, dezimal
Zahl im zehnwertigen (lat.) Zahlen- und Stellenwertsystem; das d. Zahlensystem hat seinen Ursprung in der menschlichen Zählweise mit zehn Fingern; in der Informatik von Bedeutung sind daneben: ▷Dual-, ▷Oktal- und ▷Hexadezimalzahlen

DFN
Deutsches Forschungsnetz; Kommunikationsnetz für Wissenschaft und Forschung in Deutschland; www.dfn.de

Dfü
Sammelbegriff für die vielen Formen der ▷Datenfernübertragung

Dfü-Netzwerk

In ▷Windows gängiger Terminus für die komplett vorbereitete Software-Infrastruktur zum Anbinden eines Systems via ▷Analog-▷Modem an ein Netzwerk

DGPS

Differential GPS; ▷GPS ist physikalisch bedingt sowie von den Militärs beabsichtigt mit Fehlern behaftet; D. gleicht diese nun aus, indem zusätzlich zu den Signalen der Satelliten noch dasjenige einer stationären Sendeanlage ausgewertet wird; diese Station hat eine genaustens bekannte Position und sendet die Fehler kompensierende Signale; die Positionierung ist bis auf einzelne cm genau

DHCP

Dynamic Host Configuration Protocol; Protokoll zur automatischen, dynamischen Zuweisung bzw. zur Freigabe von ▷IP-Adressen (und anderen ▷TCP/IP-Parametern) aus einem vorhandenen Adresspool an einen neu zugeschalteten ▷Client durch einen D.-▷Server; D. erübrigt weitestgehend manuelle Eingriffe, wie sie bei ▷BOOTP noch notwendig waren, und basiert auf dem ▷Client/Server-Prinzip; siehe auch ▷ARP, ▷RARP und ▷ICMP

DHTML

Dynamic ▷HTML; Erweiterung von HTML zum lokalen Aufbau dynamischer, animierter ▷Web-Präsentationen ohne Rückgriff auf den ▷Server oder zur eingeschränkten Interaktion zwischen Anwender und Server; verwendet werden dazu ▷Skript-Sprachen wie ▷JavaScript oder ▷VBScript; siehe auch ▷Document Object Model

dial up, dialup

Einwählen; Bezeichnung für einen Netzwerkzugang via ▷Wählleitung; siehe auch ▷PPP

dial, Dialing

Wählen, Wahl; Wahlvorgang im ▷Telefonnetz

Dialekt
Mundart (griech., dann lat.); Alternativ- ▷Syntax einer ▷Sprache

Dialer
▷Malware, die in der Lage ist, sich unbemerkt in eine ▷Wähl-
leitung einzuwählen und diese (kostenpflichtig) offen zu halten;
D. haben zu Zeiten der ▷analogen ▷Modems reichlich Ärger ver-
ursacht

Dialog, Dialogcomputer
Zwiegespräch (griech., dann lat.); 1. allgemein: direktes, interaktives Arbeiten mit dem Computer in dem Sinne, dass eingegebene
oder mutierte Daten in den Datenbeständen unmittelbar wirksam
werden; im gegenteiligen, nicht-direkten Verfahren (▷off line) werden hie und da noch Programme erstellt oder grosse Datenmengen
erfasst, die erst später in den produktiven Systemen wirksam werden, dies im Rahmen der so genannten ▷Batch Verarbeitung; der
D.c. gegenüber der Batch Verarbeitung mittels ▷Lochkarten war
eine Errungenschaft der 1980er Jahre; 2. D. ist die übliche Bezeichnung für eine ▷Dialog Box, Erklärung siehe dort

Dialog Box, Dialogbox, Dialog, Dialogfenster
Beim Arbeiten in grafischen ▷Benutzungsoberflächen ein einge-
blendetes ▷Fenster, das Informationen preisgibt und gleichzeitig
Informationen entgegennimmt; die Geltungsgrösse ist mit dem Begriff noch unbestimmt und geht von der einfachen ja/nein-Box bis
hin zum Fenster einer ganzen ▷Applikation; solche D.B. haben oft
die Gestalt eines ▷Pop Up-Fensters, in welchem eine soeben ausgelöste Aktivität präzisiert werden muss; Beispiel: nach dem Kommando zum Drucken erscheint eine D.B., welche auffordert, die
Anzahl Kopien, den Seitenbereich usw. anzugeben; die Gestaltung
guter D. ist eine Aufgabe der ▷Usability; in diesem Sinn sind alle
genannten Schlagwörter synonym

Dialog: modal, applikationsmodal, nicht modal, systemmodal

Unterscheidung, wie viel der grafischen Benutzungsoberfläche ein ▷Dialog während der Bearbeitung sperrt: modale D. sperren das ganze Applikationsfenster, auch applikationsmodal genannt (Beispiel: Speichern unter); nicht m. D. sperren gar nichts, sondern ermöglichen paralleles Arbeiten im Applikationsfenster (Beispiel: Suchen und Ersetzen); systemmodale D. (ver-)sperren während ihrer Einblendung die ganze Benutzungsoberfläche und verbieten so auch einen Wechsel der Applikation (Beispiel: die Behandlung noch offener Applikationen beim ▷Herunterfahren von ▷Vista)

D

Dialoggerät

Mit der ▷Zentraleinheit verbundene und ▷bidirektional kommunizierende Geräteeinheit

Diameter

Durchmesser; junges (Durchmesser ist zweimal ▷„RADIUS") ▷Protokoll zur Ende-zu-Ende gesicherten ▷Authentisierung und ▷Autorisierung von ▷Subjekten von allen möglichen Zugangswegen; ▷RFC 3588

Dichte

Diverse Bedeutungen als Packungszahl pro Flächen-, Volumeneinheit; Beispiele sind: 1. die Datend. auf ▷Datenträgern, sie ist abhängig von der Beschichtung sowie von den ▷Modulationsverfahren; 2. Verhältnis von genutzten und ungenutzten ▷Wörtern in einem ▷Code, siehe dort; 3. Streuung von Werten in einem ▷Datenbank- ▷Index, siehe dort

Dicing

Würfeln; 1. ein Arbeitsschritt in ▷OLAP (▷Data Warehouse): aus einem Datenwürfel einen kleineren ▷Würfel herausschneiden; Reduzieren der Dimensionalität von Daten; vergleiche ▷Slicing und ▷Drilling; 2. Algorithmus zur Strom- ▷Kryptographierung von Li An-Ping; Schlüssellängen von 128 bis 256 Bits, etwa doppelt so schnell wie ▷AES

Dickte
In der Typografie: Raum, welchen ein darstellbares Zeichen samt angrenzenden Zwischenräumen braucht, um identifizierbar zu sein

Didot
Typografisches Messsystem mit ▷Cicero und ▷Punkten

D

Die und On-Die
Würfel; gemeint ist in der Regel das quadratische Gehäuse eines ▷Mikroprozessors; andere Deutungen sehen den D. als synonym zum ▷Chip, also zum quadratischen Ausschnitt aus einem ▷Wafer; „On-Die" meint dann „auf der Prozessor Platine befindlich", z. B. ein Level 2 ▷Cache

Dienst
Sammlung von Funktionen, die einem Nutzer über klar definierte ▷Schnittstellen angeboten werden; 1. in (didaktisch sehr nützlichen) ▷Schichtenmodellen der ▷Kommunikation ist eine ▷Schicht n der D.-Anbieter für die darüber liegende Schicht n+1; Dienste liegen letztlich auf (physikalischen) ▷Netzen auf; man beachte die folgenden Schlagworte; 2. bezogen auf ▷Betriebssysteme ist ein D. ein im ▷Hintergrund dauernd aktiver ▷Prozess, vergleiche ▷Daemon

Dienstgrad
Mess- und quantifizierbare Qualitätsstufe der Leistungserbringung durch einen Dienstleister; dieser ist hier und im Gegensatz zur ▷Dienstgüte eine natürliche oder juristische Person; die vertraglich geregelten Verbindlichkeiten sind in einem ▷Service Level Agreement (SLA) festgehalten

Dienstgüte, Dienstqualität

Oft auch Quality of Service (QoS); nicht standardisiertes, von Dienst zu Dienst, deshalb auch von ▷Schicht zu Schicht unterschiedliches, technisches und oft zwischen den ▷Kommunikationspartnern zu vereinbarendes Qualifikationskriterium für das Übertragungsverhalten von Netzwerken, bestehend unter vielen anderen aus den Teilqualitäten: Verbindungsaufbauverzug, Datendurchsatz, Transitverzug (▷Jitter), Verfügbarkeit, Antwortzeit, Zuverlässigkeit, Fehlerbehebung, Wiederanlaufzeit, Sicherheit und Schutz; die entsprechenden Parameter werden mit dem Verbindungsaufbau vereinbart; die D. geht von einer Messbarkeit der Kriterien aus; „Dienstqualität kann … über mehrere bestimmte Parameter charakterisiert werden" (▷Tanenbaum)

Dienstparadigma

Grundmuster (griech.), nach welchem ▷Kommunikationspartner sich gegenseitig ihre Dienste zur Verfügung stellen bzw. diese beanspruchen; die beiden Grundparadigmen sind die ▷verbindungslosen und die ▷verbindungsorientierten Dienste

Dienstprogramm

Das Betriebssystem ergänzendes Programm zur Erleichterung des Umgangs mit der Hardware und Software, so z. B. zum Kopieren, Sichern, Kryptografieren usw. von Daten, zur Optimierung des Datenzugriffs auf dem Datenträger usw.; im Unterschied zu den ▷Werkzeugen sind viele D. unentbehrlich und nicht bloss hilfreich, produzieren aber keine generisch neuen Daten

diff

Bedeutsamer ▷Algorithmus und gleichnamiger ▷Unix-Befehl; d. analysiert zwei Textdateien und zeigt die Unterschiede auf: gelöschte, geänderte oder hinzugefügte Zeilen je gegenüber der anderen Datei; Vergleiche zwischen ▷Verzeichnissen sind z. B. unter „dirdiff" zu finden, Vergleiche von ▷Binärdateien unter

„binary diff", was weiter führend dann zum ▷Patchen von Binärdateien und allgemein zum ▷Deployment beiträgt

DIFFERENCE
Differenzmenge mehrerer im ▷Degree und in den ▷Datentypen
der ▷Attribute kompatibler ▷Relationen; ▷Schlüsselwort in ▷SQL
dazu; siehe auch ▷INTERSECT und ▷UNION

Diffie-Hellman
Von Whitfield Diffie und Martin Hellman entwickeltes Protokoll
(▷RFC 2631) zur Vereinbarung (nicht zum Tausch) eines symmetrischen Schlüssels in der ▷Kryptografie: zwei Kommunikationspartner tauschen je zwei öffentliche Ganzzahlen aus; diese werden
je zusammen mit je einer geheimen Zufallszahl durch eine Poten-
zier- und ▷Modulus-Operation geschickt und die Ergebnisse einander abermals bekannt gemacht; eine weitere mathematische
Berechnung liefert dann bei beiden das gleiche vertrauliche, als
Schlüssel dienende Ergebnis; aus den ausgetauschten Rechenresul-
taten können wegen der komplexen Umkehrfunktionen zu Potenz
und Restwert zwar nur mit immensem Aufwand die geheimen Zufallszahlen gewonnen werden, aber der Austausch der Werte ist
sensitiv hinsichtlich ▷Man-in-the-Middle Attacken

Diffusion
Streuung (lat.); in der ▷Kryptografierung: Ausmass der ▷Trans-
position; siehe auch: ▷Konfusion

Digest
Abriss; Zeichenkette zur Sicherstellung der ▷Integrität und
▷Authentizität; daher oft eine Mischung aus bzw. Kombination
von ▷Prüfsumme und ▷Signatur; z. B. der ▷Message Digest

Digital Audio Broadcasting
Digitalradio; ein weltweit anerkannter, im Rahmen des Europa-Forschungsprogramms Eureka 147 entwickelter Standard für die mobile Verbreitung von digitalen Radioprogrammen

Digital Divide
Die digitale Zwei- oder Mehrklassengesellschaft; der Begriff bringt die Befürchtung oder Tatsache zum Ausdruck, dass nicht alle Gesellschaftsschichten, Völker und Nationen den gleichen Zugang zu den digitalen Segnungen der heutigen Zeit haben und dadurch benachteiligt werden (könnten)

Digital Rights
Verwaltung, Überprüfung, Erteilung von (Urheber-)Rechten (▷Authentisierung, ▷Autorisierung) unter Zuhilfenahme von Hardware-/Software-Mitteln

Digital Rights Management
Ordentlich verwirrte Bezeichnung für die Vermarktung digitaler Güter (Musik, Film, Lernstoff) über spezielle Hardware/Software-Lösungen, welche die Verwendung dieser Immaterialgüter freigeben oder verhindern sowie allenfalls deren Benutzungshäufigkeit und/oder Kopierbarkeit steuern; letztlich stehen (legitime!) ökonomische Interessen dahinter: Urheber- und Vertriebsrechte

Digital Video
Allgemein: Verlagerung sämtlicher die Bearbeitung eines Videofilms betreffenden Manipulationen in den Computer; im engeren Sinne: Video Processing

Digital Video Broadcasting
In Europa entwickelte Normenspezifikation für ein ▷digitales ▷Breitbandfernsehen mit integriertem Multimedia und Internet

Digital Video Interactive

Komplette PC-interne Hardware-Lösung von ▷Intel, ▷IBM, RCA und General Electric zur ▷Komprimierung, Dekomprimierung und Wiedergabe von bewegten ▷Multimedia-Sequenzen ab ▷CD-ROM: Kompressionsverhältnis bis 160:1; damit sind 70 min Bewegtbilder mit Stereoton möglich; indirekte Konkurrenz zu ▷MPEG

digital, Digital

Den Finger (digitus, lat.) betreffend; 1. ▷abstrahierte und als ▷binäre ▷Signale ▷codierte, gespeicherte und dargestellte ▷Information, eine Spezialform von ▷diskret; d. dargestellte und übermittelte Informationen lassen sich mit ▷Automaten besser verarbeiten und reduzieren das Einschleichen von Fehlinformationen, das so genannte ▷Rauschen; 2. Firma Digital, siehe ▷DEC

D

Digitalisierungstablett

Siehe unter ▷Grafiktablett

Digitaltechnik

Lehre von der theoretischen und praktischen, auf elektronischen Bausteinen basierenden Verknüpfung binärer Werte bzw. Zustände (Pegel) sowie von deren Umsetzung in logische Schaltungen

Digitizer

Digitalisierungstablett oder anderes Gerät zur Erfassung ▷digitalisierter Koordinaten-Angaben, vergleiche ▷Grafiktablett

Dijkstra, Edsger Wybe

1930–2002; Studium der Mathematik und Theoretischen Physik; erste Programmiererfahrung im Studium; 1952: erster professioneller Programmierer der Niederlande; 1962: Professor für Mathematik an der Universität Eindhoven; 1984–1999: Professur für Computer Science an der University of Texas in Austin; entwickelte den Compiler ALGOL60; entwarf wesentliche Konzepte zur strukturierten Programmierung, aber auch Modularisierung (abstrakte ▷Da-

tentypen, zum ▷Routing von ▷Daten- ▷Paketen; zur ▷Prozess-
▷Synchronisation in Mehrprogramm-Systemen wie ▷Mutal Exclusion und ▷Semaphore sowie darauf basierend 1968 das THE Mul-
tiprogramming System (Technische Hogeschool Eindhoven); Inhaber des ▷ACM ▷Turing Award (1972)

DIL
Dual Inline (Gehäuse); verbreitete Gehäuseform von Bausteinen
der Mikroelektronik, bei welcher die Kontaktstifte in einem Rei-
henabstand von meist 2.54 mm aus den Gehäuse-Längsseiten her-
ausragen

DIM
Desktop Information System; Begriffsschöpfung von Bill ▷Gates'
Marketingbrigade aus dem Jahre 1996: umfassende Softwarelösung
zur Verwaltung persönlicher Daten wie Termine, Adressen, Ideen
usw.; der Unterschied zum ▷PIM besteht im Einbau von diversen
▷Groupware-Funktionalitäten

Dimension
Ausdehnung (-srichtung); 1. meist im Zusammenhang mit Datenfeldern (▷Arrays) gebraucht: eindimensionale Datenfelder (Werte
A1 … An) heissen ▷Listen, ▷Vektoren u. a., zweidimensionale
Datenfelder (A1 .. xn) haben die Form von Tabellen und heissen oft
auch ▷Matrizen, dreidimensionale Datenfelder sind Würfel (Cu-
bes) und mehrdimensionale Datenfelder eine Herausforderung;
2. im speziellen Fall der ▷Würfel in analytischen ▷Datenbanken
sind die Dimensionen die Achsen der Konsolidierung, Abfrage und
Auswertung von ▷Indikatoren, also z. B. Region, Zeit, Produkt-
gruppe; beachten Sie die Querverweise

DIMM
Dual Inline Memory Module; Generation von ▷RAM-Modulen als
Ablösung von ▷SIMM; beide Seiten sind mit RAM-Bausteinen be-
stückt und weisen eine oder zwei unabhängige Zeilen von ▷Pins

(präziser: Kontaktbacken) auf und zwar bis zu 168 hiervon; damit
verfügen diese Bausteine über eine ▷Wortbreite von 64 Bits

dimmen
Hier: optischer Effekt der abgeschwächten Einfärbung/Schattierung
nicht aktivierter (nicht benutzbarer) ▷Menü-Optionen, ▷Schalt-
flächen oder ▷Knöpfe in grafischen ▷Benutzungsoberflächen

DIN
Deutsches Institut für Normung e.V.; man beachte die Unterschiede zwischen ▷Norm und ▷Standard; www.din.de

D

DIP
1. Dual Inline Package: Bausteine in ▷DIL-Bauform mit zwei Reihen Kontaktstiften; 2. Dual Inline Plastic: Hinweis auf das Gehäuse-
Material von DIPs

DIP-Schalter
Hardware-Schalter in Kleinstbauweise zu Konfigurationszwecken,
baulich als gesteckter ▷DIP-Baustein mit winzigen Kipp- oder
Schiebeschaltern; auch „Mäuseklavier" genannt

DIR
1. ▷Directory: Erweiterung von ▷Verzeichnisnamen in ▷MS-DOS;
eingedeutscht: ▷KAT; 2. das Kommando aller Kommandos in
MS-DOS (bzw. als Alias in ▷Linux) zur Anzeige von Verzeichnis-
inhalten

Direct…, DirectX
Schnittstellen-Spezifikation für den Multimedia-Bereich von ▷Mic-
rosoft; als ▷API ermöglicht D. dem Programmierer unter ▷Win-
dows, auf der Ebene seiner Entwicklungsumgebung die multimedialen Hardware- (z. B. ▷MIDI-Schnittstelle) und Software- (z. B.
3D-Darstellung) Ressourcen seines Systems anzusprechen bzw. in
seine Anwendungen einzubeziehen; so ist z. B. Direct3D eine API

für Grafikkarten; D. wurde notwendig, weil Windows unglückli-
cherweise vorsieht, dass Geräte-Treiber ihre APIs nach „oben" offen legen, weshalb viele Applikationen wieder recht gerätespezi-
fisch wurden (vor allem im Grafikbereich)

DirectAccess
Schutzmarke und Technologie von ▷Microsoft zur direkten Anbindung von Endgeräten mit Windows 7 an ein Windows Server
2008 System über ▷IPsec und ▷IPv6; funktional also ein ▷VPN

D **DirectColor**
Modus von Grafikkarten, in welchem Farbinformationen so gespeichert sind, dass sie unter Umgehung einer Farbzuordnungs-
Tabelle direkt in die ▷digital / ▷analog-Konversion eingespeist
werden können; siehe: ▷DirectX

DirectDraw
Spezifikation von ▷Microsoft für einen schnellen Zugriff von Anwendungen bzw. Treibern auf den Speicher von Grafikkarten; also
ein ▷DCI für ▷Windows; siehe ▷DirectX

Directory
1. und allgemein: Verzeichnis; 2. Inhaltsverzeichnis auf einem
Datenträger oder bei einem Server; 3. Verzeichnis im Sinne von
„Ordner" in einer hierarchischen Dateistruktur; 4. Verzeichnis von
▷Metadaten

Directory Service
Siehe unter ▷Verzeichnisdienst

Directory, working -
Arbeitsverzeichnis, also aktuelles, auch angemeldetes Verzeichnis

Direktive
(An-)Leitung, Verhaltensregel (lat.); Angabe, welche einem Prozess bei seinem Aufruf zu dessen Parametrisierung mitgegeben wird, so z. B. einem ▷Präprozessor, einem ▷Compiler, einem ▷Server usw.; D. finden wir oft als besonders gekennzeichnete erste Zeilen eines ▷Quellcodes

dirty Bit, - flag
▷Flag-Bit zur Kennzeichnung von ▷dirty Data; Beispiel ▷Cache: jedem Datum im Cache zur Seite stehendes Bit, das angibt, ob das betreffende Cache Datum noch mit seinem Äquivalent im Arbeitsspeicher übereinstimmt oder durch den ▷Mikroprozessor geändert wurde; in diesem Fall müsste es im Arbeitsspeicher aktualisiert werden (write back); siehe auch ▷valid; siehe auch unter dirty ▷Reads für SQL-Transaktionen

dirty, dirty Data
Schmutzig; nicht ▷konsistent zwischen zwei Ebenen der ▷Speicherhierarchie, z. B. zwischen ▷Puffer bzw. ▷Cache und ▷Sekundärspeicher bzw. ▷Arbeitsspeicher; Menge der Bytes, die – inzwischen geändert und deshalb inkonsistent – ihres Rückschreibens auf den hierarchisch untergeordneten Speicher harren; siehe auch unter dirty ▷Reads für SQL-Transaktionen

Disassembler
Programm zur Übersetzung von der ▷Maschinensprache in die ▷Assemblersprache oder in den ▷Zwischencode; der entstehende Code kann die Bezeichner nicht wiederherstellen und vergibt einfach sequenzielle Bezeichnernamen; vergleiche ▷Obfuscator, dort liegt jedoch Absicht zu Grunde

Disc
Schreibweise für optische Speicherplatte; siehe ▷Disk

Disco
Spezifikation von ▷Microsoft für vereinfachte ▷UDDI-Einträge;
D. kommt vor allem im ▷Intranet zum Zug

disconnect
1. und allgemein: Abbruch einer Verbindung, welche mit ▷connect
aufgebaut wurde; 2. Abkoppeln der Elektronik eines ▷SCSI-Lauf-
werks, sobald dieses einen Zugriffsbefehl erhalten hat; damit kann
sich der ▷Controller anderen Aufgaben widmen, während die Mechanik ihre langsame Arbeit verrichtet

D

Disjunktion
Unterscheidung (lat.); ▷logische Summe, Verknüpfung ODER:
C ist dann wahr, wenn A oder B oder beide zusammen wahr sind:
C = A + B; siehe auch ▷Antivalenz, ▷Konjunktion, ▷Negation

Disk
Schreibweise für magnetische Speicherplatte; siehe ▷Disc

Disk Duplexing
Platten-Duplizierung; Erklärung unter Platten- ▷Spiegelung (obwohl nicht identisch)

Disk Mirroring, -Shadowing
Siehe unter Platten- ▷Spiegelung

Disk Quota
Anteil (lat.); maximale Menge an Speicherplatz für eine Benutzerin
auf dem ▷Server

Disk, shared -
Aufteilung von Disk-Ressourcen an mehrere Prozessoren in einem
▷Mehrprozessor- oder ▷Cluster-System

Diskette
Weiche Magnetplatte als ▷Datenträger; drei Standardformate:
8 ▷Zoll, 5.25 Zoll und 3.5 Zoll; ursprüngliches Format waren 8 Zoll
Durchmesser; die vertraute D. mit 5.25 Zoll wird deshalb noch hie
und da als Mini-D. oder Mini-Floppy bezeichnet; der später über
20 Jahre lang gebrauchte Datenträger mit einem Durchmesser von
3.5 Zoll wurde von Sony entwickelt und von ▷Hewlett-Packard
1983 erstmals in ein Seriengerät eingebaut (HP-150); das physikalische Format hat mit dem logischen nichts zu tun, sagt also nichts
aus über die Kapazität einer D.

D

diskless, disklos
Ohne Plattenspeicher; eine „d. ▷Workstation" ist ein Computer,
der als intelligentes ▷Terminal eingesetzt wird, aber wegen seiner
Verknüpfung im Netzwerk keine Plattenspeicher braucht

diskret
Abgesondert (lat.); 1. nur feste Zustände kennend, mehrwertig;
Beispiel: die Notenskala in der Schule ist eine d.; der Begriff beschreibt in der Regel also die ▷Amplitudenachse; d. Zweiwertigkeit
in der Elektronik ist dann ▷binär und als codierte Information
▷digital; Gegenteil: ▷kontinuierlich, ▷stetig und ▷analog; 2. d.
Bausteine sind Einzelkomponenten und unterscheiden sich so von
den integrierten; 3. vertraulich

Dispatching, Dispatcher
Versand; Vollzug des Prozess- oder ▷Thread-Wechsels; indem der
D. einem Prozess den Zugang zum ▷Prozessor eröffnet und diesen
zur Ausführung bringt, ist er der Partner des ▷Schedulers, welcher
den Prozess oder Thread dazu ausgewählt hat; anders: der Schedu-
ler ist der Stratege, der D. ist der Mechaniker

Dispersion
Streuung (lat.); in der ▷Lichtwellenleitung: Öffnung eines Licht-
strahls mit einem bestimmten Winkel zur Ausbreitungsrichtung –

wie ein Lichtkegel einer Taschenlampe; die D. führt zum Energieverlust z. B. des ▷Laserstrahls oder des Lichtes in einer ▷Glasfaser
und muss folglich möglichst gering sein

Displacement
Siehe unter ▷Offset; auch ▷Bias

Display
Anzeigefläche, ▷Bildschirm; Ausgabegerät

DisplayPort
Schutzmarke von ▷VESA für digitale Bildschirmanschlüsse, welche
mehrere bisherige Normen (▷VGA, ▷DVI und selbst ▷LVDS) ersetzen sowie ▷HDMI ergänzen soll; DisplayPort präsentiert sich
mit einem schlanken Stecker in ▷USB-Grösse sowie vielen möglichen ▷Auflösungen und ▷Farbtiefen; DisplayPort ist über einen
einfachen Adapter-Stecker HDMI-kompatibel; www.displayport.org

dispose, DISPOSE(), Disposer
Abschliessen; in der objektorientierten Programmierung eine Bezeichnung für das explizite Wegräumen eines ▷Objektes unter
Umgehung der ▷Garbage Collection; die entsprechende ▷Methode
heisst oft auch Dispose(); siehe auch ▷finalize

Dissemination
Aussamung (lat.); eine Form der ▷Replikation, bei welcher die Datenbestände nur zentral verwaltet und mit mehreren Aussenstellen
repliziert werden

Distance (oder distant) Education (oder Learning)
Durch Datenkommunikation vermitteltes Lehren und Lernen über
grosse Distanzen; Schnittstellenbereich zwischen ▷Multimedia,
▷Webtechnologien, ▷Client/Server-Technologien, Juristik mit dem
Ziel, Didaktik ▷verteilt im ▷Internet zu betreiben; auch Telelernen,

▷E-Learning usw.; vergleiche ▷E-Assessment; im Zentrum steht meist ein ▷LMS

Distribution

Verteilung (lat.); 1. aus diversen Bestandteilen bestehende und zur lauffähigen Gesamtlösung zusammengefügte Software; der Begriff wird vor allem in der ▷Linux-Welt gebraucht, wo Anbieter einen Betriebssystem-Kern, Benutzungsoberflächen, Dienstprogramme und anderes als Gesamtlösung anbieten; 2. ▷Verteiltheit

Dithering   **D**

Zaudern, zittern; Realisierung von farblichen Zwischenstufen bei Rasterbildern mit wenigen, fixen Ausgangsfarben; Zwischenstufen werden durch eng anliegende ▷Pixel von unterschiedlicher Farbe realisiert; das aus der Entfernung schauende, mittelnde Auge akzeptiert dies als farblichen Zwischenton; zur Verteilung der unterschiedlich gefärbten Pixel gibt es unterschiedliche ▷Algorithmen: Floyd-Steinberg, Stucki, Pattern Dithering usw.; die Pixel sind alle gleich gross, das Raster besteht also nicht aus grösseren und kleineren Punkten, wie wir sie aus dem Buchdruck kennen; nicht zu verwechseln mit ▷Aliasing; D. ist auch akustisch möglich

DIV

Häufige, pseudosyntaktische oder reale ▷Funktion in der Programmierung; Ganzzahldivision: ermittelt den ganzzahligen Quotienten bei der Division zweier ▷Ganzzahlen, ▷Integers; z. B. 17 DIV 5 = 3; gleich bedeutend mit ▷INT(a/b); siehe auch ▷MOD

diversitär, Diversität

Verschieden (lat.); Form der Software- ▷Redundanz für hohe ▷Verfügbarkeit: Programme, die eine hohe Zuverlässigkeit der Ausgaben garantieren müssen, werden von unterschiedlichen Teams (ohne gegenseitige Kommunikation) und/oder auf unterschiedlichen ▷Plattformen entwickelt und redundant zum Einsatz

gebracht; Fehler des einen Teams sind dem anderen Team hoffentlich nicht passiert

DivX

Digital Video Express; eine Art ▷DVD light: DVD-Scheibe mit un-
terhaltungselektronischem Inhalt zu einem sehr günstigen Preis,
aber mit einem Verfalldatum; dieses kann kostenpflichtig aktualisiert werden; D. meint einerseits die Scheibe, andererseits die
Technologie, mit welcher Filme komprimiert und auf der Scheibe
abgelegt werden; heute ist DivX auch der Name eines MPEG4-
kompatiblen ▷Codecs

D

DLE

▷ASCII-Zeichen 10(H) (16): Data Link Escape; leitet gerätespezifische Befehlssequenz ein

DLL

Dynamic Link Library; dynamische ▷Laufzeit- ▷Bibliothek; bei
Bedarf durch eine ▷Windows-Anwendung aufgerufene, externe
Sammlung von ▷Prozeduren oder sonstige ▷Ressource; DLLs sind
eine Ausprägung des Gebots der ▷Modularisierung; eine DLL kann
auch von mehreren Komponenten gleichzeitig beansprucht wer-
den; problematisch ist, wenn gleichnamige DLLs unterschiedlicher
Entwicklungsversionen sich überschreiben, was nur eine Frage der
Zeit ist; dies wird „DLL Hell" genannt; Problem angeblich seit
▷.NET beseitigt, weil dort auch innerhalb der ▷Assembly versio-
niert wird

DLL hell, - Hölle

Der in der Literatur oft vorkommende Begriff meint die teuflische
Tatsache, dass die Installation einer Anwendung neue DLLs instal-
liert, dabei gleichnamige alte überschreibt – und so bisher laufende
Anwendungen u. U. lauf-unfähig macht … Problem angeblich seit
▷.NET beseitigt

DLT

Digital Linear Tape; von ▷DEC entwickelter Aufzeichnungsstandard für Datenbänder mit einer sehr hohen Kapazität (800 ▷GBytes unkomprimierter Daten); weit zuverlässiger, dichter und günstiger als ▷DAT oder andere Verfahren und dennoch recht wenig bekannt

DMA und DMA, Ultra-

Direct Memory Access, direkter Speicherzugriff; nicht über die ▷CPU, sondern direkt zwischen Peripherie und Arbeitsspeicher verlaufender Datenpfad; ▷Adressierung und Überwachung durch einen DMA- ▷Controller (mit ▷Master-Funktion); der ▷AT-Bus hat(te) vier DMA-Kanäle, ▷PCI-Systeme deren acht, der ▷Mikrokanal deren 15; Ultra-DMA, auch Ultra ▷ATA, heisst die im PC bis auf 133 MBytes/s hochgetrimmte Transferrate von und zu Festplatten mit zusätzlicher ▷Fehlererkennung und -korrektur; letztere Spezifikation ist durch ▷SATA abgelöst

DMAC

▷DMA- ▷Controller

DML

Data Manipulation Language; ▷Sprache mit ▷syntaktischen Regeln zur Manipulation von Daten, Datenbeständen oder Datenbanken bzw. u. U. auch zur ▷Selektion, Auswertung usw. derselben; die Quasi-Standard-D. für die Manipulation von ▷relationalen Datenbanken ist ▷SQL; klassische DML-Anweisungen dort sind INSERT, UPDATE und DELETE; siehe auch ▷DCL, ▷DDL, ▷DQL und ▷DSDL

DMZ

Demilitarized Zone; erklärt unter entmilitarisierte ▷Zone

DNS

Siehe unter ▷Domain Name System

DNS, Reverse-
Möglichkeit, zu einer gegebenen ▷IP-Adresse die Kennungen ihres Besitzers zu erfahren; die erzwungene Pflege von Reverse-DNS-Einträgen könnte zur ▷Spam-Bekämpfung beitragen, indem die ▷Authentisierung vereinfacht würde; implementiert mittels PTR-Record, siehe ▷Domain Name System

DNS-Replikation
Wunderbare, begriffliche Doppelspurigkeit mit der Biologie; dort: Duplizierung der Gen-Substanz; bei uns: Mehrfach- ▷Redundanz von ▷DNS-Servern zur schnelleren Namensauflösung

DNSSEC
DNS Security Extension; Sicherung der Kommunikation zwischen DNS Servern durch ▷Authentisierung und ▷Integritätssicherung; Vorbeugung gegen DNS DoS ▷Attacken

DO ... UNTIL
Siehe unter ▷REPEAT ... UNTIL

docking
Ankoppeln von Geräteeinheiten ohne zwischenliegendes Kabel; aktuell beim Anschluss von Laptop-Computern an multifunktionale Erweiterungseinheiten (D.-Stationen); im Gegensatz zu ▷Port-Replikatoren bieten solche D.-Stationen u. U. ▷Laufwerke für Disketten, CDs oder DVDs und/oder Schächte für ▷PC-Cards usw.

Doclet
▷Java- ▷Programm, das Java- ▷Quellcode liest und dazu eine Ausgabedatei erzeugt; D. können verwendet werden, um automatisch Quellcode- ▷Dokumentationen zu generieren und/oder um zu prüfen, ob alle ▷Methoden, ▷Parameter usw. beschrieben sind; D. bauen auf die D.- ▷API auf; prominentester Vertreter ist ▷javadoc; das Ausgabeformat kann beliebig gestaltet werden

DOCSIS
Data Over Cable Service Interface Specification; Spezifikation
für ▷Kabel- ▷Modems, bzw. genauer Modems, die den Internet-Zugang über das Antennenkabel des Fernsehgeräts ermöglichen

Document Object Model
Plattform- und sprachunabhängige Programmierschnittstelle des
▷W3C zum dynamischen Zugriff auf resp. zur dynamischen Änderung von vorzugsweise in ▷HTML oder ▷XML formatierten
▷Dokumenten; DOM-Dokumente haben eine ▷Baumstruktur mit
verschiedenen ▷Knotentypen (siehe auch: ▷Element); die für viele
Programmiersprachen erhältlichen DOM-Parser erlauben daher
z. B. XML-Dokumente zu traversieren, auszulesen und zu verändern; je nach Grösse der Dokumente sind ▷streamende Parser
gegenüber alles auf einmal verarbeitenden im Vorteil; siehe auch
▷DHTML, ▷SAX und ▷XPath

DoD, DoD Protokollfamilie
Department of Defence; die DoD- ▷Protokollfamilie steht synonym
für die ▷TCP/IP-Protokollfamilie, weil das DoD ihren Vorgänger-
▷Stapel definierte

Dokument, Dokumentation, Dokumentierung
Zusammenstellung (lat.); 1. und allgemein: Schriftstück; 2. speziell
im Umfeld der Datenverarbeitung: Ergebnis der anwenderseitigen
Arbeit mit einer Applikation sowie ▷Datei mit den entsprechenden
Ergebnissen: Schriftstück, Tabelle, Datenbank, Quellprogramm,
Objektprogramm, Grafik, …; 3. Niederschreiben von Erfahrungen,
Vereinbarungen, erklärenden Herleitungen und Fakten, um in die
Thematik zu finden oder diese der Nachwelt zu erhalten; Doku-
mentieren ist (oft: wäre) gerade in der ▷Systementwicklung beson-
ders wichtig …

Dokumentvorlage
Vorgestaltetes, elektronisches Formular oder Dokumentformat, z. B. ein Briefkopf; häufig werden D. zur Erstellung vorformatierter, neuer Dokumente als Vorlagendatei gespeichert (.xlt, .dot); siehe auch ▷Cascading Style Sheet und ▷Style Sheet

DOLAP
Desktop OLAP; ▷OLAP-Methoden und -Werkzeuge für die multi-▷dimensionale Datenanalyse mit Zugriff auf Datenbestände, die ganz oder zum Teil auf der Arbeitsstation (zwischen-)gelagert sind; siehe auch ▷ROLAP, ▷HOLAP und ▷MOLAP

DOM
Siehe unter ▷Document Object Model

Domain Alias
Synonym zu ▷Domain Name Pointer

Domain Name Grabbing
Mut- oder böswilliges, bisweilen auch mit erpresserischen Absichten verbundenes Anmelden von Internet- ▷Domänennamen, welche aufgrund ihrer Schreib- oder Leseweise Assoziationen mit Schutzmarken, Firmennamen usw. evozieren; D. liegt rechtlich aber nicht vor, wenn jemand Markenname.ch schneller als die Markenname AG anmeldet und überhöht verkauft, juristisch viele Grauzonen; siehe auch ▷Cyber Sqatter

Domain Name Pointer
Im ▷Hosting von Webauftritten ein Verweis, der eine Domänen-▷Adresse auf einen Hosting Server leitet; meist verwendet, um mehrere Domänenadressen technisch zusammenzuführen, so können www.springer.com und www.springer-books.com den gleichen Webspace nutzen, aber z. B. unterschiedliche Mailadressen haben; realisierbar mit ▷DNS Record CNAME oder ausführlicher mit SOA, NS, A und optional MX, siehe ▷Domain Name System; nicht

zu verwechseln mit Domain ▷Pointer; auch Domain Alias oder
Domain Stacking genannt

Domain Name System

DNS; Konvention zur Vergabe von Domänen- ▷Adressen, welche
die ▷numerischen ▷IP-Adressen im Internet durch einprägsamere
Buchstaben-/Zahlenkombinationen ▷maskieren: www.beispiel.org
ist z. B. 132.22.144.11; Ablage der Domäneninformationen in „Resource Records": Typ „SOA", State of Authority: Zonenverwal-
tung; Typ „A": Zordnung Domänen-Adresse zur IP-Adresse des
Webservers (IPv4); „NS": Angabe von zur Zone gehörenden
D.-Servern; Typ „MX": Zordnung Domänenadresse zur IP-Adresse
des Mailservers; Typ „CNAME": einfache Weiterleitung; Typ
„PTR": Information für Reverse-DNS-Abfragen; Typ „AAAA":
Zuordnung Domänen-Adresse zur ▷IPv6-Adresse des Webservers;
Abfrage von D.-Servern mittels dig (apt-get install dnstools), host,
nslookup

Domain Pointer

Der Record Typ „PTR", der eine Reverse- ▷DNS-Abfrage ermöglicht; vergleiche ▷Domain Name System; nicht zu verwechseln mit
▷Domain Name Pointer, gelegentlich aber so bezeichnet

Domain, Domäne

1. und allgemein: das Kollektiv, der Bereich, die Menge zulässiger
Werte oder Ausprägungen eines ▷Attributs; also der Wertebereich;
2. eine konzeptionell als Verwaltungseinheit zusammengefasste
Gruppe von ▷Dateiservern im ▷LAN; 3. im ▷Internet die als
▷alphanumerischer Name zusammengefasste Gesamtheit von
▷IP-Adressen mit allen ▷Servern, welche organisatorisch oder inhaltlich im Internet oder Intranet sichtbar zu dieser Gesamtheit
gehören; z. B. eine Unternehmung, eine Regierung, eine Militär-
verwaltung usw.: springer.com adressiert die Gesamtheit aller im
Internet sichtbaren IP-Server des Springer-Verlags

Domain, top Level -, second(ary) Level -

1. TLD; gemäss der ▷Root Zone File hierarchisch oberste Unterteilung der Anbieter im Internet; „generisch" sind: .com: kommerziell; .org: Non-Profit Organisationen; .net: (privat verwaltet für) Netzwerk-Anbieter; .gov: Regierungsstellen (USA); .edu: Bildungsstätten (USA); .mil: militärische Stellen (USA); diese Menge der generischen TLDs erhielt durch die ▷ICANN im Herbst 2000 folgenden Zuwachs: .biz: Unterhaltungsindustrie; .info: Informationsanbieter (wer ist das nicht?); .name: Privatpersonen; .pro: Berufsgruppen; .museum: Museen und Galerien; .aero: Aviatik; .coop: genossenschaftliche Betriebe; ferner gibt es über hundert Landeskürzel (country code TLDs) wie .eu, .ch oder .de; seit Mai 2010 sind internationale TLD in Betrieb, siehe ▷IDN; frei wählbare TLD waren für 2009 geplant ... 2. second Level Domain names unterteilen die Anbieter in zweitoberster Hierarchie: springer weist eindeutig auf einen Inhaber/Anbieter innerhalb der TLD .com

D

Dongle

Kunstwort; spezieller Stecker oder Kupplungsstück an die ▷serielle bzw. ▷parallele Schnittstelle, heute auch an ▷USB; der D. kann von einer Applikation angerufen werden und liefert eine ▷Identifikation zurück; damit sind z. B. Raubkopien auf Zweit-Computern ohne D. nicht lauffähig; auch Hardlock genannt; um die Entstehung der Bezeichnung ranken sich Legenden: die eine rückt den D. in die Nähe eines anatomisch brisanten Begriffs, die andere weiss von einem Programmierer Don Gall, der über Raubkopien seiner Produkte genervt gewesen sein soll

Doorway (Modus)

Betriebsmodus von ▷Terminalprogrammen, in welchem nebst ▷Zeichen auch sämtliche, durch eine Tastenkombination bewirkten ▷Kommandos dem Host übermittelt werden; dieser Modus muss u. U. aktiv sein, wenn ein ▷Front Door oder ▷Watch Dog Programm einen Anruf entgegennimmt; der Host reagiert nun auf alles, was mit der Tastatur passiert: Also, viel Glück beim Verlassen dieses Modus!

Doppelklick, Dreifachklick

Grundoperation mit der Maus: zweimaliger ▷Klick mit der Maustaste innerhalb vorgegebener Zeit; die Zeit zwischen zwei Klicks, ab welcher sie als D. gelten, ist in aller Regel einstellbar; der D. öffnet oder lädt meist ein Objekt; der D. sollte ab ▷Windows 95 aufgehoben werden, die Absicht prallte jedoch am Gewohnheitstierchen Mensch ab; der D. hat heute oft in der rechten Maustaste eine Alternative; der Dreifachklick war in ▷NeXTStep breit implementiert und ist dort mit diesem untergegangen, existiert vereinzelt noch z. B. unter Mac OS zum Markieren eines Abschnittes (zusammen mit <Shift>)

D

Doppelwort

Siehe unter ▷Langwort

DOS, DoS

1. Disk Operating System; in der ursprünglichen Bezeichnung (▷Mainframes) ein ▷Betriebssystem für Computer mit Direktzugriffsspeicher (Platten); später dann synonym für PC-DOS / ▷MS-DOS; 2. ▷Denial of Service

Dot

Siehe unter ▷Punkt

Dot File

Datei, deren Name mit einem Punkt beginnt und die in ▷Unix / ▷Linux deshalb als „versteckt" gilt und so behandelt wird; üblich für ▷Konfigurationsdateien; vergleiche ▷Attribut in der Windows-Welt

Dot.Gone

Wortschöpfung in der Katerstimmung anlässlich der Implosion der ▷Dotcom- und ▷Telco-Euphorie in den Jahren 2001 und 2002

Dotcom, dot.com
Sammelbegriff für kommerzielle Anbieter im ▷WWW, deren
▷Domänenname die ▷TLD ▷.com trägt

Dotcommer, Dotcommy
Junge Rasse in der Spezies Homo sapiens sapiens mit folgenden
Merkmalen: mehrheitlich maskulin, gepflegtes Fell, grosse Mobilität, exzessives Kommunikationsverhalten und schnelle Fortbewe-
gung, widmet einen überdurchschnittlichen Teil des Tages dem
Anlegen von monetären Vorräten bei stark reduziertem Schlafbe-
darf, die Nahrungsaufnahme passiert hastig, oft mobil und ohne
traditionelle Werkzeuge; charakterlich, z. B. in den Bereichen soziale und ökologische Kompetenz, ist der Zuchterfolg umstritten

Dotfuscator
Der ▷.NET- ▷Obfuscator, also das konkrete Produkt im Rahmenwerk

Dotted (Quad) Notation
Herkömmliche Darstellungsweise von ▷IP-Nummern in der Form
aa.bb.cc.dd, wobei aa ... je den Wertebereich eines ▷Bytes haben
(0 ... 255) und ▷dezimal oder ▷hexadezimal dargestellt sind

double (float)
1. (▷Deklaration für) Standard- ▷Datentyp in vielen Datenbank-
und Programmiersprachen für eine 2. ▷Fliesskomma-Zahl zu
64 Bits, also prozessorintern eine ▷Maschinenzahl im Format
„double Precision" von ▷IEEE 754-1985 bzw. ▷IEC 559:1989

Doublette
Gemäss Duden: ▷Dublette

Doublin Core Metadata Initiative
Non-Profit Organisation, die generische Standards für ▷Metadaten
in ▷Applikationen erarbeitet; vereinheitlichte Metadaten erhöhen

die Interoperabilität entscheidend; auf Ebene ▷WWW vergleichbar mit ▷RDF; der Service der D. umfasst ein Metadata Element Set, eine Namespace Policy, eine Metadata Registry u. a.; gegründet 1994 von Forschern des OCLC (Online Computer Library Center); seit 2008 unabhängig in der Rechtsform Ltd.; www.doublinecore.org

DOW()
Day Of Week; in vielen Programmier- und Datenbanksprachen vorkommende ▷Funktion für die Ermittlung des Wochentags zu einem bestimmten Datum in Form einer ▷Ganzzahl

D

Dowload, Drive-By -
Ein ▷Attackenmuster, siehe dort

DOWN()
▷Primitivum zur ▷Dekrementierung eines ▷Semaphors; wird dieses dadurch negativ, geht der aufrufende ▷Prozess / ▷Thread schlafen in den Zustand „wartend"; oft auch WAIT(); siehe ▷SLEEP() und ▷UP()

Downlink
Signalempfang von einem terrestrischen Anbieter oder gar vom Satelliten

download
Trotz Duden: siehe unter ▷herunterladen

Downsizing
Ökonomisch motivierte Redimensionierung der betrieblichen Datenverarbeitung auf kleinere organisatorische Einheiten sowie kleinere Computersysteme

Downstream
Datenstrom vom Knoten oder Anbieter zum Anwender; meist das Mass für die Transfergeschwindigkeit in diese Richtung; siehe auch

▷Upstream; begrifflich nahe bei aber nicht identisch mit ▷Down-
link

Downtime
Relatives Mass für die Zeit, während der eine zentrale ▷Ressource,
z. B. der ▷Server, nicht verfügbar ist; siehe auch ▷Verfügbarkeit

dpi
Dots per Inch; Mass für die ▷Dichte der ▷Punkte in einem
▷Bitmap ▷Dokument oder bei Geräten mit einer punktorientierten
Wiedergabe in Punkten pro ▷Zoll; vergleiche ▷cpi, ▷bpi, ▷tpi

DPL
Digital Power Line; ▷digitale ▷Signalübermittlung per Stromkabel;
siehe auch ▷PLC

DPMS
Display Power Management Signaling; Signalisierung des Bild-
schirms durch die ▷Grafikkarte bezüglich Energiezuständen;
▷Standard von ▷VESA

DQDB
Distributed Queue Dual Bus; Technologie zur ▷breitbandigen Vernetzung von ▷MANs bis 70 km Durchmesser nach ▷IEEE 802.6;
zwei gegenläufige ▷Bussysteme auf ▷Glasfaserbasis; Datentransport in ▷Zellen zu 53 Bytes; Übertragungsgeschwindigkeit 140 Mbps;
DQDB ist quasi die kommunikative Einstiegsdroge in ▷ATM und
damit ins breitbandige ▷ISDN

DQL
Data Query Language; ▷Sprache mit ▷syntaktischen Regeln zur
▷Abfrage von Daten, Datenbeständen oder Datenbanken bzw. zur
▷Selektion, Auswertung usw. derselben; die Quasi-Standard DQL
für die Manipulation von ▷relationalen Datenbanken ist ▷SQL mit

im Wesentlichen der Anweisung ▷SELECT; siehe auch ▷DCL,
▷DDL, ▷DML und ▷DSDL

DQPSK
Differential Quadrature Phase Shift Keying; ▷IEEE 802.11 konformes ▷Modulationsverfahren für Datenraten bis 2 Mbps

Draft
Entwurf, Rohfassung (engl.)

drag and drop
Ziehen und fallen lassen: Maustaste drücken und gedrückt halten –
Maus bewegen – Maustaste loslassen; ein weiterer Schritt zum metaphorisch Konkreten in grafischen ▷Benutzungsoberflächen: Beispiel: das Bewegen eines Objektes zum Abbild des ▷Druckers löst
einen Druckvorgang aus ...

drag, Dragging
Operation mit der Maus: Bewegen eines Objektes oder des „Gum-
mizugs" während die Maustaste gedrückt ist

DRAM und DRAM, advanced -
Siehe unter Dynamic ▷RAM

DRAM, Rambus -
Siehe unter ▷RDRAM

DRDoS
Distributed Reflective Denial of Service; ▷dienstbeeinträchtigende
Attacke, welche die normale Funktion von Aktivkomponenten im
Netzwerk ausnutzt, so z. B. einen DNS-Service, dem man eine An-
frage mit falscher Adresse zustellt und damit die Antwort(en) ge-
bündelt) auf ein Opfersystem leitet

Dreiwertlogik
Siehe unter dreiwertige ▷Logik

DRI
Declarative Referential Integrity; Errichtung der referenziellen ▷Integrität durch ▷SQL mit FOREIGN KEY ... REFERENCES – dies im Gegensatz zur explizit ▷prozeduralen Sicherstellung der Integrität in Form eines ▷Triggers

Drill(ing) down
In die Tiefe bohren; Detaillierung der Sicht auf einen ▷Würfel durch feinere Auflösung einer ▷Dimension oder Hinzufügen einer solchen; eine ▷OLAP Operation; vergleiche ▷Dicing, ▷Slicing

Drill(ing) up
In die Höhe bohren; Vergröberung der Sicht auf einen ▷Würfel durch geringere Auflösung einer ▷Dimension oder Wegnehmen einer solchen; eine ▷OLAP Operation; auch Roll(ing) up; vergleiche ▷Dicing, ▷Slicing

Drive
Siehe unter ▷Laufwerk

Driver
Siehe unter ▷Treiber

DRM
Siehe unter ▷Digital Rights Management

drop down Listenfeld
Kleines ▷Rollladenmenü mit einzeiligen ▷Optionen, unter welchen eine (meist zwingend) angewählt wird (werden muss); das d.d.L. klappt durch Klick auf ein Pfeilchen nach unten auf

Dropper

Einbringer; als ▷Virus-D. ein Programm, welches das (selbst nicht bewegungsfähige) Virus ins System trägt, also in der Regel ein ▷Trojanisches Pferd und damit ▷Malware

DRRAM

Direct Rambus RAM; siehe ▷RDRAM

Drucker

Ausgabegerät zur Erstellung von Papier- ▷Dokumenten; zwei Hauptkategorien: Impact D. sind solche mit mechanischer Bearbeitung des Papiers (Kettend., Nadeld., Typenradd. usw.); Nonimpact D. arbeiten auf ▷thermo- oder fotochemischer Basis bzw. mit der ▷Laser- oder ▷LED-Technologie und Trockentoner oder sie besprühen das Papier mit winzigen Tintentropfen als ▷Tintenstrahldrucker; thematisch verwandt mit dem ▷Plotter

D

Drucker, Laser-

Nonimpact Seitendrucker mit einem Arbeitsprinzip analog dem Fotokopierer: statische Aufladung des Papiers – Adhäsion des Trockentoners – Fixierung; Einsatz als Schnell- und Schönschriftdrucker sowie im ▷Desktop-Publishing

Drucker, LED-

Neuere Technologie für Nonimpact Seitendrucker: noch weniger Mechanik, keine Umlenkspiegel wie beim Laserdrucker; physikalische Prinzipien ansonsten wie bei diesen

Drucker, Matrix-

Impact oder Nonimpact Drucker, welcher die zu druckenden Zeichen aus Punkten zusammenstellt; Beispiele: Nadeldrucker, Tintenstrahldrucker, weniger verbreitet sind Thermodrucker oder Thermotransferdrucker mit Punkte-Matrix

Drucker, Seiten-

Sammelbegriff für sämtliche Druckertechnologien, bei denen die Information nicht zeilenweise (z. B. Typenraddrucker), sondern seitenweise aufgebaut wird; siehe auch ▷Zeilendrucker

Drucker, Tintenstrahl-

Nonimpact Matrixdrucker, bei dem die einzelnen Punkte als Tintentröpfchen (Bubble) auf das Papier gesprüht werden; der Tintenstrahl kann thermisch oder mechanisch durch einen elastisch verformten Piezo-Kristall ausgelöst werden; auch Bubble Jet genannt

D

Drucker, Zeilen-

Sammelbegriff für sämtliche Druckertechnologien, bei welchen die Information ▷unidirektional oder ▷bidirektional zeilenweise (Matrix-, Typenraddrucker) aufgebaut wird; siehe auch Seitendrucker

DRW

Dateiformat für ▷Vektorgrafiken von Micrografx, 16 Millionen Farben sowie entsprechende Dateinamenserweiterung (.DRW für draw)

DRY

Don't Repeat Yourself; bedeutsames Paradigma in der Software-▷Architektur resp. ▷Applikationsentwicklung; es prädestiniert die explizite Bildung und Sammlung von ▷generischer Funktionalität zur Effizienzsteigerung, aber auch die Gestaltung von Programmiersprachen, die dies möglichst unterstützen

DS

1. Double Sided, nicht mehr geläufig; 2. Drive Select, also eine Laufwerksadresse

DSA

Digital Signature Algorithm; von David Kravitz entwickeltes, asymmetrisches ▷Kryptografie-Verfahren mit digitaler Signierung und ▷Schlüsselmanagement

DSDL
Data Storage Description Language; maschinennahe Sprache in Datenbanksystemen, welche sich mit der ▷physischen Organisation von Daten befasst; siehe auch ▷DCL, ▷DDL, ▷DML und ▷DQL

DSL
Ab Ende 1996 gross ins Gespräch gekommene „Digital Subscriber Line"; eine ▷ISDN an Geschwindigkeit in den Schatten stellende, ▷digitale ▷Netzwerkverbindungs- und Zugangstechnik für die ▷Letzte Meile; Telefonie- und Daten- ▷Dienste via Kupfer-Mietleitung mit einer ▷Transferrate von bis zu 9 Mbps ▷Downstream im Dienst ▷ADSL und möglichen 52 Mbps im geplanten Dienst ▷VDSL; Feldversuche mit ADSL in vielen Ländern ab Ende 1996; heute produktiv und im Angebot vieler ▷Telcos; bei ▷ITU-T besteht dazu die umfangreiche Normenfamilie G.990

DSML
▷Directory Services Markup Language; ▷XML erweiternde Such- und Verwaltungssprache für den Zugriff auf ▷Metadaten, welche via XML zugänglich sind

DSN
Data Source Name (siehe unter ▷ODBC); eine „User DSN" ist für den aktuellen Benutzer, eine „System DSN" für alle Benutzer in der ▷Registry und eine „File DSN" als separate ▷Datei eingetragen

DSP
Digital Signal Processing; von Texas Instruments stammende Technologie zur ▷digitalen Verarbeitung ▷analoger Signale (Ton, Sprache) durch die Zusammenarbeit zwischen einem speziellen ▷Chipsatz und dem Betriebssystem

DSR
Data Set Ready; heute besser ▷RFS: Ready For Sending: Signal der ▷DCE (▷Modem) an die ▷DTE (Computer), dass sie bereit ist (einge-

schaltet und initialisiert) und u. U. auf ein ▷RTS wartet oder seinerseits ein ▷CTS senden wird, um eine Datenübertragung einzuleiten

DSS

1. Digital Signature Standard; durch das ▷NIST 1991 normierte Infrastruktur für digitale ▷Signaturen; ▷RSA oder ▷ECC für die
▷Kryptografierung, ▷SHA fürs ▷Hashing, ▷DSA oder RSA für die
Signatur, RSA für den Schlüsseltausch; 2. Decision Support System;
entscheidungsunterstützendes System; siehe unter ▷MIS

D DSSS

Direct Sequence Spread Spectrum; ▷Modulationsverfahren aus den
1940er Jahren für Funkverbindungen über eine grosse ▷Bandbreite
von Funkfrequenzen; den Nutzdaten werden redundante Bits bei-
gefügt und insgesamt dem ▷Träger aufmoduliert; so können
mehrere Teilfrequenzen eines Bandes gleichzeitig benutzt werden;
D. eignet sich sehr für den Datenfunk im ▷WLAN-Bereich (▷IEEE
802.11b), weil es wenig anfällig ist für ▷Rauschen und ▷Interfe-
renzen; siehe auch ▷FHSS

DSVD

Digital Simultaneous Voice and Data; nicht ▷normierte Spezifika-
tion zur simultanen Übermittlung von Stimme und Daten über
▷Modems; simultan meint die Übermittlung bei einer aufgebauten
▷Sitzung, jedoch nicht Stimme und Daten gleichzeitig

DTA

▷Datenträgeraustausch, Dienstleistung der Schweizer Banken zum
Übermitteln digitalisierter Finanzdaten sowie entsprechendes
▷Dateiformat

DTD

Document Type Definition; Syntax des ▷W3C für das Inhaltsmodell von ▷XML-Dokumenten; das selbst nicht als XML-Dokument
vorliegende Schema definiert u.v.a., wie Elemente und Attribute im

▷Instanz-Dokument heissen, in welcher Sequenzierung und wie oft sie vorkommen können oder wie sie geschachtelt sein müssen; DTD war früher die einzige Syntax, welche diese Aufgabe erfüllt, sie wird seit 2001 aber zusehends abgelöst durch ▷XML-Schema

DTE
Data Terminal Equipment, Datenendeinrichtung (DEE); in der Datenübermittlung als ▷terminaler Sender oder Empfänger wirkende Geräteeinheit (▷Terminal oder PC)

DTMF
Dial Tone Multi Frequency; ▷Tonfrequenz-Wahlverfahren in der ▷Telefonie; die Telefon-Sitzung wird durch speziell ▷modulierte Tonsignale aufgebaut; eine so angewählte Telefonzentrale muss dieses Wahlverfahren unterstützen; dies wird durch alle ▷digitalen Zentralen erfüllt und entsprechend sind mittlerweile fast alle ausgerüstet; der bei ▷Modems entsprechend einzustellende Parameter ist meist „Ton", im Gegensatz zu „Puls"; DTMFs werden auch für die Durchgabe von ▷Credentials oder Zahlencodes (z. B. beim Phone Banking) verwendet; DTMF kann abgehört und durch externe Tongeneratoren simuliert werden

DTP
1. ▷Desktop-Publishing; 2. Data Transfer Process: in ▷FTP laufender Prozess

DTR
1. Data Terminal Ready; Signal der ▷seriellen Schnittstelle ▷V.24; damit signalisiert die ▷DTE (z. B. der ▷PC) der ▷DCE (z. B. dem ▷Modem), dass sie empfangsbereit ist und auf ein ▷CTS wartet; 2. Desktop Reproduction; Erweiterung des ▷Desktop-Publishing, bei welchem auch Klänge und Movies mit einbezogen sind und das erweiterte Möglichkeiten zur Bildbearbeitung bietet

dual homed

Ein ▷Proxy, ▷Router oder eine ▷Firewall, der/die mit zwei Netz-werkkarten (zwei ▷NICs, je eine nach „innen" und „aussen") ver-sehen ist und bei der ▷IP Forwarding sowie ▷Routing ausgeschal-tet sind; so wird jedes Paket untersucht und erst danach an die andere Karte weitergereicht; siehe auch ▷multi homed

dual Port

Baustein, z. B. Speicherbaustein mit zwei ▷Zugriffspfaden z. B. in ▷Mehrprozessor-Systemen oder bei Systemen, in welchen zwei Computer am selben Arbeitsspeicher teilhaben

D

dual, Dualzahl

Zweiheit (lat.); Zahl im zweiwertigen Zahlen- und Stellenwertsys-tem mit den Ziffern 0 und 1 und den Stellenwerten 2^0, 2^1, 2^2 usw.

Dualband

Paralleler Betrieb zweier Frequenzbänder (900 MHz und 1'800 MHz) in der ▷Mobiltelefonie zur Entlastung des beanspruchten 900-MHz-Bandes

Dublette

Doppel, Duplikat (lat.); in unserem Kontext sind damit meist dop-pelt vorhandene ▷Datensätze in ▷Datenbanken gemeint; diese können bei semantischer Gleichheit in der Schreibweise mehr oder weniger voneinander abweichen, weshalb Methoden mit unschar-fen Mengen verwendet werden müssen (z. B. ▷Fuzzy, ▷Leven-shtein-Distanz)

DÜE

Datenübertragungseinrichtung; unüblich für ▷DCE

Due Care

Sorgfalt im Umgang mit sicherheitsrelevanten Daten; siehe auch ▷Due Diligence

Due Diligence
Sorgfaltspflicht, bestehend in der Wahrnehmung und Auswertung von Bedrohungen aller Art für die Datenbestände; das enspre-chende Handeln ist die ▷Due Care; beides sind rechtlich relevante Begriffe und in der angelsächsischen Literatur entsprechend stark präsent

Duke
Herzog; Maskottchen von ▷Oak und ▷Java; erblickte 1992 das Licht der Welt

D

Duktus
Zug (lat.); in der Typografie: Art von Auf- und Ab-Linien bei Buch-staben

Dummy
Attrappe; Parameter, Attribut, Funktion, Anweisung usw. mit rei-ner Attrappenfunktion, z. B. zu Füll- oder Testzwecken; auch Blind-wert, Platzhalter

Dump
Müllhalde, Lager; 1. Auszug des ▷Speicherinhalts in ▷hexadezi-maler Form; 2. Gesamtheit der Systemmeldungen nach einem besonderen Vorkommnis, z. B. ▷Absturz; die analoge Ausgabe des Fehlerpunktes bei Applikationen hingegen heisst eher „Stack Trace" oder auch „Call(er) Path"; 3. alternative Bezeichnung für die ▷Datenarchivierung, den ▷Backup, bzw. entsprechendes ▷Kommando: dump

Dungeon
Verlies; ▷Spiel für mehr Gänsehaut

duplex, halb-/voll-, half -/full -
Doppel (lat.); Datenübertragung in beide Richtungen, nicht gleich-zeitig bzw. gleichzeitig; vergleiche ▷Simplex

Duplikat, Duplizierung
Doppelwert, Verdoppelung (lat.); die konkrete Bedeutung muss dem Zusammenhang entnommen werden; Beispiel 1: Festplatten-▷Spiegelung mit durchgängig ▷redundanten Komponenten; Beispiel 2: ▷Dublette

Durchsatz
Siehe unter ▷Datendurchsatz

Durchschuss
In der Typografie: Raum zwischen zwei Druckzeilen

D

durchsuchen
Sequenzielles ▷Zugreifen auf jeden ▷Datensatz (▷Tupel) einer ▷Datenstruktur zwecks Analyse und/oder Behandlung dieses Elements; unterscheide dazu ▷suchen

DV(A)
Datenverabeitung(sanlage)

DVB
▷Digital Video Broadcasting

DVD, DVD-ROM, DVD-R, DVD-RAM, DVD+RW, DVD-nn, DVD-DL
Anfänglich Digital Video Disc, später Digital Versatile Disc; optional zweiseitig und zweilagig beschriebener, optischer Datenträger vom physikalischen Format einer ▷CD mit der Kapazität eines ganzen, vielfach vertonten Spielfilms für Computer und TV – maximal 17 GBytes dank engerer Spiralabstände und kürzerer Pegeldellen; ▷MPEG 2-Kompressionstechnik und eigenes Laufwerk; breite Markteinführung der nur lesbaren DVD-ROM ab Frühjahr 1998; ab 1999 wurde die einmalig (DVD-R), später die mehrmalig beschreibbare (DVD-RAM) Platte in Serie produziert; die DVD+RW ist ein Sonderzüglein von Philips und Sony für eine mehrfach beschreibbare DVD, die indessen völlig DVD-ROM kompatibel ist;

DVD-nn gibt die Kapazität in nn GBytes an; DVD-DL ist eine Double Layer DVD, bei der dem Laser zwei Schichten zum Lesen/ Schreiben zur Verfügung stehen, fast alle Filme sind heute auf DVD-DL gebrannt, und die meisten heutigen Brenner können DVD-DL beschreiben, aber eine Abklärung vorher ist empfehlenswert

DVI

1. Digital Video Interactive; siehe dort; 2. Device Independent File: universelle, geräteunabhängige Datei aus ▷TeX und ▷LaTeX, welche erst am Zielgerät zu einer gerätespezifischen, typografischen Gestaltung wird; 3. Digital Visual Interface: voll digitale Schnittstelle für – vor allem flache und ebenfalls digitale – Bildschirme sowie Geräte der Unterhaltungselektronik

D

DWDM

Siehe unter Dense Wavelength Division ▷Multiplexing

DWH

Siehe unter ▷Data Warehouse

DXF

Data Exchange Format; Dateiformat für ▷Vektorgrafiken von AutoCAD; wird heute auch als quasi-standardisierte Datenschnittstelle anerkannt

dyadic, dyadisch

Zweiwertig (griech.); im Sinn von: mit zwei Operanden rechnend; oft auch – aber dann etwas missverständlich: ▷binär; Gegenteil: ▷monadisch resp. unär; siehe auch ▷nulladisch und ▷Operator

Dynamic Execution

Markenzeichen von ▷Intel für eine Technologie ab ▷Pentium Pro: ▷Prefetch sowie ▷spekulative Vorwegnahme und Bereitstellung von bis zu 30 Instruktionen

dynamisch

Schwungvoll (griech.); 1. Informatik allgemein: den aktuellsten Be-
dürfnissen/Gegebenheiten angepasst, sich laufend erneuernd und
damit Rechenleistung oder Programmieraufwand benötigend; das
Gegenteil wäre: ▷statisch, fest vorgegeben, ▷determiniert; Beispiele: d. Variablen in einer Programmiersprache entstehen in der
▷Laufzeit des Programms, haben i.d.R. keinen absoluten Namen
und müssen deshalb mit ▷Zeigern ▷referenziert werden; d. Datenaustausch meint die Weitergabe von stets aktualisierten Daten an
ein Zieldokument; 2. in der ▷Digitaltechnik: Bausteine, die nicht
primär auf logische Zustände, sondern auf Zustandswechsel
(▷Flanken) reagieren; Beispiel: die Flanken des Mikroprozessor-
Taktes (und nur diese) schieben die Verarbeitung weiter, siehe
auch ▷Schaltwerk; das Gegenteil ist ▷statisch

Dynaset

Dynamisches, tabellarisch dargestelltes Ergebnis einer Datenbankabfrage; der D. erlaubt die ▷Mutation der Quelldaten aus diesem
Ergebnis heraus; dynamisch ist der D. insofern, als das ▷DBMS die
Formulierung der Abfrage speichern kann (dann eine Sicht, sowohl
in ▷Query by Example als auch ▷SQL), nicht aber das Ergebnis;
dieses wird bei Ausführung der Abfrage aktuell berechnet; Gegenteil: ▷Snapshot

E

E-Assessment
Durchführung von schulischen Prüfungen ausschliesslich mit elektronischen Mitteln, also am Computer und ohne Papier; die technologische Herausforderung besteht einerseits in der hinreichenden Isolierung der Prüfungsrechner, andererseits in guter Effizienz beim Erstellen und Korrigieren zahlreicher Tests, beachte ▷SCORM, ▷AICC, ▷IMS; die juristische Herausforderung besteht in der Definition, wann eine Prüfung möglichst unanfechtbar rechtsgültig im Sinne der ausbildenden Institution ist; mitunter kann schon ein zufälliges Ändern der Reihenfolge von Fragen zur Verhinderung des Abschreiben zum Diskussionspunkt werden

E-Business, Electronic Business
Elektronisches Geschäftswesen; Sammelbegriff für alle Formen von Beziehungen unter Geschäftspartnern übers ▷Internet bzw. hauptsächlich dessen ▷Web; streng genommen steht der Begriff über ▷E-Commerce, weil dieser eher die Beziehungen „Business to Consumer" ausdrückt

E-Commerce, Electronic Commerce
Elektronischer Handel; Sammelbegriff für das Marketing und die Distribution von Waren, Dienstleistungen und Wertpapieren übers ▷Internet bzw. hauptsächlich dessen ▷Web

E-Government
Abwicklung von Geschäftsprozessen zwischen Bürger und öffentlicher Hand übers ▷Web

E-Learning
Telelernen mit dem ▷Web als Transportmedium; siehe auch unter
▷Distance Learning

E-Mail, electronic Mail
Meldungs- und Korrespondenz-Vermittlung auf dem Datenweg;
der Absender kann der Empfängerin Meldungen in einem persön-
lichen Briefkasten (▷Mailbox) ablegen, wo sie abgeholt, gelesen,
beantwortet, weitergeleitet oder gelöscht werden können; mit E. im
Zusammenhang stehende ▷Protokolle sind ▷SMTP, ▷IMAP und
▷POP, ferner die Spezifikation ▷MIME, weitergeleitet werden
Mails durch ▷MTAs

E-Procurement
Unterstützung des Einkaufsprozesses mit elektronischen Mitteln,
meist aber ▷webbasiert, an der Schnittstelle Verkäufer – Einkäuferin

E.164
Initiative der ▷IETF für ein weltweit gültiges ▷Telefonnummern-
system; siehe auch ▷ENUM

EAI
Enterprise Application Integration; Oberbegriff für Projekte,
Methoden und Werkzeuge zur wechselseitigen Verbindung herkömmlicher oder neu entwickelter Anwendungen, z. B. mit ▷Web-
diensten

EAP, EAPoL, EAPoW, EAP-TTLS
Extensible Authentication Protocol; Transportmechanismus für verschiedene zusätzliche ▷Authentisierungsvarianten über ▷PPP, u. a.
▷MD5-▷Challenge (▷CHAP mit MD5), One-Time Password (OTP)
gemäß RFC 1938 und „Generic Token Card" (GTC), die eine allgemeine Erweiterungsmöglichkeit darstellt; als Authentisierungsser-
ver fungiert ▷RADIUS; beschrieben in RFC 2284; EAPoL: EAP over
▷LAN; EAPoW: EAP over ▷WLAN; EAP-TTLS: Tunneled TLS EAP

EAR
Enterprise Archive; Dateiformat zum Deployment von ▷Java EE Applikationen auf ▷Java Application Server

EAROM
Electrically Alterable Read Only Memory; durch elektrische Impulse änderbares ▷ROM; funktional wie ▷EEPROM

EBCDIC
Extended Binary Coded Decimal Interchange Code; 8-Bit-Zeichen-Code in der Welt der ▷IBM ▷Mainframes; nicht kompatibel zum ▷ASCII und ▷UTF

E

Ebene, Ebenennummer
In ▷Baum: Anzahl der ▷Knoten auf dem ▷Pfad vom fraglichen Knoten bis zur ▷Wurzel, jedoch ohne diese selbst: die Wurzel hat E. null, jedes Kind liegt auf E. 1 und jeder Enkel auf E. 2

EBNF
Extended ▷Backus-Naur-Form (siehe dort): erweiterte und noch tiefer gehend formalisierte Metasprache zur Beschreibung der ▷Grammatik und ▷Syntax von ▷Sprachen in der Informatik; ▷ISO/IEC 14977:1996; die meisten heutigen Syntaxbeschreibungen basieren auf der EBNF

eBook
Elektronisches Buch; Publikation eines Buchinhalts in ▷HTML und ▷XML und Wiedergabe auf u. U. spezialisierter Hardware; die Entwicklung wird verfolgt von einer „Open eBook Authoring Group"; siehe ferner ▷OEB

EBSS
Extended Basic Service Set; drahtloses ▷Netzwerk mit sich überlappenden Sendebereichen mehrerer Wireless ▷Access Points; siehe auch ▷BSS und ▷IBSS

EBV
Elektronische Bildverarbeitung

ebXML
Electronic Business XML; ▷XML-Anwendung von ▷UN/CEFACT und ▷OASIS mit einer ersten Version aus dem Jahr 2000: Rahmenwerk für einen sicheren XML-basierten elektronischen Handel im ▷B2B, also namentlich zur Absicherung von Finanztransaktionen

EC
Siehe unter ▷Echo Compensation

ECAD
Elektronical/elektronisches ▷CAD; präziser: CAD für den Entwurf von elektronischen Schaltungen

ECC
Error Correcting Code; Sammelbegriff für die fehlerkorrigierende Codierung binärer Wörter; weitere Erklärungen unter ▷Code, fehler ...; 2. Elliptic Curve Cryptosystem; ▷Elliptische-Kurven-Kryptosystem

Echelon
Man munkelt, es gebe es, genau wissen tut es fast niemand, die Regierungen hüllen sich in Schweigen: die Rede ist von einem globalen Aushorchsystem des CIA und verbündeter Geheimdienste, welche sämtliche auf ▷digitalen Medien basierende ▷Kommunikation mitlauschen; bloss zum Beobachten von Wolkenbildern und Vögelzügen stehen wohl kaum Dutzende gigantischer Parabolantennen auf einem streng bewachten Gelände in England (mit Aussenstationen auch in Deutschland – und viele vermuten auch in der neutralen Schweiz)

Echo

1. hier: Störeffekt, welcher durch ▷Reflexionen am Ende von Signal-
leitern entstehen kann; 2. Signalüberlagerung in der ▷Dfü: ▷Mo-
dems überlagern im ▷Duplexbetrieb zur Geschwindigkeitssteigerung die ankommenden Signale mit abgehenden; in einem
hochkomplexen Verfahren müssen deshalb die ankommenden Signale vom eigenen E. befreit werden; 3. Anzeige der Meldungen des
▷Hosts auf dem ▷Terminal; 4. bestätigende Anzeige der Betriebs-
system-Kommandos bei der Abarbeitung eines ▷Batch-Programms

Echo Cancellation/Compensation

▷Multiplex-Verfahren in ▷ADSL, welches vorsieht, dass dem langsameren ▷Upstream ein Teilbereich der ▷Bandbreite für den
schnelleren ▷Downstream zugewiesen wird; dadurch hat Downstream eine grosse Bandbreite, die nur während des Hochladens
von Daten eingeschränkt wird

echoplex

Synonym für ▷duplex

Echtzeit

1. und allgemein: zeitlich unmittelbar, beim Arbeiten; z. B. „Recht-
schreibeprüfung in Echtzeit"; 2. technisch: zwingende Beantwor-
tung, Bearbeitung innerhalb einer festgelegten Zeitschranke; 3. je-
derzeitiger, quasi- ▷rekursiver und direkter Zugriff des Systems
auf seine eigenen Resultate oder zu Änderungen bei Eingabe-
Parametern usw.; wichtig in der Mess- und Steuertechnik; 4. auf die
reale Uhrzeit bezogen; 5. im ▷Modell ebenso lange dauernd wie in
der Realtität

Echtzeit-Uhr

Mikroelektronischer Baustein mit Tageszeit- und Kalenderfunk-
tion, welcher batteriegestützt auch weiter läuft, wenn die Umgebung ausgeschaltet ist

Eclipse

Quelloffene ▷IDE für die Anwendungsentwicklung, ehemals rund um ▷Java, heute aber unter Einschluss diverser anderer ▷Sprachen und Entwicklungssysteme; www.eclipse.org

ECM

Enterprise Content Management; Modelle und Lösungen zur Verwaltung der digitalen ▷Informations- und Wissens- ▷Ressourcen einer Unternehmung

ECMA

European Computer Manufacturers Association; Vereinigung Europäischer Computerhersteller zwecks Normengebung mit Sitz in Genf: „ECMA International is an industry association founded in 1961, dedicated to the standardization of information and communication systems"; man beachte die Unterschiede zwischen ▷Norm und ▷Standard; www.ecma-international.org

ECP

Enhanced Capability Port; besonders leistungsfähige, unter ▷IEEE 1284 (siehe dort) normierte, ▷bidirektionale, ▷parallele Schnittstelle; die Leistungsfähigkeit ergibt sich aus der Unterstützung eines ▷DMA, aus der Verwendung eines ▷FIFO-I/O-Puffers von 16 Bytes sowie von Konfigurationsregistern und ferner aus der ▷Modulierung der Daten; es sind gleichzeitig 128 Geräte anschliessbar

ECS

European Communication Satellite; Europäisches Satellitennetz zur Daten- und Telekommunikation

EDAC

Error Detection And Correction; Fehlererkennung und -korrektur; siehe ▷Code, fehler ...

EDC
Error Detecting Code; Sammelbegriff für die fehlererkennende Codierung binärer Wörter; weitere Erklärungen unter ▷Code, fehler ...

EDGE
Enhanced Data GSM Environment; Datentransfer über das ▷GSM-
Netz mit bis zu 473.6 kbps

EDI
Electronic Data Interchange; elektronischer Datenaustausch; Oberbegriff für Normen und Einrichtungen rund um den Verkehr mit
elektronischen Dokumenten über Systemgrenzen hinweg; im Unterschied zu ▷E-Mail werden EDI-Daten am Zielort weiterverarbei-
tet, z. B. in der betrieblichen Logistik; sie sind deshalb ▷strukturiert

EDIFACT
Siehe unter ▷UN/EDIFACT

editieren
Neudeutsches Wort für das Erfassen bzw. Überarbeiten eines
▷Textes oder ▷Quellprogramms mit der ▷Tastatur; streng ge-
nommen: edieren (dann lat.)

Editor
Herausgeber (lat.); 1. Eingabe- und Korrektur-Teil eines Programms
oder einer Programmentwicklungs-Umgebung (▷IDE, ▷SDK);
2. oft verwendet für die einfachen Anwendungsprogramme mit den
elementaren Funktionen der Eingabe und Korrektur von unformatierten ▷Texten; Beispiele: ▷EDLIN oder EDIT in ▷MS-DOS, Editor
(Notepad) in ▷Windows, ▷TeachText bzw. ▷SimpleText bzw.
TextEdit im ▷Macintosh, ▷vi in ▷Unix

EDLIN
▷ASCII-Text- ▷Editor als Standard-Dienstprogramm unter ▷MS-
DOS bis etwa Version 4; einzeilige Texteingabe und -korrektur;

humoristisch gelegentlich als „Software des (20.) Jahrhunderts"
gehandelt; eben: dieses ist ja mittlerweile auch vorbei …

EDP
Electronic Data Processing; elektronische Datenverarbeitung

Edutainment
Educating Entertainment; unterhaltsames Lernen, wie es der Computer (hie und da) bietet

EDV
Elektronische Datenverarbeitung; der Begriff wird eher für die ope-
rationale, betriebliche Sicht der ▷Informations- und ▷Datenverar-
beitung gebraucht und zusehends durch ▷IT abgelöst; dies wahrscheinlich deshalb, weil er so aussagekräftig war …

EDVAC
Electronic Discrete Variable Automatic Computer; 1944 durch John
von ▷Neumann entworfener ▷Elektronen- ▷Rechner, der 1952
von den Pionieren John Presper Eckert und John William Mauchly
fertiggestellt wurde; im Gegensatz zu ▷ENIAC konnte E. die Programme in seinem eigenen Speicher ablegen

EE
Siehe unter ▷EmotionEngine

EEPROM
Electrically Erasable Programmable Read Only Memory; durch
elektrische Impulse löschbares ▷EPROM

Effektivität, Effectivity
Wirkung (lat.); Erfüllungsgrad von Ergebnissen relativ zu den gewünschten Anforderungen; siehe auch: ▷Effizienz

Effizienz, Efficiency

Wirkungsgrad (lat.) von Aktivitäten; in der ▷Systementwicklung: Erfüllen von Anforderungen in minimaler Zeit, unter minimaler Belastung der ▷Ressourcen usw.; siehe auch: ▷Effektivität

EFM

Eight to Fourteen Modulation; ▷Modulation und fehlererkennende/fehlerkorrigierende ▷Codierung der Übergänge zwischen den ▷Pits und ▷Lands einer ▷CompactDisc

EFM, - Task Force

Ethernet in the First Mile; Projekt von ▷IEEE und privater Unternehmungen, darunter ▷Cisco Systems, Ericsson und Nippon Telegraph and Telephone, für eine Verkabelung der ▷Letzten Meile auf ▷Ethernet-Basis mit einfachem Übergang ins ▷MAN und ▷WAN; die „Letzte Meile" bezeichnet je nach Standort eben auch die „Erste Meile" (deshalb: First Mile); die EFM Task Force ist eine entsprechende Projektorganisation der IEEE

EFR

Enhanced Full Rate; Technologie zur Steigerung der ▷Sprachqualität in der ▷Mobiltelefonie; erfordert eine entsprechende Ausrüstung des Mobiltelefons

EFS

Siehe unter ▷Encrypting File System

EFTS

Electronic Funds Transfer System; Spezifikationen sowie Hardware- und Software-Lösungen rund um das elektronische Abwickeln des Geldverkehrs

Egoshooter

Kategorie von Spielprogrammen; Waffe unten rechts, Health unten links, Fadenkreuz in der Mitte: der Bildschirm zeigt dem Spieler die

Sicht, als ob er selbst Teil des Spielgeschehens wäre; man steuert also nicht ein Spielfigürchen, sondern sich selbst durch die ▷3D-Welten, generiert von einer 3D- ▷Engine; meist können eigene 3D-Welten gestaltet werden; Klassiker und Riesen sind Half-Life, Quake, Doom, Unreal, Halo, Counterstrike, Soldiers of Fortune, No One Lives Forever, Far Cry; E. sind oft in der Diskussion wegen expliziter Gewaltdarstellungen; Half-Life wurde für die Freigabe in Deutschland geschnitten und grafisch verändert: statt GIs rennen Roboter, statt Blut und Knochen spritzen Schrauben und Muttern; vergleiche ▷Adventure, ▷Jump and Run

EGP

Exterior Gateway Protocol; auf ▷OSI-Schicht 3, der Verbindungs-schicht, operierendes ▷Protokoll für die Kommunikation zwischen ▷Routern

EIA

Electronics Industries Alliance; 1924 gegründetes, amerikanisches Firmenkonsortium zur ▷Normengebung in der ▷Elektronik; siehe ▷TIA; man beachte die Unterschiede zwischen ▷Norm und ▷Standard; www.eia.org

EIDE, E-IDE

Enhanced ▷IDE; ▷Festplatten- ▷Controller mit schnellerem Daten-Transfer (um 11 bis 16.66 MBytes/s bei EIDE PIO 4) und grösserer Kapazität (über acht GBytes pro Laufwerk) als ▷IDE; erlaubte den Anschluss von vier Geräteeinheiten; ▷PnP-fähig; siehe auch ▷ATA und ▷PIO; abgelöst durch Ultra- ▷DMA oder Ultra- ▷ATA

Eigenschaften

Bezeichnung für eine mit der rechten ▷Maustaste (▷Kontextmenü) unter grafischen ▷Benutzungsoberflächen für fast jedes Objekt aktivierbare Dialogbox zum ▷Konfigurieren dieses Objekts

Eigentum, Eigentümer

▷Rolle mit dem höchst privilegierten Verfügungsrecht über eine Systemkomponente, ein ▷Objekt; E. ist in der Regel die Person oder der ▷Prozess, welche/r das betreffende Objekt erzeugt hat (oder übertragen bekam); E.-Rechte stehen an der Spitze des betreffenden Teilsystems, aber nicht des Gesamtsystems; Beispiel: die Personalchefin ist Eigentümerin der ▷Datenbank- ▷Sicht „personal" und kann gleich oder minder privilegierte Verfügungsrechte weiterreichen; sie hat deshalb noch nicht zwingend auch hohe Privilegien auf sonstige Objekte der Datenbank

Ein-/Ausgabe, isolierte - und speicherbasierte -

Eingliederung des I/O- ▷Controllers in den ▷physischen ▷Adressenraum und Ansteuerung via „normale" Speicherzugriffe anstelle von extra E/A-Befehlen; treffender wäre: isolierte bzw. speicherbasierte ▷Adressierung; vergleiche auch ▷Bus, E/A-

Eingabeaufforderung

Wundersame Bezeichnung für das Bereitschaftszeichen (▷Prompt) auf dem Bildschirm

eingebettet

In ein Übersystem eingebaut; vergleiche ▷Objekt, eingebettetes -; ▷Sprache, eingebettete -; ▷System, eingebettetes -

Einkapselung

Siehe unter ▷Kapselung

einloggen

Siehe unter ▷log in

Einschränkung

Gängiger ist ▷Constraint

Einstiegspunkt
1. bei ▷objektorientierten oder verteilten Programmen die ▷Klasse
mit der ▷Main()- ▷Methode, das Hauptprogramm; 2. bei verzweig-
ten und verknüpften ▷Informationsangeboten der Startpunkt, also
z. B. die ▷Homepage in einer ▷Web-Präsentation

Einwegfunktion
Eindeutige, aber nicht eineindeutige ▷Funktion; wenn in einer
Funktionsgleichung y = f(x) der Funktionswert y bei gegebenem
x relativ einfach zu berechnen ist, bei gegebenem y das Argument
x aber relativ aufwändig, dann liegt eine E. vor; solche E. werden in
der ▷Kryptologie verwendet im Sinne von: „auch wenn du den öffentlichen ▷Schlüssel kennst, kannst du den zugehörigen privaten
daraus nur sehr schwer errechnen", dies, obwohl die Schlüssel den
gleichen Ursprung haben

Einwegfunktion, Falltür-
Im Zusammenhang mit der ▷Kryptologie: E., bei der die Umkehrung mittels einer kleinen Zusatzinformation (Trapdoor oder Fall-
türe) einfach zu bewerkstelligen ist: z. B. die Entschlüsselung unter
Verwendung des privaten Schlüssels; ohne diese Zusatzinformation
sollte die Umkehrung massiv erschwert sein: eine ▷Brute-Force-
Entschlüsselung in Unkenntnis des Schlüssels muss mit zeitge-
mässer Rechnerkapazität eine kleine Unendlichkeit dauern (z. B.
50 Jahre)

Einzug
In der Typografie: abweichende Positionierung des Textes in einem
▷Absatz bezogen auf den üblichen Textrand

Einzug, hängender -
In der Typografie: Einzug der ersten Zeile weiter links als der Rest
des ▷Absatzes; wird oft gebraucht bei Aufzählungen mit Strichlein,
indem die Aufzählungsstrichlein beim h. E. anschlagen und der zugehörige Text nach rechts eingezogen ist

EIR
Equipment Identity Register; zentrale ▷Datenbank aller ▷IMEI-Nummern

EIS
Executive Information System; ▷Informations- und ▷Datensystem für Führungkräfte; beachte die Einträge unter ▷MIS und ▷Information System

EISA
Extended Industry Standard Architecture, erweiterte ▷ISA-Bus-Architektur; Quasi-Standard eines Konsortiums von Herstellern als direkter Gegenpol zum ▷Mikrokanal von ▷IBM; ▷Busbreiten 32 Bits; ▷Bustakt 8.33 MHz, Transfer bis 33 MBytes/s; Multi ▷Master fähig; in der Regel schwarze Steckleiste (allgemein: ▷Steckplatz); abgelöst durch ▷PCI

EJB
Siehe unter ▷Enterprise Java Beans

EL
Expression Language; eigene ▷Sprache zum Formulieren von Ausdrücken innerhalb von ▷Java Server Pages, erkennbar an der Syntax ${ … }; E.-Ausdrücke greifen dynamisch zur Laufzeit auf spezielle Bereiche einer Java Application Server Anwendung zu (z. B. auf ▷Beans oder implizite Objekte: pageScope, pageContext, requestScope, param, cookie usw.) und bieten erweiterte Möglichkeiten zum Auswerten ▷Boole'scher oder arithmetischer ▷Ausdrücke; die Zulassung von EL kann konfiguriert werden: <%@ page isELIgnored="true" %>

Elektronik, elektronisch
Hier: die Lehre von den kleinen Spannungen, Strömen und Leistungen mit ▷Halbleiterbausteinen; elektronisch meint neben „halb-

leitertechnisch" heute oft auch „datentechnisch": Beispiel: ein
e. Telefonbuch ist ein solches auf einem ▷Datenträger, ▷Server usw.

Element
1. Kleinste zu betrachtende Bestandteile in der Mengenlehre, der
Systemtheorie und weiteren Theorien; 2. Bestandteil, Bauteil mit
vielfacher Verwendung in der Informatik; besonders als 2a) rekursive Strukturstufe in ▷XML und anderen ▷Auszeichnungssprachen:
ein ▷Dokument hat ein ▷Wurzele. und besteht aus E.; ein E. enthält
als Inhalt entweder ein oder mehrere E. und/oder einen Wert sowie
optional ▷Attribute (z. B. <tag wert="montag">); 2b) einzelne Ausprägung einer ▷Dimension in einer analytischen ▷Datenbank: die
Dimension „Region" hat die E. Amerika, Europa usw.

Elevator (Algorithm)
Aufzug (-salgorithmus); ▷Algorithmus zur Abwicklung mehrerer
Positionsanforderungen mit der Mechanik des ▷Plattenarms: der
Algorithmus besteht darin, alle Anforderungen, die in eine Richtung
weisen, wie ein Personenaufzug vollständig abzuwickeln und dann
den Arm in die andere Richtung zu bewegen: dies ist a) schonender
als ▷FCFS und vermeidet b) ▷die ▷Fairness-Probleme von ▷SSF

ELF
Executable and Linking Format; Standard-Format für ▷Binärda-
teien in gewissen ▷Unix- ▷Derivaten und ▷Linux

Elgamal
1985 durch Taher Elgamal (gesprochen: Al Gamal) entwickelte,
asymmetrische ▷Public-Key-Infrastruktur; als ▷Einwegfunktion
dient die Berechnung von ganzzahligen Logarithmen; E. ist sehr
langsam

ELisp
Emacs Lisp; in ▷Emacs eingebaute und ▷Lisp sehr ähnliche,
▷interpretierte ▷Programmiersprache

Elite
▷Zeichensatz mit 12 ▷cpi

Eliza
▷Programm, welches durch einfache ▷Algorithmen einem Sprach-satz Kernworte entnimmt, Fragen daraus formt und dadurch einen Psychotherapeuten nachäfft; der Autor Joseph ▷Weizenbaum woll-te zeigen, dass ▷künstliche Intelligenz nicht machbar ist, wurde aber falsch verstanden; das Programm ist benannt nach dem Dra-ma „Pygmalion" von G. B. Shaw, in welchem Liza Doolittle, ein ein-faches Strassenmädchen, auf wundersame Weise in der Gesprächs-therapie zum Liebling der High Society avanciert

Elliptische-Kurven-Kryptosystem
Auch: Elliptic Curve Cryptosystem, ECC; ▷Public-Key-Infrastruk-tur; als ▷Einwegfunktion dienen zwei frei wählbare Punkte, die zu-sammen mit einem dritten, aus ihnen berechneten, auf einer ellip-tischen Kurve liegen (müssen); E. ist auch mit kleinen ▷Schlüsseln sehr sicher aber rechenintensiv

E

EM
▷ASCII-Zeichen 19(H) (25): End of Medium; Ende eines ▷Daten-trägers

EMACS
Editor MACroS; der König der ▷Editoren in ▷Unix: Vollbild-Editor, variierendes Syntax Highlighting, Mail Reader und -Writer in einem; durch seine offene Architektur in ▷Elisp kann E. nach Belieben um zusätzliche interne Funktionen und um externe Pro-gramme erweitert werden, diese werden per ▷stdin oder ▷stdout oder per ▷Hooks mit E. verschmolzen; ursprünglich von Richard ▷Stallman geschrieben; seine etwas monströse Bedienung hat ihm auch die Deutung des ▷Akronyms als „escape-meta-alt-control-shift" eingetragen; andere sehen E. als Akronym für „eight (eigh-teen, eighty) megs and constantly swapping"

embedded
Siehe unter ▷eingebettet

EMC
Electromagnetic Compatibility; Verträglichkeit der elektromagnetischen Eigenschaften eines Geräts mit nationalen ▷Normen

EMC Corporation
Gegründet 1979 von „Dick" Richard J. Egan und Roger Marino in Newton, Massachusetts; kurz darauf wurde von der jungen Unternehmung ein 64 KBytes Memory Board entwickelt und für Prime produziert; in den mittleren 1980er Jahren konnte E. seine Position auf dem Markt mit einer innovativen Serie von Speicherprodukten festigen; 1989 stieg E. in den bislang von ▷IBM beherrschten ▷Mainframe ▷Storage Markt ein; dies wurde durch eine leistungsfähige „Storage System Architecture" möglich und machte schliesslich in den 1990er Jahren E. zum innovativen Marktführer im Storage Bereich; www.emc.com

EMMA
▷Akronym als Zeuge gelegentlicher Anflüge von Humor in der Informatik: European Multimedia Award …

Emoticon
Spezielle ▷Zeichenfolge in der ▷textbasierten Kommunikation (▷Chatting, ▷E-Mailing, ▷Instant Messaging), welche den Text um einen Gefühlsausdruck erweitern soll; die Zeichenfolge liest sich aus einem bestimmten Betrachtungswinkel als Figürchen; Beispiel: der Smiley :-) oder der Traurige :-(oder der Zornige >:-(oder der Erstaunte :-o; geschichtlicher Hinweis siehe unter ▷Smiley

EmotionEngine
Von Sony Computer Entertainment Inc. zusammen mit Toshiba entwickelter ▷Mikroprozessor der Spielkonsole PlayStation 2; der ▷SIMD-Mikroprozessor basiert auf einem ▷RISC-Kern von ▷MIPS

EMS
1. Expanded Memory Specification; damaliger Quasi-Standard zur Überwindung der 640 KBytes-Grenze für den Arbeitsspeicher in MS-DOS; 2. Enhanced Message Service; Technologie von Siemens für Dateianhängsel an ▷SMS-Nachrichten

Emulation
Imitation von Maschinen durch andere Maschinen; Simulation der Verfahren, Parameter oder Konfigurationen anderer Eingabe-, Verarbeitungs- oder Ausgabesysteme; „▷Computer AB kann ▷Terminal XY emulieren"; „Computer X kann Computer Y emulieren", dann gehören X und Y der gleichen Komplexitätsklasse in der theoretischen ▷Informatik an; siehe demgegenüber: ▷Simulation

EMV
Elektromagnetische Verträglichkeit; von vielen Komponenten in der Informatik verlangte Resistenz gegen elektromagnetische Strahlung bis zu einer definierten Stärke und somit ein Begriff aus der Sicherheitstechnik

enable
Ermöglichen; 1. und allgemein: ein Aktivierungs-/Freigabe-Signal in der Mikroelektronik; 2. ▷Signal, mit welchem der Aus-/Eingang eines ▷3-state-Bausteins vom hochohmigen in den niederohmigen Zustand fällt und so ein Nutzsignal durchlässt; 3. Zustand, in dem ein ▷Control bedienbar ist; im anderen Fall erscheint es grau und reagiert nicht auf die Mausbewegungen

Encapsulation
Siehe unter ▷Kapselung

Encoder, encoden
1. Allgemein: Verschlüsseler, ▷Codierer; 2. Audio oder Videosignale in ein bestimmtes Format wandeln, das durch Geräte nicht direkt

wiedergegeben werden kann, das aber Vorteile hat (z. B. Kompression oder Streamingfähigkeit)

Encrypting File System
▷Dateisystem, das in der Lage ist, Dateien und/oder Verzeichnisse (symmetrisch) zu ▷kryptografieren

END, End
1. Anweisung und Markierung des Programmendes oder eines ▷Blockendes in höheren Programmiersprachen; 2. Taste auf der Standard PC-Tastatur zur Positionierung des Cursors/Zeigers an das Ende einer Zeile, in die untere Ecke des Bildschirms oder an das Ende eines Dokuments

Endec
Encoder/Decoder; Einheit im Festplatten-Laufwerk zur ▷Codierung und Decodierung der Daten

Endian, little -, big -
Etwa: „Kleinender" und „Grossender"; Anordnung der einzelnen ▷Bytes eines ▷Wortes bzw. ▷Langwortes im Adressenraum, der „bytemässig" organisiert ist; in der Version little E. (▷Intel ▷Pentium, ▷DEC ▷Alpha und VAX) entspricht die tiefste Adresse dem niederstwertigen Byte des Wortes/Langwortes, in der Version big E. (▷Motorola ▷680xx, ▷SGI, ▷Sun ▷SPARC, ▷IBM RS/6000 und ▷G3/G4) steht das höchstwertige Byte an der tiefsten Adresse; oder anders: in der Version big E. können ▷Hex-Zahlen in einem ▷Dump gleich von links nach rechts Byte für Byte richtig gelesen werden, bei little E. muss die Reihenfolge der Bytes umgekehrt werden; die Bezeichnung geht zurück auf den Roman „Gullivers Reisen" von Jonathan Swift, worin darüber debattiert wird, ob ein Ei am dicken oder dünnen Ende auzuschlagen sei

Endlosschleife
▷Schleife mit fehlender oder unrealistischer ▷Abbruchbedingung, die folglich einen nicht ▷terminierenden Programmlauf bewirkt

Engel, blauer - bzw. Umweltengel
Logo in Deutschland für besonders einfach zerleg- und recycelbare Geräteeinheiten

Engine
Siehe unter ▷Maschine

Engine, 3D-
▷Maschine, die für visuelle räumliche Anwendungen die Bilder ▷rendert mit üblicherweise 25 ▷fps für vollkommen fliessende ▷Animation; Anwendungen sind Spiele (▷Egoshooter), aber auch z. B. Innenarchitekturprogramme; 3D.E. nehmen ein Gittermodell, Texturen, Oberflächenparameter und Koordinaten von Betrachter und Objekten im Raum und rendern korrekt projizierte, schattierte und ausgeleuchtete Bilder; einige grosse 3D.E. auf dem Markt sind Quake Engine, Unreal Engine, CryEngine, Source Engine (verwandt mit Quake)

Engine, Physics -
▷Maschine, die physikalische Gesetzmässigkeiten und Parameter entgegennimmt und daraus Daten für ▷Animationen schnell, vielfältig und präzise brechnet; ein Bestandteil moderner Grafikkarten; wird meist verwendet, um die Arbeit von 3D- ▷Engines zu präzisieren und zu erweitern: sich bewegende (fallende, rollende, fliegende …) Gegenstände verhalten sich allesamt korrekt gemäss den herrschenden physikalischen Umgebungsbedingungen; eine bekannte P.E. ist havoc

Enhanced Parallel Port
Siehe unter ▷IEEE 1284

ENIAC
Electronic Numerical Integrator and Calculator; erste elektronische Rechenmaschine der Welt, als Rechner mit rund 18'000 Röhren 1946 in Philadelphia in Betrieb genommen und bis 1955 produktiv im Einsatz; die wesentlichen Konzepte stammten von John von ▷Neumann und seinem ▷EDVAC

Enigma
Durch die deutsche Reichswehr, im Krieg dann Wehrmacht, von 1930–1945 gebrauchte Maschine zur ▷Kryptografierung von ▷Nachrichten; die E. wurde ursprünglich durch deutsche Banken entwickelt; das Knacken des Schlüssels der E. durch die Alliierten dauerte Jahre und Mathematiker aus Polen, Frankreich und England waren daran beteiligt; Alan ▷Turing trug massgeblich, jedoch nicht hauptsächlich dazu bei; kryptologische Fahrlässigkeiten der deutschen Luftwaffe waren dabei hilfreich; der Systematik nach war die E. eine Maschine zur polyalphabetisch substituierenden Stromkryptografierung; beachte die Definitionen unter ▷Kryptografierung

ENQ
▷ASCII-Zeichen 05(H) (5): Enquiry; Aufforderung an ein Peripheriegerät, zu antworten

Enter
Eingabe; Taste (funktional oft identisch mit der Zeilenschaltung) oder Kommando zur Eingabe in die Verarbeitung

Enterprise JavaBeans
Komponentenmodell von ▷Sun Microsystems im ▷Java EE Umfeld für verteilte Applikationen mit serverbasierten ▷Komponenten; nicht zu verwechseln mit ▷JavaBeans; die E.J.B. enthalten Geschäftslogik oder allgemeinere Ressourcen; ihr Lebenszyklus ist je nach Gebrauch session driven, message driven, stateless o. a.; manche Java Application Server bringen eigene Typen von E.J.B mit, z. B. Konfig-Beans; siehe auch ▷Server Pages

Enterprise Technologien
Mittlerweile reichlich gefestigter Begriff rund um aktuelle Technologien für mittlere bis (wohl eher) grössere Firmen

Enticement
Anlockung, z. B. als ▷Honigtopf, siehe dort

Entität, Entity
Dasein, Wesen, gegebene Grösse (lat.); 1. in der Datenbanklehre: einzelnes Ding, ▷Objekt der realen oder Vorstellungswelt, über das wir ▷Informationen sammeln oder auswerten; in der Informatik also das einzelne „Objekt unserer Datenbegierde"; das individuell gegenständlich vor Ihnen liegende Buch ist eine E. mit den Informationen Titel, Autor, Anzahl Buchseiten, Gewicht, Verlag, ISB-Nummer usw; abstrahiert als ▷Klasse sprechen wir von der ▷E.-Menge Buch; 2. in ▷XML: Platzhalter für ein Objekt beliebiger Grösse; der Platzhalter wird beim ▷Parsen dann durch das referenzierte Objekt ersetzt

Entitätstyp, attributiver -, fundamentaler -, assoziativer -
Attributiv: Entitätstyp (E.) ohne eingelagertes Fremd- ▷Schlüsselattribut, also reiner „Schlüssellieferant"; fundamental: normaler E. mit einem oder mehreren Fremdschlüsselattributen, die nicht Teil des Primärschlüssels sind; assoziativ: E., der eine m-m-Beziehung auflöst

Entitätstyp, Entitätsmenge
Gesamtheit von ▷Entitäten, welche wir als zu bearbeitende ▷Klasse zusammenfassen, indem wir aus ihnen die uns interessierenden, gemeinsamen Eigenschaften als ▷Attribute extrahieren und verallgemeinern sowie andere Eigenschaften ignorieren (▷Abstraktion): die Bücher einer Bibliothek bilden eine E. mit den Attributen ISBN, Titel, Autor, …

E

Entity Relationship Model, -Diagramm

Von Peter P. S. Chen 1976 entworfenes ▷Modell zur Beschreibung
der Gesetzmässigkeiten rund um die Beziehungen von ▷Entitäts-
typen in und für ▷Datenbanken: wer tritt mit wem und in welchen
Zahlenverhältnissen in Assoziation und welche Aktivität kennzeichnet diese Assoziation; das Modell kennt diverse ▷Entwurfs-
methoden, die dann dieses Modell je gut les- und interpretierbar
visualisieren: beteiligte Entitätstypen, ▷Beziehungen (▷Relation-
ships) und deren Zahlverhältnisse (▷Kardinalitäten); ein Entwurf
in einem solchen ERD muss zwecks Tauglichkeit für ▷relationale
Datenbanken noch nach weiteren Gesetzmässigkeiten ▷normali-
siert werden

E

Entrapment

Fallenstellen, z. B. als ▷Honigtopf, siehe dort

Entry Point

Siehe unter ▷Einstiegspunkt

Entscheidung

Auf die Auswertung einer ▷Bedingung folgende Antwort mit in der
Regel anschliessender ▷Verzweigung in einem Programm; siehe
auch ▷Selektion

Entscheidungstabelle

Methode in der ▷Software-Entwicklung, die den lückenlosen Überblick aller Eingabe- und Ausgabe-Parameter eines ▷Systems in
ihrer logischen Abhängigkeit tabellarisch darstellt; ▷DIN 66241

Entwurf

Auf die ▷Analyse folgende Skizzierung einer ▷Applikation, einer
▷Datenbank, eines ▷Computersystems, einer ▷Architektur, einer
▷Klassenstruktur usw.; unsere Definition dokumentiert die Offen-
heit des Begriffs; E.- ▷Methoden sind zunehmend grafisch: ▷Nassi-
Shneiderman, ▷Booch, ▷UML, ▷ERD usw.; zu einem E. gehören in

aller Regel mehrere Sichten, die ein zeitliches Verhalten oder eine kommunikative Interaktion ausdrücken

Entwurf, objektorientierter -, strukturierter -

Entwurf, der eine ▷objektorientierte / ▷strukturierte Daten- und Zugriffsplanung dokumentiert bzw. Tätigkeit des entsprechenden ▷Entwerfens

Entwurfsmuster

Siehe unter ▷Design Pattern

ENUM

1. Electronic Numbers; Projekt von ▷IETF und ▷ITU für die Zusammenfassung bzw. Aktivierung aller persönlichen Adressen (Telefonnummer, Mobiltelefonnummer, Faxnummer, E-Mail-Adresse, Wohnadresse usw.) unter einer global mit der Inhaberin oder dem Inhaber verbundenen Nummer; 2. Schlüsselwort in ▷C-ähnlichen Programmiersprachen zur ▷Deklaration von ▷Enumerationen

Enumeration

Aufzählung (lat.); 1. benutzerdefinierter ▷Datentyp mit einer endlichen Anzahl ▷definierter Elemente; Beispiel (Swiss Army): public enum Unteroffizier {Korporal, Wachtmeister, Feldweibel (Schweiz. Schreibweise), Fourier, Adjutant}, vergleiche ▷Datentyp, Aufzählungs-; 2. lückenloses Durchlaufen der Werte einer ▷Kollektion, dann auch ▷Iteration genannt

Environment

Siehe unter ▷Umgebung

Enzyklopädie

Umfassende Wissenszusammenstellung von langfristiger Gültigkeit (griech., lat.); in der Informatik synonym für ein ▷Repository

EOD
Erasable Optical Disc; neu ▷ROD

EOF, EOF()
End Of File; betriebssystemspezifisch gesetzte Marke am Ende einer ▷Datei; beim Programmieren dann im Sinne einer Abfragefunktion, die überprüft, ob der Dateizeiger dort angelangt ist; Gegenteil: ▷BOF

EOS
▷ECC on ▷SIMM; Technologie zur ▷Fehlererkennung und Fehlerkorrektur direkt auf SIMMs

E

EOT
1. ▷ASCII-Zeichen 04(H) (4): End Of Transmission; Ende der Übertragung einer Zeichenfolge; 2. End of ▷Transaction; 3. End of ▷Tape

EPA
Environment Protection Agency; US-Umweltbehörde; in unserem Zusammenhang Norm und Logo (Energy Star) für Energiesparfunktionen bei Geräten der Informatik sowie für die Verwendung recycelbare bzw. leicht abbaubarer Werkstoffe bei deren Herstellung

EPIC
1. Explicitly Parallel Instruction Computing; Technologie von ▷Hewlett-Packard und ▷Intel für eine Generation von ▷Mikroprozessoren nach ▷RISC: 128 Bits ▷Datenbus intern, 64 Bits Wortbreite extern, Verarbeitung von ▷VLIW, Zuführung dreier, parallel verarbeiteter Befehle zu je 40 Bits, mindestens 128 Fliesskomma-Register; die erste Mikroprozessor-Familie von Intel mit dieser Technologie heisst IA-64 und deren erster Vertreter in der Entwicklung Merced, als Produkt ▷Itanium; 2. Electronic Privacy Information Center: halbstaatliche US-Organisation zum Schutz der (dort eher stiefmütterlich behandelten) Privatsphäre

EPP
Enhanced Parallel Port; ▷IEEE 1284

EPROM
Erasable Programmable Read Only Memory, ▷ROM mit der Möglichkeit zum Löschen durch UV-Bestrahlung und Neu-Programmieren

EPS
▷Dateiformat für Grafiken (encapsulated ▷PostScript); die sehr speicherintensiven EPS-Dateien enthalten die vollständige Post-Script-Beschreibung des Bildes und lassen sich deshalb mühelos ▷skalieren, jedoch kaum mehr editieren; EPS-Dateien enthalten ferner einen Vorspann mit Farb- und ▷Bitmap Informationen für die Wiedergabe auf dem Bildschirm im Format ▷PICT beim Macintosh, ▷Windows Metafile oder ▷TIFF beim PC

Equipment
Einrichtung, Ausrüstung

Erblast
Durch planerische Mängel in der Vergangenheit oder durch System-▷Migration entstandene Unzulänglichkeiten in Datenbeständen; damit muss man fortan leben; vergleichbar mit der Erbsünde …

ERD
Entity Relationship Diagram; grafische Umsetzung, zeichnerischer Entwurf von Datenmodellen gemäss dem ▷Entity Relationship Model (dort mehr Details)

Ereignis
Allgemein ein Vorfall, der im System oder bei einem ▷Objekt eine Aktivität bzw. ▷Zustandsänderung auslöst; konkretes Verhalten kann in der Regel programmiert werden, vergleiche ▷Ereignissteuerung und ▷Event Handler

E

Ereignissteuerung

Prozessauslösung oder -unterbrechung durch das Eintreten besonderer ▷Ereignisse, wie sie z. B. in der ▷Echtzeit-Verarbeitung oder in der ▷Maus-Handhabung typisch sind; vergleiche ▷Event Handler

Ergonomie

Körperhaftigkeit (griech.); Wissenschaft rund um das Arbeiten, die Gestaltung der Arbeitsplätze, der Arbeitsmittel und ihre Auswirkungen auf das Wohlbefinden sowie die Gesundheit des Menschen

Erlang, ERLANG

1. Mass für die Belastung einer Datenübertragungsleitung; 2. Ericsson Language; Ende der 1990er Jahre von Ericsson vorgestellte ▷Programmiersprache, welche sich besonders für die Programmierung ▷nebenläufiger ▷Prozesse in eingebetteten ▷Systemen eignet

ERM

Siehe unter ▷Entity Relationship Model

ERMES

European Radio Message System; Internationales Meldungsvermittlungs-System für ▷Pager und die digitale Mobiltelefonie; siehe auch ▷SMS

ERMETH

Elektronische Rechenmaschine der ETH Zürich; durch ein Team um Professor Heinz Rutishauser gebauter und anno 1956 fertiggestellter Relais- und Röhren-Rechner; damit war die ETH Zürich in der Lage, erstmals mit eigenen Ressourcen elektronisch zu rechnen, nachdem in den vorangehenden sechs Jahren eine Z4 von Konrad ▷Zuse gemietet worden war; die E. steht heute als Exponat im Technorama in Winterthur

erneuerbar
Bezeichnung für löschbare und wieder neu beschreibbare Datenträger; nicht e. sind z. B. die ▷Lochkarten, erst seit kurzem e. sind die optischen Platten

ERP
Enterprise Resource Planning; Planung betrieblicher Ressourcen und Prozesse wie Personal, Kundinnen, Kapital, Maschinen, Materialien, Bestellungen, Transporte, Zeit usw.; in der Informatik Sammelbegriff für Software-Werkzeuge zur Lösung entsprechender Aufgaben; Marktführer ist ▷SAP

Error Trapping
Fehlerfalle; kontrolliertes Abfangen von Fehlerbedingungen, z. B. einer Division durch Null, zwecks Bearbeitung mit einer ▷Ausnahmeroutine; siehe auch ▷catch

Error, hard -, soft -
Systemfehler; hart im Sinne von permanent, z. B. durch eine fehlerhafte Lötstelle; weich im Sinne von transienten, nicht reproduzierbaren Fehlern, z. B. durch eine Spannungsschwankung; da Computer noch kein Seelenleben haben, führt mangelnde Zuwendung zu keinem Hard Error ...

Ersetzung(sverfahren)
In der ▷Kryptografierung: Blockkryptografierung, in welcher die Identität eines Zeichens verändert wird, nicht aber seine Position; die E. liefert ein bestimmtes Mass an so genannter ▷Konfusion

Erweiterung
1. besser: Dateinamens-E.: Möglichkeit zur Spezifizierung eines ▷Dateinamens als Hinweis zum Erzeuger (▷Creator); in ▷MS-DOS / ▷Windows mittels (jedenfalls ursprünglich) maximal drei Zeichen nach einem Punkt; Beispiel: BRIEF.DOC (die E. ist hier DOC und weist auf die Textverarbeitung Word als Erzeuger); 2. verwendet im

Zusammenhang mit Hard- oder Software-Ausbauten aller Art, so z. B. in Speicher-E. usw.

Erweiterung, reservierte -
Erweiterungen in ▷MS-DOS / ▷Windows, welche durch das Betriebssystem, die Programmiersprachen oder Applikationen zugeteilt werden und deshalb nicht frei verwendbar sind, z. B.: SYS, COM, CPP, EXE, BAT, BAS, PAS, DOC, XLS, CLASS, JAVA; die r.E. sind in der ▷Registrierung erfasst und mit Erzeugerprogrammen verknüpft

Erzeuger-Verbraucher-Problem
Klassisches Problem der Prozess-/Thread-Synchronisation, welches darin besteht, dass ohne vorbeugende Massnahmen (▷Mutex, ▷Semaphore, ▷Monitore) z. B. eine Warteschlange (durch das Eintreffen einer ▷Race Condition) nicht korrekt bearbeitet wird

eSATA
External ▷SATA; mit speziellem, ▷abgeschirmtem Kabel nach „aussen" geführter SATA-Anschluss; SATA ist eigentlich als gehäuseinterne Schnittstelle konzipiert; eSATA wird vor allem für externe Festplatten verwendet und ist wegen der ausbleibenden Modulationen schneller als ▷USB oder ▷IEEE 1394

Esc, ESC
1. Taste auf der Standard-Tastatur für ▷Escape; 2. ▷ASCII-Zeichen 1B(H) (27): Escape; Signal zur Initialisierung einer ▷Escape Sequenz

Escape
Flucht, Rettung; 1. Taste auf der Standard-Tastatur: „rettet" den Anwender oft vor seinen eigenen Fehleingaben oder bricht Routinen ab bzw. schliesst Dialogboxen usw.; 2. Folge von Parametern zur direkten Steuerung von Peripheriegeräten: mit ▷ASCII-Zeichen 27(10) eingeleitete, so genannte E.-Sequenz fester Länge; diese wird

durch den Befehls-Interpretierer im Gerät übersetzt und ausgeführt; vergleiche ▷Escape Zeichen

Escape Zeichen
Zeichen, das mit einem anderen ▷Zeichen kombiniert ein spezielles Zeichen bedeutet: 1. das E.Z. leitet eine Steuersequenz ein; so könnte eine Programmzeile lauten SCHREIBE("Hallo Menschheit\ CRLF") und \CRLF wird zu einer Zeilenschaltung umgewandelt (▷CR, ▷LF); 2. das E.Z. macht ein anderes Zeichen temporär wirkungslos; z.B. kann man in ▷PHP schreiben: echo "Er sagte: \"Hallo Welt\" "; die inneren Anführungszeichen begrenzen hier nicht einen ▷String, sondern sie stehen als ▷literaler Wert für die Ausgabe zur Verfügung; das E. hat seinen Namen vom „Entrinnen" aus einem engen ▷Compilier- oder ▷Interpretier-Kontext

ESCROW Management
Bestandteil des IT Risk Managements; eine Softwareherstellerin behält den ▷Quellcode einer Software gegenüber dem Kunden geheim; falls die Softwareherstellerin konkurs geht, muss der Kunde aber an den Quellcode gelangen, um diesen an eine andere Herstellerin zur Wartung zu geben; dazu wird eine Drittstelle per E.-Vertrag eingebunden: diese erhält den Quellcode, gibt ihn jedoch nur unter bestimmten Umständen preis; E. ist auch hilfreich bei der Archivierung, um Beweislosigkeit zu verhindern

ESD
Electrostatic Sensitive Device/Electrostatic Discharge; Logo und Warnung auf der Verpackung elektrostatisch empfindlicher Hardware-Komponenten

Eskalation(sverfahren)
Steigerung, Verschärfung (lat./engl.); 1. sich iterativ verschärfendes Eingreifen, Verhindern, Bekämpfen usw.; 2. genauer Plan, an welche höherliegenden Stellen in einer Firma ein Sicherheitsproblem weitergereicht werden muss, welche Kompetenz somit zur Lösung

zugeschaltet wird, wenn das Problem grössere Dimensionen annimmt oder nicht behoben werden kann

Estridge, Philip Donald „Don"
1937–1985; Studium der Elektrotechnik; schon während des Studiums und auch später Arbeit für und bei ▷IBM; 1980 Auftrag des
Mutterhauses zur – sehr schnellen – Konstruktion eines – sehr
preiswerten – Tischrechners, woraus, unter fast ausschliesslicher
Verwendung kommerzieller Komponenten, der IBM-PC entstand
(siehe bei ▷PC zur Fortsetzung der Geschichte); die Hauptabsicht
bestand darin, in Konkurrenz zu ▷Apple zu treten, dessen Geräte
IBM bis dahin als Spielzeuge abtat; E. widerstand Abwerbungs-
versuchen von Apple; Beförderung zum Vizepräsidenten von IBM;
Tod bei einem Flugzeugabsturz wegen starker Seitenwinde – Legenden geben dafür oft auch dem Bordcomputer die Schuld

ET-Tools
Sammelbegriff für alle Werkzeuge und Funktionalitäten, welche
vom vernetzten Computer gefragt oder ungefragt eine Verbindung
zum Hardware- oder Software-Hersteller errichten, die also wie
Spielbergs ET nach Hause telefonieren: Produktregistrierungen,
heissgeliebte Aktivierungen, Fehlerberichte, automatische Aufda-
tierungen, …; es besteht der berechtigte Argwohn, dass mit solchen
Werkzeugen die lokale Installation ausgehorcht werden kann/soll

ETB
▷ASCII-Zeichen 17(H) (23): End of Transmission Block; Ende
eines Datenblocks

ETC
Ethernet Transceiver Cable; Kabelstück zwischen dem ▷Ethernet-
▷Adapter im Computer und dem ▷Transceiver

Ethernet

▷LAN-Konzept und ▷Netzwerk-Protokoll aus dem Jahre 1976 von ▷DEC, ▷Intel, Xerox (DIX); E. wurde ▷koaxial (thick Wire bis 500 m, thin Wire bis 185 m) und wird heute eher mit ▷verdrillten Leitungen verkabelt (siehe ▷10Base ff.); es verbindet bis zu 1'024 Arbeitsstationen bei vorhandenen Verstärkergeräten (▷Repeater); die ▷Adresse ist 48 Bits lang; die Übermittlungszeit und die ▷Rahmenlängen sind unbestimmt, letztere jedoch höchstens 1'500 Bytes lang; ein sofortiger ▷Zugriff über das Protokoll ▷CSMA/CD ist möglich; die Datendurchsatzrate lag bei 10 Mbps und geht heute viel höher, nämlich über Gbps

Ethernet, Fast -

Ethernet-LAN mit einer Durchsatzrate von 100 Mbps

Ethernet, Gigabit -

Trotz des Namens mit ▷Ethernet nur noch mässig verwandte Technologie für Hochgeschwindigkeits- ▷LANs; erste Normen ab 1996; die Technologie war ursprünglich für die ▷Backbone-Vernetzung als Alternative zu ▷ATM und mit reiner ▷Glasfaser-Verkabelung vorgesehen; sie dringt heute jedoch mit ▷verdrillten Kupferleitungen (alle vier Aderpaare sind belegt) bis an den Arbeitsplatz vor (siehe ▷1000Base ff.)

ETI

Extrahieren - transformieren - integrieren; siehe unter ▷ETL

ETL

Extrahieren (aus der operativen ▷Datenbank) – transformieren (z.B. ▷denormalisieren) – laden (ins ▷Data Warehouse oder in den ▷Data Mart): Ausdruck für die wesentlichen (Vorbereitungs-) Aufgaben des ▷Data Warehousing oder ▷Data Mining

ETSI
European Telecommunications Standards Institute; privates, aber von der Europäischen Kommission gefördertes Normengremium; man beachte die Unterschiede zwischen ▷Norm und ▷Standard; www.etsi.org

ETV, ETB
Elektronisches Teilnehmerverzeichnis (▷Swisscom, Schweiz), Elektronisches Telefonbuch (Deutsche Telekom AG): ▷Container in ▷Vtx / Btx zur Recherche nach Telekommunikations-Anschlüssen; die Bezeichnung wird auch im ▷Web oder in der ▷Mobiltelefonie verwendet

ETX
▷ASCII-Zeichen 03(H) (3): End of Text; Ende der mit ▷STX eingeleiteten Zeichenfolge mit Nutzdaten

EULA
End User License Agreement; Vereinbarung zur Endbenutzer-Lizenzierung (eines Produkts)

Euro
Einheitswährung der Europäischen Union EU und seit 1999 (vorerst im bargeldlosen Zahlungsverkehr) dort zugelassen sowie die nationalen Währungen 2002 ablösend; das Euro-Symbol löste in den späten 1990er Jahren ein riesiges ▷Redesign bestehender Finanz-Applikationen aus und hatte auch Folgen für die Standard-▷Zeichensätze ▷ASCII / ▷Unicode bzw. ▷EBCDIC sowie die Tastaturen

EV-SSL
Extended Validation ▷SSL; durch eine Zusammenarbeit der im CA/Browser Forum zusammengeschlossenen Zertifizierungsstellen entstandene, erweiterte Spezifikation für ▷Browser- ▷Zertifikate; der visuelle Effekt besteht darin, dass sich bei vertrauenswürdigen

Zertifikaten die Adressleiste des Browsers (grün) färbt; die erhöhte
Sicherheit besteht darin, dass der Browser dazu vorher die Ver-
trauenswürdigkeit des Zertifikats überprüft hat und dies ebenfalls
in der Adresszeile dokumentiert; die Neuerung wurde notwendig,
nachdem diverse Marktforschungen bewiesen, dass viele potenziel-
le Kunden wegen mangelnden Vertrauens auf Käufe im ▷Web verzichten; www.cabforum.org

EVA
Eingabe – Verarbeitung – Ausgabe; ein Grundprinzip der Datenverarbeitung; nicht erwähnt wird die ▷Speicherung – sie war auch
nicht von Beginn an dabei

Evangelist
Botschafter des Guten (griech.); sehr gut informierte Person in der
Umgebung von Kult-Erzeugnissen der Informatik; E. sind gelegentlich Angestellte des entsprechenden Herstellers, gelegentlich jedoch
freischaffende Fachleute oder Publizistinnen, welche die Anhän-
gergemeinde mit Informationen auf dem Laufenden halten

even, EVEN()
Gerade, durch zwei teilbar; ▷Funktion zum Test auf diese Eigenschaft; Gegenteil: ▷odd

Event
Siehe unter ▷Ereignis

Event Handler
▷Funktion oder ▷Methode, die als Abonnent (▷verlegen und
abonnieren) über ein ▷Ereignis orientiert wird, dieses abfängt und
behandelt; siehe ▷Ereignissteuerung

Evernet, Everset
Die Zukunftsvision: das ▷Internet als Voraussetzung des ▷Ubi-
quitous Computing (Evernet); das Gebrauchsgerät als Ausdruck

des ▷Pervasive Computing (Everset); das Internet ist überall und
jederzeit, alles ist vernetzt: nie mehr Probleme

Exabyte
1. Siehe unter ▷Video-8; 2. Exa ist ein so genannter Vorsatz des
▷SI für Faktor 10^{18}; in der ▷Informatik indessen ist ein Exabyte als
▷binäre Grösse 2^{60} = 1'152'921'504'606'846'976 Bytes; beides mit
Zeichen „E"; siehe weitere Bemerkungen unter ▷Kilo-

Excel
Wohl unbestrittener Marktführer bei den ▷Tabellenkalkulations-
Programmen; Produkt von ▷Microsoft; die erste Version von E.
wurde im Oktober 1987 angekündigt und war nur auf ▷Windows
lauffähig; E. löste bald den bisherigen Marktführer ▷Lotus 1-2-3
ab, welches seinerseits auf der unglaublich cleveren Idee des Visi-
Calc für ▷Apple II beruhte; siehe auch ▷Word, ▷Access, ▷Office
und ▷Suite

except, Exception
Ausnehmen, ▷Ausnahme (lat.), 1. häufiges ▷Schlüsselwort in Programmiersprachen zur Bildung der Differenzmenge in Objektmen-
gen; 2. Ausnahmesituation aus der Sicht des ▷Kontrollflusses, auftretend als ▷Laufzeit-Fehler oder im Prozessor (▷Seitenfehler,
Schutzverletzung, ▷Adressfehler usw.); Fall Programmierung: Abfangen des Fehlerzustands (▷catch) und Behandeln in einer Routine; Fall ▷Prozessor: interne Generierung einer ▷Unterbrechung,
Prüfung, Ermittlung der Herkunft, Behandlung in einer ▷Service-
routine; bei Querverweisen wesentliche weitere Informationen

Excess, Exzess
Überschreitung (lat.); Methode zur binären Repräsentation von
▷Ganzzahlen; jede Ganzzahl wird mit einem fixen Wert, dem
▷Bias, addiert und daraus der ▷duale Wert berechnet; für eine
8-Bit-Ganzzahl wäre das Bias 128, also 10000000; keine der Zahlen
ist somit direkt berechenbar; siehe auch ▷Komplement

exchange, Exchange
1. Austausch; 2. ▷Microsoft Exchange

EXE
Dateinamenserweiterung für ausführbare Programme in ▷MS-DOS und ▷Windows; EXE-Programme sind umfangreicher als die damaligen ▷COM-Programme, sie arbeiten ferner im virtuellen ▷Adressenraum

execute (-Phase, -Zyklus, -cycle)
Ausführung (lat.); Arbeitsprozess, bestehend aus mehreren ▷Takt-zyklen im ▷Mikroprozessor, währenddem eine ▷Instruktion aus-geführt wird, z. B. eine ▷Addition; die e.Ph. folgt auf die ▷fetch Phase

Execution Disable (Bit)
Siehe unter dem gängigeren ▷XD

Executive
1. Sammelbegriff für die Gesamtheit der systemnahen Prozesse wie z. B. ▷die Netzwerksteuerung, der ▷Compiler oder die ▷Shell, welche in hoch privilegierten Modi zwischen ▷Kern-Modus und Benutzermodus laufen; 2. Terminus für die Basisfunktionen im ▷Betriebssystem ▷Windows ab NT

exFAT
Extended ▷FAT; ein speziell für ▷Flash-Speicher entwickeltes Da-teisystem ab 2006 mit ▷Windows CE 6.0 also vor allem für mobile Geräte bzw. deren Datenträger

Exit Code
Erfolgsmeldung von ▷terminierten ▷Prozessen an den Elternpro-zess in Betriebssystemen: in ▷Unix / ▷Linux: 0 für „erfolgreich", also „null Problem" und 1 (oder ein anderer Wert > 0) für „nicht erfolgreich"; siehe auch ▷Zombie

exit, EXIT()

Aussteigen, Ausstieg (lat.); 1. in ▷Unix / ▷Linux und ▷MS-DOS: ▷Kommando zum ▷Terminieren und Verlassen der aktiven ▷Shell; 2. ▷Anweisung zum vorzeitigen Beenden einer ▷Schleife oder eines ▷Unterprogramms in vielen Programmiersprachen; 3. Tastaturbefehl oder ▷Schaltfläche in ▷Dialogboxen zur Beendigung eines Teil- oder des Gesamtprogramms; 4. EXIT() ist unter Unix ein ▷Systemaufruf zur Terminierung eines ▷Pozesses oder ▷Threads

EXOR

Siehe unter ▷XOR

E

EXP(n)

▷Funktion in vielen Programmier- und Datenbanksprachen zur Berechnung von e^n

expandieren, expand

Ersetzen einer ▷Variablen, eines ▷Kommandos oder eines sonstigen Verweises durch ihren/seinen Wert zur ▷Compile-Zeit

Expansion

Ausdehnung (lat.); 1. ▷Erweiterung; 2. E. ▷Slots

Expertensystem

Der Erprobte (lat.); eine Leistung ▷künstlicher Intelligenz; E. sind Prognose- oder Diagnose-Systeme mit dem Fachwissen menschlicher Spitzenfachleute; E. bestehen im Wesentlichen aus einer ▷Inferenz- und ▷Aggregationsmaschine und einer Wissens-Datenbank; Beispiele in der Medizin zur Diagnose, in der Petrochemie zur Lokalisierung von Erdölvorkommen, in der Sicherheitstechnik als Bestandteil von ▷Intrusion Detection Systemen zwecks Erkennung von Auffälligkeiten bei der Analyse der ▷Logbücher

Exploit
Eigentlich: Abenteuer; wahrscheinlich aber eine abgekürzte „Exploitation", eine Ausbeute wie z. B. in Sinne des Ermittelns, Erkennens und Ausnutzens einer Schwachstelle oder Sicherheitslücke

Explorer
Kundschafter (lat.); Programmiersystem von ▷Silicon Graphics für die Visualisierung und Manipulation von technisch-wissenschaftlichen Daten mittels ▷OpenGL; siehe ferner die nachfolgenden Stichworte

Explorer, Internet-, Windows-
1. als ▷Windows-E. die ▷Benutzungsoberfläche zur Verwaltung eines Datenträger- oder Ordnerinhalts seit Windows 95, vergleichbar mit dem ▷Datei-Manager unter Windows 3.x: linke Fensterhälfte mit Ordnerhierarchie in ▷Baumstruktur, rechte mit Inhalt; das Pendent unter Mac OS heisst ▷„Finder", unter Linux gibt es verschiedenste; Windows-E., Finder usw. sind architektonisch immer auch jeweils oberste ▷Container für den gesamten ▷Desktop; 2. als Internet-E. die Produktbezeichnung für den ▷Web- ▷Browser von ▷Microsoft

Exponent
Herausgehobener (lat.); in der ▷Potenzschreibweise von ▷Fliesskommazahlen die Zahl, welche zusammen mit ihrer Basis die Grössenordnung einer Fliesskommazahl bestimmt; Beispiel: bei $2.544 \cdot 10^6$ ist 10 die Basis und 6 der E.; siehe auch ▷Mantisse

Exponentialschreibweise
Siehe unter ▷Potenzschreibweise

Export, EXPORT()
Ausfuhr (lat.); 1. konvertierende Übergabe von Daten an eine andere Systemumgebung; Details unter ▷Import; 2. Kommando zum ▷Exportieren von (▷Umgebungs-) ▷Variablen

exportieren

1. öffentliches Bekanntmachen einer ▷Schnittstelle, siehe ▷public;
2. sich bei einem Kommunikations-Server ▷identifizieren und eintragen bzw. ▷registrieren lassen; der Registrator kann dann den anfragenden ▷Clients die ▷Senke der Anfrage bekanntgeben;
3. globales Verfügbarmachen von (▷Umgebungs-) ▷Variablen

EXT2

Second extended File System; ▷Dateisystem von ▷Linux mit langen Dateinamen, hohem Durchsatz und flexiblen ▷Zugriffsrechten

extend, extends, extent

1. erweitern, ausdehnen; in ▷Beziehungs-Beschreibungen die ▷Vererbung aus der Sicht des Erbenden (extend, extends): lamborghini extends auto; er ergänzt die geerbten ▷Attribute mit eigenen; Gegenteil: auto ▷generalisiert lamborghini; 2. ▷Erweiterung, erweitert (in vielen Zusammenhängen)

Extension, extensional

Ausdehnung, Ausprägung, aussen wirkend (lat.); 1. Menge aller existierenden ▷Instanzen einer ▷Klasse zu einem Zeitpunkt; 2. Zustand einer ▷Datenbasis zu einem Zeitpunkt; Gegenteil: ▷Intension; 3. gelegentliche Bezeichnung für ▷Erweiterung

extern

Auswärtig (lat.); ▷deklariert für ein ▷Objekt, das dann andernorts ▷definiert wird; siehe unter ▷Speicherklasse

external

Ausserhalb (lat.); in gewissen ▷Entwurfsmethoden für ▷Datenflüsse: Bezeichnung für die Datenquellen (▷Input) und die Datensenken (▷Output), wenn also die Herkunft und das Ziel nicht weiter interessieren

Extranet

Ausdehnung des ▷Intranets, oder eines Teils davon, für Geschäfts-
partner oder Mitarbeitende ins öffentliche, unsichere ▷Internet;
also: gesicherte Netzwerkverbindung, -anbindung mehrerer Unternehmungen bzw. Unternehmensbereiche, z. B. zur Einsicht in
Lagerbestände, zum Austausch von Projektdaten und anderes; der
Begriff betrachtet die betriebliche Funktionalität: „ich bin von
aussen im Intranet"; der gesicherte Zugangskanal heisst VPN,
▷Virtual Private Network

Extreme Programming

Junger Ansatz zur ▷Software-Entwicklung mit den Leitlinien: kleine Teams unter Einbezug des Kunden, ständiges, iteratives Testen
und Ausbauen sehr kleiner und einfacher ▷Module (Refactoring);
sehr frühe Auslieferung von ▷Prototypen; die Methode wird unter
ihren Anhängern fast religiös und esoterisch gepflegt und deshalb
oft zu wenig distanziert betrachtet; www.extremeprogramming.org

F

F n
▷Funktionstaste mit der Nummer n; die Wirkung ist von der ▷Software abhängig

Fabric oder Fabric, switched -
Werkstätte (lat.); ▷Farm von vernetzten Leitgeräten (▷Switches, ▷Routers); die F. übernimmt die ganze Leitwegrechnung, koordiniert also z. B. die Datenflüsse in einem ▷SAN; Analogie: das Telefonsystem ist die F. für Gespräche

Facette
Gesichtchen; Erscheinungsweise von etwas; in ▷XML die Einschränkung von Datentypen auf bestimmte Wertebereiche

Facility
1. Leichtigkeit (lat.); Dienstleistung des Betriebssystems oder eines Dienstprogramms zur Erleichterung gewisser Arbeiten; 2. Einrichtung: Nennung des Begriffs oft im Zusammenhang mit der Absicherung von Liegenschaften oder deren Einrichtungen, also z. B. ▷Zugangskontrolle

fade in/out
Meist sanftes Ein-/Ausblenden in der Bild- oder Tonverarbeitung

Fail back
Misslingen; Mechanismus zum Übergang vom Fehler(behebungs)-fall in den wieder normalen, produktiven Lauf

Fail over

Überwundenes Misslingen; Mechanismus, Szenario zur Überwindung von Ausfällen, z. B. durch automatisches Ausweichen auf ▷fehlertolerante Komponenten, Ausweichen auf einen ▷Backup oder Ausweichen auf ein evtl. weniger komfortables Notsystem; letzteres wird mitunter auch Fall back genannt

Fail safe

Sicheres Misslingen; Mechanismus, der im Fehlerfall den Schutz des Menschen priorisiert; es bestehen unterschiedliche Meinungen zu F.s. und ▷Fail secure

Fail secure, - soft

Sicheres bzw. weiches Misslingen; Strategie und Mechanismus, die dafür sorgen, dass ein Fehlerfall das Gefahrenpotenzial nicht erhöht und deshalb begrenzt Schaden anrichtet; eine F.se. Massnahme könnte z. B. in einer völligen Zugriffssperre im Fehlerfall bestehen; F.se. gemäss ▷Common Criteria; auch grateful Degradation

F

Fairness

Anstand; 1. gelegentlich angezeigte Toleranz des Bedieners gegenüber Mängeln von Hardware oder Software; 2. Gebot des ▷Schedulings von ▷Prozessen, ▷Threads oder ▷Transaktionen, welches jedem der Arbeitswilligen eine Chance geben und so keinen dem ▷Aushungern preisgeben soll

Fake

Fälschung, Schwindelei; 1. Vorspiegelung falscher Tatsachen bezüglich Absendername in ▷Mail, ▷News oder ▷Chat; nicht zu verwechseln mit einer ▷Maskerade oder ▷Spoofing; 2. oft im Internet kursierende und keineswegs harmlose Bildfälschungen; z. B. Aktbilder von einer Schauspielerin, die nie Aktbilder gemacht hat, zu finden in gigantischen, farbenfrohen Müllhalden …

Fakt
Tatsache (lat.); in analytischen ▷Datenbanken die interessierende betriebliche Leistung, also z. B. der Stückumsatz, der Kundenbestand usw.; ein F. wird in mehreren ▷Dimensionen gemessen und beziffert; auch: Indikator

Fall back, - forward
Automatische Reduktion bzw. Steigerung der ▷Transferrate durch einen ▷Modem bei schlechter bzw. guter Leitungsqualität; zu F.b. siehe auch ▷Fail over

Fallunterscheidung
In einen kompakten Kommandoverbund eingearbeitete Prüfkaskade, die gleich mehrere ▷Bedingungen abfragt und ▷Entscheidungen zuführt: als ▷Pseudocode in der Art: CASE ampel OF rot: stop; gelb: anhalten; grün: fahren; rot_gelb: fahrbereit; OTHERWISE vorsicht; ENDCASE

false
Unwahr, falsch; ▷Boole'scher ▷Wahrheitswert; rechnerintern oft als Wert 0 repräsentiert (in Programmiersprachen des ▷C-Stammes: 0) und in einer ▷Selektion zu ELSE verzweigend

FAQ
Frequently Asked Questions; Liste häufiger Fragen und Anworten in ▷BBS, in ▷Foren, im ▷Usenet und in ▷Web-Präsentationen zu Produkten; bei den ▷Newsgroups gehört es zum guten Ton, dass die FAQ-Datei heruntergeladen und zuerst gelesen wird, bevor man sich an der Gruppenaktivität beteiligt; siehe dazu ▷Netikette

FAR
False Acceptance Rate; ▷Authentisierungsfehler Typ II in der ▷Biometrie; der problematischere Fehler; siehe ferner ▷FRR

Farbmodell, -additiv, -subraktiv

Mathematische Spezifikation, die zum Ausdruck bringt, welche Grundfarben in welchen Verhältnissen durch welches Vorgehen zum gewünschten Farbton zusammengemischt werden; bei additiven F. (merke: „je mehr Farben, desto heller; alle Grundfarben addieren sich zu Weiss") entsteht die Mischfarbe durch Überlagerung der Spektren der Grundfarben; sie werden meist bei ▷lumineszierenden Medien angewendet; beim subtraktiven F. (merke: „je mehr Farben, desto weniger hell; alle Grundfarben zusammen absorbieren alle Helligkeit, sind zusammen also schwarz") neutralisieren sich die Komplementärfarben der gemischten Grundfarben gegenseitig; sie werden meist bei farbstofflichen Medien angewendet; siehe auch unter ▷RGB, ▷CMY

Farbraum

F

Menge aller in einem ▷Farbmodell darstellbaren Farben

Farbsättigung

Mass, wie stark die drei Grundfarben in einer dargestellten Farbe (▷Farbmodell) auseinanderliegen; je näher alle drei beieinanderliegen, desto ungesättigter erscheint die Farbe; stark ungesättigte Farben sind eher (dunkel-)grau bis weiss; leicht ungesättigte Farben wirken pastellartig; gesättigte Farben wirken kraftvoll

Farbseparation

Trennung; Zerlegung von ▷RGB-Farben auf dem Bildschirm in ihre Komponenten mit anschliessender Umwandlung in ▷CMYK-Farben zum Drucken

Farbtiefe

Durch die Hardware und Software bestimmte Vielfalt der Farb-▷Palette sowie Zahl der gleichzeitig darstellbaren Farben; je mehr ▷Bits in die Codierung eines Farbtons einbezogen werden, desto grösser ist die F.; eine 24-Bit Grafikkarte kann beispielsweise (Unterstützung durch die Software vorausgesetzt) $2^{24} = 16.8$ Millionen

Farben darstellen; 16 Bits: bekannt als ▷HiColor, 24/32 Bits: bekannt als ▷TrueColor

Farbton
Für das Auge wahrnehmbare Farbqualität, welche letztlich durch die dominante Licht- ▷Welle bestimmt wird; in der Bildverarbeitung können F. meist separat für die dunklen („Tiefen"), mittelhellen und hellen („Lichter") Bereiche eingestellt werden

Farm
Bauernhof, auch: Zucht; grosse Anzahl funktional gleicher und miteinander in arbeitsteiliger Kommunikation stehender Hardware- oder Software-Einheiten; z. B. eine ▷Disk F. oder eine ▷Server F.

Fast Page Mode
Zugriffsmethode des Prozessors auf ▷DRAM; so wie wir einen Eintrag im Telefonbuch suchen, sucht der Prozessor Daten im Arbeitsspeicher: er schlägt zuerst eine ganze Seite (▷Page) auf und sucht dann den individuellen Eintrag; beim F. kann sich der Prozessor die aufgeschlagene Seite merken und einen weiteren dort befindlichen Eintrag schneller finden

FAT Caching
Die Verwaltung der ▷FAT in Form einer davon in den Arbeitsspeicher ausgelagerten Kopie zur Geschwindigkeitssteigerung

FAT, FAT12, FAT16, FAT32
File Allocation Table; 1. im Dateisystem von ▷MS-DOS und ▷Windows 95/98 auf dem Datenträger im äussersten ▷Zylinder angebrachte Tabelle für die Dateieinträge; die FAT wurde durch das ▷FORMAT-Kommando auf dem Datenträger initialisiert; die Informationen der FAT umfassen Angaben zu den Dateinamen sowie zur physischen ▷Allokation und Verkettung ihrer ▷Cluster; auch die defekten Bereiche sind hier vermerkt; die FAT ist meist doppelt im Datenträger eingetragen und wird zur Geschwindigkeitssteige-

F

rung ins ▷RAM geladen; 2. neben der eigentlichen Tabelle bezeichnet FAT auch das Dateisystem als Ganzes: FAT12 mit einem 12-Bit-▷Adressierungssystem für die Cluster kam für MS-DOS Disketten zum Zug, FAT16 für sonstige Datenträger aller Art (es wird heute noch auf ▷Flash-Speichern verwendet), während FAT32 ab Windows 95 unterstützt wurde sowie für Datenträger ab 2 GByte Speicherkapatzität; das FAT-Dateisystem ist durch ▷Unix, ▷Mac OS, ▷Windows NT/2000/XP/Vista/7 und ▷OS/2 lesbar; siehe auch ▷VFAT und ▷exFAT; bei neueren Windows ab NT wurde FAT abgelöst durch ▷NTFS

Fault
1. und allgemein: Störung, ▷Defekt bis ▷Fehler; 2. und speziell in der Prozessortechnik: ▷Unterbrechung im Sinne: nach Bewältigung des Ausnahmezustandes mit einer Wiederholung der unterbrochenen ▷Instruktion fortfahren; z. B. ▷Page F.

F

Fax, Fax Gruppe, Fax Klasse
Faksimile („mache ähnlich", lat.): vorlagengetreue Kopie, im engeren Sinn: Fernkopie; 1. als Dokument, eben diese Fernkopie: das Fax; 2. als ▷Dienst und ▷Gerät: siehe ▷Telefax

FC-AL
▷Fibre Channel Arbitrated Loop; ▷serielles Verkabelungssystem zum verketteten (▷Daisy Chaining) Anschluss von Peripheriegeräten, das sind bis 126 Platten in einem ▷SAN; Datentransfer von 100 MBytes/s via Glasfaser- oder auch Kupferleitung (10 km bzw. 25 m); Vorstufe zum ▷SCSI-3 mit angestrebten 1 GByte/s; die im Namen monierte ▷Arbitrierung sorgt für den sicheren Zugriff auf nur eine aktive Platte; siehe auch ▷SSA

FC-EL
Fibre Channel Enhanced Loop; gelegentlich umhergeisternde Alternativbezeichnung für die ▷FC-AL

FC-PGA

Flip Chip ▷PGA; PGA-Gehäuse mit obenseitig aufgelötetem, also quasi sichtbarem ▷Halbleiter- ▷Chip; damit kann ein Kühlelement besonders kontaktwirksam aufgebracht werden; wird verwendet bei ▷Mikroprozessoren und ▷Chipsätzen

FCC

1. Federal Communications Commission; US-Behörde zur Regulierung der ▷Telekommunikation, sie vergibt z. B. Frequenzbänder; 2. bei uns bekannt durch das Logo für die US-behördliche Einteilung der elektromagnetischen Strahlung von Bauteilen oder Geräten in zwei Klassen: eine strahlungsreichere A und eine strahlungsärmere B; für Heimgeräte wird Klasse B gefordert; 3. Folder for Carbon Copies: Verzeichnis mit den an sich selbst gesandten Nachrichtenkopien in ▷E-Mail oder ▷News

FCFS

▷First come – first served

FCIP

Fibre Channel-over-IP; Spezifikation für die direkte Anbindung von ▷Fibre Channel Geräten an das ▷Internet Protocol (▷IP); diese Technologie ist bedeutsam im Zusammenhang mit der verteilten Datenhaltung; siehe dazu: ▷SAN, ▷NAS

FCL

Framework Class Library; Akronym, das eigentlich für jede ▷Klassenbibliothek verwendet werden könnte, die in dieser Form aber vor allem rund um ▷.NET vorkommt

FD(D)

Floppy Disk (Drive); ▷Disketten- (▷Laufwerk)

FDDI
Fiber Optic Data Distribution Interface; in den 1990er Jahren konzi-
piertes, (meist) auf ▷Glasfasern als ▷Signalleiter basierendes Netzwerk mit ▷Token Passing Zugriffsverfahren und mit Doppelring für
▷Backbone Bereiche, Datentransfer von mehr als 100 Mbps; maximale Länge: 200 km, maximale Zahl optischer Knoten: 500; ▷ANSI
normiert; hat den Durchbruch nie geschafft

FDE
Full Disk Encryption; ▷hardwarebasierte ▷Echtzeit- ▷Kryptogra-
fierung aller Daten auf einer Platte; diese Technologie ist serienmässig seit 2005 verbreitet; seit 2006 Vorschrift für Mitarbeitende
der amerikanischen Regierung

FDM
Siehe unter Frequency Division ▷Multiplexing

FDX
Siehe unter voll- ▷duplex

FEC
Forward Error Correction; Einstreuen ▷redundanter Bits zur
▷Fehlerkorrektur bei kontinuierlichen Datenströmen, wie sie vor
allem in ▷Multimedia vorkommen

Federated Identity
Spezifikationen für einen ▷Single Sign-on in ▷Webdiensten und
damit ein direktes Konkurrenzprodukt der ▷Liberty Alliance zur
▷Microsoft ▷Windows Live ID; die ▷Authentisierungs- und
▷Autorisierungsdaten sind – im Gegensatz zur Windows Live ID –
global verteilt und über Webdienste verfügbar

Fehler
Dauerhafte und zum ▷Abbruch führende Beeinträchtigung der
Funktionalität; siehe auch: ▷Defekt

F

Fehlererkennung, -korrektur
Siehe ▷Code, fehler...

Fehlertoleranz
1. in der IT durch unausgereifte Produkte stark strapazierte menschliche Charaktereigenschaft; 2. Herabsetzung des ▷Fehlerrisikos durch technische Massnahmen aller Art, z. B. durch zwei parallel operierende Festplatten, die ihre Aufgabe jederzeit alleine weiterführen könn(t)en; siehe ferner: ▷Error, hard -, soft -; 3. eine von mehreren Eigenschaften, die biologische Systeme deutlich von Informationssystemen abhebt und die in letzteren immer Zusatzaufwand bedeutet: zeigt man einem Menschen das Wort „Eisen-Xahn", vermutet er unmittelbar „Eisenbahn" mit Fehler und kann weiterlesen; klassische Algorithmen stolpern hier und verlangen die Behandlung

F

Feld
1. Komponente eines ▷Datensatzes in einer ▷Datenbank, Beispiel: Wenn alle Daten eines Konsumartikels einen Datensatz bilden, dann sind der Name oder die Nummer des Artikels je ein F. davon; 2. kleines Eingabefensterchen in einer ▷Dialogbox; 3. Bereich mit variablen Einträgen in einem ▷Dokument, z. B. das aktuelle Kalenderdatum in einem Brief; 4. Sammelbegriff für Daten in ▷Objekten oder Strukturen; also ▷Variablen oder ▷Konstanten; 5. deutsche Bezeichnung für ▷Array; in ▷C speziell ausgeprägt und mit einigem Komfort versehen sind die Bitf.

Feldbus
In der ▷Prozessrechnung: Leitungssystem mit den direkten ▷Signalen der ▷Sensoren und ▷Aktoren (Feldebene), also nicht mit den Signalen der Koppelung von ▷Rechnern (Leitebene)

female
Siehe unter ▷weiblich

Femtozelle
Mobilfunktantenne und deren Abdeckungsgebiet in kleinen bzw. stark strahlungshemmenden Gebäuden oder im Privathaushalt; siehe auch ▷Pico-/Pikozelle und ▷Zelle

Fenster
Metapher für einen meist rechteckigen Arbeitsbereich auf dem Bildschirm; moderne Programme arbeiten in der F.-Technik (Windowing), womit die bedienende Person durch F.-Wechsel an mehreren Aufgaben gleichzeitig arbeiten kann; F. sind mit mehreren aufeinanderliegenden Formularen auf dem Pult vergleichbar und systemtechnisch gesehen ▷virtuelle ▷Terminals

Fernsehen, interaktives -
Ausbaustufe des ▷Video on Demand: Fernsehen, in dem benutzerseitig in die Abläufe von Spielfilmen eingegriffen wird: Bruce könnte so durchaus auch mal im Kampf sterben ...

F

Fernwirken, Fernwirktechnik
Übermittlung gemessener oder ▷steuernder ▷Signale über grosse Distanzen

Festplatte
Fest eingebauter, ständig rotierender magnetischer ▷Datenträger; das Trägermaterial der Festplatten ist meist aus Metall; zur Optimierung der ▷Zugriffsgeschwindigkeiten und ▷Transferraten werden die Datenträger immer kleiner und drehen immer schneller: die konstante Winkelgeschwindigkeit (siehe: ▷Rotation) liegt heute oft schon bei 15'000 ▷rpm – also bei 250 Umdrehungen pro Sekunde; die Festplatte feierte im Jahre 2006 ihren Fünzigsten: am 13. (!) September 1956 kündigte IBM ein neues Speichermedium an: 50 rotierende Platten mit insgesamt einer Tonne Masse und 5 MBytes Speicherkapazität

Festwertspeicher

Elektronischer Speicher mit ausschliesslich lesender ▷Zugriffs-
möglichkeit; im F. befinden sich in der Regel die Selbsttestpro-
gramme (▷POST), der ▷Urlader oder andere ▷Systemsoftware, wie
z. B. die Werte zur Tastaturentschlüsselung; technisch als ▷ROM
(bzw. ▷EAROM, ▷EPROM, ▷EEPROM, ▷PROM, ▷Flash)

fetch (-Phase, -Zyklus, -Cycle)

Holen; Arbeitsprozess, bestehend aus mehreren ▷Taktzyklen im
Mikroprozessor, währenddem eine ▷Instruktion geholt und
▷decodiert wird, danach folgt die ▷execute Phase

FETCH()

▷Funktion zum Auslesen eines ▷Objekts; entsprechendes ▷Primi-
tivum in der Umgebung von ▷SNMP

F

FF

▷ASCII-Zeichen 0C(H) (12): Form Feed; Seitenvorschub (neues
Blatt, falls keines eingespannt; Seitenende, wenn Blatt begonnen);
mögliche Wirkung auf Bildschirmen: löschen

FHS

▷Filesystem Hierarchy Standard

FHSS

Frequency Hopping Spread Spectrum; ▷Modulationsverfahren für
Funkverbindungen im ▷WLAN-Bereich mit ständig wechselnder
▷Frequenz; die Wechselsequenz muss zwischen Senderin und
Empfänger vereinbart sein; Limite bei 2 ▷mbps und deshalb von
geringerer Bedeutung als ▷DSSS

Fiberoptik

Synonym zu Glasfaseroptik; siehe unter Glasfaser- ▷Kabel

Fibre
Faser (lat.); 1. ▷Glasfaser; 2. leichtgewichtiger ▷Thread

Fibre Channel
Hochgeschwindigkeits-Datenkanal zwischen Netzwerkknoten oder
Verbünden schneller Workstations (▷Cluster) und Platten- ▷Far-
men; der Datendurchsatz beträgt 133 ▷Mbps bis wenige ▷Gbps;
F.C. besorgt lediglich den Transport zwischen zwei Knoten und ist
durch eine hardwareseitige Überwachung auf kein Software- ▷Pro-
tokoll angewiesen

FidoNet
1984 aus privater Initiative entstandenes und zu gegebener Zeit
weltweit wohl grösstes privates ▷Mailboxsystem, welches gemäss
Legende nach dem Hund des damaligen Entwicklers benannt war;
FidoNet wurde (und wird!) über einen simplen ▷Modem-Anschluss
angewählt und diente vorwiegend dem elektronischen Postverkehr
(▷Mailing) sowie dem Dateiaustausch, ähnlich (aber nicht gleich)
▷FTP; es fasste oder fasst indessen auch Tausende von ▷BBS zusammen; www.fidonet.org

Field
Siehe unter ▷Feld

Fife Nine
99.999%, in der Regel als das Maximum von ▷Verfügbarkeit gehandelt

FIFO
First in – first out; ▷Speicher oder ▷Register ohne ▷Adressie-
rungsmöglichkeit, sondern mit stapelartiger Anordnung; der ▷Zu-
griff auf die Elemente erfolgt beim Lesen „vorne" in der gleichen
Reihenfolge, wie das Schreiben „hinten" stattfand; viele ▷Warte-
schlangen und ▷Caches funktionieren nach dem F.-Prinzip; vergleiche ▷LIFO

File
▷Datei; laut Duden: das F.

File System, Encrypting -, Journaling -
Siehe unter Stichworten mit ▷Dateisystem

FileMaker Inc.
Gegründet unter dem Namen „Nashoba Systems" in den frühen 1980er Jahren; Gründer waren vier frühere Wang-Mitarbeiter; aus der ersten Personal-Datenbank namens „Nutshell" wuchs das ▷DBMS „FileMaker"; dieses wurde 1988 durch Claris Corp., eine Tochtergesellschaft von ▷Apple, akquiriert; 1998 gab sich Claris den Namen „FileMaker Inc."; das DBMS FileMaker ist gleichzeitig ihr erfolgreichstes Produkt; www.filemaker.com

Filesystem Hierarchy Standard
In der Welt von ▷Unix / ▷Linux seit den mittleren 1990er Jahren geltende Norm zur Strukturierung des ▷Dateisystems; an das FHS halten sich (mehr oder weniger …) auch alle grossen ▷Distributionen von Linux

Fill Factor
Siehe unter ▷Füllfaktor

FILO
First in – last out; geläufiger ist: ▷LIFO

Filter
1. Kommando, Programm zur ▷Selektion von Daten; 2. zwecks ▷Konversion von Daten zwischen nicht kompatiblen Anwendungen zwischengeschaltetes Programm; 3. Programm und/oder Kommando, die Daten von einer Einheit als Eingabe übernehmen, bearbeiten und ohne zusätzlichen Eingriff an eine andere Einheit zur Weiterverarbeitung oder Ausgabe übergeben; siehe ▷Pipe; Eingabe ist oft eine Datendatei, Ausgabe häufig der Bildschirm; 4. über den

Bildschirm gespannte Platte oder Netz zur Ableitung statischer Felder

Final
Endgültig (lat.), z. B. druckfertige Form eines ▷Dokuments oder Gut zum Druck

finalize, FINALIZE(), Finalizer
Abschliessen; in der objektorientierten Programmierung eine Bezeichnung für die Logik, die anlässlich der ▷Garbage Collection von ▷Objekten auszuführen ist und meist Aufräumarbeiten besorgt; die ensprechende ▷Methode heisst oft auch Finalize(); siehe auch ▷dispose

finally
Schliesslich, endlich; ▷Schlüsselwort in Programmiersprachen zur Kennzeichnung von Anweisungsverbünden, welche unabhängig vom Auftreten eines Fehlers, und nach dessen eventueller Behandlung, durchlaufen werden müssen; also im Sinne „wie auch immer – mach dann noch dies"; siehe auch: ▷try und ▷catch

Finder
Grafische ▷Benutzungsoberfläche des ▷Macintosh; gehört zusammen mit dem ▷„System" zur Grundausstattung des ▷Mac OS; vergleiche ▷Explorer, Internet -, Windows -

Finger
Über das ▷TCP/IP-Netzwerk ausgesandte Anfrage, mittels welcher die (▷gerätetechnische) Kennung eines anderen Netzwerk-Teilnehmers erfragt werden kann, sofern diese freigegeben ist

Fingerabdruckleser, Fingerprint Reader
Gerät zur ▷Authentisierung, welches die Oberfläche der Fingerkuppe (Hand-Innenseite) abtastet und davon ein ▷Bild erstellt; empirische Studien belegen bis heute pro Mensch signifikant un-

terschiedliche Fingerabdrücke; F. können kapazitiv, optisch oder per Röntgenstrahl arbeiten; Linien eines Fingerabdruckes haben folgende Grund-Bildelemente: Delta (dreiecksförmiges Zusammenlaufen), Loops (Halbkreise), Whirls (Wirbelzentren), Cores (Mittelpunkte der gesamten Orientierung), hinzu kommen Poren, Überkreuzungen von Linien, Gabelungen von Linien und vieles andere mehr

Fingerprint
In der Informatik: elektronischer Fingerabdruck in der Datenkommunikation; mal verwendet für ▷Message Digest, mal für ▷MAC, mal für elektronische Unterschrift (▷Signatur)

Finitheit, statische -, dynamische -
Begrenztheit, Endlichkeit (lat.); Forderung an ▷Algorithmen, wonach ihre Beschreibung, also ihr ▷Entwurf, eine endliche Länge hat (statisch) bzw. wonach die zu seiner Ausführung benötigten ▷Ressourcen, vor allem Primärspeicher, endlich sind (dynamisch)

FIPS
Federal Information Processing Standard; Sammlung der offiziellen Normen für Systeme und Sprachen für Belange der US-Bundesregierung

FIR
Fast Infrared, Fast ▷IrDA

fire and forget
Metaphorischer Ausdruck für einen nicht gesicherten Versand z. B. eines ▷UDP- ▷Datengramms

Firewall
Brandmauer; Oberbegriff für Sicherheitskonzepte, welche den Datenverkehr zwischen zwei ▷TCP/IP Netzen mithören oder filtern usw.; eine mögliche Architektur ist die folgende: internes ▷LAN

mit Paketfilter_1 und Verarbeitungs- ▷Gateway, externes LAN
oder ▷WAN mit dem Verarbeitungsgateway und Paketfilter_2; die
Paketfilter (▷Router mit Filterfunktion auf ▷OSI-Schichten 3 und
4, weil auch ▷Port-Nummern verglichen werden) inspizieren die
Pakete je auf der Seite des Mikro- und des Makrokosmos; der Gateway (Schicht 7) ist zusätzlich sogar in der Lage, den Paketinhalt
nach programmierten Regeln zu analysieren; es gibt Hardware-
und Software-Lösungen; F. werden sehr oft als ▷Proxies implementiert; mit zwei F. kann eine ▷DMZ erstellt werden

Firewire
Siehe unter ▷IEEE 1394

Firmware
In ▷Festwertspeichern „untergebrachte" ▷Software

F

first come - first served
▷Fairstes Abfertigungsprinzip in einer ▷Warteschlange, welche
folglich ▷FIFO-Struktur hat

First Mile
Bei ▷IEEE die Bezeichnung für die ▷Letzte Meile (Last Mile), weil
aus der Sicht des ▷LANs betrachtet wird und nicht aus der Sicht
der ▷Dienste

Flag
Fahne, Flagge, die; zweiwertige Marke vom Umfang meist eines
Bits für die Registrierung eines ▷Status in der Hardware (Beispiele:
▷busy, ▷carry) bzw. Software (Beispiele: ▷dirty, ▷archive) bzw.
Programmierung (Beispiele: ungültig, bezahlt) usw.

Flame, Flame War, Flaming
Flamme; gehässiger verbaler Angriff in ▷Chattings oder im ▷E-Mai-
ling bzw. in ▷Newsgroups; weitet sich der Angriff zu einem Hick-

hack aus, an welchem sich mehrere Personen öffentlich beteiligen, dann herrscht Krieg

Flanke
In der ▷Mikroelektronik: Signalwechsel von 0 auf 1 oder umgekehrt; ▷dynamische Bausteine reagieren auf F.; im Idealfall verlaufen die Flanken senkrecht, also mit Steigung plus/minus unendlich oder mit Zeitdauer null; in der Realität ergibt sich immer eine schräge Flanke mit einer realen Steigung sowie mit einem Einschwingverhalten auf dem gewünschten Niveau; Ursache hiervon ist, dass alle periodischen Kurven mathematisch als Addition verschiedener Sinuswellen aufgefasst werden können (Fouriertransformation)

Flash
1. Familie von ▷Speicherbausteinen mit besonderen Eigenschaften: die frei adressierbare Beschreibbarkeit rückt sie in die Nähe statischer ▷RAMs; die Nicht- ▷Flüchtigkeit und eine Löschspannung von 12 Volt machen sie zu ▷EEPROMS; der relativ langsame Zugriff und ein hoher Strombedarf beim Schreiben beschränken die Einsatzmöglichkeiten der F., die am besten wie Datenträger verwendet werden; baulich haben F. sehr oft die Form eines ▷USB „Memory Sticks"; die Lebensdauer beträgt zwischen 10'000 und 100'000 Schreibvorgängen pro Speicherzelle; F. kann nur ▷segmentweise gelöscht oder überschrieben werden und zwar mit einem kurzen Stromstoss, einem „Flash"; 2. Adobe F. ist eine Entwicklungsumgebung, mit der multimediale Inhalte für Webseiten erstellt werden können

F

Flash Signal
Signal von genormter Länge, um bei gewissen hausinternen Telefonzentralen, so genannten Nebenstellenanlagen, eine Amtsleitung anzufordern

Flash-OFDM

Fast Low-Latency Access with Seamless Hand-off Orthogonal Frequency Division Multiplexing (kein Scherz); Technologie für den ▷Mobilfunk als möglicher Nachfolger von ▷UMTS: bis 1.5 Mbps ▷Downlink und 500 kbps ▷Uplink, mit 50 km zudem grössere Reichweite als UMTS; proprietäre Spezifikation; 2005 war das erste Rollout in der Slowakei

Flat Rate

Auf ein Dienstangebot bezogen: kostenmässige Abgeltung eines ▷Dienstes, welche dann ein quantitativ und/oder qualitativ vereinbartes Grundangebot – also ohne Mengen- oder Zeitmessung – umfasst; die Bezeichnung für ein entsprechendes Abgeltungsmuster hat sich vor allem in der ▷Telefonie und im ▷Internet-Providing (▷ISP) durchgesetzt

Flattersatz

In der ▷Textverarbeitung: Textspalte mit links bzw. meist rechts nicht bündig gesetztem Text

Fliessband

Gängiger ist: ▷Pipeline

Fliesskomma, Fliesskommazahl

Standard- ▷Datentyp in den meisten Programmiersprachen und Datenbanksystemen: Zahl mit einer ▷Mantisse und einer Zehnerpotenz; 32 Bits: einfache Genauigkeit (single Precision); 64 Bits (intern oft 80 Bits): doppelte Genauigkeit (double Precision); weitere, zum Teil normierte Formate; siehe ▷IEEE 754; ▷SQL kennt ferner die DECIMALs, das sind F. mit benutzerdefinierbarer Genauigkeit vor und nach dem Komma

Fliesstext

In der Typografie: in der Grundschrift geschriebener Hauptteil des Textkörpers

flimmern
Siehe unter ▷Bildwiederholfrequenz

Flipflop
Elektronische Schaltung, deren Ausgang in einem ▷binären Zustand stabil verharren kann und damit eine ▷elektronische Grundeinheit zur Speicherung eines ▷Bits; statische F. wechseln den Ausgangszustand aufgrund von Eingangszuständen, dynamische F. reagieren auf ▷Flanken und sind daher wegen des ▷Taktes in einem Rechner als Grundelemente geeignet

Flipflop Operator
▷Operator in ▷PERL, ▷Ruby u. a., welcher aus einem Text begrenzte Blöcke liefert; der F.O. erhält zwei reguläre ▷Ausdrücke R1, R2 und durchläuft damit einen Text zeilenweise: trifft R1 ein Mal zu, gibt der F.O. alle Zeilen als gültig zurück, solange bis R2 zutrifft, danach schweigt er bis R1 erneut zutrifft usw.; Schreibweise: (R1)..(R2); Beispiel: while (<VBAMODUL>) { if (((/public function/i)..(/end function/i)) { print $_; } } gibt alle public Funktionen des betroffenen VBA Moduls vollständig aus und lässt alles andere dazwischen weg

Float, floating Point
1. (▷Deklaration für) Standard- ▷Datentyp in vielen Programmier- und Datenbanksprachen für eine 2. ▷Fliesskommazahl zu 32 Bits, also prozessorintern eine ▷Maschinenzahl im Format „single Precision" von ▷IEEE 754-1985 bzw. ▷IEC 559:1989

floating User
Anwender, welcher sich von verschiedenen Standorten und/oder Geräten mit seinen Kenndaten in einer vernetzten Umgebung anmeldet und danach die gewohnte, „eigene" Benutzungsumgebung vorfindet

flood, flooding
Flut, ▷fluten

FLOOR(n)
▷Funktion in vielen Programmier- und Datenbanksprachen zur Ermittlung der grössten ▷Ganzzahl i, für die gilt: i ≤ n; n ist eine reelle Zahl; gleichwertig mit i:= TRUNC(n) oder §f i:= INT(n)

Floppy
Bezeichnung für die ▷Diskette, meist Floppy Disk; floppy ist ein englisches Adjektiv und bedeutet „schlapp", somit das sprachliche Gegenteil der ▷Harddisk

FLOPS
Floating Point Operations Per Second; ▷Fliesskomma-Operationen pro Sekunde; eines der Masse für die Rechenkapazität eines ▷Prozessors; im Gegensatz zu ▷MIPS wird hier das ▷Rechenwerk getestet

Flow Chart
Siehe unter ▷Flussdiagramm

Flow Control
Siehe unter ▷Flusskontrolle

flüchtig
Beim Wegfall der aktiven Energiezufuhr die ▷Daten und ▷Programme verlierend; ▷dynamische ▷RAMs (▷DRAMs) sind f.; Gegenteil: ▷persistent

flush, FLUSH()
Spülen; Bezeichnung oder Anweisung für das Leeren von ▷Puffern oder ▷Warteschlangen; damit wird die ▷Konsistenz zwischen dem Puffer und dem Zielmedium (z. B. ▷Platte) wiederhergestellt

Flussdiagramm
Ausprägung eines irgendwelche Flüsse darstellenden ▷Ablaufplans: ▷Daten, ▷Operationen, ▷Instruktionen; gemeint ist – nicht ganz

zutreffend – in der Regel jedoch der ▷Programmablaufplan (PAP) nach ▷DIN 66001

Flüssigkristallanzeige
Flache, energiesparende Anzeigetechnologie; es wurden immer feinere Verfahren entwickelt, um die Schwächen der F. zu überwinden, wie z. B.: Kontrastarmut, Notwendigkeit von externem Licht, Einfarbigkeit, farbliche Verfälschungen, enge Betrachtungswinkel usw.; aktuell und farbig ist: ▷TFT

Flusskontrolle, -steuerung
1. in der Software: Ablaufsteuerung eines Prozesses durch: ▷Sequenz, unbedingter und bedingter ▷Sprung, Anhalten oder ▷Unterbrechung aus der Sicht des ▷Steuerwerks und des ▷Schedulers; siehe auch ▷Kontrollfluss; 2. in der Hardware: qualitative und quantitative Steuerung des Datentransfers in Kommunikationskanälen: z. B. ▷XON/XOFF, ▷Handshaking, dann als Hardware Handshaking

F

fluten
Destruktiv motiviertes Verursachen von exzessivem, das Netzwerk letztlich lahmlegendem Paketverkehr, z. B. ▷ICMP ▷Echo Requests, im einem Netz oder Teilnetz; eine Form von ▷Denial of Service Attacken, also ein aktives Attackenmuster

FM
Frequency Modulation, ▷Frequenzmodulation

Focus, Fokus
1. Brennpunkt (lat.); 2. Konzept zur Interaktion zwischen Benutzerin und ▷Dialogelement der grafischen ▷Benutzungsoberfläche; den F. hat diejenige Komponente des Dialogelements, welche unmittelbar bereit ist, vom Anwender ein Signal per Tastatur zu empfangen; nur eine Komponente kann in einem Zeitpunkt den F. besitzen; meist ist sie farblich markiert oder gepunktet umrandet; von einem modalen ▷Dialog kann der F. nicht weggelenkt werden

Fogging
Vernebelung der angenehmen Art: Einrechnen von Dunsteffekten
in der dreidimensionalen, grafischen Darstellung; dies vertieft die
räumliche Illusion und erhöht bei ▷Spielen die Überraschungs-
effekte

FOIRL
Fibre Optic Intra-Repeater Link; Verlängerung der Abschnitte zwischen zwei gekoppelten ▷Ethernet-Segmenten durch Einschaltung
von optischen ▷Modems mit verbindendem ▷Lichtwellenleiter;
Vorgänger von 10Base-F und ▷100Base-F

fold
Falten; Kommando zum irgendwie gearteten Umbruch eines Textes

F Folder
Siehe unter ▷Ordner

Folge
Basis-Strukturelement der imperativen ▷Programmierung: lineare
Abfolge von ▷Anweisungen; Sequenz

Folksonomy
Folks Taxonomy; 1. privat angelegte aber öffentlich zugängliche
oder sogar editierbare Linksammlungen im ▷Web, ein thematisch
gegliederter Wissensraum entsteht dadurch, dass die Autoren der
▷Bookmarksammlungen diese mit Schlagwörtern versehen können; Beispiel: http://del.icio.us; 2. Social Sharing, Austausch von
Buchrezensionen, Zitatensammlungen, Fotosammlungen usw.

FON
▷Font; Dateinamenserweiterung in ▷MS-DOS und ▷Windows für
Schriftdateien; das sind Dateien, welche die mathematische Be-
schreibung der Schriftfamilie bzw. ihrer ▷Zeichen enthalten

Font

Schriftart, Schrifttyp, genau genommen aber: Schriftfamilie bei
▷Druckern und im ▷Desktop-Publishing; ein F. umfasst alle so genannten Schriftschnitte der Schriftfamilie wie kursiv, fett-kursiv usw.

Font, Soft -

Softwaremässig zuladbare Schrift(familie)

foo, FOO(), foobar, goo, GOO()

So wie ▷4711 (vorwiegend in der deutschsprachigen Literatur) der
Prototyp der Ganzzahl ist, so ist foo() der didaktische Prototyp einer Pseudofunktion bzw. -prozedur, ▷semantisch gesehen ohne
jede Bedeutung; immerhin: foo() hat seine eigene RFC: 3092; foobar ist oft eine Alternative und goo() kommt dann zum Zug, wenn
foo() eine Partnerfunktion braucht; in der RFC 3092 wird in wunderbar witziger Form die mögliche Herkunft dargelegt; einerseits
ist foo im Englischen das, was bei uns „igitt" wäre; die Ursprünge
werden im Zweiten Weltkrieg vermutet: das British Naval Magazine schrieb 1946: „Mr. Foo is a mysterious Second World War product, gifted with bitter omniscience and sarcasm"; foo könnte auch
aus dem deutschen „furchtbar" stammen, denn wenn etwas einfach
nicht laufen will (Fucked Up Beyond All Repair), dann ist es bei
den Soldaten einfach „foobar"; und mit „nicht laufen" ist die Verbindung zur Informatik definitiv gegeben ...

Foot, Footer

Fussbereich in 1. Dokumenten, 2. Daten- ▷Paketen in der Datenkommunikation, 3. Daten- ▷Blöcken auf ▷Datenträgern; Footer in
▷Dokumenten ist meist pro Seite gemeint und heisst „Fusszeile";
vergleiche ▷Header; die in den Fällen 2 und 3 genannten F. enthalten Daten- und ▷Adress-Informationen sowie oft ▷Prüfsummen

Footprint, Footprinting

Fussabdruck; 1. der von einem Betriebssystem oder von einer Applikation permanent belegte, absolut minimale Speicherbedarf; 2. Be-

strahlungsbereich eines Satelliten in der Satellitenkommunikation; 3. Erkunden des Betriebssystems und/oder Sicherheitsprofils (durch ▷Hacker oder ▷Knacker) auf einem ▷Host, dann gelegentlich auch als „Fingerprinting" bezeichnet; siehe z. B. ▷Banner Grabbing

FOR ...
▷Syntax für die „Zähl- ▷Schleife"; ihre syntaktische Formulierung enthält mindestens: a) ▷ordinale ▷Variable als ▷Schleifenzähler, b) Initialwert dieses Schleifenzählers, c) Endwert dieses Schleifenzählers als Abbruchkritierium, d) ▷Inkrement oder ▷Dekrement; d) ist optional, dann gilt Inkrement 1; dieses ganze Konstrukt umhüllt einen ▷Schleifenkörper

FOR EACH, FOREACH
Syntax für eine Abzähl- ▷Schleife in ▷Enumerationen oder für den ▷Iterator einer ▷Liste; ▷objektorientierte Sprachen: die ▷syntaktische Formulierung enthält mindestens: a) ▷Referenzvariable als Iterator durch die Liste; b) Angabe der Liste, die zu durchlaufen ist: FOREACH string grad IN offiziere ... (mit offiziere als ▷Kollektion von ▷Strings)

Force Feedback
Technologie von ▷Microsoft zur Übertragung von (meist reaktiven) physikalischen Kräften auf Steuerelemente wie ▷Joy Sticks in ▷Spielen

force und no(t) force
Zwingen, nicht zwingen; der f. ▷Mechanismus erzwingt das Rückschreiben (write back) der Daten nach dem Abschluss einer ▷Transaktion; n.f. tut dies nicht und riskiert damit ▷Inkonsistenzen

Forensic Computing
Gerichtlich (lat.); Sicherstellung, Analyse, Aufbereitung, Auswertung, Dokumentation und Präsentation von ▷digitalen Beweismit-

teln (engl.: Evidence) für die Gerichtsbarkeit; damit also alles rund um die Ermittlungsarbeit im Kontext der Computerkriminalistik

FORK()
Gabel; ▷Systemaufruf zur Erzeugung eines (Kind-) ▷Prozesses in ▷Unix / ▷Linux und anderen ▷Betriebssystemen; vorerst wird der Elternprozess einmal identisch kopiert; der Kindprozess beansprucht danach dieselben ▷Betriebsmittel und wird erst dann mit neuem Programmtext überladen

Form, Forms
Eigentlich: ▷Formular; spezifisch aber die Bezeichnung eines ▷GUI ▷Fensters in der ▷.NET Programmierumgebung; dann eigentlich ▷Windows Forms

Format
Geformtes (lat.); 1. ▷logisches und/oder ▷physisches Layout von ▷Datenbeständen in der ▷Datenbankplanung oder auf ▷Massenspeichern usw.; 2. Kommando FORMAT in ▷MS-DOS zum Initialisieren (▷Formatieren) eines ▷Datenträgers; siehe dazu ▷formatieren

formatieren
Einmaliges Vorbereiten des (magnetischen, optischen, elektronischen) ▷Datenträgers durch Eintragung der Verwaltungsstrukturen; bei ▷Platten erfolgt dabei die Einteilung in ▷Spuren (▷Zylinder) und ▷Sektoren, die Eintragung der ▷FAT / ▷MFT oder anderer ▷Index-Strukturen sowie die Speicherung wichtiger Steuerdaten bzw. evtl. sogar des ▷Betriebssystem- ▷Kerns; nach dem F. ist die Kapazität eine ▷logische und kleiner als die ▷physische

Formatstring
Die reichlich mühsamen, aber sehr mächtigen ▷Formatierungsparameter in Ein- und Ausgabe-Anweisungen, also z.B. die nervigen „Dinger" in scanf() und printf() sowie in den damit verwand-

ten ▷Stringoperation sscanf() und sprintf() in ▷C; Beispiele: %d
liest Dezimalzahl, %c liest Charakter, %s liest bis zum nächsten
▷White Space, %[ ] liest eine genau beschriebene ▷Zeichensequenz
und führt damit in die Nähe von regulären ▷Ausdrücken

Formatvorlage
Bündelung von gestalterisch wirksamen ▷Formatierungsbefehlen,
die dann per Tastendruck, ▷Mausklick oder ▷Befehl einem Teil
des ▷Dokuments zugewiesen werden können; z. B. eine Titelgestal-
tung unter der F. „Überschrift"

Formel Editor
Hilfsmittel in ▷Microsoft ▷Office zur Erstellung besonders komplexer Typografien wie mathematischer Formeln usw.

F Formsatz
In der Typografie: Anordnung des Textes rund um eine Abbildung
mit gleicher Verteilung der Weissräume

Formular
Siehe unter ▷Maske

FORTH
Maschinennahe, schnelle höhere ▷Programmiersprache aus den
1960er Jahren mit dem Haupt-Initiator Charles Moore; heute Betriebssystem, Sprache und Entwicklungsumgebung; F. ist ▷struktu-
riert, ▷modular, ansatzweise ▷typisiert; hat einen knappen, jedoch
beliebig erweiterbaren Kommandovorrat; ubiquitäre Datenstruktur
ist der ▷Stack; alle Ausdrücke werden ▷UPN notiert: Terme („3 4
+") und Befehle („Teleskop 3 7 bewegen"); zentrales Element ist
der ▷Interpreter, der per Tastatur eingegebene Worte sofort verarbeitet; das Wort „:" schaltet den Compiler ein, „;" schaltet ihn aus;
gewisse Worte sind ▷immediate, um Steuerstrukturen implementieren zu können; Beispiel: :Stern 42 emit; :Sterne 0 DO Stern
LOOP; F. wird heute in verschiedenen ▷objektorientierten, visuel-

len und anderen Formen weitergeführt; auch neue Sprachen sind daraus entstanden, z. B. Factor; www.forth.com

FORTRAN

Formula Translation; (älteste) höhere Programmiersprache aus dem Jahre 1957 von John W. ▷Backus; ▷modular, ▷strukturiert; stark in der Programmierung paralleler Prozesse; heute noch verbreitet für die Bearbeitung mathematischer und technischer Probleme in der mittleren und grossen Datentechnik

Fortress

Bei ▷Sun Microsystems entwickelte Programmiersprache für Hochleistungsrechner, die vor allem die zunehmende ▷Parallelisierung in Mikroprozessoren ausnützt; auffällig an der Sprache ist ihre sehr mathematische Notation; im Jahre 2007 stellte Sun den ersten ▷Open Source ▷Interpreter für F. vor; F. soll keinerlei Altlasten mit sich tragen – mal abgesehen vom Namen, der (bewusst) an ▷FORTRAN anlehnt: man will die genau Fünfzigjährige endlich in Pension schicken; http://fortress.sunsource.net

Forum, Foren

Marktplatz, Marktplätze (lat.); 1. geschlossener und gelegentlich beitragspflichtiger Bereich im Internet oder Intranet, in welchem sämtliche online Angebote zu einem bestimmten Thema, einer Organisation, zusammengeschlossen sind: Meldungs- und Diskussionsdienste, Erfahrungsaustausch (▷BBS), Herunterladen bzw. ▷Downloading Sections, Einkaufsmöglichkeiten, ▷Help Desk, gemeinsame Spiele usw.; 2. oft einfach synonym für eine ▷online Diskussionsplattform

forward, forwarded

Weiterleiten, weitergeleitet; häufige Bezeichnung im ▷E-Mailing: ▷Weiterleiten der Meldung an eine (zusätzliche) Empfängerin

FOSS
Free and Open Source Software; Sammelbegriff für Programmsoftware aus der Sicht ihrer freien Verwendbarkeit; es ist zu betonen, dass frei (▷free Software) und ▷open Source (quelloffen) nicht dasselbe meinen und dass die Motivation der Hersteller, ihre Produkte frei zur Verfügung zu stellen, sehr unterschiedlich sein kann; man verfolge die Querverweise für wesentlich mehr Informationen

Foto-CD
Siehe unter Photo- ▷CD

FPGA
Field Programmable Gate Array; wiederholt frei programmierbarer, mit mehreren logischen Blöcken versehener, ▷mikroelektronischer Baustein

fps
Frames per Second; Anzahl Bewegtphasen, welche durch die ▷Grafikkarte pro Sekunde angezeigt werden können

FPU
Floating Point Unit; Fliesskomma- ▷Prozessor, mathematischer ▷Coprozessor für ▷Fliesskommazahlen

FQDN
Fully Qualified Domain Name; vollständiger ▷Rechnername im ▷Internet, bestehend aus ▷Host Name und ▷Domänenname bis zur ▷TLD; Beispiel: www.parc.xerox.com

FRAD
Frame Relay Assembler/Disassembler; Kommunikationseinheit, die ausgehende Daten so formatiert, dass sie ▷Frame Relay entsprechen

Fragezeichenoperator
Alternative Bezeichnung für den bedingten ▷Operator, siehe dort

Fragment

Bruchstück (lat.); 1. in verteilten ▷Datenbanken: aufgebrochene und verteilte ▷Relation; horizontal aufgebrochen mittels ▷Selektion (Beispiel: unterschiedliche Mitarbeiter-Tabellen an unterschiedlichen Orten, siehe auch: ▷union) oder vertikal aufgebrochen mittels ▷Projektion (Beispiel: Name, Vorname in einer Tabelle, Adresse und Wohnort in einer anderen Tabelle); 2. Gesamtheit der Informationen zu einem ▷Pixel, samt Farbe, ▷Farbtiefe und ▷Textur; 3. Resultat der ▷Fragmentierung

Fragmentierung

Bruchstück-Bildung (lat.); 1. Zerstückelung, „Zersiedelung" einer ▷Datei in verstreute (▷Cluster-)Bruchstücke auf dem ▷Plattenspeicher nach jedem Laden, Ergänzen und erneuten Speichern; die F. ist eine wenig geschätzte, weil den ▷Zugriff zu einer Datei allmählich verlangsamende Eigenschaft vieler ▷diskorientierter ▷Dateisysteme; Abhilfe: gelegentliches Defragmentieren; 2. Aufspaltung des ▷Arbeitsspeichers in tendenziell immer kleiner werdende, freie Bereiche durch das ständige Ein- und Auslagern von ▷Segmenten; siehe interne und externe F.; vergleiche ▷Garbage Collection; 3. Aufteilung eines ▷IP- ▷Datengramms in kleinere Portionen, wie sie als ▷Rahmen durch die Transport-Hardware limitiert sind

F

Fragmentierung, Datenträger- oder Platten-

Eine externe Fragmentierung (siehe dort), allerdings mit „Löchern" fester Grösse (je mindestens ganze ▷Cluster), die deshalb immer wieder ▷allozierbar sind

Fragmentierung, externe -

Fragmentierung durch Speicherung einer zusammengehörenden Sequenz von ▷Daten- ▷Blöcken an einer nicht konsekutiven Sequenz von Block- ▷Adressen; Metapher: ein mehrbändiges Buchwerk wird in den Regalen 2 und 5 abgelegt, weil die Regale 3 und 4 schon belegt sind; Nachteil: aufwändigeres Suchen und Laden; bei ▷Festplatten identisch mit der Plattenfragmentierung

344   Fragmentierung, interne - – Frame Dropping

Fragmentierung, interne -

Fragmentierung, die dadurch zustande kommt, dass in ▷Blöcke, ▷Seiten oder ▷Segmente einzulagernde Quantitäten von ▷Daten konsequent auf vorgegebene Blockgrössen aufgerundet werden und im Inneren des so ▷allozierten Bereichs Restbereiche ungenutzt lassen; Metapher: für 3.1 l Milch (Quantität) brauche ich vier Literkrüge (Blöcke) und der letzte Krug ist intern fragmentiert; die dadurch verursachte Platzverschwendung liegt zwischen 1 … (Blockgrösse-1) Bytes

Fraktal

Visualisierte Form einer nichteuklidischen Geometrie (Fraktalgeometrie), welche auf den ▷IBM Forscher Benoit B. Mandelbrot zurückgeht; F. oder Mandelbrotformen haben die Eigenschaft, dass ihre feinsten Details, z. B. Verästelungen, sich in den übergeordneten Formen ständig wiederholen; anders gesagt: beim „Einzoomen" in ein F. erscheinen unendlich lange immer neue Details, die jedoch mit der „obersten" Form deutlich verwandt sind; die f. Geometrie ist in der Lage, unregelmässige Formen in der Natur (Küstenlinien, Wolken) und in der Statistik (Kursbewegungen) zu analysieren

FRAM, FeRAM

Ferroelectric ▷RAM; ▷Speicherbaustein mit äusserst geringem Energieverbrauch; Serienreife ab 2001; zu dieser Zeit aber noch mit dem Problem kämpfend, dass die Anzahl Schreib-/Lese- ▷Zyklen beschränkt war; heute sind 10^{10} Zyklen und eine jahrelange Haltbarkeit der Daten garantiert

Frame

Siehe unter ▷Rahmen

Frame Dropping

Möglichkeit der Hardware oder Software zum gelegentlichen Fallenlassen eines Bildes, wenn dessen Aufbau die ▷Echtzeit-Verarbeitung von Bildinformationen beeinträchtigen könnte

Frame Grabber

Rahmen-, Bild-Schnapper; Hardware und Software-Lösung zur ▷Echtzeit- ▷Digitalisierung, Be- und Verarbeitung von Bilddaten ab Videokamera

Frame Relay

Normiertes Transportverfahren auf ▷OSI-Schicht 2, das für die ▷Paketvermittlung in ▷WANs sorgt und dabei die Nachteile von ▷X.25 überwindet, indem es z. B. die Fehlerprüfung den Endgeräten überlässt und nicht in die Vermittlungsknoten verlagert; die Paketlänge ist variabel, beträgt aber meist 2'048 Bytes und die Übertragungsrate 2 Mbps bis 45 Mbps; F. dient der Verbindung zwischen Netzwerken und oft als Zugangsweg zu Hochgeschwindigkeitsnetzen

Framework

F

1. und allgemein: Satz von Dokumenten und Hilfsmitteln zur Wahrnehmung einer bestimmten Aufgabe in vielen Geschäftsbereichen, z. B. zum Erstellen eines Patentantrags; 2. in der Informatik bezeichnet ein F. die Menge der ▷Dokumente, ▷Editoren, ▷Bibliotheken, ▷Compiler und ▷Werkzeuge zur Entwicklung umfangreicher Anwendungen; reichlich diffus und so oft auch synonym zu ▷Architektur oder Technologie gebraucht; 3. in den 1980er und frühen 1990er Jahren sehr populäre Programm- ▷Suite für die Bürokommunikation

FRC(), FRAC()

Funktion in der ▷Programmierung: ermittelt den Nachkommaanteil eines Bruchs

Free Software Foundation

1989 durch Richard ▷Stallman gegründete Stiftung mit Sitz in Cambridge, Massachusetts, welche die Verteilung von ▷Freeware unterstützt und vor allem das ▷GNU-Projekt ▷Hurd pflegt(e); siehe ferner ▷General Public License; siehe auch ▷Open Source sowie

„politische" Bemerkung dort; „free software is a matter of free speech, not of free beer"

Free Standards Group
Gewissermassen die „Dachorganisation" aller wichtigen Gremien und Körperschaften im Umfeld von ▷Open Source Software, namentlich aber ▷Linux; www.freestandards.org

Freeby, Freebies
Siehe unter ▷Freeware

Freeware
Frei erhältliche und verfügbare ▷Software ohne ▷Lizenzgebühr, aber mit dem geistigen Eigentum beim ▷Urheber und verbunden mit dem moralischen und/oder rechtlichen Verbot des Weiterverkaufs bzw. des Einbaus in kommerzielle Produkte

F

Freigabeprotokoll, Zweiphasen-
▷Mechanismus zum Abwickeln und Abschliessen einer ▷Transaktion (T) in verteilten ▷Datenbanken, bestehend aus folgender Kommunikation zwischen je allen dezentralen Teilhabern (DT) und dem zentralen Koordinationsprogramm (K); Phase 1: (ein) DT an K „T abgeschlossen"; K an DT „Vorbereitung zur Freigabe" (prepare to ▷commit); DT an K „ok" (oder „nok"); Phase 2 nach „ok" von allen DT: K an DT: „commit"; Festschreibung aller Mutationen bei DT; DT an K „abgeschlossen"; sollte commit ausbleiben (Gründe: fehlendes „ok" oder ▷Fehler beim K): jedes DT macht T rückgängig

Frequenz
Häufigkeit (lat.); Anzahl f Schwingungen eines ▷Signals pro Zeiteinheit; gemessen in ▷Hertz (Hz): 1 Hz = 1 Vollperiode/s; allgemein: $f = \dfrac{1}{T}$ (T: ▷Periodendauer)

Friend
Freund; ▷Methoden- ▷Deklaration, welche es zulässt, dass eine
▷Funktion von aussen auch auf ▷private oder ▷protected ▷Attri-
bute eines ▷Objektes zugreifen darf; die entsprechende Deklaration muss bereits in der ▷Klassendeklaration vorgesehen sein
(sonst könnte die ▷Kapselung mit solchen Freunden ausgetrickst
werden ...); entspricht nicht ganz der Idee des ▷objektorientier-
ten Paradigmas; ferner gilt: eine „Freundschaft" ist nicht transitiv:
der F. meines F. ist nicht automatisch mein F.

Friendly Name
Ein Name, der für Menschen gut lesbar ist und der eine Ressource,
meist im ▷LAN, bezeichnet; er wird zusätzlich zur technisch
▷identifizierenden Adresse vergeben

Front Door
Türsteher; 1. kräftiger Mensch mit Lederjacke, gegeltem Haar und
Kopfhörer am Eingang eines Nachtlokals; 2. Programm, welches
einen Anruf entgegennimmt, zuerst dessen ▷Parameter entschlüs-
selt und dann erst die zugehörige ▷Applikation lädt, z. B. ein
▷Faxprogramm, den Bestellserver usw.

Front End
1. und allgemein: Vorrechner; 2. konvertierender Rechner zwischen
einem ▷Grosssystem und einem ▷LAN; 3. kommunizierende
Kopfstation bzw. dort laufendes Anwendungsprogramm in einem
▷Netzwerk und in diesem Fall synonym für ▷Client

FRR
False Rejection Rate; ▷Authentisierungsfehler Typ I in der ▷Bio-
metrie; der harmlosere Fehler; siehe auch ▷FAR

FS
▷ASCII-Zeichen 1C(H) (28): File Separator; Zwischenmarkierung
bei Dateien oder Trennung von Hauptgruppen

FSB
Siehe unter Front Side ▷Bus

FSF
Siehe unter ▷Free Software Foundation

FSK
Frequency Shift Keying; siehe unter Frequenz- ▷Modulation

FSSTND
(Linux) File System Standard; Projekt für eine quer durch die
▷Distributionen einheitliche, hierarchische Dateistruktur unter
▷Linux, woraus dann ▷FHS wurde

FTAM
F File Transfer, Access and Manipulation; ▷Norm in der Anwen-
dungs- ▷Schicht des ▷OSI-Modells zur Vereinheitlichung des Da-
teitransfers zwischen heterogenen Systemen; auch für den ▷Zugriff
auf Inhalte und ▷Attribute der Dateien

FTP
1. File Transfer Protocol; Prozess- ▷Dämon in ▷Unix / ▷Linux
sowie ▷Protokoll im ▷TCP/IP-Netzwerk für den Dateitransfer;
bei Windows Servern im ▷IIS vorhanden; der Leistungsumfang
bzw. Befehlssatz von FTP-Servern und Clients hängt stark vom
Hersteller ab, der MODE-Befehl ist z. B. nicht überall implementiert; 2. einer der vielen ▷Dienste des ▷Internets

FTP, anonymous -
Viele FTP-Server im Internet unterscheiden zwischen eingeschrie-
benen Benutzerinnen, denen entsprechende ▷Zugriffsrechte zugeteilt sind, und Gästen (Guest); der gastweise Besuch eines FTP Servers ist meist mit der ▷Identifikation „anonymous" möglich; als
Passwort gibt man seine Internet Mail-Adresse ein; letzteres ist

zwar nicht notwendig, aber es gehört gemäss ▷Netikette zur Höf-
lichkeit im Internet

Führungspunkt
Für die Formung eines ▷vektorgrafischen Primitivums notwendiger Koordinatenpunkt; Beispiele: zwei Brennpunkte und ein Peri-
pheriepunkt bei der Ellipse; linke untere und rechte obere Ecke
beim Rechteck

Full Screen
Die ganze Bildschirmfläche betreffend, füllend; auf der ganzen
Bildschirmfläche arbeitend; im F.-Modus sind meist auch ▷Fens-
terrahmen verschwunden

Füllfaktor
Grad der (noch) noch leeren Speicherplätze für eine streng geord-
nete ▷Datenstruktur – ein Beispiel: die Ablage der Daten einer
gruppiert indexierten (clustered ▷Index) Datenbank-Tabelle wird
mit Leerplätzen versehen, damit künftige Datensätze gemäss einem
Sortierkriterium dort eingefügt werden können; der F. gibt z. B. in
Prozenten an, wie gross diese Leerplätze sein müssen, damit keine
Aufspaltung der Ablage auf neue ▷Seiten erfolgt

Function Shipping
Einbringung eines neues ▷Treibers in die ▷Systemsoftware wegen
Zubindung eines Geräts zur Laufzeit; damit fällt die nicht triviale
Aufgabe an, aktiven Prozesscode zur Laufzeit zu erweitern; F. S.
entspricht so einem ▷Hot Plugging von Softwarekomponenten

Funktion
1. und allgemein: Aufgabe, Wirken (lat.); 2. Abbildung der Elemente eines ▷Definitionsbereichs auf einen ▷Wertebereich; 3. in sich
geschlossene ▷Prozedur, die einen Wert zurückgibt: dies ist eine
F.-Definition; 4. einzelner ▷Ausdruck innerhalb von ▷Quellcode,
welcher Eingangswerte (Argumente) benötigt und genau einen

Wert zurückgibt: dies ist ein F.-Aufruf; einzelne ▷Programmier-
sprachen erlauben die Rückgabe mehrerer Werte auf einmal, zudem kann jede Rückgabe einer ▷Referenz z. B. auf ein ▷Array als
Rückgabe mehrerer Werte gesehen werden

Funktion, (nicht) deterministische -
Eine d.f. gibt bei jedem Aufruf mit gleicher ▷Argumentliste den
gleichen Wert zurück, Beispiel: ▷CEIL(17.336); eine nicht d.f. gibt
auch bei identischem Aufruf einen nicht rekonstruierbaren Wert
zurück, Beispiel: CURRENT_USER()

Funktion, abstrakte -
Funktion oder ▷Methode ohne ▷Implementation, welche also
▷überschrieben und in der Überschreibung implementiert werden
muss

F

Funktion, Aggregats-
Funktion wie z. B. AVG() (Mittelwert), COUNT() (Anzahl), MAX(),
MIN() oder SUM(), welche einen Wert über eine ganze Menge
von Daten ermittelt; die A. finden vor allem in den typischerweise
mengenorientierten, ▷relationalen ▷Datenbanksprachen Verwendung: ▷NULL-Einträge werden bei der Auswertung (üblicherweise)
überlesen

Funktion, anonyme -
Funktionsdefinition ohne Name direkt dort im Code, wo ihr Name
verwendet würde; ein einleitendes Schlüssel- ▷Wort markiert
die Definition, welche unmittelbar ▷inline folgt: function(e) { print
(e) }; andere Schlüsselwörter als function sind ▷lambda, ▷delegate;
a.f. sind unmittelbare ▷Argumente, oder es können Funktionsre-
ferenzen auf sie gerichtet werden: zeiger = function(e) { print
(e); };; in diesem Beispiel: Ding obj = new Ding(function(e)
{ print(e); }); entsteht ein neues ▷Objekt vom Typ Ding, dessen
▷Konstruktor eine a.f. als Argument erhält, die ihrerseits ein Argument e enthält

Funktion, Element-
Siehe unter ▷Methode

Funktion, virtuelle -, rein virtuelle -
In der ▷objektorientierten Programmierung eine F.-Deklaration in der ▷Basisklasse, welche in einer abgeleiteten ▷Klasse dann ▷überschrieben werden kann oder muss (virtuell) bzw. welche die sie enthaltende Klasse zur abstrakten Klasse macht (rein virtuell, das heisst ohne eigene ▷Implementierung); im Gegensatz zu überladenen F. entscheiden bei diesen Typen die Objekte zur ▷Laufzeit – und nicht die ▷Parameter –, welche der mehreren, gleichnamigen F. zur Ausführung gelangt (dynamische ▷Typüberprüfung); beachte die wichtige Differenz zu überladenen F.; siehe ferner ▷Polymorphismus

Funktionsaufruf
1. und allgemein: Übergabe des ▷Kontrollflusses an eine ▷Funktion oder ▷Prozedur; 2. im engeren Sinn ist dies die Funktion einer unteren ▷Schicht in einem Schichtenmodell zur ▷Diensterbringung; so kann mit file.open() das ▷Betriebssystem durch die ▷Anwendung zum Öffnen oder Anlegen einer Datei veranlasst werden; die Menge aller F. der relativ gesehen unteren Schicht bildet die Programmierschnittstelle, ▷API

Funktionsreferenz
Sofern eine ▷Programmiersprache die Auffassung von ▷Funktionen als ▷Datentyp zulässt, können ▷Referenzen auf Funktionen gerichtet werden; das sind dann F. und sie sind vom Typ „Funktion"

Funktionstaste(n)
Die Tasten F1 bis F12 in der obersten Reihe der ▷Tastatur; F. sind zur schnelleren Eingabe häufig verwendeter Anweisungen (oder ▷Makros) bei einer Software; eingebürgert hat sich z. B.: F1 für ▷Hilfe; die F. werden von der Software belegt, und ihre Belegung kann zur Stützung des Gedächtnisses oft eingeblendet werden; je

F

nach ▷Umgebung kann mehr oder weniger die gesamte Bedienung von Programmen auf F. ausgerichtet sein

Fusssteg
In der Typografie: Raum zwischen ▷Satzspiegel und Papierende

Fusssteuerung
In der ▷Programmierung: ▷Schleifenkonstrukt mit am Ende des ▷Schleifenkörpers formuliertem Abbruchkriterium (Grundtyp: REPEAT … UNTIL); Gegenteil: ▷Kopfsteuerung

Fuzzy Logic, - Technology
Rechnen mit ▷logischen Problemen, die sich mit ja/nein nicht beantworten lassen oder mit Objekten, die sich vorhandenen Mengen nicht trennscharf zuordnen lassen sowie mit Relationen zwischen solchen; Beispiel: Temperatur ist „ziemlich warm"; Beispiel: Postleitzahlen 6005 und 6004 meinen die gleiche Stadt Luzern, 6037 und 6038 hingegen meinen zwei verschiedene Dörfer Root und Dierikon; F.T. befasst sich mit Vorgängen, die sich nicht ▷linear verhalten: anstelle höchst aufwändiger numerischer Berechnungen für solche Prozesse wird mit unscharfen Mengen und Relationen gearbeitet

F

G

G.DMT
▷ITU-T-Norm für die ▷ADSL Vollversion; dort genauer erklärt

G.Lite
▷ITU-T-Norm für ▷ADSL lite; dort genauer erklärt

GAC
Siehe unter ▷Global Assembly Cache

GAL
Gate Array Logic; dem ▷PAL vergleichbarer, aber sehr flexibler und bis zu hundertmal neu programmierbarer, ▷mikroelektronischer Baustein

Galaxy-Schema
Siehe unter Schema, ▷Galaxy-

Galileo
Gigantisches europäisches Satellitennavigationssystem für die rein zivile Nutzung; anfänglich als privatwirschaftliches Projekt vorgesehen, im Mai 2007 dann offiziell durch die EU übernommen; in Konkurrenz zu ▷GPS und ▷GLONASS werden ab 2013 30 Satelliten (davon drei als Ersatz) in ▷MEOs von rund 23'000 km Höhe schweben und der Erde Positionsdaten übermitteln sowie solche auch in Empfang nehmen; bis 2010 waren zwei Testsatelliten gestartet worden; Probebetrieb der ersten vier Satelliten für 2011 geplant; www.galileo-navigationssystem.com

Game Port
Schnittstelle für Steuergeräte, die mit Computerspielen zusammenarbeiten wie ▷Joystick bzw. auch dreidimensionale Steuergeräte;
üblicherweise ▷D-sub 11

Gamelan
Umfangreiches, gewichtetes und zum Teil bewertetes Verzeichnis von frei verfügbaren ▷Java Ressourcen; siehe auch ▷JARS;
der Name rührt von einem Musikstil auf Bali und Java her;
www.gamelan.com

Gamma-Transformation
Korrektur der ▷Luminanz eines Bildschirms, da jene nicht proportional zur Kontrollspannung der Bildröhre ist; wichtig für Farbbildschirme in der grafischen ▷Datenverarbeitung

GAN
G Global Area Network; ▷WAN mit weltweiter Dimension, namentlich also unter Einbezug von Funk- und Satellitenverbindungen

Ganzzahl
Standard- ▷Datentyp in den meisten Programmiersprachen und
Datenbanksystemen: positiv und negativ genommene natürliche
Zahlen in einem bestimmten Intervall, das sich fast symmetrisch
um den Nullpunkt der Zahlengeraden ausbreitet; bei einer ▷Wort-
breite von 16 ▷Bits beträgt der Wertebereich demnach –32'768 ... 0
... 32'767, bei 8 Bits –128 ... 0 ... 127; in der am häufigsten verwendeten Zweier- ▷Komplement-Darstellung dient das ▷MSB als Vor-
zeichen-Bit

Gap
Loch, Lücke, Spalt; datenfreier Bereich zwischen zwei ▷Blöcken auf
einem Datenträger; dient ▷Synchronisationszwecken

Gap in the WAP

Lücke im WAP; mit ▷WAP / ▷WTLS ▷getunnelter und verschlüs-
selter Datenverkehr muss beim Service Provider in ▷SSL / ▷TLS
fürs ▷Web umgeformt werden: während dieser kurzen Zeit sind
die Daten ▷klartextlich und deshalb bzgl. Vertraulichkeit gefährdet

Garbage Collection

Müllabfuhr; Routine (meist ein ▷Dämon) zum Einsammeln nicht
mehr ▷referenzierter oder belegter – also ungenutzter – Speicherbereiche auf der ▷Halde, sowie zum Zusammenfügen zersiedelter
▷Seiten und ▷Segmente; eine Art ▷Defragmentierung des ▷Ar-
beitsspeichers; vergleiche externe ▷Fragmentierung

Gartenhag, -zaun

Sonderzeichen „#" in der Datenverarbeitung mit der häufigsten
Bedeutung „Nummer"; in der Schweiz ist ein „Hag" ein Zaun; Details unter ▷Raute

G

Gast

Anonymer ▷log in-Name für den Zugang zu sehr vielen Online-
Diensten, aber mit stark beschränkten Rechten

Gate

1. ▷elektronisches ▷Gatter; 2. ▷Gateway; 3. Übergang von einem
Privileg-Modus in einen tieferen (also höher privilegierten!) beim
▷Mikroprozessor; der Übergang erfolgt durch den Aufruf eines G.
▷Descriptors

Gates, William H. III

Geboren 1955, genannt Bill; 1975 Gründer, seither Mehrheits-
aktionär und bis 2000 CEO von ▷Microsoft; 2008 Rückzug aus
dem Tagesgeschäft; entwickelte schon als Gymnasiast Computer-
programme und als junger Student 1973 einen ▷BASIC- ▷Inter-
preter für einen der ersten ▷Mikrocomputer, den MITS Altair; seit
den mittleren 1990er Jahren reichster Unternehmer der Welt; viel-

leicht auch deren meist Hassgeliebter; in seiner Schulzeit unbestrittenes Mathematikgenie, heute ebenso genialer Visionär und Marketingstratege sowie konsequenter Vertreter eines Business-Darwinismus – aber auch Sponsor riesiger Geldsummen für wohltätige Zwecke

Gateway
Pauschalbezeichnung für Netzwerkkomponenten zur Wahrnehmung von komplexen Aufgaben in den oberen Schichten des ▷OSI-Modells; „Tor" zu einem ▷Computer, ▷Netzwerk oder ▷Dienst mit einem anderen ▷Protokollstapel bzw. anderer ▷Architektur oder einer anderen ▷Dienstgüte; eine Kommunikation zu/mit ihm muss alle darunter liegenden ▷Schichten durchlaufen; Beispiele: Mail Gateway bei unterschiedlichen Maildiensten, Voice Gateway zur Umsetzung eines analogen Datenstroms in eine Paketsequenz usw.

G Gatter
▷Elektronische Schaltung zur Ausführung einer ▷logischen Operation wie z. B. ▷AND

gawk
▷GNU ▷awk

GB, GByte
Siehe unter ▷GigaByte

GBG
Geschlossene Benutzergruppen; geschlossener, meist beitragspflichtiger Benutzerkreis in Btx bzw. ▷T-Online

Gbps
Gigabits per Second; siehe ▷bps; G hier grossgeschrieben, weil – als physikalische Masseinheit – in der Bedeutung als ▷SI-Vorsatz 10^9

GDI
1. Graphical Data Interchange; Austausch von Bild-Dateien; 2. Graphics Device Interface: Daten-Schnittstelle für Laser- ▷Drucker, in welcher die Druckseite im PC und nicht durch eine ▷Seitenbeschreibungssprache im Drucker aufgebaut wird; siehe auch ▷WPG

Gecko (Rendering Engine)
Ursprünglich von ▷Netscape entwickelte, in ▷C++ geschriebene, ▷freie ▷Maschine, welche ▷HTML, ▷XML oder auf XML basierende Benutzungsoberflächen ▷rendert; heute von der Mozilla Foundation weiterentwickelt; G. kommt zum Einsatz in Netscape ▷Navigator, ▷Mozilla, SeaMonkey, Mozilla Firefox, Thunderbird und anderen Browsern; G. interpretiert für den Renderingprozess die Beschreibungssprache ▷XUL

Geek
▷Computerfreak der verbissenen Sorte, auch ▷Nerd und ▷Weenie

Geheimnisprinzip
Seltener Begriff für die Daten- und ▷Methoden- ▷Kapselung

Geltungsbereich
In der ▷Programmentwicklung: Ausschnitt aus dem ▷Code, in welchem ein ▷Objekt unter seinem Namen angesprochen werden kann; der G. ist statisch, vom Code abhängig; siehe auch ▷Sichtbarkeit, ▷Lebensdauer und ▷Namensraum

GEM
Graphical Environment Manager; nach dem ▷Finder von ▷Apple die zweite kommerzielle, grafische ▷Benutzungsoberfläche von Digital Research; im Heimcomputerbereich (Atari) lange im Gebrauch, in der PC-Welt anfangs der 1990er Jahre (!) aufgegeben

Gemeine
In der Typografie: Kleinbuchstaben einer Schrift

Gender Changer

Geschlechtswandler; Stecker-Zwischenstück zur Anpassung von
▷männlichen und ▷weiblichen Anschlüssen; Gender ist zwar das
soziale Geschlecht, aber offenbar wollte man „Sex" vermeiden; vergleiche ▷Adapter

Gender Switching

Virtueller Geschlechtswandel, wie er oft in ▷Chat und ▷News anzutreffen ist, wo sich Männer als Frauen ausgeben, um die Freuden
plumper Anmache zu erleben ...

General Public License, GNU -

GPL; Software- ▷Lizenz nach amerikanischem Recht, veröffentlicht
durch die ▷„Free Software Foundation"; die GPL regelt das Neu-
entwickeln, Weiterentwickeln, Kopieren und Verteilen von ▷Free-
ware, welche sich der ▷GNU-Bewegung angeschlossen hat: Programme dürfen frei kopiert und geändert werden, Gebühren und
Kaufpreise dürfen sich nur auf den Aufwand im Zusammenhang
mit dem Kopieren und Zusammenstellen der Produkte (▷Distribu-
tionen) beziehen; jeder Software-Publikation müssen der ▷Quell-
code und der Originaltext der GPL beiliegen, Garantie wird keine
gewährt

Generalisierung

Verallgemeinerung (lat.); Zusammenfassung ▷attributiv gleicher
oder ähnlicher ▷Entitätstypen bzw. ▷Objekte zu einem Obertyp;
„is a"-Beziehung: professor is a (ist ein) mitarbeiter und assistent is
a (ist ein) mitarbeiter; Gegenteil: Spezialisierung, ▷Vererbung resp.
▷extend

Generation

Zeugung (lat.); 1. Gesamtheit aller Produkte auf gleicher Entwick-
lungsstufe bei der ▷Hardware, ▷Software usw.; Spezialfälle unter
den nachfolgenden Stichworten; 2. in der Datensicherung: alters-

mässige Abstufung von Daten- ▷Archiven in die G. „Grossvater
– Vater – Sohn"

Generationen von Technologien
Siehe je unter: ▷Hardware, ▷Mobiltelefonie, ▷Programmiersprachen, ▷Prozessoren

Generator
Erzeuger (lat.); Software-Hilfsmittel, das eine Menge zweckbezogener Werte erzeugt und brauchbar zur Verfügung stellt, z. B. ▷Zufallszahlen, ▷Masken, ▷Listen, Sinuskurven usw.

generisch
Die ursprünglichste Gattung repräsentierend, betreffend (lat.):
1. ▷Komponenten, welche einer Urspezifikation genügen: eine Super ▷VGA- ▷Grafikkarte sollte demnach nicht bloss „super" sein,
sondern auch die generische VGA-Spezifikation zulassen; 2. Komponenten, die eine Urspezifikation geradezu repräsentieren, wie
z. B. der ▷Apple LaserWriter die Laserdrucker gemeinhin; 3. in
Programmiersprachen die Möglichkeit, zur Kompilierzeit Variabeln von ▷Klassen oder ▷Typen zu verwenden: der Operator „+"
wird einmal für <Integer, Integer>, dann auch für <Complex,
Complex> explizit ausprogrammiert; der ▷Compiler muss für alle
letztlich zum Einsatz kommenden Klassen oder Typen Code vorfinden, dies ist auch ▷Template genannt; 4. in Programmiersprachen die Möglichkeit, zur Kompilierzeit Klassen oder Typen
festzulegen, obwohl das Objektmodell eigentlich offener ist:
List<String>() erzeugt eine Liste, in der der Compiler nur Strings
akzeptiert, aber zur Laufzeit dürfte alles in der Liste enthalten sein

GEO
Global Earth Orbit; geostationäre Satellitenbahn auf rund 35'000
km über dem Äquator; siehe auch ▷LEO und ▷MEO

GeoPort
Multifunktionale Schnittstelle, Adapter von ▷Apple in Macs für die Daten- und Telekommunikation

Gerät
1. ein physischer Apparat, ▷Hardware; 2. ein Objekt auf der – im ▷Schichtenmodell – tiefsten ▷abstrakten Ebene über der konkreten ▷Hardware; oft gebraucht im Zusammenhang mit physikalischen Gegebenheiten, ▷physischen ▷Adressen, ▷Treibern und vielem anderen mehr; auch: ▷Device; Beispiel 1: ▷Device Context; Beispiel 2: Eingabe-/Ausgabe-Hardware in ▷Unix wird unter abstrakten G.-Namen angesprochen (z. B. tty0 für die erste ▷Konsole), und diesen Namen wiederum behandeln die G. wie ▷Dateien (so einfach ist die Computerwelt …)

Gerätekontrollblock
Speicherresidente, der ▷Systemsoftware zur Verfügung stehende Abbildung der wesentlichsten ▷Parameter eines ▷Geräts: Name, ▷Eigentümer, Rechte, ▷Schnittstellen-Adressen, ▷Unterbrechungsnummer, ▷Status; damit wird das Gerät zum ▷virtuellen Gerät für das System

G

Geräteserver
Zwischen das ▷Betriebssystem und ein Gerät geschalteter, oft ▷residenter und im privilegierten Modus arbeitender ▷Prozess zur Konversion, Anpassung der Daten und Protokolle für das adressierte Gerät (▷Controller, virtuelles Gerät) bzw. zu dessen Ansteuerung; der Prozess hat die Besonderheiten, dass ▷Variablen mit Hardware-Adressen (▷Registern) verknüpft sind und dass ▷Unterbrechungssignale gleichwertig wie Software-Signale behandelt werden; für das Betriebssystem ist der G. eine virtuelle Maschine; ▷Treiber werden in seinen Code eingetragen; fehlerhafte Treiber (gibt es solche?) können deshalb nur gerade den Server beeinträchtigen, nicht aber das ganze Betriebssystem; typische Vertreter sind der ▷X-Server und die ▷Terminalserver-Umgebungen

Germanium

Chemisches Element Ge, ▷Halbleiter und Rohstoff in der ▷Elektronik / ▷Mikroelektronik

GET(), get, Getter

Holen; 1. ▷Funktion oder Kommando in sehr vielen Betriebssystemen und Programmiersprachen; in der Regel werden damit Daten aus speziellen Speicherbereichen, z. B. aus dem Bildschirmspeicher, geholt oder direkt von der Tastatur gelesen usw.; 2. ein Getter ist in der ▷OOP eine ▷Methode zum – selektiven – Auslesen eines ▷Objektzustands; siehe auch ▷SET() und ▷Property

Geviert

In der Typografie: am Grossbuchstaben M gemessene Höhe und Breite von Buchstaben

Ghost

Geist; ursprünglich von einer Produktbezeichnung herstammender Begriff für full Image ▷Backup, auch ▷Klon

GhostScript, GhostView

▷PostScript- ▷Emulator bzw. -Anzeiger von ▷GNU

GI Gesellschaft für Informatik

GI Gesellschaft für Informatik e. V.; gemeinnütziger Verein, 1969 in Bonn gegründet mit dem Ziel, die Informatik zu fördern; äusserst vielseitige Wirkungsfelder und viele Fachpublikationen zu Nachwuchsförderung, Anwender-Unterstützung, Politik, Gleichstellung, Normen, Vertragsvorlagen usw.; 13 IT-Fachbereiche in Bearbeitung; verbunden mit 11 bedeutungsvollen Dach- und Schwestergesellschaften; derzeit 24'000 Mitglieder; www.gi-ev.de

GID

▷Gruppen- ▷Identifikation

GIF, animated GIF, animierte(s) GIF

Graphics Interchange Format; im Internet sehr verbreitetes Dateiformat für verlustfrei ▷komprimierte ▷Bitmap Computerbilder, entwickelt vom ISP ▷CompuServe, die Patente der verwendeten ▷LZW-Kompression liegen bei Unisys, welche ab 1995 Lizenzen für G.-formatierende Programme verlangt; 256 Farben freier Wahl, Transparenz möglich; animierte GIFs sind möglich, indem jede Bildebene ein ▷Frame darstellt, braucht spezielle Editoren

giFT

giFT Internet File Transfer – ein rekursives ▷Akronym; ▷Open Source ▷Dämon, der sich „nach unten" mit diverse Dateiaustausch-Plattformen und „nach oben" mit diversen ▷GUI-Klienten verträgt; die Klienten laden die Protokolle dynamisch als ▷Plug-in, die anvisierten Plattformen sind u. a. Limewire, Kazaa, eDonkey

GIFT

Proprietäre ▷Auszeichnungssprache im Kontext ▷E-Assessment resp. ▷E-Learning, mit der Prüfungsfragen auf einfache Weise notiert werden können; Beispiel Multiple Choice: Frage { ~Falsche Antwort#Erklärung =richtige Antwort }; G.-Texte sind reine Textdateien; sie werden mittels verschiedener Werkzeuge in z. B. in ▷SCORM- oder ▷HTML-Lernmodule umgewandelt; G. wurde im Umfeld des ▷LMS Moodle entwickelt; Referenz unter http://buypct.com/gift_reference.pdf

Giga-

So genannter Vorsatz des ▷SI für Faktor 1'000'000'000; Zeichen „G"; in der Informatik für binäre Grössen (Speicherkapazitäten) $2^{30} = 1'024^3 = 1'073'741'824$; beides mit Zeichen „G"; siehe weitere Bemerkungen unter ▷Kilo-; viele Hersteller von Festplatten sind nun dazu übergegangen, das g. – klein gedruckt – wieder als 10^9 zu definieren; damit lässt sich eine Festplattenkapazität um 5% nach oben frisieren …

Gilder-Gesetz
Als „Network Abundance" (Überfluss) bezeichnete Feststellung von George Gilder in seinem Buch „Telcosm", wonach die Netzwerk- ▷Bandbreite sich alle neun Monate verdoppelt; Gilder ist von Hause aus Politikwissenschaftler in Massachusetts, Buch- und Artikelautor (Economist, Havard Business Review, Wall Street Journal) zu technologischen Zukunftsfragen und war Berater mehrerer US-Präsidenten; siehe auch ▷Amdahl, ▷Brooks, ▷Metcalfe, ▷Moore

GIPS
Giga Instructions Per Second; Milliarden ▷Instruktionen pro Sekunde, ein Mass für die Rechenleistung von ▷Prozessoren oder ganzen Hardware-Einheiten; beachte Bemerkung unter ▷MIPS

GL
Graphics Language; eine Art Programmiersprache für ▷Plotter

G

Glasfaser, Glasfaserkabel
Siehe unter Glasfaser- ▷Kabel

Gleitkomma, Gleitkommazahl
Siehe unter ▷Fliesskomma, Fliesskommazahl

global
Ein ▷Geltungsbereich; auf der Ebene des ganzen ▷Systems/Hauptprogramms gültig bzw. sichtbar bzw. wirksam; oftmals mit dem ▷Modifizierer ▷„public" so bestimmt

Global Assembly Cache
Zentraler Ablageort für alle registrierten und deshalb ▷global verfügbaren ▷Assemblies in ▷.NET; oft in C:windowsassembly; lokale Assemblies bedürfen keinerlei Registrierung

GLONASS
Global'naya Navigatsioannaya Sputniknovaya Sistema; Global Navigation Satellites System; das Pendant der damaligen Sowjetunion und Russlands zu ▷GPS; im System sind derzeit (2010) 21 von 24 notwendigen Satelliten aktiv

Glossar
1. Fachwortverzeichnis im Anhang vieler Hand- und Lehrbücher mit Kurzerklärungen; 2. die Vereinheitlichung der Sprachpflege bzw. entsprechend einheitliche Rahmenbedingungen anstrebende Publikationen

Glove
Handschuh; gemeint ist der Datenhandschuh (Data G.) in der ▷virtuellen Realität, welcher die räumlichen Bewegungen der Hand durch Aussenden oder Abtasten von Signalen in den Rechner abbildet

G

GLX
The OpenGL Extension to the X Window System; Zusatz- ▷Bibliothek zu ▷X für ▷OpenGL

GMT
Greenwich Mean Time, westeuropäische Zeit = ▷MET – 1h; Referenzzeit in der Telekommunikation und im Internet; siehe auch ▷UTC

GND
Ground; Signal-Erde, Masse bei ▷Signalkabeln

GNOME
▷GNU Network Object Model (▷Desktop) Environment; ▷X-konformer grafischer Arbeitsplatz von ▷Unix / ▷Linux; eine ▷Akronym-Kreation der sympathischen Art; www.gnome.org

GNSS
Global Navigation Satellite System; Sammelbezeichnung für alle
Systeme wie ▷Galileo, ▷GPS, ▷GLONASS usw.

GNU
GNU is Not Unix; ehemals Projekt der ▷„Free Software Foundation" (FSF) für ein freies ▷Unix (mit dem ▷Kernel: The Hurd) sowie diverse andere Produkte, z. B. einen ▷C-Compiler; heute quasi
ein Markenname für ▷Freeware (bzw. ▷Bibliotheken), welche unter der GNU ▷General Public License (GPL, bzw. Library GPL) veröffentlicht werden; das wunderbare Akronym GNU liesse sich
durchaus als eine sprachliche ▷Rekursion erklären und hat folgende Wurzel: unter den ▷Hackern der 1970er Jahre war es üblich,
Programme aus purem Spass am Programmieren zu imitieren
(„play for cleverness"); man drückte mit dem Produktnamen jeweils aus, dass es sich nicht um das Original handelt; www.gnu.org

GNU FDL
GNU Free Document Licence; Ergänzung zur GNU ▷GPL; Lizen-
zierungsart, die freien Umgang mit Dokumenten (Texten) gewährleistet: Kopieren und Weitergeben, mit oder ohne Änderun-
rungen, kommerziell oder nicht kommerziell; Autoren haben die
Möglichkeit, an Texten zu verdienen, ohne für Änderungen Dritter verantwortlich zu sein; aus einem der G. unterstellten Dokument abgeleitete Dokumente sind wiederum der G. unterstellt;
G. wurde nötig, „weil Freie Software Freie Dokumentation
braucht"; www.gnu.org/licenses/fdl.txt

G

go
Los!; in gewissen Datenbanksprachen meist am Ende einer Anweisung oder eines Anweisungsstapels stehendes Kommando, diese(n)
als Gesamtheit zu ▷interpretieren bzw. zu ▷compilieren und auszuführen

GoF
Gang of Four; siehe unter ▷Viererbande

googeln
Das Internet, meist jedoch das ▷Web, nach ▷Informationen durchsuchen; das durch den Duden geduldete, neudeutsche Verb ist eine
direkte Ableitung vom Firmennamen des Marktführers auf dem
Gebiet der Informationssuche und seine Verwendung so gesehen
mit Sorgfalt zu begleiten

Google
Im Jahre 1998 durch die zwei Stanford-Doktoranden Larry Page
und Sergey Brin gegründete Unternehmung mit der schon kurze
Zeit danach weltweit grössten ▷Suchmaschine für die ▷Volltext-
suche im ▷Web oder auf der Festplatte (G. Desktop); mit mehreren
hundert Millionen Anfragen pro Tag Marktführer – in Deutschland
z. B. zu über 80 %; wegen dieser Stellung werden mittlerweile auch
negative politische (Selbstzensur in China) und kulturelle Aspekte
von G. diskutiert („Datenkrake", „gläserner Surfer", vergleiche
▷Inferenz, schwere Pannen und Gerichtsprozesse bei Street View);
das Angebot von G. wurde über die Suchfunktion hinaus mit vielen
Dienstleistungen ausgebaut, darunter bahnbrechende ▷multime-
diale und navigatorische; „Google" ist ein Wortspiel mit „googol",
das von Milton Sirotta geprägt wurde, um eine Zahl mit 100 Nullen
zu bezeichnen; www.google.com

gopher, gopher space
Ziesel; im Internet verteilte, menüorientierte und hierarchische
Informations-Datenbank, welche in der Funktionsweise mit dem
▷Web verglichen werden kann; zu ihrer Nutzung muss auf dem
Rechner ein entsprechendes Programm, ein ▷Client, laufen und die
Verbindung zu einem g. ▷Server hergestellt werden; die meisten
Web- ▷Browser bieten auch einen Zugang zu g.; g. ist älter als das
Web und präsentiert sich nicht so belebt; der Dienst wird immer
seltener gebraucht

GOPS

Giga Operations Per Second; Milliarden Operationen pro Sekunde; meist indessen Giga-▷FLOPS; beachte Bemerkung dort

GOTO, goto, GO TO

Anweisung zu einem unbedingten ▷Sprung (auch gekapselt in einer ▷Bedingung bleibt der Befehl per se unbedingt); ist in der ▷strukturierten ▷Programmierung verpönt, weil ▷Spaghetti-Abläufe bewirkend; ganz im Stillen haben auch die Autoren moderner Programmiersprachen G. in ihre ▷Semantiken aufgenommen und halten als Praktiker den Päpsten der strukturierten Programmierung entgegen, dass ein Vorwärtssprung manchmal durchaus tolerierbar sei ... sogar das hochmoderne ▷C# kennt g. (das ist keine Entschuldigung!)

GPIB

General Purpose Interface Bus; ▷Peripheriebus-Konzept von ▷HP, siehe unter ▷IEEE 488

G

GPL

▷General Public License von ▷Free Software Foundation; siehe ▷GNU und ▷LGPL

GPRS

General Packet Radio Service; Technologie zur Überbrückung des (z. B. für ▷WAP zu) langsamen Datentransfers mit ▷GSM und bis zur flächendeckenden Einführung des Mobilnetzes der dritten Generation, ▷UMTS; G. erlaubt eine schnelle Aufnahme der Verbindung, die dann aufrechterhalten bleibt, und ist geeignet für häufigen Datentransfer (▷Mails, ▷Surfen usw.); die Transferraten betragen zwischen 14'400 und 115'000 bps; abgerechnet wird rein mengenmässig; G. baut sich über GSM auf, der eigentliche Datentransfer findet jedoch auf eigens reservierten Kanälen statt; G. braucht neue Geräte und neue ▷Protokolle; siehe auch ▷HSCSD

GPS, NAVSTAR-
Global Positioning System; eigentlich: Navigation Satellite Timing And Ranging-GPS (NAVSTAR-GPS); durch das US-Department of Defence (DoD) unterhaltenes, auf 25 in rund 20'000 km Entfernung kreisenden Satelliten basierendes, geografisches Ortungssystem; zur Ortung auf mobilen Geräten – etwa in der Grösse eines ▷PDA – werden die Signale vierer Satelliten ausgewertet; siehe auch ▷DGPS

GPU
Graphics Processing Unit; ▷Coprozessor für grafische Funktionen wie Polygon-Berechnung, Schattierung, ▷Rendering usw.

graceful Degradation
Anmutige Rückstufung; Strategie und Mechanismus, welche dafür sorgen, dass ein ▷Fehlerfall das Weiterarbeiten auf eingeschränkter Stufe erlaubt; siehe auch ▷Fail Safe

Grad
1. Schriftgrad; Schriftgrösse; 2. Winkel; der 360. Teil eines Kreises; ein Neugrad ist der 400. Teil eines Kreises und hat die Einheit „gon"; 3. Breite, Anzahl ▷Attribute einer ▷Relation, siehe dazu ▷Degree

Grafik, Geschäfts-
Balken-, Kuchen- oder Liniengrafik als Veranschaulichung von geschäftlichen Prozessen, Zahlen und Zuständen; gelegentlich dann präsentiert als Folienschlacht

Grafik, grafisch
Bildliche Darstellung (griech.); in der Informatik zur Visualisierung von Daten, Vorgängen, Modellen usw.; siehe grafische ▷Datenverarbeitung

Grafikkarte
▷Karte (▷Adapter, ▷Controller) zur Aufbereitung und Speicherung der Daten für den Bildschirm

Grafiktablett
Eingabegerät; in unterschiedlichen Grössen erhältliches, mit ▷Sensorik versehenes Tablett zur Erfassung von Anweisungen bzw. geometrischen Daten (▷Koordinaten) mittels eines elektronischen „Zeichenstifts" oder anderer Zeigeinstrumente; mit den Zeichenstiften können i.d.R. über 1'000 Druckabstufungen unterschieden werden, was quasi ein reales Zeichnen oder Malen ermöglicht

Grammatik
Menge aller Regeln, die festlegen, welche ▷syntaktischen Gesamtgebilde zu einer ▷Sprache gehören und welche nicht; also formale Beschreibung der Struktur einer Sprache mit endlichen Mitteln (im Gegensatz zur Auflistung der bedeutungstragenden Elemente, z. B. Worte); vergleiche formale ▷Sprache

grant
Erteilen, gewähren; 1. und allgemein: Öffnung des Zugangs zu irgendwelchen Ressourcen; 2. und speziell: Anweisung, die eine bestimmte ▷Zugriffsberechtigung erteilt, wie z. B. in ▷SQL

G

Granularität
Körnigkeit (lat.); 1. Endzustand bei der Zerlegung (Atomisierung genannt) von Datenbeständen, wie z. B. bei der Datenablage in ▷RAID-Systemen; die Granula können situationsbezogen sein: je ein oder mehrere ▷Datensätze (▷Tupel, ▷Entitäten), ▷Bytes, ▷Bits usw.; 2. Endzustand bei der Zerlegung von ▷Prozessen / ▷Transaktionen usw.; so erhöht z. B. eine feine G. von Transaktionen die ▷Serialisierbarkeit; 3. Grösse von Objekten, auf welche sich bestimmte ▷Operationen/Aktivitäten beziehen; z. B. sollten ▷Sperren auf möglichst kleine Granula, also Datensätze statt ganzer ▷Tabellen, beziehen

Graph, Graphentheorie
Mathematisches Modell für netzartige Strukturen, bestehend aus ▷Knoten (engl. vertexes) und diese verbindenden ▷Kanten (engl.

edges); ▷Bäume sind Spezialfälle von Graphen; G.T. untersucht an G. Kennzahlen, Möglichkeiten des Durchlaufens, interne Zusammenhänge, Gattungen und vieles weitere; G.T. findet ausserordentlich viele Einsatzgebiete: ▷Netze, elektrische Schaltungen, Strassenpläne, wirtschaftliche Verflechtungen, Isomere einer chemischen Verbindung, Gas- und Wasserleitungssysteme usw.

Graustufe, Grauton
Wahrnehmung eines Zwischenwertes von Schwarz und Weiss auf einem ▷achromatischen Wiedergabemedium; die Technik dazu heisst ▷Halbtontechnik mit zwei Alternativverfahren: 1. Regulierung der ▷Luminanz beim Bildschirm; 2. ▷Dithering und verwandte Verfahren; das menschliche Auge ist in der Lage, maximal etwa 500 Abstufungen aufzulösen

greek, greek Modus
Darstellungsmodus im ▷WYSIWYG beim ▷Desktop-Publishing, welcher Textzeilen u. U. auf eine graue Linie reduziert, dafür ein ganzes Seitenlayout wiedergibt

G

Green
Grün; Name der Projektgruppe, welche 1990 bei ▷Sun Microsystems gegründet wurde mit dem Ziel, eine ▷plattformunabhängige Programmiersprache zu entwickeln; daraus wurde vorerst ▷Oak, dann ▷Java; heute (2010) ist G. eine Tochtergesellschaft von Sun namens FirstPerson Inc.

Green IT, Green ICT
Sammelbegriff für die ökologische Dimension von Informationstechnologie, ihren Produkten, Prozessen und Dienstleistungen; Green IT hat also sowohl zu tun mit der Abwärme von Prozessoren als auch mit der Entsorgung von Schaltplatinen oder der Auslieferung einer Tonerkartusche durch DHL ...

Green PC
Siehe unter ▷Power Management

grep
Kommando-Klassiker unter ▷Unix / ▷Linux: Global Regular Expression Printer, oft auch als Get Regular Expression ausgeführt: Prozess zur Suche einer bestimmten ▷Zeichenkette in einer Menge von Dateien bzw. Texten, siehe unter regulärer ▷Ausdruck

GRF
▷Dateiformat für ▷Vektorgrafiken von Micrografx

Grid Computing
Gitter; der Name stammt von den ersten Elektrizitätsnetzen im 19. Jahrhundert, den „Power Grids"; Grids sind Verbünde aus Tausenden von Arbeitsstationen, welche ihre Rechenkapazität ständig oder zur Niederlast-Zeit in den Dienst einer grossen DV-Aufgabe stellen; die Idee ist die, Rechenleistung zur Verfügung zu stellen und zu beanspruchen wie z. B. eine Energiequelle; laufen Grids übers Internet, spricht man oft von Network (of) Computing; ein grosses Grid Projekt ist z. B. durch die University of California Berkeley im Gang und dient der Analyse von Radioteleskop-Daten zur Erforschung von ausserirdischem Leben (setiathome.ssl.berkeley.edu); ein 1999 gegründetes Global Grid Forum will die Spezifikationen rund um G.C. überwachen; siehe auch BOINC

Groschenspeicher
Wegen der ▷LIFO-Funktionsweise so alternativ benannter ▷Stack; auch ▷Keller (-speicher)

Grosssystem
IT-Grossanlagen, wie sie einerseits lange Zeit die Informatik dominierten und wie sie andererseits auch heute noch, im Zuge der verteilten Datentechnik, ihre Bedeutung als Zentralrechner in Grossfirmen und deren Rechenzentren haben; siehe auch ▷Cluster, ▷Grid

Grotesk-Schrift
In der Typografie: Schrift ohne ▷Serifen; siehe auch ▷Antiqua

Groupware
(Nicht näher präzisierbarer) Sammelbegriff für Software zur Erleichterung der Teamarbeit: Verwaltung von Informationen, Dokumenten, Ideen, Terminen, Pendenzen, Sitzungen, Versionen usw.,
ferner für Protokollierungen (Niederschriften), das Mitteilungswe-
sen, die „Zettelwirtschaft" und anderes mehr

Grundlinie
Unsichtbare Linie zur Ausrichtung von ▷Zeichen; Zeichenbestand-
teile, die unter der G. liegen, heissen Unterlängen

Gruppe
1. und allgemein: in sich geschlossene Ansammlung von Objekten;
2. Kollektiv von Personen mit gleichen ▷Zugriffsrechten; siehe dazu ▷RBAC, 3. ▷Telefax-Generation

GS
▷ASCII-Zeichen 1D(H) (29): Group Separator; Gruppentrennzei-
chen

GSM
Groupe Spéciale Mobile oder Global System for Mobile Telecom-
munication; Spezifikation zur Mobiltelefonie; sie gewährleistet
▷Telcos und deren Kunden die ▷digitale, nationale und interna-
tionale, kabellose Telefonie; siehe auch ▷Roaming, ▷GPRS und
▷UMTS

GSP
Graphic Subprocessor; grafischer ▷Coprozessor auf dem Bild-
schirm-Adapter

GSSAPI
Generic Security Services Application Program Interface; ▷gene-
rische ▷API für ▷Client-Server- ▷Authentisierung, die die Verwendung unterschiedlichster Authentisierungsverfahren ermöglicht; baut auf ▷RFC 2743, RFC 1509, RFC 1964

GTLD
Generic ▷TLD

Guard
Wächter; Speicherblöcke; 1. die an die dynamischen Speicherbereiche (▷Heap und ▷Stack) grenzen und die Aufgabe haben, in sie
ragende ▷Adressaufrufe als ▷Fehler zu melden; damit wird vermieden, dass sich Heap, Stack und dynamische ▷Bibliotheken
(▷DLL) in die Quere kommen; Guard ▷Bit, siehe dort

Guest
Siehe unter ▷Gast

G

GUI
Graphical User Interface; 1. grafische ▷Benutzungsoberfläche;
2. Hardware oder Software-Schnittstelle für Grafik-Anwendungen

GUID
1. Globally Unique Identifier; 16 Bytes breite, global einmalige
▷Identifikation einer ▷Komponente in ▷DCOM; eine solche ist
nützlich z. B. für die ▷Replikation von Objekten; 2. ▷Datentyp in
vielen Programmier- und Datenbank-Sprachen für eine solche; siehe auch ▷UUID

Gültig(keit)
Übereinstimmung eines Textdokuments mit den syntaktischen Vorgaben einer ▷XML-Anwendung; G. setzt ▷Wohlgeformtheit voraus

Gültigkeitsbereich
Siehe unter ▷Geltungsbereich

Gummizelle
Netzwerkbereich, in welchen ein erfolgreicher Eindringling umgeleitet wird, um sich dort auszutoben ohne Schaden anzurichten;
vergleichbar dem ▷Honigtopf, aber nicht dasselbe

GZIP
▷GNU ZIP; ▷Kompressionsprogramm der ▷FSF und Quasi-Standard in ▷Linux; G. basiert auf dem ▷Lempel-Ziv- ▷Algorithmus
und kann eine Datei komprimieren, also keine ▷Archive herstellen

G

H

H.323
Spezifikation aus dem Jahre 1996 der ▷ITU-T für die technischen
Belange des ▷Web Phoning (▷Voice over IP) inkl. Konferenzge-
spräche; Auf- und Abbau der Verbindung, Verbindungssteuerung,
Datentransport; siehe auch ▷SIP

Haarlinie
In der Typografie: dünnste auf einem Ausgabegerät darstellbare
Linie

Hacker
Meist jugendlicher, männlicher, unbefugter Eindringling in geschützte Datenbestände; die H. machen durch ihr Wirken auf erheb-
liche Lücken und Nachlässigkeiten in der Datensicherheit aufmerk-
sam; heute unterscheidet man die aus Abenteuerlust, Neugier oder
gar Idealismus handelnden H. von den ▷Knackern, siehe ferner:
▷Phreak, ▷Lamer, ▷Script Kiddy, ▷Tiger Teams und ▷White Cats

HAL
1. einst der durchgedrehte Bordcomputer ins Stanley Kubricks
„2001 – Odyssee im Weltraum"; HAL erhielt den Auftrag, die
Mannschaft anzulügen, doch er war dafür grundsätzlich nicht
konstruiert worden; HAL war damals eine Anspielung auf eine
recht grosse Computerfirma, deren Name sich durch Verschiebung
(monoalphabetische ▷Kryptografierung nach ▷Caesar) der Buchstaben ergibt ...; 2. heute ein Akronym aus dem Hause ▷Microsoft:
Hardware Abstraction Layer – eine ▷Schnittstellen-Ebene zwischen

den ▷Gerätetreibern und der ▷Hardware in ▷Windows NT/2000/
XP/Vista: die HAL verdeckt gewisse rein hardwarespezifische
Eigenheiten

Halbleiter
Chemisches Element, dessen elektrische Leitfähigkeit stark
schwankt – je nach z. B. Temperatur oder Verunreinigung durch
elementfremde Atome (genannt: Dotierung) oder durch elektrische
Feldwirkung; mit diesen Eigenschaften sind H. die Grundlage von
Schaltelementen in der Digitaltechnik

Halde
Eher seltene, wenn auch metaphorisch treffende Bezeichnung für
den ▷Heap, den Haufen

Half Tone, Halbton
Technik zur wahrnehmbaren Erzeugung von ▷Graustufen

hallo, hello
Immer wieder gerne verwendetes ▷Passwort, welches seinem Inhaber dann eine bewundernswerte Resistenz gegen jegliche Sen-
sibilität für Belange der ▷Datensicherheit und Passwort-Qualität
ausstellt; ein verwandtes Passwort ist z. B. 123456; siehe auch Pass-
wort- ▷Attacke

Halloween-Problem
1. Sich bei vielen Informatikern am 1. November in Form von
Kopfschmerzen manifestierende, problematische Nachbearbeitung
der Begehung eines traditionellen nordamerikanischen Festes;
2. die ▷Konsistenz gefährdende ▷Manipulation von Datenbeständen, wenn diese mittels ▷Index-Strukturen bewirtschaftet werden;
Beispiel: UPDATE ma SET lohn = lohn + 100 WHERE lohn > 3000
produziert Datenmüll, wenn der Lohn in einer ▷Baumstruktur in-
dexiert ist und die Datensätze via Index gesucht werden: die Manipulation gibt sich laufend neue Daten vor

Hammering
Hämmern; unablässiges Absuchen der Angebote kommerzieller Seiten im Internet, z. B. durch einen ▷Web ▷Robot

Hamming-Abstand, -Distanz
Benannt nach Richard Hamming, ▷ACM ▷Turing Award 1968; in der Digitaltechnik und 1. bezogen auf ein Paar gleich langer, ▷binärer ▷Worte: Anzahl der Binärstellen, in welchen sich die beiden Worte unterscheiden (Beispiel: die beiden ▷ASCII-Worte 0110100 und 1011001 haben einen H.-A. von 5); 2. bezogen auf einen ganzen ▷Hamming-Code: minimaler H.-A. zwischen beliebigen Wortpaaren innerhalb dieses Codes (Beispiel: der ASCII hat einen H.-A. von 1); lässt sich ein beliebiges Wortpaar mit dem Abstand 1 finden, müssen alle anderen Wortpaare nicht mehr untersucht werden; beachte Querverweise

Hamming-Code
Sammelbegriff für in der ▷Wortlänge optimierte, fehlerkorrigierende ▷Codes; die ▷Paritätsbits (P) werden an allen Positionen, welche Zweierpotenzen darstellen, in die Sequenz der Nutzbits (N) eingelegt; ein Codewort könnte also so aussehen (mit Positionen …4321): NNNNNNNPNNNPNPP; dies erklärt, warum es Hamming-optimierte Wörter nicht in beliebiger Länge gibt, sondern, wie die Abbildung zeigt, als Codes von Länge 7 oder Länge 15, 31 usw.

Handle
Griff, Klinke; meist ein ▷API-spezifischer ▷Datentyp; ▷Referenz auf den ▷Deskriptor einer beliebigen, durch den ▷Prozess zu bearbeitenden (zu behandelnden) ▷Ressource, z. B. eines ▷Threads, eines ▷Semaphors, einer Hardware- ▷Schnittstelle oder auch eines u. U. erst zur ▷Laufzeit entstehenden Datenobjekts

Handover
Weiterreichung des Signals eines ▷GSM-Gesprächs von einer ▷Zelle (siehe dort für Grössenangaben) zur anderen innerhalb

des gleichen ▷Netzes (also: beim gleichen Anbieter); siehe auch ▷Roaming

Handscanner
Familie von optischen Kleinst- ▷Scannern, die von Hand über das zu „lesende" Dokument geführt werden, oft in Form eines Bleistiftes resp. Leuchtstiftes

Handshake
Händeschütteln; irgendwie geartetes ▷Protokoll zwischen einem ▷Master und einem ▷Slave zur Bestätigung des Aufbaus einer Datenleitung bzw. zur Quittierung des Datenempfangs ohne Überprüfung auf dessen Richtigkeit

Handshake, Hardware-
Von der Hardware gesteuerte Start-/Stopp-Signale bei der Schnittstelle ▷V.24 über die entsprechenden Leitungen ▷RTS oder ▷CTS; benötigt entsprechend ausgerüstetes Kabel

Handshake, Software -

H

Von der Software gesteuerte Start-/Stopp-Signale bei der Datenkommunikation; sehr häufig sind es ▷XON/XOFF

Handy
1. allgemein: Handstation in der ▷Mobiltelefonie; 2. darüber hinaus pauschale Bezeichnung für den ganzen Mobiltelefon- ▷Dienst; siehe auch ▷Konnektivität; in der Schweiz konnte sich dafür noch die ursprüngliche Produktbezeichnung ▷Natel halten; was unsere nördlichen Nachbarn immer wieder zum Schmunzeln bringt; H. ist auch nicht gerade ein sprachliches Juwel

Hard Copy
Eine pixelgenaue Kopie des Bildschirminhalts auf Papier; vergleiche ▷Screen Shot

Hard Core
Steinbruch (sic!); in der Informatik verwendet 1. im Zusammenhang mit direkten Eingriffen, also ohne Rücksicht auf durch Be-
triebssystems- oder andere Architekturkomponenten vorgegebene
Verhaltensweisen; 2. für das Arbeiten ohne oder nur mit den einfachsten Hilfsmitteln: Datenbanken aufbauen und verwalten mit
purem ▷SQL, E-Mails schreiben mit purem ▷EMACS, Webauftritt
programmieren mit purem ▷Notepad; 3. komplexe Behandlung
oder Bearbeitung einer Materie ohne jegliche didaktische Rücksicht

hardcodiert
H. sind ▷Literale (also Kommandonamen, Usernamen, Zahlen,
URLs, Zeichen, Mailadressen …), wenn sie im ▷Quellcode mehrfach, überall verstreut dort hingeschrieben werden, wo sie gerade
gebraucht werden; ▷Maintainability lässt grüssen; sauber dagegen
ist, Literale als Konstanten zu definieren oder sie aus Repositories
(z. B. ▷JNDI) zu beziehen und nur die Konstante oder den Verweis
mehrfach zu verwenden

Harddisk
Siehe unter ▷Festplatte

H

Hardware
Materielle Komponenten eines ▷Informationsverarbeitungs-Sys-
tems: Bauteile, Geräte und Datenträger; „H. ist nur versteinerte
▷Software" (Karen Panetta)

Hardware, Generationen der -
0. Elektromechanik, 1. Röhren, 2. ▷Transistoren, 3. ▷Integrierte
Schaltungen, 4. ▷Mikroprozessoren, 5. ▷Künstliche Intelligenz
(z. B. ▷Neuronale Netze)

härten
Sicherheitsmotiviertes Reduzieren von Geräten, ▷Schnittstellen,
▷Prozessen usw. auf das funktional geforderte Minimum: Entfer-

nen von ▷Wechselplattenlaufwerken, Sperren aller nicht verwendeten ▷Ports, Abschalten aller nicht gebrauchten Dienste, ▷Services, zugelassene Benutzermenge bei den verbleibenden Diensten grundlegend einschränken

has a
Hat ein; ▷(De-)Komposition, ▷Aggregation

Hash
Durcheinander, Kuddelmuddel, Hackmasse; 1. ▷Einwegfunktion, die jedem Wert aus einer Definitionsmenge eindeutig und nicht umkehrbar einen Wert aus einer deutlich kleineren Wertemenge zuordnet; die einstellige Quersumme einer natürlichen Zahl ist ein simples H., ein weiteres, einfaches Beispiel ist das Ergebnis einer ▷Modulus-Division; Hashing wird u. a. verwendet zum Berechnen von ▷assoziativen ▷Adressen und in der Sicherheitstechnik (▷Message Digest); Hashing verschlüsselt nicht; siehe die alphabetisch folgenden Stichworte sowie ▷Kollision

Hash Adressierung

Speicherungs- und schnelles Suchverfahren in Datenbanken, bei welchem die Adressen von Datensätzen aus ihrem ▷Schlüssel ▷algorithmisch berechnet werden; eine solche inhaltsbezogene Adressierung heisst ▷assoziativ; das Verfahren eignet sich für Strukturen, die zwar häufig mit Datensätzen ergänzt werden können, in welchen Datensätze aber eher selten gelöscht werden; als Nachteil ergibt sich ferner, dass der insgesamt beanspruchte Speicherplatz schon am Anfang bekannt und reserviert sein sollte

Hash Code, -Wert
Meist eine vorzeichenbehaftete ▷Ganzzahl, die aus einem Objekt als Hash berechnet wurde; die jeweiligen Berechnungs- ▷Algorithmen sind oft gut gehütete Firmengeheimnisse, weil sie eine gute Normalverteilung liefern sollten; gleiche H.C. deuten auf wahrscheinlich gleiche Objekte; ungleiche H.C. deuten auf sicher

ungleiche Objekte (HashCode("kreis") ≠ HashCode("sierk")) ; gleiche Objekte liefern mit Sicherheit gleiche H.C.
($\forall_{x,y}$ (x = y ⟹ HashCode(x) = HashCode(y))) ; H.C. dienen oft als ▷assoziative ▷Indizes zur zugriffsschnellen Speicherung der Objekte

Hash Tabelle
▷Assoziative Tabelle mit Paaren aus ▷Objektreferenz und Hash Wert; der Hash Wert dient als ▷Index zur Ablage und zum schnellen Finden des Objektes im Speicher

Hashing
1. und allgemein: mit einer ▷Hash-Funktion arbeitend, berechnend, adressierend usw.; 2. und speziell: ▷Directory Hashing: Tabellierung und ▷Indexierung von ▷Verzeichnissen zum schnelleren Auffinden

Haskell
Nach Haskell Brooks Curry benannte, rein funktionale ▷Programmiersprache, in welcher ein Problem mittels morphologischer ▷Datentypen, ▷Mengen-, ▷Listenoperationen und ▷Operationen der mathematischen Logik (Lambda-Kalkül) beschrieben wird; H. ist u. a. didaktisch wertvoll, weil es die direkte Formulierung in mathematischen ▷Funktionsbeschreibungen erlaubt, und ist daher an Universitäten weit verbreitet; www.haskell.org

Hauptspeicher
Siehe unter ▷Arbeitsspeicher

HAVI
Home Audio Video Interoperability; durch fast die gesamte Prominenz asiatischer und europäischer Hersteller der Unterhaltungselektronik geförderte Spezifikation zur Integration von Unterhaltungselektronik, ▷Multimedia und Datenverarbeitung; Kerntechnologien sind ▷Firewire und ▷Java

H

Hayes

H. steht sowohl für die ehemalige Firma H. Communication als
auch für deren Gründer Dennis C. H. und für den De-facto-
Standard AT, vergleiche ▷AT-Kommando; Dennis C. H. erfand
1977 den ▷PC ▷Modem zusammen mit Dale Heatherington und
gründete 1978 die Firma H. Associates Inc.; ▷Telekommunika-
tions-Pionier und ehemals pionierhafter Entwickler vieler ▷Mo-
dems und Modem- ▷Normen; vor der Jahrtausendwende in viele
Teilfirmen aufgesplittet und an andere Unternehmen verhökert,
die den als Marke etablierten Namen weiterführen; der Grossteil
ging 1999 an Zoom Telephonics

Hazard

Gefahr, Risiko, Hindernis; in ▷digitalen Schaltungen kurzzeitig
entstehender und unerwünschter Impuls als Folge ungleich langer
Schaltzeiten der vorangehenden Glieder in der Schaltkette

HBCI

Homebanking Computer Interface; Spezifikation des Bundesver-
bandes deutscher Banken (BdB) fürs Internet-Banking, worin vor
allem Sicherheitsvorschriften, Prozesse und entsprechende, technische ▷Protokolle für sicheres E-Banking festgeschrieben sind

HCL

Hardware Compatility List; Liste garantiert ▷kompatibler Fremd-
produkte, wie sie mehrere Hersteller publizieren

HD

Harddisk, siehe unter ▷Festplatte

HD-DVD

High Density ▷DVD; 2006 marktreif gewordene Technologie von
NEC und Toshiba für optische Platten, mit welcher die ▷DVD abge-
löst werden soll; die Kenndaten bei Markteinführung sind: kürzere
Wellenlänge (405 nm) mit folglich mehr Energie; bis 7000 U/min

Rotationsgeschwindigkeit; deutlich kleinere Schichtdicke, nämlich 0.6 mm pro Lage, Kapazität von 30 GBytes pro Lage, ausbaubar bis 45 GBytes; mechanisch weitaus weniger empfindlich als die Konkurrenztechnologie ▷Blu-ray; im Jahr 2010 ist namentlich in der Unterhaltungsindustrie Blu-ray weitaus stärker vertreten als H.

HDB3
High Definition Bipolar Code; ▷digitale ▷Signalform, angelehnt an bipolar ▷AMI; nach drei Nullen wird jedoch ein Signalwechsel (Violation) erzwungen

HDD
Hard Disk Drive; ▷Festplatten- ▷Laufwerk

HDMI
High Definition Multimedia Interface; im Jahre 2004 eingeführte, digitale, 19-polig-serielle Schnittstelle für Bildschirme und Geräte der Unterhaltungselektronik (Bild samt Ton), die ▷DVI recht schnell ablöst; die Vorteile von H. sind: sehr hohe Bandbreite (10.2 gbps bei 340 MHz) ohne informationsreduzierende ▷Kompression, keine a/d- und d/a-Wandlung, lange Kabel, Kompatibilität zu DVI; www.hdmi.org

H

HDR
Siehe unter ▷Header

HDSL
High Bit-Rate DSL; ▷DSL-Dienst mit 2 Mbps ▷Downstream und ▷Upstream bei einer Bandbreite von 240 KHz; nicht für ▷Daten und ▷Stimme gleichzeitig, nur in begrenzten Anwendungsgebieten; als Leiter dienen zwei oder drei bis 4'500 m lange Kupfer-Doppeladern

HDTV
High Definition Televison; Hochzeilen-Fernsehen mit einem Bildlängenverhältnis von 16:9 und 1'080 Zeilen mit je 1'920 ▷Pixels

HDX
Halb- ▷duplex

HE
Höheneinheit; erklärt unter dem gebräuchlicheren ▷U (für Unit)

Head Crash
Absturz des ▷Schreib-/Lesekopfs auf die magnetische Schicht einer rotierenden ▷Festplatte, was meist deren vollständige Zerstörung bewirkt

Head Lift
Leichtes Abheben und ▷Parkieren des ▷Schreib-/Lesekopfes in ▷Festplatten nach einem ▷Zugriff

Head Mounted Display
Datensichthelm (Cyber Helm) einer sich im Raum der ▷virtuellen Realität bewegenden Person; in diesem Helm werden Töne auf das Ohr abgegeben und zwei unterschiedliche Bilder auf das Auge projiziert, um eine dreidimensionale, audiovisuelle Wahrnehmung vorzutäuschen

Header
1. Kopfbereich in a) Dokumenten, b) Daten- ▷Paketen in der Datenkommunikation, c) Daten- ▷Blöcken auf Datenträgern; die in den Fällen b) und c) genannten H. enthalten Zustands-, Sicherheits- und ▷Adressinformationen sowie oft Prüfsummen; H. in a) sind meist seitenweise gemeint und heissen „Kopfzeile"; vergleiche ▷Footer; 2. Dateien mit der typischen Dateinamenserweiterung „.h" o. ä. in ▷C / ▷C++ , welche nur ▷Deklarationen enthalten und notwendig sind, um extern codierte Programmteile zu ▷compilieren; die „Headerdatei" wird durch den ▷Precompiler eingebunden; solche Teile sind dann mehrfach verwendbare, weil von diversen Programmen aufrufbare ▷Routinen, ▷Methoden usw.

Heap

Halde, Haufen; üblich: der; 1. durch einen Prozess dynamisch
▷allozierbarer Speicherbereich zur Ablage von Zeigerobjekten;
(ebenso wenig aufschlussreich wie die englischen sind) die deutschen Bezeichnungen: Freispeicher oder eben Halde; 2. dynamische
▷Datenstruktur: binärer ▷Baum, dessen untergeordnete ▷Knoten
immer gleich sind oder kleiner als der übergeordnete; der höchstwertige Knoten ist also die Wurzel; H.s sind oft verwendete Datenstrukturen beim Sortieren; 3. Datei oder Datenbank-Tabelle ohne
▷indexierende Organisation mit den Einträgen in der Reihenfolge
ihrer Erfassung und einer rein ▷sequenziellen Zugriffsmöglichkeit

Heart Beat

Herzschlag; Austausch von „Lebenszeichen" bei ▷Rechnerverbün-
den, ▷Clustern sowie bei sicherheitskritischen Systemen, z. B.
Brandmeldeanlagen, deren Kommunikation keinesfalls unterbrochen sein darf

Heimcomputer

Unterklasse des ▷Mikrocomputers mit Eigenschaften, die ihn für
den Heimgebrauch prädestinieren; heute stark in den Hintergrund
getreten zugunsten PCs aus dem unteren Preis-/Leistungssegment;
typischerweise haben Heimcomputer etwas mehr ▷Multimedia-
Fähigkeiten; man beachte indessen: Anwender aus der „Gamer"-
Szene verfügen über weit leistungsfähigere Rechner als sie im Geschäftsleben üblich sind

Hejlsberg, Anders

Geboren 1960 in Kopenhagen; der „Vater" von Turbo ▷Pascal und
▷C#; H. entwickelte zwischen 1980 und 1982 ein Pascal Entwick-
lungssystem mit mehreren Werkzeugen; dieses wurde 1983 von
Borland lizenziert und H. arbeitete für Borland als Principle Engi-
neer; bis 1996 Weiterentwicklung dieses Pascal Systems, das unter
dem Namen Turbo Pascal sehr populär war; H. vollzog auch dessen
Fortentwicklung zu ▷Delphi; 1996 Wechsel von Borland zu ▷Mi-

crosoft, Entwicklung von Visual J++, der ▷MFC und später – als Technical Fellow und Chief Architect – von C# zusammen mit wesentlichen Komponenten des ▷.NET Frameworks

Helical Scan
Aus der Unterhaltungselektronik stammendes Schreib-/Leseverfahren mit Schrägspuren bei Band-Laufwerken, das eine geringere Bandbreite bei relativ hoher Datendichte erlaubt(e); vergleiche: schräg angeordnete Parkplätze

Helligkeit
Die durch das Auge wahrgenommene Lichtstärke; die Empfindlichkeit des Auges hängt von der Wellenlänge des Lichtes ab (relative, spektrale Empfindlichkeit des Auges); siehe dagegen ▷„Luminanz"

hello world
Die frohlockend den Globus umarmende Botschaft jedes ersten Programms, das in einer neu zu erlernenden Programmiersprache zum Laufen kommt; diese schon fast ritualhafte Wortmeldung – eigentlich die Ausgabe einer ▷Zeichenkette auf der ▷Konsole – hat Tradition seit dem ersten ▷C-Buch von Kernighan / ▷Ritchie im Jahre 1978

H

help
Helfen, ▷Hilfe

Help Desk
Betriebliche Instanz, Anlaufstelle zur Unterstützung der Benutzer, vor allem bei Anwendungsproblemen; das H.D. sollte auch dann angerufen werden, wenn die Anwenderin droht, sich in Selbstzweifeln zu zerfleischen: die Auskünfte des H.D. sind oft so erfrischend inkompetent, dass das Selbstwertgefühl durchstartet; siehe auch ▷Call Center

Helper Applications
Anwendungen, die durch andere, z. B. durch den ▷Web- ▷Browser, gestartet werden können, und die die aktuelle Haupttätigkeit unterstützen

herausgeben und abonnieren
Siehe unter ▷verlegen und abonnieren

Hercules
Ehemals pionierhafter Hersteller von Grafikkarten und dem gleichnamigen Quasi-Standard für hochauflösende ▷monochrome ▷Grafikmodi der älteren Generation: 720 × 348 Punkte; heute Hersteller auf dem multimedialen Gebiet und in der Unterhaltungselektronik; www.hercules.com

Heredity, Hereditary
▷Vererbung, vererbend, vererbt

Hertz
Masseinheit für ▷Frequenzen: 1 Hz = 1 Vollperiode/s; benannt nach dem deutschen Physiker Heinrich Rudolf Hertz (1857–1894), welcher die Maxwell'sche elektromagnetische Theorie des Lichts experimentell bestätigte

H

herunterfahren
In einem Anfall von sprachlicher Demenz entstandener Begriff für das schrittweise Stilllegen des ▷Betriebssystems (Abmelden aller Teilnehmenden, Schliessen aller Dateien, Beenden aller ▷Prozesse, Abkoppeln der ▷Peripherie und des ▷Netzwerks) bis zur Möglichkeit, den Strom abzuschalten; die Bezeichnung wird schon seit den Zeiten der ▷Grosssysteme verwendet; die Vorsilbe „her" deutet auf eine Bewegung zum Sprechenden hin, jedoch ist dem hier Schreibenden beim Stilllegen des Betriebssystems noch nie etwas entgegengefahren …

herunterladen
Empfang einer Datei mit beliebigem Inhalt (Programm, Text, Binärdatei, Grafik, …) aus einem ▷LAN oder ▷WAN mittels ▷HTTP, ▷HTTPS, ▷FTP oder anderen Diensten; Gegenstück ist ▷hochladen

heterogen
Verschiedenartig (griech.); im Speziellen: aus ▷Komponenten mit unterschiedlichen Normen bzw. verschiedener Hersteller bestehend

Heuristik
Anweisung (griech.); Lehre des Gewinnens neuer Erkenntnisse auf methodischem Weg, in der Informatik das Finden von zuverlässigen Lösungen auf der Basis der zugrunde liegenden, komplexen Problemstruktur; eröffnende h. Verfahren liefern erste Näherungen, während optimierende Verfahren die Lösungen schrittweise verbessern; darüber stehen Metaverfahren, die den Findungsprozess strategisch auch über lokale Optima hinweg steuern; Beispiel Erkennung von ▷Viren: Wegen des ▷Polymorphismus gewisser Viren suchen gute Virenscanner nach Ähnlichkeiten, Auffälligkeiten in deren ▷Signatur; „heureka" – ich hab's – soll Archimedes bei der Entdeckung der Gesetze zum hydrostatischen Auftrieb gerufen haben

Hewlett, William R.
1913–2001; nach seinem Studienabschluss Mitgründer von ▷Hewlett-Packard und dort – unterbrochen durch eine Offizierstätigkeit während des Zweiten Weltkriegs – bis zu seiner Ernennung als Director Emeritus administrativ und wissenschaftlich in Spitzenpositionen tätig; Träger der höchsten wissenschaftlichen Auszeichnung der USA; sozial und gesundheitspolitisch sehr engagiert sowie Gründer einer Stiftung zur Förderung sozialer, ökonomischer und politischer Institutionen

Hewlett-Packard

Am 1. Januar 1939, nach diversen Werkeleien zweier junger Elektroingenieure in der legendären Garage in Palo Alto gegründetes Unternehmen; Namensgebung durch Münzenwurf; Walt Disney orderte als erster Grosskunde acht Oszillatoren; Signal-, Mess- und Analysegeräte in der Elektronik und Medizinelektronik; aus der präzisen Aufzeichnung von Messergebnissen entwickelte sich ein Firmenschwerpunkt bei ▷Plottern und Druckern, und für die numerische Auswertung von ▷Signalen wurden und werden Computer vom Taschenrechner (Meilensteine: HP-41, HP-48) bis zum ▷Mini oder ▷Cluster entwickelt; im Jahre 1999 wurde die Firma aufgeteilt und im Jahre 2001 die Fusion mit ▷Compaq beschlossen; 2004 Partnerschaft mit ▷Apple zur Einführung des ▷iPod; 2005 Renovierung der Gründungsgarage; 2010 Übernahme von ▷Palm; www.hp.com

hex Dump

Siehe unter ▷Dump

Hexadezimalzahl, hexadezimal

H

Sechzehn (griech. und lat.); Zahl im Sechzehner-Zahlen- und Stellenwertsystem mit den Ziffern 0 bis 9 und A bis F sowie den Stellenwerten 16^0, 16^1, 16^2 usw.; korrekt hiesse das Zahlensystem auf der Basis 16 Sedezimalsystem; h. hat sich trotzdem eingebürgert; das h. System dient der rationelleren Darstellung von Bytes, Beispiel: $01101101_2 = 6D_{16}$; werden die 256 möglichen Werte eines 8-Bit-Wortes in einer quadratischen Tabelle dargestellt, entspricht dies Zeile 6, Spalte D

Hexagesimalzahl, hexagesimal

Zahl im Sechziger-Zahlen-System; das H.-Zahlensystem gehört zu den ältesten auf der Welt und hat sich bei uns in der Zeit- und Winkelrechnung erhalten

HFS, HFS+

Hierarchical File System bzw. Structure; hierarchisches Dateisystem des ▷Macintosh (ab Mac Plus) mit 16-B- ▷Adressierung und (den durch Ordner-Metaphern dargestellten) ▷Verzeichnisebenen; ursprünglich entwickelt auf der Spezifikation von ▷ISO 9660, also auf der Basis eines ▷CD-Standards; ab 1998 ▷Mac OS Standard Format genannt, gleichzeitig wurde ein neues HFS eingeführt, das 32-Bit HFS+

HHC

Hand Held Computer; tragbarer Kleinstcomputer; das Akronym war in den 1980er Jahren populär, später wurde es verdrängt durch die ▷Laptops, ▷Notebooks, die ▷Palmtops und die ▷PDAs; 1996 kommt der Begriff Hand Held PC wieder auf und das zugehörige Akronym heisst jetzt HPCs; Hauptsache, ein Kürzel mehr ...

Hibernate, Hibernation

Winterschlaf (lat.); 1. ▷FOSS-Projekt und ▷Rahmenwerk für die Transformation von ▷relationalen ▷Tupeln in ▷Objekte zwecks Bearbeitung und ▷Serialisierung; H. arbeitet mit einer eigenen Sprache ▷HQL oder mit generischem ▷SQL; www.hibernate.org; 2. Energiesparmodus der höchsten Stufe bei ▷Notebooks: der ganze Inhalt des Primär- ▷Speichers wird auf den Sekundärspeicher ausgeschrieben und dann die Energiezufuhr völlig abgeschaltet

HiColor, HighColor

Grafikmodus zur Wiedergabe von Farben mit einer ▷Farbtiefe von 15 oder 16 Bits und demnach 32'768 bzw. 65'536 Farben; siehe auch ▷TrueColor

HID

Human Interface Device; technische Grundspezifikationen von ▷Microsoft für die gängigsten Geräte der ▷Mensch-Maschine-Schnittstelle; ▷Tastaturen, ▷Mäuse usw.

hidden

Versteckt; diverse Bedeutungen im Zusammenhang mit einer beabsichtigten Unsichtbarkeit: h. Files sind unsichtbare ▷Dateien
und „h" ist ein entsprechendes Datei- ▷Attribut; h. ▷Volumes sind
unsichtbare ▷Laufwerke oder ▷Verzeichnisse in Netzwerken; siehe
ferner ▷Hidden Line, - Surface

hidden Line, - Surface

Versteckte Linien, Fläche; Linien und Flächen, die bei der Transformation der dreidimensionalen Wirklichkeit in eine zweidimensionale Darstellungsebene „hinter" dargestellten Flächen liegen und
deshalb nicht gezeichnet werden; der Mechanismus des Entfernens
ist das ▷Back Face Culling

HIDS

Host IDS; ▷IDS, welches vor allem das Geschehen auf dem ▷Host /
▷Server untersucht: ▷Prozesse, ▷Logdateien, ▷Audit Trails, ▷Da-
teisystem; siehe auch ▷NIDS

hierarchisch

Einer strengen und wohldefinierten, über- und unterordnenden
Rangierung folgend; die Hierarachie bildet im Allgemeinen einen
▷Baum, den Spezialfall eines ▷Graphen; Beispiele: h. ▷Dateisys-
teme bestehen aus einem Haupt- ▷Verzeichnis (▷Wurzelver-
zeichnis) und ▷Unterverzeichnissen mit nach „unten" immer feinerer Verästelung entlang einer logischen Struktur, z. B. /HOME/
KORRESPONDENZ/OFFERTEN/ERLEDIGTE

high Level

Hohes Niveau; 1. hoher Spannungspegel in ▷elektronischen Schaltungselementen; je nach Baustein um etwa 2 bis klassischerweise
5 Volt; entspricht Zustand 1 bei so genannter direkter ▷Logik;
2. ▷Initialisierungsstufe bei ▷Festplatten; erklärt unter dem Gegenteil: ▷low Level

H

High Performance/Throughput Computing
Die Grenzen zwischen ▷Mehrprozessor-, ▷Mehrrechner- und ▷Grid-Systemen sind fliessend: high Performance will hohe Rechenleistung – geeignet dazu sind ▷Grids; high Throughput will hohe Datendurchsätze – geeignet dazu sind Mehrrechner-Systeme, so genannte ▷Cluster

High Sierra
Eigentlich High Sierra Ad Hoc Group; nach dem Tagungsort benanntes Firmenkonsortium mit einem normierten Aufzeichnungsformat für ▷CD-ROM-Daten; später erweitert zur ▷ISO-Norm 9660

Hilfe
Jederzeit abrufbarer Hinweistext innerhalb einer ▷Applikation (heute üblicherweise mit F1); wenn die H. nicht ▷kontextbezogen ist, erscheint nach F1 ein Auswahlmenü

Hintergrund
„Versteckte" Aktivität eines (oder mehrerer) ▷Prozesse(s) ohne Besitz von Tastatur und Bildschirm und ohne Beeinträchtigung der Aktivität im Vordergrund; Beispiele: Ausdruck eines Dokuments bei gleichzeitigem Arbeiten an einem anderen oder Aktivität eines ▷Servers nach dem Starten

Hintergrundspeicher
Synonym zu ▷Plattenspeicher, aber eigentlich die beste, weil ▷semantisch neutralste Bezeichnung für die Physik eines Sekundär- oder Tertiärspeichers; mehr dazu unter ▷Speicher

HIPO
Hierarchy Plus Input Process Output; ▷hierarchische Zerlegung eines Problems in Teilfunktionen vom Allgemeinen zum Speziellen (top down) und Eingliederung in ein ▷EVA- ▷Modell; eine ▷Analyse- und ▷Design-Methode

Historie, History

Wissen (griech.), dann Geschichte (lat.); 1. und allgemein: Aufzeichnung vergangener, manueller oder maschineller Aktivitäten
zwecks Rückverfolgbarkeit; 2. und speziell: in eine separate ▷Log-
datei oder einen ▷Pufferspeicher geschriebene Niederschrift der
jüngsten Aktivitäten eines ▷Prozesses oder einer ▷Transaktion für
die Rücksetzung ihrer ▷Mutationen, z. B. nach einer ▷Verklem-
mung oder einem fehlgeschlagenen ▷Commit; 3. ▷serialisierte Anordnung der Prozesse oder Transaktionen

hit

Schlagen, treffen, Schlag, Treffer; 1. Treffer beim Suchen, Nach-
schlagen, z. B. im ▷Cache; 2. eine einzelne Aktivität auf einer
▷Web-Seite; die Anzahl H.s ist ein Argument zur Einforderung von
Werbegeldern, vergleichbar mit der Einschaltquote, und wird des-
halb kumulierend aufgezeichnet; böse Buben haben dazu Hit-
Roboter entwickelt, die Tag und Nacht klicken …

Hive

Schwarm, Stock; umgangssprachliche Bezeichnung für eine Ansammlung von ▷Konfigurationsparametern, z. B. in der ▷Registry

HKEY

Handle Key; ▷Handle auf eine Konfigurationsressource in Windows, genannt Schlüssel; es gibt fünf oder sechs Schlüssel, die
▷hierarchisch in Unterschlüssel eingeteilt sind und alle ▷Konfigu-
rationsparameter enthalten; die Gesamtheit bezeichnen wir als
▷Registry und ihre Dateien als ▷Hives

HLS

Hue-Luminance-Saturation; intuitives ▷Farbmodell mit parame-
trisierbaren ▷Farbtönen, ▷Helligkeiten und ▷Sättigungen; sehr
ähnlich, vor allem bei Extremwerten indessen abweichend zu
▷HSV

HMAC

Hashed ▷MAC; ▷Message Digest ▷Authentisierung durch folgendes
Vorgehen: Beigabe eines symmetrischen ▷Kryptografie-Schlüssels
zur Nachricht an der Quelle > ▷Hashing und Versand von Nachricht und Hash-Wert; Beigabe des gleichen Schlüssels zur empfangenen Nachricht am Ziel > Hashing und Vergleich; bei Gleichheit
der Hash Werte ist die Nachricht (wahrscheinlich) ▷integer und
authentisch, nicht aber vertraulich, da selbst Klartext; siehe auch
▷CBC-MAC

HMD

Siehe unter ▷Head Mounted Display

Hoare, Charles Antony „Tony" Richard, Sir

Geboren 1934 in Colombo, Sri Lanka, damals Ceylon; altphilologi-
sches und Russisch-Studium in Oxford mit grossem Interesse für
Mathematik und Statistik; Studien der maschinellen ▷Sprachüber-
setzung in Moskau (!); dabei Entdeckung von Quick- ▷Sort; Mitar-
beit an einem ▷ALGOL60- ▷Compiler sowie an ▷PL/1; Professor in
Oxford und dort Entwicklung des ▷Monitor-Konzepts für die ▷Syn-
chronisation ▷nebenläufiger ▷Prozesse; nach der Pensionierung
Forscher bei ▷Microsoft; Inhaber des ▷ACM ▷Turing Award (1980)
und im Jahre 2000 durch die Queen in den Adelsstand erhoben

Hoax

Scherz, Streich; mal naive, mal scherzhafte, mal destruktive Warnung vor ▷Viren; meist werden namhafte Firmen als Informa-
tionsquellen bemüht und die Empfängerinnen aufgefordert, die
Warnung weiterzuleiten; hinter einem H. kann sich in Tat und
Wahrheit aber dann wirklich ein Virus verbergen; eine andere destruktive Absicht kann darin bestehen, durch die lawinenartige
Verbreitung die Systeme zu ▷fluten; damit ist der H. dann selbst
eine Art Virus; oft werden einfach nur verschiedenste emotionale
Geschichten erfunden und herumgemailt, gemeinsam mit der Aufforderung, unbedingt die Mail an zehn Bekannte weiterzuleiten …

hochladen

Übermitteln einer ▷Datei auf den ▷Host via ▷LAN oder ▷WAN, z. B. mit ▷FTP; Gegenstück ist ▷herunterladen

Hochsprache

Nicht sehr präziser Sammelbegriff für die ▷deklarativen, ▷deskriptiven, ▷strukturierten oder ▷prozeduralen Programmiersprachen

Hochverfügbarkeit

Besonders hohe ▷Verfübarkeit; die scheinbare Schwäche dieser Definition weist auf die starke Umgebungs- und Bedürfnisabhängigkeit des Begriffs Verfügbarkeit hin; die Harvard Research Group hat dafür eine ▷Availability Environment Classification (AEC) vorgenommen: Conventional (AEC-0): Funktion kann unterbrochen werden, ▷Datenintegrität ist nicht essenziell; Highly Reliable (AEC-1): Funktion kann unterbrochen werden, Datenintegrität muss jedoch gewährleistet sein; High Availability (AEC-2): Funktion darf nur minimal unterbrochen werden, das gilt entweder für festgelegte Zeiten oder zu den Hauptbetriebszeiten; Fault Resilient (AEC-3): Funktion muss ununterbrochen aufrechterhalten werden, dito; Fault Tolerant (AEC-4): Funktion muss ununterbrochen aufrechterhalten werden (24x7); Disaster Tolerant (AEC-5): Funktion muss unter allen Umständen verfügbar sein; beachte auch ▷Availability Level

H

Höhe

Im ▷Baum: über den ganzen Baum betrachtet die höchste ▷Ebenennummer; ein Baum mit einer Wurzel und drei Kindern hat also die H. 1

Höheneinheit

Eines jener sonderbaren Masse der technischen Informatik, die sich beharrlich der Globalisierung des ▷SI widersetzen: nicht etwa flüssige Landmeile pro nautische Viertelpfund-Gallone, sondern 4.45 cm; die HE (meist so abgekürzt) bezeichnen meist den vertikalen Platzbedarf von Einschüben in ▷19"-Schränken

HOLAP
Hybrid OLAP; ▷OLAP-Methoden und -Werkzeuge für die multi-
▷dimensionale Datenanalyse mit Zugriff auf Datenbestände, die
zum Teil ▷relational zum Teil aber auch schon multidimensional
abgelegt sind; siehe auch ▷MOLAP, ▷ROLAP und ▷DOLAP

Hollerith, Hermann
1860–1929; amerikanischer Erfinder deutscher Abstammung, geboren in Buffalo (NY), Studium an der Columbia University; Erfinder
der Lochkartenprogrammierung; Bau vielfältiger Verarbeitungs-
maschinen für ▷Lochkarten, Doktorarbeit hierzu; Anwendungen
bei anspruchsvollen statistischen Auswertungen (z. B. Volkszäh-
lung USA); H. gründete 1896 die „Tabulating Machine Company",
die später in International Business Machines Corporation (▷IBM)
umbenannt wurde; dass die Darstellung bei ▷Monitoren, ▷Mails,
▷Druckern, ▷Quellcode usw. während vieler Jahre auf 80 Zeichen
optimiert war, geht auf diejenige Lochkarte zurück, die am weitesten verbreitet war und 1928 von IBM patentiert wurde: sie hatte
Platz für 80 Stanzungen (Hollerith-Breite)

H

Holzi
4-Bit-Demo-Rechner der Hochschule Luzern, Technik+Architektur
(Prof. Dr. Dyntar), bestehend aus vier charmanten Buchenholz-
Einheiten und über 100 Lämpchen für die Belegung der ▷Busse,
▷Register, ▷Schnittstellen und ▷RAM / ▷ROM-Zellen; der H. hat
durch seine illustrierende Art schon Tausendschaften von Studie-
renden die ▷Prozessortechnik näher gebracht und ist ihnen ans
Herz gewachsen; sollte Letzteres nicht der Fall sein, liefert er min-
destens bei der Diplomfeier Gesprächsstoff; er ist in „weicher"
Form herunterladbar beim ▷URL http://www.fischerpeter.info

Home
Heim, Heimat, nach Hause; 1. Positionierung des ▷Cursors / ▷Zei-
gers in der linken oberen Bildschirm-Ecke bzw. am Anfang eines
Dokuments; 2. Einstiegspunkt/Einstiegsseite eines mehrseitigen,

▷hierarchischen Dokuments; 3. oberster Eintrag eines ▷Stapels;
4. Arbeitsverzeichnis aller Benutzerinnen unter ▷Unix / ▷Linux;
5. weitverbreitete Bezeichnung für den Startbereich einer ▷Web-
Präsentation; durch den ▷Hyperlink auf H. gelangt man zum Einstieg in die und/oder zur Übersicht der Präsentation

Home Networking
Einbindung der heimischen Geräte der Unterhaltungs- und Ge-
brauchs-Elektronik sowie der Datenverarbeitung in ein kabelloses
Netzwerk; das „Personal Area Network", ▷PAN (siehe dort)

homed
Beheimatet; in der Netzwerktechnik wird damit die Anzahl Anschlüsse eines Rechners an Netzwerke bezeichnet: ein Rechner mit
zwei Netzwerkkarten (▷NICs) ist folglich ▷dual h. (▷Routers,
▷Proxies, ▷Firewalls), einer mit mehreren Anschlüssen ▷multi h.;
siehe dort für weitere Eigenschaften

Homepage, Home Page
Ur-Seite, Hauptseite, Einstiegsseite einer ▷Web-Präsentation, von
welcher aus ▷Hyperlinks in weitere Informationsbereiche verzweigen; meist wird der Begriff – fälschlicherweise – indessen für die
ganze Web-Präsentation einer Körperschaft verwendet: „Besuchen
Sie unsere Homepage" – schade, nur diese?

HomeRF
Home Radio Frequency; in Europa wenig verbreitete und angewand-
te Spezifikation für Drahtlosnetzwerke (▷WLAN) mit geringer
Reichweite; eine „Mischung" zwischen ▷DECT und WLAN gemäss
▷IEEE 802.11; das ▷Modulationsverfahren ▷FHSS beschränkt zu-
dem seine Datentransferrate

Homing
Siehe unter ▷Housing

homogen
Gleichartig (griech.); aus Komponenten mit einheitlichen Standards bzw. eines Herstellers bestehend

homonym, Homonym, Homonymie
1. namensgleich, das Namensgleiche, Namensgleichheit (griech.);
2. in der ▷Nomenklatur, z. B. bei der ▷Datenmodellierung: (zu vermeidende) gleiche Bezeichnung für unterschiedliche Sachverhalte; Beispiel: ▷Attribut „lieferung" (An- oder Auslieferung?); siehe auch ▷synonym

Honeypot, Honigtopf
Absichtlich reichlich offenes, also wenig gesichertes System, welches die ▷Hacker und ▷Knacker anzieht, sie von ihrem Ziel ablenkt und/oder Rückschlüsse auf zu treffende ▷Sicherheitsmassnahmen erlaubt; Anlocken (Enticement) ist rechtlich unbedenklich, Fallenstellen (Entrapment), also die Verführung zum Begehen einer illegalen Handlung, bedarf der richterlichen Verfügung; ein H. ist vergleichbar der ▷Gummizelle, aber nicht dasselbe

H

Hook
Einhängen, Haken, Gabel; 1. Hörergabel eines Telefonapparates; ein ▷Hayes kompatibler ▷Modem kann das Kommando ATH0 empfangen: „hook on": Hörer einlegen, aufhängen, „disconnect" oder dann ATH1; siehe unter ▷AT; 2. ▷Maintenance Hook; 3. klar definierter Eingriffspunkt für Programme an bereits kompilierten und laufenden Programmen, z. B. für Virenscanner in Betriebssystem-Kernen

Hop
Hüpfen, Hüpfer; Teilstrecke zwischen zwei ▷Knoten in der ▷verbindungslosen Vernetzung; im ▷TCP/IP-Netzwerk ist ein H. die Strecke zwischen zwei ▷Routers

Horizontalfrequenz
▷Zeilenfrequenz bei Bildröhren

Horner-Schema, H.-Algorithmus
Algorithmus, der in der Algebra zur Ermittlung der Koeffizienten bei der Division von Polynomen dient; in der Informatik wandelt man mit einem entsprechenden ▷Algorithmus ▷Dual- in ▷Dezimalzahlen um

Host
Gastgeber; 1. funktional gesehen: das Computersystem mit der koordinierenden, steuernden Aufgabe in einem Verbund mehrerer Systeme; in einer Einplatzumgebung muss auch der einzelne Computer als (sein eigener) H. betrachtet werden; 2. im ▷TCP/IP-Netzwerk irgendein Teilnehmer; 3. im Sprachgebrauch der grossen Datentechnik: ein Grosscomputer, Zentralrechner, ▷Mainframe

Host Adapter
Elektronische Schnittstelle zwischen dem Peripheriebus (▷SCSI oder ▷USB) und dem Rechner; der H.A. kann ▷Master Funktionen wahrnehmen; Beispiel: der SCSI H.A. ist das Bindeglied zwischen dem ▷Systembus der ▷Mutterplatine und der SCSI-Kette; er verfügt in der Regel über ein eigenes ▷BIOS und hat die SCSI-Hardware- ▷Adresse 0

H

Host Language
Siehe unter ▷Wirtssprache

Hosting und Web Hosting
Virtueller ▷Server; Service-Auslagerung auf die Maschine eines Dienstleisters; Gegenteil: ▷Housing; im speziellen Fall des W.H. beansprucht eine Stelle übers ▷Internet die ▷Dienste bei oder von einer anderen Stelle

Hot Fix, Hotfix
Augenwischerische Bezeichnung von Software-Herstellern für die
Flicken zu den ▷Patches; zum Einordnen – das ganze Flickwerk:
▷Service Packs beseitigen ▷Fehler in den ▷Anwendungen; ▷Pat-
ches beseitigen Fehler in den Service Packs oder Anwendungen;
H.F.s beseitigen Fehler in den ▷Patches; und der Kunde murrt
noch immer nicht …

hot List
Liste mit interessanten Seiten im ▷WWW; „heisse Listen" sind
überall erhältlich, ihre Themen sind bekannte Publikationen, Bereiche zum ▷Herunterladen usw.; der ▷Surfer kann sich in Form
von ▷Bookmarks im ▷Browser jederzeit selbst solche h.L. zusammenstellen

hot Plugging
Heisses Verbinden; elektrisches Verbinden einer ▷Gerätekompo-
nente im vollen Betriebszustand sowohl der Gerätekomponente als
auch ihrer ▷Umgebung

H

hot Replacing
Heisses Ersetzen; Ersetzen einer ▷Gerätekomponente im vollen
Betriebszustand sowohl der Gerätekomponente als auch ihrer
▷Umgebung

Hot Sauce
Scharfe Sauce, Sosse; Technik von ▷Apple Computer zur Darstellung von 3D- ▷Objekten im ▷WWW; der zugehörige Datentyp
heisst MCF, ▷Meta Content Format

hot Spare, - Sparing
1. Reservehaltung einer ▷redundanten ▷Komponente und deren
automatische Aktivierung bei Bedarf; 2. speziell gebraucht z. B. bei
der automatischen Aktivierung einer Reserveplatte in ▷RAID

Hot Spot
Heisser (eher: interessanter) Fleck; 1. als ▷Link hinterlegter ▷Grafikbereich einer ▷WWW-Seite; 2. in ▷DBMS: durch ▷Transaktionen sehr häufig beanspruchte ▷Seiten im ▷Datenbankpuffer, die folglich nicht mit der ▷force ▷Strategie behandelt werden sollten; 3. Angriffspunkt von Zeigeinstrumenten wie z. B. der Spitze des ▷Mauspfeils; 4. Zugangspunkt in ein drahtloses Netzwerk, vor allem ▷WLAN; beachte ▷HotSpot

hot Swapping
Auswechseln im vollen Betriebszustand wie bei ▷RAID Platten oder gebraucht als Spezialfall des ▷hot Plugging im Zusammenhang mit ▷PC-Cards

HotJava
▷Web- ▷Browser aus dem Hause ▷Sun Microsystems; nie wirklich für den kommerziellen Markt gedacht, dort auch nie erfolgreich angesichts der damaligen Kraft eines ▷Netscape ▷Navigators, sondern mehr als Testumgebung für ▷Java; langjährige ▷Beta- ▷Versionen, erste Vollversion im Februar 1997

Hotline
Telefonischer Beratungsdienst der Hardware- und/oder Software-Lieferanten bzw. -Grossisten; H. erkennt man daran, dass man als Kunde zuerst minutenlang und kostenpflichtig blechig tönenden Vivaldi hört, sich danach zu Person, Alter, Einkommen und Seriennummer befragen lässt, wonach dann „Hilfe" geboten wird – diese besteht a) meist aus dem Hinweis: „dieses Problem hatten wir noch nie", wonach b) der Rat folgt, neu zu installieren

HotSpot
1. und allgemein: Schutzmarke für eine Technologie zur Optimierung performanzkritischer ▷Prozesse unter ▷Java; mit diesem Projekt konnte ▷Sun Microsystems Java beschleunigen („HotSpot Vir-

tual Machine") und damit attraktiver machen; 2. speziell dann der
Name der ▷Java Virtual Machine von Sun; beachte ▷Hot Spot

Housing
▷Web-Präsentation ab eigener ▷Server-Infrastruktur, die ihren
physikalischen Standort indessen bei einem ▷ISP hat; siehe auch:
▷Root Server; Gegenteil: ▷Hosting

hover, hovern
Schweben; mit dem Mauszeiger ohne Klick über einem Objekt
harren

how to, howto
Gewusst wie: Tipps und Tricks zur Benutzung von Hardware und/
oder Software und etwas präziser: entsprechende Hilfe-Dateien in
▷Unix / ▷Linux, die „Howtos"

HP
Siehe unter ▷Hewlett-Packard

H

HP-GL
▷Hewlett-Packard Graphics Language; Quasi-Standard einer ▷Sei-
tenbeschreibungs-Sprache für ▷Vektorbilder, also für ▷Plotter

HP-PCL
▷Hewlett-Packard Print Command Language; ▷Seitenbeschrei-
bungs- ▷Sprache für Laser- ▷Drucker von HP; Versionen als PCLn

HPC (C)
1. Hand Held PC; Kleinstcomputer im Anwendungsgebiet des
„Standard" ▷PCs; 2. High Performance Computing (and Communication); pauschaler, unscharfer Sammelbegriff für ▷Supercom-
puter, ▷Cluster und ▷Grids

HPFS

High Performance File System; ▷Dateisystem von ▷OS/2 (auch für ▷Windows NT); die Dateizuordnungstabelle wird in der Mitte einer ▷Partition angelegt: so sind die ▷Zugriffe schneller; ferner versucht H. Dateien möglichst in einer zusammenhängenden ▷Cluster-Kette abzulegen und somit die ▷Fragmentierung zu vermeiden; veraltet und bei ▷IBM 2005 eingestellt, bei ▷Microsoft schon unter ▷Windows NT durch ▷NTFS abgelöst; trotzdem: noch vielerorts in Anwendung

HPG

Dateiformat für ▷Vektorgrafiken von ▷Hewlett-Packard; die Grafiken sind vollständig in der ▷HPGL beschrieben und deshalb problemlos skalierbar

HQL

Hibernate Query Language; ▷Abfragesprache im ▷Hibernate-Projekt; zusätzlich zur vollen ▷Objektorientierung werden auch ▷Joining und ▷Unterabfragen angeboten

HR System, - Software, - ...

Siehe unter ▷HRM

H

HRG

High Resolution Graphics; nicht standardisierter Begriff für hochauflösende ▷Grafik

HRM

Human Resources Management; Verwaltung des Personalwesens und damit eigentlich ein neudeutscher Begriff aus der Betriebswirtschaft; in der ▷Informatik dann: Familie von betriebswirtschaftlichen ▷Anwendungen mit entsprechender Aufgabe

HSCSD
High Speed Circuit Switched Data; Spezifikation für einen schnellen Datentransfer (bis 76.8 kbps) via ▷GSM für entsprechend ausgerüstete ▷Handys; im Gegensatz zu ▷GPRS wird H. zeitorientiert abgerechnet, eignet sich so also für vereinzelt in grossen Mengen anfallende Datentransfers, z. B. E-Post mit Anhängseln

HSDPA
High Speed Downlink Packet Access; Zusatztechnologie zu ▷UMTS für schnelleren ▷Downlink mit bis 3 Mbps bzw. ▷Uplink mit 384 kbps; die Technologie (Reife ab 2006, erste Handys ab Frühjahr 2007) ist für UMTS also etwa das, was ▷GPRS für ▷GSM war

HSPA
High Speed Packet Access; auf ▷UMTS basierende Technologie zur schnellen Datenübertragung auf dem Mobilfunknetz; momentan kann mit HSPA eine Datenübertragungsgeschwindigkeit von bis zu 7.2 mbps erreicht werden; diese ist damit in etwa so schnell wie ein ADSL-Anschluss zu Hause und die derzeit schnellste Technologie

H

HSV
1. Hue-Saturation-Value; intuitives ▷Farbmodell, welches die Mischfarbe durch den ▷Farbton, dessen ▷Sättigung und die ▷Helligkeit parametrisiert; siehe ▷HLS; 2. Hamburger Sportverein: haben Sie das falsche Lexikon erwischt?

HT
▷ASCII-Zeichen 09(H) (9): Horizontal-Tabulator; Sprung bis zur nächsten ▷Tabulator-Position

HTML
Hypertext Markup Language; plattformunabhängige ▷Seitenbeschreibungssprache für die Verknüpfung von ▷Informationen zu einem ▷Hypertext-Dokument und die visuelle Präsentation desselben; die in das Dokument eingebundenen Befehle heissen ▷Tags

und werden durch den ▷Web- ▷Browser ▷interpretiert; siehe auch
▷HTTP; H. wurde am ▷CERN in Genf entwickelt und zwar für
▷Intranet-Aufgaben, lange bevor es dieses Schlagwort gab; Stan-
dard 4.0 des ▷W3C seit Herbst 1997; HTML ist eine so genannte
Anwendung von ▷SGML – und gleichzeitig deren einzige erfolgrei-
che; siehe ▷SELFHTML; vergleiche ▷Webseite

HTTP
Hypertext Transport Protocol; ▷Client/Server- ▷Protokoll für den
Transport von illustrierten ▷Hypertext-Dokumenten im ▷Web
(▷Internet und ▷Intranet): ein per Mausklick aufgerufener Verweis (▷Hyperlink) veranlasst H., an eine zugehörige Adresse zu
verzweigen (▷Request), auch wenn diese auf einem anderen
H.- ▷Server lokalisiert ist, und dort ein Dokument zu holen (Response); H.-Methoden sind u. a. POST, GET, PUT, HEAD, DELETE;
der H.-Header besteht aus einem allgemeinen Header, Response-/
Request-Header und Entity-Feldern; ▷OSI-Schicht 7, standardmässig ▷Port 80; siehe auch ▷URL

HTTPS
HTTP Secure, HTTP, dem aus Sicherheitsgründen ▷SSL unterlegt
ist; siehe dort für mehr; ▷OSI-Schicht 7, Standard ▷Port 443; nicht
zu verwechseln mit ▷S-HTTP

H

Hub
Nabe; je nach Sicht intelligenter Konzentrator (Sternkoppler) oder
Verteilerknoten (Sternverteiler) in der Netzwerk- oder Schnittstel-
len-Verkabelung (z. B. ▷USB); H. sind heute vielfach aktive Daten-
verteiler mit eigener Intelligenz für den optimierten und fehlersi-
cheren Verkehr von Daten; eine Zuordnung zu ▷OSI-Schichten ist
immer schwieriger: wir finden H. typischerweise auf Schicht 1, mit
erweiterten Aufgaben zunehmend auch auf Schichten 2 und 3

Hue
Siehe unter ▷Farbton

Huffman-Codierung
▷Algorithmus zur verlustlosen ▷Komprimierung ▷binärer Daten,
welcher die relative Wahrscheinlichkeit des Auftretens bestimmter
Zeichen verwendet; alle Zeichen werden als binärer ▷Baum ange-
ordnet, dessen Pfade durch Bitmuster beschrieben sind; häufige
Zeichen sind nahe bei der Wurzel und werden daher durch kurze
Bitmuster repräsentiert; Platzverbrauch des komprimierten Textes
ist also grundsätzlich Baum + alle Pfade

hungarian
Siehe unter ▷Ungarische Methode

Hurd, The -
▷Kernel des gigantischen ▷GNU-Projekts von ▷Free Software
Foundation für ein völlig freies und offenes ▷Unix

Hurenkind
In der Typografie: Übertrag der letzten Zeile eines ▷Absatzes auf
die nächste Seite nach automatischem Seitenumbruch; ästhetischer
Fehler; vergleiche auch ▷Schusterjunge

H

Hybrid
Bastard (lat.); aus der Naturwissenschaft kommender Begriff für
ein Zwischenprodukt in einer Dualität, also z. B. für einen Zwitter
in der Geschlechtlichkeit; in der Informatik 1. Sammelbegriff für
Mischtechnologien oder -verfahren, Multinorm-Tauglichkeit usw.
und 2. Begriff für eine ▷Programmiersprache, deren ▷Datentypen
sowohl ▷Objekte als auch primitiv sein können und die nebst Objekten auch rein ▷prozeduralen Code unterstützen; in der h. Sprache lässt sich noch schreiben if (a == 3), in der reinen objektorientierten Sprache gibt es nur noch Objekte mit Methoden:
a.COMPARE(3).IF mit a als ▷Integer-Objekt, das eine Vergleichs-
methode implementiert hat; diese liefert ein ▷Boolean-Objekt, welches seinerseits eine IF-Methode implementiert hat; so konsequent
z. B. bei ▷Smalltalk, ▷Ruby

Hygiene
Vorbeugen ist besser als heilen: Summe aller gegen Infektionen des Computersystems durch ▷Viren, ▷Würmer, ▷Trojanische Pferde und ähnliches „Ungeziefer" vorbeugenden Massnahmen: zurückhaltender und sehr bewusster Datenträger- und Dateiaustausch, sofortiges, ungeöffnetes Löschen unbekannter Mails, zurückhaltende ▷Downloads, Fernhalten fremder Benutzer vom System und anderes; zu ergänzen durch regelmässige Diagnosen mittels „Virenprogrammen"; vergleiche ▷5-Punkte-Programm

Hyperbolic Tree, Hypertree
Visualisierung von ▷Graphen oder ▷Bäumen, die darin besteht, die ▷Kanten stern- oder kugelförmig darzustellen und damit mehr Information in die zweidimensionale Ebene zu projizieren oder gewisse ▷Knoten ins Zentrum zu rücken und damit deren Verknüpfungen zu illustrieren; in unserem Kontext oft gebraucht in ▷Business Intelligence zur Darstellung von ▷Fakten und ▷Dimensionen

HyperCard
Multimediales, ▷hierarchisches Datenbanksystem, galt als pionierhafte Standard-Applikation von ▷Apple / Claris / ▷FileMaker Inc. für den ▷Macintosh und stand Pate für diverse ▷Autorensysteme in ▷Multimedia; H. verwendete schon in den 1980er Jahren ▷Hypertext ▷Links und nahm damit eine Idee von ▷HTML vorweg; Bill ▷Atkinson ist Ur-Autor von H.; ▷Apple hat es nicht geschafft, seine sensationellen Ideen erfolgreich zu vermarkten

Hyperlink
Verbindung, Verknüpfung einzelner ▷Dokumente, ▷Dateien innerhalb eines ▷Informations- ▷Systems zu einem ▷multimedialen Gesamtsystem: der Aufruf eines ▷Movies innerhalb eines ▷Textdokuments geschieht durch einen H. ... und wird durch dessen Aktivierung (bei Bedarf) heruntergeladen und abgespielt

Hypermedia
Siehe unter ▷Multimedia

Hyperterminal
Standard-Programm in ▷Windows zur ▷Terminalemulation nach
der Anbindung an einen ▷Host, z. B. im ▷Dfü-Netzwerk

Hypertext
1. und ursprünglich: Medium, welches ▷textlich gespeicherte und
damit ▷unstrukturierte ▷Informationen nach Suchbegriffen gewichtet, über Schlüsselwörter zur Verfügung stellt und die Lesenden damit vom sequenziellen Lesen befreit; 2. heute: aus mehreren
einzelnen Text-Dokumenten bestehende und über wichtige Begriffe
wechselseitig verknotete Information; als Vater der Idee von H. gilt
der US-Philosoph Ted Nelson, welcher sich schon als Kind ärgerte,
dass Texte linear und nicht „chaotisch" wie Gedanken oder Gespräche sind

Hyperthreading

Technologie und Schutzmarke von ▷Intel zur besseren Auslastung
von Funktionsteilen in ▷Mikroprozessoren; eine Art feingranularer
▷Superskalarität, in welcher sich der Prozessor nach aussen als
zwei solche darstellt; bei ▷Pentium im Typ Xeon serienmässig, ab
2003 auch in den anderen Typen; abgelöst durch Multi ▷Core Prozessoren

Hyphen
Trennstrich in der ▷Textverarbeitung: ein soft H. ist das ▷ASCII-
Zeichen 45(10) und kann von vielen Textsystemen bei der Umfor-
matierung unterdrückt werden; ein hard H. ist das ASCII-Zeichen
196(10) und bleibt beim Umformatieren erhalten

Hz
Siehe unter ▷Hertz

I

I-Node, Inode

Index (auch: ▷Indirection) Node, ▷Index-Knoten; für jede Datei unter ▷Unix / ▷Linux existierende ▷Datenstruktur, in welcher deren wichtigste Eigenschaften (▷Eigentümer, ▷Referenzierungen, Kalendereinträge, Schutzrechte) sowie ▷Zeiger auf die Adressen der Daten-Blöcke verzeichnet sind

I/O

Input/Output, E/A; 1. mit dem Ein- und Ausgeben von ▷Informationen, ▷Daten, ▷Adressen zusammenhängend; die I/O-Einheit bündelt Schnittstellen zwischen ▷Mikroprozessor und ▷Peripherie (z. B. ▷USB-Controller); eine I/O-Adresse ist eine Türe, durch die der Prozessor eine bestimmte Peripherie erreichen kann, vergleiche isolierte und speicherbezogene ▷Adressierung; 2. auf die ▷Systembetrachtung ausgeweitet kämen zur Aufzählung unter 1. noch Energie und Materie hinzu

I2

Siehe unter ▷Internet2

IAC

Inter Application Communication; Technologie, welche Programmen die lokale oder vernetzte ▷Kommunikation ermöglicht

IAL

Internet Aided/Assisted Learning; Lernen mit Hilfe des Internets; dieses spielt die Rolle des Lieferanten von Hintergrundinformation oder einfach als ▷Kommunikations-Plattform zwischen Lernenden und Lehrenden

IANA

Internet Assigned Numbers Authority; im Auftrag der ▷ICANN tätige Kommission zur Weiterentwicklung des Internet-Adressierungswesens (▷IP) und des Domänendienstes ▷DNS; die I. hat das Nummernwesen auch bis 1999 global verwaltet, dies dann der ICANN übergeben; www.iana.org

IAT

Internet Aided/Assisted Teaching; Lehren mit Hilfe des Internets; dieses dient als begleitendes Medium oder als Kommunikations-Plattform zwischen Lehrenden und Lernenden

IBA

Siehe unter ▷Infiniband (Architecture)

IBM

International Business Machines Corporation; gegründet 1924 durch Thomas John ▷Watson aus der Unternehmung „Computing-Tabulating-Recording Company" mit der Losung: „Think"; die Gründung war begleitet von einer Fusion mit der „Tabulating Machines Company", welche ihrerseits noch von Hermann ▷Hollerith (1860-1929) anno 1896 gegründet worden war (Hollerith setzte an der US-Volkszählung 1890 als Erster die ▷Lochkarte als Datenspeicher ein); lange Zeit war IBM der weltgrösste Entwickler, Hersteller und Dienstleister in nahezu allen Bereichen der Hardware, Software sowie Daten- und Telekommunikation und ferner weltweit führend in der Grundlagenforschung in diesen und verwandten Bereichen; in einigen Sparten, so z. B. PCs, musste IBM diese Führungsrolle abgeben; 2005 weltweit erster ▷Peta ▷FLOP Computer; 2007 Start des Projektes „Big Green" für erhöhte Energieeffizienz in der IT; 2008 neue Grossrechnergeneration „z10"; www.ibm.com

IBSS
Independent Basic Service Set: Drahtloses ▷Peer-to-Peer-Netzwerk; siehe auch ▷BSS und EBSS

IC
1. Integrated Circuit; ▷elektronisches Bauteil mit einem ▷Chip als Kern, bekannt als „Computerkäfer"; 2. Information Center

ICANN
Internet Corporation for Assigned Names and Numbers; 1998 von der US-Regierung ins Leben gerufene, private ▷Meta-„Behörde", welche sämtliche relevanten ▷Internet-Standards vergeben bzw. überwachen soll; eine der Hauptaufgaben besteht in der Vergabe und globalen Verwaltung der ▷TLDs, die von der ▷IANA entwickelt und früher auch verwaltet wurden; „ICANN is responsible for the global coordination of the Internet's system of unique identifiers", sagt die Website www.icann.org

ICAP
Internet Calendar Access Protocol; ▷Protokoll zur Behandlung von termingebundenen Informationen via Internet; erlaubt so den entfernten Zugang zur Agenda und gleichzeitig das Führen mehrerer paralleler Agenden in einer Arbeitsgruppe

ICC
International Color Consortium; Verband aller namhaften Computer-Hersteller zur Spezifikation von Normen rund um die Aufnahme und Wiedergabe von Farben; siehe auch: ▷Farbmodell, ▷RGB, ▷CMY; www.color.org

iCEO
Eine der ganz schönen Akronym-Kreationen mit Lachfältchen im Mundwinkel: Steven ▷Jobs – Gründer, dann persona non grata, dann wieder Retter bei ▷Apple Computer – liess sich jahrelang als Interims-CEO seiner Firma bezeichnen; die Medien kreierten dar-

aus Ende der 1990er Jahre dann einen iCEO – in Anlehnung an die
Erfolgs-Äpfel dieser Zeit, die ▷iMacs, iBooks und ▷iPODs; im frühen Jahr 2000 änderte Jobs seinen Status hin zum „normalen" CEO

ICMP

Internet Control Message Protocol; im ▷TCP/IP Netzwerk über-
lappend in die Schichten TCP und IP eingelegtes Transportproto-
koll zur Übermittlung von Diagnose- und Fehlermeldungen; kann
eine Komponente ein ▷Paket nicht erwartungsgemäss abfertigen
(z. B. Destination unreachable), wird eine Meldung mit einem
I. ▷Header geformt, als IP-Paket gekapselt und dem Sender zu-
gestellt; siehe auch ▷RARP, ▷BOOT, ▷DHCP

ICO

Dateinamenserweiterung in ▷MS-DOS und ▷Windows für ▷Iko-
nen-Dateien; das sind jene Dateien, welche die ▷pixelweise Beschreibung einer ▷GUI-Ikone enthalten

iCOMP

Intel Comparative Microprocessor pPerformance; Spezifikation
von ▷Intel Semiconductor zum Testen ihrer ▷CISC- ▷Prozessoren
▷80x86 und ▷Pentium

Icon

Siehe unter ▷Ikone

ICS

IBM Cabling System; Verkabelungssystem, wie es vor allem im
▷IBM ▷Token-Ring zur Anwendung kommt; das Besondere an
den Kabeln waren die geschlechtsneutralen Koppelungsstücke;
dazu ein „IBMer" in einem Kurs: „Unsere Kabel sind weder
▷männlich noch ▷weiblich, sondern einfach höllisch gut"

ICT
▷Informations and ▷Communications Technology; ▷IT mit dem „hohen C"; siehe ▷IKT

ICT Switzerland
Dachorganisation der wichtigsten Verbände und Organisationen des schweizerischen Informatik- und Telecomsektors; die Hauptzwecke von ICTswitzerland sind die Förderung der Informationsgesellschaft und die Stärkung des Wirtschaftsstandortes Schweiz durch: Publikationen, Veranstaltungen, Lobbying in Politik und Wirtschaft, Beratungen, Koordination von Verbandsaktivitäten und vielem anderem mehr; www.ictswitzerland.ch

ICU
Independent – Consistent – User friendly; Leitlinien beim Programmieren von Datenbanken (und nicht nur dort); I: möglichst wenig oder keine wechselseitige Abhängigkeiten; C: ▷konsistente Zustände zurücklassend; U: benutzungsfreundlich

ID
Siehe unter ▷Identifikation

IDA
Interchange of Data between Administrations; Initiative der Europäischen Kommission für ▷Verzeichnisdienste und letztlich die ▷Datenkommunikation von Regierungsstellen in der EU

IDC
Zweireihige Steckverbindung auf der ▷Mutterplatine zum Anschluss von Flachbandkabeln, welche dann meist zu einem ▷Controller führen, einem ▷Laufwerk und anderer interner ▷„Peripherie"; 10, 26, 34, 40, 50, 68 Pole

IDE

1. Integrated Drive Electronics; oft auch AT/IDE genannte Festplatten-Spezifikation aus dem Jahr 1984 der preisgünstigen und leistungsfähigen Art: mögliche ▷Transferraten bis 16.6 ▷MBytes/s, ▷Adressenraum mehrere GBytes (als Ur-IDE: 504 MBytes); die Steuerungs-Elektronik (Drive Electronics) befindet sich im Festplattengehäuse bzw. oft schon auf der ▷Mutterplatine (Integrated); IDE hat direkt ▷MFM und ▷RLL abgelöst; siehe auch ▷ATA und ▷EIDE; 2. Integrated Development Environment; integrierte Entwicklungsumgebung: in ein einziges Programm und eine (▷GUI-) Oberfläche eingebundenes und damit „einfach" zu bedienendes ▷SDK: Sammlung aller Hilfsmittel der Programmentwicklung (▷Editor, ▷Compiler, ▷Debugger, ▷Klassenlader, ...); siehe auch ▷make und ▷Projekt

IDEA

International Data Encryption Standard; an der ETH Zürich und bei der Ascom entwickelter, symmetrischer Block- ▷Kryptografie-▷Algorithmus mit 64-Bit-Blöcken und 128 ▷Bits Schlüssellänge; war Kandidat des ▷NIST als Ersatz für DES, wurde aus patentrechtlichen Gründen dann aber nicht übernommen; gilt als äusserst robust; I. war der erste Algorithmus, der in ▷PGP eingebaut wurde

IDEF1X

Integration Definition for Information Modeling; gesprochen als „Idefix"; Methode zur Modellierung von relationalen ▷Datenbanken; I. wurde 1985 durch die US Air Force entwickelt; www.itl.nist.gov/fipspubs/by-num.htm, Dokument 184

Identification, Identifikation, Identifizierung

Ineinssetzung, Gleichsetzung (lat.); Bekanntgabe seiner systemweit exklusiven, aber öffentlichen Kennung durch ein ▷Subjekt beim ▷Zutritts- oder ▷Zugriffsversuch; Identifizierung ist das Finden der I. in einer Datenbank; zur anschliessenden ▷Authentisierung (siehe auch dort) wird in der Regel eine, diesmal private Ken-

nungseinheit (z. B. ein ▷Passwort) verlangt; danach erfolgt die
▷Autorisierung – dies kann im Minimalfall die völlige Zugriffsver-
weigerung sein

Identifier
Siehe unter ▷Bezeichner

Identität
Gleichheit, Wesenseinheit (lat.); systemweit eineindeutige Kennung
eines ▷Objekts oder ▷Subjekts

IDL
Interface Definition Language; Sprachspezifikation für das ▷Mar-
shalling in ▷RPC; jede entfernte ▷Prozedur ist in einer IDL-Datei
deklariert, deren Kopf eine weltweit einmalige Kennung enthält;
damit ist sie auch weltweit auffindbar; die Einmaligkeit wird durch
den algorithmischen Einbezug der (ebenfalls einmaligen) ▷ID des
▷Netzwerkadapters gewährleistet

idle, IDL
Untätig, abwartend; IDL ist eine übliche Abkürzung/Meldung dafür; Gegenteil: ▷busy; in der ▷Digitaltechnik entspricht IDL oft
dem Pegel ▷high; dies ergibt einen Sinn, markiert das Aufrechterhalten dieses Pegels doch: „ich lebe noch, bin aber untätig"

IDN
1. Integriertes Text- und Datennetz der Deutschen Telekom AG;
das digitale Netz umfasst die ▷Dienste ▷Telex, Datex-L, Datex-P
und das ▷Fernsprechnetz: 2. Interationalised domain name: Name
einer top level ▷Domain, die andere Zeichen als lateinische (und
Sonderzeichen) enthält, z. B. Ägypten: مصر.; Saudi-Arabien:
السعودية; VAE: .امارات

IDS
Siehe unter ▷Intrusion Detection System

IDSL

▷ISDN DSL; ▷DSL-Dienst mit 128 kbps ▷Downstream und ▷Upstream durch eine bis 5'500 m lange Kupfer-Doppelader

IDV

Individuelle Datenverarbeitung, Datenverarbeitung am Arbeitsplatz oder auch: Arbeitsplatz-Informatik; Tendenz zur Dezentralisierung in der betrieblichen Datenverarbeitung; als koordinierendes und beratendes Organ wird rund um die I. eine eigene betreuende Infrastruktur aufgebaut, das Information Center

IEC

International Electrotechnical Commission; 1906 in London gegründete und seit 1948 in Genf ansässige, internationale Kommission zur ▷Normengebung vorwiegend, aber nicht ausschliesslich, im Starkstrombereich; www.iec.ch

IEC 559:1989

Norm für ▷Maschinenzahlen entsprechend ▷IEEE 754-1985; siehe dort und die jeweiligen Querverweise

IEEE

Seit 1884 bestehendes und dann 1963 unter diesem Namen gegründetes Institute of Electrical and Electronics Engineers; weltweite Vereinigung von Elektroingenieuren u. a. zur Normengebung; Aussprache „I triple E"; man beachte die Unterschiede zwischen ▷Norm und ▷Standard; www.ieee.org

IEEE 1149.1

Definition einer Schnittstelle durch IEEE zum externen, elektronischen Testen von Mikroprozessoren: ▷Speicheradressierung und Handhabung von ▷Adressgrenzen, Bearbeitung von ▷Ganzzahl- und ▷Fliesskommazahl-Operationen, Interaktion mit den ▷E/A-Einheiten und anderes

IEEE 1284

Norm für die klassische, ▷parallele, ▷unidirektionale (▷Centronics-)Schnittstelle sowie für deren 8-Bit ▷bidirektionale Erweiterungen (▷EPP, ECP); die Norm spezifiziert Stecker und Kabel, ▷Pin-Belegung, ▷Protokolle; bis 1.5 MBytes/s

IEEE 1394

▷Bidirektional ▷serielle Schnittstellennorm zur verketteten Anbindung von Peripheriegeräten an den Rechner oder auch direkt untereinander – also im Gegensatz zu ▷USB ohne zentrale Steuerung; ▷isochroner Datenfluss mit garantierter Datentrate, was für Multimedia wichtig ist; die Norm ermöglicht die Koppelung von 63 Geräten während des Betriebs (▷hot Plugging) und die angeschlossenen Geräte melden sich mit ▷plug and play selbst an; als Transferraten werden 800 Mbps angestrebt; die Kabellänge zwischen den Geräten beträgt bis 10 m; IEEE 1394 sollte mittelfristig ▷SCSI ablösen, welche sich dann aber auch stark weiterentwickelte; ▷Apple und Texas Instruments haben diese Norm unter dem Namen Firewire gefördert, als IEEE 1394 sind dann auch ▷Microsoft und ▷IBM dazugestossen; Microsoft nimmt seit 1997 die Rolle des Zugpferds ein, als sei die Norm auf dem eigenen Dung gewachsen ...

IEEE 488

Von ▷Hewlett-Packard vorgeschlagenes und durch das IEEE ▷normiertes Schnittstellenkonzept für bis 31 verkettete (▷Daisy Chaining) Peripheriegeräte; jeder 36polige Stecker am Kabelende verfügt rückseitig über eine Buchse; so können Peripherieketten gebildet werden; die Gerätekette nennt sich bei HP GPIB: General Purpose Interface Bus und ist ein solides, schnelles, ▷paralleles Verkabelungskonzept (Vorgängerkonzept: HP-IB)

IEEE 754-1985

Norm zur physischen Repräsentation von ▷Maschinenzahlen, also ▷Fliesskommazahlen im Prozessor: es sind drei Genauigkeitstypen

normiert: 32, 64 (double Precision) und 128 ▷Bits (extended); ihnen allen ist gemein: 1 Bit für Vorzeichen, e Bits für den Exponenten zur Basis 2 (mit ▷Offset für negative Exponenten) und m Bits
für die ▷Mantisse mit ▷Normalisierung

IEEE 802.11

Norm des IEEE aus dem Jahre 1997 für die Funkübertragung
von Netzwerksignalen im kabellosen (wireless) ▷LAN: Benutzung
des 2.4 GHz-Frequenzbandes, 2 Mbps Datenübertragung in einer
Reichweite von 50 m bis 200 m; der Norm folgten viele weitere,
die mit Buchstaben in der Art IEEE 802.11x gekennzeichnet sind;
die Buchstaben an der Stelle „x" geben Aufschluss über die zeitliche
Reihenfolge der Lancierung der jeweiligen Norm, ihre aufsteigende
Folge ist aber nur bedingt gekoppelt mit aufsteigender Leistungsfähigkeit bzw. Sicherheit; IEEE 802.11x verlangen ▷EAP oder dessen Varianten

IEEE 802.11b/a/g/h

Funknormen im ▷WLAN mit den Merkmalen: 2.4 GHz-Band mit
▷DSSS Multiplex, bis 11 Mbps Transferrate (b); 5 GHz-Band mit
▷ODFM Multiplex, bis 54 Mbps Transferrate, leider nur kurze
Distanzen zum ▷Access Point, keine Rückwärtskompatibilität zu
IEEE 802.11b (a); 2.4 GHz-Band mit DSSS Multiplex über 14 Kanä-
le, bis 54 Mbps Transferrate, rückwärtskompatibel zu b (g); 5 Ghz-
Band mit ODFM Multiplex, bis 54 Mbps Transferrate und tech-
nische Vorkehrungen zur Verhinderung von Interferenzen mit
anderen Geräten im 5 Ghz-Band (h, für europäische Länder)

IEEE 802.11e/f

Funknormen im ▷WLAN mit den Merkmalen: ▷Dienstgüte (Quality of Service), die eine sichere Ablieferung der Daten garantiert
und/oder gewisse Daten (z. B. Datenströme aus dem Multimedia-
gebiet) bevorzugen kann (e) bzw. WLAN, das durch mehrere Access Points bestrahlt wird und ▷Roaming ermöglicht (f)

IEEE 802.11i

Funknorm aus dem Jahre 2004 im ▷WLAN mit diversen Sicherheitsmerkmalen: bessere Authentisierung der Geräte beim ▷Access Point (Extensible Authentication Protocol, EAP, und Authentisierung nach IEEE 802.1x), Integritätsschutz mit Message Integrity Code, MIC, Verschlüsselung des Funkverkehrs mit ▷AES, basierend auf zufällig ändernden Schlüsseln gemäss ▷TKIP; diese Sicherheitsmassnahmen belasten natürlich die Brutto-Transferrate, es ist aber zu bedenken, dass die Zuleitungen oft langsamer sind; ein Teil der Spezifikation wurde als ▷WPA vorweggenommen

IEEE 802.11n

Funknormen im ▷WLAN mit den Merkmalen: 5 GHz-Band, bis 600 Mbps Transferrate; höhere Antennendichte und Reichweite, Rückwärtskompatiblität zu den Normen IEEE 802.11b und g

IEEE 802.11X

Keine eigene Norm, sondern ein Sammelbegriff für alle ▷Wi-Fi Normen mit der Hauptkennung IEEE 802.11; siehe unter den benachbarten Stichworten

IEEE 802.16

Norm für die Übertragungseigenschaften von fest installierten Drahtlos-Netzen im urbanen Bereich, also für ▷MANs und die ▷Letzte Meile; durch IEEE Ende 2001 verabschiedet

IEEE 802.1X

Spezifikation zur ▷Authentisierung eines Teilnehmers im LAN auf der Basis von ▷EAP; wird vornehmlich bei Wireless ▷Access Points verwendet; zur Authentisierung wird ein ein Drittdienst benötigt, z. B. ▷RADIUS

IEEE 802.2
Norm für die elektrischen Eigenschaften von ▷Ethernet-Kabelver-
bindungen via Thin Ethernet und die tiefschichtigen Signal- ▷Pro-
tokolle; siehe ▷OSI

IEEE 802.3
Norm für die elektrischen Eigenschaften von ▷Ethernet-Kabelver-
bindungen via Thick Ethernet, später auch verdrillte Kabel sowie
die tiefschichtigen Signal- ▷Protokolle; siehe ▷OSI

IEEE 802.3ad
Link Aggregation; Koppelung mehrerer ▷Switch Ein-/Ausgänge
zur Parallelisierung des Datenverkehrs

IEEE 802.3ae
Erweiterung von IEEE 802.3 (▷Ethernet) als „10-Gigabit Ethernet";
für den Signaltransport kommen ▷Lichtwellenleiter zur Anwendung; diese Netzwerktechnologie wird vor allem in ▷MANs und
auf der ▷Letzten Meile eingesetzt

IEEE 802.3af
Spezifikation von IEEE aus dem Jahre 2003 für Power over ▷Ether-
net, also die Stromversorgung von Netzwerkkomponenten über
das Ethernetkabel; belegt werden die zwei freien der üblicherweise
vier Adernpaare von 10- und 100 mbps-Kabeln; die Spannung beträgt 48 Volt und wird bis 100 m aufrecht erhalten; der maximale
Leistungsbezug einer Komponente ist 12.95 Watt

IEEE 802.3ah
Norm der IEEE für 10 Gbps ▷Ethernet in the ▷First Mile ▷EFM;
weitere Informationen beim Verfolgen der Querverweise

IEEE 802.4
Norm für die elektrischen Eigenschaften von ▷Token-Bus-Kabel-
verbindungen mit dem ▷Token-Passing Zugriffsverfahren sowie

die tiefschichtigen Signal- ▷Protokolle; siehe ▷OSI; als Norm von IEEE mittlerweile zurückgezogen

IEEE 802.5
Norm für die elektrischen Eigenschaften von ▷Token-Ring-Kabel-verbindungen und die tiefschichtigen Signal- ▷Protokolle; siehe ▷OSI

IEEE 802.6
Siehe unter ▷DQDB

IEEE 802.8
Ursprünglich von IEEE vorgesehene Norm für auf ▷Lichtwellen-leitern basierende Netzwerke; die zugehörige Arbeitsgruppe hat die Normierung nie abgeschlossen und mittlerweile ist in diesem Bereich ▷FDDI akzeptiert, das indessen von ▷ANSI normiert wurde

IEEE 802.x
Durch das IEEE normierte ▷Protokolle in den unteren Schichten (siehe ▷OSI) der Netzwerktechnik; 802.3 für ▷CSMA/CD und ▷Ethernet; 802.4 für ▷Token Passing und ▷Token Bus, 802.5 für Token Passing und ▷Token-Ring, 802.11 für ▷WLAN und vieles andere

IEF
Integrity Enhancement Feature: Erweiterung des (inoffiziell so benannten) ▷SQL/86 um ▷integritätswahrende Konstrukte; dann (auch inoffiziell) als SQL/89 bezeichnet

IETF
Konsortium zur Vergabe von technischen Normen im Internet, vor allem im Bereich ▷TCP/IP; zum Standardisierungsprozess selbst: siehe ▷RFC; die IETF wird von ▷ISOC finanziert; man beachte die Unterschiede zwischen ▷Norm und ▷Standard; www.ietf.org

IF … THEN (… ENDIF)
In vielen Sprachen der strukturierten ▷Programmierung realisierte ▷Syntax für die „bedingte ▷Auswahl", ▷Bedingung

IF … THEN … ELSE (… ENDIF)
In vielen Sprachen der strukturierten ▷Programmierung realisierte ▷Syntax für die „alternative ▷Auswahl", ▷Bedingung

iFCP
Internet Fibre Channel Protocol oder: Fibre Channel over ▷IP; Spezifikation der ▷IETF zur ▷Tunnelung von ▷Fibre Channel-Daten durchs ▷Internet; dies ist wichtig im Zusammenhang mit der dezentralen Datenhaltung in verteilten ▷SANs

IGMP
Internet Group Management Protocol; ▷Protokoll auf der Netzwerk- ▷Schicht von ▷TCP/IP, das die Verteilung von ▷Multicast-Nachrichten verwaltet: der Sender schickt ein einziges Multicast-Paket los, alle ▷Router auf dem Weg bis zu den Endpunkten haben IGMP installiert sowie Kenntnis der Verteilerliste und nehmen die Endadressierung(en) und/oder eine Weiterleitung vor

IIOP
Internet Inter-ORB Protocol; ▷Protokoll für die Zusammenarbeit von herstellerneutralen ▷Komponenten im Internet

IIS
Internet Information Services; von ▷Microsoft entwickelter, unter ▷Windows NT/2000/XP/7 laufender ▷Web- ▷Server; hat es hinter ▷Apache nie auf Platz 1 geschafft

Ikone, Icon
Heiligenbild (griech.); Metapher, Sinnbild in grafischen ▷Benutzungsoberflächen oder Menüs, Beispiel: Gänsekiel für ein ▷Text-

verarbeitungs-Programm; in ▷Werkzeugleisten gibt es oft Mini-I., Beispiele: ▷Diskette für „Speichern", Mülleimer für „Löschen"

IKT
▷Informations- und ▷Kommunikationstechnologie; die ▷Informatik als Disziplin der Wissenschaft oder die Techologie als Disziplin von Forschung und Entwicklung oder die ▷EDV als betriebliche Einheit: heute ist all dies „nur" noch IKT oder ICT

IL
Siehe unter ▷Intermediate Language

iLink, I-Link
Alternativer Name für Firewire, ▷IEEE 1394

iMac
Im August 1998 durch ▷Apple im Markt eingeführter „Internet Mac": ein ▷All-in-One-Gerät mit ▷PowerPC ▷G3/G4-Mikroprozessor, ▷Mac OS, ▷USB, ▷Ethernet und eingebautem ▷Modem; die Fülle vorinstallierter Software (Spiele, Bürokommunikation, Multimedia) zielt auf die Heimanwendung und den Ausbildungsbereich; das Gerät entwickelte sich zum Retter von Apple

Image
Bild (lat.); 1. Verarbeitung von Bilddokumenten im I. Processing; 2. Ur-, Vollbestand an Daten, Beispiel a) Application I. zum identischen Installieren auf mehreren Computern ab Datei-Server; Beispiel b) Herstellung des Before I. mit ▷undo oder des After I. mit ▷redo in der ▷Transaktionsverwaltung; 3. physisches Abbild eines Datenträgers auf einem anderen, z. B. eines Disketten-Inhalts auf einer Festplatte; siehe auch full Image ▷Backup

Image, After -, Before -
Zustand nach/vor einem ▷Prozess bzw. einer ▷Transaktion; siehe auch ▷undo und ▷redo

IMAP
Interactive Message/Mail Access Protocol; als ▷RFC 1064 spezifiziertes ▷Protokoll für den ▷Zugriff auf und die Verwaltung von
elektronischer Post quer durchs Internet; oft mit ▷Versionsangabe
versehen: IMAP4; dieses erlaubt – im Gegensatz zu ▷POP – die
Bearbeitung von elektronischer Post auf dem ▷Server, also ohne
Herunterladen

IME
Wahrscheinlich: Input Method Editor: Eingabehilfe zur Erstellung
asiatischer ▷Zeichen mit lateinischen Tastaturen

IMEI
International Mobile Equipment Identifier; 15-stellige Seriennummer von ▷Mobiltelefonie-Handys; mit dieser Nummer kann der
Netzzugang eines gestohlenen Geräts gesperrt werden; die Nummer ist aus den schriftlichen Unterlagen zum Handy ersichtlich
oder bei vielen Geräten mit Rufnummer „*#06#" abrufbar; siehe
auch ▷IMSI

IMG
1. Dateiformat für ▷Bitmap Grafiken von ▷GEM; 2. Image Color
Matching; von Kodak lizenzierte Technologie zur optimalen Übereinstimmung der Farben auf dem Bildschirm und dem Drucker

immediate
Unmittelbar, also sofort wirksam; ein i. ▷Operand ist z. B. einer,
der nicht vom Speicher geholt werden muss, also eine ▷Konstante;
ein Befehl ist i., wenn er zur Compilierzeit nicht compiliert, sondern ausgeführt wird; dies ermöglicht z. B. bedingte ▷Compilie-
rung

immutable
Unveränderlich; in der objektorientierten ▷Programmierung ein
▷Objekt, das seinen Inhalt durch die Bearbeitung nicht ändert; z. B.

bleibt mit n = new Integer(22); der Wert von n immer 22, auch
n.quadrat() liefert nur ein neues Objekt; um n zu ändern, müsste
man schreiben n = n.quadrat(); Beispiel eines gegenteiligen Objektes ist ein StringBuilder, der einen ▷String beherbergt, welcher
schnell vergrössert oder modifiziert werden kann, ohne dass dies
▷performanzkritisch ist oder zu ▷Fragmentierung führt

Impact
An-, Aufschlag; 1. Auswirkung, z. B. einer ▷Denial of Service Attacke auf das Unternehmen; 2. physikalisches Anschlagen auf das
Papier beim Druckvorgang bzw. Begriff für Drucker mit anschla-
gender Drucktechnik

Impedance Mismatch
Siehe unter ▷Object Relational Impedance Mismatch

Impedanz
Scheinwiderstand (lat.), Wechselstromwiderstand, auch ▷Wellen-
widerstand; der Widerstand beim Gleichstrom ist eine Funktion
von Material und Dimension des Leiters; beim Wechselstrom
kommt noch die ▷Frequenz dazu, weil diese ▷induktive und kapa-
zitive Phänomene im Leiter bewirkt

imperativ und nicht-
Befehlend (lat.); im Zusammenhang mit Programmiersprachen oft
synonym zu ▷deskriptiv (siehe dort, weil üblicher); im gegenteiligen Fall dann synonym zu ▷deklarativ

Implementation, implementieren, Implementierung
Erfüllung, Einbettung, Einpflanzung (lat.); allgemein: Realisierung
einer ▷Architektur; speziell: 1. Umsetzung des ▷konzeptuellen Modells sowie der ▷Spezifikationen in ein ▷Software-Modell, Beispiel:
konkrete Vergabe von ▷Datentypen und Namen für ▷Parameter in
einer ▷Methoden- ▷Definition; 2. Eingliederung einer ▷Kompo-
nente in die bestehende ▷System- und Arbeitsumgebung

Import

Einfuhr (lat.); Übernahme von ▷Daten aus einer anderen ▷System-
umgebung; I. kann auf verschiedenen Stufen stattfinden: je grösser
die Kompatibilität der beiden Partnersysteme, desto mehr Begleit-
informationen kommen mit den Kerndaten; Beispiel: I. eines Textes bedeutet bei grosser Kompatibilität die Mitnahme von ▷Forma-
tierungsinformationen (▷Tabulatoren, ▷Blocksatz usw.) und bei
geringer Kompatibilität die Übernahme des reinen, unformatierten
▷Textes; vergleiche ▷Export

IMS

Information Management System; 1. 1968 von ▷IBM auf den Markt
gebrachtes, hierarchisches ▷Datenbanksystem; eines der ersten
überhaupt und mit Sicherheit das erste in dieser Grössenordnung;
2. eine ▷XML Spezifikation, die Inhalte von online Kursen (Content Packages) im Kontext E-Learning beschreibt; vergleiche
▷SCORM, ▷AICC; http://xml.coverpages.org/ims.html

IMSGLC

Instructional Management Systems Global Learning Consortium;
halbstaatliche US-Kommission zur Spezifikation der Inhalts- (Con-
tent-)Verpackung sowie der Inhalts-Identifikation bei Lerneinheiten im ▷E-Learning und für die Entwicklung von Testmethoden

IMSI

International Mobile Subscriber Identity; weltweit einmalige Identifikation der ▷SIM-Karte in der ▷Mobiltelefonie; siehe auch ▷IMEI

Inch

Siehe unter ▷Zoll

include

Schliesse mit ein (lat.); 1. und allgemein: Prinzip des Miteinbezugs
in einen ▷Quellcode von Dateien, die ebenfalls Quellendateien sind
und fähigkeitserweiternde Zusatzinformation liefern; ein Gegen-

stück sind Dateien, welche Zusatzinformationen lediglich als Einstellungs- und ▷Parameterdaten beinhalten; 2. in vielen Programmiersprachen vorhandenes Verfahren/Kommando, um Quellentext dateiweise zu erweitern

Increment, Post- und Pre-
Inkrementierung eines ▷ordinalen ▷Datentyps nach/vor Erledigung seiner funktionalen Aufgabe; Beispiel: die Anweisung PRINT(++k) ist ein Pre-I., es inkrementiert die Variable k und druckt sie erst anschliessend; PRINT(k++) ist ein Post-I., es druckt zuerst und inkremetiert dann; siehe auch ▷Decrement und ▷Seiteneffekt

Indeo
▷Komprimierungsverfahren von ▷Intel für ▷digitale ▷Videodaten

Index
Namen- oder Sachverzeichnis, Register (lat., Plural: Indizes); 1. Stichwortregister; 2. in Datenbanken: separate Hilfs- ▷Datenstruktur oder Datei mit ständig geordneter, meist also sortierter, ▷Projektion auf ein ▷Attribut oder eine Attributskombination der ganzen (▷relationalen) Tabelle, z. B. auf den Familiennamen; beim zweistufigen Zugriff wird zuerst der speicher- ▷residente I. durchsucht, über welchen dann die interne Adresse des vollständigen Datensatzes ermittelt wird; 3. logische Zeigerposition in ein- oder mehrdimensionalen Datenfeldern

Index Dichte, -Selektivität
Die I.-Selektivität ist der Quotient aller unterschiedlichen Ausprägungen eines ▷Attributs und der Anzahl aller Ausprägungen – je näher bei 1 desto besser: wenn eine Tabelle „mitglied" 100 ▷Tupel hat, das Attribut „familienname" 80 unterschiedliche Familiennamen, dann ist die I.-S. 0.8; die I.-Dichte ist der Kehrwert; eine andere Defintion der I.-D. ist die eines Verhältnisses der Anzahl Dubletten zur Anzahl aller Attributswerte – je näher bei 0 desto besser

Index Print
Darstellung des ganzen Inhalts einer ▷Photo-CD als Kleinstbilder

Index, clustered -, nonclustered -
(Nicht) gruppierter Index; Form der ▷Implementierung einer
▷baumförmigen Indexstruktur in gewissen ▷DBMS: beim c. (auch:
gruppierten) I. befinden sich in den ▷Blattknoten (dies sind oft
▷Seiten zu 2 KBytes Grösse) direkt die Daten, die Tabelleninhalte
sind also sortiert, weshalb es nur einen c.I. pro Tabelle geben kann;
im nc.I. befinden sich in den Blattknoten Zeiger auf die Datensätze
der unsortierten Tabellen

Index, covered -
Gedeckter Index; ▷Datenbankindex, der alle ▷Attritute erhält, die
in der ▷Projektion oder nach WHERE oder nach JOIN einer (sehr
oft gebrauchten) ▷Abfrage vorkommen; der Server kann so die Er-
gebnisattribute direkt aus dem Index ins Abfrageergebnis speisen;
sollte also ein Programm sehr oft SELECT id, fname FROM kunde;
rufen, dann wäre ein c.I. über (id, fname) zu empfehlen

Index, TIBOE -
Recht ausführlich gehaltener Index der Firma TIBOE Software, der
die Verbreitung von Programmiersprachen darstellt; Erhebungsba-
sis sind die Anfragen an die grössten Suchmaschinen; seit 25 Jahren
hält sich ▷C, mit einigem Auf und Ab, an der Spitze der Popularität, heute gefolgt von ▷Java, Bronze bekommt ▷C++; http://www.
tiobe.com/index.php/content/paperinfo/tpci/index.html

Indexer, Indizierer
Programmierbarer ▷Operator, welcher aus einer Folge von Elementen eines adressiert; Erweiterung des ▷Array-Prinzips auf Objekte beliebiger Art: Objekte können sich wie Arrays verhalten,
Elemente in einem Objekt werden abzählbar usw.

indexieren, indizieren

1. einen ▷Index erstellen (siehe dort) oder 2. etwas Ausgewähltes
nach bestimmten ▷algorithmischen Regeln in einen Index aufnehmen; laut Duden sind beide Schreibweisen gleichberechtigt

Indikator

Anzeiger (lat.); in analytischen ▷Datenbanken die interessierende
betriebliche Leistung, also z. B. der Stückumsatz, der Kundenbestand usw.; ein I. wird in mehreren ▷Dimensionen gemessen und
beziffert; auch Fakt

Induktion; induktiv

1. Aufbau von magnetischen Feldern im Umfeld bewegter elektrischer Ladungen; Energieübertragung auf Grund des Auf- bzw. Ab-
baus magnetischer Felder; 2. mathematisches Beweisverfahren für
▷rekursive und rekurrente Konstrukte, bei welchen zuerst die Korrektheit der Basis bewiesen wird und dann die des allgemeinen
Schrittes von n nach (n+1); weil eine Voraussetzung der I. die Abbildung auf natürliche Zahlen ist, kommt ihr grosse Bedeutung für
▷Algorithmen zu (abzählbare Schritte)

Inferenz und Inferenzsystem

Hineintragen (lat.); 1. Security: Extraktion sensitiver ▷Informatio-
nen aus einer Fülle je nicht oder wenig sensitiver Informationen;
im Bereich des ▷Datenschutzes spricht man hier z. B. vom gläser-
nen ▷Surfer, dessen ▷Profil man durch scheinbar harmlose Informationen erstellt; siehe auch ▷Aggregation und ▷Mashup; 2. Logik: I.-Regeln sind Ableitungsregeln: wenn A gilt, und aus A folgt B,
so gilt B – dies ist der Modus Ponens; bei I.s geht es darum, auf
diese deduktive Weise neues Wissen zu generieren

InfiniBand

Architektur für ein ▷Clustering von ▷E/A-Schnittstellen-Kompo-
nenten; die 2000 fertiggestellte Spezifikation soll bei Servern im
Netzwerk langfristig die zu lokalen Peripheriebusse ablösen und

ein Verteilen von E/A-Komponenten, vor allem ▷Speichereinhei-
ten, über ein eigenes Netzwerk ermöglichen; siehe auch ▷Storage,
▷NAS und ▷SAN; Spezifikationen: bis 60 Gbps in voll ▷duplex,
bis 1'000 m zwischen Einheiten; zu den Ziehvätern von I. gehören namhafte Server-Hersteller; im Sommer 2002 stieg ▷Intel aus
– dies wohl zugunsten von ▷PCI Express

Infonaut
Siehe unter ▷Cybernaut

Infonet
▷VAN-Dienstleistungen eines Konsortiums von europäischen
▷Telcos für den universellen Datenverkehr auf der Basis von
▷X.400

Informatik
Information und Automatik; Wissenschaft rund um die ▷sys-
tematische Verarbeitung und ▷Speicherung von ▷Informationen

Informatik, angewandte -
Informatik als instrumentale Wissenschaft (Beispiele: Rechtsinfor-
matik, Geoinformatik) sowie u. U. Schnittmengengebiete der Informatik mit anderen Wissenschaften (Beispiele: Ergonomie, Simu-
lationstechnik)

Informatik, praktische -
Informatik-Disziplinen, welche sich vorwiegend mit der Entwicklung und Anwendung der ▷Software-Komponenten befassen; Beispiele: ▷Programmentwicklung, ▷Compilerbau; im Aufbau von
z. B. Informationssystemen und ▷Netzwerken ergeben sich Über-
lappungen mit der technischen I.

Informatik, technische -
Informatik-Disziplinen, welche sich vorwiegend mit der Entwicklung und Anwendung der Hardware-Komponenten befassen; Bei-

spiele: ▷Digitaltechnik, ▷Mikroprozessortechnik; im Aufbau von
z. B. Informationssystemen und ▷Netzwerken ergeben sich Über-
lappungen mit der praktischen I.

Informatik, theoretische -

Informatik-Disziplinen, welche sich mit der Entwicklung von
Theorien und ▷Modellen der Informatik befassen und dabei viel
Substanz aus der Mathematik konsumieren; als Beispiele sind entstanden: das ▷Relationenmodell, ▷Objekt-Paradigmen, ▷Komple-
xitätstheorie, ▷Kalküle

Informatik, Wirtschafts-

Siehe unter ▷Wirtschaftsinformatik

Information

Folge von zwingend wechselnden, physikalischen ▷Signalen mit
dem Charakter, uns über Eigenschaften realer ▷Objekte ins Bild zu
setzen; „whatever resolves uncertainty is information" (Claude E.
▷Shannon: alles, was Ungewissheit beseitigt, ist I.); in der ▷Infor-
matik ist I. je nach Sichtweise das, was wir real vor uns haben und
zwecks maschineller Verarbeitung ▷abstrahieren sowie ▷modellie-
ren, oder dann das, was wir nach dieser Verarbeitung durch ▷In-
terpretation in die Realität zurückgewinnen; siehe als Abgrenzung:
▷Daten

Information Hiding

Siehe unter ▷Kapselung

Information System, Executive -

Hardware- und Software-Lösung zur dynamischen Sichtung und
Verwaltung führungsrelevanter ▷Daten; ein EIS ist flexibler als ein
Management Information System, weil es gerade laufende ▷Pro-
zesse berücksichtigt und die Führungskraft mit Extrapolationen
und ▷Simulationen unterstützt

Information System, Management -

1. System zur Verwaltung sämtlicher fürs Management relevanter ▷Daten: Personaldaten, Produktions- und Bewirtschaftungsdaten, Terminplanung, Sitzungsverwaltung; 2. Gesamtheit aller Daten zum Unterhalt eines Informationssystems oder ▷Netzwerkes; evtl. ist dann eher die ▷Management Information Base (MIB) gemeint

Information Warfare

Informationskrieg; etwas martialischer Ausdruck für alle Aktivitäten, die einem (u. U. feindlichen) Gegenüber auf dem Datenweg Schaden zufügen (wollen) sowie für diejenigen Aktivitäten, die solches bei den eigenen Daten zu verhindern versuchen

Informationssicherheit

Gesamtheit der organisatorischen, baulichen und/oder technischen Massnahmen zum Schutz gespeicherter oder übermittelter ▷Informationen (bzw. im engeren Sinn: ▷Daten) und ▷Prozessen vor unerwünschten menschlichen, natürlichen oder technischen Einwirkungen sowie für deren ▷Verfügbarkeit und ▷Integrität

Informationssystem, Information System

Gesamtheit der ▷Betriebssysteme, ▷Applikationen, ▷Datenbanken und ▷Kommunikation ermöglichenden Ressourcen sowie der sie operativ haltenden technischen Einrichtungen, organisatorischen Regeln und betrieblichen Einheiten

Informationssystem, Personal-, Personen-

Datenbank mit sämtlichen erforderlichen Daten über Personen: Mitarbeitende eines Betriebs, Angehörige einer bestimmten Institution, Kunden; man beachte die mögliche Begriffsverwirrung: „personal" im Englischen meint „persönlich" (siehe dazu auch ▷Personal Computer)

InfoSurance
Verein, der sich auf Publikationen und Beratungen zur ▷Informationssicherheit für Privatpersonen und KMU in der Schweiz konzentriert; siehe auch ▷ISSS; siehe auch ▷5-Punkte-Programm; www.infosurance.ch

Inhaltsmodell
Siehe unter dem häufigeren ▷Content Model

inhärent
1. und allgemein: das Innere betreffend, innewohnend; 2. in der Technik oft verwendet, um Bezug auf das Innere von Systemblöcken zu nehmen

inhouse
Im Hause befindlich, die Grundstücksgrenzen nicht überschreitend; als Teilbegriff verwendet für Aktivitäten, die mit eigenen Ressourcen oder auf dem eigenen Grundstück vollzogen werden; Beispiel: inhouse Kommunikation

INI
Dateinamenserweiterung für Initialisierungs- und Konfigurationsdateien unter ▷Windows; heute durch ▷Registry-Einträge ersetzt

INIT
1. Vater aller ▷Prozesse in ▷Unix / ▷Linux; I. wird als einziger Prozess direkt vom ▷Kernel gestartet und erzeugt Kind-Prozesse, als erstes die ▷Konsolen-Prozesse ttyn; 2. Initialization Resource; beim ▷Booten des ▷Mac OS resident in den Arbeitsspeicher geladenes Programm, so genannte Startdatei; ab ▷System 7 des Mac OS „Systemerweiterung" genannt

Initiale
Anfangsbuchstabe (lat.); in der Typografie: in Schrift oder Stil besonders hervorgehobener erster Buchstabe am Beginn eines Absatzes oder einer Seite

initialisieren, Initialisierung
Beginnen (lat.); 1. Herstellen eines Grund-, eines Startzustandes bei einem Objekt, Programm, einer Prozedur usw.; siehe auch ▷default; 2. ▷Formatierung eines ▷Datenträgers; 3. Erstbelegung einer ▷Datenstruktur; Beispiel: in ▷C / ▷C++ z.B. ist float rabatt = 5.0 die ▷Definition einer ▷Variablen und zugleich deren I.; da eine Definition immer auch eine ▷Deklaration ist, liegen in unserem Beispiel gleich drei Stufen der Generierung einer Datenstruktur vor; siehe deshalb bei den verwiesenen Stichwörtern

Initialisierungsvektor
Binäres Wort als initialisierende Vorgabe in einen Pseudo- ▷Zufallszahlengenerator (dann auch ▷Saatzahl), eine ▷Kryptografierung usw.

Initiator
Urheber, Beginner (lat.); 1. Einheit, welche einen ▷Dienst anfordert und dafür die ▷Parameter liefert; 2. speziell im Multi Master fähigen ▷PCI: Bezeichnung für die Einheit, welche gerade als ▷Master auftritt

Ink Jet
Siehe unter ▷Tintenstrahl(-drucker)

Inkarnation, inkarnieren
Fleischwerdung (lat.); 1. Übergang von einem Zustand „statisch codiert" in einen Zustand „rechnend"; z.B. bei einem ▷Programm, das dabei zum ▷Prozess wird, oder bei einer ▷SQL-Anweisung, die zur ▷Transaktion wird; 2. synonym für ▷Instanzierung; 3. der Mo-

ment, in dem einer ▷Zufalls- ▷Variablen ein konkreter Wert entnommen wird

Inkrement
Zunahme (lat.); Wert, um welchen eine ▷Variable, der Zähler, in einer Zähl- ▷Schleife schrittweise vergrössert wird; Details unter ▷Increment; Gegenteil: ▷Dekrement

inline, Inlining
Innerhalb einer Linie, in einer Linie angeordnet, in eine Linie einsetzend; oft Bezeichnung für die Tätigkeit eines ▷Präprozessors, welche darin besteht, Platzhalter, ▷Aliasnamen oder ▷Bezeichner durch den damit vertretenen Code zu ersetzen und so zur Laufzeit Sprünge oder ▷Operanden-Holphasen zu vermeiden

INMARSAT
International Maritime Satellite Communication Organization; internationale Betriebsgesellschaft für den Satelliten-Mobilfunk (vorwiegend) im Navigations- und Logistik-Bereich

Innensteg
In der Typografie: Innenrand einer gegenüberliegenden Seite, je vom ▷Satzspiegel bis zum Papierrand

inode
▷i-node

Input
Eingang, Eingabe

Insel, Insellösung
Etwas Alleinstehendes, Isoliertes, das absichtlich oder versehentlich in diesem Zustand ist; Beispiele: a) nicht vernetzter Computer; b) ein oder mehrere Rechner, die in einer betrieblichen IT-Infrastruktur eine eigenständige Problemlösungsplattform bilden und

den Grossteil der dafür erforderlichen Applikationen usw. selbst stellen; c) nicht in einer ▷Beziehung stehender ▷Entitätstyp in einem ▷relationalen Entwurf

insert
Einfügen, Einfüge- ▷Modus

Installation
Einbau (laut Duden germ., dann lat.); 1. Einrichtung von Hardware bzw. von Software auf dieser; gute Software bietet entsprechende Hilfen oder gar I.- ▷Assistenten an

Installationsbasis
Anzahl der in einem geografisch, branchenmässig oder sonstwie eingegrenzten Gebiet installierten Einheiten eines Produkts oder allgemein ein – nicht standardisiertes – Mass für deren Akzeptanz und Verbreitung

Instant Messaging
Vor der Jahrtausendwende in Mode gekommene Zwischenform von ▷Chatting und ▷E-Mailing fürs online Palavern: gemeinsam mit dem Chatting ist: sofortige Übermittlung der Text-Botschaft an die Empfängerin; gemeinsam mit dem E-Mailing ist: ausgewählte Gesprächspartner, Speicherung der Meldungen; I.M. ist zwischen zwei oder mehreren Personen möglich, Gesprächspartner können ein- oder ausgeladen werden, sie besitzen dazu eine personalisierte Liste von online ▷Buddies auf dem eigenen Bildschirm

Instanz, Instanzierung
Amtsstelle (lat.); aktuelle und konkrete, also ▷initialisierte, Ausprägung einer ▷Entität oder eines ▷Objekts; die Erzeugung eines Objekts heisst Instanzierung und erfolgt durch einen ▷Konstruktor

Instanzierung, Poly-
Mehrfach-Ausprägung des gleichen ▷Objekts, der gleichen ▷Entität mit u. U. unterschiedlichen ▷Attributen; die P.-I. ist meist sicherheitstechnisch motiviert, siehe dazu Multilevel ▷Datenbank

Instruktion
Unterrichtung (lat.); 1. und allgemein: Unterweisung, ▷Anweisung, ▷Befehl (siehe dort betreffend Wortwahl) in einer Programmier- oder Kommandosprache; 2. und speziell in ▷Prozessoren: Befehl, so wie er in der ▷Assemblersprache dokumentiert ist; die I. enthält: den eigentlichen Maschinenbefehl, die Länge der ▷Operanden (▷Byte, ▷Wort, ▷Langwort) und die ▷Adressierungsart sowie danach die Operanden; eine Prozessor-I. wird in einer ▷fetch Phase und einer ▷execute Phase abgearbeitet; beide sind je mehrere Prozessorzyklen lang; siehe Querverweise und namentlich ▷Operationscode; die grundlegenden I. dienen dem Rechnen, Bewegen, Vergleichen sowie der Programmablaufsteuerung

Instruktionssatz
Gesamtheit der möglichen ▷Instruktionen und ▷Adressierungsarten (siehe auch dort) in einem ▷Prozessor; der I. ist dann symmetrisch, wenn in arithmetischen I. jede Adressierungsart verwendet werden kann

INT()
▷Funktion in der Programmierung; ermittelt den ganzzahligen Anteil einer reellen Zahl durch Entfernen der Nachkommastellen ohne zu runden; oft auch ▷TRUNC() oder ▷FLOOR(); siehe ferner ▷ROUND()

int, integer, Integer
1. unberührt (lat.); 2. (▷Deklaration für) ▷Ganzzahl- ▷Datentyp in Datenbank- und Programmiersprachen: eine 16- oder 32-Bit-Ganzzahl je nach Umgebung; siehe auch ▷tinyint, ▷smallint, ▷longint und ▷bigint

Integration
Zusammenwachsen, Verschmelzen (lat.); 1. ▷Mikroelektronik: Dichte der auf ▷Chips aufgetragenen „Bauteile", Schaltungen, Gatter; 2. ▷Kommunikation / ▷Telekommunikation: Zusammenlegung mehrerer Kommunikationsinhalte und ▷-Dienste; 3. Informatik: Multifunktions-Software

Integrierte Schaltung
Siehe unter ▷IC

Integrität
Unversehrtheit (lat.); pauschaler Begriff für 1. die ▷semantische Korrektheit von ▷Daten, welche also den realen oder ▷modellierten Sachverhalt wahrheitsgetreu wiedergeben; 2. aber auch für die Unverletzlichkeit von Daten gegen Eingriffe jeglicher Art; siehe auch ▷Konsistenz, ▷CIA und die folgenden Stichworte

Integrität, Domänen-
Gewährleistung der Tatsache, dass die Einträge in einem ▷Datenbank- ▷Feld aus einer ▷Domäne stammen, damit vom selben ▷Datentypen sowie gültig und sinnvoll sind und den realen Sachverhalt korrekt wiedergeben

Integrität, Entitäts-, Tupel-
Sicherstellung, dass jedes ▷Tupel in einer ▷Relation einen ▷Schlüssel mit eineindeutigem Wert besitzt und deshalb jederzeit zweifelsfrei ▷adressiert werden kann und einmalig ist; auch: Integrität auf Tabellenebene

Integrität, referenzielle -
Forderung, dass 1. ein verwendeter Fremd- ▷Schlüsselwert an seinem Bezugsort als Primär- ▷Schlüsselwert definiert und auch tatsächlich vorhanden ist; 2. das Entfernen (bzw. Mutieren) des Schlüssels am Bezugsort mit einem Löschen (bzw. Mutieren) oder

▷NULL-Setzen am Zielort beantwortet wird; auch: Integrität auf Beziehungsebene

Integritätsregeln
Satz von Regeln, welche die Integrität bei der Neuaufnahme von ▷Daten oder bei deren Änderung bzw. Löschung jederzeit gewährleisten sollen; die Regeln umfassen a) definierte Einschränkungen (so genannte ▷Constraints) wie z. B.: nicht ▷nullwertig oder weiterhin eindeutig oder b) ▷Plausibilitätsprüfungen oder c) Reaktionen abhängiger Fremd- ▷Schlüsselwerte bei der Löschung oder Änderung – sofern überhaupt erlaubt – ihrer referenzierten Primär- ▷Schlüsselwerte

Intel Corporation
Gegründet am 18. Juli 1968 durch Robert Noyce (gestorben 1990) und Gordon ▷Moore als „NM Electronics"; beide waren ehemalige Fairchild-Mitarbeiter; NM Electronics wurde bald in Intel umbenannt, später kam Andrew Growe als organisierende, tragende Kraft hinzu; erstes erfolgreiches Produkt war der 1103, ein ▷DRAM von 1 kByte Kapazität; I. ist heute weltweite Marktführerin in der ▷Mikroelektronik-Branche; von I. stammen die ▷Mikroprozessoren in der PC-Welt: 80xx, 80yyy, ▷Pentium, ▷Itanium, ▷Xeon, ▷Core, sowie unzählige ▷Coprozessoren, ▷Controller und ▷Chipsätze; weltweit 87'000 Mitarbeiter; Forschung und weltweites Engagement in den Bereichen Gesundheit, Multimedia, Ausbildung, Kommunikation u. v. a.; 2008 strategische Allianz mit Dreamworks zur Erweiterung der 3D-Filmtechnologie; 2010 Itanium-Prozessor „Tukwila" mit 2 Milliarden Transistoren geplant; Hauptsitz in Santa Clara, Kalifornien; www.intel.com

intelligent, Intelligenz
Im Zusammenhang mit Gerätekomponenten: 1. mit einem ▷Mikroprozessor versehen; 2. mit eigenen steuernden, überwachenden, entscheidenden und/oder rechnenden Möglichkeiten versehen, also aktiv

Intellisense
Technologie von ▷Microsoft zur Anwenderunterstützung: wie ein unsichtbarer ▷Roboter beobachtet I. die Manipulationen der Anwendenden und gibt laufend Ratschläge zu ihrer Rationalisierung

Intension, intensional
Inhalt einer Aussage, (nach) innen wirkend (lat.); das (statische) ▷Schema, der ▷Entwurf; diese betreffend; die i. Ebene einer ▷Datenbank ist die Ebene des ▷logischen Entwurfs, des ▷Modells; Gegenteil: ▷extensional

Inter Network, Inter-Net, Internet
1. Netzwerk-Verbund, ▷Meta-Netzwerk, also Netzwerk von Netzwerken; 2. ▷logisches ▷Netzwerk, welches mehrere ihm zu Grunde liegende, ▷physikalische verbindet und ▷abstrahiert

Interaktion
Wechselseitiges Handeln (lat.); ▷Dialog und/oder Daten-Manipulation zwischen Menschen, ▷Prozessen, ▷Geräten usw.

Intercast
Kunstwort aus ▷Internet und ▷Broadcast; Verbundmedium zwischen Fernsehen und ▷Internet: Aussenden von ▷Web-Inhalten durch die ▷Austastlücke eines Fernsehsignals zum ▷simultanen Empfangen einer Fernsehsendung und begleitender Internet-Informationen; entsprechend ausgerüstete TV-Tunerkarten bauen auf dem Computerschirm zwei ▷Fenster, eines mit dem Fernsehbild und ein zweites mit ▷HTML-Seiten, auf

Interface
Wechselseitiges Sehen (lat.); ▷Schnittstelle, siehe dort für diverse Definitionen

Interface Builder

Das wichtigste visuelle Werkzeug im ▷Mac OS X zum Gestalten von grafischen ▷Benutzungsoberflächen für ▷iPhone, ▷iPod usw.; alle ▷Controls, ▷Dialoge, ▷Fenster usw. werden hier gestaltet, kombiniert und mittels ▷Events miteinander verlinkt; zusammen mit Xcode und Cocoa die zentrale Entwicklungsumgebung für Mac OS X

Interferenz

Dazwischenhauen (lat.); allgemein: unerwünschte ▷physikalische Auswirkung auf andere ▷Systemteile, z. B. durch magnetische Felder oder Überlagerung von ▷Rasterungen bzw. unterschiedlichen ▷Auflösungen

Interlace, interlaced

Durchwoben (lat.); Bezeichnung für 1. den Bildaufbau in Form von zwei kurz nacheinander folgenden Halbbildern wie beim Fernsehen (Ziel: flimmerfreieres Bild) und 2. den Zugriff auf Speichereinheit 2 schon bevor Nummer 1 ihren Zugriff fertig abgewickelt hat (Ziel: Tempo)

Interleave, interleaving

Verschränkung; 1. Verzahnung des Zugangs von mehreren ▷Prozessen, ▷Transaktionen usw. zum ▷Prozessor; 2. Versetzung: zwecks zeitlicher Optimierung (Erholungsphase) versetzt abwechselnde ▷Adressierung von Speicherbänken bei I/O-Operationen zwischen ▷Mikroprozessor und ▷Arbeitsspeicher mit je unterschiedlichen ▷Zugriffsgeschwindigkeiten; 3. Versetzungsfaktor bei ▷Festplatten: versetzte Nummerierung der ▷Sektoren (z. B. 1–x–y–2–(x+1)–(y+1)–3 … bei Faktor 1:3) zwecks ▷Synchronisation des Datenflusses mit vorbeirotierenden Adressen; Faktor 1:1 optimiert die Anzahl Umdrehungen; war der I. Faktor früher manuell zu setzen, erfolgt dies heute in der Hardware

Intermediate Language
„Vorcompilierter" Programmcode für eine ▷virtuelle Maschine, wie der ▷Bytecode in ▷Java für die ▷JVM oder die ▷CIL in der ▷.NET-Welt für die ▷CLR

intern, Interning
Etwa: verinnerlichen, Verinnerlichung; bezeichnet z.B. in ▷OOP die Tatsache, dass ▷Zeichenketten, welche sich als ▷Literale im Programmcode befinden, unveränderbar sind und mit einer ▷Referenz darauf mit ▷compiliert werden; da diese Verknüpfung mit Referenzen in einem Compiling-Vorlauf erfolgt, können identischen Zeichenketten die gleichen Referenzen zugewiesen und so wird u. U. enorm Platz gespart

internal
In C# der ▷Modifikator, der den ▷Geltungsbereich einer Definition auf das enthaltende ▷Assembly einschränkt; in Java vergleichbar mit ▷default; wertvolle Voraussetzung u. a. für ▷Unit Tests; siehe auch ▷public, ▷protected, ▷private und ▷default

Internet
1. und allgemein bei ▷Netzwerken: ▷Inter Network(ing), siehe dort; 2. weltweites Netzwerk, das theoretisch alle Computer, die den ▷TCP/IP- ▷Protokollstapel verwenden, verbindet; das I. ist aus dem militärischen und universitären Milieu sowie dem Dunstkreis von ▷Unix entstanden; seit 1994 ist das I. jedoch offen für kommerzielle Anbieter und seither in einem unglaublichen Wachstum begriffen, dies betrifft vor allem den Teilbereich, den ▷Dienst ▷World Wide Web; weitere Standarddienste sind u. a.: ▷FTP, ▷News, ▷Mail

Internet2
I2, auch: Next Generation Internet (NGI); Ende der 1990er Jahre von US-amerikanischen Behörden und Universitäten initiiertes Projekt zum Ausbau des Internets, vor allem im Bereich der Da-

tenübertragungsgeschwindigkeit; das I2 wird neue ▷Hardware,
▷Software, ▷Protokolle sowie ein neues Adressierungssystem benötigen; das Projekt hat das begleitende Ziel, die US-Vor-
machtstellung im Internet-Bereich zu zementieren; es ist wie
weiland ▷ARPANET nur einem geschlossenen Benutzerkreis zugänglich

Internet Zeit
Vom schweizerischen Uhrenkonzern Swatch initiierte neue Welt-
zeit mit global einheitlicher, also nicht zonenverschobener Zählweise; Referenzpunkt ist Biel/Bienne in der Schweiz; der Tag wird
in 1'000 Beats eingeteilt; www.swatch.com

InterNIC
Internet's Network Information Center; Organisation in den USA
zur Bereitstellung von Verzeichnissen im Internet: Listen, Adress-
datenbanken, Domänennamen usw.; www.internic.net

Interoperabilität
Qualitätskriterium der ▷plattformübergreifenden Kooperationsfä-
higkeit von Teilsystemen

Interpolation
Übermalung (lat.); 1. ▷Funktionenlehre und grafische ▷Datenver-
arbeitung: Ermitteln eines Polynoms/einer Kurve, welche/s eine
gegebene Anzahl Stützpunkte schneidet; 2. das Schätzen bzw. Berechnen eines theoretischen Zwischenwertes zwischen zwei Mess-
punkten; Gegenteil: ▷Approximation

Interpretation, Interpretierer, Interpreter
Deutung (lat.); 1. Rückgewinnung von ▷Information aus einem
▷Modell; 2. ▷Sprachübersetzer; übersetzt das ▷Quellprogramm
beim Ablauf Anweisung für Anweisung; interpretierte Programme
sind handlich zu ▷editieren und testen, aber langsam im Ablauf;
Beispiel: ▷HTML, ▷JavaScript

Interrupt
Siehe unter ▷Unterbrechung

Interrupt Controller
Elektronischer Baustein im Rechner, welcher die Verarbeitung asynchroner ▷Unterbrechungen koordiniert: er fragt periodisch (▷Polling) das Anliegen einer Unterbrechungsanforderung ab (▷IRQ; oft eine 8-Bit-Leitung), nach Berücksichtigung von Prioritäten und ▷Maskierungen wird dem ▷Steuerwerk eine Meldung gemacht, dass eine andere Einheit Aufmerksamkeit verlangt; dieses stoppt die gegenwärtige Aktivität und meldet ▷Acknowledge; nach Rettung der notwendigen Daten in einen ▷Stack gibt der I.C. einen Unterbrechungs-Vektor aus, mit dessen Hilfe die Startadresse der Serviceroutine ermittelt wird; I.C. sind kaskadierbar, so dass mehr als acht IRQs verarbeitet werden können

Interrupt Request
▷Unterbrechungsanfrage, -anforderung

Intersect(ion), INTERSECT
Überschneiden, Überschneidung (lat.); Schnittmenge mehrerer im ▷Degree und in den ▷Datentypen der ▷Attribute kompatibler ▷Relationen; ▷Schlüsselwort in ▷SQL dazu; siehe auch ▷DIFFERENCE und ▷UNION

Intranet
Hausinternes ▷TCP/IP-Netzwerk, bzw. noch enger: meist ein hausinternes ▷Web unter Verwendung von ▷HTTP / ▷HTML / ▷XML; das weltweite Wachstum des Internets animierte ab 1995 viele Firmen dazu, dessen Technik gewissermassen ins Haus zu nehmen und ihr Informationswesen darauf aufzubauen; wird von „aussen" ein geschützter Zugang ins I. gewährt, spricht man vom ▷Extranet

Intruder, intrudieren, Intrusion
Eindringling, eindringen, Eindringung; unerwünschter Gast in vernetzten Systemen

Intrusion Detection System
System zur Erkennung von Eindringlingen, welches sinnvoll auch hinter der ▷Firewall laufend den Netzwerkverkehr (Network based) oder die Rechneraktivität (Host based) auf Auffälligkeiten (Paketarten, Prozessorbelastung, Häufung von E-Mails usw.) untersucht

Intrusion Prevention System
System zur Vorbeugung gegen Eindringlinge; solche Systeme analysieren den Netzwerkverkehr im Hinblick auf Auffälligkeiten; die Idee „Vorbeugen ist besser als Heilen" ist unbestritten, jedoch ist die begriffliche und auch technische Abgrenzung zu den Intrusion Detection Systems schwierig – oft sind IPS einfach ein gutes Marketingargument

invers
Negativ, umgekehrt (lat.) dargestellt, z. B. Weiss auf Schwarz, 010(2) zu 101(2)

invertieren, Invertierung
„▷invers machen"; Umkehren (lat.) des ▷Bit-Wertes von 0 auf 1 bzw. von 1 auf 0, Umkehren von Farben usw.

IOC
Inversion of Control; bedeutsames ▷Architekturparadigma, bei welchem gegenseitige Abhängigkeiten reduziert werden; die Kontrolle über den Prozess wird in allgemein gehaltene ▷Rahmenwerke ausgelagert anstatt sie schon zur Compilierzeit einzuengen; die Rahmenwerke entscheiden zur Laufzeit, z. B. mittels Konfigurationsdateien, welche speziellen ▷Objekte gerade nötig sind und er-

zeugen diese sowie deren Abhängigkeiten; die Leistungsfähigkeit des Rahmenwerks ist damit beliebig erweiterbar

IOS
Inter Networking Operation System; Betriebssystem virtueller Gesamt- Netzwerke bzw. deren verteilter ▷Komponenten

IP
1. Internet Protocol, RFC 791; zentrale Komponente für ▷Inter-Nets mit der ▷Protokollfamilie ▷TCP/IP; die noch dominierende Version IPv4 (▷OSI-Schicht 3, Vermittlung) fragmentiert die Daten zu ▷Paketen mit maximal 64 KBytes sowie endlicher Lebensdauer (▷TTL) und adressiert diese für das ▷Routing; IP ist ▷verbindungslos, es hat weder eine ▷Flusskontrolle noch eine Prüfung der Daten; jeder aktive Teilnehmer im Internet hat eine im geschlossenen Teilnetz bzw. weltweit identifizierende IP-Adresse aus einem 32 Bits breiten Nummernvorrat; seit Mitte der 1990er Jahre wurde zur Verhinderung der vorhersehbaren Engpässe an einem neuen Adressierungsmuster gearbeitet, dem ▷IPng; 2. Instruction Pointer: ▷Instruktions-, Befehlszeiger: ▷Adresse der nächsten zu laden-den Instruktion; treffender als der oft gebrauchte: Instruction/Program Counter, PC, erklärt unter ▷Programmzähler

I

IP Forwarding
Simples Durchleiten von ▷IP-Paketen von einer ▷Netzwerkkarte zur anderen; also ein einfachstes ▷Routing

IP-Adresse
Rein numerische, in vier Gruppen zu 8 Bits (dezimal 0 bis 255) unterteilte 32-Bit-Kennung für den Anschluss von Gerätekomponenten aller Art (Arbeitsstation, ▷Router, ▷Server usw.) im ▷TCP/IP-Netz (siehe: ▷Inter-Nets und ▷Internet); neben dieser physischen Adresse haben ständig im Netz aktive Server einen logischen ▷Domänennamen, welcher von so genannten Name Servern (siehe: ▷DNS) in die I. übersetzt wird; der Schrägstrich im Beispiel

192.128.22.44/16 gibt die ▷Netzmaske an; sofern nicht anders angegeben, ist in diesem Lexikon von ▷IPv4 die Rede; siehe ferner
unter ▷IPv6 sowie die nachfolgenden Definitionen

IP-Adresse, private -

In ▷RFC 1597/RFC 1918 vorgesehene ▷IP-Adressbereiche, welche
dem Aufbau geschlossener Netze dienen und öffentlich nicht
▷„geroutet" werden: Klasse A: 10.0.0.0/8; Klasse B: 172.16.0.0/12 ...
172.31.255.255; Klasse C: 192.168.0.0/16

IP-Adressklassen

Einteilung aller ▷IPv4-Adressen in die Bereiche A bis E; den unterschiedlichen Grössenordnungen wird das ▷IP-Adressierungssche-
ma durch unterschiedlich aufgebaute Nummern gerecht; wie viele
▷Bits am höherwertigen Ende der IP-Adresse 1 sind, ist Einteilung
und Zahlenbereich: A: 0.0.0.0–127.255.255.255;
B: 128.0.0.0–191.255.255.255; C: 192.0.0.0–223.255.255.255;
D: 224.0.0.0–239.255.255.255 (reserviert für ▷Multicast-Anwendun-
gen); E: 240.0.0.0–255.255.255.255

iPad

▷Tablet Computer von ▷Apple, heiss erwartet und eingeführt in
der ersten Hälfte 2010; manche nennen es „das Riesen- ▷iPhone":
Displaydiagonale 25.6 cm, 1.3 cm dick, Gewicht geringer als 1 kg; je
nach Ausstattung 16-64 GByte Speicher, 1 Ghz ▷ARM Apple A4-
Chip, 256 MB RAM, iPhone OS 3.2; von Anfang an laufen alle Anwendungen, die es für das iPhone schon gibt, und von fünf Verla-
gen können elektronische Bücher heruntergeladen werden; weitere
Bedürfnisse werden entstehen – solche werden zu lassen, darin ist
der Hersteller Weltmeister

IPC

Inter Process Communication; pauschal für ▷Prozess-Kommuni-
kation und/oder ▷-Synchronisation

iPhone

2007 eingeführtes ▷GSM ▷Mobiltelefon von ▷Apple mit seinerzeit
sehr innovativer Usability und Interaktion; nebst den üblichen
Technologien wie ▷Touch Screen, ▷wireless, ▷Bluetooth und Ka-
mera/Multimedia waren Sensoren für Näherung, Bewegung/Be-
schleunigung und Helligkeit, ferner ein Kompass und ▷GPS integriert; dies führt zu aussergewöhnlich interaktiven und den Standort
erkennenden Anwendungen; Betriebssystem ist das iPhone OS
(iOS), Ableger des ▷Mac OS X; die Hardware baut auf eine ▷ARM 11
Architektur; 2010 ist G4 angekündigt, G3 hat 16/32 GByte ▷Flash;
Ende 2009 existierten mehr als 85'000 Applikationen, genannt
Apps, die im App Store (einzige offizielle Quelle!!!) bezogen werden
können; Apple erhält ein Drittel des Erlöses; Begleitprobleme des i.
waren sicher ▷Hacking und Probleme mit dem ▷Digital Rights
Management

IPng

Internet Protocol – the next generation; in der zweiten Hälfte der
1990er Jahre durch die ▷IETF erarbeitetes, neues ▷IP; spezifiziert
als ▷IPv6; www.ipv6.org

iPod

Schale; 2001 vorgestellter ▷MP3-Player mit ▷Festplatte statt auf
▷Flash-Basis; das robuste, schlicht gestylte Gehäuse und die grosse
Speicherkapazität garantierten dem Gerät gleich die Pole-Position
in diesem jungen Markt und einen Erfolg, der bis heute anhält; in
der Schweiz hat das Gerät einen Marktanteil von über 50 % (Ma-
gazin Facts, trotzdem kaum zu glauben), heute ist der iPod auch
Movie-Player, hat mit iTunes sein eigenes Multiplattform-Ver-
waltungsprogramm und auch dem ▷Podcasting den Namen gegeben; nicht zuletzt hat das Gerät ▷Apple aus der Krise geholt und
auch die ▷Macs populärer gemacht; zur Bedeutung des „i" siehe
▷iMac

IPP

Internet Printing Protocol; ▷Protokoll zur Ansteuerung von Ausgabegeräten, meist Druckern, im ▷Inter-Net; das Protokoll beschreibt nicht nur die ▷IP- ▷Adressierung des entsprechenden Geräts, sondern auch dessen Parametrisierung und den Aufbau des Dokuments

IPS

Siehe ▷Intrusion Prevention System

IPsec, IP Security

Sammlung ▷TCP/IP ergänzender Protokolle (▷OSI-Schicht 3) für den sicheren ▷LAN-zu-LAN-Transport im IP-Internet: Vertraulichkeit durch ▷Kryptografierung, ▷Integritätsschutz durch ▷Hashing, sicherer Schlüsselaustausch, ▷Authentisierung; zwei Kommunikationsmodi: im ▷Tunnel-Modus werden Kopf- und Nutzdaten verschlüsselt, im Transport-Modus nur die Nutzdaten – je mit Vor- und Nachteilen; jede Verbindung wird beidseits parametrisiert und kann z. B. mittels Timeout abgebrochen werden; IPsec ist im „herkömmlichen" ▷IPv4 optional und als Zusatz-Software, in ▷IPv6 Standard; I. ermöglicht ein ▷Virtual Private Network, VPN; siehe „Konkurrenz" ▷SSL

IPT

IP Telefonie; auch ▷VoIP

IPTV

Internet Protocol Television (Technology); Übertragung von TV-Signalen übers Internet, also z. B. auch über ▷ADSL

IPv4

▷IP Version 4; herkömmliches und auch zu Beginn des neuen Jahrtausends noch am weitesten verbreitetes ▷Adressierungssystem in ▷TCP/IP-Netzwerken aller Grössenordnungen, erklärt unter ▷IP-Adresse; in diesem Lexikon wird immer auf IPv4 Bezug genommen, sofern nicht ausdrücklich anderes vermerkt ist

IPv6

Seit Ende der 1990er Jahre gültige ▷IP-Spezifikation mit folgenden wichtigen Merkmalen: 128-Bit-Adresse für grösseres Adressierungsvolumen; drei Adresstypen (▷Unicast: ein Zielrechner; ▷Multicast: alle Mitglieder einer – auch über mehrere Netze verteilten – Gruppe; ▷Cluster: ein Adressat in einem Verbund funktional gleicher Rechner); mehrere ▷Header (1 Basis H., mindestens 1 Zusatz H.) für grössere funktionale Flexibilität; ▷Echtzeitübertragung für Audio- und Video-Ströme mit ▷Dienstgüte; protokollarische Reserven für einen standardisierten oder proprietären Ausbau; ▷hexadezimale Schreibweise wird postuliert; Elemente sind durch Doppelpunkt getrennte 16-Bit-Anteile (vier Hex-Ziffern), Null-Gruppen werden dabei durch zwei benachbarte Doppelpunkte abgekürzt; Beispiele: 2001:471:1f11:251:290:27ff:fee0:2093; 2001:471::27ff:fee0:2093 = 2001:471:0000:0000:0000:27ff:fee0:2093; Angabe ▷Netzmaske wie bei IPv4 mit Schrägstrich

IPX/SPX

Internet Packet Exchange (▷OSI-Schicht 3)/Sequence Packet Exchange Protocol (Schicht 4); ▷Protokolle zur Paketübertragung von ▷Novell für deren Netzwerksoftware ▷Netware; eine Entwicklung von Xerox

IR

1. ▷Instruktionsregister; ▷Register, worin vom Arbeitsspeicher geladene Maschinenbefehle zur ▷Interpretation abgelegt werden; nicht identisch mit dem ▷IP; 2. Infrarot

IrBUS

Infrared Bus; Spezifikationsvorschlag des ▷IrDA-Konsortiums für die Infrarot-Kommunikation zwischen Eingabegeräten (Maus, Tastatur, …) und der Zentraleinheit mit entsprechend bescheidener Transferrate

IRC

Internet Relay Chat; relativ alter ▷Dienst im Internet, der das direkte Gespräch via Tastatur (▷Chatting) erlaubt; dazu muss auf dem lokalen Rechner ein entsprechendes Programm, ein ▷Client, laufen und die Verbindung zu einem IRC ▷Server hergestellt werden, typisch ist hierzu ▷Port 6667; wie in allen anderen Kommunikationsdiensten gibt es auch hier die Gefahr des Betruges (z. B. Kreditkartenbetrug)

IrDA und IrDA, fast -

Infrared Data Association; Konsortium verschiedener Hardware-Hersteller (rund 180 Mitglieder), welches Spezifikationen für die Infrarot Daten-Kommunikation zwischen Computern und deren Peripheriekomponenten erlässt; fast IrDA ist die Version 1.1 der Norm mit schnellerem Datentransfer: 4 Mbps anstatt 115.2 kbps

IRED

Infra Red Emitting Diode; „Leuchtdiode" für infrarotes Licht; Verwendung in der ▷Lichtwellenleitung

Iridium

1. sehr seltenes Edelmetall, Element Ir mit Ordnungszahl 77;
2. weltraumbasiertes Kommunikationssystem: je elf Satelliten umkreisen in sechs Umlaufbahnen auf einem erdnahen Orbit (Low Earth Orbit, ▷LEO) in nur 780 km Höhe die Erde, um deren kommunikationshungrige Bevölkerung flächendeckend für die mobile Telefonie zu versorgen; bis 2016 ist eine zweite Generation geplant, die neben Telefonie, einer permanenten Versorgung mit Geo- und Klimadaten und einem erweiterten ▷GPS auch offen sein soll für breitbandigen ▷IP-Datenverkehr bis 10 Mbps pro Teilnehmer

Iris GL

Iris Graphics Library; ehemals ▷API der ▷Silicon Graphics Grafik-Hardware und Vorgängerin von ▷OpenGL

IrMC
Infrared Mobile Communication; Spezifikationsvorschlag des ▷IrDA-Konsortiums für die Infrarot- oder ▷Bluetooth-Kommunikation zwischen mobilen Geräten wie ▷Handy oder ▷Pager und PC

IRQ
1. Interrupt Request; ▷Unterbrechungs-Anfrage von einem ▷Prozess oder einer ▷Peripherieeinheit an den ▷Prozessor zwecks Durchführung einer ▷Ausnahmeverarbeitung; wird die – mit einer Nummer versehene – Anfrage positiv beantwortet, dann startet der ganze Mechanismus der Ausnahmenverarbeitung, wobei die genannte Nummer den Hinweis auf die zu startende ▷Serviceroutine liefert; die IRQ ist also nicht die Unterbrechung selbst: weitere Details beim Verfolgen der Querverweise; 2. ▷Idle Request

IS
Integrierte Schaltung, bekannter als ▷IC

is a
Ist ein; siehe unter ▷Generalisierung

ISA

1. Instruction Set Architechture: in der technischen Informatik die Ebene der Assemblersprache und der von ihr gesehenen Hardware, also die Sicht „unterhalb" des Betriebssystems; 2. Industry Standard Architecture; bei den Herstellern vorerst als Quasi- ▷Standard akzeptierte, dann als ▷IEEE P996 beschriebene ▷Systembus- ▷Architektur der PCs ab der ▷AT-Klasse: ▷Datenbus 16 Bits, ▷Adressbus 24 Bits, Bus- ▷Takt 8.33 MHz, Transfer 6 MBytes/s; der Steckplatz hat(te) 104 Kontakte

ISAM
Index Sequential Access Method; Daten- ▷Zugriff in zwei Schritten: 1. ▷sequenzielles Durchsuchen eines ▷Indexeintrags (z. B. Familienname in einem ▷Baum), 2. nach dem Lesen einer Daten-Ad-

resse direkter Sprung zu den Einträgen des zugehörigen ▷Daten-
satzes (z. B. Wohnort)

ISAPI

Internet Server ▷API; ▷Programmierschnittstelle von ▷Microsoft
für ▷Client/Server Applikationen im ▷TCP/IP Netzwerk; eine solche Schnittstelle wird z. b. dann benötigt, wenn eine Textverarbeitung vom ▷Web Daten herunterladen und konvertieren soll

ISC2

Gesprochen als „ISec Square"; privates Institut für Aktivitäten rund
um die Informationssicherheit: Forschungen, Schulungen, Publikationen, (internationale) Zertifizierungen (z. B. CISSP); Sitz in
Vienna (VA), Niederlassung in London; www.isc2.org; siehe auch
▷SANS; es erstaunt, wie Europa die Zertifizierungen als gute Idee
sowie das grosse Geschäft darum herum (Gebühren, Literatur, Kurse) US-Instituten überlässt, wo doch in den USA z. B. die Privatsphäre eine deutlich geringere Bedeutung hat als in Europa

iSCSI

Auch SCSI over IP; Spezifikation von ▷Cisco Systems und ▷IBM,
ferner des ▷IEEE und seit Mitte 2002 auch von ▷IETF (▷RFC liegt
im Jahre 2003 vor), für die direkte Anbindung von ▷SCSI-Geräten
an das ▷Internet Protocol (▷IP); die iSCSI-Karte verpackt dazu die
blockorientierten Speicherbefehle und Daten in ▷TCP/IP- ▷Pakete;
diese Technologie ist bedeutsam im Zusammenhang mit der verteilten Datenhaltung; siehe dazu: ▷SAN, ▷NAS

ISDN, S-ISDN, N-ISDN, B-ISDN

Integrated Services Digital Network; relativ zum analogen Telefonnetz vergleichsweise leistungsfähiges, öffentliches Kommunikationsnetz: Sprache, Bild, Computerdaten, Texte usw. gehen über
einen ▷Kanal, welcher mit grosser ▷Bandbreite, hohem ▷Multi-
plex und voll ▷digitalisiert arbeitet; die Übertragungsraten im
▷Basisband-I. (auch Schmalband-I., S-I. oder N-I. für Narrow Band)

sind: 2 mal 64 kbps (bei getrennter Nutzung von zwei so genannten
▷B-Kanälen) bzw. 128 kbps bei deren Bündelung; B-I. (▷Breit-
band- oder Broad Band-I.) kam ab Mitte der 1990er Jahre zum Tragen und bringt eine Transferrate von 140 Mbps; siehe auch ▷Basis-
anschluss / ▷Primäranschluss

ISO
International Organization of Standardization; Internationale Or-
ganisation zur Normengebung; Dachorganisation der nationalen
Normenausschüsse; 1946 von der UNO in Genf gegründet und dort
ansässig; siehe auch ▷OSI; man beachte die Unterschiede zwischen
▷Norm und ▷Standard; www.iso.org

ISO 9660
Norm für ▷CD-ROM-Datenträger; gewährleistet die Kompatibilität
der CD-ROM Daten für möglichst viele Computer; Nachfolger von
▷High Sierra; proprietär erweitert zu ▷CD-TV

ISO/IEC 25999
Norm, Rahmenwerk für das ▷Business Continuity Management

ISO/IEC 27001
Norm für das IT Security Management in einer Unternehmung; die
Norm stellt ein Rahmenwerk für alle logischen, technischen und
organisatorischen Massnahmen rund um ▷Datensicherheit zur
Verfügung

ISO/IEC 8859
Familie von 8-Bit-Zeichencodes mit dem ▷ASCII-Zeichensatz für
die Nummern 0 bis 127 und national angepassten Zeichensätzen
für die Nummern 128 bis 255; die Zeilen 0, 1, 8 und 9 sind für
▷Steuerzeichen reserviert; ISO/IEC 8859-1 ist ▷Latin-1 (auch:
▷DIN 66303; Westeuropa, Amerika, Australien, Teile Afrikas);
-2 ist Latin-2 (Osteuropa); -3 ist Latin-3 (galizisch, türkisch, Esperanto); -4 ist Latin-4 (Baltikum); -5 ist Cyrillic; -6 ist Arabic; -7 ist

Greek; -8 ist Hebrew; -9 ist Latin-5 (mit türkischen statt isländischen Komponenten)

ISOC
1992 gegründete, nicht profitorientierte, nicht staatliche Mitglieder-Gesellschaft zur Förderung des Internets durch vier Aktivitätsfelder: „standards, public policy, education and training, and membership"; Sitz in Reston (VA); die Organisationsstrukturen sind etwa ähnlich kompliziert wie angelsächsische Mannschaftsspiele; man beachte die Unterschiede zwischen ▷Norm und ▷Standard; www.isoc.org

isochron
Von gleicher Zeitdauer (griech.); 1. im Zusammenhang mit der Datenkommunikation: gleichzeitige Übermittlung von verschiedenen Informationsträgern wie Sprache, Computerdaten usw.; 2. im Zusammenhang mit der ▷Takt-Abgleichung: Gleichschaltung aufgrund einer zentralen Referenzuhr; siehe auch: ▷mesochron, ▷plesiochron, ▷synchron

Isolationsgrad, -stufe, Isolation Level
Getrennthaltung (lat.); in ▷SQL/92 vorgesehener, expliziter und ▷deklarativer ▷Transaktionsschutz auf Benutzerebene; es sind zwei Zugriffsmodi und vier I. vorgesehen; die vier Stufen und ihre Toleranz gegenüber dirty/nonrepeatable/phantom ▷Reads (siehe dort): read uncommitted (j/j/j), read committed (n/j/j) repeatable read (n/n/j) serializable (n/n/n) und damit bester ▷Integritätsschutz sowie Vorgabewert in SQL/92

ISP
▷Internet Service Provider; siehe beim geläufigeren ▷Provider

ISR
Interrupt Service Routine; siehe: ▷Ausnahmeverarbeitung und dortige Querverweise; Weiteres unter ▷Interrupt und ▷IRQ

ISSS

Gesprochen als „I triple S", Information Security Society Switzerland, befasst sich als unabhängiger Verein umfassend in Theorie und Praxis mit dem Thema ▷Informationssicherheit oder ▷Security; Mitglied von ▷ICT Switzerland; siehe auch ▷InfoSurance; www.isss.ch

ISV

Independent Software Vendor; (meist …) herstellerunabhängiger Grossist oder Detailverkäufer von Software

IT

Siehe unter ▷Informationstechnologie

italic

In der ▷Textverarbeitung: kursiv

Itanium

Erste Familie von ▷Mikroprozessoren der Generation IA-64 von ▷Intel; ▷EPIC-Technologie; Markteinführung im Jahr 2000, danach nur zögerliche Marktdurchdringung

Iteration

Annäherung (lat.); 1. ▷Wiederholung oder ▷Schleifenprozess; 2. (An-)Näherungsverfahren durch ständige Wiederholung desselben, abstandvermindernden Vorgangs in der Mathematik, in ▷Algorithmen, aber auch im anderen Bereichen wie z. B. in der Gruppendynamik

Iterator

▷Funktion oder ▷Datenstruktur, welche die Komponenten einer ▷Kollektion schrittweise, ▷sequenziell durchlaufen kann; idealerweise gänzlich unabhängig von der ▷Struktur der zugrunde liegenden Kollektion

ITIL

IT Infrastructure Library; Sammlung von Verfahren und Werkzeugen für das systematische und professionelle Management von Diensten der Informationstechnologie; ITIL geht davon aus, dass die Geschäftsprozesse wesentlich von IT unterstützt werden und von deren Ausfall betroffen sind; es legt mit zehn Kernprozessen, worunter z. B. das Availability Management, die Grundlage für ein Qualitätssystem einer IT-Umgebung; ITIL entstand im Auftrag der britischen Regierung und ist als British Standard BS 15000 normiert; das IT Management gemäss ITIL kann zertifiziert werden

ITSEC

Information Technology Security Evaluation Criteria; im Jahre 1998 auf europäischer Ebene in Kraft gesetzte Spezifikation zur sicherheitstechnischen Prüfung, Bewertung und Zertifizierung von Systemen und Systemkomponenten; deckt im Gegensatz zum ▷Orange Book (TCSEC) die ganze ▷CIA-Triade ab sowie auch vernetzte Systeme; das System unterscheidet deutlich zwischen Funktionalität und Gewährleistung (Assurance); siehe auch ▷Red Book und ▷Common Criteria

ITU

International Telecommunications Union; 1865 gegründet und seit 1947 eine Unterorganisation der UNO; Behörde u. a. zur Normengebung in der ▷Telekommunikation, siehe ▷ITU-T; man beachte die Unterschiede zwischen ▷Norm und ▷Standard; www.itu.org

ITU-T

ITU Telecommunication Standardization Sector; seit 1993 Nachfolgeorganisation des ▷CCITT; Internationales Konsultativgremium zur ▷Normengebung in der ▷Telekommunikation von ▷Sprache und ▷Daten; man beachte die Unterschiede zwischen ▷Norm und ▷Standard; www.itu.org

J

J2EE
▷Java EE in der ▷Java 2 Platform

J2ME
▷Java ME in der ▷Java 2 Platform

J2RE
▷JRE in der ▷Java 2 Platform

J2SE
▷Java SE in der ▷Java 2 Platform

JAAS
Java Authentication and Authorization Service; eine ▷Java ▷Library, die ▷generische Mechanismen für die ▷Authentisierung und ▷Autorisierung bietet; mittels LoginContext, CallbackHandler, Policy und Konfigurationsdatei können dann verschiedene Arten implementiert werden, z. B. Passwortcheck, Anmelden am ▷Betriebssystem, Check gegen ▷LDAP uvw.

jabber
Quasseln; 1. fehlerhaftes Einspeisen sinnloser Daten in ein Netzwerk, z. B. durch eine defekte Komponente; 2. Daten- ▷Paket, welches die vorgeschriebene Standardlänge übersteigt

Jackson-Diagramm

Die aus der ▷Jackson-Methode resultierende Form der grafischen Darstellung eines ▷Algorithmus mit starker Berücksichtigung der ▷Datenflüsse von den Eingabe- zu den Ausgabemedien

Jackson-Methode

▷Analyse- und ▷Entwurfs-Methode für grössere Programmprojekte mit ganzheitlicher Darstellung der Programmablauf- und Datenstruktur und mit einem gut strukturierten Programm als Resultat; J.-Diagramme gliedern ▷hierarchisch in ▷Folge (Sequenz), ▷Wiederholung (Iteration) und ▷Auswahl (Selektion); siehe auch ▷JSP, ▷JSD

JAI

Java Advanced Imaging API; ▷Java-Paket zur komfortablen Bildbearbeitung; nicht nur Manipulation von Bildern und Behandlung unterschiedlicher Bildformate, sondern auch deren Transport durchs Netzwerk ist behandelt und optimiert; Bestandteil der ▷Java Media APIs

JAR

Java Archiver; ein in der Bedienung dem ▷TAR und algorithmisch dem ▷ZIP ähnliches ▷Kompressionsprogramm und -Format; J. packt alle zu einem Projekt, z. B. einem ▷Applet, gehörenden Dateien zusammen; der Bezug des JAR per Internet verlangt deshalb nur einen Dateintransfer; das JAR ist (nebst der ▷JVM) alles, was zum Ausführen der Applikation erforderlich ist; Entpacker können J.-Archive ebenso gut behandeln wie ▷Java, welches zur Laufzeit einzelne Dateien direkt daraus extrahieren kann; ähnlich einer ▷Assembly in ▷.NET

JARS

Java Applet Rating Service; umfangreiches, gewichtetes und bewertetes Verzeichnis von frei verfügbaren ▷Java Ressourcen, namentlich Applets; siehe auch ▷Gamenlan; www.jars.com

Java

1. wirtschaftlich und politisch bedeutendste Insel Indonesiens mit dem landwirtschaftlichen Produkt Kaffee, dem Grundnahrungsmittel vieler Informatiker; 2. ▷Java Technology; 3. ▷objektorientierte, an ▷C++ angelehnte ▷Programmiersprache aus dem Jahre 1995 von ▷Sun Microsystems, Bestandteil der Java Technology; am Anfang der Entwicklung von J. stand die Idee der universellen Programmierung ▷eingebetteter Systeme; J.-Programme werden zweistufig entwickelt: a) ▷Codierung und ▷Compilierung zu einem plattformunabhängigen ▷Zwischencode, genannt ▷„Bytecode"; b) ▷Interpretierung dieses Codes auf einer zielplattform-spezifischen ▷Java Virtual Machine

Java 2 Platform

Bestandteil der ▷Java Technology; grosse Sammlung von ▷APIs, die den einzelnen Bundles (▷Java SE, ▷Java EE, ▷Java ME) zugrunde liegen; Java 2 Version 5.0 war ein prominenter Quantensprung, siehe ▷Java Tiger; aktuell ist Java 2 Version 6.0 (Dolphin), mit besserer Integration anderer Sprachen, einer eigenen ▷relationalen Datenbank Java DB, und verbessertem Management, Diagnose und Überwachung; erwartet wird Java 2 Version 7.0 (ab hier Verzicht auf Codenamen)

Java 2 Platform

Offizielle Bezeichnung für das ▷JDK ab Version 1.2; damit hat ▷Sun Microsystems dem ganzen Makrokosmos, der sich um Java herum gebildet hat, einen Namen gegeben; siehe auch unter ▷J2EE, ▷J2SE, ▷J2ME

Java Application Server

▷Server, der Java Anwendungen ausführen kann, umfasst: a) Servlet Container und b) Java EE Application Server; der Servlet Container enthält einen ▷JSP-Compiler, kann also JSP-Dateien zu ▷Servlets compilieren und dann als Webapplikation ausführen; der Java EE Application Server kann ▷Enterprise JavaBeans lokalisie-

ren, instanzieren, verwenden und zerstören; Beispiele von J.A.S.
sind: Resin, Jboss, Glassfish, Websphere uvw.; Applikationen gelangen mittels ▷EAR oder ▷WAR auf den J.A.S.

Java Beans
▷Komponentenmodell von ▷Sun in der Java-Umgebung; im Gegensatz zu ▷Enterprise JavaBeans eher ▷clientseitig gedacht; siehe
in Konkurrenz dazu ▷ActiveX, ▷COM und ▷DCOM

Java Development Kit
Bekannter unter der Schutzmarke ▷JDK

Java ME
Java Mobile Edition, auch Java Micro Edition; Bundle der ▷Java
Technology; Rahmenwerk zum Entwickeln und Betreiben von
▷Java Anwendungen auf ▷Kleinstgeräten resp. ▷PDAs; umfasst
die ▷Konnektivitäten, ▷Multimedia, die ▷Persistierung, ▷Security
usw.; siehe ▷CLDC und ▷MIDP sowie ▷KVM

Java Media APIs
Sammlung von APIs resp. ▷Bibliotheken zur Bearbeitung von
Medien in ▷Java; beinhaltet ▷JMF (Java Media Framework), ▷JAI
(Java Advanced Imaging), JOGL (Java Binding for the ▷OpenGL),
Java Image I/O, Java 2D und Java 3D

Java NetBeans
Weit verbreitete, ▷offene ▷Java- ▷IDE; geeignet zur Entwicklung
von plattformübergreifenden Desktop-, Unternehmens- und Webanwendungen, vergleichbar mit ▷Eclipse; www.netbeans.org

Java SE
Java Platform Standard/Enterprise Edition; Bundle der ▷Java Technology, das für andere Bundles grundlegend ist; das ▷Rahmenwerk
beinhaltet u. a. das ▷JDK, die ▷JRE und die ▷JFC

Java Server Pages, JSP
Auszeichnungssprache von ▷Sun Microsystems für dynamische ▷Web-Präsentationen; umfasst viele ▷Tags, wovon die ▷HTML-Tags eine Untermenge sind; umfasst auch Tag Libraries (zentral darin sind die core Library <c:...>, fmt für Formatierung, xml, sql und functions <fn:...>); besonders komfortabel ist die einfache Verwendungsmöglichkeit von ▷Beans in JSP; JSP verwenden ▷EL für erweiterte ▷Ausdrücke; JSP-Dateien haben die Endung .JSP, werden mittels ▷WAR oder ▷EAR auf ▷Java Application Server transportiert, dort zu ▷Servlets compiliert und anschliessend als Webapplikation ausgeführt; siehe Allgemeines unter ▷Server Pages

Java Technology
Gewaltige technologische Entwicklungsplattform von ▷Sun Microsystems und Drittanbietern, analog ▷.NET; umfasst die Programmiersprache ▷Java, alle ▷Libraries (▷Java 2 Platform), die ▷Java Virtual Machine, Entwicklungswerkzeuge, ▷Deploymentmöglichkeiten, ▷Dokumentiersysteme usw., wie auch alle Spezifikationen; die wichtigsten Bezugsbundles sind ▷JRE, ▷JDK, ▷Java SE, ▷Java EE und ▷Java ME; die resultierenden Applikationen sind je nachdem: Java-Applikationen, ▷Applets, ▷Midlets oder ▷Servlets; allgemeine Deployment Bundles resp. ▷Archive sind ▷JAR-, ▷EAR und ▷WAR-Dateien, ein bemerkenswerter Deployment-Ansatz ist ▷Java Web Start

Java Tiger
Bezeichnung für die Version 5.0 der Java 2 Platform; die Neuerungen wurden im Allgemeinen von der Programmiergemeinde begrüsst: ▷generische Klassen, ▷Formatstrings, ▷Enumeration mit ▷for each, variable ▷Parameter und anderes mehr; www.javatiger.com

Java Virtual Machine
Plattformspezifischer ▷Interpreter des ▷Bytecodes, wie er vom Java ▷Compiler generiert wurde; die JVM macht aus jedem Computer oder ▷embedded System eine Java-Maschine; sie kann in

einem ▷festplattenlosen System ab ROM geladen werden; zur Umgehung und Beschleunigung dieser Emulation fertigt die Industrie
Interpreter auf Hardware-Basis oder gar eigene Java- ▷Prozesso-
ren; bedeutungsvolle Maschinen nebst denen von ▷SUN (▷Hot-
Spot) und ▷Microsoft sind: JamaicaVM für ▷echtzeitkritische Systeme, ▷KVM für Kleinstgeräte

Java Web Start
Software, die ▷Java- ▷Applikationen unkompliziert aus dem Internet herunterlädt, installiert und (auch off line) ausführt, also eine
▷Deployment-Lösung; J. stellt sicher, dass immer neuste Versionen
gestartet werden; J. ist Bestandteil der Java 2 Platform; mit J. gestartete Applikationen laufen in einer ▷Sand Box, Sicherheit ist daher
eher hoch

Javadoc
Dokumentationsgenerator unter ▷Java; extrahiert in den ▷Quell-
code eingebrachte, speziell markierte Kommentare und erstellt
daraus eine inhaltlich einfache und optisch ansprechende, projekt-
begleitende Dokumentation in generischem ▷HTML

JavaLobby
Lockeres Netzwerk von ▷Java-Puristen; www.javalobby.org

JavaScript
Programmiersprache als Erweiterung von ▷HTML zur Einbettung
kleiner, oft animierter oder interaktiver Objekte in ▷Web-Präsenta-
tionen, die in HTML entwickelt wurden; J.-Programme sind als ▷Text
in den HTML-Code eingebettet, sie werden ▷klientenseitig ▷in-
terpretiert; J. ist eine Entwicklung von ▷Netscape, doch dürfte die
namentliche Verwandtschaft mit ▷Java von ▷Sun nicht zufällig sein

JAX-RPC, JAXB, JAXM, JAXP, JAXR
Eine Sammlung von ▷Java- ▷APIs zur Arbeit mit XML: Java API
for XML-Based ▷RPC; Java API for XML Binding: Java-Objekte aus

XML schreiben und umgekehrt (▷Marshalling); Java API for XML Messaging: ▷asynchrone XML-Nachrichten (▷SOAP); Java API for XML Processing: Zugriff auf XML-Dokumente (▷DOM, ▷SAX); im ▷Java SE enthalten; Java API for XML Registries: verfügbare ▷Dienste in ▷Registries veröffentlichen und suchen

JBOD
Just a Bunch of Disks (nur ein Haufen ▷Platten, kein Scherz); nicht gemäss ▷RAID gebündelte, sondern schlicht serialisierte Anordnung mehrerer Platten zur Steigerung des Speichervolumens; dazu werden die Platten zu einem logischen Volume gebündelt und dem Dateisystem als eine Platte abstrahiert; der Ausfall einer Platte gefährdet die Daten des ganzen Volumes

JCL
Job Control Language; Kommandosprache zur Steuerung des Betriebssystems; der Begriff würde eigentlich für jedes Betriebssystem gelten, er wird jedoch ausschliesslich bei grösseren Computer- und deren Betriebssystemen verwendet und gilt pauschal, also nicht systemspezifisch

JDBC
Java Database Connectivity; Datenbankschnittstelle, welche einen einheitlichen Zugriff auf Datenbanken aus ▷Java ermöglicht; analog ▷ODBC; JDBC ist für sehr viele namhafte Datenbanken im Markt implementiert

JDC
Java Developper's Connection; von ▷Sun Microsystems selbst verwaltete Erfa-Gruppe mit ▷Java Entwicklern

JDK
Java Development Kit; Schutzmarke von ▷Sun Microsystems für ihre ▷Java-Entwicklungsumgebung; identische Sammlung von ▷Programmierhilfsmitteln u. a. für die ▷Plattformen ▷Solaris,

▷Linux, ▷Windows, ▷MAC OS; beinhaltet das ▷JRE sowie ▷Compiler, ▷Debugger, ▷Dokumentengenerator, umfangreiche ▷Klassenbibliothek als ▷API, vielfältige Codebeispiele und anderes mehr; relativ spartanische Bedienung durch ▷Kommandozeile

JEDEC
Joint Electronic Devices Engineering Council; Beratungs- und Normengremium von Herstellern in der ▷Mikroelektronik

JEIDA
Japanese Electronic Industries Association; japanisches Firmenkonsortium, welches eine Spezifikation als Vorgängerin von ▷PCMCIA entwickelte; ab Version 4.1 identisch mit PCMCIA, das heute ▷PC Card heisst

Jet Engine
▷Datenbank- ▷Maschine von ▷Microsoft ▷Access

Jewel Box
Standardisierte Verpackung einer ▷CompactDisc oder ▷CD-ROM

JFC
Java Foundation Classes (vergleiche ▷MFC); ▷Klassenbibliothek für die ▷GUI-Programmierung unter ▷Java; die Bezeichnung wird seit ▷JDK 1.2 verwendet und ist in der Tat auch mehr als eine blosse Umbenennung; die JFC umfassen das Abstract Windowing Toolkit (▷AWT), welches früher die alleinige entsprechende Klassensammlung darstellte, sowie das ▷Swing Toolset und die Java 2D API für die Bildbearbeitung; für detailliertere Angaben schlage man die Querverweise nach

JFS
Journal(ling) File System; das 32 Bits breite ▷Dateisystem (siehe dort für Details zu „journaling") von ▷OS/2 Warp Server ab 1999; beachte ferner den Vorgänger ▷HPFS sowie den Nachfolger ▷NTFS

J

Jiffie
Zeitquantum von 1/100 s in ▷Linux

JINI
▷Java Intelligent Network Infrastructure; Konzept von ▷Sun Microsystems für die totale Interprozess-Kommunikation; JINI soll es dereinst ermöglichen, dass sämtliche entsprechend ausgerüsteten und gegenseitig registrierten Geräte miteinander über das ▷Netzwerk kommunizieren können: entweder im Haushalt, im Büro, beim Sport oder auf der Reise; im Prinzip ist JINI ein ▷RMI der Alltagselektronik

JIT
Siehe unter ▷Just In Time

Jitter, Jitt(er)ing
Nervosität; 1. Schwanken rund um die vorgegebene ▷Frequenz; 2. unterschiedliche Laufzeit von ▷Paketen; 3. auch: ▷Latenz; 4. reichlich salopp für Just In Time ▷Compiler

JMF
Java Media Framework; eine Erweiterung der Java 2 Platform zum ▷Streamen, Einfangen (▷capture), Bearbeiten (z. B. Translation, Rotation, Skalierung), Transcodieren (▷Codec) von ▷Audio und ▷Video; mit JMF lassen sich beispielsweise ▷Applets zum Abspielen von TV-Kanälen oder Videos (z. B. Trailers) erstellen oder 3D-Animationen ▷rendern

JNDI
Java Naming and Directory Interface; ▷Java SE ergänzendes Paket zur Arbeit mit ▷Verzeichnisdiensten; unterstützt werden ▷X.500, ▷LDAP, ▷Active Directory, ▷URLs, ▷URIs, ▷qualifizierte Namen, ▷Domänennamen und vieles andere mehr; unterstützte (▷Middleware-)Zugriffskonzepte sind ▷Serialisierung, Remote Objects, ▷Remote Procedure Calls, ▷CORBA usw.

JNG

JPEG Network Graphics; gesprochen „jing"; sehr junges Format für Grafiken: ▷transparent, ▷animationsfähig und sehr dicht ▷komprimierend; im Jahr 2001 die V1.0 spezifiziert, als Nachfolger von ▷JPEG vermutet, siehe die dortigen Querverweise, bis heute aber keine ▷W3C-Empfehlung oder Norm

JNI

Java Native Interface; Schnittstelle in ▷Java, die es ermöglicht, ▷Bibliotheksdateien aus anderen Programmiersprachen, namentlich ▷C, einzubauen

Job

Auftrag; der Begriff wird äusserst unterschiedlich gehandhabt, seine Bedeutung muss aus dem inhaltlichen Kontext ermittelt werden; siehe auch (die nicht gleich bedeutende) ▷Task; 1. ein bestimmter, in sich geschlossener Auftrag für den Computer, ein J. kann aus einer ▷Sequenz von mehreren Tasks, Programmteilen oder gar Programmen bestehen, z. B. ein Druck-J.; 2. oft verwendet im Zusammenhang mit einem als ▷Batch niedergeschriebenen Auftragsstapel, z. B. eine Datenträgerbereinigung mit anschliessender ▷Defragmentierung; 3. gelegentlich synonym für Anwendungsprogramm

Jobs, Steven P.

Am 1. April 1976, im damaligen Alter von 21 Jahren, Mitgründer von ▷Apple Computer; 1985 bei Apple in Ungnade gefallen und ausgetreten; gründete danach die Firma ▷NeXT, welche Ende der 1980er Jahre mit dem NeXT Cube Aufsehen erregte; der Würfel fand trotz seiner Fähigkeiten nie Akzeptanz, wurde eingestellt und stattdessen das Betriebssystem ▷NextStep weiter entwickelt sowie auf die ▷Intel Plattform portiert; 1997 übernahm Apple das Unternehmen und damit J.; dieser wurde zum Apple CEO ad interim (siehe dazu ▷iCEO) und brachte das über rund zwei Jahre kriselnde Unternehmen mit den ▷G3/G4 ▷Macs, dem ▷iMac und dem

▷iPod wieder auf Erfolgskurs; J. war auch Mitbegründer der Firma Pixar, die seit 2006 vollständig zu Walt Disney gehört

John the Ripper

Kurz JtR (und jünger als Jack); der ▷GNU ▷GPL unterliegende Passwort-Knacker für mehr als ein Dutzend Betriebssysteme; attackiert die Passwort- ▷Authentisierung am System in vier Modi, z. B. unter Verwendung von Personalien des Anwenders oder als lexikalische Attacke unter Zuschaltung von Wörterbüchern oder als reine Brute Force ▷Attacke; siehe dort

Join

Verbund; 1. und allgemein: Verknüpfung von Laufwerken, Programmen oder Daten; 2. Beitritt zu einer Diskussionsgruppe in einem ▷Chat, ▷Forum, in einer ▷Newsgroup usw.; 3. in ▷RDBMS eine besondere Form des ▷kartesischen Produkts mehrerer ▷Relationen, in welcher die Anzahl der Ergebnis- ▷Tupel durch einschränkend formulierte Beziehungen bestimmter ▷Attribute (genannt: J.-Attribute) zueinander meist stark reduziert wird; in ▷SQL kann ein J. mit „WHERE" erreicht werden, üblich ist jedoch das ▷Schlüsselwort „JOIN"; für den Verbund zweier Relationen A und B gilt: ▷ degree(join(A, B)) = degree(A) + degree(B) ; beim natural J.: $\leq$; ▷ card(join(A, B)) $\leq$ card(A) · card(B) ; siehe: Joins, Typen von -

Joins, Typen von logischen -

Siehe zuerst: ▷Join; in ▷RDBMS unterscheidet man folgende J.-Typen: 1. allgemeiner J. (auch: theta): „normales" ▷kartesisches Produkt mit beliebigen operationalen ▷Beziehungen der J.-Attribute zueinander (=, <, >, usw.); 2. Gleichheits-J. (equi): das Produkt umfasst nur Tupel mit gemeinsamen und wertgleichen J.-Attributen; 3. natürlicher J. (natural): equi J. ohne (doppelte) Nennung der J.-Attribute; 4. innere J.s (inner) verknüpfen dabei nur auf der Basis beiderseitig tatsächlich vorhandener J.-Attribute, also unter Elimination der ▷NULL-Marken im J.-Attribut; 5. ein äusserer J. (outer) verknüpft die Tupel mit gemeinsamen J.-Attributen und nimmt

J

zusätzlich alle im J.-Attribut NULL-wertigen Tupel der „zugekop-pelten" ▷Relationen mit, ein 5a) linksseitiger oder 5b) rechtsseiti-ger äusserer J. nimmt Tupel der linken oder rechten Tabelle des JOIN unbedingt hinzu und ersetzt fehlende Attribute der anderen Seite mit NULL-Marken; 6. semi J.: im Hinblick auf die (Kommu-nikations-)Kosten durch ▷Projektionen minimierter J., z. B. in ver-teilten ▷Datenbanken; 7. auto J.: Verbund mit Verknüpfungsfunk-tionen auf die eigene Relation

Joins, Typen von physischen -

Performanz- und damit indirekt kostenwirksame Errichtung eines (inner) ▷Joins durch den Abfrageoptimierer; der Nested Loop J. permutiert sämtliche ▷Tupel der verbundenen Tabellen aneinan-der vorbei und überprüft die auf die verbindenden ▷Schlüssel-attribute formulierte Bedingung; der (Sort-/) Merge J. beschleunigt diese Suche durch einen Vergleich schon vorsortierter Tupel; er ist damit vor allem für clustered ▷Indizes geeignet; der Hash J. ist dann geeignet, wenn eines der verbindenden Attribute nicht inde-xiert ist: das Verfahren liest das Join-Attribut der kleineren Tabelle in den Arbeitsspeicher und ▷„hasht" dessen Werte; danach werden diese mit den ad hoc gehashten Werten des Join-Attributs in der zweiten Tabelle verglichen; alle Verfahren haben je nachdem ihre Vor- und Nachteile

J Joker
Ersatzzeichen; z. B. * und ? bei Dateinamen in ▷Dateisystemen; auch Wildcard

Journal
Überbegriff oder oft Synonym für ▷Logdatei; Überbegriff deshalb, weil weniger eng mit Datenbanken verbunden

Joy Stick
Gerät zur Steuerung des ▷Cursors oder anderer Objekte auf dem Bildschirm, meist in Spielprogrammen; Eingabegerät

JP2
Siehe unter ▷JPEG 2000

JPEG
Joint Photographic Experts Group; Normengremium von ▷ISO
und ▷ITU; international als Norm akzeptiertes Verfahren für die
verlustbehaftete ▷Komprimierung und den Transport von unbe-
wegten, nicht ▷animierbaren und nicht ▷transparenten Farbbildern mit 24 Bits ▷Farbtiefe; der Speicherbedarf vor und nach der
Komprimierung beträgt bis 15:1 verlustfrei bzw. 65:1 verlustbehaf-
tet

JPEG 2000
Junges Format für Grafiken; sehr dicht und dennoch verlustfrei
▷komprimierend; zur Optimierung der Kompression lassen sich
„Regions of Interest" definieren, also Bereiche, in der die Grafik
unterschiedlich dicht komprimiert wird

JPG
Dateinamenserweiterung für Bilddateien, welche nach ▷JPEG
▷komprimiert vorliegen

JRE
Java Runtime Environment; ▷Laufzeitumgebung von ▷Sun, die
u. a. die ▷JVM beinhaltet und die nötig ist, um ▷Java- ▷Applets
und J.-Applikationen laufen lassen zu können; Bestandteil des
▷JDK; konkretes aktuelles Produkt ist das J2RE (Java 2 Runtime
Environment), dieses darf in Eigenentwicklungen mitgeliefert werden, im Gegensatz zum ▷J2SE

JSD
▷Jackson System Development; Weiterentwicklung des ▷JSP als
integrierte Methode der ▷Systemanalyse, des Programm- ▷Designs
und der Programmierung in drei Phasen: ▷Modellierung, ▷Netz-
werk, ▷Implementierung

JSP
1. Jackson Structured Programming; die ▷Jackson-Methode des ▷strukturierten Programm- ▷Entwurfs; 2. ▷Java Server Pages

JSR
Java Specification Requests; die aktuellen Beschreibungen von vor-geschlagenen und endgültigen ▷Spezifikationen der ▷Java-Platt-form, damit ein zentrales Element der Java-Entwicklung, ersicht-lich unter www.jpc.org (Java Community Process); Anlehnung an die ▷RFCs des Internets

Juke Box
Wechsler für ▷Datenträger: ▷Bänder, ▷Wechselplatten, ▷CDs, ▷DVDs, …

Jump
1. epochales Stück von Van Halen; 2. siehe unter ▷Sprung

jump and run
Kategorie von Computer- ▷Spielen, bei welchen Spielfiguren ren-nend und springend durch verschiedene Spielebenen gehetzt wer-den; typischerweise beobachtet man die Spielfigur von der Seite; das Ziel der Maximierung von Punkten wird durch das Bezwingen von Hindernissen und Feinden erreicht bzw. durch das Mitnehmen von Gegenständen aller Art; siehe auch ▷Adventure

J

Jumper
Schalter in der Form einer kleinen, mobilen Steckbrücke

just in time
1. bei Bedarf; 2. oft – und nicht ganz treffend – synonym für ▷runtime, zur ▷Laufzeit

JVM
Siehe unter ▷Java Virtual Machine

K

Kabel, Glasfaser-
Signalleiter auf optischer Basis; als ▷Signalträger werden ▷Licht-
wellen mittels ▷LED oder ▷Laser in eine haardünne Glasfaser ein-
geleitet, welche sie aufgrund des physikalischen Gesetzes der Total-
▷Reflexion nicht mehr verlassen können; Vorteile: höhere
▷Frequenzen und damit Steigerung der digitalen Durchsatzrate;
Grobstruktur: Kernglas (Core), umgeben von Mantelglas (Clad-
ding), umgeben von Kunststoffmantel

Kabel, Glasfaser-: Mono-/Single Mode und Multi Mode
Glasfaserkabel mit sehr dünnem (8.3 ▷Mikron) bzw. dickerem
Kern (Core, Europa 62.5, USA 50 Mikron) und mit von innen nach
aussen einstufig-diskret bzw. kontinuierlich fallendem Brechungs-
index; dadurch ist die Streuung im Innern grösser bzw. kleiner
oder fällt ganz weg, dafür sind die Herstellungskosten geringer
bzw. höher; die Lichtquelle ist ein Laser bzw. eine LED; das Mu.M.
lässt sich in mehrere, „langsamere", logische Kanäle aufteilen, leitet
aber auf kürzere Distanz; Datenraten bis TByte/s

Kabel, Koaxial-
Rundes, ▷abgeschirmtes Hoch- ▷Frequenz- ▷Signalkabel zur breitbandigen Datenübertragung; der Querschnittaufbau: im Zentrum
ein „heisser" Draht, umgeben von Isolation, umgeben von leitendem und auf Erde geleitetem Abschirmungsgeflecht, umgeben von
und verpackt in Isolation; Unterteilung in thick/thin Wire mit unterschiedlicher ▷Bandbreite und Biegbarkeit (neben Kosten und
Dicke); siehe auch ▷IEEE 802.2/3

Kabel, Kupfer-

Elektrischer ▷Signalleiter nach herkömmlicher Technologie; N-Leiter mit Elektronenfluss; wurde aufgrund diverser Nachteile (▷Bandbreite, ▷Multiplex, Rohstoffknappheit und Kosten, Signalverlust usw.) in der Telekommunikation zusehends durch Glasfaser-Kabel ersetzt; junge Technologien (▷xDSL) mit sehr hohem Datentransfer verhelfen dem Material wieder zu neuer Popularität

Kabel, nonplenum, plenum (rated)

Netzwerkkabel mit normalem PVC-Mantel (n.) bzw. mit feuerverzögerndem und bei Feuer weniger toxischem Isolationsmaterial (p.); in den vergangenen 1980er Jahren verursachte ein Brand im MGM Grand in Las Vegas 80 Todesfälle, die auf Vergiftungen durch Kabeltoxien zurückzuführen waren

Kachel

Siehe unter ▷Seitenrahmen

Kalkül

Gemäss Duden: der; oft Synonym mit formalem ▷System verwendet, oft als formales System mit Einschränkungen definiert, diese sind z. B. Vollständigkeit, Korrektheit, Adäquatheit, Widerspruchsfreiheit u. a.; K. dienen dazu, die Unerfüllbarkeit von Formeln nachzuweisen, ein ▷Modell dafür zu finden oder Probleme ▷algorithmisch-formal zu lösen; in der Informatik bedeutsame K. sind: Relationenkalkül, Prozesskalküle, O-Kalkül, Lambda-Kalkül, WP- oder ▷Hoare-Kalkül sowie verschiedene ▷Logik-Kalküle; beachte dazu die folgenden Schlagworte

Kalkül, Hoare-

Kalkül, der ▷Korrektheitsbeweise ermöglicht; setzt vorwärts von der Anfangsbedingung ausgehend an; durch den ▷Quellcode gehend wird gezeigt, dass genau definierte Endbedingungen aufgrund von Vorbedingungen erreicht werden; vergleiche ▷WP-Kalkül

Kalkül, Lambda-

Ein ▷Kalkül, der ermöglicht, Probleme nur mit Hilfe von Funktionen zu beschreiben und diese Beschreibungen exakt zu untersuchen; entwickelt von Alonzo Church und Stephen Kleene in den 1930er Jahren; der L. K. ist die Grundlage des funktionalen ▷Programmierens und somit die Basis z. B. für ▷LISP; Grundelemente des L. K. sind: 1. die Funktionsabstraktion: λ x.A: eine (▷anonyme) Funktion erhält ein x und verarbeitet dieses im Ausdruck A; 2. die Funktionsapplikation: F A: die Funktion F wird auf den Ausdruck A angewendet; 3. Variablen; 4. optional Konstanten; gemäss 1. bedeutet λ x.x die Identität x = x, denn die Funktion erhält ein x und gibt ein x zurück; gemäss Turing ist die Turing- ▷Mächtigkeit äquivalent zur Lambda-Definierbarkeit, das heisst praktisch: alle Probleme, die mit imperativem ▷Programmieren beschrieben werden können, können auch mit funktionalem Programmieren beschrieben werden

Kalkül, Logik-

▷Kalkül, der formale Werkzeuge zur Untersuchung von und zur Arbeit mit ▷Logik im weitesten Sinne bereitstellt; ein Beispiel ist der Resolutions- ▷Kalkül

Kalkül, O-

Kalkül zur Untersuchung der asymptotischen ▷Komplexität von ▷Algorithmen; O heisst Landau-Symbol; man ermittelt und notiert die Laufzeit L. eines Algorithmus, angesichts linearer Zunahme der zu verarbeitenden Datenmenge: $O(1)$ für konstante L., $O(n)$ für linear zunehmende L., $O(\log(n))$ für logarithmisch zunehmende L. (besonders wichtig), $O(n^2)$ für quadratisch zunehmende L., $O(e^n)$ für exponentiell zunehmende L. usw.; die O-Ausdrücke werden aus dem ▷Quellcode ermittelt und miteinander verrechnet, so dass nur die asymptotisch relevanten übrig bleiben

K

Kalkül, Prozess-

Ein Kalkül, der die Gestaltung und Prüfung von ▷verteilten und ▷nebenläufigen Systemen ermöglicht; er stellt mathematische Symbole für ▷Folge, Nebenläufigkeit, ▷Auswahl, warten, verstecke Operationen, Prozessvariabeln usw. zur Verfügung; durch formale Umwandlungen können in Prozessketten resp. -gruppen ▷Deadlocks oder Fehlfunktionen erkannt oder mittels Äquivalenzen grosse Vereinfachungen erreicht werden; ein bekannter Vertreter ist der Pi-Kalkül

Kalkül, Relationen-

Kalkül, welcher formale Werkzeuge zur Handhabung von Tabellen (= ▷Relationen) in einer relationalen ▷Datenbank bereitstellt; die Grundoperationen sind ▷deklarativ: Vereinigung, Subtraktion, ▷kartesisches Produkt, ▷Projektion und ▷Selektion; abgeleitete Operationen sind z. B. der Verbund (▷Join); weiter kommen ▷Prädikatenlogik und Mengenlehre sowie spezielle ▷Operatoren zum ▷prozeduralen Formulieren zum Einsatz (obschon man lange davon ausging, dass sich alle Aufgaben einer Relationalen Datenbank ausschliesslich ▷deklarativ lösen lassen); mittels R.K. können z. B. Abfrageoptimierungen oder Vereinfachungen erreicht werden

Kalkül, Resolutions-

Ein Logik- ▷Kalkül, mit dessen Hilfe Resolutionen durchgeführt und untersucht werden können; in einer Resolution wird nicht gezeigt, dass eine Formel allgemein gilt, sondern es wird gezeigt, dass ihre Verneinung nicht gilt; dies ist eine formale Ausgestaltung der indirekten Beweisführung und bedeutsam für das automatisierte Beweisen

Kalkül, WP-

Kalkül, der ▷Korrektheitsbeweise ermöglicht; setzt rückwärts von der Endbedingung ausgehend an; durch den ▷Quellcode gehend fragt man nach der geringsten, schwächsten Vorbedingung, die nötig ist um die Endbedingung zu erreichen, daher der Name des Kalküls: Weakest Precondition, WP; vergleiche Hoare-Kalkül

Kalkulation
Berechnung (lat.); 1. Teilgebiet der Kostenrechnung und so in keinem engeren Zusammenhang mit der Informatik; 2. in der Informatik oft synonym für ▷Tabellenkalkulation

Kaltstart
Einschalten des Computers oder Neustart durch ▷Hardware ▷Reset; nur ein Ausschalten und Wiedereinschalten garantiert das vollständige Löschen aller im ▷Arbeitsspeicher und den ▷Registern befindlichen Daten, sofern diese ▷flüchtig, also nicht batteriegestützt sind; Gegenteil: ▷Warmstart

Kanal
Rohr (griech., dann lat.); ▷physikalische oder ▷logische Datenleitung zwischen zwei kommunizierenden Einheiten und entsprechende Kontrollmechanismen, z. B. zwischen dem Computer und der Peripherie

Kanalbündelung
Möglichkeit in ▷ISDN, zwei physische, so genannte ▷B-Kanäle zu einem ▷logischen mit doppelter Transferrate zusammenzulegen

Kandidatenschlüssel
Dümmlich wörtliche Übersetzung von „Candidate Key": als ▷„Schlüsselkandidat" wohl wesentlich verständlicher; siehe dort

Kante
Verbindungslinie von ▷Knoten in ▷Graphen, wie z. B. ▷Bäumen; sie illustriert grundsätzlich eine ▷Beziehung zwischen den Knoten, die jede beliebige Bedeutung haben kann und die gerichtet oder ungerichtet sein kann; oft erhalten K. durch Beschriftung mit Namen, ▷Symbolen, ▷Kardinalitäten und Orientierung eine zu-

sätzliche ▷Semantik; bei Bäumen schaffen die K. ▷Hierarchien und ▷Generationen

Kapazität, kapazitiv

1. Fassungsvermögen (lat.) von Speichern, Durchsatzvermögen in Datenkanälen; Leistungs-, Rechenvermögen von Prozessoren usw.; 2. in der Elektrotechnik definiert als Ladungsvermögen von Körpern; 3. Energieübertragung auf Grund von Ladungs- bzw. Entladungsvorgängen

Kapitälchen

Kleine Gernegrössen (lat.); in der ▷Textverarbeitung: Schriftart, bei der anstelle von Kleinbuchstaben etwas verkleinerte und angepasste Grossbuchstaben, Majuskeln, verwendet werden

Kapselung

1. beabsichtigtes Verbergen der inneren ▷Struktur eines ▷Objektes, damit auf dieses nur über seine ▷öffentlichen ▷Methoden und ▷Attribute, nur über seine ▷Schnittstelle zugegriffen werden kann: ich muss nicht wissen, wie ein Automotor funktioniert – es genügt, ihn von aussen zu bedienen; 2. „Einrahmung" von Nutzdaten durch Daten ▷Overhead wie ▷Adressen, Leitweg- und Fehlererkennungsinformationen in der ▷paketorientierten Datenübertragung; im Zusammenhang mit ▷Protokollen: siehe ▷Tunnelung

kardinal, Kardinalität

K Wichtig (lat.); die Grösse oder Menge angebend resp. eine konkrete Angabe dazu; wird im Allgemeinen durch natürliche Zahlen ausgedrückt (inkl 0): die Menge hat 0, 1, 2, 3 … Elemente; K.-Zahlen drücken bei der Zuordnung von ▷Entitäten und ▷Relationen (▷ERD) wichtige Mengenverhältnisse aus; bei unendlichen Mengen wurden K.-Zahlen eingeführt, um die Mächtigkeit der Mengen auszudrücken, die sich durch Abzählbarkeit an den natürlichen Zahlen bestimmen lässt; auch auf der Basis von natürlichen Zahlen, jedoch die Reihenfolge und nicht die Grösse betonend, ist ▷ordinal

Karte
Saloppe Bezeichnung für ein steckbares, elektronisches Erweite-
rungsmodul, auch ▷Adapter, ▷Controller, ▷Board; siehe ferner
▷Steckplatz

Kartesisches Produkt
Auch: Produktmenge; ein Begriff aus der Mengenlehre: das K.P.
zweier Mengen A und B (A × B) umfasst als Elemente alle geordneten Paare, welche man mit den Elementen der beiden Mengen bilden kann; in der ▷Relationenalgebra meinen wir damit alle Paare
von ▷Tupeln, die sich aus zwei ▷Relationen bilden lassen; bei
mehr als zwei Relationen sind es demnach mehrstellige Tupel von
Tupeln; René Descartes (1596–1650) nannte sich Renatus Cartesius

Kaskade
Wasserfall (lat.); 1. und allgemein: mehrere Stufen durchlaufend;
2. in einem kompakten ▷Block von ▷Anweisungen mögliche Auf-
trennung in mehrere Fälle: Mehrfachentscheidung oder ▷Fallent-
scheidung; 3. Hintereinanderschaltung mehrerer Hardware-Komponenten, z. B. ▷Interrupt Controller; das Gesamte verhält sich
genau wie eines der Einzelelemente, ist aber grösser; so gesehen
verwandt mit ▷Skalierung

Katalog
Verzeichnis, Führer (griech.); 1. Form einer ▷„Suchmaschine",
welche a) betreut ist, worin die verzeichneten ▷Dokumente also
gesichtet wurden und b) die Inhalte nach Sachgebieten und einem
▷Thesaurus gliedert vorliegen; ehemaliges Beispiel: Yahoo!; heute
bieten fast alle Suchdienste auch K. an; 2. allumfassendes Verzeichnis der Strukturen, Definitionen und Zusammenhänge sämtlicher in einer ▷Datenbank verwalteten Anwender, ▷Tabellen, ▷Do-
mänen, ▷Attribute, Rechte usw.; für relationale Datenbanksysteme
wird gefordert, dass dieser K. ebenfalls relational vorliegt und mit
der gleichen ▷DDL / ▷DML wie die Nutz- ▷Datenbasis zu bearbeiten ist; der K. ist oft Teil der ▷Implementierung eines unterneh-

K

mensweiten Datenmodells und wird von der Datenbank- ▷Administratorin bewirtschaftet

Kategorie oder Kat n
Gruppe (griech.); stufenweise Gruppierung von Datenübertragungs- ▷Kabeln aus dem Gesichtspunkt ihrer ▷Dämpfung (vergleiche dagegen: ▷Klasse); heute meist für ▷verdrillte Kabeltypen; Faustregel: je grösser die Anzahl Stationen/der erwartete Durchsatz/die unverstärkte Kabellänge, desto höher die notwendige Kategorie-Nummer; in Europa kommen mehrheitlich ▷STP ab Kat 6 oder 7 zum Einsatz

Kathodenstrahlröhre
Herkömmliche Bildschirmröhre, welche Elektronen emittiert, deren Strahlungsbündel magnetisch gelenkt werden und auf die fluoreszierende Innenfläche an der (fast) flachen, vorderen Seite der „Röhre" auftreffen

KB, KByte
Kilo- ▷Byte; 1'024 Bytes; beachte die Erklärung unter ▷kilo-

KBnnnnn
Knowledge Base; riesige Sammlung von Artikeln mit technischer Dokumentation, Erklärungen, Fragenbeantwortungen und Problemlösungen zu ▷Microsoft Produkten; von Microsoft als erste Anlaufstelle für Entwicklerinnen gedacht; nnnnn ist die Nummer des Artikels; http://support.microsoft.com

K

kbps
Kilobits per second; 1'000 ▷bps

KDD
Knowledge Discovery in Database; Wissensgewinnung aus ▷Datenbanken, also in vielen Lehrmeinungen ein ▷Synonym für ▷Data Mining, in anderen darüberstehend

KDE
K Desktop Environment; ▷X-konformer grafischer Arbeitsplatz in ▷Unix / ▷Linux

keep alive
Bei ▷Web- ▷Browsern vorgesehene Fähigkeit, eine (ansonsten ▷verbindungslose) Verbindung zum ▷Server lebendig zu halten; dadurch kann das Blättern im und Herunterladen vom entsprechenden Server schneller stattfinden; der Nachteil besteht in einer erhöhten Dauerbelegung des Servers und Auslastung des Netzes

Kegel
In der Typografie: gesamte Buchstabenhöhe, also samt ▷Unterlänge

Keller (-speicher)
1. Aufenthaltsort von Weinflaschen, Waschmaschinen und Altkartons; 2. abstrakte ▷Datenstruktur: mehrzelliger ▷Speicher oder ▷Register mit ▷LIFO-Bearbeitung, bekannter als ▷Stack; die ▷Primitiva sind PUSH() für Einlegen, POP() für Entnehmen (Lesen und Entfernen des obersten Elementes), evtl. PEEK() (Lesen und Belassen des obersten Elements), und ISEMPTY() als Frage, ob der K. leer ist oder nicht; PEEK heisst oft top(), firstElement(), ...; K. wird auch Groschenspeicher genannt; der Name K. rührt daher, dass der Stack intern typischerweise in Richtung kleiner werdender Adressen wächst

Kerberos
Die Unterwelt bewachender, dreiköpfiger Höllenhund (griech.); durch das ▷Betriebssystem unterstütztes ▷Client/Server- ▷Protokoll für den ▷Single Sign-on auf verteilte Betriebsmittel und Anwendungen; zuerst Anmeldung beim Authentication Service und Erhalt eines „Ticket Granting Tickets", danach für jedes Betriebsmittel Antrag auf ein Service Ticket mit je einem Session Key des ▷Subjekts und des ▷Objekts; K. verwendet symmetrische ▷Kryptografierung; De-facto- ▷Standard in heterogenen Netzwerken

K

Kerckhoff, Prinzip von -

In der ▷Kryptologie gilt: die kryptografierenden ▷Algorithmen sind bekannt; die Sicherheit basiert auf der Verwendung von ▷Schlüsseln; dieses Prinzip des Philologen Auguste Kerckhoff van Nieuwenhof (1835–1903) wurde im Jahre 1883 aufgestellt

Kern, Kernel

„Innerster" und stets im Arbeitsspeicher residenter Teil eines ▷Betriebssystems, oft in ▷Assemblersprache geschrieben; in ▷Unix grösstenteils in ▷C; kennzeichnend für den K. ist, dass er im privilegierten ▷Modus läuft und durch ▷Unterbrechungen betreten wird; gelegentlich auch für den innersten Steuerteil einer herkömmlichen ▷Applikation verwendet

Kern, Mikro- bzw. Kernel, Micro-

Betriebssystemkern mit einer minimalen Funktionalität, z. B. für sehr spezialisierte Systeme oder für die zentrale Koordination in einem echten, verteilten ▷Betriebssystem; der M.K. wird umgeben von einer Fülle von ▷Prozessen, die ihn als ▷Server verwenden, selbst aber in weniger sensiblen ▷Modi laufen

kerning

Manuelles Verändern des Abstandes zwischen zwei Buchstaben zur Harmonisierung des Schriftbildes

Kernspeicher

K Eigentlich eine historische Speichertechnologie (Leitermatrix mit Eisenringen in den Kreuzungen); heute gelegentlich aber fälschlich verwendet für ▷Arbeitsspeicher

Key

Siehe unter ▷Schlüssel mit breiter Bedeutung

Key Escrow
Ausweich-, Anderkonto für Schlüssel; behördlich oder privat veranlasste Aufteilung eines ▷Kryptografie-Schlüssels in zwei Hälften
mit je vertraulicher Verwahrung; die Schlüssel werden nur auf richterlichen Beschluss (Lauschangriff durch Behörden) oder bei Verlust (Wiedergewinnung von Daten) zusammengefügt

Key Pad
Externe Tastatur bzw. Zusatztastatur mit dem numerischen Tastenfeld, dem Zahlenblock

Key(board) Logger
An die Tastatur angeschlossener und deren Tastendrücke mit-
schneidender Speicher; Verwendung meist in der illegitimen oder
illegalen Absicht der Vertraulichkeitsverletzung; K.L. sind ▷Mal-
ware

Key, Candidate -
▷Schlüsselkandidat; siehe ferner Bemerkung unter ▷Kandidaten-
schlüssel

Keyboard
Siehe unter ▷Tastatur

KI
Siehe unter ▷Künstliche Intelligenz

Kick
Rauswurf einer oder eines Teilnehmenden aus einem Internet-
▷Dienst wie ▷IRC

K

Killer-Anwendung, -Application
Hauptanwendung in einem technologischen Bereich (Beispiel:
▷SMS in ▷GSM), auf einer ▷Schicht (Beispiel: ▷Mail bzw. ▷SMTP
auf ▷TCP) usw.; der reichlich freizügig und unreflektiert gebrauch-

te Begriff mag daher rühren, dass diese Anwendungen die Haupt-
last der entsprechenden Technologie, Schicht usw. ausmacht; auch
für Informatiker dürfte es indessen auf der Suche nach neuen Begriffen ethische Schranken geben, namentlich zu Beginn des neuen
Jahrtausends, als diese üble Wortschöpfung aufkam

kilo-, Kilo-
„kilo-" mit Klein-k ist nach der Norm des ▷SI ein Vorsatz für „tausend", also für ▷10^3, für Faktor 1'000; Zeichen „k"; die Informatik
verwendet für Vielfache ▷binärer Grössen zusätzlich das „Kilo-"
(Gross-K), meint damit dann 2^{10} = 1'024; ein KByte ist demnach ein
Kilobyte, das sind 1'024 Bytes; dieses Mass kommt dort zum Zug,
wo binäre Muster eine Rolle spielen, also z. B. bei ▷Adressierungen
und damit vorwiegend bei ▷Kapazitätsangaben in Speichern

Kippglied
Siehe unter ▷Flipflop

KISS
Keep It Simple and Stupid – eine Zielsetzung, die viele Softwarehersteller schon lange aus den Augen verloren haben

Kit, KIT
1. Satz aus Zubehörteilen; Bausatz; 2. Kernsystem für Intelligente
Terminals: von einem Partner der Deutschen Telekom AG entwickelter Standard zur grafisch besser aufbereiteten Präsentation der
sonst nur halbgrafischen Btx-Seiten

K

Klammeraffe
Sonderzeichen „@" in der ▷Datenverarbeitung; je nach Software
sehr unterschiedliche, ab und zu auch gewollt „leere" Bedeutung; in
der elektronischen Post (▷E-Mail): Zeichen für die Trennung des
Empfängernamens vom ▷Domänennamen seines Mail-Dienstleis-
ters: peter.fischer@hslu.ch: Empfänger (Adressat) peter.fischer „at"
(beim) Dienstleister hslu.ch; in ▷C# u. a. ein Präfix vor String- ▷Li-

teralen; derart markierte Literale werden so interpretiert, dass keine
▷Escapezeichen gesetzt werden müssen: @"C:\pfad" statt "C:\pfad";
in ▷PERL ein ▷Präfix, welches die Datenstruktur ▷Array erzwingt

Klartext

1. vom Menschen les- und ▷interpretierbare Form einer Nachricht,
eines Programmcodes usw.; die Abgrenzung zu Nicht-Klartextli-
chem ist subjektiv, so könnte man z. B. ▷COBOL als klartextlicher
einstufen als ▷C; 2. „der ursprüngliche, verständliche Text, wie er
vor der Verschlüsselung lautete und nach erfolgreicher Entschlüsselung oder ▷Kryptoanalyse zum Vorschein kommt" (Streng geheim, Ein Lexikon der Kryptografie, Bletchley Park, 1943; zitiert
nach Harris: ▷Enigma, 1995); vergleiche K.- ▷Attacke

Klasse

Einreihung (lat.); 1. Gesamtheit von Objekten mit gemeinsamen
Merkmalen; 2. siehe detailliert unter ▷Telefax und ▷Class; 3. im
▷objektorientierten Paradigma: Beschreibung der Eigenschaften
einer Menge attributiv gleicher ▷Objekte, also die Matrize, aus welcher Objekte ▷instanziert werden; 4. entsprechende ▷Datenstruk-
tur- ▷Deklaration in der objektorientierten ▷Programmierung,
legt die Eigenschaften und das Verhalten der Objekte (dann: ▷Ins-
tanzen) fest; 5. stufenweise Gruppierung von ganzen Datenübertra-
gungswegen aus dem Gesichtspunkt ihrer ▷Dämpfung (vergleiche
dagegen: ▷Kategorie); 6. Teilnetz-Grössenordnung (A bis E) im
▷TCP/IP-Netzwerk; siehe ▷IP-Adressklasse

Klasse, abgeleitete -

Klasse, welche durch ▷Vererbung gebildet und u. U. mit zusätzlichen ▷Attributen / ▷Methoden erweitert wurde, also das ▷Derivat

Klasse, abstrakte -

Klasse, die selbst keine ▷Objekte erzeugen, sondern lediglich ihre
▷Attribute an Subklassen ▷vererben kann, also eine rein konzep-
tuelle Klasse; eine a.K. hat mindestens eine rein ▷virtuelle ▷Funk-

K

tion, welche in einer abgeleiteten Klasse dann ▷überschrieben werden muss

Klasse, Basis-
Klasse, welche als „Erblasser", also als Vorlage für abgeleitete Klassen, dient; eine direkte B. liegt dann vor, wenn unmittelbar von der „Vorgänger-Generation" geerbt wird; eine indirekte B. dann, wenn die ▷Vererbung gewissermassen transitiv ist („Enkel")

Klasse, generische -, parametrisierte -
Klasse, welche als Muster für weitere Klassen dient; auch: ▷Template; vergleiche ▷generisch

Klasse, instanzierte -
Klasse, die aus einer generischen Klasse unter der Angabe der benötigten ▷Parameter erzeugt wird

Klasse, Meta-
Eine Klasse, deren ▷Instanzierung Klassen (und nicht ▷Objekte) hervorbringt; anders gesagt ist die M. die ▷Abstraktion von Klassen, so wie eine Klasse die Abstraktion von Objekten ist; M. werden u. a. in ▷Smalltalk unterstützt und erlauben die Manipulation von grundlegenden Klassenmechanismen

Klasse, partielle -
Klasse, deren Definition auf mehrere ▷Quellcode-Dateien verteilt ist; oft mit dem Modifikator „partial" gekennzeichnet

K

Klasse, polymorphe -
Klasse, welche Methoden einer ▷Basisklasse redefiniert, so dass insgesamt die Funktionalität erweitert wurde, Beispiel: statt nur Integerzahlen können neu mit der gleichnamigen Methode add() des Derivates auch Strings „addiert" werden

Klasse, versiegelte -
Klasse, aus der keine ▷Ableitung mehr vorgenommen werden kann, die also nicht beerbbar ist; oft mit dem Modifikator „sealed" gekennzeichnet

Klasse, virtuelle Basis-
Basisklasse, welche ein aus ihr erzeugtes ▷Objekt mehreren abgeleiteten Klassen gemeinsam zur Verfügung stellt; die von A abgeleiteten Klassen X, Y und Z verfügen also über ein und dasselbe Objekt in A; wird durch Mehrfach- ▷Vererbung eine Klasse B aus X, Y und Z erzeugt, dann enthält B nur dieses eine Objekt aus A

Klassenbibliothek
Vorgegebene Sammlung anwendungsneutraler ▷Klassen wie z.B. ▷FCL; mit einer K. nehmen die Hersteller den Entwicklerinnen das eigenhändige Programmieren oft gebrauchter ▷Datenstrukturen und ▷Algorithmen ab; K. umfassen oft Tausende vorprogrammierter Klassen und Millionen vorprogrammierten Zeilen ▷Code; der Umfang und die Qualität einer K. sind also durchaus mit entscheidend bei der Wahl einer Entwicklungsplattform und/oder für die Effizienz und Effektivität der Entwicklerarbeit

Klausel
Schlussformel (lat.); ▷syntaktisches Element in einer Programmier- oder Datenbanksprache, das eine ▷Funktion, eine ▷Anweisung u. a. präzisiert, einschränkt, erweitert usw.; eine K. hat für sich allein geschrieben keine Bedeutung; z. B. ORDER BY zur Sortierung oder HAVING zum Formulieren von Bedingungen bei ▷Aggregatsfunktionen in ▷SQL

Kleincomputer
Eine der vielen Bezeichnungen für die Klasse der Tischrechner; wenn von ▷Personal Computern oder ▷Personal Systeme die Rede ist, dann meint man damit meist die mehr oder weniger standardisierte Familie von Computersystemen mit ▷Intel und ▷MS-

DOS / ▷Windows; diese oft als ▷Wintel-Maschinen bezeichneten Geräte sind aber nur eine der vielen existierenden Ausprägungen von K.

Klick

1. Tastenbetätigung bei der ▷Maus; kurzer Druck auf die Maustaste und Loslassen derselbigen, ohne die Maus zu bewegen; der K. lenkt in aller Regel den ▷Fokus auf ein Objekt, aktiviert die zugewiesene Funktion oder er verfolgt einen ▷Hyperlink; vergleiche ▷Doppelklick; 2. im ▷Terminal ausgelöste akustische Quittierung eines Tastendrucks

Klient

Kunde (lat.), Beansprucher einer ▷Dienstleistung, Konsument; oft für ▷Geräte gebraucht, oft für ▷Prozesse – je nach Zusammenhang; siehe ▷Client und ▷Client/Server

Klinken

Steckverbindung aus der Unterhaltungselektronik (z. B. Walkman-Kopfhörer): oft ▷abgeschirmt, zwei- oder dreipolig; die Steckverbindung wird in der Buchse klemmend arretiert; die Buchse findet sich meist geräteseitig; in der Informatik an ▷Soundkarten für Signale vom und zum Endverstärker (Line in und Line out) bzw. für ein Mikrofon

Klon, klonen

Eigentlich aus der Genetik stammender Begriff für ungeschlechtlich gezüchtete Nachkommen (griech.); in der Informatik bezeichnet man damit einen völlig identischen Nachbau, eine reine Kopie, z. B. die (damals) detailliert dem Original nachkonstruierten ▷IBM ▷PCs aus Fernost oder Kopie von Ressourcen-Sätzen in der ▷Virtualisierung; in der Programmierung die flache oder tiefe ▷Kopie eines Objektes, meist mit der Methode clone() bewerkstelligt

Knacker
Unbefugter Eindringling in geschützte ▷Datenbestände; heute unterscheidet man die in schlechter Absicht handelnden K. von den ▷Hackern, siehe ferner ▷Phreak, ▷Lamer, ▷Script Kiddy

Knopf
1. ▷Schaltfläche, über die ein Kommando impulsartig vermittelt werden kann; 2. kleines Feld in einer ▷Dialogbox, mit welchem eine von mehreren sich gegenseitig ausschliessenden ▷Optionen aktiviert werden kann; fachlich korrekt: Optionsschaltfeld

Knoten
1. Stelle (Computer, Telefonzentrale usw.), an der die ▷Kanäle eines Netzwerks zusammenlaufen bzw. verteilt werden; 2. Verzweigungsstelle in einem ▷Baum, in einem ▷Graphen, verbunden durch ▷Kanten

Knotenrechner
Rechner im Knoten eines ▷Netzwerks; vermittelt und überprüft die Leitungen sowie den Datenverkehr

Knuth, Donald Ervin
Geboren 1938 in Milwaukee; 1963 Doktor in Mathematik am California Institute of Technology; 1962 begann die Arbeit am Werk „The Art of Computer Programming", von welchem sieben Bände geplant waren; 1977 startete die Entwicklung von ▷TeX; weitere computer-wissenschaftliche Forschungsarbeiten sind der Knuth-Bendix- ▷Algorithmus (axiomatische Begründung), der LR(k)- ▷Parsing-Algorithmus und vieles mehr; Träger unzähliger Preise und Ehrungen; seit 1968 bis zur Pensionierung als Professor an der Stanford University; Zitat Stanford Magazine: "In retirement, he still writes several programs a week. He no longer advises students, but he hosts free public Computer Musings talks several times a year, drops in on graduate-level courses occasionally, and

K

bikes to campus most days of the week to use the libraries or swim at the aquatic centre."

Koallokation
Gemeinsame Anordnung (lat.); Speicherung der Daten in benachbarten ▷Blöcken, ▷Seiten usw. zwecks Reduzierung der Positionierungszeit

Koax
Gemeinachsig (lat.); 1. ▷Kabel, Koaxial-; 2. in der Vergangenheit: Bezeichnung für die ▷Terminal- und Drucker- ▷Schnittstelle bei grossen ▷IBM Systemen

Koaxialkabel
Präzisiert unter ▷Kabel

Kode
Siehe unter ▷Code (im schweizerischen Sprachgebrauch)

Kohäsion
Zusammenhalt (lat.); Grad des Innenlebens und der Unabhängigkeit eines Software- ▷Moduls, z. B. einer Klasse; siehe auch ▷Koppelung

Kollektion
Sammlung (lat.); Pauschalbegriff für eine ▷Datenstruktur, welche u. U. sehr grosse Mengen von Komponenten (u. U. auch unterschiedlichen ▷Datentyps) aufnehmen und verarbeiten kann; eine einfache K. ist das ▷Array

Kollision
Zusammenstoss (lat.); 1. in der Datenkommunikation: gleichzeitiges Benutzen eines Kanals durch zwei oder mehrere Teilnehmer; eine K. sollte durch ▷Protokolle verhindert oder bei Auftreten beseitigt werden; 2. gleiches Ergebnis im ▷Hashing: h(x) = h(y);

Verständnisbeispiel: 17 MOD 5 = 2 = 3457 MOD 5; allgemein ist (5 * n + 2) MOD 5 = 2 für unendlich viel ganzzahlig positive n > 0; somit gibt es unendlich viele K.

Kollisionsdomäne

Durch den ▷Switch begrenzte Reichweite der Ausbreitung einer ▷Kollision; im Gegensatz zur ▷Broadcastdomäne, die durch den ▷Router begrenzt ist

Kollusion

Täuschung (lat.); mit jemandem ein Geheimnis teilen und damit geheime Komplizenschaft, um einen Dritten zu schädigen; Aufteilung von Verantwortlichkeiten und Mehraugenprinzipien vermindern die Gefahr einer K.

Kombinationsfeld

Verknüpfende Zusammenstellung (lat.); wichtiges Dialogelement; Auswahlfeld in einer ▷Dialogbox mit der Eigenschaft, dass einer aus mehreren gegebenen Vorgabewerten gewählt werden kann; diverse optische Typen

Kombinationstaste

Taste, welche immer in Kombination mit einer anderen zu drücken ist; damit wird die Möglichkeit der ▷Tastaturbelegungen vervielfacht; typische Kombinationstasten sind ▷<ALT>, ▷<SHIFT>, ▷<CTRL> resp. <STRG>; unter ▷Mac gibt es ferner die Taste <CMD>, auch etwa „Apfelstaste" genannt

K

Kommando

Befehl (lat.); einzelne, durch den Anwender vom ▷Betriebssystem, einer ▷Applikation, einem ▷Dienstprogramm oder einer ▷Programmiersprache verlangte Aktivität; das K. kann durch ein standardisiertes Kommandowort, einen Mausklick bzw. aus ▷Makros und ▷Batch Programmen heraus übermittelt werden; zur Wortwahl, siehe: ▷Befehl

Kommando, externes -

Nicht ständig im Arbeitsspeicher ▷residierendes Betriebssystem-Kommando, dessen zugehöriger Code folglich beim Aufruf als ▷Prozess vom ▷Massenspeicher geladen wird

Kommando, internes -

Ständig im Arbeitsspeicher ▷residierendes Kommando als Teil des ▷Shell ▷Prozesses, welcher in diesem Fall zurecht Kommando-▷Interpreter heisst

Kommando, Shell -

Über die Tastatur eingegebene ▷Shell-Anweisung, hinter der ein internes Kommando, ein ▷Programm oder ein ▷Script steckt

Kommandozeile, Kommandozeilen-

Rein textbasiertes und auf eine textuelle Eingabe-/Ausgabezeile beschränktes Medium der ▷Interaktion mit ▷Betriebssystemen, ▷Entwicklungsumgebungen usw.; bekannt sind die K.- ▷Editoren ▷EDLIN und ▷vi

Kommentar, kommentieren

Erläuterung (lat.); rein dokumentarischen Zwecken dienende Zeile in einem ▷Quellcode; K.-Zeilen werden mit einem speziellen ▷Schlüsselwort (z. B. REM) oder einem bzw. mehreren ▷Sonderzeichen eingeleitet (z. B. „#" , „//", „'", „--", „;"); mehrzeilige K. haben oft Zeichenkombinationen mit der ▷Semantik einer Klammerung („/* ... */", „<!-- ... -->", „{ ... }"); da solche Zeilen durch den ▷Scanner eliminiert werden, wird das „Kommentieren" auch gerne dazu benutzt, Codezeilen vor dem ▷Interpretierer/Kompilierer (▷Compiler) zu verstecken; speziell markierte K.-Zeilen beeinflussen in gewissen Programmiersprachen das Verhalten des Compilers oder dienen der Erzeugung von ▷Dokumenationen (▷Javadoc, ▷C#), sind also aktive K., z. B. /** ... */

Kommunikation
Verbindung (lat.); Übermittlung (einweg) oder Austausch (zwei-weg) von ▷Informationen bzw. ▷Daten; Verbindung zweier infor-mationsverarbeitender ▷Systeme

Komparator, Komparation
Vergleicher, Vergleich (lat.); 1. ▷elektronisches Bauteil, welches ▷binäre Muster vergleichen kann; 2. ▷Anweisung einer Program-mier- oder Datenbanksprache mit der Möglichkeit zwei ▷Aktual-parameter zu vergleichen

Kompatibilität, kompatibel
Gegenseitige Verträglichkeit (lat.) von ▷Hardware und ▷Software-▷Systemen oder deren ▷Komponenten untereinander; leider oft missbrauchter und keineswegs klar definierter Begriff; rückwärtsk. sind Produkte, die zu früheren Versionen k. sind

Komplement
1. Ergänzung (lat.); 2. Form der ▷Rechenwerk-internen Repräsen-tation von ▷binär codierten, negativen ▷Ganzzahlen; es gibt meh-rere Methoden der Umrechnung und Darstellung: beim Einerk. sind einfach die binären Werte ▷invertiert, es gibt also zwei Reprä-sentationen für die Zahl 0; das Zweierk. ist das Einerk. vermehrt um den binären Wert 1, die Zahl 0 ist berechenbar repräsentiert, hingegen liegt sie nicht in der Mitte der Wertedomäne; eine Sub-traktion (a – b) wird zur Addition von ▷Operand a mit dem Zwei-erk. von Operand b; in beiden Fällen sind nur die natürlichen Zah-len direkt berechenbar; siehe auch ▷Excess

K

Komplexität, effektive -, asymptotische -
Zusammenstellung (lat.); Mass für den ▷Ressourcenbedarf (vor allem Zeit und Speicher) eines ▷Algorithmus: unter Annahme eines ▷abstrakten und allgemeingültigen Rechners wird die K. oft ausgedrückt als Funktion der Anzahl im schlechtesten Fall (worst case) zu vollziehenden ▷Selektionen; dies ergibt die exakte K.;

die Annäherung an ihre – vorwiegend durch die Exponenten der
Funktionsformel bestimmte – „darüber" liegende Funktion ist die
asymptotische K.; mittels dieser werden die Algorithmen letztlich
in K.-Klassen eingeteilt; vergleiche O- ▷Kalkül

Komplexität, zyklomatische -
1976 von T. J. McCabe vorgeschlagene Metrik zur Beurteilung von
▷Algorithmen im Hinblick auf deren „Verzettelung"; der Algorithmus wird als Kontrollflussgraph entworfen, wonach die Anzahl unabhängiger Pfade ermittelt wird; dies kann rechnerisch geschehen
mit der Formel $z(G) = $ Anzahl ▷Kanten – Anzahl ▷Knoten + 2; übersteigt $z(G)$ den Wert 10, empfiehlt McCabe eine weitere Modularisierung des Algorithmus; die z.K. eignet sich nicht zur Beurteilung der
Strukturiertheit oder kognitiven Komplexität eines Algorithmus im
Hinblick auf dessen Nachvollziehbarkeit, Wartbarkeit

Komponente
1. und allgemein: Baustein (lat.); 2. in der ▷objektorientierten oder
▷verteilten Programmierung grosses, mit universellen ▷Schnitt-
stellen versehenes und deshalb in mehreren ▷Anwendungen ein-
setzbares oder durch solche verwendbares ▷Objekt

Komponenten, Komponentensoftware
Jüngere Technologie in der ▷Applikationsentwicklung: Programm-
me werden zusehends in einzelne Komponenten, ▷Module aufgeteilt, welche nach Bedarf vom ▷Server geladen oder dort aktiviert
werden; im Idealfall sollen K. mehreren Anwendungen zur Verfügung stehen; um die K. zu verbinden, ist eine ▷Middleware nötig;
siehe u. a. ▷COM, ▷DCOM, ▷DLL, ▷ActiveX, ▷CORBA und ▷En-
terprise Java Beans und ▷Webdienste

K

Komposition
Zusammenlegung (lat.); starke „has-a" Beziehung: ein Auto hat
Räder und kann ohne diese nicht fahren, die Beziehung ist existen-
ziell; vergleiche ▷Aggregation

Kompression, Komprimierung

1. ▷algorithmisches Verfahren zur Verdichtung (lat.) der Datenbestände auf dem ▷Datenträger oder vor der Übertragung; man unterscheidet zwischen Verfahren, die bloss ▷Redundanz eliminieren und solchen, bei denen auch ein Verlust der ▷Information zulässig ist (▷Sprache, ▷Video); 2. in der Typografie: Text ohne ▷Durchschuss

Kompression, statistische -

Sammelbegriff für Kompressionsverfahren, welche die Häufigkeitsverteilung gewisser ▷Zeichenfolgen verwerten; siehe ▷Huffman-Codierung

Konfiguration, konfigurieren

Zusammenfügen (lat.); Anpassen eines Datenverarbeitungs-Systems an die speziellen Bedürfnisse der Anwenderschaft bzw. anderer System-Komponenten in den Bereichen: ▷Peripherie, Landessprache, Verarbeitungstempo, Rechte, Normen und ▷Standards und vieles andere mehr

Konfusion

Durcheinander, Verwirrung (lat.); in der ▷Kryptografierung definiert als 1. Ausmass der ▷Substitution und/oder 2. Einstreuen unterschiedlicher ▷Schlüssel bei mehreren Verschlüsselungsrunden für möglichst grosse Entkoppelung zwischen Schlüssel und ▷Chiffrat; siehe auch: ▷Diffusion

Konjunktion

K

Zusammenfügung (lat.); ▷logisches Produkt, Verknüpfung UND; C ist dann und nur dann wahr, wenn sowohl A als auch B wahr sind; siehe auch ▷Antivalenz, ▷Disjunktion, ▷Negation

Konkatenation

Verkettung (lat.) zweier ▷Zeichenketten (▷Strings) oder ▷binärer Muster

Konkurrenz, konkurrieren
Wettbewerb, Wettlauf (lat.); während der Begriff in unserem
Sprachraum vor allem die kämpferische Sicht des Wettbewerbs
meint, liegt „concurrent" im Angelsächsischen näher bei der ursprünglichen Bedeutung: „mitlaufend"; entsprechend sind z. B.
▷nebenläufige und ▷parallele Programme „concurrent"; auch in
der deutschen, wissenschaftlichen Literatur wird „Konkurrenz" oft
in diesem Sinn verwendet

Konnektivität
Verbindungsmöglichkeit (lat.); sofern nicht aus einem Zusammenhang ersehbar, wenig aussagekräftiger Begriff rund um die kabel-
oder datenmässigen Verbindungs- bzw. Anschlussmöglichkeiten
eines Systems

Konnektivität, globale -
Bezeichnet bei ▷Handys die K. ohne geografische Beschränkung,
z. B. mit ▷TCP/IP, ▷GPRS, ▷UMTS

Konnektivität, lokale -
Bezeichnet bei ▷Handys die geografisch engen K., z. B. ▷IrDA,
▷BlueTooth, ▷USB, ▷RFID

Konqueror
Eroberer; ▷Datei-Manager in der grafischen ▷Benutzungsober-
fläche ▷KDE unter ▷Linux; namentliche Assoziationen zu irgendwelchen „Explorern" (Erkunder) wären da rein zufällig

Konsistenz
Vollständigkeit (lat.), Richtigkeit und Widerspruchsfreiheit der
▷Daten in einem Datenbestand; Korrektheit in der Abbildung der
Realität; Beispiel: eine ▷Transaktion geht von vorheriger K. aus
und muss eine solche vor Abschluss wiederherstellen; im Verlauf
der Transaktion kann Ink. herrschen; siehe auch ▷Integrität

Konsole
Kragen (lat.); 1. Bedienungseinheit beim Rechner: Tastatur, Maus und Bildschirm; 2. direkt oder kommunikativ mit dem Rechner verbundene Steuereinheit

Konsole, virtuelle -
Möglichkeit in ▷Unix / ▷Linux und anderen Betriebssystemen, eine ▷physikalische Bedienungseinheit als mehrere ▷logische zu verwenden, auf welchen je ein anderer Anwender angemeldet sein kann

Konsolidierung
Allgemein: Zusammenzug (lat.); 1. in der ▷Tabellenkalkulation die zentrale Auswertung verschiedener Rechenblätter; 2. bei der ▷Replikation der Zusammenzug der ▷Daten von Aussenstationen in der zentralen ▷Datenbank; 3. bei ▷Entscheidungstabellen die Elimination von Widersprüchen und ▷Redundanzen

Konstante
Unveränderliche (lat.); ▷Bezeichner mit einem festen Wert

Konstante, figurative -
In ▷COBOL u. a. eine Konstante, welche durch den ▷Compiler kontextbezogen mit einem Wert belegt wird: ZEROES schreibt so viele Nullen, wie gerade nötig sind, SPACES schreibt so viele Spaces, wie gerade nötig sind, ALL'abc' generiert 'abcabcabc' ... ; nötig sind so viele, wie z. B. ein zu füllendes Datenfeld gross ist oder wie eine zu vergleichende ▷String- ▷Variable lang ist

K

Konstante, literale -
Unbenannte Konstante, deren Wert direkt im ▷Code liegt; Beispiele: der Wert 3.14159 im ▷Ausdruck u:= 2*r*3.14159 oder der Gruss in SCHREIBE("Guten Morgen!"); also auch eine Konstante in einem ▷Programm; ferner: Konstante, die keinerlei Stellvertretungsfunk-

tion übernimmt bzw. auch keiner Erläuterung bedarf; beachte
▷hardcodiert, nicht das Gleiche wie figurative ▷Konstante

Konstante, symbolische -
Konstante, deren Wert unter einem ▷Bezeichner gehalten wird;
Beispiele: CONST pi = 3.14159 oder CONST STRING gruss =
"Guten Morgen!"

Konstruktor
Aufbauer (lat.); ▷Methode einer ▷Klasse, die festlegt, wie ein neues
▷Objekt, eine ▷Instanz zu ▷initialisieren ist; der K. hat den glei-
chen ▷Bezeichner wie die Klasse, ist jedoch eine Methode ohne
Rückgabewert, weil ihm in der Regel ein soeben mit NEW() erzeug-
tes Objekt „bloss" zur Initialisierung übergeben wird; siehe auch:
▷Destruktor

Konstruktor, Kopier-, Copy -
Spezieller Konstruktor zum Erstellen einer tiefen ▷Kopie (siehe
dort) aus einer Original- ▷Instanz

Konstruktor, Standard-
Konstruktor, welcher bei der ▷Instanzierung implizit aufgerufen
wird, weil 1. im Programmcode kein eigener Konstruktor bzw.
2. ein solcher ohne ▷Argumente oder mit den Standard-Argumen-
ten definiert wurde

Kontext

1. und allgemein: Zusammenhang (lat.); 2. Summe aller zeit-
punktbezogenen Zustandsinformationen zu einem ▷Prozess oder
▷Thread wie u. a. ▷Programmzeiger, ▷Stack- ▷Zeiger, (Status-)
▷Registerinhalte, Prozesszustand (rechnend, bereit, wartend, ausgelagert), ▷Deskriptoren, Deskriptorentabellen u. a.; bei einem
Prozesswechsel muss der K. auf den Stack gerettet werden, damit
nach seiner Neueinlagerung am „gleichen Ort" fortgefahren werden kann; 3. die unmittelbar umgebende Thematik, die beim ▷Co-

dieren gerade vorherrscht und in welcher man ein Problem formuliert: es geht z. B. um eine Tabelle, diese hat Zeilen, diese sollen ▷iteriert und bearbeitet werden: Kontext ist die Tabelle, später wird er dann die Zeile sein

kontextbezogen, -sensitiv
Aus dem Kontext des aktiven ▷Prozesses abgeleitet und folglich situationsbezogen; oft gebraucht für entsprechend arbeitsbezogene, textliche oder grafische Benutzer- ▷Hilfe

Kontextmenü
Eines der vielen ▷Menüs, siehe deshalb dort

kontinuierlich
Fortgesetzt (lat.); jederzeit veränderlich (im engeren Sinn dann: zeitk.) und ▷stochastisch verlaufend (Temperaturverlauf, Verlauf Schalldruck aus Lautsprecher), ferner ▷stetig, stufenlos; Gegenteil: diskontinuierlich oder ▷diskret; der Begriff bezieht sich in der Regel also auf die Zeitachse

Konto
Rechnung (lat., dann ital.); 1. unpräzise für die ▷Zugriffsberechtigung; 2. Summe aller persönlichen Kennungen eines Benutzers für den ▷Zugriff: ▷Identifikation, ▷Authentisierung (z. B. Passwort), ▷Zugriffsberechtigungen (▷Autorisierung); also sein ▷Profil

Kontrolle
Aufsicht (lat., dann frz.); im deutschen Sprachraum meist im Sinne von Überwachung, Begleitung; im Englischen meist im Sinne von Steuerung, Lenkung; als Beispiele dazu konsultiere man ▷Control oder Steuer- ▷Register

K

Kontrollfeld, -kästchen
1. ▷Dialogdatei im ▷Macintosh, über welche die ▷Mensch-Maschine-Schnittstelle des ▷Systems grafisch konfiguriert wird;

2. Auswahlmöglichkeit in einer ▷Dialogbox, mit der eine einzelne
Option ein- oder ausgeschaltet wird; so genannte Checkbox

Kontrollfluss
Steuerfluss; sequenzielle Abarbeitung von ▷Prozessor- ▷Befehlen
eines bestimmten ▷Threads oder ▷Prozesses aus deren Sicht; siehe
daneben: ▷Flusskontrolle

Konvention
1. und allgemein: Vereinbarung (lat.); 2. Spezifikation über die
Namensgebung oder andere die ▷Kommunikation und ▷Doku-
mentierung erleichternde Tatbestände

Konversion
Umwandlung (lat.) von Daten, ▷Protokollen u. a. durch spezielle
Hardware und/oder Software

Konverter, Konvertierer
Umsetzer (lat.); 1. physikalischer ▷Signalumformer mit Hilfsenergie, bei welchem das Eingangs- und das Ausgangssignal eine unterschiedliche Struktur haben; 2. Programm, das Daten einer gegebenen Struktur in eine andere Struktur überführt: Videok., Audiok.
Datenbankk. usw.

Konzelation
In der Literatur oft verwendeter (und bezüglich Herkunft unbe-
kannter) Begriff für die Wahrung der Vertraulichkeit z. B. durch
▷Kryptografierung; oft sogar mit dieser gleichgesetzt

Konzentrator
Bündeler (lat.); Einrichtung, die mehrere physikalische Kanäle zu
einem einzigen mit entsprechend höherer Durchsatzrate zusammenfasst; im Gegensatz zum ▷Multiplexer erreicht beim K. die
Durchsatzrate nicht die Summe aller Teilraten; oft einfach synonym für ▷Hub

Konzept, konzeptionell, konzeptuell
Entwurf, Zusammenfassung (lat.); hardware- und softwareneutra-
les ▷Modell; das somit die Mittel, Möglichkeiten und Einschränkungen der Umsetzung noch nicht berücksichtigt

Kooperation
Zusammenarbeit (lat.); Zusammenwirken von mehreren ▷Prozes-
sen / ▷Threads zum Erreichen einer Aufgabe; siehe auch ▷Konkur-
renz

Koordinate(n), -System
Beiordnung (lat.); Menge geordneter Zahlen- ▷Tupel, die jeden
▷Punkt der Ebene oder des Raums eineindeutig bezüglich seiner
Lage relativ zu einem Bezugspunkt identifizieren; Beispiel: in der
grafischen Datenverarbeitung werden so die grafischen Objekte
einer zwei- oder dreidimensionalen Szene lokalisiert; für sie gibt es
die elementaren ▷Operationen: Translation (Verschiebung), Skalierung (Streckung, Stauchung) und Rotation (Drehung); das K.S.
kann durch Achsen beschrieben werden, die je für eine Dimension
die Orientierung und die Bemassung angeben

Koordinaten, homogene -
Erweiterung der zwei- oder dreidimensionalen Koordinaten (x, y,
evtl. z) eines ▷Punktes durch eine weitere Koordinate w, so dass
jeder Punkt unendlich viele h.K. hat: (w^*x, w^*y, w^*z, w) mit $w <> 0$;
dies ist die Transformation eines Koordinatensystemes in einen
um eine Dimension höheren Raum; der Vorteil der h.K. liegt darin, dass im transformierten System alle ▷Operationen als Matri-
zenmultiplikation vorgenommen werden können, inhomogene
Gleichungssysteme werden homogen; grafische Sprachen arbeiten
mit h.K.

K

Kopfsteg
In der Typografie: Raum zwischen ▷Satzspiegel und Papieranfang

Kopfsteuerung

In der Programmierung: ▷Schleifenkonstrukt mit beim Einstieg in die Schleife formuliertem Durchführkriterium (Grundtyp: WHILE bedingung DO ...); die K. bewirkt eine so genannte abweisende Schleife, weil sie u. U. gar nie betreten wird; Gegenteil: ▷Fusssteuerung

Kopie, flache - und tiefe -

Beim Kopieren einer ▷Instanz in der ▷objektorientierten Programmierung entsteht eine f.K. dann, wenn die Inhalte der ▷Attribute 1:1 kopiert werden, wenn also insbesondere ein ▷Zeiger der Kopie auf den gleichen Speicherbereich zeigt wie sein Original: eine Änderung per Zeiger a verändert, was unter Zeiger b sichtbar ist und umgekehrt; bei der t.K. werden ▷referenzierte Speicherbereiche an einem anderen Ort dupliziert (wenn nötig rekursiv) und die Referenz an den neuen Ort gerichtet; die beiden Instanzen sind damit identisch und völlig autonom; dies bewerkstelligen Kopier-▷Konstruktoren und ▷klonende Methoden

Kopierschutz

Schutz von Programmen auf Datenträgern gegen Kopieren; verwendet werden verschiedene Methoden mit hardware- oder softwaremässigen Eingriffen; der K. ist bei der Anwenderschaft wenig beliebt, weil die Originale verwendet werden müssen ... und die Gerichte wissen heute noch nicht so recht, was eigentlich erlaubt ist und was nicht

Koppelung

Grad der Interaktion, Kommunikation zweier Software-Module, z. B. zweier Klassen; siehe auch ▷Kohäsion

Korb

Ablageort, der mittels ▷Hash-Wert ermittelt wird; siehe auch ▷Kollision

Korrektheit, korrekt

Richtigkeit (lat.); in der Systementwicklung der Deckungsgrad zwischen Funktionalität eines ▷Systems und dessen Spezifikation unter Berücksichtigung der Ausgangsbedingungen; ändern sich die Bedingungen auf unerwünschte Weise und das System arbeitet k. weiter, spricht man von ▷Robustheit; Nachweis von K. mittels ▷Korrektheitsbeweis

Korrektheit, partielle -

P.K. ist gezeigt, wenn in einem Korrektheitsbeweis die Vorbedingung nach endlich vielen Schritten zur Nachbedingung führt

Korrektheit, totale -

T.K. ist gezeigt, wenn in einem Korrektheitsbeweis zusätzlich zur partiellen Korrektheit auch die ▷Terminierung bewiesen wird

Korrektheitsbeweis

Beweisführung für ▷deskriptive ▷Programme; auch ▷Verifikation; rein formal wird gezeigt, dass der zu untersuchende ▷Quellcode unter gegebenen Vorbedingungen fehlerfrei zu genau definierten Nachbedingungen führt; Voraussetzung ist ein ▷Kalkül, siehe dazu WP- ▷Kalkül oder Hoare- ▷Kalkül; entscheidender Vorteil gegenüber ▷Tests ist, dass die Anwesenheit bestimmter Fehler kategorisch ausgeschlossen werden kann, während Tests nur zeigen, dass gewisse Fehler zur Testzeit nicht aufgetreten sind; Beispiel: zu zeigen ist, dass folgende Zusicherung durch das Programmstück S erfüllt wird: {-2 <= y <= -1} S {y > 0}; übliche Schreibweise also: {Vorbedingungen} Programmcode {Nachbedingungen}

K

Kreuzprodukt

Siehe unter ▷Kartesisches Produkt

Kreuzung

Bei Daten- ▷Kabeln: Durchverbindung von unterschiedlich nummerierten, funktionell komplementären Anschlüssen; damit werden Kommunikationspartner oft direkt, also ohne Vermittlungsgerät, gekoppelt; siehe z. B. ▷Null-Modem

kritischer Abschnitt, - Bereich

Teil des ▷Programmcodes eines ▷Prozesses oder ▷Threads, welcher auf gemeinsam benutzte ▷Betriebsmittel zugreift; es gibt die Gefahr der ▷Race Condition und ▷Konkurrenz und deshalb besteht ▷Synchronisationsbedarf

Kryptoanalyse

Zerlegung einer Geheimschrift (griech.); 1. Diskussion (oder gar Knacken) der Verfahren, ▷Algorithmen und Schlüssel in der ▷Kryptografierung; 2. und im engeren Sinn oft gebraucht für die Entschlüsselung, Dechiffrierung von verschlüsselten ▷Nachrichten

Kryptografierung

Erstellen einer Geheimschrift (griech.); Verschlüsselung/Entschlüsselung – also: Chiffrierung/Dechiffrierung – von ▷Klartext bzw. ▷Binärdaten mittels meist allgemein bekannten, ja sogar standardisierten K.- ▷Algorithmen; Ziele dabei sind – je nach Verfahren in unterschiedlicher Gewichtung: Vertraulichkeit, Authentizität, Autorisierung, Integrität, Nicht-Bestreitbarkeit (Nonrepudiation)

Kryptografierung, hybride -

Mischverfahren zwischen der schnelleren, symmetrischen und der langsameren, asymmetrischen Verschlüsselung; Beispiel: a) die ▷Nachricht wird symmetrisch verschlüsselt, b) der zugehörige symmetrische Schlüssel wird mit dem öffentlichen Schlüssel der Empfängerin verschlüsselt, c) beides wird danach versandt; die Verschlüsselung des Schlüssels garantiert dessen autorisierte Ablieferung, die symmetrische Nachrichtenverschlüsselung ist ressourcenschonend

Kryptografierung, mono- und polyalphabetische -

Substituierende Strom-Kryptografierung, bei welcher aus jedem ▷Zeichen des Ursprungstextes immer genau dasselbe Zeichen des

Chiffrats wird; bei der polyalphabetischen Variante ist die Zuordnung noch von anderen Gegebenheiten, z. B. der Position oder Vorgeschichte des Zeichens abhängig

Kryptografierung, Quanten-
Symmetrische Datenverschlüsselung, basierend auf dem Zufallsmuster eines Photonenflusses als Einmal-Schlüssel; die Nachricht wird durch „Abhören" von aussen verändert (Heisenberg'sche Unschärferelation) und damit unbrauchbar

Kryptografierung, Strom- und Block-
Kontinuierliche Kryptografierung Zeichen für Zeichen bzw. über die geschlossene Ganzheit eines Datenblocks bestimmter Grösse; im Fall der Blockk. unterscheidet man ferner die ▷Ersetzungs- (Substitution) und ▷Versetzungsverfahren (Transposition); Stromk. ist aufwändiger und wird deshalb oft durch Hardware bewerkstelligt; Detaillierteres bei der Verfolgung der Querverweise

Kryptografierung, symmetrische -, asymmetrische -
Die symmetrische Kryptografierung verwendet beim Ver- und Entschlüsseln den gleichen Schlüssel und ▷Algorithmus; asymmetrische Verfahren arbeiten beim Ver- und Entschlüsseln mit demselben Algorithmus aber mit je einem anderen Schlüssel, einem privaten und einem öffentlichen; diese haben untereinander eine kaum rekonstruierbare Verwandtschaft (z. B. durch riesige Primzahlen); darauf beruhen die Public ▷Key Verfahren

Kryptografierung: End-to-End - bzw. Link Encryption

K

Ende-zu-Ende-Verschlüsselung auf Applikationsebene: nur die Nutzdaten sind verschlüsselt, der Protokollüberhang nicht; schneller, liefert dem ▷Man-in-the-Middle aber ▷Routinginformationen; Verbindungs- (Link-)Verschlüsselung auf den ▷OSI-Schichten 1 und 2: alle Informationen sind auf dem Transportweg verschlüsselt; langsamer und jeder Router muss eine Entschlüsselung vornehmen

Kryptografierung: Secret bzw. Kublic Key Cryptography
In der englischsprachigen Literatur synonym für symmetrische (Schlüssel muss geheim bleiben) bzw. asymmetrische Kryptografie (-Algorithmen)

Kryptologie
Lehre von der ▷Kryptografierung und der ▷Kryptoanalyse

Kryptosystem, faires -
Kryptosystem, das in seinem Innern ein ▷Key Escrow erzwingt und damit das Stehlen des Schlüssels erschwert

Kryptovariable
Siehe unter ▷Kryptografie- ▷Schlüssel

Künstliche Intelligenz
Ausstatten von Hardware und Softwaresystemen mit ▷intelligenten Leistungen wie automatisches Beweisen, ▷Expertenwissen, natürlich-sprachliche Kommunikation, Bildverstehen und ▷Animation, ▷Robotik, ▷Abstraktion, Lernvermögen usw.; von KI erwartet man „fehlerfreie" und wesentlich leistungsfähigere Hard- und Software; bisher blieb es bei der Erwartung

Kupfer

Metallisches, chemisches Element Cu mit Ordnungszahl 29 und sehr guter thermischer sowie elektrischer Leitfähigkeit; deshalb klassisches Leitermaterial für Elektrik und ▷Elektronik; neuere Technologien in der ▷Mikroelektronik erlauben eine teilweise Substitution von ▷Silizium durch Kupfer und damit eine noch grössere ▷Integrationsdichte

Kupferkabel
Siehe unter Kupfer- ▷Kabel

KVM

Kilobyte Virtual Machine; ▷Java Virtual Machine, deren Ressourcenbedarf auf Kleinstgeräte resp. ▷PDAs ausgelegt ist; begnügt sich mit Arbeitsspeicher von 32 KB bis 512 KB; Bestandteil der ▷J2ME und des ▷MIDP

Kybernetik

Steuermannskunst (griech.); Wissenschaft rund um dynamische, informationsverarbeitende, adaptive und selbstregelnde, u. U. selbstreproduzierende Systeme

K

L

L2TP
Layer 2 Tunneling Protocol; von ▷Cisco Systems entwickeltes ▷Protokoll zur ▷Tunnelung von Daten auf ▷OSI-Schicht 2, also im ▷LAN und in ▷Backbones; im Gegensatz zu ▷PPTP kryptografiert L. die Daten nicht und eignet sich somit nicht für ▷VPNs

Label
Marke; 1. Adressetikette für den Massenversand; 2. ▷Sprungmarke in einem Programm; 3. namentliche ▷Identifikation des ganzen Datenträgers; 4. Klassierungsstufe zur Geheimhaltung von Dokumenten in der ▷Zugriffssteuerung

laden
1. Vorgang des Kopierens von Daten und/oder Programmen vom ▷Massenspeicher in den ▷Arbeitsspeicher sowie vorbereitende Arbeiten; der Ladevorgang für ein Programm besteht darin, es in die ▷Prozesstabelle einzutragen, seinen absoluten ▷Adressen relative zuzuordnen, diverse Tabellen (z. B. ▷Seitentabelle) und Register anzulegen und es normalerweise zu aktivieren, das heisst in die Schlange der rechenbereiten Prozesse einzureihen; 2. in analytischen ▷Datenbanken der Vorgang des Ablegens von zuvor extrahierten und transformierten Daten in ein ▷Data Warehouse

Lag
Hohe ▷Antwortzeit im Internet bei starkem Verkehrsaufkommen

Lambda

11. Buchstabe des griechischen Alphabets, gross Λ, klein λ; zur Bedeutung siehe Lambda- ▷Kalkül

Lamer

Hinkebein; Möchtegern- ▷Hacker

LAMP

▷Linux – ▷Apache – ▷MySQL – ▷PHP: gängiges Akronym für eine voll produktive, interaktive ▷Web-Umgebung mit ▷Datenbank-An-bindung aus der ▷Open Source Gemeinde; siehe bei den entsprechenden Stichworten sowie unter ▷WAMP; DAMP steht analog für Drupal – Apache ..., MAMP steht analog für Mac OS – Apache ..., XAMP steht für eine Web-Umgebung, die auf verschiedene OS gesetzt werden kann (X für Crossover); XAMPP steht für XAMP, das erweiterte Unterstützung durch ▷PERL erfährt

LAN

Local Area Network; lokales ▷Netzwerk; physikalische Verknüp-fung von mehreren Arbeitsstationen mit dem Zweck der Daten-kommunikation und des gemeinsamen Gebrauchs von ▷Betriebs-mitteln; die LAN-Schichten im ▷OSI-Modell befassen sich mit dem Signaltransport durch die Medien; darauf ruhen die eher benutzer-orientierten Schichten, z. B. Dateidienste: die zentrale Station heisst dann Dateiserver und dient als Ablage für ▷Daten und ▷Program-me; die Arbeitsstationen der Anwenderschaft sind der Ort der Ver-arbeitung; lokal bedeutete zu Zeiten der staatlichen Nachrichten-monopole: innerhalb der Grundstücksgrenzen; heute könnte man das LAN so charakterisieren: alle ▷Ressourcen und die Kontrolle über das Netzwerk gehören dessen Betreiber; siehe auch ▷MAN und ▷WAN

LAN Manager

Netzwerk- ▷Betriebssystem von ▷Microsoft und ▷IBM; durch Microsoft ab 1993 zugunsten von ▷Windows NT aufgegeben und von IBM als Bestandteil von ▷OS/2 weiterentwickelt; später ▷LAN Server; danach OS/2 Warp Server; beachte die Querverweise

LAN Server
Netzwerk- ▷Betriebssystem von ▷OS/2

LAN, wireless -
Kabelloses ▷LAN, Verteilung der Netzwerksignale zu den Arbeitsstationen durch einen Funksender in begrenzt räumlichem Rahmen, z. B. in einem Hörsaal; siehe dazu z. B. ▷BlueTooth oder ▷AirPort; Details unter ▷IEEE 802.11

LANANA
The Linux Assigned Names And Numbers Authority; Körperschaft als Teil der ▷Free Standards Group zur Vergabe von Namen und Bezeichnungen im ▷Linux-Umfeld; www.lanana.org

Land
Bei der optischen Datenspeicherung eine Vertiefung in der Datenspur einer ▷CompactDisc bzw. ▷DVD, entspricht keinem ▷binären Zustand, da nur die Flankenübergänge ▷Signale darstellen; was auf der CD eine Vertiefung, ist auf der Press-Matrize eben eine Erhöhung, deshalb „Land"; siehe ▷Pit

Landing Zone, Landzone, Izone
Datenfreie Zone auf einer ▷Festplatte zum ▷Parken der ▷Schreib-/Leseköpfe im Ruhezustand; früher musste das Parken manuell befohlen werden, heute erfolgt es automatisch einige Sekunden nach dem letzten Zugriff

L

Landscape
Landschaft(-smalerei); Darstellung oder Ausdruck eines ▷Dokuments im Querformat

Lane
Gasse, Weg; einzelne, serielle Verbindung in ▷PCI Express

Langwort
32-Bit- ▷Wort; auch Doppelwort

Laptop
Auf dem Schoss (liegend); Klasse der tragbaren Kleinrechner mit Flachbildschirm

Las Vegas Algorithmus
▷Algorithmus, der als ▷Entscheidungen neben „ja" und „nein" auch „ungewiss" kennt und deshalb sehr viel in ▷stochastischen oder ▷fuzzy Modellen anzutreffen ist

Laser
Light Amplification by Stimulated Emission of Radiation; extreme Bündelung von elektromagnetischen Strahlen gleicher ▷Wellenlänge im grösstenteils sichtbaren Bereich; der entstehende Lichtstrahl ist sehr energiereich und dient z. B. der statischen Aufladung von Punkten auf der Toner-Trommel beim L.-Drucker oder der Datenübertragung durch Glasfaser- ▷Kabel

Last Mile
Siehe unter ▷Letzte Meile

Latenz; -zeit
Verborgenheit (lat.); meist verwendet in der Bedeutung einer Verzögerung, eines Aufschubs, eines Wartens; Beispiel: Zeit, die verstreicht, bis bei positioniertem ▷Schreib-/Lesekopf ▷Daten geschrieben oder gelesen werden können; der Kopf muss zuerst ausschwingen und auf den vorbeikommenden ▷Sektor warten

L

LaTeX
Lamport ▷TeX; ▷Makrozusatz zur etwas menschenfreundlicheren
Bedienung von TeX; wird in vielen Verlagshäusern und in natur-
wissenschaftlichen Fakultäten von Universitäten eingesetzt; stark
in Mathematik und Physik; der generische Zugang zu TeX heisst
plain TeX

Latin-1
8-Bit ▷Zeichencode für Westeuropa, Amerika, Australien und Teile
Afrikas; Details unter ▷ISO/IEC 8859

Laufweite
In der Typografie: Abstand zwischen einzelnen ▷Zeichen

Laufwerk
Hardware für die Verwaltung, ▷Speicherung und den ▷Zugriff von
Daten auf einem ▷Datenträger (▷Platte, Band); die automatische
Mechanik nimmt dem Bediener dabei alles ab im Gegensatz zur
▷Station, wo noch menschliche Manipulationen nötig sind/waren,
wie z. B. bei einer ▷Bandstation; mit ▷SSD wird der Begriff neu
auch für nicht-mechanische Speicher übernommen

Laufzeit
1. Zeit, in der ein ▷Programm als ▷Prozess geladen ist und „läuft",
im Gegensatz zur ▷Compilierzeit; 2. Zustand, Variable, Fehler,
Speicherkonfiguration usw., welche erst während des Programmlaufs auftreten (können)

Laufzeitfehler
Auf einer korrekten ▷Syntax beruhender, aber ▷semantischer,
▷logischer Fehler (z. B. eine Division durch 0)

L

Laufzeitmodell
Abstraktes Gebilde aus Hardware- und Software-Komponenten,
welche zur Lösung einer Klasse von Problemen oder aus didakti-

schen Gründen so modelliert wurden; so gibt es z. B. mehrere L.,
wie ▷Threads in ▷Adressenräumen operieren und vor allem miteinander ▷kommunizieren können

Laufzeitsystem
Sammlung sämtlicher ▷Ressourcen (eingeschränkte Interpretation:
▷Systemsoftware-Komponenten), welche 1. ein lauffähiges ▷Lauf-
zeitmodell umsetzen oder 2. erst während des Programmlaufs pro-
grammspezifisch konfiguriert werden (dynamische Daten und anderes)

Lauschen, Lauscher
Zuhörer in gewissen Internet-Bereichen wie ▷Chat oder ▷Usenet;
es gehört zum guten Benehmen, zur ▷Netiquette, in den genannten
Aktivitätsbereichen zuerst einmal eine Weile zu lauschen, bevor
man eigene Beiträge bringt; nicht zu verwechseln mit dem ▷Lis-
tener

Layer
Siehe unter ▷Schicht

Layout
Laut Duden: das -; 1. ▷Entwurf, 2. gestalterische Auslage; 3. geometrische Auslage ▷mikroelektronischer und ▷elektronischer Bauteile auf einer ▷Platine

Layout Manager
Hilfsprogramm im ▷JDK zur automatischen, optimierten Anordnung bzw. ▷Sichtbarkeits-Behandlung von grafischen ▷Objekten,
wie z. B. ▷Knöpfe

L

LBA
Logical Block Addressing; 28-Bit-Adressierung für ▷Plattensek-
toren unter ▷EIDE; LBA war eine logische Geometrie, welche die
physische Plattengeometrie überlistete und für Laufwerke über

8.4 GBytes zum Zug kam; diverse Nachfolgespezifikationen, die darauf Bezug nehmen und deshalb ist der Begriff hier noch aufgeführt

LBS
Siehe unter ▷Location Based Services

LCD
Liquid Crystal Display; ▷Flüssigkristallanzeige

LCS
Liquid Crystal Shutter, Flüssigkristall-Verschluss; ▷Druckertechnologie, in welcher der Lichtstrahl, der die elektrostatische Aufladung der Trommel erzeugen muss, durch eine Halogenlampe ausgesendet wird, deren Strahlen dann durch Flüssigkristalle selektiv gesperrt oder durchgelassen werden

ld()
Logarithmus dualis, also Logarithmus zur Basis 2; Beispiel: $ld(16) = \log_2(16) = 4$, denn $2^4 = 16$; die Berechnung von ▷ $ld(n)$ mittels Taschenrechner kann stattfinden als $\dfrac{\log(n)}{\log(2)}$ oder $\dfrac{\ln(n)}{\ln(2)}$

LDAP
Lightweight ▷DAP; Abfrage- und Zugriffs- ▷Protokoll für auf ▷X.500 basierende ▷Verzeichnisdienste im ▷TCP-IP-Netzwerk; L. ist deshalb „leichtgewichtig" weil es nicht alle Möglichkeiten der komplexen X.500 Norm implementiert; wenn X.500 die Datenbasis ist, dann ist LDAP quasi das DBMS; siehe auch ▷Active Directory

LDSG
Landesdatenschutzgesetz in Deutschland

Lead
Vorspann; siehe unter ▷Header

L

LEAP
Lightweight ▷EAP; Sicherheits- ▷Protokoll in ▷WLANs von
▷Cisco Systems

Leased Line
Siehe unter ▷Mietleitung

Lebensdauer
In der ▷Programmentwicklung: Zeit, während der für ein ▷Objekt
▷Speicherplatz reserviert ist; die L. ist von der Programmdynamik
abhängig; siehe auch ▷Geltungsbereich

Lebenszyklus
Lebenszeit 1. eines ▷Systems von den ersten Schritten der ▷Ana-
lyse bis zur Ausserbetriebnahme und Deinstallation; 2. eines ▷Ob-
jekts oder einer ▷Komponente; der L. eines Formulares ist typischerweise: a) geladen, aber unsichtbar; b) geladen und sichtbar;
c) aktiviert; d) unsichtbar, aber noch geladen; e) entladen

LED
Light Emitting Diode; Leuchtdiode in der ▷Elektronik

Legacy
Altlast, ▷Erblast, Hinterlassenschaft, Vermächtnis; in technischen
Disziplinen wie der Informatik oft gebraucht für alte oder gar ver-
altete Systeme oder Systemkomponenten, die noch irgendwelche
Altlast darstellen und z. B. einen Zwang zur Abwärtskompatibilität
aufbürden oder Daten zum Migrieren beherbergen

L   Leitungsvermittlung
Kommunikationskanal in Form einer physischen, direkten Durchschaltung, wie z. B. beim ▷Telefonnetz oder ▷ISDN-Netz; als Ver-
rechnungsbasis dient allein die zeitliche Beanspruchung des Kommunikationskanals, der dafür während dieser Dauer seine ganze

▷Bandbreite zur Verfügung stellt; Fall „besetzt" möglich; siehe auch: ▷Paketvermittlung

Leitwerk
Siehe unter ▷Steuerwerk

Lempel-Ziv-Welch
▷Algorithmus zur ▷Datenkompression: die ursprüngliche Idee besteht darin, sich oft wiederholende ▷Binärfolgen durch andere, kürzere zu ersetzen

LEO
Low Earth Orbit; Netz von erdnahen Satelliten (500 bis 9'000 km über der Erdoberfläche), wie es seit 1995 privatwirtschaftlich schrittweise aufgebaut wurde und seit 2000 für die Mobiltelefonie erdumspannend in Betrieb ist; das Projekt ▷Iridium basiert auf LEO-Satelliten; künftige Generationen dienen der ▷breitbandigen Kommunikation; siehe auch ▷MEO

lesen
Einen Datenstrom von einer Einheit empfangen; typischerweise über einen ▷Kanal, der zuerst geöffnet (▷OPEN()) und anschliessend geschlossen (▷CLOSE()) werden muss

Letter
Buchstabe; Schönschriftqualität beim Drucken: NLQ ist Near Letter Quality, LQ ist Letter Quality

Letzte Meile
Feinverteilung in der ▷Telekommunikation von der Ortszentrale **L** zum Endverbraucher, deshalb auch oft Local Loop; aus der Sicht der Transportkapazität oft der Flaschenhals in der ▷Datenkommunikation; in umgekehrter Optik auch oft: Erste Meile (▷First Mile); in der Schweiz war die L. M. bis 1. April 2007 im Besitz der ▷Swiss-

com, seit dem revidierten Fernmeldegesetz ist die L. M. für alle geöffnet

Levenshtein-Distanz
Anzahl Schritte, die nötig sind, um ▷Zeichenkette A in Zeichenkette B zu überführen, daher auch minimale Editierdistanz genannt;
zur Verfügung stehen die ▷Primitiva a) Zeichen einfügen, b) Zeichen löschen und c) Zeichen verändern; bedeutungsvoll in unscharfen Mengen; begründet 1965 durch den russischen Mathematiker Vladimir Iossifowitsch Levenshtein

LF
▷ASCII-Zeichen 0A(H) (10): Line Feed, Zeilenvorschub

LFU
Least Frequently Used; ▷Algorithmus (z. B. in ▷Cache ▷Control-
lers oder in der ▷virtuellen ▷Speicherverwaltung) zur Ermittlung
der am seltensten verwendeten und deshalb zu ersetzenden Dateneinheit

LGPL
▷GNU Library General Public License; eine Version der ▷GPL,
welche sich nur auf ▷Bibliotheken bezieht; vielen Entwicklerinnen
unbekannt, weshalb sie oft auch für Bibliotheken die GPL anwenden, die indessen von der ▷FSF stammt

LIB
Dateinamenserweiterung in ▷DOS und ▷Windows für ▷Biblio-
theksdateien; heute meist ▷DLL

L

Liberty Alliance
Von ▷Sun Microsystems ins Leben gerufenes Konsortium zur Spezifizierung von Sicherheitskonzepten in der ▷webbasierten ▷Kom-
munikation; die L. A. ist eine direkte Konkurrenz zu ▷WS-*

Library

Bibliothek; 1. Sammlung von Dateien mit bei Bedarf verwendbaren Dokumenten, z. B. ▷Clip Arts; 2. Sammlung fertig programmierter Routinen, welche in der Entwicklung in ▷Programme eingebunden (include, import) werden können oder zur ▷Laufzeit dynamisch eingebunden werden; vergleiche ▷Bibliothek, ▷Klassenbibliothek

Lichtgriffel

▷Gerät zur Abtastung einer ▷Koordinate vom ▷Bildschirm; Eingabegerät

Lichtwellen- (mit Zusatzbezeichnung)

Das Licht, meist ▷LED- oder ▷Laser-Strahlen, als Signalträger benutzend; Beispiel: ▷Glasfaserkabel (siehe dort) als L.-leiter

LIF

Light Insertion Force; ▷Prozessorsockel, dessen bauliche Eigenschaften einen geringen physikalischen Kraftaufwand zum Auswechseln des Bausteins erfordern; siehe auch ▷ZIF

Life Cycle

Siehe unter ▷Lebenszyklus

LIFO

Last In – First Out; Speicher oder ▷Register ohne Adressierungsmöglichkeit, sondern mit stapelartiger Anordnung; der Zugriff auf die Elemente erfolgt beim Lesen in umgekehrter Reihenfolge zum Schreiben; Prinzip Pendenzenkörbchen oder „Groschenbox"; siehe auch: ▷Stack, ▷POP(), ▷PUSH(); vergleiche ▷FIFO

L

Light Pen

Siehe unter ▷Lichtgriffel

lilo

Linux Loader, Linux Lader; ein in den ▷Linux- ▷Distributionen
quasi zum Standard gehörender ▷Boot Manager; Alternative: grub
(„great universal boot loader")

Line

Linie; 1. Anschluss an ▷Modems als Abzweigung in die ▷Telefon-
buchse, dann auch: „Amt"; leistungsfähige Modems haben oder
hatten oft die Anschlüsse L. und Phone; in diesem Fall kann der
Telefonapparat direkt an Phone angeschlossen werden, so dass die
Telefonsteckdose nicht doppelt belegt ist; 2. ▷Line in/out

Line in/out

Eingang für Audio zwecks weiterer Bearbeitung der Eingangssig-
nale; vorverstärkter Ausgang für ▷Audiosignale an ▷Sound- oder
Tunerkarten, ▷CD-ROM-Laufwerken usw.

Line Switching

Auch: Circuit Switching; ▷Leitungsvermittlung

linear

Im Zusammenhang mit dem ▷Arbeitsspeicher: nur durch die Breite des ▷Adressbusses beschränkte und in allen Bereichen gleichartige (▷flache) Adressierbarkeit des Arbeitsspeichers (z. B. volle
4 GBytes bei 32 Bits ▷Adressbus-Breite)

Link

Bindeglied; 1. datenmässige Verbindung zwischen zwei Computern; 2. ▷Linking; 3. Querverweis von einem ▷Hypertext- oder
▷Web-Dokument aufs andere; dann besser: ▷Hyperlink; siehe dort
für mehr Details

L

Link, hard -, harter -

Verweis von einer Tochterdatei auf ihre Mutterdatei; die ▷Dateien
existieren reell bloss einmal – sie präsentieren sich der Benutzerin

jedoch als zwei; das Löschen von einer der Dateien lässt die andere
am Leben; Änderungen in einer wirken sich auf beide aus

Link, soft -, symbolic -, symbolischer -

Pfadmässiger Verweis aus einer ▷virtuellen ▷Datei (bzw. einem
▷Verzeichnis) an den tatsächlichen, ▷physischen Ablageort dieser
Datei; solche Verweise werden vor allem im ▷Dateisystem von
▷Unix / ▷Linux gerne verwendet; das Löschen des Ziels hängt den
▷Zeiger, das ▷Alias, ins Nirwana

Linker, Linking

Nach dem ▷Compiling und ▷Parsing zu erfolgende Anbindung
von 1. Systemroutinen (▷Bibliotheksroutinen) z. B. für Ein- und
Ausgabe oder 2. anderweitig schon vorcompilierten Module; das
Resultat ist in beiden Fällen ein lauffähiges, (▷EXEcutable) ▷Pro-
gramm

LINQ

Language Integrated Query; Sprache als Bestandteil des ▷.NET
Rahmenwerks zur Manipulation bzw. Befragung von Datenbeständen aller Art wie z. B. von ▷Datenbanken oder ▷XML-Dokumen-
ten; die Sprache enthält ▷syntaktische Komponenten aus ▷SQL wie
auch aus objektorientierten ▷Programmiersprachen und lässt sich
sehr gut in Programmiercode integrieren; L. ist die Entwicklung
eines Teams rund um Anders ▷Hejlsberg (Turbo ▷Pascal, ▷C#)

Linux

Ursprünglich als eine Art ▷Unix „light" im akademischen Umfeld
entstandenes und mittlerweile auch in die kommerzielle Anwendung vorgedrungenes ▷Betriebssystem; L. entspross 1991 der Initiative des Studenten Linus Benedict ▷Torvalds an der Universität
Helsinki und entstand – als ▷Kern – in Kollaboration mit Hunderten von Leuten im ▷Internet sowie anfänglich für ▷Intel ▷80386;
L. ist ▷POSIX-konform und ▷quelloffen (siehe ▷GPL); als grafische ▷Benutzungsoberfläche kommen ▷X Window System kompa-

L

tible ▷GUIs zum Zug; spätestens im Jahre 1997 setzte L. zu einem
regelrechten Siegeszug an und bietet sich mit seinen immensen
Möglichkeiten heute als ernstzunehmende Alternative zum fakti-
schen ▷Standard ▷Windows an; ab 1998 begannen grosse, kommerzielle Softwarehäuser mit der ▷Portierung ihrer Produkte auf
L.; die ▷Befehle, ▷Dienstprogramme und ▷Werkzeuge stammen
grossenteils aus dem ▷GNU-Projekt (deshalb wird L. von vielen
Personen GNU/Linux genannt), von ▷BSD oder dem X Consortium; rechtlich gesehen ist L. kein Unix, siehe dazu ▷X/Open; bekannte Distributionen sind: Debian, Gentoo, Knoppix, Mandriva,
Red Hat, Slackware, SuSE, Ubuntu, es gibt Dutzende

Linux Standard Base
Teilkörperschaft der ▷Free Standards Group mit dem Ziel, ▷Linux
▷Distributionen so weit zu ▷standardisieren, dass sie untereinan-
der ▷kompatibel werden und Drittprodukte darauf lauffähig sind;
erste Zertifikate ab Herbst 2002, Anerkennung durch ▷ISO und
▷IEC im Jahre 2005; www.linuxbase.org

LISA
Logical Integrated Software Architecture; erster ▷Mikrocomputer
von ▷Apple mit einer grafischen ▷Benutzungsoberfläche; ein tech-
nologischer, aber kein kommerzieller Erfolg

LISP
List Processing; höhere, funktionale, streng ▷typisierte ▷Program-
miersprache von John McCarthy aus dem Jahre 1962 auf der Basis
▷künstlicher Intelligenz; L. implementiert das Lambda- ▷Kalkül;
auffallendes ▷syntaktisches Formelement ist die exzessive Schachtelung in runde Klammern – daher gibt es zum Lambda- ▷Kalkül
Klammerkonventionen; grosser Komfort im Umgang mit komplexen Datentypen (▷Listen als Hauptstruktur, ▷Bäume, ▷Hash-Ta-
bellen ...); strenge Präfixnotation (+ 4 5)

L

List Server
Server, der eine ▷Metaliste von ▷E-Mail-Verteilerlisten verwalten und die aufgelisteten Verzeichnisse (▷Maillists) automatisch mit elektronischer Post bestücken kann; siehe auch ▷listserv

Liste, verkettete -
Dynamische und abstrakte ▷Datenstruktur, bestehend aus mehreren, ▷diskreten Elementen, z. B. ▷Datensätzen, die über ▷Zeiger in eine oder beide Richtungen verkettet sind; die ▷Primitiva sind EINFÜGEN(), ANHÄNGEN() und LÖSCHEN(); wird das erste mit dem letzten Glied verknüpft, entsteht ein ▷Ringpuffer; ansonsten haben der erste und letzte Zeiger den Wert ▷NIL („not in list"), meist 0

Listener
1. und allgemein: Prozess, der in der Regel ▷pollend auf ▷Informationen in Form eines Eingabestroms wartet; alle ▷Ereignisbehandler sind L.; auch: Beobachter; 2. von aussen berührbarer Bestandteil der Architektur einer ▷Oracle Datenbank, der über eine ▷Connection gesendete ▷SQL-Anweisungen entgegennimmt; 3. Eventlistener sind selbst gestaltbare Programmteile, die auf Ereignisse reagieren resp. im Fall von Ereignissen die nötige Arbeit erledigen; diese pollen in der Regel nicht, sondern sind ▷unterbrechungsgesteuert

Listing
Kommando-Liste eines ▷Programms, also: ▷Quellcode- ▷Klartext

listserv
„Geschlossene" Gruppe von ▷Internet-Benutzern, welche untereinander ▷Mailings zu einem bestimmten Thema austauschen; siehe auch ▷Usenet, ▷List Server und ▷Maillist

L

Literal
1. in der Typografie: kleinster ▷Fehler, wie ein Kopf stehender
Buchstabe; 2. Wert, der seine ▷Semantik direkt aus dem ▷Code
bezieht, z. B. ein ▷Kommando oder die ▷Zeichenkette „November"; der Begriff ist indessen meist im Zusammenhang mit literalen
▷Konstanten gebraucht und dort ausführlich erklärt

Live
Siehe unter ▷Windows Live

Live Object
Modul, Objekt einer ▷OpenDoc ▷Applikation; auch ▷Part genannt

Live-CD, -DVD
Datenträger mit startfähigem ▷Betriebssystem

Liveware
Der menschliche und als solcher wohltuend beseelte Anteil zwischen, unter und über all der ▷Hardware, ▷Software und ▷Firm-
ware; auch ▷Wetware

living Links
Gelegentlich aufblitzender Begriff für den ▷dynamischen Datenaustausch, ▷DDE

Lizenz, lizenzieren
1. Berechtigung, Erlaubnis: in dieser Bedeutung kommt der Begriff
eher im Englischen zur Anwendung: fully licenced (Berechtigung
zum Alkoholausschank), Driver's licence (Führerschein), licenced
to kill (James), licenced by … und so schon nahe bei zertifiziert
durch …; 2. Benutzungsrecht (lat.) an einer ▷urheberrechtlich
geschützten Sache für eine befristete Zeit und gegen Entgelt; entspricht rechtlich nicht dem Eigentumsstatus; das Verb bedeutet
entsprechend: berechtigen, ein „Lizensieren", wie es oft verwendet
wird, ist dem Duden unbekannt

L

LLC
Logical Link Control; obere Teilschicht der Sicherungsschicht (2, Data Link) im ▷OSI Modell; LLC besorgt die ▷Fehlerüberwachung und ▷Flusskontrolle; LLC fügt einen eigenen ▷Rahmen ▷Header an; dieser dient vor allem dazu, die Identifikation des Rahmentyps mit ▷SNAP einzuleiten

LMS
Learning Management System; meist ▷webbasierte Plattform, die die Kollaboration von Studierenden, Dozierenden und aministrativ Mitarbeitenden im schulischen/universitären Umfeld ermöglicht; damit einher kommen auch einheitliche Formate z. B. für Kursstrukturen (▷SCORM, ▷AICC, ▷IMS), Webprotokolle u. a.; bekannte L. im Einsatz sind: Moodle, ILIAS, Blackboard, OLAT, Doors, Claroline – verstreut über verschiedenste Universitäten

Load Balancing
Dynamische Lastzu- bzw. -verteilung im Netzwerk; gemeint ist vor allem eine verteilte Regelung des Eingangs-/Ausgangsverkehrs von ▷IP-Daten

Load Factor
Siehe unter ▷Auslastungsfaktor

load/store, load and store
Bezeichnung, die zum Ausdruck bringt, dass in ▷RISC Prozessoren nur zwei Instruktionen auf den ▷Primärspeicher zugreifen dürfen, dass andererseits vorbereitend zu arithmetischen ▷Operationen die entsprechenden ▷Operanden in ▷Registern bereitstehen müssen

L

LOB
Large Object; Sammelbegriff für Binary Large Objects (BLOBs) und Character Large Objects (CLOBs), siehe bei den Akronymen

LOC
Lines Of Code: Anzahl der ▷Codezeilen in einem ▷Quellprogramm; Kennzahl für das Management; oft kLOC (▷kilo), meist unter Einschluss von ▷Kommentarzeilen, da die Gesamtzahl an Zeilen automatisch ermittelt wird

LOC(), LOCATE()
Kommando in diversen Programmiersprachen zur Lokalisierung eines (▷Zeiger-)Standortes

Local Area Network
Siehe unter dem gebräuchlicheren ▷LAN

Local Bus
Direkte, elektronische Koppelung des Prozessors mit Erweiterungseinheiten unter Umgehung des ▷Systembusses, also z. B. mit dem grafischen Subsystem eines Rechners; L.B. ▷Adapterkarten übernehmen den externen Prozessor- ▷Takt und sind nicht mehr auf die Taktfrequenz des ▷Systembusses limitiert; der Prozessor und der Systembus werden mit dem L.B. durch einen Satz eigener ▷Controllers oder ▷Chip Sets gekoppelt; bei einem grafischen L.B. wie dem früheren AGP werden als Wichtigstes die ▷Grafikdaten schneller aufgearbeitet, was vor allem in der ▷Windows-Umgebung wichtig ist

Local Loop
Feinverteilung, -verkabelung in der ▷Telekommunikation, besser bekannt als: Last Mile, ▷Letzte Meile

Local Procedure Call
Realisierung von ▷RPC in einem ▷lokalen oder sogar ▷Inselsystem; dadurch lässt sich in diesem System auch dann noch ▷Prozesskommunikation betreiben, wenn es in ▷logische Subsysteme aufgeteilt wird

Localhost
Identifikation des lokalen Rechners im ▷TCP/IP ▷Protokollstapel; der L. hat die ▷IP-Adresse 127.0.0.1

LocalTalk
Kabelsystem und Signalvermittlung (▷OSI-Schichten 1 und 2) von ▷Apple im ▷AppleTalk Netzwerk mit ▷Bus- ▷Topologie, einem Datendurchsatz von 230 kbps und 256 möglichen Knoten bzw. 16 Millionen Knoten in mehreren so genannten ▷Zonen; zusammen mit AppleTalk zugunsten von ▷TCP/IP mit ▷Ethernet aufgegeben

Location Based Services
Dienste über dem ▷Mobiltelefonie-Netz, welche die Tatsache ausnutzen, dass dem ▷Netz der Aufenthaltsort eines Teilnehmers, also dessen Aufenthalts- ▷Zelle, bekannt ist; solche ▷Dienste können z. B. freie Parkplätze und Hotelzimmer melden oder lokale, kulturelle Sehenswürdigkeiten

Lochkarte, Lochstreifen
Nicht erneuerbarer und veralteter ▷Datenträger aus Papier; dass die Darstellung bei ▷Monitoren, ▷Mails, ▷Druckern, ▷Quellcode usw. während vieler Jahre auf 80 Zeichen optimiert war, geht auf diejenige Lochkarte zurück, die am weitesten verbreitet war und 1928 von ▷IBM patentiert wurde: sie hatte Platz für 80 Stanzungen, dies wird auch ▷Hollerith-Breite genannt

Lock Out
▷Verklemmung, eher: Aussperrung, welche sich indessen durch das Eintreten ▷asynchroner Ereignisse wieder lösen kann und deshalb harmloser ist als der Dead ▷Lock; siehe weitere Lock-Typen

L

Lock, Dead -
▷Verklemmung (dort detaillierter): nicht abbrechende, wechselseitige Blockierung; eine Entklemmung muss erzwungen werden, weil

sich die gegenseitige Abhängigkeit nicht von selbst löst; siehe weitere Lock-Typen

Lock, Gen -
Vollständig: Synchronization Generator Lock; keine Sperre, sondern eine Vermischung von mehreren Video-Bildern durch ▷Synchronisation der Quellen; dadurch wird z. B. eine Mehrkamera-Einblendung auf einem Bildschirm möglich

Lock, Live -
Durch mangelnde ▷Synchronisation entstandener Zustand der nicht abbrechenden Ausführung; eine Art gegenseitiger, sich dauernd erneuernder Behinderung wie bei zwei Personen, die sich am Dessertbuffet wiederholt gegenseitig den Vortritt gewähren und dann gleichzeitig wieder neu zugreifen wollen; siehe weitere Lock-Typen

Lock, LOCK, Locking, shared -, exclusive -
Sperre; Anweisung zur Errichtung einer solchen; Sperrung; man beachte die Details unter ▷Sperre

Lock, Spin -
1. Sperrmechanismus der Hardware; diese bietet spezielle Befehle zur Prüfung von ▷Sperrinformationen und anschliessenden Sperrung als eine atomare, also ununterbrechbare Befehlseinheit (siehe: ▷TSL); die Atomarität gewährleistet, dass nicht durch eine ▷Unterbrechung der Zustand eintreten kann, dass gleichzeitig zwei Prozesse eine Sperr- ▷Flag in Anspruch nehmen; 2. gelegentlich als reine, periodische Prüfung einer Sperre verstanden; siehe weitere Lock-Typen

Locking, two-Phase -
Siehe unter ▷Sperrprotokoll, Zweiphasen-

Lockout Threshold
Schwelle für den Ausschluss; ▷Clipping Level bis zum Ausschluss des ▷Zugriffs

log in/on
Sich anmelden bei einem System, bei einer ▷Netzwerk-Ressource, z. B. dem Dateiserver durch ▷Parameter (▷Credentials), ▷Identifikation und ▷Passwort zur ▷Authentisierung; darauf folgt die ▷Autorisierung; die Anmeldungen werden bei grösseren Systemen auf einem so genannten ▷Audit Trail aufgezeichnet

log out/off
Sich abmelden bei einem System, bei einer ▷Netzwerk-Ressource, z. B. dem Dateiserver

Log, Logbuch
1. und allgemein: „Tagebuch" (aus der Nautik: Schiffstagebuch, Bordbuch); 2. bei ▷Datenbanksystemen: analytische Niederschrift (wir verwenden absichtlich nicht: ▷Protokoll) der Lese- und Schreiboperationen in ▷Transaktionen; mit den L. kann die ▷Serialisierbarkeit einer Transaktion beurteilt werden; nicht zu verwechseln mit ▷Logdatei

Logarchiv
Langzeitsicherung der ▷Logdateien in einem ▷Transaktionssystem auf ▷Magnetband oder andere Langzeitarchive; die auf ▷Platte residierenden Logdateien werden nämlich laufend überschrieben

Logdatei
Bei grösseren ▷Datenbanksystemen: Datei mit den je vor einer ▷Transaktion gültigen Datenzuständen (before ▷Image) sowie einer Niederschrift aller Datenmanipulationen während der Transaktion; die L. ermöglicht notfalls ▷undo (Rekonstruktion der jüngsten, ▷konsistenten Zustände) und ▷redo (nochmals, bitte); die Speicherung erfolgt oft synchron auf ▷Platte für kurze ▷Roll-

backs oder zeitversetzt auf ▷Magnetband für die Wiederherstellung über lange Zeit; im Gegensatz zum ▷Vault enthalten L. also die „Deltas" und nicht die ganzen Datenbestände; nicht zu verwechseln mit ▷Logbuch

Logging
Die Art und Weise, in welcher ▷Logdateien erstellt werden und die Aktivität dieses Erstellens; physikalisches L. arbeitet mit ▷Images, logisches L. zeichnet Arbeitsschritte auf, welche zu den Veränderungen des Images führen; dazwischen existieren Mischformen

Logik
Denklehre (griech.); 1. und allgemein: die Lehre des folgerichtigen Schliessens gemäss gegebenen Regeln (Axiome, Prämissen); 2. Entscheidungsfähigkeit ▷mikroelektronischer Bausteine im Ja/Nein-Prinzip; 3. die dazu erforderlichen ▷physikalischen Komponenten

Logik, direkte - und indirekte -
In der ▷Digitaltechnik: Entsprechung des Spannungspegels ▷high und der Wertigkeit 1 (direkt) bzw. umgekehrt (indirekt)

Logik, dreiwertige -
Logik, welche die Werte TRUE, FALSE und UNKNOWN umfasst; letzterer Wert kommt durch eine Belegung mit ▷NULL zustande, also mit unbekannt (unknown); die Auswirkungen der d.L. sind vor allem bei ▷Abfragen zu beachten: Nullwerte werden weder bei der Abfrage auf WAHR noch auf FALSCH zurückgeliefert oder anders: die Vereinigungsmenge aller Mitglieder, die in Luzern oder NICHT in Luzern wohnen, liefert nicht alle Mitglieder zurück, wie es eine solche Vereinigungsmenge müsste; Mitglieder, deren Wohnort nicht eingetragen ist (NULL), werden überlesen; nicht zu verwechseln mit Logik im Ternärsystem, siehe ▷Trit

Logik, Prädikaten-
Auch Quantorenlogik genannt; eine ▷Logik, die die Quantoren
„für alle" und „es gibt mindestens ein" für ihre Aussagen verwendet und so die Formalisierung von Argumenten ermöglicht: „Daraus, dass es mindestens ein x gibt, für das gilt ..., folgt ...";
P. umfasst mehrere Stufen, von denen die direkte Verwendung
von Quantoren die erste darstellt; die weiteren Stufen entstehen,
indem man Aussagen über Prädikate selbst mit Hilfe der P. L. bildet; P. L. findet vielseitige Verwendung, auch z. B. in Expertensys-
temen oder ▷Künstlicher Intelligenz; in ▷PROLOG ist P. L. praktisch umgesetzt

logisch
1. mit der ▷Logik zusammenhängend; 2. nur für die Sicht der Anwendung relevant; nur der planerischen ▷Struktur und nicht irgendwelchen ▷physischen Gegebenheiten entsprechend; Beispiel: das
l. ▷Format auf einem ▷Datenträger meint die (für das ▷Dateisystem
relevante) ▷Cluster-Bildung und nicht das (zwischen Fabrikaten unterschiedliche) physische Abbild in ▷Sektoren auf dem Datenträger

LOGO
Höhere, leicht erlernbare und vor allem für das pädagogische Umfeld entwickelte Programmiersprache; L. leistet wesentlich mehr als
die von den Medien her bekannte Schildkrötengrafik: diese war nur
ein Hilfsmittel, Kindern die Strukturen modernen ▷Programmie-
rens beizubringen

logroll
Siehe unter log- ▷roll

L

lokal
Örtlich (lat.); 1. in der Datenkommunikation: an den örtlichen
▷Host angeschlossen; 2. in der Datenablage: auf dem bearbeitenden
Rechner gespeichert; 3. beim ▷Programmieren: nur auf der Ebene
einer ▷Subroutine, einer ▷Prozedur usw. ▷gültig resp. ▷sichtbar

Lokales Netzwerk
Erklärt unter dem gebräuchlicheren ▷LAN

Lokalität, Lokalitätsprinzip
Präziser als: ▷Referenzlokalität

Lokalität, räumliche -
▷Referenzlokalität in Bezug auf ▷Adressen, welche nahe beisammen liegen; dies nutzt man dadurch, dass man ganze ▷Blöcke lädt; siehe dazu auch ▷Burst

Lokalität, zeitliche -
Tendenz zur Wiederverwendung gleicher Werte in einem bestimmten, kurzen Zeitraum; dies macht man sich im ▷Cache zunutze, wo ▷Daten nicht gelöscht werden, sondern allenfalls veralten

Lokalitätsmenge
Minimale Menge aller in einem bestimmten Zeitabschnitt ▷referenzierten ▷Seitenaufrufe

LOM
Learning Object Metadata; ▷Metadaten zur Attribuierung von Lernobjekten irgendwelcher Art, also namentlich auch nicht ▷digitaler (Urheberschaft, Inhalt, Stufe, Schlagworte); LOM ist eine ▷Norm von ▷IEEE mit Nummer 1484.12

long (int)
(▷Deklaration für) ▷Ganzzahl- ▷Datentyp in Datenbank- und Programmiersprachen: eine 32- oder 64-Bit-Ganzzahl je nach Umgebung; siehe auch ▷tinyint, ▷smallint, ▷int und ▷bigint

L

long (word), longword
▷Datentyp ▷Langwort

Longhorn
Siehe ▷Windows Vista

longint
(▷Deklaration für) ▷Ganzzahl- ▷Datentyp in Datenbank- und Programmiersprachen: eine 32- oder 64-Bit-Ganzzahl je nach Umgebung; siehe auch ▷tinyint, ▷smallint, ▷int und ▷bigint

Loop
Siehe unter ▷Schleife

Loop Back, Loopback
Vom Rechner auf sich selbst beschränktes ▷„Netzwerk"; auch für ▷Client/Server-Anwendungen, welche auf einem physikalischen Rechner laufen; die ▷IP-Adresse dazu ist oft 127.0.0.0; siehe auch private IP-Adressen und ▷Localhost

Loop, nested -
1. verschachtelte ▷Schleife; 2. ▷syntaktische Form in einigen ▷Programmiersprachen zum Begrenzen (der Verschachtelung) von Schleifen

Lorem Ipsum
Beliebter Platzhaltertext zum Layouten, wenn der richtige Inhalt noch nicht zur Verfügung steht; L.I. ist leicht verdrehtes Latein, Teil einer Passage von Ciceros „De finibus bonorum et malorum", einer theoretischen moralischen Abhandlung aus dem Jahr 45 vor Chr.; sie wurde für Druckproben im 15. Jh im Setzkasten gesetzt und die Buchstaben wurden durchmischt; Original: „Neque porro quisquam est qui dolorem ipsum quia dolor sit amet, consectetur, adipisci velit ..."; Deutsch: „Es gibt niemanden, der sich selbst in Liebeskummer begibt, der danach sucht oder danach verlangt, einfach weil es schmerzt ..."; für lange L.I.-Texte siehe www.loremipsum.de

L

löschen

Tätigkeit des Ausradierens von Daten in/auf einem ▷Speicher-
medium; dieses L. ist indessen oft nur ein Markieren zwecks Freigabe und erlaubt deshalb nicht selten eine Rekonstruktion der
ursprünglichen Inhalte; vergleiche dagegen ▷wipe, ▷sanitize,
▷zeroize, ▷degauss

Loser

Verlierer; ▷Transaktion, die vor einem System- ▷Absturz nicht
erfolgreich beendet wurde; L.s sind beim Wiederanlauf ▷undo-
Kandidaten; siehe auch ▷Winner

Lotus Development Corporation

Gegründet 1982 als reines ▷Softwarehaus mit dem Renner Lotus
1-2-3, einer 1983 vorgestellten ▷Tabellenkalkulation, die zum Quasi-Standard für diesen Anwendungsbereich wurde (Lotus 1-2-3
baute seinerseits auf dem Erfolg von VisiCalc für ▷Apple II auf, der
ersten Tabellenkalkulation überhaupt!); es folgten weitere Erfolgs-
produkte: Symphony (1984), eine ▷Suite für ▷MS-DOS; Jazz für
den ▷Mac (die Konkurrenz gebar darauf RagTime); die ▷Group-
ware Notes (später: Domino) und die ▷Mailing-Lösung cc:Mail; in
der Bürokommunikation verband L. sein 1-2-3 sowie diverse, über
Jahre zusammengekaufte Produkte zur leistungsfähigen SmartSui-
te; im Hardware-Bereich hat L. nur marginal entwickelt, jedoch an
sehr vielen wichtigen Spezifikationen der ▷Wintel-Welt mitge-
wirkt; 1995 für 3.5 Milliarden US-Dollar von ▷IBM übernommen;
www.lotus.com leitet mittlerweile auf IBM um

low Level

Tiefes Niveau; 1. tiefer Spannungspegel in ▷elektronischen Schaltungselementen; um 0 Volt; entspricht Zustand 0 bei so genannter
direkter ▷Logik; 2. Initialisierungsstufe bei ▷Festplatten: ganz neue
Festplatten bis zur Generation ▷RLL wurden in zwei Arbeitsgängen
▷formatiert; die l.L. Formatierung kam einer Vormagnetisierung
gleich, während die high Level Formatierung die ▷logischen Ver-

waltungsstrukturen anbrachte; ab ▷IDE ist diese Art Formatierung nicht mehr nötig bzw. werkseitig vorgenommen

LOWER(string)
▷Funktion in vielen Programmier- und Datenbanksprachen zur Umwandlung sämtlicher ▷Zeichen des ▷Arguments ▷String in ▷Minuskeln; Gegenteil: ▷UPPER

LPC
Siehe unter ▷Local Procedure Call

LPD/LPR
Line Printer Daemon/Line Printer Remote; Protokolle aus der ▷Unix / ▷Linux-Welt (auch genannt: Berkeley Printing System) auf der Anwendungsschicht von ▷OSI für Druckerdienste im ▷TCP/IP-Netz

lpi
Lines per Inch; Mass für die Dichte der Zeilen eines ▷Dokuments in Zeilen pro ▷Zoll

lpm
Lines per Minute; eines der Masse für die Geschwindigkeit beim Drucken in Zeilen pro Minute

LPT
In ▷MS-DOS und ▷Windows noch immer ein Dateiname für (die parallele) „Line Printer" (-Schnittstelle), also für die damaligen ▷Drucker, die allesamt Zeilendrucker waren; LPT wird analog ▷Unix / ▷Linux als ▷Gerät behandelt, deshalb sind auch Dateikommandos auf LPT anwendbar: copy a:\wilitell.txt lpt: druckt(e) die Datei wilitell.txt direkt aus, obwohl copy ein Kopierkommando für Dateien ist

LQ
Letter Quality; Schönschrift mittels ▷Matrixdrucker

LRU
Least Recently Used; ▷Algorithmus (z. B. in ▷Cache ▷Controllern oder in der virtuellen ▷Speicherverwaltung) zur Ermittlung der am längsten nicht mehr verwendeten und deshalb zu ersetzenden Dateneinheit

LSB
1. Least Significant Bit; niedrigstwertiges ▷Bit, Bit an der Position rechts aussen im ▷Wort; 2. ▷Linux Standard Base

LSI
Large Scale Integration; ▷Chips mit 100 bis 100'000 Bauteilen

LSM
Linux Software Map; in ▷FTP-Servern residierende Listen mit Erläuterungen zu den dort erhältlichen Software-Produkten für ▷Linux

LTO
Linear Tape Open; Schutzmarke und Spezifikation eines Konsortiums um ▷IBM, ▷HP und Quantum; spezifiziert sind Datenbänder mit bis zu 1.6 TBytes Daten pro ▷Magnetband (▷unkomprimiert, aber ▷verschlüsselt) und einer Transferrate von knapp 240 MBytes/s (Stand: 2007); direkte Konkurrenz zu ▷DLT; erste Geräte ab 2000; die Spezifikationen sind allen Herstellern offen; www.lto.org

L LTSC
Learning Technology Standards Commitee; Kommission des ▷IEEE zur Spezifikation der ▷Meta- ▷Codierung von Lehrinhalten, des Aufbaus und der Verpackung von Lerneinheiten im ▷E-Learning; entwickelt u. a. ▷IMS

LU6.2
Logical Unit; ▷Netzwerk- ▷Protokoll von ▷IBM für die verteilte Datenverarbeitung vor allem für ▷Client/Server-Applikationen

Luminance, Luminanz, Luminosity
Leuchtstärke, Lichtstärke, freigesetzte Lichtmenge von z. B. Bildschirmen; siehe dagegen ▷Helligkeit

LUN
Logic Unit Number, ▷logische Einheiten-Nummer; ▷SCSI unterscheidet zwischen der SCSI ID und der LUN; die SCSI ID, in der Fachliteratur als „Ziel" bezeichnet, ist die einmalige Einheitennummer, welche vom Anwender ▷physikalisch vergeben wird (die aber wiederum nichts über die Position in der Kette aussagt); die LUN ist eine 3-Bit-Gerätenummer innerhalb eines Ziels, beim Plattenlaufwerk mit SCSI ID x also die Platte a, beim Bandlaufwerk y das Band b usw.; die meisten Ziele haben nur eine Gerätenummer, weshalb die LUN häufig 0 ist; die SCSI-Notation für ID und LUN ist oft: ID#:LUN#

lurk, Lurking, Lurker
Siehe unter ▷Lauschen

lvalue
Left Value; deshalb als Kleinbuchstabe „l" und nicht etwa als Vokal „I" zu lesen; Ausdruck, dem in der ▷Syntax einer Programmiersprache ein Wert zugewiesen wird; die Richtung nach „links" ist eine Folge davon, dass Zuweisungen in modernen Programmiersprachen rechtsassoziativ, also von rechts nach links, gelesen und ausgeführt werden: a:= pi * b (Berechne das Produkt von pi und b und gib es a); siehe auch ▷rvalue

L

LVDS
Low Voltage Differential SCSI; ▷ANSI normierte, neuere ▷SCSI-Schnittstelle; pro Signal zweiadrig; niedervoltig und ▷flankenge-steuert für längere Datenkabel; Gegenteil: ▷single ended

LWL
Lichtwellenleiter; siehe unter Glasfaser- ▷Kabel

LZC oder LZW oder LZ77
Siehe unter ▷Lempel-Ziv-Welch

M

M-Commerce

Mobile Commerce; Sammelbegriff für das Marketing und die Distribution von Waren, Dienstleistungen und Wertpapieren über die Mobiltelefonie und ihre ▷Netze (▷GSM, ▷GPRS, ▷UMTS) bzw. ihre ▷Dienste wie ▷WAP

MAC

1. Media Access Control: die untere Teilschicht der Sicherungsschicht im Netzwerk zur Datenkommunikation zwischen dem Treiber der Netzwerkkarte (▷NIC) und deren ROM; hier wird die Netzwerkkarte mittels einer weltweit und allzeit eindeutigen Kennung ins Netzwerk eingebunden und gegenüber dem Netz identifiziert (weshalb man auch von der M.-Adresse spricht); M. umschliesst die Datenpakete als ▷Rahmen; 2. Message Authentication Code: ▷kryptografierter ▷Message Digest zur Sicherstellung von dessen ▷Authentizität und ▷Integrität; siehe ▷HMAC und ▷CBC-MAC; alternativ: ▷MIC; 3. Mandatory Access Control: ▷Autorisierung und ▷Zugriffssteuerung auf der Basis des Vergleichs von Sicherheitsklassen bei ▷Objekten (Classifications) mit den Freiheitsgraden bei den ▷Subjekten (Clearances); hochsicher; Alternativen: ▷DAC und ▷RBAC; 4. ▷Apple ▷Macintosh; 5. „Project on Mathematics and Computation" am ▷MIT; das ▷Projekt trägt den Arbeitstitel „Switzerland", weil „neutral, but heavily armed" …

MAC Adresse

Weltweit eindeutige Kennung des ▷Netzwerkadapters mittels einer – meist ▷hexadezimal notierten – 48 Bits breiten Nummer: die hö-

herwertigen 24 Bits identifizieren den Hersteller, der Rest ist eine
herstellerspezifische Nummer

Mac OS

Durch ▷Apple im Jahre 1993 festgelegte Bezeichnung für das
▷Betriebssystem des ▷Macintosh; das M. hat als Betriebssystem-
kern den „Darwin" und als grafische ▷Benutzungsoberfläche den
▷„Finder"; M. ist ein Unixoid, basiert auf ▷BSD; die geplante, letzte Hauptversion war 8.0 (1997), danach sollte Rhapsody folgen,
welches gemäss einer 1998 bekannt gegebenen, geänderten Strategie allerdings mit Mac OS 8.x verschmolzen wurde; 1999 folgten
Mac OS 9 und 2001 Mac OS X – dieses mit wesentlichen ▷Kompo-
nenten aus ▷NeXTStep; die Version 10.3 (Panther) lieferte im Oktober mit Aqua eine neu gestaltete Benutzungsoberfläche; danach
10.4 (Tiger), 10.5 (Leopard), aktuell (2010) ist 10.6, Snow Leopard

Mac OS Standard Format bzw. Extended Format

1998 eingeführter Name für ▷HFS bzw. HFS+

Mac, Macintosh

Familie von Kleincomputern der Firma ▷Apple ab 1984 mit den
680xx-Mikroprozessoren von ▷Motorola und später dem ▷Power-
PC (▷G3/G4) eines Herstellerkonsortiums; im Jahre 2005 wurde die
Migration sämtlicher Modelle auf Prozessoren von ▷Intel angekündigt und diese war 2006 vollzogen; standardmässig sind Macs
schon seit 1985 mit Netzwerkfähigkeit (damals: ▷Appletalk), Tonverarbeitung und ▷SCSI ausgerüstet und kennen auch später wiederholt Möglichkeiten, welche die Konkurrenz erst Jahre danach
bringt (▷Firewire, ▷Track Pad usw.); siehe auch ▷PowerMac und
▷iMac

M Mach, Mach Kernel

An der Carnegie Mellon Universität in den USA entwickelter, besonders schneller und flexibler ▷Kern für ▷Unix

Mächtigkeit

In der Informatik die Fähigkeit, ein Problem zu beschreiben, so dass es gelöst werden kann; zwei ▷Programmiersprachen sind gleich mächtig, wenn jedes Problem, das in der einen Sprache beschrieben werden kann, auch in der anderen beschrieben werden kann; Mächtigkeit ist abgestuft, pro Stufe existiert mindestens ein ▷Automat, der mit der Stufe nicht überfordert ist und der diese definiert, vergleiche z. B. Moore- ▷Automat

MacPaint

1. Produktbezeichnung für ein einfaches Zeichen- und Malprogramm in der ▷Macintosh Welt; 2. Dateiformat für ▷Bitmap Grafiken im ▷Macintosh-Umfeld

Magic Number

1. im ▷Deskriptor oder im Kopfteil einer ▷Datei untergebrachte Ganzzahl, mit welcher gewisse ▷Betriebssysteme Dateitypen in Ergänzung zur Dateinamenserweiterung spezifizieren; 2. zwei-Byte-Wert $AA55_H$ am Ende des ▷Boot Records

Magnetband

▷Erneuerbarer ▷Datenträger, siehe Tertiärspeicher bei ▷Speicherhierarchie; wird heute im Wesentlichen noch für Langzeitsicherungen und Datenverarbeitungs- ▷Logbücher verwendet

Magneto-optisch(e Speicherung)

Technologie zum mehrfachen Beschreiben optischer ▷Datenträger; der ▷Schreibvorgang erfolgt magnetisch nach starker Erhitzung durch einen ▷Laserstrahl, der ▷Lesevorgang erfolgt rein optisch durch unterschiedliche Reflexion der magnetischen Polaritäten; die Datenträger mit ähnlichem Aussehen wie die 3.5-Zoll-Disketten befinden sich in festen Gehäusen: Prinzip bei der MiniDisc; Kapazitäten von 128 MBytes auf 3.5 ▷Zoll bzw. bis 5.2 GByte auf 5.25 Zoll; kein Markterfolg

M

Mail List, Maillist
Liste von Empfängern identischer elektronischer Briefe, ▷E-Mails; solche Listen existieren zu Tausenden im Internet und bei Firmen; heute eher „Newsletter"; Achtung: mit dem Eintrag in eine solche Liste kommt viel elektronische Post auf Sie zu; sich wieder auszutragen, ist oft nicht so einfach!

Mail Merge, Mailmerge
Erstellen eines ▷Serienbriefs

Mail Relay (Host)
Rückwärtiges Postfach zur Zwischenlagerung von ▷E-Mails für Teilnehmer, die nicht ständig ▷online sind; für das Herunterladen gibt es ▷POP und ▷IMAP

Mailbox, -system
Computer, oder wohl eher ein entsprechender ▷Server, als elektronischer Briefkasten, als Meldungsvermittler; ▷E-Mailing ist ein in der Bedeutung explosiv wachsender Zweig der Daten- und Telekommunikation für den kommerziellen und privaten Bereich; ein M.-System umfasst die ganze technische und administrative Infrastruktur rund um das elektronische Postwesen; der Begriff M. wird oft auch verwendet für kleinere ▷Online-Dienste; siehe ▷POP

Main Board, Mainboard
Siehe unter ▷Mutterplatine; auch Motherboard

MAIN, main()
Haupt-…; in vielen Programmiersprachen der Beginn des Hauptmoduls oder -programms, der ▷Einstiegspunkt

Mainframe
Eine der Bezeichnungen für IT-Grossrechner; nicht zu verwechseln mit dem ▷Host, der eher ein funktionaler Begriff ist; siehe ▷Minicomputer, ▷Mikrocomputer

Maintainability
Wartbarkeit, Wartungsfreundlichkeit; in der ▷Systementwicklung
z. B. als Aufwand zur Lokalisierung und Behebung von ▷Fehlern
bzw. als Aufwand für periodische Unterhaltsarbeiten

Maintenance Hook
Angel zur Pflege; durch den Programmierer in den Code eines Programms eingebaute, vereinfachte Einstiegsmöglichkeit unter Umgehung der ▷Authentisierung; M.H. sollten vermieden oder spätestens vor der Auslieferung (Deployment) entfernt werden; siehe
auch ▷Backdoor

MAJC
Microprocessor Architecture for Java Computing, gesprochen wie
„magic"; im Sommer 1999 von ▷Sun Microsystems angekündigte
▷Architektur, bestehend aus ▷Mikroprozessoren und ▷Chipsät-
zen, mit welchen Geräte aller Grössenordnungen unter ▷Java laufen sollen: Geschirrspüler, ▷Set Top Boxes, ▷Mikrocomputer usw.;
die Eigenschaften der neuen Hardware sind: ▷VLIW-Befehlsworte,
symmetrisches und asymmetrisches ▷Multi Processing; Verarbeitung flexibler ▷Datentypen; ein standardmässiger ▷Übersetzer
verarbeitet ▷C und ▷C++

Majuskeln
In der Typografie: Grossbuchstaben einer Schrift

make
Machen, tun, hier eher in der imperativen Form: mache; ▷Kom-
mando, ▷Prozess in gewissen ▷Betriebssystemen bzw. Entwicklungsumgebungen, mittels welchem diverse ▷Quellcode-Dateien
zu einem ▷Projekt verknüpft und gemeinsam übersetzt werden;
▷IDEs zeichnen sich u. a. dadurch aus, dass das in m. erforderliche
Austippen aller Dateinamen und ▷Pfade durch Dateimanipulatio-
nen auf der ▷GUI substituiert werden kann

makeln

Manuelles hin- und herschalten zwischen zwei Gesprächsleitungen in der ▷digitalen und ▷Mobiltelefonie („Bitte bleiben Sie einen Moment dran …")

Makro

Gross-… (griech.); 1. Kurzprogramm innerhalb einer ▷Applikation, oft als aufgezeichnete Folge von Tastatur-Betätigungen oder in einer einfachen Programmiersprache, einer ▷Skriptsprache; 2. in ▷C-Sprachen: textuelles ▷Literal, welches vor dem ▷Compilieren (mit dem ▷Precompiler) durch ein übersetzbares Literal substituiert wird

Makropayment

Siehe unter ▷Payment, dort mit diversen Grössenordnungen

male

Siehe unter ▷männlich

Malware

Malicious Software; bösartig; Sammelbegriff für unerwünschte Softwareprodukte aller Art wie z. B. ▷Viren, ▷Würmer, ▷Rootkits oder ▷Spyware

MAMP

Erklärt unter ▷LAMP

MAN

Metropolitan Area Network; (meist) auf ▷Glasfaserübertragung basierendes, ▷breitbandiges Hochleistungs-Netzwerk innerhalb eines geografischen Gebiets von bis ca. 50 km Durchmesser; Stadtverkehrsnetz, Campusnetz; das M. liesse sich auch so charakterisieren: die Kontrolle des Netzwerks ist ganz in der Hand des Betreibers, als ▷Ressourcen wird zum Teil fremde Infrastruktur benutzt; siehe auch ▷LAN und ▷WAN

M

Man Pages, Manual Pages

Hilfesystem aus äusserst ausführlichen und stringent einheitlich aufgebauten Texten zur Funktionsweise, Parametrisierung, Eingabe und Rückgabe von ▷Kommandos in ▷Unix / ▷Linux; die Hilfe ist rein textbasiert, meist englisch und teilweise für den ▷Web-Browser aufbereitet; das Linux-Kommando „top" kann sich also jeder Anwender von überall her mit „man top" erklären lassen

Man-in-the-Middle

Type einer passiven ▷Attacke, siehe dort

managed Code

Siehe unter ▷Code

Management Information Base

Regelwerk und zugehörige ▷Datenbasis für die ▷Netzwerkanalyse mit ▷SNMP oder: Menge aller ▷Objekte, zu denen SNMP Zugang hat

Manager

Bezeichnung für den ▷Klienten in der Umgebung von ▷SNMP

Manchester-Code und differential -

▷Digitale ▷Signalform mit Phasenwechel in der ▷Taktmitte: 0 wechselt von high nach low, 1 wechselt von low nach high; im „differential"-Verfahren ist dies genau umgekehrt

Manifest

Gewissermassen das Inhaltsverzeichnis einer ▷Assembly in ▷.NET; dokumentiert diese nach aussen

Manipulator

Hantierer (lat.); Formatierer von Datenströmen

männlich
Bei Steckverbindungen der Teil mit den Stiften; Gegenteil: ▷weiblich

Mantisse
Zusatz (lat.); in der ▷Potenzschreibweise von ▷Fliesskommazahlen die Zahl, welche als Faktor die Wertigkeit, Genauigkeit der Fliesskommazahl bestimmt; Beispiel: bei $2.544 \cdot 10^6$ ist 2.554 die M.; siehe auch ▷Exponent

Mantra
▷Passwort für den privaten ▷Schlüssel

Map, mapping
Landkarte; als Verb: einteilen, einpassen; 1. ▷Modell oder visuelle Darstellung z. B. der Speicherbelegung (▷Memory M.); 2. Abbildung oder Einbettung von ▷Ressourcen eines Systems in einem anderen System, z. B. eines Netzwerk-Laufwerks ins ▷lokale ▷Dateisystem (▷Drive M.) oder einer ▷Datei auf dem ▷Sekundärspeicher in den ▷Primärspeicher (▷memory m.); 3. Speichereinblendung: Einblendung einer ▷Datei in den ▷Arbeitsspeicher zur schnelleren Bearbeitung; 4. Datenstruktur, in der ▷Values zu ▷Keys zugeordnet werden, also eine ▷Hash Tabelle; meist ist die M. schneller und nicht ▷synchronisiert

MAPI
Messaging ▷API; ▷Programmierschnittstelle, über welche ▷Windows-Applikationen auf ▷E-Mail-Dienste zugreifen können

Mappe
Siehe unter ▷Arbeitsmappe

M

Margin
In der Dokumentgestaltung: Rand

Marginalie, Marginalspalte
Randvermerk (lat.); in der Typografie: Randspalte mit Stichworten, Vermerken usw., z. B. in Gesetzbüchern, Sachbüchern usw.

Marke
Durch einen frei gewählten Namen bezeichnete Ansprungstelle (auch: Label) in einem Programmcode; Beispiel: bei einer M. „:berechnung:" beginnt also irgendwelche Berechnung; der Nachteil des Anspringens von M. liegt darin, dass kein Rücksprung an den Ausgangsort möglich ist; M. werden vor allem in der ▷Assemblerprogrammierung und in älteren ▷Programmiersprachen verwendet; ihre Verwendung in (fast allen) modernen Programmiersprachen ist nicht sehr populär; siehe dazu ▷GOTO

Markup
Zeichen innerhalb eines Zeichenstroms mit nicht inhaltsbezogener, sondern mit auszeichnender Semantik oder einer Semantik auf Meta-Ebene; in ▷XML sind z. B. „<" und „</" M.

Marshalling
Verschieben, rangieren; 1. Umformung von Daten aus einer bestimmten Struktur in einen Nachrichten-Datenstrom oder eine andere Struktur; die ▷Serialisierung kann als M. bezeichnet werden, aber auch die Umformung in ▷XML und die Rückformung (dann: Demarshalling); 2. Umleiten bzw. Umrechnen von Zeigern, also absoluten Adressen in relative, z. B. bei ▷RPC; dies ist nicht gleichzusetzen mit der Tätigkeit der MMU, denn RPC läuft zwischen speichermässig entkoppelten Systemen, und die Adressenkonversion kann nicht einfach mit einem ▷Offset erledigt werden

Masche
▷Netzwerk- ▷Topologie; ein am Netzwerk teilnehmendes Gerät ist elektronisch mit mehreren anderen gekoppelt, in der Darstellung der Gesamtheit ergibt dies bildlich eine M.n-Struktur

Maschine

Getriebe (griech.); Ausführender ▷Kern eines Programms, um den herum es noch der Daten-, Zugriffs- und Bedienungs-Schnittstellen bedarf; oft auch Engine; eine Datenbank-M. ist demnach der Kern eines Datenbank-Verwaltungssystems (DBMS) aus dem Software-haus A, welcher u.U. dann vom Hersteller B zu einer käuflichen Applikation ausgebaut wird; Beispiel: der Kern des neuen Hilfe-systems von ▷Windows heisst bei ▷Microsoft „Help Engine"; bei einer M. ist es also wie bei der Kaffeemaschine: was eigentlich drin steckt, bleibt unbekannt; siehe dazu auch: ▷OEM; nicht zu ver-wechseln mit ▷Automat, der eine vorwiegend theoretische Bedeu-tung hat

Maschinenbefehl

Elementare ▷Instruktion aus dem Befehlssatz des spezifischen ▷Prozessors mit zugehörigen ▷Operanden und ▷Adressierungs-arten; ein M. kann ▷Daten bewegen, berechnen und vergleichen sowie den ▷Kontrollfluss steuern; zur Begriffsverwendung, siehe: ▷Befehl

Maschinensprache

Programmiersprache mit unmittelbar binärer Repräsentation der ▷Instruktionen; die M. ist sehr schwierig zu handhaben, weil sie dem Anwender keinerlei Gedächtnisstützen liefert und ▷prozes-sorspezifisch ist

Maschinenzahl

Dual umgerechnete, bei negativen Werten mit einem ▷Offset ver-sehene oder in ein ▷Komplement transformierte, ▷normalisierte und auf eine bestimmte ▷Wortbreite (16, 32, 64 oder 128 Bit) strukturierte ▷Ganzzahl bzw. ▷Fliesskommazahl zur direkten Speicherung oder Verarbeitung im ▷Rechenwerk des ▷Prozessors; heutige M. sind meist nach ▷IEEE 754-1985 formatiert

M

MASCOT

A Modular Approach to Software Construction, Operation and Test; aus dem britischen Militärbereich stammende Methode zum ▷Entwurf, Betrieb und ▷Test von ▷modularen, ▷nebenläufigen oder ▷parallelen Programmen, wie sie vor allem in Leit- und ▷Echtzeitsystemen sowie in ▷eingebetteten Systemen anzutreffen sind

Mashup

Brei; Vermischung von bestehenden Informationen zu neuen; dass solches Aggregieren durchaus sinnvoll sein kann, zeigen die ▷Webquests

Maske

Larve, Schablone (arab.); 1. Oberfläche zur Eingabe oder Ausgabe von Daten auf dem Bildschirm bzw. Drucker; 2. Gitter hinter dem Bildschirmglas zur Fokussierung der Elektronenstrahlen in Röhrenbildschirmen; 3. ▷Bitmuster, mit dem ein anderes Bitmuster überlagert wird, um beliebige Bits zu filtern

Maskerade, Masquerade

1. und allgemein: die eigene Identität verstecken, verändern; 2. legitimes Verstecken der internen ▷IP-Adressen hinter einer öffentlichen durch einen ▷Proxy oder ▷NAT; 3. illegitimes, derartiges Verstecken, dann: IP- ▷Spoofing

maskieren

Hardware- oder Softwaresignale so verändern, dass sie nur noch bestimmte Zwecke erfüllen und/oder andere Zwecke abändern bzw. verdecken; Beispiel 1: ▷Hacker und ▷Knacker m. fremde Daten mit eigenen ▷Adressen (und umgekehrt); Beispiel 2: Ausschalten, Deaktivieren einer ▷Unterbrechung; siehe dort; Beispiel 3. ▷Maskerade; 4. ▷Bitmuster so mit einem anderen Bitmuster überlagern, dass einzelne Bits herausgefiltert werden

M

Massenspeicher
Gesamtheit aus ▷Hardware und steuernder ▷Software zur ▷persistenten ▷Speicherung von Daten (also ▷Sekundär- und ▷Tertiärspeicher) und zu deren Transport; das eigentliche Speichermedium ist der ▷Datenträger: aus Papier, magnetisch, optisch, holografisch oder magneto-optisch; die M.-Hardware umfasst mindestens ein Lese- und üblicherweise Schreibwerk mit ▷Controller sowie zugehöriger (▷System-)Software

Master
Meister; 1. und allgemein: eine Komponente, ein Baustein, die eine Datenkommunikation veranlassen und steuern können; 2. im engeren Sinn deshalb z. B. eine Komponente, welche ▷Adressen ausgeben und den ▷Adressbus kontrollieren kann und darf; andere Teilnehmer am Bus sind dann ▷Slaves; 3. Mutter- oder Hauptversion von Datenbeständen oder -trägern, z. B. die Mutter-▷CD-ROM

Mastering
Herstellen reproduzierbarer ▷Datenträger, vor allem ▷multimedialer ▷CD- oder ▷DVD-ROMs

Match Code
Beim Datenzugriff: stimmen Objekte in ihrem wesentlichen ▷Attribut oder ▷Schlüssel überein (z. B. Familienname), dann wird ein M.C. formuliert und unter Hinzunahme weiterer Attribute (Vornamen, Jahrgang usw.) schrittweise erweitert; dieser führt damit letztlich zur ▷Identifizierung des gesuchten Objekts

match, Matching
Zusammenpassen, übereinstimmen, Übereinstimmung: in der Informatik gebraucht im Zusammenhang mit der Übereinstimmung von Suchmustern mit gespeicherten Mustern usw.

M

Material, materialisieren
(Roh-)Stoff (lat.); 1. gelegentliches Synonym für ▷instanzieren;
2. aus einem ▷logischen Objekt ein ▷physikalisches formen, wie
z. B. im ▷SQL-Standard als Materialized View: eine ▷Sicht, deren
Ergebnis persistiert wird

Matrize, Matrix
Mutterstamm, Gebärmutter; Plural: Matrices oder Matrizen (lat.);
1. ▷Datenstrukturen: ein- oder mehrdimensionales Datenfeld – in
der Regel ist ein zweidimensionales gemeint; 2. Drucktechnik: Mat-
rix- ▷Drucker

Maus
Gerät zur schnellen Bewegung einer Eingabemarke auf dem Bildschirm (zeigen), zur Auswahl, Markierung und Aktivierung beliebiger Objekte (bewegen, klicken), zum Markieren oder Öffnen
(doppelklicken), zum Bewegen von Objekten über die Arbeitsfläche (bewegen oder ziehen) usw.; die M. wird über den Tisch gefahren und überträgt die Bewegung auf eine mitrollende Kugel und
diese ihre Signale ▷seriell in den Computer; eine optische M. wer-
tet von ihr selbst ausgestrahlte und von der Unterlage, u. U. einer
speziellen Mausmatte, reflektierte Lichtkegel aus; angeschlossen
wird die M. durch ▷USB, vormals durch eine eigene Schnittstelle
direkt auf der ▷Mutterplatine (genannt: ▷Bus M.) und noch früher
über die ▷Schnittstelle RS-232C/D (genannt: ▷serielle M.); die
▷Macintosh-M. hatte lange Jahre zusammen mit der ▷Tastatur
eine eigene Schnittstelle, den ▷Apple Desktop Bus, heute USB; vergleiche ▷Track Ball

Mäuseklavier
Etwas saloppe Bezeichnung für die ▷DIP-Schalter

MB, MByte
▷Mega- ▷Byte; 1'024 ▷KBytes

M

MBCS
Multibyte Character Set; von ▷Microsoft verwendete Pauschal-Bezeichnung für alle Zeichensätze, deren ▷Zeichen mit mehr als einem ▷Byte repräsentiert sind

Mbps
Megabits per second; siehe ▷bps; M hier als ▷SI-Vorsatz einer ▷physikalischen Grösse, also für 10^6 bps

MBR
Siehe unter Master ▷Boot Record

MBus
1. und allgemein: ▷Memory ▷Bus; 2. und speziell bei der ▷SPARC Station: Prozessorbus (siehe: ▷Bushierarchie) zwischen dem ▷Arbeitsspeicher und dem ▷Prozessor; besteht aus 36 Bit- ▷Adressbus, 64 Bit- ▷Datenbus, 400 MBytes/s; siehe auch ▷SBus

MCAD
Mechanical/mechanisches ▷CAD für den ▷Entwurf von Maschinenteilen oder mechanischen Abläufen

McCarthy 91
Klassiker der ▷rekursiven ▷Algorithmen, wenn nicht immer die Fakultät herhalten soll; die rekursvive Definition für natürliche Eingabezahlen lautet: Regel: mc(n) = mc(mc(n+11)) für n ≤ 100, Basis: mc(n) = n – 10 für n > 100; jede Eingabezahl resultiert (nach einigem „Wandern") in 91; John McCarthy (geboren 1927, ▷ACM ▷Turing Award 1971) gilt als Erfinder der ▷Künstlichen Intelligenz, entwickelte ▷LISP und ist emeritierter Professor an der Harvard University

MCD
Produktname für die ▷magneto-optische Speichertechnologie und entsprechende ▷Datenträger im Format 3.5 Zoll

MCF
Siehe unter ▷Meta Content Format

MCI
Media Control Interface; geräteunabhängige Software-Schnittstelle, welche ▷Multimedia-Applikationen den Zugriff auf Multimedia-Dateien und (abstrakte) -Geräte erlaubt

McIlroy, Malcolm Douglas
Geboren 1932; 1953 Doktor der Mathematik am ▷MIT; leitete 1965 bis 1986 in den ▷Bell Labs das Computing Techniques Research Department, bis 1997 dann das Computing Sciences Research Center; aus dieser Zeit gilt M. als der Erfinder der ▷Unix- ▷Pipe, lieferte sehr viele weitere Beiträge zur Unix-Mentalität (spell, diff, sort, join, graph, speak …); ferner wichtige Beiträge zur komponentenbasierten Softwareentwicklung, zum Software Product Line Engineering, zur Computersicherheit, zur Bildverarbeitung usw.; seit 2007 bis heute Teilzeitarbeit am Dartmouth College in Hanover

MD2/4/5
Hashing ▷Algorithmen zur Herstellung von 128-Bit ▷Message Digests (deshalb MD) von Ronald Rivest; 4 wurde geknackt

MDA
1. ▷Monochrome Display and ▷Parallel ▷Printer Adapter; Name des ersten Bildschirm- ▷Adapters für ▷IBM-PCs, 25 Zeilen zu 80 Zeichen, nur Textmodus, 9poliger ▷TTL-Stecker; veraltet; 2. Multi Device ▷Arbitration; prioritäre Vergabe von ▷Buszeit für Adapter im ▷Mikrokanal nach zyklischer Abfrage; 3. ▷Message/ Mail Delivery Agent

MDI
Multiple Document Interface; Technologie zur Instanzierung mehrerer so genannter Kindfenster innerhalb eines Elternfensters; das Elternfenster repräsentiert meist das Programm und in jedem

M

Kindfenster lässt sich damit autonom ein ▷Dokument bearbeiten;
Gegenteil: ▷SDI; Trend: Tabbed Document Interface – also Fens-
terwechsel über Registerkarten

me
Ich, mich; speziell in ▷VB und ▷VBA ein Verweis auf eine ▷Daten-
struktur des aktuellen ▷Objekts, also eine (eigene) ▷Methode,
einen (eigenen) ▷Konstruktor, eine (eigene) ▷Variable usw.; so
genannte Selbst- ▷Referenz; siehe auch: ▷this

Measure
Kennzahl; in aller Regel ▷numerischer Wert, zu welchem eine
▷Dimension in einer analytischen ▷Datenbank ausgewertet wird:
Umsatz, Menge, …

Mechanismus
Vollzug, Vorgehensweise bei der Umsetzung einer ▷Strategie; man
spricht z. B. vom ▷Seitenersetzungs-M.

Media Fusion
Verschmelzung mehrerer oder aller denkbaren Kommunikationsinhalte bzw. -formate in/auf einem Kommunikations- ▷Medium

Medium, Media, Medien
Mittel, das in der Mitte Stehende (lat.); in der Informatik mit sehr
unterschiedlicher Bedeutung gebraucht als: 1. ▷Signalleiter; 2. magnetischer oder optischer ▷Datenträger; 3. ▷elektronischer Speicherort; 4. Träger einer ▷Information oder eines ▷Dokuments;
„medium" bedeutet ferner im Englischen: von mittlerer Grössenordnung; Beispiel: medium scale Integration, MSI

Mega-
So genannter Vorsatz des ▷SI für Faktor 1'000'000; in der Informatik indessen bei ▷binären Grössen 2^{20} = 1'048'576; beides mit Zeichen „M"; beachte dazu weitere Bemerkungen unter ▷Kilo-

Mehrbenutzer-...
Im Zusammenhang mit dem ▷Zugriff oder der Bearbeitung durch mehrere Anwendende (Benutzungssicht) oder durch mehrere ▷Programme / ▷Prozesse (▷Systemsicht)

Mehrfachauswahl
Siehe unter ▷Fallunterscheidung

Mehrplatzsystem, Mehrplatz-...
▷Datenverarbeitungsanlage mit mehreren Bedienungseinheiten (▷Terminals oder ▷Arbeitsstationen); die heutige Verwendung des Begriffs meint in der Regel Systeme mit zentraler ▷Intelligenz und passiven Terminals, also nicht ▷LANs; als DVA-Muster in dieser Reinform kaum mehr im Einsatz

Mehrprozessor-...
Gängiger – vor allem im Zusammenhang mit der Symmetrie – ist: ▷Multi Processoring; siehe dort

Mehrrechner (-System)
Gemeint sind in der Regel lose gekoppelte ▷Rechnerverbünde; siehe dort sowie unter ▷High Throughput Computer

MELANI
Schweizerische Melde- und Analysestelle Informationssicherheit; ein Gremium mit Partnern aus dem Umfeld der Sicherheit von Computersystemen und des Internets sowie des Schutzes der kritischen Infrastrukturen der Schweiz; M. liefert zur IT Sicherheitslage interessante halbjährliche Lageberichte und wertvolle aktuelle Informationen in einem breiten Spektrum; M. nimmt auch Meldungen zu Sicherheitsvorfällen entgegen; www.melani.admin.ch

Meldung
Einweg- ▷Nachricht von einer Senderin zu einem Empfänger; siehe auch ▷Auftrag; die empfängerseitige Bearbeitung gehört nicht zur M.

M

Member
Einzelne ▷Komponente, ▷Variable eines ▷Datensatzes (▷Record,
▷Struct) wie z. B. plz im Datensatz adresse bzw. Komponente eines
▷Objekts

Member Function, - Funktion
Nicht sehr geglücktes Synonym für ▷Methode

Member Object, - Objekt
▷Instanz einer ▷Klasse A, die in der Klasse B als ▷privates ▷Attri-
but verwendet wird

Memo
Memoria, Gedächtnis (lat.); 1. Notiz; 2. in gewissen Datenbanksystemen: ▷proprietärer, ▷unstrukturierter und ▷textueller ▷Daten-
typ für Notizen, welche oft dateiextern gespeichert werden; eigentlich ein ▷CLOB

Memory
Gedächtnis; siehe unter ▷Speicher

Memory Leak
Speicher-Leck; durch Speicher-Leichen (z. B. ▷Objeke, welche „niemand" mehr braucht, die also nicht mehr ▷referenziert werden) im
Arbeitsspeicher besetzte Bereiche; diese Bereiche ▷fragmentieren
den Arbeitsspeicher; da sie nicht mehr verwendbar sind – obwohl
sie es eigentlich wieder wären –, hinterlassen sie also Löcher oder
eben „Lecks" aus Sicht der Verwendbarkeit

Memory mapped Addressing
Siehe unter speicherbezogene ▷Adressierung

Memory mapped File, - Device
Eingeblendete Datei oder Gerät; ▷Datei oder Ein-/Ausgabe- ▷Puf-
fer eines ▷Gerätes – z. B. der ▷Platte –, die zwecks schnellerer Be-

arbeitung in den virtuellen ▷Adressenraum eines ▷Prozesses eingeblendet sind

Memory Stick
Meist stäbchenförmiger, tragbarer ▷USB ▷Flash Speicher in der
Rolle eines externen ▷Sekundärspeichers; beachte Hinweis unter
FAT-Datei- ▷Attacke

Memory, common -
Präziser: gemeinsamer ▷Adressenraum, weil die Adressierung ge-
meinsam ist; beachte Verweis sowie das nicht identische shared
▷Memory

Memory, matched -
Etwa: angepasster Speicher; automatische Anpassung des ▷E/A-
▷Taktes auf die ▷Zugriffsgeschwindigkeit der Speicherbausteine;
Gegenteil: ▷Wartezyklus, Wait State oder Wait Cycle

Memory, shared -, common -
Gemeinsamer Speicherbereich; durch mehrere ▷Prozesse oder
▷Threads bearbeiteter Speicher innerhalb derselben Schranken,
aber nicht zwingend mit denselben ▷Adressenbereichen, was (als
Spezialfall) zum gemeinsamen (dann: common) Adressenraum
führen würde

Mengengerüst
Aus der statistischen Erfassung betrieblicher Abläufe resultierende,
quantitative Zusammenstellung des Flusses von ▷Dokumenten
oder anderen Informationsmedien und ihres Platzbedarfs für die
Archivierung; das M. entsteht in der ▷Analyse und dient als Basis
für die ▷Kapazitätsberechnung von Systemen bzw. ihrer so genannten Workflows

M

Mensch-Maschine-Schnittstelle
Gesamtheit aller Bedienungselemente, Geräte und Tätigkeiten im
▷Dialog zwischen Mensch und ▷Computersystem; alle diese Elemente werden oft als Gradmesser für die Benutzungsfreundlichkeit
herangezogen

Menü
(Zunehmend ▷ikonisch auf dem Bildschirm dargestellte und angebotene) Auswahl von verschiedenen ▷Programmteilen, ▷Funktio-
nen, ▷Komponenten usw.

Menü, drop down -
Menüfensterchen, das bei entsprechender Positionierung des
▷Mauszeigers automatisch nach unten geklappt wird (▷Rollladen-
menü ohne Drücken der Maustaste)

Menü, Kontext-
Seit ▷Windows 95 etabliertes und mit der rechten Maustaste akti-
vierbares ▷pop up Menü mit einigen wichtigen, aus dem ▷Kontext
des aktiven ▷Prozesses abgeleiteten und folglich situationsbezoge-
nen Funktionen

Menü, Main-
Am oberen Rand eines ▷Fensters angezeigtes Menü in Abgrenzung
zu den Kontext-Menüs

Menü, pull down -
Menüfensterchen, das bei entsprechender Positionierung des Mauszeigers und durch Drücken der Maustaste nach unten geklappt
wird (Rollladenmenü)

Menü, Rollladen-
Menü in (meist verbalen) Menüleisten, welches bei Aktivierung
herunterklappt und textlich – vergleichbar den Lamellen einer
Store – seine Menüpositionen präsentiert

MEO
Medium Earth Orbit; Satellitenbahnen zwischen 10'000 und 35'000 km; die Sphäre, in der die ▷GNSS schweben; siehe auch ▷LEO

Merced
Entwicklungsname bei ▷Intel für die erste Generation ▷Mikroprozessoren mit der IA-64- / ▷EPIC-Architektur; Lancierung: 2000; M. ist der Name für einen Berg in und ein Städtchen beim Yosemite Nationalpark in Kalifornien; der M. River entspringt im genannten Nationalpark, erfreut den Betrachter mit schönen Wasserfällen, dem Merced Lake im Yosemite Valley und wird zwischen Yosemite und dem Küstengebirge in einem der vielen Wasserversorgungskanäle für die SF Bay Area gefasst

Merker
Einzellige ▷Speicher

MESI
Modified – Exclusive – Shared – Invalid; ▷Protokoll von ▷Intel für die Gewährleistung der ▷Cache-Kohärenz in ▷Mehrprozessor-Systemen; ein Cache-Eintrag kann sein: geändert (▷dirty), exklusiv, gemeinsam gebraucht und ungültig

mesochron
Zeitlich gemittelt (griech.); im Netzwerk vollständig ▷synchron bezüglich sämtlicher ▷Knoten; siehe auch: ▷isochron, ▷plesiochron

Message Digest
Nachrichten-Extrakt; Prüfsumme über eine ▷Nachricht in Form eines Einweg- ▷Hashs; die Prüfsumme sollte die ▷Integrität der Nachricht bezeugen, ist dazu bis zu 512 Bits lang, und sie darf keinen Rückschluss auf das Original zulassen; M.D. ist kein ▷Chiffrat; siehe auch ▷Kollision und ▷MAC

M

Message Queue
Nachrichtenschlange; ▷verbindungsorientierter, ▷unidirektionaler
Kommunikationsdienst für die Inter- ▷Prozess-Kommunikation
mit strenger Aufrechterhaltung der ▷FIFO-Ordnung; was folglich
ein ▷Routing fast verbietet

Message/Mail Delivery Agent
Programm zum Abliefern von elektronischer Post vom ▷Server
zum ▷Client

Message/Mail Transfer Agent
Programm in einem ▷Mailserver, welches dafür sorgt, dass die
elektronische Post das Postbüro des Empfängers erreicht und dort
abgeliefert wird; die Bezeichnung wird von ▷Microsoft in ihrem
▷Exchange Server verwendet, hat aber als Begriff diese definierte,
allgemeine Gültigkeit

Message/Mail User Agent
▷Editor und Leseprogramm für ▷Mails beim ▷Client

MET
Middle European Time; mitteleuropäische (Winter-)Zeit = ▷GMT
+ 1h

Meta Content Format
Von ▷Apple entwickeltes und ▷plattformübergreifendes Datenfor-
mat für die Darstellung von ▷strukturierten und unstrukturierten
▷Daten; dank MCF lassen sich beispielsweise Datenbestände aus
verschiedenen ▷Datenbanken, welche mit ganz unterschiedlichen
▷DBMS laufen, zusammentragen und darstellen; siehe auch ▷Hot
Sauce

M

Meta File, Metafile
Siehe unter ▷Metadatei

meta-

Aus dem Altgriechischen „inmitten", „zwischen"; in unserem – alltäglichen und durchaus nicht informatikspezifischen – ▷Sprachgebrauch den Sprung auf eine höhere Ebene andeutend: Beispiele: ▷Metadaten sind ▷Daten über Daten; eine Metasyntax bestimmt in syntaktischer Form eine ▷Syntax

Metadatei

Datei für ▷Vektorgrafiken unter ▷Windows mit universellem Dateiformat zwecks Kompatibilität mit verschiedenen Grafikanwendungen

Metadaten

Daten über ▷Daten, Beispiele: 1. nicht inhaltsbezogene Daten zu Webdokumenten (Autor, Erstellungsdatum, ▷URL), die dann im ▷Index der Suchmaschine die inhaltlichen Attribute ergänzen; 2. Muster, welche das ▷Data Mining entdeckt; 3. um die Suche nach den über viele Datenbanken und Datenbanksysteme verteilten Informationen zu erleichtern, werden oft möglichst standardisierte Daten über ebendiese Datenbanken gesammelt sowie mit Such- und Verwaltungswerkzeugen verknüpft; siehe auch ▷Verzeichnisdienst; 4. im ▷.NET Framework von ▷Microsoft im Kopf einer ▷Assembly eingelagerte Informationen über ▷Version, ▷Schlüssel, ▷Schnittstellen usw. eines Programms; vergleiche ▷Doublin Core Metadata Initiative

Metasprache

Sprache über die ▷Sprache; ▷Syntaxdiagramme und Syntaxbeschreibungen usw. legen mit einer eigenen Symbolik (also in einer eigenen „Sprache") den syntaktischen Aufbau einer ▷Programmier- oder Datenbanksprache fest: ihnen kommt demnach die Rolle einer M. zu

M

Metcalfe-Gesetz

Feststellung von Bob Metcalfe, Entwickler von ▷Ethernet am ▷PARC im Jahre 1973: „The usefulness of a network equals the square of the number of users"; siehe auch ▷Amdahl, ▷Brooks, ▷Gilder, ▷Moore

Methode

Nachgehen (griech.); 1. und allgemein: Weg bzw. Art, wie man zu einem angestrebten Ziel gelangt; eine ▷Entwurfsmethode ist z. B. eine ▷Sprache, welche der oft visuellen Darstellung von Abläufen oder ▷Datenstrukturen dient; 2. und speziell im ▷objektorientierten Paradigma: ▷Operation (▷syntaktisch als ▷Funktion, siehe dort für wesentlich mehr Details!), mit welcher ein ▷Objekt seinen Zustand verändert; eine M. im Zielobjekt wird durch eine zugehörige ▷Nachricht eines Quellobjektes aktiviert, in der objektorientierten Programmierung ist diese Nachricht eine Funktion

Methode, anonyme -

Methodendefinition ohne Namen direkt dort im Code, wo ihr Name verwendet würde; ein einleitendes Schlüssel- ▷Wort markiert die ▷Definition, welche unmittelbar ▷inline folgt: function(e) { print (e); };; andere Schlüsselwörter als function sind ▷lambda, ▷delegate; a.M. sind unmittelbare ▷Argumente oder es können ▷Funktionsreferenzen auf sie gerichtet werden: zeiger = function(e) { print (e); };; in diesem Beispiel: Ding obj = new Ding(function(e) { print(e); }); entsteht ein neues Objekt vom Typ Ding, dessen ▷Konstruktor eine a.M. als Argument erhält, die ihrerseits ein Argument e enthält

Methode, Hilfs-

M Methode, die Nebenaufgaben in der Verwaltung eines ▷Objekts wahrnimmt und deshalb oft ▷privat ist

Methode, Instanz- oder Objekt-
Methode, die auf den Zustand einer ▷Instanz, also eines ▷Objekts, einwirkt und deren Aufruf deshalb mit dem Objektnamen spezifiziert werden muss

Methode, Klassen-
Methode, die nur ein Mal im Speicher existiert und die permanent aufgerufen werden kann, also auch dann, wenn es keine Instanzen der Klasse gibt; alle allfälligen Instanzen der Klasse greifen auf dieselbe Methode zu; K. werden über den Klassennamen adressiert: Math.sin(1.4) oder Math::sin(1.4); vergleiche hierzu ▷Bereichsoperator; K. werden meist mittels ▷static erzeugt

Methode, verdeckte -
Methode, welche beim ▷Überschreiben in der abgeleiteten Klasse dort gleichzeitig unsichtbar gemacht wird

Methode, Verwaltungs-
Methode, die den inneren Zustand eines ▷Objekts verändert und nach aussen nicht direkt aktiv wird; besondere V. sind die ▷Konstruktoren und ▷Destruktoren

Methode, Zugriffs-
Methode, welche auf die ▷privaten ▷Attribute eines ▷Objekts zugreifen darf: ▷getter, ▷setter, ▷property

Metro Ethernet
Stadtweite Vernetzung mit ▷Ethernet, bzw. eine Interessengemeinschaft M.E. Forum, die eine solche ▷MAN-Vernetzung fördern will

MF, MF-2
Multifunction; heutige Vielzweck- ▷Tastatur mit 12 ▷Funktionstasten, getrenntem Zahlenblock und den ▷Cursor-Tasten in der Anordnung eines auf dem Kopf stehenden „T"

MFC
Microsoft Foundation Classes; ▷Klassenbibliothek für die ▷Win-
dows- ▷Programmierung von ▷Microsoft und damit ein De-facto-
▷Standard; wurde ersetzt durch die ▷.NET ▷FCL; siehe ferner
▷JFC

MFM
Modified Frequency Modulation; verbesserter ▷Algorithmus und
Aufzeichnungsverfahren für magnetische ▷Datenträger (▷Diskette,
▷Festplatte); fix 17 ▷Sektoren pro ▷Zylinder; Vorgänger: ▷FM,
Nachfolger: ▷MMFM

MFT
1. Multifrequenz-Tonwahl, siehe ausführlich unter ▷DTMF;
2. Master File Table: zentraler ▷Datei- ▷Index im ▷Dateisystem
von ▷Windows NT/2000/XP/Vista/7; die normalerweise unsichtbare ▷Struktur ist in ▷Datensätzen zu je einem ▷KByte Länge organisiert, diese enthalten Informationen zur Datei selbst und dann
zur Organisation des ganzen Dateisystems; die ersten 16 Datensätze zeigen auf eine entsprechende Datei mit ▷Metadaten: so zeigt
beispielsweise #7 auf eine Datei $Bitmap (sic), in welcher der Bele-
gungsstatus der ▷Cluster als simple ▷Bitmap abgebildet ist; die
restlichen Datensätze markieren Verzeichnisse und Datendateien

MFV
Multifrequenz-Wahl-Verfahren; Abkürzung in der ▷Systemsteue-
rung von ▷Windows; programmiert den ▷analogen ▷Modem auf
das Wahlverfahren mittels ▷Tonfrequenz (siehe auch: ▷DTMF)

MHS
Message Handling System; ▷elektronischer Mitteilungsdienst; oft
synonym für ▷X.400

MHz
▷Mega- ▷Hertz

MIB
Siehe unter ▷Management Information Base

MIC
Message Integrity (Identity) Code; siehe (und treffender:) ▷MAC

Mickey
Die kleinste, durch die ▷Mausmechanik oder -optik erfassbare Bewegungseinheit

Micro Channel
Produktbezeichnung: siehe ▷Mikrokanal

Micro Payment
Sammelbegriff für das nur langsam vorankommende ▷virtuelle Geld; Micro deshalb, weil – z. B. als pay per click im ▷Webvertising – auch Bruchteile von Währungseinheiten abgerechnet werden (sollten); auch Cyber Cash; siehe auch ▷Payment, dort mit diversen Grössenordnungen

Micro Spacing
Fähigkeit einer ▷Textverarbeitung bzw. des ▷DTP-Programms zur gleichmässigen Verteilung der Abstände zwischen mehreren Wörtern in einer Textzeile beim ▷Blocksatz

Microcom Networking Protocol
Verbreitetstes und normiertes ▷Protokoll zum Transport, zur ▷Fehlerkorrektur und ▷Komprimierung von Daten in der schnellen ▷Dfü sowie ▷Befehlssatz zur Fernwartung entsprechender Geräte; die Protokolle mit verschiedenen Leistungsmerkmalen werden als ▷Klassen MNPxx bezeichnet; ab MNP5 enthält die Fehlerkorrektur auch eine Datenkomprimierung um Faktor 2 oder mehr; zusammen mit der ganzen Dfü im Begriff zu veralten

M

Microsoft At Work

Spezifikation von ▷Microsoft zur ▷Integration aller wichtigen Geräte der Bürokommunikation in eine Informatik-Umgebung

Microsoft Exchange

Konkretisierung der ▷Microsoft At Work Offensive in ▷Windows: ▷Client/Server-Lösung zur Erledigung der Bürokommunikation (▷Fax, ▷Stimme, ▷E-Mail, Termine, Kontaktadressen, Aufgaben, ...) in einem Arbeitskollektiv unter zentraler Verwaltung; deshalb eine ▷Workgroup Computing Lösung; der ▷Server heisst Exchange, der ▷Client (bei Microsoft) Outlook; dieses Produkt ist sehr einfach zu erkennen am reichlich überladenen, bedienungsfeindlichen und unlogischen Aufbau der Menüs und Optionen

Microsoft Inc.

Gegründet 1975 vom damals 20-jährigen Bill ▷Gates mit Paul Allen; steuerte 1981 mit PC-DOS das ▷Betriebssystem zum ▷IBM PC bei; heute bedeutendster Hersteller von ▷Betriebssystemen, Entwicklungsumgebungen, ▷Servern und ▷Applikationen für alle Bereiche der Daten- und Telekommunikation; relativ später Einstieg ins ▷Internet-Geschäft, jedoch u. a. mit dem Internet ▷Explorer, einem ▷Web- ▷Browser, auch dort schon bald mit starker, später führender Position – dies wohl wegen dessen Integration ins Betriebssystem; in begrenzten Bereichen auch als ▷Hardware-Hersteller tätig; seit den mittleren 1990er Jahren engagiert sich M. ferner stark in der ▷Mobilkommunikation und im Bereich der Unterhaltungs- sowie Heimelektronik (▷Video on Demand); 2008 Übergabe des Projektleads von Bill ▷Gates an Steve Ballmer (seit 2000 CEO), Ray Ozzie und Craig Mundie; Stärkung im verpassten Internetbusiness mit Werbung und Suche mittels Bing, der M.-eigenen Suchmaschine, und der engen Kooperation mit Yahoo seit 2010; Hauptsitz in Redmond, Washington; www.microsoft.com

M

Microsoft Management Console
Vorerst leeres „Gefäss", in das die Anwenderin nach freier Wahl Konfigurationsprogramme von Windows als so genannte Snap-Ins ablegen kann; ein Snap-In ist z.b. der Gerätemanager; mit der MMC macht man sich diese Programme zentral und schnell verfügbar

Microsoft Passport
Ehemals .NET Passport, heute ▷Windows Live ID, siehe dort

MID
1. Mobile Information Device, Bezeichnung für Kleinstgerät; 2. Dateinamenserweiterung für ▷MIDI-Dateien in ▷MS-DOS / ▷Windows

Middleware
1. Software, die die Kommunikation ▷verteilter ▷Komponenten ermöglicht; sie organisiert die Konvertierung und den Transport komplexer Daten, aber auch Nebenaufgaben wie ▷Authentisierung usw.; Beispiele hierzu sind ▷CORBA, ▷REST, ▷DCE, ▷SOAP, ▷DCOM, ▷XML-RPC; 2. Sammelbegriff für alle ▷Schnittstellenprogramme, die einer ▷Plattform den ▷Zugriff auf Datenbestände der anderen Plattform erlauben; Beispiele sind die vielen Umsetzungssprachen für Zugriffe auf ▷Mainframe- ▷Datenbanken oder ▷SQL; 3. im engeren Sinne all die im oder beim ▷Webserver platzierten Programme, die ihm den Zugriff auf rückwärtige Datenbestände erlauben, also auf einen Datenbankserver; die M. erledigt in diesem Fall die Geschäftslogik zwischen der Datenbank und der Präsentation beim Client

MIDI
Musical Instrument Digital Interface; 1. genormte ▷Schnittstelle in der Musikelektronik (▷seriell, ▷asynchron, 31.25 kbps auf ▷Soundkarten); transportiert werden nicht Klanginformationen, sondern reine Steuerinformationen an z.B. einen Klangsynthesizer;

▷physikalisch als 5poliger ▷DIN-Anschluss; spezifiziert sind ferner ▷Codierung sowie 2. das Dateiformat für Klang-Dateien

Midlet
Software für ein ▷Handy oder ▷PDA, die in ▷Java geschrieben wurde; „Mid" verweist auf ▷MIDP, „Mobile Information Device"

MIDP
Mobile Information Device Profile; ▷Java- ▷Bibliothek und ▷API; Teil der ▷Laufzeitumgebung auf Handys resp. PDAs; M. erlaubt, Dinge wie z. B. ▷Benutzungsoberfläche, ▷Netzwerk-Konnektivität, grundlegende Multimedia-Funktionen und Funktionen zum Lebenszyklus von Applikationen zu programmieren; ergänzend zu ▷CLDC

Midrange (System)
Computersystem der mittleren Datentechnik, siehe auch ▷Minicomputer

Mietleitung
Sammelbegriff für kundenspezifische, gemietete Datenleitungen der ▷Telcos für den Transport ▷digitaler oder ▷analoger ▷Signale

Migration
Wanderung (lat.); Prozess des Umrüstens von ▷Applikationen und ▷Daten aus einer ▷Systemumgebung in eine neue

Mikro-
Kleinst-... (griech.); 1. so genannter Vorsatz des ▷SI: Millionstel-; Zeichen „μ"; 2. im Zusammenhang mit einem ▷Objekt beliebiger Art meist als „kleinst-" verwendet

Mikrocode
1. im ▷Leitwerk von ▷CISC- ▷Mikroprozessoren: Programm, welches die komplexen ▷Instruktionen in eine Sequenz elementarer

Instruktionen zerlegt; 2. bei Systemen oder deren Komponenten: innerster Maschinencode auf ▷Hardware-Einheiten (vor allem im Leitwerk) zu deren eigener Steuerung bzw. als ▷Schnittstelle zum ▷Betriebssystem; der M. residiert jedenfalls im ▷ROM oder anderen ▷Festwertkomponenten und wird u. U. in gepuffertes ▷RAM geladen, so z. B. bei Grosssystemen

Mikrocomputer
Kleincomputer von der Grössenordnung eines ▷Personal Computers; der Begriff M. umfasst aber auch ganz spezielle Computersysteme, die mit dem eher aufs Büro ausgerichteten PC wenig zu tun haben: Mess- und Steuereinheiten, Bordcomputer, Spielkonsolen usw.; siehe auch: ▷Minicomputer und ▷Mainframe

Mikroelektronik
Die ▷Elektronik mit integrierten Bausteinen

Mikrokanal
Die von ▷IBM 1987 zusammen mit dem ▷Personal System/2 und als Nachfolger des ▷ISA-Bus angekündigte ▷Systembus-Architektur für ▷Mikrocomputer; rechtlich geschütztes, elektronisch neuartiges, ▷logisches und ▷physisches Systemdesign: 15 ▷Adapter, 32-Bit ▷Datenbus; 10 MHz Bus- ▷Takt, Transfer bis 40 MBytes/s; als proprietäres Design vom „Rest der Welt" nicht akzeptiert, wenig erfolgreich und Mitte der 1990er Jahre aufgegeben

Mikron
Längenmass: 1 ▷Mikrometer; $1\mu m\ = 10^{-6} m = 10^{-3} mm\ =\ \dfrac{1}{1000} mm$

Mikropayment
Siehe unter ▷Micro Payment

Mikroprogramm
Programm aus ▷Mikrocode

M

Mikroprozessor
▷Prozessor auf einem einzigen ▷mikroelektronischen Bauteil, also
ein ▷IC mit (je mindestens einem) ▷Leitwerk und ▷Rechenwerk;
der M. bildet das „Gehirn" kleiner Datenverarbeitungssysteme;
auch grössere Systeme, die Supercomputer, bestehen heute aus
(Verbünden von) M., deshalb ▷Cluster; siehe genauere Darlegungen unter ▷Prozessor

Mikrosystem
Durch ▷Sun Microsystems im Jahre 2003 geprägter Begriff für die
neuen ▷Mikroprozessoren, welche aus mehreren, ▷parallel arbeitenden Kernen (▷Cores) bestehen

Mile, First -, Last -
Tatsächlich dasselbe – siehe unter ▷First Mile; dort auch Verweise
zur vollständigen Information

Millennium bug, -Fehler
Beim Jahrtausendwechsel (war Ende 1999 ein solcher?) erwartetes
Fehlverhalten von Programmen, in welchen die Jahreszahl zweistellig verarbeitet wird und/oder die Schaltjahr-Formel falsch implementiert war: besonders dramatische Auswirkungen wurden z. B.
erwartet bei personengebundenen Daten in der Sozialversiche-
rung, bei Finanzdaten, bei Maschinensteuerungen, in der Luftfahrt
usw.; Fehler sind tatsächlich aufgetreten – dies aber in geringer
Zahl, wohl sicher auch wegen der vorbeugend getroffenen Massnahmen

milli-, Milli-
So genannter Vorsatz des ▷SI: Tausendstel-; Zeichen „m"

M Millipayment
Siehe unter ▷Payment, dort mit diversen Grössenordnungen

MIMD
Multiple Instruction Multiple Data; moderne ▷Multi Processoring Rechner, bei denen die ▷Prozessoren unterschiedliche Befehlssequenzen auf unterschiedliche Datenströme anwenden; siehe auch ▷SISD, ▷SIMD, ▷MISD; dem Prozessor- ▷Speed up steht ein erhöhter Koordinationsaufwand gegenüber; siehe ▷Amdahl-Gesetz

MIME
Multipurpose Internet Mail Extension; Spezifikation, die dem Empfänger (-Prozess) einer Mail-Nachricht mitteilt, wie diese codiert und/oder strukturiert ist; im engeren Sinn erweitert M. z. B. ▷SMTP um die Möglichkeit, eine ▷Binärdatei beliebigen Inhalts (z. B. ein ▷JPEG-Bild) ungeprüft einer Textnachricht anzuhängen und mitzusenden; der Mensch hat dies mittlerweile zur reinen Anhängsel-Hysterie entwickelt …

MIME-Typ
In „Content Type" (z. B. Image) und „Content Subtype" (z. B. GIF) strukturierte Charakterisierung eines Mail-Anhängsels gemäss MIME zwecks Behandlung durch Mail-Client und Mail-Server: image/gif, text/html, multipart/form-data; die ▷IANA verzeichnet alle Typen und Untertypen samt zugehörigen ▷RFCs unter www.iana.org/assignments/media-types/

min - max
Spezielle Notation der ▷Kardinalitäten in den ▷Beziehungen zwischen zwei ▷Entitätstypen; sie bringen die minimal und maximal zulässigen Werte zum Ausdruck

Minesweeper
Spiel-Einstiegsdroge unter ▷Windows; es geht darum, verborgene Minen aufzuspüren und zu entschärfen; natürlich ohne auf eine zu treten; vergleiche: ▷Puzzle

MINFU
Microsoft Nomenclature Foul-Up; Akronym-Schöpfung eines reich-
lich entnervten David S. Platt (Harvard University) angesichts des
Durcheinanders bei ▷Microsoft in der Namensgebung; letzterer äus-
sert sich in oft schwer nachvollziehbaren Bezeichnungen wie z. B.
Attributes (in ▷.NET), Fields, Members, Properties und anderen

Minicomputer
Aus heutiger Sicht verwirrende Bezeichnung für Anlagen der mittleren Datentechnik; sie muss historisch verstanden werden: früher
gab es nur die einen Saal ausfüllenden Kolosse und die Zimmer fül-
lenden Minis, geblieben ist die Koppelung der physikalischen
Grösse mit den Namen ...; heute spricht man besser von Midrange
System oder von der mittleren Datentechnik; siehe ▷Mikrocom-
puter, ▷Mainframe

Minimax-Algorithmus, -Verfahren
▷Algorithmus in der Theorie der strategischen ▷Spiele, der darauf
abzielt, Strategien mit minimalen Gewinnen zu verfolgen und davon dann sicher das Maximum zu erreichen bzw. die Maxima der
möglichen Verluste des Gegners anzustreben und dabei sicher das
Minimum zu erreichen

Minipayment
Siehe unter ▷Payment, dort mit diversen Grössenordnungen

MINIX
Kleines, leichtes, ▷offenes ▷Unix-artiges ▷Betriebssystem für Aus-
bildungszwecke von Andrew S. ▷Tanenbaum aus dem Jahr 1987;
Tanenbaum reagierte damit auf die fast kindischen Querelen zwischen ▷POSIX, ▷Open Software Foundation und ▷Unix International, welche mit ihren „Standardisierungsversuchen" als einziges
erreichten, dass Unix uneinheitlich und verschlossen blieb sowie
zum Dickenwachstum ansetzte; M. ebnete den Weg für ▷Linux

MINUS
In gewissen ▷SQL- ▷Dialekten eine Alternative zu ▷DIFFERENCE

Minuskeln
In der Typografie: Kleinbuchstaben einer Schrift

Minutien
In der Biometrie, Brüche in den Rillen- oder Tal-Verläufen des Fingerabdrucks: Enden, Ecken, Gabelungen, Inseln usw.

MIPS
1. Million Instructions Per Second: Millionen ▷Instruktionen pro Sekunde, ein Mass für die Rechenleistung von ▷Prozessoren oder ganzen ▷Hardware-Einheiten; im Gegensatz zu ▷FLOPS wird hier das ▷Leitwerk getestet; da eine Instruktion bis zu 300 Taktzyklen brauchen kann, ist M. zur Angabe der reinen Prozessorleistung wenig aussagekräftig; 2. humoristisch in Fachkreisen deshalb: Meaningless Indicator of Processor Speed – bedeutungsloser Anzeiger der Prozessorgeschwindigkeit; 3. Bezeichnung für den 1981 an der Stanford University von John L. Hennessy entwickelten, experimentellen ▷RISC-Prozessor; 4. von Hennessy 1984 gegründeter Prozessorhersteller MIPS Computer Systems Inc., später bei ▷Silicon Graphics eingegliedert und heute wieder eigenständig als MIPS Technologies; www.mips.com

Mirror
1. siehe Platten- ▷Spiegelung; 2. Duplikat der Ablage eines ▷FTP Servers: damit können ▷Downloads durch viele Anwendende global oder regional dezentralisiert werden

MIS
Management Information(s-)System; Gesamtlösung für die Analyse von historisierenden Datenbeständen sowie zur Unterstützung mittelfristiger, taktischer Führungsentscheide; auch ▷EUS oder ▷EIS

MISD
Multiple Instruction Single Data; ▷Multi Processoring-Rechner, der mit unterschiedlichen Befehlssequenzen am gleichen Datenstrom arbeitet; diese Rechnerklasse ist nur von der Systematik her interessant: da die genannte Verarbeitung wenig Sinn macht, gibt es keine oder (je nach Literatur) wenige Vertreter; siehe auch ▷SISD, ▷SIMD, ▷MIMD

miss
Vermissen, Misserfolg beim Suchen/Nachschlagen, z. B. im ▷Cache (Cache m.) oder auf der ▷Seitensuche (Page m.)

MIT
Massachusetts Institute of Technology; Lehr- und Forschungsinstitut im Nordosten der USA und wohl die renommierteste Kaderschmiede in Hochtechnologie

Mitmach-Web
Saloppe – und doch nicht ganz unzutreffende – Bezeichnung für das ▷Web 2.0 oder ▷Social Software

Mittellänge
In der Typografie: Höhe eines Kleinbuchstabens ohne ▷Ober- und ▷Unterlänge

Mittlere Datentechnik
Rechnersysteme von der Grösse und dem Leistungsumfang im Bereich zwischen den ▷PCs bzw. ▷Workstations (▷Mikrocomputer) einerseits und den ▷Grosssystemen (▷Mainframe) andererseits; Messbares kann mit der Bezeichnung nicht verbunden sein; oft – jedoch verwirrend – als Minis oder Minicomputer bezeichnet; man spricht ferner von den Midrange Systems

MM
Siehe unter ▷Multimedia

MMA
MIDI Manufacturers Association; Firmenkonsortium, welches Spezifikationen für ▷MIDI-Dateien erlässt

MMC
Siehe unter ▷Microsoft Management Console

MMFM
Modified Modified Frequency Modulation; weiter verbesserter ▷Algorithmus und Aufzeichnungsverfahren für magnetische ▷Datenträger; Vorgänger: ▷MFM, Nachfolger: ▷RLL

MMI
Man-Machine-Interface; ▷Mensch-Maschine-Schnittstelle

MMS
Multimedia Messaging Service; SMS ergänzender ▷Dienst in der Mobiltelefonie: Versenden und Empfangen von formatierten Texten, Bildern bzw. Filmchen sowie Tönen auf entsprechend ausgerüsteten ▷Handys; MMS benützt das ▷GSM- ▷Netz, benötigt aber speziell ausgerüstete Endgeräte ... und genau darin besteht wohl der grösste „Nutzen"

MMU
Memory Management Unit; separater Baustein oder im ▷Mikroprozessor untergebrachte Funktionseinheit zur Umrechung von ▷logischen in ▷physische ▷Adressen im Rahmen der virtuellen ▷Speicherverwaltung

MMX
Schutzmarke Multimedia Extension: 1996 eingeführte Technologie von ▷Intel in ihren ▷Pentium ▷Mikroprozessoren: 57 neue, auf ▷Multimedia getrimmte ▷Integer Instruktionen u.a. für die ▷Kompression und Dekompression von Bildern und Filmen, Hilfs-

routinen für ▷Grafik und Ton; siehe Nachfolge-Technologien ▷SSE und ▷SSE2

Mnemonik, Mnemotechnik

Gedächtniskunst (griech.); Kunst des Einprägens von Lernstoffen durch „Eselsbrücken"; in der Informatik: Wahl der Namen von Kommandos, Programmen oder Dateien so, dass das sich Einprägen ihrer Funktion/ihres Gehalts erleichtert wird, z.B. „GetVorname()"; M. hat heute einen geringeren Stellenwert, weil die Namensgebung eine Speicherschonung kaum mehr berücksichtigen muss und daher auf Abkürzungen verzichtet werden kann; benannt nach Mnemosyne, Gedächtnis(göttin) und Mutter der Musen ...

MNG

Multiple Image Network Graphics; gesprochen „ming"; sehr junges Format für Grafiken: in 256 Stufen ▷transparent, ▷animationsfähig und sehr dicht ▷komprimierend; siehe auch ▷PNG und die dortigen Querverweise

MNP

Siehe unter ▷Microcom Networking Protocol

MO, MOD

Magneto Optical, Magneto Optical Disc; ▷magneto-optische Speicherung

Mobile IP

Mechanismus zur sicheren Anbindung einer fixen ▷IP-Adresse an ein privates, geschütztes Netz (siehe: ▷VPN); wichtig dabei ist vor allem, das Vertrauen der ▷Firewalls im „neuen" Netz zu gewinnen, weil eine unbekannte IP-Adresse daherkommt; dieses Vertrauen muss durch eine zweifelsfreie ▷Identifikation und ▷Authentisierung gewonnen werden

M

Mobiltelefonie

Drahtlose Telefonie im ▷Sprachbandbereich mit Funkverbindung des Mobilteils zu einer Antenne des ▷Dienstleisters, also unabhängig vom Hausanschluss; ab der ▷digitalen, nämlich zweiten Generation mit elektronischer Meldungsvermittlung (▷SMS, später ▷MMS) sowie Datendiensten; ab der dritten Generation wird das Sprachband nach oben gesprengt mit dem Ziel, das Mobilteil (Handy, in der Schweiz auch: ▷Natel) zum multimedialen Kommunikationsgerät zu machen

Mobiltelefonie, Generationen der -

1. ▷analoges Netz (in der Schweiz bis ▷Natel C); 2. ▷digitales ▷GSM-Netz (Natel D) mit später ▷Dual-, ▷Triband und ▷Quand-Band sowie ▷GPRS; 3. ▷UMTS

Moblogs

Mobile ▷Blogs; Blogs und Blogging unter Verwendung drahtlos kommunizierender Medien bei Autorinnen und Rezipienten: ▷GSM, ▷GPRS, ▷EDGE, ▷UMTS und ▷WLAN

MOD, MOD(), modulus, modulo

1. Movie On Demand; siehe ▷Video on Demand; 2. häufige, pseudosyntaktische oder reale ▷Funktion in der ▷Programmierung: ermittelt den ganzzahligen Rest bei der Division zweier Ganzzahlen, ▷Integers; z.B. 17 MOD 5 = 2; gleich bedeutend mit

$$\triangleright FRC(\frac{a}{b}) \cdot b = \left(\frac{a}{b} - \left\lfloor \frac{a}{b} \right\rfloor \right) \cdot b \; ; \text{siehe auch} \triangleright DIV$$

Mode, Doze -, Standby - und Suspend -

Schlaf-Modi im ▷Power Management; siehe dort für Details

Mode, promiscuous -

Vielpartnerschaftlicher (lat.) Modus; Betriebsmodus von ▷Netzwerkkarten, alle im Netzwerk verkehrenden ▷Rahmen zu kopieren, also „hereinzunehmen" und nicht nur die, die an die Karte adressiert sind; dieser Modus wird von Netzwerk-Analysatoren (▷Sniffer) verwendet

Mode, User -
Siehe unter Benutzer- ▷Modus

Modell
Muster (lat.); 1. ▷abstrahiertes Abbild der realen Welt; ein ▷System zur ▷Interpretation von Vorgängen, Gesetzmässigkeiten in einem anderen, in der Regel komplexeren, System; 2. Belegung einer aussagelogischen Formel mit ▷Wahrheitswerten derart, dass die Formel wahr wird; existiert kein M., ist die Formel unerfüllbar

Modelling, Solid -, Surface -
Darstellungsweise dreidimensionaler Objekte: plastisch und eingefärbt; das Resultat ist ein optisch gut erkennbares, aber noch nicht fotorealistisches Modell; Su.M. stellt nur Oberflächen dar, So.M. auch Körperteile, Querschnitte usw.

Modem
1. und allgemein: Modulator – Demodulator, deshalb: der; 2. meist gemeint ist ein ▷Signal- ▷Konverter für die Telekommunikation, der M. wandelt die ▷digitalen Signale des ▷Computers in ▷analoge des ▷Sprachbandes um und speist diese in eine klassische Telefonleitung, der Umkehrvorgang ist ebenfalls Sache des M.; neben dieser klassischen Bedeutung werden auch digital-digital-Konverter oft als M. bezeichnet

Modem, Fax-

Siehe detailliert unter ▷Telefax und ▷Class sowie ▷Modem

Modem, Kabel-

Modem, welcher mit dem hochfrequenten, häuslichen Fernsehanschluss gekoppelt wird und so die datentechnischen Geräte in eine ▷Standleitung schaltet; Konkurrenz zu ▷xDSL

Modifikator

Veränderer (lat.); in Programmiersprachen eine deklarative ▷Klausel, welche die Eigenschaft (▷Lebensdauer, ▷Sichtbarkeit, andere) von irgendwelchen Objekten (▷Klasse, ▷Methode, ▷Variable, andere) bestimmt; Beispiele: ▷private, ▷public, ▷static, ▷volatile, ▷internal und ▷default

Modul

Funktionseinheit (lat.) (gemäss Duden: das und im Plural -e; „der Modul" ist ein math. Objekt); 1. elektronisches Bauteil; 2. logisch zusammengehörige Einheit, z. B. Funktion oder Prozedur eines Programmsystems, die unter dem Gesichtspunkt des ▷Kapselungsprinzips entstanden und deshalb nur in Form ihrer ▷Schnittstelle sichtbar ist; heutige Softwaresysteme sind von einer hohen Modularität gekennzeichnet; Module haben eine hohe ▷Kohäsion und eine tiefe ▷Koppelung; 3. dynamisch ladbarer Gerätetreiber, z. B. in ▷Linux

Modula, Modula-2

Pascal erweiternde ▷Programmier- und Entwicklungsumgebung aus dem Jahre 1980 für die ▷modulare Programmierung, von Niklaus ▷Wirth; ähnlich ▷Pascal wurzelt auch M. stark in einer didaktischen Absicht und wuchs nur rudimentär aus der universitären in die kommerzielle Entwicklung hinaus

Modulation

Abwandlung (lat.); mathematische Kombination eines variablen Übertragungs- ▷Signals mit einem konstanten ▷Trägersignal in der kabelgebundenen oder kabellosen Datenübertragung

Modulation, Amplituden-

In der ▷analog / ▷digital- ▷Konvertierung: Überlagerung einer amplitudenkonstanten Trägerfrequenz durch eine weitere ▷Amplitude je nach Binärwert(-kombination)

Modulation, Frequenz-

1. in der Datenspeicherung: ursprünglich verwendeter ▷Algorithmus und Aufzeichnungsverfahren für magnetische ▷Datenträger mit besonders geringer Dichte; Nachfolger: ▷MFM; 2. in der ▷analog / ▷digital- ▷Konvertierung: Überlagerung einer frequenzkonstanten ▷Trägerfrequenz durch eine weitere ▷Frequenz je nach Binärwert(-kombination)

Modulation, Phasen-

In der ▷analog / ▷digital- ▷Konvertierung: abrupter ▷Phasenwechsel in einer ▷Trägerfrequenz je nach Binärwert(-kombination)

Modulo-10, Modulo-11

▷Fehlererkennende ▷Algorithmen zur Berechnung einer Prüfziffer; beiden Verfahren ist gemeinsam, dass jede Ziffer einer Zahl mit einem bestimmten Faktor multipliziert und aus diesen Produkten die Summe berechnet wird; die Summe dividiert man anschliessend durch 10 bzw. 11 und errechnet aus dem Divisionsrest (▷Modulus) eine Prüfsumme, ein ▷Prüfbit

Modus, Host -

Betriebsmodus von ▷Terminalprogrammen, in welchem der Computer als ▷Host auf eingehende Anrufe und evtl. Bearbeitung seiner Datenbestände wartet; dieser Modus ist nur mit Vorsicht zu aktivieren, da die ▷Integrität der Daten nicht mehr gewährleistet ist

M

Modus, Kern-/privilegierter -/supervisor -/System-

Ausführungsmodus in ▷Prozessoren mit ▷Zugriff auf den ganzen Speicher und alle anderen Ressourcen (siehe auch Normal-/Benutzer-Modus) sowie Instruktionen; der p.M. wird vom Betriebssystem oder besonders privilegierten ▷Prozessen verwendet

Modus, Normal-, Benutzer-
Ausführungsmodus in ▷Prozessoren, in welchem nur die von einem Anwendungsprogramm verwendeten Speicherbereiche und Ressourcen sowie nicht alle Instruktionen freigegeben werden; siehe im Unterschied dazu: privilegierter Modus

Moiré
▷Interferenz von ▷Punktrastern bei unterschiedlicher ▷Dichte (z. B. beim optischen ▷Scanning von ▷Rasterbildern); das Resultat sind schillernde Karomuster

MOLAP
Multidimensional OLAP; ▷OLAP-Methoden und -Werkzeuge für die multi- ▷dimensionale Datenanalyse mit Zugriff auf Datenbestände, die schon aufbereitet wurden (▷ETL) und multidimensional abgelegt sind; siehe auch ▷ROLAP, ▷HOLAP und ▷DOLAP

Molekül
Aus den Teil- ▷Befehlen bestehendes ▷VLIW (gesehen in seiner Ganzheit) oder gar eine Kette von ▷VLIWs

Molex
Eigentlich ein Herstellername (Molex Inc.), oft aber direkt als Bezeichnung der vierpoligen Stecker zur Energiespeisung von ▷Laufwerken verwendet: „Molex-Stecker"

monadic, monadisch
Einwertig (griech.); im Sinn von: auf einen ▷Operanden wirkend; oft auch unär; Gegenteil: ▷dyadisch, binär; siehe auch ▷nulladisch und ▷Operator

M

Monitor

Mahner (lat.); 1. ▷Bildschirm; 2. elementarste im ▷Festwertspeicher residierende Betriebssoftware zur Überwachung bestimmter Abläufe; 3. Dienstprogramm zur dynamischen Überwachung und Dokumentierung von ▷Prozessen, z. B. zur Anzeige der Auslastung eines ▷Netzwerks; 4. auf ▷Semaphoren basierende, abstrakte ▷Datenstruktur mit impliziten ▷Synchronisationseigenschaften; Modul, in welchem gleichzeitig nur ein einziger ▷Prozess tätig sein darf, also ein „Rahmen" um gewisse Bereiche des Programmcodes zur Vermeidung von Synchronisationsfehlern wie z. B. einer ▷Race Condition; siehe ▷kritischer Abschnitt; mit dem von C.A. ▷Hoare entwickelten M. übergeben wir den ▷Mechanismus dazu dem Betriebssystem und entlasten uns vom Programmieren mit Semaphoren

Mono

Projekt in der ▷Open Source Gemeinde zur ▷Portierung der ▷.NET-Umgebung auf ▷Linux

monochrom

Einfarbig (griech.); bezieht sich auf Bilder, die nur mit einer Farbe in unterschiedlichen Helligkeitsstufen dargestellt sind, z. B. grünschwarz oder gelb-schwarz; Bildschirme, die nur solche Bilder zeig(t)en, sind ebenfalls m.; physikalisch ist Licht m., wenn es nur ein sehr schmales Frequenzspektrum aufweist, fühlt sich für die Augen etwas speziell an; vergleiche ▷achromatisch

Monte Carlo

▷Algorithmen und ▷Methoden, welche mit ▷Zufallszahlen arbeiten; in M.-Verfahren werden mathematische Modelle mit Zufallszahlen gefüttert und die Resultate statistisch ausgewertet; Erwartungswerte dieser Statistik liefern der Praxis Anhaltspunkte für das weitere Vorgehen; so lassen sich die Modelle „ausmessen"; M. ist z. B. bei Versicherungen und im Risk Management stark verbreitet

M

Monterey 64
Eine Initiative von vielen von ▷IBM und anderen Grossen der Szene zur Vereinheitlichung von 32-Bit- und 64-Bit- ▷Unix

Moore-Gesetz
Prognose von Gordon Moore, ehemals Vorsitzender von ▷Intel, im Electronics Magazine vom 19. April 1965, wonach sich die Leistung von ▷Mikroprozessoren alle 18 bis 24 Monate verdoppeln werde; die mittlerweile in die exponenzielle Wachstumsphase getretene Leistungskurve soll noch bis etwa 2015 gemäss dem Gesetz steigen; anno 2005 suchte Intel ein Exemplar der damaligen Zeitschrift und bot dafür 10'000 Dollar, die Zeitschrift wurde gefunden; im Jahr 2009 gilt das M. G. noch; siehe auch ▷Amdahl, ▷Brooks, ▷Gilder, ▷Metcalfe

Mopier
Von Hewlett-Packard so benannte Multiple Origin Copier/Printer Maschinen, also Drucker-Kopierer

Morph, Morphing
Gestalt (griech.); Technologie in der Bildverarbeitung / ▷Animation: ein Bildmotiv fliesst durch schrittweise Verfälschung in ein anderes über: aus Chruschtschow wird Kennedy

MOS
Metal Oxyde Semiconductor; Technologie in der Herstellung von ▷Chips

Mosaic
Zusammengesetztes Bildwerk (griech. dann lat.): erster ▷Web-▷Browser mit grafischer ▷Benutzungsoberfläche; zuerst mit gerade mal 9'000 ▷Codezeilen für ▷Mac, dann für ▷Windows entwickelt; Autor im Jahre 1993 war ein Team um Marc ▷Andreessen, welcher damals noch am ▷NCSA der Universität von Illinois arbeitete und

M

1994 dann die Firma ▷Netscape mitgründete; M. gewann damals
innerhalb eines Jahres schätzungsweise zwei Millionen Anwender

Motherboard
Siehe unter ▷Mutterplatine, Hauptplatine

Motif
Eigentlich OSF/Motif; grafische ▷Benutzungsoberfläche für das ▷X
Window System unter ▷Unix aus der Küche von ▷OSF; M. ist nicht
▷Freeware; 2000 kam durch ▷The Open Group eine ▷quelloffene
Version heraus: Open Motif; www.opengroup.org/openmotif

Motion Tracking
Aufzeichnung menschlicher Bewegungsabläufe durch spezielle, mit
▷Sensoren bestückte oder farblich markierte Kleidung; die Bewegungsabläufe werden extrahiert und auf grafische, ▷gerenderte
▷3D-Objekte übertragen, was diese sich überzeugend echt bewegen
lässt; spezielle Filmfiguren (z. B. „Gollum" in „Herr der Ringe",
„Sonny" in „I, Robot") oder Computerspielfiguren (Lara ▷Croft)
werden so gestaltet

Motorola
Gegründet 1928; der Name tauchte vorerst für das erste Produkt
auf, nämlich Autoradios; heute ist M. Hersteller und Anbieter von
Gesamtlösungen in der ▷Telekommunikation (siehe ▷Iridium)
sowie in der Mikro- ▷Elektronik; von M. stammen unter vielem
anderem die ▷Mikroprozessoren der 680xx-Welt (früher: ▷Apple
▷Macintosh, Commodore Amiga, Atari ST) sowie vieler Hoch-
leistungs-Arbeitsstationen: 68000, 68010, 68020, 68030, 68040, …;
M. war ferner massgeblich an der Entwicklung des ▷PowerPC und
der Mikroprozessoren ▷G3/G4 beteiligt; www.motorola.com

M

Mount Point
Ort des „Einhängens" einer ▷Verzeichnisstruktur in ein aktives
▷Dateisystem, siehe: ▷mount

mount, Mounting

Anbringen, montieren, metaphorisch treffender: „einhängen"; 1. in
▷Unix / ▷Linux das Einhängen eines zusätzlichen ▷Dateisystems
in ein aktives, gerade benutztes; das eingehängte System wird
transparent in den ▷Hierarchie- ▷Baum eingelagert; 2. „mounten"
ist ein davon abgeleiteter, neudeutscher Ausdruck für das Anmelden von Peripherie in einem ▷SCSI-Bus oder in ▷Unix / ▷Linux;
im Perfekt würde es dann wohl „gemountet" heissen und als
sprachliche Barbarei in die Geschichte eingehen ...

Mouse Pad

▷Mausmatte mit textiler oder Kunststoff-Oberfläche

MOV

Dateinamenserweiterung für ▷QuickTime-Movies in der ▷Win-
dows-Welt

Movie

Film; Ton/Bildsequenz in ▷Multimedia

Mozilla

Anfänglicher Entwicklungsname für die Version 3.0 des ▷Netscape
▷Navigators; danach Sammelname für die ganze Produktepalette,
speziell für den Communicator, von Netscape und Maskottchen
der Firma; heute als M. Firefox ein ▷Freeware- ▷Browser, dessen
▷Code von Netscape einer Fangemeinde zur Weiterentwicklung
offen gelegt wurde; beinhaltet die ▷Gecko Engine; unterliegt einer
speziellen „M. Public Licence" und „Netscape Public Licence";
M. ist ein nicht wirklich Furcht einflössendes, kleines grünes Dra-
chenwesen (im Gegensatz zu Godzilla ...); www.mozilla.org

MP

1. Multi Link ▷PPP; auf der ▷OSI Sicherungsschicht (Schicht 2)
operierendes ▷Protokoll zur Verbindung verschiedener physi-

M

kalischer ▷Netzwerke zu einem einzigen ▷virtuellen Netzwerk;
2. ▷Multi Processoring

MP3
Moving Picture Experts Group 1(MPEG), Audio Layer 3; sehr wirksamer ▷Kompressionsstandard für ▷Audiodaten, dessen hoher
Verdichtungsgrad auf der Berücksichtigung physiologischer Erkenntnisse des Hörens beruht und der weitgehend unter Karlheinz
Brandenburg am Fraunhofer Institut in Ilmenau (Deutschland) erforscht wurde; siehe auch ▷MP4

MP4
Weiterentwicklung von ▷MP3 (▷ISO/IEC-14496) mit noch dich-
terer Kompression von ▷Audio und ▷Video; noch nicht sehr
verbreitet

MPC, MPC-II
Siehe unter ▷Multimedia-PC

MPEG
1. und allgemein: Motion/Moving Picture Experts Group; Normengremium von ▷ISO und ▷ITU; 2. international als Norm akzeptiertes Verfahren für die ▷Komprimierung und den Transport von
bewegten ▷Videobildern sowie von ▷Audioinformationen; der
Speicherbedarf vor und nach der Komprimierung beträgt bis 200:1;
M. ist nicht kompatibel zu ▷JPEG: Entwicklungsschritte als MPEG-
x; siehe ferner ▷MP3 und ▷MP4

MPI
Message Passing Interface; de-facto standardisierte Programmbibliothek für die nachrichtenbasierte Kooperation paralleler
▷Prozesse auf Parallelrechnern oder ▷Rechnerverbünden;
www.mpi-forum.org

MPLS

Multiprotocol Label Switching; Kennzeichnung (durch Tags, La-
bels) von ▷Datengrammen mit ▷Subnetz- und ▷Dienstgüteinfor-
mationen zur schnelleren Durchleitung im IP-Netz; gelegentlich
als „Layer 2.5 Switching" bezeichnet, siehe auch Layer 3 ▷Switch;
M. wird vor allem in ▷Virtual Private Networks (VPN) verwendet

MPR

Statens Mätoch Proträd (schwed.); Methode des Schwedischen
Institutes für Messwesen (National Board for Measurement and
Testing) zur Messung sowie Norm über die Zulässigkeit von (Röh-
ren-)Bildschirm-Abstrahlungen; MPR-I ab 1987 und MPR-II ab
1990 mit zusätzlichen Normen im Bereich niederfrequenter Strahlung und elektrischer Felder; siehe auch die strengere ▷TCO

MPU-401 UART

MIDI Processing Unit; ▷asynchron- ▷serieller Steuerungsbaustein
der ▷MIDI-Schnittstelle

MPX

1. ▷Multiplex; 2. Dateinamenserweiterung für Projektplanungs-
Dokumente

MRAM

Magneto-Resistive ▷RAM; Speicherbaustein mit äusserst geringem Energieverbrauch, da auf magnetischen statt elektrischen
Kräften beruhend; Serienproduktion ab 2003; die annähernde
Nicht- ▷Flüchtigkeit wird der Computerei vor allem das ▷Booting
ersparen

MRJ

Mac OS ▷Runtime for Java; die ▷Java Virtual Machine von ▷Apple
für das ▷Mac OS; 1999 dann mit ▷Microsoft zu einer einzigen JVM
zusammengelegt

MRU
Most Recently Used; „zuletzt verwendet"; meist als Liste präsentierte Menge der am jüngsten verwendeten ▷Objekte, z. B. ▷Seiten bei der virtuellen ▷Speicherverwaltung

MS-DOS
▷Microsoft Disk Operating System; ▷Betriebssystem für Kleincomputer mit ▷Mikroprozessoren der Familie 80xx und 80yyy von ▷Intel; oft, jedoch unpräzise, einfach ▷DOS; MS-DOS ▷bootete als ▷Beta-Version erstmals auf einem ▷IBM-PC im Februar 1981; MS-DOS war keine Eigenentwicklung von Microsoft, sondern wurde in den Kernfunktionen als QDOS von einem gewissen Tim Patterson zugekauft

MSAU
Multi Station Access Unit; zusammenführendes Schaltelement für mehrere Teilnehmer im ▷Token-Ring Kabelsystem von ▷IBM; siehe auch ▷ICS

MSB
Most Significant Bit; höchstwertiges ▷Bit, Bit an der Position links aussen im ▷Wort

MSDE
Microsoft Data Engine; eine abgespeckte, zu ▷SQL-Server kompatible ▷Datenbank- ▷Maschine, welche die ▷Jet Engine ablöst; ihr ausgewachsenes Pendant ist die Desktop Engine und als solche eigentlich eine der Varianten von SQL-Server; ab 2006 beides dann abgelöst durch SQL-Server Express Edition

MSDN
M Microsoft Developer's Network; ▷webbasierendes Kommunikations- und Unterstützungsforum zwischen ▷Microsoft und den ihre Produkte nutzenden Entwicklern; www.msdn.microsoft.com

MSI
Medium Scale Integration; ▷Chips mit 100 bis 1'000 Bauteilen

MSIL
Microsoft Intermediate Language; ▷Zwischencode in allen Programmiersprachen des ▷.NET Frameworks von ▷Microsoft; in den
Code der MSIL wird ▷compiliert, von der MSIL in die Maschinensprache ist dann nochmals ein ▷JIT-Compiler am Werk; anlässlich
der Normierung wesentlicher Komponenten von .NET wurde der
Name auf ▷CIL geändert

MSN
1. The Microsoft Network; ehemals geschlossener ▷Online-Dienst
von ▷Microsoft, zusammen mit ▷Windows 95 produktiv eingeführt, schon 1996 zunehmend in das ▷Web hinein geöffnet und bis
Ende 1996 endgültig dorthin migriert; 2. ein darauf basierender
Produktnahme „MSN Messenger", eine ▷Instant Messaging Lösung, die schon lange ▷„Live Messenger" heisst, sich aber als
„MSN" in die Hirne gebrannt hat; 3. Multiple Subscribe Number;
die Rufnummer in Euro- ▷ISDN

MSR
Messen – ▷steuern – ▷regeln im Umfeld von ▷Prozessrechnern

MTA
Message/Mail Transfer Agent; 1. allgemein ein ▷Protokoll bzw.
eine Lösung zum Transport von Nachrichten vom ▷Client zum
▷Server; siehe unter ▷Message ...; 2. speziell: Protokoll zur Übermittlung von elektronischer Post im ▷X.400-Netz

MTBF
Mean Time Between (oft auch: Before) Failures: mittlere Zeit zwischen dem Auftreten von ▷Fehlern; Fehleranfälligkeit eines (Teil-)
Systems ausgedrückt als mathematische Wahrscheinlichkeit – und
somit als Qualitätskriterium nur beschränkt aussagekräftig

MTTR
Mean Time To Repair; durch Messungen und statistische Berechnungen ermittelte, mittlere Reparaturzeit für eine Systemkomponente; so gesehen ein mässig aufschlussreiches Qualitätskriterium

MTU
Maximum Transmission/Transfer Unit; maximal transportierbare ▷Paket- oder ▷Rahmenlänge, z.B. 1'500 Bytes bei ▷Ethernet; ist die MTU eines Rahmens (▷OSI-Schicht 2) kleiner als die Grösse eines Pakets (Schicht 3), muss fragmentiert werden; eine MTU kann auch dynamisch ermittelt werden: der Sender verschickt Pakete in abnehmender Grösse, bis ▷ICMP kein „Fragmentation required" mehr zurückmeldet

MUA
Siehe unter ▷Message/Mail User Agent

multi homed
Ein ▷Proxy, ▷Router oder eine ▷Firewall, der/die mit mehreren Netzwerkkarten (▷NICs) versehen ist und bei der ▷IP Forwarding sowie ▷Routing ausgeschaltet sind (so wird jedes Paket untersucht und erst danach an die andere Karte weitergereicht); m.h. Firewalls können mehrere, getrennte ▷DMZ abschirmen; siehe auch ▷dual homed

Multi Processing
▷Parallel oder ▷nebenläufig ▷synchronisierte Bearbeitung bzw. Verwaltung mehrerer, gleichzeitig aktiver und/oder inaktiver ▷Prozesse durch das ▷Betriebssystem

Multi Processor(ing)

Mehrprozessor-Rechner mit einem ▷physischen Adressenraum (deshalb: eng gekoppelt oder shared ▷Memory) und einem ▷Multi Processing/Processoring Betriebssystem; die ▷Prozesse werden durch ein gemeinsames ▷Scheduling verwaltet und die Kommunikation erfolgt über den gemeinsamen Speicher (speicherbasiert); siehe im Gegensatz dazu ▷Rechnerverbund bzw. ▷Cluster; nicht zu verwechseln mit ▷Multi Processing – auch wenn dies sogar in Lehrbüchern getan wird

Multi Processoring, asymmetric -

Nicht gleichmässiges (griech., dann lat.) M.P.; gleichzeitige Abwicklung unterschiedlicher Teilaufgaben durch zwei oder mehr ▷Prozessoren in einem Mehrprozessorsystem; oder: ▷dedizierte Zuteilung bestimmter ▷Prozesse auf bestimmte Prozessoren; die Verteilung der Aufgaben ist (z. B. durch die Prozessortypen) vorgegeben; ein beteiligter Prozessor ist meist der übergeordnete

Multi Processoring, symmetric -

Gleichmässiges (griech., dann lat.) M.P.; Verteilung einer gerade laufenden Teilaufgabe auf zwei oder mehrere ▷Prozessoren in einem Mehrprozessorsystem; oder: Gleichwertigkeit aller arbeitenden Prozessoren bezüglich Zuteilung von ▷Prozessen; das ▷Betriebssystem kann dabei die Aufgaben selbst verteilen; wegen der ▷Referenzlokalität oder ▷Affinität wird sich eine gewisse Asymmetrie einstellen

Multi Programming

1. Möglichkeit der ▷parallel oder ▷nebenläufig ▷synchronisierten Anwendung von mehreren Applikationen auf einem Rechner; M.P. verlangt auf Systemebene ▷Multi Processing; also: Multi Processing mit der Sicht auf die Applikation als Ganzes; 2. in der Literatur gelegentlich verstanden als Vorhandensein mehrerer Programme im Arbeitsspeicher – jedes wird sequenziell abgearbeitet und ist ununterbrechbar; der Begriff verliert in heutigen Architekturen an Bedeutung

Multi Scan

M

Im Zusammenhang mit Röhren- ▷Bildschirmen: Monitore, welche sich auf verschiedene ▷Zeilen- und ▷Bildwiederholfrequenzen automatisch einstellen können und die somit für verschiedene ▷Grafikkarten einsetzbar sind

Multi Session
Siehe unter Multi ▷Session

Multi Tasking
Wirkliches oder durch ▷synchronisiert sequenzielle Vergabe von Prozessorzeit an verschiedene ▷Tasks nur scheinbar gleichzeitiges (dann: ▷nebenläufiges) Laufenlassen von mehr als einem Programm bzw. Auftrag im Computer – betrachtet von der Systemebene; für den Anwender äussert sich M.T. meist als ▷Multi Programming; wirklich echtes M.T. ist streng genommen nur in ▷Mehrprozessorsystemen möglich; im Gegensatz zum ▷Time Sharing sind die Zeitabschnitte flexibel; der Begriff wird oft synonym für ▷Multi Processing gebraucht; alle Begriffe werden leider generell uneinheitlich verwendet

Multi Tasking, cooperative - bzw. kooperatives -
Zusammenarbeitendes (lat.), auch: nicht- ▷präemptives M.T.; ein ▷Prozess / ▷Task erhält nach dem ▷Warteschlangenverfahren ▷Prozessorzeit und kann diese „wunschgemäss" lange behalten, er ist andererseits auch in der Lage, im Falle vorübergehender Ruhe solche abzugeben; weil der Prozess den Prozessor für andere Aufgaben von sich aus wieder freigeben muss, kann ein Programmabsturz das ganze System anhalten; Beispiele sind: ▷Windows 3.x und ▷Mac OS bis Version 7

Multi Tasking, preemptive - bzw. präemptives -
M.T. mit Entzugsmöglichkeit (lat.); auch: Zeitscheiben M.T. bzw. Time Slicing: planmässig ausschliesslich durch das ▷Betriebssystem verteilte ▷Prozessorzeit an jeden ▷Task mit der Möglichkeit, ihm diese jederzeit (geordnet) wieder zu entziehen und später so zurückzugeben, als wäre sie ihm nie genommen worden; kein ▷Prozess erhält die ganze Verfügungsgewalt über die ▷CPU-Res-

M

sourcen oder darf sein ihm zugewiesenes ▷Quantum überschrei-
ten; dadurch ist das präemptive M.T. absturzsicher(er); es wird
auch oft „echtes" M.T. genannt; Beispiele sind: ▷OS/2, ▷Windows
NT/2000/XP/Vista/7, ▷Unix, ▷Linux und ▷Mac OS ab Version 8

Multi Threading
▷Parallel oder ▷nebenläufig ▷synchronisiertes Bearbeiten von
mehr als einem ▷Thread im ▷Prozessor; M.Th. ist flexibler und für
die Anwendung schneller als „blosses" ▷Multi Tasking; M.Th. existiert in den meisten modernen Betriebssystemen, z. B. ▷OS/2,
▷Windows, ▷Mac OS ▷Linux und vielen ▷Unix-Varianten, nicht
aber in ▷Windows 3.x

Multi Threading, kooperatives - und präemptives -
Erklärt unter ▷Multi Tasking, denn der Prozessor unterscheidet
nicht zwischen ▷Prozess, ▷Task oder Thread, er „sieht" einfach
einen zu bearbeitenden ▷Kontrollfluss bei sich

Multi User
Siehe unter ▷Mehrbenutzer

Multi Volume
▷CompactDisc, welche ähnlich ▷Multi Session in mehreren Sitzungen „gebrannt" wurde, deren Dateneinheiten, ▷Volumes, indessen gegenseitig nicht verknüpft und beim Lesen deshalb auch
nicht so ohne Weiteres zugänglich sind

Multicast
In der Daten- und Telekommunikation: Nachrichtenversand als
Ein- oder Mehrpunkt-zu-Mehrpunkt-Verbindung; in ▷TCP/IP er-
folgt die Verteilung unter Verwendung von ▷IGMP; der Kreis der
Empfänger ist eingeschränkt und definiert; siehe auch ▷Anycast,
▷Broadcast, ▷Narrowcast, ▷Pointcast, ▷Unicast

M

MULTICS
Multiplexed Information and Computing Service; am ▷MIT, den
▷Bell Labs sowie bei General Electric in der ersten Hälfte der
1960er Jahre Jahre in ▷PL/I entwickeltes ▷Betriebssystem; das erste
mit virtueller ▷Speicherverwaltung und ▷Time Sharing, was damals ein ▷Mehrbenutzer-System bedeutete; unmittelbarer Vorgänger von ▷UNICS

MultiFinder
Betriebssystem-Erweiterung im (damaligen) ▷Macintosh-Betriebs-
system zur gleichzeitigen Arbeit mit mehreren ▷Applikationen
(▷Multi Programming); der M. gehörte als optional installierbare
Funktionalität zum Standard-Lieferumfang und wurde ab ▷System 7
des ▷Mac OS ins Betriebssystem integriert, später dann zum echten
▷Multi Tasking / ▷Mutli Threading ausgebaut

Multifrequenz
Siehe unter dem gebräuchlicheren ▷Multi Scan

Multimedia
Zeitlich und medial integriertes Aufnehmen, Bearbeiten und interaktives Abspielen von Text-, Ton- und Bildinformationen sowie
die entsprechende Datenverwaltungs-Software und Spezialausrüs-
tungen in der ▷Hardware; M. will (fast) alle unsere Sinne ansprechen und dient der ▷animierten Informations- und Lernstoff-
vermittlung

Multiplex, Frequenz-
Multiplex durch Zuteilung von Teilen der ganzen ▷Frequenz-
▷Bandbreite für die ganze Zeit, siehe auch Non ▷Contention

Multiplex, Multiplexer
Vielfalt (lat.); 1. und allgemein: Mehrfachbelegung 2. eines ▷Kom-
munikationskanals durch spezielle ▷Codierung und ▷Signalge-
bung oder 3. einer Verarbeitungslinie durch verzahnt arbeitende

▷Prozesse – beides, um den gesamten Belegungsgrad zu erhöhen;
4. gemäss ▷DIN eine Funktionseinheit, die ▷Nachrichten von einer
bestimmten Anzahl ▷Kanäle einer anderen Anzahl Nachrichtenka-
näle übergibt (entspricht dann unserem 1.); 5. ▷digitaltechnisch:
auswählendes ▷Schaltnetz; siehe auch ▷Konzentrator, ▷Conten-
tion, ▷TDM, ▷FDM

Multiplex, Raum-
Multiplex durch Aufteilung einer räumlichen ▷Ressource, z. B. des
▷Arbeitsspeichers mit dann in der Regel exklusivem ▷Zugriff

Multiplex, Zeit-
Multiplex durch Zuteilung zeitlicher Abschnitte an mehrere, den
gleichen ▷Kommunikationskanal benutzende Geräte

Multiplexing, dense Wavelength Division -
Lange Zeit galten ▷Lichtwellenleiter als streng ▷seriell und nur
Zeit-multiplexierbar; mit Licht unterschiedlicher ▷Wellenlänge ist
damit Schluss; bis zu 32 Wellenlängen sollen dereinst bis 150 Gbps
durch eine einzige Glasfaser „pumpen"

Multiplexing, Frequency Division -
Frequenz-M. oder speziell: non ▷Contention M. bei ▷analoger
▷Kommunikation

Multiplexing, Time Division -
Zeit-M. oder speziell: ▷Contention M. bei ▷digitaler ▷Kommuni-
kation

MultiRead
Spezifikation, welche es entsprechend ausgerüsteten CD-Spielern
erlaubt, auch ▷CD-RW zu lesen, selbst wenn diese im Bereich der
▷Overhead Daten anders beschrieben sind

Murphy, Edward; Murphy Gesetz
Captain an der Edwards Air Force Base in Muroc, CA, welcher im
Jahre 1949 über einen seiner Mitarbeiter folgende Qualifikation
äusserte: „Wenn eine Möglichkeit besteht, etwas falsch zu machen,
so wird er es tun" und damit die „Murphy Gesetze" begründete; sie
dogmatisieren ein in der Informatik besonders häufiges Phänomen, dass in der Dualität zweier Möglichkeiten die schlechtere zum
Zug kommt

Mutation
(Sprunghafte) Änderung (lat.); 1. Änderung, Nachführung, Aktualisierung eines Eintrags in einem Datenbestand mit der Gefahr,
dabei die ▷Integrität und/oder ▷Konsistenz zu verletzen; 2. Änderung des „genetischen" Codes (▷Signatur) von ▷Viren

Mutex
Siehe unter ▷Mutual Exclusion

Mutterplatine
Wichtigste und meist grösste ▷elektronische Platine im Mikrocomputer; die M. beherbergt heutzutage die ▷CPU, den ▷Speicher und
die meisten Bauteile für den ▷I/O-Verkehr, genau genommen also
den ganzen ▷Rechner

Mutual Authentication
Siehe unter ▷Authentisierung, Zweiweg-

Mutual Exclusion
Wechselseitiger Ausschluss (lat.) bei ▷synchroner Beanspruchung
von ▷Betriebsmitteln bzw. ein ▷Betriebssystem- ▷Primitivum zur
einkapselnden Markierung von Code-Bereichen, die eine solche
Beanspruchung anstreben

M

MUX
Siehe unter ▷Multiplex

MVC

Model - View - Control; bedeutsames ▷Architekturmodell aus dem Jahr 1979 von Trygve Reenskaug; es fordert, dass die Präsentation, das ▷Datenmodell und die Steuerung voneinander separiert werden, und gilt heute als quasi-Standard im ▷Entwurf; zur Verfeinerung eines Entwurfs werden z. B. die Beziehungen im Innengebiet je paarweise betrachtet

Myriad

Seit 2002 die Standard- ▷Schrift von ▷Apple, genauer und im 2010 Myriad Pro; andere Schriften, die von Apple länger verwendet wurden, sind Apple Garamond und Motter Tektura

mySAP.com

▷SAP R3, erweitert um Funktionalitäten des ▷E-Business: ▷Content und ▷Portal-Management, Bürokommunikation, ▷Supply Chain Management usw.

MySQL

▷Multi User und ▷Multi threaded ▷RDBMS für alle gängigen PC-Betriebssysteme; der Server arbeitet als ▷Dämon; es existieren viele verschiedene Client Programme und ▷Bibliotheken; M. ist schnell, sehr robust, hat eine gute ▷SQL-Implementation und ist auch für sehr grosse Datenbanken geeignet; es entwickelte sich ab 1995 zuerst sehr langsam durch wenige Programmierer und unterstützte lange Zeit keine ▷Trigger, ▷Prozeduren oder ▷ACID-Transaktionen; M. ist heute das im ▷Web verbreitetste DBMS und wird u. a. von ▷Yahoo! eingesetzt; bis anno 2000 war M. für private Anwender und Schulen frei, im Jahre 2000 beschritt der schwedische Hersteller dann neue Wege, machte M. quelloffen und unterwarf es der ▷GPL; www.mysql.com, www.mysql.org

M

N

N

National Language; ▷Präfix in ▷ISO / ▷ANSI ▷SQL/92, welches die nachfolgende ▷Text-Konstante als Wert in ▷Unicode definiert; Beispiel: „Bea" ist eine ▷ASCII- ▷Zeichenkette und folglich drei ▷Bytes lang, N„Bea" ist Unicode und folglich (in ▷UTF-16) sechs Bytes lang (oder 3 ▷Worte)

Nachfolger

1. in der ▷Tabellenkalkulation eine Zelle, deren Formel einen Quellen-Bezug auf eine andere Zelle enthält; 2. Funktion in Programmiersprachen, welche den nächstfolgenden Wert in einem ▷ordinalen ▷Datentyp, einer ▷Enumeration, aufruft: ▷SUCC(wert), wert+1 oder ++wert; in verketteten ▷Listen oft NEXT(current)

Nachricht

1. ▷Zeichen oder kontinuierliche ▷Funktion, welche eine ▷Information zwecks Weitergabe (▷Kommunikation) darstellt; 2. Einheit der Kommunikation zwischen zwei ▷Prozessen, die nicht im gemeinsamen ▷Adressenraum operieren; 3. Verfahren zwischen ▷Objekten, sich gegenseitig zu informieren und zu bearbeiten, das heisst eine ▷Methode auszulösen

NAK

▷ASCII-Zeichen 15(H) (21): Negative Acknowledge; Rückmeldung eines ▷Peripheriegeräts, dass die Daten nicht korrekt ankamen oder ▷interpretiert werden konnten

Name Resolution

N Namensauflösung (lat.); Mechanismus der Umwandlung eines ▷DNS-Namens in eine ▷IP-Adresse: die Auflösung geht iterativ entlang dem hierarchisch aufgebauten Namen (von rechts nach links); der Aufruf seitens des ▷Name Resolvers ist rekursiv, er übergibt also den ganzen Namen als ▷Argument

Name Resolver

▷Client, welcher eine ▷DNS-Namensauflösung anfordert, auslöst und durch Voranschreiten durch alle ▷Name Server auch bewerkstelligt

Name Server

▷Prozess, der die ▷logischen Domänen-Namen von ▷TCP/IP-Hosts in die ▷physischen ▷IP-Adressen übersetzt

Name Space, Namespace

Siehe unter ▷Namensraum

Namenskonvention, Namensvergabe

Standardisierung der Benennung von ▷Bezeichnern mit zwei Zielen: a) ständige Nachvollziehbarkeit, Erweiterbarkeit und b) innere ▷Semantik als so genannt sprechende und damit sich (mindestens teilweise) selbst ▷dokumentierende Namen

Namensraum

Verbal definierter Geltungsbereich, in dem ein ▷Bezeichner eindeutig sein muss; Beispiele: 1. bestimmte Stelle des Programms und die Gesamtheit aller darin ▷sichtbaren Bezeichner, das sind u.a. ▷Variablennamen oder ▷Funktionsnamen; 2. ▷Internet und die Gesamtheit aller darin gültigen ▷URLs bzw. ▷URIs; 3. Elementnamen in ▷XML, welche durch die Angabe eines N. weltweit eindeutig sind; 3. Dateisystem und die Gesamtheit aller absoluten ▷Dateinamen

NaN

Not a number, keine Zahl; 1. im ▷Fliesskomma-Rechenwerk unter
bestimmten (▷Fehler-)Bedingungen erzeugtes ▷Binärmuster gemäss ▷IEEE 754, welches nicht als Wert ▷interpretiert, sondern
als ungültig abgefangen wird oder gar eine ▷Unterbrechung auslöst; 2. dann auch als ▷Konstante so in ▷Java, C# u. a. eingeflossen

NAND

▷NOT ▷AND; auch Sheffer-Funktion; ▷logische Verknüpfung:
C ist dann wahr, wenn sowohl A als auch B unwahr sind oder wenn
eines von beiden wahr ist; gehört nicht zu den logischen Grundfunktionen, wird in diversen Bausteinen aber angeboten

nano-, Nano-

So genannter Vorsatz des ▷SI: Milliardstel-, Zeichen „n"

Narrowcast

In der Daten- und Telekommunikation: Nachrichtenversand als
Punkt-zu-einige-Verbindung; die Rezipienten sind Abonnentinnen,
regelmässige Leser usw.; ▷Blogging wird oft diesem Benachrichti-
gungsmuster zugeordnet, ferner auch die Newsletters; siehe auch
▷Anycast, ▷Broadcast, ▷Multicast, ▷Pointcast, ▷Unicast

NAS

1. Network Attached Storage; dezentral im „normalen" Netzwerk
verteilte ▷Sekundärspeicher; die Daten fliessen über die normale
Netzwerkinfrastruktur (im Heimbereich auch über ▷USB) und benutzen deren ▷Protokolle, der Fluss ist dateiorientiert; NAS unterscheidet sich insofern von Dateidiensten (File Services), als das System nur über ein minimales, meist ▷eingebettetes Betriebssystem
verfügt und deshalb vor allem im Bereich der ▷Zugriffssteuerung
auf entweder einen Dateiserver oder auf einen ▷Verzeichnisdienst
angewiesen ist; NAS bietet also Massen- und Langzeitspeicherung
ohne dedizierte Netzwerk-Infrastruktur; siehe auch ▷NDAS, ▷DAS
und ▷SAN; 2. Network Access Service; pauschaler Begriff für Au-

N thentisierungsdienste beim entfernten ▷Zugriff; deshalb synonym
zu ▷RAS

Nassi-Shneiderman
▷Methode zum grafischen ▷Entwurf der Ablauflogik in einem ▷Programm; das N.-Struktogramm nach ▷DIN 66261 ist eine einfach zu
erlernende Visualisierung eines ▷Algorithmus, die ▷unstrukturierte Anweisungen verhindert; oft einfach ▷Struktogramm genannt

NAT
Network Address Translation (▷OSI-Schicht 3); „Verstecken" eines
Bereichs privater ▷IP-Adressen „hinter" einer öffentlichen; damit
kann man a) ein IP-Netzwerk „hinter" einer einzigen Adresse aufbauen, b) die genaue Herkunft von Anfragen verbergen; NAT ist
meist gekoppelt mit PAT – Port Address Translation: eine von innen kommende Anfrage wird nach aussen nicht nur mit anderer
IP-Adresse, sondern auch anderer ▷Port Nummer weitergereicht,
da an einer IP-Adresse ja mehrere Dienste laufen können

Natel
Ursprünglich: Nationales Auto-Telefon-Netz der schweizerischen
PTT; heute ein Markenname für diverse ▷Dienstleistungen in der
▷Mobiltelefonie der ▷Swisscom; als analoges N. C seit Sommer
1987 mit schnell gewachsener Teilnehmer-Nachfrage und -Kapazität; N. C wurde 2005 eingestellt; mit dem digitalen N. D ▷GSM
und einem gewaltigen Angebot preiswerter Geräte im liberalisierten Endgerätemarkt wurde die ▷Mobiltelefonie in der zweiten
Hälfte der 1990er Jahre zum Volksgut; seit Ende 1998 existieren in
der Schweiz auch die privaten Netze Sunrise (anfänglich Diax) und
Orange; N. hat sich in der Schweiz ferner als Bezeichnung für das
Mobiltelefon-Gerät, das ▷Handy, durchgesetzt

native
Angeboren (lat.); auf das Zielsystem hin abgestimmt: ▷Maschinencode, ein ▷Betriebssystem, eine ▷Programmiersprache usw.

Navigation, Navigieren, Navigationshilfe

Schifffahrt (lat.); 1. Aktivität bzw. Programm zum effizienten **N**
Durchforsten von internationalen Datennetzen nach bestimmten
Suchbegriffen bzw. Inhalten; 2. iteratives Weitersuchen in schon
vorselektierten Datenbeständen durch Einbringen weiterer Bedingungen; entsprechende Programme haben oft intuitive ▷Benut-
zungsoberflächen; 3. geografische Ortung mittels ▷GPS

Navigator, Netscape Navigator

Schiffslotse (lat.); ▷Web- ▷Browser mit grafischer ▷Benutzungs-
oberfläche; der N. entstand 1994 (▷Beta-Version im Dezember
1994 im Internet) durch Marc ▷Andreessen, den Autor von
▷Mosaic; bald danach machte sich ▷Microsoft (erfolgreich) auf,
N. als Marktleader (1998) zu verdrängen bzw. auch den Markt des
Web Browsings zu monopolisieren; ab 1997 hiess das Produkt
Communicator und war eine komplette Internet-Lösung; 1998 wurde im Rahmen einer strategischen Neuausrichtung dessen ▷Quell-
code freigegeben; siehe dazu ▷Mozilla

NBMA-Netzwerk

Synonym für ▷ATM- ▷Netzwerk; Non Broadcast Multiple Access;
die Hardware von ATM erlaubt weder ▷Broad- noch ▷Multicasting

NC

1. Numerical Control; ▷numerische Steuerung, durch Zahlencodes
gesteuerte industrielle Fertigungsmaschine; 2. Net Computer: seit
1995 viel verwendeter (strapazierter) Begriff für einen Billigst-
Computer, der sich lokal nur gerade ins Internet ▷bootet und seine
Aktivitäten dann dort voll entfaltet: Daten laden und speichern,
spielen usw.; die Industrie steckte viel Energie in den NC, weil damit die Abhängigkeit von Microsoft und deren Betriebssystemen
durchbrochen werden sollte; Idee von ▷Oracle und ▷Sun; gegen
Ende der 1990er Jahre ist es um den NC zugunsten der ▷Thin
Clients etwas stiller geworden, dann lautlos …

N

NCI
Non Coded Information; ein Begriff aus dem ▷Informations- und ▷Dokumentenmanagement: Information in einer für das Computersystem nicht verarbeitbaren Form, also z. B. ▷Text oder ein Bild unmittelbar nach dem optischen ▷Scannen

NCSA
1. National Center for Supercomputing Applications an der Universität von Illinois; 2. National Computer Security Association; Gremium in den USA, welches sich mit Sicherheitsfragen (▷Security) in der ▷Informatik allgemein befasst und namentlich das ▷Hacker-, ▷Knacker- und ▷Phreaker-Wesen in den USA überwacht

NCSC
National Computer Security Center; Organisation innerhalb der ▷NSA für die Sicherheit militärischer Daten

NDAS
Network Direct Access Storage; ▷NAS System für kleine Umgebungen mit Anbindung über ▷USB statt ▷TCP/IP

NDIS
Network Driver Interface Specification; Spezifikation von ▷IBM, ▷Microsoft und ▷3Com für Netzwerk- ▷Treiber; damit können Netzwerkkarten diverse ▷Protokolle „nach oben" unterstützen; siehe „Konkurrenz" ▷ODI

NDP
Numeric Data Processor; arithmetischer ▷Coprozessor oder präziser: ▷FPU

NDS
1. früher: Network Driver Specification; durch ▷Novell etablierte Betriebssystem-Erweiterung zur Lokalisierung von Arbeitsstationen in grossen Netzwerken; 2. heute eher für den ebenfalls aus dem

Hause Novell stammenden Network Directory Services, ein ▷Ver-
zeichnisdienst

N

Nebeneffekt
Siehe unter ▷Seiteneffekt, Side Effect

nebenläufig, Nebenläufigkeit
Pseudo-gleichzeitige, zeit- ▷multiplexierte, ▷synchronisierte Bearbeitung von mehreren ▷Prozessen / ▷Threads in einem ▷Prozes-
sor und ▷Adressenraum; siehe und unterscheide dazu: ▷parallel

NEBS
1. Network Equipment Building System; ursprünglich ▷pro-
prietäres und ausschliesslich in der ▷Telekommunikation ange-
wendetes Gütesiegel für die ▷physikalische ▷Verfügbarkeit von
Geräten; heute mehr und mehr auch in der ▷Client/Server-Um-
gebung verlangt; N. wird in drei Sicherheitsstufen, Levels, vergeben; 2. New England Barbecue Society und damit ein anderes heisses Thema …

Negation
Verneinung (lat.); ▷logische Invertierung zur Aussage NICHT;
Umkehrung eines ▷Boole'schen Wertes: A ist dann wahr, wenn –A
(NICHT A) falsch ist und umgekehrt; NICHT heisst auch NOT;
siehe auch ▷Antivalenz, ▷Disjunktion, ▷Konjunktion

NEMP
Nuklearer, elektromagnetischer Puls bzw. Schutz ▷mikroelektroni-
scher Bauteile davor

Nerd
Wissenschaftlich nicht gefestigte Bezeichnung für (computer-)tech-
nisch brillante und sozial etwas isolierte (meist männliche) Hu-
manwesen; auch ▷Geek und ▷Weenie

N

nest
Verschachteln, siehe unter ▷Schachtelung

Net
Siehe unter ▷Netz, ▷Netzwerk oder ▷.NET

NetBEUI
NetBIOS Extended User Interface; Transport- ▷Protokoll von
▷Microsoft für ▷Windows Netzwerke; nicht ▷Routing-fähig und
deshalb aufs ▷LAN beschränkt; zusehends durch ▷TCP/IP verdrängt, aber immer zur Stelle, wenn eine Inkompatibilität und Ärger fällig sind

NetBIOS
Network Basic Input/Output System; ▷Protokoll und ▷API-
▷Schnittstelle, ursprünglich von ▷IBM und ▷Microsoft, für die
Kommunikation von Anwendungen mit einem beliebigen Trans-
portsystem, hauptsächlich aber ▷NetBEUI und ▷Token-Ring;
N. beschreibt und erfüllt die Funktionen der ▷OSI- ▷Schichten
3 bis 5; von Microsoft ab Windows XP nicht mehr unterstützt

Netbook
Klasse von tragbaren Kleinstrechnern, ▷Subnotebooks; Ende der
1990er Jahre war N. eine Schutzmarke von Psion, und auch heute
definiert ▷Intel technische Daten und Ausrüstungsanforderungen
für Produkte, die diese Bezeichnung tragen dürfen

NetBurst
Schutzmarke von ▷Intel für einige innovative Technologien des
▷Pentium 4; tiefere ▷superskalare ▷Pipelines, mehrere ▷ALUs,
breitere ▷Operanden; Execution Trace ▷Caching, diverse ▷Pre-
fetchings und ▷Spekulationen, ▷SSE2; alle Technologien tragen
dann jeweils Intel-spezifische Bezeichnungen (hier nicht verwendet) oder sind Schutzmarken; vieles davon ist beim Pentium 4 erwähnt; man verfolge die dortigen Querverweise

Netikette, Netiquette

Verhaltenskodex in der Anwendung des Internets bzw. vor allem seiner ▷Newsgroups und ▷webbasierten ▷Foren; die N. verfolgt dabei Ziele der Netzperformanz und der Ethik (in dieser Reihenfolge?)

Netizen
Citizen of the Net; der Weltenbürger, der Weltenbummler im Internet

Netscape Communications
Am 1. April 1994 durch Jim Clark (siehe auch ▷Silicon Graphics) und Marc ▷Andreessen gegründete Firma, welche schon 1995 an die Börse ging und bald zur führenden Anbieterin von ▷Clients und ▷Servern für das ▷Web wurde; am besten bekannt ist wahrscheinlich die Internet-Entwicklungslösung Netscape Communicator mit N. ▷Navigator, N. Messenger und N. Composer; Ende 1998 von ▷AOL/Time Warner übernommen; www.netscape.com

Netware
Name des Netzwerk-Betriebssystems der Firma ▷Novell; ab Version 6 ist das ▷DBMS MySQL eingebaut; Auslaufmodell, weil Novell sich voll und ganz ▷Linux widmet

Network Analyzer, - Sniffer
Siehe unter ▷Sniffer

Network Information Service
Zentral gelagerte Datenbank mit beim Hochfahren an die Arbeitsstationen verteilten Angaben zu Host-Namen, Netzwerkadressen, Konfigurationsdaten, Benutzer- und Gruppenkennungen mit Passwörtern in einem ▷TCP/IP-Netzwerk; als ▷Verzeichnisdienst entwickelt von ▷Sun Microsystems unter dem (später verbotenen) Namen ▷„Yellow Pages"; NIS wurde später als NIS+ um Sicherheitsfunktionen erweitert; es operiert im ▷Client/Server-Prinzip auf ▷OSI-Schicht 7

N

Netz

1. und allgemein: physikalische Infrastruktur zum Transport von Energie, Materie oder ▷Information; 2. je nach Zusammenhang in der ▷Informatik: ein ▷Netzwerk (▷LAN, ▷MAN, ▷GAN, ▷WAN) oder das ▷Internet

Netz, Campus-

Ein Campus ist ein Feld (lat.) und hat heute die Bedeutung von einem Hochschulgelände; im Zusammenhang mit ▷Netzwerken oft verwendeter Begriff, der sich dann auf die hochleistungshungrige Vernetzung der verschiedenen ▷Rechner in Lehre und Forschung einer Hochschule bezieht; es ist nicht alles lehr- und forschungsrelevant, was durch diese Netze fliesst

Netz, Sub-, Teil-

1. Kommunikationsnetzwerk aus Übertragungs- und Vermittlungs-Komponenten und ohne die Benutzersysteme, also aus dem Blickwinkel des reinen ▷Nachrichtentransports; 2. Teil eines Netzwerks, dessen Komponenten unter Verwendung einer klar begrenzten und meist von „aussen" nicht zugänglichen Menge an ▷Adressen erreichbar sind; siehe dazu ▷Netzmaske

Netze, polygonale -

Vieleckig (griech.); planimetrische Kleinfiguren (Dreiecke, Rechtecke), mit welchen in der ▷Vektorgrafik sphärische, pseudo-dreidimensionale Oberflächen konstruiert werden

Netze, private -

Siehe unter private ▷IP-Adressen

Netzmaske

32 Bits breiter Wert in ▷IPv4, der angibt, wie viele Stellen einer ▷IP-Adresse fest (▷binär 1) und wie viele, z. B. zwecks Aufteilung in Sub-Netze, frei (binär 0) sind; ein (Sub-)Netz wird durch seine IP-Nummer und die N. klassifiziert; die möglichen Schreib-

weisen sind (gleiches Beispiel): 192.168.0.123/255.255.255.0 oder 192.168.0.123/24; letztere beiden Identifikationen zeigen, dass es sich um ein Netz der ▷Klasse C handelt und dass deshalb die 0 der IP-Adresse fest ist, also zum Hauptnetz gehört; siehe diverse Ausführungen unter ▷Netz

Netzteil
Stromversorgungs-Komponente; das N. des Computers hat diesen in der Regel mit 5 bzw. 12 Volt Gleichspannung zu versorgen; immer mehr Komponenten verbrauchen indessen bloss 3.3 Volt und weniger; oft lassen sich via Hauptschalter des N. auch weitere Geräte, wie z. B. der ▷Monitor, mitspeisen; per ▷USB werden ferner externe Komponenten gleich mitversorgt

Netzwerk
Verbindung von ▷Computersystemen zwecks ▷Ressourcenteilung; sowohl die ▷Mehrplatzsysteme als auch die ▷LANs (▷MANs, ▷GANs) oder die höher- ▷schichtigen Spezifikationen (▷OSI) wie z. B. ▷TCP/IP sind als N. zu betrachten, auch wenn sie völlig verschiedenen Konzepten gehorchen

Netzwerk-Computer
Siehe unter ▷NC

Netzwerkadapter, Netzwerkkarte
Komponente im Computer zur elektrischen Anbindung ans Netzwerk; ▷OSI-Schicht 1

Neumann, Johann Ludwig (John Louis) von
1903–1957; Sohn (mit vollem Namen: János Ludwig Neumann von Margitta) einer adeligen Bankiersfamilie in Budapest; Student in Berlin, Budapest und Zürich (ETH); Mathematiker in Berlin und Hamburg, in der Nazizeit emigriert nach Princeton und Los Alamos; trug mit bahnbrechenden Ideen wesentlich zur Entwicklung der Informatik bei: Zusammenzug und gleichartige Behandlung

N

von Daten- und Programmspeicher (1946, von Neumann- ▷Architektur; siehe dort), Ideen für sich selbst reproduzierende Programme (Viren!), Beiträge zur Theorie der ▷Spiele (1928, 1944); Studien zu ▷Neuronalen Netzen (1956), zur Kern- und Wasserstoff-Physik und vielem anderem mehr; 1956: „Medal of Freedom" durch Eisenhower

Neuronale Netze
▷Mikroelektronische Schaltungen, welche funktionsmässig den dreidimensional vernetzten Schaltungsprinzipien im Gehirn nachempfunden sind; mitunter auch die softwaremässigen Nachbildungen davon (also eigentlich ▷Emulationen); N. N. müssen trainiert werden und leisten Erstaunliches in der ▷künstlichen Intelligenz

Newbie
Neuling in Diskussions- ▷Foren wie ▷Usenet, ▷Chat oder ▷IRC

News
▷Dienst und ▷Protokoll im Internet zur Teilnahme an Diskussionsforen, den ▷Newsgroups

News Server
Server, welcher eine bestimmte Anzahl von ▷Newsgroups verwaltet und die ▷Kommunikation unter den Teilnehmern bzw. mit anderen Newsgroups unterhält

Newsgroup
Diskussions- ▷Forum für off line kommunizierende Interessengruppen im ▷Internet; es existieren rund 12'000 N.; die Foren verlagern sich zusehends weg von ▷News ins ▷Web; beachte ferner ▷Blog

Newsletter
Rundbrief mit Neuigkeiten und Neuheiten durch Eintrag in eine ▷Mailliste; beachte Warnung dort

Newton

Eigentlich Newton Intelligence; von ▷Apple entwickelte Technologie, bestehend aus Hardware- und Software-Komponenten für digitale Assistenten; N.-Geräte unterstützten Anwender in ihren täglichen Aufgaben aller Art und machten sich dabei die Arbeitsgewohnheiten dieser Personen zu eigen: Verwaltung von Notizen, Ideen, Terminen, Adressen, elektronischer Post, Telekommunikation; das N.-Gerät war damit der erste ▷Personal Digital Assistant (PDA), seiner Zeit weit voraus und deshalb ein Flop; als Pioniergerät in die Krise des Herstellers gefallen; Weiterentwicklung und Produktion 1998 (leider) eingestellt

NEXT

Near End ▷Crosstalk: ▷Dämpfung durch ▷Übersprechen nahe beim Sender, dort also, wo ein geringes Übersprechen besonders wichtig ist; Bestimmung in ▷dB, grösser ist besser

NeXTCube

Hochleistungscomputer des ▷Apple-Mitgründers Steven ▷Jobs mit Ende der 1980er Jahre wegweisenden Standards wie: Display ▷PostScript, optischer Speicher, ▷Unix mit grafischer ▷Benutzungsoberfläche und anderem; nach flauem Start wurden die Hardware-Entwicklung und Produktion 1992 aufgegeben und das Betriebssystem ▷NextStep ausgebaut; an Weihnachten 1996 gliederte sich die Firma NeXT bei Apple ein, die deren NeXTStep übernahm

NeXTStep

Auf ▷Unix basierendes ▷Betriebssystem mit grafischer ▷Benutzungsoberfläche; N. war das Standard-Betriebssystem der NeXT-Computer und wurde nach deren Einstellung weiterentwickelt bzw. sogar auf verschiedene Prozessorfamilien portiert; Ende 1996 bei ▷Apple eingegliedert und teilweise in ▷Mac OS X eingebaut

NFR

Siehe unter Near Field ▷Recording

N

NFS

Auch PC-NFS; Network File System; von ▷Sun Microsystems entwickelter, offener Dateizugriffs- ▷Mechanismus; entfernte Dateien
und ▷Dateisysteme werden in das lokale eingebunden und bilden
so ein netzweites, virtuelles Dateisystem; N. ist Teil vieler Dateisysteme (also kein eigener ▷Klient) und besorgt für die lokale Anwendung die ▷Zugriffe und Manipulationen auf der entfernten Datei; wegen der relativen Offenheit auch anfällig für Angriffe und
deshalb gelegentlich als „Nightmare File System" bezeichnet

NGI

Next Generation Internet; siehe ▷Internet2

Nibble, Nybble

Halbes ▷Byte, vier ▷Bits; auch: ▷Tetrade; Nybble taucht in der
Literatur ab und zu auf

NIC

1. Network Interface Card; ▷Netzwerkadapter, Netzwerkkarte;
▷OSI-Schichten 1 und 2; 2. Network Information Center: ehemals
die zentrale Stelle zur Registrierung aller öffentlichen ▷IP-Adres-
sen und ▷URLs; seit dem Ende der 1990er Jahre dezentralisiert; in
der Schweiz z. B. ist das ▷SWITCH das nationale N.

nice

In ▷Unix / ▷Linux ist der n.-Wert der Wert für die ▷Prozess-Prio-
rität im ▷Scheduling; dazu ein Zitat: „In Unix-Systemen gibt es ein
Kommando nice, mit dem jeder Benutzer die Priorität seiner Prozesse freiwillig erniedrigen kann und somit nett gegenüber den anderen Benutzern ist, aber niemand hat es jemals benutzt." (Andrew
S. ▷Tanenbaum)

Nick, Nick Name

Spitzname, Pseudonym in ▷Chat oder ▷News

NIDS

Network ▷IDS; IDS, das sich vor allem auf das Geschehen im ▷Netzwerk konzentriert; siehe auch ▷HIDS

NIL

Not In List und gleichzeitig: nihil (lat. nichts); Markierung des Endes einer dynamischen ▷Datenstruktur, einer verketteten ▷Liste; grafisch oft dargestellt als Verankerung, Erdung; meist der Wert 0

niladic, niladisch

Siehe beim gebräuchlicheren ▷nulladic

Nintendoitis

Scherzhaft für Sehnenentzündungen (Tendinitis) als Folge zu vielen Computer-Spielens; die Tatsache von diversen Krankheitsbildern psychischer und physiologischer Art als Folge zu häufigen und/oder langen Spielens ist indessen unbestritten

NIS, NIS+

Siehe unter ▷Network Information Service

NIST

National Institute of Standards and Technology (vormals: National Bureau of ▷Standards, NBS); 1901 gegründete Agentur der US-Bundesbehörden zur Koordination von Innovationen und Technologien in der US-Volkswirtschaft; befasst sich seit 1987 auch mit Fragen der ▷Datensicherheit aber für weniger sensitive Bereiche als die ▷NSA; www.nist.gov

NLS

National Language Support; irgendwie geartete Unterstützung nationalsprachlicher Gegebenheiten wie Währungs- oder Datumsformate

NMI

Siehe unter Non ▷Maskable ▷Interrupt

NNTP
Network News Transport/Transfer Protocol; ▷Protokoll zur Übermittlung und ▷Speicherung der Daten von ▷Newsgroups und Diskussionsforen im ▷Usenet des Internets

no Name
Hardware (ganze Computer, einzelne Komponenten wie z. B. Datenträger oder anderes Zubehör) ohne sichtbaren Herstellernamen; oft stecken hinter n.N.-Waren namhafte Hersteller, die sich so Preisbindungen entziehen oder Überproduktionen verwerten

Node
Siehe unter ▷Knoten

Noise
1. ▷Rauschen, nicht zu verwechseln mit ▷Voice; 2. unerwünschte Teilnahme oder Äusserung in einer ▷Newsgroup

Nokia Corporation
Im Jahre 1865 begann Fredrik Idestam im Süden Finnlands Papier herzustellen und er gründete dazu die Firma Nokia Company; Anfang des 20. Jahrhunderts kam dann der Handel mit Gummi und Chemikalien dazu und später die Produktion von ▷Kabeln; 1960 entstand die Nokia Corporation; N. etablierte sich schnell als grosser Hersteller von Computern, Monitoren, Fernsehapparaten, Satelliten-Verbindungen und Teletext-Diensten, und als 1981 das erste mobile ▷Telefonnetz in Skandinavien vorgestellt wurde, konstruierte N. das erste Autotelefon dazu; N. avancierte dank Design und innovativen Ideen zum erfolgreichsten ▷Mobiltelefonhersteller der Welt; Hauptsitz in Esopo, Finnland; www.nokia.com

Nomenklatur
Nomen (lat.): Name; einheitliche, sprechende, nachvollziehbare, gut dokumentierbare usw. Namensgebung in der ▷Modellierung,

in ▷Data Dictionaries usw.; siehe auch ▷Namenskonvention oder ▷MINFU

N

Nonimpact
Nicht-Schlag; Sammelbegriff für alle Drucker-Technologien, in welchen das Zeichen ohne physikalisches Aufschlagen zu Papier gebracht wird; Gegenteil: ▷Impact

noninterlaced
Angabe für ▷Monitore oder ▷Grafikadapter, welche das Bild nicht als zwei Halbbilder aufbauen, Gegenteil: ▷interlaced

Nonrepudiation
Nicht-Bestreitbarkeit der ▷Authentizität oder einer Aktivität in sicherheitsrelevanten Bereichen; die N. macht es z. B. einem Absender unmöglich zu bestreiten, dass er ein ▷Dokument versendet hat; N. wird erreicht durch den Versand ▷verschlüsselter ▷Message Digests

NOP, NOP()
No Operation; leere Anweisung, also ein „sweet do nothing"

NOR
▷NOT ▷OR; auch Peirce-Funktion, ▷logische Verknüpfung: C ist nur dann wahr, wenn sowohl A als auch B unwahr sind; gehört nicht zu den logischen Grundfunktionen, wird in diversen Bausteinen aber angeboten

Norm
Regel (lat.); im europäischen Raum: eine Spezifikation, welche durch ein nationales bzw. internationales (oder privates, jedoch national/international anerkanntes) Institut erlassen/erwahrt wurde; ein ▷Standard ist hier dann eine Spezifikation, die sich dank Akzeptanz durchgesetzt hat; in den USA und damit auch in der ▷Informatik verschmelzen die Begriffe oder werden dort einfach ▷Standards genannt, die Institute heissen denn auch Standardisierungsinstitute

N

Normalform(en)

Konsekutiv gestuftes Verifikationssystem (1. bis x. Normalform) zur Vermeidung von ▷Redundanzen und ▷Anomalien im Entwurf von relationalen Datenbanken

normalisieren, Normalisierung

1. und allgemein: Reduzieren auf Grundformen, wie z. B. 2. im ▷relationalen Datenbankentwurf: Erstellung der ▷Normalformen im Entwurf der ▷Datenbasis; 3. Umformung von ▷Fliesskommazahlen oder ▷Maschinenzahlen in eine feste Struktur bezüglich Vorzeichen, ▷Mantisse und ▷Exponent; N. von reellen Zahlen: siehe unter ▷Potenzschreibweise; N. von Maschinenzahlen (32, 64 oder 128 Bits) gemäss ▷IEEE 754-1985: 1 Bit für das Vorzeichen, e Bits für den Exponenten zur Basis 2 (mit Offset für negative Exponenten) und m Bits für die Mantisse; eine Mantisse von z. B. 10111 wird im Rahmen der N. in 1.0111 umgeformt, danach die führende 1 weggelassen und der Exponent um 100 (=4) erhöht (10111 ist $1.0111 \cdot 2^4$); 4. Reduktion auf Stammformen bei Verben, Nomen usw. vor der ▷Indexierung von Dokumenten durch Suchdienste; siehe auch ▷Denormalisierung

Northbridge

Siehe unter ▷Bridge, Nord-

NOS

1. Network Operating System; generell: ▷Netzwerk- ▷Betriebssystem wie ▷Novell ▷Netware, ▷Windows NT/2003, ▷AppleShare File Server, ▷OS/2 LAN Server, OS/2 Warp Server (Bezeichnung ab 1996); 2. ▷Newton Operating System

NOT

▷Logische Aussage, ▷Negation

Notebook
Nach den ▷Portablen und den ▷Laptops das Endstadium der Mi- **N**
niaturisierung von ▷Kleincomputern; eine weitere Verkleinerung
ist nur noch über den Eingriff in die Standardgrösse von Tastaturen oder Bildschirmen möglich; noch kleinere Geräte durchbrechen diese Standardgrösse und sind ▷Subnotebooks, ▷Netbooks,
▷Tablet PCs oder ▷PDAs

Notepad
Kleinstcomputer in der Grösse eines ▷Notebooks mit Pen- ▷Be-
triebssystem; heute eher ▷Tablet-PCs; siehe auch ▷iPad

notifizieren, notify
Benachrichtigen (lat.) oft im Sinne von Alarmieren, z. B. mit einem
kleinen Meldefenster, einem Signal usw.; im Spezialfall der objektorientierten ▷Programmierung: einem anderen ▷Objekt Informationen über den eigenen Zustand liefern

Novell
Gegründet 1979 in Provo, Utah; 1983 Ray Noorda als erster CEO;
Software-Hersteller, lange Zeit unangefochtener Marktführer für
Netzwerk- ▷Betriebssysteme mit dem Produkt ▷Netware, ferner
während einer gewissen Zeit Hersteller eines ▷MS-DOS-Konkur-
renzproduktes Novell-DOS; in der zweiten Hälfte der 1990er Jahre
starke Gewichtsverlagerung zur ▷Groupware Groupwise, ▷Ver-
zeichnisdiensten und Dienstleistungen; davor während einigen
Monaten Lizenzgeber für ▷Unix; mit der Übernahme von SuSE,
dem grössten ▷Linux- ▷Distributor in Europa, sowie von anderen
Unternehmungen starke Verankerung in Linux sowie in dessen
Fenstermanagern ▷KDE und ▷Gnome; heute Hersteller von
▷Webservices, ▷Portal Technologie, ▷SIM u. a.; Hauptsitz in Wal-
tham, Massachusets; www.novell.com

NOW

N

Network Of Workstations; netzwerkgekoppelter Verbund von Rechnern mit – in diesem Begriff noch nicht präzisierter – Arbeitsteilung

NPU

Numerical Processing Unit; mathematischer ▷Coprozessor als separater Baustein; präziser als ▷FPU

NRZ

Nonreturn to Zero; ▷digitale Signalform mit +5 V für 1 und –5 V für 0

NSA

National Security Agency; Agentur für ▷Sicherheitsfragen innerhalb der US-Regierung; gegründet 1952 durch Präsident Truman; www.nsa.gov

NSAPI

▷Netscape Server API; ▷Programmierschnittstellen für ▷Client/ Server Applikationen im ▷Internet und ▷Intranet; eine solche Schnittstelle wird z. B. dann benötigt, wenn eine Textverarbeitung vom ▷Web Daten ▷herunterladen und konvertieren soll

NT

1. New Technology; saloppes und von ▷Microsoft nicht geduldetes Akronym für das Betriebssystem ▷Windows NT/2000; 2. Network Termination: Abschlusswiderstand bzw. -gerät in einer Netzwerkverkabelung, z. B. so genannt in ▷ISDN; 3. not tested, nicht getestet; dies könnte als Standard-Logo in der Software-Branche eingeführt werden …

NTFS

Windows NT File System; ▷Dateisystem unter ▷Windows NT/2000/ XP/Vista/7 u. a. mit langen Dateinamen bis 255 Zeichen und dem

▷Unicode-Zeichensatz; die Dateizuordnungstabelle wird in der Mitte einer ▷Partition angelegt: so sind die Zugriffe schneller; ferner versucht N., Dateien möglichst in einer zusammenhängenden Kette von ▷Clustern abzulegen und somit die Platten- ▷Fragmentierung zu vermeiden; NT kann ▷verschlüsseln, ▷komprimieren und ▷loggen (ist also journaling); es hat eine sehr feingranulare ▷Zugriffssteuerung

NTP
Network Time Protocol; ▷Protokoll zur Abstimmung der ▷Host-Zeiten im ▷TCP/IP-Netzwerk

NUA
Network User Address; Leitcode zur Erreichung eines ▷Netzwerk- oder ▷VAN-Teilnehmers; in ▷X.25 (Datex-P) handelt es sich dabei um die Anwählnummer eines Dienstleisters (▷Datenbank usw.), dem gegenüber der Anwender inklusive Telekom-Abgaben gebührenpflichtig ist

NUI
Network User Identification; Identifikation für den Zugang zu einem Netzwerk oder einer ▷VAN-Dienstleistung bzw. zum ▷X.25-Knoten der ▷Telcos

NUL
▷ASCII-Zeichen 00(H) (0): Null; leeres „Zeichen" ohne Bedeutung

Null Modem
Direkte Verbindung der ▷V.24-Schnittstellen durch ein Kabel, wobei die Leitungen ▷TD und ▷RD gekreuzt werden

NULL, null, Nullkonstante, Nullmarke, Nullwert
1. nichts, leer; 2. nicht bekannt, „unknown", weil ohne Wert und ▷Datentyp (siehe dazu: dreiwertige ▷Logik); die in ▷SQL bekannten NULLs sollten folglich eher als „Nullmarke" statt als „Null-

N

wert" bezeichnet werden, da sie ja keinen Wert enthalten; 3. Wert ▷ASCII 00 (▷NUL); so oder so nicht zu verwechseln mit der mathematischen Zahl 0, welche ja einen Wert repräsentiert; in Theorie und Praxis gilt: „Vermeiden Sie Nullmarken" (Date/Darwen in „A Guide to THE SQL STANDARD")

nulladic, nulladisch
Kunstwort anlehnend an ▷monadisch und ▷dyadisch: eine ▷Funktion, welche kein Argument braucht und genau einen Wert zurückgibt: CURRENT_USER, TODAY() und Ähnliches

Num Lock
Taste zur Fixierung des Zahlenmodus im ▷numerischen Teil der Standard- ▷Tastatur; Überbleibsel eines der Ärgernisse des vergangenen Jahrtausends, der Tastatur beim ▷IBM ▷PC 1; auch heute ist dieses Ärgernis noch nicht ausgestanden – doch es besteht Grund zur Hoffnung, dass etwa um das Jahr 2020 der numerische Tastenblock auch tatsächlich schon jedesmal beim ▷Booting automatisch numerisch aktiv wird; kompromisshalber und durch Erfahrung mental gestärkt verlängern wir gerne auch bis 2030

numeric(p,s)
Exakter ▷numerischer (siehe dort) Datentyp für Fliesskommazahlen nach ▷ANSI; p(recision): gesamte Stellengenauigkeit inklusive Vorzeichen; s(cale): Anzahl Kommastellen; der Speicherkonsum richtet sich nach der Grösse von p und s und ist deshalb dynamisch: werden 1'000 Stellen verlangt, werden auch 1'000 Stellen berechnet; auch: decimal()

numerisch
1. zahlenmässig; 2. aus Zahlen bestehend(e Daten); 3. für die Bearbeitung von Zahlen bestimmt

numerisch, exakt -, approximativ -

Bei numerischen ▷Datentypen: exakte bilden das ganze Muster der
Kommastellen binär mit wünschbarem Intervall vollständig ab, wie
z. B. die ▷ANSI-Datentypen ▷numeric bzw. decimal; approximativ
sind die als ▷Maschinenzahlen abgebildeten ▷Fliesskommazahlen

NURBS

Non Uniform Rational B-Spline; gekrümmte Linie mit einer ratio-
nalen ▷Funktion als Basis; N. sind etwas einfacher zu berechnen als
die polynomialen ▷Bézier-Kurven und ▷Splines und die Stützpunkte können Gewichtungen erhalten, welche die Kurve „verzer-
ren"; mit n. lassen sich ferner geschlossene Kurven berechnen und
sie sind invariant bezüglich ▷Projektionen

NX Bit

No Execution; Technologie in ▷Mikroprozessoren von ▷AMD für
ein Bit, mit dem Einlagerungen in den ▷Stack als beim Kontrollfluss zwischengelagerte Daten markiert werden, so dass sie sich von
eventuellen Daten eines ▷Buffer Overflows unterscheiden

O

O-Notation
Auch Landaunotation genannt; Erklärung unter O- ▷Kalkül

Oak
Eiche; Vorgänger-Programmiersprache von ▷Java; O. war eine in
Geräte der Unterhaltungs- und Gebrauchselektronik (eine ▷Set
Top Box) ▷eingebettete Sprache mit einem Maskottchen namens
▷Duke

OASIS
1. Open Architecture System Integration Strategy; ▷Architektur
des Betriebssystems im ▷Macintosh (▷Mac OS) mit fünf Schichten;
2. Organization for the Advancement of Structured Information
Standards; Gremium aus über 150 Unternehmungen zum Erlass
einheitlicher Spezifikationen für den ▷webbasierten Handel, z. B.
zur Ausarbeitung von ▷ebXML zusammen mit ▷UN/CEFACT

Oberlänge
In der Typografie: Teil eines Kleinbuchstabens, welcher über die
Schreiblinie der Mehrheit der Kleinbuchstaben geschrieben oder
gedruckt wird; O. haben z. B. die Buchstaben „l" und „k"

Oberon
Voll ▷objektorientierte Programmier- und Entwicklungsumgebung von Niklaus ▷Wirth als Erweiterung von ▷Pascal und ▷Mo-
dula; O. ist ▷Betriebs- und ▷Programmiersystem als Gesamtlösung

OBEX
Object Exchange Protocol; eine Art ▷binäres ▷HTTP, welches vor allem in ad hoc drahtlosen Netzen (z. B. ▷GSM) gebraucht wird, und zwar vorwiegend zum Austausch von Daten im Bereich der persönlichen Organisation: Kalendereinträge, Visitenkarten usw.

Obfuscator
Verschleierer; Programm, das ▷Zwischencode verschleiert, um ein ▷Reverse Engineering entscheidend zu erschweren; O. der ersten Generation verwursteln lesbare ▷Bezeichner im Zwischencode in sinnlose Zeichenketten; O. der zweiten Generation bringen zudem nicht nachvollziehbare Änderungen in den Programmablauf, die automatische Reverse Engineering Programme stören; nicht zu verwechseln mit ▷Confuscator

OBJ
Dateinamenserweiterung in ▷MS-DOS und ▷Windows für ▷Objektprogramme

Object Linking and Embedding
Siehe beim gebräuchlicheren ▷OLE

Object Relational Impedance Mismatch
Diskrepanz und weitgehende Unvereinbarkeit zwischen dem ▷relationalen, mengenorientierten und ▷deklarativen Ansatz von ▷SQL sowie dem ▷imperativen, ▷satzorientierten und ▷deskriptiven Ansatz einer ▷prozeduralen oder ▷objektorientierten Programmiersprache; primäres Ziel des Objektmodells ist die Abbildung der Wirklichkeit, primäres Ziel des relationalen Modells ist Normalisierung; O. ist (leider) ein tiefgreifendes Hindernis für das Object Relational Mapping Paradigma

Object Relational Mapping
ORM; die Abbildung von ▷Objekten resp. eines ▷Objektmodells auf ▷Entitäten einer ▷relationalen Datenbank, vergleiche objektre-

lationale ▷Datenbank; das Problem dieses Paradigmas siehe unter ▷Object Relational Impedance Mismatch

Objekt

0

Allgemein ein „Ding"; in Informatik-Zusammenhängen: 1. eine mit einem ▷Bezeichner identifizierte Grösse, die von einem ▷Programm behandelt werden kann: ▷Variable, ▷Konstante, ▷Klasse, ▷Funktion usw; 2. beim o.-orientierten ▷Programmieren eine konkrete ▷Entität, für die Speicher ▷alloziert wurde, entstanden durch ▷Instanzierung einer ▷Klasse und bestehend aus eigenen ▷Datenstrukturen (▷Member) sowie einem Repertoire von ▷Methoden, also von darauf anwendbaren Routinen bzw. Operationen; O. können mit anderen O. kommunizieren, indem sie ▷Nachrichten versenden oder empfangen; ferner können O. von anderen O. wie ▷Variablen verwendet werden; 3. die passive Seite eines ▷Zugriffs durch ein ▷Subjekt, also die Zielressource ▷Prozess, ▷Datei oder ▷Port

Objekt, anonymes -

Namenlos (griech.); treffender: anonymes Subobjekt; in der objektorientierten ▷Programmierung: namenlose ▷Instanz der Basis-▷Klasse, welche beim Instanzieren einer davon abgeleiteten Klasse (siehe: ▷Vererbung) automatisch als Subobjekt „hinein"-gelegt wurde; das a.O. stellt seine ▷Attribute und ▷Methoden dem umgebenden Objekt im Rahmen der deklarierten Zugriffsrechte zur Verfügung; es ist nicht per Name ▷zugreifbar und hat meist eine sehr kurze ▷Lebensdauer

Objekt, persistentes -

Dauerhaft (lat.); in der objektorientierten Programmierung: während der ganzen ▷Laufzeit eines Programms existent, nicht flüchtig; nicht zu verwechseln mit ▷resident; mitunter auch ein in eine ▷Datenbank oder auf einen ▷Datenträger gespeichertes O.

Objektcode, -programm
Maschinenprogramm nach dem ▷Compilieren und vor dem Ein-
▷Binden der ▷Bibliotheksroutinen; das O. ist somit eine Zwischen-
stufe bei der ▷Übersetzung und noch nicht das lauffähige Programm; so hat es z. B. noch absolute ▷Adressen

objektorientiert
Meist als o. ▷Programmieren gemeint, dann o. ▷Datenbank oder
o. ▷Entwurf; siehe bei den Querverweisen

oblique
In der ▷Textverarbeitung: Kursivschrift

Observer
Siehe unter ▷Beobachter

OCR
Optical Character Recognition; im eingeschränkten Gebrauch
meinte der Begriff ursprünglich die normierten, maschinenles-
baren Druckschriften OCR-A (stilisiertere Variante, ▷DIN 66008)
und OCR-B (natürlichere Variante, DIN 66009); heute steht OCR
als Überbegriff für optisches Erkennen von (evtl. normierten) Klar-
schriften, z. B. der in OCR-B gedruckten Referenznummern auf
Einzahlungsscheinen oder auch von Texten aus Zeitungen, Büchern usw.

ODA/ODIF
Office Document Architecture/Interchange Format; ▷ISO-Norm
für ein applikationsneutrales Format von ▷Dokumenten aller Art;
angesiedelt auf der Anwendungsschicht (Schicht 7) des ▷OSI Refe-
renzmodells

ODBC
Open Database Connectivity; 1992 erlassene Spezifikation von
▷Microsoft für den Zugriff von Endanwender-Applikationen auf

O

rückwärtige Datenbestände; O. ist eines der Hauptkonzepte innerhalb ▷WOSA

ODBC Data Source

0

Open Database Connectivity; Datenbankzugriffswerkzeug mit dem
Ziel, mit jeder ▷Applikation auf jede ▷Datenbank zugreifen zu
können; entwickelt 1992 von der SQL Access group; Mechanismus:
in einer eigenen ▷Datei oder der ▷Registrierung abgelegter Satz
von Parametern, mit denen eine Klienten-Applikation die Verbindung zu einer ODBC-Datenbank herstellt; die Datenquelle ▷abstra-
hiert für die Anwendung die Datenbank, ist also deren ▷Proxy; jede Datenbank benutzt folglich eine Datenquelle; zu ihrer Erstellung
werden ein ▷Treiber (vom ▷DBMS-Hersteller in der Regel mitgeliefert) sowie ein Konfigurations-Assistent benötigt; aus einem
Treiber können somit mehrere Datenquellen „gezogen" werden

odd, ODD()

Ungerade, nicht durch zwei teilbar; ▷Funktion zum Test auf diese
Eigenschaft; Gegenteil: ▷even

ODF

Open Document Format; von der ▷ISO normiertes und auf ▷XML
basierendes Format für Dokumente der Bürokommunikation, wie
es z. B. von OpenOffice verwendet wird; siehe auch ▷Open XML

ODI

Open Device Interface; Spezifikation von ▷Novell für Netzwerk-
Treiber, dank welcher ▷Netzwerkkarten „nach oben" diverse
▷Protokolle unterstützen können; siehe „Konkurrenz" ▷NDIS

ODL

Object Database Definition Language; Sprache zur ▷Definition der
▷Struktur einer objektorientierten Datenbank; also die ▷DDL von
▷ODMG; vergleiche ▷OML, ▷ODL und ▷OQL

ODMG
Object Database Management Group; privates Gremium zum
Erlass von De-facto- ▷Standards, Normen und Spezifikationen
im Bereich der ▷objektorientierten ▷Datenbanken; aktuell ist
ODMG 3.0 (2003); www.odmg.org

ODS
Siehe unter ▷Operational Data Store

ODV
Operative Datenverarbeitung; Gesamtheit der Tätigkeiten zur Bereitstellung und zum Unterhalt von produktiven ▷IT-Mitteln, also
der ▷Hardware und der Verbrauchsmaterialien

OEB
Open e-Book Standard; Spezifikation, die ▷Microsoft zur Normierung der elektronischen Bücher vorgeschlagen hat; nicht zu verwechseln mit ▷eBook

OEL
Organic Electroluminescence; Technologie für Flachbildschirme
von Kodak und Sanyo; erste Geräte ab Frühjahr 2002; siehe auch
▷OLED, ▷TFT, ▷Plasma, ▷Bildschirm

OEM
Eigentlich ein Begriff aus der Betriebswirtschaft (welche bezüglich
sprachlicher Kreationen der Informatik den ersten Rang streitig zu
machen verspricht): Original Equipment Manufacturer; 1. ein
OEM-Hersteller beliefert einen anderen Hersteller mit Komponenten zur Komplettierung von dessen Angebotspalette; der gelieferte
Artikel wird mit evtl. erfolgten Anpassungen unter dem Namen des
Belieferten vertrieben; 2. OEM Software (und vor allem Betriebssysteme) ist solche, die einzeln im Laden gekauft, dann aber evtl.
nur auf einem Zielsystem installiert werden kann und deshalb viel
günstiger ist als die Vollversion

OFDM
Orthogonal Frequency Division Multiplexing; Technologie zur Mehrfachmodulation von Teilbändern in einem begrenzten Funkband und eine der Möglichkeiten zur ▷Multiplexierung der „engen" Funkbänder in ▷WLAN; siehe Stichworte unter ▷IEEE 802.11

O

off line Reader
Programm, welches das Herunterladen von ▷E-Mails, ▷BBS- oder ▷RSS-Mitteilungen als Dateien erlaubt und so die Möglichkeit gibt, diese Texte ohne Verbindung zum Host zu lesen

off line, offline
1. Zustand der Entkoppelung von Peripheriegeräten vom ▷Host; Gegenteil dazu: ▷on Line; 2. Betriebsart einer Datenverarbeitungsanlage, welche die Eingabe oder Ausgabe zeitlich von der Verarbeitung entkoppelt; Gegenteil dazu: ▷Dialog

offen
Allgemein zugänglich, dokumentiert, publiziert und demzufolge 1. nachbaubar bzw. 2. für eine ▷heterogene Welt oder 3. ▷lizenzfrei verfügbar; Gegenteil: ▷proprietär

Office Clipboard, - Zwischenablage
Sehr flexible Erweiterung des ▷Zwischenablage-Konzepts für die ▷Datenverschiebung zwischen ▷Dokumenten von ▷Microsoft ▷Office: mehrfache Markierungen, Mehrfach-Bestückung der Zwischenanblage mit völlig individualisiertem Einfügen

office, Office
1. Büro; 2. Produktbezeichnung von ▷Microsoft für ihre ▷Suite mit Bürokommunikations-Anwendungen; die erste Version mit Word und Excel wurde im Jahr 1990 angekündigt; siehe auch ▷Word, ▷Excel und ▷Access (in der Reihenfolge der Markteinführung); in die O. Suite gehören ferner (je nach Produkt) Outlook Express, Outlook, PowerPoint, MS Publisher, SharePoint, InfoPath,

Visio und OneNote; Open Source-Alternativen sind OpenOffice (www.openoffice.org) und StarOffice (www.de.sun.com)

O Offset
Versatz; zeitlich oder wertmässig um eine bestimmte Wertigkeit verschoben; O. dient der Umwandlung von absoluten in relative Werte und umgekehrt; so muss man in vielen ▷binären Stellenwertsystemen bei der Umrechnung von Zahlen in ihren ▷dezimalen Wert die ▷duale Wertigkeit mit einem O. addieren oder subtrahieren, dies vor allem bei negativen Zahlen; siehe dazu z. B. das ▷Normalisieren von ▷Fliesskommazahlen

OID
Object Identifier; Identifikations- ▷Schlüssel eines ▷Objekts, z. B. in objektorientierten Datenbanken: unabhängig vom Speicherungsort und systemweit gültig, während des ganzen Objekt-Lebenszyklus und auch danach unveränderlich mit ihm verbunden

Oktalzahl, oktal
Zahl im achtwertigen (lat.) Zahlen- und Stellenwertsystem; das o. Zahlensystem hat seinen Ursprung in der Länge eines ▷Bytes, drei ▷Bits können zudem acht Werte darstellen; das o. Zahlensystem ist in der Erfahrung des Autors vorwiegend in Büchern relevant als Folterinstrument für Studentinnen und Studenten

Oktett
Paket zu acht (lat.) ▷Bits, also u. U. ein ▷Zeichen oder ▷Byte; im französischen Sprachraum gilt die Bezeichnung „Octet" für ein Byte

OLAP
Online Analytical Processing; ▷Datenbankanwendung im analytisch sichtenden Betrieb, also Abfragen, Aggregieren, Visualisieren von folglich statischen und meist umfangreichen Datenbeständen; auch: Sammelbegriff für entsprechende Werkzeuge; das Auswerten

von ▷Data Warehouses für retrospektive Zwecke (Statistiken) oder für prospektive Zwecke (Entscheidungsfindung, Führungsdaten) kann als O. betrachtet werden; beachte die vielen Stichworte unter ▷Datenbanken sowie ▷OLTP; das Konzept von O. wurde 1993 **O** durch E.F. ▷Codd begründet

OLE
Object Linking and Embedding; Technologie von ▷Microsoft zum applikationsübergreifenden Einbetten von Objekten; ein ▷Objekt a der Applikation A wird in ein Objekt b einer anderen Applikation B eingebettet; es wird dabei nicht das eigentliche Objekt a, sondern ein Zeiger dazu eingebettet; jede Änderung am Objekt a bewirkt eine ▷dynamische Aufdatierung in Objekt b; bei gewissen Aktivitäten der Applikation B muss OLE im Hintergrund die Applikation A aufrufen

OLE DB
Auf dem ▷COM Modell basierende ▷API für den ▷Zugriff auf Datenbank- ▷Maschinen von ▷Microsoft

OLED
Organic Light Emitting Diode; junge Technologie für Flachbildschirme; Licht und Farben werden durch elektrisch angeregte, organische Moleküle bewirkt, O.-Bildschirme sind heller, kontrastreicher sowie schneller schaltend – und dies alles mit weniger Energieverbrauch; O. könnte in grossem Mass ▷LCD und ▷TFT ablösen; siehe auch ▷OEL, ▷TFT, ▷Plasma, ▷Bildschirm

Olsen, Kenneth H.
Geboren 1927; Ausbildung zum Elektroingenieur am ▷MIT und anschliessend sieben Jahre im Führungsstab des dortigen Computerlabors tätig; 1957 Gründer der Digital Equipment Corporation (▷DEC) und bis 1992 deren Kopf; der sehr religiöse Olsen machte aus DEC nicht nur den weltgrössten Hersteller von ▷Minicomputern – bis 120'000 Mitarbeitende – und ein äusserst innovatives Un-

O

ternehmen, sondern auch eines mit preisgekrönter Mitarbeiterkultur, hoher Ethik und starkem Umweltbewusstsein; 1986 durch das US-Magazin Fortune zum „möglicherweise erfolgreichsten Unternehmer in der Geschichte der amerikanischen Wirtschaft" ernannt sowie Träger unzähliger Ehrungen und Preise; Ende der 1980er Jahre fatale Fehleinschätzung der Zukunft des PCs: „Der PC wird im Angesicht des Geschäftslebens auf die Nase fallen"; 1992 nicht ganz freiwilliger Rückzug aus einer kriselnden DEC und Gründung eines neuen Kleinunternehmens; Juni 2006 „The Salute to Ken Olsen", Feiertag am Gordon College mit über tausend (ehemaligen) DEC Mitarbeitenden

OLTP
Online Transaction(al) Processing; Datenbankanwendung im operativen ▷Dialogbetrieb, also Erfassen, Berechnen, Mutieren, Löschen von folglich dynamischen und meist umfangreichen Datenbeständen; das „Transaction" verweist mehr auf die hohe Bearbeitungsdynamik als auf ▷Transaktionen im engeren Sinn; beachte die vielen Stichworte unter ▷Datenbanken sowie ▷OLAP

OMG
Object Management Group; internationale Vereinigung mit über 800 Mitgliedern zur Beratung und Zertifizierung in den Bereichen von ▷OOA, ▷OOD und ▷OOP, wie z. B. ▷CORBA; die OMG versteht sich also explizit nicht als Normengremium; www.omg.org

OMI
1. liebenswerte Dame mit den besten Buletten; 2. Open Messaging Interface; herstellerunabhängiges Format für elektronische Post durch ▷Apple, ▷Lotus und ▷IBM, siehe auch ▷VIM und ▷MAPI

OML
Object Manipulation Language; von ▷ODMG syntaktisch stark an ▷SQL angelehnte, ▷deklarative Sprache für die Manipulation der

Datenbestände in objektorientierten ▷Datenbanken; vergleiche ▷OQL, ▷ODL

on line, online

0

Zustand der ▷signalmässig intakten und operativ verwendbaren Verbindung eines Peripheriegeräts oder Computers mit dem ▷Host

On Now

Initiative von ▷Microsoft für sofort und jederzeit betriebsbereite ▷Hardware: kein ▷Booting, keine Anlaufphasen, Schlafmodus mit sofortiger Umschaltung in den Betriebszustand und dies mit weniger Energieverbrauch als bisher; im mobilen ▷Windows zum Teil realisiert; ansonsten: Wunschdenken

on Site

Vor Ort; oft als Marketingargument angebotene Garantie-Serviceleistung (Gewährleistung) am Arbeitsplatz des Kunden

on the Fly

Im Vorbeiflug; oft verwendet für irgendwelchen Prozess mit beschränkter Tiefengenauigkeit wie z. B. 1. bei der Signalverteilung durch (▷OSI-Schicht 2) ▷Switches: es wird nur gerade die ▷Rahmen- ▷Adresse gelesen und danach der Datenrahmen weitergeleitet; eine inhaltliche Überprüfung des Rahmens erfolgt nicht; siehe auch ▷store and forward oder 2. beim Brennen von optischen Datenträgern, wobei das Quellmedium ohne Zwischenschritt das Zielmedium beliefert; dabei besteht die Gefahr eines ▷Buffer Underrun; 3. Bearbeitung von Daten, während diese von ihrem eigentlichen Ausgangsort unterwegs zu ihrem eigentlichen Bestimmungsort sind; mitunter überraschend

On-Die

Auf dem Würfel, siehe ▷Die

One-Time Pad
Sehr sichere und nicht bestreitbare ▷Kryptografierung durch Verwendung eines Einmal- ▷Schlüssels der gleichen Länge wie der zu verschlüsselnde Klartext

One-Time Password
▷Authentisierungsmechanismus, bei welchem ein zur Anmeldung erzeugtes Passwort nur einmal gültig ist; wertvoll z. B. zur Abwehr von Replay ▷Attacken

Online Service, -Datenbank, -Datendienst, -Dienst
Kommerzielle, meist private und per Telekommunikation erreichbare Dienstleistung für ▷Informationsabruf und -austausch (▷BBS), elektronisches Einkaufen (electronic Shopping, electronic Mall), ▷Mailing (Mailbox-System), ▷Herunterladen (up- and download Areas) usw. im weltweiten Telekommunikationsnetz; sehr uneinheitliche Begriffsverwendung bei all diesen genannten Diensten

OOA
Objektorientierte Analyse, siehe unter objektorientierter ▷Entwurf

OOD
Siehe unter ▷objektorientiertes ▷Design

OODBMS
Object Oriented ▷DBMS: objektorientiertes Datenbanksystem; Programmsystem rund um die Verwaltung einer objektorientierten ▷Datenbank

OOP
Siehe unter ▷objektorientierte ▷Programmierung

Opcode, Operationscode
Ein ▷Wort oder ▷Langwort umfassende, ▷maschinensprachliche Darstellung folgender Bestandteile einer ▷Instruktion nach deren

▷Interpretation aus der ▷Assemblersprache: ▷Operation, ▷Operandenlänge, ▷Adressierungsart und ▷Registerspezifikation, falls Register beteiligt sind

0

Open Desktop
Eine grafische ▷Benutzungsoberfläche unter ▷Unix

Open Look
Grafische ▷Benutzungsoberfläche unter ▷Unix aus der Küche von ▷Unix International

Open Loop
Betriebsart bei rückgekoppelten ▷Systemen, z. B. ▷Prozessrechnern: Die ▷Aktoren stehen weitgehend unter menschlicher Verfügung; Abstürze im Rechner legen folglich nicht zwangsläufig die Anlage still; Gegenteil: ▷Closed Loop

Open Office
Programm- ▷Suite für die Bürokommunikation; ursprünglich ein privates, deutsches Produkt StarOffice – Freeware, aber nicht quelloffen – , das von ▷Sun Microsystems 1999 erworben und im Code freigegeben wurde; O.O. wird als Open Source Projekt weiterentwickelt; www.openoffice.org

Open Software Foundation
Konsortium diverser Hersteller zur Vereinheitlichung von ▷Unix; durch einige Firmen gegründet als Konkurrenz zu ▷POSIX (und damit die eigene Absicht pervertierend …); siehe auch ▷Unix International; heute Teil von ▷The Open Group; www.opengroup.org; nicht zu verwechseln mit der ▷Free Software Foundation

Open Source
Im Wesentlichen im Umfeld von ▷GNU und ▷Linux ins Leben gerufene Bewegung, dank welcher Personen ihr geistiges Eigentum,

ein Quellprogramm, öffentlich, aber ohne jemandem die kommerzielle Verwendung zu ermöglichen, zugänglich machen; O.S. Produkte dürfen kopiert, erweitert usw. werden, profitorientierte Verwendung ist jedoch strafbar; siehe auch ▷General Public License und GNU; die Bewegung rund um O.S. verfolgt also eher rechtliche und kommerziell relevante Ziele mit ihrem Tun, dies im Gegensatz zu ▷Free Software, welche eher die Ziele der Informationsfreiheit verfolgt; bei beiden Bewegungen gibt es politische und personelle Gemeinsamkeiten

Open XML

Von ▷Microsoft der ▷ECMA vorgelegtes und von ihr 2006 bzw. 2008 zertifiziertes, auf ▷XML basierendes Format für Dokumente der Bürokommunikation; seit MS Office 2007 ist O. Speicherstandard; siehe auch ▷ODF

OPEN()

Exklusive Inanspruchnahme einer ▷Datei oder eines ▷Geräts durch einen ▷Prozess: Die ▷Funktion verbindet das ▷Objekt exklusiv mit dem Prozess, überprüft dessen Zugriffsrechte und legt oft einen Puffer an; Gegenstück: ▷CLOSE()

Open-BSD

Ein „echtes" ▷Unix als ▷Freeware; O. wird wie die vielen ▷Linux-▷Distributionen seit neuerem mit einer Fülle von ▷Anwendungen gebündelt; siehe ▷BSD; www.openbsd.org

OpenDoc

Umfassende Spezifikation von ▷Apple und ▷IBM zum Verknüpfen von ▷Objekten und für den dynamischen Datenaustausch (▷DDE); das Fernziel von O. ist es, Teile von Applikationen, „Parts" oder „Live Objects" genannt, je nach Benutzungsbedarf „zusammenzurufen" und temporär in einer einheitlichen Oberfläche zu verschmelzen; siehe Konkurrenzspezifikation ▷OLE; O. ist zwar noch

Bestandteil von ▷Mac OS 8.0, wird seither aber nicht weiterentwickelt

OpenGL

Open Graphics Language; Warenzeichen von ▷Silicon Graphics
Inc.; ▷Grafik- ▷Bibliothek mit Prozeduren zur Erzeugung und
Manipulation von Grafikobjekten, Farben, Beleuchtungen usw.; die
zugehörigen ▷Algorithmen sind in der Regel in der Hardware von
▷Grafikkarten (deshalb auch: low Level Grafik) untergebracht und
bieten entsprechende ▷APIs an; rund 300 Befehle, Konkurrenz:
▷Direct3D von ▷Microsoft

OpenMP

Quasi-standardisierte ▷API für die plattformübergreifende Programmierung (▷C / ▷C++ / ▷FORTRAN) ▷SMP-paralleler Rechner mit gemeinsamem Speicher; www.openmp.org

OpenType

Schrifttechnologie als Verschmelzung von ▷PostScript und ▷True-
Type, entstanden aus einer Allianz von Adobe und ▷Microsoft im
Jahre 1996

Operand

Der zu Behandelnde (lat.); Objekt einer Verknüpfung; Wert, mit
welchem eine (mathematische) ▷Operation durchgeführt werden
soll

Operating

Arbeitsfeld in der produktiven ▷IT: Bereitstellen und Unterhalten
der ▷Ressourcen an den und für die Maschinen wie Zubehör, Ver-
arbeitungsaufträge (▷Jobs), Maschinenzeit und anderes

Operating System, OS

Siehe unter ▷Betriebssystem

Operating System/2
Siehe unter ▷OS/2

 Operation
Verrichtung (lat.); auf ein ▷Objekt (▷Operand) angewendete Verknüpfung

Operational Data Store
Bestand von meist heterogenen und für geschäftskritische Berichte bzw. Entscheidungen sehr häufig konsolidierten Daten; der Konsolidierung können Auswertungen vorangehen

Operations Research
Anwendung mathematischer (statistischer, ▷stochastischer, ▷heuristischer, ▷simulierender) ▷Modelle und ▷Methoden auf zu optimierende betriebliche Probleme

operativ
Hier im engeren Zusammenhang mit der ▷IT gesehen: die betrieblichen, maschinellen Aspekte der IT beschreibend, planend usw., also den Maschinenpark, die Arbeitsvorbereitung, das ▷Operating, die Materialbeschaffung bzw. -entsorgung und anderes; siehe auch ▷ODV

Operator
Handelnder, Macher (lat.); 1. Subjekt einer Verknüpfung, verknüpfende Funktion oder Vorschrift; 2. Person oder ▷Prozess mit einer bestimmten Aufgabe

Operator, bedingter -
Originalbezeichnung der ▷C-Erfinder Brian Kernighan und Dennis ▷Ritchie in ihrem Klassiker „The C Programming Language" (1978) für einen Notationsturbo: a ? b : c, was für Wesen in der hiesigen Galaxis bedeutet: IF a THEN b ELSE c – allerdings mit dem Unterschied, dass beim b. O. die ▷Rückgabewerte von b und c aus-

wertbar sind; der b.O. ist also ein dreistelliger, ternärer Operator; auch: Fragezeichenoperator

Operator, ein-, zwei-, dreistelliger -

0

Einstellig: Operator wirkt nur auf einen ▷Operanden wie das „Minus" auf die Zahl (auch: monadisch, unär); zweistellig: O. hat (wie in den meisten Verknüpfungen) zwei Operanden (dyadisch, binär); dreistellig: O. verknüpft drei Operanden wie der reichlich exotische „bedingte Operator" (ternär); in Theorien wie z. B. der ▷Automatentheorie sind Operatoren mit fünf bis sieben Operanden keine Seltenheit

Operator, IT-

Informatikberuf; Gewährleister der Verfügbarkeit aller Hardware- und Software-Ressourcen sowie Besorger des Nachschubwesens

Operator, relationaler -

Vorschrift, welche die ▷Attribute einer oder zweier ▷Tabellen verknüpft und eine unbenannte Tabelle zurückgibt; ▷Codd nennt: RESTIRCT, PROJECT, JOIN, PRODUCT, UNION, INTERSECT, DIFFERENCE, DIVIDE; PRODUCT (▷kartesisches Produkt) ist evtl. der gefährlichste, DIVIDE der am seltensten gebrauchte; die meisten sind – wenn u. U. auch anders genannt – in irgendeiner Form in ▷SQL eingebaut und mit ▷Abfragen verbunden

Operatoren, Typen von -

1. arithmetische Operatoren verknüpfen Zahlen, das Ergebnis ist eine Zahl; 2. relative O. (z. B. a > b) vergleichen Werte oder ▷Ausdrücke, das Ergebnis ist ein Wahrheitswert; 3. ▷Boole'sche oder ▷logische O. vergleichen/verknüpfen Wahrheitswerte, das Ergebnis ist ein Wahrheitswert; 4. ▷relationale O. verknüpfen Tabellen; 5. ▷Bit-O. verknüpfen ganze ▷binäre Muster mittels bitweiser ▷Konjunktion, ▷Disjunktion, ▷Negation, ▷Antivalenz, ▷Äquivalenz, der Peirce-Funktion ▷NOR oder der Sheffer-Funktion ▷NAND bzw. verschieben, „shiften", binäre Muster, das Ergebnis

ist ein binäres Muster; in ▷Programmiersprachen werden dabei meist die drei erstgenannten Funktionen sowie die Antivalenz angeboten

0

OPI
1. im realen Leben der Partner von ▷OMI; 2. in der Informatik: Open Prepress Interface; Zusatz zu ▷Desktop-Publishing Programmen, welcher ermöglicht, eine hochauflösende Bilddatei beim Arbeiten auf dem Bildschirm niedriger aufgelöst und damit schneller anzuzeigen; die Originaldatei findet dann erst beim Ausdruck Verwendung

Optimierung, lineare -
Berechnen der Bestlösung (lat.); Methode zur Maximierung/Minimierung bestimmter Zielfunktionen unter Vorgabe diverser Beschränkungen, Restriktionen genannt; Verwendung in der Produktionsplanung, Logistik usw.; Teilgebiet des ▷Operations Research

Optimismus, optimistisch
Auf Zuversicht (lat.) bedachte ▷Steuerung eines ▷Mechanismus, z. B. im ▷Transaktionsschutz: ▷Synchronisation grundsätzlich ohne ▷Sperrung in der Annahme, „dass es gut geht" und mit evtl. anschliessender Annullation im ▷Fehlerfall; siehe auch: ▷Pessimismus und ▷Vogel Strauss

Option
Wunsch (lat.); 1. (Aus-) Wahlmöglichkeit in einem ▷Menü usw. oder als ▷Schalter in einem ▷Kommando; 2. separat zu beschaffende Erweiterung von Hardware oder Software

Options(schalt)feld
▷Knopf im Verbund mit anderen derart, dass nur immer einer gedrückt sein kann; Verhalten ist also stark verwandt mit dem ▷Radioknopf

opto-
Das Sehen oder Licht betreffend (griech.); in der Informatik also im Zusammenhang mit optischer Speicherung (CD, DVD und anderem) bzw. ▷Lichtwellenleitung

0

opto-magnetisch(e Speicherung)
Siehe unter ▷magneto-optisch(e Speicherung)

OQL
Object Query Language; von ▷ODMG ▷syntaktisch stark an ▷SQL angelehnte, ▷deklarative Abfragesprache für objektorientierte ▷Datenbanken; vergleiche ▷OML, ▷ODL und ▷LINQ

OR
▷Logische Verknüpfung, ▷Disjunktion

Oracle Corporation
Gegründet 1977 durch Lawrence (Larry) J. Ellison (Hauptgründer), Bob Miner und Ed Oates in Redwood Shores (CA); spezialisierte sich von Anfang an auf die Herstellung von Software für Datenbankanwendungen (▷DBMS, ▷Tools und Applikationen); heute der bedeutendste Anbieter auf diesem Gebiet, dies nicht zuletzt dank dem Aufkommen des ▷E-Business und Database ▷Publishing; O. produzierte anno 2003 das erste DBMS für 64-Bit ▷Linux; ab 2008 starkes Engagement in ▷Cloud Computing; 2010 Übernahme von ▷Sun Microsystems; O. beschäftigt weltweit über 43'000 Mitarbeitende in über 145 Ländern; Hauptsitz in Redwood Shores, Kalifornien; www.oracle.com

Orange Book
Eigentlich: Trusted Computer Security Evaluation Criteria; 1985 vom US-Verteidigungsministerium in Auftrag gegebene und durch das National Computer Security Center (NCSC) entwickelte Sicherheitsspezifikation für den Vertraulichkeitsschutz durch ▷Betriebssysteme in vier Stufen D (tief) bis A, je mit bei 1 (tief) beginnenden

Unterstufen; eine Zertifizierung gemäss dem O.B. bewertete vor allem die Funktionalität, aber auch den Entwicklungsprozess, die Testverfahren, die Dokumentation und anderes; das O.B. verliert an Bedeutung zugunsten neuerer Verfahren; ab 2000 nicht weiterentwickelt; siehe auch ▷Red Book, ▷ITSEC und ▷Common Criteria

ORB
Object Request Broker; ▷Middleware Technologie in einer Multi ▷Tier ▷Client/Server Umgebung; der ORB ermöglicht 1. die Kommunikation und den Datenaustausch zwischen (Software-) ▷Komponenten, 2. dass Komponenten verschiedener Hersteller zusammenarbeiten können; wesentliche Funktionalitäten sind: a) Definition der ▷Schnittstellen, b) Lokalisierung und Aktivierung von entfernten Komponenten, c) Kommunikation zwischen Klienten- und Server-Komponente; der ORB ist also eine zentrale Schaltstelle in ▷CORBA und handelt ein wenig wie eine Telefonvermittlungsstelle: Dienste verwalten, Verbindungsaufbau

ordinal
Ordnend (lat.), geordnet, skalar, abzählbar; o. ▷Datentypen sind solche, die sich an den natürlichen Zahlen geordnet abzählen lassen: 1., 2., 3., 4., …; in der Informatik sind ▷ganzzahlige Typen sowie meist Aufzählungs- ▷Datentypen gemeint; rein mathematisch sind jedoch auch Bruchzahlen abzählbar (Georg Cantor, „naive" Mengenlehre, Mächtigkeit von Mengen); auch auf der Basis von natürlichen Zahlen, jedoch die Grösse und nicht die Reihenfolge betonend, ist ▷kardinal

Ordner
Metapher der grafischen ▷Benutzungsoberfläche für ein ▷Verzeichnis oder eine Verzeichnisebene in einem ▷hierarchischen ▷Dateisystem

originate
Auslösend (lat.); Betriebsstatus bei ▷Modems: anrufen

Orphan
Waise; bedauernswertes Rechenergebnis, auf das niemand mehr
wartet; solche Ergebnisse können auftreten, wenn der ▷Klient in
der Zeit zwischen dem ▷Auftrag an den ▷Server und dem Eintreffen des Ergebnisses die Verbindung abgebrochen hat; dies kann
Ablieferungsprobleme verursachen

OS/2
Das von ▷IBM 1987 zusammen mit dem ▷PS/2 eingeführte ▷Be-
triebssystem für Einplatz-Anwendungen mit 32-Bit-Prozessoren;
präemptives ▷Multi Tasking, ▷Multi Threading, später mit grafischer ▷Benutzungsoberfläche; OS/2 konnte mehrere ▷MS-DOS-
und ▷Windows-Anwendungen gleichzeitig abarbeiten; die Versionen ab 3.0 bekamen den Zusatznamen ▷Warp; im Jahr 1998
erfolgten ein Rückzug vom Massenmarkt und die Ausrichtung auf
Grosskunden; Weihnachten (!) 2005 aus dem Verkauf genommen
und Ende 2006 im Support eingestellt

OSA
Open System Authentication; ▷WLAN nach ▷IEEE 802.11 ohne
Verschlüsselung des Datenverkehrs; oft als „offen" oder „ungesi-
chert" bezeichnet; siehe auch ▷SKA

OSF
Siehe unter ▷Open Software Foundation

OSI
Open Systems Interconnection; seit 1977 geltende, internationale
Norm von ▷ISO (ISO 7498), in welcher auf sieben ▷Schichten
die technische Kommunikation modellmässig-funktional beschrieben ist; die Spezifikationen der oberen Schichten gehen in Richtung
der Anwendungen, währenddem nach unten ▷Signale aufbereitet
und letztlich transportiert werden; O. spezifiziert also namentlich
keine ▷Protokolle und ▷Dienste, sondern nur Funktionen und ihre
Wirkung

0

OSI-Schichten, Namen und Nummern der -
1: Bitübertragung (Physical); 2: Sicherung (Data Link); 3. Vermittlung, Verbindung (Network); 4. Transport (Transport); 5. Sitzung (Session); 6. Darstellung (Presentation); 7. Verarbeitung (Application); die Eselsleiter der englischen Benennungen von „oben" nach „unten": Alle Priester Saufen Tequila Nach Der Predigt (die hohe Geistlichkeit möge zugunsten gepeinigter Studierender Nachsicht zeigen …)

OSPF
Open Shortest Path First; dynamisches Link State ▷Routing Protokoll (siehe dort für weitere Auskünfte) auf ▷OSI-Schicht 3 mit der Fähigkeit, ein Mehrweg-Routing für kostengleiche Wege zu benutzen; löst(e) ▷RIP ab

OSS
Open Source Software; siehe bei ▷FOSS und den dortigen Querverweisen

Osterei
Versteckte, nicht dokumentierte Funktion eines ▷Betriebssystems oder einer ▷Applikation mit humoristischem Charakter oder als Hommage ans Entwicklungsteam

OTP
1. Siehe unter ▷One-Time Pad, ein ▷Verschlüsselungsverfahren; 2. siehe unter ▷One-Time Password, ein ▷Authentisierungsverfahren

OTP-ROM
One-Time Programmable ROM; nur einmal beschreibbares ▷ROM; funktional wie ▷EPROM

outline Font
Schriftart, die im Gegensatz zu einem ▷bitmapped ▷Font nicht aus einzelnen ▷Punkten besteht, sondern aus mathematisch beschriebenen Linien (zumeist Vektoren), und die deshalb beliebig skaliert werden kann

Outlining
1. optische Hervorhebung von Daten oder Text durch Änderung des ▷Schriftstils; 2. Gliederung eines Textdokuments

Output
Ausgang, Ausgabe

Outsourcing
Inanspruchnahme von Dienstleistungen bzw. Rechenkapazität Dritter aus Kostengründen oder zwecks Entlastung der eigenen betrieblichen IT-Ressourcen oder für Prozesse, welche z. B. aufgrund ihrer Seltenheit keine eigene Datenverarbeitungs-Infrastruktur rechtfertigen; deshalb: Auslagerung im organisatorischen Sinne

Overhead
1. und allgemein: Überhang irgendwelcher Art; 2. speziell: Sammelbegriff für die zu ▷Protokollzwecken neben den eigentlichen Nutzdaten eingelagerten und wechselseitig übermittelten ▷Bits wie z. B. ▷Startbit, ▷Stopbit, ▷Prüfsumme, ▷Parität usw.; 3. zur Laufzeit eines Programms in den Arbeitsspeicher geladener Programmteil; der Begriff wurde unpräzise (treffender wäre: ▷Overlay) vor allem bei der ▷Segmentierung verwendet und verliert an Bedeutung

Overlay
▷Programmteil, welcher erst bei Bedarf geladen wird; O.s sind schon in der Programmierung als solche konzipiert worden und

dies unterscheidet sie von den ▷Segmenten und ▷Seiten; heute abgelöst durch dynamische ▷Bibliotheken, wie z. B. ▷DLLs

O overload
Siehe unter ▷überladen

override
Siehe unter ▷überschreiben

Overt Channel
Erlaubter, autorisierter Datenkanal in einem System oder Netzwerk; siehe dagegen ▷Covert Channel

Owner
Siehe unter ▷Eigentümer

P

P1394
Buskonzept, besser bekannt als Firewire oder ▷IEEE 1394

P2P
Siehe unter ▷Peer-to-Peer

Paamayim Nekudotyaim
Keine Panik, Sie müssen nichts neu installieren; mit P.N. oder genauer mit „T_PAAMAYIM_NEKUDOTYAIM" sagt Ihnen die ▷Zend ▷Maschine, dass der ▷Bereichsoperator in ▷PHP falsch verwendet wurde, sie tut dies allerdings auf Hebräisch; obwohl in zahllosen Foren selbstzweifelnde Programmierer die Gurus hilflos anriefen, was sie falsch machten, wurde der Ausdruck bis heute gnadenlos beibehalten

PABX
Private Automatic Branch Exchange; private, digitale ▷Telefonzentrale

PACE
1. Password Authenticated Connection Establishment; vom ▷BSI entwickeltes Protokoll mit asymmetrischer ▷Kryptografierung zum Aufbau eines sehr sicheren Kanals zwischen einer ▷Chipkarte und einem Lesegerät; gedacht für Personalausweise und Reisepässe; sichert den Schlüsseltausch auch kurzer Passwörter; 2. Priority Access Control Enabled; ▷Protokoll von ▷3COM, welches gewissen Datenpaketen die Priorität für Transport und ▷Zugriff im ▷Netz-

werk zuordnen kann; dadurch lassen sich namentlich ▷Multi-media-Anwendungen mit Ton und Bewegtbildern zitterfreier und weitgehend in ▷Echtzeit übertragen; angesiedelt auf ▷OSI Schicht 2, z. B. als Ethernet-Erweiterung in Netzwerkgeräten implementiert

Package

P

1. ▷Archivdatei; 2. zusammengehörige Sammlung von ▷Klassen, ▷Strukturen usw. mit in sich geschlossener Funktionalität, als Erweiterung der Programmierleistung gedacht, z. B. ein ▷JAR in ▷Java; siehe auch ▷Namensraum; wird zum ▷Compilieren und zum ▷Builden dazugelinkt, meist als Build Path, Referenz, Verweis in der IDE angegeben; 3. das für einen applikatorischen Zweck in sich (meist komprimiert) geschlossene Bündel von ▷Programmen, das erst noch zu installieren ist, dann Installations-P. oder Install-package genannt; bekannte Installations-P.-Systeme sind ▷RPM, APT/Aptitude (▷Unix/ ▷Linux) und MSI (▷Microsoft); in diesem Fall müssen immer auch Abhängigkeiten zwischen P. berücksichtigt werden; 4. Gehäuse des Mikroprozessors; 2. und 3. sind quasi immer Resultate eines ▷Build

Packard, David

1912–1996; nach seinem Studienabschluss Mitarbeiter bei General Electric, danach Mitgründer von ▷Hewlett-Packard und dort, unterbrochen durch eine Tätigkeit im Verteidigungsdepartement zur Nixon-Zeit, administrativ und wissenschaftlich in Spitzenpositionen tätig; Inhaber von sechs Doktortiteln; politisch und im Erziehungswesen stark engagiert sowie Gründer einer Stiftung zur Förderung junger Institutionen im Erziehungs-, Familien- und Gesundheitswesen; Mitglied und Ehrenmitglied unzähliger wissenschaftlicher Organe

packen

Synonym zu ▷komprimieren

Packet
Siehe unter ▷Paket

Packet (Switching)
Siehe unter ▷Paket(-vermittlung)

Packet Inspection, stateful(l) -
Inspektion und Registrierung der Sender- und Empfängerinnen-Adressen durch die ▷Firewall; die SPI Firewall wird nur Pakete hereinlassen, die als Antwort auf eine Frage von innen eintreffen und dies nur innerhalb eines bestimmten Zeitfensters; die SPI Firewall vollzieht also Kommunikation auf höheren ▷OSI-Schichten in gewissem Grade nach

PAD
Packet Assembler/Disassembler; Aufbereitung der Daten, welche ▷asynchron und zeichenorientiert gemäss ▷X.28 der ▷Telco zur Weiterleitung ins ▷X.25-Netz abgeliefert wurden

Padded Cell
Siehe unter ▷Gummizelle

Padding
Polsterung; Fülldaten z. B. in ▷Seiten, ▷Blöcken auf dem ▷Sekundärspeicher oder in der Block- ▷Kryptografierung; in der Programmierung das Auffüllen von ▷Strings mit ▷Spaces, Nullen o. ä. auf eine bestimmte Länge

Paddle
Ruder; Eingabegerät für meist spielerische Zwecke

Page
Seite; 1. Druckseite, Bildschirmseite; 2. Oberbegriff für einen Datenblock mit bestimmter Länge, siehe dazu ausführlich ▷Seite; 3. in

der Daten- und Telekommunikation eine quantitative Einheit übermittelter Daten

Page Flipping
Siehe unter Double ▷Buffer

P

pagefile.sys
Die ▷Auslagerungsdatei unter Windows NT und Nachfolgever-
sionen

Pager
Kleines Empfangsgerät in der Einweg-Meldungsvermittlung (Paging); ▷numerische P. empfangen lediglich einige Zahlencodes
oder Code-Kombinationen; ▷alphanumerische P. können auch mit
kurzen Texten beschickt werden; eine Zeitlang privat populär, dort
durch ▷SMS abgelöst und nur noch für Notdienste im Einsatz

Pagina, Paginierung
Seite (lat.); in der Typografie: Seitenzahl; Vergabe der Seitenzahlen

Paging
1. eine Form der virtuellen ▷Speicherverwaltung; Details dort sowie unter ▷Seite; 2. Funkruf, siehe ▷Pager; 3. automatische Lokalisierung eines mobilen Teilnehmers

Paging, demand -
▷Paging, welches ▷Seiten nur auf Bedarf einlagert, so z. B. in
▷Linux

Paket
1. geschlossene Gesamtheit von Daten, die in einem vernetzten
System vom Sender zum Empfänger gelangen müssen; ein P. enthält einen Kopfteil (▷Header) mit den ▷Adressen der Senderin,
des Empfängers sowie ▷Protokoll-Informationen; es existieren
diverse Spezifikationen und Standards; siehe im Unterschied dazu:

▷Datengramme, ▷Rahmen oder ▷Zellen; 2. geschlossenes Bündel von Dateien zwecks ▷Installation oder Erweiterung der Programmierleistung, beides erklärt unter ▷Package

Paketvermittlung

Kommunikationskanal mit blockweiser Pufferung und Weiterleitung der Daten (▷Datengramme, ▷Pakete, ▷Zellen), z. B. in ▷X.25 oder in ▷TCP/IP; braucht weniger physische Kanäle, weil zeitlich verzahnt gemeinsame Transportkanäle und -knoten benutzt werden (Zeit- ▷Multiplex); die Verbindung der Kommunikationspartner ist eine ▷virtuelle, also keine physikalisch durchverbundene; die Datenmenge kann gemessen und deshalb als Verrechungsbasis (▷Accounting) beigezogen werden; P. ist relativ abhörsicher; bei Hochlast sinken die Transferraten, dafür gibt es kein „besetzt"; siehe auch: ▷Leitungsvermittlung

PAL

1. Programmable Array Logic; eingetragenes Markenzeichen und ▷mikroelektronischer Baustein mit eingeschränkt programmierbaren ▷Logik-Schaltungen, die meist zu Konfigurationszwecken verwendet werden; 2. Phase Alternation Line; Farbfernseh- ▷Norm in Europa ausser Frankreich und Ländern des damaligen Ostblocks, 768 × 576 Punkte

Palette

Schaufel (lat.); Farbvorrat, Farbskala

Palm

Trendsetter und Marktführer in Sachen ▷PDA; als Unternehmung 1992 von Jeff Hawkins, Donna Dubinsky und Ed Colligans gegründet; 1995 gekauft von U.S. Robotics, 1997 zusammen mit U.S. Robotics gekauft von ▷3Com, seit 2003 wieder selbstständig; 2010 durch ▷HP übernommen; die Entwicklung von Hardware und Software werden weitgehend unabhängig voneinander betrieben, weil das Palm OS auch in PDAs von Drittherstellern verwendet wird; Palm

OS gilt als sehr innovativ und von guter Qualität; Hauptsitz in Sunnyvale, Kalifornien; www.palm.com

PAM
Pluggable Authentication Module, ein ▷Authentisierungsrahmenwerk, Industriestandard; Software für ▷Unix- oder ▷Linux-Systeme, die unterschiedliche ▷Authentisierungsmechanismen auf einer gemeinsamen Abstraktionsschicht zusammenfasst und ▷Applikationen und ▷Diensten zur Verfügung stellt; ähnlich ▷SASL, aber stark im Kontext ▷Betriebssystem

PAN
Personal Area Network; kleines (Funk-)Netzwerk mit Rechner und Peripheriegeräten, die alle über ▷Bluetooth oder ▷IEEE 802.11x gekoppelt sind

Panel
Steuerpult; Bedienungszone auf der Hardware; z. B. die Bedientasten auf einem Drucker usw.

Pantone
Aus den USA stammendes ▷Farbmodell in der Druckerbranche

PAP
1. ▷Programmablaufplan; 2. Password Authentication Protocol; Protokoll zur ▷Authentisierung in einer ▷PPP-Verbindung; siehe auch ▷CHAP

Papierkorb
Symbol in Gestalt eines Abfallkorbs auf grafischen ▷Benutzungsoberflächen: Zwischenlager für gelöschte Dateien vor deren endgültiger Vernichtung; es besteht die Möglichkeit zum nochmaligen Hervorholen weggeworfener Dateien (deshalb Recycle Bin im englischen ▷Windows); in den P. geworfene Dateien sind lediglich als gelöscht markiert (der P. bekommt einen „dicken Bauch" oder hat

sichtbaren Inhalt), bis die Option „Papierkorb entleeren" gewählt wird; danach kann nur noch ein spezielles ▷Dienstprogramm die Datei retten; im ▷Mac OS bleibt der Papierkorb-Inhalt mit dem Datenträger verbunden; in neueren Windows-Versionen werden gleichnamige Dateien aus dem gleichen Ordner im Papierkorb durch das Datum unterschieden

P

parallel

Gleichlaufend (griech., dann lat.); 1. in der Datenkommunika-tion: gleichzeitige Übermittlung mehrerer ▷Bits, üblicherweise eines ▷Bytes, ▷Wortes oder ▷Langwortes auf einem mehradrigen Kommunikationskanal; 2. sequenzialisierte Bearbeitung mehrerer ▷Instruktionen auf unterschiedlicher Bearbeitungsstufe in einem ▷Steuerwerk durch das ▷Pipelining; 3. vermeintlich gleichzeitige Bearbeitung mehrerer ▷Prozesse / ▷Threads durch einen ▷Prozes-sor; besser: ▷nebenläufig; 4. echt gleichzeitige Bearbeitung mehre-rer Prozesse/Threads durch mehrere Prozessoren

parallel, massiv-

Unterschiedliche Interpretation: 1. ▷parallele Bearbeitung der gleichen ▷Operation, aber mit unterschiedlichen ▷Operanden auf einem ▷Mehrprozessor-System; 2. System mit einer Vielzahl von ▷Prozessoren, welche mit gemeinsamem oder getrenntem Speicher (▷Cluster) folglich ebenso viele ▷Prozesse / ▷Threads echt parallel in Bearbeitung haben können

Parameter

Angabe eines Masses (griech.); Aussprache mit Betonung auf 2. Silbe: „Par'ameter"; 1. und allgemein: Hilfsgrösse, Richtgrösse, Steuerwert, ▷Argument; 2. beim Programmieren: „Eingabewert" in eine ▷Funktion, also der Wert, der per Argument an eine Funktion übergeben wird, dann auch explizit als „Übergabeparameter" be-zeichnet; siehe ferner die nachfolgenden Stichworte

Parameter, aktueller -, Aktual-
„Mitgabewert" beim Aufruf einer ▷Funktion oder ▷Prozedur; der A.P. wird von der Funktion entgegengenommen und lokal als ▷Variable, treffender als formaler Parameter bearbeitet; er müsste somit korrekter Aktual- ▷Argument heissen

P

Parameter, formaler -, Formal-
▷Deklaration für den von einer ▷Funktion oder ▷Prozedur zur Entgegennahme vorgesehenen Wert

PARC
Palo Alto Research Center; 1970 von Xerox gegründetes Forschungszentrum im kalifornischen Palo Alto; einer der bedeutendsten „Think Tanks" der Hochtechnologie; seit 2002 selbstständig; www.parc.com

Parität, Parity
Methode und Wert zur Prüfung der Richtigkeit ▷binär übermittelter oder gespeicherter ▷Daten durch Auszählen der Anzahl binärer „1": bei gerader P. (▷even) werden die „1" in allen Datenbits gezählt und nötigenfalls durch ein zusätzliches ▷Bit „1" auf eine gerade Anzahl ergänzt; das zusätzliche Bit bleibt „0", wenn die Datenbit-„1" schon in gerader Anzahl vorliegen; ungerade P. (▷odd) funktioniert umgekehrt; die so beschriebene P.-Prüfung ist also 1-Bit- ▷fehlererkennend; siehe auch ▷EDC

parken
In der Schweiz: parkieren; Positionieren und Absetzen der ▷Schreib-/Leseköpfe einer ▷Festplatte über einer datenfreien Sonder- ▷Spur, der ▷Landing Zone; in der Schweiz: Parkieren

parse, Parser
Satzbau bestimmen; ▷Programm, ▷Routine zur Zerlegung eines schon durch den ▷Scanner zeichengeprüften ▷Codes in eine Befehls- ▷Baumstruktur aus Elementar- ▷Operationen (so genannte

▷Tokens) zur anschliessenden ▷Übersetzung; P. sind also z. B. Bestandteil eines ▷Compilers und tun ihr Werk vor dem Übersetzen

Part
Modul, ▷Objekt einer ▷OpenDoc Applikation

P

Partition
Aufteilung (lat.); 1. und allgemein: Teilmenge, Gruppe, z. B. die durch „GROUP BY" in ▷SQL zustandekommende Gruppierung; 2. ▷logisch selbstständig auftretender Speicherbereich; 3. der einem ▷Betriebssystem zugeordnete Bereich auf der ▷physischen ▷Festplatte, ein „nur" logisches Laufwerk; existieren dort mehrere Betriebssysteme, dann werden mehrere P. benötigt; in ▷MS-DOS / ▷Windows lässt sich die Festplatte mit FDISK in P. einteilen; sind es mehrere, dann ist die ▷Booting fähige P. die „primäre", die restlichen sind „erweiterte" P. und können auch nur Arbeitsdaten enthalten; 4. im Datenbank-Entwurf Teil einer grossen Datenbank, welcher mit den anderen Teilen in Kommunikation steht und im Netz evtl. andernorts verarbeitet wird

Partitionstabelle
64 Bytes grosse, ▷Betriebssystem-unabhängig im Master ▷Boot Record befindliche Tabelle, welche vier Einträge haben kann; dieser Wert ist fest, die Betriebssysteme interpretieren sie aber unterschiedlich: primäre, erweiterte, logische ▷Partition usw.

PAS
Dateinamenserweiterung für den ▷Quellcode eines ▷Pascal-Programms

Pascal
Höhere Programmiersprache aus dem Jahre 1971 mit wissenschaftlich-mathematischem Schwerpunkt und didaktischer Absicht; ▷strukturiert, ▷prozedural; der Autor, ETH-Professor emeritus

Niklaus ▷Wirth, benannte seine Entwicklung nach Blaise Pascal
(1623–1662), der eine der ersten Rechenmaschinen konstruierte
und sogar die Serienfertigung versuchte; eines dieser Originale aus
dem Jahr 1650 steht heute im Dresdner Zwinger; aus Pascal entstanden u. a. ▷Oberon, ▷Modula-2 und ▷Delphi

P Passivmatrix
In der Technik von ▷Flüssigkristallanzeigen: der Bildaufbau wird
zuerst in einer externen ▷Elektronik berechnet und erst dann den
Kristallen unterlegt; Tempoprobleme z. B. bei schnellem Bewegen
von Anzeigeobjekten, ferner eingeschränkter Blickwinkel; siehe
auch ▷Aktivmatrix, ▷TN und ▷TFT

Passkreuze, Passerkreuze
In der Typografie: kreuzartige Markierungen zur exakten Seiten-
montage von Filmen

Passphrase, Password
Passsatz, siehe eher unter ▷Passwort; die Bezeichnung „Pass-
phrase" will entweder 1. suggerieren, dass Pass-„Wörter" keine
▷Semantik haben dürfen, oder es wird 2. anstelle eines einzelnen
Wortes eine ganze Satzformulierung verlangt, damit Brute Force
▷Attacken schwerer sind: „Sesam öffne dich" oder so …

Passport
Früher .NET P., später ▷Microsoft Passport, heute ▷Windows Live
ID, siehe dort

Passwort
Eine die ▷Identifikation bestätigende, zusammen mit dieser ▷au-
thentisierende und geheime ▷Zeichenfolge

Passwort, dynamisches -
Einmal-Passwort

Passwort, starkes -

Passwort mit gewissen (nicht normierten) Anforderungen, wie z. B.: mindestens acht Zeichen lang, enthalten Sonderzeichen, Zahlen, Gross- und Kleinbuchstaben; dies macht sie resistent gegen Brute Force ▷Attacken; sie sind leider gewöhnungsbedürftig, viele Leute haben Mühe mit dem blossen Eingeben solcher s.P.; Tipp zur Bildung a): bekannte Worte nach geheimen Regeln „mutieren": „August" >> „aUgUsT" >> „_aU9Us+$"; Tipp zur Bildung b): Sätze komprimieren: „Bald ist Frühling" >> „ba is fr" >> „_bA1SfR$"; weil in Wörterbuch- ▷Attacken auch Mutationen bekannter Worte geprüft werden, ist Tipp b) sicherer und klar vorzuziehen; vergleiche ▷Single Sign-on

PAT

Port Address Translation; oft ein Teil von ▷NAT, siehe deshalb dort

PATA

Siehe unter parallel ▷ATA

Patch, patchen

Flicken; 1. Entzifferung und/oder Änderung eines ▷Objektprogramms bzw. ▷Maschinenprogramms; 2. behelfsmässiges Reparieren; 3. nachgerüstetes Programmfragment, welches bekannte Mängel in ▷ROMs oder Programmen behebt, siehe auch ▷Service Pack und ▷Hot Fix; 4. ▷physikalische Steckleiste in ▷Hubs und ▷Switches zur Verteilung von Netzwerksignalen sowie entsprechende Verteilkabel

Path

Siehe unter ▷Pfad

Payload

Nutzlast, Nutzdaten

Payment, Makro-, Mikro-, Milli-, Mini-

Zahlungsabwicklung für Dienstleistungs- und Warenkonsum übers Internet; die Grössenordnungen sind: Mikro: Kleinstbeträge im (u. U. sogar gebrochenen) Rappen-Bereich (z. B. für ▷Webseiten-konsum) mit gesicherten Transaktionen; Milli: Beträge bis -zig Franken mit Transaktionen; Mini: Beträge bis einige hundert Franken mit Transaktionen oder klassischer Verrechnungs- und Bezahlungs-weise; Makro: grössere Beträge mit zumeist klassischer Abwicklung

Paypass

Bargeldloses Bezahlen kleiner Beträge durch Erweiterung der Kre-ditkarten um ▷RFID; die Bezahlung erfolgt kontaktlos und ohne ▷PIN; in der Schweiz produktiv eingesetzt ab Ende 2007

PBX

Private Branch Exchange; Telefonzentrale, Telefonverteiler im Privatbesitz; der Begriff gilt auch für jüngere und digitale Fernmel-dedienste

PC

1. Personal ▷Computer; persönlicher Computer; PC hiess vorerst undifferenziert ein ▷Rechner in Arbeitspultgrösse; später wurde daraus ein gefestigter Begriff rund um die 1981 als Produkt ▷IBM 5150 von Philip Don ▷Estridge entwickelten und im Markt einge-führten ▷Mikrocomputer „IBM PC"; PC stand dann lange Zeit für Mikrocomputer dieser „IBM Welt" und tut dies heute tendenziell immer noch für die ▷„Wintel-Welt" (diese Aussage lässt sich leicht verifizieren: Man benenne einmal den Computer eines ▷Apple ▷Macintosh Benutzers als „PC"); siehe weitere Anmerkungen un-ter ▷Personal Computer; 2. Program Counter; ▷Programmzähler oder treffender: Programmzeiger

PC Card, PC-Card

Seit Ende 1994 gültiger Name für PCMCIA; Schnittstellen-Norm eines Hersteller-Konsortiums für 68polige, selbst konfigurierende

und ▷„hot pluggable" Erweiterungskarten im Kreditkartenformat
ab 1989: Adressbus 26 Bits, Datenbus 16 Bits; der Standard legt alle
physikalischen und elektronischen Merkmale der Schnittstelle fest;
Einsatzgebiete der Karten sind die Datenkommunikation oder
Massenspeicherung im Kleinstformat; drei Kartendicken, Typen
genannt; V 2.0 des Standards ab 1991 mit ▷E/A-Fähigkeiten; ab
1994 volle 32-Bit-Spezifikation

P

PCB
1. Printed Circuit Board; Leiterplatine oder einfach ▷Platine bzw.
Board bzw. Print; 2. ▷Prozesskontrollblock

PCD
Dateinamenserweiterung für ▷Photo-CD-Dateien

PCI
Peripheral Component Interconnect; Schutzmarke; sehr detailliert
dokumentierter und auf ▷ISA / ▷EISA aufbauender De-facto- ▷Stan-
dard durch ein Firmenkonsortium um ▷Intel für einen ▷Systembus;
in der Version II 64 Bits breit und vier ▷Steckplätze unterstützend,
Bustakt max. 33 MHz; PCI-Komponenten konfigurieren sich selbst
und haben einen Datendurchsatz von theoretisch bis 132 MBytes/s
(260 MBytes/s bei 64 Bit ▷Datenbus), praktisch sind es deren 50; ab
1995 wurde schrittweise eine Erhöhung der Taktrate realisiert; Nachfolger: ▷PCI-X und ▷PCI Express; man beachte die Querverweise

PCI Burst, - Streaming
Betriebsmodus neuerer PCI ▷Mutterplatinen: eine PCI Karte (z. B.
eine ▷MPEG-Karte zur ▷Digitalisierung und ▷Kompression von
▷Videosignalen) kann direkt die Kontrolle über den ▷Mikropro-
zessor übernehmen bzw. Daten an ihm vorbeisenden

PCI Express
Von ▷Intel angetriebene, ▷serielle Weiterentwicklung von ▷PCI
mit ersten Produkten ab 2004; eine serielle, voll- ▷duplexfähige

Punkt-zu-Punkt-Verbindung heisst Lane; mit angestrebten 1000 MBytes/s und Lane (bei 1.25 GHz Bustakt) weit schneller als PCI und ▷PCI-X; Direktwahl der ▷Kommunikationspartner (▷Switching), Priorisierung, ▷Bandbreitenwahl; es existieren Steckplätze für mehrere Lanes, verbreitet sind die kurzen x1 und die langen x16 für die ▷Grafikkarte, andere sind denkbar; eine x1 Karte passt auch in einen x16 Steckschlitz; auch PCIe; www.pcisig.com

PCI-SIG
PCI Special Interest Group; Firmenkonsortium im Umfeld von PCI zu dessen Etablierung und Weiterentwicklung; gegründet 1992, heute über 900 Mitglieder

PCI-X
Weiterentwicklung der ▷parallelen PCI Bus-Architektur zu einer Zeit, da deren Nachfolgerin PCI Express schon weitgehend spezifiziert, aber noch nicht serienreif ist, folglich als Zwischenlösung von PCI und PCI Express; 64-Bit ▷Datenbus und Transferrate bis 16 Gbps; daher vorwiegend für ▷Server-Maschinen

PCL
Printer Command Language; Schutzmarke; ▷Seitenbeschreibungssprache für Drucker von ▷Hewlett-Packard; Versionen als PCLn

PCM
Siehe unter ▷Pulse Code(d) Modulation

PCMCIA
Personal Computer Memory Card International Association; Schnittstellen- und Erweiterungskonzept als Nachfolge von ▷JEIDA; 1994 wurde das zungenbrecherische Akronym in ▷PC Card umgetauft (siehe dort für mehr Details); dies hält Hartgesottene indessen nicht davon ab, es weiter zu verwenden …

PCS, PCS1900
1. Plastic Clad Silicia; fiberoptisches ▷Kabel in Kunststoffmantel;
2. Personal Communications Services; ▷Dienste der ▷Mobilte-
lefonie im Massenmarkt; 3. dem ▷GSM ähnlicher, nur in Nord-
und Südamerika verwendeter Standard für die Mobiltelefonie im
1'900 MHz- ▷Band; wird bei uns in ▷Triband-Geräten unterstützt

P

PCT
Private Communication Technology; von ▷Microsoft 1995 erlassene und auf dem Secure Sockets Layer (SSL) basierende Technologie
zur ▷Kryptografierung von ▷Daten, ▷Identifikationen im Internet
(siehe auch ▷STT)

PCX
Dateiformat für ▷Bitmap ▷Grafiken von Paintbrush; keine Grenze
bezüglich ▷Auflösung und Bildgrösse, 256 aus 262'144 Farben

PDA
Siehe unter ▷Personal Digital Assistant

PDC
Power Disc Cartridge; Familie zueinander kompatibler magnetischer und ▷magneto-optischer Datenträger im Format 3.5 Zoll

PDF
Portable Document Format; 1. plattformunabhängiges Austauschformat der Firma Adobe für illustrierte ▷Dokumente auf der Basis
von ▷PostScript; der entsprechende, freie „Acrobat Reader" ist
mittlerweile auf Millionen Arbeitsstationen installiert und das Format durch ▷ISO normiert: ISO 15930; 2. Dateinamenserweiterung
für entsprechend formatierte Dateien

PDN
Public Data Networks; öffentliche Datennetze wie das ▷Telefonnetz
oder ▷X.25

PDP-x

Programmed Data Processor; Schutzmarke; sehr erfolgreiche und äusserst leistungsfähige Familie von ▷Minicomputern der Firma Digital Equipment Corporation (Details unter ▷DEC) mit dem Pioniergerät PDP-1 im Jahre 1960

Peak

Gipfel; Spitzenwert, z. B. bei der Messung der ▷Ressourcenbelastung

PEAP

Protected ▷EAP; Sicherheits- ▷Protokoll in ▷WLANs von ▷Cisco Systems, ▷Microsoft und ▷RSA Security; zuerst wird eine ▷TLS-Verbindung aufgebaut, über diese wirkt dann EAP; siehe auch ▷LEAP

PEARL

Process and Experiment Automation Real-Time Language; in Deutschland in den späten 1970er Jahren entwickelte, mehrprozessfähige ▷Programmiersprache für industrielle Systeme; nicht zu verwechseln mit ▷PERL

peek

Gucken; 1. bei ▷Kellerspeichern oft der Befehl, der den obersten Eintrag liest und ihn belässt (im Gegensatz zu ▷POP()); 2. ehemals legendäre ▷Anweisung in Commodore ▷BASIC zum direkten Einsehen von ▷Register- oder ▷Arbeitsspeicherinhalten des ▷PET; vergleiche ▷poke

Peer

Adelsstand; Gesamtheit der Kommunikationspartner (Hardware und Software) auf der je gleichen ▷Schicht eines ▷Protokollstapels; P. kommunizieren ▷virtuell und über ▷Protokolle

Peer-to-Peer

1. und früher: kleines ▷Netzwerk ohne ▷dedizierten ▷Server und mit Zugriffsmöglichkeit von und zu allen Beteiligten; 2. im ▷Web-

Zeitalter: gleichberechtigter Zugriff aller im Netz gekoppelten Rechner auf alle Ressourcen: Anwendungen und Daten; das typischste Beispiel für ein weltweites P2P war die ▷MP3-Tauschbörse Napster; P2P soll im geschäftlichen Bereich später einmal nicht nur den ▷Mainframe, sondern auch den ▷Server in die Wüste schicken; nicht zu verwechseln mit ▷Point-to-Point

Peirce-Funktion
Siehe unter ▷NOR

PEM
(Internet) Privacy-Enhanced Electronic Mail; heute: Format und Dateinamenerweiterung für ein ▷Base64-codiertes ▷X.509- ▷Zertifikat; andere Dateinamenerweiterungen dafür sind ▷CRT, CER und KEY; konvertierbar nach ▷PKCS12 und ▷DER; früher: der erste Internet ▷Standard für verschlüsselte und signierte ▷E-Mails, wurde zu ▷S/MIME und beeinflusste auch die Entwicklung von ▷SSL; die heutige P.-Systematik baut auf eine Hierarchie von ▷Zertifizierungsstellen und ist dadurch nicht kompatibel zu ▷PGP, das auf einem ▷Web of Trust aufbaut, verfolgt aber die gleichen Ziele

Pen, Pen System
Elektronischer Schreibstift, bzw. ▷Betriebssystem-Zusatz mit einem P. als Zeigegerät

Penetration
Ein-, Durchdringung, im Zusammenhang mit Sicherheitsaspekten: Faktum, Zeitpunkt oder Ergebnis eines erfolgreichen Eindringens

Pentium
Herstellername für eine Familie von erstmals 1993 auf dem Markt erschienenen ▷Mikroprozessoren von ▷Intel, gelegentlich auch als 80586 oder P5 bezeichnet; der P. hat einen ▷Adressbus von 32 Bits (intern: 36 Bits) und einen internen ▷Datenbus von 64 Bits; der durchaus gelungene Name bedeutete einen Übergang von der nu-

merischen Benennung (z. B. 80286) zu Prosabezeichnungen; dies
rührt daher, dass es Intel verwehrt wurde, Zahlen als Schutzmarke
einzutragen

Pentium 4

Im Jahr 2001 von ▷Intel eingeführter 32-Bit ▷Mikroprozessor für
Tisch- und Mobilcomputer mit folgenden Eigenschaften (man
konsultiere die Querverweise): quadratisches 423 Pin-, später 478
Pin-Gehäuse mit 42 Millionen ▷Transistoren in 0.18 und 0.13
▷Mikron Strukturabstand; (vorerst) nicht ▷mehrprozessorfähig;
▷Taktraten im vielfachen GHz-Bereich; 20stufige Befehls-
▷Fliessbänder mit ▷Branch Prediction / ▷-Recovery; 400 MHz ge-
takteter ▷FSB (eigentlich 4 × 100 MHz ▷QuadPump) mit 3.2 GBy-
tes/s Datentransfer; zwei ▷ALUs mit je doppeltem Takt; ▷Caches
(siehe je dort): 8 KBytes Level 1 für Daten; 12 KBytes Level 1 Execution Trace; 256/512 KBytes Level 2 Advanced Transfer mit 256-Bit-
Bus, 77 GBytes/s sowie Daten ▷Prefetching; Advanced Dynamic
Execution mit ▷spekulativer Bearbeitung von 126 ▷Instruktionen;
128 Bits breite ▷Register in der ▷FPU; 144 neue ▷SSE-
Instruktionen mit 128-Bit-Operanden; ▷BIST und ▷IEEE 1149.1
zur Baustein-Diagnose; viele der innovativen Technologien sind
zur Schutzmarke ▷NetBurst zusammengezogen

Pentium Celeron

1998 von ▷Intel angekündigter Nachfolger des ▷Mikroprozessors
Pentium MMX: ab 266 MHz getaktet, 2nd Level ▷Cache ab 128 KBytes; bei späteren P.-Familien ist der C. der jeweilige Familien-„Ben-
jamin" und kommt in besonders preiswerten Geräten zum Einbau

Pentium Fehler, - Bug

Eine Serie des P. produzierte in ▷FPU-Operationen unter bestimmten Umständen einen Fehler ab der 9. Nachkommastelle; Intel
selbst entdeckte den Fehler im Juli 1994, machte ihn nicht publik
und rechnete damit, dass bis zur Auflage korrekt funktionierender
Chips im Januar 1995 rund 3 bis 5 Millionen fehlerhafter Bausteine

im Mark sein würden; im September 1994 entdeckte ein Mathematikprofessor den Fehler und kontaktierte Intel erfolglos; der Hersteller setzte auf eine Kampagne der Verharmlosung („glitch" = Panne; „Wahrscheinlichkeit von 1:27'000 Jahre für normalen Tabellenkalkulations-Gebrauch" usw.); es folgten eine grosse Publizität im Herbst 1994 und eine offizielle Entschuldigung von Intel für den Fehler bzw. dessen Behandlung; der Schaden für Intel wurde auf 500 Mio USD geschätzt und alle Mitarbeitenden mussten auf die Weihnachtsgratifikation verzichten

Pentium Xeon
1998 von ▷Intel erstmals angekündigte Erweiterung des ▷Mikroprozessors Pentium II: ▷mehrprozessorfähig; bei späteren P.-Familien ist der X. der jeweilige Familien-„Herkules" und wird vor allem in ▷Servern eingebaut

Pentop
Kleinstcomputer in der Grösse eines ▷Notebooks mit ▷Pen-Betriebssystem; heute eher ▷Tablet-PC

PER
Packet Error Rate; statistisches Mass für die Fehl- ▷Interpretation von empfangenen ▷Paketen im Verhältnis zu den gesendeten

Performance, Performanz
Erfüllung, Ausführung (lat.), aber auch: Leistung; mit irgendwelchen standardisierten oder willkürlichen Massstäben beurteilte Leistungsfähigkeit eines Computersystems und/oder seiner Teile; Patterson und Hennessy sprechen in ihrem Werk „Computer Organization and Design" von Performanzsteigerung von ▷Mikroprozessoren um Faktor 1.5 bis 1.6 p. a. – gemessen mit ▷SPECint

Periode, Periodendauer
Umlauf, Umlaufzeit (griech.); 1. und umgangssprachlich: zeitliche Regelmässigkeit; 2. die P.dauer ist die Zeit T bis zum Wiederbeginn

eines regelmässigen Ereignisses, also eines Taktzyklus, einer
Schwingung usw.: T = 1/f (f: ▷Frequenz); 3. speziell: Zeit zwischen
zwei regelmässig wiederkehrenden ▷Echtzeit-Aktivitäten

Peripherie
Umkreis (griech.); Sammelbegriff für alle Aussengeräte aus der
Sicht des eigentlichen ▷Rechners, wie ▷Strichcodeleser, ▷Drucker,
▷Plotter usw.; im engeren und eigentlichen Sinn sind aber auch die
▷Platten, die ▷Controller und ▷Adapter P.

Peripheriebus
Busartiges Kommunikationssystem zur intelligenten, autonomen,
das heisst prozessorunabhängigen Verwaltung von Datenflüssen
von und zu Peripheriegeräten; Beispiele: ▷SCSI, ▷IEEE 488 oder
▷USB; in einer Mehrbus-Architektur, wie wir sie im modernen
Mikrocomputer haben, ist aber auch der ehemalige ISA- oder
EISA-Bus ein P.; darüber der ▷Systembus, darüber der ▷Speicher-
bus

PERL
Practical Extraction and Report Language; nicht zu verwechseln
mit ▷PEARL; interpretierte ▷Skriptsprache von Larry Wall
(1987), sehr bekannt aus der Programmierung von ▷CGI Anwendungen beim ▷Server; starke Integration ▷regulärer Ausdrücke,
sehr mächtig im Umgang mit Dateien und Texten; strukturiert,
nicht ▷typsicher, objektbasiert; P. ist speziell zu schreiben, a) weil
man Bestandteile von Kontrollstrukturen recht frei weglassen oder
umdrehen kann ({ $eintritt=TRUE } unless ($alter < 18)), b) weil
viele leistungsfähige ▷reservierte Worte kurze kryptische Symbole
sind, c) weil im Hintergrund implizit Datenstrukturen zur Verfügung stehen und viele Befehle sich klammheimlich auf diese
beziehen; aufgrund dessen gibt es den jährlichen „Obfuscated
Perl Contest": wer schreibt das am durchgeknalltesten aussehende Skript

Permalink
Gewissermassen „ewig" gültiger Hyperlink auf einen einzelnen
▷Blog-Beitrag (▷Post), also nicht auf das Blog als Ganzem

Permutation
1. und allgemein in der Mathematik: Anordnung einer endlichen
Menge von Elementen in jeder beliebigen Reihenfolge; 2. Verset-
zungsverfahren in der ▷Kryptografierung

Perpendikular (-Verfahren)
Lotrecht (lat.); junges Aufzeichnungsverfahren für ▷Festplatten,
das darin besteht, die Magnetlinien senkrecht durchs Beschich-
tungssubstrat zu führen anstatt waagrecht; die einzelnen Bits werden dadurch um ein Vielfaches enger und können dichter gepackt
werden; die so abermals erhöhte Datendichte führt die schon wiederholt totgesagte Festplatte erneut zum Jungbrunnen; Produkte
ab 2006

persistent, Persistenz
Beharrlich, Beharrlichkeit (lat.); 1. und allgemein synonym für
„dauerhaft existierend"; 2. und speziell in Dateisystemen: nicht von
der ▷Lebensdauer eines ▷Prozesses abhängig, also auf einem nicht
flüchtigen Medium gespeichert

Person, personal, Personnel
Englische Wörter in gleicher Reihenfolge wie unter dem deutschen
Stichwort ▷Person; beachte auch die dortige Bemerkung zur
Schwierigkeit der Schreibweisen und Interpretation

Person, persönlich, Personal
Deutsche Wörter für: 1. das einzelne, menschliche Individuum
(lat.); 2. die Person betreffend, ihr gehörend; 3. Gesamtheit der
Mitarbeiterinnen und Mitarbeiter; die mit dem Englischen u. U.
gleichen Schreibweisen (welche ferner noch von der Stellung im

Satz oder von der Zugehörigkeit zu einem Eigennamen abhängen)
zwingen dazu, die Bedeutung aus dem Zusammenhang zu ersehen

Personal Computer
Meist schon fast in der Bedeutung eines Eigennamens und dann in
Grossschreibung; siehe unter ▷PC mit geschichtlichen Hinweisen;
tatsächlich ist PC als Begriff schon fast klarer und deutlicher als die
volle Bezeichnung „Personal Computer"; dies hat vielleicht damit
zu tun, dass „Personal Computer" im deutschsprachigen Raum
emotional beladene Missverständnisse wecken kann

Personal Digital Assistant
Persönlicher digitaler Assistent; Kleinstrechner (▷Palmtop) ohne
Tastatur, dafür mit Griffel- oder Fingerbedienung und Hand-
schrifterkennung; der PDA verwaltet und integriert alle im täglichen Geschäftsleben anfallenden kleinen Kommunikationstätigkei-
ten und wächst heute zusammen mit dem ▷Smartphone

Personal System/1
PS/1; von ▷IBM im Sommer 1990 – also nach (!) dem ▷PS/2 – an-
gekündigtes System im unteren Preis- und Leistungsbereich

Personal System/2
PS/2; von ▷IBM im April 1987 angekündigte Nachfolge-Generation
für den ▷PC mit dem ▷Mikrokanal als Bus-Architektur, mit ▷VGA
als neuem Grafik-Standard und ▷OS/2 als neuem Betriebssystem

Personendaten
Eine der vielen Bezeichnungen für gespeicherte und verarbeitete
Daten, die eine Person profilieren, und die ▷datenschutzmässig
relevant werden können

PERT
Program Evaluation and Review Technique; Entwurfsmethode für
Programme (und andere Projekte): in einem gerichteten ▷Graphen

sind die ▷Kanten Vorgänge von einer bestimmten Dauer und die ▷Knoten zeitpunktbezogene Ereignisse; P. wird oft in der Projektplanung verwendet und ist Basis der ▷CPM

Pervasive Computing
Durchdringend (lat.); Phänomen der Informatisierung und Vernetzung aller Geräte des täglichen Lebens; siehe auch ▷Ubiquitous C. und ▷Everset

Pessimismus, pessimistisch
Schwarzseherei (lat.); 1. auf Vorsicht bedachte Steuerung eines Mechanismus, z. B. im ▷Transaktionsschutz: ▷Synchronisation durch den vorbeugenden Einbau sämtlicher Vorsichtsmassnahmen, wie z. B. grundsätzliches ▷Sperren, siehe auch: ▷Optimismus und ▷Vogel Strauss; 2. empirisch gewachsene Erwartungshaltung bei uns so genannten Kunden anlässlich des Betreibens von Systemkomponenten angesichts gängiger Produktqualitäten

PET
Personal Electronic Transactor; 1977 erstmals in Las Vegas vorgestellter Kleinrechner der Firma Commodore mit 4 KBytes RAM (!!!) rund um einen ▷Mikroprozessor 6502 von MOS Technology, mit ▷ROM- ▷residentem ▷BASIC- ▷Interpreter und einer Audio-Kassettenstation zur Massenspeicherung; das epochale Gerät erreichte weltweit eine riesige und fast religiöse Fangemeinde; ebenso der Nachfolger C64

Peta-
So genannter Vorsatz des ▷SI für Faktor 10^5, in der Informatik für binäre Grössen (Speicherkapazitäten) $2^{50} = 1'125'899'906'842'624$; beides mit Zeichen „P"; siehe weitere Bemerkungen unter ▷Kilo-

Petri-Netz
1962 in Deutschland entwickelte, streng formalisierte grafische ▷Analyse- und ▷Entwurfsmethode, die nicht nur logische Abläufe,

sondern auch deren Abhängigkeiten sowie evtl. ▷nebenläufiges Auftreten darstellen kann; P.-N. werden deshalb zur ▷Modellierung industrieller ▷Prozesse verwendet

Pfad

P 1. und allgemein: Zugriffsweg für Daten; 2. im ▷Baum: Wegbeschreibung von einem ▷Knoten zum anderen, meist aber von der ▷Wurzel zu einem bestimmten ▷Knoten; 3. in ▷hierarchischen Dateisystemen der Weg, um in ein Unterverzeichnis zu gelangen; in MS-DOS wurden Verzeichnisse und damit P. ab Version 2.0 unterstützt; zu einem Dateinamen gehört implizit oder explizit immer die volle, also absolute P.-Angabe

Pfad, absoluter -, relativer -

Pfadangabe, welche im ▷Baum den Zielknoten vollständig von der ▷Wurzel her bezeichnet bzw. ausgehend vom gegenwärtigen „Standort", also vom aktuellen ▷Knoten

PGA

1. Professional Graphics Adapter; ▷Grafikmodus für Bildschirme, typischerweise 640 × 480 ▷Punkte, 256 aus 4'096 Farben; der PGA war ein in begrenzter Auflage von ▷IBM vor dem ▷VGA produzierter ▷Adapter mit beeindruckenden Leistungen; veraltet; 2. Pin Grid Array: Gehäuseform des Mikroprozessors als meist quadratisches ▷IC mit den ▷Pins ganz auf der Unterseite (damit auf der Oberseite Kühler angebracht werden können)

PGP

Pretty Good ▷Privacy; hybrides Verfahren zur ▷Kryptografierung von Dateien und E-Mails von Senderin A zu Empfänger B: a) A verschlüsselt die Nachricht mit einem nur einmal gültigen, symmetrischen Ad-hoc- ▷Schlüssel; b) dieser wird dann mit dem asymmetrischen, öffentlichen Schlüssel von B verschlüsselt und der Nachricht angefügt; c) B kann mit seinem privaten Schlüssel den Ad-hoc-Schlüssel dechiffrieren und damit dann d) die Nachricht selbst; PGP ist eine Entwicklung zum Schutz der Bürger vor staatlicher Schnüffelei von Phil R. Zimmermann auf der Basis von ▷RSA und ▷IDEA; PGP ist im ▷Quellcode zwar öffentlich zugänglich (www.pgpi.org), aber seit Ende der 1990er Jahre sind Produkte rund um PGP lizenzpflichtig; PGP baut nicht auf Zertifikaten, sondern auf einem ▷Web of Trust auf; vergleiche auch ▷PEM; www.pgp.com

P

Phantom
Sinnestäuschung (griech., dann lat.); Effekt des Einsehens oder gar Bearbeitens noch in Umformung befindlicher Werte bei verzahnt ineinander greifenden ▷Prozessen oder ▷Transaktionen; im schlimmsten Fall handelt es sich um Werte, die in der gewünschten Form dann niemals festgeschrieben werden

Pharming
Ein ▷Attackenmuster, siehe dort

Phase
Wechsel (griech.); 1. Nullwinkelversatz einer Schwingung; 2. geschlossener Arbeitsprozess in einem ▷Projekt

Phishing
Ein ▷Attackenmuster, siehe dort

Photo-CD
Siehe unter Photo- ▷CD

PHP Hypertext Preprocessor
In ▷HTML eingebettete, ▷serverseitig ▷interpretierte ▷Open Source ▷Skript-Sprache, verwandt mit ▷C, zur Erstellung dynamischer ▷Web-Präsentationen und zur Anbindung von Clients an Datenbanken; ursprünglich, nämlich 1994, vom Erfinder Rasmus Lerdorf so benannte „Personal Home Page Tools", später dann ein weiteres jener so wunderbar ▷rekursiven ▷Akronyme, wie sie die ▷Unix /

▷Internet-Welt kreiert; heute von der israelischen Firma ▷Zend als äusserst breites Technologiebundle gewartet und vertrieben; ab 4.0 objektorientiert; mittlerweile sind umfangreiche Bibliotheken für Bildbearbeitung, Datenkompression, DOM-Parsing und vieles mehr vorhanden; siehe auch ▷LAMP und ▷WAMP

P

Phreak
Phone Freak; ▷Hacker und ▷Knacker, der sich als Jagdgründe vor allem die Prärien der ▷Telekommunikation aussuchen: Fälschen von Telefonkarten, Abhören von Telefonen, Verwenden fremder Mobiltelefonfrequenzen, unter fremder Anschlusskennung anrufen auf eigenen gebührenpflichtigen Leitungen usw.

physikalisch
Körperlich (griech.), gegenständlich messbar, greifbar, spürbar; Gegenteil: ▷virtuell

physisch
Natürlich (griech.); an die baulichen Eigenschaften von Komponenten gebunden, in deren Gegebenheiten und Einschränkungen umgesetzt; Gegenteil: ▷logisch, ▷modellhaft

Pi, Pi-Kalkül
1. 16. Buchstabe des griechischen Alphabets, gross Π, klein π; 2. mathematische, irrationale Konstante 3.14159265358…, Verhältnis von Kreisumfang und Kreisdurchmesser; 3. P.-K. siehe unter Prozess- ▷Kalkül

PIA
1. evtl. der Vorname von ▷OMI; 2. ▷Peripherial Interface Adapter; pauschale Bezeichnung für den Steuerbaustein einer ▷parallelen Schnittstelle

PIC

1. Dateiformat für (untereinander zum Teil inkompatible!) ▷Vektor- oder ▷Bitmap Grafiken diverser Hersteller; 2. Picture Image Compression; Bild- ▷Komprimierung nach ▷JPEG, ▷MPEG; 3. Personal Intelligent Communicator: durch zusätzliche Kommunikationsmöglichkeiten erweiterter ▷PDA

P

Pica

1. 12 Punkt, 1/6 Zoll; 2. Standard-Schrifttyp auf Matrixdruckern

Pico- / Pikozelle

Mobilfunkantenne und deren Abdeckungsgebiet in grossen Gebäude(teile)n wie z. B. Tiefgaragen; siehe auch ▷Femtozelle und ▷Zelle

PICS

Platform for Internet Content Selection; Taxierung von ▷Web-Präsentationen und anderen Software-Produkten, wie z. B. Programmen, durch Private oder Organisationen bezüglich Qualität, Jugendschutz usw.

PICT

Dateiformat für ▷Vektorgrafiken; PICT 1 schwarz/weiss, PICT 2 graustufig, farbig

PID

Process Identification; Kennung eines ▷Prozesses zwecks seiner Verwaltung durch das ▷Betriebssystem

Pig Tail

Sauschwänzchen; kurzes Glasfaser-Anschlussstück an ▷lichtwellengekoppelten Geräten, mit dem die Verbindung zur Langstreckenleitung hergestellt wird

Piggyback, Piggybacking

Huckepack; Trittbrettfahren; 1. Anmeldung, ▷Kontobenutzung mit den Kennungen einer Drittperson; 2. nicht autorisiertes, aber auch nicht illegales Benutzen des Sendebereichs eines nicht zugriffsgeschützten ▷WLAN

Pile

Haufen; meist im Zusammenhang mit ▷indexfreien Dateien, siehe dazu: ▷Heap

PIM

Personal Information Manager; Gerät und/oder Software jeglicher Grössenordnung zur Verwaltung persönlicher Daten wie Termine, Ideen, Projekte, Adressen usw.

PIN, Pin

1. persönliche Identifikationsnummer als Zugangskontrolle zu geschützten Daten, auch PIN-Code genannt; vorwiegend bei ▷Chipkarten oder ▷Tokens so verwendet; 2. Anschluss, Stecker, Stift, Kontaktstelle eines Bauteils

ping

1. Packet Internet Groper (wörtlich: Internet Paket Grapscher); Standardkommando im ▷TCP/IP-Protokollstapel zur Kontrolle der Präsenz eines Rechners (▷Hosts) im TCP/IP-Netzwerk; angerufen werden ▷IP-Adressen; die Rückgabe, der pong, sind Daten- ▷Pakete sowie Angaben zur ▷Antwortzeit; p. bestätigt damit zugleich die Funktionstüchtigkeit des ganzen TCP/IP Protokollstapels; p. benutzt dazu ▷ICMP; 2. Aussprache von ▷PNG

PIO

1. parallel ▷I/O: pauschale Bezeichnung für den Steuerbaustein einer ▷parallelen Schnittstelle; 2. Programmed I/O; Protokoll der Datenkommunikation zwischen der ▷IDE- / ▷EIDE-Festplatte und deren ▷Controller; als PIO n oder PIO mode n in laufend leistungs-

fähigeren Spezifikationen: PIO 3 mit 11.1 MBytes/s, PIO 4 mit 16.6 MBytes/s; unter Ultra ▷ATA und ▷SATA obsolet

Pipe

(Nachrichten-)Röhre; ▷verbindungsorientierter, ▷synchroner und ▷unidirektionaler Datenstrom mit u. U. Ablieferung an einen ▷Port; 1. dem Betriebssystem-Anwender vertraut als das Weiterleiten von Ausgabedaten eines Kommandos bzw. Programms – also ▷Prozesses – an ein folgendes Kommando/Programm; diese Empfänger und Lieferanten heissen ▷Filter; P.s realisieren somit eine einfache Form der Interprozess-Kommunikation; das Symbol für die P. ist in ▷Unix / ▷Linux, ▷MS-DOS und ▷Windows ein Vertikalstrich; 2. singulärer Nachrichtenkanal bei verteilten Anwendungen nach z. B. ▷RPC oder ▷CORBA

Pipe, named -

Aus der ▷Unix- und ▷OS/2-Umgebung stammende Spezialform der ▷Pipe: eine n.p. ist nicht einfach eine temporäre Datei im virtuellen ▷Speicherraum eines kommunikationswilligen ▷Prozesses, sondern eine für das ▷Dateisystem greifbare, benannte ▷Gerätedatei, die nach dem ▷FIFO-Prinzip bewirtschaftet wird und explizit wieder verräumt werden muss

Pipeline

Durchflussröhre; 1. Sequenz von ▷MS-DOS-Kommandos, die durch eine ▷Pipe miteinander verbunden sind; 2. Summe aller Einrichtungen im ▷Prozessor, welche es diesem ermöglichen, gleichzeitig an mehreren ▷Instruktionen auf je unterschiedlichen Verarbeitungsstufen ineinandergeflochten zu arbeiten; wir können uns die P. als Fliessband vorstellen, auf welchem wir langsam vorrücken und bei einer Anzahl Posten je etwas erledigen: Aufgabe holen, Aufgabe lesen, Aufgabe rechnen usw.; „lustig" wird es dann, wenn wir auf das Ergebnis einer Person vor uns warten müssen; siehe ▷Speed up

Pipeline Burst
Kopplung zweier geschwindigkeitssteigernder ▷Zugriffsmodi bei
▷RAM-Bausteinen: a) ▷Pipeline: Vorbereitung des nächsten Zugrif-
fes, während der aktuelle noch in Arbeit ist; b) siehe unter ▷Burst

P

PIS
▷Personal Informationssystem (IS); hier ist ein IS über die Mitarbeiterinnen und Mitarbeiter einer Unternehmung gemeint; siehe
unter ▷Person

Pit
Grube; bei der optischen Datenspeicherung aber eine Erhöhung in
der Datenspur einer ▷CompactDisc bzw. ▷DVD, entspricht keinem ▷binären Zustand, da die Flankenübergänge ▷Signale darstellen; was auf der CD eine Erhöhung, ist auf der Press-Matrize eben
eine Vertiefung; siehe ▷Land

Pitch
Teilung; 1. Zeichendichte in ▷cpi; 2. Dichte der Löcher in der Loch-
maske einer Kathodenstrahlröhre (▷CRT), Bildschirmröhre; hier
wird der Abstand von Loch zu Loch angegeben

Pivot-Element, Pivot-Tabelle
Pivoter: drehen (frz.); die P.-T. ist eine spezielle Matrix; sie kann
entlang beider Achsen nach ▷Dimensionen ▷aggregierende Auswertungen (Region, Artikelgruppe usw.) vornehmen und ggf. gedreht werden; sie verwendet dazu bestimmte Werte, das P.-E., als
Ankerpunkte zur Transponierung einer Tabelle; Verwendung findet die P.-T. z. B. in der ▷Tabellenkalkulation, in der linearen
▷Optimierung oder in ▷Business Intelligence

Pixel
Picture Element, das; Bildpunkt auf z. B. Bildschirm oder Papier; es
gilt zu unterscheiden zwischen dem Geräte-P. und dem Bild-P.; die
Anzahl Geräte-P. bestimmt die Auflösung und Qualität des Bildes;

die Anzahl Bild-P. kann höchstens so gross sein wie die Anzahl
Geräte-P.; die ungleiche Anzahl kann zu ▷Moiré-Effekten führen;
vergleiche ▷Voxel

Pixelfehler (-Klasse)

Im Sinne begrifflicher Sauberkeit sollten wir eher von ▷Defekten
sprechen; die Herstellung von flachen Bildschirmen ist technisch
immer noch schwierig; dementsprechend kommen ▷defekte Monitore aus der Fertigung, die aber durchaus gebrauchsfähig sind und
in den Verkauf gelangen; im Sinne der Markttransparenz hat die
▷ISO die Defekte in vier Klassen eingeteilt; die Masse sind: maximale Anzahl ständig/nie leuchtender Pixel/max. Anz. P. mit fehlender ▷RGB-Komponente; Klasse I: 0/0/0; Klasse II: 2/2/5; Klasse III:
5/15/50; Klasse IV: 50/150/500

PKCS

Public Key Cryptography Standards; Sammelbegriff bzw. Samm-
lung von Quasi- ▷Standards für die Anwendung ▷kryptografischer
Techniken in der Datenkommunikation; geführt durch die ▷RSA
Laboratories

PKCS12

Public-Key Cryptography Standards Nummer zwölf; ▷Zertifikat in
diesem Format, konvertierbar nach ▷PEM, ▷CRT und weiteren;
P.-Zertifikate haben typischerweise die Dateiendungen P12 oder
PFX; siehe auch ▷PKCS

PKI

Siehe unter ▷Public-Key-Infrastruktur

PKZip, PKunZip

Weit verbreitete und als ▷Shareware erhältliche ▷Komprimier-
bzw. Dekomprimier-Programme der Firma PK-Ware; siehe auch:
▷ZIP; www.pkware.com

PL/I, PL/S
Programming Language One; bei ▷IBM 1965 entwickelte Programmiersprache für hardwarenahe, numerische ▷Prozesse, aber auch für Geschäftsdaten auf „höherer" Ebene; PL/S ist eine Weiterentwicklung für speziell schnelle, systemnahe ▷Operationen

PL/SQL
Zu ▷SQL/PSM konformer, ▷ISO / ▷ANSI SQL ▷prozedural erweiternder SQL-Dialekt in Produkten von ▷Oracle; PL steht für „Procedural Language"

Plane
Ebene; in ▷Unicode eine Tabellenmatrix mit 256x256 Feldern, in welchen je ein Zeichen als so genannter Code Point „untergebracht" ist; zwei P. sind bearbeitet: die Basic Multilingual Plane (BMP) mit den Zeichen aller lebenden und den meisten toten Sprachen sowie die Supplementary MP mit zusätzlichen Zeichen; weitere P. sind schon in Bearbeitung; www.unicode.org

Plasma, Plasmabildschirm
Das Geformte (griech.); P. kann als vierter Aggregatszustand nach fest, flüssig und gasförmig aufgefasst werden; P. ist ionisiertes Gas, das viele freie Ladungsträger enthält, sehr energiereich ist und Licht emittiert; P. ist Grundlage für P.B., also für flache Farbbildschirme ähnlich TFT; Vorteile von P.B. sind: starker Kontrast, grosse Fläche bei geringer Bautiefe und die mögliche Darstellung von Tiefschwarz; Nachteile sind die (relativ) geringe Lebensdauer; vergleiche ▷TFT, ▷OLED, ▷Bildschirm

Platine
Kunststoffplatte mit ▷elektrischen Leitungsbahnen und ▷elektronischen Bauteilen; auch: Poard, Print

Platte, Plattenspeicher

Scheibenförmiger, meist magnetisch beschichteter und damit erneuerbarer Datenträger; auch für ▷CompactDiscs und andere optische Datenträger verwendet; in der ▷Speicherhierarchie modellmässig ein ▷Sekundärspeicher

P

Platten-Cache

Siehe unter Platten- ▷Cache

Plattform

Moderne, uneinheitlich verwendete Bezeichnung für eine ▷System-oder ▷Software-Entwicklungsumgebung; nur aus dem Zusammenhang wird jeweils ersichtlich, ob die ▷Hardware-Umgebung gemeint ist, das ▷Betriebssystem oder ein Entwicklungswerkzeug: ▷Programmiersprache, ▷IDE usw.

Platzhalter

1. seltene Bezeichnung für ▷Variable; 2. Ersatzzeichen für eine bestimmte oder unbestimmte Anzahl ▷Zeichen, auch ▷Joker, ▷Wildcard oder ▷Alias

Plausibilität

Beifallwürdigkeit (lat.); Korrektheit von (Eingabe-) ▷Daten im Sinne von Richtigkeit, Vollständigkeit, Glaubwürdigkeit, ▷Norm-Konformität usw.

PLC

1. Power Line Communication: Daten- und Telekommunikation via Stromanschluss durch Auf- ▷Modulierung der Daten- ▷Signale auf die Wechselspannungssignale; 2. Programmable Logic Controller: gelegentlich synonym für ▷SPS, gelegentlich auch als eine Bezeichnung für die ▷Steuerung von Werkzeugmaschinen oder ▷Robotern

plesiochron

Nahezu (griech.) ▷synchron; Zwischenstelle(n), ▷Knoten, mit eigenem Synchronisierungs- ▷Takt in grossen ▷Netzen, denen es an einem durchgehenden Synchronisierungstakt fehlt; siehe auch: ▷isochron, ▷mesochron

P

PLIP

Deutungen als: 1. parallel ▷IP; 2. Parallel Line Internet Protocol (analog ▷SLIP): ▷IP-Verbindung über die standard- ▷parallele Schnittstelle

PLM

Product Life Cycle Management; Konzept, Lösung, Realisierung zur Verwaltung des ▷Lebenszyklus eines Produkts, einer System-komponente

Plotter

Zeichnungsmaschine mit einem in x-y-Richtung bewegten Schreib-stift oder Tinten- bzw. Laserstrahl; Ausgabegerät für ▷Vektorgra-fik, namentlich in ▷CAD; thematisch verwandt mit dem ▷Drucker

plug and play

Meist: PnP; einstecken und spielen, anfänglich oft: „plug and pray"; 1. „Plug and Play ▷ISA Specification" aus dem März 1993 von ▷Intel und ▷Microsoft; Technologie zur automatisierten ▷Kon-figuration (▷IRQs, ▷DMA-Zuweisung usw.) von ▷Betriebssystem-oder ▷Applikationsteilen aufgrund der zugeschalteten ▷Hardware, Letztere kann zu diesem Zweck einen Kenncode aussenden; PnP kann ferner mit einem speziell dafür erweiterten ▷BIOS im PC zusammenarbeiten; 2. auf der eben erwähnten Technologie basie-rendes, erleichtertes ▷Einloggen in Netzwerke an ▷Notebooks, die an eine ▷Docking Station angeschlossen wurden

Plug In, Plug-in, Plugin
Einstecken; kleines, optionales Programmteil, das die einbettende
Applikation um oft sehr spezialisierte oder weit entfernte Funktionen erweitert; Beispiel: ein in die Studiosoftware eingebautes
P. liefert völlig neue Möglichkeiten der Klangverarbeitung; hierzu
bringen P. meist eine eigene Programmbibliothek mit, sind fertig
compiliert und nicht änderbar, was sie bisweilen unbeliebt machen
kann; P. müssen kompatibel mit der umgebenden Software sein,
können aber ausserhalb dieser entwickelt werden; P. sind nicht
gleichbedeutend mit ▷Add Ins, die Programmbibliotheken der
einbettenden Applikation verwenden und weniger weit entfernte
Funktionalität hinzufügt; P. in der ▷MMC heissen Snap Ins

plug, pluggable
In vielen Inseraten auftauchende Bezeichnungen, weil die Anbieter
entweder nicht deutsch können oder des Englischen nicht mächtige
Kunden unerwünscht sind; schlicht und einfach: einstecken, steck-
bar

PMCD
Premastering CD; Standard, der beim „Brennen" von CDs premastering Daten (neben den eigentlichen Nutzdaten) und Produk-
tionsinformationen aufträgt; dies empfiehlt sich bei CDs, die kommerziell vermarktet werden sollen

PNG
Portable Network Graphics; gesprochen „ping"; 1996 vom Web-
Konsortium gutgeheissenes ▷Format für ▷Grafiken im Internet:
stärkere ▷und verlustfreie Kompression bei gleichzeitig besserer
Bildqualität als ▷GIF, aber nicht ▷animationsfähig; 2003 vom
▷W3C als eine Art Version 2 revidiert und auch in die Normen-
sammlung von ▷ISO und ▷IEC aufgenommen; mit wachsender
Beliebtheit wegen der Lizenzpflicht von GIF

PnP, pnp, p&p
Meist in der Schreibweise PnP; siehe unter ▷plug and play

Pocket PC
Eine der Bezeichnungen von ▷Microsoft für die ▷Betriebssysteme
auf ▷PDAs und ▷Smartphones; daneben gibt es noch ▷Windows
CE und ▷Windows Mobile; der Autor empfiehlt, nicht bei Fachleu-
ten nachzufragen, weil dadurch die Verwirrung steigt; siehe auch
▷MINFU

Podcast
Wohl aus einer Verkürzung von ▷iPod ▷Broadcast entstanden;
Rundfunkinformation als ▷MP3- ▷Download wie z. B. das mehr-
fach preisgekrönkte, politische Informationsangebot des Schweizer
Radios DRS: www.drs.ch; siehe auch ▷Vodcast

PoE
Power over Ethernet; Stromversorgung von Netzwerkkomponenten über das ▷Ethernet-Kabel; siehe unter IEEE 802.3af

Point
Siehe unter ▷Punkt

Point Programs, -Programme
Programme in ▷BBS (z. B. ▷Usenet), welche dem Abonnenten
sämtliche eingehenden Mitteilungen zu einem Thema zusammen-
stellten und beim Anruf (zum Niedertarif etwa) als ▷komprimierte
▷Datei zum Lesen mit einem ▷off line Reader übermittelten

Point-to-Point
1. ▷Punkt-zu-Punkt; 2. nicht ganz treffend auch für ▷Pointcast und
Gegenteil zu ▷Multicast; nicht zu verwechseln mit ▷Peer-to-Peer

Pointcast
Siehe beim gebräuchlicher gewordenen ▷Unicast

Pointer
Siehe unter ▷Zeiger

Pointer, far - und near -
Entfernt und nahe; bei früheren ▷Prozessoren und ▷Programmen:
▷Zeiger, Adresse mit 16 (near) oder 20 Bits (far); heute haben alle
die Breite des ▷Adressbusses

P

Poison Bit
Giftbit; Bit, das eine Dateneinheit ▷dirty macht, also (vorübergehend ▷inkonsistent) verändert

poke
Anstossen; ehemals legendäre ▷Instruktion in Commodore ▷BASIC
zum direkten Eingriff in die ▷Register oder den ▷Arbeitsspeicher
des ▷PET; vergleiche ▷peek; beim legendären C64: poke 53280,n
setzt die Bildschirm-Rahmenfarbe; poke 53281,n setzt die Bild-
schirm-Hintergrundfarbe; poke 788,52 macht die kultige Run-Stop-
Taste wirkungslos

Policy, Policies
Verfahrensweise (griech.), Politik; hier: Grundsatz, Regel, Leitbild –
und meist im Zusammenhang mit der ▷Datensicherheit; Gesamtheit aller Zielsetzungen und Massnahmen für den geordneten und
befugten ▷Zugriff der Anwender bei einem Computersystem oder
Netzwerk; gewissermassen die (meist kurze) Verfassung und deshalb Angelegenheit des obersten Managements

Polling
1. und allgemein: Abfrage-, Abholbetrieb; 2. und speziell: Fernabfrage von Meldungen, Gerätestatus und/oder Daten bei Peripheriegeräten oder im Netzwerk; diese Fernabfrage dient z. B. dazu, ein
Aufmerksamkeitsbegehren zu ermitteln und eine ▷Ausnahmever-
arbeitung zu starten; Fernabfragen sind der aufwändigere und
langsamere Weg als ▷Unterbrechungen

Polymorphismus, Inklusions-

Tatsache, dass ein ▷Objekt einer Sub- ▷Klasse immer auch zur ▷Extension der Superklasse gehört und ein ▷Methodenaufruf deshalb „nach oben" steigt

P

Polymorphismus, polymorph

Vielgestaltigkeit (griech.); ein p. Objekt zeigt ein vielseitiges Verhalten; 1. Adaptionsfähigkeit auf neue Situationen, Umgebungen usw., z. B. bei ▷Viren; 2. Möglichkeit, mit einem Funktionsaufruf (evtl. entlang einer ▷Vererbungsstruktur) eine aus mehreren ▷Funktionen gleichen Namens und Typs auswählen zu können; siehe auch virtuelle ▷Funktion und späte ▷Bindung; Beispiel: Mathe.add (3, 4) ist für zwei ▷Integer gemacht, Mathe.add((3i+2), (8i+6)) für zwei komplexe Zahlen; entweder der ▷Compiler oder die ausführende Maschine (frühe oder späte ▷Bindung) entscheiden, welches add() gilt

pong

Die Antwort auf ▷ping

Pool

Becken; durch mehrere ▷Prozesse bearbeiteter Behälter, ▷abstrakte ▷Datenstruktur, für Dateneinträge mit folgenden Eigenschaften: die Einträge leben permanent und können folglich mehrmals „konsumiert" werden; eine Reihenfolge der Bearbeitung ist nicht gegeben; siehe dagegen ▷Ringpuffer

pop up

Plötzlich erscheinendes, über die Applikation geblendetes ▷Menü- oder ▷Meldungsfenster, das durch die Benutzenden oder ein Ereignis ausgelöst und mittels residenter Routinen verwaltet wird; grösser als die ▷QuickInfo und im Gegensatz zu dieser den Arbeitsfluss steuernd

POP(), POP

1. Entnehmen des obersten Elements in einem ▷Stack; 2. Point Of Presence: Einwählpunkt, -knoten in ein globales Netzwerk, also z. B. der Knoten eines Internet ▷Providers; 3. Post Office Protocol (mit Versionsbezeichnung); als ▷RFC 1225 spezifiziertes ▷Protokoll (eher eine ▷Client/Server Lösung) zur Entgegennahme und Lagerung eingehender ▷E-Mails im Internet, da ▷SMTP von einer direkten Ablieferung ausgeht; alle gängigen ▷Web ▷Browser verfügen über einen POP ▷Client; dieses Protokoll erlaubt kein Anhängen von ▷Binärdateien; siehe ferner ▷MIME

Port

Hafen; allgemein: ▷Zugriffspunkt für Daten-Ein- oder -Ausgabe, Ort der Kommunikation (nicht zu verwechseln mit: ▷Socket); speziell: 1. physikalische Schnittstelle in Form eines Steckers oder einer Buchse, über welche die Kommunikation des Rechners mit der „Aussenwelt" hergestellt wird; 2. ▷Register- ▷Adresse; 3. Register vom und zum ▷E/A-Adressenraum; 4. Andockstelle für Datenströme von/zu einem ▷Prozess; ein P. kann ▷dynamisch eingerichtet und durch eine Adresse spezifiziert werden; P. erlauben das Versenden ▷multiplexierter Datenströme an einen Prozess und dort deren Aufteilung; 5. 16 Bits breite Sender- und Empfänger-Kennung für einen ▷TCP-Datenstrom; an diese Nummer wendet sich ein ▷Client beim Anfordern eines ▷Dienstes vom ▷Server; im TCP/IP Netz können somit theoretisch 65'536 Verbindungen aufgebaut werden; einige Anwendungen (▷Telnet, ▷FTP, ▷HTTP usw.) verwenden feste P.-Nummern, siehe well known Ports

Port Scan

Systematisches Absuchen von Ports und ▷Diensten an einer ▷IP-Adresse; eigentlich ein Werkzeug für Netzwerkadministratoren; der entsprechende Scanner ist aber womöglich auf der Suche nach einer Eindringungsmöglichkeit; werden an einer Adresse Ports in hoher Kadenz abgefragt, ist die ▷intrudierende Absicht offensichtlich; der Eindringling reagiert seinerseits mit einem Slow ▷Scan

Portabilität
1. Tragbarkeit (lat.) im ▷physikalischen Sinn, also bei handlichen Geräten; 2. Übertragbarkeit von ▷Applikationen von einem ▷System auf das andere

Portal
Tor (lat.); umfassende, auf das Profil eines spezifischen Benutzers – eines ▷Surfers, eines Suchers nach allgemeiner oder spezifischer ▷Information, eines an politischen Aktualitäten Interessierten usw. – ausgerichtete, personalisierte und oft ▷passwortgeschützte Einstiegsseite ins ▷Internet oder ▷Intranet; Anbieter von P. sind Internet Service ▷Providers (ISP), ▷Such- und ▷Katalogdienste sowie grosse Unternehmungen; die P.e grosser ISPs erlauben es, die visuelle Präsentation der P. anzupassen und ▷Nachrichten im ▷Push Prinzip zu abonnieren

Portrait
Ausdruck im Hochformat

Portreplikator, Port-Replikator
Steckeinheit für ▷Notebooks zur Vervielfachung der Schnittstellen (z. B. fest angeschlossener, externer Bildschirm) und zur Stromversorgung

Ports, well known -
1. und allgemein: alle Portnummern zwischen 0 und 1023; 2. speziell in ▷TCP und ▷UDP 7: echo; 13: daytime; 21: ▷FTP; 22: ▷SSH; 23: ▷Telnet; 25: ▷SMTP; 53: ▷DNS; 70: ▷gopher; 79: ▷finger; 80: ▷HTTP; 88: ▷Kerberos; 109: ▷POP3; 115: SFTP; 161: ▷SNMP; 443: ▷SSL (HTTPS/FTPS); vollständige Liste unter www.iana.org

Positionsrahmen
In der ▷Dokumentgestaltung frei verschiebbarer, optional umflossener Rahmen mit in der Regel ▷Grafikobjekten oder Texten; solche P. können sich in gängigen Produkten unglaublich selbststän-

dig machen, sich verschieben und sind dann ein ebenso unglaubliches Ärgernis beim Arbeiten

POSIX

Portable Operating System Interface (for Computer Environments based on Unix); heute: ISO/IEC 9945-x; Versuch von ▷IEEE und später ▷ISO, ▷Betriebssysteme zu normieren: „This standard defines a standard operating system interface and environment, including a command interpreter (or ‚shell'), and common utility programs to support applications portability at the source code level" (www.iso.org); 9945-1 definiert rund 60 ▷Systemaufrufe; 1986 folgte eine normierte ▷Schnittstelle zwischen (dem als Basis dienenden) ▷Unix und anderen ▷Plattformen (z. B. ▷Windows NT); P. floss fast vollständig in ▷Open Group ein und hat sich durchgesetzt

POST

Power On Self/System Test; durch das ▷ROM (im ▷PC: ▷BIOS-ROM) abgewickelte Selbstdiagnose vor dem ▷Urladen; zum Ablauf siehe ▷P.-Prozess

Post Master

Bei einem ▷Mail ▷Server zuständiger Administrator; Adresse oft: postmaster@(domain)

POST-Prozess

Der ▷POST verläuft in ▷PCs wie folgt: 1. Löschen der ▷Register und Selbsttest der ▷CPU, 2. ▷Initialisierung des ▷Programmzählers in der CPU, 3. Aufrufen des ▷Ureingabeprogramms im ▷ROM ▷BIOS und Start des eigentlichen POST, 4. Test des ▷DMA, des ▷Busses sowie des ▷Interrupt Controllers, 5. Test der Uhr (▷Timer), 6. Test des Video ▷RAM und Einordnen des Video BIOS in den ▷Adressenbereich gefolgt vom Test der übrigen Adapter, 7. Test des RAM, 8. Test von Maus und Tastatur, 9. Appell der ▷Laufwerke, 10. Einordnen des BIOS anderer ▷Controller, 11. Vergleich der

Test-Ergebnisse mit den Eintragungen in einem ▷CMOS RAM,
12. Ausgabe eines Tonsignals als Quittung oder Fehlermeldung

Postcondition
(Nach-) ▷Bedingung, geknüpft an eine Ausgabe- ▷Variable bzw.
deren Zustand nach Lösung des Problems resp. nach einer ▷Funk-
tion / ▷Prozedur / ▷Methode; in einigen Programmiersprachen ist
die P. explizit als solche inkl. Konsequenzen formulierbar; siehe
auch ▷Precondition; verwendet auch beim ▷Korrektheitsbeweis

postfix-Operation
Nach dem ▷Operanden stehende ▷Operation, z. B. vektor[2,n]
oder g++; Letzteres ist auch bekannt als post- ▷Increment

PostgreSQL
Im Leistungsumfang wohl mächtigstes, objektrelationales ▷DBMS
der ▷FOSS-Gemeinde; der auf ▷Unix und ▷Linux laufende Server
bearbeitet auch ▷Transaktionen und lässt sich mit prozeduralen
Modulen (▷Funktionen, ▷Prozeduren und ▷Trigger) programmieren; die objektrelationalen Erweiterungen realisieren weitgehend
die Forderungen von ▷ISO / ▷ANSI ▷SQL:1999; www.postgres.org

Postprocessor, Postprozessor
1. und allgemein: nachverarbeitender ▷Prozessor (hier nicht im
Sinne von ▷Hardware); 2. Generator von ▷Programmen für ▷nu-
merisch gesteuerte Maschinen (▷NC, ▷CNC) aus Entwürfen heraus, z. B. aus ▷CAD

PostScript
Eine Art Schnittstellen-Sprache von Adobe (1985) zwischen ▷Desk-
top-Publishing Systemen (hier residiert das Seitenerstellungspro-
gramm) und Wiedergabegeräten wie ▷Seitendruckern oder Satz-
anlage (▷Interpreter); P. bringt als ▷Seitenbeschreibungssprache
das auf dem Bildschirm gestaltete ▷Layout zu Papier oder auf den
Druckfilm; als P. Level 2 im Jahre 1991 gründlich erweitert: tauglich

für Farben, Datenkompression, kompatibel zu ▷TrueType und anderem mehr

PostScript Level 1
Spezifikation aus dem Jahre 1986 der Firma Adobe zur ▷Kompatibilität von Schrifttechnologien Dritter mit der Seitenbeschreibungssprache PostScript

P

PostScript Level 2
Neuere Fassung der Seitenbeschreibungssprache PostScript mit erweitertem ▷Kommandosatz, besserer Schriftwiedergabe auf dem ▷Bildschirm, Verarbeitung von ▷TrueType Schriften und schnellerem Bildaufbau im Druckmedium, Letzteres dank ▷JPEG- ▷Kompression; Adobe hat damit auf die Allianz von ▷Apple / ▷Microsoft und deren ▷TrueImage geantwortet

PostScript Level 3
Seit Mitte 1996 gültige Spezifikation von PostScript für die Unterstützung von 3D-Bildern, mehr Schriftfamilien, für bessere ▷Graustufendarstellung und den Druck komplexer ▷Grafiken direkt aus dem ▷Web

PostScript Type 1
Schriftfamilien, welche der Spezifikation PostScript Level 1 von Adobe entsprechen; Adobe sah sich 1990 zur Publikation dieser Spezifikationen gezwungen, weil einerseits viele PostScript- ▷Klone und andererseits ▷TrueType auf den Markt kamen

Potenzschreibweise
Darstellungsform von ▷Fliesskommazahlen in der Form +/- Mantisse * $10 \wedge (+/-$ Exponent); 0.0563 ist 5.63E–2, also $5.63 \cdot 10^{-2}$; –8943.7 ist –8.9437E3, also $-8.9437 \cdot 10^{3}$; die P. ist auf eine signifikante (von Null verschiedene) Stelle vor dem Komma (Dezimalpunkt) ▷normalisiert

POTS

Plain Old Telephone/Telephony Service oder das gute, alte ▷Telefonnetz; siehe dort auch für aktuelle Details

Pound Mark, - Sign

Sonderzeichen # in der Datenverarbeitung mit der häufigsten Bedeutung „Nummer"; Details unter ▷Raute

Power good

Wichtiges ▷Signal der Stromversorgung (▷Power Supply) nach Erreichen der Spannungsstabilität an das ▷ROM, mit dem ▷POST und dem ▷Boot-Vorgang zu beginnen

Power Line

Eigentlich: Netzspannung, Netzstrom; in der Informatik im Zusammenhang mit dem Strom-Hausanschluss als Leiter für auf- ▷modulierte Daten- ▷Signale; siehe dazu ▷PLC

Power Management

Sammelbegriff für normierte (▷EPA) oder ▷proprietär eingebaute Energiesparfunktionen; entsprechend ausgerüstete Computer tragen oft auch den Namen „Green PC", „Eco PC" und dergleichen; wichtigste Komponenten des P.M. sind der Doze Mode/Sleep Mode: Schlummer-Modus, dieser bringt eine Reduktion der Energieaufnahme um ca. 80 %; der Standby Mode: über 90%; Suspend: über 98 %; neueste Generationen von Prozessoren erlauben, die ▷Taktfrequenz je nach Rechenbedarf stufenlos zu variieren, was sich direkt auf den Stromverbrauch auswirkt

Power Shell

Die „DOS-Kommandozeile" erweiternde, im Jahre 2007 lancierte, neue zeichenorientierte ▷Benutzungsoberfläche von ▷Microsoft für ▷Windows und proprietäre Server; die sehr mächtige P.S. kennt sowohl die vertrauten DOS-Kommandos, ferner ▷SQL, sie beherrscht aber auch ▷Scripting, ▷Piping sowie den Umgang mit

▷typisierten Objekten aller Art, so kann z. B. ein ▷Excel als ▷Objekt erzeugt werden; die P.S. baut auf ▷.NET auf, ihre Sprache ist Power Shell Script

Power Supply
Siehe unter ▷Netzteil

P

Power User
Sammelbegriff für fortgeschrittene oder besonders anspruchsvolle Computer-Anwender, wer auch immer warum was mit „fortgeschritten" bezeichnen will ...; bezogen auf ein Produkt im Betrieb oft etwas mehr geschulte User, die erste Anlaufstelle für Fragen der Kollegen sein sollen, auch Superuser genannt; spannend sind Menschen, die sich selbst als P.U. bezeichnen – dies mit interessanten Begleitsignalen der Körpersprache

Power, POW(ER)()
1. Leistung, oft im Sinne von Kraft, Kräftigkeit; 2. elektrischer Strom; 3. ▷Funktion zur Berechnung von Potenzen in vielen Programmier- und Datenbanksprachen

PowerMac
▷Macintosh von ▷Apple mit einem ▷PowerPC- oder ▷G3/G4 Prozessor

PowerPC
Auch PPC; Performance Optimization With Enhanced RISC Performance Chip; 1993 lancierter ▷RISC ▷Prozessor aus einer Joint Venture zwischen ▷Apple, ▷IBM und ▷Motorola; PPC umfasst eine ganze Familie von Prozessoren mit 32 oder 64 Bits breitem ▷Datenbus und einem 32 Bits breiten ▷Adressbus; ▷Caches sind für ▷Daten und ▷Instruktionen separat verwirklicht; geringere Wärmeentwicklung dank 3,6 statt 5 Volt Versorgungsspannung; Apple stieg später aus der Entwicklung aus; die Lizenz am P. ging an IBM und Motorola mit je getrennter Weiterentwicklung

PowerTalk
Hauseigenes ▷E-Mail-System von ▷Apple als Teil des ▷Mac OS

PPC
Siehe unter ▷PowerPC

P

PPD
1. Parallel Port Drive; ▷Datenträger- ▷Laufwerk, das über die ▷parallele Schnittstelle betrieben wird: ▷CD, ▷DVD, ▷Festplatten und ▷Streamer; 2. Adobe PostScript Printer Description File; ▷Treiber zum Ausdrucken von ▷PostScript-Dateien

PPGA
Plastic ▷PGA

PPID
Parent Process Identification; Kennung des einen ▷Prozess erzeugenden Elternprozesses in ▷Unix / ▷Linux

ppm
Pages per Minute; eines der Masse für die Geschwindigkeit beim Drucken in Seiten pro Minute

PPP
Point-to-Point Protocol; ▷Protokoll für den Zugang zu bzw. den Dateitransfer zwischen diversen, auch heterogenen Netzwerken, speziell zum ▷TCP/IP-Netzwerk/Internet, über eine ▷serielle Leitung; interessant im Zusammenhang mit einer Telefonleitung (▷PSTN und ▷ISDN); das auf der ▷OSI-Sicherungsschicht (Schicht 2) operierende PPP kann sich auch an ▷NetBEUI- und ▷IPX-Protokolle anbinden, es ist leistungsfähiger und sicherer als das etwas ältere ▷SLIP

PPPoE
▷PPP over Ethernet

PPS. pps
1. Produktionsplanung und -steuerung: Einsatz rechnergestützter Systeme zur Planung, Steuerung und Überwachung industrieller Produktionsabläufe (Rohstoffbeschaffung, Einteilung der Ressourcen wie Fertigungsmaschinen, Termine); PPS ergänzt andere Aspekte der betrieblichen Abläufe wie ▷CAE, ▷CAD, ▷NC/ ▷CNC und ▷CAQ zu ▷CIM; 2. ▷Pakete pro Sekunde, in Kleinbuchstaben

PPTP
Point-to-Point Tunneling Protocol; ▷Protokoll unter ▷Windows NT/2000 zum sicheren, weil ▷kryptografierten Transport von Daten über eine serielle Leitung; ▷OSI-Schicht 2; siehe auch ▷L2TP, ▷PPP und ▷Tunneling

PR
▷Puffer- ▷Register; Register zwischen ▷Datenbus und ▷ALU als Zwischenlager für ▷Operanden

Präambel
Einleitung (lat.); 1. gottesfürchtiger Textvorspann in der Bundesverfassung; 2. kollisionsfürchtiger ▷Teil des ▷Rahmen ▷Headers in ▷Datengrammen von ▷Bus-Netzwerken; 3. verlustfürchtiger ▷Header am Anfang eines ▷Sektors auf der Platte oder eines Datenblocks auf einem ▷Band, also zu ▷Synchronisationszwecken; 4. erforderlicher und nur gelegentlich fürchterlicher Vorspann bei ▷LaTeX- ▷Dokumenten: \documentclass{...} \usepackage{...} \begin{document}

Prädikat
Note, Zensur (lat.); ▷syntaktisches Element, das einen ▷Ausdruck zu einem solchen mit ▷wahrheitswertigem (▷boolean; aber auch im Sinne der dreiwertigen ▷Logik) ▷Rückgabewert erweitert: ANY, LIKE, EXISTS, BETWEEN, CONTAINS u.dgl.; streng genommen ein ▷Operator, aber meist nur als Erweiterung gedacht

P

Prädikatenlogik
Siehe unter Logik, Prädikaten-

Präemption, Preemption, preempt
Vorkauf (lat.); an sich reissen, Wegnehmen eines ▷Betriebsmittels, z. B. Wegnahme eines ▷Prozesses vom ▷Prozessor durch das ▷Betriebssystem

Präfix
1. und allgemein: Vorsilbe (lat.), die etwas präzisiert; 2. siehe unter ▷Qualifizierer

Präfix-(Prefix-)Operation
Vor dem ▷Operanden stehende ▷Operation, z. B. –4 oder ++g; Letzteres ist auch bekannt als Pre- ▷Decrement

Präkompilierer, Precompiler
Vor-Compiler; 1. Vorlauf eines ▷Compilers, in welchem verlangte ▷Dateien, ▷Routinen und ▷Konstanten eingebunden und nicht plattformspezifisch markierte Teile aus dem ▷Quellcode eliminiert werden; 2. oft auch gebraucht für ▷Codegeneratoren

PRAM
Parameter- ▷RAM; durch einen kleinen Akku ständig gepuffertes RAM, das ▷Konfigurations-Informationen enthält

Präprozessor, Preprocessor
1. und allgemein: vorverarbeitender ▷Prozessor (hier nicht im Sinne von ▷Hardware); 2. ▷Precompiler

Präzedenzgraph
Vortritt, Vorrang gebend (lat.); grafische Veranschaulichung von nebenläufigen ▷Transaktionen und ihren möglichen ▷konsistenzkritischen Lese/Schreib- bzw. Schreib/Schreib- ▷Operationen; ▷Analysemethode

Präzision, Precision

Genauigkeit (lat.); 1. Qualitätsmass für Suchsysteme als Quotient aus der Anzahl erhaltener, relevanter ▷Dokumente und der Anzahl total erhaltener Dokumente; siehe auch ▷Ausbeute; 2. der ▷Wertebereich von ▷Fliesskommazahlen oder von exakten ▷numerischen Zahlen (Details dazu unter ▷numeric)

P

Precondition(s)

1. (Vor-) ▷Bedingung, geknüpft an eine Eingabe- ▷Variable bzw. deren Zustand vor Lösung des Problems resp. vor dem Aufruf einer ▷Funktion / ▷Prozedur / ▷Methode; in einigen Programmiersprachen ist die P. explizit als solche inkl. Konsequenzen formulierbar; siehe auch ▷Postcondition; verwendet auch beim ▷Korrektheitsbeweis; 2. bei Installationen die Menge aller Bedingungen, die für eine erfolgreiche Installation erfüllt sein müssen, also die Minimalanforderungen: freier ▷Harddiskplatz, eingebauter ▷Arbeitsspeicher, vorinstallierte ▷Software, ▷Prozessor usw.

PRED, PRED()

Predecessor, ▷Vorgänger; ▷Anweisung bzw. ▷Funktion zum Bestimmen des Vorgängers eines ▷ordinalen ▷Datentyps

Preferences, Prefs

Vorzug (lat.), unser Fremdwort „Präferenz" ist weniger gebräuchlich; für ein ▷Programm oder ein ▷Gerät obligatorisch bzw. optional bevorzugte oder vorzunehmende Einstellungen, ▷Konfigurierungen, ▷Parameterangaben usw.; mit dem gleichen Namen werden auch die entsprechenden ▷Parameterdateien oder deren Verzeichnisse (z. B. im ▷Mac OS) benannt

Prefetching, Prefetch Unit

1. im Voraus, und oft ▷spekulativ: Holen, Besorgen, Bereitstellen, z. B. eines ▷Maschinenbefehls, während der Vorgänger noch in Arbeit ist; 2. Einheit im ▷Mikroprozessor, welche ▷Anweisungen in eine Warteschlange lädt, während die übrigen Einheiten in der

▷CPU noch am Verarbeiten vorgängiger Anweisungen sind und das externe Bussystem somit frei ist

present
Anwesend (lat.); ▷Statusbit, das angibt, ob ein ▷Betriebsmittel, z. B. eine ▷Seite im ▷Arbeitsspeicher, angemeldet/abgelegt ist oder nicht (absent)

Presentation Manager
Grafische ▷Benutzungsoberfläche von ▷IBM in ▷OS/2; in den Versionen ab 3.0 und ▷Warp bildete der PM einen integrierenden Bestandteil des ▷Betriebssystems

Preview
Vorschau; druckbildtreue Vorvisionierung eines reproduktionsfertigen ▷Layouts in ▷Desktop-Publishing durch spezielle Teile von ▷Applikationen

Primäranschluss, Primärmultiplexanschluss
Leistungsfähiger Anschluss von ▷ISDN: eine Leitung mit 30 gleichzeitig benutzbaren ▷Basisanschlüssen (▷B-Kanälen) zu 64 kbps (60 gleichzeitig betreibbare Datenkanäle) sowie 15 ▷Signalisationskanälen zu 64 kbps

Primärspeicher
Siehe unter ▷Speicherhierarchie

Primitivum
Stammwort (lat.); ein ▷logisches, ▷sprachliches, ▷funktionales oder ▷physikalisches Grund-, Urding; im Plural Primitiva oder Primitiven; bei uns oft im Sinne von grundlegenden Anweisungen in einem bestimmten Zusammenhang, z. B. die beiden P. ▷PUSH() und ▷POP() im ▷Stack

Print Preview
Siehe unter ▷Preview

Print Screen, Prt Scr
Kommando bzw. die Beschriftung der Taste, welche den ganzseitigen Inhalt des Bildschirms, die ▷Hard Copy, ausdruckt

P

Printer
Siehe unter ▷Drucker

Printer Server
In erster Linie ein ▷Prozess, oft auch entsprechend ▷dediziertes Gerät, meist ein ▷Rechner in einem ▷Netzwerk, der sämtliche von anderen Arbeitsstationen abgesetzte Druckaufträge abwickelt

Prinzipal
▷Subjekt, das dem System mit einer ▷Identität sowie u. U. einer Gruppenzugehörigkeit bekannt ist

Privacy
Privatsphäre; in der Informatik wird sie meist im Zusammenhang mit ihrer Gefährdung bzw. Schutzwürdigkeit angesprochen; siehe auch ▷Protection und ▷Datenschutz

privat, private
Persönlich (lat.); ▷Modifikator, der den ▷Geltungsbereich einer Definition unmittelbar auf den übergeordneten ▷Typen oder auf das enthaltende ▷Modul einschränkt: die in der Klasse K definierte private Variable V ist nur in der Klasse K sichtbar, auch nicht in ▷erbenden Klassen, normalerweise auch nicht in ▷includenden Modulen; siehe auch ▷public, ▷protected, ▷internal und ▷default

Private-/Secret-Key-Infrastruktur bzw. -Verfahren
Pauschale Bezeichnung für ganze Infrastrukturen rund um die symmetrische ▷Kryptografierung, welche mit nur einem ▷Schlüssel

arbeitet, der unter diesen Umständen sehr vertraulich, also privat, bleiben muss; siehe Querverweise und ▷Public-Key-Infrastruktur

PRMD
Primary Management Domain; privater Anbieter mit Infrastruktur und ▷Dienstleistungen auf dem Gebiet von ▷X.400

PRN
Dateiname für die erste ▷parallele Schnittstelle in ▷MS-DOS / ▷Windows, identisch mit ▷LPT1; dort mehr Details

Problemklasse, NP-
Klasse mit allen Problemen, die sich in polynomialer Zeit (also in der ▷Komplexität nicht exponentiell wachsend) mit einem nicht-▷deterministischen ▷Algorithmus lösen lassen; so genannt schwer zugängliche Probleme, für die eine deterministische Lösung mit exponentiell wachsender ▷Komplexität zwar möglich wäre, jedoch nicht praktikabel ist, aber für die ein Nichtdeterminismus in Form einer ▷Heuristik oder des Ratens (in der Regel) zum Ziel führt; vergleiche O- ▷Kalkül

Problemklasse, P-
Klasse mit allen Problemen, die sich in polynomialer Zeit (also in der ▷Komplexität nicht exponentiell wachsend) mit einem ▷deterministischen ▷Algorithmus lösen lassen; vergleiche O- ▷Kalkül

Produkthaftung
Haftung für die Auswirkung von Mängeln, ▷Fehlern und ▷Defekten in Produkten und ▷Dienstleistungen sowie entsprechende exorbitante Entschädigungssummen, wie sie sich vor allem in der US-Rechtssprechung eingebürgert haben; für die ▷Informatik, namentlich für die ▷Software-Branche und die Mangelhaftigkeit ihrer Produkte, scheint eine solche Haftung ausser Kraft zu sein ...

Produzenten-Konsumenten-Problem
Siehe unter ▷Erzeuger-Verbraucher-Problem

Profil
Umrisslinie (lat.) 1. gesamter Satz von gespeicherten ▷Parametern als Resultat der benutzer- oder ▷applikationsspezifischen ▷Konfiguration; 2. zu einer ▷Person gesammelte ▷Daten, welche ein Bild über ihre Interessen, ihren Gesundheitszustand usw. ergeben (können), datenschutzrechtlich relevant; vergleiche ▷Konto; siehe auch ▷Aggregation, ▷Inferenz und ▷Mashup

Profiler
1. der meist etwas quengelige Mitarbeiter des Kriminalkommissars, der es dennoch besser weiss; 2. ▷Werkzeug, das Analysen eines ▷Programmes vornimmt und aufzeigt, in welchen Bereichen welcher Anteil an Rechenzeit verbraucht wird; P. geben auch Auskunft über ▷Komplexitätsgrade von Programmbereichen oder zeigen Optimierungsbedarf

Programm, programmieren
Vorschrift (griech.); ein in einer spezifischen ▷Sprache beschriebener Algorithmus; statische Handlungsvorschrift („Rezept"); 1. vor dem ▷Übersetzen: in einer ▷Programmiersprache formulierte ▷Algorithmen, ▷Datenstrukturen, ▷Funktionen und ▷Prozeduren; 2. nach dem Übersetzen: Folge gespeicherter ▷Instruktionen in ▷Maschinensprache, ▷Operationen und ▷Operanden; siehe dazu auch: ▷Prozess; 3. gelegentlich als Synonym für ▷codieren

Programmablaufplan
Grafische und nach ▷DIN 66001 genormte Darstellung eines ▷Algorithmus zwecks späterer ▷Codierung in einer ▷Programmiersprache

Programmieren, deklaratives -

Programmierung mittels Beschreibung des Problems resp. der blossen Lösungsmenge; die Maschine sucht den (sequentiellen) Weg zur Lösung selbst; Betonung liegt auf dem „Was", nicht auf dem „Wie"; siehe die Unterarten logisches, funktionales, relationales und u. U. deskriptives ▷Programmieren

Programmieren, deskriptives -

In manchen Lehrmeinungen synonym zu ▷deklarativer Programmierung, in anderen dagegen eine Programmierung ohne jegliche Entscheidungslogik, z. B. in ▷XML-Anwendungen, die Daten beschreiben (▷XSLT hat wiederum ▷imperative Elemente); verwandt mit ▷Auszeichnungssprachen

Programmieren, funktionales -

Spezialform des deklarativen ▷Programmierens; Programmierung, in der zu lösende Probleme ausschliesslich durch ▷Funktionen beschrieben werden; diese können sich ▷rekursiv aufrufen und ▷Fallunterscheidungen beinhalten; zugrunde liegt der Lambda- ▷Kalkül; f.P. ist gleich ▷mächtig wie imperatives Programmieren; Programmiersprachen dieses Paradigmas sind u. a. ▷Haskell und ▷LISP

Programmieren, heuristisches -

▷Analyse- und ▷Entwurfsmethode, welche die Systematik zugunsten von Vermutungen, Intuition, Erfahrungwerten, Wahrscheinlichkeiten zurückstellt; dadurch werden sehr komplexe Lösungsverfahren auf eine überschaubare Grundmenge reduziert; dies allerdings zu Lasten des ▷Determinismus

Programmieren, imperatives -

Programmierung mittels Angabe genauer, sequentieller Einzelschritte, die eine Maschine abarbeiten soll und die deren Zustände explizit verändern (z. B. durch Wertzuweisung an ▷Variabeln); Problemlösung durch Angabe des „Wie", weniger des „Was"; Vertreter sind ▷Pascal, ▷C, ▷BASIC u. a.; wenn i.P. nicht nur als höhe-

re Programmiersprache gilt, gehört auch ▷Maschinensprache zu
den Vertreterinnen   .

Programmieren, logisches -

Spezialform des deklarativen ▷Programmierens; l.P. erlaubt, Probleme und Lösungen durch mathematische Logik zu beschreiben;
basiert auf Logik- ▷Kalkülen, genauer auf dem Resolutionskalkül;
bekannte Programmiersprache in diesem Paradigma ist ▷PROLOG

P

Programmieren, objektbasiertes -

Programmieren mit einem Werkzeug oder mit einer Sprache, die
zwar ▷Objekte und ▷Methoden kennt, aber ansonsten die Möglichkeiten des objektorientierten Programmierens nur teilweise anbietet, z. B. die ▷Vererbung

Programmieren, objektorientiertes -

Auch OOP; Programmieren nach dem objektorientierten Paradigma: ein Programm besteht aus einer Menge von untereinander
kommunizierenden ▷Klassen (im ▷Quellcode) bzw. ▷Objekten
(zur ▷Laufzeit) mit ▷Attributen und ▷Methoden; Disziplinen der
OOP sind ferner: ▷Abstraktion, ▷Kapselung, ▷Vererbung und
▷Polymorphismus; man verfolge die Querverweise; (mehr oder
wenige reine) OO-Programmiersprachen sind unter vielen anderen
Turbo ▷Pascal ab 5.5, ▷Delphi, ▷C++, ▷Java, ▷C#, ▷D, ▷Small-
talk; vergleiche für weitere Feinheiten ▷hybrid

Programmieren, prozedurales

Spezialform der imperativen Programmierung; nach Lehrmeinung
a) synonym zu ▷imperativ; nach Lehrmeinung b) ist kennzeichnend, dass das Sprachwerkzeug der ▷Prozeduren und ▷Funktio-
nen zur Verfügung steht; nach Lehrmeinung c) ist kennzeichnend,
dass die Maschine zwar Befehle (Prozeduren) ausführen kann, aber
keine inneren Zustände hat: die ▷Turtle von ▷LOGO weiss nicht,
wo sie gerade steht, kann sich aber auf Befehl relativ in eine Richtung bewegen, wiederum bleibt der neue Zustand unerkannt

Programmieren, relationales -

Spezialform des deklarativen Programmierens; Programmierung, in der zu selektierende oder zu mutierende Tupelmengen beschrieben werden; zu Grunde liegt der Relationen- ▷Kalkül; viele Abfrage- ▷Sprachen, darunter alle um ▷SQL, erlauben r.P.; da in der ▷relationalen Vollständigkeit nicht beliebige berechenbare Funktionen spezifiziert werden können, wurden diese Sprachen im Lauf der Zeit um ▷prozedurale Elemente ergänzt: vergleiche ▷Stored Procedure

Programmieren, stochastisches -

Auf Zufällen und Wahrscheinlichkeiten aufbauendes Programmieren; üblich bei vielen Näherungsverfahren, Suchvorgängen (z. B. nach Erdölquellen), in der Statistik, bei demografischen Untersuchungen und vielem anderem mehr; Gegenteil: deterministisches Programmieren

Programmieren, strukturiertes -

▷Imperative Programmierdisziplin, die sich auszeichnet durch die ▷algorithmischen Kontrollstrukturen ▷Folge, ▷Auswahl, ▷Wiederholung und die auf unbedingte ▷Sprünge verzichtet; als Ressourcen dient eine begrenzte Menge von einfachen und komplexen ▷Datentypen (zur Laufzeit dann: ▷Variablen); weitere Disziplinen des s.P. sind eine hierarchische ▷Strukturierung und ▷Modularisierung sowie ein Aufbau auf ▷Prozeduren

Programmierer

Informatikberuf; am weitesten ausgelegt setzt das Berufsbild bei der ▷Analyse ein, am engsten ausgelegt beschränkt es sich auf die ▷Codierung

Programmierparadigma

Die grundlegende Methodik, mit der Probleme und deren Lösungen beschrieben werden; unterschiedliche P. führen zu sehr unterschiedlichen Programmiersprachen und Werkzeugen, die sich

jeweils über eine gewisse Zeit halten und viele Produkte und Ein-
sichten bringen; P. sind u. a.: imperative, prozedurale, deklarative,
deskriptive, funktionale und objektorientierte ▷Programmierung;
siehe die benachbarten Definitionen; nicht alle Bezeichnungen werden einheitlich verwendet und verschiedene Sprachen beinhalten
verschieden P.; früher wurde eher nach ▷Generation unterschieden, was in die nachfolgenden Definitionen ebenfalls hineinspielt

P

Programmiersprache
Formale ▷Sprache, die zur Problembeschreibung auf ▷Maschinen
gedacht ist: Sammlung von ▷Schlüsselwörtern, ▷syntaktischen,
▷grammatikalischen und ▷semantischen Regeln zur Generierung
eines ▷Quellprogrammes; siehe auch ▷Sprache und Programmier-
▷Paradigmen

Programmiersprache, höhere -
Programmiersprache mit ▷klartextlichen Wörtern als ▷Anweisun-
gen; „höher", weil eine ▷Abstraktionsstufe „entfernter" von der
Hardware (als die ▷Assemblersprache); Problembeschreibung ist
mit (eher) vertrauten Wörtern möglich

Programmiersprache, problemorientierte -
Programmiersprache, welche eine Programmierung rein aus der
Sicht des ▷Algorithmus und ohne Rücksicht auf Gegebenheiten des
▷Prozessors oder ▷Betriebssystems erlaubt; in der Regel sind da-
mit also sogenannt höhere Programmiersprachen gemeint; siehe
auch dort

Programmiersprachen, Generationen der -
1. ▷Binäre Programmierung der Hardware, 2. ▷Assemblersprache,
3. ▷deskriptive oder ▷deklarative, problemorientierte, höhere Programmiersprache mit ▷klartextlichen ▷Anweisungswörtern, 4. rein
deklarative, benutzerführende, ▷menügesteuerte und oft grafische
Definitionssprache (u. U. mit Generatoren für Code in der 3. Generation), 5. ▷Künstliche Intelligenz; siehe Bemerkung unter ▷Compiler

Programmzähler, -zeiger
▷Register, welches die ▷Adresse des nächsten auszuführenden Ma-
schinen- ▷Befehls enthält; treffender wäre: Programm- oder ▷Ins-
truktionszeiger

P Projekt
Plan (lat.); 1. und allgemein: zeitlich begrenzte Folge von Verrich-
tungen, mit welchen ein Zustand in einen anderen übergeführt
wird; 2. in der Systementwicklung: Erstellung eines (neuen, besseren, schnelleren, …) ▷Systems oder Teilsystems; 3. in der ▷Soft-
wareentwicklung: Sammlung aller (▷Quellcode-) ▷Dateien, welche
zusammengeknüpft und dem ▷Übersetzer als Paket übergeben
werden; siehe dazu ▷make

Projektion
Wurf nach vorne (lat.); 1. und allgemein bzw. speziell in der grafischen Datenverarbeitung: Abbildung von einem Raum mit m ▷Di-
mensionen in einen Raum mit n (n<=m) Dimensionen; 2. in der
▷Relationenalgebra das Herausarbeiten eines ▷Attributs, also
einer Spalte in der ▷Relation

PROLOG, Prolog
1. Programming in Logic; höhere Programmiersprache der ▷Künst-
lichen Intelligenz aus dem Jahre 1972; die Sprache beschreibt die
▷logische Beziehung von ▷Objekten und ist ▷deklarativ, das heisst,
man programmiert vom zu erreichenden Ziel her; die Sprache findet
Anwendung in der Programmierung von ▷Expertensystemen und
der ▷Sprachverarbeitung; 2. und allgemein: Kopfbereich, ▷Header;
3. in ▷XML die Kopfzeile mit Anweisungen für den ▷Parser

PROM
Programmable ROM; ▷programmierbares, aber nicht löschbares
▷ROM

prompt

Bereit (lat., dann frz.); 1. internes ▷Kommando in ▷MS-DOS; 2. Bereitschaft des Computers oder seiner ▷Software, z. B. der ▷Shell, Eingaben entgegenzunehmen, meist verbunden mit einer Bereitschaftsmeldung oder einem standardisierten Symbol, in MS-DOS z. B. „C:>"; ▷Linux / ▷Unix-Shells zeigen im p. Username, Rechnername, Pfad resp. Tilde für Home-Verzeichnis, Raute für Root; alles dies ist konfigurierbar, z. B. unter ~/.bashrc

P

Proof

Nachweis irgendeiner Sache, z. B. einer Machbarkeit; speziell: Probeausdruck eines ▷DTP- ▷Dokuments zur Korrekturlesung

Propagation, propagieren

Ausbreiten, Vermehren (lat.); 1. eher seltene Bezeichnung für das ▷persistente Festschreiben veränderter Datenbestände; 2. ▷Signalwanderung in einer Schaltung oder Leitungsbahn; 3. Weitergabe von ▷Ausnahmen an den direkten oder übergeordneten Aufrufer; siehe auch ▷Caller

Property

Eigenschaft; 1. die „offizielle" Bezeichnung für die jedem ▷Objekt unter ▷Windows zuweisbaren ▷Konfigurations- ▷Parameter; ersetzt in gewissen Fällen ▷INI und PIF-Dateien; 2. in der ▷OOP ein ▷Member, der beim Setzen (Setter) oder Abrufen (Getter) gewollte und explizit programmierte Seiteneffekte auslöst, z. B. ein ▷privates ▷Attribut ändert; die Summe aller Attribute charakterisiert das Objekt im Sinne von Definition 1.

Proportionalschrift

Verhältnismässig (lat.); Schrift mit individueller Breite für jeden Buchstaben

proprietär

Eigen (lat.); vom Entwickler/Hersteller nur für den Gebrauch in eigenen Geräten entworfene bzw. nicht publizierte oder gar zur ▷Lizenzpflicht vorgesehene Spezifikation oder entsprechendes Produkt; Gegenteil: ▷offen

P

Prosit

Vom Lexikon-Autor so benannter, ▷rekursiver ▷Algorithmus, der berechnet, wie oft an einer Party mit n Teilnehmenden die Gläser klingen: Regel: prosit(n) = (n – 1) · prosit(n – 1), Basis: prosit(2) = 1; der Algorithmus ist unter diesem Namen leider nur einem auserwählten Kreis bekannt, dort aber deshalb umso beliebter, als zu seiner ▷Verifikation in der Vorlesung immer eine Flasche Sekt (alkoholfrei) kredenzt wird ...; formal: $\text{prosit}(n) = \dfrac{n}{2}(n-1)$

protected

Abgeschirmt, geschützt (lat.); in der objektorientierten ▷Programmierung: ▷Modifikator, der den ▷Zugriffsbereich eines ▷Members unmittelbar auf die enthaltende Klasse, ihre ▷Derivate und in gewissen Sprachen auch auf die (höhere) Basis- ▷Klasse(n) einschränkt: die Erblinie; siehe auch ▷private, ▷public, ▷default und ▷internal

Protection

Abschirmung, Schutz (lat.); Sicherheit eines funktionssicheren (safe) ▷Systems vor unautorisiertem Informationszugriff, also Datensicherheit; siehe auch ▷Safety, ▷Security

Protocol Analyzer

Siehe unter ▷Sniffer

Protokoll, Protocol

Vorschrift (griech.); 1. und allgemein in der ▷Kommunikation: Sammlung von Vereinbarungen, mit denen die Rahmenbedingungen (nicht: der Inhalt) einer Kommunikation zwischen Partnern auf der gleichen Stufe (speziell dann: ▷Schicht) geregelt werden: Aufbau, Abbruch, Kollisionsverhinderung oder -korrektur, ▷Integrität der Inhalte sowie die eigentlichen Aktionen (Beispiel HTTP: POST, GET, PUT ...); siehe im Gegensatz dazu: ▷Schnittstelle; 2. und speziell in der Datenkommunikation: normierte Abfolge von Steuer- und Kontrollbits, welche genanntem Zweck dienen; es gibt eine Fülle normierter P.; im Bereich der Datenkommunikation findet u. U. auch die Wegleitung, das ▷Routing, Eingang in ein P.; 3. im ▷objektorientierten Paradigma: Menge aller öffentlichen (▷public) Eigenschaften resp. ▷Methoden, auf die ein ▷Objekt reagieren kann

P

Protokollfamilie, -suite
Kollektiv von zusammengehörenden Protokollen mit einer dem Zusammenhang zu entnehmenden Bedeutung: 1. horizontale Gesamtheit der Protokolle einer ▷Schicht: dann besser ▷Peer; 2. vertikale Gesamtheit der Protokolle für eine funktionsfähige Kommunikation: dann besser ▷Protokollstapel; 3. funktional gleiche, jedoch herstellerspezifisch oder als unterschiedliche Normen implementierte Protokolle

Protokollstapel, Protocol Stack
Auf einem Computersystem installiertes, mehrschichtig zusammengehörendes ▷Kommunikationssystem mit in der Waagrechten den ▷Protokollen und in der Senkrechten den ▷Schnittstellen; klassische Beispiele sind ▷OSI und ▷TCP/IP

Prototyp
Vorbild (griech.); 1. in höheren Programmiersprachen: die „Voranmeldung" einer ▷Funktion oder ▷Prozedur mit ihren formalen und Rückgabe- ▷Parametern; ein solcher P. ist im ▷Code dann notwendig, wenn der ▷Compiler auf einen Funktionsaufruf trifft, die Funktion selbst aber erst später codiert vorliegt; siehe dazu ▷Deklaration; 2. Bau von P.: siehe unter ▷Prototyping

Prototyping und Prototyping, rapid -
Herstellung einer Software, die Präsentationen, Tests, dem Studium der Problemstruktur oder der Stellungnahme/Verlautbarung
bei den Auftraggebenden dient; von dieser Idee her eine Wegwerf-
software mit wichtigen, zu untersuchenden Aspekten, die insgesamt jedoch schnell und schlampig geschrieben sein darf; durch
moderne ▷IDEs können gute Prototypen aber schnell und relativ
sauber entwickelt und danach zum fertigen Produkt ausgebaut
werden: dies ist r.P.; vergleiche ▷RAD, ▷Extreme Programming;
die Gefahr des r.P. liegt darin, dass die zugrunde gelegten Strukturen aufgrund der Anforderungen bald aus den Nähten platzen und
ein ▷Refactoring nötig machen

Provider
Allgemein Geber, Erschliesser; im engeren Sinne eine Unternehmung oder eine Behörde, welche am Internet angeschlossen ist und
dem Publikum über ▷Modem mit ▷Wählleitung bzw. über
▷Standleitung den Zugang in dieses Netzwerk gewährt; der Begriff
weitet sich derzeit stark aus im Sinne von Anbietern weit gefächer-
ter Netzwerk- ▷Dienstleistungen

Proxy, Proxies
1. und allgemein: Vollmacht, Vertretung, Stellvertreter; 2. und
speziell ein Prozess, welcher an der Nahtstelle ▷LAN / ▷Internet
oder in der ▷DMZ eine Vermittlerrolle spielt; Partner in der öffentlichen Welt kommunizieren einzig mit dem P. und dieser
dann in die private Welt hinein mit den jeweiligen Teilnehmenden; jede Anfrage von innen wird gepuffert und nach aussen als
Anfrage des P. ▷maskiert, die Antwort wird dann wieder mit
der Anfrage von innen verknüpft; damit ergibt sich ein abschir-
mender Effekt (▷Firewall Effekt, siehe auch dort); ferner betreiben
P. Server einen eigenen ▷Cache für häufig abgerufene Seiten
(▷URLs), Texte und Illustrationen im Internet; ein Application
Level P. (▷OSI-Schicht 7) untersucht die Inhalte; ein Circuit Level

P. (Schicht 5) untersucht „nur" die Kommunikationsparameter: ▷Adressen, ▷Ports, ▷Dienst

Prozedur, prozedural
Behandlungsweise (lat.); in sich geschlossene Teil- ▷Routine inner-halb eines grossen ▷Programms; wird vom Hauptprogramm mit optionaler ▷Parameterübergabe aufgerufen, gibt aber keinen Wert an den aufrufenden ▷Bezeichner zurück

Prozentzeichen
Siehe unter ▷%

Prozess
Fortschritt (lat.); 1. und allgemein: ▷dynamische Aufeinanderfolge von verschiedenen Zuständen eines Dinges oder Sachverhalts; 2. und technisch: Umformung und/oder Transport von Materie, Energie und/oder ▷Information (▷DIN 66201); 3. in der ▷Programmierung: eine nach ▷algorithmischen Vorschriften ablaufen-de Be- oder Verarbeitung von Informationen als geschlossene Ein-heit von ▷Instruktionen ohne Möglichkeit der Beeinflussung von aussen; 4. in ▷Betriebssystemen: ▷Abstraktion eines sich in Aus-führung befindlichen ▷Programms samt seinen Umgebungsin-formationen; die Abstraktion meint sein maschinenmässiges und zeitabhängiges Vorliegen im ▷Arbeitsspeicher bzw. ▷Prozessor als ▷Kontrollfluss; die Umgebung, auch ▷Kontext, umfasst seine ▷Allokation, seine ▷Zeiger, Zähler, ▷Stacks, ▷Registerbelegungen usw.; siehe ferner ▷Thread

Prozesse, verteilte -
Tatasche, dass in modernen und über ▷Netzwerke gekoppelten Systemen an unterschiedlichen Orten laufende und miteinander kommunizierende P. am gemeinsamen Bearbeiten eines Problems beteiligt sind, verbunden durch eine ▷Middleware; siehe auch ▷IAC, ▷RPC, ▷COM, ▷CORBA, ▷DCOM, ▷Webdienste

Prozesskontrollblock
Physische Realisierung der ▷Prozesstabelle, also die ▷Datenstruktur zur Verwaltung aller relevanten Informationen eines ▷Prozesses oder ▷Threads; Zugriff durch ▷Scheduler und ▷Dispatcher

P

Prozessor
Umformer (lat.); 1. Sicht ▷Hardware: bauliche bzw. ▷logische Einheit mit ▷Steuerwerk und ▷Rechenwerk, genannt ▷CPU; je nach Verständnis also eine einzelne ▷intelligente Hardware-Komponente (▷Mikroprozessor beim ▷Kleincomputer) oder eine ganze Baugruppe mit entsprechender Funktion; 2. Sicht ▷Betriebssystem: exklusives, entziehbares (▷präemptives) und wieder verwendbares ▷Betriebsmittel

Prozessor, Bit- und Wort-
Prozessor, welcher als kleinstes Verarbeitungsgranulum in ▷ALU und ▷Logik das ▷Bit bzw. das ▷Wort kennt; P. der ersten Kategorie existieren in ▷SPS und ▷Prozessrechnern, solche der zweiten Kategorie im ▷PC, er ist eine „Bytemaschine"

Prozessoren, Generationen von -
1. Röhren bis etwa 1960, rund 1'000 Operationen/s; 2. ▷Transistoren und Ferrit-Kernspeicher bis etwa 1970, 10'000; 3. ▷Halbleiter-ICs mit ▷SSI- bis ▷MSI-Integration bis etwa 1980, 500'000; 4. ICs in ▷LSI, ▷VLSI und ▷ULIS bis heute, >> 1 Million; 5. hoch-▷parallele Bausteine nach einem Förderprogramm der japanischen Regierung, welches sich nicht durchgesetzt hat; 6. ▷Prozessoren mit optischer ▷Signalleitung, Bio- und Chemie-Schaltelemente; siehe auch ▷Moore-Gesetz

Prozessorstatus-Wort
Oft einfach PSW; meist ein oder mehrere 32/64-Bit- ▷Register im ▷Leitwerk zur Ablage des Prozessorzustands, also von ▷Flags (▷Carry usw.), ▷Modus-Informationen und anderem

Prozessrechner
Frei programmierbarer, digitaler Rechner zur ▷Steuerung und ▷Regelung industrieller ▷Prozesse; der Unterschied zu gängigen ▷PCs liegt u. a. darin, dass P. ▷echtzeitfähig sind und ▷Operationen auf einzelne ▷Bits anwenden können

P

Prozesstabelle
▷Betriebssystemspezifisches Verzeichnis aller im System aktiven ▷Prozesse bzw. deren Attribute: ▷Prozesszustand, ▷Allokation, ▷Zugriffsschutz, ▷Scheduling Priorität, usw.; die Abbildung im System ist der ▷Prozesskontrollblock, PCB

Prozesszustand
Ein Prozessor(-kern) kann zu einem bestimmten Zeitpunkt nur einen ▷Prozess oder ▷Thread in Arbeit haben; da in einem Einprozessor- ▷Multi Processing-System n Prozesse im Arbeitsspeicher weilen, müssen (n–1) auf Prozessorzeit warten; sie werden dazu durch den ▷Scheduler des ▷Betriebssystems in drei Grundzustände versetzt; a) rechnend (aktiv), b) (auf ein selbst angefordertes ▷Betriebsmittel oder ein Wecksignal) wartend (auch: blockiert, schlafend) und c) (rechen-) bereit (unpräzis oft: verdrängt); ein weiterer Grundzustand ist: ausgelagert (auf ▷Platte)

Prüfbit
Siehe unter ▷Paritätsbit

Prüfsumme
Algorithmisch über einen bestimmten, begrenzten Datenbestand berechneter Mehrbit-Wert, der der ▷Fehlererkennung, seltener der ▷Fehlerkorrektur, dient

PS
1. ▷PostScript; 2. Kommando zur Anzeige der ▷Prozessliste unter ▷Unix / ▷Linux

PS/1 und PS/2
Siehe ▷Personal System/1 und ▷Personal System/2 und deren interessante Geschichte

Pseudocode, Pseudosyntax

P Nicht normierte, jedoch hinreichend formalisierte Schreibweise für die Formulierung von ▷Algorithmen; der P. verwendet dabei verständliche ▷Bezeichner für ▷Funktionen und ▷Variablen und formuliert ▷Ausdrücke sowie ▷Zuweisungen, ohne sich an die genauen Vorgaben einer bestimmten ▷Programmiersprache oder Wissensdisziplin zu halten; eine Art textliches „Esperanto" der strukturierten/objektorientierten ▷Programmierung; Beispiel: 1. lies(a, b, c) [von der Tastatur], 2. res:= a+b*c [berechne Ausdruck und weise das Ergebnis der Variablen res zu], 3. schreibe(res) [auf den Bildschirm]

pseudoternär
Invertierte ▷AMI- ▷Signalform

PSK
Phase Shift Keying; Phasen- ▷Modulation

PSTN
Wem es nicht genügt, vom herkömmlichen, analogen ▷Telefonnetz (siehe dort für aktuelle Details) zu sprechen, der bezeichne es als Public Services (auch: Switched) Telephone (auch: Telephony) Network; siehe ferner ▷POTS

PSW
Processor/Program Status Word; ▷Prozessorstatus-Wort

public
Öffentlichkeit, öffentlich (lat.); 1. für alle Benutzer zugänglich, einsehbar usw.; 2. als ▷Modifikator: von aussen zugängliche Strukturen (▷Attribute und ▷Methoden) einer ▷Klasse und ihrer ▷Ob-

jekte; die Menge aller öffentlichen Attribute und Methoden bilden das ▷Protokoll des Objekts; siehe auch ▷protected, ▷internal, ▷default und ▷private

Public Domain Software
Frei erhältliche Software ohne Einschränkungen im Verfügungs-recht; der ▷Urheber verzichtet auf sein geistiges Eigentum

P

Public-Key-Infrastruktur bzw. Verfahren
Pauschale Bezeichnung für Mechanismen zur ▷Authentisierung sich nicht vertrauter ▷Subjekte und ▷Objekte sowie für ganze Infrastrukturen rund um die asymmetrische ▷Kryptografierung; zur Infrastruktur gehören die ▷Algorithmen, die öffentlichen und privaten ▷Schlüssel sowie ein authentisierter Schlüsseltausch mit ▷Zertifikat und einer ▷Zertifizierungsstelle, CA; die Bezeichnung irritiert: es handelt sich nämlich um die sicherere Infrastruktur als die ▷Private-/Secret-Key-Infrastruktur

publish and subscribe
Siehe unter ▷verlegen und abonnieren

Publishing, Database -
Integrierte Anwendung von ▷Datenbank und ▷Desktop-Publishing

Publishing, electronic -
Oberbegriff für alle Arten des Erstellens von ▷Dokumenten am Ar-beitsplatz wie ▷Desktop-Publishing, ▷Host based Publishing usw.

Publishing, Spreadsheet -
Aufbereitung von ▷Daten und ▷Grafiken aus einer ▷Tabellenkal-kulation als druckreifes ▷Dokument

Publishing, Web -
Publizieren, Firmen- oder Produktkommunikation über das ▷In-ternet bzw. dessen ▷Web

Puffer

1. und allgemein: zusammenhängender, ▷elektronischer oder magnetischer ▷Speicherbereich meist als Zwischenspeicher; 2. empfehlenswertes Speicherdepot zwischen Systemkomponenten mit unterschiedlichem Arbeitstempo, z. B. zwischen ▷Rechner und ▷Drucker; 3. zwingendes Speicherdepot zwischen ▷asynchron kommunizierenden Komponenten, z. B. zwischen ▷Register und ▷Datenbus; 4. als ▷Datei-P. die Kopie eines ▷Blocks vom Sekundärspeicher im ▷Arbeitsspeicher; die Mutationen an ▷Datensätzen (▷Records) finden (aus Performanzgründen) im D.P. statt und dieser muss, sofern Daten verändert wurden, also ▷dirty sind, letztlich als Ganzes wieder in den zugehörigen Plattenblock geschrieben werden (▷Flushing)

Puffer, Akkumulations-
Zusätzlicher Grafikspeicher zur Ablage schon berechneter Bilder

Puffer, Datenbank-
Relativ umfangreicher Bereich im ▷Arbeitsspeicher, worin das ▷DBMS seine ▷Blöcke zur Bearbeitung ablegt

Puffer, Stencil -
Schablone; Puffer zur Darstellung unregelmässig begrenzter, ▷grafischer ▷Objekte

Puffer, Tiefen-
Siehe unter z- ▷Puffer

Puffer, z-
Puffer, in welchem bei „dreidimensionalen" Grafiken die Tiefendimension z eines ▷Punktes verglichen und darüber entschieden wird, ob er angezeigt oder versteckt ist; im Gegensatz zur ▷Hidden Line (oder Surface) bezieht sich diese Entscheidung auf die ganze Szene und nicht bloss auf die einzelne Figur; die Methode gilt als speicher- und rechenintensiv, kann indessen Hardware-Unterstüt-

zung beanspruchen; ferner eignet sie sich gut zur Berechnung von Schattenwürfen; vergleiche auch ▷Back Face Culling

Pufferung
1. Zwischenspeicherung, siehe dazu ▷Puffer; 2. Aufrechterhaltung der Energieversorgung für die in einem ▷RAM-Bereich gespeicherten System-Parameter durch einen Akku; bekannt als Batterie-P., besser wäre: Batterie-Stützung

P

PUK
Personal Unblocking Key; in der ▷GSM-Telefonie verwendeter, umfangreicher Geheimcode, dank dessen Hilfe ▷SIM-Karten deblockiert werden, falls sie durch dreimalige Eingabe falscher Passwörter gesperrt wurden

pull, PULL()
1. Ziehen; Informationsbeschaffung, z.B. im Internet, nach dem Prinzip des Holens; 2. auskellern, aus dem ▷Kellerspeicher lesen, u.U. ohne die entsprechende Eintragung zu löschen, also die ▷Sequenz ▷POP(), COPY(), ▷PUSH()

Puls
1. gegenwärtiger Zustand eines ▷kontinuierlichen ▷Signals; beachte ▷Heart Beat und ▷Takt; 2. ▷Parameter bei der Einstellung von ▷Modems: eine Telefonverbindung wird durch Stromimpulse aufgebaut; Gegenteil: Ton, ▷Tonfrequenz, ▷DTMF

Pulse Code(d) Modulation
Methode der ▷analog- / ▷digital-Wandlung in folgenden Schritten: 1. evtl. Eliminierung von ▷Trägerfrequenzen, 2. Eliminierung von ▷Rauschen, 3. Abtastung des „gereinigten" analogen ▷Signals mit einer bestimmten Abtast- ▷Frequenz, 4. Rundung des abgetasteten Zustands auf einen ▷diskreten Wert, 5. ▷binäre ▷Codierung des diskreten Werts, 6. Weiterleitung des binären Signals mit einer Übertragungsrate von: Abtastfrequenz * ▷Wortbreite des Binärco-

des; adaptive PCM reduziert dank besonderer ▷Modulationsverfahren die notwendige Anzahl Bits

Punkt

1. kleinstes visuell zur Wiedergabe gebrachtes Element (siehe dazu auch ▷Pixel); 2. kleinste Längeneinheit in der Typografie, entsprechend 0.375 mm; 3. Dezimalkomma im angelsächsischen Raum; 4. Trennzeichen zwischen dem Dateinamen und der Dateinamenserweiterung in vielen Betriebssystemen; 5. Trennzeichen in der Schreibweise von ▷qualifizierten Ausdrücken: objekt.datenelement; 6. geometrisches Grundmuster ohne Ausdehnung, Element in Geometrien; Schnittmenge zweier Linien; Element, dessen Umgebung in der ▷Topologie untersucht wird; man beachte die Querverweise

Punkt-zu-Punkt

Kommunikationsverbindung in der ▷Dfü, in welcher ein Sender einem Empfänger gegenübersteht, also im Sinne einer Verbindung zweier Endstellen, die Durchschaltung kann, muss aber nicht eine ▷physikalische sein; Beispiele sind Telefon, ▷ISDN oder ▷X.25; siehe dazu ▷Leitungsvermittlung und ▷Paketvermittlung

push, PUSH()

1. stossen; Informationsbeschaffung, z. B. im Internet, nach dem Prinzip des Sich-bringen-Lassens; immer mehr Informationssuchende gehen dazu über, sich aktualisierte Informationsangebote zu genau umrissenen Themengebieten und/oder von bestimmten Anbietern persönlich zutragen zu lassen; siehe dazu ▷RSS und ▷ATOM; 2. abkellern, in den ▷Kellerspeicher schreiben

put, PUT()

Funktion oder Kommando in sehr vielen Betriebssystemen und Programmiersprachen: in der Regel werden damit Daten in spezielle ▷Speicherbereiche, z. B. in den ▷Bildschirmspeicher oder in eine ▷Datenträgerdatei, geschrieben

PuTTY

▷Terminal-Programm für ▷SSH (und ▷Telnet und ▷rlogin), resp.
ein ▷SSH- ▷Client für ▷Windows; vergleiche ▷Hyperterminal;
unter ▷Linux und ▷Mac ist SSH standardmässig vorhanden

Puzzle

Spiel-Einstiegsdroge im Mac OS; es geht darum, mit der Maus ein
Zahlenpuzzle zu knacken; ab System 7 wird eine Weltkarte zerlegt
und muss wieder zusammengefügt werden; vergleiche ▷Mines-
weeper

pwd

Print Working Directory; stündlich mehrfach gebrauchtes Standard-Kommando beim Arbeiten in der ▷Unix / ▷Linux ▷Shell zur
Anzeige des Arbeitsverzeichnisses: „wo bin ich"; im wahrsten Sinne
ein Ausdruck der Desorientierung; siehe auch ▷who

PWLAN

Public ▷WLAN; für die Öffentlichkeit zugängliches WLAN, wie es
über so genannte ▷Hot Spots z. B. in Bahnhöfen, in Flughäfen oder
auf stark frequentierten Plätzen angeboten wird; nicht zu verwechseln mit ▷WPAN

Python

Junge, interpretierte, objektorientierte ▷Programmiersprache mit
sehr schlanker ▷Syntax sowie mit ▷Interpretern für alle gängigen
Betriebssysteme; P. ist ▷Open Source, hat aber in Abweichung zur
▷GPL eine eigene Lizenzierung; www.python.org

Q

Q&A

Questions and answers: Fragen und Antworten; ▷Datei oder Handbuchsektion mit häufig gestellten Fragen und zugehörigen Antworten; da zum Zeitpunkt der Handbucherstellung häufig noch nicht so viele Fragen und Probleme bekannt sind (später aber zuhauf eintreffen werden ...), sind die entsprechenden Abschnitte oft eine Wiederholung des Handbuchtextes und betörend nutzlos; siehe auch ▷FAQ

QBE

Siehe unter ▷Query by Example

QBF

▷Query by Forms; ▷Datenbank- ▷Abfrage über eigendefinierte und -gestaltete ▷Formulare

QIC

Quarter Inch Cartridge Driver Standard; ▷Hardware- ▷Schnittstelle für ▷Streamer-Laufwerke und Datenbänder mit einem Viertel Zoll Breite; QIC Bänder unterscheiden sich in der Kapazität und im notwendigen Kassettentyp DCxxxx (Data Cartridge); sämtliche Formate sind normiert, entsprechend existieren diverse Bezeichnungen wie QIC-40, QIC-80, QIC wide usw.

QoS

Quality of Service; siehe unter ▷Dienstgüte

QP
Siehe unter ▷Query Processing

QSIF
Format von ▷MPEG- ▷komprimierten Bildern: 176×144 Bildpunkte

QT, QTML, QT VR, QTML
Alle: siehe unter ▷QuickTime

Q

Quadband
Nach ▷Dualband und ▷Triband eine abermalige Erweiterung des Funkspektrums in der ▷Mobiltelefonie, diesmal ins so genannte 800 MHz-Band, genauer wäre: 850 MHz; diese Erweiterung geschah nicht in der Absicht eines grösseren ▷Multiplexings, sondern zwecks Kompatibilität mit ausländischen Netzen

QuadPump
Proprietäre Technologie von ▷Intel zum vierfach verzahnten Durchpumpen von Daten auf dem Front Side ▷Bus; damit macht Intel beim ▷Pentium 4 aus einem 100 MHz FSB dann einen solchen zu 400 MHz

Quadwort, Quad (Word), Quadword
Meist ▷prozessorspezifischer ▷Datentyp, ein 64-Bit-Wort

Qualifizierer, qualifier; qualifizieren
Das Verhalten (z. B. ▷public) oder die Identät eines Objekts (z. B. „kunde" in kunde.name) näher bezeichnendes Wort; kunde ist hier der Qualifizierer; alle vorgeschalteten Qualifizierer bis hin zur Wurzel bilden den ▷Namensraum: meinefirma.verkauf.kunde.name

Qualität, Software-
Begriff aus zwei erfahrungsgemäss gelegentlich unvereinbaren Teilbegriffen; die ▷ISO (9000 und 9001) formuliert pauschal folgende Kriterien: ▷Korrektheit (Correctness), Benutzbarkeit (▷Usability),

Zuverlässigkeit (▷Reliability), ▷Robustheit, Wartbarkeit (▷Maintainability), ▷Testbarkeit, ▷Portabilität, Effizienz, ▷Integrität, Wiederverwendbarkeit (▷Reusability), ▷Interoperabilität; siehe unter den (sprachlich evtl. abgewandelten) Verweisbegriffen

Quality of Service
Siehe unter ▷Dienstgüte

Quantisierung
Q

Mengenbildung (lat.); Unterteilung eines ▷kontinuierlichen ▷Amplitudenbereichs in eine bestimmte Anzahl Teilbereiche, denen dann ▷diskrete Werte zugewiesen werden können

Quantum
Menge (lat.); 1. einem ▷Prozess zugewiesene Menge an ▷Prozessorzeit im Bereich zwischen ca. 10 bis 30 ms; nach Ablauf des Q.s wird der ▷Scheduler entscheiden, ob der Prozess weiterarbeitet oder in den Prozesszustand „bereit" versetzt wird; 2. einem Programm/Prozess/Benutzer zugewiesener Raum auf dem Datenträger; dann eher ▷Quota

Quark XPress
Führende Applikation im ▷Desktop-Publishing, anfänglich ausschliesslich auf ▷Apple ▷Macintosh, heute auf mehreren ▷Plattformen

QUEL
Query Language; 1986 entstandene ▷DDL und ▷DML als ▷syntaktische Abbildung des Relationen- ▷Kalküls; Q. ist ▷relational vollständig

Quellcode, -programm
Gelegentlich: Quellen-; in einer höheren ▷Programmiersprache geschriebenes und noch in deren ▷Klartext lesbares Programm vor dem ▷Compilieren bzw. ▷Interpretieren

quelloffen
Siehe beim geläufigeren ▷Open Source

Query
Siehe unter ▷Abfrage (lat.)

Query by Example
Datenbankabfrage durch die interaktive, meist grafisch unterstützte ▷Deklaration von ▷Tabellen, ▷Selektoren, ▷Attributen, Sortier-
kriterien usw.; die dabei verwendete ▷Syntax ist für kleine Abfragen einfacher als eine textliche ▷DML (▷DQL); für komplexere
Abfragen kann sich eine DML dann bald einmal als geeigneter erweisen; QBE ist im Abfragebereich ▷relational vollständig; das
Konzept von QBE entstand 1977 bei ▷IBM für Gelegenheitsnutzer
und lehnt sich stark an die ▷Relationenalgebra an

Query Flattering
Schmeichelei; automatische Umformung von komplexen SQL-Ab-
fragen durch Umschichtung der Selektionskriterien und Einarbeitung von Gesetzen des Relationen- ▷Kalküls; diese zeitlich und
ressourcenmässig relevante Optimierung ist Bestandteil der ▷Da-
tenbank- ▷Maschine und kann durch den Anwender in der Regel
nicht beeinflusst werden; die Notwendigkeit einer Abfrage-Opti-
mierung ergibt sich aus der Tatsache, dass SQL eine ▷deklarative
Sprache ist

Query Processing
Bearbeitung vieler und komplexer Abfragen durch ein ▷Client/
Server-System

Queue
Siehe unter ▷Schlange

QuickDraw

Plattformübergreifende ▷Seitenbeschreibungssprache zum Aufbau von ▷Bitmap Bildern auf unterschiedlichen Ausgabegeräten; ursprünglich von Bill ▷Atkinson; mit Q. werden der Bildschirm des ▷Macintosh und Bitmap Druckbilder auf Nicht- ▷PostScript-Medien, z. B. im ▷Web aufgebaut; als QuickDraw GX in den 1990er Jahren eine sehr ausgebaute Bild- und Druckarchitektur, welche in ▷Mac OS 8.0 allerdings mit ▷Display ▷PostScript verschmolzen und anschliessend nicht mehr separat weiterentwickelt wurde

Q

QuickInfo

Winziger, bei Stehenbleiben des Mauszeigers auf einer Mini- ▷Ikone oder ▷Menüposition eingeblendeter Hinweistext; vereinzelt auch „Balloon Help" oder „Tooltip" genannt

Quicksearch

Erklärt unter binäres ▷Suchen

QuickTime VR, - Media Layer, - IC

Betriebssystem-Erweiterung von ▷Apple für ▷Multimedia sowie ein entsprechender, dynamischer und unstrukturierter ▷Datentyp für bewegte und akustisch begleitete Sequenzen; als QuickTime VR (▷virtuelle Realität) für Bewegungen mit und in dreidimensionalen Objekten; QT Media Layer ist die gesamte Multimedia- ▷Architektur von Apple rund um QT; die Architektur ermöglicht als eine das Betriebssystem ergänzende Gesamtlösung die Erzeugung, Speicherung und Ausgabe von Multimediadaten in diversen ▷Applikationen und auf unterschiedlichen ▷Plattformen; QT Internet Connect ist ein Betriebssystem für ▷digitale Kameras zur Einspeisung von Bildern ab Kamera ins Internet

quit

Kommando zum Verlassen einer Umgebung; siehe ▷bye und ▷exit

Quittung
Im weiteren Sinne eine Bestätigung (lat.), eine positive oder negative Rückmeldung; im engeren Sinne ein ▷Handshake

Quota
Anteil (lat.); siehe unter ▷Disk Quota, auch ▷Quantum

Quote, single - und double -
Q Hochkomma, wenn 'single', Anführungszeichen, wenn "double"; im Programmier-, Datenbank- und Systemumfeld wird in der Regel nicht mit typografisch korrekten Anführungszeichen („" und ‚') gearbeitet

QWERTY
Bezeichnung für die angelsächsische Anordnung der Typen auf der ▷Tastatur als Ausdruck der Reihenfolge der ▷alphanumerischen Tasten im linken, oberen Tastenfeld; Tastaturen mit dieser Tastenanordnung entsprechen bei uns nicht den Ansprüchen für national angepasstes Arbeiten, bei uns üblich ist QWERTZ; es gibt ferner als seltene Alternative ein so genanntes Dvorak-Tastaturlayout

R

RA
Registration Authority; ▷Registrierungsstelle

Race Condition
Wettlauf; 1. Zustand, dass mehrere ▷Prozesse im gleichen Speicherbereich ineinander verzahnt lesen und schreiben und das Ergebnis letztlich durch Zufälle und Prioritäten und nicht allein durch den ▷Algorithmus beeinflusst wird; 2. ein ▷Attackenmuster, siehe dort

Rack
1. und allgemein: Regal für Einschubelemente; 2. und speziell: ▷Hardware-Einschubeinheit von normierter Breite (meist 19 Zoll) für die Bestückung mit Bauelementen: ▷Prozessoren, ▷Modems, ▷Signalwandler, ▷Serverblades, ▷Switches, …

RAD
Rapid Application Development; unverbindlicher Sammelbegriff für diverse Technologien zur schnelleren Entwicklung von ▷Anwendungen: ▷CASE, ▷objektorientierte ▷Programmierung, ausgefeilte ▷IDEs, ▷Prototyping, ▷Extreme Programming usw.; vergleiche ▷Prototyping

Radioknopf, -Button
Auswahlmöglichkeit in einer ▷Dialogbox, mit der eine von mehreren, sich ausschliessenden ▷Optionen aktiviert werden kann, meist auch muss; alternativ: Optionsschaltfeld

RADIUS

Remote Authentication Dial-In User Service; nach RFC 2138/39 offenes ▷Client/Server- ▷Protokoll für die Authentisierung sich übers Netzwerk identifizierender ▷Subjekte; die Einwählpunkte (Einwähl-Server, ▷VPN Server usw.) wenden sich an den rückwärtigen R.-Server, die Subjekt-Kennungen liegen in einem ▷Verzeichnisdienst, z. B. ▷LDAP; das Protokoll sieht keine Verschlüsselung zwischen dem Einwählpunkt und dem R. Server vor und basiert auf ▷UDP; siehe auch ▷TACACS

R RADSL

Rate Adaptive DSL; ▷DSL-Dienst mit universeller, automatischer Anpassung an die Leitungsqualität und Infrastruktur der Gegenstelle; 640 kbps bis 2.2 Mbps ▷Downstream und 272 kbps bis 1.1 Mbps ▷Upstream durch eine bis zu 5'500 m lange Kupfer-Doppelader

Rahmen

Oft: Frame; 1. fensterartiger Arbeitsbereich in einigen Applikationen; 2. Platz im ▷Arbeitsspeicher für eine ▷Seite – siehe dort; 3. Datenmenge für ein Standbild in Bewegtbildabläufen; 4. visuell getrennter und separat bedienbarer Teil einer ▷HTML-Seite (ab HTML Version 3.0); 5. in der Datenkommunikation: in Leit- und Prüfdaten ▷gekapselter Daten- ▷Block, wie er durch die spezifische Transport-Hardware akzeptiert und transportiert werden kann; 6. in der Bildverarbeitung: Einzelbild einer ▷Animation; diese werden z. B. mit 25 ▷fps abgespielt

Rahmenwerk

Siehe beim deutlich gängigeren ▷Framework

RAID, Level x -

In nummerierten Stufen (besser wäre: Arten, um nicht mit ▷Schichten verwechselt zu werden) normierte, je unterschiedliche Konzepte zur Verwendung der RAID Arrays; die Wahl der Stufe wird entweder durch das Sicherheitsbedürfnis und/oder die Performanz und/oder die Kosten bestimmt; R. 0: Verteilung (▷Striping) der Daten auf mehrere Platten – sehr schnell, unsicher; R. 1: Striping und ▷Disk Mirroring oder ▷Disk Duplexing – sehr teuer, sicher; R. 0/1: hybrides Verfahren von 0 und 1; R. 3 und 5: Striping in Blöcke und ▷Prüfsummenberechnung, konzeptionell unterschiedliche Verteilung der Blöcke und der ▷Redundanz (auf nicht zu den Blöcken gehörende Platten); dank Aufteilung und Ablage der Redundanz kann eine ausfallende Platte sofort rekonstruiert werden (▷Fehlerkorrektur, gilt für alle Level ausser 0); weitere, zum Teil veraltete oder herstellerspezifische Levels; ab R. 6: Fehlertoleranz für zwei Platten

R

RAID, Software- und Hardware-
Redundant Array of Independent (früher: Inexpensive) Disks; 1988 entwickeltes, der ▷Datensicherheit und ▷Performanz dienendes Konzept zur Speicherung grosser Datenmengen auf einer ▷redundanten Anordnung gängiger ▷Festplatten, die dem System als eine einzige ▷virtuelle Einheit erscheinen, deren ▷physische Verwaltung indessen durch spezielle Dienstprogramme besorgt wird; ein R.-System besteht, vereinfacht gesagt, aus Netzteilen, Platten, ▷Controllern und Lüftern, die je nachdem mehrfach installiert sind und durch ▷Soft- und ▷Firmware angesteuert werden: a) beim Software-R. wird die redundante Speicherung durch Programme besorgt, z. B. durch das Betriebssystem; b) beim Hardware-R. erfolgt diese Speicherung in eigenen Systemen (weshalb man von einem Disk ▷Array spricht) mit schneller, autonomer Steuerung; nach grossem, anfänglichem Wildwuchs werden heute die Entwicklungen und Spezifikationen von R. durch ein RAID Advisory Board begleitet

Rainbow Series
In mehreren, farbigen Dokumenten publizierte Kollektion von Spezifikationen zur Bewertung der technischen, funktionalen und operativen Sicherheit von Systemen und Systemkomponenten; die R.S. baute das auf Betriebssysteme und Vertraulichkeit fokussierte

▷Orange Book aus; sein Hauptbuch ist das ▷Red Book; wie jenes
ab 2000 stillgelegt zugunsten der ▷Common Criteria

RAM

Random Access Memory; ▷flüchtiger ▷Arbeitsspeicher mit wahl-
freiem, direktem Schreib/Lese- ▷Zugriff; deshalb wäre präziser –
und wurde ursprünglich bei ▷IBM auch so verwendet – Direct
Access Memory; die begriffliche Koppelung mit ▷elektronischem,
flüchtigem Speicher ist nicht zwingend, sie hat sich im Verlauf
der Jahre so ergeben und scheint sich sogar wieder etwas aufzulösen – so bei ▷DVD-RAM; beachte die vielen Stichworte im Folgenden bzw. bestehende Akronyme wie z. B. ▷RDRAM, ▷RAMDAC,
▷VRAM usw.

RAM BIOS

Teilmenge des ▷BIOS-Codes, wie sie beim Startprozess in den
▷Arbeitsspeicher geladen wird, da ▷RAM-Bausteine schneller zugreifen als ▷ROM-Bausteine, worin sich das BIOS normalerweise
befindet

RAM Disk

Emulation einer ▷Platte im ▷Arbeitsspeicher; Vorteile: schnellerer
▷Zugriff zu den Daten, geringere Abnutzung der Platte, ▷Simu-
lation eines ▷Laufwerkes, wo an sich keines vorhanden ist, aber
eines verlangt wird; Nachteil: Datenverlust bei Stromausfall oder
beim Vergessen der Rückschreibung; andere Namen: Electronic
Disk, Virtual Disk

RAM, CMOS-

RAM-Baustein in Complementary Metal-Oxyde Semiconductor
Technologie; da diese Bausteine mit sehr wenig Energiezufuhr
auskommen, verwendet man sie in fast allen Computern zur Lang-
zeit-Speicherung von Systemparametern, z. B. der ▷Setup-Informa-
tionen, oder in ▷portablen Geräten

RAM, DDR-

Double Data Rate; oft auch als ▷SDRAM II bezeichnete Technologie
für RAM-Bausteine, die Daten in beiden ▷Flanken lesen können
und deshalb abermals schneller sind; DDR2 hat eine Übertragungsrate von 400–800 Mbps, DDR3 eine solche von 800–1'600 Mbps

RAM, dynamic -, dynamisches -

DRAM; Technologie für schnelle Speicherbausteine; die Notwendigkeit eines ständigen ▷Refresh macht sie flüchtig, im Vergleich
zu ▷SRAM sind diese DRAM deutlich preiswerter (aber etwas langsamer); als „advanced" im Jahre 2000 durch ▷Intel initialisierte
Weiterentwicklung und Vereinheitlichung von DRAM; bei PCs in
beiden Varianten nicht mehr im Gebrauch; gefördert wird derzeit
vor allem die ▷DDR-Technologie

R

RAM, EDO-

Extended Data Output; Technologie zur Herstellung von ▷DRAM-
Bausteinen, die auf die Auffrischungszyklen (▷Refresh Cycle) normaler DRAMs verzichten und deshalb schneller sowie energiesparender sind; ▷Lese- und ▷Schreibvorgänge finden gleichzeitig statt;
der Geschwindigkeitsgewinn beläuft sich auf rund 20%; Nachfolger: BEDO RAM

RAM, FPM-

Fast Page Mode; Weiterentwicklung von ▷DRAM, in welchem eine
Adresse gleich für mehrere „Stockwerke" galt; gefolgt von EDO-,
dann von BEDO- ▷RAM und schliesslich von ▷SDRAM

RAM, Page Mode -

RAM-Bausteine sind physikalisch nicht ▷byteweise organisiert, ein
1 MBit-Baustein kann z.B. in 1'024 Zeilen zu 1'024 Spalten organisiert sein; P.M.-Bausteine lesen immer ganze Zeilen aus und ver-
ringern so die Anzahl ▷Zugriffe auf nahe beisammenliegende
Daten; siehe auch ▷FPM

RAM, Scratch -

RAM-Bereich mit den Parametern der ▷Festplatte; entweder wird hierfür separates RAM installiert oder ein Teil des ▷Arbeitsspeichers reserviert

RAM, Shadow -

Schattenspeicher; 1. allgemeiner Begriff für eine Kopie der ▷Firmware oder Teilen davon zwecks schnelleren ▷Zugriffs; 2. Speicher, der sich der normalen ▷Adressierung durch den ▷Adressbus entzieht und damit speziellen Zwecken dient

RAM, static -, statisches -

SRAM; Technologie für schnelle Speicherbausteine, die auch bei geringer Energiezufuhr (Batterie, Akku, Kondensatorladung) nicht ▷flüchtig sind; kein ▷Refresh, interner Aufbau mit Feldeffekt-▷Transistoren und Widerständen, schneller als ▷DRAM aber teurer; gelegentlich werden auch Magnetblasenspeicher, ▷Flash usw. als statische Speicher bezeichnet, diese Betrachtungsweise qualifiziert aber eher die Wirkung und weniger die Technologie

Rambus-...

Siehe unter ▷RDRAM

RAMDAC

RAM Digital to Analog Converter; Baustein auf der ▷Grafikkarte, welcher aus den ▷digitalen Daten des Bildschirmspeichers für die Intensitäten von Rot, Grün und Blau die ▷analogen Spannungswerte (0 V bis 0.7 V) der ▷RGB-Bildpunkte auf dem Monitor berechnet und ausgibt; die Qualität des R., vor allem dessen Reaktionsgeschwindigkeit und Genauigkeit, ist ausschlaggebend für die Schärfe von Farbbildern

RAND(OM)(), RND()
▷Funktion in vielen Programmier- und Datenbanksprachen zur Erzeugung einer (Pseudo-) ▷Zufallszahl rnd: 0 <= rnd < 1; ergänzt durch ▷RANDOMIZE()

random
Wahllos, wahlfrei, zufällig, willkürlich; wenn die Informatik von r. spricht, meint sie sehr oft alles andere als „zufällig", sondern im Gegenteil sogar: gezielt, direkt, gewählt; siehe dazu die Bemerkung unter ▷RAM

RANDOMIZE()
Anweisung zur ▷Initialisierung des ▷Zufallszahlengenerators mit einer ▷Saatzahl oder zur Erzeugung einer neuen Zufallszahl rnd (0 <= rnd < 1) in vielen Programmier- und Datenbanksprachen; ergänzt durch ▷RAND()

Ransomware
▷Malware, welche alle Daten auf einem Rechner oder existenziell wichtige Teile davon überraschend ▷chiffriert; der ▷Schlüssel zum Dechiffrieren wird vom Erpresser gegen ein nettes Sümmchen bekannt gegeben; R. muss auf den Rechner geschmuggelt werden, gehört also im weitesten Sinne zu den ▷Trojanischen Pferden

RARP
Reverse ▷ARP, RFC 903; ▷Protokoll, mittels dessen sich eine Arbeitsstation von einem Server die eigene ▷IP-Adresse sowie zusätzlich die IP-Adressen des ▷Name Servers und des ▷Default Gateways holen kann; das Protokoll ist an zwei Voraussetzungen geknüpft: a) der Anfrager hat eine feste Hardware-Adresse (wie dies in ▷Ethernet der Fall ist) und b) das Netzwerk unterstützt ▷Broadcasting; siehe auch das „Gegenteil" ▷ARP, die Weiterentwicklungen ▷BOOTP und ▷DHCP sowie ▷ICMP

RAS
1. Remote Access Service/Server; Dienste oder Geräte, welche den Fernzugriff auf Ressourcen koordinieren, also die ▷Authentisierung und/oder ▷Autorisierung vermitteln oder gleich selbst vornehmen; deshalb synonym zu ▷NAS; 2. Reliability – Availability – Serviceability: Marketing-Losung von ▷Sun; als Adjektive übersetzt etwa: zuverlässig – verfügbar – wartbar; 3. Row Address ▷Strobe; Signal an den Prozessor, dass die Daten der RAM-Zeile zum Auslesen bereit sind; siehe dazu Page Mode ▷RAM

Raster Image Processor
1. und allgemein: Umformer von ▷Grafik-Elementen aller Art in ein ▷Punkt- ▷Raster; 2. speziell bei ▷PostScript: Prozess der ▷Interpretation von PostScript-Code in die Maschinensprache des Zielsystems, letztlich also zur Rasterung von PostScript-Bildern

Raster, -bild, -grafik
Rechen (lat.); als ▷Punktmuster aufgelöste ▷Grafik; in der Informatik bekannt als ▷Bitmap; nähere Ausführungen siehe dort

Raster-Zeichensatz, - font
Andere Bezeichnung für ▷Bitmap Font, also einen Zeichensatz, der die darstellbaren ▷Zeichen als Punktmuster codiert hat und darstellt

Raubkopie
Kopie einer originalen und ▷proprietären Software, die unter Umgehung des ▷Kopierschutzes illegal erstellt wurde; das Erstellen und Vertreiben von R. im grossen, gewinnbringenden Stil ist ▷Softwarepiraterie

Rauschen
Auch: Noise; 1. in der ▷Informationstheorie: beim Empfänger ankommende, aber nie gesendete ▷Information; 2. genau dies kann in der ▷analogen ▷Signalübermittlung zum „Rauschen" im

umgangssprachlichen Sinn führen und durch (frühe) ▷Digitalisierung weitgehend vermieden werden (z. B. Unterhaltungselektronik)

Raute
Parallelogramm, Rhombus, „#", Pound Mark; 1. Symbol für die ▷Selektion im ▷Programmablaufplan PAP; 2. „Gartenzaun"- oder „Doppelkreuz"-Zeichen im ▷ASCII-Zeichensatz mit der Bedeutung „Nummer" oder „Befehlseingabe" bzw. entsprechende Taste auf ▷DTMF-Telefonapparaten, ▷Handys usw.; 3. in Programmiersprachen und in der Statistik oft ein abkürzendes Symbol für „Anzahl"; 4. ▷Kommentarzeichen in ▷PERL, ▷Shellskripten u. a.; in letzteren ist „#!" ein aktiver ▷Kommentar, der den zu verwendenden ▷Interpreter angibt, „#!/usr/bin/perl"

raw, RAW
Roh, unausgereift; 1. ▷Datentyp in manchen ▷Datenbanksystemen, vergleichbar mit ▷BLOB; 2. Read After Write; nach dem Schreiben erfolgende Überprüfung des auf ▷Band Geschriebenen auf Korrektheit, also durch Umspulen; siehe auch ▷RWW

Ray Tracing
Strahlenverfolgung; Verfahren zur Darstellung dreidimensionaler Objekte: Verfolgen und Aufspalten eines Projektionsstrahls beim Auftreffen an Oberflächen, so dass Sichtbarkeitsentscheide, Schattenwürfe (Schattenstrahl), Reflexionen (Reflexionsstrahl) und sogar Lichtbrechungen (Transmissionsstrahl) durch transparente Materialien möglich sind

RBAC
Role Based Access Control; ▷Autorisierung und ▷Zugriffssteuerung ausschliesslich aufgrund der Zugehörigkeit zu betrieblichen Gruppen mit funktionalen Rollen; bei der Zugehörigkeit zu mehreren Gruppen (Rollen) gilt die Vereinigungsmenge der Rechte; das Modell gilt wie das verwandte ▷TBAC als flexibel und gut administ-

rierbar, jedoch wenig sicher, weil zu wenig abgestimmt auf die
Klassifikationen der ▷Subjekte und ▷Objekte

RC4, RC5, RC6

Rivest Cipher; symmetrische ▷Kryptografie- ▷Algorithmen von
Kryptologie-Tausendsassa Ronald Rivest; RC4: sehr schnelle Strom-
chiffrierung, die z.B. in ▷SSL implementiert ist und schlecht in
▷WEP eingebaut wurde; RC5: Blockchiffrierung mit Blöcken bis
128 Bits und einer Schlüssellänge bis 2'048 Bits; RC6: für eine Kan-
didatur als Algorithmus des ▷AES weiterentwickeltes, schnelleres
RC5; bei AES kam schliesslich Rijndael zum Zug; alle RC-Algorith-
men sind Patente von RSA Security Inc.; www.rsa.com

RCA Stecker

Runde Steckverbindung für ▷Audio- und ▷Video-Signale als direkte Weiterführung ▷abgeschirmter Kabel; der bekannte ▷Cinch-
Stecker in der Unterhaltungselektronik ist ein R.

RCD

Treffender ist: ▷CD-R

RD

Received Data; Empfangsleitung der ▷DTE (Computer) für Daten
von der ▷DCE (Modem) in der ▷seriellen Schnittstelle ▷V.24
(▷RS-232C/D)

RDA

Remote Data Access; ▷Zugriff auf entfernte ▷Datenbestände

RDBMS

Relational ▷DBMS; relationales ▷Datenbanksystem (dort mehr
Details); Programmsystem rund um die Verwaltung einer relationalen Datenbank

RDF

Resource Description Framework; Spezifikation des ▷W3C zur Beschreibung von Ressourcen aller Art (Objekte im Internet, im ▷Web,
im Geräteschuppen) als maschinenlesbare ▷Metadaten (Subjekt –
Prädikat – Objekt); das Subjekt kann als ▷URI identifiziert sein,
muss aber nicht, die Metadaten können in ▷XML vorliegen, müssen dies aber nicht; Ziel von RDF ist letztlich das ▷Semantic Web

RDRAM

Rambus ▷DRAM; ▷Schnittstellen- und ▷Buskonzept für einen
schnelleren Datentransfer zwischen mikroelektronischen Bauteilen, vor allem von und zu ▷RAM; ferner: niedriger Spannungspegel
von 0.5 V und grosse ▷Taktfrequenzen (600 bis 800 MHz) bei den
Bausteinen; RDRAM ab 1998; Concurrent RDRAM bzw. Direct
RDRAM ab 1999; siehe Konkurrenzspezifikationen DDR- ▷RAM
oder ▷SLDRAM; die breite Marktdurchdringung war lange ge-
bremst durch ein ▷Lizenz-Hickhack; seit 2003 keine ▷Chipsätze
von ▷Intel mehr für RDRAM auf ▷Mutterplatinen

RDS

Radio Data System; Schutzmarke; den Hörfunk- ▷Signalen überla-
gerte Informationen zur Identifikation einer UKW-Radiostation:
damit ist es entsprechend ausgerüsteten Empfängern möglich, beim
Verlassen eines Sendegebiets die gleiche Radiostation auf einer
anderen Frequenz zu suchen; leistungsfähiges RDS ermöglicht
ferner das Senden von noch mehr Informationen: Zeit, Interpret,
Musiktitel, Moderatorin, die reichlich stereotypen Selbstwerbe-
Slogans usw.

read me, readme

Zur Gewohnheit gewordener Name für Dateien, welche aktualisier-
te, jüngste Zusatzinformationen zu Handbüchern oder wichtige
Hinweise vor einer vorzunehmenden Installation enthalten; der
Aufruf „lies mich" bleibt indes meist ungehört

Reads, dirty -

Eine der in der Norm ▷SQL/92 beschriebenen kritischen Aktionen einer ▷Transaktion: eine noch nicht abgeschlossene Transaktion liest Werte einer anderen noch laufenden Transaktion, welche darin noch ▷inkonsistent sein oder durch diese noch zurückgesetzt werden könnten; siehe weitere ▷Reads sowie ▷Isolationsgrad

Reads, nonrepeatable -

Eine der in der Norm ▷SQL/92 beschriebenen kritischen Aktionen einer ▷Transaktion: Eine Transaktion liest Werte ein zweites Mal und erhält andere Werte, weil eine andere Transaktion diese mutiert(e); die Leseergebnisse sind nicht reproduzierbar; siehe weitere ▷Reads sowie ▷Isolationsgrad

Reads, phantom (Row) -

Eine der in der Norm ▷SQL/92 beschriebenen kritischen Aktionen einer ▷Transaktion: eine Transaktion liest Werte ein zweites Mal und erhält mehr oder weniger Werte, weil eine andere Transaktion diese einfügt oder löschte; die Leseergebnisse sind nicht reproduzierbar; siehe weitere ▷Reads sowie ▷Isolationsgrad

ready, READY()

1. und allgemein: bereit; reale oder ▷pseudosyntaktische ▷Funktion des ▷Schedulers zur Einreihung eines schlafenden ▷Prozesses in die ▷Schlange der rechenbereiten Prozesse; siehe auch: ▷Prozesszustand, ▷ADD(), ▷ASSIGN(), ▷BLOCK(), ▷RESIGN(), ▷RETIRE()

Real

(▷Deklaration für) Standard- ▷Datentyp in vielen Programmier- und Datenbanksprachen: ▷Fliesskommazahl in ▷Langwort-Breite

Real Time, Realtime

Siehe unter ▷Echtzeit

RealAudio

▷Client/Server- ▷Protokoll zur Übertragung von ▷Audio-Daten
in ▷Echtzeit; auf der Seite des ▷Clients werden die Dateien
durch ein eigenes ▷Freeware-Programm oder ein ▷Plug In abgespielt; www.real.com; deren RealPlayer ist indessen möglicherweise
der Rekordhalter in ▷Adware und ▷Badware

Reboot

Neustart, ▷Warmstart, ▷Booten

Reboot, local -

Neustart bloss einer einzigen, ▷abgestürzten, ▷virtuellen Maschine
in einem System, das mehrere solche gleichzeitig „fahren" kann

R

Recall

Abruf; siehe unter ▷Ausbeute

Rechenwerk

Rechnende Einheit in einem ▷Prozessor: Verarbeitungseinheit für
▷Ganzzahlen, ferner meist mit ▷Logikwerk sowie (Zwischen-) Re-
sultatspeicher(n); ▷Fliesskommazahlen werden auf Umwegen als
Ganzzahlen verrechnet oder wohl eher in speziellen ▷Coprozesso-
ren verarbeitet, die nicht zum klassischen R. gehören und früher
auch separat nachgerüstet werden mussten

Rechenzentrum

Zentrale datenverarbeitende und -speichernde Infrastruktur bei
zentralisierten, betrieblichen ▷IT-Lösungen oder IT-Dienstleistern

Rechner

1. einer der vielen Namen und oft synonym für den ▷Computer;
2. treffender, jedoch eingrenzend, verwendet für die eigentliche
Verarbeitungseinheit, bestehend aus: ▷Steuer- und ▷Rechenwerk
(= ▷Prozessor), ▷Primärspeicher und Ein-/Ausgabeeinheit

Rechner, Analog-

Datenverarbeitungs-System, welches auf ▷analogen, ▷elektronischen Schaltungen basiert, die eigentlich schaltungstechnisch umgesetzte Differentialgleichungen sind; die Resultate sind Punktemengen und Kurven(-scharen); A. sind sehr schnell, arbeiten parallel, sind in der Genauigkeit indessen begrenzt

Rechner, Matrix- und Vektor-

Rechner- oder ▷Rechnerverbund, in welchem mehrere Prozessoren die gleiche ▷Instruktion auf gleicher Stufe, aber mit unterschiedlichen Daten, also ganzen Datengruppen, bearbeiten (M.R. sind also ▷SIMD); ein V.R. zerlegt die Befehle auf mehrere Stufen und bearbeitet auf jeder Stufe seine Daten weiter (▷Fliessbandprinzip); er eignet sich damit für die Berechnung „eines grossen Problems"; siehe auch: Skalar- ▷Rechner

Rechner, Skalar-

Rechner, eigentlich ▷Prozessor, der pro ▷Instruktion nur einen Datenwert bearbeitet; er eignet sich somit für die Berechnung „vieler kleiner Probleme"; siehe auch: Matrix- ▷Rechner

Rechnerverbund

Koppelung von mehreren ▷Rechnern mit je eigenem ▷Adressenraum (deshalb: lose gekoppelt) und ▷Betriebssystem über Netzwerke unterschiedlicher Art (▷TCP/IP oder ▷Infiniband); die Programme und Daten sind meist statisch auf die beteiligten Rechner verteilt; die ▷Kommunikation basiert auf wechselseitigen ▷Nachrichten (nachrichtenbasiert); auch: ▷Cluster; siehe im Gegensatz dazu ▷Multi Processor

Rechnerverbund, -Typen

Aus der Perspektive des Zwecks: de/zentrale ▷Verfügbarkeit de/zentral gehaltener ▷Daten im „Datenverbund" (unterschiedliche Darlegungen in der Literatur); dezentrale Verfügbarkeit eines zentral vorhandenen ▷Dienstes im „Funktionsverbund"; Ausweichen auf andere ▷Rechner in Falle von ▷Fehlern oder ▷Defekten im „Verfügbarkeits- oder Havarieverbund"; Verteilung einer zentral und geballt anfallenden Aufgabe auf ▷vernetzte Rechner im „Leistungs- oder Lastverbund"; siehe daneben: ▷Load Balancing

Reconciliation
Wiederherstellung, Versöhnung (lat.); Abgleich von Daten aus unterschiedlichen Quellen

reconnect
Neuverbinden, Wiederaufbauen einer evtl. gescheiterten Verbindung

R

Record
Siehe unter ▷Datensatz

Record Set
Menge von ▷Datensätzen, ▷Tupeln, wie sie eine ▷Abfrage ausgibt; auch und weniger treffend: Data Set; auch: Result Set

Recorder
Aufzeichnungsgerät; 1. in Betriebssystemen und Applikationen, die zu ▷Makros fähig sind: kleines Hilfsprogramm, mittels dessen Manipulationen des Anwenders aufgezeichnet und gespeichert werden; 2. in ▷Multimedia-Geräten oder -Programmen: Hilfsprogramm zur Aufnahme und teilweise zum Schneiden von Ton- und/oder Filmsequenzen

Recording, multiple Zone -
Bezeichnung des ▷Festplattenherstellers Maxtor für das Zone Bit ▷Recording

Recording, near Field -
Mischtechnologie zwischen der magnetischen Datenspeicherung und dem ▷magneto-optischen Prinzip: mobiler, fliegender

▷Schreib-/Lesekopf wie bei den Magnetplatten, aber mit magnetischen und optischen Elementen bestückt; wesentlich grössere Datendichte: Verdoppelung der herkömmlichen, dichtesten Kapazitäten schon bei der Markteinführung 1998; kommerzieller Erfolg zweifelhaft trotz grossartiger Kenndaten und immer wieder neuer Anläufe der Industrie, z. B. durch Philips

Recording, Zone Bit -
Besonders sicheres und platzsparendes Speicherungsverfahren für ▷Festplatten (▷IDE, ▷EIDE und ▷SCSI): die Haupteigenschaft besteht darin, dass die Platte in radialer Richtung in Zonen aufgeteilt wird, die eine unterschiedliche ▷Sektorenzahl aufweisen; dadurch wird das Phänomen vermieden, dass die Datendichte gegen innen immer höher wird; diese Technik kannten schon Tischcomputer von Viktor und Sirius Ende der 1970er Jahre ...; sie wird heute fabrikmässig implementiert und ist für den Anwender transparent

Recovery
Wiederentdeckung; Wiederherstellung, Rekonstruktion eines vorherigen, ▷konsistenten Zustands bei Daten und Parametern nach 1. einer fehlerhaften ▷Transaktion oder 2. einem System- bzw. ▷Komponentenausfall; geschieht das alles automatisiert, wie z. B. durch ein ▷DBMS, dann ist R. einfach der „Wiederanlauf"

Recreation
Neu-, Wiederentwicklung einer Anwendung, beginnend bei der ▷Planung, also an vorderster Stelle; siehe auch ▷Reengineering und ▷Redesign

Recycle Bin
Abfallkorb, ▷Papierkorb

Red Book
Eigentlich: Trusted Network Interpretation (TNI); Kollektion von Spezifikationen zur Bewertung der technischen, funktionalen und

operativen Sicherheit von Netzwerken, vom ▷LAN bis zum ▷WAN; die Evaluationskriterien reichen von der ▷Authentisierung bis hin zur ▷Abschirmung von Kabeln; als Hauptbestandteil der ▷Rainbow Series zusammen mit diesen anno 2000 zugunsten der ▷Common Criteria stillgelegt

Redesign
Neu-, Wiederentwicklung einer Anwendung, beginnend bei dem Entwurf; siehe auch ▷Recreation und ▷Reengineering

Redirection, Redirektion
Siehe unter ▷Umleitung (lat.)

R

redo
1. nochmaliger Versuch z. B. einer vordem verweigerten ▷Transaktion; 2. rückgängig Machen des rückgängig Machens bzw. entsprechende Partner-Funktionalität von ▷undo; wie erhalte ich r. mit ▷undo (z. B. nach zu vielen undos in ▷EMACS): a) undo-Kette mit einer Pseudo-Aktivität durchbrechen (z. B. eine Cursor-Bewegung), b) jetzt undo – und schon ist das überflüssige undo undone; so logisch können Computer sein …

redundant, Redundanz
Überfluss, Weitschweifigkeit (lat.); 1. ▷Informationstheorie: ▷Signal ohne ▷Nachrichtenwert und deshalb ohne Informationsgehalt; 2. ▷Datenbanktechnik: Inhalt, der ohne Informationsverlust weggelassen werden kann; bei ▷Data Warehouses manchmal zwecks Rechenzeitersparnis bewusst eingesetzt; 3. ▷Systementwurf: scheinbar überflüssige, in Wirklichkeit aber der Ausfallsicherheit dienende Mehrfach-Implementation von Komponenten; 4. ▷Telematik: Ballastdaten für Prüf- und evtl. Korrekturzwecke bei der Speicherung oder Übertragung von Daten; 5. zum 1-Bit ▷EDC dafür notwendig: 1 Bit (▷Parität) und zum 1-Bit ▷ECC über eine ▷Wortbreite von k Bits müssen die r redundanten Bits folgender Ungleichung genügen: $k + r + 1 \le 2^r$; damit müssen 1 Byte mind. 4 Bits angefügt werden

Reengineering
Neu-, Wiederentwicklung einer Anwendung, beginnend bei der
▷Analyse; siehe auch ▷Recreation und ▷Redesign

reentrant
Wörtlich: wiedereintretend (lat.); aus dem Zusammenhang zu ersehen: Fähigkeit mehrerer ▷Prozesse oder ▷Threads, 1. den gleichen Code zu bearbeiten (reentrant Code) oder 2. gleichzeitig in
einen ▷kritischen Bereich einzutreten

R

referenced, referenziert
1. und allgemein: beansprucht, abgefragt, gebraucht, adressiert,
wenn von einer ▷Ressource die Rede ist; 2. im Zusammenhang mit
einem Status-Bit: ▷Flag, die bekannt gibt, dass auf einen Speicherbereich seit dem letzten Rücksetzen zugegriffen wurde, weshalb die
Gefahr der ▷Inkonsistenz oder ▷Inkohärenz besteht oder zur Ab-
schätzung der Begehrtheit

Referenz, Referenzierung
Bezug (lat.); 1. und allgemein: Vorgehensweise, die darin besteht,
mit einem Verweis auf ein Objekt zu arbeiten, anstatt mit dem
Objekt selbst; Beispiele: indirekte Adressierung, Zeiger, Dateiname,
Shortcut, URL, …; 2. im engeren Sinne: ▷Zugriff auf eine
▷Ressource mittels einer ▷Adresse oder einem ▷Bezeichner

Referenzlokalität
1. Phänomen, dass innerhalb kurzer zeitlicher Bandbreiten wiederholt die gleichen ▷Ressourcen (▷Instruktionen, ▷Daten, ▷Adres-
sen, …) gebraucht werden; also: Lokalität der ▷Referenzierung;
Vergleich: je kleiner das Zeitfenster, in welchem wir uns in einer
alltäglichen Verrichtung beobachten (Kochen, Gartenpflege), desto
eher greifen wir zum selben Hilfsmittel; siehe auch ▷Lokalitäts-
menge; 2. „Typically, 90 % of the execution time of a program ist
spent in just 10% of the code." (Murdocca, Heuring)

Referenztyp
Auch: Verweistyp, siehe unter Referenz- ▷Datentyp

Reflection
Rückstrahlung (lat.); in modernen Programmiersprachen eine
Sammlung von ▷Klassen, die zur ▷Laufzeit Einblick in die ▷Meta-
daten erlauben und durch deren Bearbeitung ferner die ▷dynami-
sche Einbindung von Klassen und ▷Methoden

Reflexion
Rückstrahlung (lat.); in der Informatik ▷physikalisches Phänomen
der Spiegelung (lat.) ankommender ▷Signale in ▷Kommunika-
tionskanälen; vergleichbar mit der R. der mechanischen ▷Welle
eines am Ende fest montierten und im Durchhang angestossenen
Seils; die R. stört die Kommunikation und kann in Kabeln mit
▷Terminatoren bekämpft werden

Reflexion, Total-, totale -
Reflexion von ▷Lichtwellen, die im optisch dichten ▷Medium (z. B.
Glas) mit einem spitzen Winkel an die Phasengrenze zum optisch
dünneren Medium (z. B. Luft) gelangen und jenes verlassen wollen;
die T. begründet z. B. die Fata Morgana oder die Lichtwellenleitung
in ▷Glasfasern; sie kommt ferner in der Medizin (Endoskopie) und
in anderen Lebensbereichen wie Lichtspielen im Wasserstrahl oder
bei gewissen Dekorationen zum Einsatz

Refresh, Refresh Cycle
1. periodisch nötige Wiederaufbereitung von ▷Zuständen in
▷Speicherbausteinen, sofern diese ▷„dynamisch" und demnach
▷flüchtig sind; 2. entsprechende ▷Periodendauer

Refresh, self -
Selbstauffrischung; Technologie, dank der ▷DRAM-Bausteine sich
selbst einen ▷Refresh besorgen können und dazu nicht auf externe
▷Zyklen bzw. Energie angewiesen sind

regedit
Grafisches Werkzeug zum Editieren der Registrierung, der ▷Registry

Regelung, Regelungstechnik
Einwirkung auf technische ▷Systeme und ▷Prozesse so, dass diese möglichst einen Zielzustand erreichen; im Unterschied zur ▷Steuerung werden hierzu laufend die Ergebnisse gemessen, rückgekoppelt und miteingerechnet

R regex(p)
Regular Expression; siehe unter regulärer ▷Ausdruck

Register
Verzeichnis (lat.); 1. sehr schneller Zwischen- ▷Speicher im ▷Prozessor für ▷Adressen, ▷Befehle, ▷Status, ▷Operanden oder Zwischenergebnisse; viele R. im Prozessor haben spezifische, ▷puffernde Aufgaben, die Gesamtzahl beläuft sich auf einige Dutzend bis einige Hundert; die R. entziehen sich dem direkten ▷Zugriff durch die Anwendung; 2. mehrseitige ▷Dialogbox, deren Seiten mit dem Anwählen einer beschrifteten „Lasche" aktiviert werden; diese sind optisch einem Hänge-R. nachgebildet; 3. ▷Speicherklasse: vereinbart für ein ▷Objekt, damit dieses zur Geschwindigkeitssteigerung in einem R. gehalten und verarbeitet wird

Register, Basis-
Register, welches die Basis- ▷Adresse einer speicher- ▷residenten ▷Ressource enthält, z. B. der ▷Seitentabelle

Register, Befehls-, Instruktions-
Register, wo geladene ▷Maschinenbefehle ankommen und ▷decodiert werden müssen

Register, Branch Target -
Register zur ▷assoziativen ▷Pufferung von Sprungzielen; damit
kann der ▷Prozessor Sprungziele vorhersagen und diese ▷speku-
lativ vorbereiten

Register, E/A-
Summe aller ▷adressierbaren Register in einem ▷E/A- ▷Control-
ler; Inhalte: ▷Konfigurations- oder Statusinformationen sowie Ein-
gabe- und Ausgabedaten; siehe speziell Status- bzw. Steuer-
▷Register

R

Register, Grenz- oder Limit-
Register, das die höchste ▷Adresse oder maximale Grösse einer
▷Ressource enthält; das G. verhindert damit Grenzüberschreitun-
gen und leistet so einen Beitrag zum ▷Speicherschutz

Register, Stack -
Register mit dem ▷Zeiger auf die ▷Adresse über dem obersten
Element des ▷Stacks oder Kellerspeichers, also dorthin, wo das
nächste ▷PUSH() die Ablage vornehmen wird

Register, Status-, Zustands-, Condition Code -
Register mit Zustandsinformationen des Prozessors, Coprozessors
und anderer Komponenten bzw. der ▷Peripherie; registrierte
Zustandsinformationen können sein z.B. ▷Carry, ▷Overflow,
▷Modus- und Schutzinformationen; siehe auch Steuer- ▷Register

Register, Steuer-, Control -
1. am Ende jedes Jahres schmerzhaft monetär wirksame Datenbank
bei der Einwohnergemeinde; 2. Register mit Steuerinformationen,
die der ▷Signalisation anderer Bauteile bzw. der ▷Peripherie dienen; z.B. ▷Read, ▷Acknowledge und anderes; siehe auch Status-
▷Register

Registermaschine
▷Mikroprozessor mit Zwei- oder Drei- ▷Adressbefehlen

Registration Authority
Siehe unter ▷Registrierungsstelle

Registrator, registrieren
1. sich ▷identifizierend (▷autorisierend) eintragen (lassen): ▷Klienten lassen sich oft beim ▷Server r., der dann die Rolle eines R. spielt, so zumindest bei einem ▷statefull Server; 2. Eintragen der Lizenznummer eines Hardware- oder Software-Produkts, verbunden mit Angaben zur Anzahl Kinder, zur Betriebsgrösse, zu den Hobbys, zum Einkommen, zur Nationalität des Ehepartners, zum Geschlecht, zur Lieblings-Feriendestination, zur Marke der digitalen Kamera und anderen Kerninformationen

Registratur, Registry
Zentrale, auf mehrere ▷Dateien verteilte ▷Datenbank mit textbasierten Informationen zur ▷Konfiguration des Systems unter ▷Windows; die R. ist ▷hierarchisch strukturiert; die Konfigurationsdaten sind als Tausende so genannter Schlüssel abgelegt; jeder Schlüssel hat genau einen Wert; die R. ersetzt die .INI-Dateien; nach einer Aufbaulogik wird intensiv geforscht

Registrierungsstelle
In der ▷PKI jene der ▷Zertifizierungsstelle (CA) vorgeschaltete Instanz, die einen Antrag für ein ▷Zertifikat entgegennimmt, ihn überprüft und bei Genehmigung an die CA weiterleitet; diese stellt das Zertifikat aus

Regler
Einem mechanischen Schieberegler nachempfundenes ▷Dialogelement in der ▷GUI, z. B. für die Lautstärkeregelung per Maus

regular, regulär

1. gewöhnlich, normal (lat.); 2. der Regular steht für Regulator, eine Art Sittenwächter in ▷IRC, der die Teilnehmenden bezüglich Einhaltung der entsprechenden Gepflogenheiten überwacht; mögliche Sanktionen sind Zurechtweisungen oder das ▷Banning; 2. siehe auch: regulärer ▷Ausdruck

ReiserFS

In Deutschland von Hans Reiser entwickeltes „journaling" ▷Dateisystem für ▷Linux, welches ▷EXT2 als Standard ablöste; Näheres beim Verfolgen der Querverweise

R

Rekursion, rekursiv

Rückgriff (lat.); Formel, die sich selbst als Teil ihrer Definition enthält, sich selbst also die ▷Argumente vorgibt und sich so in die Tiefe verschachtelt; die Definition ist die „Regel", das Ende der Schachtelung wird durch die „Basis" beschrieben; in der ▷Programmierung lassen sich sehr viele ▷iterative ▷Prozesse – theoretisch eigentlich alle – rekursiv lösen und damit wesentlich einfacher ▷codieren: wir ersetzen dabei eine Iteration durch eine „simple" ▷Funktion; wir verlangen dafür etwas mehr vom ▷Compiler und der ▷Speicherverwaltung (aufwändige ▷Stack-Bearbeitung für die Verschachtelung der Adressen und ▷Variablen); Beispiel: die Fakultät einer natürlichen Zahl ist wie folgt definiert: $n! = n * (n–1) * (n–2) * \ldots * 1$, das ist rekursiv: $n! = n * (n–1)!$ („Regel"), wobei als Abbruch („Basis") gilt: $0! = 1$; vergleiche ▷Prosit, ▷McCarthy 91

Rekursion, direkte -, indirekte -

Rekursive ▷Funktion, die sich unmittelbar selbst aufruft bzw. eine ▷Prozedur aufruft, die schliesslich wieder im Selbstaufruf endet

Relation

1. und allgemein ▷Beziehung, Verbindung, Verknüpfung (lat.); 2. in ▷relationalen ▷Datenbanken sind R. Mengen von n-Tupeln, also

schlicht und einfach ▷Tabellen – und sogar im ▷SQL-Standard einfach als solche bezeichnet; und in ebendiesem theoretischen Umfeld ist R. klar abzugrenzen von ▷Relationship

relational vollständig
Eine ▷Abfragesprache für relationale ▷Datenbanken ist dann r.v., wenn sie ▷syntaktisch mindestens die Mengenvereinigung (▷union) und -subtraktion, das ▷kartesische Produkt sowie die ▷Projektion und ▷Selektion auf ▷Relationen zulässt; ▷QUEL und ▷SQL sind r.v.

Relationenmodell
Von E. F. ▷Codd 1970 entworfene und von ihm 1979 bzw. 1990 stark vertiefte Idee zur Organisation grosser Datenmengen in ▷Matrizen (▷Tabellen, ▷Relationen) und zur Formulierung der ▷Beziehungen zwischen solchen; vom selben Autor stammt auch der ▷Relationenkalkül; mit Blick auf die heutigen relationalen ▷Datenbanksysteme und ▷SQL hat Codd wohl einen der grössten Paradigmenwechsel in der kommerziell relevanten ▷Informatik ausgelöst

Relationship
1. eigentlich und treffend für: ▷Beziehung; 2. in der ▷relationalen ▷Datenbank- ▷Modellierung: funktionelle Verbindung zwischen den ▷Entitätsmengen eines Datenmodells und mit folgender Aussage: „jede ▷Entität der Menge A steht mit 0/1/N (= mehreren) Entitäten der Menge B in Beziehung"; damit ist eigentlich erst eine ▷Assoziation definiert, eine Beziehung wird daraus erst, wenn wir auch den Weg von B nach A betrachten: „kunde erhält rechnung" und „rechnung geht an kunde"; wechselseitige R. sind mit ▷Kardinalitäten wie 1:1 (eineindeutig), 1:N, N:1 (eindeutig) oder N:M versehen, wobei oft Zusatzforderungen existieren wie: 0 oder 1, genau 1, mindestens 1; im ▷Entity Relationship Model werden R. einfach durch funktional beschriftete Verbindungen entworfen oder mittels eines grafischen Elements (Rhombus) ausgedrückt

Release
1. Entlassen, Freigeben, Loslassen (z. B. einer Taste); 2. Versions-, Freigabe-Nummer oder Verfügbarkeitstermin einer ▷Komponente; R. wird oft nur für eine Hauptversion verwendet, wobei die Unterversionen dann ▷Updates heissen; begrifflich einheitlich ist hier gar nichts

Reliability
Zuverlässigkeit; in der ▷Systementwicklung z. B. als Deckungsgrad von tatsächlicher und geforderter Funktionstüchtigkeit beim Eintreffen gewisser, evtl. unvorhersehbarer Randbedingungen

R

relocatible, relokatibel
Frei umlegbar (lat.), konkret im ▷Speicher an einem beliebigen Ort einlagerbar

remanent, remnant
Verbleibend, restlich; im Zusammenhang mit der magnetischen Datenspeicherung: nach dem Löschen als Restmagnetisierung verbleibende Information (und damit auch ein Sicherheitsproblem); siehe ferner unter ▷Degauss (dort: physikalische Erklärung), ▷sanitize mit weiteren Querverweisen

remote
Fern; entfernt operierend, resp. ein so arbeitendes ▷Peripheriegerät oder ▷Terminal; ein r. Control ist eine Fernsteuerung; ein r. Install ist die ▷Konfiguration bzw. ▷Installation eines Gerätes, einer Software von einem entfernten Gerät aus

Remote Procedure Call
(Zum gefestigten Begriff gewordener) entfernter Unter- ▷Programm-Aufruf über den eigenen ▷Adressenraum hinaus; von ▷Sun Microsystems entwickelte, ▷synchrone, ▷auftragsorientierte Kommunikation zwischen Systemen bzw. deren Komponenten; diese „sehen sich" als Teile eines ▷homogenen, geschlossenen Sys-

tems; Ruf des ▷Klienten nach einer in den ▷Server ausgelagerten
▷Prozedur, transportiert über ▷Middleware

Rendering

Verputzen; 1. und allgemein: automatisierte Erzeugung von Daten
in einem bestimmten Format; 2. in der Theorie der grafischen
▷Datenverarbeitung: Formung einer ▷Grafik aus Daten; 3. in der
praktischen Computergrafik: Überführung eines dreidimensional
entworfenen ▷Objekts in eine fotorealistische, sphärische Darstellung, in der Regel also ein ▷Rasterbild: perspektivisch und plastisch, schattiert, eingefärbt, beleuchtet und mit ▷Texturen

Rendezvous

Stelldichein (frz.); ▷synchroner Kommunikationsmechanismus,
welcher das Senden und Empfangen zwischen Kommunikationspartnern so koordiniert, dass quasi ein direkter Kanal entsteht und
keine ▷Pufferung erfolgen muss; der Sender muss warten, bis vom
Empfänger eine Quittung eingetroffen ist (Synchronisation); ▷Pipes
funktionieren mit dem R.-Mechanismus; der Name rührt daher,
dass beide beteiligten ▷Prozesse wie Romeo und Julia „zur gleichen
Zeit am gleichen Ort" sein müssen

Reorganisation

Neuordnung (lat.); Sammelbegriff für pflegerische Routineaktion,
speziell im Bereich des Systemunterhalts: „Reinemachen" mit bzw.
Ausputzen von als gelöscht markierten Daten, Dateien, Verzeichnissen oder: ▷Komprimieren von Datenbeständen durch Elimination
von ▷Redundanz oder: Prüfen und Überarbeiten von ▷Indizes und
vieles andere mehr; eine R. unterstützt die ▷Konsistenz, ▷Persistenz,
schont ▷Ressourcen und muss vor allem bei dezentral verwendeten
Systemen besonders oft und diszipliniert vorgenommen werden

REPEAT ... UNTIL

In vielen Sprachen der strukturierten ▷Programmierung realisierte
▷Syntax für die „nicht abweisende ▷Schleife", eine Schleife, die

mindestens einmal durchlaufen wird, mit ▷Fusssteuerung; siehe
auch ▷WHILE

Repeater
Bidirektionale Verstärkerstation in Bus-Netzwerken; ein R. arbeitet
auf der untersten, also auf der Bitübertragungsschicht des ▷OSI
Modells und verbindet eigentlich getrennte Netzwerke zu einer
logischen Einheit; moderne Verkabelungssysteme erübrigen R.
weitgehend

Repetierfunktion
▷Zeichen-Wiederholfunktion (lat.) bei langem Verweilen auf einer
Taste

replace
Ersetzen; hier meist von Daten; in ▷SQL durch UPDATE; dann
eher ▷update statt r.

Replikation, replizieren
Nachbildung (lat.); zwischen zwei, u. U. örtlich getrennten Systemen in beide Richtungen wirksamer und damit echter ▷Abgleich
von Datenbeständen (▷Fragmenten), welche dezentral und/oder
zeitlich entkoppelt bearbeitet wurden; dank R. bekommen z. B.
Aussendienstmitarbeitende via ▷Dfü die neusten Produktpreise
übermittelt und können durch ihre Aktivitäten auch gleich auf die
zentrale Datenbank einwirken; siehe auch ▷Konsolidierung und
▷Dissemination

Reply, re
Siehe unter ▷Antwort (mit Abkürzung)

Report
Bericht (lat.), siehe dort

Repositorium, Repository
Büchergestell, Aktenschrank, Verwahrung (lat.); ▷Datenbank mit ▷Metadaten über Anwendungssysteme, z. B. über alle im Laufe der ▷Anwendungs- oder Datenbankentwicklung anfallenden Informationen: ▷Relationen, ▷Spezifikationen, ▷Schnittstellen, ▷Codes, Illustrationen, Texte, …

Request – Response
Anfrage – Antwort: das Urmuster der ▷Client/Server-Interaktion, in welchem ein ▷Client um die ▷Dienste eines ▷Servers nachfragt und von diesem eine Antwort erhält

REQUEST(), Request
Anfrage (lat.) für den exklusiven Gebrauch eines ▷Betriebsmittels

Requestor
Anfrager (lat.); eigenständiges ▷Programm oder ▷Treiber, mit welchem die Arbeitsstation die Anbindung an ein ▷Netzwerk herstellt

Rescue
Rettung, Katastrophen-Szenario, häufig im Sinne einer Rückgewinnung von Daten, dann also eher die ▷Recovery

ResEdit
Resource Editor; ▷Dienstprogramm im ▷Mac OS (bis Version 9) zum Eingriff in ▷Programme, ▷Ressourcen und andere ▷Objekte in Maschinennähe

Reset
1. allgemein: Rücksetzen eines ▷Systems in seinen Ursprungszustand, Wiederherstellung der Vorgabewerte; 2. ▷elektronisch: „Herunterziehen" aller ▷Flipflops, ▷Adressenzähler usw. und dadurch Neustart (▷Kaltstart) ohne Löschen des ▷Speichers, aber mit Löschung der ▷Register

resident, speicher-
Niedergelassen, liegend (lat.); geladen, im ▷Arbeitsspeicher befindlich und dort u. U. inaktiv oder im ▷Prozesszustand wartend

residieren, resident
Liegen (lat.); sich zur Zeit in einem bestimmten Speicherbereich oder in einer bestimmen Speicherkategorie (siehe ▷Speicherhierarchie) befinden, befindend

RESIGN()
Sich zurücknehmen (lat.); reale oder ▷pseudosyntaktische ▷Funktion des ▷Schedulers zur Einreihung eines rechnenden ▷Prozesses in die ▷Schlange der rechenbereiten Prozesse; siehe auch: ▷Präemption, ▷Prozesszustand, ▷ADD(), ▷ASSIGN(), ▷BLOCK(), ▷RETIRE(), ▷READY()

Ressource, Resource
Hilfsmittel (lat., frz.); detailliert und theoretisch unter ▷Betriebsmittel, was in der Informatik eigentlich auch der treffendere Begriff wäre

REST
REpresentional State Transfer Architecture; ein Architekturmodell für ▷Webdienste, ähnlich ▷SOAP oder ▷XML- ▷RPC, vorgeschlagen in der Dissertation von Thomas Roy Fielding im Jahr 2000; ▷Middleware; R. baut auf Einfachheit, ▷Zustandslosigkeit auf und verzichtet auf die ▷Transportschicht, verwendet direkt ▷HTTP; daher sind Firewalls kein Hindernis (Port 80 ist quasi immer offen), jedoch muss wegen der Zustandlosigkeit ein Overhead an Informationen transportiert werden, daher ist für performante Anwendungen in ▷LANs eine schnellere ▷Middleware besser geeignet

Restore
Wiederherstellen der Daten von einem Sicherungsarchiv (▷Backup) auf den aktiven ▷Datenträger; nicht zu verwechseln mit ▷recover(y)

Result Set
Siehe unter ▷Record Set

resume
Kommando zur oder Betriebszustand der Wiederaufnahme einer angefangenen und unterbrochenen Arbeit

RETIRE()
Rückzug (lat.); reale oder ▷pseudosyntaktische ▷Funktion des ▷Scheduler's zur ▷Terminierung eines rechnenden ▷Prozesses; der Prozess behält noch eine Zeit lang seine ▷Datenstrukturen, bis seine Terminierung vom Elternprozess zur Kenntnis genommen wird; der Prozess ist so lange ein ▷Zombie; siehe auch: ▷Prozesszustand, ▷ADD(), ▷ASSIGN(), ▷BLOCK(), ▷RESIGN(), ▷READY()

Retransmission und adaptive -
Neuübertragung (lat.), nochmalige Übertragung eines ▷Pakets oder ▷Rahmens 1. in einer verbindungsorientierten Kommunikation im ▷Fehlerfall; 2. in der (gesicherten) Transportschicht (▷OSI-Schicht 4) von ▷TCP/IP nach einer bestimmten Zeit ausbleibender Bestätigung; im Internet darf ▷TCP dazu keineswegs ein festes ▷Timeout verwenden, weil die Verzögerungen (siehe: Typen von ▷Delay) je nach Transportweg u. U. recht unterschiedlich sind (Satellitenwege); deshalb kennt TCP die anpassbare (lat.) R.

Retrieval (System)
1. und allgemein: Suchsystem; 2. Algorithmus, Syntax oder Programm für das Finden von unstrukturiert abgelegten Daten oder von Daten in einem unstrukturierten ▷Datentyp wie z. B. von einem Zitat in einem Volltext; dann in der Nähe der ▷Volltextsuche

Retrieval, retrieve
Herausholen; hier meist: Finden von Daten; in ▷SQL durch ▷SELECT; dann eher: ▷Query, Abfrage

Return

1. „Rückkehr" am Ende eines Unterprogramms, einer ▷Funktion oder ▷Prozedur zum Hauptprogramm; 2. Rückgabewert einer ▷Funktion oder ▷Methode; 3. Bezeichnung für die ▷Taste „Carriage Return" [ENTER] auf dem Computer zur Dateneingabe

Reusability

Wiederverwendbarkeit (lat.): von ▷Code, ▷Modulen, ▷Funktionen und ▷Prozeduren

Reverse Engineering

Verfahren, bei dem versucht wird, aus dem Resultat das Quellmaterial zu generieren: aus dem ▷Zwischencode den ▷Quellcode, aus der ▷Datenbank das ▷ERD, aus dem ▷Maschinencode die ▷C-Zeilen ...

Reverse Proxy

▷Proxy- ▷Server, der ▷WAN-seitig vor den ▷Webserver geschaltet ist; ▷HTTP-Anfragen von ▷Browsern gelangen daher in der Regel an einen R.P.; R.P. nehmen Webservern Arbeit ab, indem sie zu liefernde ▷Webseiten ▷cachen, sie können ferner einströmenden ▷Traffic auf mehrere Webserver verteilen (▷Load Balancing); daher werden R. auch HTTP-Accelerator genannt; R.P. können ferner ▷URLs auf Schadhaftigkeit prüfen, bevor diese an den Webserver geleitet werden

reverse, Reverser

Umkehren, umgekehrt, Umkehrer (lat.); 1. etwas in umgekehrter Richtung tun, also z. B. das ▷physische ▷Schema einer relationalen Datenbank in den grafischen Entwurf „verwandeln"; 2. Kabel und/oder Stecker mit ▷Kreuzung (Crossover) gewisser Signalleitungen

revoke, REVOKE
Widerruf, widerrufen (lat.); allgemeiner Begriff oder entsprechende
▷Anweisung, z. B. als Gegenteil von ▷GRANT und damit zur Rück-
nahme von Verbindungs- oder ▷Zugriffsrechten in ▷SQL

RF
Radiofrequenz; bezogen auf Radiowellen als ▷Signalträger

RFC
Request For Comment: Frage nach einem Kommentar; höchst bemerkenswerter Standardisierungs-Prozess der ▷IETF im Bereich
der ▷TCP/IP- ▷Protokollfamilie; um die Trägheit von Standardi-
sierungsgremien zu umgehen, wird ein Standardisierungsvorschlag
mit dem Aufruf zur Kommentierung im Internet publiziert; dieser
Vorgang der Stellungnahme ist selbst seit 1989 standardisiert; und:
bestehen innerhalb einer bestimmten Frist keine technisch relevanten Pilotinstallationen, wird der Vorschlag als offensichtlich nicht
so relevant fallen gelassen; und es sind Top-Wissenschaftler, die
uns vormachen, dass es in der Informatik auch Platz für Humor
gibt: www.rfc-humor.com

RFID
Radio Frequency Identification; Aussenden von waren- oder personengebundenen Daten durch einen ▷Chip, der passiv durch ▷In-
duktion oder aktiv mit Energie versorgt wird; gesendet wird mit
einer Frequenz von rund 900 MHz; Chip und Antenne bilden einen
so genannten „Transponder" oder ein „Tag" und sind so klein, dass
sie per Kleber auf Objekte angebracht werden können (Diebstahl-
sicherung im Warenhaus); ihre Miniaturisierung ist bei der Grösse
eines Reiskorns angelangt, weshalb ihre Implantation zur Perso-
nenkontrolle, für die medizinische Versorgung usw. ernsthaft überlegt bzw. in den USA seit 2002 an Personen erprobt wird; zögerliche
Verbreitung bis zur Etablierung erster Normen 2005; danach boo-
mend, z. B. in der Logistik

RFS
Ready For Sending; leider seltene, aber eigentlich klarere Bezeich-
nung für die Signalleitung ▷DSR in der ▷seriellen Schnittstelle
▷V.24 (▷RS-232C/D)

RGB
Rot-Grün-Blau, Red-Green-Blue; 1. ▷elektronischer ▷Signalausgang
für Farbbildschirme mit getrennten Farbkanälen; 2. additives ▷Farb-
modell der farbigen Bildröhren; zur Bestimmung einer Farbe werden Rot-, Grün- und Blauanteil in Prozenten oder als Byte (0 … 255)
angegeben, z. B. ist (255, 255, 255) weiss und (255, 0, 0) rot; formelmässig umrechenbar in ▷CMYK; vergleiche auch ▷ICC

R

RI
Ring Indicator; ▷Signal der ▷DCE (Modem) an die ▷DTE (Computer), dass ein Anruf in der ▷seriellen Schnittstelle ▷V.24 (▷RS-
232C/D) eingeht

Ribbon
Band; ein ▷Control, das eine Gruppe von ▷Ikonen zeigt und das
grundsätzlich immer sichtbar ist; ein R. ersetzt ungefähr ein
▷Menü, die Ikone entspricht einem Menupunkt; eine Gruppe von
R. zieht sich als breites, dauernd sichtbares Sammelsurium von
Ikonen über den Bildschirm und ersetzt eine ganze Menüleiste; das
R. ist eines der neusten Controls ab ▷Office 2007; die R. sind aller-
dings mit einer fraglichen Logik und Konsequenz entworfen und
konsumieren ferner eine beachtliche Fläche auf den kleinen Bildschirmen, wie sie z. B. ▷Netbooks haben

RID
Record Identification; ▷identifzierende Kennzeichnung von ▷Da-
tensätzen in Datenbanken als Kombination der ▷Seitennummer
auf der ▷Platte sowie des ▷Offsets, welcher darin den Beginn des
Datensatzes festlegt; oft auch: ▷TID

RIFF
Resource Interchange File Format; durch ein Firmenkonsortium um ▷Microsoft standardisiertes und sehr offenes Datenformat für ▷Multimedia; auch von ▷IBM akzeptiert

RIMM
Rambus Inline Memory Module; Speichermodul mit ▷RDRAM-Bausteinen

Ring

1. ▷Netzwerk- ▷Topologie; 2. ▷Signal für Anruf

Ringpuffer
Im FIFO-Prinzip bewirtschaftete, abstrakte ▷Datenstruktur mit den klassischen ▷Primitiva PUT() für Einlegen und GET() für Entnehmen; R. bilden die Grundlage für ▷Warteschlangen und speziell ▷Spooler

RIP
1. siehe ▷Raster Image Processor; 2. Remote Imaging Protocol; Standard zur grafischen Aufbereitung einiger Online-Dienste; mit solchen Diensten kann normalerweise ein rein textbasierter Dialog betrieben werden oder als Besonderheit ein grafischer, wenn zwischen ▷Terminal und ▷Host eben dieses R. aktiv ist; 3. Routing Information Protocol; veraltetes, dynamisches Distanzvektor-▷Routing-Protokoll auf der Vermittlungsschicht von ▷OSI, mit welchem ▷Router ihre Tabellen aufbauen und sich diese gegenseitig kommunizieren; diese Kommunikation verläuft ungesichert und nicht authentisiert und ist deshalb ein Betätigungsfeld für Angreifer

Ripping, Ripper
Neudeutsch; 1. Transformation beliebiger, meist ▷analoger Daten von beliebigen, meist technologisch veralteten Medien auf moderne, ▷digitale Medien, also z.B. Musik von Vinylplatte auf ▷MP3 oder Film von VHS auf ▷DVD; beteiligt sind dabei ▷Diskretisie-

rung, ▷Digitalisierung, ▷Kompression; entsprechende Programme sind Ripper; 2. ▷Interpretation von ▷PostScript durch den ▷Raster Image Processor, RIP; 3. Aufschlitzer, siehe ▷John the Ripper

RISC
Reduced Instruction Set Computer; in den frühen 1980er Jahren entwickelte ▷Architektur, die auf einem ▷Mikroprozessor mit vermindertem Satz an vorgegebenen ▷Instruktionen basiert; Merkmale neben dieser ursprünglichen Idee sind heute: gemeinsame ▷Zykluszeit und Länge für alle Instruktionen, tiefer gestuftes ▷Pipelining, einheitliche ▷Adressierung und konsequente Drei-▷Adressbefehle, registerorientierte Befehlsverarbeitung und daher viel mehr ▷Register, Unterprogramme in der ▷Software statt ▷Mikroprogramme in der ▷Hardware und folglich längere Programme (etwa Faktor 1.5) als bei ▷CISC-Rechnern; fest verdrahtete ▷Logik im ▷Leitwerk; die Pionierarbeiten stammten aus den ▷IBM Laboratorien, von David Patterson/Carlo Séquin an der Berkeley Universität (RISC I und RISC II) sowie von John Hennessy an der Stanford Universität (▷MIPS); typischer heutiger Vertreter: ▷SPARC

Riser-Karte
Oft in ▷Notebooks / ▷Laptops verwendete ▷Adapterkarten mit rechtwinklig abgeknickter Steckleiste; die Platine liegt also flächenparallel zur Mutterplatine

Risiko
Mass für die Gefährdung eines ▷Systems oder seiner ▷Komponenten; oft als Formel: Risiko = Eintretenswahrscheinlichkeit × Schadenhöhe

Ritchie, Dennis M.
Geboren 1941 in Bronxville (NY); Studium der Physik und angewandten Mathematik in Harvard; Abschluss der Doktorarbeit im Jahre 1967; danach Anstellung in der Forschung und Entwicklung bei den ▷Bell Labs, wo auch sein Vater arbeitete; Entwicklung von

▷Unix (siehe auch ▷UNICS) zusammen mit Ken Thompson; ferner
Entwicklung der ▷Programmiersprache B und zusammen mit
Brian Kernighan dann ▷C; dies wiederum ermöglichte Thompson,
Unix umzuschreiben; im Jahr 2010 Leiter einer Forschungsgruppe,
die u. a. Plan 9 ▷Operating System und das Inferno Operating Sys-
tem entwickelte, Träger vieler Auszeichnungen, u. a. des ▷ACM
▷Turing Award 1983 zusammen mit Thompson

RJ-11, RJ11, RJ 11

Anschlussbuchse für ▷unabgeschirmte Telefonkabel oder ▷verdrill-
te Netzwerkkabel mit vier ▷Signalleitern und Schnappverschluss;
„Western"-Buchse, weil es in den USA die übliche Buchse – auch
wandseitig – ist

RJ-12, RJ12, RJ 12

Anschlussbuchse für ▷unabgeschirmte Telefonkabel – bei grösseren Haustelefonanlagen – oder ▷verdrillte Netzwerkkabel mit
sechs ▷Signalleitern und Schnappverschluss

RJ-45, RJ45, RJ 45

Dem ▷RJ-11 ähnliche Steckverbindung (Schnappstecker) für vierad-
rige ▷verdrillte Leitungen, vom Design her allerdings bis achtpolig

RJ-85, RJ85, RJ 85

Internationaler Anschlussstecker für ▷ISDN

RLE

Dateiformat für komprimierte ▷BMP Grafiken von ▷Windows und
▷OS/2; das Format ist ein Hinweis auf die ▷Kompressionsmethode:
▷Run Length Encoding

RLL

Run Length Limited; ▷Algorithmus und Aufzeichnungsverfahren
bei magnetischen ▷Datenträgern, mit 26 ▷Sektoren pro ▷Zylin-
der besonders dicht; Vorgänger: ▷MMFM; ▷Controller mit um

800 KBytes/s; heute zugunsten wieder mehr proprietärer Verfahren veraltet; siehe z. B. ▷Perpendikularverfahren

rlogin
Remote ▷log in; entferntes Anmelden eines ▷trusted User/Host an einem Zielrechner im ▷TCP/IP Netz; ▷OSI-Schicht 7; ▷Port 513; funktional etwas eingeschränkter als ▷Telnet und eher noch weniger sicher, sämtliche Informationen, auch die Benutzerkennungen, gehen als ▷Klartext durch die Leitungen; man steige um auf ▷SSH

RMI
Remote Method Invocation; ▷Remote Procedure Call unter ▷Java

RMS
Root Mean Square; siehe ▷Amplitude

Roaming
Herumschweifend; 1. und allgemein: von einem Funk-Abdeckungs-gebiet ins benachbarte schreitend; 2. flächendeckende Ortung eines ▷Mobilfunkteilnehmers über ein ganzes Versorgungsnetz und unabhängig vom lokalen Funknetz-Anbieter; R. ist vor allem aus der ▷GSM-Telefonie bekannt: Es erlaubt dem Abonnenten die Mobilität von einem GSM-Netz ins andere; bei GSM ist die dabei maximal mögliche Fahr- oder wohl eher Fluggeschwindigkeit bei ca. 250 km/h angesiedelt; R. wird oft (aber nicht ganz präzise) auch als Zellen-Grenzverkehr gesehen; siehe auch ▷Handover und ▷Zelle

Robinson-Liste
Liste mit den Adressen von Personen, die keine unverlangte Werbung erhalten möchten; ▷Datenschutz

Robot
Software-Agent, der für seinen Besitzer z. B. kommerzielle Angebo-te im Internet absucht und sie ihm zusammenstellt; so unterhalten alle Suchmaschinenanbieter R. zum Absuchen der Informationsan-

gebote auf dem ▷Web; deshalb auch ▷Web (Ro)bot oder Spider; Robots, die zur Verbreitung von ▷Spam beitragen, siehe unter ▷Spambot; alle hier erklärten „Roboter" sind ziemlich von dem entfernt, wie ein ▷Roboter einmal definiert war

Roboter, Robotik
Arbeiter (tschech.); industrieller Fertigungs- ▷Automat bzw. Wissenschaft und Technik rund um solche

Robustheit
Stärke (lat.); Grad der Unempfindlichkeit eines Systems gegenüber unerwünschten Veränderungen; also Funktionsfähigkeit, ▷Absturzsicherheit, Unversehrbarkeit usw.; vergleiche ▷Korrektheit

ROCT
Rely On Common Technology; baue auf verbreitete ▷Technologien … ein Prinzip in der Entwicklung oder bei der ▷Evaluation von Systemen usw.; das Prinzip mag Aussicht auf Stabilität und Kontinuität gewähren, kann sich anders besehen aber auch als Würgegriff für innovative und Nischenprodukte erweisen

ROD
Rewritable Optical Disc; lösch- und beschreibbare optische Platte; ▷magneto-optische Platte

Rohling
1. ungehobelter Mensch; 2. unbeschriebener, „leerer" Datenträger (meist im Zusammenhang mit ▷CD-R, ▷CD-RW oder ▷DVD-R bzw. ▷DVD-RAM) und 3. ein Beweis dafür, dass sich gelegentlich auch deutsche Wörter halten können

ROLAP
Relational OLAP; ▷OLAP-Methoden und -Werkzeuge für die multi- ▷dimensionale Datenanalyse mit Zugriff auf Datenbestände, die

▷normalisiert und ▷relational abgelegt sind; siehe auch ▷MOLAP,
▷HOLAP und ▷DOLAP

roll, Log-

Tagebuchwalze; das regelmässige Beschneiden und Umkopieren
von Logdateien, mit dem Ziel, die Gesamtgrösse derselbigen zu
begrenzen: die aktuelle Datei „D.log" wird zu „D.log.0" kopiert,
vorher wird jedoch „D.log.3" gelöscht, „D.log.2" zu „D.log.3",
„D.log.1" zu „D.log.2" und „D.log.0" zu „D.log.1" kopiert, bei einer
maximalen Anzahl von drei Logdatei-Teilen; Anzahl, Grösse der
Dateien und Häufigkeit der L. sind einstellbar, bei Linux z. B. mit
der Applikation logrotate, /etc/logrotate.conf

R

Roll(ing) up

Siehe unter ▷Drill(ing) up

roll back, Rollback, ROLLBACK

1. und pauschal: Summe aller Massnahmen (▷undo und ▷redo),
um bei einem Systemfehler den jüngsten ▷konsistenten Datenbestand zu rekonstruieren; 2. und etwas enger: implizit oder explizit
ausgelöste Retablierung von Datenbeständen nach einer gescheiterten ▷Transaktion bis zu deren Anfang (▷BOT) oder Sicherungs-
punkt (▷Save Point); ROLLBACK ist die ▷SQL-Anweisung, welche
dies explizit veranlasst; ein R. muss (nicht nur: kann) erfolgreich
abgeschlossen werden; siehe auch ▷Commit

Roll out, Rollout

Ausrollen, auslaufen; 1. vollständige Umstellung, ▷Migration auf
eine neue ▷Plattform; 2. Markteinführung eines neuen Produkts

roll forward

Wiederanlauf zur ▷Persistierung von Datenbeständen, die einer ab-
geschlossenen ▷Transaktion entstammen, aber zwischen ▷Commit
und einem Systemstillstand nicht festgeschrieben werden konnten

Rolle
1. Funktion einer Person oder eines ▷Prozesses im ▷System mit impliziten Verfügungsrechten; Beispiel a) die ▷Eigentümerin oder der Eigentümer eines ▷Objekts darf dieses ändern oder löschen; Beispiel b) der ▷Administrator (▷root) ist in der Regel die Person mit den weitestreichenden Rechten; 2. ▷Funktion einer ▷Entität in der ▷Beziehung zu einer anderen; oft – nicht treffend – synonym zu ▷Gruppe behandelt; siehe auch ▷RBAC

rollen
1. und allgemein: das Verschieben und Nachfüllen von Inhalten innerhalb eines (abstrakten) Fensters; oder auch: Schieben eines (abstrakten) Fensters über einen Inhalt; vergleiche z. B. Log- ▷roll; 2. zyklisches Schieben eines ▷Registerinhalts, also durch hinten Nachfüllen des vorne hinausgeschobenen ▷Bits; 3. Bildschirme und ▷Fenster: ▷Bildschirminhalt/ ▷Fensterinhalt horizontal oder vertikal versetzen, um verdeckten Inhalt in den sichtbaren Bereich zur rücken; die manuelle Bewegung eines Fensterinhalts durch Ziehen der Rollbalken in grafischen ▷Benutzungsoberflächen heisst ebenfalls r.; siehe ▷scroll

ROM
Read Only Memory; Nur-Lese-Speicher, nicht ▷flüchtiger ▷Festwertspeicher, die Daten oder Programme sind fest „eingebrannt" und entweder gar nicht oder nur unter ganz speziellen Bedingungen löschbar, vergleiche z. B. ▷EEPROM

ROM, Shadow -
Erklärt unter Shadow- ▷RAM

ROM-OS
ROM-residierendes ▷Betriebssystem

Roman
Durch ▷Hewlett-Packard eingeführte, verbreitete ▷Schriftfamilie

Root

▷Wurzel; 1. Hauptebene, Haupt- ▷Knoten in einer ▷hierarchi-
schen ▷Struktur (▷Dateisystem, ▷Baum usw.); 2. privilegierteste
▷Rolle in ▷Unix / ▷Linux: ▷Administrator

Root Server, Root-Server

1. ▷Server bzw. eine ▷Farm solcher, welcher die oberste Ebene
eines ▷DNS-Namens auflösen kann; ein R.S. ist demnach in der
Lage, den Aufruf xx.yy.zz.hslu.ch an den DNS-Server der Hochschule Luzern weiterzuleiten; 2. zu einem Dienstleister ausgelagerte
▷physikalische oder ▷virtualisierte ▷Servermaschine mit vollen
Zugangsrechten, also ▷Housing

Root Zone File

Unter der Kontrolle der US-Regierung stehende, oberste ▷Do-
mäne, die Urwurzel aller Namen im ▷Internet

Rootkit

Werkzeug oder ▷Werkzeug-Sammlung, mit deren Hilfe man sich
Administratoren-Zugriff verschaffen und/oder danach gewisse Aktivitäten auf Rechnern vollziehen und verbergen kann; dazu müssen gewisse Standardanwendungen wie z. B. ps, top oder ifconfig
ersetzt werden; der Begriff wurde 2005 weit bekannt durch eine
Werkzeugsammlung, die Sony Music Entertainment per ▷CD verteilte, um (ohne Kenntnis der Anwender) auf Rechnern einen Kopierschutz zu installieren; R. sind ▷Malware

ROS

Resident Operating System; jener Programm-Teil im ▷BIOS-
▷ROM, welcher die wichtigsten Systemtest-Routinen (▷POST)
durchführt, den ▷Urlader enthält und im so genannten Boot ▷Sek-
tor (Seite 0, Spur 0, Sektor 0) den ▷Boot Record sowie das Ladeprogramm ▷SYSINIT sucht

Rotation, Rotationsgeschwindigkeit

Die Rotation bei Platten-Datenträgern wird auf zwei prinzipielle Arten erzeugt: 1. magnetische Datenträger drehen sich meist mit konstanter Winkelgeschwindigkeit (constant angular Velocity, CAV); das heisst, ein radialer Strahl überstreicht in der gleichen Zeiteinheit immer den gleichen Winkel, Angabe in ▷RPM; 2. optische Datenträger, z. B. die ▷Audio- ▷CD, drehen sich oft mit konstanter Spurgeschwindigkeit (constant tracking/linear Velocity), das heisst, pro Zeiteinheit streicht immer die gleiche Bogenlänge unter dem ▷Schreib-/Lesekopf durch (die Platte dreht schneller, wenn der Kopf weiter innen ist); kein eigenes Mass; die Daten-CDs drehen allerdings mit einer CAV und um Faktoren schneller als Audio-CDs

round Robin

Rotkehlchen (r.R. aber stehender Begriff für eine Reihum-Methode); in vielen Zusammenhängen für: streng ▷zyklisch wiederkehrend; z. B. rein zyklische Abarbeitung von ▷Prozessen mit oft fest zugeteilter ▷Prozessorzeit (▷Quantum)

ROUND()

▷Funktion in vielen Programmier- und Datenbanksprachen zum mathematischen Runden von ▷Fliesskommazahlen

Router

Reiseweg (lat.) Definierer; 1. Wegfindungsalgorithmus z. B. im Layout elektronischer Platinen und damit zu deren Verdrahtung; 2. Bezeichnung für entsprechende Algorithmen in ▷CAD-Anwendungen; 3. intelligenter Brückenrechner auf der Vermittlungsschicht (3) von ▷OSI zwischen kompatiblen, aber nicht unbedingt gleichartigen Netzwerken (Unterschiede auf Schichten 1 oder 2) zu deren gegenseitiger Integration, zur Optimierung der Datenwege und neuerdings zur ▷Komprimierung der Daten vor dem Transfer; ein R. begrenzt die ▷Kollisions- und die ▷Broadcast-Domäne; R. sind vor allem ▷Paketleitsysteme, arbeiten mit ▷logischen Adressen (▷IP) und sind deshalb flexibler als ▷Bridges

Router, Perimeter- oder Border -
Router an der Grenze eines autonomen Netzwerks zur „grossen, weiten Welt" oder einem anderen autonomen Netzwerk

Routine
Gewandtheit (lat., dann frz.); Kleinstprogramm oder Teil eines ▷Programms mit einer eigenen Aufgabe; sehr allgemeiner Begriff, der sich spezialisiert in ▷Prozedur, ▷Funktion, ▷Ausnahmeverarbeitung für ▷Unterbrechungen oder ▷Exceptions, aber auch etwa ▷Kommando

R

Routing
Wegwahl (lat.); 1. Tätigkeit des ▷Routers (dort mehr Details) zur optimierten Verlegung von Bahnen auf elektronischen Platinen; 2. optimierte Routenwahl eines Datenpakets in einem vernetzten System

Routing Protokoll, Distanzvektor -, Link State -
Ein Distanzvektor R.P. sucht sich die günstigste Route durch Minimierung der Knoten auf dem Weg zum Ziel; ein Link State R.P. berechnet dazu noch viele andere Parameter mit ein, wie z. B.: Paketgrösse, Verbindungsqualität, Verzögerung, „Kosten" pro Abschnitt ...

Routing Protokoll, dynamisches -, statisches -
Ein d.R.P. ist in der Lage, auf veränderte Wegbedingungen zu reagieren, die Routingtabellen nachzutragen und sie evtentuell sogar zu ▷propagieren; ein s.R.P. wird manuell verwaltet

Row
Zeile in einer 2D- ▷Matrix oder einem 3D-Würfel (in Letzterem nicht: eine Fläche)

Royal Fonts
Andere Bezeichnung für ▷TrueType-Schriften

RPC
Siehe unter ▷Remote Procedure Call

RPM
1. Rotations Per Minute; Mass für die konstante Winkelgeschwindigkeit bei magnetischen Platten-Datenträgern; siehe Details unter ▷Rotationsgeschwindigkeit; 2. Red Hat Package Manager; ▷Archiv-Format für ▷Pakete des ▷Linux- ▷Distributors Red Hat, welches auch von anderen Distributoren verwendet wird

R RPN
Reverse Polish Notation; ▷UPN

RS
1. ▷ASCII-Zeichen 17(H) (23): Record Separator; Trennung eines ▷Datensatzes oder einer Untergruppe von Daten; 2. Recommended Standard: ▷Normen der ▷EIA im Bereich der seriellen Datenübertragung: Kabel und Stecker; z. B. ▷RS-232C/D

RS-232C bzw. D
▷Serielle ▷Schnittstellennorm nach ▷EIA entsprechend ▷DIN 66020, die Norm D spezifiziert im Gegensatz zur Norm C auch den 25poligen Stecker ▷D-sub 25 bzw. ▷ISO 2110; direkte Logik (so genannte Spannungsschnittstelle); bis 20 kbps ▷asynchron und 15 m 25-polige Kabellänge; die Norm regelt die Verbindung einer ▷DTE mit einer ▷DCE; sie entspricht der Normfamilie ▷ITU ▷V.24 / ▷V.28 (siehe dort für Details)

RS-422A
▷Serielle ▷Schnittstellennorm nach ▷EIA, entspricht ▷ITU V.11 = X.26 und ▷ISO 4902/4903; Bit-Zustände entsprechen Pegeldifferenzen; 1 Senderin an 10 Empfänger, bis 10 Mbps ▷asynchron und 1'200 m 37-polige Kabellänge; 15- oder 37polige Steckverbindung nach ISO 4903 bzw. 4902

RS-423A

▷Serielle ▷Schnittstellennorm nach ▷EIA, ▷ITU V.10/X.26, ▷ISO 4902/4903; direkte Logik (so genannte Spannungsschnittstelle); bis 100 kbps ▷asynchron und 1'200 m 37/15-polige Kabellänge

RS-485A

▷Serielle ▷Schnittstellennorm nach ▷EIA, ▷ITU V.11/X.27, ▷ISO 4902/4903; Bit-Zustände entsprechen Pegeldifferenzen; 32 Sender an 32 Empfängerinnen, bis 10 Mbps ▷asynchron und 1'200 m 37/15-polige Kabellänge

RSA

1. Rivest (Ronald) – Shamir (Adi) – Adleman (Leonard); am ▷MIT 1978 entwickeltes asymmetrisches ▷Kryptografie-Verfahren, mit einer ▷Schlüssellänge von 512 bis 2'048 Bits; als ▷Einwegfunktion dient die Faktorisierung von Produkten mit riesigen Primzahlen; anfänglich wurde für RSA der ▷DES ▷Algorithmus verwendet, jetzt ist es ▷AES; RSA bewältigt auch digitale ▷Signaturen und das ▷Schlüsselmanagement; 2. gleichnamige Firma RSA Laboratories mit Hauptsitz in Bedford, Massachusetts; führender Hersteller von Produkten und Spezifikationen rund um IT ▷Security; R. ist eine Division ▷EMC Corporation

RSACi

Recreational Software Advertising Council, Internet; Spezifikation und ▷Browser-Erweiterung zur Taxierung von kritischen ▷Web-Inhalten; die Inhalte (z. B. Gewalt, Sex) können gestuft taxiert und gesperrt/durchgelassen werden

RSI

Repetitive Stress Injuries; körperlicher Schaden mit Kurzzeit- oder Langzeitwirkung aufgrund sich immer wiederholender Tätigkeiten, z. B. beim Redigieren eines Informatik-Lexikons; in den USA ist RSI vor allem Futter für Prozesshaie auf dem Gebiet der ▷Produkthaftpflicht

RSS

Rich Site Summary, auch: RDF Site Summary oder neuer: Real(ly) Simple Syndication; eine Art Neuheiten-Verfolgung und -benachrichtigung, also ein „News Ticker" im ▷Web; ein ▷Client-Programm, der RSS Reader, überwacht Nachrichtenagenturen, Online-Zeitungen und ▷Blogs auf neue Inhalte und meldet dem Abonnenten diese in der Art von E-Mails; RSS Reader waren ehemals separat zu installieren, sie sind heute Bestandteil des ▷Browsers; technologisch ist RSS eine ▷XML-Anwendung

R RTC

Real Time Clock; je nach Zusammenhang synonym für (treffend) die ▷akkugestützte ▷Echtzeit-Uhr oder für (untreffend) den ▷Timer

RTF

Rich Text Format; durch ▷Microsoft 1987 aus ▷DCA heraus weiterentwickeltes Format für Text-Dateien, welches auch ▷Formatangaben umfasst; R. ist ferner eine Brücke zwischen ▷MS-DOS / ▷Windows und ▷Mac OS

RTFM

Read the funny manual – mit Variationen für den Buchstaben F; die berechtigte Aufforderung an jeden, der es bequemer findet, jemand anderem mit Fragen die Zeit zu stehlen anstatt selbst nachzulesen; vergleiche ▷Slang

RTOS

Real Time Operating System; pauschale, noch keine Details qualifizierende Bezeichnung für ein ▷Betriebssystem, welches ▷Echtzeitanforderungen genügt

RTP

Real Time Transport Protocol; auf den unteren ▷OSI-Schichten angesiedeltes Transport- ▷Protokoll für zeitkritische Daten, wie sie z. B. in Videokonferenzen fliessen; beachte ▷PACE

RTS
Request To Send; etwas verwirrende Bezeichnung für die ▷Signal-leitung in der ▷seriellen Schnittstelle (▷V.24 / ▷RS-232C/D), mit welcher die ▷DTE (Computer) der ▷DCE (Modem) mitteilt, dass sie Daten erwartet

Rubber Band
„Gummizug" in grafischen ▷Benutzungsoberflächen; mit Hilfe des R.B. können mehrere Objekte auf einmal ausgewählt, also markiert werden

R

Ruby, Ruby on Rails
Rubin; höhere ▷Programmiersprache aus dem Jahre 1995 von Yukihiro „matz" Matsumoto; R. möchte sowohl ▷mächtig als auch natürlich zu programmieren sein und vereinigt die stärksten Elemente aus ▷PERL, ▷Smalltalk, Eiffel, ▷Ada und ▷Lisp; eine Humansprache, die wie eine menschliche Sprache lesbar sein sollte, voll ▷objektorientiert (vergleiche ▷Hybrid), mit erweiterbarem und änderbarem Wortschatz; Einfach- ▷Vererbung, jedoch Module (Methodensammlungen) zum Einmixen, ▷Sigillen für die Sichtbarkeit; plattformunabhängige ▷Threads; R.o.R ist ein umfassendes ▷Rahmenwerk zur schnellen Webapplikations-Entwicklung, geschrieben in R., von Dativ Heinemeier Hansson; R.o.R. basiert auf ▷DRY, ▷REST, ▷MVC, ▷Convention over Configuration

Rückgabewert
Wert, welchen eine Funktion ausliefert, wenn sie ihre ▷Argumente ausgewertet hat; liefert eine „Funktion" keinen R., heisst sie ▷Prozedur

rücksetzen
Siehe unter ▷Reset

Rücktaste
Taste, die den ▷Cursor zu einem Schritt rückwärts und Löschung des dortigen Zeichens veranlasst; mit einem nach links weisenden Pfeil versehene Löschtaste; dass nicht generell von der Löschtaste gesprochen wird, hat damit zu tun, dass es auch eine Taste gibt, die nach rechts löscht: „Del" oder „Entf" auf der ▷PC-Tastatur

Rule Base
Regelwerk z. B. für ▷Firewalls

R run
Rennen, Lauf; 1. reales oder pseudosyntaktisches Kommando zum Ausführen eines ▷Programms, ▷Jobs usw.; 2. eine in sich sortierte Gruppe aufeinanderfolgender Elemente; 3. lückenlose Folge von ▷Blöcken derselben Datei auf einem ▷Datenträger

Run Length Encoding
▷Kompressionsverfahren, welches sich wiederholende Ziffernfolgen bloss als Anzahl von deren Wiederholung notiert bzw. sendet

Runlevel
Betriebs- und ▷Privilegmodus oder ▷Dienstleistungsstufe eines ▷Prozesses in ▷Unix / ▷Linux; es sind (nicht sauber standardisiert) mehrere R. beschrieben; in ▷Linux sind es acht: 0...7 und S (single User); der Vater aller Prozesse in Unix ist ▷init: er startet die weiteren Prozesse und teilt ihnen einen R. zu; wird init selbst in R. 0 versetzt (Kommando: init 0), so wird das System heruntergefahren

Runtime
Laufzeit; 1. während des Programmlaufs, zur ▷Laufzeit auftretend; 2. direkt lauffähige Version einer ▷Applikation; die Anzahl installierter R. dient oft als Basis für die Berechnung der ▷Lizenzgebühren; 3. im Leistungsumfang reduzierte Applikation, sofern sie als Voraussetzung einer anderen Applikation gilt, aber nicht die eigene, volle Leistung beansprucht wird

rvalue

Right Value; Ausdruck, dem in der ▷Syntax einer Programmier-sprache kein Wert zugewiesen wird, also der Wert rechts vom ▷Zuweisungs- ▷Operator, z. B. ein Wert- ▷Literal: pi:= 3.14159 (3.14159 ist hier der rvalue); siehe auch ▷lvalue

RVP

Rendez-Vous Protocol; ein von ▷Microsoft entwickeltes ▷Protokoll, welches die Präsenz von Personen im ▷Internet ausfindig macht

RWW

Read While Write; Überprüfung des auf ▷Band Geschriebenen auf Korrektheit schon während des Schreibvorgangs, also ohne Um-spulen; siehe auch ▷RAW

RXD

Received Data, siehe detailliert unter ▷RD

R

S

S-Box
Substitution Box; Matrize mit Binärwörtern von n Bits Länge, die zusammen mit einem gleichlangen Wort des ▷Klartextes sowie einem gleichlangen Wort des Schlüssels durch Binäroperationen (meist XOR) zum n-Bit-Wort des ▷Chiffrats verknüpft werden; Bestandteil der Feistel-Netzwerke

S-Bus
Hausinterner Daten- ▷Bus unter ▷ISDN und nicht zu verwechseln mit dem SBus (Erweiterungskarten-Bus im ▷SPARC-Kontext)

S-DLT, SDLT
Durch die Firma Quantum entwickelte, erweiterte ▷DLT-Spezifikation für ▷Magnetbänder mit einer unkomprimierten Kapazität von 100 GBytes und einer Transferrate von 11 MBytes/s

S-HTTP, Secure HTTP
▷Kryptografierung und Versand einzelner vertraulicher Daten über das ▷TCP/IP Netzwerk via HTTP; im Gegensatz zu ▷HTTPS werden Einzelnachrichten verschlüsselt, während HTTPS den ganzen Kommunikationskanal schützt

S/MIME
Secure ▷MIME; Spezifikation zur Gewährleistung der Vertraulichkeit, ▷Integrität, ▷Authentizität und Nicht-Bestreitbarkeit von E-Mails und ihren Anhängseln durch digitale ▷Signierung der ganzen Nachricht

S3
Grafik- ▷Prozessor bzw. ihn umgebender ▷Chipsatz zur Beschleunigung des Bildschirmaufbaus unter ▷Windows

SA
System Administrator; oft eine vorgegebene ▷Rolle mit sehr hohen Privilegien

SA, SADT
Structured Analysis and Design Technique; grafisches Mittel zur ▷top down ▷Analyse von Problemstellungen und für den ▷Entwurf von Lösungen; im Mittelpunkt der Darstellung stehen ▷hierarchisch gegliederte ▷„Objekte" und ▷„Funktionen"

SAA
Systems Applications Architecture, von ▷IBM standardisierte ▷Architektur (▷Design, ▷Programmierung, ▷Benutzungsoberfläche, …) für ▷Applikationen; SAA sollte der internen und externen ▷Kompatibilität, der einheitlichen ▷ergonomischen Anwendung und der ▷Portabilität von Programmen in der IBM Familie dienen; erlassen im Jahre 1987; geblieben ist ▷CUA, welches auch in die ▷GUI Konzepte von ▷Java eingeflossen ist

SaaS
Software as a Service; Akronym-Kreation aus 2007; bedeutet Migration der Anwendungen aus dem Computer heraus ins ▷Web und damit Beanspruchung ganzer Lösungen in Form von ▷Webdiensten oder das Zusammenspiel vieler ▷Webdienste als verteilte Applikation

Saatzahl
Gängige Bezeichnung für den Initialwert eines (Pseudo-) ▷Zufallszahlengenerators; vergleiche ▷RANDOMIZE()

Safe Harbor

Sicherer Hafen; Abkommen zwischen der US-Administration und der EU, nach welchem sich US-Unternehmen richten müssen, wenn sie die ▷Datenschutz-Vorschriften der EU einhalten wollen; S.H. ist darauf zurückzuführen, dass die EU-Richtlinien zum Datenschutz ungleich rigider sind als in den USA; das Nicht-EU-Mitglied Schweiz akzeptiert S.H. und verlangt von US-Handelspartnern eine diesbezügliche Erklärung

Safety

Sicherheit; im angelsächsischen Raum: Sicherheit gegenüber unbeabsichtigten ▷Fehlern; deshalb auch: Funktionssicherheit eines ▷Systems in dem Sinne, dass die Ist- mit der Soll-Funktionalität übereinstimmt; siehe auch ▷Security, ▷Protection

Sag

Senkung, Durchhang; kurzfristiges Absinken der Netzstromversorgung, wie es vor allem beim Zuschalten leistungshungriger Verbraucher auftritt; siehe auch ▷Brownout, ▷Spike und ▷Surge

SAIT

Super ▷AIT; von Sony entwickelte Spezifikation für Sicherungsbänder mit 1/2 ▷Zoll breiten Bändern, einer Kapazität von 800 GBytes (unkomprimiert) und einer Transferrate von 45 MBytes/s

SAM

Security Account Manager unter ▷Windows, beinhaltet alle Benutzer- ▷Konten; die SAM-Datei ist im normalen Betriebszustand blockiert und versteckt und kann z. B. per ▷DOS gefunden, wegkopiert und analysiert werden; obwohl die betreffende Datei auf jedem Rechner einen anderen Namen hat, kann mittels kurzem ▷Dateinamen darauf zugegriffen werden: C:\system~1_resto~1\ ; in dieser Offenheit ist SAM sicherheitsmässig tendenziell ein Angriffspunkt

Samba
Dateiserver auf ▷Unix / ▷Linux für ▷Klienten, die mit den ▷Windows ▷Dateisystemen arbeiten; der Name ist eine herrliche Spielerei mit dem Akronym ▷SMB, dem Server- ▷Protokoll von ▷Microsoft; als Netzwerk muss ▷TCP/IP verwendet werden

SAML
Security Assertion Markup Language; ▷Protokoll zum Austausch von ▷Authentisierungs- und ▷Autorisierungs-Informationen zwischen ▷Webdiensten; soll als Idealziel das ▷Single Sign-on für Webdienste ermöglichen

Sampling, - Rate
Analog-digital-Konvertierung durch 1. periodische Abtastung, 2. ▷Diskretisierung, 3. ▷Digitalisierung; z. B. Zerlegung ▷analoger Klänge irgendwelcher Herkunft und Digitalisierung zwecks Tonverarbeitung; die S.R. ist die Abtastrate, Abtast- ▷Frequenz

SAN
Storage Area Network; Speicherbereichs-Netzwerk, Vernetzung ganzer ▷Farmen von Speichermedien in einem eigenen Netzwerk mit eigener ▷Transport-Infrastruktur; der Datenfluss ist ▷blockorientiert; zur Anwendung kommt dafür meist ▷Fibre Channel; siehe auch: ▷DAS, ▷NAS und ▷NDAS

SAN, Schichten im -
SAN wird meist in einem 5-Schichten-Modell behandelt: 1 (unten): Device Management (SAN Hardware); 2: Network Management (Konfiguration, ▷Fehler, ▷Performanz); 3: Resource Management (▷Monitoring, ▷Reporting, Regelwerk); 4: Data Management (▷Backup, ▷Restore, ▷Dateien); 5: Application Management (▷logische Anwendersicht, Unternehmensmodelle)

Sand Box
Sandkasten; 1. und allgemein: der Ort, wo sich ohne Gefahr für Leib und Leben spielen und sich bekriegen lässt; so gesehen ein allgemeiner Ausdruck für geschützte ▷Umgebungen, in denen ▷Anwendungen, ▷Emulationen usw. gefahrlos wirken können; 2. und speziell: geschützter Raum eines ▷Java ▷Applets

sanitize
Sterilisieren, keimfrei machen; völliges Löschen der Daten auf einem magnetischen Datenträger, auch ▷wipe (siehe dort für physikalische Erklärung) oder ▷zeroize

SANS Institute
SysAdmin, Audit, Network, Security; privates Institut für Aktivitäten rund um die Informationssicherheit: Forschungen, Schulungen, Publikationen, (internationale) Zertifizierungen; Sitz in Bethesda (MD); www.sans.org; siehe auch ▷ISC2 mit dortiger Anmerkung

SAP
1. 1972 als „SAP Systemanalyse und Programmentwicklung" von fünf ehemaligen ▷IBM Mitarbeitern gegründet, Hauptsitz Walldorf, Baden-Würtemberg; 1976 nach steiler Erfolgskurve in „SAP GmbH Systeme, Anwendungen, Prozesse" umgeformt; drittgrösstes eigenständiges Softwarehaus mit weltweit über 40'000 Angestellten und rund 10 Milliarden Euro Umsatz; Hersteller der gleichnamigen betriebswirtschaftlichen ▷Standardsoftware, deren Struktur sowohl die Verwaltung von internationalen Konzernen als auch von Kleinstunternehmen erlaubt; aktuelles Kernprodukt ist SAP R/3, wobei „R" für „Realtime" steht, was von Anfang an Vision von SAP war; ▷mySAP.com gehört zur aktuellen strategischen Ausrichtung und stellt die ▷E-Business-Plattform dar; zentrale Programmiersprache ist ▷ABAP, zunehmend auch ▷Java; www.sap.com; 2. Service Access Point: ▷Schnittstelle eines ▷Dienstes; 3. Schweizer Automatik Pool, private Vereinigung in der ▷Automations-Industrie

SAP NetWeaver

Applikations- und Integrationsplattform von SAP; Grundlage dazu
bietet der SAP Web ▷Application Server; N. bietet Schnittstellen zu
Fremdsystemen wie etwa ▷.NET und unterstützt offene Standards
wie z. B. ▷XML; mit N. setzt SAP ihr Verständnis einer dienst-
leistungsorientierten Architektur, ▷SOA, um; N. basiert auf der
▷J2EE-Technologie von ▷Sun, die unterstützten Betriebssysteme
sind vielfältig und reichen von ▷AS/400 über ▷Windows bis ▷Unix
und ▷Linux; SAP sorgt(e) mit vielen Namensänderungen bei verschiedenen Produkten erfrischend oft für neue Verwirrungen

SAP R/3

▷Client/Server basierte, 1992 freigegebene, Standardsoftware von
SAP, vorwiegend fürs Enterprise Resource Planning, ▷ERP; es
werden viele verschiedene Betriebs- und Datenbanksysteme unterstützt; die Vorgänger SAP R/2 und R/1 waren ▷monolithisch, vermehrt entwickelt SAP im Umfeld R/3 nun Branchenlösungen zusammen mit grossen Kunden

SAP Web AS

Auch SAP Web Application Server: Kernbestandteil eines jeden
SAP Systems, speziell aber von NetWeaver; eigentlich ist Web AS
nichts anderes als das technologische Grundgerüst ohne schon
einprogrammierte Geschäftslogik; Web AS ist in jedem Produkt
von SAP enthalten und setzt auf die Programmiersprachen ▷ABAP
und ▷Java (▷J2EE)

SAR

Spezifische Absorptionsrate; Mass für die durch den menschlichen
Körper absorbierte und in Wärme umgewandelte Energie elektromagnetischer Felder in Watt/kg Gewebemasse; die Energieaufnahme hängt einerseits ab von diversen technischen und baulichen
Eigenschaften des Handys, aber auch von dessen Position relativ
zum Körper; deshalb werden die SAR-Werte unter normierten Bedingungen gemessen; der empfohlene Grenzwert liegt bei 2 Watt/kg

SAS
1. Serial Attached SCSI; junge, serielle ▷SCSI Spezifikation mit angestrebten Transferraten von bis zu 1.5 GBytes/s; 2. Software as a Service (meist als SaS geschrieben): synonym zu ▷SaaS und dort erklärt; siehe auch ▷SOA

SASI
Shugart Associates System Interface; vorerst ▷proprietäres Schnittstellenkonzept als Vorgänger von ▷SCSI; dieses hat die Phonetik übernommen: „sgasi"

SASL
Simple Authentication and Security Layer, ▷RFC 4422 (2222 ist veraltet); ▷Authentisierungsframework, das unterschiedliche Authentisierungsmechanismen auf einer gemeinsamen Abstraktionsschicht zusammenfasst und höher liegenden Applikationsprotokollen zur Verfügung stellt, damit diese die Verbindungsparameter aushandeln; dies verwenden heute z. B. ▷LDAP, ▷SMTP, ▷POP3, ▷IMAP, ▷XMPP; ähnlich ▷PAM, aber im Kontext ▷Internet ▷Protokolle

SATA, S-ATA
Siehe unter Serial ▷ATA

Sättigung
Siehe unter ▷Farbsättigung

Saturation, saturation
Sättigung (lat.); siehe unter ▷Farbsättigung

Satz, satzorientiert
▷Datensatz, Datensatz-orientiert, zeilenmässig organisiert

Satzspiegel
In der Typografie: zu bedruckende Fläche auf dem Papier

save
Siehe unter ▷sichern

Save Point, Savepoint, SAVEPOINT
Siehe unter ▷Sicherungspunkt; Anweisung zur Errichtung eines solchen

SAX
Simple API for XML; Konkurrent von ▷DOM; im Gegensatz zu DOM können mit SAX Dokumente nur gelesen werden, sie werden ferner als Liste behandelt anstatt als Baum; mit SAX geparste Dokumente können daher sehr gross und gestreamt (▷Streaming) sein; siehe auch ▷XPath

SBP
Steuerbuspuffer; ▷Puffer zwischen dem ▷Steuerbus und dem ▷Steuerwerk

SCA
Single Connector Attachment; Steckanschluss für ▷SCSI- ▷Festplatten mit 80 Polen für Daten und die Energieversorgung

SCAM
SCSI Configuration Automatically; Übertragung der ▷plug and play ▷Spezifikation auf ▷SCSI; automatisiert werden die (bisher manuell erfolgte) physikalische Gerätenummerierung und die ▷Termination

Scan, Port -
Siehe unter ▷Port Scan

Scan, Slow -
Künstlich verlangsamter ▷Port Scan, um den ▷Intrusions-Verdacht zu reduzieren

scandisk
Halbgrafisches Standardprogramm in ▷MS-DOS und ▷Windows zur Prüfung der Oberfläche eines Platten-Datenträgers sowie dessen ▷Dateistruktur; davor: chkdsk (check disk)

Scanner
1. und allgemein: Taster, Abtaster; 2. Gerät zur optischen Erfassung von Informationen, die (meist auf Papier) als Kontrastmuster (Druckschrift, Handschrift, Rasterbild, Foto) vorliegen; der S. verwandelt diese ▷Information durch ▷Diskretisierung und ▷Digitalisierung in ein hochauflösendes ▷Punktmuster zur weiteren Verarbeitung; handelsüblich sind Flachbett-, Projektions-, Trommel- und Handscanner; 3. Eingabeteil eines ▷Compilers: der S. besorgt im ersten Arbeitsgang des Kompiliervorgangs das Zerlegen des ▷Quellcodes in einzelne Symbole, ▷Tokens und nimmt dabei eine ▷Zeichensatz- und (oft) ▷Syntaxprüfung vor

Scareware
Software des Schreckens; bösartige ▷Virenscanner

Scart
Elektromechanische Verbindungsnorm zwischen Videogerät(en) und Fernseher; im Gegensatz zum ▷Koax-Kabel mit ▷paralleler Bauweise und ohne Hochfrequenz- ▷Trägersignal

Schachtelung
1. bei ▷Funktionen und ▷Prozeduren; Definition und/oder Aufruf einer Funktion oder Prozedur aus einer ebensolchen heraus; damit wird um eine Verschachtelungsebene in die Tiefe geschritten, die Verwaltung der Rücksprünge erfolgt im ▷Stack; 2. bei Programm-▷Schleifen: Durchlauf einer inneren Schleife innerhalb einer umhüllenden; 3. bei Datei-Verzeichnissen: ▷hierarchische Strukturierung der Ablage in verschiedene Verzeichnisebenen mit immer feinerer Auflösung

Schalter

Erweiterung einer ▷Anweisung (▷Programmcode), eines ▷Kommandos (▷Betriebssystem) durch einen optionalen ▷Parameter, der hinter einem entsprechenden Separator nur ganz bestimmte Werte annehmen darf; Beispiel: in ▷Linux lässt sich das Kommando ▷ls erweitern zu ls -la hier ist la (für list all) der Sch.; zusätzliches Beispiel unter ▷Separator; oft auch ▷Option genannt

Schaltfläche

Maus-sensitiver ▷Bildschirmbereich zur Vornahme von Einstellungen in ▷Dialogboxen, bzw. zur Bestätigung („OK") oder Annullierung („Abbruch") solcher Manipulationen; siehe auch ▷Focus

S Schaltjahr

Da muss in den ersten Lektionen fast jede Junior- ▷Programmiererin oder jeder Junior-Programmierer durch: ein Jahr j ist Schaltjahr, wenn $((j \bmod 4) = 0 \wedge (j \bmod 100) \neq 0) \vee (j \bmod 400) = 0$; siehe auch ▷Millennium; das Sch. gleicht feine Unterschiede zwischen der Kalenderrechung und der Revolution der Erde um die Sonne aus

Schaltnetz

In der ▷Digitaltechnik: Schaltung, deren Ausgangswerte nur vom gegenwärtigen Eingangszustand abhängen; für jeden Eingangszustand gibt es genau einen Ausgangszustand; siehe auch: ▷Schaltwerk

Schaltwerk

In der ▷Digitaltechnik: Schaltung, deren Ausgangswerte vom gegenwärtigen Eingangszustand sowie von der Vorgeschichte der Zustände abhängen; für jeden Eingangszustand gibt es mehrere mögliche Ausgangszustände; Sch. haben ein Gedächtnis, im einfachsten Fall sind dies ▷Flipflops; wenn die Ausgangswerte zeitlich durch ▷Flanken getriggert wechseln, ist das Sch. ▷dynamisch; siehe auch: ▷Schaltnetz

Schattenspeicher
1. unglücklich für: ▷Cache; 2. Shadow ▷RAM

Schattierung
In der Darstellung dreidimensionaler Objekte: Zuordnung von Helligkeitswerten zu den Bildpunkten in Abhängigkeit ihrer Lage in der Szene

schedule, Scheduler, Scheduling
Plan; 1. Sammelbegriff für Programme, die eine Terminverwaltung ermöglichen; 2. Prozessorvergabe, also jener Teil des ▷Betriebssystems, welcher den ▷nebenläufigen ▷Prozessen den Prozessor als ▷Betriebsmittel zuweist: der Sch. ist der Träger der ▷Strategie für die Aktivierungsreihenfolge und richtet sich dabei nach Maximen wie: ▷Fairness, ▷Durchsatz, Verweilzeit der Prozesse im ▷Arbeitsspeicher, ▷Antwortzeit, Auslastung; siehe auch ▷Dispatching; 3. Programm im ▷Mehrbenutzer- ▷DBMS, das für die ▷konsistenzerhaltende ▷Synchronisation der ▷Transaktionen verantwortlich ist und dazu ▷optimistische und ▷pessimistische Strategien verwendet

Schema
1. allgemein: (oft grafischer) ▷Entwurf, z. B. im ▷Layout einer ▷Platine; 2. in ▷SQL/86 und SQL/92: Definition der Gesamtheit von ▷Tabellen, ▷Sichten, ▷Beziehungen, ▷Domänen, Rechten usw. mit gleichem Eigentümer in einer relationalen ▷Datenbank; ein Sch. ist das, was mit CREATE SCHEMA erzeugt wird

Schema, Galaxy-
Schema mit mehreren ▷Faktentabellen in der Datenanalyse, die sich zu gemeinsamen ▷Dimensionstabellen hin auflösen können; mit einiger Fantasie sieht das entsprechende Datenmodell aus wie ein Haufen Galaxien

Schema, Schneeflocken-, Snow Flake

Erweitertes Stern- ▷Schema: die u. U. nicht ▷normalisierten ▷Dimensionstabellen werden in Unterdimensionen ausnormalisiert (die Dimensionen werden dadurch mehrstufig) oder in Dimensionen unterschiedlicher Granularität aufgeteilt (die Dimensionen werden dadurch aufgefächert): eine Dimension Produkt kann in Lieferanten ausnormalisiert werden oder die Dimension Zeit kann in die Dimensionen Quartal oder Monat aufgelöst werden

Schema, Stern-

Verbreitetes relationales Datenmodell für ▷Data Warehouses und ▷Data Marts: im Zentrum steht n-seitig eine so genannte ▷Faktentabelle, welche nach „aussen" mit mehreren 1-seitigen, so genannten ▷Dimensionstabellen verbunden ist; so lassen sich dann z. B. Verkaufszahlen (Faktentabelle) nach dem Dimensionen Region, Zeit, Artikel (Dimensionstabellen) analysieren; die Dimensionentabellen sind nicht durchweg ▷normalisiert

Schicht

Abstraktionsebene in einem mehrlagigen ▷Modell – meist kommunikativer – Vorgänge; komplexe Kommunikationssysteme werden aus technologischen (und didaktischen) Gründen in mehrere Ebenen, Lagen oder eben Sch. entflochten und diese ▷hierarchisch gestapelt; eine Sch. bietet darin über ihre ▷Schnittstelle nach oben ▷Dienste an und beansprucht ihrerseits Dienste von unten; sie selbst erledigt dabei eine bestimmte, in sich geschlossene Aufgabe in der Kommunikation wie z. B. den Leitungsaufbau oder -abbruch; jede Sch. sieht nach oben und nach unten je nur ihre Nachbarsch.; bekannt sind die Sch. des ▷Kommunikationsmodells von ▷OSI oder von ▷TCP/IP oder eines ▷SANs; auch die Interaktion zwischen Mensch und ▷Computer wird z. B. mehrschichtig abstrahiert

Schieberegister

▷Elektronisches Bauteil, das in der Lage ist, eine ganze Folge von ▷binären Speicherinhalten um eine Position, also eine Wertigkeit, nach links oder rechts zu verschieben; solche Bausteine leisten damit u. a. gute Dienste bei 1. der ▷seriell- ▷parallel- ▷Konvertierung oder 2. der Multiplikation von binären Mustern mit ▷Potenzen zu 2; Beispiel: eine Multiplikation mit 2 ist eine Multiplikation mit 2^1 und kann durch ein Linksschieben um eine Position unter gleichzeitigem Auffüllen des ▷LSB mit 0 bewerkstelligt werden; dies entspricht dem ▷Befehl „arithmetisches Linksschieben" (ASL) in vielen ▷Prozessoren

Schlange
Siehe theoretisch unter ▷Ringpuffer oder praktisch unter ▷Warteschlange bzw. ▷Spooler

Schlaufe, Schleife
Wiederholt durchlaufender ▷Anweisungs- oder ▷Instruktionsblock

Schleifen, Typen von -
Finit: Wiederholsch. durchlaufen eine schon beim Programmieren bekannte Anzahl Durchgänge (Typ: DO n TIMES); Zählsch. durchlaufen eine schon beim Sch.-beginn bekannte Anzahl Durchgänge (Typ: ▷FOR-Sch.); infinit: abweisende Sch. (auch kopfgesteuerte Sch.) prüfen die Durchführ- ▷Bedingung vor Sch.-eintritt (Typ: ▷WHILE-Sch.); nicht abweisende Sch. (auch Durchlauf- oder fussgesteuerte Sch.) werden mindestens einmal durchlaufen, weil die Abbruchbedingung erst am Ende der Sch. geprüft wird (Typ: REPEAT-Sch.); iterierende Schlaufen (Typ: ▷FOREACH) durchlaufen ▷Kollektionen

Schleifenkörper
In einer ▷Schleifenkonstruktion besteht der Sch. aus der Menge der sich wiederholenden ▷Anweisungen ohne die Kontrollinstruktionen zur Schleifensteuerung

Schleifenzähler
▷Variable mit ▷ordinalen Werten, welche innerhalb des Körpers
(▷Body) von ▷Zählschleifen ▷inkrementiert oder ▷dekrementiert
wird und so die Anzahl Durchläufe steuert; siehe auch: ▷FOR ...

Schlupf
Verschwendete ▷Bits oder ▷Bytes bei einer internen ▷Fragmen-
tierung

Schlüssel
1. und allgemein: ▷Attribut mit einer inhaltlichen und/oder ver-
waltungstechnischen ▷Semantik, z. B. als Sortier- oder ▷Identi-
fikationsmerkmal; 2. ▷Feld in einer ▷Datenbank bzw. Attribut in
einer ▷Tabelle oder minimale Kombination von solchen Merkmalen, deren Werte den ▷Datensatz bzw. das ▷Tupel eindeutig identifizieren und über welche ein ▷Zugriff zu allen Informationen des
betreffenden Objekts möglich ist; 3. geheimer Parameter, den
▷Kryptografie-Verfahren beim Chiffrieren und Dechiffrieren von
Nachrichten ▷algorithmisch verwenden; Details unter den nachfolgenden Stichworten

Schlüssel, Alternativ-
▷Schlüssel, Sekundär-

Schlüssel, Fremd-
Wert, der eine Beziehung zwischen zwei ▷Entitätstypen / ▷Tabel-
len zum Ausdruck bringt; Beispiel: fk_plz in der Tabelle kunde
bezieht sich auf pk_plz in der Tabelle plz_ort; ein F.S.- ▷Attribut
hat als ▷Domäne eine Teilmenge der Menge der zugehörigen Pri-
mär- ▷Schlüsselattribute; die ▷Einschränkung, dass ein Primär-
schlüsselwert als Fremdschlüsselwert tatsächlich schon existieren
muss, macht die Domäne ferner dynamisch; siehe dazu referenzielle ▷Integrität

Schlüssel, geheimer - oder symmetrischer -

Symmetrische Schlüssel (siehe ▷Kryptografierung) müssen sehr geheim bleiben, um ihren Vertraulichkeitszweck zu wahren, deshalb der alternative Name; symmetrische Schlüssel authentisieren Systeme, nicht aber Personen; siehe auch öffentlicher und privater Schlüssel

Schlüssel, Identifikations-

Schlüssel, der ein Objekt eineindeutig kennzeichnet, identifiziert; oft synonym zu Primärsch.: dieser ist jedoch eher in den ▷physischen Modellen anzusiedeln und der I. eher in den ▷logischen

Schlüssel, öffentlicher -, privater -

Schlüsselwerte bei asymmetrischen ▷Kryptografie-Verfahren: eine ▷Nachricht wird mit dem ö. Sch. des Empfängers verschlüsselt und nur dieser kann sie mittels seines p. Sch. dann wieder entschlüsseln: damit erreicht die Nachricht den ▷autorisierten Empfänger; eine Nachricht wird mit dem p. Sch. der Absenderin verschlüsselt und ein Empfänger kann sie dann mittels des ö. Sch. der Absenderin wieder entschlüsseln; damit ist die Nachricht ▷authentisch; private Schlüssel authentisieren Personen; siehe auch: geheimer Schlüssel

Schlüssel, Primär-

▷Attribut, dessen Werte je ein ▷Objekt (eine Entität) ▷identifizieren und deshalb einmalig und nicht ▷NULL ist

Schlüssel, Primär-, Sekundär-

Einen ▷Datensatz oder ein ▷Tupel ▷identifizierender Sch. ohne ▷Nullmarken, welcher zudem oft direkt mit der ▷Speicherorganisation gekoppelt ist und so einen besonders schnellen ▷Zugriff zu den Daten ermöglicht, z. B. Datensatznummer; das ▷relationale Datenmodell schreibt einen Primärsch. für jede ▷Relation vor, die ▷RDMS erzwingen in der Regel jedoch keinen solchen; ein Sekundärsch. verwendet eine Hilfsorganisation, mit deren Hilfe erst der

Primärsch. ermittelt wird; er steht oft synonym für nicht identifizierende Sch. und/oder Sch. mit Duplikaten (z. B. Familienname);
beide Sch.-Typen sind sinnvollerweise ▷indexiert

Schlüssel, Sortier-
Schlüssel, welcher 1. selbstlaufend und automatisch nachgetragen
wird (siehe ▷Index) oder 2. die Sortierreihenfolge von ▷Daten-
sätzen bestimmt

Schlüssel, sprechender -
Schlüssel, dessen Benennung möglichst viele Eigenschaften der
damit bezeichneten ▷Entität zum Ausdruck bringt; Beispiele sind
▷Identifikationssch. wie die ISBN oder die (ehemalige) AHV-Num-
mer in der Schweiz: diese codierte als Sozialversicherungsnummer
den Familiennamen, das Geschlecht und das ganze Geburtsdatum;
die ▷Datenmodellierung empfiehlt, identifzierende Schlüssel nicht
mit einer solchen ▷Semantik aufzubauen, da das Bildungsgesetz
mit grosser Wahrscheinlichkeit dereinst wieder durchbrochen
werden muss oder zur Erweiterung des Sch. zwingt

S

Schlüssel, Such-
Schlüssel, dessen Wert mit dem ▷Attributwert genau jener ▷Entität
übereinstimmen muss, die bei einer Abfrage gefunden werden soll

Schlüsselkandidat
Feld in einer ▷Datenbank bzw. ▷Attribut in einer ▷Tabelle, welches
als Identifikationsschlüssel in Frage kommt und deshalb ▷iden-
tifizierend sein muss (▷UNIQUE in ▷SQL); oft müssen mehrere
Felder bzw. Attribute kombiniert werden; um als Primärschlüssel
zu taugen, darf ein Sch. dann allerdings keine ▷NULL-Marken
enthalten; unsinnigerweise auch Kandidatenschlüssel genannt

Schlüsselmanagement
Handhabung der ▷kryptografischen ▷Schlüssel, vielleicht die
schwierigste Aufgabe der Sicherheitstechnik mit einem grossen

Anteil an psychologischen, organisatorischen, betrieblichen Aspekten: Generierung, Speicherung, Verteilung, Wechsel, Sicherheitsarchivierung, Reaktivierung (bei Verlust), Überalterung, Zerstörung

Schlüsselraum

Menge aller Werte, die ein ▷Schlüssel einnehmen kann oder: ▷Domäne aller Schlüsselwerte

Schlüsselwort

Siehe unter Schlüssel- ▷Wort, weil dort zu reservierten Wörtern abgegrenzt

Schneeflockenschema

Siehe unter ▷Schema, Schneeflocken-

Schnittstelle

Der Punkt, an dem ein (Teil-)System auf wohldefinierte Weise mit seinem Umfeld interagiert; 1. Kommunikation: Ebene der Interaktion zweier ▷Schichten in einem geschichteten Kommunikationsmodell; Beispiel: Mensch-Maschine-Schnittstelle; 2. speziell die Kontaktstelle zur Datenkommunikation; also die physikalischen Steckkontakte zur Verbindung mit der „Aussenwelt" und 3. erweiternd dann auch die dahinterstehende elektronische Einheit in den Begriff einschliessend; 4. im ▷objektorientierten Paradigma: Menge aller öffentlichen ▷Attribute und ▷Methoden einer ▷Klasse; 5. ebendort: reine Ansammlung von Operationen oder: eine Klasse mit ausschliesslich ▷abstrakten Methoden, das sind Methoden ohne ▷Implementierung; je nach Umgebung dürfen auch ▷Konstanten und/oder ▷Properties vorkommen; alle Klassen, welche die Sch. einbinden, müssen diese Methoden dann implementieren; damit ermöglichen z. B. ▷Java und ▷ODL eingeschränkt die ansonsten verbotene Mehrfach- ▷Vererbung; für alle Definitionen ist auch Interface gebäuchlich

Schreib-/Lesekopf
Mechanische Einheit, die sich radial oder tangential über den Daten- ▷Spuren auf einem ▷Plattenspeicher positioniert und die magnetisch oder optisch codierten Bitmuster liest

Schreib-/Lesespeicher
▷Arbeitsspeicher

Schreiben
Einen Datenstrom zu einer Einheit senden; typischerweise über einen ▷Kanal, der zuerst geöffnet (▷OPEN()) und anschliessend geschlossen (▷CLOSE()) werden muss

S

Schreibschutz
▷Physische, meist aber ▷physikalische Vorkehrung an ▷Datenträgern zur Verhinderung von ▷Lösch- und Überschreiboperationen

Schreibtisch
Metapher für die Arbeitsfläche in einer grafischen ▷Benutzungsoberfläche; der Sch. des ▷Mac OS zeigt alle angemeldeten ▷Laufwerke, den ▷Papierkorb und eventuelles Zubehör wie ▷Aliase, welche zum schnelleren Aktivieren hierhin platziert wurden; der Sch. ist ferner die Arbeitsfläche des ▷Finders, also Programm- und Datei-Manager in einem; der Sch. von ▷Windows 3.x ist ein blosser Hintergrund mit möglichen Symbolen; der Sch. von ▷OS/2 und jüngerer ▷Windows erinnert funktional an den des Mac OS, bedarf jedoch wesentlich mehr manueller Eingriffe zur Gestaltung; zudem machen sich seine Elemente oft selbstständig

schreien
Schreiben mit ▷Majuskeln in ▷Mails und ▷News: gilt gemäss ▷Netikette als unhöflich

Schrift, Schriftfamilie, Schriftschnitt
Zusammenfassende Erklärung unter ▷Font

Schriftart, Bitmap- und Vektor-
Schriftart, in welcher die Zeichen als ▷Punktmuster bzw. als leicht
▷skalierbare Linien beschrieben sind

Schrittgeschwindigkeit
Siehe unter ▷Baud-Rate

Schrittmotor
Motor (u. a. in Computer- ▷Peripherie), mit ▷diskretem, minima-
lem Schritt; kann ein Rotationsschritt (Druckerwalze) oder ein
Translationsschritt (Plotterstift) sein

Schusterjunge
In der Typografie: Verbleib der ersten Zeile eines Absatzes auf der
alten Seite nach automatischem Seitenumbruch; ästhetischer Fehler; vergleiche ▷Hurenkind

schützenswert, besonders -
Juristisch relevanter Begriff für eine bestimmte Klasse ▷personen-
gebundener Daten, beschrieben in Art. 3c DSG (Schweiz)

Schutzverletzung
Durch ▷Adressverweis in einen geschützten Speicherbereich ge-
langender ▷Zugriff, der früher oder später einen ▷Programmfeh-
ler, meist ▷Absturz, bewirkt

Schwarzes Brett
„Anschlagbrett" in einem ▷elektronischen Briefkasten

Schwingung
▷Periodische Zustandsänderung eines ▷Signals oder Objektes;
siehe auch ▷Welle und ▷Träger

Scissoring
Mit Schere schneiden; Festlegung eines maximalen, meist recht-
eckigen Darstellungsbereichs für grafische Objekte im Innern des
Bildschirms; siehe auch ▷Clipping

SCM
Supply Chain Management; Verwaltung des Versorgungs- und
Nachschubwesens und damit eigentlich ein neudeutscher Begriff
aus der Betriebswirtschaft; in der Informatik dann: Familie von betriebswirtschaftlichen Anwendungen mit entsprechender Aufgabe

Scope

(Kompetenz-) Bereich; oft im Sinn des Geltungs-, Bezugsbereichs,
z. B. definiert ein S. ▷Operator den ▷Geltungsbereich eines ▷Ob-
jekts

SCORM
Sharable Content Object Reference Model; Spezifikation zur Prä-
sentation, Verpackung und Kommunikation von ▷webbasierten
▷E-Learning-Inhalten sowie für den ▷Zugriff darauf; ursprüng-
lich basierend auf einer Initiative des United States Secretary of
Defense, heute gehütet durch internationale Gremien, darunter
▷IEEE; vergleiche ▷AICC, ▷IMS

Screen
Anzeigefläche; siehe unter ▷Bildschirm

Screen Dooring
Verfahren in der grafischen Datenverarbeitung zur Darstellung
transparent wirkender Objekte

Screen Saver
Siehe unter ▷Bildschirmschoner

Screen Shot, Screenshot
▷Bitmapkopie des ganzen ▷Bildschirms oder eines Ausschnitts davon; vergleiche ▷Hard Copy

Script
Siehe unter ▷Skript

Script Kiddies
Angreifer, ▷Hacker, die wenig Kenntnisse in der Programmierung bzw. Systemtechnik haben und die Werkzeuge ihres Tuns im Internet suchen

Scroll Lock
Taste, die das automatische ▷Rollen anhält und wieder fortsetzt: wenn der Bildschirminhalt vor Ihren Augen rollt und rollt und Sie denken: „Haaaalt, ich muss es doch lesen", dann versuchen Sie mal die S.L.-Taste; Erfolg nicht hundert Prozent garantiert

scroll, Scrolling
▷Rollen; sprachliche Wilderer investieren viel Energie, im Deutschen das Verb „scrollen" einzubürgern; nur „daunlouden" ist schlimmer

Scrolling, soft -
Weiches ▷Rollen, das heisst, nicht zeilenweise zuckend oder flimmernd, sondern pixelweise über den Bildschirm rollende Datenausgabe

SCSI ID
SCSI ▷Identification; ▷physikalische Einheitennummer in der SCSI-Kette; Hardware, die vom ▷Initiator angesprochen wird; der ▷Adapter hat oft #7, die Platten oft #0 und #1; siehe auch ▷LUN und ▷SCAM

SCSI, SCSI-n, fast S., wide S., ultra S.

Small Computer Systems Interface; ▷Peripheriebus für die Kettenschaltung von bis zu sieben ▷Peripheriegeräten, meist ▷Massenspeichern; ursprünglich 3-Bit- ▷Adressbus, 8-Bit- ▷Datenbus; der S.-Bus ist ▷bidirektional und durch einen ▷Host Adapter mit eigenem ▷BIOS intelligent selbstverwaltend; die verketteten Geräte (▷Daisy Chaining) können am Prozessor vorbei kommunizieren; Transferrate ursprünglich: fünf MBytes/s; die neueren Versionen tragen höhere Nummern (Signalleitung mit ▷LVD) oder sie heissen „fast" (schneller) bzw. „wide" und „ultra" (breiterer Adress- und Datenbus); jüngere Spezifikationen sind: 15 externe Geräte, 50/68/80-poliges Kabel; bis 160 MBytes/s; siehe auch ▷SCA; eine weitere Spezifikation ist ▷FC-AL

SCSI-over-IP

Siehe unter ▷iSCSI

SD

Secure Digital, eine Schutzmarke für ▷Flash Speicherkarten der SD Card Association; www.sdcard.org

SDI

Single Document Interface; Technologie in der ▷Windows-Programmierung zur Kopplung eines Objektes (▷Document), welches Daten verwaltet, mit einem anderen Objekt (▷View), das diese Daten dann anzeigt; Gegenteil: ▷MDI

SDK

Software Development Kit; 1. und allgemein: Baukasten für Programmierer mit ▷Bibliotheken, Hilfsprogrammen wie ▷Compiler usw. für die Applikationsentwicklung; sind die Komponenten weitestgehend in einer Applikation gebündelt, so ist diese eine ▷IDE

SDLC
Systems Development Life Cycle; ursprünglich vom US-Department of Justice erlassenes Modell für Entwicklungsprojekte in der Software und eigentlich ein recht pauschales ▷Wasserfallmodell

SDRAM
Synchronous ▷DRAM; Technologie für ▷DRAM-Bausteine, die ▷kommandogesteuert sind, mit dem ▷Mikroprozessor abgestimmte, hohe ▷Taktfrequenzen ermöglichen und gleichzeitig mehrere Schreib-/Lesevorgänge abwickeln können; die Betriebsspannung liegt bei 3.3 V; die Bausteine sind nicht kompatibel mit anderen Technologien und bis zu 25% schneller als ▷EDO; siehe auch DDR ▷RAM

S

SDSL
Single Line DSL; ▷DSL-Dienst mit 2 Mbps ▷Downstream und ▷Upstream bei einer Bandbreite von 240 KHz durch eine maximal 3'000 m lange Kupfer-Doppelader

SDX
Siehe unter ▷Simplex

SEA
Vor allem in der ▷Macintosh-Welt sehr verbreitete Dateinamenserweiterung für ▷Binärdateien, welche mit dem Programm ARC ▷komprimiert wurden und sich selbst auspacken; der Name stammt vom Entwickler, der Firma System Enhancement Associates

SEC
Single Edge Contact Cartridge; ▷Prozessorgehäuse von ▷Intel ab Pentium II, welches den Prozessor- ▷Chip, beide ▷Cache-Stufen und den Prozessor- ▷Lüfter enthält; wurde genau für eine Generation gebraucht ...

Second Life
Zweites Leben; 2003 gegründete und mittlerweile mehrere Millionen Bewohnerinnen und Bewohner (▷Avatare) umfassende, völlig virtuelle Lebenswelt mit allen sozialen, kulturellen, wirtschaftlichen und sportlichen Aspekten des „richtigen" Lebens; die Währung von S.L. ist der Linden Dollar; immer mehr Unternehmungen der realen Welt eröffnen auch in S.L. Geschäftsfelder; www.secondlife.com; weitere solche Lebenswelt: Entroipa, www.entropiauniverse.com

SecurID
Eigentlich ▷RSA SecurID und damit eine Schutzmarke; zeitsynchronisierte Zweifaktor- ▷Authentisierung mittels eines Einmal-▷Passworts, das auf einem externen Gerät generiert wird; Basis für die Passwortgenerierung bilden ein ▷PIN, die aktuelle Zeit und eine Zufallszahl

Security
Sicherheit (lat.); im angelsächsischen Raum: Sicherheit gegenüber beabsichtigten ▷Fehlern; Sicherheit eines funktionssicheren (safe) ▷Systems vor unautorisierter ▷Informationsveränderung; siehe auch ▷Safety, ▷Protection

Sedezimalzahl, sedezimal
Sechzehn (lat.); siehe unter ▷Hexadezimalzahl

Seed
Saat; siehe unter ▷Saatzahl

Segment
Abschnitt (lat.); 1. durch das ▷Betriebssystem aus dem virtuellen Adressenraum eines ▷Prozesses „herausgeschnittener" und in den physikalischen Speicher eingelagerter, u. U. für sich lauffähiger Programmteil mit variabler Grösse; diese richtet sich nach logischen Kriterien; siehe zum Vergleich auch ▷Seite und ▷Overlay;

2. pufferungsfähiger ▷Block; 3. Gruppe von Anzeigeelementen;
4. Kabelabschnitt zwischen zwei Geräteeinheiten im ▷Token-Ring;
5. totale Kabellänge zwischen zwei verstärkenden Einheiten (▷Re-
peater) im ▷Ethernet; 6. korrekte Bezeichnung für das ▷TCP-Paket
auf der Transportschicht

segmentiert
Im Zusammenhang mit dem ▷Arbeitsspeicher: in gewissen Bereichen eingeschränkt ▷adressierbar, hauptsächlich durch Reservierung solcher Bereichsadressen für bestimmte Zwecke, z. B. für
▷Controller in der speicherbezogenen ▷Adressierung

Seite
1. und allgemein: aus einem zusammenhängenden ▷Datenbereich
herausgeschnittener Teilbereich von vorgegebener Grösse; 2. in der
virtuellen ▷Speicherverwaltung wird diese, nach ▷physischen Kriterien dimensionierte S. aus dem ▷virtuellen ▷Adressenraum des
▷Prozesses „herausgeschnitten", danach im ▷physikalischen ▷Ar-
beitsspeicher in einen so genannten Seitenrahmen abgelegt und
dort – so lange Bedarf besteht – bewirtschaftet; die S.-Verwaltung
heisst Paging und ist vergleichbar, jedoch nicht identisch mit der
▷Segmentierung

Seitenbeschreibungssprache
„Programmiersprache" zum Aufbau der visuellen Wiedergabe von
Daten auf dem Bildschirm oder einem Drucker, Beispiele: ▷Post-
Script, ▷QuickDraw, ▷PCL, ▷HTML

Seiteneffekt
Begleiteffekt, Zweiteffekt einer ▷Operation, auch ohne explizite
▷Zuweisung, die Inhalte von ▷Variablen zu verändern; insofern oft
nicht gebraucht oder gar unerwünscht; in einigen ▷Programmier-
sprachen (z. B. ▷C / ▷C++ / ▷Java) wird ganz gezielt mit S. gearbeitet

Seitenfehler

Abwesenheit einer ▷Seite, auf welche gerade zugegriffen werden sollte, im Arbeitsspeicher; der Fehler (Page Fault oder Page Miss) löst eine ▷synchrone ▷Unterbrechung aus und die Seite muss vom ▷Sekundärspeicher geladen werden

Seitenflattern

Unerwünschte Erscheinung bei einer knappen Menge leerer ▷Seitenrahmen und aufgrund der ▷Referenzlokalität: fertig bearbeitete ▷Seiten werden ausgelagert und müssen kurz darauf aufgrund eines ▷Seitenfehlers wieder geladen werden

Seitenrahmen

Für das Einlagern einer ▷Seite vorgesehener Platz im ▷physikalischen ▷Adressenraum, im ▷Arbeitsspeicher; andere Namen sind: Kachel, Page Frame

Sektor

Abschnitt (lat.); durch Radialstrahlen vorgenommene Unterteilung der Datenspur auf einer magnetischen oder optischen ▷Platte

sektorieren

Den ▷Datenträger in ▷Sektoren einteilen: entweder „hart" durch eine Lochung auf dem Datenträger oder „weich" durch ein ▷Dienstprogramm wie üblicherweise das ▷Formatierprogramm; die heutigen ▷Platten sind alle weich sektoriert

Sekundärspeicher

Siehe unter ▷Speicherhierarchie

select, SELECT

Auswählen (lat.); 1. in vielen Programmier- und Datenmanipulations-Sprachen, z. B. ▷COBOL, ▷SQL, verwendetes ▷Schlüsselwort für eine ▷Auswahl, eine ▷Abfrage oder die Organisation bzw. Bestimmung einer Datei; der typische Aufbau einer S.-Anweisung in

SQL ist: SELECT (▷Projektion der ▷Attribute) FROM (▷Join der
beteiligten Tabellen) WHERE (▷Selektion der zu erfüllenden Eigenschaften); 2. Signalleitung zur Anwahl bestimmter Bauteile in
der Hardware

Selektion
▷Auswahl (lat.); in der ▷Relationenalgebra die Fachbezeichnung
für das Herausarbeiten einer Menge von ▷Tupeln, also von Zeilen
bzw. ▷Datensätzen in der ▷Tabelle; weitere Definitionen unter
dem deutschen Stichwort; siehe ferner: ▷Projektion

Selektivität
Bei Datenbanken: siehe unter ▷Index-...

Selektor
1. und allgemein: Auswahlkriterium; 2. in der virtuellen ▷Speicher-
verwaltung: ▷Register im ▷Prozessor, in welches die ▷Segment-
oder ▷Seitennummer geladen wird, woraus die ▷MMU über einen
▷Deskriptor schliesslich die ▷physische Blocknummer berechnen
kann

SELFHTML
Geradezu die Bibel zu ▷HTML für Selbstlernende; der Autor Stefan Münz gibt darin eine ▷animierte, mit Übungen und Beispie-
len versehene Einführung in HTML und ▷XML; das Lehrangebot
wird heute durch einen Verein getragen und ist mehrsprachig;
http://selfhtml.org

Semantic Gap
Semantische Lücke zwischen den Anforderungen der ▷Anwendun-
gen und den Möglichkeiten der ▷Instruktionssätze in ▷Mikro-
prozessoren: diese ▷semantische Lücke führte in den 1970er Jahren
dazu, dass die Instruktionssätze aufgeblasen wurden, was später
dann als ▷CISC bezeichnet (und in der Folge mit ▷RISC-Kon-
zepten beantwortet) wurde

Semantic Web

Spezifikation des ▷W3C zur Beschreibung von Objekten im ▷Web unter Verwendung von ▷XML für die ▷Metadaten und ▷URIs für die Namensgebung; Ziel des S.W. ist schliesslich die maschinelle Les- und Verknüpfbarkeit dieser Dokumente, also ein neuer Wissensraum; „The S.W. is an extension of the current web in which information is given well-defined meaning, better enabling computers and people to work in cooperation" (Tim ▷Berners-Lee); siehe auch ▷RDF

Semantik

Bedeutungslehre (griech.); Bedeutungsinhalt von sprachlichen Gebilden, z. B. der in einem Programmcode zum Ausdruck kommende Wille des ▷Programmierers; eigentlich: die inhaltliche Bedeutung der im Programmcode verwendeten „Begriffe"; die S. unterscheidet sich somit von der ▷Syntax und ▷Grammatik

Semaphor

Signal, Signalmast (ital.); laut Duden: das; durch mehrere ▷Prozesse / ▷Threads verwendete abstrakte ▷Datenstruktur, bestehend aus einer Zähler- ▷Variablen und einem ▷Ringpuffer: die nicht negativ ▷initialisierte, ganzzahlige Variable überwacht, wie viele gemeinsame Betriebsmittel die ▷nebenläufigen Prozesse bearbeiten dürfen, und der Ringpuffer bewirtschaftet als Wartestruktur die zurzeit davon ausgeschlossenen, schlafenden Prozesse; die ▷Primitiva des S. sind P() für Einlassen (siehe dazu: ▷DOWN()) und V() für Verlassen (▷UP()); das Wesen des S. besteht darin, keine ▷Wecksignale durch Prozesswechsel verloren gehen zu lassen sowie das aktive Warten (▷busy wait) zu verhindern; dies impliziert, dass S. einen vom Betriebssystem angebotenen ▷Synchronisations-Mechanismus beanspruchen

Semaphor, binäres -

Spezialfall eines S. mit den zwei Werten 0/1; es steuert meist einen ▷Mutex, einen wechselseitigen Ausschluss

sendmail
In ▷Unix und ▷Linux der populärste ▷MTA- ▷Dämon; ursprünglich entwickelt von Eric Allman; heute je in einer ▷Freeware- und
kommerziellen Version weiterentwickelt: www.sendmail.org bzw.
www.sendmail.com (Eric Allman ist dort Chefentwickler); Alternativen: postfix, exim, qmail

Senke
Ziel von ▷Signal- oder ▷Informationsflüssen (von der Quelle zur
Senke)

Sensor
Fühler (lat.); technische Einheit zur Erfassung eines ▷physikali-
schen Zustands; Messglied

Separation of Duties
Arbeits- und Pflichtenteilung; ein wichtiges Prinzip in der Datensicherheit; siehe auch ▷Kollusion

Separator
Trenner (lat.); Sonderzeichen, das eine Sequenz von ▷Parametern,
▷Schaltern und dergleichen einleitet; Beispiel: im ▷Unix-Kom-
mando ls -lisa leitet der S. „-" die vier ▷Schalter l,i,s,a ein, die alle
das list-Kommando ls (optional) präzisieren

SEQUEL
Structured English Query Language; 1. ▷Datendefinitions- und
Manipulationssprache, wie sie im ▷Projekt „System R" von ▷IBM
1974 entworfen wurde; noch im Verlauf des gleichen Projekts wurde aus S. dann ▷SQL; 2. noch heute gängige Bezeichnung für ▷SQL
im mündlichen Sprachgebrauch

Sequence
Sequenz, Folge; Folge von ▷Ganzzahlen bzw. Anweisung zur Erstellung einer solchen in gewissen ▷RDBMS als CREATE SEQUENCE()

Sequencing
1. Abspeichern und Abrufen von Tonfolgen; der Sequencer (▷Sequenzer) ist das Gerät dazu; 2. in die richtige Reihenfolge Bringen von empfangenen ▷Paketen

Sequenz
Siehe unter ▷Folge (lat.)

S

Sequenzer
Hardware und/oder Software zur Speicherung von Musikdaten ab einem ▷MIDI-kompatiblen Gerät, zu deren Bearbeitung, Wiedergabe und Rückspielung

sequenziell
Abwicklung einer Tätigkeit, z. B. eines Datenzugriffs, in einer linearen (geradlinigen, vorgegebenen, ▷deterministischen) Reihenfolge; Gegensatz: ▷stochastisch, ▷wahlfrei

Serial ATA
Siehe unter Serial ▷ATA

Serialisierung
Einreihung (lat.) 1. im Bereich der Daten- ▷Integrität und ▷Mehrbenutzerverwaltung: Einreihung ▷nebenläufiger oder ▷paralleler ▷Prozesse oder ▷Transaktionen, welche gemeinsame Datenbestände mutieren, in eine ▷Warteschlange; die aus der Warteschlange heraus abgearbeiteten Prozesse/Transaktionen werden dabei als ▷kritische Bereiche so weit minimiert, dass sie gerade noch ▷konsistente Zustände hinterlassen und sich weiterreichen; die S. muss eine Bearbeitungsreihenfolge so gewährleisten, als wären die

Daten durch echt sequenzielle Prozesse/Transaktionen bearbeitet worden; 2. unzutreffend gelegentlich für ▷FIFO oder ▷first come – first served oder ▷shortest Job first oder ▷round Robin; 3. Zerlegung (und ▷Streaming) von ▷Objekten in ihrem gegenwärtigen Zustand zwecks ▷persistenter Speicherung

seriell
Gereiht (lat.); beim Datentransfer: Datenkommunikation auf einem zweiadrigen Kommunikationskanal Bit hinter Bit

Serienbrief
Individualisiertes Streu-Schreiben; Prozess des Erstellens einer Serie „identischer" Briefe durch das Verschmelzen eines Text- ▷Dokuments, welches einige ▷Felder enthält, mit zugehörigen Feldeinträgen z. B. aus einer Adress- ▷Datenbank; dadurch erhält jedes Briefexemplar beim Ausdruck einen anderen Adressaten mit individueller Anrede

Serife
Buchstabenfuss (lat.); kleines horizontales Strichlein, auf welchem die vertikalen Striche jedes Buchstabens einer ▷Schriftfamilie ruhen und visuell den Lesefluss erhöhen; S.-Schriften sind z. B. Times und Courier

Serpentine
Schlangenlinie (lat.); ▷bidirektionales Aufzeichnen auf ▷Bändern

Serum
Nicht gerinnender Blutbestandteil (lat.); „Impfstoff", Programm gegen Computer- ▷Viren

Server
Diener, Dienstleister (lat.); 1. und allgemein: Objekt, das einem anderen Objekt ▷Dienste offeriert, leistet; meist sollten wir unter einem S. ein ▷Programm, einen ▷Prozess verstehen; 2. Dienstleis-

tungsprogramm und/oder Datenbestand in einem Netzwerk, die von mehreren Teilnehmern benutzt werden können, z. B. für Druck, Speicherung, Datenbankverwaltung, Zustellung von Web-Informationen, Telefax usw.; ein Dateiserver ist demnach also ein Programmsystem, das alle Teilnehmenden mit Dateien versorgt; 3. weil dazu oft besonders leistungsfähige und/oder stabile Hardware nötig ist, wird der Begriff häufig auf Hardware übertragen; 4. in ▷Windows eine Anwendung, die Objekte in eine andere Anwendung einbetten und mit dieser dynamisch verknüpfen kann

Server Pages

Beim Server residierende Software-Lösung, welche dem ▷Surfer mehr eröffnet als blosses Bildchen-Anschauen, nämlich ▷dynamische ▷Web-Präsentationen für ▷E-Business Transaktionen, Zugriff auf Datenbanken und serverseitige Applikationen, multimediale Interaktion; Entwicklungsumgebungen – im eigentlichen Sinn: Klassensammlungen – für S.P. sind ASP ▷.NET von ▷Microsoft oder ▷Java Server Pages von ▷Sun Microsystems

Server, virtueller -

Software-Dienstleistung, ▷Web-Präsentation, die nicht auf einer eigenen Server-Infrastruktur, sondern auf gemietetem ▷Speicherplatz bei einem Dienstleister, meist einem ▷ISP, angeboten wird; im Web-Bereich: ▷Hosting genannt, Gegenteil: ▷Housing

Serverblade

Wenig aussagekräftige Bezeichnung für die ultradünnen ▷Servermaschinen, deren ▷Elektronik vollständig auf einer ▷Platine untergebracht ist und welche in grosser Zahl in ▷Racks gestapelt werden

Servermaschine

Ein ▷Server ist ein Dienstleistungs- ▷Prozess, also ein laufendes ▷Programm; da Server sehr wichtige Prozesse sind, werden sie oft auf ▷dedizierten und stark gesicherten, ▷gehärteten Rechnern betrieben, den Servermaschinen; dass solche Computer oft als Server bezeichnet werden, mag begrifflich im Alltag geduldet sein, fachlich ist es nicht korrekt

Service
1. und allgemein: ▷Dienst; 2. Funktion und Rolle eines ▷Servers; 3. in ▷Windows NT/2000/XP/Vista/7: ein ▷Hintergrund- ▷Prozess, welcher unabhängig von einer ▷Sitzung läuft, also auch dann, wenn keine Person am System angemeldet ist

Service Level
Siehe unter ▷Dienstgrad und ▷Dienstgüte

Service Level Agreement
Allein durch das Stichwort noch nicht näher spezifizierte, vertragliche Vereinbarung zwischen der Kundschaft und Dienstleistenden betreffend die ▷Dienstgrade einer ▷Dienstgüte samt Konsequenzen bei Nichteinhaltung

Service Pack
Dienstleistungspaket (sic); Schnürung von Fehlerbehebungs- (▷Patches) und Funktionserweiterungs-Routinen zu einem u. U. kommerziellen Softwareprodukt; beim heutigen Versionenterrorismus kommen immer mehr fehlerbehaftete Produkte auf den Markt, so dass erste S.P. schon wenige Tage nach der Markteinführung erscheinen (!); die Kunden werden so immer mehr zu ▷Betatestern, die zudem die Fehler der Hersteller auch noch selbst reparieren; der Begriff ist ferner ein wunderschönes Beispiel dafür, wie man ▷semantisch Verursacher zu Dienstleistern und Opfer – die Kunden – zu Dienstleistungsempfängern macht: „Geben ist seliger denn nehmen", sagt die Bibel, und Computeranwender sind glücklicherweise sehr (autoritäts-) gläubig

Serviceroutine
Siehe unter ▷Ausnahmeverarbeitung

Servlet

Java-Klassen, die innerhalb eines Java Webservers Anfragen von Clients entgegennehmen und beantworten, die also dynamisch HTML generieren und mit HTML Sessions umgehen; so vergleichbar mit ▷PHP oder ASP ▷.NET; fester Bestandteil der ▷Java EE Technologie, wichtigste Klasse ist javax.servlet.http.HttpServlet

SESAME

Secure European System for Applications in a Multi-vendor Environment; durch das ▷Betriebssystem unterstütztes ▷Client/Server-▷Protokoll für den ▷Single Sign-on auf verteilte Betriebsmittel und Anwendungen; S. baut auf der Idee von ▷Kerberos (siehe dort für das Vorgehen) auf, umgeht aber einige von dessen Schwächen; S. verwendet asymmetrische ▷Kryptografierung

Session

Siehe unter ▷Sitzung (lat.)

Session Key

Sitzungsschlüssel; nur einmal, während der Zeit einer einzigen Verbindung genutzer ▷Kryptografieschlüssel

Session, Multi-

Fähigkeit der Hardware-/Software-Lösung zum Beschreiben von ▷CompactDiscs und ▷Photo-CDs in mehreren, zeitlich gestaffelten Arbeitsgängen (Sessions); jede Session bekommt dabei ein eigenes Lead In und Lead Out; die M.S. Fähigkeit verlangt der Platte viel Platz für diese Leitinformationen ab; siehe auch ▷Multi Volume und Single ▷Session

Session, Single -

„Brennen" bzw. Beschreiben einer ▷CompactDisc bzw. ▷Photo-CD in einem Arbeitsgang; der nicht verwendete Platz steht zum Beschreiben nicht weiter zur Verfügung; siehe Multi ▷Session

SET

Secure Electronic Transaction; von ▷Microsoft, Visa und Master-Card initiierte Infrastruktur für die ▷Kryptografierung von Kreditkartendaten auf der Basis eines ▷Public Key Kryptosystems; S. bildet die Basis für die ganze Geschäftsabwicklung zwischen Konsument, Lieferantin und Bank; da reichlich zusätzliche Infrastruktur benötigt wird, wenig verbreitet; man vertraut heute ▷HTTPS mit ▷SSL; siehe ferner ▷STT

Set Top Box

Zusatzkasten zwischen dem Antennenanschluss und dem Heimfernseher, welcher Letzterem den Zugang ins Internet ermöglicht; siehe auch ▷NC

SET(), set, Setter

Satz, setzen; 1. Anweisung zum Setzen gewisser Parameter oder Variablen; 2. (Teil-)Mengen- ▷Deklaration in Programmier- bzw. Datenbanksprachen wie z. B. ▷Pascal oder ▷ODL; 3. auf einen bestimmten Zweck ausgerichtete Menge (Satz) von Objekten; 4. ein Setter ist in der ▷OOP eine ▷Methode zum – selektiven – Mutieren eines ▷Objektzustands; siehe auch ▷get und ▷Property

SETI@home

„ET go home" schmachtete das herzige Wesen von Steven Spielberg vor sich hin, als es die fliegende Untertasse heranschweben sah; durchaus ernstzunehmen ist das ▷Projekt SETI@home: ein ▷Grid aus Millionen von Computern, welche ihre ungenutzte Rechenkapazität übers Internet der University of California Berkeley zur Verfügung stellen, um auf der Suche nach ausserirdischem Leben stellare Daten zu analysieren

Setup

Bereitstellung; 1. (Neu-)Konfigurierung des Systems nach erfolgten Änderungen in der Hardware/Software; 2. dazu dienende ▷Dienstprogramme oder auch Installationsroutinen; 3. die meist in speziellen Bausteinen batteriegestützt gespeicherte Langzeitsicherung von System-Parametern; in diesem Fall sind die S.-Daten gemeint

SFFC
Small Form Factor Committee; Konsortium zur Entwicklung und Standardisierung von ▷Protokollen und ▷Schnittstellen rund um Plattenlaufwerke; www.sffcommittee.com

SFT
System Fault Tolerance; System- ▷Fehlertoleranz; Spezifikation von ▷Novell zur Einstufung der Ausfallsicherheit von Netzwerken oder deren Geräteeinheiten in drei Stufen; der Begriff wird in seiner allgemeinen Form auch von anderen Unternehmungen oder Körperschaften gebraucht, z. B. durch das ▷NIST

SGA
System Global Area; bei ▷Oracle der Ort der Ablage von ▷Metadaten zu einer ▷Datenbank

SGI
Siehe unter ▷Silicon Graphics Inc.

SGML
Standard Generalized Markup Language: ursprünglich von ▷IBM (im Labor Almaden) sowie vom US-Verteidigungsministerium DoD entwickelte „Urmutter" aller Austauschformate für ▷Dokumente und ▷Grafiken samt ▷Formatierungen und ▷Parametern; heute Norm gemäss ▷ISO 8879:1986; S. bildet die Metasprache für Dutzende von Dokumenten-Austauschformaten wie ▷HTML (als Anwedung von SGML) oder ▷XML (als Teilmenge von SGML)

SGN()
Siehe unter ▷SIGN()

SGRAM
Synchronous Graphics RAM; sehr schnelle ▷RAM-Bausteine auf der ▷Grafikkarte, deren ▷Takfrequenz ▷synchron zum Front Side ▷Bus läuft und welche ganze Blöcke schreiben können

SHA-nnn
Secure Hash Algorithm; ▷Algorithmen zur Herstellung von ▷Message Digests, entwickelt durch ▷NIST und ▷NSA; SHA-1 produziert einen 160 Bits langen Digest, ansonsten bezeichnet nnn die Breite des Digests

Shannon, Claude Elwood
1916–2001; Studium an der Universität Michigan und danach der Elektrotechnik und Mathematik am ▷MIT mit Ph.D. anno 1940; Forscher an den ▷Bell Labs und Professor am MIT; lieferte wesentlichste Theorien der ▷Nachrichtentechnik und ▷Kommunikation, ebenso zur ▷Datenkompression; vergleiche bspw. ▷Informationsgehalt, ▷Abttasttheorem; Begründer des Begriffs Entropie in der Informatik (Mass für den Informationsgehalt eines Zeichens); Mitgestalter von Begriffen wie ▷KI

Share
Anteil, der; Teilhabe, die (als Geschlecht gebräuchlicher); reichlich diffuse Bezeichnung für die Teilhabe an etwas Gemeinsamem, Geteiltem – meist aber verwendet im Zusammenhang mit zugeteilten ▷Disk-Ressourcen in einem zentralen Disk-System (▷Dateiservice, ▷SAN)

share, shared
Teilen, aufgeteilt; Auszeichnung einer ▷Ressource (▷Arbeitsspeicher (-Platz), ▷Datei, ▷Drucker, ▷Laufwerk, Zeit, ...) als beanspruchbar durch mehrere ▷Subjekte

Shared Memory System
Eng gekoppeltes ▷Multi Processoring System

Shared Nothing
Aufteilung und gemeinsame Nutzung von „rein gar nix"; in diesem
Verfahren teilen sich ▷Mehrprozessor- oder ▷Cluster-Systeme
keinerlei Hardware-Ressourcen, sondern lediglich Verarbeitungskapazität oder sie schieben sich gegenseitig Daten zu (Lastverteilung, ▷Load Balancing)

Shareware
Frei erhältliche ▷Software ohne Kopierschutz; der Anwender ist
gehalten, sich bei Gebrauch der Software registrieren zu lassen und
die ▷Lizenz an den ▷Urheber zu bezahlen; damit sichert er sich die
▷Aufdatierungen und die Unterstützung durch den jeweiligen
Urheber oder Autor

Sharing
1. Aufteilung; meist gemeint als ▷Zugriffsmöglichkeit durch mehrere ▷Subjekte (mehr unter ▷share); 2. in der Gross- ▷IT die Möglichkeit zur Aufteilung eines Computers in mehrere ▷virtuelle
Computer

Sheffer-Funktion
Siehe unter ▷NAND

Shell
1. und allgemein bzw. in der Theorie der ▷Betriebssysteme (sowie
im engeren Sinn nicht zu einem solchen gehörend): ▷Benutzungs-
oberfläche; 2. standardmässig verwendete Bezeichnung für die
zeichenorientierte(n) Benutzeroberfläche(n) von ▷Unix / ▷Linux;
3. Gehäuseteile bei ▷Wechselplatten

Shell, Login -
Erste und nach der Anmeldung (meist) automatisch gestartete
▷Shell; jeder Anwender in ▷Unix / ▷Linux hat seine bevorzugte
L.Sh. und diese ist in /etc/passwd vermerkt; das ▷Prozess ▷ter-
minierende exit in der L.Sh. ist folglich gleichbedeutend mit logout

Sherlock

Eine Art ▷Assistent im ▷Mac OS, mit dessen Hilfe mehrere ▷lokale und vernetzte ▷Medien sowie das ▷Internet nach bestimmten Inhalten durchsucht und die Ergebnisse lokal dann auch ausgewertet werden können

Shibboleth

Ein Verfahren zur verteilten ▷Authentisierung resp. eine Lösung für ▷Single Sign-on über verschiedene Webplattformen, eine ▷Middleware; umfasst das ▷Protokoll sowie verschiedene Open Source ▷Libraries; http://shibboleth.internet2.edu

Shield, shielded

▷Abschirmung, abgeschirmt

S

Shift

1. Umschalttaste auf der ▷Tastatur: die Taste hat analog der Schreibmaschine meist die Funktion der Aktivierung von Grossbuchstaben, sie dient aber auch als ▷Kombinationstaste; 2. ▷Prozess des mathematischen Verschiebens von ▷Binärwerten oder ▷Speicherinhalten; siehe z. B. ▷Schieberegister

Shockwave

Produkt der Firma Macromedia zur Verteilung und Darstellung von ▷multimedialen Informationen wie z. B. Liveübertragungen via Internet; funktioniert als ▷Plug In zu ▷Web- ▷Browsern

short (int)

(▷Deklaration für) ▷Ganzzahl- ▷Datentyp in Datenbank- und Programmiersprachen: eine 8- oder 16-Bit-Ganzzahl je nach Umgebung

Short Circuit Evaluation

Siehe unter bedingte ▷Auswertung

Shortcut
1. Schnellbefehl, Befehlskürzel per ▷Tastatur; 2. ▷Verknüpfung

shortest Job first
SJF; eine der ▷Strategien zur ▷Serialisierung von nach ihrer Bearbeitung ▷terminierenden ▷Prozessen oder ▷Transaktionen durch den ▷Scheduler: in einer ▷Warteschlange werden die zeitlich kürzesten Prozesse nach vorne geholt; damit verkürzt sich die mittlere Aufenthaltsdauer eines Prozesses im System sehr deutlich, die gesamte Bearbeitungszeit bleibt aber gleich gross; die jeweilige Prozessdauer wird statistisch ermittelt oder ▷spekulativ bestimmt; beispielhafter Vergleich: an der Ladenkasse werden die Kunden mit je nur einem zu bezahlenden Artikel nach vorne geholt und sind somit schneller aus dem Laden …

shortest Seek first
SSF; eine der ▷Strategien beim Anspringen von Anforderungen, ausgehend vom gegenwärtigen Standort: es wird zur räumlich/zeitlich nächstliegenden Anforderung gesprungen; sehr effizient, aber äusserst ▷unfair; denken Sie an einen Aufzug, der immer nur die nächstliegenden Anforderungen anspringt – und an den armen Kerl im Fahrradkeller

Shoulder Surfing
Ein ▷Attackenmuster, siehe dort

shout, Shouting
Umher- ▷Schreien

Shredding
1. Zerlegen eines ▷XML Datenstroms in eine ▷relationale Datenstruktur für eine XML- ▷Datenbank; 2. definitives, physikalisches Vernichten von Daten durch ▷low Level-Löschungen oder eben Zerstückelung des Datenträgers

Shutdown
Abschliessen; Kommando zum Stilllegen des ▷Betriebssystems (detailliert bei ▷Herunterfahren) eines Rechners vor dessen Ausschalten; vor allem bei leistungsfähigen Betriebssystemen und/oder beim Arbeiten mit grafischen ▷Benutzungsoberflächen wird der Ausstieg über dieses ▷Kommando erwartet, damit u. a. alle offenen ▷Dateien durch die ▷GUI geschlossen, der Anwender beim ▷Server abgemeldet und Systemzustände notiert werden können

Shutter
Schliesser; Metallverschluss bei ▷Disketten und ähnlichen ▷Datenträgern

SI
1. ▷ASCII-Zeichen 0F(H) (15): Shift In; Zurückschalten auf den ursprünglichen ▷Zeichensatz; 2. Système international d'unités (offizielle Schreibweise): internationales Einheitensystem zur Angabe von Grössen in Physik und Naturwissenschaften: Länge (m), Masse (kg), Zeit (s), elektrische Stromstärke (A), Temperatur (K), Substanzmenge (mol), Lichtstärke (▷cd)

Sibling
Geschwister; im Kontext der ▷Bäume die Menge aller Kindknoten mit gleichem Elternknoten

SIC
Swiss Interbank Clearing; schweizerisches ▷Telekommunikationsnetz für Banken; www.sic.ch

Sicherheit
Siehe unter ▷Informationssicherheit, ▷Datensicherheit, -sicherung

Sicherheitsprofil
Gesamtheit an Einstellungen, ▷Parametern und ▷Dateien, die ▷Zugriffe erlauben bzw. verbieten; hierbei sind für unterschiedli-

che Bereiche unterschiedliche Sicherheitsstufen möglich, daher
▷Profil

sichern
Schreiben der ▷Daten auf den ▷Sekundärspeicher

Sicherungspunkt
In der ▷Transaktionsverwaltung: Zustand von Datenbeständen,
welcher innerhalb einer Transaktion (z. B. nach dem Scheitern
einer folgenden Teiltransaktion) mit Unterstützung der ▷Logdatei
rekonstruiert werden kann; entsprechende Anweisung SAVEPOINT
oder CHECKPOINT oder SAVE in einer ▷DML

Sicht
1. Ergebnis einer Suche nach oder Auswertung von ▷Daten; 2. das,
was ein Anwender von Datenbeständen sehen darf; 3. in ▷SQL
▷Datenbanken: ▷virtuelle, benannte ▷Tabelle, die bei ihrer Verwendung jedes Mal neu berechnet wird; S. sind hier ein gutes Mittel
des ▷Datenschutzes: der Anwender arbeitet in einer für ihn ▷pro-
jezierten und ▷selektierten Tabelle, die ihm nur gewisse ▷Informa-
tionen der wirklichen Tabelle(n) zum Bearbeiten darbietet

Sicht, aufdatierbare -
Sicht, in welcher Mutationen angebracht werden können und die
diese dann an die Herkunftstabellen weitergibt; der ▷SQL Standard
definiert klare Bedingungen an die Zulassung solcher „updatable
Views"

Sicht, indexierte - oder materialisierte -
Spezialfall einer Sicht, welche im Gegensatz zum Normalfall Daten
speichert (und nicht jedes Mal neu berechnet), und zwar aus
▷Performanzgründen; bei geänderten Inhalten in der Datenbasis
wird die Sicht (u. U. teilweise) neu berechnet

Sichtbarkeit(s-Operator)
Benutzungs- und ▷Zugriffsfähigkeit eines ▷Betriebsmittels oder ▷Objektes bzw. ein ▷Operator, welcher den Weg für einen – ansonsten u. U. verwehrten – Zugriff weist; vergleiche ▷Geltungsbereich und die dortigen Verweise

Side Channel (Attacke)
Siehe unter Side Channel ▷Attacke

Sidegrade
Marketinginstrument im Bereich der ▷Updates: Offerte, mit dem verbilligten Kauf einer ▷Applikation die funktional gleich gelagerte Anwendung eines anderen Herstellers zu ersetzen

SIF
Standardformat von ▷MPEG- ▷komprimierten Bildern: 384 × 288 Bildpunkte

Sigille, sigil
Siegel, Bildchen (lat. sigillum); engl. gesprochen „sidschel"; 1. einem ▷Bezeichner hinzugefügtes Sonderzeichen, das dessen semantischen Kontext resp. dessen Interpretation oder dessen ▷Geltungsbereich verändert; z. B. in ▷PERL ist „$haus" ein ▷Skalar, aber „@haus" ist ein ▷Array und „%haus" ist eine ▷Hash Tabelle, mit „$", „@", „%" als S.; eine zusätzliche S., die eine eigenständige Wirkung einbringt, ist eine Twigille; 2. in der S.-Magie sind S. Symbole, die mit magischen Kräften beladen werden und die die Alltagsqualität verändern sollen; in der Tat haben S. schon manchen Programmierer mit magischen Kräften aufgeladen

SIGN()
▷Funktion in vielen Programmier- und Datenbanksprachen zur Ermittlung des Vorzeichens einer Zahl

Signal

Zeichen (lat.); 1. Ausbreitung der Änderung eines ▷physikalischen
Zustands mit einem bestimmten ▷informierenden Charakter; ein
solches einzelnes S. löst in der Regel ein ▷Ereignis aus, ist sonst
aber nicht direkt mit ▷binärer ▷Datenübertragung verbunden;
2. zeit- ▷kontinuierliche Folge solcher Zustandsänderungen; in
diesem Fall wirkt der S.-Verlauf informierend, z. B. eine ▷Schwin-
gung; 3. ▷asynchrone ▷Nachricht eines ▷Prozesses, z. B. beim
Austritt aus dem ▷kritischen Abschnitt oder aus dem ▷Monitor,
auf welche der Empfänger nicht aktiv wartet, die bei ihm indessen
sofort eine Aktivität auslöst; 4. oft ganz einfach: Meldung des
Betriebssystems an einen Prozess, also eine Betriebssystem-gene-
rierte ▷Unterbrechung; 5. die Umgangssprache bezeichnet häufig
die Information als das S.

Signalkonverter

Siehe unter ▷Konverter

Signalrate

Mass für Anzahl ▷Signale pro Sekunde; analog dazu, wie viele
▷Bits ein Signal codiert, ist die ▷bps entsprechend grösser

Signalwandler

Signalumformer ohne Hilfsenergie; also in der Regel ein Umformer
von Signalen mit gleichem ▷physikalischem Charakter

Signatur, digitale -

Mit dem privaten ▷Schlüssel der Absenderin ▷kryptografierter
▷Message Digest als Anhang zu einer Nachricht: die d.S. garantiert
dem Empfänger nach dem Entschlüsseln mit dem öffentlichen
Schlüssel der Absenderin die ▷Integrität der Nachricht, die ferner
▷authentisch und nicht bestreitbar (▷Nonrepudiation) von der
Absenderin stammt

Signatur, signature

Unterschrift (lat.); 1. genetischer Erkennungscode eines ▷Virus-Programms, 2. persönliche Unterschrift am Ende eines Dokuments (z. B. ▷E-Mail); diese S. kann ein wirklicher Name sein, eine witzige Bemerkung oder ein geheimer Code (siehe dazu digitale ▷Signatur); 3. ▷Syntax und Summe der ▷Schnittstellen-Parameter beim Aufruf einer ▷Funktion oder ▷Methode, also deren Aufrufstruktur, bestehend aus Name und ▷Parameterliste, auch: ▷Protokoll; 4. automatisch generierte Kennung in der Kommunikation, z. B. „Apache/1.3.37 Server at www.garfield.com Port 80"; vergleiche hierzu ▷Banner Grabbing

Signifikand

Bezeichnender, Bestimmender (lat.); ▷binäre ▷Mantisse nach der ▷Normalisierung: in der Darstellung von ▷Maschinenzahlen wird die (binäre) Mantisse gewöhnlich auf die Form 1.xxx normalisiert, x ist 0 oder 1; danach kann die führende 1 weggelassen werden, der Rest ist dann der S.

SIL

Siehe unter ▷Single In-Line

Silicon Graphics Inc.

Auch „SGI – The Source of Innovation and Discovery(tm)"; gegründet 1982 durch Jim Clark (Hauptgründer, siehe auch ▷Netscape) und andere; Hauptsitz in Mountain View (CA); stellt einerseits Hard- und Software für grafische, andererseits auch Hardware (vor allem ▷Server) für technische Anwendungen her; Marktführer in grafischen Arbeitsstationen; viele Computerspiele und -filme sind auf Geräten von SGI entstanden; anno 2000 richtete sich SGI weltweit strategisch nach ▷Linux und dem ▷Clustering aus; aktuell ist die Vision von grundlegenden Durchbrüchen bezüglich Wissenschaft und Kreativität (Grafik in der Gehirnforschung und Erdölsuche, Grafik und globale Klimaforschung …); www.sgi.com

Silicon on Insulator

Junge Technologie zur Realisierung von ▷Transistoren auf ▷mikroelektronischen Bausteinen: die Schaltungseinheit liegt auf einer isolierenden Insel; auf diese Weise entsteht weniger Abwärme, welche sich der Weiterentwicklung der ▷Integration entgegenstemmte; in der Folge werden höhere ▷Taktfrequenzen möglich sein: das ▷Tera-Hertz (siehe ▷Hz) rückt in greifbare Nähe

Silicon on Nothing

Vereinfachtes Verfahren zu ▷Silicon on Insulator durch Toshiba; die Vereinfachung mit der witzigen Bezeichnung soll bei gleicher Wirkung vor allem die Herstellungskosten senken

S

Silicon Valley

Landstrich südlich von San Francisco, der vielen namhaften amerikanischen Hightech-Unternehmen der Computerbranche als Forschungs- oder Firmensitz dient: ▷Apple, ▷Cisco, ▷Google, ▷Hewlett-Packard, ▷Intel, ▷Yahoo, ▷Oracle u. a.; der Name geht auf das ▷Silizium, den Rohstoff der ▷Halbleiterindustrie, zurück; um 1950 hiess der Landstrich „Apricot Orchards"

Silizium

Chemisches Element Si mit Ordnungszahl 14, ▷Halbleiter und Rohstoff in der ▷Elektronik / ▷Mikroelektronik

SIM

1. Single In-Line Module; mit ▷elektronischen Komponenten bestückte Klein- ▷Platine mit entlang einer Kante angebrachten Steckkontakten; 2. Subscriber Identity Module; in eine ▷Smartcard eingebrachtes ▷ROM mit einmaligen, unlöschbaren Daten; in der ▷GSM- ▷Telefonie dient die SIM-Karte der ▷Identifikation und ▷Authentisierung eines Abonnenten im ▷Netz; siehe auch ▷IMSI; 3. Security Identification Management

SIMD
Single Instruction, Multiple Data; 1. ▷Multi Processoring-Rechner, der allen ▷Prozessoren die gleichen ▷Instruktionssequenzen zur Abarbeitung übergibt, wobei diese aber unterschiedliche Datenströme bearbeiten; siehe auch ▷SISD, ▷MISD, ▷MIMD und massiv- ▷parallel; 2. in modernen ▷Mikroprozessoren: verteilt ▷parallele Abarbeitung mehrerer Datenströme durch einen Instruktionssatz in mehreren Ausführungseinheiten

SIMM
Single In-Line Memory Module; elektronische Kleinst- ▷Platine mit acht oder neun, selten auch weniger Speicher- ▷ICs auf einer Oberfläche; die beiderseitigen Kontakt- ▷Pins sind durch die Platine hindurch kurzgeschlossen; siehe auch ▷DIMM

SimpleText
▷ASCII-Text-Editor als Standard-Dienstprogramm im ▷Macintosh ab ▷Mac OS 7.x und als Nachfolger von ▷TeachText; ab Mac OS X abgelöst durch TextEdit

Simplex, simplex
Einfach (lat.); 1. Algorithmus zur Transposition von Koeffizienten-Tabellen in der linearen ▷Optimierung; 2. ▷Datenübertragung in nur eine Richtung; vergleiche ▷Duplex

simsen
Nein, es ist nicht „The Simpsons" falsch geschrieben, sondern es geht um (ausgedehntes) Kommunizieren über ▷SMS, ein Verb; bei der zusammenhängenden Aussprache von „sm" entsteht ein Halbvokal, der Buchstabe „i" ersetzt diesen Halbvokal als festen Wortbestandteil, nun Sprossvokal genannt; eine Alternative zu s. ist „smissen"

SIMULA
In den mittleren 1960er Jahren (SIMULA-67) die erste Sprache der objektorientierten ▷Programmierung und vor allem für ▷Simulationszwecke eingesetzt

Simulation, Simulator
Gleichmachen (lat.); Abbildung und Nachahmung von komplexen, ▷dynamischen ▷Systemen, ▷Prozessen in Wissenschaft, Umwelt, Verkehr, Gesellschaft usw. durch Geräte der Datenverarbeitung; die S. hat ihre Bedeutung dort, wo die Realität aus Gründen der Zeit, der Umweltbelastung, von Gefahren oder Kosten nicht selbst beobachtet oder manipuliert werden kann

S

single ended
Normalfall für ▷digitale ▷Signalleitung: eine Ader für jedes Bit – eine gemeinsame Erde; Gegenteil: ▷LVD

Single In-Line
SIL; Bauform von ▷Komponenten der ▷Mikroelektronik mit der Anordnung aller Kontaktstifte auf der einen Gehäuseseite

Single Network Logon
Völlig geräteunabhängige, überall gleiche und durch ▷Verzeichnisdienste verifizierte Anmeldung in einem Netzwerk; siehe auch ▷Single Sign-on

Single Sign-in, - Sign-on
▷Authentisierung für den ▷Zugriff auf mehrere Ressourcen mittels einer einzigen Anmeldung: SSO vereinfacht das Anmeldeverfahren und befreit den Anwender von der Pflicht, sich viele ▷Passwörter zu merken; siehe z. B. ▷Passport oder ▷Kerberos; die Gefahr besteht darin, dass sich auch einem illegitimen Eindringling dann alle Ressourcen öffnen

Single User
Einplatz-Computer, Einplatz-Betriebssystem usw.

SINIX
▷Unix-Derivat von Siemens-Nixdorf

SIP
1. Single Inline Pin: Bauteil mit Kontaktstiften auf einer Gehäuseseite – siehe ▷SIL (die Schreibweisen sind uneinheitlich); 2. Single Inline Package: kleine Platine mit auf ▷SMT basierenden Bausteinen
und kammförmiger Anordnung der Kontaktstifte; 3. Single Inline
Plastic: Hinweis auf das Gehäusematerial von SIPs; 4. Session Initia-
tion Protocol: Protokoll der ▷IETF (▷RFC 2543, ▷OSI-Schicht 7)
aus dem Jahre 1999 für die Adressierung, den Aufbau und den Abbruch einer Kommunikationsleitung zum Austausch multimedialer
Datenströme (Spiele, Telefonate, ...); SIP kommt vor allem in
▷Voice over IP zur Anwendung; das Protokoll adressiert Personen
und nicht Geräte; da diverse Parameter verwaltet werden, hat SIP
eingeschränkt auch die Funktion eines Teilnehmerverzeichnisses;
siehe auch ▷H.323 der ▷ITU-T

SIR
Serial Infrared; von ▷Hewlett-Packard entworfene ▷Spezifikation
zur Infrarot-Kommunikation, welche dann in ▷IrDA einfloss

SISD
Single Instruction, Single Data: Ein- oder Mehrprozessor-Rechner,
welcher streng nach dem „von ▷Neumann-Prinzip" die ▷Instruk-
tionsfolge ▷sequenziell ab- und dabei einen einzigen Datenstrom
bearbeitet; siehe auch ▷SIMD, ▷MISD, ▷MIMD

SIT
Dateinamenserweiterung für ▷Mac OS ▷Binärdateien, welche mit
der ▷Shareware „StuffIt" ▷komprimiert wurden

Site
Platz, Lage, Gelände; 1. und allgemein: lokaler Bereich, Teilbereich einer verteilten Arbeitsumgebung; 2. neudeutscher Begriff für eine thematisch geschlossene bzw. unter einem ▷URL einsehbare ▷Web-Präsentation; so wird z. B. häufig von „unserer Website" gesprochen: „visit our site on the web"

Site Map, Sitemap
Logische Auslage einer ▷Web- oder ▷Intranet-Präsentation

Site, Sticky -
Klebriger Auftritt; ▷Web-Präsentation, die vom Inhalt und/oder der Gestaltung her „abhängig" machen soll

Sitzung
Diffuser Begriff; 1. Mensch-Maschine-Interaktion, welche dann aktiv ist, sobald sich ein Anwender am System angemeldet hat; es gibt also Single Session Maschinen und Multi Session (▷Unix / ▷Linux); siehe auch ▷Dämon; 2. durchgeschaltete, gegenseitig bestätigte und übertragungsbereite Verbindung in der Datenkommunikation – im System wird dazu ein ▷Prozess angelegt; 3. aktivierte und durch den Benutzer gerade bearbeitete Applikation; beim ▷Multi Programming auf bloss einem ▷Prozessor wird folglich eine S. bearbeitet und die anderen S. laufen oder warten im ▷Hintergrund; 4. Gesamtheit der ▷Threads, welche einen ▷Prozess bilden und in dessen Ablaufsequenz einmal „drankommen" werden

SJF
Siehe unter ▷shortest Job first

SKA
Shared Key Authentication; ▷WLAN nach ▷IEEE 802.11 mit Verschlüsselung des Datenverkehrs z. B. mit ▷WEP oder ▷WPA; oft als „gesichert" bezeichnet; siehe auch ▷OSA

Skalar, skalar, Skalarwert, superskalar

Stufe (lat.); 1. reelle Zahl, die oft als Koeffizient zum Dehnen oder Stauchen eines Objektes dient; 2. ein s. ▷Datentyp ist ein solcher, dessen Komponenten sich auf der reellen Zahlengeraden abbilden lassen; 3. in ▷PERL ist es ein ▷Datentyp, der einen einzelnen Wert und nicht eine ▷Kollektion oder eine ▷Map enthält; 4. als S.-Wert wird gelegentlich eine ▷Konstante bezeichnet; siehe auch ▷Literal; 5. s. ▷Mikroprozessoren schliessen idealerweise dank ▷Pipeline Verarbeitung mit jedem ▷Takt eine ▷Instruktion ab; bei der s.s. Verarbeitung sind dies wegen des ▷parallelen Pipelinings (mehrere ▷Ganz- und ▷Fliesskommazahl-Pipelines) gleich mehrere Instruktionen; s.s. ▷Prozessoren haben also mehrere ▷ALUs

Skalieren, Skalierung

Messbar-Machung (lat.); 1. mathematisches Dehnen und Stauchen von Grössen und so eine elementare ▷Operation im ▷Koordinatensystem in der grafischen Datenverarbeitung; 2. entsprechendes Verändern eines Schriftbildes; 3. in der ▷Mikroprozessortechnik: siehe ▷skalar; 4. bei ▷Betriebssystemen: Möglichkeit eines einzigen Betriebssystems, auf Computern unterschiedlicher Grösse und Herkunft zum Einsatz zu kommen („skalierbar"); 5. skalieren/skalierbar in der Produktkommunikation gelegentlich gebraucht im Sinne von Erweitern, erweiterbar, ausbaubar; 6. in ▷Mehrprozessor-Systemen oder ▷Rechnerverbünden: Ausbaufähigkeit durch Zuschaltung zusätzlicher ▷Prozessoren

Skew

Versetzung der Nummerierung der ▷Sektoren in einem ▷Zylinder und damit ▷Synchronisation der ▷E/A-Operationen beim ▷Spurwechsel, also beim Wechseln von einem aktiven Kopf auf den anderen im gleichen Zylinder

Skimming

Krimineller Gebrauch von Zahlungskarten, z. B. Ausspähen, Nachfertigen, Abändern; ferner: Manipulation der Lesegeräte usw.

Skipjack
Symmetrischer ▷Kryptografie-Algorithmus der ▷NSA in den 1950er Jahren als Teil der Clipper Chip genannten Verschlüsselungs-Infrastruktur dieser Agentur; mit 80 Bits Schlüssellänge schwach und auch politisch sehr unbeliebt, weil von der NSA zum Aushorchen vertraulicher Meldungen benutzt und nie publiziert

Skript
1. tendenziell kleines, ▷makroähnliches oder ▷interpretiertes Programm, das in einer betriebssystems- oder applikationsspezifischen Programmiersprache geschrieben wurde und in der Regel nur innerhalb dieser Umgebung läuft; 2. Aufzeichnung von ▷Anweisungssequenzen, z. B. ein ▷SQL-S.

S

skype
Marktführer für Internet-Telefonie, ▷VoIP, wofür eine proprietäre ▷Peer-to-Peer Lösung verwendet wird; diese bietet dank sehr guter ▷Kompression eine hervorragende Sprachqualität; s. ist für rein ▷webbasierte Gespräche gratis, von und zum Festnetz fallen Gebühren an; es gibt auch Unternehmenslösungen; Skype Technologies wurde erst 2003 von den beiden Initianten von KaZaA, Niklas Zennström und Janus Fiis, gegründet und ist heute im Besitz von eBay; es hat über 200 Millionen Mitglieder, wovon ständig rund 10 Millionen am Quasseln sind; www.skype.com

SLA
Siehe unter ▷Service Level Agreement

Slack, Slack Area
Lässigkeit; ungenutzter Bereich im letzten ▷Sektor bzw. ▷Cluster einer ▷Datei auf dem ▷Datenträger; hier können sich z. B. ▷Viren verbergen, weil ihr Platzbedarf nicht registriert wird

Slang

Der Dialekt, die Szenensprache beim ▷„Chatting" oder in den
▷Newsgroups; es wird sehr viel mit ▷Akronymen und mit ▷Emo-
ticons gearbeitet; im Deutschen gelten dann letztlich gar keine
Regeln mehr – das heisst, als Regel gilt: keine Scheu vor Mundart,
keine Scheu vor Fehlern, konsequente Kleinschreibung, Vermeidung exakter Begriffsverwendung, Griff in den verbalen Fundus
der Peristaltik und Fortpflanzungsbiologie; hier die Aufklärung:
BTW: by the way, IM(H)O: in my (humble) opinion, THX: thanks,
RO(T)FL: roll over the floor laughing, ROFLMAO: roll over the
floor laughing my ass off (uups :-O), WTF: what the fuck (SCNR
(sorry, could not resist) ;-)), OMG: oh my god, AFAIK: as far as
I know, FYI: for your information, ▷RTFM, HTH: hope this helps;
BRB: be right back, ▷ASAP und CU: see you! HTH!

Slash

Stich, Schnitt; normaler Schrägstrich: „/" (schräger Divisionsstrich,
▷ASCII 47); das visuelle Gegenteil ist der ▷Backslash

Slave

Sklave; 1. und allgemein: eine Komponente, ein Baustein mit passi-
vem, reaktivem Verhalten in einer Datenkommunikation, die dann
von einem ▷Master gesteuert ist; 2. im engeren Sinn deshalb eine
inaktive Komponente, ein Befehlsempfänger ohne Kontrolle über
den ▷Bus; 3. untergeordneter ▷Netzwerkteilnehmer mit einem intelligenten ▷Terminal, welches auch Programme laden und fahren
kann; 4. selten und nicht sehr treffend für ▷Client

SLDRAM

SyncLink ▷DRAM; seit 1999 durch ein Konsortium von 12 Spei-
cherherstellern in Konkurrenz zu ▷Intel in Produktion befindliche
Klasse von Speicherbausteinen; sehr hohe ▷Taktraten und niedriger Spannungspegel; aufbauend auf ▷SDRAM, Konkurrenzspezifikation zu ▷RDRAM

SLED
Single Large Expensive Disk; durch den Autor des ▷RAID-Konzepts so benanntes, gegenteiliges Konzept: klassische Datenhaltung auf nicht redundanten ▷Platten mit grosser ▷Speicherkapazität

Sleep, deep - und deeper -
Offizielle Benennung für Schlafmodi von ▷Intel- ▷Prozessoren bei Inaktivität; die Steigerung deutet auf noch geringeren Energiekonsum im Tiefschlaf hin

sleep, SLEEP()
Schlafen; nicht aktives ▷Warten; ▷Instruktion, um einen ▷Prozess in den Zustand „schlafend", „wartend", „blockiert" zu versetzen, bis das von ihm erwartete ▷Betriebsmittel frei ist oder bis eine vorbestimmte Zeit, oft in ▷Ticks oder Millisekunden, verstrichen ist; deshalb auch WAIT()

S

Slicing
Scheibung; 1. analytisches Verfahren, in dem ▷Programme zerschnitten werden, entweder aus der Sicht des ▷Programmflusses oder der ▷Zustände von Daten resp. des Datenflusses; in eine Slice resp. eine Scheibe gehören alle Befehle, die eine mögliche Auswirkung auf einen neuralgischen Punkt haben; die dem S. zugrunde-liegende Datenstruktur ist der Abhängigkeitsgraph; 2. hier oft übersetzt als Filterung: ein Arbeitsschritt in ▷OLAP (▷Data Warehouse): aus einem Daten- ▷Würfel eine Scheibe herausschneiden; Reduzieren der Dimensionalität von Daten; vergleiche ▷Dicing und ▷Drilling

Slide Show
Diaschau bzw. Fähigkeit vieler Grafikanwendungen, Bildfolgen zu speichern und in Präsentationen abzuspielen

Slider
Siehe unter ▷Regler

slim Line, super slim Line
Schlanke Linie; 1. ▷Disketten- und ▷Festplatten-Laufwerke mit halber Bauhöhe (als Referenz diente die klobige Bauhöhe der Einheiten beim PC1 von ▷IBM); 2. ▷PC-Gehäuse mit 100 × 434 × 427 mm; PC-Gehäuse mit 76 × 406 × 347 mm (super -)

SLIP
Deutungen als: 1. serial ▷IP; 2. Serial Line Internet Protocol; ▷Protokoll zur Anbindung einer ▷seriellen ▷Wählleitungs-Verbindung (▷Modem) oder von ▷ISDN an ein ▷TCP/IP-Netzwerk bzw. das Internet; jünger und sicherer ist: ▷PPP

Slot
1. schlitzförmiger ▷Steckplatz für ▷Mikroprozessoren, ▷Speicherbausteine und ▷Adapter; 2. im ▷Hashing berechneter und durch einen einzigen Eintrag (▷Datensatz, ▷Block, …) zu belegender Speicherplatz, z. B. ein ▷Blatt; siehe auch: ▷Sondierung

Slot x
Bezeichnung einer ganzen Familie von Steckplätzen für ▷Mikroprozessoren von ▷Intel und ▷AMD; x ist numerisch bei Intel, alphabetisch bei AMD

Sluring
Service Luring; ein ▷Attackentyp, siehe dort

small (int)
(▷Deklaration für) ▷Ganzzahl- ▷Datentyp in Datenbank- und Programmiersprachen: eine 16- oder 8-Bit-Ganzzahl je nach Umgebung; siehe auch ▷tinyint, ▷int, ▷longint und ▷bigint

Small Business
Kleinunternehmung, Kleingeschäft; in der Betriebswirtschaftslehre als KMU (kleine und mittelständische Unternehmen) bezeichneter, immer wichtiger werdender Zielmarkt für Hersteller von Hard-

und Software; deshalb erhalten diverse Produkte auch die Zusatz-
bezeichnung „S.B."

Smalltalk
Seit 1980 die zweite bedeutende Sprache der objektorientierten
▷Programmierung nach ▷SIMULA; S. verwendet einen ▷Inter-
preter und verlangt nach sehr leistungsfähiger Hardware, welche zu
dieser Zeit sehr teuer war; dies mag S. an der ihr gebührenden
Verbreitung gehindert und später ▷C++ und ▷Java den Weg ge-
ebnet haben; S. ist sehr konsequent ▷objektorientiert, vergleiche
▷Hybrid; S. hat grossen Einfluss u. a. auf ▷Ruby ausgeübt

SMART
Self-Monitoring, Analysis and Reporting Technology: Spezifikation
eines Konsortiums von ▷Festplatten-Herstellern zur automatisierten Überwachung und Diagnose von Festplatten, nicht aber zur
Fehlerbehebung; S. muss meist im ▷BIOS- ▷Setup aktiviert werden

Smart Card, Smartcard
1. nicht einheitlich verwendete Bezeichnung für kleinste ▷elektro-
nische Bauteile (▷Karten) oder die ▷PC Cards; 2. im Speziellen:
eine den Inhaber ▷zertifiziert ▷authentisierende, elektronische
Karte im Kreditkarten-Format; die Karte enthält ferner den öffentlichen und privaten ▷Schlüssel des Inhabers; die in der ▷Mobil-
telefonie bekannte ▷SIM-Karte ist eine S.; im Gegensatz zu Speicherkarten enthält eine S. auch datenverarbeitende Intelligenz

Smart Drive
Eine der vielen Benennungen eines ▷Platten- ▷Cache

smart Field
▷Datenstruktur mit eingeschränkter Manipulierbarkeit wie z. B.
die ▷Properties unter ▷C#

Smart Icon
Kleine ▷Ikone; kleinstes bildliches Symbol, das in bestimmten An-
wendungsprogrammen aus einer Symbol-Bibliothek entnommen
und im ▷Dokument, auf einer ▷Maske oder in einer ▷Menü-Leiste
platziert werden kann

Smart Phone
▷Mobiltelefone mit eingebauten E-Mail-Funktionen, Webbrowser,
Terminverwaltung usw.; siehe ▷WAP, ▷GPRS, ▷HSCSD und
▷UMTS

SMB
Server Message Block; ▷Client/Server- ▷Protokoll von ▷Microsoft
für Dateidienste und -zugriffe; siehe auch ▷Samba

SMD
Surface Mount Device; Baustein, der für eine Bestückung mit der
▷SMT vorgesehen ist

SMDS
Switched Multi Megabit Data Service; dem ▷ATM sehr ähnliche
Hochgeschwindigkeits-Übertragungstechnik, welche technisch auf
der Norm ▷DQDB aufsetzt und ohne feste Verbindung ▷LANs
koppelt

SMIL
Synchronized Multimedia Integration Language, gesprochen wie
„smile"; ▷XML-Anwendung, eine ▷clientseitige Sprache für das
synchrone Zusammenspiel von ▷Multimedia-Daten im ▷Web bzw.
für die Formung eines multimedialen Datenstroms aus ▷Text,
▷GIF, ▷JPEG und anderem; Norm des ▷W3C

Smily, Smilies; Smiley, Smileys
Sammlung von ▷Emoticons der fröhlichen Art, die Zeichen symbo-
lisieren für den Betrachter lachende Gesichter wie :-) (freundlich)

oder :-{) (Mensch mit Schnurrbart); der S. erlebte seine Geburts-
stunde im Jahre 1982, als ein Student der Carnegie Mellon University in Pittsburgh die Uni-Leitung scherzhaft vor einer Queck-
silber-Verseuchung im Personenlift warnte; zur psychologischen
Entschärfung von ironischen Mails und zur Vorbeugung gegen
Missverständnisse kreierte Informatiker Scott Fahlman an der
Universität dann die S.; siehe auch ▷Slang

SMP
Symmetric ▷Multi Processoring

SMPTE
Society of Motion Picture and Television Engineers; im Zeichen der
zunehmenden Bedeutung von ▷Multimedia sowie der Verschmelzung von Informatik mit der Unterhaltungselektronik bedeutsames
Normengremium in den USA

SMS
Short Message Service; in der ▷Mobiltelefonie angebotene Dienstleistung zur Übermittlung von kurzen ▷Textmitteilungen (Regel:
160 Zeichen); Mitteilungen, die nicht ausgeliefert werden können,
werden zentral gespeichert, um an den Empfänger zu gelangen,
sobald dieser sich wieder ins ▷Netz einschaltet

SMT
Surface Mount Technology; Technologie zur Verlötung von ▷IC-
Bausteinen in ▷SMD-Form: direkte Aufbringung auf die ▷Platine
ohne Stecklöcher; platzsparend und geeignet für die automatisierte
Bestückung

SMTP
Simple Mail Transfer Protocol; ▷Protokoll zur Übermittlung von
elektronischer Post (▷E-Mail) im ▷TCP/IP-Netzwerk von ▷Server
zu Server, also z. B. im Internet oder Intranet; dieses Protokoll
kennt die Möglichkeit zum Anhängen von ▷Binärdateien nicht; das

Protokoll verlangt und prüft ferner, ob die ▷Nachricht ohne Zeit-
verzug abgeliefert werden kann; siehe auch ▷POP und ▷MIME

SNA
Systems Network Architecture; siebenschichtige ▷Netzwerk- ▷Ar-
chitektur aus dem Jahre 1974 in der Welt der ▷IBM ▷Mainframes;
diente als Grundlage für ▷OSI

SNAP
Sub Network Attachment Point: 5 Bytes grosser Teil des ▷Rahmen-
▷Headers in der ▷LLC-Teilschicht von ▷OSI: 3 Bytes geben Auskunft über das Standardisierungsgremium, welches Rahmentypen
definiert, die restlichen zwei Bytes identifizieren den Rahmentyp
gemäss dieser Spezifikation; SNAP ist gewissermassen eine ▷Meta-
Rahmen-Information

Snapshot
Schnappschuss; 1. ▷Bitmap-Kopie des ganzen Bildschirm-Inhalts
oder eines Teils davon; 2. ▷Datenbank-Auszug, tabellarische Darstellung von Datensätzen, in der aber keine Änderungen der ▷Da-
ten möglich sind oder in denen vorgenommene Änderungen nicht
auf die zugrunde liegenden Daten zurückwirken; Gegenteil: ▷Dy-
naset; 3. Zustand einer Datenbank in einem bestimmten Zeitpunkt

sniff, Sniffer
Schnüffeln, Schnüffler; 1. pauschal gebrauchte Bezeichnung für
▷Knoten in einem ▷Netz, welche die ganze Netzwerkaktivität verfolgen, analysieren und dokumentieren; 2. Programm, das in
schlechter Absicht den Verkehr auf einem Netzwerk überwacht,
um an vertrauliche Daten zu kommen; dann Network S.; auch Network Analyzer, Protocol Analyzer

SNMP
Simple Network Management Protocol; der ▷TCP/IP-Welt ent-
wachsenes ▷Protokoll zur Überwachung, Steuerung und Fernwar-

tung von ▷Netzwerken; im Prinzip funktioniert das Protokoll als
▷Client/Server-Anwendung „oberhalb" der Transportschicht (4) in
▷OSI; der Client heisst hier allerdings oft Manager und der Server
ist ein Agent; die Syntax von S. ist die Abstract Syntax Notation.1
(ASN.1, der „dot" wird mitgesprochen)

snoop
▷Schnüffeln; Überwachen der ▷Cache Kohärenz in ▷Mehrprozes-
sor-Systemen

Snow Flake Schema
Siehe unter ▷Schema, Schneeflocken-

SNPP
Simple Network Paging Protocol; stark an ▷FTP angelehntes ▷Pro-
tokoll für den ▷Fax-Versand im ▷TCP/IP-Netzwerk

SO
▷ASCII-Zeichen 0E(H) (14): Shift Out; Initialisierung des alternativen ▷Zeichensatzes

SOA
Serviceorientierte Architektur; Abbildung der geschäftlichen Prozesse einer Unternehmung in eine Kollektion miteinander koope-
rierender ▷Prozesse; die konkrete Auslegung des (oft auch rein
modisch verwendeten) Begriffs, bzw. dessen Implementation,
muss zeigen, ob diese Prozesse ▷Webdienste sind, ob sie zentral
oder dezentral sind, privat oder öffentlich, gesichert oder offen
usw.

SOAP
Simple Object Access Protocol; eine ▷XML-Anwendung als auf
▷HTTP aufsetzendes ▷Protokoll des ▷W3C zum Zusammenbin-
den von Software- ▷Komponenten, namentlich ▷Webdiensten
über das ▷Web; S. beschreibt, wie XML- ▷Nachrichten zwischen

solchen Komponenten codiert sein sollen und wie deren Verpackung (Envelope) aussehen muss; S. ermöglicht so eine plattformübergreifende Formatierung von Daten; vergleiche ▷REST

SoC

System on Chip; Mikro- ▷Controller, der (fast) alle Bestandteile
eines ▷Rechners als integrierte Komponenten enthält: nebst ▷CPU,
▷Cache, ▷RAM, ▷ROM, ▷IO möglicherweise auch ▷Grafikkarte
usw; oft werden die Komponenten durch unterschiedliche Hersteller zugeliefert, resp. der Hersteller erhält verschiedenste Pläne und
Lizenzen für Komponenten; S. sind in Mobilgeräten zu finden, aber
auch in ▷Routern, Fotoapparaten usw.; siehe z. B. ▷ARM

Social Bookmarking

Dem (Web-)Publikum verfügbar gemachte, private ▷Bookmark-
Sammlung, die dann einen Wissensraum namens ▷Folksonomy
bildet

Social Engineering

Ein ▷Attackenmuster; siehe dort

Social Software

Sammelbegriff für meist internet- oder webbasierte Kommunikati-
onsplattformen, um die herum sich ein soziales Netz, eine so genannte Community, bildet und die oft auch nur innerhalb dieser
Gemeinschaft bewirtschaftet werden; alternativ deshalb als Mit-
mach-Web bezeichnet; S.S. umfasst allgemein also ▷Chats, ▷Foren
oder ▷Instant Messaging, im engeren Sinn dann Kontaktbörsen
oder die durch das Publikum und ohne jegliche übergeordnete
Kontrolle bearbeiteten Informationsdienste wie ▷Blogs, ▷Wikis,
▷Folksonomies oder ▷Mashups und im wohl engsten Sinn die
eigentlichen virtuellen Lebenswelten wie z. B. ▷Second Life

S

Sockel xxx, Socket xxx

Bezeichnung einer Familie von meist quadratischen ▷PGA-Steck-plätzen für die ▷Prozessoren von ▷Intel und ▷AMD; xxx steht häufig für die Anzahl ▷Pins

Socket

Steckdose; 1. generell und nur aus dem Zusammenhang zu ersehen: Sockel-, Basis-Lösung (Hardware oder Software); 2. Programmier-schnittstelle zwischen dem ▷Anwendungsprogramm und der Transportschicht des ▷Kommunikationsstapels in Form von ▷Be-triebssystem- ▷APIs oder gleichwertiger Bibliotheken; dank der S. sieht das ▷Netzwerk für den Klienten oder den Server wie ein Gerät aus und funktioniert auch nach dem „Öffnen-Lesen/Schreiben-Schliessen"-Paradigma; die S. entstammt ▷BSD- ▷Unix, bildet heute aber einen De-facto- ▷Standard in ganz ▷TCP/IP; 3. speziel-ler ▷Controller (Hardware) und Treiber (Software) zur Ansteue-rung von ▷PC Cards; 4. normierte Stecksockel für ▷Intel-Prozes-soren: siehe ▷Sockel xxx

SOCKS

Aus „SOCKetS"; ein sehr verbreitetes ▷Protokoll für Circuit Level ▷Proxies (siehe dort) bei internetbasierten Client/Server-Lösun-gen; jeder Teilnehmer hinter dem S.-Server ist S.-Client; der S.-Ser-ver analysiert die Kopfinformationen der passierenden ▷Pakete (Adressen, ▷Port, ▷Dienst), trifft Durchlassentscheidungen und übernimmt nach aussen die typische Stellvertreter-Funktion; S. wird deshalb oft auch als ▷Firewall-Protokoll bezeichnet; S. ist auch flexibel für jüngere Dienste wie z. B. ▷Skype

SODIMM

Small Outline Dual Inline Memory Module; speziell kleinräumige ▷Speichermodule für ▷Notebooks; siehe ▷SIMM und ▷DIMM

Soft Phone, Softphone
Programmlösung für ▷VoIP-Funktionalität in Computern; der Telefon-„Apparat" besteht also in Mikrofon und Lautsprecher; „echte" VoIP-Telefone haben eine eigene Hardware mit ▷Firmware und sind direkt mit dem ▷LAN oder ▷Router verbunden

Softfair
Vereinigung grosser ▷Softwarehäuser zur Verhinderung der Softwarepiraterie

Softkey
Funktionstaste bzw. Taste oder Tastenkombination mit direkt auf die ▷Applikation wirkender Funktion; auch ▷Shortcut

Software
Nicht materielle Komponenten eines ▷Datenverarbeitungs- ▷Systems: ▷Daten und ▷Programme; die Daten werden bei der Nennung oft vergessen, was dann etwa die gleiche Brisanz hat wie ein Kochrezept ohne Lebensmittel

Software, Bananen-
Allgemeine Bezeichnung für Software, die beim Kunden reift

Software-Engineering, -Entwicklung
Gesamtheit der Tätigkeiten, die im ▷Projektverlauf sehr eng mit der Entwicklung der eigentlichen ▷Applikation verbunden sind und die unter Ausnützung wissenschaftlicher Erkenntnisse in noch kürzerer Zeit noch zuverlässigere Resultate bringen sollen (und es gelegentlich auch tun)

SOH
▷ASCII-Zeichen 01(H) (1): Start Of Heading; Beginn einer Zeichenfolge mit ▷Adress- oder Steuerinformationen

SOHO
1. ehemals verruchtes Quartier in London; 2. Small Office, Home Office, das kleine Büro als Zielmarkt von ▷IDV-Produkten

SOI
Siehe unter ▷Silicon on Insulator

Solaris
Auf ▷Unix System V basierendes 32- bzw. 64-Bit- ▷Betriebssystem von ▷Sun Microsystems für ▷Intel- und ▷SPARC-Arbeitsstationen

solid
Ausdruck in ▷CAD für die plastisch aussehende und flächig ausgemalte 3D-Darstellung von Körpern

solid State (Disk) Drive
Nicht-mechanischer ▷Sekundärspeicher meist auf der Basis von ▷Flash; derzeit noch deutlich teurer als die „normalen" Festplatten; die Bezeichnung Drive (▷Laufwerk) bleibt und ist ein Hinweis auf die Verwaltung durch ein Dateisystem, dies im Gegensatz zu ▷Primärspeichern

Solitär
Spiel-Einstiegsdroge unter ▷Windows; eine Patience-Variante

SON
Siehe unter ▷Silicon on nothing

Sondierung, Sondierungsfolge
Aufspüren von doppelten Belegungen eines ▷Slots im ▷Hashing bzw. Mechanismus zu deren Beseitigung

SONET/SDH
Synchronous Optical Network/Synchronous Digital Hierarchy; von ▷Bell Labs entwickeltes, von ▷ANSI und der ▷ITU-T normiertes

▷Backbone Netzwerk mit optischer Signalleitung; SONET dominiert die Backbones in Nordamerika und die leicht abweichende SDH im „Rest der Welt"; ▷OSI-Schichten 1 und 2: Bitübertragung und Sicherung

Sort, Bubble -
Bläschen; ein äusserst einfacher Sortier- ▷Algorithmus, dessen Definition für einen Sortier- ▷Vektor mit n unsortierten Elementen wie folgt lautet: Durchlaufe den Vektor (n–1)-mal von Anfang bis Ende und vergleiche sowie vertausche nötigenfalls paarweise die Nachbarn; optimierte Terminierung: … bis einen ganzen Durchlauf lang nichts vertauscht werden musste; wegen seiner Langsamkeit nur von didaktischer Bedeutung, schlimmster Fall: ▷$O(n^2)$; beachte Ripple ▷Sort

Sort, Heap -
Haufen; schneller Sortier- ▷Algorithmus, welcher die zu sortierende Folge in Kleinstfolgen oder Paare zerlegt, diese zuerst sortiert und in einen ▷Heap einordnet

Sort, Merge -
Zusammenfliessen; Klasse von Sortier- ▷Algorithmen, welche sich dadurch auszeichnen, dass entweder 1. die Elemente des Sortierbereichs ineinander verschmolzen werden oder 2. mehrere ▷nebenläufige Sortierprozesse auf den Bereich angesetzt werden; was mit Merge gemeint ist, muss dem Diskussionszusammenhang entnommen werden

Sort, Quick -
Schnell; Menge von bekannten, didaktisch und performanzmässig wertvollen Sortier- ▷Algorithmen nach einem Konzept von Tony ▷Hoare, denen gemeinsam ist, dass der zu sortierende Bereich, in der Regel ein ▷Vektor, ▷rekursiv in Teilbereiche aufgeteilt wird, welche dann als Kleinstvektoren sortiert und wieder zum Gesamtvektor zusammengefügt werden; prinzipielle Laufzeit ist ▷$O(\log(n))$

Sort, Ripple -

Wellchen; einer der bekanntesten Sortier- ▷Algorithmen, dessen ▷rekursive ▷Definition für einen Sortier- ▷Vektor mit n unsortierten Elementen etwa so lauten könnte: ripple_sort[1 ... n] definiert als: 1. zelle[n]:= Extremum aus zelle[1 ... n], 2. ripple_sort[1 ... (n–1)] mit Abbruch bei n=1; ▷iterativ gesehen liegt mit jedem Vergleichs-Wellchen wieder ein neues Extremum des Rest-Vektors vor; wegen seiner Langsamkeit nur von didaktischer Bedeutung, ▷O(n^2); R.S. wird unterschiedlich definiert, gelegentlich als Verbesserung zu Bubble ▷Sort: Abbruch von B.S. sobald keine Vertauschung vorgenommen werden musste; diese Definition scheint unwahrscheinlich, denn die Optimierung eines Algorithmus rechtfertigt nicht einen neuen Namen dafür

S

Sort, Shell -

Sortieralgorithmus (Donald L. Shell: A high-speed sorting procedure, 1959), dessen hohe ▷Effizienz darin besteht, dass weit voneinander entfernte Elemente schnell über grosse Strecken bewegt werden; dies kommt dadurch zustande, dass das ganze Sortierfeld in kleine und immer grösser werdende Teilfelder zerlegt wird, bis die volle Grösse erreicht ist

Sortierung, lexikalische -

Bei der Sortierung von ▷alphanumerischen oder ▷alphabetischen Werten: Sortierung durch Vergleich der Zeichen an gleicher Position in der Zeichenkette, von links beginnend; Beispiel: die Familiennamen Birrer und Bieri unterscheiden sich im dritten Zeichen und damit ist in der aufsteigenden Sortierung Bieri vor Birrer einzuordnen: Bieri < Birrer; bei der Sortierung von Zeichenketten gibt es unterschiedliche Ansätze, vor allem in den Bereichen Gross-/ Kleinschreibung, Umlaute, Akzente: die linguistisch-l. Sortierung zieht linguistische Gesetzmässigkeiten heran und wird z. B. bei Wörter- oder Telefonbüchern verwendet (engl.: Dictionary Sort Order); die technisch-l. Sortierung ordnet streng nach der binären Codierung der Zeichen und ist am schnellsten (engl. Binary Sort

Order); im vorliegenden Buch wurde technisch-l. nach durchwegs klein geschriebenen Schlagworten sortiert; vor allem bei den Telefonbüchern gibt es grosse nationale Unterschiede in der Sortierung der Namen

Soundblaster
Produktbezeichnung für eine Familie von ▷Soundkarten, De-facto-▷Standard

soundex, SOUNDEX()
Sound of Expression; phonetischer Wert, phonetisches Abbild einer ▷Zeichenkette, also z. B. eines Familiennamens; die ▷Funktion analysiert Wörter auf Charakteristika bezüglich ihres klanglichen Aufbaus und gibt eine entsprechende ▷Ganzzahl zurück; phonetische Vergleiche werden gerne beim Auffinden von ▷Dubletten verwendet

Soundkarte
▷Karte zur Erweiterung der Leistungsfähigkeit eines PCs mit Klangaufnahme, -verarbeitung und -wiedergabe; S. haben meist ▷Schnittstellen für Musikanlagen, Lautsprecher (so genannte Aktivboxen), ▷MIDI und ▷Joy Stick

Source Code
Siehe unter ▷Quellcode

SourceForge
Weltweit umfangreichster ▷Download-Bereich für ▷FOSS Projekte mit ▷Maillliste

Southbridge
Siehe unter ▷Bridge, South-

SP
▷ASCII-Zeichen 20(H) (32): ▷Space; Leerschlag, Blank

Space Management
Verwaltung des Speicherplatzes, namentlich auf ▷Plattenspeichern

Space, Spacing
1. Raum, Leerschlag-Taste auf der ▷Tastatur; ▷ASCII 20(H) (32);
2. Abstand zwischen den Wörtern eines Textdokuments

Spaghetti, -Code, -Programmierung
Unstrukturierte Art der ▷Programmierung mit dem Resultat wirr durcheinander laufender Programmstränge; S.-Programme sind schlecht dokumentier- und änderbar

Spam, Spamming
1. mögliche Deutung: Sülze in der Internet-Kommunikation; benannt nach einem gleichnamigen Büchsenfleisch bzw. Sketch von Monty Python's; 2. mögliche Deutung: stupid Person's Advertisement; Massenversand im Internet entweder mit kommerzieller Absicht oder dann zur Lähmung gegnerischer, unwillkommener oder unseriöser Internet-Teilnehmer; siehe dazu ▷UBE und ▷UCE; S. ist ein ernsthaftes Sicherheitsproblem (Überlastung von Ressourcen) und wird juristisch hart geahndet; indes sind die Urheber selten eruierbar und man geht davon aus, dass ein Grossteil des weltweiten S. von wenigen Servern kommen

Spambot
Ein ▷Robot, der im Internet Adressen zwecks ▷Spamming sammelt, Zugänge zum Spammen eröffnet oder einrichtet oder Spam platziert; S. bestellen also automatisch webbasierte E-Mail-Konten, die dann fürs Spamming benützt werden können; S. erstellen automatisch Einträge zu Werbezwecken in Blogs, Gästebüchern, Kommentarfeldern, Foren und anderem; siehe auch ▷CAPTCHA

Spanning Port
Physikalische Netzwerkschnittstelle, wo alle Netzwerksignale noch unverteilt, also nicht „geswitcht" sind; der S.P. ist deshalb für An-

greifer der „Single Point of Attack" bzw. dann der Ort, wo Abwehrkomponenten wie ein ▷IDS greifen müssen

Spanning Tree (Protocol)
Verfahren, welches dafür sorgt, dass ▷Rahmen in LANs nicht endlos kreisen; dieses endlose Kreisen wäre möglich, wenn irgendeine Menge von Paaren aus ▷Segmenten und ▷Brücken einen Kreis bilden und die gegenläufig verkehrenden Rahmen unterschiedliche Laufzeiten hätten; das Verfahren bricht den Kreis in eine ▷Baumform auf und sorgt für eine schleifenfreie ▷Topologie; vergleiche ▷BGP und ▷BPDU

SPARC
1. Scaleable Processor Architecture; Warenzeichen der von ▷Sun Microsystems entwickelten ▷RISC- ▷Prozessoren; 2. Standards Planning and Requirements Committee; Kommmission des ▷ANSI zum Erlass und zur Verifikation von ▷Architekturen und Entwurfstechniken

Spare, Sparing
Ersatz, Ersatzhaltung; Komponente, die zur jederzeitigen Aktivierung in Reserve gehalten wird; siehe ▷Hot Plugging/Replacing/Sparing/Swapping

SPEC
System Performance Evaluation Cooperative; Konsortium von Herstellern, Grossisten, Forschungslaboratorien und Hochschulen zur Entwicklung und Publikation von ▷Benchmark Programmen für ▷Mikro- und ▷Grafikprozessoren, Anwendungen, ▷Client/Server-Umgebungen usw.; www.spec.org

SPEC CINTyyyy, SPEC CFPyyyy
Teile der ▷SPECmark-Sammlung: CINT mit ▷Ganzzahl- ▷Operationen (▷Integers), CFP mit ▷Fliesskomma-Operationen (▷Floating Points); yyyy sind Jahrzahlen, die zum Ausdruck bringen, dass

die ▷Benchmarking-Programme auf die Entwicklung der ▷Prozessortechnik und der Anwendungsbedürfnisse Rücksicht nehmen; siehe unter ▷Performanz

Speech Analysis, - Synthesis
▷Sprachanalyse, -synthese

Speed Up
Masszahl für den Zeitgewinn bei der Fliessband-Verarbeitung (▷Pipeline) von ▷Maschinenbefehlen; die Herleitung: ein Fliessband mit k Stufen verarbeitet eine Aufgabe zu n Schritten in T_f = k+n–1 Zeittakten (k bis das Fliessband voll ist, danach mit jedem Takt ein Ergebnis); ein Rechner ohne Fliessband braucht dazu ▷T_o = n*k; der Speed Up ergibt sich aus $S = \dfrac{T_o}{T_f}$

Speicher
In der Informatik: „Gedächtnis", dessen Inhalte in diversen ▷Medien ▷persistent oder ▷flüchtig abgelegt werden können: Zustände von ▷Flipflops, Polung submikroskopischer Magnetstäbe, Oberflächenbeschichtungen mit bestimmtem optischen Verhalten und andere

Speicher(-Verwaltung), virtuelle(r) -
Moderne ▷Prozessoren und ▷Multi Tasking- ▷Betriebssysteme stellen den ▷Prozessen einen ▷logischen ▷Adressenraum zur Verfügung, der weit über den realen, ▷physikalischen oder gar maximal ▷physisch ▷adressierbaren hinausgeht (beim ▷Pentium; logisch 36 ▷Bits, physisch 32 Bits); alle Prozesse können jeweils den vollen Adressenraum ausnutzen; die laufenden Prozesse werden in ▷Segmente oder ▷Seiten zerstückelt und diese via ▷MMU physisch im realen Speicher ▷alloziert und adressiert; sie sind ▷relokatibel; dazu sind neben der Adressumformung ausgedehnte ▷Auslagerungs-, ▷Swapping- und Schutzmechanismen erforderlich

Speicher, assoziativer -

Auch: inhaltsorientierter Speicher; Speicher mit inhaltsadressiertem Zugriff, dessen ▷Adressen also Teil der ▷Semantik seines gespeicherten Inhalts und deshalb ▷relokatibel sind; der Zugriff geschieht über den Vergleich dieser Kennungen; a.S. sind z.B. ▷Caches oder ▷TLBs

Speicher, dynamischer -

Technologie für ▷flüchtige und deshalb auf periodische Erneuerung (▷Refresh) angewiesene Speicherbausteine; interner Aufbau mit Feldeffekt- ▷Transistoren und Kondensatoren; diese so genannten DRAMs stellen den grössten Anteil an elektronischen Speicherbausteinen in der Informatik; preiswerter, aber leider etwas langsamer im ▷Zugriff als ▷SRAM

S

Speicher, holografischer -

Mögliches optisches Speichermedium der Zukunft; hohe Speicherdichte dank bleibender optischer Dreidimensionalität als Abbild der räumlichen Verteilung von Daten; aus dem Griechischen übersetzt wäre ein Hologramm etwa eine „ganze Schrift"

Speicher, Primär-

Sammelbegriff für alle ▷Register und den ▷Arbeitsspeicher, also die direkten Ansprechpartner des ▷Prozessors: bescheidene Kapazität, kurze ▷Zugriffszeit, hohe Kosten in Geldeinheiten pro Bit, ▷flüchtig

Speicher, Sekundär-

Sammelbegriff für alle ▷Plattenspeicher: grosse Kapazität, bescheidene ▷Zugriffszeit, kleine Kosten in Geldeinheiten pro Bit, ▷persistent

Speicher, teilassoziativer -

Speicherorganisation, die nicht ganz so flexibel ist wie die der assoziativen Speicher: die Speicherzellen haben feste ▷Adressen zu

n Bits und werden mit den n niederwertigen Bits der vollen Bus-
Adresse lokalisiert; deren restliche, höherwertige Bits sind die Kennung, welche an der genannten Adresse – zusammen mit dem Datum – eingetragen wird; diese Speicher sind wohl weniger flexibel,
dafür auch weniger aufwändig zu implementieren, viele ▷Caches
sind teilassoziativ

Speicher, Tertiär-
Sammelbegriff für alle ▷Bandspeicher: sehr grosse Kapazität, lange
▷Zugriffszeit, sehr kleine Kosten in Geldeinheiten pro Bit, ▷per-
sistent

Speicherbus
Siehe unter Front Side ▷Bus

speichergekoppelt, Speicherkoppelung
Bezogen auf den gemeinsamen ▷Adressenraum; mit „normalen"
Speicheradressen ▷referenziert; speichergekoppelt sind also z. B.
die ▷Register von ▷Controllern

Speicherhierarchie
Technisch, preislich und didaktisch motivierte Rangordnung von
▷physikalischen ▷Speichermedien in heute üblicherweise Primärspeicher, Sekundärspeicher und Tertiärspeicher (siehe je unter
▷Speicher, ...); entlang der eben genannten Reihenfolge steigend
sind: ▷Kapazität, ▷Zugriffsgeschwindigkeit und ▷Persistenz; fal-
lend sind Preis in Geldeinheiten pro gespeichertem Byte; Transferrate

Speicherklasse
Implizite oder explizit ▷deklarierte Eigenschaft eines Datenobjekts
bezüglich seines Verarbeitungsortes und/oder seiner ▷Lebensdauer
und/oder des Ortes seiner ▷Definition; wichtige S. sind ▷register,
▷static und ▷extern, meist angegeben als ▷Modifikatoren

Speicherraum
Meist im Sinn von ▷Adressenraum

speicherresident
Siehe unter ▷resident

Speicherschutz
Schutz von ▷Prozessen und ▷Daten, welche in einem ▷Multi Tasking System in ihrem ▷Adressenraum laufen, vor dem ungewollten Eingreifen durch fremde ▷Referenzen bzw. vor der Mitleidenschaft nach dem ▷Absturz eines anderen Prozesses

Speicherzelle
Nicht sehr präziser Ausdruck der adressierbaren Grundeinheit in einem elektronischen Speicher, meist ein ▷Byte, also das physikalische Abbild des adressierbaren ▷Granulums eines ▷Betriebssystems; ist dieses Granulum ein Byte, wie beim PC, dann sprechen wir von einer Byte-Maschine

S

Spekulation, spekulativ
Betrachtung (lat.); Mutmassung über den künftigen Verlauf eines Vorgangs; mit s. Mechanismen wird die Niederlast gewisser Komponenten dazu benutzt, einen Zustand bereitzustellen, der eine grosse Eintreffenswahrscheinlichkeit hat, was sich somit dann vorteilhaft auf die ▷Performanz auswirkt; tritt das Ereignis nicht ein, kann der Zustand ohne Leistungsverlust verworfen werden; zur Begründung der S. siehe ▷Referenzlokalität; in gewissem Sinn s. sind also z. B. ▷Bursts, read ahead ▷Caches, ▷SJF, ▷Branch Prediction, ▷Completion, ▷Dynamic Execution und vieles andere mehr

Spell Checking, Spelling
Syntaktische Textkorrektur mittels bzw. innerhalb eines Programms

Sperre, sperren

1. in der Typografie: ▷Auszeichnung durch Erhöhung der ▷Binnenräume; 2. Blockierung des ▷Zugriffs auf Daten-Granula wie z. B. Dateien (▷File Locking) oder ▷Datensätze (▷Record Locking), um bei ▷synchronem Zugriff die „gleichzeitige" Bearbeitung ihrer Inhalte durch verschiedene ▷Prozesse oder ▷Transaktionen und damit ▷Konsistenzfehler zu verhindern; eine Leses. ist nicht exklusiv und für Leseoperationen geeignet, auch: shared Locking; die Schreibs. wirkt bei Schreiboperationen, auch exclusive Locking

Sperrprotokoll, Zweiphasen-

▷Mechanismus beim Anfordern mehrerer ▷Sperren, z. B. durch eine ▷Transaktion: alle notwendigen Sperren müssen nacheinander oder miteinander errichtet werden, bevor eine wieder freigegeben wird (Wachstumsphase); und: alle Sperren müssen nacheinander oder miteinander freigegeben werden, bevor eine neue errichtet wird (Schrumpfungsphase)

Spezialisierung

Aufgliederung (lat.); im ▷Datenbankentwurf und in der ▷Objektorientierung das Gegenteil der ▷Generalisierung; also meist synonym mit (und detaillierter besprochen unter) ▷Vererbung

Spezifikation

Bestimmung (lat.); Vorhandensein von technischen (auch: ▷ergonomischen, sozialen, …) Normen in der Hardware- oder Softwareentwicklung bezüglich Massen, ▷Signalen, ▷Datenstrukturen, ▷Schnittstellen usw.; die S. haben neben den ▷Algorithmen und ▷Datenstrukturen einen normativen Einfluss auf die Entwicklung sowie wesentliche Auswirkungen auf die Qualität der entstehenden Systemkomponenten und deren Kompatibilität; siehe auch: ▷Norm, ▷Standard, ▷Konvention

SPI

Siehe unter ▷Statefull ▷Packet Inspection

Spider
Spinne; oft synonym für ▷Robot (siehe dort), oft für ▷Suchmaschine

Spiegel
Siehe unter ▷Satzspiegel (Typografie) oder ▷Mirror (Software-Verteilung) oder ▷Disk Mirroring (Platten-Redundanz)

Spiegelung
Duplizierung, doppeltes Ablaufenlassen von ▷Prozessen wie z. B. eines Schreibvorgangs auf einem Datenträger zwecks Datensicherheit und ▷Fehlertoleranz; in der Form ▷Disk Mirroring oder Shadowing werden beide Datenträger über einen gemeinsamen ▷Controller angesteuert, in der Form ▷Disk Duplexing sind sogar zwei Controller vorhanden

Spiele, Theorie der -
1. nach festen Regeln durchgeführte Aktionen von Personen oder Parteien, die miteinander in einem unterhaltsamen Wettbewerb stehen; 2. interessant sind für die Informatik die ▷strategischen Spiele, bestehend aus einer zeitlichen Folge von Zügen, bei denen jeder Spieler eine Entscheidung ohne Kenntnis der Reaktionen des Gegenspielers – aber unter deren Vorabschätzung – zu treffen hat; solche Konkurrenzsituationen lassen sich auf wirtschaftliche Verhältnisse übertragen und mathematisch modellieren; die Spieltheorie ist eigentlich eine Disziplin des ▷Operations Research; wesentliche Grundsteine wurden durch von ▷Neumann gelegt mit Publikationen ab 1929

Spiele-Kategorien
Hauptsächlich unterscheidet man zwischen ▷Adventure, ▷Jump and Run, ▷Strategiespielen und ▷Egoshooter

Spielkonsole
Universelles Gerät der elektronischen Unterhaltung für Haus und Herd; die S. wird als eine Art Heimcomputer in der Regel am Fernseher angeschlossen, verfügt über ein oft proprietäres ▷Betriebssystem und einen ▷CD- / ▷DVD-Spieler; als Software kommen meist Spiele, Lernprogramme und einfache Bürokommunikation sowie Internet-Zugang zum Einsatz; die Hauptrivalen sind die Playstation von Sony, ▷Xbox von ▷Microsoft und Wii von Nintendo; siehe auch ▷Nintendoitis

Spike
Spitze; kurzfristige Spannungsspitze, die mit Netzfiltern abgefangen werden kann; beachte auch ▷Brownout, ▷Sag und ▷Surge

SPIM
Spam over Instant Messaging; unerwünschte Werbebotschaften in virtuellen Gesprächsräumen wie ▷Instant Messaging und ▷Chat; S. ist ein Akronym, die Bezeichnung ▷Spam wurde damals von einem Produkt abgeleitet

SPIT
Spam over IP Telephony; dieser ▷Spam kommt als unerwünschte Sprachnachrichten zu Werbezwecken ins Haus; insofern ein griffiges Akronym, da engl. spit Spucke heisst …

spleissen
Herstellen der Verbindung zweier (meist ▷Glasfaser-)Kabel auf u. a. mechanische und thermische Art

Spline, b-Spline
1. in der Mechanik eine Linienschablone; 2. eine weich gekrümmte Polynom-Linie, die sämtliche „Stützpunkte" bloss approximiert; ein Stützpunkt wirkt sich nur auf das engere Umfeld der Kurve aus (genannt: lokaler Support); S. präsentieren sich im Gegensatz zu ▷Bézier-Kurven etwas weniger geglättet

Split Speed
▷Bidirektionale Datenkommunikation, bei welcher die Daten in der einen Richtung unterschiedlich schnell zur anderen fliessen; siehe z. B. ▷xDSL

Splitter
Spalter, Aufteiler: 1. und allgemein: Multiplexweiche; 2. und speziell in ▷xDSL: Weiche für die drei Teil- ▷Bandbreiten: ▷Downstream; ▷Upstream und ▷Sprache

Spoofing
Parodieren; 1. Angriffstechnik, die darin besteht, sich auf illegale Weise ▷Zutrittsrechte zu verschaffen: dies kann auf ▷log in-Ebene geschehen oder durch ▷Maskieren von ▷Paketen mit höher privilegierten Adressen; 2. als IP-S. sich durch Abänderung der Absenderadresse als jemand andere ausgeben und/oder einen falschen Urprungsort, eine falsche Urheberschaft vortäuschen; dann eine ▷Maskerade

spool, Spooler
Spulen, Spuler; 1. ursprünglich: Simultaneous Peripheral Operation On Line: streng sequenzialisierte Benutzung peripherer Geräte bzw. Abarbeitung von ▷Jobs; 2. heute oft: als ▷FIFO organisierter, zwischenspeichernder ▷Ringpuffer zum sequenzialisierten Ausdruck von mehreren Dokumenten; dieser Drucker-S. nimmt dem Betriebssystem die Druckaufträge ab, gibt es damit wieder frei und beliefert im ▷Hintergrund den Drucker mit den Aufträgen; dieser wiederum wird die Daten u. U. in seinem ▷Arbeitsspeicher puffern und damit den S. seinerseits entlasten; S. und Puffer haben den Zweck, das Arbeiten am Computer nicht durch den langsamen Drucker zu blockieren

Spot Funktion
Fleck; beim ▷Dithering im Buchdruck wird das Graumuster durch schwarze Punkte mit unterschiedlichem Radius erzeugt, diese Spots

müssen möglichst hardwarenah berechnet werden, z. B. im ▷Post-Script-Interpreter

SPP
▷Standard Parallel Port; siehe unter ▷Centronics und ▷IEEE 1284

Sprachanalyse, -erkennung, -synthese
Fähigkeit eines Datenverarbeitungssystems zur Erkennung, Interpretation oder Generierung der menschlichen ▷Sprache

Sprachband
Das ▷Frequenzspektrum der menschlichen ▷Stimme umfassend

S

Sprache
1. Satz von ▷Zeichen und ▷syntaktischen bzw. ▷grammatikalischen Regeln, mit welchen in der ▷Kommunikation ▷Nachrichten geformt werden; die Informatik kennt viele, sehr klar definierte und standardisierte S., die zwischen Partnern des Gesamtsystems vermitteln, so z. B. grafische ▷Entwurfsmethoden, ▷Programmiers., ▷SQL oder ▷PostScript; auch im Englischen häufig: … language; 2. oft – und nicht sehr treffend – gebraucht für ▷Stimme (Voice), also Schallwellen und ▷Frequenzen im Sprachbandbereich

Sprache, eingebettete -
▷Programmier- oder ▷Abfragesprache, welche fragmentweise und unmittelbar in den ▷Code einer ▷Wirtsprache (Host Language) ▷eingebettet ist; Beispiel: embedded ▷SQL; hingegen gelten SQL-Strings, die aufwändig mittels String-Befehlen der Syntax der Wirtssprache zusammengestöpselt und über Brückenobjekte an die Datenbank geschickt werden, nicht als e.S.

Sprache, formale -
Sprache, die mit einer ▷Grammatik beschrieben ist oder werden kann; darüber hinaus gibt es einen Typ ▷Maschine, der eine Grammatik anwenden resp. Sprache damit verstehen kann; Noam

Chomsky unterscheidet vier Ebenen von Grammatik, wobei die höhere Ebene mehr Einschränkungen hat: Typ 0 ist eine allgemeine Grammatik, Typ 1 erzeugt kontextsensitive Sprachen; Typ 2 erzeugt kontextfreie Sprachen, beispielhaft ist die Backus-Naur-Form, fast alle bekannten ▷Programmiersprachen können mit dieser verstanden oder erzeugt werden; Typ 3 ist die reguläre Grammatik, beispielhaft sind ▷Reguläre Ausdrücke sowie die Sprachen, die mit diesen verstanden oder erzeugt werden können

Spreadsheet
Siehe unter ▷Tabellenkalkulation

Sprite
1. erfrischendes Getränk für nächtliche Stunden am Computer; 2. grafisches Muster auf dem Bildschirm, welches sich als ganzes ▷Objekt bewegen lässt, z. B. in ▷Spielprogrammen

Sprung, bedingter -, unbedingter -
1. in logischer Hinsicht: Verzweigung im ▷Programmentwurf oder -Code zu einem anderen Programmteil, z. B. einem ▷Unterprogramm; 2. hinsichtlich der ▷Flusskontrolle: Neu- ▷Initialisierung des ▷Programmzeigers und damit Fortsetzung des Programmlaufs an einer anderen Stelle im ▷Arbeitsspeicher; ein u.S., siehe ▷GOTO, erfolgt zwingend, ein b.S. reagiert binär auf die Abfrage eines bestimmten Zustands

SPS
Speicherprogrammierbare Steuerung; Einsatz flexibler, programmierbarer Rechner zur Steuerung industrieller Fertigungs- und Verfahrens-Systeme; waren SPS-Rechner früher relativ einfach, handelt es sich heute um eigentliche ▷Prozessrechner; weitere, einsatzspezifische Merkmale sind: besonders widerstandsfähige Gerätekomponenten, einfache ▷Programmiersprache, permanenter Betrieb, Signalverarbeitung auf Bit-Ebene, ▷Betriebssystem in der

▷Firmware; eine von mehreren ▷Programmiersprachen für S.-Systeme heisst „Strukturierter Text", ST

Spuler
Siehe unter dem Akronym ▷Spooler

Spur
(Durch die ▷Sektoren unterbrochener) Datenkreis auf der magnetischen ▷Platte; auch: Spirale auf dem optischen Datenträger; wegen der Doppelseitigkeit und mehrschichtiger Plattenstapel heute oft: ▷Zylinder

Spyware
▷Malware Programme, die ohne Wissen und Zustimmung des Anwenders eine Verbindung ins Internet aufbauen und danach über einen so genannten ▷Back Channel personen-, aktiväten- oder systembezogene Daten an Dritte übermitteln; S. lauert z. B. hinter Werbebannern oder in kommerzieller Freeware

SQL Injection
Ein ▷Attackenmuster, siehe dort

SQL, embedded -
Spezifikation von ▷ANSI zur ▷Einbettung von ▷SQL-Anweisungen in den ▷Quellcode einer ▷Programmiersprache; der ▷Compiler dieser Wirtssprache veranlasst die Weitergabe der SQL-Anweisungen an einen SQL-Server; die ▷Schlüsselwörter zur Kapselung der eingebetteten Anweisungen sowie diese selbst müssen der Wirtssprache durch ▷Bibliotheken verständlich gemacht werden

SQL, SQL-wx, SQL:xy, SQL/yz
Structured Query Language; 1976 bei ▷IBM entstandene Datendefinitions- (▷DDL, ▷DCL) und Datenmanipulationssprache (▷DML, ▷DQL) für relationale ▷Datenbanken; SQL ist eine ▷syntaktische Abbildung der ▷Relationenalgebra; SQL ist ▷relational vollständig;

erste Entwürfe 1974, nach Wildwuchs 1986 durch ▷ANSI standardisiert; im Unterholz wuchert der Wildwuchs ungehemmt weiter; 1992 durch ▷ANSI stark erweitert und bekannt geworden als SQL/2, meist aber SQL/92; Ende 1999 wurde S. durch ANSI ▷objektrelational erweitert als SQL:1999 (oft: SQL/3) und auch von ▷ISO übernommen: ISO/IEC 9075:1999; SQL:2003 ist noch wenig verbreitet

SQL-Daten
Eine Datenbank in der Sprache des ▷SQL-Standards, welcher niemals von einer „Datenbank" spricht

SQL-Server
1. und allgemein: ▷Server und ▷Maschine (nicht: ▷Gerät) zur Verwaltung von ▷relationalen Datenbanken; 2. als Produkt: mehrbenutzerfähiger ▷Datenbank-Server von ▷Microsoft für die ▷Windows Server Umgebung; ursprünglich eine Gemeinschaftsentwicklung mit Sybase

SQL/PSM
▷SQL Persistent Stored Modules; gemäss ▷ISO und ▷IEC 1996 normierte ▷prozedurale ▷Datenbanksprache, die als ▷Transact SQL, ▷PL/SQL usw. dann ihre konkrete Ausprägung erhält

SQR()
Square; ▷Funktion in vielen Programmier- und Datenbanksprachen zur Berechnung des Quadrats einer Zahl a;
$SQR(a) = a \cdot a = a^2$

SQRT()
Square root; ▷Funktion in vielen Programmier- und Datenbanksprachen zur Berechnung der Quadratwurzel einer Zahl a;
$$\triangleright SQR(SQRT(a)) = \left(\sqrt{a}\right)^2 = a$$

SR
Siehe unter Status- ▷Register

SRAM
Siehe unter Static ▷RAM

SRM
Supplier Relationship Management; Verwaltung der Lieferantenbe-
ziehung und damit eigentlich ein neudeutscher Begriff aus der
Betriebswirtschaft; in der Informatik dann: Familie von betriebswirtschaftlichen Anwendungen mit entsprechender Aufgabe

SSA
Serial Storage Architecture; ▷serielles Verkabelungssystem zum
verketteten (▷Daisy Chaining) Anschluss von ▷Peripheriegerä-
ten, das sind bis zu 126 Platten in einem ▷SAN; Datentransfer von
160 MBytes/s via ▷Glasfaserleitung (10 km) in voll- ▷duplex auf
vier geschlossenen Ringen; S. wurde entwickelt von ▷IBM und normiert von ▷ANSI als X3T10.1; alle Platten können aktiv sein; Vorstufe zum ▷SCSI-3 mit angestrebten 1 GByte/s; siehe auch ▷FC-AL

SSD
▷solid State (Disk) Drive

SSE
Streaming SIMD Extensions; Markenzeichen von ▷Intel für einen
▷Instruktionssatz zur ▷SIMD-parallelen Bearbeitung von 128 Bits
breiten ▷Ganz- und ▷Fliesskommazahlen; dies reduziert die notwendige Anzahl „alter" Instruktionen; ergänzt ▷MMX; konkreti-
siert in ▷Pentium 4 als ▷SSE2

SSE2
Internet Streaming SIMD Extensions 2; Konkretisierung von ▷SSE;
Markenzeichen von ▷Intel für einen Satz von 144 SSE- ▷Instruktio-
nen in ▷Pentium 4; von solch gewaltiger Rechenleistung profitieren

▷Multimedia und z. B. die ▷Kryptografierung/Dechiffrierung; Internet ist wohl aus Gründen des allgemeinen Hipps genannt

SSF

Shortest Seek First; ▷Algorithmus zur Abwicklung mehrerer Positionsanforderungen mit der Mechanik des Plattenarms: der ▷Zugriff mit dem kleinsten Bewegungswinkel wird als erster abgewickelt; siehe auch ▷FCFS und vor allem ▷Elevator; SSF ist höchst ▷unfair

SSH

Secure ▷Shell; Bedienungskonsole mit gesichertem bzw. ▷getunneltem Zugang zum ▷Host; das ▷Handshaking bei Verbindungsaufnahme enthält eine ▷Kryptografieschlüssel-Vereinbarung mit ▷Diffie-Hellman

SSI

1. Server Side Includes; ▷Direktiven in ▷HTML-Seiten, die serverseitig ausgewertet und durch die dynamisch generierten Inhalte dazu geladen werden; für die Dynamik ist also hierbei keine Programmiersprache (▷CGI, ▷PHP) nötig; 2. Small Scale Integration; ▷Chip mit bis zu 100 Bauteilen

SSID

Service Set Identifier; eindeutige Kennung eines (Teil-)Netzes im ▷WLAN; die S. wird im ▷Access Point konfiguriert und die anbindenden Geräte können sich nur unter Verwendung dieser S. einbuchen; alle Geräte, die unter derselben S. zusammengeschlossen sind, bilden ein Basic Service Set, BSS

SSL

Secure Sockets Layer; von ▷Netscape initiierte, allgemein akzeptierte Spezifikation für eine ▷Public Key-Infrastruktur im Internet-Verkehr (meist jedoch ▷HTTP): SSL legt eine zusätzliche Schicht über ▷TCP/IP und dessen Dienste (deshalb auf ▷OSI-Schichten 4 und 5);

▷Integritätsschutz durch ▷Kryptografierung mit einem symmetrischen ▷Session Key, Server- ▷Authentisierung durch Versand eines
▷Zertifikats an den Client, seltener auch Client-Authentisierung;
der Vorteil von S. liegt darin, dass keine zusätzlichen Clients oder
Server installiert werden müssen und dass es anwendungsunab-
hängig ist; die HTTP-Verbindung wird mit HTTPS im ▷URL dokumentiert und bleibt bestehen, bis ein Partner sie beendet; siehe
▷Virtual Private Network und ▷IPsec; siehe auch ▷EV-SSL

SSO
Siehe unter ▷Single Sign-on

SSTP, S-STP
Screened ▷STP; mit Folie oder Geflecht vollständig ▷abgeschirm-
tes STP aus Paaren nochmals abgeschirmter Kupferlitzen; Unterteilung in ▷Kategorien, siehe dort für Details; ▷Impedanz: 100 Ohm

Stack
1. Datenstruktur, siehe unter ▷Keller; 2. Gesamtheit aller Schichten
in einem mehrschichtigen (Kommunikations-)Modell

Stahlträger
Etwas saloppe Metapher für den Textzeiger in grafischen ▷Benut-
zungsoberflächen

Stallman, Richard
„I was built at a laboratory in Manhattan around 1953, and moved
to the MIT Artificial Intelligence Lab in 1971 ...“; der ▷MIT-Dip-
lomphysiker R.S. oder einfach rms ist der Gründer des ▷GNU Projekts (1984) sowie der ▷Free Software Foundation (1989); rms ist
selbst Autor der GNU ▷Compiler Collection, des GNU Symbolic
▷Debugger (gdb), des GNU ▷Emacs sowie diverser anderer GNU-
Programme; rms formuliert vier Freiheitsgrade für ▷Software: the
freedom 1) ... to run the program, for any purpose; 2) ... to study
how the program works, and adapt it to your needs; access to the

source code is a precondition for this; 3) ... to redistribute copies so you can help your neighbor; 4) ... to improve the program, and release your improvements to the public, so that the whole community benefits; access to the source code is a precondition for this; ein Besuch auf www.stallman.org dokumentiert rms ferner als sehr religiösen und patriotischen Menschen

Stammdaten
Zustandsorientierte Datenbestände, welche über längere Zeit unverändert bleiben; sie werden durch ▷Änderungsdaten mutiert; populär und vereinfachend ausgedrückt: im betrieblichen Alltag hoffen wir, dass diese Daten sich nicht häufig ändern; wichtiger Unterschied zu: ▷Bestandsdaten

S

Standard, De-facto-, Industrie-, Quasi-
1. und allgemein: Spezifikation, die durch ein öffentliches oder privates Normengremium (z. B. ▷IEEE, ▷ITU) entwickelt und/oder beglaubigt wurde; 2. speziell: Spezifikation, die mangels solcher Erlasse (De-facto-S.) bzw. aufgrund ihrer Verbreitung/Akzeptanz (Quasi-S.) als S. betrachtet wird; Industrie-S.: von einer privaten Unternehmung erlassene Spezifikation, die es zum De-facto- oder Quasi-Standard geschafft hat, wie z. B. die ▷Bus- ▷Architektur ▷ISA; 3. „standardmässig" auch für: „normalerweise dazugehörend"; beachte den wichtigen Hinweis unter ▷Norm

Standleitung
Siehe unter ▷Mietleitung

Stapel
Entweder ▷Batch oder ▷Stack; die beiden Begriffe sind keineswegs gleichbedeutend; was gemeint ist, ist aus dem Zusammenhang zu ersehen

Star Schema
Siehe unter ▷Schema, Stern-

StarLAN
▷Netzwerkkonzept von AT&T mit ▷CSMA- ▷Protokoll und ▷ver-
drillten Leitungen

Startbit
In der ▷asynchronen ▷Datenübertragung: Voraus-Bit (meist:
▷Flankenwechsel von ▷Idle) vor dem Beginn des eigentlichen
Datentransfers

Startknopf
▷Schaltfläche in ▷Windows zur schnellen Anwahl von ▷Verzeich-
nissen und ▷Anwendungen, marketingmässig als eines der Haupt-
elemente von Windows 95 aufgezogen und begleitet durch den
geschichtlich einmaligen ▷Lizenzkauf eines Klassikers der „Rolling
Stones": „Start Me Up"; vergleichbar mit dem ▷Apfelmenü, über
welches das ▷Mac OS seit vielen Jahren verfügt …

Starvation
Siehe unter ▷Aushungerung

stateful(l), stateless
Ein s.f. ▷Dienst kann, vergleichbar der ▷verbindungsorientierten
▷Kommunikation, mit dem ▷Klienten eine direkte Verbindung
aufbauen, sich also von ihm gewisse Parameter geben lassen und
diese in einer Datenstruktur ablegen (▷registrieren): dies beschleunigt vor allem die Interaktion, zeigt seine Schwachstellen aber
dann, wenn der Partner abstürzt; der s.l. Dienst verzichtet auf diese
direkte Verbindung, eine Sendung an ihn hat keinen Zusammenhang mit der vorangehenden; er interagiert daher etwas langsamer,
ist aber auch etwas unabhängiger; ▷webbasierte Dienste sind in der
Regel s.l.; ▷Cookies machen stateless zu stateful

Statement
Siehe unter ▷Anweisung; beachte ferner die Bemerkungen unter
▷Befehl

static

ein ▷Modifikator; 1. eine statische Variable, die innerhalb einer ▷Methode definiert wird, lebt länger als die Methode, ihr ▷Geltungsbereich ist aber trotzdem nur lokal; beim nächsten Aufruf der Methode hat die Variable noch den Wert, den sie beim letzten Verlassen der Methode hatte; 2. static auf Klassenebene erzeugt Klassen- ▷Variablen und Klassen- ▷Methoden, Erklärung siehe dort

statisch

Ruhend (griech.); 1. und allgemein: fest, unveränderlich bis starr; 2. in der Digitaltechnik: Bausteine, deren Ausgangszustände aufgrund der unmittelbar gegebenen logischen Eingangszustände festgelegt werden; Gegenteil: ▷dynamisch

Statistiken

In Datenbanksystemen durch die ▷Datenbankmaschine automatisch und periodisch nachgeführte Wertesammlungen über Tabellen: Anzahl ▷Tupel, ▷Indizes, ▷Dichte und/oder ▷Selektivität, Werteverteilung, Wertelängen u. a.; zur Erstellung der S. werden je nach Einstellung alle Tupel oder ein bestimmter Prozentsatz von Tupeln untersucht

Status

Siehe unter ▷Zustand (lat.; Plural: Stat'us, mit Betonung auf langem u)

stderr

Standard error (channel); so bezeichnete Vorgabe-Schnittstelle zur Vermittlung von Fehlermeldungen in Umgebungen, welche aus der ▷Unix-Welt stammen; Fehler werden typischerweise in ▷Logdateien geschrieben, die meist in /var/log liegen; s. wird zugunsten der Handlichkeit gelegentlich umgeleitet auf den Bildschirm, wie ▷stdout

stdin
Standard input; so bezeichnete Vorgabe-Schnittstelle zur Dateneingabe in Umgebungen, welche aus der ▷Unix-Welt stammen: ▷Konsolentastatur

stdout
Standard output; so bezeichnete Vorgabe-Schnittstelle zur Datenausgabe in Umgebungen, welche aus der ▷Unix-Welt stammen: ▷Konsolenbildschirm

steal, not steal
Stehlen, nicht stehlen; mögliches Auslagern von Datenblöcken schon während einer noch aktiven ▷Transaktion; ▷undo müsste auf dem ▷Sekundärspeicher ebenfalls Annullierungen vornehmen; not steal verhindert dies, fixiert dafür evtl. Datenbestände im Primärspeicher

Steckplatz
Schnittstelle für Erweiterungskarten, ▷Platinen im Innern des Computers; jeder Computer hat eine bestimmte Anzahl solcher S. (auch: ▷Slots) frei; die zusteckbaren Platinen (▷Karten, ▷Controller, ▷Adapter) müssen elektronisch dem ▷Bus-Standard des Rechners angepasst sein, was meist durch die ▷physikalische Bauart zum Ausdruck kommt

Steganografie
Kunst der Geheimschrift (griech.); ▷kryptografische Verfahren, die darin bestehen, die geheime Nachricht in unverfängliche Hüllnachrichten wie Bilder, Töne usw. (oft Stegotexte genannt) zu verpacken; da jetzt nicht einmal mehr die Absicht der geheimen Benachrichtigung erkennbar ist, werden diese Verfahren oft zur Unterlaufung von Erlassen in der Kryptologie verwendet; zurzeit sind nur symmetrische Verfahren bekannt; Beispiel: unser Auge nimmt Farbschwankungen nur in gewissem Umfang wahr; Bild A kann daher in der Farbinformation (▷Farbtiefe) von Bild B in Form von nicht wahrnehmbaren Farbänderungen versteckt werden

stepwise Refinement
Schrittweise Verfeinerung; Zerlegung vom Groben ins Detail, z. B. in der ▷Programmentwicklung: vom groben ▷Modul bis zu der zu programmierenden Elementarformel

Stern
Siehe unter Netzwerk- ▷Topologie

stetig
Vollkommen fliessend, ohne Knicke und Sprünge; mathematisch (ungefähr) ist eine reellwertige Funktion s., wenn beliebig kleine Änderungen an ihren Eingabewerten nur zu beliebig kleinen Änderungen an ihren Ausgabewerten führen; das heute gültige Stetigkeitskriterium stammt von Karl Weierstrass (Epsilon-Delta-Kriterium); Gegenteil: ▷diskret; vergleiche ▷kontinuierlich, ▷analog

Steuerbus
Leitungsbündel, ▷Bus, auf welchem Steuer- ▷Signale zwischen den Systemkomponenten und dem ▷Steuerwerk des ▷Prozessors ausgetauscht werden

Steuerelement
Bestandteil eines ▷Dialogs; Kombinationsfeld, Listenfeld, Radioknopf usw.; auch: Control

Steuertaste
1. und allgemein: Taste mit unmittelbar steuernder Wirkung auf der ▷Tastatur, Beispiel: „Break" für ▷Abbruch; 2. speziell: auf deutschen Tastaturen die „Strg"-Taste, auf schweizer Tastaturen sowie im Original heisst diese: „Ctrl"

Steuerung, Steuerungstechnik
Einwirkung auf technische ▷Systeme und ▷Prozesse, so dass diese möglichst einen Zielzustand erreichen; siehe dagegen: ▷Regelung

Steuerwerk
▷Digitaltechnisch gesehen ein ▷synchrones ▷Schaltwerk; mittels Signalen vom/zum ▷Steuerbus überwachende, koordinierende sowie mittels ▷Programm- und ▷Stack-Zeiger den ▷Kontrollfluss beeinflussende Einheit in einem ▷Prozessor; auch Leitwerk

Steuerzeichen
Als ein ▷Byte verschlüsseltes ▷„Zeichen" aus den niederwertigsten zwei Zeilen der ▷ASCII-Tabelle; an ein Empfängergerät geschickt bewirken sie dort nicht etwas auf der ▷Mensch-Maschine-Schnittstelle (z. B. wird nichts gedruckt), sondern sie wenden sich an die ▷Hardware und lösen in ihr etwas aus, wie z. B. ▷FF: Formularvorschub; sämtliche S. sind als ▷Akronym standardisiert und in diesem Lexikon behandelt, z. B. ▷ACK oder ▷BEL

Still Video
▷Elektronische Kamera mit eigenem ▷Massenspeicher in Form einer kleinen ▷Diskette oder ▷Flash; heute einfach: digitale Kamera

Stimme
In der Daten- und Telekommunikation oft synonym für die Schallwellen (Pegel und Frequenzen) der menschlichen Lautsprache bzw. deren elektrische ▷Signalformen

Stinger
Stachel; 1. ▷eingebettetes ▷Betriebssystem von ▷Microsoft für ▷Smart Phones und ▷PDAs; eigentlich ein abgespecktes ▷Windows CE; siehe dort; 2. ein stand-alone Anti- ▷Virenprogramm von McAfee

Stochastik, stochastisch
Zufallsbedingtheit (griech.); 1. und allgemein: Wahrscheinlichkeitsrechnung; 2. und speziell: auf ▷Zufallswerten beruhende ▷Prozesse in der ▷Informationsverarbeitung; zufällig, nicht voraussehbar, nicht ▷deterministisch und nicht ▷determiniert

Stopbit

In der ▷asynchronen ▷Datenübertragung: Schluss-Bit am Ende des Transfers eines ▷Wortes inklusive evtl. zugehöriger ▷Protokollbits; in ▷RS-232C/D Pegel low (–15 V) über eine ▷Taktlänge und damit ▷flankenloser Übergang zu ▷Idle

Storage

1. und allgemein: Lagerung, Speicherung; gemeint ist mit diesem eher jungen Begriff 2. die Speicherung meist riesiger, betrieblicher Datenmengen; die effiziente und zugriffsschnelle Datenhaltung entwickelt sich zur Schlüsseltechnologie moderner Computersysteme und eröffnet einen gigantischen Markt; Technologien und Konzepte rund um S. sind: ▷RAID, ▷SAN, ▷Fibre Channel, ▷iSCSI und ▷SCSI over Fibre Channel, (eher weniger) ▷NAS

store and forward

1. (Zwischen-)Speicherung, ▷Pufferung und anschliessende Weiterleitung von Daten, Anfragen, Mails usw.; 2. oft präziser gebraucht im Sinne eines Gegenteils zu ▷on the Fly: Zwischenspeicherung, dann inhaltliche Analyse, dann Weiterleitung, z. B. in (▷OSI-Schicht 2) ▷Switches

Store, STORE()

1. Speicher, speichern; 2. ▷Funktion zum ▷Speichern eines Objekts; 3. entsprechendes ▷Primitivum in ▷Sprachen, wie z. B. in ▷SNMP; als ▷Seiteneffekte von Speicherungen werden u. U. weitere Aktionen ausgelöst

Stored Procedure

In relationalen Datenbanken persistent hinterlegtes ▷Modul, welches (meist) in einer zu ▷SQL/PSM konformen Programmiersprache geschrieben wurde; mit S.P., bzw. wohl eher der dahinter stehenden Sprache, wird das mengenorientierte ▷SQL um ▷prozedurale Konzepte erweitert; der weitläufig gebrauchte Begriff umfasst eigentliche ▷Prozeduren, welche indessen durchaus auch

Werte zurückgeben können, sowie ▷Funktionen; S.P. sind in die
SQL-Umgebung eingebaut, als Datenbank-Objekte (neben ▷Tabel-
len, ▷Indizes, ▷Domänen usw.) im ▷Schema abgelegt und enthalten ihrerseits oft wiederum SQL-Konstrukte

STP
1. Shielded Twisted Pair; ▷verdrilltes Niederfrequenz-Kupferkabel
als Signalleiter mit ▷Abschirmung der Aderpaare; Gesamtabschir-
mung möglich, dann eigentlich ▷SSTP; STP kam ursprünglich
vorwiegend bei 4 Mbps und 16 Mbps ▷Token-Ring-Netzwerken
sowie beim Anschluss von 3270- und 5250-Terminals von ▷IBM
zum Einsatz; heute ist die Abschirmung weitgehend eine Selbstver-
ständlichkeit; Unterteilung in ▷Kategorien, siehe dort für Details;
▷Impedanz 150 Ohm; 2. ▷Spanning Tree Protocol

STQ
Shielded Twisted Quad; ▷abgeschirmter Leiter mit vier ▷verdrill-
ten Litzen

Strategie
Vorgehensplan (griech.) zur Lösung eines Problems in Abwägung
mehrerer Möglichkeiten; die Umsetzung ist dann der ▷Mechanis-
mus; man spricht z. B. von der ▷Seitenersetzungs-S.

Stream
Siehe unter Daten- ▷Strom

Streamer
Begriff für die Gesamtheit von Datenband-Kassetten (siehe unter
▷Magnetband) und die ▷Laufwerkstechnologie zur Datenarchi-
vierung; als ▷Datenträger dient ein während des ▷Lesens oder
▷Schreibens sehr gleichförmig laufendes Band; deshalb wohl der
Name

Streaming

Technologie, die Inhalte ▷herunterlädt und diese unmittelbar, quasi in ▷Echtzeit verwertet, also verarbeitenden ▷Prozessen zuführt, während der Datenzustrom noch läuft; bezogen auf ▷Video heisst dies z. b., einen Film herunterzuladen und gleichzeitig die eingetroffenen Daten anzuschauen; vergleiche ▷Strom; in anderem Zusammenhang: ▷Streamer

Strg

Steuerung; ▷Kombinationstaste auf der deutschen ▷PC- ▷Tastatur, erhöht die Zahl der mit den ▷numerischen, ▷alphanumerischen oder ▷Funktionstasten möglichen ▷Kommandos; in der Schweiz und im Original: ▷„Ctrl"; siehe auch ▷Alt

Strichcode und zweidimensionaler -

In Form von schwarzen Strichen und zwischenliegenden Weissräumen mit je unterschiedlichen Dicken ▷codiert vorliegende ▷Information; der z. S. ist ein sehr grobkörniges, quadratisches Muster, beispielsweise aus 19 × 19 quadratischen ▷Pixeln, und erlaubt gegenüber dem S. ein Vielfaches an Daten zu codieren

Strichcode-Leser

Eingabegerät für die optische Datenerfassung von ▷Strichcodes

string, STRING

Schnur, Faden, Band; ▷Zeichenkette bzw. entsprechender ▷Datentyp mit plattformspezifisch recht unterschiedlichen Ausprägungen

Stripe, Striping, Striping-Breite, -Faktor

Streifen; parallelisierte Aufteilung von Daten auf verschiedene ▷Platten in ▷RAID-Systemen; Beispiel: wird ein Daten- ▷Block auf vier Platten verteilt, dann sind die S.-Breite oder der S.-Faktor vier; die Motivation zum S. liegt in der Beschleunigung der Datentransfers vom und zum ▷Sekundärspeicher angesichts dessen im Vergleich zum ▷Primärspeicher deutlich grösserer Zugriffszeit (Faktor zw. 10^5 und 10^6) und schlechterer Transferleistung

Strobe
Kurzimpuls oder ▷-Signal, meist für kurzfristige ▷Status; Beispiele: „Daten sind auf dem Bus bereit" oder auch „lesend"

Strom
1. im weitesten Sinn des Wortes ein gleichförmiger Fluss von ▷Daten in ▷Bytes oder auch nur Teilen davon durch einen, in der Regel ▷verbindungsorientierten, Kommunikationskanal; charakteristisch für Datenströme ist, dass sie den Kommunikationspartnern (▷Objekte, ▷Treiber, ▷Prozesse usw.) als ▷logische geschlossene ▷Bitflüsse erscheinen, deren eventuelle innere Begrenzungen ▷semantisch eingebettet sind oder durch Abbruch des S. ersichtlich werden; an den ▷Schichtgrenzen werden oft S. ▷paketweise in Flüsse und umgekehrt konvertiert; 2. in der Folge dann auch die pauschale Bezeichnung für irgendein Ein- oder Ausgabemedium

Stroustrup, Bjarne
Geboren 1950 in Dänemark; 1975 Abschluss in Mathematik und Informatik an der Universität Aarhus; 1979 Doktorat in Informatik an der Cambridge University in England; entwarf und ▷implementierte 1985 an den ▷Bell Laboratorien ▷C++ und war an deren ▷ANSI / ▷ISO-Standardisierung beteiligt; sein Werk „Die C++ Programmiersprache" (erste Auflage 1985) verzichtet auf akademische Überheblichkeiten und ist sehr gut lesbar, streckenweise witzig frech und deshalb eines der populärsten Programmierbücher; „Fortune" reihte ihn 1990 unter „Amerikas zwölf junge Spitzenwissenschaftler" und „Byte" nannte S. einen der „20 einflussreichsten Leute der Computerindustrie in den letzten 20 Jahren"

struct
Ein strukturierter ▷Datentyp in Programmiersprachen des ▷C-Stammes; "struct person { char name[25]; int alter; };" erzeugt den

Datentyp „person", dessen ▷Variablen dann einen Namen und ein
Alter haben; „person besucher; besucher.alter=50; …"; in ▷C++
sind s. im Prinzip das gleiche wie ▷Klassen; das Analogon in
▷Pascal heisst „TYPE name=RECORD … END;"

Struktogramm
▷Ablaufplan, ▷grafische Darstellung eines ▷Algorithmus; S. werden oft mit ▷Nassi-Shneiderman-Diagrammen gleichgesetzt, obwohl der Sammelbegriff auch auf andere ▷Entwurfsformen angewendet werden muss

Struktur, strukturiert
Bau, Gefüge (lat.); 1. Bauplan, einem Bauplan entsprechend; 2. siehe Programmieren, strukturiertes; 3. s. Daten sind ▷hierarchisch in
▷Dateien -> ▷Datensätze -> ▷Felder und darin ▷Datentypen ge-
gliedert, z. B. die Daten in einer Telefonbuch-Datenbank; uns. Daten sind demnach nicht mit solchen hierarchischen Eigenschaften
und/oder klaren Bauplänen versehen, z. B. Dateien mit Ton- oder
Bild-Informationen; 4. siehe ▷struct

Strukturabstand
Geometrischer Abstand der Leitungsbahnen bzw. Halbleiterele-
mente in Mikro- ▷Chips; liegt heute in der Grössenordnung 1
▷Mikron oder Mikrometer

STT
Secure Transaction Technology; eine 1995 von ▷Microsoft und
Visa erlassene Spezifikation für die Sicherheit von Kreditkarten-
Transaktionen über das Internet; siehe auch ▷SET

STU
Schere – Tippex – Uhu: humoristische Umsetzung des ▷„cut and
paste"

Stub
Stummel, Stumpf; eine Art Andockstelle für Kommunikationspartner, z. B. je beim ▷Client und beim ▷Server in ▷RPC; eine der Aufgaben des St. besteht darin, ▷Adressen zwischen den entkoppelten Systemen zu konvertieren

stuff, STUFF()
Stopfen; als Verb in vielerlei, erst aus dem Zusammenhang ersehbaren Bedeutungen; als ▷Funktion oft Teil- ▷Strings in einem Gesamt-String einfügend oder drin ersetzend

STX
▷ASCII-Zeichen 02(H) (2): Start of Text; Beginn einer (mit ▷ETX zu beendenden) Zeichenfolge mit Nutzdaten; z. B. zu druckender ▷Text

Stylesheet, Style Sheet
Formblatt in der visuellen Gestaltung für eine einheitliche Präsentation oder bessere Navigation, u. U. sogar für ein maschinelles Lesen; Beispiel in der ▷Textverarbeitung: Vordefinition diverser Parameter für die Textgestaltung (Farbe, ▷Tabulatoren, ▷Einzüge, Zeilenabstände, Ränder usw.) und die Einbettung von Illustrationen; diese Vordefinitionen sind als Ganzes gespeichert und können künftigen Dokumenten oder ganzen Präsentationen zugewiesen werden; siehe ferner ▷Cascading S. fürs ▷Web

sub, SUB
1. unter, unterhalb (lat.); eine ▷Hierarchiestufe tiefer, also z. B. bei der relativen Unter- ▷Klasse; 2. ▷ASCII-Zeichen 1A(H) (26): Substitute (Character); Ersatzzeichen

sub-D
▷Abgeschirmte Steckverbindung mit nn Stiften in zwei oder drei Reihen, oft auch ▷DB nn genannt; Details siehe dort

Subclassing
Code- ▷Vererbung aus einer ▷Klasse; siehe auch ▷Subtyping

Subject, Subjekt
Das zugrunde Liegende (lat.); 1. Mensch, ▷Prozess oder sonstige aktive Systemressource, die einen ▷Zugriff zu ▷Daten, dann ▷Objekt genannt, erwirken will bzw. durchführt; 2. im Bereich der ▷elektronischen Post der Betreff-Hinweis einer ▷Nachricht

Subnotebook
Weitere Form der Miniaturisierung von ▷PCs; gemeint sind Geräte, die unter Noch-Beibehaltung der Norm- ▷Tastatur zwecks Miniaturisierung auf gewisse Geräteeinheiten (z. B. ▷Laufwerk) verzichten oder andererseits das normierte Tastaturformat definitiv aufgeben bzw. die Tastatur vor Gebrauch mechanisch vergrössern; siehe auch ▷Netbook

S

Subscript
In der ▷Textverarbeitung: Tiefstellen eines ▷Zeichens, z. B. einer Index-Zahl

Substituierbarkeit
Ersetzbarkeit (lat.); in der objektorientierten ▷Programmierung 1. die Tatsache, dass ein ▷Objekt einer Sub- ▷Klasse auch zur Superklasse gehört und deshalb immer dort eingesetzt werden kann, wo ein Objekt aus der Superklasse erwartet wird: Lamborghini ist ein Auto; dieses Objekt weiss einmal sicher alles, was sein Gegenstück aus der Oberklasse weiss, aber noch etwas mehr; 2. ein gelegentliches Synonym zum ▷Polymorphismus

Substitution
1. und allgemein: Ersetzung (lat.); 2. speziell siehe bei ▷Kryptografierung

Subtyping
Schnittstellen- ▷Vererbung; siehe auch ▷Subclassing

Subversion
1. und allgemein: Unterwanderung, Unterlaufen und deshalb oft im Zusammenhang mit illegitimen Absichten oder Aktivitäten gebraucht; 2. SVN; leistungsfähiges, zentralisiertes ▷Versionsverwaltungssystem, Nachfolger von ▷CVS; geschrieben von Ben Collins-Sussman und Brian W. Fitzpatrick, seit 2010 bei ▷Apache weitergeführt; ermöglicht die Pflege einer Haupt-Entwicklungslinie, meist Stamm (▷trunc) genannt sowie die Pflege von Zweigen (branches) und die Verwaltung von Tags; Hauptunterschied zu CVS: eine Revisionsnummer ist ein Schnappschuss des gesamten Code Respositories und nicht die Nummer eines Moduls; Verbindung zum Code- ▷Respository meist über das ▷Protokoll „svn+ssh" oder über ▷DAV; für das Respository gibt es Web Frontends, z. B. WebSVN; http://subversion.tigris.org, www.websvn.info

SUCC, SUCC()
Successor, ▷Nachfolger; ▷Anweisung bzw. ▷Funktion zum Bestimmen des Nachfolgers eines ▷ordinalen ▷Datentyps z

suchen
Auffinden keines, eines oder mehrerer ▷Datensätze (▷Tupel) mittels ▷eines Schlüssels und/oder der Formulierung von Suchkriterien; unterscheide dazu ▷durchsuchen

Suchen, binäres -
▷Suchen innerhalb einer vorsortierten Sequenz von Attributen: die Sequenz, der Suchbereich, wird halbiert und eine der Hälften dann ▷rekursiv als neuer Suchbereich genommen, so als würden wir ein Telefonbuch auf der Suche nach einem Familiennamen immer zuerst in der Mitte des restlichen Suchbereichs aufschlagen – aber immerhin: die Anzahl Suchzugriffe für n Einträge reduziert sich auf ▷ld(n)

Suchmaschine

Kommerziell operierender ▷Volltext-Suchdienst, der es dem Sucher erlaubt, mittels bestimmter Suchbegriffe nach Informationen in beliebigen Dokumentkollektionen, z. B. im ▷Web zu suchen: Texte, Bilder usw.; eine S. verfügt über einen ▷Index von ▷URLs mit Metadaten als Schlagworte zu den zugehörigen ▷Dokumenten; die Schlagwort-Eintragung erfolgt durch einen ▷Web-Anbieter direkt (als Teil des Seitencodes in ▷HTML), mittels expliziter Anmeldung oder automatisiert durch einen ▷Robot; S. finanzieren sich durch Werbung und Sponsoring; zu den populärsten S. gehören laut Nielsen ▷Google (www.google.com mit weltweit 49% Marktanteil), ▷Yahoo! (www.yahoo.com, 24%) und Bing (www.bing.com, 10%)

sudo

▷Kommando „super user do" in ▷Unix / ▷Linux, mit dem eine einzelne Anweisung unter den Rechten eines anderen Anwenders oder gar von ▷Root ausgeführt werden kann; das Betriebssystem wird die ▷Authentisierung verlangen; was User dürfen, ist üblicherweise in /etc/sudoers abgelegt

Suffix

1. und allgemein: Nachsilbe (lat.), die etwas präzisiert; 2. eine der vielen Bezeichnungen für die Dateinamenserweiterung (Extension); die vielen Bezeichnungen für ein- und dasselbe sollen helfen, den begrifflichen Durchblick möglichst zu vernebeln …

suid

▷Kommando „set user id" in ▷Unix / ▷Linux und erweitertes Zugriffsrecht, Symbol „s", „-rwsr-xr-x": damit erteilen wir einer Anwendung die Rechte ihres ▷Eigentümers und nicht des Aufrufers; ist dieses Bit gesetzt, kann es also durchaus sein, dass eine Anwendung höhere Rechte hat als ihr Anwender, was oft nötig, aber nicht ganz unproblematisch ist …; Beispiel: ein Anwender ohne Rootrechte will sein Passwort ändern; die Datei /etc/passwd muss also editiert werden, aber nur der Root hat Schreibrechte darauf; das

Serviceprogramm /usr/bin/passwd gehört nun dem Root und hat
das suid Bit gesetzt; somit hat der Anwender, der /usr/bin/passwd
aufruft, temporär Rootrechte und kann über dieses Programm
/etc/passwd ändern; werden durch das Bit nicht Rechte des Users,
sondern der Gruppe gesetzt, spricht man vom guid „set group id";
vergleiche Sticky ▷Bit

Suite

Folge (lat., dann frz.), Garnitur; Bezeichnung für mehrere zu einem
Paket gebündelte Einzel-Applikationen aus einem Anwendungsge-
biet; nicht zu verwechseln mit den ▷integrierten Paketen; Beispiel:
Bürokommunikation; die Verkaufsprodukte heissen dann „xy
Office" oder „Office yz" usw.

Sun Microsystems

Ursprünglich: „Stanford University Network" als Bezeichnung für
eine 1981 aus kommerziellen Teilen von Andreas Bechtolsheim
gebaute ▷Unix-Station SUN-1; gegründet 1982 in Santa Clara (CA)
durch Vinod Khosla, Bill Joy, Andreas Bechtolsheim und Scott
McNealy; Entwickler und Hersteller von ▷Hardware (z. B. ▷SPARC)
und ▷Systemsoftware (z. B. ▷Solaris) in der Umgebung von Hoch-
leistungs-Workstations auf ▷Unix-Basis; mit SPARC – ab 1997
UltraSPARC – und der SPARCstation setzte S. Massstäbe in der
▷RISC-Technologie; später entwickelte S. ein starkes, zweites
Standbein mit Internet-Lösungen, namentlich mit der Entwicklungsumgebung ▷Java (1995); im gleichen Jahr „drehen" 100 S.
Workstations „Toy Story", den ersten rein synthetischen Spielfilm;
2010 durch ▷Oracle übernommen; www.sun.com leitet um nach
www.oracle.com

Sun ONE

Open Network Environment; Bezeichnung von ▷Sun Microsystems
für die Technologie der ▷Webdienste im Umfeld von ▷Java

super

Über, darauf (lat.); in der objektorientierten ▷Programmierung eine ▷Hierarchiestufe höher, also z. B. die relative Basis- ▷Klasse betreffend

Super Nova

▷Prozess, aus welchem Daten nur ausfliessen; nicht gerade ein Ziel der gepflegten ▷Programmierung; Gegenteil: ▷Black Hole

Super VGA

Diverse ▷Grafikmodi mit 800 × 600 bis 1'024 × 768 ▷Punkten und bis zu 256 Farben gleichzeitig; weitere Details bei ▷SVGA

Superblock

Datenblock (▷Sektor oder ▷Cluster) am Anfang einer ▷Unix-▷Partition mit Informationen zu dieser Partition, zu den defekten Bereichen usw.

Supercomputer

Keineswegs standardisierter Begriff, der auf die in einem Spezialbereich konzentrierte, überdurchschnittliche Leistungsfähigkeit eines Computers hinweisen soll; S. sind heute meist nicht mehr zentrale Rechner, sondern ▷Mehrprozessorrechner, ▷Cluster oder ▷Grids; der Begriff war lange Zeit gewissermassen gekoppelt mit dem Namen Seymour ▷Cray; man beachte die Querverweise

Superscript

In der ▷Textverarbeitung: Hochstellen eines ▷Zeichens, z. B. eines mathematischen Exponenten

Supervisor

Aufseher (lat.); Person oder Programm als (▷Netzwerk-)Überwacherin, Verwalter usw.; oft auch für einen Betriebs- ▷Modus (siehe dort), z. B. in Prozessoren

S

Support

1. Unterstützung der ▷Hardware durch die ▷Software oder umgekehrt; 2. Unterstützung des Anwenders durch Handbücher, Dienstleistungen der Hersteller/Lieferanten oder durch spezialisierte
Teams (siehe bei ▷Help Desk) bzw. Firmen

Surface, Offscreen -, Overlay -

Im ▷Hintergrund durch den Grafikspeicher aufgebaute, unsichtbare Anzeige; die Sichtbarmachung wird dann direkt durch die Hardware, also durch die ▷Grafikkarte besorgt

surfen

Freizeitsport der digitalen Art: freies, nicht zwingend zielstrebiges
Navigieren durch die Inhalte stark beschriebener ▷Datenträger
oder grosser Datennetze wie ▷Web bzw. Dienste wie ▷Usenet

Surge

Brandung; mittel- bis langfristige Überspannung, die mit Netzfiltern abgefangen werden kann; beachte ferner ▷Brownout, ▷Sag
und ▷Spike

SUTP, S-UTP

Screened ▷UTP; mit Folie oder Geflecht vollständig ▷abgeschirm-
tes UTP aus Paaren nicht abgeschirmter Kupferlitzen; Unterteilung
in ▷Kategorien, siehe dort für Details; ▷Impedanz 100 Ohm

SVG

Scalable Vector Graphics; beim ▷W3C standardisiertes und offenes
Format für ▷Vektorgrafiken; die ▷Syntax zur Beschreibung der
Grafiken (eher: Animationen) ist eine ▷XML-Anwendung auf der
Basis einer ▷DTD; das heisst, Grafiken/Animationen werden als
▷XML-Dokument parametrisiert und sind darstellbar in einem
▷HTML- resp. XML-Browser; SVG hat es schwer wegen der Kon-
kurrenz durch ▷Adobe (▷Flash) und Microsoft (Silverlight)

SVGA
Super ▷VGA; ▷Grafik-Modus für PC-Bildschirme, typischerweise 800 × 600 bis 1'024 × 768 ▷Punkte und 256 (bis 64'000) aus 262'144 Farben auf ▷Analog-Bildschirm; die ▷VESA-Standards SVGA-2 und SVGA-3 unterscheiden sich in der ▷Bildwiederhol- und ▷Zeilenfrequenz

SVHS
Aus der Unterhaltungselektronik bekannte Magnetbänder, welche sich auch zur ▷Datensicherung eignen; veraltet

SVN
Siehe unter ▷Subversion

S

Swap File
Durch das ▷Swapping temporär auf einen ▷Datenträger ausgelagerte Datei; siehe auch ▷Auslagerungsdatei

swap, swappen, Swapping
1. Vertauschen (von ▷Speicherinhalten); 2. etwas unpräzise: ▷Auslagerung von Daten- und/oder Programm- ▷Segmenten bzw. ▷Seiten aus dem ▷Arbeitsspeicher auf die ▷Festplatte; 3. in der Theorie: Auslagerung von ganzen ▷Adressenräumen auf den ▷Sekundärspeicher, also Auslagern der ▷Datenstrukturen ganzer ▷Prozesse

Swapping, Desperation -
Verzweiflungs-Swapping; ▷peformanzproblematisches, notfallmässiges Auslagern eines ▷Prozesses

Swenglish
Swiss English, welches sich in der Edelform durch eine exzessive Anwendung des Regelwerkes von ▷Murphy bei der Aussprache englischer Wörter auszeichnet: „Wenn Du etwas falsch aussprechen kannst, dann tu es!": „Fönktschen", „Dschiwibeisic" (GWBASIC oder GVBASIC?), „Tschömper" (▷Jumper), „Vilän" (▷WLAN); die

germanischen Nachbarn im Norden der Helvetier geben sich eitel
Mühe, nicht abseits zu stehen: „süs-Zeiger" (▷this-Z. !), „Kesch"
(▷Cache); die Lexikon-Lektorin informiert uns, dass dies „Deng-
lisch" heisst …

SWIFT

Society for Worldwide Interbank Financial Telecommunication;
weltweites Telekommunikations- und Clearingnetz für Banken mit
Sitz in Belgien; aus Kostengründen benutzen die CH-Banken lan-
desintern das ▷SIC

Swing Toolset

Den ▷AWT erweiternde Sammlung von ▷Klassen für die ▷GUI-
Programmierung unter ▷Java; damit lassen sich Oberflächen komplexer und ▷dialogfähiger gestalten, z. B. mit ▷Datei- ▷Bäumen
und ▷Registern versehen; auch die grafischen Elemente selbst sind
variabler als beim AWT, welcher einfach auf eine Grundmenge
grafischer Symbole zurückgreift; seit ▷JDK 1.2 Teil der ▷JFC

Swisscom AG

Grösster schweizerischer ▷Telco mit bewegter Geschichte als damaliger Fernmeldebereich des staatlichen Regiebetriebs „Schweizerische PTT"; dann für einige Jahre „Telecom PTT" genannt und
halb privatisiert; seit der Deregulierung 1998 mit staatlicher Betei-
ligung voll privatisiert als S.; gewaltige interne Restrukturierungen
Ende der 1990er Jahre sowie namhafte und nicht durchwegs erfolgreiche Aktivitäten im Ausland; nach der Jahrtausendwende auch in
Zeiten der ▷„Dotcom-Krise" erfolgreich geführt und in der Fach-
presse dank Milliardengewinnen gelobt; spektakulärer Wechsel an
der Spitze im Jahre 2006; www.swisscom.com

Switch, SWITCH

1. Umschalter, Verbindungsschalter: hardware- oder softwaremässig gesteuerter Schalter zwischen gewissen Betriebsmodi; 2. Vermittlungsgerät auf ▷OSI-Schicht 2 zur Weiterleitung von ▷Rahmen

in ▷LANs; S. besorgen Direktverbindungen unter Verwendung der ▷MAC- ▷Adresse, sie streuen die zu verteilenden Daten also nicht wie ▷Hubs an alle ▷Clients, sondern kanalisieren den Leitungsverkehr; 3. ▷Schlüsselwort für die ▷Fallunterscheidung in Programmiersprachen des ▷C-Stammes; 4. Swiss Education and Research Network: Kommunikationsnetz der schweizerischen Hochschulen, Fachhochschulen und der öffentlichen sowie privaten Forschung; SWITCH ist ferner der schweizerische Internet-Ableger (▷NIC für .ch und .li, ▷IANA) und vergibt second Level ▷Domain Names wie z. B. hslu, als hslu.ch; S. wurde 1987 durch die Schweizerische Eidgenossenschaft und die acht Universitätskantone gegründet; es hatte anfänglich eine Mietleitung zwischen der ETH Zürich und Lausanne sowie dem Paul-Scherrer-Institut

S

Switch, Layer 3 -, Layer 4 - oder Multiprotokoll-
Netzwerkkomponente, die Switching (Schicht 2 in ▷OSI) und Routing (Schicht 3) vereinigt, deshalb auch Switch(ing) Router oder Routing Switch; durchsatzsteigernde Merkmale sind: nur erstes ▷Datengramm analysieren und die anderen „hinterhersenden"; hardware- statt softwarebasierte Verarbeitung, Priorisierung der Datengramme, Aufbau von optimierten Routing-Tabellen; Kennzeichnung der Subnetze mit „Tags", die den Datengrammen als Kurzkennung angeheftet werden und so bei allen zwischenliegenden Switch Routern durchgewinkt werden; Switch Router bieten ein gewisses Mass an ▷Dienstgüte

switched Line
Siehe unter ▷Wählleitung

SXGA und SXGA+
Super ▷XGA; ▷Grafikmodus für PC-Bildschirme, 1'280 × 1'024 ▷Punkte, 5:4; SXGA+ ist 1'400 × 1'050, 16:9; SXGA+ ist geeignet für ▷Laptops

SYLK
1. (aus Sicht ▷Unix eine sehr problematische Bezeichnung für) symbolic ▷Link ; 2. universelles Austauschformat für ▷Tabellen-kalkulations-Dateien

Symbian
Umfassendes und leistungsfähiges ▷Betriebssystem für mobile Geräte (▷PDAs, ▷Smartphones); ▷Multi Tasking, präemptives ▷Multi Threading, ▷Java-fähig; S. wird von vielen PDA- und Mobiltelefongeräte-Herstellern eingesetzt; www.symbian.org

Symbol
Sinnbild (griech., dann lat.); 1. ikonenhaft verkleinerte Darstellung inaktiver ▷Programme auf dem ▷Schreibtisch von ▷Windows 3.x; 2. ▷Schriftfamilie mit dem griechischen Alphabet in der Windows-Umgebung; 3. sinnbildliche Darstellung (Drucker, Diskette, Fernglas) ausgewählter ▷Menü-Optionen in einer speziellen Bedienungsleiste, wie z. B. der ▷Werkzeugleiste, so gesehen also eine Mini- ▷Ikone

SYN
▷ASCII-Zeichen 16(H) (22): Synchronous Idle; Synchronisations- oder Füllzeichen in der ▷synchronen Datenübertragung

SYN, SYN/ACK, ACK
Signalablauf zum Aufbau einer virtuellen Verbindung für eine (▷verbindungsorientierte) ▷TCP-Kommunikation: Quelle bittet mit SYN > Ziel ist einverstanden mit SYN/ACK > Quelle bestätigt mit ACK; siehe ▷ACK allgemein; siehe auch SYN Flut ▷Attacke

synchron
1. zeitgleich (griech.); 2. koordiniert, abgestimmt, übereinstimmend; 3. Modus der Datenkommunikation: Senderin und Empfänger haben sich durch die Übermittlung von Synchronisationszeichen in den gleichen ▷Takt gebracht und können einander ohne

„Vorwarnung" Daten zusenden: das Senden von ▷Startbits und ▷Stopbits entfällt; einfacher: taktgesteuert; siehe auch: ▷isochron, ▷mesochron, ▷plesiochron

Synchronisation, synchronisieren

1. Abstimmung auf synchronen Betrieb; 2. und speziell in ▷Datenbanksystemen bzw. in der ▷Prozessverwaltung: Summe aller koordinierenden Massnahmen zur Gewährleistung der Daten- ▷Konsistenz bei gleichzeitigem (▷nebenläufigem oder ▷parallelem) Benutzerzugriff/Prozesszugriff bzw. zur Vermeidung von ▷Verklemmungen (Dead ▷Locks), Live ▷Locks, ▷Aushungern (▷Starvation) und anderen Störzuständen; 3. und speziell in der Datenkommunikation: ▷taktmässige Abstimmung von Senderin und Empfänger; Details unter ▷synchron

Syndication, Syndikation, Syndizierung

Verbreitung, Streuung von u. U. ▷lizenzpflichtigen oder abonnierten ▷Nachrichten bzw. allgemein von benachrichtigenden Inhalten; der Begriff (griech. dann lat.) wird vor allem im Amerikanischen verwendet – in der Informatik im Zusammenhang mit der Nachrichtenverbreitung via ▷RSS und ▷ATOM

synonym, Synonym, Synonymie

1. bedeutungsgleich, das Bedeutungsgleiche, Bedeutungsgleichheit (griech.); 2. in der ▷Nomenklatur, z. B. in der Datenmodellierung: (zu vermeidende) unterschiedliche Bezeichung für den gleichen Sachverhalt; Beispiel zu vermeidender Benennung: ▷Attribute „adressat" und „empfaenger" für die gleiche Person; siehe auch ▷homonym

Synopse, Synopsis

Zusammenfassung, (vergleichende) Übersicht (griech.); Kapitelüberschrift in ▷Hilfen oder den ▷Man Pages für die einleitende bzw. zusammenfassende Darlegung eines ▷Kommandos; verwandt mit ▷Abstract

Syntax
Lehre vom Satzbau (griech.) einer ▷Sprache

Syntaxdiagramm
Zum Teil recht komplexe, grafische Darstellung als ▷Metasyntax
zur korrekten Syntax einer Programmier- oder Skriptsprache

Synthese
Synthesis (griech., lat.); 1. Zusammenfügen einzelner Teile zu
einem ▷System-Ganzen; 2. Synthesizer sind ▷signalerzeugende
und/oder -verschmelzende Geräte; noch viele weitere Begriffsver-
wendungen in der IT; siehe auch ▷Analyse

SYS
Dateinamenserweiterung für ▷Treiber-Dateien (Driver) in ▷MS-
DOS und zum Teil ▷Windows; dort „Systemdateien" genannt

syslog
Zentralisierte, durch mehrere ▷Prozesse bearbeitete ▷Log-Datei
unter ▷Unix / ▷Linux

sysop
System Operator; Bediener und Unterhalter einer ▷Mailbox; im
Web ist dies dann der ▷Webmaster

System
Zusammenstellung (griech., dann lat.); 1. und allgemein: Verbund
von zueinander in Beziehung stehenden Elemente, die einen gemeinsamen Zweck erfüllen; 2. Informatik: umfangmässig abgegrenzte
Anordnung aufeinander einwirkender ▷Objekte; 3. Informatik, konkreter: Summe aller Hardware- und Software-Komponenten einer
Datenverarbeitungsanlage aus der Sicht ihres Zusammenwirkens

System R

Projekt von ▷IBM in den mittleren 1970er Jahren, mittels welchem die Praxistauglichkeit der ▷Relationentheorie bewiesen werden sollte; eng mit diesem Projekt verbunden sind ▷SEQUEL und ▷SQL

System, eingebettetes -

1. und allgemein: Sammelbegriff für diverse Geräte der Alltags- und Unterhaltungselektronik sowie in der Steuerung industrieller Prozesse, welche mit ▷digitaler ▷Intelligenz ausgestattet sind und meist über ein spezialisiertes, ▷ROM-residentes ▷Betriebssystem verfügen; 2. speziell: auf einer ▷Java Virtual Machine basierendes solches Gerät, welches sich dann via Internet oder Intranet ansteuern lässt

System, formales -

System von Symbolen und Regeln zur rein mechanischen Umwandlung von Formeln in andere Formeln; die Bedeutung (▷Semantik) ist dabei vorerst unwesentlich; Ziele von f.S. sind, aus Aussagen oder Axiomen neue Aussagen abzuleiten oder Probleme formal zu lösen; f.S. mit Einschränkungen werden oft ▷Kalküle genannt, Weiteres siehe dort; ein f.S wird durch Hinzunahme von Semantik (Belegung mit ▷Wahrheitswerten) zu einem logischen System

Systemaufruf

Funktion mit wohl definierter ▷Schnittstelle zwischen dem ▷Anwendungsprogramm und dem ▷Betriebssystem; der S. aktiviert den ▷Kern und schaltet den ▷Prozessor damit meist in den privilegierten ▷Modus; ein S. erzeugt, benutzt oder zerstört ein ▷Software-Objekt; die ▷Codierung eines bzw. die Summe aller S. wird auch als ▷API bezeichnet

Systembus

1. und allgemein: Begriff für die gesamte, oft standardisierte und publizierte ▷Kommunikations-Architektur der elektronischen Komponenten in einem Computersystem; in der Welt der ▷Intel-▷Prozessoren: siehe ▷ISA, ▷Mikrokanal, ▷EISA, ▷PCI, ▷PCI-X und ▷PCI Express; der Systembus des ▷Apple ▷Macintosh hiess bis 1996 ▷NuBus, heute verwendet Apple den PCI; 2. Begriffsverwirrung wegen der zunehmenden Implementierung verschiedener ▷Busse im ▷PC: entweder 2a) Verbindungseinrichtung zwischen den nicht prozessornahen Komponenten im System (z. B. PCI) oder 2b) zwischen dem ▷Prozessor und dem ▷RAM, dann der Front Side ▷Bus; im letzteren Fall treffender als Speicherbus benannt; keine einheitliche Begriffsverwendung von S. in der Literatur

Systemdiskette

Startfähige ▷Festplatte oder ▷Diskette mit den notwendigen ▷Betriebssystem-Dateien sowie eventuellen ▷Treibern

Systemkatalog

Im Zusammenhang mit relationalen ▷Datenbanken, siehe unter ▷Katalog

Systemordner

▷Ordner im Hauptverzeichnis des ▷Mac OS, welcher das ▷Betriebssystem (▷System und ▷Finder), die ▷Treiber, ▷Schriften, Schreibtischzubehöre, ▷INITs (▷Systemerweiterungen) und ▷CDEVs (▷Kontrollfelder) enthält

Systemprogrammierer

Informatikberuf im Bereich der systemnahen oder maschinennahen Programmierung

Systemsoftware

Gesamtheit der auf die Funktionalität des Computers selbst bezogenen ▷Programmsoftware: ▷Betriebssystem- ▷Kern, ▷Dienstprogramme, ▷Treiber; je nach Sichtweise auch ▷Compiler, ▷Binder, ▷Interpreter; ohne ▷Anwendungssoftware

Systemspeicher
Synonym zu ▷Arbeitsspeicher, aber eigentlich die beste, weil semantisch neutralste Bezeichnung für die ▷Physik eines ▷Primärspeichers

Systemsteuerung
Wichtige ▷Gruppe in ▷Windows zur ▷Konfigurierung des ▷Betriebssystems sowie der ▷Peripherie

SYSV
Siehe unter ▷Unix, System V

SyTOS
Sytros Tape Operating System; mittlerweile zum De-facto- ▷Standard gewordene Software zur ▷Datensicherung auf ▷Streamern

Szenario
Bühnenbuch (griech., dann lat.); 1. und allgemein: Plan, nach dem eine Kette von Ereignissen ablaufen soll oder kann, also ein betrieblicher, sozialer oder technischer ▷Entwurf; 2. und speziell in ▷hierarchischen Entwürfen: ▷Analyse verschiedener Eingabe-/Ergebnisvarianten basierend auf und betrachtet von einem vorhandenen ▷Blatt

T

T-DSL
▷ADSL-Dienst der Deutschen Telekom AG

T-Online
Überbegriff für den um einen Internet-Zugang und das ▷E-Mailing erweiterten sowie ▷grafisch nach ▷KIT aufgebesserten Btx der Deutschen Telekom AG; siehe auch unter den genannten Begriffen

T.nn
1. Familie von alles ▷terminierenden Maschinen in den Filmen mit Arnold Schwarzenegger; 2. Satz von Normen des ▷ITU-T für den Leitungsaufbau, die Kontaktnahme und ▷Protokollabstimmung von ▷Fax- ▷Modems sowie ▷ISDN- ▷Adaptern und die ▷Fehler-behebung während des Datentransfers

TA
Siehe unter ▷Terminal Adapter

Tab Control
Dialogelement mit ▷Registern

Tabelle
1. ▷Dokument in der ▷Tabellenkalkulation; 2. zweidimensionale ▷Datenstruktur mit präskriptivem, das heisst vorschreibendem Charakter: vertikale Kolonnen stellen in der Regel ein ▷Attribut dar, waagrechte Zeilen einen ▷Datensatz oder ein ▷Tupel; dann auch flache T. genannt; siehe ferner: ▷Relation

Tabelle, Basis-

Tabelle der ▷Datenbasis, welche die ▷Daten tatsächlich und ▷physisch hält, dies im Gegensatz zu einer virtuellen Tabelle, einer ▷Sicht (▷View)

Tabelle, flache -

Zweidimensionale ▷Datenstruktur mit integrierten Unterabhängigkeiten und ▷Redundanzen; man stelle sich ein einziges ▷Tabellenkalkulationsblatt für eine komplexe Projektverwaltung vor; ihre Bearbeitung neigt zu ▷Anomalien

Tabelle, temporäre -

Eine ▷Tabelle, die noch nicht ▷persistent, also ▷volatil ist

Tabelle, unbenannte -

T Tabelle als Resultat eines ▷relationalen ▷Operators

Tabellenkalkulation

Eine der häufigsten Anwendungen der Bürokommunikation; digitale Verarbeitung grosser Rechenblätter (Spreadsheets); die erste T. hiess VisiCalc, wurde für den Heimcomputer ▷Apple II geschrieben und war mit verantwortlich für dessen legendären Erfolg

Tablet PC

Ultraleicht-Version eines ▷Notebooks, das wahlweise nur mit einem Stift oder mit Stift und Tastatur betrieben werden kann; mit den T. nahm die Hardware-Industrie, erstmals auch kräftig untersützt durch ▷Microsoft, im Herbst 2002 einen Anlauf, um die damalige Marktflaute zu überwinden; der Durchbruch hielt sich in Grenzen; T. PCs haben sich aber insgesamt gesehen gut gehalten

Tabulator

Einteiler (lat.); feste Halteposition für den ▷Cursor, für die Schreibmarke

TACACS, XTACACS, TACACS+

Terminal Access Controller Access Control System (wirklich!);
Client/Server- ▷Protokoll für die ▷Authentisierung sich übers
Netzwerk identifizierender ▷Subjekte; die Einwählpunkte (Ein-
wähl-Server, ▷VPN-Server usw.) wenden sich an den rückwärtigen
T.-Server, die Subjekt-Kennungen liegen in einem ▷Verzeichnis-
dienst, z. B. ▷LDAP; das Protokoll sieht eine Ende-zu-Ende-Ver-
schlüsselung vor und basiert auf dem ▷verbindungsorientierten
▷TCP; XTACACS trennt die ▷AAA-Prozesse voneinander und
TACACS+ verwendet ein feiner granulares Protokoll; siehe auch
▷RADIUS

TAE

Telefon Anschluss Einrichtung; seit ca. 1990 durch die Deutsche
Telekom installierte, moderne Universalsteckdose für Telefonap-
parate, ▷Faxgeräte und ▷Modems; TAE-F für Telefonapparate,
TAE-N für Modems usw.; entspricht in der Schweiz der Dose von
„Reichle De Massari"

T

Tag

Anhängsel, Etikett, Merker, das; 1. aus einer ▷Zeichenkombination
bestehende Initialisierung bzw. Beendigung eines ▷Kommandos in
einigen ▷Skriptsprachen; nachfolgend ein Beispiel aus ▷HTML:
<H1 class="standardgross">Mein Tagebuch</H1>: das T.-Paar
<H1...> und </H1> markiert den Anfang und das Ende einer Ti-
telüberschrift (Header) mit bestimmter Ausprägung; 2. inhaltliches
Schlagwort in der ▷Social Software zur öffentlich verfügbar ge-
machten Verschlagwortung von ▷Bookmarks, Bildern, ▷Blogs usw.

Tag RAM, - Memory

Elektronischer Baustein, mit welchem der Computer befähigt wird,
mehr ▷Cache zu verwalten, als dies in der Grund-Konfiguration
möglich ist; da es sich beim Baustein selbst nicht um ▷Speicher
(sondern im weiteren Sinn um einen ▷Controller) handelt, wäre
▷Memory Tag wohl treffender

Tag, Meta -

1. Tag mit ▷Meta- ▷Semantik, also auf die Behandlung des ▷Kommandos und nicht auf den Inhalt bezogen; 2. M.T. in einer ▷Web-Präsentation enthalten ▷Informationen zu dieser selbst: ▷Konfigurationsdaten wie z.B. das Laden einer ▷Zeichentabelle oder Hinweise für den Eintrag in ▷Suchmaschinen

Takt, Taktfrequenz

Folge von steilflankigen Spannungsimpulsen in einem ▷digitalen Schaltungssystem zur Ermöglichung von Schaltvorgängen an den ▷Flanken und damit zur Abarbeitung von ▷Instruktionen; die T.- ▷Frequenz ist somit einer der Indikatoren für die Arbeitsgeschwindigkeit eines Rechners; man unterscheide den ▷Prozessor-T. und den immer niedrigeren ▷Bus-T.; die T.-Frequenz wird einem gleichmässig ▷schwingenden Piezo-Quarzkristall entnommen und evtl. multipliziert

Tanenbaum, Andrew Stuart

Geboren 1941 in New York, studierte am ▷MIT und schloss seine Studien 1971 mit dem Ph.D. an der University of California in Berkeley ab; seit 1973 ist T. Professor am Department of Mathematics and Computer Science der Vrije Universiteit in Amsterdam; T. wurde vor allem bekannt durch sein Standardwerk „Computer Networks", der Bibel der ▷Netzwerktechnik, sowie weiteren Publikationen zu ▷Betriebs- und ▷Rechnersystemen, welche wegen der kompetenten und lockeren Sprache schon fast Kultstatus haben; Autor von ▷Minix, des Amsterdam Compile Kit ACK und von Amoeba, einem ▷Microkernel-basierten, ▷verteilten ▷Betriebssystem; T. beschäftigt sich zurzeit mit Forschungsprojekten auf dem Gebiet von security ▷Policies, Minix 3 und ▷RFID

Tape

Siehe unter ▷Magnetband

TAPI
Telephony ▷API; ▷Programmierschnittstelle, über welche ▷Windows-Arbeitsstationen und ihre ▷Applikationen auf Telefon-▷Dienste zugreifen können

TAR
Tape File Archiver; ursprünglich speziell für ▷Magnetbänder zugeschnittenes ▷Kompressionsformat für ▷Dateien in der ▷Unix-Welt; heute oft ein gepacktes Installations- ▷Paket

Target
1. und allgemein: Zielort einer Aktivität; 2. speziell im Multi Master fähigen ▷PCI: Bezeichnung für die Einheiten, die gerade als ▷Slaves auftreten

TAS
Test And Set; ▷Operation des ▷Prozessors zum atomaren, also nicht ▷unterbrechbaren, „Prüfen-und-Setzen" eines ▷Status; hardware-basierte Voraussetzung für gewisse ▷Synchronisationsmechanismen durch das Betriebssystem; siehe dazu ▷Semaphor oder ▷Transaktion

Task
Aufgabe, die; 1. jener meist recht kleine Teil eines ▷Prozesses / ▷Thread's, welchen der ▷Prozessor gerade im Rahmen eines ▷Quantums bearbeitet; bearbeitet ein Prozessor T. aus verschiedenen ▷Programmen in einer Abfolge, dann sprechen wir von ▷Multi Tasking; 2. Synonym für Prozess selbst; wichtig: der Begriff wird äusserst unterschiedlich gehandhabt, seine Bedeutung muss aus dem inhaltlichen Kontext ermittelt werden; siehe auch (den nicht gleich bedeutenden) ▷Job

Task Switching
1. ehemals eine Mittellösung zwischen Single- und ▷Multi Tasking: das ▷Betriebssystem (z. B. MS-DOS, ab 5.0) kann einen laufenden

▷Prozess temporär und ganz auslagern (▷Swapping) und zwischenzeitlich einen anderen aktivieren; 2. ▷Prozessumschaltung verbunden mit einer Aus-/Einlagerung des ▷Kontextes (Context Switching) im ▷Multi Processing oder eben ▷Multi Tasking

Task Tags
Methodik in der Softwareentwicklung, bestimmte Aufgaben direkt im Code mit ▷Tags zu markieren; die üblichen Tags und Aufgaben sind: TODO für interessante Erweiterungsvorschläge; FIXME: muss geflickt sein, bevor es in Produktion geht; XXX: wüste Dinge, dringender Handlungsbedarf; seltener sind OPTIMIZE: sollte optimiert werden; PENDING: unfertig; HACK: bewusster Einsatz eines Nebeneffektes; <<<<<: hohe Priorität; sicher die ersten drei genannten T.T. sind im praktischen Alltag äusserst wertvolle Organisationshilfen; moderne ▷IDE erstellen automatisch Listen aller T.T.

Taskleiste, Taskbar
Eines der hauptsächlichen Bedienungsinstrumente von ▷Windows, ab 95: eine sämtliche geladenen ▷Applikationen und offenen ▷Fenster enthaltende und weitgehend benutzerseitig konfigurierbare ▷Menüleiste

Tastatur
Standard-Eingabegerät für Kommandos und Texte; die T. hat ihre Anlage von der klassischen Schreibmaschine übernommen; die reinen ▷Zeichentasten werden durch ▷Steuer-, ▷Funktions- und ▷Kombinationstasten sowie ein ▷numerisches Tastenfeld ergänzt

Taximpuls, Taxpuls
Hochfrequentes Tonsignal (im ▷Sprachband), welches durch die Ortszentrale in die Telefonleitung des Anrufers zwecks Erhöhung der Leitungskosten um eine Taxeinheit eingespeist wird

TB, TByte
Tera- ▷Byte; 1'024 ▷GBytes

TBAC

Task Based Access Control; ▷Autorisierung und ▷Zugriffssteue-
rung ausschliesslich aufgrund der Wahrnehmung bestimmter Aufgaben; das Modell gilt wie das verwandte ▷RBAC als flexibel und
gut administrierbar, jedoch wenig sicher, weil zu wenig abgestimmt
auf die Klassifikationen der ▷Subjekte und ▷Objekte

TCB

Siehe unter ▷Trusted Computing Base

TCG

Trusted Computing Group; Vereinigung von Hardware- und Software-Herstellern (früher TCPA) für neue Technologien in den Bereichen ▷Datensicherheit und Persönlichkeitsschutz; federführend
ist ▷Intel Corp.; siehe auch ▷TPM;
www.trustedcomputinggroup.org

T

Tcl, Tcl/Tk

Tool Command Language; gesprochen als „tekl" oder „tikl"; ▷in-
terpretierte, eigenständige ▷Programmiersprache mit der Erweiterung Tk (Tool Kit) zur Programmierung von ▷GUI-Elementen in
(klassischerweise) ▷Unix / ▷Linux

TCO

1. Tjänstemännens Centralorganisation; ursprünglich durch den
schwedischen Gewerkschaftsbund erlassene Messmethoden sowie
Grenzwertnormen im Bereich der ▷Ergonomie und Ökologie:
„Ecology – Energy – Emissions – Ergonomics"; anfänglich Bildschirme betreffend, heute für alle Systemkomponenten; es gibt
diverse, nach Jahrgängen benannte Spezifikationen wie TCO-06;
TCO erlässt strengere Richtlinien als ▷MPR oder ▷EPA und gilt
deshalb als die schärfste; www.tco.se; 2. betriebswirtschaftlich:
Total Cost of Ownership, bei uns: Summe aller direkten und indirekten, budgetierbaren und nicht-budgetierbaren Soft- sowie
Hardwarebetriebskosten oder das, was die Hersteller unablässig

suggerieren, liesse sich mit dem Kaufen ihrer neuen Produkte, Versionen, Aufrüstungen, Migrationen usw. senken; Motto: Kaufe, um zu sparen ...

TCP
Transmission Control Protocol; dem ▷IP aufliegende Komponente der ▷Protokollfamilie TCP/IP (▷OSI-Schicht 4, Transport); T. kapselt die Daten in ein so genanntes ▷Segment und besorgt dessen sicheren Transport durch eine ▷virtuelle, ▷verbindungsorientierte, ▷bidirektionale voll- ▷duplex-Verbindung; T. ▷abstrahiert nach „oben" einen Daten- ▷Strom; als Adressen dienen ▷Ports; „unten" mit IP und darunter im ▷LAN-Bereich meist mit ▷Ethernet gekoppelt; ▷Unix-Standard und früher auch vorwiegend dort anzutreffen; Standard im Internet

T TCP/IP Stack
1. und allgemein: TCP/IP ▷▷Protokollstapel; 2. ▷Treiber, im engeren Zusammenhang ▷Socket genanntes Programm, das einer Arbeitsstation mit Modem ihren entsprechend „langsamen" Zugang zum „schnellen" TCP/IP-Netzwerk und speziell zum ▷Internet ermöglicht

TCSEC
Trusted Computer Security Evaluation Criteria; siehe unter dem gebräuchlicheren ▷Orange Book

TD
Transmitted Data; Ausgangsleitung von der ▷DTE (Computer) zur ▷DCE (Modem) in der ▷seriellen ▷Schnittstelle ▷V.24 (▷RS-232C/D)

TDM
Siehe unter Time Division ▷Multiplexing; Zeitmultiplex

TDMA
Time Division Multiple Access; ▷drahtlose Übertragungstechnik in den Anwendungsgebieten ▷Mobiltelefonie, ▷UMTS und ▷Wireless ▷Local Loop; gleichzeitig eine der drei Mobiltelefonie-Techniken in den USA; siehe auch ▷CDMA und ▷GSM

TeachText
▷ASCII Text-Editor als Standard-Dienstprogramm im ▷Mac OS; ab ▷System 7 dann: ▷SimpleText; dort geht die Geschichte weiter …

Team
Menge von ▷Prozessen oder ▷Threads, welche über einen gemeinsamen ▷Adressenraum verfügen

Teilhabersystem
System mit Mehrplatz-Zugriff auf eine einzige ▷Applikation / ▷Datenbank, z. B. Platzbuchungssystem

Teilnehmersystem
System mit Mehrplatz-Zugriff auf verschiedene ▷Applikationen / ▷Datenbanken

Telco
Telecom Company; in den Fachzeitschriften etablierte Sammelbezeichnung für alle Unternehmungen im ▷Telekommunikationsbereich

Telearbeit, Telework
Fernarbeit via Computer und Internet; der Begriff hat sich kaum etabliert

Telebanking
Erledigung der Bankgeschäfte via ▷Telekommunikation, z. B. per ▷Videotex oder im ▷Web

Telefax

Fernkopierdienst in der ▷Telekommunikation; bezüglich Leitungsaufbau, Durchsatz, Signalpegel und Datenformat werden die T.-Ge-
räte in die Gruppen 2, 3 und 4 eingeteilt: heute üblich sind Geräte
der Gruppe 3: bis 14'400 bps, Auflösung bis 200 dpi, 16 Graustufen,
Datenkompression, Fehlerkorrektur; Gruppe 4 umfasst die Einbindung ins ▷ISDN (64 kbps, 400 dpi); die Einteilung in Klassen bezieht sich auf die Signalmodulation in den Fax-Modems: Klasse 1
überlässt sie der T.-Software; Klasse 2 verlagert sie in den ▷Mo-
dem, entlastet den Computer und ermöglicht damit auch den Empfang des ▷Faxes im Hintergrund

Telefon

Fernsprechdienst; benutzt wird das klassische und ▷analoge, weltweite Telefonnetz (▷PSTN, auch ▷POTS) mit einer ▷Bandbreite von

300 Hz bis 3'400 Hz; auch im dritten Jahrtausend wächst das gute
alte Netz trotz aller gegenteiligen Unkenrufe ungebrochen: die weltweit geführten Auslandgespräche haben zwischen 1999 und 2001 um
20% zugenommen; Ende 2001 machte die analoge Telefonie 94% der
geführten Ferngespräche aus, die ▷IP-Telefonie ▷Voice over IP, das
▷Web Phoning, brachte es auf 6%; Tendenz allerdings stark steigend

Telegraf

Fernschreibdienst, die Geräte hiessen: ▷Telex; Pionierdienst in der
▷Telekommunikation: als Basis der rein ▷textlichen Kommunikation diente der doppelt belegte, 5 Bits breite ▷Baudot-Code; der
Fernschreibdienst funktionierte über ein eigenes, weltweites und
▷analoges Netz; er wurde durch ▷Fax und ▷E-Mail ab Ende der
1970er Jahre stark zurückgedrängt, existiert aber noch; die ▷Swiss-
com zählte 2006 noch 300 Geschäftskunden und lässt diese durch
eine eigens gegründete Tochterfirma betreuen

Telekommunikation

▷Informationsaustausch auf weite Distanzen mit technischen Hilf-
sitteln; Unterteilung in die Bereiche Endgeräte, ▷Netze und

▷Dienst; die Dienste, wie z. B. ▷X.25, sind unterteilt in Grund-
dienste – der reine Datentransport – und erweiterte Dienste, das
sind darauf aufbauende Nutzungen wie Datenbanken, Mailboxen
und anderes; siehe auch unter ▷VANs

Telematik
Kunstwort aus ▷Telekommunikation und ▷Informatik; die T. be-
trachtet die Informatik mit einem starken Fokus auf Daten- und
Telekommunikation; der Gebrauch des Begriffs ist zurückgegangen

Teletext
Deutschland: Videotext; Einweg-Bild- und Datenkommunikation
als Teil des TV-Signals („Bildschirmzeitung"); die Information
wird gleichzeitig mit der Fernsehsendung über die ▷Austastlücke
ausgestrahlt

T

Telex
Teleprinter Exchange Service; ▷Telegrafie-Endgerät, Fernschreiber
mit ursprünglich 5-Bit- ▷Zeichensatz, später auf ▷ASCII erweitert
(Teletex)

Telnet
Terminal Emulation Network, oft: Telecommunication Network;
Standarddienst im ▷TCP/IP Netz für die Anbindung einer rückwärtigen Konsole an einen ▷Host oder die Interprozesskommunika-
tion; die T.-Anfrage wird beim Host durch den T.- ▷Dämon abgefangen und als Pseudoterminal behandelt; der Host ist ein „User
Host", wenn er in der Kommunikation eine ▷Shell laufen hat und
ein „Server Host", wenn dies eine Anwendung ist; OSI-Schicht 7,
▷Port 23; da alle Daten als Klartext fliessen, gilt T. als unsicher;
siehe auch ▷rlogin und ▷SSH

Temperatur
Wärmezustand (lat.); Füllungsgrad von assoziativen ▷Speichern
oder ▷Fliessbändern mit aktuellen Einträgen; Beispiel: ein ▷Cache

ist zur Zeit des Starts eines ▷Prozesses oder nach einem ▷Kontext-
wechsel „kalt" und wird danach immer „wärmer"

Tempest
Sturm, Gewitter; Forschungsprogramm der britischen und US-
amerikanischen Militärbehörden aus den 1950er Jahren, das den
Austritt von elektromagnetischen Flüssen aus elektronischen Geräten untersuchte; heute ein Standard zur Abschirmung, Einschränkung dieser Flüsse; siehe auch ▷White Noise und ▷Control Zone

Template
1. Arbeits-, Gestaltungsoberfläche bzw. -vorlage, ▷Layoutvorlage;
2. ▷Pufferspeicher mit dem letzten Tastenkommando; 3. generische ▷Klasse

T Tera-
So genannter Vorsatz des ▷SI für Faktor 1'000'000'000'000; in der
Informatik indessen bei ▷binären Grössen 2^{40} = 1'099'511'627'780;
beides mit Zeichen „T"; siehe weitere Bemerkungen unter ▷Kilo-

Terminal
Laut Duden: das; Endstelle zur Ein- und Ausgabe in einer vernetzten Datenverarbeitungsanlage also z. B. eine ▷Dialogstation oder
auch ein ▷Drucker; bei Dialog-T. wird oft zwischen „intelligenten"
und „dummen" (auch: passiven) T. unterschieden: ein ▷intelligen-
tes T. hat eigene Datenverarbeitungskapazität, ist also ein eigent-
licher Computer mit T.-Option

terminal
Abgeschlossen (lat.); nicht weiter zu zerlegen oder zerlegbar: t. Zeichen in einer ▷Syntax oder ▷Meta-Sprache sind solche, die grundlegende und nicht weiter zerlegbare Elemente einer ▷Sprache darstellen; sie werden in Syntax- und ▷Parsing-Diagrammen oft oval
eingekreist; nicht. Elemente bedürfen einer weiteren Aufschlüs-
selung

Terminal Server, Terminalserver

Am ehesten mit der klassischen Mehrplatzwelt vergleichbare ▷IDV-Arbeitsumgebung: ▷Server mit ▷Anwendungen, ▷Dateien und Schutzmechanismen; schlankes, ▷intelligentes ▷Terminal zur lokalen ▷Datenbe- und -verarbeitung; Letzteres sind meistens PCs ohne ▷Festplatten; zum allgemeinen Modell siehe: ▷Geräteserver

Terminal-Adapter

Hardwarelösung, welche herkömmliche, ▷analoge Geräte der Telekommunikation ins ▷ISDN einbindet

Terminalemulation, Terminalprogramm

Software zur direkten ▷Kommunikation mit einem ▷Host via ▷Dfü, z. B. in ▷Telnet

Terminator

1. und allgemein: Abschliesser (lat.), Abschluss, Schlussmarke; 2. Abschlusswiderstand zur Verhinderung der ▷Echobildung in langen ▷Signalleitungen, z. B. auf dem ▷SCSI- ▷Bus; 3. Raute-Zeichen „#" zum Abschluss einer Eingabe in ▷Vtx/Btx bzw. bei ▷Tonfrequenzeingaben am Telefon; 4. vor Jahren: Produkte aus Hollywood mit Arnold Schwarzenegger und grossen Mengen Schwarzpulver

terminieren, Terminierung

Abschliessen, Abschluss (lat.); in der ▷Algorithmik ein zentrales Beurteilungskriterium jedes ▷Schleifenprozesses und letztlich des Algorithmus als Ganzem

Tertiärspeicher

Siehe unter ▷Speicherhierarchie

TesaROM

Klebestreifen als ▷Massenspeicher: in den 1990er Jahren entdeckte man, dass sich auf Tesa-Streifen (wie stark die Bindung an eine Marke ist, entzieht sich unserer Kenntnis ...) per ▷Laserstrahl

▷Daten schreiben lassen; die Serienreife sollte in den frühen „Nullerjahren" folgen; doch es scheint ein Nulldurchgang zu sein …

Tesselation
In der 3D-Grafik: Umformung der räumlich verteilten ▷Bitmaps in räumliche Koordinaten mit Farb-, Helligkeits- und Transparenzinformationen; daraus wird ein räumliches ▷Primitivum hergestellt, welches sich schneller bewegen lässt als die vielen Punkte, aus denen der zwischenliegende Raum bestünde

Testability
Testbarkeit; in der ▷Systementwicklung z. B. gemessen am notwendigen Aufwand für das Bereitstellen von ▷Testdaten und für die Durchführung der Tests

T Tetrade
Halbes ▷Byte, Nibble

TeX
Kunst, Technik (griech.); gesprochen als „tech": „Wenn Sie Ihren Computer damit korrekt ansprechen, dann kann er etwas feucht werden." (Knuth); von Donald E. ▷Knuth (Turing Award 1974) entwickeltes ▷Textverarbeitungs- und ▷Layoutprogramm; T. liegen rund 20 Jahre Forschung und Entwicklung im Bereich Typografie zugrunde; begleitet wird das Paket durch ein Programm zur Modellierung von Schriftarten; Knuth erklärte die Entwicklung von T. Ende der 1980er Jahre für abgeschlossen – inzwischen lag TeX82 vor (die Unterversionen tragen Kommastellen der Kreiszahl pi); es werden nur noch Fehler beseitigt; TeX gilt heute als eines der stabilsten Programme in der Informatik überhaupt; siehe auch ▷LaTeX

Texel
▷Texture Element; Farbinformation für die ▷Textur, die einem oder mehreren ▷Pixeln zugeordnet wird

Text, TEXT
1. reine, auf den ▷Zeichen eines Buchstabenalphabets und eventuellen Ziffern beruhende Information, also namentlich ohne ▷Formatierung irgendwelcher Art; 2. entsprechendes und platzsparendes Speicherformat; 3. ▷Datentyp „Zeichenkette" (▷String) in vielen Programmier- und Datenbanksprachen; 4. Synonym für die ▷Maschinenbefehlssequenz eines ▷Prozesses bzw. ihrer zugehörigen ▷Segmente im ▷Adressenraum

Texterkennung
Überbegriff für alle Methoden und Geräte zur Umwandlung von maschinengelesener Schrift in editierbaren ▷Text

Textur
Oberflächenbeschaffenheit, Oberflächengestalt von dreidimensionalen Grafikobjekten

Textverarbeitung
Häufigste PC-Anwendung in der Bürokommunikation: Erfassen, Editieren, Verknüpfen, Gestalten, Illustrieren, Speichern und Drucken von Texten in ▷unstrukturiertem Format; als ▷Dateien jedoch zunehmend in strukturierter Form, z. B. ▷XML, gespeichert; immer häufiger erweitert mit ▷Layoutfunktionen

TFT
Thin Film ▷Transistor (▷Display); Technologie für ▷Aktivmatrix-▷LCD-Anzeigen, bei denen direkt auf die Anzeigefläche Dünnfilmtransistoren zur unmittelbaren Ansteuerung der Kristalle angebracht sind; jedes ▷Pixel besteht aus drei individuell ansteuerbaren Subpixeln in den Farben Rot-Grün-Blau; vergleiche ▷Plasma, ▷OLED, ▷OEL, ▷Bildschirm, ▷Aktivmatrix

TFTP
Trivial ▷FTP; einfaches FTP-artiges ▷Protokoll, welches vor allem für das ▷IP ▷Bootstrapping, das entfernte ▷Booting, eingesetzt

wird; T. läuft über ▷UDP, kennt keine ▷Interaktion, lässt den Anwender also z. B. keine ▷Verzeichnisse einsehen, verfügt über bloss
einfachste Sicherheitsmechanismen (keine ▷Autorisierung), kommt
dafür auch mit einem geringen ▷Befehlssatz aus

TGA
Targa; Dateiformat für ▷Bitmap- ▷Grafiken in der professionellen
Bildverarbeitung, 16 Millionen Farben, gute ▷Konvertierbarkeit
von ▷Vektorgrafiken

The Open Group
Fusion von ▷OSF und ▷X/Open; internationales, hersteller- und
technologieneutrales Konsortium aus Unternehmungen, Schulen,
Vereinen für die Interoperabilität von Hard- und Software mit
dem Schwerpunkt ▷Unix: „Bondaryless Information Flow"; die
Gruppe erlässt Standards und Empfehlungen und gibt Zertifikate:
www.opengroup.org

Theorem, Abtast- (nach Nyquist und Shannon)
Es gilt folgender Zusammenhang zwischen maximal möglicher
Datenübertragungsrate D, bei gegebener ▷Baud-Rate (bzw. ▷Ab-
tastfrequenz bzw. ▷Bandbreite) B und bei gegebener Anzahl Spannungswerte K: $D = 2B \log_2 (K)$; ▷ld ist der Logarithmus dualis; in der
populären Fassung besagt dieses Theorem, dass die Abtastfrequenz
mindestens doppelt so hoch sein muss wie die abzutastende Nutz-
frequenz; siehe auch ▷Shannon

Theorem, Basic Security -
In der Sicherheitstechnik gilt für ein Zustandsmodell: wenn ausgehend von einem sicheren ▷Zustand nur sichere Transitionen erlaubt sind, wird wieder ein sicherer Zustand erreicht

thermo…, Thermotransfer, Thermosublimation
1. auf Wärmeeffekten basierend (griech.); 2. durch Wärme ▷physi-
kalisch von einem Medium (z. B. dem Farbband oder einer Farb-

folie) auf das andere (z. B. das Papier) übertragen; 3. ebenfalls im
Zusammenhang mit Druckern: Übertragung der „Tinte" nach deren Verdampfung als kleine Nebelwolke auf das Papier, wo sie
wieder in den kristallinen Zustand übergeht

Thesaurus
Wortschatz (griech., dann lat.); 1. und allgemein: Mehrweg- ▷Baum
mit der Einordnung hierarchisch über- und untergeordneter Begriffe und damit 2. eine Sammlung der Begriffe, die zur Beschreibung eines ▷Systems in dessen ▷Dokumentation verwendet werden dürfen; 3. im engeren Sinn und in der Informatik oft ein
▷Synonymwörter-Katalog in Form einer Textdatenbank in der
▷Textverarbeitung

this
Dieses; in Programmiersprachen des ▷C-Stammes ein ▷Zeiger auf
eine ▷Datenstruktur des aktuellen ▷Objekts, also auf eine ▷Me-
thode, einen ▷Konstruktor, eine ▷Variable usw.; so genannte
Selbst- ▷Referenz; siehe auch ▷me

Thrashing, Threshing
Je: dreschen; in unserem Zusammenhang: Page/Segment Th.: ▷Sei-
ten- / ▷Segmentflattern, also laufendes Ein- und Auslagern desselben Codeteils; was den laufenden ▷Prozess enorm verlangsamt
und die Hardware massiv überbeansprucht; Gegenmittel: Vergrösserung des Arbeitsspeichers oder Freistellen einer genügenden Anzahl Seitenrahmen

Thread
Faden; 1. aus der Sicht des ▷Prozessors, derjenige ▷Kontrollfluss,
welchem er Zeit zuteilt; 2. Kontrollfluss; oft: leichtgewichtiger
▷Prozess; kleinste, für sich ausführbare Programmsequenz im
▷Kontext und ▷Adressenraum eines Prozesses; dieses Operieren
im gleichen Adressenraum ist problematisch und bedarf deshalb
der ▷Synchronisation; Th. werden gebildet, um selbst den Gesamt-

prozess in einzelne Teilprozesse mit ▷Vordergrund-, ▷Hinter-
grund- oder Teiloperationen aufzuspalten; ▷Multi Threading hat
also dank noch kleinerer „Tasks" eine abermalige Flexibilisierung
der Applikationen zum Ziel; geht es in einem Diskussionszusammenhang um die Verwaltung von Kontrollflüssen, dann sind Prozess und Th. synonym zu betrachten; 3. bestimmtes Diskussions-
thema in einer Internet ▷Newsgroup oder in einem ▷Foum; es gibt
Hilfsprogramme im Internet, welche solche Diskussionsfäden absuchen und entsprechende Listen erstellen

Thread, leichtgewichtiger -, schwergewichtiger -
L.Th. unterliegen dem ▷Scheduling des ▷Betriebssystems, dann oft
Fibres genannt; sch.Th. haben ihr eigenes Scheduling bzw. das des
übergeordneten ▷Prozesses

Throttling
Drosselung; automatische Absenkung der ▷Taktfrequenz bei Gefahr der Überhitzung; die ▷Prozessor-Hersteller geben ihren entsprechenden Technologien Schutzmarken

throw, Throwing
Werfen, Wurf; Schlüsselwort in ▷Programmiersprachen zur Bezeichnung des Empfängers einer ▷Ausnahmesituation und damit
auch deren (wahrscheinlichen) Bearbeiters; Throwing ist das Auslösen der Ausnahmesituation

Thumb Nail
Daumennagel; Bezeichnung für die Kleinst-Reproduktion von Bildern oder Grafiken als Vorschau

TIA
Telecommunications Industry Association; 1924 gegründetes, amerikanisches Firmenkonsortium zur Normengebung in der ▷Tele-
kommunikation; Partnerorganisation von ▷EIA; man beachte die
Unterschiede zwischen ▷Norm und ▷Standard; www.tiaonline.org

Tick
Periode zwischen zwei ▷Timer- ▷Unterbrechungen; in der Regel
10 ms bis etwa 32 ms; auch gebraucht für die (Uhr-)Unterbrechung
selbst

TID
Tuple Identifier; ▷Identifikationsschlüssel eines ▷Tupels in der
▷blockorientierten, ▷physischen Datenorganisation, bestehend aus
▷Seitennummer und ▷Offset für den ▷Datensatz, also das Tupel;
oft auch ▷RID (Row ID)

Tier, single-, two-, three-, multi-
Lage, Reihe; Mehrlagen- ▷Architektur von ▷Client/Server-Lösun-
gen: die zweilagige Architektur (two) arbeitet mit dem ▷Klienten als
▷Dialog Frontend sowie einem Anwendungs- und/oder Datenbank-
▷Server im ▷Hintergrund oder im ▷Netzwerk; bei der dreilagigen
Architektur (three) werden a) der Frontend, b) der ▷Applikations-
server (Ort der Datenverarbeitung) und c) der Datenbankserver
(▷persistente Datenhaltung) getrennt und können so besser gegenseitig abgesichert bzw. gewartet werden; mehrlagige Architektur
liegt z. B. bei den ▷Webdiensten vor; die einlagige Architektur bindet die Verarbeitung und Ablage in einen einzigen Prozess

TIFF
Tag Image File Format, Dateiformat von Aldus und ▷Microsoft für
sehr hoch auflösende ▷Bitmap- ▷Grafiken wie z. B. ▷Scanner-
Bilder; keine Grössenbegrenzung; 16 Millionen Farben; unter ▷MS-
DOS / ▷Windows ist TIF die Dateinamenserweiterung solcher
Dateien

TIGA
1. Texas Instruments Graphics Architecture; ▷Software- ▷Schnitt-
stelle für eine Familie schneller ▷Grafikkarten mit eigenem grafischen ▷Coprozessor von TI; typischerweise 1'280 × 1'024 Punkte
und 64 Millionen Farben; 2. Grafik-Modus für PC-Bildschirme, der

sich Anfang der 1990er Jahre zu einem heimlichen Standard entwickelte

Tiger, Tiger Teams
1. legendäres Vorgabe-Passwort in Oracle; 2. ▷Hacker (siehe auch
dort), die ihr Wissen in den Dienst einer Unternehmung stellen

Tilde
1. in gewissen natürlichen ▷Sprachen ein Zeichen zur weichen oder
nasalen Aussprache; 2. in ▷Glossarien ein Wiederholzeichen;
3. unter ▷Linux / ▷Unix die Bezeichnung des ▷Home-Ordners:
cd ~ wechselt zum Home des aktuell eingeloggten Users, z. B.
/home/mfrisch/; 4. in der Informatik oft als (visuelle) Kennzeichnung eines Standorts oder einer ▷Identifikation; 5. in Sprachen des
▷C-Stammes die ▷Operation Einer- ▷Komplement; 6. in ▷Perl ist
„=~" der ▷Vergleichsoperator mit ▷regluären Ausdrücken

Time Sharing
Ursprünglich: in starre Zeitabschnitte unterteilte Aufsplittung von
Systemressourcen auf mehrere ▷Programme und/oder Anwender;
heute für ▷Teilnehmersystem; in der Literatur sehr unterschiedli-
che begriffliche Abtrennung zu: ▷Round Robin, ▷Multi Tasking,
▷Time Slicing und (leider) anderen

Time Slicing
Früher eher für ▷Time Sharing, heute für ▷Multi Tasking; insgesamt jedoch nicht mehr sehr gebräuchlicher Begriff

Time Slot
Zeitschlitz; Zeitfenster für eine Verbindung in der ▷Dfü

Time Stamp, Timestamp
1. ▷Zeitstempel; 2. ▷Datentyp in ▷ISO / ▷ANSI ▷SQL für eine
millisekundengenaue Zeitangabe, synonym zum Typen DATETIME;
3. Datentyp in verschiedenen ▷DBMS für einen Zeitstempel als

eine einmalige, sich oft auch bei jeder Mutation ändernde, aufwärts zählende Kennung; in diesem Fall nicht identisch mit ISO/ANSI

Timeout
Zeitüberlauf mit Folgen, wie z. B. automatischer ▷Abbruch einer ▷Sitzung, sofern das angekoppelte ▷Subjekt aus irgendwelchem Grund die zur Verfügung stehende Zeit ungenutzt verstreichen liess

Timer
Zeitgeber, Zeitmesser; nicht zu verwechseln mit ▷Clock; unsauber oft: Uhr; die Hauptaufgabe des T. besteht darin, alle paar Millisekunden eine ▷Unterbrechungsanfrage (Interrupt Request) mit höchster Priorität zu generieren und damit dem ▷Scheduler Gelegenheit zum Wechsel des ▷Prozesses / ▷Threads zu geben; mit seiner Hilfe werden ferner diverse, lad- und unterbrechbare (Abwärts-)Zähler und ▷Frequenz-Modifikatoren auf System-Ebene verwaltet; ▷elektronisch gesehen ist der T. ein ▷taktgesteuerter ▷dualer Rückwärtszähler

tinyint
(▷Deklaration für einen) ▷Datentyp ▷Byte in vielen Dialekten von ▷ANSI / ▷ISO ▷SQL, das selbst aber diesen Datentyp nicht kennt; „winziger" ▷Integer und in der Regel ▷vorzeichenlos; siehe auch, ▷smallint, ▷int, ▷longint und ▷bigint

TKIP
Temporal Key Integrity Protocol; Spezifikation für (pseudo-)zufällig wechselnde Vorgabewerte (▷Initialisierungsvektor oder ▷Saatzahl) zur Generierung von Schlüsseln für die Verschlüsselung von Daten im ▷WLAN; siehe Stichworte unter ▷IEEE 802.11

TLA
Three Letter Abbreviation; ▷Akronym zu drei Buchstaben – also selbst keine Abkürzung und deshalb gewissermassen implizit wi-

dersprüchlich und anti- ▷rekursiv; diese Eintragung von höchster Brisanz wurde uns von einem Studenten empfohlen; wie Sie als Leserin oder Leser darauf gestossen sind, ist uns rätselhaft …

TLB
Siehe unter ▷Translation Lookaside Buffer

TLD
Siehe unter Top Level ▷Domain

TLS
Transport Layer Security; dem ▷SSL nachempfundenes, von der ▷IETF erlassenes ▷Protokoll auf ▷OSI-Schicht 4 für die ▷Chiffrierung und den Transport vertraulicher Daten auf dem Internet

TMC
Traffic Message Channel; Ausstrahlung von Staumeldungen durch Rundfunksender als Begleitinformation; TMC wird durch Navigationssysteme verwendet

TMO
Thermo-Magnetic-Optic; alte Bezeichnung – bereits aus den 1980er Jahren des vorigen Jahrhunderts – für ▷magneto-optische Speicherung; das Thermische ist Bestandteil dieser Technologie

TMP
Dateinamenserweiterung für temporäre Dateien

TN, STN, DSTN, TSTN, FSTN
Twisted Nematic, Super TN, Double STN, Triple STN, Fast STN; verschiedene Entwicklungsstufen von ▷Flüssigkristallanzeigen, die sich im Wesentlichen durch zunehmende Drehung der Flüssigkristalle, folglich durch ausgeprägtere Polarisation des Lichts und damit steigende Kontraststärke auszeichneten; FSTN ist zudem eine ▷Aktivmatrix; heute: ▷TFT

to do, todo, ToDo
Zu erledigen; Pendenzen in Planungsprogrammen (▷Scheduling)
bzw. Hinweise in ▷Code generierenden Entwicklungsumgebungen, wo manuell Programmzeilen einzusetzen sind; siehe dazu
▷Task Tag

TOC, TOU
Time of Check, Time of Use: eine für ▷Attacken wichtige Zeitspanne, siehe deshalb dort

Toggle
Knebel; 1. Signalzustand in einem entsprechenden ▷Flipflop, dann
eine ▷Flag; 2. ein ▷Kommando oder eine Taste, die zwischen zwei
Status hin- und herschalten

Token
Zeichen, Marke, das; 1. oft: Markierung einer Berechtigung oder
eines Begehrens; 2. kleiner Befehls- und Daten- ▷Rahmen, wie er
im ▷Token Passing kreisend unterwegs ist: das T. kann von einem
Teilnehmer besetzt werden, der zu diesem Zeitpunkt dann das
ganze Netzwerk zum Versand eines Rahmens für sich beansprucht;
nicht sendewillige Stationen reichen ein ankommendes T. unver-
zögert weiter; 3. lexikalische, geschlossene Einheit aus mehreren
Bytes, die für den ▷Scanner eines ▷Compilers oder ▷Interpreters
einen semantischen Sinn ergibt; Beispiele: 2.34E-2, +, SIN, IF;
4. Gerät mit einer Hilfsfunktion, z. B. ein Gerät, mit dessen Hilfe
aus einer Eingabeinformation ein Einmalpasswort errechnet wird

Token Bus
Netzwerktechnologie, ursprünglich von General Motors, die als
physikalischer ▷Bus mit einem logischen Ring und dem ▷Token
Passing Zugriffsverfahren implementiert ist – oder besser: war,
denn die zugehörige Norm IEEE 802.4 ist mittlerweile zurückgezogen

Token Passing

Zugriffsverfahren im ▷Token Bus, ▷Token-Ring, ▷ARCNet, ▷FDDI und ▷CDDI; es regelt, wie das ▷Token beim Sender abgefangen, adressiert, mit Daten beladen, bei der Empfängerin kopiert, quittiert, rückgesendet und beim Sender schliesslich wieder entladen wird; das T.P. Verfahren ist ▷deterministisch, da jeder immer weiss, ob er „dran ist" oder nicht

Token-Ring

LAN- ▷Protokoll mit ▷logisch ringförmiger ▷Topologie – meist ein Doppelring – und ▷Token Passing (▷IEEE 802.3); gleichzeitig ▷LAN-Konzept von ▷IBM als IBM Token-Ring; kennzeichnend für den T.-R. ist die feste Zuteilung von Zeitabschnitten auf der Leitung; demzufolge ist kein sofortiger ▷Zugriff möglich

Tomcat, Apache -

Offizielle, ▷freie Referenzimplementierung eines ▷Servlet- ▷Containers; ▷Applikationsserver resp. ▷Container für die Ausführung von ▷Servlets bzw. ▷Java Server Pages; in Java geschrieben, weit verbreitet; aus demselben Hause und ebenso prominent wie der ▷Apache ▷Webserver; http://tomcat.apache.org

Ton (-frequenz)

Parameter bei der Einstellung von ▷Modems: eine Telefonleitung wird durch speziell ▷modulierte Tonsignale aufgebaut; siehe auch ▷DTMF; Gegenteil: ▷Puls

Tool, -Bar, -Box

▷Werkzeug; Bar: Werkzeugleiste; Box: 1. Werkzeugkasten, Werkzeugleiste in Anwendungen oder Entwicklungsumgebungen; 2. Sammlung von Werkzeugen in einem Produkt

Tooltip

Siehe unter ▷QuickInfo

top down
Im ▷Systementwurf: ▷Design von der höchsten zur niedrigsten ▷Abstraktionsebene; in der ▷Systementwicklung: Entwicklung vom Haupt- ▷Modul zu den Nebenmodulen; vergleiche ▷bottom up

Top500
Nicht offizielle Liste der 500 schnellsten ▷Supercomputer auf der Welt; die Liste wurde 1993 erstmals veröffentlicht und erscheint zweimal jährlich; verzeichnet sind nur ▷Parallel-Rechner und keine ▷Cluster oder ▷Grids; Basis für die Rangierung ist ein „Linpack" genanntes ▷Benchmarking mit ▷FORTRAN- ▷Programmen für numerische Berechnungen in der linearen Algebra; es wird also namentlich nicht die Gesamtleistung bewertet; derzeit haben Blue Gene (313'000 Prozessoren) von ▷IBM und Red Storm von ▷Cray die Nase vorn; der schnellste Computer Deutschlands steht in Jülich (Rang 13); der schnellste Schweizer Computer an der ETH Lausanne (Rang 22); www.top500.org

T

Topologie
1. Disziplin der Mathematik, welche sich mit der Lage und Anordnung geometrischer Gebilde im Raum befasst (geometrische T.) und mit den Umgebungen von Punkten in einem Zahlenraum durch Definition einer Metrik, von Axiomen und durch Auszeichnung spezieller Mengen (algebraische T.); 2. in der ▷Telematik als ▷physikalische T. eine Bezeichnung für die diversen räumlichen Verkabelungsmuster (▷Bus, ▷Ring, ▷Stern, …); als ▷logische T. eine sehr pauschale Bezeichnung für die ▷Zugriffs-, Transport- und ▷Adressierungs- ▷Protokolle sowie Datenwege

Tor
Siehe unter ▷Gatter

Torvalds, Linus Benedict
Geboren am 28.12.1969 in Helsinki; kam schon in Jugendjahren in Kontakt mit dem Computer, damals noch in erster Linie mit

▷Spielen; studierte Informatik; in dieser Zeit erste Programmierar-
beiten (meist in ▷Assemblersprache); 1991 Veröffentlichung einer
ersten Version des von ihm aus ▷MINIX heraus entwickelten ▷Be-
triebssystems ▷Linux; T. hat aus seiner Arbeit nie direkt Kapital
geschlagen, ist Linux doch frei (▷GPL) im Internet verfügbar; er
wollte „einfach das bestmögliche Betriebssystem"

ToS
Type of Service; Dienstkennung wie z. B. in ▷IP- ▷Datengrammen;
damit ist u. a. eine Transportpriorisierung möglich

Touch Pad
Siehe unter ▷Track Pad

Touch Screen
Berührungsempfindlicher ▷Bildschirm, der die Position eines Fin-
gerdrucks genau erkennen kann, mittels ▷kapazitiven Effekten
oder mittels ▷Laserabtastung; dadurch lassen sich alle ▷Controls
einer Anwendung bedienen mit den Fingern steuern; T.S. impliziert meist auch eigene Software, z. B. Bildschirmtastaturen, und
geht meist über die Aktivitäten des ▷Mauszeigers hinaus, unterstützt z. B. Aktionen mit zwei Fingern

Tower, middle-, mini-
Turm; Standgehäuse bei PCs: 680 × 230 × 450 mm;
475 × 170 × 400 mm; 350 × 175 × 430 mm

TPDU
Transport Protocol Data Unit; Daten- ▷Paket auf der Transportschicht; z. B. ▷TCP-Segment samt ▷Header

tpi
Tracks per Inch; Datendichte auf ▷Datenträgern in ▷Spuren (▷Zy-
lindern) pro ▷Zoll; vergleiche ▷cpi, ▷dpi, ▷bpi

TPM
1. Transactions Per Minute; Anzahl ▷Transaktionen, welche pro Minute erfolgreich abgeschlossen werden (können); 2. Trusted Platform Module: in ein Gerät eingebauter ▷Chip, entsprechend einer festen ▷Smartcard, zur eindeutigen ▷Identifikation des Geräts; TPM soll vor allem in mobilen oder sonstwie exponierten Geräten zum Einsatz kommen

TPS
Transactions Per Second; Anzahl ▷Transaktionen, welche pro Sekunde erfolgreich abgeschlossen werden (können)

TR 29.1/29.2
Eigentlich ▷EIA TR 29.1 (bzw. 2): ▷Telefax ▷Class 1 (bzw. 2)

Trace, Tracing
Spur, Spurverfolgung; 1. schrittweises Durchlaufen eines ▷Programms bei der ▷Fehlersuche; 2. Verfolgen der ▷Route eines Daten- ▷Pakets in der ▷Kommunikation; auch ▷Tracking

Traceability
Verfolgbarkeit, Nachvollziehbarkeit; ein Qualitätskriterium im ▷Software Engineering; siehe ▷Trace

traceroute, tracert
Standard-Programm im ▷TCP/IP- ▷Protokollstapel zur Dokumentation der ▷Route, welche ein ▷IP-Datenpaket vom Sender bis zur Empfängerin nimmt; t. dokumentiert jeden ▷Router inklusive einigen zugehörigen ▷Parametern; in ▷Windows: tracert

Track Ball
Gerät zur schnellen Bewegung der Eingabemarke auf dem Bildschirm, zur Anwahl eines ▷Menüteils usw.; als Signalgeber an das System wird mit dem Handballen eine Kugel bewegt, die rund 0.5 cm aus dem Gehäuse nach oben ragt; „umgekehrte ▷Maus"

T

Track Pad
Berührungsempfindliche Fläche bei der ▷Tastatur zur Weitergabe von taktilen Signalen, welche durch das System dann als ▷Mausbewegungen interpretiert werden; der Vorteil des T.P. liegt im Verzicht auf jegliche Mechanik

Track Point
Winziges Zäpfchen in der Tastatur, dessen Berührung ähnlich einem ▷Joy Stick als Zeigen und Bewegen interpretiert wird; Ersatz für eine ▷Maus oder einen ▷Track Ball in tragbaren Geräten, meist aber zusätzlich zum ▷Track Pad; neuerdings haben auch ▷Handys einen T.P.

Trackback
Rückverfolgung; im ▷Blogging eine automatische Benachrichtigung, wenn auf einen Blog- ▷Post reagiert wurde

Tracker, Tracking
1. Bezeichnung für den Schreibtisch (▷Desktop) im einstigen Betriebssystem BeOS; 2. Abtasten von Position und Bewegungen von Menschen, auch in einem System der ▷virtuellen Realität; 3. verschiedene ▷Laufweiten einer ▷Schriftfamilie bei unterschiedlichen Schriftstilen; 4. Spurverfolgung, siehe unter ▷Tracing

Traffic
1. ▷Bus- oder ▷Netzwerkverkehr; 2. Anzahl ▷Postings in einer ▷Newsgroup

Traffic Control
Bandbreiten-Steuerung bzw. -Zuweisung; so ermöglichen z.B. moderne ▷Firewalls, verkehrsintensiven ▷Diensten/Inhalten fest eine grössere ▷Bandbreite zuzuweisen

Träger, Trägersignal
Basissignal in der elektrischen oder elektromagnetischen ▷Kommunikation zwischen der Senderin und einem Empfänger; diesem ▷Signal werden dann die Steuer- und Nutzdaten auf- ▷moduliert; Beispiel 1: der T. von ▷analogen ▷Modems ist hörbar, wenn man versehentlich ein Faxgerät anruft; Beispiel 2: der T. von Radiostationen muss auf dem Radioempfänger eingestellt werden, z. B. UKW 104.9 MHz; die Verwendung von T. beruht auf der Erkenntnis, dass sich regelmässig schwingende ▷Wellen weiter und einfacher ausbreiten als unregelmässig schwingende; verwandt hiermit ist der Energietransport per Wechselstrom

Trailer
Schlepper; Ende-Anweisung; 1. Abschluss-Information hinter den ▷Nutzdaten in Daten- ▷Rahmen; damit das Gegenstück zum ▷Header; deshalb auch ▷Footer, siehe dort für mehr Details; 2. oft synonym zu ▷Terminator

Traktor
Zieher (lat.); Einrichtung zum Transport von Endlospapier im ▷Drucker

Transact-SQL
Zu ▷SQL/PSM konformer, ▷ISO / ▷ANSI SQL ▷prozedural erweiternder SQL-Dialekt in ▷Microsoft SQL-Server und ▷RDBMS-Produkten von Sybase; Schreibweise „offiziell" mit Bindestrich

Transaction Tracking System
Spezifikation von ▷Novell, um in deren ▷Netware die ▷Integrität von ▷Datenbanken auf dem Dateiserver zu gewährleisten

Transaktion
Überführung (lat.); die ▷Konsistenz erhaltende, in sich geschlossene und nach dem „Alles oder nichts"-Prinzip verlaufende Menge von ▷Operationen an einem ▷Datenbestand; die T. kann zwischen-

zeitlich Inkonsistenzen mit sich führen, sie hinterlässt aber einen konsistenten Zustand, der nicht notwendigerweise ein neuer ist (▷Rollback); eine T. wird implizit oder explizit ausgelöst, sobald ein ▷Anwendungsprogramm bzw. das ▷DBMS Daten aus dem Datenbestand bzw. aus einer ▷Datenbasis braucht; Beispiele: eine ▷Abfrage, die Verbuchung einer Bestellung oder eine immer aus mehreren Datenmanipulationen bestehende Soll/Haben-Buchung; man unterscheidet somit hauptsächlich Lese- und Mutationst.; eine T. kann ordnungsgemäss beendet werden durch ▷COMMIT oder durch ROLLBACK, was eine Annullierung der gesamten bisherigen Manipulationen bewirkt; siehe ferner ▷Sicherungspunkt, ▷ACID

Transaktionsmonitor, -system
1. Transaktions-Ablaufverwaltung mittels eines ▷Monitors; 2. gesamtheitliche Transaktionsverwaltung, welche als Komponenten mindestens eine Mehrbenutzer- ▷Synchronisation sowie ein ▷Recovery-System umfasst

Transceiver
Transmitter/Receiver (Übertrager/Empfänger); 1. ▷elektronische Einheit, internes oder externes Gerät, welches die ▷digitale Netzwerkkarte (▷NIC) eines Rechners oder Druckers ins ▷analoge, gelbe Thick ▷Ethernet-Kabel einbindet; der T. bereitet auch ▷Rahmen auf und wird durch die NIC gespeist; er „horcht" ferner nach einem ▷Träger; der meist mehradrige Kabel-Abschnitt zwischen dem T. und der NIC heisst AUI; 2. Sende- und Empfangsteil-Dioden und umgebende Elektronik in ▷IrDA; 3. Kästchen zur Abzweigung aus einem ▷LocalTalk- ▷Bus

Transfer
▷Übertragung (lat., dann engl.) von ▷Daten 1. von einem ▷Medium auf das andere, z. B. zwischen zwei ▷Computern (Sicht Endgeräte); 2. durch ein Transportmedium (Sicht Durchgangspunkt)

Transistor
Transfer Resistor, Übertragungswiderstand; ▷elektronisches, ▷ana-
log verstärkendes Bauteil; in der ▷Digitaltechnik jedoch als Ein-/
Aus-Schalter verwendet; heutige Grundlage jeglicher Implementierung von ▷binärer ▷Logik

Translation
Übersetzung (lat.); 1. geometrisch: Verschiebung; elementare ▷Ope-
ration in einem ▷Koordinatensystem in der grafischen ▷Datenver-
arbeitung; 2. Kommunikation: ▷Übersetzung von einer ▷Sprache
in die andere

Translation Lookaside Buffer
▷Hardwarebasierte Tabelle zur Umrechnung von ▷virtuellen Sei-
tennummern in Rahmennummern im ▷physikalischen ▷Speicher;
siehe ▷Adressenraum und ▷Seite

Translation Storage Buffer
Softwarebasierter ▷Cache für häufige Einträge im ▷Translation
Lookaside Buffer

transparent, Transparenz
Durchsichtig (lat.); 1. Grad der Systemunabhängigkeit, mit welcher
Benutzer auf verteilte ▷Daten und ▷Fragmente zugreifen können;
2. durchsichtig nicht etwa im Sinn „in seiner ▷Struktur ▷analysiert
und bekannt" (▷Whitebox), sondern „nicht sichtbar" (▷Blackbox);
Beispiel 1: eine Komponente auf einer bestimmten ▷OSI-Schicht ist
für die Komponenten der darüber liegenden Schichten t., also der
▷Router für das ▷Netzwerk- ▷Betriebssystem; Beispiel 2: der
▷Cache ist für den ▷Prozessor t., er sieht ihn nicht; 3. Grafik: ein
Bild ist transparent, wenn ein darunter liegendes Bild noch (mehr
oder weniger) durchschimmert; das Gegenteil hierbei ist opak resp.
die Opazität

Transponder
Überbrücker; 1. und allgemein: Koppelungsgerät zwischen der kabellosen und der kabelgebundenen Signalleitung; 2. Einheit aus Prozessorchip und Antenne, welche in der ▷RFID-Technik als mobile Einwegeinheiten verwendet werden und nach entsprechender Anregung Daten aussenden können

Transposition
1. und allgemein: ▷Versetzung (lat.); 2. speziell siehe bei ▷Kryptografierung

Transputer
Kunstwort; ▷Parallel-Computer, in welchem jede ▷Prozessor-Einheit ihren eigenen ▷Arbeitsspeicher hat, was die häufige Kommunikation über einen ▷Bus erübrigt; Mittelding zwischen dem ▷Mehrprozessor- ▷Rechner und dem ▷Cluster; als Begriff selten

Trap
Falle; 1. Abfangen gewisser ▷Bedingungen in einem Programmverlauf, also z. B. einer ▷Fehlerbedingung beim Error Trapping; 2. Umschalten des ▷Prozessors in den privilegierten ▷Modus nach einem ▷Systemaufruf; Sprung in den ▷Kern, meist gefolgt von einer 3. ▷Software- bzw. synchronen ▷Unterbrechung; 4. Unterbrechung von der Art: nach Bewältigung des ▷Ausnahmezustandes hinter der unterbrochenen ▷Instruktion weiterfahren

Trapdoor
1. undokumentierte Funktion in einem Programm, die Einblicke, Zugriffe usw. in eine Anwendung unter Umgehung der normalen Zugriffssteuerung gewährt; deshalb ein Sicherheitsproblem; solche Falltüren werden oft während der Entwicklungszeit für die einfachere Verfolgung der Datendynamik eingebaut ... und versehentlich nicht entfernt; 2. siehe unter Falltür- ▷Einwegfunktion

Trash
Siehe unter ▷Papierkorb

Travan
Technologie zur ▷Archivspeicherung auf ▷Magnetbänder; die Band-Kassetten sind ▷physikalisch leicht konisch geformt und kompatibel mit ▷QIC; hoher Datentransfer und dichte ▷Kompression

Traversierung
Reihenfolge der Abarbeitung der ▷Knoten in einem (meist binären) ▷Baum; bekannt sind die T.: Preorder (zuerst Wurzel, dann links, dann rechts), Inorder (zuerst links, dann Wurzel, dann rechts), Postorder (zuerst links, dann rechts, dann Wurzel) und Inorder (▷ebenenweise von links nach rechts)

T

Tree
▷Baum als 1. abstrakte ▷Datenstruktur oder 2. symbolhafte Veranschaulichung einer ▷Hierarchie wie z. B. bei ▷Verzeichnissen in ▷Dateisystemen

Treiber
1. und allgemein: pauschale Bezeichnung für die von einer bestimmten ▷Schicht aus gesehene Gesamtheit aller unteren Schichten in einem Schichten- ▷Modell; also eine ▷virtuelle Maschine, welche alle unteren Schichten abstrahiert; 2. bei ▷Geräten: die Systemsoftware erweiternder Code, der alle auf ein Gerät definierten ▷Operationen realisiert, einschliesslich der Routinen zur Behandlung der geräteabhängigen ▷Unterbrechungen; ein Funktionsaufruf für dieses Gerät bewirkt das Lesen des ▷Gerätekontrollblocks sowie die Aktivierung des T. und gegebenenfalls seiner Unterbrechungen; für das ▷Betriebssystem macht der T. das Gerät zu einer virtuellen Maschine

Tres Amigos
Das Autorenkollektiv von ▷UML: Grady ▷Booch, James Rumbaugh
und Ivar Jacobson; siehe auch ▷Viererbande

Triband
Paralleler Betrieb dreier ▷Frequenzbänder (900 M ▷Hz, 1'800 und
1'900 MHz) in der ▷Mobiltelefonie zwecks Entlastung des ausgelas-
teten 900-MHz- ▷Bandes bzw. zur Kompatibilität mit anderen
Netzen (USA)

Trigger
(Gewehr-)Abzug, Auslöser; 1. automatisches oder manuelles ▷Sig-
nal, das irgendwelche Vorgänge auslöst, z. B. eine ▷Synchronisa-
tion; 2. in ▷relationalen ▷DBMS: Auslöseregel, die ▷ereignisge-
steuert ist und ▷deskriptiv eine oder (▷eingebettet ▷prozedural)
Änderungen an Datenbeständen verifiziert bzw. vornimmt, z. B.
eine Einfügung, eine ▷Inkrementierung oder eine ▷Integritätsprü-
fung; solche T. laufen ▷transparent ab und haben deshalb auch
keinen Rückgabewert; 3. CREATE TRIGGER name AS prozedurbeschreibung in ▷SQL

trim, TRIM()
1. Anweisung im ▷ATA/SATA Befehlssatz zur Löschung von Speicherbereichen vor deren Wiederbeschreibung auf Plattenspeichern;
was bei magnetischen Datenträgern eine Zeitverschwendung wäre,
ist bei ▷Solid State Bausteinen nötig, da mit unterschiedlicher
Spannung für Schreiben und Löschen gearbeitet wird; 2. Funktion
in vielen Programmier- und Datenbanksprachen zur Verkürzung
von Zeichenketten, meist durch Elimination führender oder an-
hängender ▷White Space Zeichen

triple Port
Baustein mit drei ▷Zugriffspfaden

Triple-DES

Symmetrische Block- ▷Kryptografierung mit drei verschlüsselnden Durchläufen unter Verwendung eines individuellen 56-Bit-Schlüssels (mindestens zwei davon unterschiedlich); jeder Durchlauf ist eine Sequenz von 48 ▷Algorithmen; T.-D. ist deutlich schwerer zu knacken als ▷DES, aber auch ressourcenverzehrender; T.-D. löst DES ab, wird von ▷NIST und ▷NSA aber als Übergangslösung zu ▷AES verstanden

Tristate

Siehe unter ▷3-State

Trit

Kleinste speicherbare Einheit im Computer analog dem ▷Bit, im Gegensatz zu diesem kennt das T. aber drei Schaltzustände 0, 1 oder 2; Kalkulationsgrundlage hierzu ist das Ternärsystem (Rechensystem auf der Basis 3); in den 60er-Jahren baute Nikolay P. Brusentsov an der Universität Moskau einen Computer auf dieser Basis namens „Setun", 1973 baute Gideon Frieder an der Universität New York einen weiteren namens „Ternac"; ternäre ▷Logik dieser Art hat sich nicht durchgesetzt, vermutlich weil ihr ▷mikroelektronischer Bau teurer als alle ihre Vorzüge gegenüber der binären Logik war

Trojanisches Pferd

Schlitzohr- ▷Strategie in der griechischen Mythologie; ▷Anwendungsprogramm, das neben seiner eigentlichen Aufgabe „unbemerkt" einen ▷Virus oder andere ▷Malware transportiert und einschleust; gemeint ist mit T.P. also das Nutzprogramm, nicht das pathologische; trotzdem muss man im Zusammenhang mit Viren auch von diesen T.P. sprechen

Trojanisches Pferd, remote Access -

Programm, das ins Opfersystem eindringt und dessen Türen von innen öffnet, also synonym zu ▷Rootkit

Troll
Kobold; grobschlächtig auftretender, destruktiver Teilnehmer in Diskussionsforen

Troubleshooting, Trouble Shooting
In der Informatik (statistisch gesehen einen signifikanten Teil des Arbeitstages verzehrender ...) Prozess der Fehlersuche und -behebung an Geräten, Leitungen usw.; die Fehlersuche und -behebung im ▷Software Engineering heisst meist ▷Debugging

true
Wahr; ▷Boole'scher ▷Wahrheitswert; rechnerintern oft 1 (in Programmiersprachen des ▷C-Stammes: jeder Wert <> 0) und in einer ▷Selektion zu THEN verzweigend

TrueColor
Bildschirmmodus zur Wiedergabe echter Farben; dazu werden eine ▷Farbtiefe von mindestens 24 Bits und demnach 16.8 Millionen darstellbarer Farbtöne gefordert

TrueFonts
Siehe unter ▷TrueType

TrueImage
▷Seitenbeschreibungssprache von ▷Apple und ▷Microsoft unter Einschluss von ▷PostScript und ▷TrueType-Schriften

TrueType
Zu ▷PostScript kompatible Schrifttechnologie von ▷Microsoft und ▷Apple aus dem Jahre 1990 als Teil von ▷TrueImage; T.T. erlaubt, ▷outline Schriftfamilien auf nahezu allen Ausgabemedien bzw. ▷Auflösungsformaten auszugeben; T.T. ermöglicht den direkten Schrifttransfer zwischen ▷Macintosh, ▷OS/2, ▷Windows und ▷Linux; T.T. kann indessen in den Augen eines Typografie-Profis PostScript nie das Wasser reichen

truncate, TRUNC(), TRUNCATE

Verstümmeln; 1. Bezeichnung für das „Abschneiden" der Nachkommastellen in ▷Fliesskommazahlen; entsprechende Funktion
in gewissen Programmiersprachen; 2. Löschen von Inhalten ab
der derzeitigen ▷Zeigerposition; 3. in ▷Datenbanksystemen und
▷SQL: Löschen aller ▷Tupel einer Tabelle ohne Bedingung und
▷Logging

Trunk

Stamm, aber auch: Weg; 1. ▷Kabel, Kabelverbindung, Kabelweg in
der ▷Telekommunikation; 2. in der ▷Versionsverwaltung der
Hauptentwicklungszweig der Software

Trunking

Etwa: Fernleiten; eine Art Parallelisieren des ▷LAN-Zugriffs durch
mehrere ▷Netzwerkkarten, z. B. in ▷Servermaschinen; dies müssen
dann auch ▷Switches unterstützen

Trust Center

Siehe unter ▷Zertifizierungsstelle

trusted

Vertrauenswürdig; diese Eigenschaft geniesst ein Anwender (t. User)
oder ein Terminal (t. Host), wenn sie in einer entsprechenden Konfigurationsdatei des angerufenen Systems eingetragen sind; sie ent-
bindet von einer expliziten ▷Authentisierung; die Begriffe t. Users
und t. Hosts sind mit den ▷Berkeley-r-Utilities gekoppelt; siehe
dort

Trusted Computing Base

Gesamtheit aller sicherheitsrelevanten Komponenten und ▷Dienste
eines Systems; der Begriff stammt ursprünglich aus dem ▷Orange
Book, wird aber auch allgemein verwendet; der Umfang der Gesamtheit richtet sich nach der Sicherheitsstufe

trusted Recovery
Pauschaler Begriff für den sicheren Wiederanlauf eines Computersystems nach einem ▷Absturz; es gilt als Maxime der Informationssicherheit, dass ein abstürzendes Betriebssystem zu keiner
Zeit in einen weniger gesicherten Zustand übergehen darf; deshalb
ist das lästige „Einfrieren" wenigstens sicherheitsmässig als positiv
zu betrachten

TRX
Gängige Abkürzung für Transaction, ▷Transaktion

try
Versuch, versuchen; Pauschalbegriff oder Schlüsselwort in ▷Pro-
grammiersprachen zur Kennzeichnung von ▷Anweisungs- ▷Ver-
bünden, in welchen eine ▷Ausnahme ausgelöst werden könnte; frei
nach dem Motto: „versuchen wir es mal" ...; am Ende des Ver-
bunds wird sinnvollerweise dann ein ▷Catching vereinbart, falls es
doch misslingt ...

Tryte
Analog dem ▷Byte die Zusammenfassung von sechs ▷Trits zu
einer höheren ▷Informationseinheit

TSB
Siehe unter ▷Translation Storage Buffer

TSL
Test and Set Lock; ▷Operation, die mit ▷Hardware-Unterstützung
▷atomar, als eine ununterbrechbare Einheit, verlaufen muss: etwas
überprüfen und eine ▷Sperre setzen; damit werden bedingt Sperren für ▷Transaktionen oder ▷kritische Bereiche aktiviert; TSL
wird auf sehr vielen ▷Prozessoren, ihren ▷Assemblern oder gar in
▷Hochsprachen zur Verfügung gestellt; TSL ist somit eine besondere Form des ▷TAS

TT83
Schweizerische Norm für vierpolige Schnappstecker im Telefonwesen

TTL
1. ▷Transistor To Transistor Logic; Familie von digitalen Schaltkreisen bei der Herstellung von ▷Chips, Merkmal: 5 Volt als Versorgungsspannung; unterscheide ▷CMOS, ▷bipolar 2. Time To Live: einem ▷IP-Paket mitgegebener 8-Bit-Zähler, der in jedem Knoten dekrementiert wird; damit ist gewährleistet, dass ein ▷Timeout das ▷Paket irgendwann einmal vernichtet, wenn es im Nirvana kreist; 3. sehr alte Ansteuerung von Monitoren (▷MDA, ▷CDA), die Farben als digitales Signal codiert, alle heutigen Technologien steuern analog an; sehr geringe Farbauflösung

TTS
Siehe unter ▷Transaction Tracking System

T

TTY
Teletype; 1. Fernschreiber, ▷Telex oder Telexterminal, 2. einfachste Art der ▷Emulation eines passiven ▷Terminals: Zeichen werden ohne zwischengeschaltete ▷Steuerzeichen einfach als ▷Sequenz übermittelt

Tuning
Verstärkung; Eingriffe in ▷Hardware oder ▷Software zur Steigerung der Leistungsfähigkeit (▷Performanz) in einem gewünschten Teilbereich; vergleiche ▷Turbo; im Alltag würde man „frisieren" sagen – so wie dies die Jugendlichen bei den Mofas tun …

Tunneling, Tunnelung
1. und allgemein: Kapselung eines ▷Protokolls P1 durch ein Protokoll P2; damit kann P2 unerkannt Daten von P1 transportieren; 2. und damit speziell: Koppelung von geschlossenen Netzwerken über das öffentliche Internet; eine T. ist nicht zwangsläufig mit

▷Verschlüsselung versehen; ein mit Verschlüsselung gesicherter Tunnel ist ein ▷VPN

Tupel

1. Ergebnis eines ▷kartesischen Produkts in der Mengenlehre: jedes Element einer Menge A kombiniert mit jedem Element einer Menge B gibt eine Menge von a mal b geordneten Paaren; kommen weitere zu kombinierende Mengen dazu, entstehen T. statt „bloss" Paare (Tripel, Quadrupel, …); 2. in der ▷Relationentheorie sind T. die geordneten Gruppen von ▷Attributen, die in ▷Relationen (▷Tabellen) als Zeilen zum Ausdruck kommen

Turbo

Nicht standardisierter Begriff für beschleunigende ▷Komponenten: Erhöhung des ▷Mikroprozessor- ▷Taktes, des ▷Bustaktes usw.; vergleiche ▷Tuning

T

Turing Test

Ein Test, mit dem entschieden werden soll, ob eine ▷Maschine die gleiche intellektuelle Leistungsfähigkeit hat wie ein Mensch; der T.T. wurde 1950 von Alain ▷Turing vorgeschlagen; im Versuch geht es darum, ob ein Mensch im Zwiegespräch mit einer Maschine diese nicht als Maschine erkennt, diese also nicht von einem anderen Menschen unterscheiden kann; wenn dies der Fall ist, hat die Maschine den Turing Test bestanden

Turing, Alan Mathison

1912–1954; britischer Mathematiker; entwickelte eine rein theoretische, ▷algorithmische Maschine (Turingmaschine), welche sämtliche ▷Automaten nachbilden kann (Nachweis 1936); nach diesem Konzept wurde COLOSSUS gebaut, mit dessen Hilfe der Geheimcode der Deutschen Wehrmacht geknackt und so dem Krieg eine entscheidende Wende gegeben werden konnte; lieferte 1950 einen Test zum Nachweis der Intelligenz von Automaten (▷Turing Test)

Turn Key, Turnkey
Schlüssel(dreh)fertig, vor- ▷konfiguriert

Turnaround, Turnaround Cycle
Wende zum Guten; Abfolge der menschlichen Aktivitäten in der ▷Codierung eines ▷Programms: ▷editieren, ▷Fehler suchen und beheben, ▷übersetzen und ▷binden; die zugehörigen Werkzeuge sind: Editor, ▷Debugger, ▷Compiler und ▷Linker (Binder); diese Instrumente werden auf der Ebene des ▷Betriebssystems aktiviert und auf den Code angewendet; moderne Programmierumgebungen verfügen über eine ▷IDE für den ganzen T.

Turtle
Schildkröte; ▷grafische Figur, die Anfängern das spielerische Erlernen der ▷Programmierlogik erleichtern soll; oft mit ▷LOGO in Verbindung gebracht

T

Tutorial
Beschützung, Betreuung (lat.); Lernprogramm, ▷CBT

Tux
Der offizielle Name des ▷Linux-Pinguins

TVA
Teilnehmervermittlungsanlage; Bezeichnung für die ▷digitalen ▷Telekommunikations-Zentralen („Telefon"-Zentralen)

TWAIN
Toolkit Without An Important Name (kein Witz); einheitliche und herstellerunabhängige Daten- ▷Schnittstelle für optische ▷Scanner; damit entfällt das lästige Installieren von ▷proprietären ▷Treibern

Tweet
Piepser; siehe ▷Twitter

twin Block

Zwillingsblöcke; zweifaches Vorhandensein des gleichen Daten-
▷Blocks einer ▷Datenbank auf dem ▷Sekundärspeicher; der eine
Block ist aktuell, der andere hat den historischen Zustand vor
einer/mehreren ▷Transaktion/en; das Verfahren gewährleistet ein
effizientes ▷Rollback über eine begrenzte Anzahl Manipulationen;
siehe auch ▷Update-in-Place

Twinax

Twin Coax; Bildschirm- oder Drucker-Verkabelung bei mittleren
▷IBM ▷Systemen mit zwei ▷seriellen Leitern in einer gemeinsamen ▷Abschirmung

Twip

T Offenbar aufgrund eines globalen Mangels an verfügbaren Län-
genmassen hat ▷Microsoft den Twip eingeführt (kein Scherz):
1/20 ▷Punkt bzw. 1/1'440 ▷Zoll; vergleichbar mit 6 Quadratgal-
lonen pro flüssige Drei-Viertel-Land-Unze (Scherz); zu den Namen-
vergebungen beim Marktführer siehe auch ▷MIFNU

Twist

Drehung; in der Informatik meist gebraucht im Zusammenhang
mit der Funktionsweise einer ▷Flüssigkristallanzeige: Molekül-
„Stäbchen" eines organischen, flüssigen Kristalls werden gedreht,
um Licht unterschiedlich zu brechen oder zu reflektieren; siehe
▷TN, ▷TFT

twisted (Pair)

Siehe unter ▷verdrillte Leitung

Twitter

Gezwitscher, zwitschern; ▷Web 2.0 Anwendung in Form einer Art
▷Blogs vieler Teilnehmer zu vielen Themen; oft auch als Micro
Blog bezeichnet; die Nachrichten (tweets, Piepser) haben eine Ma-
ximallänge von 140 Zeichen und werden durch die Autorinnen und

Autoren Themen zugeordnet; ferner sind viele ▷RSS News Feeds in
T. eingebunden; T. spielt eine sehr grosse Rolle bei politischen
Aktivitäten in Ländern mit eingeschränkter Meinungsfreiheit; und
darüber hinaus vermischt sich in T. auch Nützliches mit Ramsch;
www.twitter.com

Twofish
Symmetrisches Block- ▷Kryptografieverfahren von Bruce Schneier
und anderen; Blocklänge von 128 Bits; Schlüssellängen sind 128,
192 oder 256 Bits; T. schickt die Nachricht durch 16 Verschlüsselungsrunden; ist mathematisch ein Feistel-Netzwerk; wurde von
▷NIST als hochsicher eingstuft

TXD
Transmitted Data, siehe detailliert unter ▷TD

T

TXT
Dateinamenserweiterung für ▷ASCII- bzw. ▷Text- ▷Dateien

Typ
Meist im Sinn von ▷Datentyp, wie z. B. in „Typenprüfung" oder
„Type Casting"

Type Manager
Siehe unter ▷ATM

Type safe, typsicher
Umgebung, in welcher sämtliche Objekte einer Manipulation in
einem namentlich identifizierten Gefäss und als bestimmter ▷Da-
tentyp mit einem definierten Satz von ▷Operationen greifbar sind

Typeface
Schriftschnitt, siehe unter ▷Font

typisiert
Eine ▷Programmiersprache ist t., wenn sie ausschliesslich in einer
▷typsicheren Umgebung operiert und auf ▷Zeiger in nicht benannte Speicherräume verzichtet

Typkonversion, einschränkende -, erweiternde -
Umwandlung (lat.), auch: Konvertierung eines ▷Datentyps; durch
den ▷Compiler automatisch vorgenommene oder im ▷Code erzwungene Umwandlung eines Datentyps in einen anderen; bei der
einschränkenden T. wird ein Datentyp in einen Typen aus seiner
Untermenge konvertiert (Beispiel: ▷int in ▷tinyint); diese Konversion muss meist erzwungen werden, weil sie verlustanfällig ist; die
erweiternde T. erfolgt in die umgekehrte Richtung und oft implizit
(Beispiel: ▷float in ▷double); siehe ferner die Unterscheidungen in
▷Casting und ▷Coercion

Typo Squatter
Siehe unter ▷Cyper Sqatter

U

U
Unit; könnte irgendwelche „Einheit" bedeuten, wird in unserem
Kontext jedoch meist als ▷Höheneinheit verwendet; siehe dort

UAC
User Access Control; siehe unter ▷Access, ▷Konto und ▷Zugriff,
dort diverse Stichworte

UART
Universal Asynchronous Receiver/Transmitter; Umsetzer zwischen
▷parallelen (z. B. ▷Peripheriebus) und ▷seriellen (z. B. ▷RS-232C/D)
Kommunikationssystemen; ▷Controller-Baustein der standard-
seriellen ▷Schnittstelle; beim ▷Intel ▷PC gibt es zwei Typen: den
älteren (technisch grundlegenden) 8250 (bis 9'600 bps) und den
schnelleren 16450; die Schnittstellen-Transferrate beträgt hier bis
115'200 bps; der Baustein 16550 hat zusätzlich einen ▷FIFO- ▷Puffer

UBE
Unsolicited Bulk E-Mail; unerwünschte ▷E-Mail-Streuwürfe, eher
bekannt als ▷Spam; siehe auch ▷UCE

überdecken
▷Deklarieren zweier ▷Variablen mit identischem Namen in der
Basis- ▷Klasse und in der abgeleiteten Klasse; der ▷Geltungsbe-
reich ist ▷sprachspezifisch

überladen

▷Deklarieren mehrerer gleichnamiger ▷Funktionen, ▷Methoden oder ▷Prozeduren innerhalb derselben ▷Klasse, die sich in ihren formalen ▷Parametern (▷Signatur) und evtentuell ihrem ▷Rückgabewert oder auch in ihrem ▷Sichtbarkeitsattribut unterscheiden; Letzteres ist in gewissen ▷Sprachen verboten; in der Literatur meist als „overload" bezeichnet; die Unterscheidung allein beim Rückgabewert ist nicht möglich; die Entscheidung für die zur Ausführung gelangende Funktion erfolgt während der ▷Übersetzung; siehe auch frühe ▷Bindung; beachte den Unterschied zum ▷Polymorphismus

überlastend

... ist ein ▷Prozess für das ▷Betriebssystem dann, wenn er (zu) häufig ▷Seitenfehler provoziert

Übermittlung, Übertragung

Sammelbegriffe für alle Formen des vom Betrachter in eine Richtung erfolgenden Transports von ▷Daten zwischen Computersystemen

überschreiben

▷Deklarieren zweier ▷Methoden mit identischer ▷Signatur in der Basis- ▷Klasse und in der abgeleiteten Klasse; in der Literatur meist als „override" bezeichnet; der ▷Geltungsbereich ist ▷sprachspezifisch; die Entscheidung für die zur Ausführung gelangende Methode erfolgt zur ▷Laufzeit (späte Bindung); nicht zu verwechseln mit dem ▷Überladen; siehe ferner ▷Polymorphismus, virtuelle ▷Funktion sowie ▷Bindung, frühe – versus späte –

Übersetzer, übersetzen

Wenig gebräuchlicher Oberbegriff für die ▷Systemprogramme, die den Klartext des ▷Quellcodes in den ▷Objekt- oder ▷Zwischencode überführen

übersprechen
Unerwünschter Effekt der ▷induktiven Überlagerung von ▷Kommunikationsleitungen mit Inhalten von Nachbarleitungen

Übertragungsgeschwindigkeit, -rate
Quantitatives Mass für den Daten- ▷Transfer in ▷bps; siehe auch: Abtast- ▷Theorem

Ubiquitous Computing
Allgegenwärtig (lat.); Phänomen der ▷Informatisierung und ▷Vernetzung aller Tätigkeiten im täglichen Leben; der Begriff wurde 1991 von Mark Weiser, einem Forscher im ▷PARC, geprägt; siehe auch ▷Pervasive C. und ▷Evernet

UCE
Unsolicited commerical ▷E-Mail; gezielt versendete, unerwünschte Werbebotschaften, eher bekannt als ▷Spam; siehe auch ▷UBE

U

UCS
Das ▷ISO-Äquivalent zum ▷Unicode; ISO geht in der Spezifikation der ▷Zeichen deutlich weniger weit als Unicode und der Zeichensatz ist beschränkter; die Codierungen heissen UCS-2 (etwa: ▷UTF-16) und UCS-4 (etwa: ▷UTF-32)

UDDI
Universal Description, Discovery and Integration; Verzeichnis für ▷Webdienste, bestehend aus drei Eintragungen: a) Kontaktinformationen über den Entwickler, b) Informationen über Kategorie, Branche und Ort des ▷Dienstes, c) eine ▷WSDL-Beschreibung und Aktivierungsinformationen; Ziel ist eine Art Branchenbuch der Webdienste; die U.-Datenbanken heissen U. Registries, die einzelnen darin verzeichneten Dienste U. Registrations; der U.-Dienst ist kompliziert und kämpft um Akzeptanz

UDF

1. Universal Disc Format; universelles und plattformübergreifendes
▷Dateiformat auf ▷DVD; 2. User Defined Function: benutzerdefinierte ▷Funktion

UDMA

Ultra ▷DMA; DMA-Konzept für die ▷EIDE-Schnittstelle, welches
diese zu einem ernsthaften Konkurrenten von ▷SCSI macht(e):
UDMA-4 ist Ultra- ▷ATA mit 66 MBytes/s; UDMA-5 ist Ultra-ATA
mit 100 MBytes/s; UDMA-6 schafft 133.3 MBytes/s; die Modi heissen auch UDMAxxx (xxx ist die genannte Transferrate); rückt wegen Serial ▷ATA in den Hintergrund

UDP

User Datagram Protocol; dem ▷IP aufliegende Komponente der
▷Protokollfamilie ▷TCP/IP (▷OSI-Schicht 4, Transport); ▷verbin-
dungsloses, nicht gesichertes und nicht quittierendes Transportpro-
tokoll für ▷Datengramme; die Prozesse kommunizieren direkt miteinander durch Angabe von ▷Ports; die Daten sind fakultativ mit
einer Prüfsumme gesichert; damit ist U. sehr schnell, aber unsicher;
diverse ▷Client/Server-Anwendungen benutzen UDP, um die Kommunikation zu etablieren, arbeiten aber dann produktiv mit TCP

UDR

User Defined Routine; benutzerdefinierte und -generierte ▷Funk-
tion oder ▷Prozedur; siehe auch ▷UDF

UDRP

Uniform Dispute Resolution Policy; Regelwerk der ▷ICANN zur
Schlichtung von Streitigkeiten im Bereich der Internet- ▷Domä-
nennamen; das Schlichtungsverfahren ist geregelt in den „Rules for
Uniform Domain Name Dispute Resolution Policy"; siehe auch
▷Domain Name Grabbing

UDSL
Unidirectional DSL; ▷DSL-Dienst mit 1.5 Mbps ▷Downstream und
128 kbps ▷Upstream durch eine bis 5'000 m lange Kupfer-Doppelader

Uhr
Leider sehr unscharf und uneinheitlich verwendet für: 1. die ▷Echt-
zeit-Uhr oder ▷RTC oder 2. den ▷Timer und 3. (am unzutreffends-
ten) den ▷Clock; siehe je dort

UID
▷User ▷Identification; Benutzerkennung

UIT
Unité Internationale des Télécommunications, heute ▷ITU-T

ULSI
Ultra Large Scale Integration; ▷Chips mit mehr als 1'000'000 Bauteilen, ▷Integrations-Dichte, wie sie technisch erst an der Wende
der 1980er zu den 1990er Jahren möglich wurde

U

Ultra-Wideband
Funktechnologie, meist UWB, welche einmal alle gängigen wie
▷GSM, ▷WLAN oder ▷Bluetooth übertrumpfen soll: deutlich mehr
Durchsatz, deutlich weniger Energie und Interferenzen; die Technologie nutzt ein breites Wellenspektrum, dort aber je nur äusserst
kurze Impulse von höchstens wenigen Nanosekunden, die zu er-
wartenden ▷Transferraten reichen von 100 Mbps bis über 2 Gbps;
bei sehr hohem Durchsatz beträgt die Reichweite indessen bloss
ca. 15 m, weshalb U.-W. vorwiegend für den Nahbereich geeignet
ist, also im ▷WPAN; UWB ist durch das ▷FCC zugelassen und wird
durch ▷IEEE ▷normiert; kommerziell kümmert sich ein UWB Forum darum; www.uwbforum.org

Umgebung

1. und allgemein: System aus Menschen, ▷Hardware- und ▷Software mit all seinen Möglichkeiten, Restriktionen, Traditionen, Gepflogenheiten und betriebswirtschaftlichen Auswirkungen; 2. ▷Betriebssystemlinie (▷Unix-U., ▷Macintosh-U. usw.) und die damit vebundenen Gepflogenheiten, Mentalitäten (!) sowie ▷Architekturen; 3. Menge der ▷Werkzeuge eines ▷Programmierers zur ▷Applikationsentwicklung

Umgebung, Laufzeit-

1. und allgemein: ▷Funktionen und ▷Variabeln, die einem Programm während seiner Arbeit in einer konkreten ▷Umgebung zur Verfügung stehen; 2. Softwarepaket, welches einem Programm die benötigten Funktionen, ▷Variabeln, ▷Objekte usw. zur Verfügung stellt, diesem also eine Umgebung bietet; ein solches Paket besteht aus ▷Libraries, ▷Komponenten, ▷Konfigurationsdateien, ▷Diensten usw.; 3. Schicht zwischen Betriebssystem und Anwendung, die ▷Plattformunabhängigkeit gewährleistet

UML

Unified Modeling Language; Schutzmarke; de-facto standardisierte, grafische ▷Sprache für die ▷Spezifikation, Visualisierung und ▷Dokumentierung von ▷objektorientierten, ▷nebenläufigen Systemen sowie ▷Datenbanken; U. geht hauptsächlich auf Grady ▷Booch zurück, der aber neben seiner eigenen ▷Methode auch die seiner „Konkurrenten" (Jacobson, Rumbaugh) einbezog; Version 2.0 ab Ende 2002; siehe auch ▷Tres Amigos

Umlauf, umlaufen

Umfliessen des ▷Textes um andere in das ▷Dokument eingelagerte Objekte, z. B. Grafiken

Umleitung

1. Umleiten z. B. von ▷elektronischer Post an die Ferienadresse oder von ▷logischen Zugriffsadressen innerhalb eines ▷Netzwerks

auf den ▷Dateiserver; 2. Weiterleiten des Ausgabedaten- ▷Stroms
eines ▷Kommandos von der Standard-Ausgabe an eine Datei oder
ein Peripheriegerät (welches in diesem Fall ebenfalls per Dateinamen angesprochen wird); im Beispiel dir ¦ sort > lpt1: wird das Inhaltsverzeichnis des Arbeitsverzeichnisses zuerst durch eine ▷Pipe
an den Sortier- ▷Prozess geleitet und anschliessend an die Drucker-
schnittstelle anstatt zur ▷Konsole (Standard-Ausgabe) dirigiert

UMSDOS
Spezielles ▷Dateisystem zum Verwalten eines ▷Linux-Dateisystems
in einer ▷MS-DOS- ▷Partition

UMTS
Universal Mobile Telecommunication System; Nachfolgespezifi-
kation von ▷GSM und dritte ▷Generation der ▷Mobiltelefonie
im Frequenzbereich um 2 Giga-Hertz; vor allem gefragt bei der Datenübertragung mit Mobilgeräten; 384 kbps ▷Downlink und 6 km
Reichweite (und deshalb ein grosser Bedarf an umstrittenen Antennen für eine Flächendeckung)

U

UN/CEFACT
United Nations Center For Trade Facilitation and E-Business; UN-
Gremium zum Erlass von Normen für den ▷webbasierten Handel,
z. B. ▷ebXML

UN/EDIFACT
ISO 9735; United Nations/Electronic Data Interchange For Administration, Commerce and Transportation; Sammlung von Normen und vorgefertigten elektronischen Dokumenten bzw. Formularen für den Austausch weiter verarbeitbarer, geschäftlicher Daten
auf der Basis von ▷X.400 mit Anwendungen z. B. in der Waren-
logistik

unär
Siehe unter ▷monadisch bzw. auch ▷Operator

unattended
Nicht betreut, beaufsichtigt; verwendet für Vorgänge, die keinerlei menschlicher Ein- oder Mitwirkung bedürfen

Unboxing
Aus einem ▷Referenztypen einen ▷Werttypen erzeugen; Gegenteil: ▷Boxing

UNC
Universal Naming Conventions; von ▷Windows unterstützte Standards für die Vergabe von ▷Dateinamen zum systemübergreifenden ▷Zugriff im ▷DNS-Namensystem

Underline, Underscore
Eines_jener_informatikspezifischen_Sonderzeichen;   gelegentlich „Bodenstrich" genannt

undo
Rückgängig machen; ▷Kommando oder ▷Funktion zur Retablierung des Zustandes vor einer oder mehreren unerwünschten, ▷fehlerhaften ▷Manipulation(en), z. B. einer ▷Transaktion

Ungarische Methode
1. in der ▷Datenbank- und ▷Programmentwicklung: Empfehlung für eine ▷Namenskonvention bei ▷Variablen, ▷Tabellen, ▷Abfragen usw.; genannt: Hungarian; ursprünglich war gemeint, dass in einem Variablennamen der Kontext ausgedrückt werden soll (z. B. cl für Column oder rw für Row, us für unsicher), zwecks Klarheit des ▷Codierens; daraus wurde dann der Tipp, alle ▷Integer mit „i" zu markieren usw., was zu Schwierigkeiten in den Codeänderungen führt; die U.M. ist innerhalb dieser Meinungen umstritten und möglicherweise verkannt; 2. in der linearen ▷Optimierung: Methode zur Lösung von Zuordnungsproblemen; je benannt nach der Nationalität ihrer Erfinder

Unibus
Pauschale Bezeichnung für den ▷Systembus in ▷Mehrprozessor-Systemen

Unicast
In der Daten- und Telekommunikation: ein ▷Nachrichtenversand als Punkt-zu-Punkt-Verbindung; siehe auch ▷Anycast, ▷Broadcast, ▷Multicast, ▷Narrowcast, ▷Pointcast

Unicode
Gewaltiges und globales, linguistisches Projekt, das sämtliche ▷Zeichen sämtlicher lebenden und toten ▷natürlichen Sprachen in einen einzigen Zeichensatz abbildet und damit letztlich der ▷Kommunikation zwischen Menschen und Geräten dient: „U. gibt jedem Zeichen seine eigene Nummer, systemunabhängig, programmunabhängig, sprachunabhängig" (www.unicode.org); U. umfasst die singulären und die zusammengesetzten (diakritischen) Zeichen, die Ligaturen (verschmolzene Zeichen) sowie die Ideogramme (Zeichen mit bildhafter Bedeutung); U. definiert erlaubte Folgezeichen, die Leserichtung, die in der betreffenden Kultur geltende ▷Kollation für die Sortierung und das Erscheinungsbild; jedes Zeichen erhält neben der Nummer (Code Point) eine eindeutige Beschreibung; die Zeichen werden in Ebenen (Planes) zu 256 × 256 Codepunkten abgelegt, 17 Ebenen sind bereits definiert, aber nur wenige davon konkret belegt (Unicode 5.2.0, 2009), 65'536 Ebenen sind insgesamt möglich; die Computer-Codierung findet als ▷UTF-8/16/32 statt, siehe dort

UNICS
Uniplexed Information and Computing System/Service; in Anlehnung an das gescheiterte Projekt ▷MULTICS durch Brian Kernighan scherzhaft vergebener, erster spontaner Name für das ▷Betriebssystem, das Ken Thompson auf einer ausrangierten PDP-7 entwickelt hatte und das später dann zu ▷Unix wurde

unidirektional
In eine Richtung weisend (lat.); meist gebraucht für den zu einem
Zeitpunkt bloss in eine Richtung fliessenden Daten- ▷Strom eines
▷Kommunikationssystems; der gegenteilige Begriff ▷bidirektional
wird in mehr Fachgebieten, z. B. auch in der ▷Druckertechnik,
verwendet

Unified Messaging Service
▷Plattform für den Zusammenzug und die vereinheitlichte Darstellung von elektronischen Meldungen aller Art; UMS wird von diversen Internet Service Providern angeboten

UNION, union
Vereinigung (lat.), Vereinigungsmenge; 1. Zusammenzug mehrerer
im ▷Degree und in den ▷Datentypen der ▷Attribute kompatibler
▷Relationen; ▷Schlüsselwort dazu in ▷SQL; siehe auch ▷DIFFE-
RENCE und ▷INTERSECT; 2. besondere Art der ▷Struktur (▷Da-
tensatz) in ▷C/C++, welche von mehreren ▷deklarierten ▷Mem-
bers nur einen ▷persistent hält; so lassen sich Integer und Float
nebeneinander deklarieren, aber die Anwendung wird sich zur
Laufzeit dann für eines entscheiden und die ganze U. so interpretieren; leicht verwandt mit ▷generisch

unique
Einmalig (lat.), ▷identifizierend, also nicht mehrfach vorkommend,
z.B. bei ▷Schlüsselkandidaten; in ▷SQL eine entsprechende ▷Klausel

Unit
Einheit; z. B. eine isolierte ▷Programmeinheit, ein ▷Modul oder
eine ▷Geräteeinheit

Unit Testing
Testen von kleinen Ausschnitten eines ▷Projekts; das U.T. kenn-
zeichnet eine evolutionäre, iterative Programmierung; siehe auch
▷RAD, ▷Prototyping und ▷Extreme Programming

UnitedLinux

Initiative aus dem Jahre 2002 der ▷Linux- ▷Distributoren Caldera, Connectiva, SuSE und TurboLinux (aber ohne Red Hat) für eine Vereinheitlichung von Linux; www.unitedlinux.com: „We believe that the mission of UnitedLinux has been accomplished."

Universum

Das Allumfassende, das Weltall (lat.); Menge aller Werte, die ein ▷Schlüssel theoretisch einnehmen kann; auch ▷Domäne oder ▷Schlüsselraum

Unix

Netzwerkfähiges Standard- ▷Betriebssystem; ▷Multi User- und ▷Multi Tasking/Threading fähig; U. entstand 1969/70 in den ▷Bell Laboratorien von AT&T auf einer ▷PDP-7 mit den Zielen der Dialogfähigkeit und der Hardwareunabhängigkeit; Ende der 1980er Jahre existierten viele Lizenzausgaben von U. (▷Derivate, ▷Distributionen), am bekanntesten: System V (AT&T), ▷BSD (Berkeley System Distribution) und ▷OSF (Open Software Foundation); später gelangten die Lizenzrechte an U. zu AT&T zurück, dann zu ▷Novell, dann zu Santa Cruz Operation (SCO); seit Februar 1994 ist es eine bei ▷The Open Group eingetragene Marke; in den letzten Jahren ein gewaltiger juristische Hickhack zwischen diversen Gruppen und Unternehmungen wegen der Rechte am geistigen Eigentum, am Quellcode usw.; www.unix.org

Unix International

Konsortium diverser Hersteller zur Vereinheitlichung von ▷Unix System V; gegründet als Konkurrenz zur ▷Open Software Foundation (siehe dort); federführend waren AT&T sowie ▷Sun Microsystems

Unixware

Endbenutzerversion von ▷Unix aus dem Hause ▷Novell, weiterentwickelt durch Santa Cruz Operation als SCO Unixware

unknown

Unbekannt; (dritter) Wahrheitswert für ▷NULL-Marken: weder wahr noch falsch, sondern eben unbekannt; ▷NOT(unknown) gibt wiederum unknown; zur Funktionsweise siehe auch: dreiwertige ▷Logik

unsigned (Ganzzahltyp)

Siehe unter ▷vorzeichenlos

Unterabfrage, einfache - und korrelierte -

In ▷SQL gebräuchlicher Begriff, welcher ausdrückt, dass eine ▷SELECT- ▷Abfrage (inneres SELECT) Teil der ▷WHERE-Klausel einer übergeordneten Abfrage (äusseres SELECT) oder von deren ▷Projektion sein kann; wird nicht von allen ▷DBMS beherrscht

Unterbrechung

Durch ein systeminternes oder externes ▷Signal (▷Interrupt Request, IRQ) verursachte Unterbrechung in der ▷sequenziellen ▷Instruktionsverarbeitung des ▷Prozessors; diese geht zur Bearbeitung einer ▷Ausnahmeverarbeitung (auch: ▷Serviceroutine) in den privilegierten Modus über; Beispiele: Signal vom Messgerät an die Daten- ▷Schnittstelle, Signal vom ▷Timer oder von der Tastatur usw.; nach Abschluss der Ausnahmeverarbeitung werden die vordem geretteten Daten retabliert und die Programmbearbeitung mit (genannt: ▷Fault) oder nach (▷Trap) der unterbrochenen Instruktion wieder aufgenommen

Unterbrechung, asynchrone - und synchrone -

Unterbrechung, die unerwartet kommt und von aussen induziert ist (asynchron): ▷Timer oder Mausklick, auch: extern genannt; U., die – im Sinne von „das musste ja so kommen" – beim Programmlauf angefallen ist (synchron): Division durch Null oder ▷Seitenfehler, auch: intern genannt; siehe weitere nachfolgende Stichworte sowie ▷Fault und ▷Trap

Unterbrechung, maskierbare -
Unterbrechung, die gesperrt werden kann, so dass sie bei ihrem Eintreffen nichts bewirkt; Gegenteil: eine nicht m.U. wird folglich immer bearbeitet; z. B. die ▷Paritäts-Prüfung; ein ▷Echtzeitsystem sollte demnach wenige solcher nicht m.U. besitzen, um die wichtigen U. schnell durchzulassen

Unterbrechung, Software-
Durch die ▷Programmierung bewusst provozierte U. als Alternative zum ▷Unterprogramm-Aufruf auf ▷Assembler-Basis; der Vorteil liegt darin, dass der U.- ▷Mechanismus die Massnahmen zur Rettung des ▷Kontextes schon vorsieht, die ansonsten manuell programmiert werden müssten; die U.-Tabelle zu jedem ▷Prozessor hat folglich eine ganze Anzahl frei verwendbarer S.-U. ausgespart

Unterbrechungsanfrage
Bekannt auch als ▷IRQ; Unterbrechungs-Signal an den ▷Prozessor; intern oder synchron: im Rahmen der ▷Befehlsverarbeitung entstanden (Division durch Null); extern oder asynchron: unerwartet erzeugt (Meldung von der Tastatur-Schnittstelle); die Signale zeigen also erst ein Unterbrechungsbegehren an, sie sind nummeriert und mit dieser Nummer werden die zugehörigen Unterbrechungsvektoren in einer Tabelle nachgeschlagen; Autovektoren (besser wäre: Anfragenummern) sind solche, deren Nummer fest mit einem Ereignis (z. B. ▷RESET) gekoppelt ist; die Nummer von Nonautovektoren müssen per ▷Datenbus bestellt werden, sind also auch programmierbar; zu diesen Hardware-Unterbrechungen gesellen sich noch die Software-U.: ihre Nummern sind durch das ▷Betriebssystem oder die Applikation gegeben

Unterbrechungsvektor
In der Regel in der ▷Wortbreite des ▷Adressbusses angelegte Start- ▷Adresse einer ▷Serviceroutine, also ein Softwarezeiger, der angibt, wohin die Instruktionsverarbeitung verzweigen soll, wenn einer Unterbrechungsanfrage stattgegeben wurde

Unterbrechungsvektor, Auto- und Nonauto-

Bei einem Unterbrechungs-Autovektor (gängigere Bezeichnung) geht ein ▷Signal nicht maskierbar direkt auf eine U.-Vektor-Nummer; Nonautovektoren dagegen können auf eine vom Programmierer vergebene Vektoradresse gehen und/oder sind vom ▷Datenbus zu laden

Unterlänge

In der Typografie: jener Teil eines ▷Zeichens, welcher unter die Schreiblinie geschrieben oder gedruckt wird; U. haben z. B. die Buchstaben „g" und „y"

Unterprogramm

Programm (▷Funktion, ▷Modul, ▷Prozedur, ▷Routine usw.), das von einem anderen Programm angesprungen wird in Erwartung der Rückkehr; nach Abarbeitung und ▷Terminierung des U. wird also wieder ins vorherige Programm zurückgesprungen; ein U.-„Aufruf" ist also nicht bloss ein „Ruf", sondern eine Verzweigung des ▷Kontrollflusses mit Notierung der Rücksprungadresse

U

UP()

▷Primitivum zur ▷Inkrementierung eines ▷Semaphors; wird dieses dadurch null, wird ein schlafender ▷Prozess / ▷Thread geweckt; oft auch SIGNAL(); siehe ▷DOWN()

Update

▷Aufdatierung, Aktualisierung, Nachbesserung, auch: Änderung von Produkten; für uns nicht synonym mit ▷Upgrade

Update-in-Place

Rückschreiben einer ▷Seite auf ihren angestammten Platz im ▷Sekundärspeicher ohne Duplizierung, das heisst ohne ▷twin Block-Mechanismus

Upgrade
Ausbau, Erweiterung der Funktionalität von Produkten; für uns nicht synonym mit ▷Update

Uplink
▷Signalversand an einen terrestrischen (Funk-)Empfänger oder gar Satelliten

upload
Siehe unter ▷hochladen

UPN
Umgekehrte Polnische Notation; Tastenfolge in der Eingabe mathematischer Ausdrücke, bei welcher zuerst die ▷Operanden und dann die ▷Operationen, die Verknüpfungen eingegeben werden – also postorder ▷traversierend; UPN wird u. a. auf einigen Taschenrechnern von ▷Hewlett-Packard oder in der Programmiersprache ▷FORTH verwendet; UPN macht Rechenoperationen sehr transparent und spart desto mehr Manipulationen, je komplexer die Ausdrücke sind – ist anfänglich aber gewöhnungsbedürftig; UPN ist auf einen ▷Stack-Speicher zur Zwischenlagerung angewiesen

UPnP
Universal Plug and Play; automatische Identifikation von Geräten, welche neu an ein ▷LAN angeschlossen werden und über den ▷TCP/IP Protokollstapel angesteuert werden können; also ▷PnP fürs LAN; www.upnp.org

UPPER(string)
▷Funktion in vielen Programmier- und Datenbanksprachen zur Umwandlung sämtlicher ▷Zeichen des ▷Arguments ▷string in ▷Majuskeln; Gegenteil: ▷LOWER

UPS
Uninterruptable Power Supply; siehe unter ▷USV

Upsizing

Die zu ▷Downsizing genau gegenläufige Entwicklung: durch das Wachstum der betrieblichen ▷IT notwendig gewordene Einbindung von ▷IDV-Applikationen in grössere Datenverarbeitungssysteme mittels Anpassung oder Neuentwicklung

Upstream

Datenstrom vom Anwender weg zum ▷Knoten oder Anbieter; meist das Mass für die Transfergeschwindigkeit in diese Richtung; siehe auch ▷Downstream; begrifflich nahe bei, aber nicht identisch mit ▷Uplink

Uptime

Relatives Mass für die Zeit, während welcher eine zentrale ▷Ressource, z. B. der ▷Server, ▷verfügbar ist/war/sein sollte; die Masszahlen reichen von 90 % bis 99.999 % die „five nines"; in vielen Geräten ist die Laufzeit seit dem letzten ▷Kaltstart die U.

U

Ureingabeprogramm

Allererstes ▷Programm, welches aktiv wird; initiiert den ▷POST und startet den ▷ROM residenten ▷Urlader

Urheberrecht

Gesetzliches Regelwerk rund um das geistige Eigentum an einem Werk; ein Werk ist ein Produkt geistiger Schöpfungskraft; ein Computer-Programm ist ein Werk; das geistige Eigentum an einem Werk gehört immer einer natürlichen Person, anfänglich also dessen Urheber; es kann abgetreten werden

URI

Uniform Resource Identifier, der; strukturierte Identifikation von Ressourcen aller Art wie ▷Diensten, Dienstleistern oder ▷Dokumenten im ▷TCP/IP-Netz; Obermenge des ▷URL, welcher im ▷Web zum Zug kommt; ▷RFC 2396

URL

Uniform Resource Locator, der; „describes the syntax and semantics for a compact string representation for a resource available via the Internet" (Tim ▷Berners-Lee, 1995 in ▷RFC 1738); der URL hat folgenden Aufbau: zugriffsdienst://[bereich.]domäne [:port]/verzeichnis(se)/dateiname und hält sich in der Schreibweise an ▷Unix-Konventionen; http://www.springer.com/chl/home/ authors/index.html ist ein solcher URL, er findet via ▷DNS-Übersetzung den zugeordneten ▷Server im Internet und erschliesst die dortigen ▷Ressourcen; mit dem URL schaltet sich der ▷Surfer zum Anbieter durch; in den URL können ferner noch ▷ID, ▷Passwort (z. B. für ▷FTP-Adressen) und ▷Parameter für dynamische ▷Web-Präsentationen eingebaut werden

URL Hijacker

Siehe unter ▷Cyber Squatter

Urlader

▷Programm, welches auf einem ▷ROM residiert und das ▷Betriebssystem oder die ▷Applikation lädt

US

▷ASCII-Zeichen 1F(H) (31): Unit Separator; Trennung einer ▷Dateneinheit

Usability

Brauchbarkeit; Benutzungsfreundlichkeit, in der ▷Systementwicklung z. B. ausgedrückt als Aufwand zur Benutzung eines Systems: Einarbeitung, Bearbeitung, Arbeitsvor- und -nachbereitung

USB

Universal Serial Bus; Schutzmarke; standardisiertes, serielles ▷Buskonzept eines Firmenkonsortiums als Alternative zu ▷RS-232C/D und (wenigstens in der ursprünglichen Absicht) zu ▷SCSI; Übertragungsrate 12 Mbps synchron oder asynchron an bis zu 127 externe, sternförmig zugekoppelte ▷Peripheriegeräte mit ▷plug and play-Fähigkeit sowie ▷Hotplugging; zentrale Steuerung und ▷Polling durch ein Gerät; zwei Steckertypen: Typ A für die Peripherie, Typ B für den Computer oder den USB ▷Hub; drei Steckergrössen: normal, Mini-USB und Mikro-USB für Handys, Kameras usw.; die Schnittstelle gewährleistet (in bestimmten Grenzen) auch die Energieversorgung der Peripherie; in ▷Windows seit Version 98 unterstützt, in Linux seit Kernel 2.6 stabil; Version 2.0 (High-Speed) ab Herbst 2000 mit 480 Mbps, Version 3.0 (Super-Speed) ab 2009 mit über 5 Gbps, mit einer besseren Energieversorgung der Peripheriegeräte und neuen, rückwärts-kompatiblen Steckverbindungen; siehe auch Konkurrenzstandard ▷IEEE 1394

USB OTG
On The Go; direkte Verkabelung zweier Endgeräte über USB, also z. B. Handy mit Handy

Use Case
Anwendungsfall, evtl. Geschäfts(vor)fall; als U.C. Method eine ▷Methode, um in der ▷Analyse Anwendungsfälle zu identifizieren, indem man ▷abstrakten, so genannten Aktoren (Menschen, Systeme) Handlungen zuweist; diese Methode ist heute Bestandteil von ▷UML

Usenet
Bereich „news" im ▷Internet, so genannte ▷Foren, wo sich Anwendende treffen und untereinander elektronische Post, ▷hierarchisch gruppiert zu bestimmten Sachthemen, austauschen; die Aktivität in diesem Bereich ist so gross, dass sich hier Nachrichten oft schneller verbreiten als über die Kanäle der Nachrichtenagenturen

User
Benutzerin, Anwender, Bediener (lat.)

User Access Contol
Pauschal für ▷Konten-, Benutzer- und ▷Zugriffsverwaltung

User Interface Friction
Lücke zwischen den menschlichen Arbeitsflüssen und der Art und Weise, wie diese durch eine ▷Benutzungsoberfläche gestützt oder gehemmt werden; der Begriff wurde 2005 durch eine Forschungsarbeit von Pfeiffer Consulting eingeführt; Letztere bieten auch eine entsprechende Metrik an; http://pfeifferreport.com

USIM
Universal Subscriber Identity Module; Erweiterung des ▷SIM für ▷UMTS, also die 3. Generation der ▷Mobiltelefonie

using
Verwendend; im ▷Entwurf oder ▷Code zum Ausdruck kommende Inanspruchnahme der Funktionalitäten einer anderen ▷Klasse oder ▷Entitätsmenge, die dann meist automatisch eingebunden wird und zur Verfügung steht; eine Art Quergriff

usr
▷Verzeichnis-Klassiker in ▷Unix / ▷Linux: wäre intuitiv zu interpretieren als ▷User; meint indessen: ▷Unix System Resources – und ist somit sogar ein Verzeichnis, von welchem viele „User" gar besser die Finger liessen …

USV
Unterbrechungsfreie Stromversorgung; Sicherheitsnetzteil, evtl. mit Spannungsfiltern, das auf Versorgungsunterbrechungen reagiert: durch sofortiges Zuschalten einer Notstromgruppe und/oder durch Benachrichtigung von Servern, damit diese z.B. geordnet ▷herunterfahren; in jedem Fall überbrückt die U. den Spannungsausfall kurzzeitig mittels ▷Akku

UTC

Bei ▷ISO: Coordinated Universal Time (tatsächlich nicht: CUT): eine 24-Stunden-Form von ▷GMT wie es z. B. das Navigationssystem ▷GPS braucht

UTF-8

Unicode Transformation Format-8; eine der möglichen Computer-Codierungen von ▷Unicode; UTF-8 stellt den ganzen (!) Unicode dar, ist jedoch optimiert für die ersten 256 ▷Zeichen, also den erweiterten ▷ASCII; höher nummerierte Zeichen werden komplex auf 2 bis 4 so genannte „Oktette", also ▷Bytes, erweitert; Vorteil: wenig Speicherbedarf, Nachteil: viel Aufwand für Zeichen ab Nummer 256; UTF-8 muss gemäss ▷IETF und ▷IANA durch alle Internet-relevanten ▷Protokolle unterstützt werden

UTF-16

U

Universal Multiple-Octet Coded Character Set (UCS) Transformation Format-16; eine der möglichen Computer-Codierungen von ▷Unicode; UTF-16 stellt den ganzen (!) Unicode dar, ist jedoch optimiert für die ersten 65'536 ▷Zeichen, also die so genannte Basic Multilingual Plane (BMP); höher nummerierte Zeichen werden komplex auf drei oder vier so genannte „Oktette", also ▷Bytes erweitert; Vorteil: alle lebenden Sprachen werden direkt abgebildet, Nachteil: Aufwand für Zeichen ab Nummer 65'536

UTF-32

Unicode Transformation Format-32; eine der möglichen Computer-Codierungen von ▷Unicode; UTF-32 stellt den ganzen Unicode direkt als 32-Bit-Wort dar; Vorteil: kein Umrechungsaufwand; Nachteil: viel Speicherbedarf; es gibt noch keine relevanten Implementationen von UTF-32

Utility

Nützlichkeit; ▷Dienstprogramm

UTP
Unshielded Twisted Pair; ▷verdrilltes Niederfrequenz-Kupferkabel als ▷Signalleiter ohne ▷Abschirmung der Aderpaare, Gesamt-Abschirmung möglich; Unterteilung in ▷Kategorien, siehe dort für Details; ▷Impedanz 100 Ohm

UUCP
Unix to ▷Unix copy program; ▷Protokoll und Programm von 1977 aus den ▷Bell Labs zum Versenden von ▷Dateien über eine ▷serielle Verbindung, später das TCP/IP-Netzwerk; da dieses und das Internet im Ursprung ein textbasiertes 7-Bit-Medium sind, werden ▷Binärdaten, z. B. ein Kalkulationsblatt, häufig für U. codiert und dann als Folge von ▷ASCII-Zeichen einem elektronischen Brief angehängt; dazu wird ein ▷UUencoder bzw. -decoder am Empfangsort benötigt, um die Binärdaten aus dem Text herauszuschälen; U. wurde ferner (1979 an der University of North Carolina) zum Versenden von Textnachrichten ausgebaut; daraus entwickelte sich das ▷Usenet; U. hat sich durch ▷MIME weitgehend erübrigt

U

UUEncode, UUDecode
Aus der ▷Unix-Welt stammendes Programm zur Konversion von ▷Binärdateien in ▷ASCII-Text (!) zwecks Transport via ▷UUCP als Teil einer normalen 7-Bit- ▷Textdatei

UUID
Universal(ly) Unique Identifier; Spezifikation gemäss ▷Distributed Computing Environment der ▷Open Software Foundation für eine weltweit einmalige, 16 Bytes lange ▷Identifikation einer Programmkomponente, wie sie z. B. eine Prozedurbeschreibung in der ▷IDL-Datei bei ▷RPC oder ein ▷Webdienst für die ▷UDDI-Identifikation brauchen, damit sie von allen denkbaren ▷Clients auf genau einem ▷Server lokalisiert werden können; als Berechnungsbasis dient die ID der ▷Netzwerkkarte, die ebenfalls einmalig ist; siehe auch ▷GUID für ▷DCOM

UVGA

Ultra ▷VGA; Grafikmodus für PC-Bildschirme, typischerweise 1'024 × 768 ▷Punkte und 256 Farben auf ▷analogem Bildschirm; die ▷VESA-Standards UVGA-1 und UVGA-2 unterscheiden sich in der ▷Bildwiederhol- und ▷Zeilenfrequenz; UVGA-3 löst mit 1'280 × 960 Punkten auf

UWB

Siehe unter ▷Ultra-Wideband

UWXGA

Ultra Wide ▷XGA, nicht identisch mit ▷WUXGA; ▷Grafikmodus für PC-Bildschirme, 1'600 × 768 Punkte

UXGA

Ultra ▷XGA; ▷Grafikmodus für PC-Bildschirme, 1'600 x 1'200 ▷Punkte, 4:3; auch bekannt als ▷Vesa 1600

U

V

V.110

Norm der ▷ITU-T zur Geschwindigkeitsanpassung in ▷ISDN; das ▷Protokoll erlaubt dem ▷TA die Anbindung von digitalen Geräten mit niedriger Transferrate, z. B. einer seriellen Schnittstelle im PC oder einer ▷GSM-Schnittstelle; die variable Transferrate beträgt zwischen 50 bps und 19.2 kbps; die Adaption geschieht in zwei Schritten: a) ▷Synchronisierung, b) Anpassung der Geschwindigkeit an ein Vielfaches von 16 kbps; Standard in allen gängigen ISDN- ▷Modems

V.120

Norm der ▷ITU-T zur Geschwindigkeitsanpassung in ▷ISDN; als Erweiterung zum Standard ▷V.110 erlaubt das ▷Protokoll die Bündelung mehrerer ▷Kanäle mit niedriger Geschwindigkeit auf einem ▷B-Kanal samt ▷Fehlererkennung und ▷Fehlerkorrektur; Standard in allen gängigen ISDN- ▷Modems

V.17

Norm der ▷ITU-T für ▷Telefax- ▷Modems bis 14'400 bps mit ▷Fall back auf 12'000/9'600 oder 7'200 bps

V.24

Norm der ▷ITU-T für die Funktion der ▷Signale in der klassischen ▷seriellen ▷Schnittstelle; in allen wesentlichen Punkten entsprechend ▷RS-232C/D; ▷DIN 66020, Teil 1; siehe auch ▷V.28 (elektrische Eigenschaften)

V.28
Norm der ▷ITU-T für die ▷Signalpegel und Signalformen in der ▷Schnittstelle ▷V.24, also für deren elektrische Eigenschaften

V.34
Norm der ▷ITU-T für ▷Modems bis 33'600 bps in voll ▷Duplex sowie ▷Fall Back

V.34+
Norm der ▷ITU-T für ▷Modems bis 33'600 bps bei 3'429 ▷Baud in voll ▷Duplex sowie ▷Fall back und ▷Fall forward; angeregt durch die Firma U.S. Robotics im Frühjahr 1996

V.34bis
Norm der ▷ITU-T für ▷Modems bis 32'800 bps in voll ▷Duplex sowie ▷Fall back

V.38
Norm der ▷ITU-T für ▷digitale ▷Modems bis 64 kbps digital, aber getrennt von ▷ISDN

V

V.90
Von der ▷ITU-T im Februar 1998 erlassene Norm für ▷analoge ▷Modems, die Daten mit 56 kbps herunterladen bzw. mit 33.6 kbps versenden können, untereinander aber eine Leitung nach ▷V.34 aufbauen; Nachfolger der zum Teil ▷proprietären ▷X2 und K56flex

V.92
Norm der ▷ITU-T für ▷analoge ▷Modems auf der Basis von ▷V.90 mit folgenden Neuerungen: 48 kbps für ▷Upload und 56 kbps für ▷Download; „on hold" Funktion zur Verzahnung des ▷Datenversands mit Telefongesprächen

V.Fast Class, V.FC
Lange Zeit provisorische „Norm" für ▷Modems bis 28.8 kbps mit ▷Fall back und Daten- ▷Komprimierung; weil die ▷ITU-T sich für die ▷Normierung Zeit liess, schossen um 1994 diverse ▷proprietäre Standards ins Kraut; die ITU-T-Norm heisst ▷V.34

V.nn
▷Schnittstellenkonzepte und ▷Transfer- ▷Normen von ▷ITU-T in der ▷Dfü über Fernsprechnetze

V.pcm
Eine der vielen Spezifikationen, welche ein Firmenkonsortium der ▷ITU-T zur Normierung von 56 kbps- ▷Modems 1998 vorgeschlagen hat; siehe auch K56Flex und ▷X2; von der ITU-T im Februar 1998 dann übernommen als ▷V.90

valid Bit, - flag
Gültig (lat.); Daten im ▷Cache werden nicht gelöscht, sie veralten; das v.B. ist nun ein jedem Datum im Cache zur Seite stehendes ▷Bit, das angibt, ob das betreffende Cache-Datum noch ein Äquivalent im ▷Arbeitsspeicher hat; dieses Äquivalent kann z. B. durch ▷Seitenwechsel überschrieben worden sein; ein „invalides" Datum im Cache darf nicht mehr verwendet werden und wird deshalb sehr schnell wegen Überalterung ersetzt; siehe auch ▷Dirty

valid, valide, Validierung
Gültig, Gültigkeit; für die spezifische Bedeutung in der Informatik (z. B. in ▷XML): siehe unter ▷gültig

Value Added Network
Mehrwert- ▷Netzwerk; meist internationale und private Netzwerk- ▷Dienstleistung auf der Basis eines öffentlichen Kommunikations- ▷Netzes als Signalvermittler; das ▷Web kann als VAN des Internets angesehen werden; unterscheide ▷Dienst und ▷Netz

Value Added Reseller

Mehrwert-Wiederverkäufer, VAR; aus der Sicht des Herstellers ein Unterproduzent, der dessen (u. U. serienmässiges) Produkt veredelt

VAN

Siehe unter ▷Value Added Network

Vaporware

Dampfware; die Ankündigung eines Produkts lange, sehr lange oder noch länger vor dessen Erscheinen lässt das Produkt im Volksmund zur V. verkommen; einen der historisch grössten Nebel verursachte demnach ▷dBASE für Windows, dicht gefolgt von ▷Tesa ROM oder ▷Windows Vista sowie vielen anderen; der Begriff ist nicht an die Tatsache gekoppelt, dass sich der Dampf oft ganz und gar verflüchtigt

VAR

Siehe unter ▷Value Added Reseller

varchar, varchar2

Varying ▷Character; ▷Datentyp ▷char (siehe dort für Aussprache) in ▷SQL, welcher genau in der vom ▷Attributswert beanspruchten ▷Wortbreite, also mit variabler Länge gespeichert wird; Vorteil: flexibler Speicherbedarf, Nachteil: Zeit für die Anpassung; v.2 verhält sich gleich wie v.; v.2 wurde von Oracle als Platzhalter für eine zukünftige Definition eingeführt, weil die Norm SQL 92 damals noch nicht fertig war (SQL 1 resp. SQL 98 kennt kein v.); v.2 würde sich auch durch Fertigstellung der Norm nicht ändern, so dass die Programmierer nicht zu Codeanpassungen gezwungen würden

Variable

Veränderliche (lat.); ein ▷Bezeichner mit einem bestimmten ▷Datentyp und sich erst im Programmlauf ergebendem, veränderlichem Wert; V. erhalten konkreten Speicherplatz durch die ▷Definition, sie können zur blossen Namenseinführung in vielen Sprachen auch nur ▷deklariert werden; in vielen Programmiersprachen sind Definition oder Deklaration nur in ▷Deklarationsbereichen möglich; ▷Initialisierung ist die erstmalige Belegung der V. für einen wohldefinierten Anfangszustand (beachte z. B. ▷Korrektheitsbeweis); eine ▷globale V. ist im ganzen Programm ▷gültig, eine ▷lokale V. hingegen nur in einem Teilbereich, z. B. in einer ▷Prozedur; eine ▷dynamische V. entsteht erst im Programmlauf

Variable, Instanz- oder Objekt-
Variable, welche zu einem ▷Objekt, also einer ▷Instanz gehört und eine nur für dieses Objekt gültige Belegung besitzt

Variable, Klassen-
Variable, die im Speicher nur ein Mal und permanent existiert, also auch dann, wenn es keine Instanzen der Klasse gibt; alle allfälligen Instanzen der Klasse greifen auf dieselbe eine Variable zu; K. werden über den Klassennamen adressiert: Math.PI oder Math::PI; vergleiche hierzu ▷Bereichsoperator; K. werden meist mittels ▷static erzeugt

Variable, Umgebungs-
Variable, die das Verhalten des ▷Betriebssystems oder einer ▷Anwendung dem Anwender oder der ▷Peripherie gegenüber beeinflusst; die Zuweisung benutzt oft das ▷Kommando ▷SET (▷MS-DOS, ▷Linux)

Vault
Gewölbe, Tresorraum; sicherer Ort der Langzeit- ▷Archivierung von ganzen Datenbeständen – dies im Unterschied zum ▷Journal oder ▷Log

VB, VBA
Siehe unter ▷Visual BASIC (for Applications)

VBN

Visitor Based Network; Netzwerk-Infrastruktur mit starker Benutzung durch mobile Anwender (mobile Workers) von zu Hause, aus
dem Hotel, von der Baustelle usw.; VBNs verlangen deshalb besondere ▷Zugriffssicherungen sowie Flexibilität in der ▷Signalver-
teilung

VBScript

Konkurrenzsprache zu ▷JavaScript aus dem Hause ▷Microsoft;
also eine – meist aber nicht zwingend – in ▷HTML ▷eingebettete
▷Skriptsprache; mit ▷.NET in ▷VB.NET integriert

VDF

Verband der Datenverarbeitungs-Fachleute, private Vereinigung in
der Schweiz mit sehr guten Publikationen in Sachen ▷IT

VDSL

Very high DSL; ▷DSL- ▷Dienst mit 13 bis 52 Mbps ▷Downstream
und 1.5 bis 2.5 Mbps ▷Upstream bei einer Bandbreite von 30 MHz
durch eine 300 bis 1'500 m lange Kupfer-Doppelader

V

Vektor

1. in der Physik, Geometrie: eine ▷Translation, die von einem
Punkt A zum Punkt B überführt; auch: Element eines Vektorraums;
symbolisiert als Pfeil; 2. in der linearen Algebra: n- ▷Tupel von
Zahlen bzw. ▷Matrix mit bloss einer Zeile bzw. Spalte; 3. eindimensionales ▷Bitfeld oder Datenfeld; 4. ▷Grafikelement, welches mit
den ▷Koordinaten der ▷Führungspunkte und gestalterischen Parametern gespeichert ist und deshalb gut geometrisch manipuliert
werden kann (verschieben, strecken, stauchen, spiegeln usw.);
5. oft als „YXDraw" oder „DrawXY" benannte Grafik-Program-
me, die ihre Objekte gemäss vorheriger Definition ablegen; auch
▷CAD-Programme sind Generatoren für V.-Grafik; siehe im Gegensatz dazu ▷Bitmap; 6. siehe ferner: ▷Unterbrechungsv. und
▷Initialisierungsv.

verbindungslos, -orientiert

Eine ▷Kommunikation ist dann v.l., wenn die kommunizierenden Partner zwar voneinander wissen, sie aber über einen zentralen Umschlagplatz (z. B. ▷Web) entkoppelt verbunden sind; einige ▷Protokolle der Transport- ▷Schicht (▷UDP, ▷OSI-Schicht 4) sowie fast alle Protokolle der Netzwerkschicht (▷IP, 3) sind v.l., ausgetauscht werden so genannte ▷Datengramme; eine Kommunikation ist dann v.o., wenn die Gesprächspartner eine Verbindung aufgebaut, einander begrüsst und Sende-/Empfangsbereitschaft hergestellt haben; sie bedingt einen ▷physikalischen (▷Mietleitung) oder mindestens ▷logischen (▷X.25) ▷Kanal; die Protokolle der Transportschicht (wie z. B. ▷TCP) stellen in der Regel eine solche Kommunikation her, der Informationsaustausch ist meist ein Daten- ▷Strom

verbose

Wortreich, redselig; meist als ▷Schalter realisierter Einstell- ▷Parameter zur Wiedergabe von ▷Echos, ▷Fehlermeldungen, ▷Hilfen usw. in einer mehr oder weniger wortreichen Form

Verbund

1. ▷Datenstruktur, die ▷Komponenten verschiedenen ▷Datentyps einbinden kann (▷Record, ▷Struct); 2. Gesamtheit der Programmschritte bzw. der ▷Anweisungen in einem BEGIN … END- bzw. { … } Block in vielen ▷Programmiersprachen; wird der so verbundene Block von Anweisungen als Gesamtheit betrachtet, spricht man oft von „der" Verbundanweisung; 3. ▷Cluster; 4. ▷Join; 5. ▷Rechnerverbund

Verdrängung

1. bei ▷Prozessen: Änderung des Zustands „rechnend" in den Zustand „bereit"; 2. bei ▷Segmenten oder ▷Seiten: ▷Auslagerung auf die ▷Festplatte

V

verdrillte Leitung

Zwei- bis mehradriges, Nieder- ▷Frequenz- ▷Signalkabel für die
Telefonie oder den ▷Datentransfer mit sechs Windungen pro
▷Zoll; dank entsprechender ▷Codierung als Datenleitung mit bis
zu 1'000 Mbps geeignet; Unterteilung in ▷STP, ▷SSTP, ▷UTP und
▷SUTP; Details siehe dort und unter ▷Kategorie

vererben, Vererbung

1. in der ▷Datei- und ▷Zugriffsadministration: automatische Weitergabe von Eigenschaften, z. B. Rechten für alle einem ▷Objekt untergeordneten Objekte; 2. in der ▷objektorientierten ▷Program-
mierung: Bildung von Unterklassen mit von der übergeordneten
▷Klasse übernommenen ▷Attributen und ▷Methoden, denen dann
noch weitere beigestellt werden; die V. ist damit synonym zur
▷Spezialisierung, von welcher man eher im ▷Datenbankentwurf
spricht, und die Umkehrung der ▷Generalisierung; siehe dort

Vererbung, Code- bzw. Schnittstellen-

Erben von einer ▷Klasse bzw. von einer ▷Schnittstelle

V Vererbung, einfache - und mehrfache -

Einfache: ein Kind- ▷Objekt hat genau ein Elternobjekt und im
mehrstufigen Fall: jedes Objekt in einem Stammbaum hat je genau
ein Vorgängerobjekt (ausser natürlich dem ▷Wurzelobjekt); mehrfache: ein Kindobjekt kann Eigenschaften von mehreren Vorgän-
gerobjekten erben und im mehrstufigen Fall kann es sogar zur
„Heirat unter Verwandten" kommen; die Mehrfachv. ist umstritten
und kann in jedem bisher bekannten Fall durch Einfachv. dargestellt werden; Beispiel eines gefährlichen Designs ist der „Diamond
of Death": Klassen A und B erben je die Klasse Base, C erbt A und
B; nun kann Verwirrung darüber entstehen, ob Base einmal oder
zweimal existiert und welche Version ggf. gültig ist (ambigous)

Verfügbarkeit

1. technische Möglichkeit oder organisatorische Befugnis, auf ▷Datenbestände zugreifen zu können; 2. oft prozentual ausgedrückte Verhältniszahl für die Zeit, in welcher ein ▷System ▷fehlerfrei und produktiv läuft, bezogen auf die ganze Betriebszeit; auch: ▷Uptime; die Masszahlen reichen von 90%, über 99.999% (die „five nines") bis hin zu 99.99999% und werden oft in sieben Klassen eingeteilt, wobei die Klassennummer die Anzahl der Neunen angibt: Klasse 4 ist 99.99%; man lasse sich von den Neunen nicht täuschen: ein Jahr hat 8'760 Stunden, 99% V. heisst ein Ausfall von 88 Stunden, also 3.7 Tage; im Serverkeller z. B. einer SIX Group Ltd ist so etwas vollkommen absurd, siehe deshalb ▷Hochverfügbarkeit; 3. (Termin, Frist für die) Käuflichkeit von Produkten

Verhalten

Summe der Reaktionen eines ▷Objekts nach seinem Aufruf und dem Erhalt der ▷Parameter

Verifikation

Bestätigung, Bewahrheitung (lat.); 1. und allgemein: Vorgang des Überprüfens auf Korrektheit bzw. des Überprüfen-Lassens; 2. in der Algorithmik: mathematisches Modell zur Überprüfung der Korrektheit eines ▷Algorithmus, siehe ▷Korrektheitsbeweis

V

Verilog

▷Hardware-Beschreibungssprache und der einzige ernstzunehmende Konkurrent von ▷VHDL; siehe dort für wichtige Hinweise

Verkabelung, Bedarfs-

Mit der Vernetzung flexibel nach Bedarf wachsende Verkabelung der ▷Netzwerkteilnehmer; daraus kann dann schnell einmal ein Kabelsalat werden …

Verkabelung, primäre -, sekundäre - und tertiäre -

Verkabelung zwischen verschiedenen Stufen von ▷Netzwerk-▷Komponeten: p.v. als Leitung zu und zwischen Gebäuden bzw. zum Rechen- oder Kommunikationszentrum; s.v. auf die Stockwerke (Etagenverteilung) und t.v. zu den Anschlussdosen; entlang der genannten Reihenfolge zunehmend: kumulierte Kabellängen, Steckkontakte und ▷Dämpfung; abnehmend: Kosten pro Laufmeter, Datendurchsatz, Transport- und Abhörsicherheit

Verkabelung, universelle Gebäude-

Multifunktionale, in der Realität aber vorwiegend für ▷digitale Telefonie und ▷Daten vorgesehene, Voll- ▷Verkabelung ganzer Unternehmenskomplexe

Verkabelung, Voll-

Universelle, multifunktionale und ▷hierarchische Verkabelung aller derzeitigen und künftigen ▷Netzwerkteilnehmer im Rahmen von baulichen oder technischen Neu- bzw. Umbauprojekten; ▷physikalisch als universelle Gebäudeverkabelung; siehe weitere Stichworte zur Verkabelung

V

Verklemmung

Zyklische Totalblockade, Dead ▷Lock: eine Menge von ▷Prozessen / ▷Transaktionen befindet sich in einem V.-Zustand, wenn jedes Element auf ein Ereignis wartet, welches nur ein anderes beteiligtes Element auslösen kann; auftretend im Zusammenhang mit der Sperrung (▷Locking) von ▷Betriebsmitteln durch Prozesse oder Transaktionen zwecks deren Bearbeitung: Transaktion A will im Datenbereich X ein ▷Datum ändern und sperrt X; Transaktion B will in Y ändern und sperrt Y; Transaktion A braucht Y und wartet; Transaktion B braucht X und wartet; die beiden Transaktionen sind verklemmt; siehe auch live ▷Lock, ▷Optimismus und ▷Pessimismus

Verknüpfung

Stellvertreter- oder Platzhalter- ▷Datei, wie sie das ▷Mac OS unter dem Namen ▷Alias schon seit System 7.x kannte und wie sie dann auch unter ▷Windows, ab 95 verwirklicht wurde: eine auf die V. bezogene Aktivität wird mit dem wirklichen Objekt ausgeführt – Öffnen, Drucken, Kopieren usw.

Verknüpfung, Exklusions-

Gängiger ist: inner ▷Join

Verknüpfung, Inklusions-

Gängiger ist: outer ▷Join

Verknüpfung, Konklusions-

Gängiger ist: cross ▷Join

verlegen und abonnieren

Ereignis-Streusendung im Sinne von Erich Gamma et al. (Design Patterns, 1995, siehe unter ▷Viererbande): „Definiere eine 1-zu-n-Abhängigkeit zwischen Objekten, so dass die Änderung des Zustandes eines Objekts dazu führt, dass alle abhängigen Objekte benachrichtigt und automatisch aktualisiert werden."

V

Veronica

Very Easy Rodent Oriented Netwide Index to Computerized Archives; Hilfsprogramm, mit welchem sich im Internet der ▷Gopherspace durchsuchen lässt; es wird gebeten, das ▷Akronym auswendig zu lernen ...

Versalie

In der Typografie: Grossbuchstabe

verschlüsseln, Verschlüsselung

▷chiffrieren; siehe die diversen Stichworte unter ▷Krypto...; Gegenteil: entschlüsseln; Englisch: „to encrypt"

Verschnitt

Uneinheitliche Verwendung im Zusammenhang mit der (meist: internen) ▷Fragmentierung (Details siehe dort) meist des ▷Arbeitsspeichers

Versetzung(sverfahren)

In der ▷Kryptografierung: Blockkryptografierung, in welcher die Identität eines Zeichens beibehalten wird, nicht aber seine Position; die V. liefert ein bestimmtes Mass an so genannter ▷Diffusion

versiegeln, Versiegelung

Beerbung unmöglich machen, verhindern; siehe z. B. versiegelte ▷Klasse sowie ▷Vererbung; als seal, sealed, sealing oder final bekannt

Version

Neuauflage; erweiterte und/oder fehlerkorrigierte Überarbeitung von ▷Software (seltener: ▷Hardware), meist ausgedrückt als „V.n.m": n ist die Hauptv. (oft als ▷Release bezeichnet und nicht kompatibel mit früherer Hauptv.) und m die Unterv. (Unterv. sind untereinander meist kompatibel)

Versionsverwaltung

Werkzeug der kollaborativen ▷Softwareentwicklung mit ▷Client/ Server-Struktur, das die Übersicht über Entwicklungsstadien und Autoren von Software erlaubt; Lagerung des ▷Quellcodes auf einem ▷Repository (zentral oder verteilt), paralleles Auschecken, Bearbeiten und Einchecken der Module durch viele Programmierer; bei V. des Typs „Sperren-Ändern-Entsperren" werden Module beim Auschecken gesperrt, dies hat sich als wenig praxistauglich erwiesen, daher ist der Typ „Kopieren-Ändern-Zusammenfassen" heute üblich; hierbei werden beim Einchecken lokale Codeänderungen entweder „committed" oder „gemerged"; commit legt das ganze Modul zurück ins Repository, beim Mergen findet ein zeilenweiser

Abgleich statt (vergleiche ▷diff), so dass kein Sperren nötig ist; ein bedeutsamer Vertreter ist ▷Subversion

Verteiltheit, Verteilung
Geografisches Getrenntsein von miteinander ▷kommunizierenden Systemkomponenten, ▷Objekten, ▷Applikationen usw.; Voraussetzung ist eine vermittelnde ▷Netzwerktechnologie; ein Objekt ist folglich ein verteiltes Objekt, wenn entfernt darauf zugegriffen werden kann

Vertraulichkeit
Geheimniswahrung; für die Informatik siehe unter ▷CIA

Verweis
1. ▷Bezug; 2. Referenz; siehe auch unter Referenz- ▷Datentyp

Verzeichnis
1. Ebene in der ▷hierarchischen Dateistruktur eines ▷Dateisystems: das unterste (je nach Betrachtungsweise: oberste) V. heisst Wurzel-, Haupt- oder Stammv. und enthält einzelne Dateien sowie höher (tiefer) liegende V., diese enthalten wiederum Dateien und weiter verschachtelte V.; so genannt „angemeldete" V. lassen sich wie ▷logische ▷Datenträger adressieren; 2. aus der Sicht des ▷Betriebssystems ist ein V. einfach eine Datei mit speziellen Eigenschaften; 3. ▷Katalog-Suchdienst

Verzeichnis, aktuelles -, Arbeits-
Verzeichnis, in welchem der Anwender derzeit arbeitet; siehe auch ▷PWD

Verzeichnisdienst
Zentrale, einheitliche ▷Datenbank über sämtliche menschlichen und maschinellen ▷Ressourcen einer vernetzten Arbeitsumgebung sowie von ▷Metadaten der ganzen ▷IT einer Unternehmung: Namen, Adressen, Telefonnummern, Geräteparameter, ▷Zugriffs-

rechte, Datenbeschreibungen, Spezifikationen, Routing-Informationen usw.; Ziele eines solchen V. sind u. a. der ▷Single Sign-on, die unternehmensweit zentrale Pflege, die einheitliche Notation, ein vereinheitlichter Workflow, die mobile Datenverarbeitung oder die automatische ▷Konfiguration von Komponenten durch Herauslesen von Informationen aus dem V.

Verzweigung
Stelle der Aufgabelung eines ▷Kontrollflusses in (meist zwei) Teile als Folge einer ▷Entscheidung

VESA
Video Electronics Standards Association; Firmenkonsortium aus Herstellern von ▷Grafik- ▷Hardware; www.vesa.org

VFAT, VFAT 16, VFAT 32
Volume ▷FAT; unter ▷Windows 3.11 (for Workgroups) vollzogene Erweiterung der 16-Bit-FAT auf lange Dateinamen und später auf eine 32-Bit-Verwaltung; die ▷Wortbreite von ▷Dateisystemen bestimmt vor allem die Grösse des verwaltbaren ▷Adressenraumes, gemessen als Anzahl adressierbarer ▷Cluster, und damit indirekt die Anzahl der ▷Dateien; VFAT 32 wird optional auch von Windows 95/98 verwendet und erlaubt lange Dateinamen

VFS
Virtual File System; 1. Sammelbegriff für alle ▷Dateisysteme, deren Präsentation nicht der ▷physikalischen Ablage entspricht, z. B. weil diese ▷verteilt ist; oft also ein Dateisystem im ▷Netzwerk oder ▷Cluster; 2. rein ▷logisches Dateisystem, welches die unterschiedlichsten Dateisystem-Formate in eine einheitliche ▷Struktur bindet und als ▷virtuell zusammengehörenden ▷Baum präsentiert: ▷Linux kann die unterschiedlichsten Dateisysteme (▷ext2, ▷FAT, ▷ISO 9660 und vieles andere mehr) zu einen Baum verhängen

VGA

Video Graphics Array; ▷Grafik-Modus für PC-Bildschirme, typischerweise 640 × 480 ▷Punkte und 16 aus 262'144 Farben auf ▷analog Bildschirm; ▷Zeichenmatrix 9 × 16 Punkte; 64 ▷Graustufen in ▷monochromer Darstellung; nur noch auf Kleinstgeräten aktuell; siehe auch ▷SVGA und ▷UVGA

VHDL

Very High Integrated Circuit Hardware Description Language (kein Witz); vom US Department of Defence (DoD) entwickelte, an ▷Ada angelehnte sowie von ▷IEEE und ▷ANSI ab 1985 normierte ▷Hardware-Beschreibungssprache; solche Sprachen zeichnen sich dadurch aus, dass ▷digitaltechnische Schaltungen nicht mehr mit ▷Schemata, sondern hochsprachlich entworfen und getestet werden; deshalb auch: High Level System Design; man geht davon aus, dass etwa 70% aller digitaltechnischen ▷Entwürfe auf diesem H. basieren; Konkurrenz: Verilog

VHLSI

Very High Large Scale Integration; ▷Chips mit mehr als 1'000'000 Bauteilen

vi

Visual; Standard Zeilen- ▷Editor in ▷Unix / ▷Linux; ein archäologisches Artefakt; vi hat 4 Modi: normaler Modus, Textmodus, Befehlsmodus, visueller Modus; normaler Modus nach dem Programmstart; in den Textmodus mit <i>, <INSERT>, <R>, <a>, <o>, <O>; in den Befehlsmodus mit <:>, :wq! für unbedingtes Speichern und Beenden; Suche in Textmodus mit /Suchbegriff; <n>: weiter suchen, <N>: rückwärts suchen; mit <ESC> Textmodus beenden; also alles ganz einfach …

Video CD

Optischer Bild-Datenträger im ▷physikalischen ▷CompactDisc-Format; präziser unter: ▷DVD

Video Clip
Siehe unter ▷Movie

Video on Demand
Video auf Verlangen; Fernsehen auf Bestellung; eine weitere Ausbaustufe ist das ▷interaktive Fernsehen

Video Processing
Begriff in der Bildverarbeitung, Verarbeitung schwarz-weisser oder
farbiger Filme ab ▷Videokamera, VHS Recorder oder ▷PAL mittels ▷Kleincomputer

Video-
Das Sehen (später: die Bildverarbeitung oder die Gerätschaften der
visuellen Elektronik) betreffend; ▷Hardware, ▷Software, ▷Daten-
typ, ▷Objekt oder Bauteil rund um die visuelle Wahrnehmung und
Verarbeitung zugehöriger Daten

Video-8
Technologie für ▷Streamer-Bänder, welche, ähnlich ▷DAT, nach
dem Schrägspurverfahren (▷Helical Scan) beschrieben werden/
wurden; auch: ▷Exabyte

Video-Schnittstelle
Wenig einheitlich verwendeter Begriff für Daten- ▷Schnittstellen
zwischen Computersystemen und ▷Datensichtgeräten bzw. Appa-
raten der Unterhaltungselektronik

Videotex, Vtx
Deutschland: Bildschirmtext, Btx; ältester und noch heute ange-
botener ▷Online-Dienst der privaten Cablecom AG; Vtx wurde
gemäss internationalen Normen (▷CEPT) durch die damalige PTT
entwickelt und bis Ende 1994 auch von dieser angeboten; Vtx bietet mit halbgrafischer ▷Benutzungsoberfläche und relativ kompli-
zierter Benutzerführung viele Auskunftsdienste (▷elektronisches

Teilnehmerverzeichnis ▷ETV, Fahrpläne), Einkaufsmöglichkeiten, ▷E-Mailing, ▷Chatting und das ▷Telebanking; seit Frühjahr 1996 wird auch ein ▷Internet-Zugang zum Ortstarif gewährleistet; die Hochblüte von Vtx ist längst vorbei

Videotext
Siehe unter ▷Teletext

Vierdraht-
▷Physikalische Ausgestaltung der Telefon- ▷Mietleitung mit den ▷Datenleitern a und b sowie zwei Leitern zur ▷Synchronisation; siehe auch ▷Zweidraht-; meist also ein Wortbestandteil

Viererbande
(In der Informatik das) Autorenkollektiv Erich Gamma, Richard Helm, Ralph Johnson und John Vlissides, die 1995 das Buch „Design Patterns – Elements of Reusable Object-Oriented Software" verfassten, das Kultstatus erlangte, von Lesern zu Hunderttausenden gekauft und von einigen sogar verstanden wurde; siehe auch ▷Tres Amigos

V

View
▷Sicht; siehe dort auch für Spezifalformen

View Port
In der grafischen ▷Datenverarbeitung: sichtbarer bzw. dargestellter Bereich, meist: Viewport

VIM
1. Vendor Independent Messaging Interface; herstellerunabhängiges ▷Format für elektronische Post durch ▷Lotus, Borland und ▷Novell; siehe auch ▷OMI und ▷MAPI; 2. erweiterte Variante von ▷vi und wird in ▷Linux stattdessen verwendet

Vines
▷Netzwerk- ▷Betriebssystem der Firma Banyan; nur noch selten

virtual Disk
1. technisches Konzept in ▷RAID für die Ablage riesiger ▷Daten-
mengen: die ▷Speicherinhalte präsentieren sich dem ▷Dateisystem
sauber in ▷Spuren und ▷Sektoren geordnet, in Wahrheit liegen sie
indessen völlig „chaotisch" verteilt über alle beteiligten ▷Platten
vor; verkettete ▷Listen im ▷Controller geben Aufschluss über die
Verkettung der ▷Blöcke; deshalb auch: Log structured File Organisation; lediglich diese Listen werden dupliziert; die physikalische
Duplizierung der Daten selbst hat mit dem Konzept v.D. nichts zu
tun, sie bleibt der ▷RAID- ▷Hardware überlassen; 2. gelegentlich
gebraucht für ▷RAM Disk

Virtual Private Network
VPN; durch strenge ▷Authentisierung, ▷Autorisierung und ▷Ver-
schlüsselung gesicherte und deshalb vertrauliche Koppelung zweier
geschlossener ▷Netzwerke über eine öffentliche und unsichere
Netzwerkinfrastruktur; Beispiel: für ein gesichertes ▷Extranet werden VPN benötigt; siehe auch ▷Tunnelung

V

Virtual Tape Library
Siehe unter ▷Virtualisierung

Virtualisierung
Betreiben von ▷Systemkomponenten in einer abstrakten, meist
von ihren konkreten Basisgeräten abgehobenen Umgebung; Beispiele: Betriebssystem-V.: Betreiben eines (oder mehrerer) Gast-Be-
triebssysteme auf einem ihnen die Hardware ▷emulierenden Gast-
geber-Betriebssystem; Speicher-V. (▷Storage-V.): Verteilung eines
Dateisystems auf mehrere physikalische ▷Laufwerke mit u. U. dynamischer ▷Skalierbarkeit; ▷Backup-, Band- oder Tape-V.: Schreiben der ▷Backups auf Festplatten statt Bändern, aber unter Benutzung der bestehenden Backup-Infrastruktur, z. B. Backup-Software

virtuell, virtual

Möglich (lat.), scheinbar, nicht tatsächlich vorhanden; leider wird auch der Begriff nur „virtuell einheitlich" gebraucht ...; 1. v. Hardware: ▷Hardware-Einheit, welche durch ▷Emulation „entsteht"; 2. v. Speicher I: vom ▷RAM in den ▷Plattenspeicher ausgelagerter Speicherbereich (siehe dazu: v. Speicher und ▷Swapping); 3. v. Speicher II: vom Plattenspeicher ins RAM eingelagert (häufig bei portablen Mikrocomputern; siehe dazu ▷RAM Disk und Memory ▷Mapping); 4. bei ▷Betriebssystemen: Verwaltung mehrerer, gegenseitig abgeschirmter ▷logischer, eben „v. Maschinen" in einer ▷physikalischen (siehe dazu ▷Virtualisierung); 5. bei ▷Adressenräumen: logischer Adressenraum mit dem vollen Adressierungsvolumen gemäss Breite des ▷Adressbusses (siehe dazu v. ▷Speicherverwaltung); 6. durch ▷Software von den Gegebenheiten der Hardware abstrahiert, Beispiel: eine durch ▷TCP aufgebaute Verbindung ist v., weil sie durch Software hergestellt wird; man konsultiere die Querverweise

virtuelle Maschine

Abstraktion eines ganzen, ▷logischen Computers durch a) eine ▷Schicht eines kommunikativen ▷Protokollstapels „nach unten"; b) eine ▷Sandbox wie die ▷JVM oder ▷CLR; c) virtuelle ▷Betriebssysteme in der Betriebssystem- ▷Virtualisierung; solche ▷Abstraktionen gibt es schon seit Jahrzehnten, und sie kamen sogar in Namen für Betriebssysteme zum Ausdruck, wie z. B. in einem VM auf damaligen ▷IBM ▷Mainframes

virtuelle Realität, virtual Reality

Bereich der Informatik, in welchem sich reelle Begebenheiten in ▷Echtzeit, interaktiv und dreidimensional simulieren lassen

Virus

Das, auch: der; pathologisches, auf ein Wirtsprogramm angewiesenes Kleinstprogramm mit: a) einer Kennung, auch Signatur (▷hex Pattern), b) einer (Re-)Produktionsfunktion, c) einer Wirkfunktion und d) einem Ende, mit welchem das V. „unauffällig" zum unterbrochenen Programm zurückkehrt; das V. schlummert beim Wirt und entfaltet seine meist destruktive Wirkung nach dem Eintreten eines Auslösers (Zeit, Ladehäufigkeit, ...); Prophylaxe durch ▷Hygiene und regelmässige V.-Diagnose mit ▷Dienstprogrammen; Therapie oft nur noch als totale Systeminitialisierung bzw. mittels spezialisierter Dienstprogramme (Impfprogramme); V. sind ▷Malware

Virus, Boot Sektor - und MBR-
Virus, das die ▷Boot-Bereiche (siehe dort für die zwei Typen) von Festplatten befällt, die dortigen Daten verfälscht und somit evtl. die ▷Zugriffsbereitschaft der Platte beeinträchtigt

Virus, chiffriertes -
Virus, das sich unter Hinzunahme von Systemdaten selbst verschlüsselt und damit eigentlich ▷polymorph ist

Virus, CMOS-
Virusprogramm im batteriegepufferten ▷Konfigurationsspeicher des Computers; dort gefährdet es die Gesundheit besonders stark ...; siehe auch ▷Setup, ▷BIOS und ▷CMOS

Virus, Companion -
Virus, das in der Lage ist, sich den gleichen Dateinamen zu geben, wie ihn ein korrektes Programm hat, aber mit einer abweichenden Dateinamens-Erweiterung für ausführbare Dateien (COM, EXE, BAT unter Windows); der Anwender sollte sich Dateinamens-Erweiterungen immer anzeigen lassen, nur so lässt sich diese Täuschung entdecken; die Anzeige der Erweiterungen ist in den Voreinstellungen ausgeschaltet; Einstellungen oder Extras > Ordneroptionen

Virus, Kompressions-
Virus, das sein Wirtsprogramm komprimiert, um die Grössenänderung zu verschleiern; bei der Dekompression wird das V. dann aktiv

Virus, Link-
Sich an ein ausführbares Programm als Wirt hängendes Virus; die
ursprünglichste Form von Viren; auch: File Infector

Virus, Makro-
Heimtückisches Virus, welches ▷Makro-Programme bestimmter
Applikationen und damit dann auch ▷Arbeitsdateien befällt; M.-V.
holen so eine Schadwirkung auch über Anwendungsdaten herein
und nicht nur über ausführbare Programme wie früher

Virus, Multipart-
Virus, das sich an mehreren Orten (Boot-Sektor, dort meist beginnend, und Arbeitsspeicher) oder in mehreren Programmen einnisten kann

Virus, polymorphes -
Virus, das bei seiner Aktivierung a) seine Wirkfunktion oder b) die
genetische Erkennungs- ▷Signatur anpasst, also schon fast mit ge-
netisch-evolutionären Fähigkeiten

Virus, Script-
In einer Textdatei als ▷Quellcode vorliegendes Virus, das zu seiner
Entfaltung auf einen ▷Interpretierer angewiesen ist, wie z. B. den
Windows Scripting Host

Virus, self garbling -
Virus, das seine ▷Signatur stochastisch verändern kann

Virus, Stealth -
Siehe unter Tarnkappen- ▷Virus

Virus, Tarnkappen-
Form eines Virenprogramms, das a) für das System nicht identifizierbar ist, weil ihm seine ▷Signatur noch nicht bekannt ist oder
weil es unidentifizierbar programmiert wurde; b) die Spuren seines

V

Wirkens verwischt oder c) vom Wirtsprogramm eine Kopie anfertigt, um sein Einnisten zu verbergen

Visual ...
Voll grafische und integrierte ▷Software-Entwicklungsumgebungen (▷IDE) von ▷Microsoft für diverse Zielsprachen: ▷C/C++, ▷C#, ▷Java, ▷BASIC, ▷XML und andere; als gewaltiges Paket „Visual Studio" werden alle Sprachen einschliesslich des ▷.NET Frameworks und des Compact Frameworks, grafischer Entwurfsmittel, Datenbank-Hilfsmittel sowie Unterstützungshilfen für grosse, teamgebundene ▷Projekte gebündelt angeboten

Visual BASIC (.NET)
VB; ▷objektorientierte, leistungsfähige ▷Programmiersprache von ▷Microsoft; eine vom Namen her suggerierte Verwandtschaft zu ▷BASIC ist kaum mehr zu erkennen; programmiert wird in einer hochentwickelten, interaktiven ▷IDE (siehe unter ▷Visual ...); der ▷Code ist ▷compilierbar; als VB.NET voll objektorientiert und auf der ▷FCL aufliegend; siehe auch ▷Visual BASIC for Applications

Visual BASIC for Applications
VBA; von ▷Microsoft ab 1997 in allen Applikationen von ▷Office eingesetzte, einheitliche ▷Programmier- und ▷Makrosprache; ▷strukturiert, ▷objektbasiert; VBA ist eine Untermenge von ▷Visual BASIC sowie an ihre Mutter-Applikation gebunden; mit VBA werden meist ▷ereignisgesteuerte, einzelne ▷Funktionen oder ▷Prozeduren geschrieben

VLAN
Virtual ▷LAN; von der physikalischen LAN-Infrastruktur unabhängiges, ▷logisch getrenntes LAN; ein VLAN hat eine einheitliche Netzmaske und seine in sich geschlossene ▷Broadcastdomäne; es erstreckt sich jedoch über mehrere (VLAN-fähige) ▷Switches, und ein Switch seinerseits kann mehrere VLANs anspeisen; intra-VLAN-Verkehr wird über den Switch geschaltet, die ▷Rahmen sind

gekennzeichnet (tagging), falls dazu ein anderer Switch adressiert
werden muss; inter-VLAN-Verkehr geht über einen Layer 3 Switch
oder den ▷Router und supra-VLAN-Verkehr zwingend über den
Router; VLANS bilden die organisatorische Struktur einer Unternehmung ab und ermöglichen die Mobilität der Mitarbeitenden

VLIW
Very Long Instruction Word; mit der ▷EPIC-Technologie verbundene ▷Wortlänge von 128 Bits für ▷Instruktionen; ein V. kann
mehrere Instruktionen umfassen, welche dann von Predications,
Verarbeitungshinweisen, begleitet sind; diese Predications werden
allerdings nicht durch den ▷Mikroprozessor interpretiert, sondern
schon beim ▷Compilieren in ▷Sequenzen elementarer Vorschriften
umgesetzt; der Hauptvorteil von V. liegt darin, dass ein Befehlswort
gleich mehrere Einheiten im System mit Arbeit bedienen kann

VLM
Very Large Memory; nicht näher ▷spezifizierte Bezeichnung für
die gewaltigen ▷Datenvolumina im Bereich der Peta- und ExaBy-
tes; zurzeit wird z. B. von der 64-Bit-Adressierung gesprochen, was
einen Adressenraum von $1.9 \cdot 10^{19}$ Bytes ergäbe oder eben 18 Exa-
Bytes; man versuche gar nicht erst, sich diese Dimension vorzustel-
len, aber die Menschheit wird das Bedürfnis entwickeln, sie zu fül-
len …

VLSI
Very Large Scale Integration; ▷Chips mit mehr als 100'000 Bauteilen

VM
Siehe unter ▷virtuelle Maschine

VME
Standardisierter, ▷prozessorunabhängiger ▷Systembus (▷IEEE
1014) für Rechner der Prozessorreihe 680xx mit grosser industriel-

ler Verbreitung und einer Vielzahl von Standard-Baugruppen zur Entwicklung ▷modularer ▷Systeme; 32 Bits, Multi ▷Master fähig; Durchsatz: 40 Mbps

VMS
Virtual Memory System; sehr stabiles Standard- ▷Betriebssystem der damaligen ▷Midrange Systeme von ▷Digital Equipment

VOC
Dateinamenserweiterung für Tondateien von Creative Labs-Produkten, z. B. für die Aufzeichnung menschlicher ▷Sprache durch die ▷Soundkarte

Vocoder
▷System zur künstlichen Erzeugung menschlicher ▷Sprache

VoD
Siehe unter ▷Video on Demand

Vodcast
Herkunft unklar, entweder von Video ▷Broadcast oder von Video ▷Podcast; Fernsehinformation und Filmangebote als ▷Download in diversen ▷Dateiformaten zum offline Betrachten auf meist mobilen Geräten

VoDSL
Siehe unter ▷Voice over DSL

Vogel Strauss Algorithmus
▷Optimistischer Ansatz der Behandlung von ▷Verklemmungen: „Stecke deinen Kopf in den Sand und verhalte dich so, als ob es kein Problem gäbe" (▷Tanenbaum), also: Ignorieren der Wahrscheinlichkeit für Verklemmungen und Inkaufnahme einer dadurch möglichen ▷Systemblockade

Voice
▷Stimme, die menschliche Stimme und deren ▷Frequenz- ▷Band-
breite betreffend; unterscheide ▷Sprache

Voice Mail
Elektronisches Mitteilungssystem mit ▷digitalisierten ▷stimmli-
chen Botschaften

Voice over DSL
Mittlerweile eingebürgerte Bezeichnung für die ▷Sprachband-Tele-
fonie im ▷DSL- ▷Netz auf der ▷Letzten Meile

Voice over IP
Mittlerweile eingebürgerte Bezeichnung für die ▷Sprachband-
Telefonie im ▷TCP/IP- ▷Netz bzw. Internet; detailliert unter ▷Web
Phoning

Voice XML
Spezifikation zur Sprachsteuerung von ▷Portalen; die Seiten sind
mit speziellen ▷Tags versehen, welche an der Stelle von erwarteten
Spracheingaben durch den Anwender stehen; V. ist eine vom
▷W3C spezifizierte ▷XML-Anwendung

void
Leer, nichtig, ohne; in der ▷Programmierung: ohne Wertübergabe (selten) / ▷Rückgabe (Regel); in ▷Programmiersprachen des
▷C-Stammes streng genommen ein ▷Datentyp mit leerer Wertemenge

VoIP
Siehe unter ▷Voice over IP

volatil, volatile
Siehe unter ▷flüchtig (lat.)

Vollbild

In der grafischen ▷Benutzungsoberfläche meist über einen zugehörigen Knopf befohlene und dann die ganze ▷Bildschirmfläche ausnutzende ▷Fenstergrösse; in der alltäglichen Anwendung hat sich ein selbstkasteiender Hang zum Arbeiten in möglichst vielen, möglichst kleinen und mit möglichst vielen ▷Werkzeugleisten versehenen Fenstern eingebürgert, also eine tiefe Abneigung gegen das übersichtliche Arbeiten im V.-Modus; das abendliche Kopfweh ist ebenso garantiert ... wie das Klagen über die Unseligkeiten der Bildschirmarbeit

Volltextsuche

Fähigkeit eines ▷Dienstprogramms, ▷unstrukturierte ▷Klartexte nach Inhalten zu durchsuchen; siehe auch ▷Hypertext

Vollton

In der Typografie: ▷Sättigung von 100%

Volume

1. Sammelbegriff für einen ▷Datenträger unbestimmten Typs im Netzwerk oder Dateisystem; 3. ▷virtuelles, also von den ▷physikalischen ▷abstrahiertes ▷Laufwerk; 3. Bezeichnung für die namentliche Identifikation von Datenträgern (▷Diskette, ▷Festplatte, ▷Band usw.)

Vordergrund

▷Prozess mit Besitz von ▷Tastatur und ▷Bildschirm

Vorgänger

1. in der ▷Tabellenkalkulation eine Zelle, die Werte in eine Zielzelle weitergibt; 2. Funktion in ▷Programmiersprachen, welche den vorherigen Wert in einem ordinalen ▷Datentyp oder in einer verketteten ▷Liste aufruft: ▷PRED(wert), wert–1 oder --wert, in verketteten ▷Listen oft PREV(current), von „previous"

vorzeichenlos

Unsigned; präzisierende Kennzeichnung von ▷Ganzzahlen in
▷Datenbank- und ▷Programmiersprachen als ausschliesslich natürliche Zahlen; die dezimalen Äquivalente berechnen sich aus der
ganzen ▷binären ▷Wortbreite der ▷Dualzahl, namentlich also inklusive ▷MSB, mit folgendem Wertebereich: $0 \ldots \text{Wortbreite}^2-1$;
Beispiele: unsigned ▷tinyint (entsprechend „byte" in anderen
▷Sprachen) sind Ganzzahlen zwischen 0 und 255; u. ▷short (entsprechend „word") sind Ganzzahlen zwischen 0 und 65'535

Voxel

Volume Element; Bild- ▷Punkt in der 3D- ▷Grafik; siehe auch
▷Pixel

VPN

Siehe unter ▷Virtual Private Network

VR

Siehe unter ▷virtuelle Realität

VRAM

Video ▷RAM; speziell zur Speicherung der Bildschirmdaten bestimmter ▷Dual Port- ▷Arbeitsspeicher auf der ▷Grafikkarte; die
▷CPU wird von der Arbeit des ständigen Auffrischens (▷Refresh)
des Bildinhaltes entlastet; im Gegensatz zum normalen ▷DRAM
hat das VRAM zudem eine eigene ▷Schnittstelle zum ▷RAMDAC
zwecks schnellerer Aufbereitung des Bildes; der Dual Port- ▷Zu-
griff ist ▷unidirektional: von der Software ins VRAM, vom VRAM
in die ▷Controller- ▷Hardware

VRM

Voltage Regulator Module; kleine ▷Platine in einem Steckplatz
vom Typ ▷Slot zur Regulierung der Speisespannung; solche Module sind immer dann wieder auf der ▷Mutterplatine zu finden, wenn

die Hersteller von ▷Mikroprozessoren von den Standardspannungen abweichen

VRML
Virtual Reality Modelling Language; ▷Sprache zur Darstellung von und ▷Interaktion mit ▷multimedialen Informationen auf dem ▷Web; V. erweitert das nicht interaktive ▷HTTP; V. wurde von ▷Microsoft entwickelt und 1995 in deren Internet ▷Explorer eingebaut; Ende 1997 rauften sich Microsoft und ▷Netscape zu einem gemeinsamen Bekenntnis zur Version 2.0 zusammen

VROOMM
Virtual Realtime Object Oriented Memory Management (kein Scherz); Speicherverwaltung einiger ▷Applikationen im Sinne einer temporären ▷Auslagerung gewisser Arbeitsdaten

VSI
Verband der Software-Industrie Deutschlands; Verband deutscher ▷Softwarehäuser zwecks Verhinderung der Piraterie

VSM
Verein Schweizerischer Maschinen-Industrieller; Normengeber in der Schweiz für technische Geräte; man beachte die Unterschiede zwischen ▷Norm und ▷Standard; www.vsm.ch

VT
▷ASCII-Zeichen 0B(H) (11): Vertical Tabulator; nach unten bis zur nächsten ▷Tabulatorposition

VT-nnn
Video Terminal; passives ▷Terminal für die ▷Minicomputer von ▷Digital Equipment Corporation; heute allgemein anerkannter Standard für ▷Terminalsignale in der Daten- und Telekommunikation; für den ▷Zugriff auf externe ▷Hosts durch irgendeinen Com-

puter werden durch die Kommunikations-Software deshalb häufig diese VT-Standards ▷emuliert

VTL
Virtual Tape Library; siehe unter ▷Virtualisierung

Vtx
Siehe unter ▷Videotex

V

W

W3
Siehe unter ▷World Wide Web

W3C
Siehe unter ▷World Wide Web Consortium

Wafer
Waffel; ▷Siliziumscheibe als rundes Grundmaterial zur Herstellung von ▷Chip-Plättchen

wahlfrei
Willkürlich, direkt; meist gebraucht im Sinne des direkten, ▷adressierten ▷Zugriffs auf Datenbestände

Wählleitung
Wie eine normale Telefon-Gesprächsleitung bei Bedarf aktivierte und danach wieder freigegebene ▷Kommunikationsleitung im ▷analogen oder ▷digitalen Fernsprechnetz

Wahrheitswerte, -tafel
Tabellarische Übersicht der in einer ▷logischen Verknüpfung für alle möglichen Variationen von Eingabewerten resultierenden Ausgabewerte; siehe auch ▷Bool

WAIS
Wide Area Information System; im Internet weltweit verteiltes ▷Datenbanksystem; zu seiner Nutzung muss ▷lokal ein entspre-

chendes ▷Programm, ein ▷Client, laufen und dieser die Verbindung zu einem WAIS- ▷Server herstellen; veraltet und selten

Wait State
Siehe unter ▷Wartezyklus

WAIT()
Siehe unter ▷SLEEP()

Wald
1. was von einem ▷Baum übrig bleibt, wenn man ihm eine relative ▷Wurzel entfernt hat; 2. Gesamtstruktur aller ▷LAN- ▷Domänen einer Unternehmung, dann auch Domänenwald genannt

Wallpaper
Wandpapier, Tapete; Hintergrundbild

WAMP
Windows – ▷Apache – ▷MySQL – ▷PHP: gängiges ▷Akronym für eine voll produktive, interaktive und dynamische ▷Web-Präsentation mit ▷Datenbank-Anbindung und – abgesehen von ▷Windows – aus der ▷Open Source Gemeinde; siehe bei den entsprechenden Stichworten und ferner ▷LAMP

WAN
Wide Area Network; Fernverkehrs- ▷Netz mit unbestimmter Ausdehnung, bestehend aus ▷Routern (also meist ein Verbund von Teilnetzen) einschliesslich Benutzersystemen; gebraucht von stadtweit (▷MAN) bis weltweit (▷GAN); das W. liesse sich auch so charakterisieren: der Betreiber gibt Teile der Kontrolle über das Netzwerk an Dienstleister ab und benutzt auch teilweise deren Infrastruktur; siehe ferner ▷LAN

Wanze
Siehe unter ▷Bug

WAP

1. Wireless Application Protocol; ▷Protokoll – gewissermassen ein ausgedünntes ▷TCP/IP – für den selektiven Internet-Zugang in der ▷Mobiltelefonie; entsprechende, nämlich mit einem ▷Browser, ausgerüstete Handys können Informationen aus dem Internet empfangen oder solche versenden; grosse Euphorie 1998/99; grosse Ernüchterung 2000: zu teuer, zu langsam, zu unbequem; die neue grosse Euphorie gilt ▷GPRS und ▷UMTS; 2. Wireless ▷Access Point; siehe dort

WAR

Web Archive; Dateiformat zum ▷Deployment von Java Web Applikationen, die ▷Servlets enthalten, auf ▷Java Application Server

War Dialing, Wardialing

„Kampfwählen", ein ▷Attackenmuster, siehe dort

War Driving, Wardriving

„Kampffahren", ein ▷Attackenmuster, siehe dort

Warez, Warez-Seiten

▷Raubkopien, Warezing ist das Raubkopieren; durch ▷Hacker betriebene Webseiten, auf denen geknackte oder geraubte ▷Software bezogen werden kann

W

Warmstart

Neustart des Computers durch Betätigen einer Taste (bzw. Tastenkombination, siehe ▷Affengriff) oder Eingeben eines bestimmten ▷Kommandos (z. B. Reboot), aber ohne Abschalten der Stromversorgung; es werden oft nicht alle Selbsttest-Routinen durchgeführt; bzw. nicht alle ▷residenten Routinen und keine ▷Speicher-, wohl aber die (meisten) ▷Registerinhalte gelöscht; Gegenteil: ▷Kaltstart

Warnung

Hinweis eines ▷Compilers auf Mängel, Unsauberkeiten usw. im ▷Quellcode, die zwar eine ▷Übersetzung zulassen, zur ▷Laufzeit aber Probleme verursachen könnten

Warp

Kette, Verwerfung; Prosa-Zusatzbezeichnung von ▷OS/2 ab Version 3.0

Wartegraf

Grafische ▷Sprache mit einer ▷Semantik zwischen ▷Prozessen (A, B) und ihren ▷Betriebsmitteln (y, z): y>A: „A belegt y" oder „y gehört A" (> ist ein Pfeil ...); B>z: „B wartet auf z"; ein Zyklus von der Form A>y>B>z>A bedeutet also eine ▷Verklemmung

Wartegrund

Präzise identifiziertes Ereignis, auf dessen Eintreffen ein schlafender (wartender) ▷Prozess oder ▷Thread wartet; der W. ist im ▷Prozesskontrollblock vermerkt; ein W. könnte die ▷Verfügbarkeit eines angeforderten ▷Betriebsmittels sein

Warten, aktives - oder perverses -, passives -

W Aktiv: Warten eines ▷Prozesses bzw. ▷Threads im Zustand „rechnend", also ständiges Abfragen des Freiwerdens einer ▷Ressource; auch: „perverses Warten" (▷Wirth) oder ▷Polling; dieser Wartezustand sollte zurückhaltend programmiert werden; passiv: Warten im Prozesszustand „schlafend"; siehe ▷SLEEP(); ein solcher Prozess muss ein Weck- ▷Signal erhalten, um „bereit" zu werden; siehe dazu ▷Semaphor, ▷Monitor

warten, Wartung

1. infolge immer schnellerer ▷Hardware seltener gewordene, infolge Gigantismus der ▷Software-Industrie dann doch wieder aktueller werdende Grundtätigkeit des Anwenders am Bildschirm; 2. ▷Prozesszustand „schlafend"; 3. Pflege eines Systems nach des-

sen Entwicklung und Übergabe; oft durch entsprechende Verträge mit dem Entwickler garantiert; doppelbödige, private Äusserung eines anonym bleiben wollenden Herstellers dazu: „in der Wartung verdienst du Geld mit warten"

Warteschlange
Abstrakte ▷Datenstruktur mit der Gesamtheit aller durch die Applikation oder das Betriebssystem in einen Wartezustand versetzten, weil ▷serialisierten ▷Prozesse, ▷Transaktionen oder Daten; mehrere ▷Applikationen können z. B. Ausdrucke in Auftrag geben, diese werden dann, weil nur ein entsprechendes ▷Betriebsmittel zur Verfügung steht, in eine W. gestellt; W. werden nach dem ▷FIFO-Prinzip auf- und abgebaut; siehe auch ▷Ringpuffer und ▷Spooler

Wartezyklus
Wartezustand; der ▷CPU durch langsame ▷Speicherbausteine aufgezwungene Untätigkeit (▷NOP) während einem oder mehrerer Maschinen- ▷Takte; infolge Entwicklung bei den Speicherbausteinen und beim ▷Cache veralteter Mechanismus; Gegenteil: matched ▷Memory

Wassenaar Abkommen
1996 erfolgtes Abkommen zwischen 33 Industrienationen, darunter DACH, zwecks kontrollierten Exports von Waffen und ▷kryptografischen Produkten („dual use goods") an wenig vertrauenswürdige Staaten bzw. Regierungen; www.wassenaar.org

Wasserfall (-Modell)
Familie von Entwicklungs- und Projektmodellen in der Softwareentwicklung; oft mit den Phasen Analyse – Entwurf – Implementation – Test – Freigabe bzw. mit eingestreuten und verfeinernden Zwischen-, Vor- oder Nachphasen; das Modell wird häufig kritisiert und oft angewendet ...; seine Schwächen liegen darin, dass iterative Vorgehensweisen und ein ständiges Testen nicht vorgesehen sind; siehe z. B. ▷SDLC

Wasserzeichen

1. digitale Markierung eines ▷Dokuments zur Bestätigung von dessen ▷Authentizität; 2. Hinterlegung von Text mit schwach durchschimmernden Informationen, z. B. einem Copyright-Hinweis oder einem Muster, welches den Nutztext beim Kopieren visuell schädigt

Watch Dog, Watchdog

1. Wachhund für diverse Zwecke, wie z. B. Überwachung des Ablaufs eines ▷Timeouts; in diesem Fall haben wir einen W.D. Timer; 2. ▷Front Door

watch, watch Variable

Bewacht; ▷Variable in der Programmierung, deren Wert sich während der ▷Fehlersuche (▷Debugging) oder zur ▷Laufzeit verfolgen lässt

Water Mark

Siehe unter ▷Wasserzeichen

Watson, Dr.

Dr. Watson war der tüftelnde Assistent von ▷Sherlock Holmes; Dr. W. ist eine Standard- ▷Anwendung ▷in Windows, die ▷Programmfehler und deren Ursachen ortet; ob W. seine Suche beim ▷Betriebssystem selbst ansetzt, ist nicht bekannt …

Watson, Thomas John

1874–1956; Buchhalter, Verkäufer von Nähmaschinen und Musikinstrumenten; dann Verkäufer bei NCR (National Cash Register Company); Tellerwäscherkarriere bis zum General Manager von NCR; 1924 nach der Fusion zweier Unternehmungen Gründung der „International Business Machines Corporation" ▷IBM; darin starkes Gewicht auf Ausbildung, Forschung und der sozialen Absicherung der Mitarbeitenden; Engagement in Politik und Freundschaft mit Roosevelt; seine Losungen lauteten nach innen „think" und nach aussen: „world peace through world trade" – dies ein Motto mit einer unbeschreiblich tragischen Doppeldeutigkeit nach dem September 2001; Inhaber von 27 Ehrendoktortiteln

WAV
Waveform; Dateinamenserweiterung für eine Tondatei unter ▷Windows; spezialisierte ▷Programme gestatten es, WAV-Dateien bei Vorhandensein eines ▷CD- ▷Brenners in eine Audio CompactDisc zu überführen; W. ist unkomprimiert, die Bytes in den Dateien sind quasi direkte Resultate von ▷a/d-Wandlungen; W. kann viele verschiedene ▷Abtastfrequenzen (44.1 kHz, 48 kHz ...) und Bit-Auflösungen (8, 16, 24 ...) erfassen

Wavetable
Sammlung von (z. B. auf der ▷Soundkarte gespeicherten) Klängen realer Musikinstrumente, die per Software manipuliert werden können; eine Art ▷Clip Art Gallery der Klänge

WBMP
Siehe unter Wireless ▷Bitmap

WBT
Web Based Training; Unterricht und Lernen via Internet bzw. ▷Web

W

WCMS
Web Content Management System; Software- oder Gesamtlösung zur Verwaltung von ▷Web-Inhalten, des ▷Contents also; das Einpflegen von ▷Informationen und ▷Dokumenten in ▷Websites wird wesentlich erleichtert und deren Präsentation automatisiert

WDA
Wireless Digital Assistant; ▷PDA mit drahtloser Anbindung an ▷Netzwerke; selten zu hören

WDM
Wave Division Multiplexing, siehe unter Dense Wavelength Division ▷Multiplexing

WDS
Wireless Distribution System; Technologie zur Koppelung mehrerer ▷Wireless ▷Access Points zur Vergrösserung der Reichweite

Wear Levelling
Abnutzungsausgleich; ▷Algorithmen und Technologien für eine örtlich ausgewogenere Beanspruchung von Bereichen auf Sekundär- und Tertiär- ▷Speichern; die Notwendigkeit ergibt sich aus der Tatsache, dass einerseits ▷Dateisysteme gewisse Daten fest lokalisieren und andererseits bei ▷Solid State Bausteinen die Zugriffszyklen zahlenmässig (noch) recht begrenzt sind

Web
Gewebe; ▷World Wide Web

Web 2.0
Reichlich umstrittener, diffuser Begriff, der eigentlich neue Technologien suggeriert, jedoch eher auf den Wandel in der Anwendung des ▷Webs vom Einweg-Informationslieferanten zum interaktiven Medium hinweist; solche junge Anwendungsbereiche sind u. a. das ▷Blogging, die ▷Wikis, ▷Social Bookmarking, ▷Mashups und anderes – gängig als ▷Social Software zusammengefasst; junge webbasierte Technologien, die solches unterstützen, sind neben anderen ▷XML, ▷RSS, ▷AJAX, ▷Webdienste; der Begriff wurde geprägt vom Verleger Tim O'Reilly, Inhaber des gleichnamigen Verlags; die nicht ganz interessenneutrale Begriffsprägung sollte in die Würdigung der Bedeutung des Begriffs einbezogen werden

Web Bug
Kleines, als transparentes Winzig- ▷GIF getarntes Programm zum Ausspionieren von ▷Cookies

Web Farm

Verbund von ▷Webservern, die in Arbeitsteilung umfangreiche ▷Web Sites unterhalten

Web of Trust

Gewebe, Netzwerk des Vertrauens; „ich vertraue Dir nicht, aber wir beide kennen die vertrauenswürdige Alice, also nehme ich Dich in unser Netzwerk auf": anstatt auf ▷Zertifikate baut z. B. ▷PGP auf ein solches Netzwerk; die Personen werden in meiner privaten, aber offen einsehbaren „Key Ring" Datei vertrauensmässig eingestuft

Web Parts

Interaktive Steuerelemente (▷Controls) für Weboberflächen resp. Webanwendungen; W.P.s bringen den gewohnten Komfort von Windows-Benutzungsoberflächen in Webanwendungen, sowohl bezüglich Bedienung als auch Programmierung; W. gibt es in der ▷.NET-Umgebung sowie für ▷Java (Java Web Parts)

Web Phoning

Möglichkeit, dank entsprechender Ausrüstung an ▷Hardware (Mikrofon, Voice ▷Modem) und ▷Software (▷Client) über das Web weltweit zu telefonieren; die Vorteile des W.P. liegen darin, dass die eigentlichen Leitungskosten nur bis zum ▷Internet-Einwählknoten (z. B. bis zum Internet ▷Provider) belastet werden, als Nachteil muss eine zeitlich leicht verzögerte und qualitativ gelegentlich dürftige Stimme des Gesprächspartners in Kauf genommen werden; siehe auch ▷Voice Over IP, VOIP und ▷skype

W

Web Site, Website

Sammlung aller ▷Webseiten, die thematisch meist gebündelt unter einer ▷Domäne oder Subdomäne angeboten werden; eine W.S. besteht aus mehreren Webseiten, also Dokumenten; die Einstiegsseite ist die ▷Home Page und diese folglich nicht dasselbe wie die W.S.

Web-Präsentation: statische -, dynamische -, aktive -
Web-Präsentation (hier Seite genannt) mit folgenden Eigenschaften in der genannten Reihenfolge: 1. Seiteninhalt präsentiert sich so wie auf dem ▷Webserver abgelegt inklusive enventuell animierter Illustrationen (Werkzeuge: ▷HTML, ▷GIF, ▷JPEG, evtl. ▷Java-Script); 2. Seite liefert bei jedem Laden andere Informationen (Beispiel: Fahrplan; ▷CGI, ▷Perl, ▷PHP, ▷JavaScript); 3. Seite aktualisiert sich selbst (Börsenseiten; ▷Java Applets, ▷ASP.NET, ▷AJAX, andere Technologien)

Webaholic
Dem Web masslos frönender oder gar nach diesem süchtiger Mensch; Potenziale zu negativen Auswirkungen einer exzessiven Web-Aktivität in diversen Bereichen der körperlichen, geistigen und sozialen Gesundheit sind heute unbestritten und auch nachgewiesen

webbasiert
Mittels des ▷Web- ▷Browsers bedienbar, bezogen auf lokale oder entfernte Anwendungen

Webcast
Interaktiver Video ▷Broadcast für Produktpräsentationen, Lehrinhalte usw.

W

WebDAV
Web-based Distributed Authoring and Versioning; eine Erweiterung des HTTP-Protokolls, die Mechanismen zur ▷Interoperabilität und Kollaboration bietet; zusätzlich zu den „Klassikern" ▷PUT, ▷GET, ▷POST ... sind z.B. unterschiedliche ▷Sperren bei Dateien möglich, ▷Metadaten (z.B. Autorenlisten) sowie Kopieren und Umbenennen von Dateien (▷Namensraum); heute ist W. die Grundlage verschiedener ▷WCMS; www.webdav.org

Webdienst

Meist: Webdienste; ▷verteilte, geschäftliche Anwendung; sie besteht eigentlich aus ▷Komponenten, welche übers ganze Internet verteilt sind und miteiander meist mittels ▷XML-Datenströmen kommunizieren; treffender wäre: XML Webdienste; siehe ferner: XML, ▷SOAP, ▷WSDL, ▷UDDI und ▷SOA; W. sind der grosse Hipp nach der Erholung aus der ▷Dotcom-Krise um die Jahrtausendwende; als Weiterentwicklungen sind zu nennen: ▷SaaS oder ▷Cloud Computing

Webinterface

Je nach Betrachtungshorizont 1. ▷Benutzungsoberfläche, die ähnlich bedient wird wie der ▷Web- ▷Browser, namentlich also mittels ▷Hyperlinks; 2. ▷lokale oder entfernte Anwendung, die mittels des Browsers bedient wird, dann ▷webbasiert genannt; 3. Visualisierung und Bedienung einer ▷Website

Webiquette

Von fast allen akzeptierte und von fast niemandem befolgte Regeln über das lesefreundliche Gestalten von Web-Auftritten

Weblog, Web Log

Mittlerweile bekannter als ▷Blog, siehe dort

W

Webmaster, Web Master

Auf einem ▷Webserver für die Präsentation und den Inhalt des Auftritts zuständige Person

Webplication

Kunstwort aus Web und Application; ▷Applikation, die nur am ▷TCP/IP- ▷Netzwerk lauffähig ist, weil sie aus dem Netz ihre ▷Komponenten holt; siehe auch unter ▷Webdienst

Webquest
Forschen, Suchen im Web; eine Lehr- und Lernmethode der University of California San Diego, die sämtliche Informationsrohstoffe aus dem ▷Web bezieht; das Lernen besteht darin, Informationen zu suchen, zu finden, auszuwerten, möglichst schnell präsentierend aufzubereiten und wiederum zu streuen; siehe auch ▷Mashup

Webseite
Ein ▷HTML- (▷DHTML-, ▷XHTML-, ▷XML-, ...) Dokument samt dynamischen Inhalten und Blöcken von ▷Skriptsprachen, das im ▷Browser während des ▷Surfens als navigatorische Einheit erfahren wird; W. werden statisch oder dynamisch, client- oder serverseitig erzeugt; unterscheide dazu: ▷Website und ▷Homepage

Webserver
Der ▷Dienst, welcher ▷URL-Anfragen (Requests) übers Web entgegennimmt und die zugehörigen Dokumente als Antwort versendet (Response)

Webservice, Web Service
Siehe unter ▷Webdienst

W Webvertising
Kunstwort aus Web und Advertising: Werbung im ▷World Wide Web

Wechselfestplatte
Mobile ▷Festplatte: auswechselbarer ▷Datenträger samt ▷Laufwerk

Wechselplatte
Auswechselbarer, in einer möglichst staubsicheren Kassette verpackter, magnetischer ▷Datenträger; ▷physikalisch eine spezielle ▷Diskette (z. B. ▷Bernoulli-System, ▷ZIP, andere) oder ▷Festplatte (z. B. Syquest-System, andere) mit hoher Drehzahl, in der Handhabung einer Festplatte entsprechend

Wecksignal
▷Signal eines ▷Prozesses / ▷Threads an einen anderen, vom ▷Prozesszustand „schlafend" („wartend"), in welchen er zwecks Verhinderung einer ▷Race Condition oder des ▷Busy Waitings versetzt worden war, in „bereit" überzugehen

Weenie
▷Computerfreak der verbissenen Sorte, auch ▷Geek und ▷Nerd

weiblich
Bei Steckverbindungen der Teil mit den Buchsen; Gegenteil: ▷männlich

Weiterleiten
Aktion bei der Bearbeitung von ▷E-Mail: Absenden der erhaltenen Mail mitsamt Anlage (im Gegensatz zum ▷Antworten) an zusätzliche Empfänger; der Originaltext wird üblicherweise speziell als solcher markiert

Weizenbaum, Joseph
1923–2008; Computerpionier, bedeutsamer, zur Vernunft mahnender Gesellschaftskritiker; 1936 Emigration mit seiner Familie in die USA; studierte Mathematik an der Wayne University in Detroit, Abschluss des Studiums 1952; acht Jahre Arbeit bei General Electrics, Grundlagenarbeit für die Bank of America, 1963 Ruf ans ▷MIT, dort war W. einer der Gründerväter des ersten ▷Teilnehmersystems, aus welchem teilweise das ▷ARPA-Netz hervorging, der Vorgänger des Internets; Forschung an ▷virtueller ▷Kommunikation; W. wurde weltweit bekannt durch mehrere Bücher („Kurs auf den Eisberg", „Computer Power and Human Reason" und viele mehr) sowie durch ▷ELIZA; seine Auseinandersetzung mit der ▷Computer-Welt ist trotz seiner immensen Forschungsarbeiten stets kritisch-nachdenklich, zwischen Mensch und Computer klar trennend und gründend auf einer ganzheitlichen ▷System-Sicht; Träger vieler Auszeichnungen

W

well formed(ness), Wohlgeformt(heit)
Übereinstimmung eines Textdokuments mit den strengen syntaktischen Vorgaben von ▷XML; ein nicht w. Dokument darf nicht weiter verarbeitet werden; die (zwingende) W. ist die Vorstufe zur (nicht zwingenden) ▷Gültigkeit

Welle
Menge ▷schwingender Teile oder Felder in einem ▷Medium; siehe auch ▷Träger

Wellenwiderstand
Siehe unter ▷Impedanz

WEND
WHILE END; in vielen ▷Programmiersprachen verlangte ▷Syntax zum Beenden des Blocks einer ▷WHILE- ▷Schleife; häufiger ist END WHILE oder LOOP, wenn der ▷Schleifenkörper mit DO beginnt

WEP, WEP2
Wired Equivalent Privacy; ▷Kryptografie-Infrastruktur für den Datenverkehr im ▷WLAN gemäss ▷IEEE 802.11; die Bezeichnung suggeriert eine Sicherheit, die derjenigen einer direkten Verdrahtung gleichkommt, doch WEP gilt als reichlich unsicher: symmetrische Verschlüsselung basierend auf 64-Bit- ▷RC4 (WEP 2 mit 128 Bits ▷Schlüssellänge) mit einer statischen ▷Saatzahl und keiner ▷Integritätsprüfung bei Ablieferung; sogar die Schlüssellängen täuschen: 64 Bits = 40 Bits Schlüssel und 24 Bits Saatzahl; sinngemäss: 104 Bits + 24 Bits; W. ist veraltet; siehe ▷TKIP und ▷WPA

Werkzeug
Software-Hilfsmittel (Bibliothek, Routine, grafische Sprache, Entwurfshilfe usw.) zur Erleichterung des Umgangs mit Hardware oder Software bzw. zur Entwicklung von Systemen; im Unterschied zum ▷Dienstprogramm ist ein W. technisch nicht notwendig (wohl

aber wirtschaftlich), sondern lediglich hilfreich, produziert aber generisch neue Daten; siehe auch ▷CASE oder ▷RAD

Werkzeugleiste
Im Fenster einer grafischen ▷Benutzungsoberfläche eingeblendete Leiste mit ▷Knöpfen zur Aktivierung kleiner Arbeitshilfen

Wertebereich
1. die Menge gültiger Werte, die ein ▷Datentyp annehmen kann; siehe weiter unter ▷Domäne; Beispiel ▷Byte: –128 … +127 oder 0 … 255, je nach Umgebung; 2. die Menge von Werten, die eine ▷Funktion als Resultat liefern kann: die Quadratfunktion liefert immer nur positive Zahlen (im reellen Raum)

Werttyp
Siehe unter Wert- ▷Datentyp

Western-Buchse
Siehe unter ▷RJ-11

Wetware
1. der menschliche Anteil zwischen, unter und über all der ▷Hardware, ▷Software und ▷Firmware; die charmante Bezeichnung nimmt darauf Bezug, dass wir halt zu über 60% aus Wasser bestehen …; auch ▷Liveware; 2. biologische Gewebestrukturen, welche man züchten möchte: diese sollen an elektrische Schaltkreise angeschlossen werden können und mit herkömmlicher Elektronik nicht erreichbare Rechenleistung erbringen; die Technologien zur Verschmelzung von Biologie und ▷Elektrotechnik sind wachsende Forschungsfelder; siehe auch ▷Bioinformatik und die nicht synonyme ▷Biometrik, -sensorik

WFMC
Workflow Management Coalition; siehe ▷Workflow Management

WGA

Windows Genuine Advantage; Software, die die Echtheit von Windows-Produkten prüft und Zugang zu gewissen Download-Bereichen nur öffnet, wenn die Echtheit nachgewiesen ist; Massnahme gegen Softwarepiraterie; seit 2006 von ▷Microsoft über den Patch WGA Notifications (▷KB905474) quasi automatisch auf allen Windowssystemen eingespielt, gilt die Funktion als Datenschnüffler; deshalb gibt es im Internet den einen oder anderen Beitrag zum Stichwort „WGA remover" ...

WHERE

Wo, wobei; einschränkende ▷Klausel in ▷SQL, die bestimmt, ob ein ▷Tupel zum ▷Abfrageergebnis gehört oder nicht; präzisiert die ▷Selektion; ▷syntaktischer Aufbau unter: ▷SELECT

Whetstones

Vergleichsmass, ▷Benchmarks für das Testen von mathematischen ▷Coprozessoren auf deren rechnerische Verarbeitungsgeschwindigkeit; nur eingeschränkte Aussagekraft bei wirksamen ▷Prozessor- ▷Caches; www.cse.scitech.ac.uk

WHILE ...

W In vielen Sprachen der strukturierten ▷Programmierung realisierte ▷Syntax für die „abweisende ▷Schleife", eine Schleife, die umgangen werden kann, sofern die formulierte ▷Bedingung schon beim Eintritt nicht zutrifft, Schleife mit ▷Kopfsteuerung

White Box

Weisse Büchse; Betrachtung eines ▷Systems von innerhalb der Systemgrenze; Beispiel: die W.B.-Betrachtung eines Programmsystems beurteilt dieses von innen, also von der Ablauflogik und der Dynamik der Werte her; entsprechende W.B.-Tests überprüfen ein Produkt also strukturbezogen; Letzteres ist deshalb auch eine Alternativbezeichnung; Gegenteil: ▷Black Box

White Cats
… sind „friendly ▷Hackers"

White Noise
Einstreuen zufälliger elektromagnetischer Flüsse in Hochsicher-
heitsumgebungen; siehe auch ▷Control Zone und ▷Tempest

White Space
Echter Leerschlag, also 20 (H), 1. … wie er für einen ▷Scanner
(hier: der Vorgang vor dem ▷Compilieren, nicht das optische Lesegerät!) als ▷Separator gelesen wird; 2. eine ganze Gruppe nicht
druckbarer Zeichen eines ▷Textes, die dessen Worte trennen und
ihn formatieren; neben dem Leerschlag sind auch ▷Tabulatoren
und Zeilenschaltungen (▷Absatzmarke) dabei

who, whoami, who am i
Stündlich mehrfach gebrauchtes Standard-Kommando beim Arbeiten in der ▷Unix / ▷Linux ▷Shell zur Anzeige der eigenen Kennung, wenn man beim Arbeiten an mehreren virtuellen ▷Konsolen
die Übersicht verliert: „wer bin ich"; im wahrsten Sinne ein Ausdruck der Identitätskrise; hübsch ist, dass die drei Varianten Auskunft in unterschiedlicher Detaillierung geben; siehe auch ▷pwd

W

whois
Who is: wer ist … ; auf unzähligen ▷Servern lokalisierte Verzeichnisse von Personen, Organisationen und ihren ▷E-Mail-Adressen;
w. Server lesen vor allem ▷Usenet ▷Postings durch und schälen
Namen bzw. E-Mail Adressen heraus; auf w. Server wird meist
mit ▷Telnet zugegriffen; w.-Abfragen erlauben z. B., Besitzer von
▷IP-Adressen oder ▷Domänennamen zu ermitteln; www.ripe.net,
www.whois.com, www.internic.net, www.switch.ch …

Wi-Fi, WiFi
Wireless Fidelity; geprägt wurde der Begriff von der Wireless
Ethernet Compatibility Alliance (WECA), einem Zusammenschluss

vieler Hersteller, die im Bereich Funknetzwerke aktiv sind; heute: Wi-Fi Alliance; Wi-Fi ist eine etablierte und heute popularisierte Sammelbezeichnung für alle Drahtlos- ▷Netze nach ▷IEEE 802.x; ▷WLAN wäre geschrieben präziser (WLAN wird in unseren Gefilden aber meist falsch ausgesprochen und hört sich dann an wie ▷VLAN); www.wi-fi.org

Widget

Kunstwort aus Window und Gadget; Interaktionselemente in ▷Fenstern, also die ▷Steuerelemente

Wiederholung

Basis-Strukturelement der strukturierten ▷Programmierung im Sinne einer zwei- bis mehrmaligen Wiederholung des identischen ▷Anweisungs- ▷Blocks, so lange eine bestimmte ▷Bedingung erfüllt ist; auch Schleife, Schlaufe oder ▷Iteration genannt, siehe ▷Schleife für mehr Details

Wiki

Wikiwiki (hawaiianisch) schnell; Seiten im ▷Web, die der Leserschaft nicht nur ▷Informationen vermitteln, sondern von dieser auch frei und ohne jegliche Kontrolle bearbeitet werden können; bekannt sind die Wiki-Nachschlagewerke, wie etwa ▷Wikipedia; auch Wikiweb; in einem W. läuft die Information entlang einer thematischen Achse; siehe auch ▷Social Software

Wikipedia

Im Januar 2001 von Larry Sanger und Jimmy Wales gestartetes Projekt für eine Universal-Enzyklopädie auf der Basis eines ▷Wikis; W. gibt es mittlerweile in 250 Sprachen, die englische hat über anderthalb Millionen Artikel und die deutsche über eine halbe Million; die Qualität der Artikel ist unterschiedlich, die Diskussion zu den Artikeln leider oft gehässig und beschimpfend; Werbung wird für die Zukunft nicht ausgeschlossen; ferner leiden W. bzw. gewisse Artikel auch unter Vandalismus, weshalb einige Artikel

W

gesperrt sind und im Jahre 2007 von Sanger ein Folgeprojekt gestartet wurde: ▷Citizendium, eine „sanft" redigierte Enzyklopädie; www.wikipedia.org

Wild Card, Wildcard

Ersatzzeichen, z. B. „*" und „?" oder „$" bei Suchfunktionen in ▷Klartexten oder im ▷Dateisystem; in ▷SQL meist „%"

WIM

Wireless Identity Module; dem ▷SIM vergleichbares Bauteil mit ▷ROM- und ▷RAM-Komponenten zur ▷Identifikation von Teilnehmenden in einem ▷WLAN

WiMAX

Worldwide Interoperability for Microwave Access; Technologie nach ▷IEEE 802.16 für den Mobilfunk auf der ▷Letzten Meile und damit als möglicher Nachfolger sowohl von ▷DSL als auch von ▷UMTS und ▷WLAN: derzeit technisch möglich sind 15 mbps ▷Downlink auf einem ▷Zellendurchmesser von 6 km, das Potenzial geht bis 40 mbps/20 km; Spezifikation; von ▷Intel zum Einbau in jeden Prozessor ab 2006 vorgesehen; www.wimaxforum.org

Win32

W

Sammelname für die ▷Betriebssysteme ▷Windows NT/2000/XP/ Vista

Win32-API

▷API für die Anwendungsprogrammierung unter ▷Windows NT/ 2000/XP und zum Teil für Windows 95/98; die W. unterstützen namentlich das ▷Multi Threading; sukzessive abgelöst durch ▷.NET

Winchesterplatte

Immer weniger gebräuchliche Bezeichnung für ▷Festplatten; W. war zuerst ein Deckname während der Entwicklung der Festplatten bei ▷IBM bis 1973

Window
Siehe unter ▷Fenster

Window Manager
Programmteil eines ▷Betriebssystems zur Verwaltung der grafischen ▷Benutzungsoberfläche; vergleiche ▷X Window System

Window, sliding -
Schiebefenster (-Verfahren); Mechanismus in der ▷TCP-Kommunikation: Senderin und Empfänger tauschen Daten und Quittungen verschränkt- ▷parallelisiert durch voll ▷duplexierte Verbindungen aus; so kann z. B. folgende Reihenfolge von abgehenden Nachrichten und eingehenden Quittungen entstehen: N1/N2/N3/N4/Q1/Q2/Q3/Q4/N5/ …

Windows
1. Produktbezeichnung im Jahr 1985 für Version 1 einer in Name und Handhabung an die ▷Fenstertechnik angelehnten, grafischen ▷Benutzungsoberfläche von ▷Microsoft; bis Versionen 3.x ist W. ein Zusatz (▷Shell) zu ▷MS-DOS und damit zum Teil in seinen Möglichkeiten beschränkt; mit ▷Windows 95 wandelt sich die Umgebung (ansatzweise) zu einem eigentlichen ▷Betriebssystem mit durchgängiger Philosophie; 2. oft dient uns W. als Sammelbegriff für alle grafischen Benutzeroberflächen von Microsoft, zu denen neben den genannten noch ▷Windows NT/2000/XP/Vista/7 aber auch Windows 200x Server gehören

W

Windows 2000
Seit 1998 neuer Produktname von ▷Microsoft für ▷Windows NT nach dessen Version 4; mit vier Produkten auf dem Markt ab Ende 1999: „Professional" als ▷Client, „Server", „Advanced Server" und „DataCenter" als ▷Server; die drei letzten Produkte unterscheiden sich in ihrer Leistungsfähigkeit bezüglich Anzahl unterstützter ▷Prozessoren und möglichem ▷Clustering; mit dem offiziellen Gütesiegel „built on NT technology" wird (beruhigend oder er-

schreckend) dokumentiert, dass es sich um eine Weiterentwicklung von NT und nicht um einen grundlegend neuen Entwurf handelt; später ▷Windows XP

Windows 7

Technologisch Windows NT 6.1; freigegeben Ende 2009; das multi Tasking, multi Threading ▷Betriebssystem übernimmt weitgehend die ▷GUI von W. Vista mit all dessen willkommenen und unnötigen Effekten, ist im Vergleich dazu aber massiv schneller und stabiler; das Sicherheitsniveau wurde beibehalten, ohne den Anwender indessen dermassen zu gängeln, wie es Vista tat; daneben ist W. 7 deutlich energiesparender, so dass es auch auf ▷Laptops und sogar auf ▷Netbooks durchaus einen Fortschritt im Vergleich zum langjährigen Vorgänger W. XP darstellt; das ▷Dateisystem ist das bewährte ▷NTFS und die Dateiverwaltung mit dem Windows Explorer kommt mit den so genannten Bibliotheken verspielter, aber nicht wirklich benutzungsfreundlicher daher, denn die Baumstruktur ist schlechter zu durchschauen; den Dschungel an 32- und 64-Bit Editionen wird wohl, wenn überhaupt, lediglich der Hersteller ▷Microsoft überblicken

Windows 95/98

32-Bit- ▷Betriebssysteme von ▷Microsoft; löste ▷MS-DOS und Windows 3.x gleichzeitig ab; Merkmale von W. waren: virtuelle ▷Speicherverwaltung, ▷präemptives ▷Multi Threading, linearer ▷Adressenraum (also Aufhebung der damaligen Speichergrenze von 640 KBytes), eine Zusammenlegung von Programm-Manager und Datei-Manager sowie eine grafische ▷Benutzungsoberfläche; die Version 98 brachte neben kleinen Verbesserungen (z. B. die Einbindung von ▷USB) vor allem eine den ▷Browsern ähnliche Bedienung

Windows CE

Im Herbst 1996 durch ▷Microsoft auf den Markt gebrachte Version von ▷Windows für mobile Kleinst-Computer (▷PDAs, ▷HPCs,

▷Subnotebooks, ▷Set Top Boxes usw.) sowie für Geräte im Haushalt und in der Unterhaltungselektronik; die Version nimmt besonders Rücksicht auf die Bedeutung der Kommunikation beim mobilen Computing; zum Kürzel „CE" gibt es diverse Interpretationen, am plausibelsten ist wohl die eines vielseitigen „C": Compact/Connectable/Compatible/Companion Edition; gemäss anderen Quellen: Consumer Electronics; später durch Pocket PC ersetzt, welches mit diversen mobilen Anwendungen daherkam; danach folgte ▷Windows Mobile; siehe unter ▷Pocket PC bezüglich Bezeichnungswirrwarr; Wirrwarr mit System unter ▷MINFU

Windows Forms
Sammelbegriff für alle ▷GUI-Elemente in ▷.NET, welche als ▷Fenster darstellbar sind; kurz: WinForms

Windows Live
Initiative und Schutzmarke von ▷Microsoft zur Vereinigung aller Online-Aktivitäten (aus dem eigenen Haus) unter einem Dach und mit Live ID als ▷Single Sign-on: Live Search, Live (▷Instant) Messenger, ▷Blogging und laufend mehr; siehe auch folgendes Schlagwort; www.get.live.com

W Windows Live ID
Ehemals .NET Passport, später ▷Microsoft Passport; Spezifikation und ▷webbasierte Dienstleistung von Microsoft für ein ▷Single Sign-on an dem Dienst angeschlossene ▷Websites; die ▷Authentisierungs- und ▷Autorisierungsdaten sind – im Gegensatz zur Konkurrenz-Spezifikation ▷Federated Identity – auf einer zentralen Datenbank verfügbar

Windows Me
Millennium Edition; die Sprechweise könnte auch „ich" oder „mir" bedeuten und damit auf den Einplatz-Anwender hinweisen; im September 2000 von ▷Microsoft als Nachfolger von ▷Windows 98 lanciertes ▷Betriebssystem für „anspruchsvolle Heimanwender";

die Neuerungen sind eine vereinfachte Installation, augebautes
▷PnP, die erweiterte Unterstützung von ▷USB und diverse
Schnäppchen im Multimedia-Bereich; das Produkt war in Vielem
unstabil und ein Ärgernis

Windows Media Player

Programm von ▷Microsoft für die Wiedergabe von Bild und Ton
sowie namentlich ▷MP3; die neueren Versionen bringen direkte
▷Web-Anbindung, ▷Digitalisierungsmöglichkeiten und eine Me-
dien-Datei Verwaltung und ist darüber hinaus erfrischend un-
freundlich zu bedienen

Windows Mobile

Betriebssystem Variante von ▷Microsoft für ▷PDAs und ▷Smart
Phones; W. M. basiert auf der ▷Win32 ▷API und dem ehemaligen
▷Windows CE (wie auch Pocket PC, siehe dort zum Bezeichnungswirrwarr); es scheint der Name zu sein, in den die unterschiedlichen Bezeichnungen einmünden

Windows NT

▷Betriebssystem von ▷Microsoft ab 1993: 32 Bits breiter ▷Adress-
und ▷Datenbus, ▷Multi Tasking / ▷Multi Threading, lauffähig auf
▷Intel-, ▷RISC- sowie Mehrprozessor-Systemen, mit eingebauten
▷Dienstprogrammen für das ▷Workgroup Computing; Zugang zu
sehr vielen ▷vernetzten Umgebungen; die Version für Arbeitsstationen hiess „Workstation", diejenige für ▷Dateiserver „Server"; in
einer späteren Phase liess Microsoft die Untersützung von RISC
(z. B. den ▷Alpha) fallen; später: ▷Windows 2000

Windows NT Server

Netzwerk- ▷Betriebssystem von ▷Microsoft mit grafischer ▷Be-
nutzungsoberfläche für ▷heterogene Netze und die ▷Client/Server-
Technologie; mit W. liessen sich Netze von ▷Peer-to-Peer bis Fir-
mendimensionen verwalten; später: ▷Windows 2000

W

Windows Vista

Bei ▷Microsoft unter dem Codenamen Longhorn oder NT 6.0 entwickelte und nach mehreren Terminverschiebungen (siehe unter
▷Vaporware) dann im Februar 2007 ausgelieferte Version des
▷Betriebssystems Windows für Arbeitsstationen; zu den Neuerungen gehören eine neue ▷Benutzungsoberfläche mit leicht transpa-
renten und Schatten werfenden Fenstern (▷Aero) sowie vielen
kleinen Informationsdiensten, ferner mehr Sicherheitsfunktionen
und z. B. ein Kinderschutz, Spracherkennung, restriktivere Kopier-
möglichkeiten (▷DRM) in der Unterhaltungselektronik und vor
allem ein völlig an den Hersteller bindendes ▷Lizenzwesen; in dieses Kapitel gehört auch das Versionsmarketing; die kleinste Version „Home Basic" kann so wenig, dass das lizenzpflichtige Lösen
weiterer Versionen garantiert ist; im Zuge von W.V. ändern vor
allem aber die Anwendungen der Bürokommunikation ihre Benut-
zungsschnittstelle radikal; rückblickend war „Vista" ein riesiger
Flop: zu langsam, zu verspielt

Windows XP

Im Frühjahr 2001 bekannt gewordener Produktname für das neue
▷Client/Server ▷Betriebssystem von ▷Microsoft mit schrittweiser
Markteinführung ab Oktober 2001; XP war eine Weiterentwicklung
von ▷Windows 2000 („maintaining the core of 2000"), bereichert
mit ▷Multimedia-Funktionalitäten und einer neuen ▷GUI; mit XP
nahm Microsoft definitiv Abschied von ▷MS-DOS; technisch gesehen blieb XP ein ▷Multi Tasking / ▷preemptives ▷Multi Threading
Betriebssystem ausschliesslich für die ▷Prozessoren von ▷Intel
und mit dem ▷Dateisystem ▷NTFS; XP kam in mehreren Varianten: die „Home Edition" ersetzte W. Me im Einzelplatz-Heimmarkt,
„Professional" war die Einzelplatz-Version für ▷vernetzte Umgebungen mit einem ▷EFS und diversen Sicherheitsfunktionen; die
„64-Bit Edition" unterstützte ▷Itanium und IA-64er; weitere Versionen für ▷Server und Rechenzentren ab 2003; „XP" steht laut
Microsoft für „experience", „erleben" und darf auch mit „erfahren"
übersetzt werden

Windows XPE
Windows XP für ▷eingebettete Systeme im Spiel- und Unterhaltungsbereich

WinForms
Siehe unter ▷Windows Forms

Winner
Gewinner; ▷Transaktion, welche vor einem System- ▷Absturz erfolgreich beendet wurde (siehe ▷Commit); W. sind beim Wiederanlauf ▷redo-Kandidaten; siehe auch ▷Loser

WINS
Windows Internet Name Service; Brücke zwischen ▷Windows NT/ 2000 (▷NetBIOS / ▷NetBEUI) und dem ▷Domain Name System (DNS), weil Windows anfänglich dieses nicht unterstützte; der WINS Server übersetzt die Namen im Windows- ▷Netzwerk in ▷IP-Adressen

Winsock, Winsock-2
Spezifikation eines Konsortiums für ▷Bibliotheken und ▷Treiber, welche ▷Wintel-PCs den Zugriff auf ▷TCP/IP-Netzwerke ermöglichen; siehe dazu: ▷Socket; als Winsock-2 unterstützen diese Treiber auch andere Arten von Netzwerken, z. B. ▷IPX/SPX oder ▷ATM

W

Wintel
Windows-Intel; vom Markt geprägter Begriff für das Quasi-Monopol von ▷Windows- ▷Betriebssystemen und ▷Intel- ▷Mikroprozessoren in der ▷PC-Welt

wipe, Wiping
Wischen; vollständiges Ausradieren von ▷Daten ohne Wiederherstellungsmöglichkeit; zu löschende Daten werden mehrfach mit verschiedensten, gegenteiligen Datenmustern überschrieben; Begründung liegt in der Festplattenphysik: ein Bit ist eine magnetisier-

te Fläche, die leicht ins magnetische Substrat diffundiert je länger
das Bit unverändert bleibt; beim einfachen Überschreiben wird nur
die „Mitte" der magnetisierten Fläche verändert, das ursprüngliche
Bit ist am „Flächenrand" unter Spezialmikroskopen noch erkennbar; beim W. wird aufgrund der Intensität auch der Flächenrand
verwischt; siehe auch ▷degauss, ▷sanitize und ▷zeroize

wired, hard -
Fest verdrahtet, als ▷Schaltnetz oder ▷Schaltwerk realisiert; h.w.
stellt im Instruktions- ▷Register des ▷Prozessors den Gegensatz
zum ▷Mikrocode dar und ist z. B. typisch für ▷RISC

wireless
Drahtlos

Wiretapping
Legitimes und legales Abhören, Abhorchen von Kommunikationskanälen aller Art in ermittelnder Absicht, aber auch illegitimer
und/oder illegaler Lauschangriff

Wirth, Niklaus
Geboren 1934; Ausbildung als Elektrotechniker (El. Ing. ETH) und
einer der namhaftesten theoretischen Informatiker der Schweiz und
Europas; Mitwirkung an ▷ALGOL-68, Autor von ▷Pascal, ▷Modula,
Modula-2 und ▷Oberon; Verfasser unzähliger wissenschaftlicher
Werke, darunter der „Bibel" der Programmierung: „Algorithmen
und Datenstrukturen"; Pionier diverser ▷Informatik- und ▷Pro-
grammierparadigmen; W. ist Träger vieler internationaler Ehrungen, darunter der ▷ACM ▷Turing Award (1984), und lehrte bis 1999
an der Eidgenössischen Technischen Hochschule (ETH) in Zürich;
2007 Wahl in die Academia Europaea; siehe auch unter den jeweils
verwiesenen Stichwörtern

W

Wirtschaftsinformatik

Zweig der Informatik, der sich mit der Abbildung von (betriebs-) wirtschaftlichen Prozessen und Strukturen jeglicher Art und Komplexität auf informationsverarbeitende Systeme jeglicher Art und Komplexität befasst; ein Studium der W. liegt im Schnittmengengebiet von Betriebswirtschaftslehre, Rechtslehre und Informatik (theoretische, technische, angewandte und praktische); das Berufsbild hat mittlerweile ein eigenes Profil erlangt; gemäss der Erfahrung der Autoren haben Studierende der W. auch gute Kenntnisse in der Gastwirtschaft ...

Wirtsprache, Wirtssprache

▷Programmiersprache oder ▷Abfragesprache, deren ▷Quellcode den Quellcode einer ▷eingebetteten Sprache enthält; so kann z. B. die Programmiersprache ▷C eingebettetes ▷SQL enthalten

Witwe

In der Typografie: Übertrag des letzten Wortes eines Absatzes auf eine neue Zeile nach dem automatischen Seitenumbruch; ästhetischer Fehler

Wizard

Zauberer; siehe unter ▷Assistent

W

WLAN

Wireless ▷LAN; drahtloses LAN mit Funkverbindung zwischen den beteiligten Geräteeinheiten; W. wird in unseren Gefilden gemäss ▷Swenglish meist falsch als „wilän" ausgesprochen und hört sich dann an wie ▷VLAN; die korrekte Alternative „dabljulän" wird sich wohl kaum durchsetzen ...

WLAN, Ad-hoc- und Infrastruktur-

Wird in einem ▷WLAN über einen (evtl. mehrere) zentrale ▷Access Points (AP) kommuniziert, dann liegt ein Infrastruktur-W.

vor; kommunizieren die Endgeräte direkt miteinander ohne zentralen AP, dann liegt ein Ad-hoc-W. vor

WLL
▷Wireless ▷Local Loop; 1. Sammelbezeichnung für die ▷digitale, drahtlose Anbindung von Telefonanschlüssen an die Ortszentrale; siehe ▷Letzte Meile; 2. entsprechende ▷Spezifikation, welche in Europa indessen durch ▷DECT abgedeckt ist

WMF
▷Dateiformat für ▷Windows- ▷Metadateien; gute Austauschbarkeit unter Windows- ▷Applikationen

WML
Wireless Markup Language; an ▷HTML angelehnte ▷Seitenbeschreibungssprache für die Wiedergabe von ▷Web-Daten auf dem ▷Handy-Bildschirm; gekoppelt mit ▷WAP

WORA
Write Once – Run Anywhere; ▷Plattformunabhängigkeit einer Anwendung; das Konzept ist in der ▷„Java-Welt" wohl optimal umgesetzt, wird aber auch von der ▷„.NET-Welt" reklamiert

W

word, Word
1. ▷Datentyp ▷Wort; 2. als Produkt von ▷Microsoft wohl unbestrittener Marktführer bei den ▷Textverarbeitungs-Programmen; die erste Version von W. für ▷MS-DOS wurde im September 1983 auf einer Diskette (sic!) zu „PC World" gratis abgegeben; damit wurde auch erstmals einer Zeitschrift eine ▷digitale Beilage hinzugefügt; W. löste langsam den bisherigen Marktführer WordStar ab; siehe auch ▷Excel, ▷Access und ▷Office

Work Space
Bei ▷Microsoft eine ▷Datenstruktur, welche die ▷Sitzung eines Anwenders repräsentiert und u. a. deren ▷Identifikation und ▷Passwort enthält

Workflow Management
Versuch, die ▷informationsverarbeitende Tätigkeit im Büro durch grundlegende Neustrukturierung den technischen Möglichkeiten anzupassen; die Informationstechnologie und die informationsverarbeitende Arbeit sollen sich gegenseitig besser abstimmen; so strebt das WFM u. a. auch an, dass am PC weniger doppelspurige und unnütze Arbeiten anfallen: Untersuchungen sprechen von fünf Stunden pro Woche und Anwender für reines technisches „Dengeln"

Workgroups, Workgroup Computing
Team (-arbeit) in der Arbeitsplatzinformatik (▷IDV) bzw. Klasse von ▷Anwendungsprogrammen (▷Groupware), welche diese Teamarbeit unterstützen sowie die Nutzung von gemeinsamen ▷Ressourcen ermöglichen: Verwaltung von Aktivitäten (Sitzungen, Mailings), Informationen (Termine, Datenbestände, Dokumente, Ideen) oder ▷Zugriff auf vernetzte Geräteeinheiten wie Drucker

Working Set
Es existieren unterschiedliche Auffassungen und Definitionen: 1. Gesamtheit der aktuell im ▷Arbeitsspeicher liegenden ▷Seiten (Sicht der Theorie); 2. Menge der Seiten, die von einem Zeitpunkt aus gesehen im Verlauf der x zurückliegenden Speicherzugriffe referenziert wurden (Sicht von ▷Microsoft in ▷Windows); der Zeitabschnitt mit der minimalen Referenzmenge liefert die ▷Lokalitätsmenge

W

Works
Produktname diverser Hersteller für ihre multifunktionalen Applikationen in der Bürowelt, z. B. ▷ClarisWorks, später ▷AppleWorks

Workstation
Siehe unter ▷Arbeitsstation

World Wide Web
WWW; Teilbereich, eigentlich ein ▷Dienst, des ▷Internets für text-basierte und mit ▷Hyperlinks verknüpfte ▷Informationen; entwi-ckelt und 1990 lanciert am Europäischen Labor für Teilchenphysik ▷CERN; dank WWW- ▷Hypertext können im Internet verstreute, inhaltlich zusammengehörende Informationen in den unterschied-lichsten, zunehmend ▷multimedialen, Datenformaten zusammen-getragen werden, den Zugang zu WWW eröffnet man sich mit einem ▷Browser

World Wide Web Consortium
W3C; Konsortium zur Vergabe von ▷Normen im ▷WWW, na-mentlich zur Standardisierung von ▷XML und ▷HTML und vielen anderen mehr; www.w3.org

WORM, Worm
1. Write once – read multiple (times); optischer Speicher zum an-wenderseitigen Beschreiben und wiederholten Lesen; veraltete Daten können lediglich als unbrauchbar markiert werden und verkleinern den noch verfügbaren Speicherraum; 2. ▷Wurm (siehe dort), einer der Typen von ▷Malware

WORN
Write once – read never: humoristische Bezeichnung für die Fülle gespeicherter, aber nie verwendeter Daten und Dateien heutiger ▷Betriebssysteme und ▷Applikationen; phonetisch wie „Warnung"

Wort
1. und allgemein: Breite einer ▷binären ▷Sequenz in Anzahl ▷Bits; z. B. hat ein 32-Bit- ▷Betriebssystem auf dem (externen) ▷Da-tenbus eine W.breite von eben 32 Bits; 2. ▷Adresse, ▷Instruktion oder ▷Operand mit 16 Bits Breite; 3. entsprechend langer ▷Da-

tentyp in ▷Programmiersprachen und ▷Datenbanksystemen: positive ▷Ganzzahl (▷Integer) von 0 bis 65'535 als ▷dezimales Äquivalent eines dargestellten und ▷dual interpretieren Wortes

Wort, reserviertes -
1. klartextliches Wort oder ▷Zeichenkette – also ein ▷Bezeichner –
mit fester, nicht änderbarer Bedeutung in einer Programmier- oder
Datenbanksprache; 2. Bezeichner, der in einer künftigen Version
der Sprache als Schlüsselwort zu erwarten bzw. vorgesehen ist; ein
r.W. sollte in jedem Fall nicht als benutzerspezifischer Bezeichner
eingesetzt werden; siehe im Vergleich dazu Schlüssel- ▷Wort

Wort, Schlüssel-
Wort, das in einer Programmier- oder Datenbanksprache mit vorgegebener Schreibweise und Bedeutung als ▷Anweisung, ▷Funk-
tion, ▷Klausel, ▷Prädikat oder ▷Operator verwendet wird und als
▷Bezeichner deshalb nicht zur Verfügung steht; siehe im Vergleich
dazu reserviertes ▷Wort

Wörterbuchattacke
Siehe unter lexikalische ▷Attacke

WOSA

W

Windows Open Services Architecture; Spezifikation von ▷Micro-
soft, die Anwendungen unter ▷Windows eine möglichst weitgehende Kompatibilität innerhalb der Windows-Welt sowie den
Zugriff zu rückwärtigen Diensten (▷Datenbanken, ▷elektronische
Post usw.) in unternehmensweiten Computersystemen ermöglichen soll

WPA, WPA2
Wi-Fi Protected Access; im Jahre 2003 durch ▷Wi-Fi Alliance erlassene Sicherheitsspezifikation für die ▷Authentisierung sowie den
gesicherten Datentransfer im ▷WLAN; W. löst das reichlich löchri-
ge ▷WEP ab und ist mittlerweile in ▷IEEE 802.11i integriert; W. ist

etwas vereinfacht ein WEP (symmetrisch, ▷RC4, 128 Bits) mit integriertem ▷TKIP: ständig wechselnde Schlüssel, ▷Integritätsprü-
fung durch ▷Hashing; WPA2 ist eine Weiterentwicklung von WPA
mit dem Advanced Encryption Standard (▷AES)

WPAN
Wireless (drahtloses) ▷PAN; nicht zu verwechseln mit ▷PWLAN

WPKI
Wireless PKI; Geräte und Verfahren für eine ▷Public-Key-Infra-
struktur beim Nachrichtentransfer im ▷WLAN

WPS
Windows Printing System; Drucksystem unter ▷Windows, welches
die Aufbereitung der Seite in den PC verlagert und sie so dem Drucker bzw. seiner evtl. fehlenden ▷Seitenbeschreibungssprache ab-
nimmt; die ▷grafische Leistung ist viel geringer als mit ▷PostScript

WRAM
Window RAM; dem ▷VRAM ähnlicher ▷Grafikspeicher; zusätzlich
zum VRAM (siehe auch dort!) hat das W. einen eingebauten, spezi-
alisierten ▷Befehlssatz zur Grafikaufbereitung

W

wrap, Wrapping, wrap around
Umfliessen, einhüllen; vielerlei Bedeutungen wie: 1. ▷kapseln,
2. ▷abstrahieren; 3. ▷umlaufen; meist wird beim „Einhüllen" aus
etwas Einfachem, z. B. einem einfachen ▷Datentyp, etwas Komple-
xes, z. B. ein ▷Objekt, wie dies z. B. in ▷Java mit den Wrapperklas-
sen möglich ist; in ▷.NET würde man in diesem Zusammehang
vom ▷Boxing sprechen

WS-*
WS Star; Konsortium rund um ▷Microsoft, ▷IBM und Verisign für
Sicherheitsspezifikationen in ▷Webdiensten; die Spezifikationen

sind alle mit WS-XY benannt, z. B. ▷WS-Security; WS-* ist eine
direkte Konkurrenz zur ▷Liberty Alliance

WS-Security

Spezifikation von ▷WS-* für die Zwecksicherung von ▷SOAP-
Nachrichten in ▷Webdiensten: ▷Authentisierung, ▷Verschlüsse-
lung, ▷Signierung usw.

WSDL

Web Services Description Language, gesprochen als „wisdel";
▷Spezifikation des ▷W3C zur Beschreibung der Struktur und
Funktion eines ▷Webdienstes; eine ▷XML-Anwendung; ein Webdienst sendet als Erstes eine W.-formatierte Nachricht aus, wenn er
kontaktiert wird

WTLS

Wireless Transport Layer Security Protocol; durch ▷Verschlüsse-
lung gesicherter ▷Datentransport in der ▷Mobiltelefonie

Würfel

1. und in der Stereometrie ein Grundkörper, dessen Oberfläche
aus sechs Quadraten besteht; 2. auf dem Gebiet der analytischen
▷Datenbanken (▷Data Marts und Warehouses) ein modellhafter
„Körper", dessen drei oder mehr Dimensionen (Ausdehnungen)
angeben, nach welchen Kriterien ein ▷Indikator ausgewertet werden soll; Beispiel: der Indikator Geldumsatz wird ausgewertet nach
den Dimensionen Produkte, Regionen, Perioden – hier also nach
drei Dimensionen und noch als echter Würfel veranschaulichbar;
bei uns allerdings meist als „Cube" bezeichnet

Wurm

Form eines sabotierenden ▷Malware Programms: starke Vermeh-
rung im Arbeitsspeicher, selbst lauffähig und deshalb nicht auf ein
Wirtsprogramm angewiesen; Internet-W. sind pathologische Programme, die sich selbstständig vermehren und weiter verbreiten

Wurzel

1. Hauptknoten, „oberster" Knoten in einem ▷Baum; 2. als W.-
▷Verzeichnis (Root Directory) die Hauptebene der Ablagestruktur
von Dateien in einem ▷hierarchischen ▷Dateisystem; 3. Funktion
in Programmierwerkzeugen zum Ermitteln der Quadratw. einer
positiven reellen Zahl; 4. Lösung, Nullstelle einer Gleichung

WUXGA

Wide ▷UXGA, nicht identisch mit ▷UWXGA; ▷Grafikmodus für
PC-Bildschirme, 1'920 × 1'080 ▷Punkte, 16:9, und identisch zu
▷HDTV resp. Full-HD bei Fernsehern

WWW

▷World Wide Web; humoristisch, aber zutreffend ab und zu auch
für „weltweites Warten" (world wide waiting) verwendet ...

WXGA und WXGA+

Wide ▷XGA; ▷Grafikmodus für PC-Bildschirme, typischerweise
1'280 × 800 ▷Punkte mit 16 Millionen Farben; WXGA+ ist
1'400 × 900, 14:9; es gibt noch weitere abweichende Definitionen
(1'440 × 900, 16:10 uvw.)

W WYSBYGI

What you see before you get it; 1. Möglichkeit zum Vorvisionieren
von Parameteränderungen, bevor diese verworfen oder endgültig
akzeptiert werden (oft als ▷Schaltfläche „Zuweisen"); 2. Probesicht
(▷Preview) auf einen Text oder eine Grafik vor deren endgültigem
Laden

WYSIWYG

What you see is what you get: Ausdruck im electronic ▷Publishing,
druckfertige Darstellungsmöglichkeit eines ▷Dokuments auf dem
Bildschirm

X

X
Siehe unter ▷X Window System (meist ohne Bindestrich – einen solchen zu setzen, ist ein Sakrileg; beachte dazu auch den Querverweis)

X Window System
Entwicklung von ▷DEC und ▷MIT und heute ein De-facto- ▷Standard für grafische ▷Benutzungsoberflächen (GUI) bei Terminals oder Arbeitsstationen in der ▷Unix-Umgebung; die Norm spezifiziert die Schnittstelle zwischen einem Fenstermanager (▷Client, wie z. B. ▷KDE) und dem ▷X-Server, welcher die Grafik-Hardware abstrahiert, sie stellt selbst also noch keine GUI dar; etwas verwirrend für den Einsteiger ist, dass der Client und der Server bei Einplatz-Lösungen in einem Gerät laufen; Unix-Puristen lassen die gekürzte Bezeichnung „X Window" nicht gelten, „X Windows" gilt gar als Blasphemie – allenfalls sind „X11" oder einfach „X" geduldet ... ; 1987 wurde die erste ▷Version freigegeben, seit 1996 wird X von ▷X.Org weiterentwickelt

X-Code
Eine Art maschinenunabhängiger ▷Assemblercode, wie er von einigen ▷Compilern als Zwischenprodukt hergestellt wird/werden kann

x-Höhe
In der Typografie: Höhe eines Kleinbuchstabens ohne ▷Ober- und ▷Unterlänge

X-Protokoll
▷Protokollsammlung des ▷X Window Systems

X-Server
Virtuelle Maschine für das Grafiksystem im X-Protokoll des ▷X
Window Systems, ein Geräteserver; die ▷Dienste des X-Servers
werden von ▷Klienten (genannt X-Terminal oder ▷Window Manager wie z. B. ▷KDE) beansprucht, welche daraus eine ▷GUI
aufbauen

X-Terminal, xterm
▷Terminalemulation für die ▷X Window System-Umgebung; xterm
emuliert ein ▷zeichenorientiertes ▷VT-102 ▷Terminal oder ein
▷monochrom-grafisches Tektronix-4014 Terminal

X.25
Digitales ▷paketvermitteltes Datennetz; Spezifikation auf ▷OSI-
Schicht 2; die Daten werden an eine Zentrale geschickt und durch
die ▷Telco in Paketen zu 128 Bytes weitergesendet, dies ergibt eine
gute (Abhör-)Sicherung der Daten; die Übertragungsrate beträgt
bis 64 kbps

X.28
▷Zeichenorientierter Zugang zu einem ▷Paketvermittlungsrechner,
welcher seinerseits die ▷Konversion in ▷X.25 bewerkstelligt; dies
ist der normale Zugang eines PCs in ▷X.25, weil er via Telefonleitung erfolgt und der PC die Pakete nicht selbst herstellt

X.400, X.4xx
Sammlung von ▷ITU-T- ▷Protokollen (▷OSI-Schicht 7) für elektronischen Datenaustausch und elektronische Mitteilungsdienste
(Message Handling System, ▷MHS) für deren Benutzerschnitt-
stellen, die ▷Codierung der Nachrichten usw.; auf der Basis
von X.400 wurden kompatible Systeme für elektronische Post
(▷E-Mail) hergestellt; als Träger für X.400-Dokumente dient das

X

▷X.25-Netz; ist wegen ▷SMTP-Mail etwas in den Hintergrund
gerückt

X.500
Im Jahre 1988 von der ▷ITU-TS entwickelte – jetzt bei ▷ISO
normierte – Empfehlung für ▷Verzeichnisdienste im Sinne einer
hierarchischen, verteilten Datenbank; X.500 ist in der obersten
Schicht 7 von ▷OSI anzusiedeln; die Norm definiert auch diverse
▷Protokolle für den Zugriff und Unterhalt des Verzeichnisses, aber
nicht die Implementierung für konkrete Netzwerkprotokolle und
Betriebssysteme; siehe ▷LDAP und ▷Active Directory; X.500 ist gewissermassen die Datenbasis für solche Verzeichnisdienst-Imple-
mentationen

X.509vn
Norm von ▷ITU-T für den Aufbau, Inhalt sowie den Austausch
von ▷Zertifikaten; n ist die Version

X.75
▷Protokoll der Datenübertragung zweier ▷ISDN-Gegenstellen, z. B.
einer ISDN-Karte und einer ▷digitalen ▷Telefonzentrale; die
Transferrate beträgt 64 kbps

X.nn
▷Schnittstellenkonzepte der ▷ITU-T für ▷Datennetze

x.Org
Internationales, hersteller- und technologieneutrales Konsortium
aus Unternehmungen, Schulen, Vereinen für die Entwicklung des
▷X Window Systems; www.x.org

X/Open
Vereinigung grosser europäischer Computerhersteller mit dem Ziel
einer offenen, auf ▷Unix basierenden System-Architektur; diese
nennt sich Common Application Environment, CAE; X. ist ferner

Zertifizierungsinstanz für alles, was sich Unix nennen will; heute
Teil von ▷The Open Group; www.opengroup.org

X11
Siehe unter ▷X Window System

XAMP, XAMPP
Erklärt unter ▷LAMP

xBASE, XBase
1. Sammelbegriff für alle ▷Datenbanksysteme, die in der ▷Kom-
mandosprache und den ▷Datenschnittstellen kompatibel waren
mit ▷dBASE und deshalb dessen ▷Schemata ansprechen konnten;
2. Empfehlung des ▷W3C aus dem Jahr 2001 für eine verkürzte
(Platzhalter-)Schreibweise von ▷URIs, so z. B. in ▷XLink; das un-
populäre XBase gilt als Erweiterung von XLink

Xbox
Offizielle Schreibweise für eine ▷Spielkonsole mit ▷DVDs von
▷Microsoft; angekündigt im Frühjahr 2000, europäische Markteinführung im März 2002: ▷Pentium III, interne ▷Festplatte und
wesentlich höhere ▷Auflösung als die gängigen Konkurrenz-
produkte

Xcode
Grosse und prominente ▷IDE unter ▷Mac OS X; ermöglicht die
komfortable Entwicklung von Applikationen für Mac OS, ▷iPho-
ne, ▷iPod unter Objective ▷C; eng integriert mit ▷Cocoa und mit
dem ▷Interface Builder; bietet einen grafischen ▷Debugger, Auto-
ergänzung, ▷Signierung von Applikationen, Codeanalyse usw.

XD
Execution Disable (Sicherheits-Bit); Äquivalent von ▷Intel zum
▷NX Bit von ▷AMD; Erklärung dort

XDR

External Data Representation Protocol; auf ▷TCP aufsetzendes ▷Protokoll von ▷Sun Microsystems zur architekturunabhängigen Darstellung (▷OSI-Schicht 6) von Daten, wie sie z. B. ▷RPC und das ▷NFS brauchen

xDSL

Überbegriff für breitbandige Daten- ▷Mietleitungen auf Kupferbasis auf der ▷Letzten Meile: ▷VDSL, ▷HDSL, ▷IDSL, ▷ADSL, ▷RADSL, ▷SDSL und ▷UDSL; siehe je dort; pauschale Definition unter ▷DSL; bei der ▷ITU-T besteht dazu die umfangreiche Normenfamilie G.990

Xenix

Von ▷Microsoft stammendes, auf kommerzielle Anwendungen mit Mikrocomputern der ▷Intel-Plattform spezialisiertes ▷Unix- ▷Derivat; Anfang der 1990er Jahre aufgegeben

XFree86

▷Open Source Variante des ▷X Window Systems, die folglich vor allem im ▷Linux-Umfeld eingesetzt wird

XGA

Extended Graphics Array; ▷Grafikmodus für PC-Bildschirme von ▷IBM im ▷Mikrokanal und ▷EISA, typischerweise 1'024 × 768 ▷Punkte und 256 aus 262'144 Farben auf ▷analogem Bildschirm; ▷Zeichenmatrix 9 × 16 Punkte; 64 Graustufen in monochromer Darstellung; in den meisten Belangen die gleichen Eigenschaften wie Vorläufer 8514/A, jedoch ▷noninterlaced; der Standard XGA-2 unterscheidet sich in der ▷Bildwiederhol- und ▷Zeilenfrequenz

XHTML

Extensible HTML; ▷W3C-Empfehlung aus dem Jahre 2000 (2.0: 2006) für ein ▷HTML, welches den syntaktischen Anforderungen

von XML genügt; XHTML 1.0 baut auf HTML 4.0 auf, ist eine
▷XML-Anwendung und basiert auf drei ▷DTDs mit je unterschiedlichen Restriktionen; in XHTML erfasste Dokumente bedürfen keiner Transformation, wie dies bei reinen XML-Dokumenten
üblich ist, bevor ihre Inhalte im Browser zur Anzeige gelangen
können

XLink
Spezifikation und Syntax des ▷W3C (1.0: 2001, 2.0: 2008) für flexib-
lere, nämlich z. B. bidirektionale oder mehrfach-adressierende
▷Hyperlinks

XMI
XML Meta Data Interchange; Spezifikation zur Verknüpfung von
▷XML mit ▷objektorientierten ▷Strukturen bzw. Sprachen wie
z. B. ▷UML

XML
Extensible Markup Language; nicht die „Mutter" (diese wäre
▷SGML), aber der „König" aller ▷Auszeichnungssprachen (▷Mark-
up Languages); in XML formatierte Dokumente müssen einer sehr
strengen ▷Syntax gehorchen und sind dann „wohlgeformt"; sie
können ferner einem ▷Schema genügen und sind dann zusätzlich
„gültig"; je nach Betrachtungsweise oder Zweck kann XML betrachtet
 werden als ▷Meta- ▷Sprache zur Definition so genannter XML-An-
wendungen wie z. B. ▷SOAP oder ▷SMIL; eine andere Betrachtungsweise sieht XML als universelles, maschinen- und menschenlesbares
Datenformat, mit dem sich vor allem ▷Prozesse Daten zuschieben;
siehe dazu z. B. ▷Webdienste; ein simples, wohlgeformtes XML-
Dokument sieht wie folgt aus:
<buchverzeichnis><buch> <titel>Lexikon </titel><autor projekt-
leitung ="ja">Fischer </autor><autor>Hofer</autor></buch>
</buchverzeichnis>

XML Schema
Syntax des ▷W3C für das Inhaltsmodell von ▷XML-Dokumenten; das (im Gegensatz zur ▷DTD) selbst als XML-Dokument vorliegende Schema definiert u.v.a., wie Elemente und Attribute im ▷Instanz-Dokument heissen, in welcher Sequenzierung und wie oft sie vorkommen können, wie sie geschachtelt sein müssen und welche Werte (-bereiche) darin vorkommen dürfen; XML-Sch. ist jünger (2001) und mächtiger als DTD

XML-Anwendung, -Vokabular
Auf eine spezifische Verwendung hin eingeschränkte und definierte Menge von XML- ▷Elementen und XML- ▷Attributen; ein XML-Dokument, das die entsprechende Spezifikation erfüllt, heisst „gültig"; es existieren mittlerweile Hunderte solcher XML-A.; sie decken Anwendungen von der Molekülbeschreibung bis hin zur Finanztransaktion ab

XML-RPC
XML Remote Procedure Call; ähnlich ▷SOAP und ▷REST ein ▷Protokoll zur Kommunikation von verteilten Anwendungen über ▷HTTP und ▷XML; ▷Middleware; www.xmlrpc.com

XMODEM, XMODEM-CRC, XMODEM-1K, XMODEM-1Kg
Transmit by ▷Modem; 1977 entwickeltes und später quasi-standardisiertes, zusammen mit Kermit ältestes ▷Protokoll zur Übermittlung von ▷Binärdateien in der Klein- ▷Dfü; Blöcke zu 256 Bytes, fehlerkorrigierend; siehe auch ▷YMODEM und ▷ZMODEM; in der Version ▷CRC wurde ein etwas ausgereifteres Prüfverfahren eingeschaltet, und die ▷Terminalprogramme stellten sich beim Vorhandensein diesen Modus meist selbst ein; 1K hatte die grössere ▷Blocklänge von 1'024 Bytes; 1Kg meldete nichts zurück, sondern brach bei falscher Übertragung einfach ab – die Fehlerprüfung wurde in die schnellere Hardware verlagert

X

XNS

Xerox Network System; mehrschichtiges Netzwerk- ▷Protokoll von Xerox, zum Teil adaptiert von ▷Novell

XON/XOFF

Transmit On/Transmit Off; Start-Stopp-Meldung der ▷Peripherie an die ▷asynchrone ▷Schnittstelle, z. B. seitens des ▷seriellen Druckers während des Ausdrucks

XOR

Exclusive ▷OR; ▷logische Verknüpfung; ▷Antivalenz: C ist dann und nur dann wahr, wenn entweder A oder B, aber nicht beide zusammen wahr sind; vereinfacht: ... wenn A und B unterschiedlich sind; gehört nicht zu den logischen Grundfunktionen, wird in diversen Bausteinen aber angeboten; siehe auch ▷Disjunktion, ▷Konjunktion, ▷Negation

XP

Siehe unter ▷Extreme Programming

XPath

XML Path Language; Navigations- und Zugriffssyntax zur Adressierung von ▷Elementen und ▷Attributen in einem ▷XML-Dokument, indem durch die Knoten des ▷baumartigen Aufbaus dieser Dokumente navigiert wird; Empfehlung des ▷W3C aus dem Jahr 1999, als Version 2.0 seit 2007

XPointer

XML Pointer Language; Verfeinerung der Zugriffssyntax von ▷XPath für die Adressierung kleinerer Definitionseinheiten als ▷Elemente und ▷Attribute; wenig populäre Empfehlung des ▷W3C

XPS
XML Paper Specification; von ▷Microsoft quelloffen verfügbare
und der ▷ISO zur Normierung vorgelegte Spezifikation für eine
▷XML basierte Dokumentformatierung und letztlich ein Konkurrenzprodukt zu ▷PDF von Adobe

XQuery
Durch das ▷W3C im Januar 2007 als Version 1.0 erlassene Empfehlung für eine Sprache zwecks Befragung von Struktur und Inhalt
von ▷XML-Dokumenten

XSD
XML Schema Definition; konventionelle Dateinamenserweiterung
für ▷XML Schemata

XSL
Extensible Stylesheet Language; ▷Syntax für die Formatierung bzw.
Präsentation bzw. Transformation von ▷XML-Dokumenten; die
Syntax liegt als ▷wohlgeformtes XML-Dokument vor; die häufigste
Anwendung von XSL ist ▷XSLT

XSLT
▷XSL Transformations; als ▷wohlgeformtes ▷XML-Dokument nie-
dergeschriebene ▷Syntax zur Überführung eines XML-Dokuments
in ein Dokument, das einer anderen syntaktischen Spezifikation
gehorcht, dies kann wiederum XML sein oder ▷HTML, ▷XHTML,
▷SQL usw.; XSLT kann (zusammen mit einem entsprechenden
Prozessor) also ein XML-Dokument in ein reines Textdokument
übersetzen oder eine ▷XML-Anwendung in eine andere

XSS
Siehe unter ▷Cross Site Scripting

XTACACS
Extended ▷TACACS, siehe dort

XUL

XML User Interface Language; plattformübergreifende, freie ▷Seitenbeschreibungssprache, die von ▷Gecko interpretiert wird, um Darstellungen von Webseiten oder Webapplikationen zu rendern; XUL erinnert an ▷DHTML; XPCom und XPConnect sind ergänzende Technologien zum Einbinden von ▷Bibliotheken in XUL

Y

Y2k
Generell: Year 2000; in der Fachliteratur damals allerdings eine gängige Abkürzung für den ▷Millennium-Fehler

Yahoo!
1. Aufschrei der Freude, wenn überraschenderweise etwas geht – in Anlehnung an den Ruf des Archimedes von Alexandria anlässlich der Entdeckung der Gesetze des Auftriebs: heureka!; 2. Yet Another Hierarchical Officious Oracle (!): thematisch gegliederter ▷Index der Stanford University über die Themen im ▷World Wide Web, gebaut 1994 von den Stanford-Doktoranden David Filo und Jerry Yang, als Firma gegründet 1995; heute eine erfolgreiche, kommerzielle ▷Suchmaschine (treffender: ein ▷Katalog) im Web, siehe unter ▷Suchmaschine; Hauptsitz Sunnyvale, Kalifornien; www.yahoo.com

Yellow Pages
Nicht mehr erlaubter, weil in Grossbritannien durch British Telecom geschützter Begriff für den ▷Network Information Service, NIS

Yielding
Ernte, Ertrag; aus der Sicht des Prozess- ▷Schedulers oder anderer ▷konkurrierender ▷Prozesse: Erhalt des ▷Prozessors von einem gerade rechnenden Prozess; aus der Sicht dieses rechnenden Prozesses: freiwillige, also nicht ▷präemptive Abgabe des Prozessors

YMODEM, YMODEM-g

Quasi-standardisiertes ▷Protokoll zur Übermittlung von ▷Binär-
dateien in der Klein- ▷Dfü; ▷Blöcke variabel bis 1'024 Bytes, ▷feh-
lerkorrigierend, Mitgabe des Dateinamens, Verkettung von mehreren Dateien; in der Version g ohne Rückmeldung an den Sender,
sondern mit ▷Abbruch bei ▷Fehler, die Fehlerprüfung wurde in
die ▷Hardware verlagert; siehe auch ▷XMODEM und ▷ZMODEM

Z

Zählschleife
▷Schleife, deren Anzahl Durchläufe durch einen ▷ordinalen ▷Schleifenzähler, in der Regel eine ▷Integer-Variable, mit festem ▷Inkrement oder ▷Dekrement gesteuert wird

Zeichen
Kleinste, einen Sinn ergebende und zu verarbeitende ▷Informationseinheit im Computer wie: Buchstabe, Ziffer, ▷Sonderzeichen usw.; der Speicherbedarf zur internen Repräsentation eines Z. ist in der Regel ein Byte: Wörter wie „Manuella" oder „Herz" brauchen demnach acht bzw. vier Bytes, eine Postleitzahl „5413" ebenfalls vier, es sei denn, sie würde ▷numerisch als ▷Ganzzahl 5'413 codiert, damit sie für mathematische ▷Operationen zur Verfügung steht; da in den Systemen als Z.-Satz zunehmend ▷Unicode verwendet wird (z. B. in ▷Linux oder ▷Java) beträgt der Speicherkonsum für ein Z. oft 2 Bytes; beachte dazu ▷Unicode und ▷UTF

Zeichen, diakritisches -
Unterscheidend (griech.); Zeichen ohne eigenständige Existenz, sondern ein Schriftzeichen oben, unten oder im Innern ergänzend und meist als Hinweis für eine spezielle Aussprache; Beispiel: Akzente oder das ▷Caret

Zeichencodierung
1. und allgemein: eineindeutige Abbildung von ▷Zeichen auf ▷binäre Muster; 2. Angabe, welche Tabelle verwendet werden muss,

um die Werte einer länderspezifisch codierten Zeichenkette korrekt darzustellen; vergleiche ▷ISO/IEC 8859

Zeichenkette

▷Array einzelner ▷Zeichen: Worte, Sätze, Namen usw. werden in der Informatik als Z. gehandhabt; auch String genannt; als ▷Datentyp sind Z. komplex, werden aber in vielen ▷Programmiersprachen und in ▷Datenbanken wegen ihrer grundlegenden Bedeutung wie primitive Datentypen gehandhabt; zur Begrenzung enden Z. entweder mit einem ▷White Space oder im ersten Feld ist ihre Länge eingetragen; in höheren Programmiersprachen und Datenbanken geht mit der Z. eine ▷Zeichencodierung einher, weshalb pro Zeichen mehrere Bytes nötig sein können

Zeichensatz

1. und allgemein: Gesamtheit aller in einer ▷Sprache benutzten Buchstaben, Ziffern und Symbole; 2. in der Textverarbeitung synonym zu ▷Font; 3. bei Grafikkarten das jedem Zeichen zugeordnete ▷Bitmuster

zeigen

Grundoperation mit der ▷Maus: den Mauszeiger auf ein ▷Objekt richten

Zeiger

1. in einer ▷Variablen oder einem ▷Register gehaltene ▷Adresse einer ▷Ressource, z. B. abermals einer Variablen, eines Deskriptors, eines einzelnen Bytes, einer Prozessor-Instruktion usw.; 2. speziell: Adresse für einen ▷dynamischen ▷Datentyp, z. B. ein ▷Objekt, dann eher ▷Referenz

Zeigerarithmetik

Wohl dem geübteren ▷Programmierer vorbehaltenes, direktes Manipulieren von ▷Adressen (eben: ▷Zeigern); hierbei kann man schnell einmal in geschützte Speicherräume geraten; verbreitete und noch überschaubare Anwendungen von Z. sind ▷Offsets

Zeilenfrequenz
Mass für die Häufigkeit waagrechter Zeilenläufe durch den Elektronenstrahl in der ▷Bildschirmröhre (▷CRT); die Z. bestimmt, dividiert durch die senkrechte Zeilenzahl, die ▷Bildwiederholfrequenz; eine hohe ▷Auflösung, das ▷Noninterlacing und die Forderung nach Flimmerfreiheit verlangen eine hohe Z.

Zeitscheibe
Im ▷Multi Tasking jeder beteiligten ▷Anwendung zugewiesene ▷Prozessorzeit in Bruchteilen von Sekunden; auch ▷Quantum

Zeitstempel
Durch das System meist einer Aktivität zugeordnete Zeitmarke mit Datum und Uhrzeit in Sekundenbruchteilen, z. B. zur ▷Synchronisation von ▷Transaktionen und/oder ▷Sperren; viele Systemumgebungen kennen dazu einen eigenen ▷Datentypen, z. B. TIMESTAMP in ▷SQL

Zelle
1. Datenfeld in der ▷Tabellenkalkulation; 2. sehr kleines Daten-▷Paket in der Datenkommunikation, namentlich in ▷ATM und ▷DQDB; 3. durch einen Sender und/oder Anbieter abgedecktes, geografisches Gebiet in der ▷Mobiltelefonie; Femto: bis -zig m; Pico: bis 100 m; Mikro: 100 m bis 2 km; Makro: 2 km bis 40 km Radius; an der Z.-Grenze ist ▷Handover oder gar ▷Roaming

zellular, zellulare Telefonie

Z

▷Mobiltelefonie in der Form ▷analog (Schweiz: ▷Natel-C) oder ▷digital (▷Natel-D GSM)

Zend

1. Firma Zend Technologies Ltd., gegründet 1999 durch Andi Gutmans und Zeev Suraski, Hauptsitz in Ramat Gan, Israel; entwickelt und vertreibt ▷PHP sowie breit gefächerte ▷Libraries und vielfältige Werkzeuge rund um PHP; Z. arbeitet eng mit der Open Source PHP-Community zusammen; www.zend.com; 2. Zend ▷Engine, die Verarbeitungsmaschine für PHP Code, bestehend aus PHP ▷Compiler und virtueller Maschine zur Ausführung des erzeugten ▷Bytecodes; die beiden Z. Firmengründer entwickelten die Z. Engine Version 1 in enger Zusammenarbeit mit Rasmus Lerdorf, dem Initiator von ▷PHP

Zentraleinheit

Kernstück eines ▷Computersystems; bei Grosssystemen: Gehäuse mit ▷Steuerwerk, ▷Rechenwerk sowie dem ▷Arbeitsspeicher; bei ▷Kleincomputern: Gehäuse mit den ▷Plattenlaufwerken in Ergänzung zu den oben genannten Einheiten

Zentralspeicher

Siehe unter ▷Arbeitsspeicher

Zero Administration …

Eine Initiative von ▷Microsoft für den zukünftigen PC mit „Null-Aufwand" in der Bedienung; die Firma hat sich mit zunehmend schwächer bewältigter Komplexität ihrer Produkte, immer komplexeren ▷Architekturen und immer mehr überflüssigen Funktionalitäten selbst den besten Nährboden für die neue Initiative geschaffen; der angesprochene „zukünftige PC" wird möglicherweise „in the year 2525" kommen, was der Hymne der damaligen Hippies (ebenfalls Westküste) einen digitalen Sinn gäbe

zeroize

Vollständiges Löschen von magnetischen Datenträgern durch (mehrfaches) Überschreiben mit 0-Bits; auch ▷degauss, ▷wipe (dort mit physikalischer Erklärung) oder ▷sanitize

Zertifikat, Zertifizierung

▷Public-Key-Infrastrukturen sind auf öffentliche ▷Schlüssel angewiesen; diese jedoch sollten ihrem Inhaber eineindeutig und vertrauenswürdig ausgehändigt werden, und genau dazu dienen Zertifizierungsstellen; ein Z. enthält u. a. ▷authentisierende Angaben zum Schlüssel-Inhaber, zum Verfall des Schlüssels usw.; Z.-Stellen sind oft staatliche Ämter oder halbstaatliche Institutionen; das Z. kann also verglichen werden mit dem behördlichen Stempel im Reisepass; Z. sind typischerweise Dateien im ▷X.509-Format

Zertifizierungsstelle

Staatliche oder staatlich anerkannte Organisation mit der Befugnis, Komponenten einer ▷PKI zu erzeugen und verwalten, namentlich die ▷Zertifikate

ziehen

Grundoperation mit der ▷Maus: ein ▷Objekt bei gedrückter Maustaste bewegen; vergleiche ▷drag; vergleiche ▷Klick, ▷Doppelklick und ▷zeigen

Zielwert, Zielwertanalyse

▷Iterative Veränderung von Bezugsdaten, bis ein bestimmter Sollwert erreicht ist; die Z. ist vor allem in der ▷Tabellenkalkulation bekannt

ZIF

Zero Insertion Force; Prozessorsockel, der mit einem seitlichen Hebel versehen ist, durch den sich der ▷Prozessor mit geringem physikalischem Kraftaufwand herausziehen lässt; siehe auch ▷LIF

ZIP

1. Dateinamenserweiterung für ▷Binärdateien, welche mit dem ▷Shareware-Programm ▷PKZip oder WinZip ▷komprimiert wurden; Erfinderin des Kompressions- bzw. ▷Archivformats ist die Firma PK-Ware; 2. Speicherlösung der Firma Iomega für magneti-

Z

sche ▷Wechselplatten: 100 und 250 MBytes auf 3.25 Zoll; spezielles ▷Laufwerk; grosse Verbreitung, heute veraltet

Zirkelbezug

Direkter (Formel) oder indirekter ▷Bezug (via ▷Vorgänger und ▷Nachfolger) auf die eigene ▷Zelle in der ▷Tabellenkalkulation; führt zu einer beabsichtigten oder unbeabsichtigten ▷Iteration oder gibt gar einen ▷Fehlerzustand

ZMODEM

Quasi-standardisiertes ▷Protokoll zur Übermittlung von ▷Binärdateien in der Klein- ▷Dfü; keine feste, sondern der Leitungsqualität angepasste ▷Blocklänge bis 1'024 Bytes; automatische Wiederaufnahme einer unterbrochenen ▷Kommunikation; das ▷Herunterladen konnte selbstständig eingeleitet werden; siehe auch ▷XMODEM und ▷YMODEM

Zoll

Mittelalterliches und im angelsächsischen Raum noch heute verwendetes Längenmass: in Sachsen war ein Zoll die Länge von drei Gerstenkörnern aus der Mitte einer Ähre; 12 Z. gaben ein Fuss und zwei Fuss eine Elle (Angaben aus dem Staatlichen Mathematisch-Physikalischen Salon im Dresdner Zwinger); das US-Z. hat gerundet 2.54 cm

Zombie

Apathischer Typ, Schwachkopf; in der Horrorliteratur: wieder erwachter und hungriger Toter und ... 1. in der ▷Betriebssystem-Theorie: ▷terminierter ▷Prozess, der in der Prozesstabelle noch eingetragen ist, aber seine ▷Betriebsmittel schon freigegeben hat; der Prozess wurde zum Z., weil sein Elternprozess seine Terminierung nicht abwartet (▷wait) oder evtl. gar nicht mehr existiert und er deshalb vom Urprozess (▷init) abgeräumt werden muss; der Z. wird spätestens dann abgeräumt, wenn sein ▷Exit Code erfragt wird; 2. (evtl. unbemerkt) unter Kontrolle eines ▷Hackers / ▷Knackers stehender Computer, der zum Eindringen in dritte Systeme oder für DDoS ▷Attacken gebraucht wird

Zone und Sicherheits-

1. grosses, in sich geschlossenes ▷Segment eines ▷LANs; eine Z. enthält viele Teilnehmer, ▷Peripheriegeräte usw. und kann unabhängig von einer anderen Z. funktionieren bzw. sich von dieser abkapseln; in der Regel werden alle Z. durch einen ▷Dateiserver bewirtschaftet; 2. Gruppe von ▷Spuren mit gleicher Anzahl ▷Sektoren auf der Festplatte; bestünde die Platte nur aus einer Z. so ergäbe sich in den innersten Spuren eine gefährliche Bit-Dichte; siehe auch Zone Bit ▷Recording; 3. in der IT ▷Security ein Bereich, in dem die enthaltenen Komponenten sich gegenseitig Vertrauen, also eine Sicherheitszone; Zonenwechsel braucht z.B. ▷Authentisierung

Zone, demilitarisierte -, entmilitarisierte -

Nicht eben pazifistische Bezeichnung für den durch zwei ▷paketfilternde ▷Router getrennten Bereich zwischen dem geschlossenen, privaten und sicherheitsbedürftigen ▷LAN sowie öffentlichen ▷Netzwerkstrukturen, wie denen des Internets; in der DMZ werden öffentlich zugängliche Bereiche installiert, so z.B. der ▷Web- ▷Server einer Unternehmung, ein Anschlagbrett, ein Stellenangebot oder der ▷E-Mail- oder ▷FTP-Server; siehe ferner ▷Proxy

Zoom

Verzerrungsfreie, zentrische ▷Skalierung eines Objekts, des Bildschirminhalts usw.; auch Ausschnittvergrösserung in ▷CAD, ▷DTP, Bildprogrammen usw.; in Office-Programmen eher die „Distanz" zwischen Betrachter und Arbeitsdokument

Z

Zufall, Zufallszahl

1. und allgemein: ein Ereignis, das nicht voraussagbar ist; eine Z.z. ist somit eine generierte Zahl, die nicht im Voraus bestimmt werden konnte; auch: eine Z.z. ist ein konkreter Wert, den eine Zu-

fallsvariable gerade annimmt; da die „Zufallszahlen" immer einem
▷Algorithmus entspringen, sind sie gar nicht rein zufällig, sondern
sie bilden eine ▷deterministische Folge, so genannte Pseudo-Z.z.;
die entsprechenden Algorithmen sind jedoch so ausgereift, dass
sich eine sehr flache Verteilung der Zufallswerte ergibt; reinste
Zufälle gibt es von physikalischen Generatoren, z. B. Wärmerau-
schen oder vom Quantenspin: www.randomnumbers.info; 2. in der
Programmierung sehr häufig beanspruchter Ausgangs- oder Ziel-
wert für spezielle, auf Zufälligkeit angewiesene Verfahren, gewonnen mit Funktionen wie RAND(); Anwendungsbeispiele: zufällige
Auswahl aus einer Population, ▷stochastische Programmierung,
▷Monte-Carlo-Methoden usw.

Zugang
▷Physikalischer Einlass in einen gesicherten Raum; nicht synonym
zu ▷Zugriff; das englische ▷Access kennt diese begriffliche Trennung zwischen Z. und Zugriff nicht

Zugriff
Fluss von ▷Daten zwischen einem ▷Subjekt und einem ▷Objekt;
nicht synonym zu ▷Zugang; das englische ▷Access kennt diese begriffliche Trennung zwischen Z. und Zugang nicht

Zugriffsrecht
Konkrete Aussage, welches ▷Subjekt mit welchem ▷Objekt welche
Aktion durchführen darf; Primitiva sind: read (Lesen), write
(Schreiben), execute (Ausführen), delete (Löschen), search (Durch-
suchen, nur für Pfade); unter ▷Unix / ▷Linux können sich die Z. pro
Anwenderkreis unterscheiden: 1) ▷Eigentümer, 2) ▷Gruppe, der
der Eigentümer zugehört und 3) „ganze Welt", alle: User/Group/
Others oder kurz: UGO; vergleiche auch ▷suid, Sticky ▷Bit

Zugriffszeit
Verstreichende Zeit von der Ausgabe eines Zugriffsbefehls bis zum
Beginn des Lese- oder Schreibvorgangs

Zuordnungseinheit

Etwas zungenbrecherischer Name für einen ▷Cluster auf dem ▷Datenträger; „Verwaltungseinheit" wäre weit treffender und ist deshalb wohl nicht gebräuchlich …

Zuse, Konrad

1910–1996; stellte 1937 den ersten wirklich betriebsfähigen, ▷programmgesteuerten Rechen- ▷Automaten vor, die mechanische Z1: sie basierte vollständig auf dem ▷Binärsystem, Zahlen wurden in ▷Potenzschreibweise repräsentiert; 1941 folgte die Z3 mit 2'000 Relais, also elektromechanische Schalter; die vollelektronische Z4 entstand 1949 und wurde an die ETH Zürich vermietet; die kriegsversehrte Z3 steht heute als Rekonstruktion und die Z4 im Original im Deutschen Museum in München; Z. gründete 1949 ein eigenes Unternehmen, das 1966 von Siemens übernommen wurde; Z. gilt ausserdem als Vater der ersten ▷Programmiersprache; von 1941–1945 entwickelte er parallel zu seinen Maschinen die algorithmische Programmiersprache „Plankalkül", die sich aber gegen die US-Entwicklungen der Nachkriegszeit nicht durchsetzen konnte; vergleiche auch ▷Aiken

Zusicherung

1. beim ▷Korrektheitsbeweis: prädikatenlogischer Ausdruck, der einen bestimmten Zustand von ▷Variabeln an einer Programmstelle erfasst; 2. in der Programmierung: ▷Befehl, der eine logische ▷Bedingung oder die ▷Integrität eines ▷Objektes prüft; im Erfolgsfall wird weitergefahren, im Fehlerfall wird der ▷Debug Modus aktiviert oder eine ▷Exception geworfen; besonders wertvoll bei ▷Unit Tests; Beispiele: in ▷SQL „CREATE ASSERTION name CHECK (bedingung)", in JUnit „assertTrue(motorAus);"; 3. bei regulären ▷Ausdrücken: eine Bedingung, die an einer bestimmten Stelle in der zu interpretierenden Zeichenkette erfüllt sein muss; Beispiel: „\bHans(?!wurst)" passt, wenn ein Wort „Hans" kommt und wenn unmittelbar darauf nicht „wurst" folgt; „(?!wurst)" ist hierbei die Z.

Z

Zustand
▷physikalische oder ▷datenmässige Befindlichkeit eines Objektes der Hardware/Software bzw. entsprechendes ▷Signal oder zugehörige ▷Flag; Ablageort für ganze Mengen solcher Flags sind die Z.- oder Status- ▷Register

zustandslos, zustandsorientiert
Siehe unter den geläufigeren ▷stateful(l) und stateless

Zutritt
Siehe detailliert und abgrenzend unter ▷Zugang

Zuweisung
Wertübergabe an eine ▷Variable mit oder ohne vorherige Berechnung

Zweidraht-
▷physikalische Ausgestaltung der ▷analogen Telefonleitung mit zwei Leitern a und b; siehe auch ▷Vierdraht; meist also Wortbestandteil

Zwischenablage
Clipboard; ▷flüchtiger und durch das ▷Betriebssystem bewirtschafteter Bereich des ▷Arbeitsspeichers zum zwischenzeitlichen Ablegen von Daten aus einem ▷Dokument, z. B. zwecks Weitergabe an ein anderes Dokument

Zwischencode
Vorcompilierter, ▷Assembler-ähnlicher Code, der vor dem Ausführen auf dem Zielsystem durch einen ▷Compiler oder ▷Interpreter in die ▷Maschinensprache übersetzt werden muss: ▷Java ▷Bytecode, ▷.NET ▷MSIL oder ▷CIL

Zyklus
Eine vollständige ▷Taktperiode

Zylinder
Bezeichnung für alle übereinanderliegenden ▷Spuren bei gestapel-
ten ▷Plattenspeichern; in vielen Belangen indessen gleichbedeutend mit Spur

ZyXEL Communications Co
Gegründet 1989 im taiwanischen Wissenschafts- und Industriege-
biet Hsinchu durch Dr. Shun-I Chu; einer der weltweit führenden
Anbieter von ▷Breitband-Lösungen; Z. ▷IP-basierte Produktepa-
lette umfasst ▷Multiplexer, Geräte für Einzelkunden (typisch für
▷ADSL zu Hause ist z. B. die Produktekombination ZyWall XX und
Prestige YYY), Internet-, ▷Security- und ▷Wireless ▷LAN-Ausrüs-
tung; weltweit um 1'000 Mitarbeitende; www.zyxel.com

Z